행 정 법

Verwaltungsrecht

조인성 교수(Tuebingen대 법학박사)

Prof. Cho, In-Sung (Dr. iur. Universitaet Tuebingen)

머리말

인공지능(AI) 시대에 살고 있다. 디지털 행정전환 시대에 행정과 행정법의 과제는 무엇인가? 행정의 조직·작용·구제에 관한 국내공법인 행정법도 시대적 환경변화를 반영해야 한다. 본서는 행정법서론, 행정작용법, 행정절차법·정보공개법·개인정보보호법, 행정의 실효성 확보, 행정상 손해전보(국가배상·손실보상), 행정쟁송(행정심판·행정소송), 행정조직법(지방자치법·공무원법 포함), 특별행정작용법 순서로 서술한다. 행정법총론과 행정법각론 서술체계에 익숙한 수험생의 입장을 배려한 것이다. AI 행정 관련 이슈를 해당 부분(행정기본법, 행정절차법, 전자정부법 등)에서 반영하였다.

대부분의 행정법 교과서들이 우리 현실에 살아 호흡하는 이론이 아니라 추상적 논리를 전개할 따름이어서 너무나 어렵다고 생각해왔다. 본서는 행정법을 처음 배우는 사람도 이해할 수 있도록 생활 주변에서 누구나 한 번쯤 경험할 만한 사례를 풍부히 예시하여, 어렵고 추상적인 이론을 쉽게 설명하려고 노력하였다.

본서는 풍부한 대법원 판례 및 헌법재판소 결정까지 적재적소에 소개함으로써 현실에서 살아 움직이는 행정법 이론서가 될 것을 소망한다.

본서는 실정법과 학설·사례·판례를 유기적으로 결합시켜 독자 스스로가 이해하는 데 중점을 두었으며, 양적으로는 최소한의 필요한 분량을 질적으로는 최고수준의 이론을 담고 있기에 모든 수험생들에게 훌륭한 길잡이가 될 것으로 믿는다.

끝으로 이 책의 저술에 있어 많은 격려를 해 주신 공법학계의 동료교수님들과 본서의 출간을 기꺼이 맡아 주신 동방문화사의 조형근 사장님께 깊이 감사드린다. 그리고, 특히 언제 어디서나 저자의 곁에서 든든한 버팀목이 되어 주는 아내 백종선님에게 이 책을 헌정하고 싶다.

무엇보다 오직 주님의 은혜(sola gratia)에 감사할 따름이다. 하나님을 바로 알고, 그 하나님과 내가 바른 관계를 맺으며, 세상에서 하나님의 뜻에 순종하는 구별된 삶을 살아내고 싶다. 하나님의 꿈이 나의 비전이 되고, 예수님의 성품이 나의 인격이 되며, 성령님의 권능이 나의 능력이 되기를 원하고 바라고 기도한다. Soli Dei Gloria!

2024년 7월 5일

대한민국 대전 한남대학교 연구실에서

조인성 근배

목 차

제1편 행정법서론

제1장 행정법의 대상으로서 행정

제1절 행정의 개념 ·· 3
  Ⅰ. 실질적 관점에서의 행정 / 3   Ⅱ. 형식적 관점에서의 행정 / 4
제2절 행정의 종류 ·· 5
제3절 행정과 통치행위 ·· 6
  Ⅰ. 통치행위의 개념 / 6   Ⅱ. 통치행위의 인정 여부와 근거 / 6
  Ⅲ. 한국에서의 통치행위 / 8

제2장 행정법이란 무엇인가

제1절 행정법의 개념 ·· 12
  Ⅰ. 『행정의 조직·작용 및 구제』에 관한 법 / 12
  Ⅱ. 행정에 관한 『공법』 / 12
  Ⅲ. 행정에 관한 『국내법』 / 12
제2절 법치행정의 원칙(행정의 법률적합성의 원칙) ······································ 13
  Ⅰ. 법치행정의 원칙의 의의 / 13   Ⅱ. 형식적 법치주의 / 14
  Ⅲ. 실질적 법치주의 / 14   Ⅳ. 법치행정의 원칙의 내용 / 14
제3절 행정법의 법원 ·· 19
  Ⅰ. 법원의 의의 / 19   Ⅱ. 성문법원 / 19
  Ⅲ. 불문법원 / 21
제4절 행정법의 효력 ·· 37
  Ⅰ. 시간적 효력 / 37   Ⅱ. 지역적 효력 / 40
  Ⅲ. 대인적 효력 / 41

제3장 행정법관계

제1절 공법과 사법의 구별 ·· 42
  Ⅰ. 공법과 사법 구별의 의의 / 42
  Ⅱ. 공법과 사법 구별의 기준 / 42

Ⅲ. 한국 실정법상 공법과 사법의 구별 / 44
Ⅳ. 한국 실정법상 공법과 사법의 관련 / 47

제2절 행정상 법률관계 ·· 48
  Ⅰ. 행정조직법적 관계 / 48   Ⅱ. 행정작용법적 관계 / 48

제3절 행정법관계의 당사자 ··· 51
  Ⅰ. 행정의 주체 / 51   Ⅱ. 행정객체(행정의 상대방) / 55

제4절 행정법관계의 특질 ··· 55
  Ⅰ. 적법성 / 56   Ⅱ. 공정력 / 56
  Ⅲ. 확정력 / 60   Ⅳ. 강제력 / 62
  Ⅴ. 권리·의무의 특수성 / 63   Ⅵ. 권리구제의 특수성 / 64

제5절 행정법관계의 내용 ··· 65
  Ⅰ. 국가적 공권 / 65   Ⅱ. 개인적(주관적) 공권 / 65
  Ⅲ. 개인적 공권의 확장 / 69   Ⅳ. 공의무의 특수성 / 77

제6절 행정법(공법)관계에 대한 법규정의 흠결 시 사법규정의 적용 ··············· 78
  Ⅰ. 개 설 / 78   Ⅱ. 학 설 / 78
  Ⅲ. 구체적 적용 / 80

제7절 특별권력관계(특별행정법관계) ··· 81
  Ⅰ. 특별권력관계론 / 81   Ⅱ. 특별권력관계론의 재검토 / 84
  Ⅲ. 특별권력관계와 법치주의 / 86

제4장 행정법상의 법률요건과 법률사실

제1절 법률요건과 법률사실 ··· 88
  Ⅰ. 행정법상의 법률요건과 법률사실 / 88
  Ⅱ. 행정법상의 법률사실의 종류 / 88

제2절 행정법상의 사건 ·· 89
  Ⅰ. 기간 / 89   Ⅱ. 시 효 / 91
  Ⅲ. 주소·거소 / 94

제3절 공법상 사무관리·부당이득 ··· 95
  Ⅰ. 공법상 사무관리 / 95   Ⅱ. 공법상 부당이득 / 96

제4절 공법행위 ··· 100
  Ⅰ. 공법행위의 의의 / 100   Ⅱ. 사인의 공법행위 / 100
  Ⅲ. 사인의 공법행위로서의 신고 / 106

제 2 편　일반행정작용법

제1장 행정행위(처분)

제1절　행정행위의 개념 및 특질 ··· 113
　Ⅰ. 행정행위의 개념 / 113　　　Ⅱ. 행정행위의 특질 / 117

제2절　행정행위의 종류 ·· 117
　Ⅰ. 법률행위적 행정행위·준법률행위적 행정행위 / 117
　Ⅱ. 수익적 행정행위·부담적(침익적) 행정행위·복효적(이중효과적) 행정행위 / 118
　Ⅲ. 기속행위·재량행위 / 121
　Ⅳ. 요약 / 121
　Ⅴ. 행정기본법상 자동적 처분 / 121

제3절　기속행위와 재량행위, 불확정개념과 판단여지 ···································· 124
　Ⅰ. 개　념 / 124
　Ⅱ. 기속행위와 재량행위의 구별 실익(필요성) / 126
　Ⅲ. 기속행위와 재량행위의 구별기준 / 127
　Ⅳ. 재량권의 한계(재량하자) / 132
　Ⅴ. 재량행위에 대한 통제 / 135

제4절　행정행위의 내용 ·· 137
　제1항 명령적 행위 ·· 138
　　Ⅰ. 하명(Befehl) / 138　　　Ⅱ. 허가 / 140
　　Ⅲ. 면제 / 151
　제2항 형성적 행위 ·· 152
　　Ⅰ. 특허(광의) / 152　　　　Ⅱ. 인가(보충행위) / 156
　　Ⅲ. 공법상 대리 / 161
　제3항 준법률행위적 행정행위 ·· 162
　　Ⅰ. 확인 / 162　　　　　　　Ⅱ. 공증 / 164
　　Ⅲ. 통지 / 166　　　　　　　Ⅳ. 수리 / 168

제5절　행정행위의 부관 ·· 168
　Ⅰ. 부관의 개념 / 169　　　　Ⅱ. 부관의 종류 / 170
　Ⅲ. 부관의 한계 / 175　　　　Ⅳ. 위법한 부관과 행정행위의 효력 / 179
　Ⅴ. 위법한 부관에 대한 행정쟁송 / 179

제6절　행정행위의 적법요건(성립·발효요건) ··· 181
　Ⅰ. 행정행위의 주체·내용·형식·절차요건 / 181
　Ⅱ. 행정행위의 표시(송달·통지)요건 / 182

Ⅲ. 전자문서의 특례 / 184

제7절　행정행위의 효력 ·· 186
제8절　행정행위의 하자(흠) ·· 187
　　　Ⅰ. 개　설 / 187
　　　Ⅱ. 행정행위의 부존재 / 188
　　　Ⅲ. 행정행위의 무효와 취소의 구별 / 190
　　　Ⅳ. 행정행위의 하자의 승계 / 196
　　　Ⅴ. 하자 있는 행정행위의 치유와 전환 / 199

제9절　행정행위의 무효 ·· 202
　　　Ⅰ. 행정행위의 무효의 의의 / 202　　　Ⅱ. 행정행위의 무효원인 / 203
　　　Ⅲ. 행정행위의 무효의 효과 / 210　　　Ⅳ. 행정행위의 무효를 주장하는 방법 / 210

제10절　행정행위의 취소 ·· 212
　　　Ⅰ. 행정행위의 취소의 의의 / 212
　　　Ⅱ. 행정행위의 취소의 종류 / 213
　　　Ⅲ. 행정행위의 쟁송취소와 직권취소의 취소권자 / 215
　　　Ⅳ. 행정행위의 쟁송취소와 직권취소의 취소권 근거 / 216
　　　Ⅴ. 행정행위의 취소사유 / 217
　　　Ⅵ. 행정행위의 쟁송취소와 직권취소의 취소권 제한 / 218
　　　Ⅶ. 행정행위의 쟁송취소와 직권취소의 절차 / 220
　　　Ⅷ. 행정행위의 쟁송취소와 직권취소의 효과 / 221
　　　Ⅸ. 행정행위의 쟁송취소와 직권취소의 취소(하자 있는 취소의 효력) / 222

제11절　행정행위의 철회 ·· 223
　　　Ⅰ. 개　설 / 224　　　　　　　　　　Ⅱ. 행정행위의 철회권자 / 225
　　　Ⅲ. 행정행위의 철회사유 / 225　　　　Ⅳ. 행정행위의 철회권의 근거 / 228
　　　Ⅴ. 행정행위의 철회권의 제한 / 230　　Ⅵ. 행정행위의 철회의 절차 / 231
　　　Ⅶ. 행정행위의 철회의 효과 / 232　　　Ⅷ. 행정행위의 철회의 취소 / 232

제12절　행정행위의 실효(종료) ·· 232
　　　Ⅰ. 의　의 / 232
　　　Ⅱ. 행정행위의 실효와 무효·부존재 및 취소·철회의 구별 / 233
　　　Ⅲ. 행정행위의 실효사유 / 234
　　　Ⅳ. 행정행위의 실효의 효과 / 234
　　　Ⅴ. 행정행위의 실효의 주장 / 234

제13절　행정법상의 확약 ·· 235
　　　Ⅰ. 개　설 / 235　　　　　　　　　　Ⅱ. 확약의 법적 성질 / 237
　　　Ⅲ. 확약의 허용성 및 한계 / 238　　　Ⅳ. 확약의 요건 / 239

Ⅴ. 확약의 효과 / 239　　　　　Ⅵ. 확약과 권리구제 / 241

제2장 행정행위(처분) 외의 행정의 행위형식

제1절 행정입법 ·· 242
Ⅰ. 개 설 / 242　　　　　Ⅱ. 법규명령 / 243
Ⅲ. 행정규칙 / 257

제2절 행정계획 ·· 270
Ⅰ. 개 설 / 270　　　　　Ⅱ. 행정계획의 종류 / 271
Ⅲ. 행정계획의 수립절차 / 272　　Ⅳ. 행정계획의 법적 효력 및 성질 / 275
Ⅴ. 행정계획의 계획재량 / 278　　Ⅵ. 행정계획의 계획보장청구권 / 280
Ⅶ. 행정계획의 구제수단 / 284

제3절 공법상 계약 및 합동행위 ·· 285
Ⅰ. 공법상 계약 / 285　　　Ⅱ. 공법상 합동행위 / 292

제4절 행정상의 사실행위 ·· 292
Ⅰ. 개 설 / 292
Ⅱ. 행정상의 사실행위의 법적 근거와 한계 / 293
Ⅲ. 행정상의 사실행위에 대한 구제 / 294

제5절 행정지도 ·· 296
Ⅰ. 개 설 / 297　　　　　Ⅱ. 행정지도의 기능과 문제점 / 297
Ⅲ. 행정지도의 종류 / 299　　　Ⅳ. 행정지도와 법치주의 / 300
Ⅴ. 행정지도의 방식 및 절차 / 303　Ⅵ. 행정지도에 대한 구제 / 304

제3편 행정절차법, 정보공개법, 개인정보보호법

제1절 행정절차법 ·· 309
Ⅰ. 행정절차의 의의 / 309　　　Ⅱ. 행정절차의 필요성 / 309
Ⅲ. 외국의 행정절차제도 / 310　　Ⅳ. 한국의 행정절차 / 312
Ⅴ. 행정절차법의 내용 / 313　　　Ⅵ. 행정절차의 하자와 행정행위의 효력 / 324

제2절 정보공개법과 개인정보보호법 ·· 328
Ⅰ. 개 설 / 328　　　　　Ⅱ. 행정정보공개 / 328
Ⅲ. 개인정보보호 / 339

제4편 행정의 실효성 확보

제1장 행정강제

제1절 개 설 ··· 347
   Ⅰ. 행정강제의 의의 / 347   Ⅱ. 행정강제의 종류 / 348
제2절 행정상 강제집행 ··· 349
   Ⅰ. 행정상 강제집행의 의의 / 349   Ⅱ. 행정상 강제집행의 근거 / 350
   Ⅲ. 행정상 강제집행의 수단 / 351
제3절 행정상 즉시강제 ··· 368
   Ⅰ. 개 설 / 368
   Ⅱ. 행정상 즉시강제의 근거 / 369
   Ⅲ. 행정상 즉시강제의 종류 / 370
   Ⅳ. 행정상 즉시강제의 한계 / 371
   Ⅴ. 행정상 즉시강제의 영장주의와의 관계 / 372
   Ⅵ. 행정상 즉시강제에 대한 구제 / 373
제4절 행정조사 ··· 374
   Ⅰ. 개 설 / 375
   Ⅱ. 행정조사의 근거 / 377
   Ⅲ. 행정조사의 종류 / 377
   Ⅳ. 행정조사의 한계 / 378
   Ⅴ. 행정조사에 대한 구제 / 381
   Ⅵ. 위법한 행정조사와 행정행위의 효과 / 382
   Ⅶ 행정조사로 얻은 개인정보의 관리·이용 / 382

제2장 행정벌

   Ⅰ. 행정벌의 의의 / 384   Ⅱ. 행정벌의 성질 / 384
   Ⅲ. 근 거 / 386   Ⅳ. 행정벌의 종류 / 386
   Ⅴ. 행정형벌의 특수성 / 388   Ⅵ. 행정질서벌의 특수성 / 394

제3장 새로운 행정의 실효성 확보수단

   Ⅰ. 개 설 / 400   Ⅱ. 과징금·가산금·가산세·부당이득세 / 400
   Ⅲ. 공급거부 / 405   Ⅳ. 위반사실의 공표 / 406
   Ⅴ. 제재처분 / 409

제5편 행정상 손해전보(국가책임법)

제1장 행정상 손해배상

제1절 개 설 ··· 413
　Ⅰ. 행정상 손해배상의 의의 / 413
　Ⅱ. 행정상 손해배상과 행정상 손실보상의 구별 / 413
　Ⅲ. 한국의 행정상 손해배상제도 / 415

제2절 공무원의 직무상 불법행위로 인한 손해배상 ······································· 417
　Ⅰ. 공무원의 직무상 불법행위로 인한 국가배상책임의 요건 / 418
　Ⅱ. 공무원의 직무상 불법행위로 인한 국가배상책임 / 433
　Ⅲ. 국가배상청구의 절차 / 438

제3절 영조물설치·관리의 하자로 인한 손해배상 ·· 439
　Ⅰ. 영조물설치·관리의 하자로 인한 국가배상책임의 성질 / 440
　Ⅱ. 영조물설치·관리의 하자로 인한 국가배상책임의 요건 / 440
　Ⅲ. 영조물설치·관리의 하자로 인한 국가배상책임 / 444

제4절 공법상의 위험책임 ··· 445
　Ⅰ. 공법상의 위험책임의 의의 / 445
　Ⅱ. 공법상의 위험책임의 인정 여부에 관한 학설 / 446
　Ⅲ. 실정법상의 위험책임 / 446

제5절 공법상의 결과제거청구권 ·· 447
　Ⅰ. 개 설 / 447
　Ⅱ. 공법상의 결과제거청구권의 근거 / 449
　Ⅲ. 공법상의 결과제거청구권의 요건 / 449
　Ⅳ. 공법상의 결과제거청구권의 효과 / 450
　Ⅴ. 공법상의 결과제거청구권의 쟁송절차 / 451

제2장 행정상 손실보상

제1절 개 설 ··· 452
　Ⅰ. 행정상 손실보상의 의의 / 452　　Ⅱ. 행정상 손실보상의 근거 / 453
　Ⅲ. 손실보상청구권의 법적 성격 / 455

제2절 행정상 손실보상청구권의 성립요건 ··· 457
　Ⅰ. 공행정작용에 의한 재산권침해 / 457　Ⅱ. 공공필요 / 457
　Ⅲ. 적법한 침해 / 459　　　　　　　　　Ⅳ. 특별한 희생 / 459

Ⅴ. 손실보상규정의 존재 / 462

제3절 행정상 손실보상의 내용 · 462
Ⅰ. 보상기준 / 462　　Ⅱ. 구체적 보상기준 / 465

제4절 행정상 손실보상의 방법 및 절차 · 472
Ⅰ. 행정상 손실보상의 방법 / 472
Ⅱ. 행정상 손실보상의 지급방법 / 473
Ⅲ. 손실보상액의 결정방법 및 불복절차 / 473

제5절 수용유사침해·수용적 침해 및 희생보상청구권 · 476
Ⅰ. 손실보상의 확장 / 476　　Ⅱ. 수용유사침해에 대한 보상 / 477
Ⅲ. 수용적 침해에 대한 보상 / 479　　Ⅳ. 희생보상청구권 / 480

제6편　행정쟁송(행정심판, 행정소송)

제1장 행정쟁송
Ⅰ. 행정쟁송의 의의 / 485　　Ⅱ. 행정쟁송제도의 발달 / 485
Ⅲ. 행정쟁송제도의 기능 / 486　　Ⅳ. 행정쟁송의 종류 / 486

제2장 행정심판

제1절 행정심판의 의의 · 490
Ⅰ. 행정심판의 의의 / 490　　Ⅱ. 행정심판의 기능 / 495

제2절 행정기본법상 처분에 대한 이의신청 및 재심사 · 496
Ⅰ. 행정기본법상 처분에 대한 이의신청 / 496
Ⅱ. 행정기본법상 처분의 재심사 / 498

제3절 행정심판의 종류 · 499
Ⅰ. 항고쟁송과 당사자쟁송 / 499　　Ⅱ. 행정심판법상의 행정심판의 종류 / 502

제4절 행정심판의 대상 · 507
Ⅰ. 개　설 / 507　　Ⅱ. 행정청 / 508
Ⅲ. 처　분 / 508　　Ⅳ. 부작위 / 511
Ⅴ. 위법 또는 부당한 처분·부작위 / 513

제5절 행정심판기관(행정심판위원회) · 514
Ⅰ. 개　설 / 514　　Ⅱ. 행정심판위원회 / 514

제6절 당사자와 관계인 · 518
Ⅰ. 당사자 / 518　　Ⅱ. 행정심판의 관계인 / 521

제7절 행정심판의 청구 ·· 522
    Ⅰ. 심판청구의 요건 / 522   Ⅱ. 심판청구의 변경 / 531
    Ⅲ. 심판청구의 효과 / 532

제8절 행정심판의 심리 ·· 538
    Ⅰ. 심리의 내용 / 538   Ⅱ. 심리의 범위 / 539
    Ⅲ. 심리의 절차 / 539

제9절 행정심판의 재결 ·· 544
    Ⅰ. 행정심판의 재결의 의의 / 544   Ⅱ. 행정심판의 재결의 절차 / 544
    Ⅲ. 행정심판의 재결의 종류 / 549   Ⅳ. 행정심판의 재결의 효력 / 553
    Ⅴ. 재결에 대한 불복 / 555

제10절 행정심판의 고지제도 ·· 556
    Ⅰ. 개 설 / 557   Ⅱ. 고지의 종류 / 558
    Ⅲ. 불고지 및 잘못된 고지의 효과 / 560

제3장 행정소송

제1절 개 설 ·· 562
    Ⅰ. 행정소송의 의의 / 562   Ⅱ. 행정소송의 특수성 / 563

제2절 행정소송의 한계 ·· 567
    Ⅰ. 개 설 / 567   Ⅱ. 사법의 본질에서 오는 한계 / 568
    Ⅲ. 권력분립에서 오는 한계 / 571

제3절 행정소송의 종류 ·· 574
    Ⅰ. 내용에 따른 분류 / 574   Ⅱ. 성질에 따른 분류 / 577

제4절 취소소송 ·· 578
    Ⅰ. 재판관할 / 578   Ⅱ. 당사자 / 581
    Ⅲ. 취소소송의 소익 / 584   Ⅳ. 취소소송의 대상적격 / 594
    Ⅴ. 취소소송의 제기요건 / 603   Ⅵ. 취소소송의 제기효과 / 609
    Ⅶ. 예외적 행정심판전치주의 / 618   Ⅷ. 취소소송의 심리 / 625
    Ⅸ. 취소소송의 판결 / 630

제5절 무효 등 확인소송 ·· 642
    Ⅰ. 개 설 / 642   Ⅱ. 재판관할 / 643
    Ⅲ. 당사자 / 644   Ⅳ. 소송제기 / 646
    Ⅴ. 심 리 / 647   Ⅵ. 판 결 / 648
    Ⅶ. 선결문제 / 649

제6절 부작위위법확인소송 ··· 650
Ⅰ. 개 설 / 650 Ⅱ. 재판관할 / 651
Ⅲ. 당사자 / 652 Ⅳ. 소송제기 / 652
Ⅴ. 심 리 / 654 Ⅵ. 판 결 / 655

제7절 공법상 당사자소송 ·· 656
Ⅰ. 개 설 / 657 Ⅱ. 종 류 / 658
Ⅲ. 특수성 / 661

제8절 객관적 소송 ·· 664
Ⅰ. 개 설 / 664 Ⅱ. 민중소송 / 664
Ⅲ. 기관소송 / 667

제7편 행정조직법

제1장 행정조직법 통칙

제1절 행정조직법의 의의 및 성질 ·· 673
Ⅰ. 행정조직법의 의의 / 673 Ⅱ. 행정조직법의 법적 성질 / 673

제2절 행정조직의 특질 및 유형 ·· 673
Ⅰ. 현대 행정조직의 특질 / 673 Ⅱ. 행정조직의 유형 / 674
Ⅲ. 우리나라 행정조직의 기본원리 / 675

제3절 행정기관의 의의와 종류 ·· 676
Ⅰ. 행정기관의 개념과 성질 / 676 Ⅱ. 행정기관의 종류 / 677

제4절 행정청의 권한의 대리와 위임 ··· 680
Ⅰ. 행정청의 권한 / 680 Ⅱ. 행정청의 권한의 대리 / 681
Ⅲ. 행정청의 권한의 위임 / 686 Ⅳ. 행정청 상호 간의 관계 / 691

제2장 지방자치행정법

제1절 지방자치의 의의 ··· 698
Ⅰ. 자치행정의 개념 / 698 Ⅱ. 지방자치행정법의 법원 / 698

제2절 지방자치의 형태- 주민자치 및 단체자치 ··· 699
Ⅰ. 주민자치 / 699 Ⅱ. 단체자치 / 700
Ⅲ. 한국 지방자치의 형태 / 700

제3절 지방자치단체의 종류·법적 지위 및 구성요소 ··· 701
    Ⅰ. 지방자치단체의 종류 / 701   Ⅱ. 지방자치단체의 법적 지위 / 703
    Ⅲ. 지방자치단체의 구성요소 / 704

제4절 지방자치단체의 주민의 권리와 의무 ··· 704
    Ⅰ. 주민의 의의 / 704   Ⅱ. 주민의 권리 / 705
    Ⅲ. 주민의 의무 / 720

제5절 지방자치단체의 구역 ··· 721
    Ⅰ. 지방자치단체의 구역 / 721   Ⅱ. 구역의 변경 / 721
    Ⅲ. 지방자치단체의 명칭 / 722   Ⅳ. 자치구 아닌 구와 읍·면·동의 설치 / 722

제6절 지방자치단체의 권한 ··· 723
    Ⅰ. 지방차치권의 본질 / 723   Ⅱ. 자치입법권 / 725
    Ⅲ. 자치조직권 / 737   Ⅳ. 자치행정권 / 738
    Ⅴ. 자치재정권 / 738

제7절 지방자치단체의 사무 ··· 743
    Ⅰ. 개 설 / 743   Ⅱ. 사무의 종류 / 744

제8절 지방자치단체의 기관 ··· 749
    Ⅰ. 개 설 / 749   Ⅱ. 지방의회(보통의결기관) / 749
    Ⅲ. 지방자치단체장 / 753   Ⅳ. 특별기관 / 760
    Ⅴ. 교육위원회 및 교육감 / 761

제9절 지방자치단체 상호 간의 관계 ·· 765
    Ⅰ. 개 설 / 765   Ⅱ. 협력관계 / 765
    Ⅲ. 분쟁조정 / 768

제10절 지방자치단체에 대한 국가의 통제 ·· 769
    Ⅰ. 서설 / 769   Ⅱ. 입법적 통제 / 769
    Ⅲ. 사법적 통제 / 769   Ⅳ. 행정적 통제 / 772

제3장 공무원법

제1절 개설 ·· 776
    Ⅰ. 공무원의 개념 / 776   Ⅱ. 공무원의 종류 / 777
    Ⅲ. 공무원제도의 기본원칙 / 780

제2절 공무원관계의 변동(발생·변경·소멸) ·· 784
    Ⅰ. 공무원관계의 발생(임명행위) / 784   Ⅱ. 공무원관계의 변경 / 791
    Ⅲ. 공무원관계의 소멸 / 794

제3절 공무원의 권익보장수단 ·· 798
    Ⅰ. 고충심사청구제도 / 798   Ⅱ. 불이익처분에 대한 구제 수단 / 799

제4절 공무원의 권리 ··· 803
    Ⅰ. 개 설 / 803   Ⅱ. 신분상의 권리 / 803
    Ⅲ. 재산상의 권리 / 806

제5절 공무원의 의무 ··· 809
    Ⅰ. 개 설 / 809   Ⅱ. 공무원의 신분상 의무 / 810
    Ⅲ. 공무원의 직무상 의무 / 811   Ⅳ. 공직자윤리법상의 의무 / 817
    Ⅴ. 기타의 의무 / 818

제6절 공무원의 책임 ··· 819
    Ⅰ. 개 설 / 819   Ⅱ. 행정상의 책임 / 820
    Ⅲ. 형사법상의 책임 / 825   Ⅳ. 민사법상의 책임 / 826

제8편 특별행정작용법

제1장 경찰(질서)행정법

제1절 경찰의 개념 ·· 829
    Ⅰ. 형식적 의미의 경찰 / 829   Ⅱ. 실질적 의미의 경찰 / 830

제2절 경찰의 종류 ·· 832
    Ⅰ. 행정경찰과 사법(司法)경찰 / 832   Ⅱ. 보안경찰과 협의의 행정경찰 / 832
    Ⅲ. 예방경찰과 진압경찰 / 832   Ⅳ. 평시경찰과 비상경찰 / 833
    Ⅴ. 국가경찰과 자치경찰 / 833

제3절 경찰조직 ··· 834
    Ⅰ. 보통경찰기관 / 834   Ⅱ. 비상경찰기관 / 836

제4절 경찰작용의 근거와 한계 ·· 837
    Ⅰ. 개 설 / 837   Ⅱ. 경찰작용의 근거 / 838
    Ⅲ. 경찰작용의 한계 / 841

제2장 급부행정법

제1절 급부행정의 의의 ·· 851
    Ⅰ. 급부행정의 개념 / 851   Ⅱ. 질서행정과의 구별 / 851
    Ⅲ. 급부행정의 종류 / 852   Ⅳ. 급부행정의 기본원리 / 853

제2절 공물법 ··· 857
 Ⅰ. 공물의 의의 / 857   Ⅱ. 공물의 성립과 소멸 / 860
 Ⅲ. 공물의 법적 특색 / 865   Ⅳ. 공물관리와 공물경찰 / 871
 Ⅴ. 공물의 사용관계 / 875

제3절 공기업법 ·· 887
 Ⅰ. 공기업의 의의와 종류 / 887 Ⅱ. 공기업의 법률적 특색 / 890
 Ⅲ. 공기업의 이용관계 / 893 Ⅳ. 특허기업의 특허 / 899

제4절 사회보장행정법 ·· 902
 Ⅰ. 개 설 / 902   Ⅱ. 사회보장의 종류 및 수단 / 903
 Ⅲ. 사회보험 / 905   Ⅳ. 공공부조 / 909
 Ⅴ. 사회복지서비스 / 911   Ⅵ. 특별원호 / 913
 Ⅶ. 사회보장을 받을 권리의 보호 및 행정쟁송 / 913

제5절 조성행정법 ·· 914
 Ⅰ. 자금지원행정 / 914   Ⅱ. 사권보호행정 / 918

제3장 규제행정법

제1절 개 설 ·· 920
 Ⅰ. 규제행정의 개념 / 920   Ⅱ. 규제행정의 법적 근거 / 921
 Ⅲ. 규제행정법의 구분 / 921

제2절 토지행정법(지역개발행정법) ·· 922
 Ⅰ. 개 설 / 922
 Ⅱ. 토지이용계획 / 925
 Ⅲ. 토지공개념과 토지의 이용제한·의무부과 / 935
 Ⅳ. 토지거래계약허가제 / 937
 Ⅴ. 부동산가격공시제 / 941
 Ⅵ. 개발이익환수제도 / 947

제3절 환경행정법 ·· 949
 Ⅰ. 개 설 / 949   Ⅱ. 행정계획 / 953
 Ⅲ. 환경기준의 설정 / 953   Ⅳ. 환경영향평가제도 / 954
 Ⅴ. 권력적 작용 / 957   Ⅵ. 비권력적 작용 / 960
 Ⅶ. 환경분쟁에 대한 권리구제 / 961

제4장 공용부담법

제1절 공용부담의 의의와 종류 ·· 968
  Ⅰ. 공용부담의 의의 / 968 Ⅱ. 공용부담의 종류 / 969

제2절 인적 공용부담 ·· 971
  Ⅰ. 의 의 / 971 Ⅱ. 종 류 / 971
  Ⅲ. 인적 공용부담의 내용 / 973

제3절 공용제한 ··· 977
  Ⅰ. 개 설 / 977 Ⅱ. 종 류 / 979
  Ⅲ. 공용제한과 손실보상 / 983

제4절 공용수용 ··· 986
  Ⅰ. 공용수용의 의의 및 성질 / 986 Ⅱ. 공용수용의 대상사업·당사자·목적물 / 988
  Ⅲ. 공용수용의 절차 / 992 Ⅳ. 공용수용의 효과 / 1004

제5절 공용환지·공용환권 ··· 1015
  Ⅰ. 개 설 / 1015
  Ⅱ. 도시개발사업에 의한 공용환지 / 1016
  Ⅲ. 농어촌정비사업에 의한 공용환지 / 1024
  Ⅳ. 도시 및 주거환경정비사업에 의한 공용환권 / 1027

제5장 재무행정법

제1절 재정법의 기본원칙 ·· 1036

제2절 조 세 ·· 1039
  Ⅰ. 조세의 의의 / 1039 Ⅱ. 조세의 종류 / 1040
  Ⅲ. 조세법의 기본원칙 / 1042 Ⅳ. 조세의 부과 / 1044
  Ⅴ. 조세의 징수 / 1047 Ⅵ. 조세채권의 확보 / 1048
  Ⅶ. 조세채권(납세의무)의 소멸 / 1049 Ⅷ. 조세의 부과 및 징수에 대한 권리구제 / 1051

제3절 현금회계의 원칙 ··· 1058
  Ⅰ. 회계 의의 / 1058 Ⅱ. 현금회계의 원칙 / 1059

사항색인 ··· 1061

[참고문헌]

■ 국내 단행본

김남진·김연태, 행정법 I, 법문사, 2020
김남진·김연태, 행정법 II, 법문사, 2020
김동희, 행정법 I, 박영사, 2020
김동희, 행정법 II, 박영사, 2020
류지태·박종수, 행정법신론, 박영사, 2020
박균성, 행정법론(상), 박영사, 2024
박균성, 행정법론(하), 박영사, 2024
박균성, 행정법강의, 박영사, 2024
석종현·송동수, 일반행정법(상), 삼영사, 2020
석종현, 일반행정법(하), 삼영사, 2005
정하중, 행정법개론, 법문사, 2020
홍정선, 행정법원론(상), 박영사, 2024
홍정선, 행정법원론(하), 박영사, 2024
홍정선, 행정법특강, 박영사, 2024

■ 독일

Steffen Detterbeck, Allgemeines Verwaltungsrecht mit Verwaltungsprozessrecht, 22. Aufl. 2024
Hartmut Maurer/ Christian Waldhoff, Allgemeines Verwaltungsrecht, 21. Aufl. 2024

■ 대만

林騰鶴, 行政法總論, 三民書局, 2014.

[법령약어]

공년(公年)	공무원연금법
국공(國公)	국가공무원법
국기(國基)	국세기본법
국배(國賠)	국가배상법
국재(國財)	국유재산법
국징(國徵)	국세징수법
도교(道交)	도로교통법
민소(民訴)	민사소송법
법조(法組)	법원조직법
보조금(補助金)	보조금 관리에 관한 법률
식품(食品)	식품위생법
정조(政組)	정부조직법
주등(住登)	주민등록법
지세(地稅)	지방세법
지자(地自)	지방자치법
지재(地財)	지방재정법
행대(行代)	행정대집행법
행소(行訴)	행정소송법
행심(行審)	행정심판법
형소(刑訴)	형사소송법

제1편

행정법서론

제 1 편

행정법서론

제1장 행정법의 대상으로서 행정

제1절 행정의 개념

행정법이란 '행정의 조직, 작용 및 구제에 관한 국내공법'이다.

행정법의 대상으로서 행정은 국가의 통치권력의 제한을 통하여 국민의 권리보장을 실현하기 위한 '권력분립'의 제도를 창출하는 과정에서 도출된 개념이다.

I. 실질적 관점에서의 행정

'실질적 의미의 행정'이란 행정을 어떠한 '성질'을 기준으로 하여 입법·사법과 구별되는 개념을 정의하려는 것이다.

1. 소극설

'소극설'이란 국가작용 중에서 입법과 사법을 정의한 후 이를 제외한 나머지 모든 국가작용을 행정이라고 정의하는 견해이다.

소극설은 **권력분립론**의 역사적 발전과정에 충실하였다는 점과 모든 국가작용의 전체적인 관계에서 행정을 정의하고 있다는 점에서 높이 평가되고 있으나, 행정의 개념을 소극적·부정적으로 정의함으로써 행정의 '정의'라고 할 수 없다는 점에서 비판 받고 있다.

2. 적극설

'적극설'은 입법·사법과 구별되는 행정의 개념을 소극적 공제의 방법에 의하지 않고 행정 그 자체의 특질을 통하여 적극적으로 정의하려는 것이다.

적극설 중에서 '결과실현설(양태설)'은 행정이란 『법 아래서 법의 규제를 받으면서 현실적·구체적으로 국가목적의 적극적 실현을 위하여 행하여지는, 전체로서 통일성을 가지는 **계속적인 형성적 국가활동**』이라고 정의될 수 있다.

3. 기관양태설(부정설)

'기관양태설'은 모든 국가작용은 법정립(입법), 법선언(사법), 법집행(행정)의 성질을 함께 가지고 있기 때문에 작용의 성질에 따른 구분은 불가능하며, 다만 입법은 합의체 국가기관에 의하고, 사법은 상호 병렬적·독립적인 국가기관에 의하며, 행정은 명령복종관계에 있는 기관에 의한 법집행 작용이라는 점에서만 구별된다고 한다.

4. 사견

입법·사법·행정 간에는 성질상의 차이가 있고 효력의 차이가 존재하고 있기 때문에 '**결과실현설**'이 타당하다고 하겠으나, 이를 보완하여 정의한다는 의미에서 행정이 갖는 특징은 다음과 같다.

1) 행정은 '공익 실현'을 목적으로 한다.
2) 행정은 '능동적·미래지향적 사회형성작용'이다.
3) 행정은 '법의 기속'을 받는다.
4) 행정은 '다양한 행위형식'에 의해 행하여지고 추상적인 법규의 '구체적인 집행작용'이다.

II. 형식적 관점에서의 행정

'형식적 의미의 행정'은 실질적 의미의 행정에서 탐구하는 행정의 실질적인 성격을 떠나서, 형식적으로 행정부에 속하는 '국가 기관'에 의하여 이루어지는 모든 국가작용을 의미한다.

행정부가 '실질적 의미의 입법'에 속하는 사항(행정상 입법)이나 '실질적 의미의 사법'에 속하는 사항(행정쟁송)까지 담당하는데, 이러한 의미에서 '형식적 의미의 행정'을 다시 ① 행정기관이 입법부의 고유한 권한인 법을 제정하는 행위에 해당하는 입법적 행위(행정상 입법; '실질적 의미의 입법'), ② 순수한 집행행위('실질적 의미의 행정'), ③ 행정기관이 행정심판에서처럼 법선언을 행하는 재결 또는 행정국가에서의 행정소송의 담당과 같은 사법적 행위(행정쟁송; '실질적 의미의 사법')로 구분한다.

행정법의 연구 대상은 '실질적 의미의 행정'이 주류이나, 행정상 입법이나 행정쟁송 등 '형식적 의미의 행정'도 포함된다.

제 2 절 행정의 종류

1. 권력행정

'권력행정'이란 행정주체가 행정의 객체에 해당하는 사인에 대한 우월적 지위에 근거하여 일방적으로 명령하고 강제하는 행정을 말한다.

이는 전통적인 행정작용으로서 질서행정(경찰하명 등)·규제행정(환경규제 등)·공용부담행정(토지수용 등)·재무행정(조세부과 등) 및 군사행정(병역의무부과 등)이 이에 해당한다.

2. 관리행정

'관리행정'이란 행정주체가 공권력의 주체로서가 아니라 공기업(철도 등)·공물(도로·하천 등)의 경영·관리 주체로서 행하는 행정을 말한다.

이는 원칙적으로 이를 이용하는 국민과는 대등한 지위에서 행하여지는 작용이므로 행정법이 아닌 민법 등 사법(私法)의 규율을 받는 것이지만, 행정목적 달성에 필요한 한도 내에서 예외적으로 특별한 공법적 규율을 받는다(예 : 정당한 사유 없는 상수도공급거절의 금지 등).

3. 국고행정

'국고행정'이란 국가·지방자치단체 등 행정주체가 사법상의 재산권의 주체가 되어 행정에 필요한 물품의 구입계약(예 : 조달청의 행정사무용품의 구입이나 정부청사건물의 건축을 위한 도급계약 등)이나 국유재산의 임대·매각행위 등과 같이 행정주체가 사인과 대등한 지위에서 법률관계를 형성하는 행정을 말한다.

국고행정에서 국가와 사인 간의 법률관계는 사인 상호 간의 관계와 다를 바 없으므로 민법 등 사법의 적용을 받게 된다.

제3절 행정과 통치행위

대통령은 금융실명제도의 개선을 위하여 '금융실명거래에관한긴급재정경제명령'을 발하였다. 이로 인하여 甲 소유 주식의 시가가 폭락하게 되었다. 이에 甲은 위 긴급재정경제명령을 행정소송 또는 헌법소원으로 다투고자 하는데, 법원 또는 헌법재판소가 이를 심사판단할 수 있는지 여부를 논하시오.

I. 통치행위의 개념

'통치행위'란 국가기관의 행위 중에서 단순한 법집행작용을 넘어서는 '고도의 정치성'을 갖기 때문에 법원이 판결로서 위법·부당하다고 하더라도 그 집행이 곤란하기 때문에 '사법심사가 제한'되는 국가작용을 말한다.

II. 통치행위의 인정 여부와 근거

1. 부정설

'부정설'은 법치주의가 확립되고 헌법상 국민의 재판청구권이 일반적으로 인정되며 행정소송의 대상에 관하여 '개괄주의'를 채택하고 있는 현대 법치국가에 있어서는, '모든 국가작용'은 그에 대한 법률적 판단이 가능한 한 사법심사에서 배제될 수 없다는 입장이다.

2. 긍정설

통치행위의 개념을 '긍정'할 경우 그 근거로서 권력분립설, 자유재량행위설 및 사법부자제설이 있다.

1) 권력분립설(내재적 한계설)

'권력분립설'은 통치행위는 권력분립의 원칙상 사법부의 관여가 허용되지 않는다는 입장이다.

동태적이며 비법률적인 정치적 문제는 민주정치의 관점에서 보건대 그 지위가 극히 독립되어 있고 국민에 대한 정치적 책임을 지지 아니하는 사법부가 관여하여 심사하기에는 부적합하고, 정부 또는 국회의 전권에 속하게 하여 국민으로부터 심판받도록 함이 바람직하다고 하며, 이것이 바로 '사법권의 내재적 한계'라고 한다.

이 견해에 대하여는, ① 법원의 사법심사권을 부당하게 축소시킴으로써 기본권 보장에 역행하고 있으며, ② 권력분립도 궁극적으로는 국민의 기본권 보장에 그 존재의의가 있는데, 권력분립을 논거로 하여 사법심사에서 제외되는 통치행위의 개념을 인정하는 것은 권력분립제도 자체의 존재의의와 모순된다는 비판이 있다.

2) 자유재량행위설

'자유재량행위설'은 통치행위는 고도의 정치성을 띤 정치문제이고, 정치문제는 궁극적으로 그 타당성 또는 합목적성 여부의 문제만 발생하며 위법성의 문제는 발생하지 않는 행정부의 재량에 속하는 행위이므로 사법심사의 대상에서 제외된다는 입장이다.

재량행위는 당연히 사법심사의 대상에서 제외되는 것이 아니라 일단 사법심사의 대상으로 한 후에 재량권 일탈이나 남용이 있는 경우에는 위법한 것으로 취소의 대상이 되는 것임에 반하여, 통치행위는 일단 통치행위로 인정되기만 하면 재량권을 일탈하거나 남용한 경우라 해도 이를 가리지 아니하고 처음부터 사법심사의 대상에서 제외되는 것이라는 점에서, 통치행위를 '자유재량행위'로 설명하려고 하는 것은 문제가 있다.

3) 사법부자제설

'사법부자제설'은 이론상 통치행위에 대하여도 법률적 판단이 가능한 이상 사법심사의 대상이 된다고 할 것이지만, 그럼에도 불구하고 사법심사에서 제외하는 것은 더 큰 국가적 혼란을 방지하기 위하여 사법부가 스스로의 의사로 심사를 자제하는 결과라고 보며, 그렇게 함으로써 정치의 소용돌이에 휩쓸리지 않고 사법부의 독립을 지킬 수 있다는 입장이다.

그러나 이 견해에 대하여는 사법심사권을 스스로 포기하는 것은 헌법정신에 위배되며, 이러한 심사포기행위는 그 자체가 바로 어느 일방의 정치적 입장을 지지하는 결과를 낳게 된다는 비판이 있다.

3. 사견

통치행위를 사법심사에서 제외하면 정치의 무법상태를 초래하게 되어 기본적 인권이 침해되고 독재화의 우려가 있다는 점에서 '부정설'의 입장도 경청할 가치가 있다고 하겠으나, 우리 헌법은 법치주의와 기본권 보장을 기본원리로 하면서도 국민주권과 권력분립 등의 원리도 중요한 기본원리로 삼고 있기 때문에, 통치행위를 사법심사의 대상에서 제외시키는 것도 충분한 근거가 있다고 하겠다. 그런 의미에서 '긍정설' 중 '권력분립설'이 일견 가장 설득력 있는 것으로 보이기는 하지만, '사법부자제설'도 적어도 통치행위의 실체를 가장 충실하게 설명해 주고 있는 견해라고 볼 수 있다.

III. 한국에서의 통치행위

1. 통치행위의 판례

1) 통치행위 인정례

① 대통령의 비상계엄선포(대판 1964. 7. 21, 64초4; 대판 1997. 4. 17, 96도3376)

판례 비상계엄의 선포나 확대행위가 사법심사의 대상이 되는지 여부(한정 적극)

대통령의 비상계엄의 선포나 확대 행위는 고도의 정치적·군사적 성격을 지니고 있는 행위라 할 것이므로, 그것이 누구에게도 일견하여 헌법이나 법률에 위반되는 것으로서 명백하게 인정될 수 있는 등 특별한 사정이 있는 경우라면 몰라도, 그러하지 아니한 이상 그 계엄선포의 요건 구비 여부나 선포의 당·부당을 판단할 권한이 사법부에는 없다고 할 것이나, 비상계엄의 선포나 확대가 국헌문란의 목적을 달성하기 위하여 행하여진 경우에는 법원은 그 자체가 범죄행위에 해당하는지의 여부에 관하여 심사할 수 있다[대법원 1997.4.17, 선고, 96도3376, 전원합의체 판결].

② 이라크 파병결정(헌재 2004. 4. 29, 2003헌마814)
③ 사면(헌재 2000. 6. 1, 97헌바74)
④ 남북정상회담의 개최(대판 2004. 3. 26, 2003도7878)

판례 고도의 정치성을 띤 국가행위인 이른바 통치행위가 사법심사의 대상이 되는지 여부(적극)

입헌적 법치주의국가의 기본원칙은 어떠한 국가행위나 국가작용도 헌법과 법률에 근거하여 그 테두리 안에서 합헌적·합법적으로 행하여질 것을 요구하며, 이러한 합헌성과 합법성의 판단은 본질적으로 사법의 권능에 속하는 것이고, 다만 국가행위 중에는 고도의 정치성을 띤 것이 있고, 그러한 고도의 정치행위에 대하여 정치적 책임을 지지 않는 법원이 정치의 합목적성이나 정당성을 도외시한 채 합법성의 심사를 감행함으로써 정책결정이 좌우되는 일은 결코 바람직한 일이 아니며, 법원이 정치문제에 개입되어 그 중립성과 독립성을 침해당할 위험성도 부인할 수 없으므로, 고도의 정치성을 띤 국가행위에 대하여는 이른바 통치행위라 하여 법원 스스로 사법심사권의 행사를 억제하여 그 심사대상에서 제외하는 영역이 있으나, 이와 같이 통치행위의 개념을 인정한다고 하더라도 과도한 사법심사의 자제가 기본권을 보장하고 법치주의 이념을 구현하여야 할 법원의 책무를 태만히 하거나 포기하는 것이 되지 않도록 그 인정을 지극히 신중하게 하여야 하며, 그 판단은 오로지 사법부만에 의하여 이루어져야 한다(대판 2004. 3. 26, 2003도7878).

⑤ 긴급재정경제명령(헌재 1996. 2. 29, 93헌마186)
⑥ 대통령의 국민투표부의여부에 관한 의사결정(헌재 2004. 10. 21, 2004헌마554)

> **판례** 통치행위(대통령긴급재정경제명령)의 헌법재판 대상성
>
> 대통령의 긴급재정경제명령은 국가긴급권의 일종으로서 고도의 정치적 결단에 의하여 발동되는 행위이고 그 결단을 존중하여야 할 필요성이 있는 행위라는 의미에서 이른바 통치행위에 속한다고 할 수 있으나, 통치행위를 포함하여 모든 국가작용은 국민의 기본권적 가치를 실현하기 위한 수단이라는 한계를 반드시 지켜야 하는 것이고, 헌법재판소는 헌법의 수호와 국민의 기본권 보장을 사명으로 하는 국가기관이므로 비록 고도의 정치적 결단에 의하여 행해지는 국가작용이라고 할지라도 그것이 국민의 기본권 침해와 직접 관련되는 경우에는 당연히 헌법재판소의 심판대상이 된다(헌재 1996. 2. 29, 93헌마186).

> **판례**
>
> 신행정수도건설이나 수도이전의 문제를 국민투표에 붙일지 여부에 관한 대통령의 의사결정이 사법심사의 대상이 될 경우 위 의사결정은 고도의 정치적 결단을 요하는 문제여서 사법심사를 자제함이 바람직하다고는 할 수 있고, 이에 따라 그 의사결정에 관련된 흠을 들어 위헌성이 주장되는 법률에 대한 사법심사 또한 자제함이 바람직하다고는 할 수 있다. 그러나 대통령의 위 의사결정이 국민의 기본권침해와 직접 관련되는 경우에는 헌법재판소의 심판대상이 될 수 있고, 이에 따라 위 의사결정과 관련된 법률도 헌법재판소의 심판대상이 될 수 있다(신행정수도의건설을위한특별조치법 위헌확인[전원재판부 2004헌마554, 2004.10.21.]).

2) 통치행위 부정례

① 남북정상회담 개최과정에서의 현대상선의 대북자금 송금행위(대판 2004. 3. 26, 2003도7878)

> **판례** 남북정상회담의 개최과정에서 북한측에 사업권의 대가 명목으로 송금한 행위가 사법심사의 대상이 된다는 판례
>
> 남북정상회담의 개최는 고도의 정치적 성격을 지니고 있는 행위라 할 것이므로 특별한 사정이 없는 한 그 당부를 심판하는 것은 사법권의 내재적·본질적 한계를 넘어서는 것이 되어 적절하지 못하지만, 남북정상회담의 개최과정에서 재정경제부장관에게 신고하지 아니하거나 통일부장관의 협력사업 승인을 얻지 아니한 채 북한측에 사업권의 대가 명목으로 송금한 행위 자체는 헌법상 법치국가의 원리와 법 앞에 평등원칙 등에 비추어 볼 때 사법심사의 대상이 된다(대판 2004. 3. 26, 2003도7878).

② 대통령의 서훈취소행위(대판 2015, 4, 23, 2012두26920)

> **판례** 서훈취소가 법원이 사법심사를 자제해야 할 고도의 정치성을 띤 행위인지 여부(소극)
>
> 구 상훈법 제8조는 서훈취소의 요건을 구체적으로 명시하고 있고 절차에 관하여 상세하게 규정하고 있다. 그리고 서훈취소는 서훈수여의 경우와는 달리 이미 발생된 서훈대상자 등의 권리 등에 영향을 미치는 행위로서 관련 당사자에게 미치는 불이익의 내용과 정도 등을 고려하면 사법심사의 필요성이 크다. 따라서 기본권의 보장 및 법치주의의 이념에 비추어 보면, 비록 서훈취소가 대통령이 국가원수로서 행하는 행위라고 하더라도 법원이 사법심사를 자제하여야 할 고도의 정치성을 띤 행위라고 볼 수는 없다(독립유공자서훈취소처분의취소; 대판 2015, 4, 23, 2012두26920).

③ 피청구인 대통령이 한미연합 군사훈련의 일종인 2007년 전시증원연습을 하기로 한 결정(헌법재판소 2009.05.28. 선고 2007헌마369)

> **판례** 피청구인 대통령이 한미연합 군사훈련의 일종인 2007년 전시증원연습을 하기로 한 결정이 통치행위에 해당하는지 여부(소극)
> 한미연합 군사훈련은 1978. 한미연합사령부의 창설 및 1979. 2. 15. 한미연합연습 양해각서의 체결 이후 연례적으로 실시되어 왔고, 특히 이 사건 연습은 대표적인 한미연합 군사훈련으로서, 피청구인이 2007. 3.경에 한 이 사건 연습결정이 새삼 국방에 관련되는 고도의 정치적 결단에 해당하여 사법심사를 자제하여야 하는 통치행위에 해당된다고 보기 어렵다(헌법재판소 2009.05.28. 선고 2007헌마369).

2. 통치행위의 한계

통치행위도 헌법에 근거하여 행사되는 것인 만큼, 헌법상 국민주권 및 자유민주주의의 원칙과 기본권 침해의 한계에 관한 원칙에 위배되어서는 아니되며, 또한 통치행위의 행사방법에 관한 법률이 있으면 그 법이 정하는 바에 따라서 행사되어야 함은 물론이다(예 : 계엄법 등).

한편, 통치행위가 비록 사법심사로부터는 면제된다고 하더라도 국민에 의한 역사적 심판까지 면제받을 수는 없으며, 통치행위가 빈번하게 자행되는 극단의 경우에는 저항권의 문제가 발생될 수 있다.

3. 통치행위에 대한 권리구제

통치행위가 일정한 요건을 갖추어 사법심사의 대상 자체가 될 수 없으면 그 통치행위의 위헌확인·무효·취소 등을 다투는 소는 부적법 각하된다.

통치행위일지라도 법치주의 원리 등 기본권 침해와 직접 관련된 때에는 사법심사의 대상이 된다. 청구 이유가 없으면 기각된다.

1) 국가배상책임의 문제

위법한 통치행위로 인해 사인이 손해를 입은 경우에 국가배상법의 적용대상이 되는가? 통치행위에 대하여는 위법성 여부가 사법심사대상에서 제외된다. 국가배상을 인정하기 위해서는 통치행위의 위법성을 판단하여야 하므로 통치행위는 국가배상소송의 대상도 되지 않는다.

2) 손실보상의 문제

통치행위는 그 적법·위법 여부를 판단할 수 없으므로 손실보상이 인정될 수 없다.

3) 헌법소원의 문제

통치행위가 국민의 기본권 침해와 직접 관련되는 경우에는 헌법소원의 대상이 된다.

사례연습

대통령의 긴급재정경제명령의 발령은 국가긴급권의 일종으로서 고도의 정치적 결단에 의하여 발동되는 행위이고 그 결단을 존중하여야 할 필요성이 있는 행위라는 의미에서 이른바 통치행위에 해당하는바, 원칙적으로 헌법재판의 대상이 되지 아니한다. 다만 통치행위를 포함하여 모든 국가작용은 국민의 기본권적 가치를 실현하기 위한 수단이라는 한계를 반드시 지켜야 하는 것이고, 헌법재판소는 헌법의 수호와 국민의 기본권 보장을 사명으로 하는 국가기관이므로 비록 고도의 정치적 결단에 의하여 행해지는 국가작용이라고 할지라도 그것이 국민의 기본권 침해와 직접 관련되는 경우에는 당연히 헌법재판소의 심판대상이 된다.

또한 긴급재정경제명령의 발령은 행정소송의 대상인 처분에 해당하지 아니하므로 행정소송으로 다툴 수도 없다.

제2장 행정법이란 무엇인가

제1절 행정법의 개념

행정법이란 『행정의 조직, 작용 및 국민의 권리구제에 관한 국내공법』을 말한다.

Ⅰ. 『행정의 조직·작용 및 구제』에 관한 법

행정법은 행정주체의 조직·권한·상호관계에 관한 법인 행정조직법과 행정주체와 그 당사자인 사인 간의 관계를 규율하는 법인 행정작용법, 그리고 행정작용으로 인한 권리침해로부터 국민의 행정기관에 대한 권리의 구제방법에 관한 법인 행정구제법으로 크게 구분할 수 있다.

Ⅱ. 행정에 관한 『공법』

공법이라 하면 국가공동체를 유지·존속하기 위하여 공권력의 주체와 그 상대방에 대한 명령·강제에 관한 법을 말한다. 행정법을 공법으로 보는 것은 국가와 국민의 관계에서 명령·강제라는 강행법으로 존재하기 때문이다. 국가 또는 지방자치단체가 행하는 공행정은 임의적인 성격의 사법으로는 실현될 수 없기 때문에 강행법인 공법의 적용을 받는다. 물론, 행정에 적용되는 법이라고 무조건 공법으로 볼 수는 없다. 제1장에서 본 바와 같이 행정에는 권력작용·관리작용·국고작용이 있으며, 국고작용에는 사법이 적용되고, 관리작용에도 원칙적으로는 사법이 적용되는 것이기 때문에 행정법은 행정에 적용되는 모든 법을 의미하는 것이 아니고 그 중에서도 사법을 제외한 공법만을 의미한다.

Ⅲ. 행정에 관한 『국내법』

행정을 규율하는 법에는 국내법뿐만 아니라 대한민국과 외국 간에 체결된 국제조약이나 일반적으로 승인된 국제법규 등의 국제법도 있다. 이러한 국제법은 소위 국제법학의 연구대상이지 행정법의 연구대상은 아니다.

다만, 우리 헌법(6①)은 『헌법에 의하여 체결·공포된 조약과 일반적으로 승인된 국제법규는 국내법과 같은 효력을 가진다』고 규정하고 있으므로 범죄인인도조약·2중과세방지협정·우호통상항해조약·국제노동조약·지적소유권에 관한 조약 등과 같이 국내행정과 관계가 있는 국제조약은 행정법의 일부를 구성하며, 그 한도 내에서 행정법학의 연구대상으로 된다고 할 것이다.

특히 세계무역기구(WTO) 설립협정은 무역·지적소유권 등 여러 분야에서 각국의 국내 행정에 관한 기준을 설정하고 이에 맞추어 국내 행정법규를 제정하거나 개정하도록 강제하고 있는 형편이다. 따라서 이러한 국제조약의 해석과 적용에 있어 국내법과의 모순·저촉의 방지 및 실체적 적용 방법 등에 관한 체계적인 연구도 행정법학의 과제로 등장하고 있다.

제 2 절 법치행정의 원칙(행정의 법률적합성의 원칙)

> 행정기본법 제8조(법치행정의 원칙) 행정작용은 법률에 위반되어서는 아니 되며, 국민의 권리를 제한하거나 의무를 부과하는 경우와 그 밖에 국민생활에 중요한 영향을 미치는 경우에는 법률에 근거하여야 한다.

I. 법치행정의 원칙의 의의

> 『법치행정의 원칙』이란, 모든 행정작용은 사람에 의한 『인의 지배』가 아니라 법률에 의한 『법의 지배』하에 이루어져야 한다는 원리를 말한다.

행정사건을 보면 민사사건과 달리 당사자의 의사보다도 법령을 더 중요하게 여긴다. 민사사건은 당사자의 의사를 존중하여 민법에서는 '사적자치의 원칙'이 지배한다. 이에 민사소송법에도 '변론주의'를 채택한다. 하지만 행정사건에서는 행정법상 '법치행정의 원칙(행정의 법률적합성의 원칙)'이 작동한다. 행정의 법률적합성의 원칙은 행정소송법상 '보충적 직권탐지주의 원칙'으로 드러난다. '직권탐지주의'는 형법상 '죄형법정주의 원칙'이 형사소송법에 반영된 것이다.[1]

	민사사건	형사사건	행정사건
실체법	사적 자치의 원칙	죄형법정주의	행정의 법률적합성의 원칙
소송법	변론주의	직권탐지주의	보충적 직권탐지주의

---

[1] 류광해, 실무행정법노트, 충남대학교출판문화원, 2020. 14면.

Ⅱ. 형식적 법치주의

형식적 법치주의란 의회가 제정한 법률에 의거하여 행정권이 발동되기만 하면 충분하며, 법률의 목적이나 내용의 정당성 여부는 묻지 아니하는 것에 그치게 되었다.

Ⅲ. 실질적 법치주의

실질적 법치주의란 행정권의 발동이 형식적인 법률에 의하여 행하여지기만 하면 되는 데에 그치지 아니하고, 법률의 내용 그 자체가 국민의 자유와 권리를 부당하게 침해하는 것이어서는 아니 된다는 것이다.

Ⅳ. 법치행정의 원칙의 내용

1. 법률의 법규창조력의 원칙

일반적으로 『법규』라 함은 국민의 자유와 권리를 규율하기 위하여 의회가 제정한 법률을 말한다.

『법률의 법규창조력』이라 함은 이러한 법규는 국민주권주의 하에서는 국회가 제정한 법률에 의해서만 가능하다는 원칙을 말한다.

그러나 오늘날에 있어서는 의회가 제정한 법률뿐만 아니라 직접 행정기관의 입법에 의해서도 국민의 자유와 권리에 관한 규율인 법규가 만들어지고 있다.

법률의 법규창조력의 원칙에 대한 예외로서는 다음의 것이 있다.

① 헌법 제76조 제1항에 근거하여 1993. 8. 12 공포된 금융실명거래 및 비밀보장에 관한 긴급재정·경제명령.

② 헌법 제75조에 의한 대통령령 및 제95조에 의한 총리령·부령.

2. 법률의 우위의 원칙

행정기본법 제8조(법치행정의 원칙) 행정작용은 법률에 위반되어서는 아니 되며, … .

'법률우위의 원칙'이란 모든 행정작용은 법률에 반하여 행사되어서는 아니 된다는 원칙을 말한다.

다시 말하자면 국회에서 제정하는 형식적 의미의 법률이 그 효력에 있어서는 모든 국가의 행정작용의 우위에 있다는 원칙을 말한다. 즉 행정기관이 행하는 행정작용의 법률종속성을 의미한다.

> **판례** 행정규칙의 내용이 상위법령에 반하는 경우, 당연무효인지 여부(적극) 및 법원이 위 행정규칙에 따라 행정기관이 한 조치의 당부를 판단하는 방법
> '행정규칙'은 상위법령의 구체적 위임이 있지 않는 한 행정조직 내부에서만 효력을 가질 뿐 대외적으로 국민이나 법원을 구속하는 효력이 없다. 다만 행정규칙이 이를 정한 행정기관의 재량에 속하는 사항에 관한 것인 때에는 그 규정 내용이 객관적 합리성을 결여하였다는 등의 특별한 사정이 없는 한 법원은 이를 존중하는 것이 바람직하다. 그러나 행정규칙의 내용이 상위법령에 반하는 것이라면 법치국가원리에서 파생되는 법질서의 통일성과 모순금지 원칙에 따라 그것은 법질서상 당연무효이고, 행정내부적 효력도 인정될 수 없다. 이러한 경우 법원은 해당 행정규칙이 법질서상 부존재하는 것으로 취급하여 행정기관이 한 조치의 당부를 상위법령의 규정과 입법 목적 등에 따라서 판단하여야 한다(대법원 2020.11.26. 선고 2020두42262 판결).

3. 법률의 유보의 원칙

행정기본법 제8조(법치행정의 원칙) 행정작용은 … , 국민의 권리를 제한하거나 의무를 부과하는 경우와 그 밖에 국민생활에 중요한 영향을 미치는 경우에는 법률에 근거하여야 한다.

대한민국 헌법 제37조
② 국민의 모든 자유와 권리는 국가안전보장·질서유지 또는 공공복리를 위하여 필요한 경우에 한하여 법률로써 제한할 수 있으며, 제한하는 경우에도 자유와 권리의 본질적인 내용을 침해할 수 없다.

'법률유보의 원칙'이란 행정작용은 법률의 수권에 의해서만 행하여져야 한다는 원칙을 말한다.

즉 행정작용이란 국민의 자유와 권리에 직접 제한을 가하거나 또는 급부를 제공함으로써 국민의 권리를 형성하는 등 직접 국민과의 관계에서 실행된다. 그러므로 모든 행정작용은 반드시 법률의 규정에 따라 행하여져야 한다는 것이다.

> **판례**
> 헌법 제37조 제2항은 "국민의 모든 자유와 권리는 … 법률로써 제한할 수 있으며"라고 하여 법률유보원칙을 규정하고 있다. 여기서 '법률'이란 국회가 제정한 형식적 의미의 법률을 말한다. 입법자는 행정부로 하여금 규율하도록 입법권을 위임할 수 있으므로, 법률에 근거한 행정입법에 의해서도 기본권 제한이 가능하다. 즉 기본권 제한에 관한 법률유보원칙은 '법률에 의한 규율'을 요청하는 것이 아니라 '법률에 근거한 규율'을 요청

하는 것이므로, 기본권 제한에는 법률의 근거가 필요할 뿐이고 기본권 제한의 형식이 반드시 법률의 형식일 필요는 없으므로, 법규명령, 규칙, 조례 등 실질적 의미의 법률을 통해서도 기본권 제한이 가능하다(헌법재판소 2013.07.25. 선고 2012헌마167 전원재판부).

법적 근거 없이 행하면 하자 있는 행위가 된다. 하자의 정도에 따라 무효 또는 취소사유가 된다.

1) 침해유보설

'침해유보설'은 국민의 자유와 재산을 『침해』하는 것만을 법규라 하고, 이것만이 법이기 때문에 의회가 제정하여야 하며, 여타의 것은 법규가 아니므로 군주가 자유롭게 규율할 수 있다는 입장이다.

따라서 국민의 자유와 권리를 제한하거나 침해하는 행정작용 이외의 범위에서의 행정은 법률유보에 따르지 않고 독자적으로 활동할 수 있는 것으로 본다.

2) 급부행정유보설

'급부행정유보설'은 법률유보를 국민의 자유와 재산에 대한 침해뿐만 아니라 국민에게 권리를 형성하여 주거나 금전적 혜택을 주는 급부행정 전반(공기업, 공물, 사회보장, 자금지원 등)에 확대·적용하여야 한다는 입장이다.

3) 전부유보설

'전부유보설'은 어떠한 행정작용도 행정권이 독자적으로 행할 수 있는 것은 없으며 오로지 법률의 근거가 필요하다는 견해로서, 오늘날의 국민주권주의하에서는 모든 행정권의 행사는 국민의 대표기관인 의회가 제정한 법률에 의거하여 행하여져야 한다는 입장이다.

4) 중요사항유보설(본질유보설; 본질성설)

'중요사항유보설'은 행정작용 중에서 국민과의 관계에 있어서 본질적인 사항에 대한 규율은 입법자가 스스로 결정해야 한다는 것이다.

어떤 사안이 침해적인가의 여부가 문제가 아니라 그 사안의 **중요성** 내지는 **본질성**이 문제가 되며, 예컨대 핵에너지의 사적 사용문제나 사설방송의 도입과 구조문제도 결국 기본권의 침해 여부보다는 그러한 『결정의 중요성』이라는 관점에서 판단하여, 그와 같은 종류의 결정은 국가에 있어서 주도적이며 창조적인 결정이므로 의회가 제정한 법률에 근거가 있어야 한다는 것이다.

헌법재판소는 "법률유보원칙은 단순히 행정작용이 법률에 근거를 두기만 하면 충분한 것이 아니라, 국가공동체와 그 구성원에게 기본적이고도 중요한 의미를 갖는 영역, 특히 국민의 기본권실현과 관련된 영역에 있어서는 국민의 대표자인 입법자가 그 본질적 사항에 대해서 스스로 결정하여야 한다는 요구까지 내포하고 있다(의회유보원칙)"고 하여 '중요사항유보설'의 입장을 취하고 있다(헌재 1999. 5. 27, 98헌바70). 대법원도 같은 입장으로 보인다(대판 2013. 1. 16, 2012추84).

> **판례** <제1차 수신료 사건 : 위헌> 텔레비전방송수신료의 금액에 대하여 국회가 스스로 결정하거나 결정에 관여함이 없이 한국방송공사로 하여금 결정하도록 한 한국방송공사법 제36조 제1항이 법률유보원칙에 위반되는지 여부(적극)
>
> 오늘날 법률유보원칙은 단순히 행정작용이 법률에 근거를 두기만 하면 충분한 것이 아니라, 국가공동체와 그 구성원에게 기본적이고도 중요한 의미를 갖는 영역, 특히 국민의 기본권실현과 관련된 영역에 있어서는 국민의 대표자인 입법자가 그 본질적 사항에 대해서 스스로 결정하여야 한다는 요구까지 내포하고 있다(의회유보원칙). 그런데 텔레비전방송수신료는 대다수 국민의 재산권 보장의 측면이나 한국방송공사에게 보장된 방송자유의 측면에서 국민의 기본권실현에 관련된 영역에 속하고, 수신료금액의 결정은 납부의무자의 범위 등과 함께 수신료에 관한 본질적인 중요한 사항이므로 국회가 스스로 행하여야 하는 사항에 속하는 것임에도 불구하고 한국방송공사법 제36조 제1항에서 국회의 결정이나 관여를 배제한 채 한국방송공사로 하여금 수신료금액을 결정해서 문화관광부장관의 승인을 얻도록 한 것은 법률유보원칙에 위반된다(헌재 1999. 5. 27, 98헌바70).

> **판례** <제2차 수신료 사건 : 합헌> 텔레비전 방송수신료의 부과와 그 징수업무의 위탁을 규정한 방송법 제64조, 제67조 등이 법률유보원칙에 위반하는지 여부(소극)
>
> 현행 방송법은 첫째, 수신료의 금액은 한국방송공사의 이사회에서 심의·의결한 후 방송위원회를 거쳐 국회의 승인을 얻도록 규정하고 있으며(제65조), 둘째, 수신료 납부의무자의 범위를 '텔레비전방송을 수신하기 위하여 수상기를 소지한 자'로 규정하고(제64조 제1항), 셋째, 징수절차와 관련하여 가산금 상한 및 추징금의 금액, 수신료의 체납 시 국세체납처분의 예에 의하여 징수할 수 있음을 규정하고 있다(제66조). 따라서 수신료의 부과·징수에 관한 본질적인 요소들은 방송법에 모두 규정되어 있다고 할 것이다. 한편, 수신료 징수업무를 한국방송공사가 직접 수행할 것인지 제3자에게 위탁할 것인지, 위탁한다면 누구에게 위탁하도록 할 것인지, 위탁받은 자가 자신의 고유업무와 결합하여 징수업무를 할 수 있는지는 징수업무 처리의 효율성 등을 감안하여 결정할 수 있는 사항으로서 국민의 기본권제한에 관한 본질적인 사항이 아니라 할 것이다. 따라서 방송법 제64조 및 제67조 제2항은 법률유보의 원칙에 위반되지 아니한다(방송법 제64조 등 위헌소원(제67조 제2항)[전원재판부 2006헌바70, 2008.2.28]).

> **판례** 사업시행인가 신청시의 토지 등 소유자의 동의요건을 사업시행자의 정관에 위임한 것(대법원 : 합헌) : 사업시행인가 신청시의 토지 등 소유자의 동의요건을 사업시행자의 정관에 위임한 도시 및 주거환경정비법 제28조 제4항 본문이 포괄위임입법금지원칙에 위배되는지 여부(소극) 및 그 동의요건이 토지 등 소유자의 재산상 권리·의무에 영향을 미치는 것으로서 법률유보 내지 의회유보의 원칙에 위배되는지 여부(소극)
>
> 구 도시 및 주거환경정비법(2005. 3. 18. 법률 제7392호로 개정되기 전의 것)상 사업시행자에게 사업시행계획의 작성권이 있고 행정청은 단지 이에 대한 인가권만을 가지고 있으므로 사업시행인가 조합의 사업시행계획 작성은 자치법적 요소를 가지고 있는 사항이라 할 것이고, 이와 같이 사업시행계획의 작성이 자치법적 요소를 가지고 있는 이상, '조합의 사업시행인가 신청시의 토지 등 소유자의 동의요건' 역시 '자치법적 사항'이라 할 것이며, 따라서 2005. 3. 18. 법률 제7392호로 개정된 도시 및 주거환경정비법 제28조 제4항 본문이 사업시행인가 신청시의 동의요건을 조합의 정관에 포괄적으로 위임하고 있다고 하더라도 헌법 제75조가 정하는 포괄위임입법금지의 원칙이 적용되지 아니하므로 이에 위배된다고 할 수 없다. 그리고 조합의 사업시행인가

신청시의 토지 등 소유자의 동의요건이 비록 토지 등 소유자의 재산상 권리·의무에 영향을 미치는 사업시행계획에 관한 것이라고 하더라도, 그 동의요건은 사업시행인가 신청에 대한 토지 등 소유자의 사전 통제를 위한 절차적 요건에 불과하고 토지 등 소유자의 재산상 권리·의무에 관한 기본적이고 본질적인 사항이라고 볼 수 없으므로 법률유보 내지 의회유보의 원칙이 반드시 지켜져야 하는 영역이라고 할 수 없고, 따라서 개정된 도시 및 주거환경정비법 제28조 제4항 본문이 법률유보 내지 의회유보의 원칙에 위배된다고 할 수 없다(주택재개발사업시행인가처분취소[대법원 2007.10.12. 선고, 2006두14476, 판결]).

> **판례** 도시환경정비사업의 시행자인 토지등소유자가 사업시행인가를 신청하기 전에 얻어야 하는 토지등소유자의 동의요건을 토지등소유자가 자치적으로 정하여 운영하는 규약에 정하도록 한 구 '도시 및 주거환경정비법'(2005. 3. 18. 법률 제7392호로 개정되고, 2007. 12. 21. 법률 제8785호로 개정되기 전의 것) 제28조 제4항 본문의 '사업시행자' 부분 중 제8조 제3항에 따라 도시환경정비사업을 토지등소유자가 시행하는 경우에 관한 부분이 법률유보원칙에 위반되는지 여부(적극)
>
> 토지등소유자가 도시환경정비사업을 시행하는 경우 사업시행인가 신청시 필요한 '토지등소유자의 동의'는 개발사업의 주체 및 정비구역 내 토지등소유자를 상대로 수용권을 행사하고 각종 행정처분을 발할 수 있는 행정주체로서의 지위를 가지는 사업시행자를 지정하는 문제로서 그 동의요건을 정하는 것은 국민의 권리와 의무의 형성에 관한 기본적이고 본질적인 사항이므로 국회가 스스로 행하여야 하는 사항에 속하는 것임에도 불구하고 사업시행인가 신청에 필요한 동의정족수를 토지등소유자가 자치적으로 정하여 운영하는 규약에 정하도록 한 것은 법률유보원칙에 위반된다(헌법재판소 2011.08.30. 선고 2009헌바128,148(병합) 전원재판부).

> **판례** '지방의회의원에 대하여 유급보좌인력'을 두는 것은 지방의회의원의 신분·지위 및 그 처우에 관한 현행 법령상의 제도에 중대한 변경을 초래하는 것으로서, 이는 개별 지방의회의 조례로써 규정할 사항이 아니라 국회의 법률로써 규정하여야 할 입법사항이다(국회의원의 입법활동을 지원하기 위한 보좌직원으로서의 보좌관도 국회의원수당 등에 관한 법률 제9조에서 규정하고 있다)(대법원 2013.01.16. 선고 2012추84 판결).

5) 사견

'침해유보설'은 급부행정의 특성에 부응하지 못하는 것으로서 현대 자유민주주의 국가에서는 더 이상 고수될 여지가 없게 되었고, 현대 복지국가에 있어 행정의 주요기능이 소극적 질서유지행정에서 적극적 급부행정으로 이행함에 따라, 상·하수도, 전기·가스 공급, 생활보호, 의료보호 등 급부의 거부 내지는 부당한 배분은 기회적인 의미에서 국민의 재산을 침해하는 것으로 보지 않을 수 없다는 관점에서 '급부행정유보설'이 타당한 근거를 갖게 되었다.

다만, 현실 행정에서 보건대, 도로·하천·공원 건설 등과 같은 많은 종류의 급부행정이 법률의 근거 없이 행하여지고 있는바, 이들 모두에까지 예산상의 근거 외에 법률의 근거까지 요구하면 오히려 급부행정의 위축을 초래하여 국민에게 불리하게 될 뿐이다.

이러한 의미에서 기본적으로는 '침해유보설'에 입각하면서도, 수도공급·영세민구호 등과 같이 급부가 국민의 일상생활에 필수 불가결한 것으로서 국민 일반의 정서에 비추어 윤리에 가까울 정도의 것이라고 인정될 경우, 또는 당해 사안의 본질에 비추어 국민적·국가적 '중요사항'

에 해당된다고 볼 수 있는 것은 의회민주주의의 관점에서 법률의 근거를 요한다고 할 것이다.

제 3 절 행정법의 법원

Ⅰ. 법원의 의의

1. 의 의

법원이라 함은 법을 구체적으로 알려고 하는 경우의 인식수단, 즉 법의 존재형식을 의미한다.

행정법의 법원은 행정에 관하여 실제 적용되고 있는 법의 존재형식 또는 그 인식근거가 되고 있는 실정법으로서의 **성문법원**과, 성문법으로 규정되어 있지 않는 범위에서 적용되는 보충적 법원으로서의 **불문법원**으로 구분할 수 있다.

2. 성문법주의의 원칙과 불문법에 의한 보충

행정법에 있어서만큼은 거의 모든 국가가 성문법주의를 원칙으로 하고 있다. 그 이유는, ① 국민의 자유와 재산을 침해하는 침해행정에 있어서는 특히 행정권 발동의 요건과 한계를 법으로 미리 명확히 해 두어야 행정에 대한 예측가능성과 법적 안정성이 보장되며, ② 급부행정에 있어서는 급부의 계속성을 보장할 필요가 있고, ③ 어떤 형태의 행정작용이건 간에 행정의 공정성을 확보하여야 하며, ④ 행정조직법에 있어서는 담당기관의 권한과 책임의 소재를 분명히 해 두어야 할 필요가 있고, ⑤ 행정구제법에 있어서는 구제의 절차를 명백히 함으로써 권리구제에 만전을 기할 필요가 있기 때문이다.

그러나 행정의 규율대상은 복잡하기 이를 데 없음에 비하여, 이를 일일이 성문법을 제정하여 완벽하게 규율한다는 것은 법기술상으로나 인간능력의 한계 때문에 거의 불가능에 가까운 일이기 때문에 부득이 관습법·판례법·조리 등의 불문법으로 이를 보충할 수밖에 없게 된다.

Ⅱ. 성문법원

1. 헌 법

헌법은 국가의 최고규범이므로 헌법에 직접 규정하고 있는 행정조직에 관한 규정(대통령·국무총리·행정각부·감사원·지방자치단체 등)과 행정작용에 관한 규정(기본권 보장과 그 한계 및 경제에 관한 규정 등) 및 행정구제에 관한 규정(국가배상·손실보상·사법부 등에 관한 규정)은 행정법의 법원 중 최고의 법원이 된다.

2. 법 률

법치주의의 원리에 입각하여 모든 행정작용은 법률에 근거하여 발동되는 것이 원칙이다. 여기서 법률이라 함은 형식적 의미의 법률, 즉 국회가 헌법상의 절차에 따라 제정한 법률만을 의미한다. 국회가 제정한 법률은 본래적 법원이기 때문에 이에 근거하여 성립되는 전래적 법원으로서의 법규명령과 자치법규보다 우위의 효력을 가진다. 따라서 법률에 저촉되는 법규명령 또는 자치법규는 무효가 된다. 다만, 우리 헌법이 인정한 긴급명령, 긴급 재정·경제명령은 법률이 아닌 법규명령에 해당되지만 그 효력은 법률과 같다(헌76①·②).

3. 조약 및 국제법규

조약이란 조약·협정·협약 등 명칭 여하를 불문하고 국가와 국가 사이 또는 국가와 국제기구 사이의 법적 구속력 있는 문서에 의한 합의를 말하며, 국제법규란 우리나라가 당사국은 아니지만 국제사회에서 일반적으로 그 규범성이 승인된 조약(예: 우리나라가 UN에 가입하기 전에도 이미 UN헌장의 규범성을 승인하고 있었다)과 국제관습법(예: 조약이 체결되기 전부터 관습법으로 존재해 왔던 외교관의 특권과 면제, 전쟁 및 포로의 대우, 국내문제불간섭주의, 정치범 불인도의 원칙 등)을 말한다.

이들의 국내적 효력에 관하여는 우리 헌법(6)이『헌법에 의하여 체결·공포된 조약과 일반적으로 승인된 국제법규는 국내법과 같은 효력을 가진다』고 규정하고 있으므로 별도로 국내법으로 이를 제정·수용하지 않더라도 당연히 행정법의 법원이 된다는 국제법·국내법 **일원론**이 통설·판례의 입장이지만, 양자를 전혀 별개의 법체계로 보아, 국제법은 국내에 당연히 적용되는 것은 아니며 **별도의 국내법 제정절차를 거쳐야 한다는 국제법·국내법 이원론**도 있다.

생각건대, 우리 헌법규정과 판례에 비추어 일원론이 타당하다고 하겠으며, 행정실무에 있어서는 조약을 체결하거나 그에 가입한 경우 이에 모순·저촉되는 국내법은 즉시 개정하여 법체계 간의 모순·저촉 현상을 방지하는 데 노력하고 있다(예 : WTO설립협정 가입에 따라 이에 상충되는 농업·공업·서비스업·지적소유권 등의 분야에 있어서의 국내법의 정비).

> **판례** 학교급식을 위해 국내 우수농산물을 사용하는 자에게 식재료나 구입비의 일부를 지원하는 것 등을 내용으로 하는 지방자치단체의 조례안이 '1994년 관세 및 무역에 관한 일반협정'(General Agreement on Tariffs and Trade 1994)에 위반되어 그 효력이 없다고 한 사례

특정 지방자치단체의 초·중·고등학교에서 실시하는 학교급식을 위해 위 지방자치단체에서 생산되는 우수 농수축산물과 이를 재료로 사용하는 가공식품(이하 '우수농산물'이라고 한다)을 우선적으로 사용하도록 하고 그러한 우수농산물을 사용하는 자를 선별하여 식재료나 식재료 구입비의 일부를 지원하며 지원을 받은 학교는 지원금을 반드시 우수농산물을 구입하는 데 사용하도록 하는 것을 내용으로 하는 위 지방자치단체의 조례안이 내국민대우원칙을 규정한 '1994년 관세 및 무역에 관한 일반협정'(General Agreement on Tariffs and Trade 1994)에 위반되어 그 효력이 없다(대법원 2005.09.09. 선고 2004추10 판결).

4. 명 령

명령이라 함은 행정권에 의하여 정립되는 법규의 성질을 가진 것으로서 국민에게 의무를 부과하거나 국민의 자유와 권리를 제한하는 것을 내용으로 하는 것을 말한다. 즉, **법규명령**을 총칭하는 것으로서 국회가 제정하는 법률에 대응되는 개념이며 행정권의 발동을 의미하는 행정규칙에도 대응되는 개념이다.

명령은 법률의 위임 여부에 따라 상위법령에서 위임받은 사항을 정하는 위임명령과 상위법령을 집행하기 위한 집행명령으로 나누어지고 그 제정주체에 따라 대통령령·총리령·부령으로 구분되며, 이 외에도 중앙선거관리위원회규칙·대법원규칙 및 헌법재판소규칙이 있다.

5. 자치법규

자치법규란 지방자치단체가 자치입법권에 의거하여 법령의 범위 안에서 제정하는 자치에 관한 법규를 말하며(헌117①), 이에는 지방의회가 제정하는 **조례**와 지방자치단체의 집행기관이 제정하는 **규칙**이 있다. 지방지차단체의 집행기관에는 행정에 관한 일반사무의 집행기관과 교육·체육·과학에 관한 사무의 집행기관이 있다. 따라서 규칙에는 일반사무에 관한 일반규칙과 교육 등에 관한 교육규칙이 있다.

Ⅲ. 불문법원

1. 관습법

1) 의 의

관습법이란 『일반 국민 사이에 오랫동안 계속하여 같은 사실이 관행(慣行)으로 반복되고, 이에 대하여 법적으로 문서화되어 있지 않음에도 불구하고 이 관행은 준수되어야 한다는 국민 일반의 법적 확신을 얻음으로써 성립되는 법규범』을 말한다.

2) 법원성(인정여부)

행정관습법의 인정여부에 관하여는, 행정은 법률적합성의 원칙이 엄격히 적용되기 때문에 관습법은 존재할 수 없다는 견해와 현대행정은 복잡다기하고 변화무쌍하여 성문법이 미비한 분야가 있을 수 있으므로 관습법의 성립을 인정하여야 한다는 견해가 대립하고 있다.

생각건대 성문법을 아무리 제때에 잘 정립한다고 하더라도 변화의 속도가 엄청난 현대생활의 모든 분야에까지 성문법이 완비될 것을 기대하기는 어렵기 때문에 관습법의 성립을 부인할 수는 없다.

3) 성립요건

관습법의 성립에는 위에서 본 관행과 법적 확신 이외에 또 다른 요건이 필요한가에 관하여, 국민 일반의 법적 확신까지 얻은 관행은 그 자체로서 법력이 내재하며, 그 외에 국가에 의한 승인까지는 필요 없다는 견해(법적 확신설)와 법의 본질을 국가의 명령으로 보는 법명령설에 기초한 제정법 우위의 사상에 입각하여, 관습법이 법으로서의 효력을 갖기 위하여서는 국가에 의한 명시적 또는 묵시적 승인이 있어야 한다는 견해(국가승인설)가 대립하고 있다. 법적 확신설이 판례의 입장이다(대판 1983. 6. 14, 80다3231 등).

생각건대 관습법의 존재 가치는 국가의 성문법이 미처 제정되어 있지 못한 분야에서 찾을 수 있는 것이며, 관습법에 대하여 국가가 어떤 형태의 승인행위를 할 정도라면 법률경제나 법적 안정성·명확성의 견지에서 차라리 성문법을 제정하는 편이 나을 것이라는 점에서 법적 확신설이 타당하다고 본다.

4) 효 력

관습법의 법원성을 인정하는 경우에도 그 효력에 관하여는, 행정에 있어서는 성문법주의의 원칙이 적용되기 때문에 관습법은 성문법이 존재하지 않는 경우에만 보충적으로 효력을 갖는다는 견해(보충적 효력설)와 성문법이 존재하는 분야에서도 관습법이 성립될 수 있으며, 이 경우 관습법은 성문법을 변경 또는 개폐하는 효력을 가진다는 견해(변경적 효력설)이 대립되어 있다.

생각건대 법적 확신설을 취하는 경우에도 법치주의를 관철시키기 위하여 보충적 효력만을 인정하는 것이 반드시 논리적으로 모순이라고 볼 수는 없다고 할 것이므로 **보충적 효력설에 찬동**하며, 판례도 같은 입장에 있다.

5) 종 류

행정상의 관습법에는 행정선례법과 민중적 관습법이 있다.

① 행정선례법

행정기관이 취급한 선례가 오랫동안 반복 시행됨으로써 국민들 간에 그것에 대한 법적 확신이 생긴 경우를 말한다. 행정선례법은 정부의 오랜 관행이나 상급행정청의 훈령·예규·통첩·질의에 대한 회신 등에 의하여 형성되는 경우가 많으며, 특히 행정부 내에서 각 부처의 법령질의에 대한 유권해석권을 갖는 법제처(민·형사소송·국가배상법 분야 등은 법무부)의 유권해석에 따라 행정기관이 이를 반복적으로 적용함으로써 성립될 경우도 있다.

한편, **국세기본법** 제18조 제3항은 『세법의 해석 또는 국세행정의 관행이 일반적으로 납세자에게 받아들여진 후에는 그 해석 또는 관행에 의한 행위 또는 계산은 정당한 것으로 보며, 새로운 해석 또는 관행에 의하여 소급하여 과세되지 아니한다』고 규정함으로써 세무행정에 있어서의 행정선례법의 존재를 명시적으로 인정하고 있으며, 현행 **행정절차법** 제4조 제2항에도 『행정청은 법령 등의 해석 또는 행정청의 관행이 일반적으로 국민들에게 받아들여진 때에는 공익 또는 제3자의 정당한 이익을 현저히 해할 우려가 있는 경우를 제외하고는 새로운 해석 또는 관행에 의하여 소급하여 불리하게 처리하여서는 아니된다』고 규정하여 이를 인정하고 있다.

② 민중적 관습법

공법분야에 있어서 민중 사이에 오랫동안 반복되어 온 관행이 존재하는 경우에 성립될 수 있는 것으로서, 주로 공물·공수(公水)의 사용 관계에 관하여 존재하는바, 입어권과 관습상의 하천수사용권(관개용 수리권 등)이 그 예이다.

특히 수산업법은 입어권을 인정하여야 한다는 명문규정을 둠으로써 민중적 관습법의 존재를 명시적으로 인정하고 있다.

> **판례** 불문법상 해상경계의 성립 기준
>
> 지방자치단체 사이의 불문법상 해상경계가 성립하기 위해서는 관계 지방자치단체·주민들 사이에 해상경계에 관한 일정한 관행이 존재하고, 그 해상경계에 관한 관행이 장기간 반복되어야 하며, 그 해상경계에 관한 관행을 법규범이라고 인식하는 관계 지방자치단체·주민들의 법적 확신이 있어야 한다.
>
> 국가기본도에 표시된 해상경계선은 그 자체로 불문법상 해상경계선으로 인정되는 것은 아니나, 관할 행정청이 국가기본도에 표시된 해상경계선을 기준으로 하여 과거부터 현재에 이르기까지 반복적으로 처분을 내리고, 지방자치단체가 허가, 면허 및 단속 등의 업무를 지속적으로 수행하여 왔다면 국가기본도상의 해상경계선은 여전히 지방자치단체 관할 경계에 관하여 불문법으로서 그 기준이 될 수 있다(헌법재판소 2021.02.25. 선고 2015헌라7 전원재판부).

2. 판례법

1) 의 의

> 행정소송사건에 대한 법원의 판결은 그 본질이 비록 특정 사건에 대하여 행정법규를 해석·적용하여 당해 사건의 적법성 여부를 판단하는 것만을 목적으로 하는 것이기는 하지만, 그 판단 과정에서 일반적이며 추상적인 행정법규의 내용을 명확히 하고 그 해석의 기준을 제시하기 때문에 관계 행정청과 국민은 이를 법으로 인식하게 되는바, 이를 판례법이라 한다.

2) 법원성의 인정 여부

① 영미법계

영미법계 국가에서는 전통적으로 **선례구속성의 원칙**이 확립되어 판례법은 행정법의 법원으로서 매우 중요한 위치를 차지한다고 하겠으나, 최근 환경·사회복지·경제규제 등 각 분야에서 국가의 적극적 개입이 성문법을 통하여 행해지고 있기 때문에 상대적으로 판례법의 비중은 감소되고 있다고 할 수 있다.

② 대륙법계

대륙법계는 성문법주의를 원칙으로 하고 최고법원도 자기 판례를 변경할 수 있으며, 상급법원의 판례는 하급법원을 법적으로 구속하는 힘은 없고 사실상의 구속력을 가질 뿐이므로 가끔 하급법원으로부터 도전을 받고 있어 판례법의 법원으로서의 지위는 약하다고 하겠다.

③ 우리나라

우리나라는 **대륙법계** 국가에 속하며, 법원조직법 제8조도『상급법원의 재판에 있어서의 판단은 '당해 사건에 관하여' 하급심을 기속한다』고 하였기 때문에 상급법원의 판례의 구속력은 당해 소송사건에만 한정되며, 같은 성질의 다른 사건에 대하여까지 하급심을 법적으로 구속하지는 못한다.

따라서 법적·제도적으로는 판례의 법원성을 인정할 수 없다. 다만 현실적으로 보건대, 만일 하급법원이 같은 성질의 사건에서 대법원의 기존 판례와 상반되는 판결을 할 경우에는 상고에 의하여 결국 파기될 것이므로 판례는 '**사실상의 구속력**'을 갖게 된다고 할 수 있다.

3. 조 리(행정법의 일반법원칙)

1) 의 의

> 조리란 『사물의 본질적 법칙』 또는 『일반 사회의 정의감에 비추어 반드시 그렇게 되어야만 할 것이라고 인정되는 것』을 말한다.

이는 ① 법해석의 기본원리로서 작용할 뿐만 아니라, ② 성문법·관습법·판례법이 모두 없을 경우에 최후의 보충적 법원으로서 매우 중요한 의의를 가진다. 따라서 조리는 행정법관계의 영역 전반에 걸쳐 광범위하게 적용되는 **일반법원칙**으로 기능하게 된다.

2) 성 질

조리의 내용은 영구불변의 것이 아니라 시대와 사회에 따라 변화할 수 있는 것으로서, 종래부터 평등·비례·신의성실의 원칙이 인정되어 왔으며 최근에는 신뢰보호·과잉급부금지·부당결부금지의 원칙이 대두되고 있고, 그 외에 기득권존중·자의(恣意)의 금지·기대가능성의 원칙 등도 제시되고 있다.

이와 같은 여러 가지 조리의 성질에 관하여는, ① 평등·비례의 원칙은 헌법원칙(헌11 및 37), ② 신의성실의 원칙은 민법(민①) 또는 법의 일반원칙, ③ 취소권 제한에 관한 원칙 등은 판례에 의하여 확인된 것이므로 판례법으로서의 성질을 갖는다고 하면서, 이들 모든 원칙이 『과연 사물의 본질적 법칙』이라는 본래의 의미의 조리의 개념에 포함될 수 있을지에 관하여 의문을 표시하고, 관습법·판례법에 이은 제3의 불문법원을 통칭하는 개념으로서 조리라는 개념 대신에 (『행정법의 일반원리』) 또는 『행정법의 일반법원칙』이라는 개념이 바람직하다고 하는 학자들도 늘어나고 있다. 그런데 이러한 원칙들은 행정기본법에 반영되었다. 행정기본법에서는 제2장 행정의 법 원칙 하에 제8조(법치행정의 원칙), 제9조(평등의 원칙), 제10조(비례의 원칙), 제11조(성실의무 및 권한남용금지의 원칙), 제12조(신뢰보호의 원칙), 제13조(부당결부금지의 원칙)를 두고 있다.

3) 평등의 원칙

행정기본법 제9조(평등의 원칙) 행정청은 합리적 이유 없이 국민을 차별하여서는 아니 된다.

대한민국 헌법 제11조
① 모든 국민은 법 앞에 평등하다. 누구든지 성별·종교 또는 사회적 신분에 의하여 정치적·경제적·사회적·문화적 생활의 모든 영역에 있어서 차별을 받지 아니한다.

① 평등의 원칙의 의의

'평등의 원칙'은 근대입헌주의 헌법의 가장 기본적인 원칙으로서, 『본질적으로 같은 것은 같게, 본질적으로 다른 것은 다르게』라는 의미에서 형식적 평등이 아닌 합리적 차별을 인정하는 실질적 평등을 의미한다고 하겠으며, 우리 헌법도 직접 이를 명시하고 있다(평등권 및 균등교육·남녀고용평등·평등선거권 : 헌11·21·32④·67 등). 개별 법률에 특별한 규정이 없으면 행정기본법 제9조가 적용된다.

② 평등의 원칙의 성질

『법 앞에서의 평등』이라고 할 때의 법은 행정법도 당연히 포함되는 것이므로 헌법 제11조의 규정은 행정에도 직접 적용된다고 보는 견해(**성문법원리**)와, 헌법은 다만 평등원칙을 규정하고 있을 뿐, 행정법상 평등원칙의 내용을 이루는 공적 부담 내지는 공역무 앞의 평등에 대하여는 직접 규정하고 있지 않으므로 행정법에 있어서의 평등이라는 원리는 헌법 제11조의 기본이념으로부터 도출되는 **불문법원리**라고 보는 것이 타당하다는 견해가 있다. 그러나 어느 경우든 평등원칙에 위반한 행위는 위헌·위법으로 보기 때문에 그 효력 면에서는 차이가 없다.

③ 평등원칙에 근거한 '행정의 자기구속의 원칙'

'행정의 자기구속의 원칙'이란 행정관청이 어떤 결정을 내림에 있어서 비록 재량이 인정되어 있다고 하더라도 같은 종류의 대상에 대하여는 이미 다른 사람에게 행한 것과 동일한 결정을 하도록 스스로 구속당한다는 원칙을 말한다.

▶ 예 : 급부행정에 있어서 무의탁 노인에게 생계비를 지급하는 경우에 동일한 조건의 경우라면 특정인에게는 지급하면서 다른 특정인에게 지급하지 않을 수 없다.

행정의 자기구속의 이론적 근거로서는 신뢰보호의 원칙에서 구하는 견해도 있으나 평등원칙에서 구하는 편이 보다 직접적이라 하겠다.

행정의 자기구속의 원칙의 적용범위는 재량이 인정되는 모든 행정작용에 걸친다고 하겠다.

행정의 자기구속의 원칙에 위반한 법령이나 행정처분은 위헌·위법하다. 따라서 그 행정처분은 항고소송의 대상이 된다.

④ 행정규칙과 행정의 자기구속의 원칙

행정관청이 인·허가업무를 할 때에 그 재량권행사의 준칙(재량준칙)을 법규명령이 아닌 훈령·예규 등의 행정규칙으로 정하는 사례가 아직도 많이 있는바, 이 경우 종래의 전통적인 견해에 의하면, 행정규칙은 법규가 아니므로 행정조직 내부에서만 적용되는 결과, 국민에 대하여는 법적 구속력을 가지지 아니하며 따라서 행정처분이 이에 위반하더라도 위법은 아니라고 하였다.

그러나 행정관청이 재량준칙인 행정규칙을 정립하여 시행하는 이상 행정관청은 국민에 대하여 동등한 사안에 대하여는 당해 행정규칙이 정하는 바에 따라 동일한 처분을 하여야 할 자기구속을 당하게 되고, 상대방인 국민도 종전의 결정과 동일한 내용의 수익을 주장할 수 있게 됨으로써 이에 위반한 처분에 대하여는 위법을 이유로 취소를 구하는 행정쟁송을 제기할 수 있으며, 이러한 의미에서 평등원칙에 근거한 행정의 자기구속의 원칙은 행정조직의 내부규범에 불과한 행정규칙을 국가와 국민 간에도 적용되는 법규로 전환시키는 '**전환규범**'으로서의 역할을 한다고 볼 수 있다.

> **판례** 상급행정기관이 하급행정기관에 발하는 이른바 '행정규칙이나 내부지침'을 위반한 행정처분이 위법하게 되는 경우
> 상급행정기관이 하급행정기관에 대하여 업무처리지침이나 법령의 해석적용에 관한 기준을 정하여 발하는 이른바 '행정규칙이나 내부지침'은 일반적으로 행정조직 내부에서만 효력을 가질 뿐 대외적인 구속력을 갖는 것은 아니므로 행정처분이 그에 위반하였다고 하여 그러한 사정만으로 곧바로 위법하게 되는 것은 아니다. 다만, 재량권 행사의 준칙인 행정규칙이 그 정한 바에 따라 되풀이 시행되어 행정관행이 이루어지게 되면 평등의 원칙이나 신뢰보호의 원칙에 따라 행정기관은 그 상대방에 대한 관계에서 그 규칙에 따라야 할 자기구속을 받게 되므로, 이러한 경우에는 특별한 사정이 없는 한 그를 위반하는 처분은 평등의 원칙이나 신뢰보호의 원칙에 위배되어 재량권을 일탈·남용한 위법한 처분이 된다[대법원 2009.12.24, 선고, 2009두7967, 판결].

⑤ **위법한 행정처분에 대한 행정청의 자기구속 적용 여부**

평등의 원칙은 본질적으로 같은 것을 자의적으로 다르게 취급함을 금지하는 것이고, '위법한 행정처분'이 수차례에 걸쳐 반복적으로 행하여졌다 하더라도 그러한 처분이 '위법'한 것인 때에는 행정청에 대하여 '자기구속력'을 갖게 된다고 할 수 없다(대법원 2009.6.25, 선고, 2008두13132, 판결).

⑥ **평등의 원칙의 한계**

행정의 일반법원칙으로서의 평등의 원칙이라 하더라도 모든 경우에 적용되는 것은 아니다. 평등은 두 사람 이상의 상대방이 존재하는 경우에 규범적 적용의 근거가 되는 것이므로 그 비교의 대상이 없는 경우에는 개념 본질적으로 적용의 문제가 발생하지 아니한다. 또한 행정규칙의 적용에 따른 종전의 행정관행의 내용이 위법적인 경우에는 위법적 수익내용의 계속적인 평등적용을 요구할 수는 없다. 즉 위법의 평등적용은 인정되지 않는다.

4) 비례의 원칙

행정기본법 제10조(비례의 원칙) 행정작용은 다음 각 호의 원칙에 따라야 한다.
1. 행정목적을 달성하는 데 유효하고 적절할 것

2. 행정목적을 달성하는 데 필요한 최소한도에 그칠 것
3. 행정작용으로 인한 국민의 이익 침해가 그 행정작용이 의도하는 공익보다 크지 아니할 것

대한민국 헌법 제37조
② 국민의 모든 자유와 권리는 국가안전보장·질서유지 또는 공공복리를 위하여 필요한 경우에 한하여 법률로써 제한할 수 있으며, 제한하는 경우에도 자유와 권리의 본질적인 내용을 침해할 수 없다.

① 비례의 원칙의 의의

'비례의 원칙'은 처음 경찰행정의 영역에서 인정되어 경찰권 발동에 대한 조리상의 한계로 작용해 왔는바, 일반적으로는 행정작용에 있어서 행정목적(예: 공공의 안녕·질서) 달성에 필요한 수단(예: 경찰관의 총기사용)을 선택함에 있어서 목적과 수단 간에는 합리적이라고 인정될 정도의 비례관계가 유지되어야 하며 그렇지 못한 경우는 위법한 것으로 보아야 한다는 원칙을 말한다.

이는 흔히 '과잉금지의 원칙'이라고도 하며, 그 개별적 내용으로서는 목적적합성의 원칙, 최소침해의 원칙 및 협의의 비례원칙이 포함된다. 우리 헌법재판소는 비례의 원칙의 내용적 요소로서 목적의 정당성, 수단의 상당성 내지 방법의 적절성, 침해의 최소성, 법익의 균형성을 들고 있다.

② 비례의 원칙의 내용

비례의 원칙의 구체적 내용은 다음과 같다.

(가) 목적적합성의 원칙

행정작용을 하고자 할 때에는 이로 인하여 달성하고자 하는 목적에 적합하게끔 행사되어야 한다는 원칙이다. 따라서 이미 행하여진 행정작용이라도 그것이 당초의 목적에 적합하지 아니하게 된 때에는 이를 중지하고, 이미 행하여진 작용은 원상 회복되어야 한다.

(나) 최소침해의 원칙(필요성의 원칙)

자유와 권리를 침해하는 경우에도 최소한의 침해를 가져오는 수단을 선택하여야 한다는 원칙이다. '필요성의 원칙'이라고도 한다. 이는 행정상 경찰권의 발동에 있어서 최단 시간에 최소의 침해만으로 최적의 행정을 실현하여야 한다는 것으로서 행정법에서 등장한 이론이다. 법이론적으로 이와 같은 뜻으로 사용되는 과잉금지의 원칙이 있는데, 이는 국회가 입법과정에서 지켜야 하는 원칙이라는 측면에서 최소침해의 원칙과 구별된다.

(다) 협의의 비례원칙(상당성의 원칙)

위의 두 요건이 모두 다 충족되는 경우에도 당해 행정작용에 의한 사익 침해의 정도와 그

로 인하여 달성하고자 하는 공익 간에는 상당하다고 인정될 정도의 비례관계가 유지되어야 하며, 사소한 공익의 달성을 위한 중대한 사익의 침해는 허용되지 아니한다는 원칙이다. '상당성의 원칙'이라고도 한다.

③ **비례의 원칙의 근거**

비례원칙의 이론적 근거는 원래 정의 내지는 형평이라는 조리에서 찾을 수 있겠으나, 우리 헌법 제37조 제2항은 『국민의 모든 자유와 권리는 국가안전보장·질서유지 또는 공공복리를 위하여 법률로써 제한할 수 있으며, 제한하는 경우에도 자유와 권리의 본질적인 내용을 침해할 수 없다』라고 하여 명문으로 비례의 원칙을 천명하고 있으므로 이를 헌법상의 원칙으로 보아야 할 것이다. 개별 법률에 특별한 규정이 없으면 행정기본법 제10조가 적용된다.

④ **비례의 원칙의 적용범위**

원래 비례의 원칙은 전형적인 침해행정인 경찰권의 발동한계론에서 출발하였으나, 오늘날은 모든 행정분야에까지 확대·적용되고 있으며, 그 대표적인 것을 예시하면 다음과 같다.

(가) **재량행위**에 있어서 재량권 행사의 한계로 작용하며, 비례의 원칙을 넘어선 재량권 행사는 재량권 남용으로 위법이 되고,

(나) **행정강제**, 즉 행정상의 강제집행과 즉시강제 역시 행정목적 실현을 위한 실력행사로서 전형적인 침해행정이므로 실력행사의 정도와 방법의 선택에는 엄격한 비례의 원칙이 적용되며,

(다) **사정재결**(행심33①) 및 **사정판결**(행소28①)과 같이 원고의 청구가 이유가 있어 행정처분을 취소·변경하여야 함이 원칙임에도 불구하고, 취소·변경하는 것이 현저히 공공복리를 해할 경우에는 취소·변경하지 않는 대신에 원고에게 손해배상 등의 적절한 조치를 취하도록 하는 것도 비례원칙의 적용례가 되겠고(사소한 사익을 위하여 큰 공익을 해하는 것을 불허하는 예),

(라) **취소·철회권의 행사**에 있어서도 비록 당해 행정행위가 위법하여 철회의 대상이 된다고 하더라도, 취소·철회하면 이미 성립된 법질서와 기득권을 현저히 침해하기 때문에 취소·철회하지 않으면 안될 정도의 중대한 공익상의 필요가 있는 경우에 한하여, 그리고 필요한 최소한의 범위 내에서만 취소·철회가 허용되며,

(마) 행정행위에 **부관**을 붙임에 있어서도 주된 행정행위의 목적과는 아무 관계가 없거나, 주된 행정행위의 본질적인 내용을 침해하는 정도의 제한이 되어서는 아니 된다는 의미에서 비례의 원칙이 적용되고,

(바) **행정계획** 중 국토이용계획·도시계획과 같은 구속적 계획에는 수많은 공익과 사익 간의 충돌이 있기 마련이므로, 모든 관련 공익과 사익 간에는 비례의 원칙이 적용되어야 하며,

(사) 끝으로 **급부행정**과 같은 수익적 행정에 있어서도 비례의 원칙이 적용되어야 한다. 이

경우의 비례원칙은 과잉급부금지의 원칙을 의미하게 되는바, 급부는 급부목적에 적합한 상태에 있는 자에 대하여, 급부목적에 적합한 방법으로, 또한 필요한 최소한의 급부에 그쳐야 하며, 그렇지 아니한 급부는 상대적으로 납세자인 일반 공공의 이익을 침해하는 것으로 보게 된다.

5) 신뢰보호의 원칙

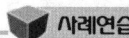 사례연습

A는 자기 건물에 구 공중위생법(현 공공위생관리법) 제2조에 의하여 유기장(당구장)을 설치하려고 구청에 그 허가 여부를 서면으로 질의한바, 구청에서는 조사결과 법에 위배되는 점이 없으므로, 후에 신청하면 허가를 하겠다고 구청장명의의 서면으로 회신하였다. 그 후 A는 유기장의 시설을 갖추고 구청에 허가신청을 하였으나 구청에서는 내부토론결과 불허가처분을 하였다. A는 이 불허가처분에 대하여 신뢰보호원칙위반을 이유로 행정소송을 제기하려고 한다. A의 주장의 타당 여부를 논하라.

행정기본법 제12조(신뢰보호의 원칙)
① 행정청은 공익 또는 제3자의 이익을 현저히 해칠 우려가 있는 경우를 제외하고는 행정에 대한 국민의 정당하고 합리적인 신뢰를 보호하여야 한다.

국세기본법 제18조(세법 해석의 기준 및 소급과세의 금지)
③ 세법의 해석이나 국세행정의 관행이 일반적으로 납세자에게 받아들여진 후에는 그 해석이나 관행에 의한 행위 또는 계산은 정당한 것으로 보며, 새로운 해석이나 관행에 의하여 소급하여 과세되지 아니한다.
행정절차법 제4조(신의성실 및 신뢰보호)
② 행정청은 법령등의 해석 또는 행정청의 관행이 일반적으로 국민들에게 받아들여졌을 때에는 공익 또는 제3자의 정당한 이익을 현저히 해칠 우려가 있는 경우를 제외하고는 새로운 해석 또는 관행에 따라 소급하여 불리하게 처리하여서는 아니 된다.

① 신뢰보호의 원칙의 의의

'**신뢰보호의 원칙**'이란 행정기관의 어떤 명시적·묵시적 언동이 있고, 그 정당성 또는 존속성에 대한 개인의 보호가치 있는 신뢰가 있는 경우에는 그 신뢰를 보호해 주어야 한다는 원칙을 말한다.

우리 행정절차법은 제4조 제2항에서 『법령 등의 해석 또는 행정청의 관행이 일반적으로 국민들에게 받아들여진 때에는 공익 또는 제3자의 정당한 이익을 현저히 해할 우려가 있는 경우를 제외하고는, 새로운 해석 또는 관행에 의하여 소급하여 불리하게 처리하여서는 아니된다』고 하여 이를 명문화하고 있다.

신뢰보호의 원칙에 위반된 행정행위는 위법하다. 위법의 정도는 무효와 취소의 구별에 대한 중대명백설에 따라 하자가 중대하고 명백하면 무효가 된다.

② 신뢰보호의 원칙의 근거

신뢰보호의 원칙의 이론적 근거로서는 종전의 신의칙설, 최근의 법적 안정성설이 있으며, 그 외에 사회국가원리설·기본권설 등이 있다. 개별 법률에 신뢰보호의 원칙에 관하여 해당 규정이 없더라도 행정청은 개별 법률의 집행에서 신뢰보호의 원칙을 지켜야 한다.

(가) 신의칙설

사법에서 발달한 법의 일반원리인 신의성실의 원칙 자체에 신뢰의 보호라는 의미도 내포되어 있다고 한다. 이 견해는, 사법상의 신의칙은 당사자 간에 계약 등 구체적 관계가 있을 때에만 적용되는 것이기 때문에, 행정처분·공법상 계약 등과 같이 당사자 간에 구체적 관계가 존재하는 행정작용이 아닌 일반적 행정작용(행정규칙·행정계획 등)에 대하여는 신의칙을 적용하기 어렵다는 비판을 받고 있다.

(나) 법적 안정성설

우리 헌법원리의 하나인 법치주의의 원리는 법률 적합성의 원리와 법적 안정성의 원리로 구성되어 있는바, 신뢰보호의 원칙은 법률적합성을 희생하고 법적 안정성을 택한 결과 도출되는 원칙이라고 하며, 그러한 의미에서 일정한 한계(후술)를 가지는 원칙이라고 한다. 이 견해가 독일의 통설이다.

(다) 사회국가원리설

사회국가에 있어서의 국가권력은 형성적 급부를 통하여 사회의존적 계층의 인간다운 생존의 배려라는 목표에 봉사하여야 한다고 하면서, 사회적 약자의 지위의 향상과 사회적 안정 및 사회적 통합을 실현하려는 사회국가원리를 근거로 하는 견해이다. 즉 신뢰보호의 원칙은 국가라는 거대조직에 대한 약한 개인의 신뢰를 보호하여 사회국가원리를 실행한다는 점에서 사회국가원리가 그 근거가 되고 있다는 견해이다.

③ 신뢰보호의 원칙의 적용요건

(가) 공적인 견해의 표명(행정청의 선행조치)

'행정청'의 '공적인 견해의 표명'이 있어야 하며, 이는 법령·행정규칙의 제정, 행정계획의 확정·수립, 행정처분, 행정법상의 확약, 행정지도, 질의에 대한 법령해석, 기타 소극적 언동(위법상태에 대한 장기간의 묵인·방치 등)을 포함한다.

◎ 공적 견해표명을 인정한 판례

> **판례**
>
> 폐기물처리업에 대하여 관할 관청의 사전 적정통보를 받고 막대한 비용을 들여 허가요건을 갖춘 다음 허가신청을 하였음에도 청소업자의 난립으로 효율적인 청소업무의 수행에 지장이 있다는 이유로 한 불허가처분이 신뢰보호의 원칙에 반하여 재량권을 남용한 위법한 처분이다(대판 1998. 5. 8, 98두4061).

◎ 공적 견해표명을 부정한 판례

> **판례** 폐기물처리업 사업계획에 대하여 적정통보를 한 것만으로 그 사업부지 토지에 대한 국토이용계획변경신청을 승인하여 주겠다는 취지의 공적인 견해표명을 한 것으로 볼 수 없다고 한 판례
>
> 폐기물관리법령에 의한 폐기물처리업 사업계획에 대한 적정통보와 국토이용관리법령에 의한 국토이용계획변경은 각기 그 제도적 취지와 결정단계에서 고려해야 할 사항들이 다르다는 이유로, 폐기물처리업 사업계획에 대하여 적정통보를 한 것만으로 그 사업부지 토지에 대한 국토이용계획변경신청을 승인하여 주겠다는 취지의 공적인 견해표명을 한 것으로 볼 수 없다(대판 2005. 4. 28, 2004두8828).

(나) 공적견해표명이 정당하다고 신뢰한 것에 대하여 개인에게 귀책사유가 없을 것(보호가치 있는 사인의 신뢰)

위 공적견해표명의 정당성 또는 존속성에 대한 '상대방의 신뢰가 보호할 가치가 있는 것' 이어야 한다. 따라서 상대방의 부정행위(사기·강박·증수뢰·부정신고 등)에 의하여 행정작용이 행하여졌거나, 행정작용의 위법성을 알고 있었던 경우에는 보호의 가치가 없다. 상대방에게 귀책사유가 있어서는 안 된다. 우리 판례도, 허위 신청서류에 기초하여 행하여진 영업허가처분은 비록 이에 근거하여 건물을 신축하는 등 상당한 재산을 투자하여 사업을 하고 있더라도 취소할 수 있다고 하며(대판 1983. 10. 11, 83누389), 대다수의 실정법도 허위 기타 부정한 방법으로 인·허가를 받은 경우에는 비록 투자를 하는 등 사업에 착수했더라도 직권취소사유로 규정하고 있다(예 : 허위 기타 부정한 방법으로 입시 또는 예능학원의 등록을 한 것이 판명된 경우에는 반드시 학원의 등록을 취소하여야 한다고 규정한 학원의 설립·운영에 관한법률 제17조 제1항 제1호).

> **판례**
>
> 건축주와 그로부터 건축설계를 위임받은 건축사가 상세계획지침에 의한 건축한계선의 제한이 있다는 사실을 간과한 채 건축설계를 하고 이를 토대로 건축물의 신축 및 증축허가를 받은 경우, 그 신축 및 증축허가가 정당하다고 신뢰한 데에 귀책사유가 있다(대법원 2002.11.08. 선고 2001두1512 판결).

(다) 신뢰에 기한 사인의 처리

행정기관의 공적견해표명을 신뢰하여 상대방이 재산상의 투자·건축행위 등 영업의 개시 등에 필요한 일정한 처리를 한 경우에만 인정된다.

(라) 인과관계

행정기관의 공적견해표명과 상대방의 행위 사이에 인과관계가 성립하여야만 한다. 즉, 공적견해표명의 정당성과 존속성을 믿었기 때문에 일정한 행위를 한 경우이어야 한다.

(마) 공적견해표명(선행조치)에 반하는 후행 처분으로 인하여 개인의 이익이 침해될 것

행정청이 상대방의 신뢰에 반하는 행정권를 행사하였고, 이로 인해 상대방의 권익이 침해되어야 한다.

우리 대법원은 『행정상의 법률관계에 있어서 행정청의 행위에 대해 신뢰보호의 원칙이 적용되기 위하여서는, 첫째 행정청이 개인에 대해 신뢰의 대상이 되는 공적인 견해표명을 해야 하고, 둘째 행정청의 견해표명이 정당하다고 신뢰한 데 대해 그 귀책사유가 없어야 하며, 셋째 그 개인이 그 견해 표명을 신뢰하고 이에 따라 어떠한 행위를 하여야 하며, 넷째 행정청이 위 견해에 반하는 처분을 함으로써 그 견해표명을 신뢰한 개인의 이익이 침해되는 결과가 초래되어야 하며, 행정처분이 이러한 요건을 충족할 때에는 공익 또는 제3자의 정당한 이익을 현저히 해할 우려가 있는 경우가 아닌 한, 신뢰보호의 원칙에 반하는 행위로 위법하게 된다(대판 1998. 6. 25, 98누6494)』라고 판시하여 신뢰보호의 원칙에 대하여 분명한 견해를 제시하고 있다.

④ 신뢰보호의 원칙의 적용한계

신뢰보호의 원칙이 행정의 법률적합성의 원칙과 충돌하는 경우에 어느 원칙이 우선한가?

(가) 행정의 법률적합성 우선설

행정작용이 객관적으로 위법함에도 불구하고 상대방의 신뢰보호를 위하여 그 존속을 인정함은 법치주의에 반한다고 한다.

(나) 양자동위설

신뢰보호의 근거를 법적 안정성에서 구하는 입장으로서, 법률적합성의 원칙과 법적 안정성의 원칙은 다같이 법치주의의 구성요소이므로 양자는 동위의 것이라고 한다.

(다) 이익형량설

위의 동위설에 입각하여 구체적으로 상대방의 신뢰보호를 어디까지 인정할 것인가는 적법상태의 실현에 의하여 달성되는 공익과 행정작용의 존속성에 대한 개인의 신뢰보호라는 사익을 구체적으로 비교형량하여 결정하여야 한다는 견해이다.

판례

① 취득세 부과행위, 운전면허 취소행위 등에 있어서는 상대방의 신뢰보호를 우선시킨 반면(대판 1988. 9. 13, 86누101 및 대판 1987. 9. 8, 87누373), ② 국가공무원법 제33조에 규정된 공무원 임용결격사유에 해당하는 자를 공무원으로 임명한 행위는 당연무효라고 함으로써 법률적합성을 우선시키고 있는 것(대판 1987. 4. 14, 86누459)도 이러한 이익형량설에 입각한 것으로 볼 수 있다.

⑤ **신뢰보호의 원칙의 적용범위**

(가) **위법한 수익적 행정행위의 취소의 제한**

신뢰보호의 원칙이 적용되는 가장 보편적인 경우에 해당되는바, 위법한 행정행위라도 그것이 수익적 행정행위(인·허가처분, 의무의 면제, 보조금 지급 등)인 경우에는 상술한 신뢰보호의 요건에 해당하는 한 그 취소가 원칙적으로 제한된다.

(나) **적법한 수익적 행정행위의 철회의 제한**

적법한 수익적 행정행위를 취소하는 것은 물론 불가능하며, 취소와 달리 장래에 향하여서만 행정행위의 효력을 소멸케 하는 데 그치는 철회의 경우라 할지라도 신뢰보호상 원칙적으로 불가능하다고 할 것이다. 다만 이익형량의 결과, 보다 중대한 공익의 달성, 상대방의 부담의무의 불이행 등의 예외적인 사정이 있는 경우에는 철회가 허용되며, 이 경우에도 상대방에게 귀책사유가 없는 한 철회로 인한 재산상의 손실을 보상하도록 하고 있다.

(다) **행정법상의 확약**

행정기관이 상대방에 대하여 일정한 작위 또는 부작위(예 : 위법 건축물의 불철거)를 할 것을 약속하는 의사표시를 한 경우 신뢰보호의 원칙에 따라 행정기관은 이에 구속된다는 법리이며, 독일 행정절차법 제38조는 서면에 의한 확약에 한하여 이를 인정하고 있지만, 우리 행정절차법에는 이에 대한 규정이 없다.

(라) **행정계획**

도시계획·국토계획 등 행정계획을 신뢰하고 매년 투자하였으나 당초 계획이 폐지·변경된 경우의 상대방의 신뢰보호의 문제로서, 계획보장청구권의 인정 여부와 관련하여 견해의 대립이 있다.

(마) **실권(失權)의 원칙**

행정기본법 제12조(신뢰보호의 원칙)
② 행정청은 권한 행사의 기회가 있음에도 불구하고 장기간 권한을 행사하지 아니하여 국민이 그 권한이 행사되지 아니할 것으로 믿을 만한 정당한 사유가 있는 경우에는 그 권한을 행사해서는 아니 된다. 다만, 공익 또는 제3자의 이익을 현저히 해칠 우려가 있는 경우는 예외로 한다.

행정기관이 행정행위의 위법상태를 장기간 동안 묵인·방치함으로써 상대방이 당해 행위의 존속을 신뢰하게 된 경우에는 행정기관도 더 이상 그 위법성을 이유로 취소할 수 없다는 법리이며, 독일 행정절차법 제48조 제4항에는 행정기관이 위법사실을 안 때로부터 1년 또는 위법한 처분이 있는 날로부터 2년이 지나면 취소할 수 없도록 규정하고 있다. 우리 판례도 실권(Verwirkung)의 법리를 '신의성실의 원칙'에서 파생된 원칙으로 인정하고 있다(대판 2021. 12. 30, 2018다241458).

(바) 법령의 소급적용의 금지

법령의 소급적용은 신뢰보호의 원칙에 위배되므로 금지되지만, 예외적으로 국민에게 유리한 규정은 소급적용을 인정할 수 있다.

(사) 사실상의 공무원 이론

이미 신분을 상실한 공무원의 행위를 신뢰한 상대방을 보호하기 위하여 당해 행위를 무효가 아닌 유효한 것으로 인정하여야 할 경우가 있다.

(아) 취소소송에 있어서 행정처분이유의 추가·변경문제

통설과 판례는 취소소송 진행 중에 처분행정청이 행정처분이유를 추가변경할 수 있는가에 관하여, 당초의 처분이유와 『기본적 사실관계』에 동일성이 인정되는 범위 안에서만 허용된다고 하며, 그 근거로서 들고 있는 것이 바로 신뢰보호의 원칙이다(이 문제와는 별개로, 사실관계는 변경하지 아니하고 단지 적용법조만을 추가변경하는 것은 허용된다. 대판 2000. 3. 28, 99두10230).

사례연습 해설

사례에서 ① 구청장명의의 서면회신은 구청장의 선행조치에 해당하고, ② 구청장의 선행조치에 대한 A의 신뢰는 보호할 만한 것이고, ③ A의 처리(유기장 시설의 설치)가 있었고, ④ A의 신뢰와 처리 사이에 인과관계가 있다고 보여지며, ⑤ 구청장이 선행조치에 반하는 불허가처분을 하였으므로 신뢰보호요건은 충족되었다. 또한 구청장의 불허가처분을 유지시켜야 할 공익상의 요청도 보이지 아니하므로 위 구청장의 불허가처분은 위법하다고 볼 것이다. 따라서 A의 주장은 정당하다.

6) 부당결부금지의 원칙

행정기본법 제13조(부당결부금지의 원칙) 행정청은 행정작용을 할 때 상대방에게 해당 행정작용과 실질적인 관련이 없는 의무를 부과해서는 아니 된다.

> '부당결부금지의 원칙'이란 행정기관이 행정작용을 함에 있어서는 그것과 '실질적 관련'이 없는 상대방의 반대급부를 행정작용의 조건으로 하여서는 아니 된다는 것을 말한다.

일반적으로 행정기관과 사인간의 공법상의 계약이나 권력행정으로서의 조세행정에서는 행정기관의 우월적 지위에 비하여 그 상대방인 국민은 열세적 지위에 있기 때문에 계약과 무관한 반대급부를 부과하거나, 부당한 결탁을 조건으로 세금감면을 행하는 경우에도 당사자로서의 국민은 부득이 이를 수용하게 된다. 이는 주로 공권력상의 각종 수단을 매개로 하여 발생하기 때문이다. '부당결부금지의 원칙'은 헌법상의 행정기관의 자의의 금지 및 법치주의의 원칙에서 도출되는 것으로서 헌법적 원칙이다. 따라서 이 원칙에 위반한 국가 등의 입법·행정작용은 위헌·위법한 것이 된다.

부당결부의 금지는 행정행위의 부관의 한계, 행정의사의 실효성 확보수단으로서의 공급거부의 편에서도 논의되고 있다.

▶ 예 : ① 오토바이를 음주운전하였다는 이유로 제1종 대형운전면허를 취소하는 것(대판 1992. 9. 22, 91누8289).
② 국세를 미납하였다는 이유로 여권의 발급을 거부하는 것(종전의 여권법시행규칙상 국세완납증명을 첨부하여야만 여권발급신청을 할 수 있도록 하였으나 그 후 폐지된 바 있다).
③ 인근 공원에 환경미화사업을 할 것을 조건으로 호텔 건축허가를 하는 것.
④ 아파트 신축 시에 진입도로가 있는데도 불구하고 아파트사업 지구 밖에 별도의 도로를 개설하여 시에 기부채납(기증)할 것을 조건으로 한 주택건설사업계획승인 등.

> **판례**
> 시장이 주택사업계획승인을 하게 됨을 기화로 그 주택사업과는 아무런 관련이 없는 이 사건 토지를 기부채납하도록 하는 부관을 주택사업계획승인에 붙인 사실은 부당결부금지의 원칙에 위반되어 위법하다 하겠으나 그 부관의 하자가 중대하고 명백하여 당연무효라고는 볼 수 없다(대판 1997. 3. 11, 96다49650).

부당결부금지의 원칙 위반을 위법으로 보면서도 그 부관에 중대하고 명백한 하자가 있는 경우에만 당연무효가 되는 것이기 때문에 원칙적으로 이러한 행정행위는 위법을 이유로 하여 취소의 대상이 된다.

7) 성실의무의 원칙 및 권한남용금지의 원칙

> 행정기본법 제11조(성실의무 및 권한남용금지의 원칙)
> ① 행정청은 법령등에 따른 의무를 성실히 수행하여야 한다.
> ② 행정청은 행정권한을 남용하거나 그 권한의 범위를 넘어서는 아니 된다.

> **판례**
>
> 근로복지공단의 요양불승인처분에 대한 취소소송을 제기하여 승소확정판결을 받은 근로자가 요양으로 인하여 취업하지 못한 기간의 휴업급여를 청구한 경우, 그 휴업급여청구권이 시효완성으로 소멸하였다는 근로복지공단의 항변이 '신의성실의 원칙'에 반하여 허용될 수 없는지 여부(적극)
>
> 근로자가 입은 부상이나 질병이 업무상 재해에 해당하는지 여부에 따라 요양급여 신청의 승인, 휴업급여청구권의 발생 여부가 차례로 결정되고, 따라서 근로복지공단의 요양불승인처분의 적법 여부는 사실상 근로자의 휴업급여청구권 발생의 전제가 된다고 볼 수 있는 점 등에 비추어, 근로자가 요양불승인에 대한 취소소송의 판결확정시까지 근로복지공단에 휴업급여를 청구하지 않았던 것은 이를 행사할 수 없는 사실상의 장애사유가 있었기 때문이라고 보아야 하므로, 근로복지공단의 소멸시효 항변은 '신의성실의 원칙'에 반하여 허용될 수 없다(출처 : 대법원 2008.09.18. 선고 2007두2173 전원합의체 판결).

> **판례**
>
> 지방공무원 임용신청 당시 잘못 기재된 호적상 출생연월일을 생년월일로 기재하고, 이에 근거한 공무원인사기록카드의 생년월일 기재에 대하여 처음 임용된 때부터 약 36년 동안 전혀 이의를 제기하지 않다가, 정년을 1년 3개월 앞두고 호적상 출생연월일을 정정한 후 그 출생연월일을 기준으로 정년의 연장을 요구하는 것이 '신의성실의 원칙'에 반하지 않는다(대법원 2009.03.26. 선고 2008두21300 판결).

제4절 행정법의 효력

일반적으로 법의 효력이란 법규정이 그 의미와 내용대로 구체적으로 실현되는 힘을 말한다. 그런데 행정법은 어떠한 때에 어떠한 지역 및 어떠한 사람에게 그 효력이 미치는가 하는 문제를 명백히 할 필요가 있다. 즉, 여기서 말하는 행정법의 효력범위란 행정에 관한 개별 법률의 구체적 실현의 문제로서 시간적·지역적·대인적 효력의 3가지 관점에서 논의되고 있다.

Ⅰ. 시간적 효력

1. 발효시기

법령 등 공포에 관한 법률
제11조(공포 및 공고의 절차)
① 헌법개정·법률·조약·대통령령·총리령 및 부령의 공포와 헌법개정안·예산 및 예산 외 국고부담계약의 공고는 관보(官報)에 게재함으로써 한다.
② 「국회법」 제98조제3항 전단에 따라 하는 국회의장의 법률 공포는 서울특별시에서 발행되는 둘 이상의 일간신문에 게재함으로써 한다.
③ 제1항에 따른 관보는 종이로 발행되는 관보(이하 "종이관보"라 한다)와 전자적인 형태로 발행되는 관보(이하 "전자관보"라 한다)로 운영한다.
---

④ 관보의 내용 해석 및 적용 시기 등에 대하여 종이관보와 전자관보는 동일한 효력을 가진다.
제12조(공포일·공고일) 제11조의 법령 등의 공포일 또는 공고일은 해당 법령 등을 게재한 관보 또는 신문이 발행된 날로 한다.
제13조(시행일) 대통령령, 총리령 및 부령은 특별한 규정이 없으면 공포한 날부터 20일이 경과함으로써 효력을 발생한다.
제13조의2(법령의 시행유예기간) 국민의 권리 제한 또는 의무 부과와 직접 관련되는 법률, 대통령령, 총리령 및 부령은 긴급히 시행하여야 할 특별한 사유가 있는 경우를 제외하고는 공포일부터 적어도 30일이 경과한 날부터 시행되도록 하여야 한다.

1) 원칙

 행정법규가 그 효력을 발생하기 위하여서는 우선 공포가 있어야 한다. 일반 법규들은 최고법인 헌법과는 달리 공포와 동시에 즉시 효력을 발생시키지 아니하고 일반 국민들의 주지와 준비를 위하여 일정한 시일이 경과한 후에 발효(실정법상은 시행이라는 용어를 사용하고 있다)시키는 경우가 많다.

 이에 관한 기본법인 '법령 등 공포에 관한 **법률**'(13)도 이러한 취지에 입각하여 『대통령령·총리령 및 부령은 시행일에 관하여 특별한 규정이 없으면 공포한 날로부터 20일을 경과함으로써 효력을 발생한다』고 규정하고 있으나, 과거 행정현실에 있어서는 시급하다는 이유로 공포일로부터 시행하도록 명문규정을 두었던 사례가 많았다. 그러나 최근에는 대통령령 등 부속법령의 마련을 위한 시간적 여유를 부여하고자 하는 등의 이유로 공포 후 3월 또는 6월이 경과한 후에 효력을 발생하게 하는 예가 많다.

2) 공포일

 한편 효력발생일 산정의 기준일이 되는 공포일은 언제로 볼 것인가에 관하여 '법령 등 공포에 관한 법률' 제12조는 당해 법령이 게재된 정부의 관보나 신문이 발행된 날로 규정하고 있는바, 『발행된 날』을 구체적으로 언제로 보는가에 관하여 ① 종전의 정부관례는 그 법령이 게재된 관보의 일부일(관보에 찍힌 날짜)의 오전 0시로 보았으나(관보일부일자설), 당일 새벽 0시에 국민들이 관보를 사 본다는 것은 물리적으로 불가능하므로 너무나 비현실적인 이론이며, 따라서 ② 발신주의의 입장에서 정부에서 외부로 향하여 관보의 발송절차를 완료한 때로 보는 설(발송절차완료시설 : 외국의 학설·판례에서만 주장)과, ③ 도달주의의 입장을 취하여 관보가 서울의 중앙보급소(정부간행물판매센터)에 도달하여 일반 국민들이 이를 구매할 수 있는 최초의 시점으로 보는 설(**최초구독가능시설** 또는 중앙보급소도달시설)이 있는바, 법령이 게재된 관보의 발행일과 실제 중앙보급소에의 도달시점이 현실적으로 다를 수 있으며 이 경우 법령의 부지로 인한 국민의 권익침해를 방지하기 위하여는 그래도 **최초구독가능시설이 타당하**

다고 할 것이며, 통설·판례의 입장도 이와 같다.

그러나 오늘날 언론매체의 발달에 의하여 새로운 법령이 제정되거나 개정되는 경우에는 공포일을 기준으로 그 시행 시점을 명시적으로 보도하기 때문에 시행의 기준이 되는 공포일에 대해서는 거의 문제가 발생하지 않는다.

2. 진정소급의 원칙적 금지(예외적 허용)과 부진정소급의 원칙적 허용(예외적 금지)

> 행정기본법 제14조(법 적용의 기준)
> ① 새로운 법령등은 법령등에 특별한 규정이 있는 경우를 제외하고는 그 법령등의 효력 발생 전에 완성되거나 종결된 사실관계 또는 법률관계에 대해서는 적용되지 아니한다.

1) 원칙

법령이 공포·시행되기 전에 『이미 종결된 사실』에 대해서까지 그 법령이 소급 적용된다고 한다면(예 : 운전면허 시험과목이 바뀌었다고 해서 이미 면허를 받은 사람에게 다시 바뀐 과목을 시험치도록 하는 행위) 법률생활에 있어서의 안정성, 즉 법적 안정성이 크게 훼손되어 법치주의의 원리에 어긋나게 되므로 허용되지 아니하며, 우리 **헌법**(13)도 소급입법에 의한 처벌, 참정권 제한, 재산권 박탈을 금지하고 있다.

소급입법의 종류에는 진정소급입법과 부진정소급입법이 있다. '**진정소급입법**'은, 예컨대 도로교통법이 제정되기 이전에는 좌측통행금지규정을 위반하였지만 법 시행 이후에는 위반을 하지 않은 경우처럼 '이미 과거에 완성된 일회성의 사실·법률관계'를 규율의 대상으로 삼는 것을 말하며, '**부진정소급입법**'은 택지소유상한에 관한 **법률**(1998. 9. 19 폐지되었음)이 시행되기 이전부터 상한을 넘는 토지를 소유하고 있었고 그 법률이 시행된 이후에도 상한을 넘는 토지를 가지고 있는 경우처럼 '이미 과거에 시작하였으나 아직 끝나지 않고 현재도 진행과정에 있는 사실·법률관계'를 규율대상으로 삼는 것을 말한다. 따라서 우리 헌법이 금지하고 있는 소급입법은 진정소급입법만을 의미하는 것이기 때문에 '부진정소급입법은 원칙적으로 허용'되는 것이다. 그러나 '진정소급'이라고 하더라도, ① 국민의 기득권을 침해하지 아니하고, ② 오히려 권리·이익을 부여하거나, 불이익 또는 고통을 제거하는 경우에는 '예외적'으로 소급적용도 법치주의의 취지에 비추어 '허용'된다고 하겠다.

2) 경과조치

이론적으로는 위와 같이 부진정소급입법이 허용된다고 하더라도, 법령의 시행당시에 『진행 중인 사실』에 대하여는 법적 안정성의 견지 또는 기득권 존중주의의 원칙에서 가급적이면 소급적용을 자제하는 것이 옳다고 하겠으며, 이 경우 의문의 소지가 있기 때문에 통상 부칙에 『경과조치』를 두어 입법적으로 이를 해결하고 있다.

3. 효력소멸시기

1) 한시법의 경우

명문으로 법령의 유효기간을 한정한 경우를 한시법이라고 하며, 예컨대 제주도개발특별법 부칙에서처럼 『이 법은 공포한 날부터 시행하여 2011년 12월 31일까지 효력을 가진다』라고 규정하고 있는 경우, 이러한 한시법은 그 유효기간이 경과하면 별도의 법령폐지행위가 없더라도 자동으로 효력이 소멸된다.

2) 기타의 경우

보통의 법령은 ① 당해 법령을 폐지한다는 법령을 따로 제정하거나(예 : 대한석유공사법폐지법률 등), 그와 동위 또는 상위의 다른 법령의 부칙 등에서 폐지한다는 규정을 둔 경우(예 : 기업공개촉진법을 자본시장육성에 관한 법률의 개정법률 부칙 제2항에서 폐지한 것)(명시적 폐지), ② 근거법령인 상위법령이 폐지되거나, ③ 당해 법령과 모순·저촉되는 동위 또는 상위의 신법 또는 특별법을 제정한 경우(신법우선 또는 특별법우선의 원칙), ④ 법령의 제정목적이 완전히 달성되어 그 임무를 마친 경우(예 : 소위 유신헌법의 제정을 위한 『대통령특별선언에 따른 헌법개정안의 공고 등에 관한 특례법』, 1972. 10. 20, 법률 제2351호)에는 각각 법령의 효력이 소멸된다.

Ⅱ. 지역적 효력

일반적으로 행정법령은 그것을 제정한 기관의 권한이 미치는 모든 지역에 대하여 효력을 가진다. 행정법령은 행정에 대한 고유한 사무를 가지는 행정 각부의 국가행정에 관한 법령을 의미하는 것이므로 전국적으로 효력이 미치는 것이 원칙이다. 그러나 ① 국제법상 **치외법권**을 가지는 외교공관 또는 외국 군대가 사용하는 시설·구역에는 국내법이 효력을 미치지 못하고, ② **법령** 자체가 특정지역에만 적용할 것을 선언하고 있는 경우(예 : 수도권정비계획법·제주국제자유도시특별법)와, 반대로 ③ 본래의 관할지역을 넘어서 다른 지역에도 적용되는 경우(예 : A지방자치단체의 상·하수도, 폐기물처리장 등 공공시설을 B지방자치단체의 동의를 얻어 그 구역에 설치한 경우, A자치단체의 상하수도 등의 시설 설치·운영조례가 B자치단체의 구역에서도 그 효력이 미치는 것)는 예외이다.

Ⅲ. 대인적 효력

행정법령은 속지주의에 의하여 그 영토 또는 관할구역 내에 있는 모든 내·외국인과 법인에 대하여도 효력이 미치는 것이 원칙이지만, ① 국제법상 **치외법권**이 인정되는 외국 원수·외국 사절·외국 군대구성원에 대하여는 적용되지 않으며(단, 외국 군대구성원에 대하여는 한·미 행정협정과 같은 특별한 조약으로 국내법의 적용을 일부만 배제하는 예도 있다), ② 일반 외국인에게는 행정법규가 적용됨이 당연하지만, 예컨대『외국인토지법』(4조2항) 등과 같이 권리취득에 허가를 받도록 하는 등 특별한 제한을 가하는 경우도 있으며, ③ 국외에 있는 내국인에 대하여도 여권법·병역법 등이 적용되는 것과 같이, 당해 행정법규의 취지·목적으로 보아 국외에 있는 내국인의 행위도 규제할 것이 당연히 예상되는 경우에는 이들에 대하여도 효력이 미친다고 하겠다. 즉, 이는 지역적 기준으로 효력을 정하는 속지주의와는 달리 예외적으로 사람을 기준으로 그 효력을 정하기 때문에 속인주의라 한다.

제3장 행정법관계

제1절 공법과 사법의 구별

Ⅰ. 공법과 사법 구별의 의의

국가와 국민이라는 두 중심축을 본질적으로 다루는 법률관계는 원칙적으로 공법관계이고, 국민과 국민 상호간의 법률관계는 사법관계이다. 공법관계를 규정한 것이 공법이며, 사법관계를 규정한 것이 사법이다. 원래 공법과 사법을 구분하게 된 것은 절대주의국가에서 입헌군주정으로 이행하면서, 국가는 일반 국민보다 우월한 지위에 있음을 보장하고자 하는 정치적 이데올로기의 산물이라고 할 수 있다. 즉, 공법관계는 이러한 관계를 전제로 권력관계, 관리관계, 국고관계로 전통적으로 분류되어 왔는데, 이와는 별도로 국가와 일반 국민 간의 일반적인 권력관계와 그 성질을 달리하는 특별권력관계가 존재한다.

그러나 오늘날 국민주권주의하의 실질적 법치국가에 있어서는 국가와 국민의 지위는 대등한 것이기 때문에 공법과 사법의 구별을 부인하는 공·사법 일원론이 대두되기에 이르렀다. 그럼에도 불구하고 우리 실정법이 공법과 사법의 구별을 인정하고 있는 것은 공법은 대부분 강제적인 집행력이 보장되는 강행법이고, 사법은 일반적으로 임의법이기 때문이다.

Ⅱ. 공법과 사법 구별의 기준

1) 주체설

> '주체설'은 법률관계의 주체를 기준으로 하여 그 일방당사자가 국가 기타 행정주체인 경우에는 '공법관계'이고, 당사자가 모두 사인인 경우에는 '사법관계'라고 한다.

그러나 행정주체의 행위라도 사인의 지위에서 행하는 국고행위(물품구입·도급계약·국유재산매각 등)인 경우에는 사법의 적용을 받으며, 공무수탁사인처럼 사인도 공권을 부여받으면 공법의 적용을 받는 것이기 때문에 행정주체라는 기준만으로 공법관계를 정하는 이 이론은 그 타당성이 없다는 비판에 직면하고 있다. 반대로 당사자가 모두 사인인 경우에도 선박의 선장이나 항공기의 기장 등에 의한 선박 또는 항공기 내에서의 경찰권의 행사는 공법관계로 파악되고 있기 때문에 문제점이 있다.

2) 귀속설

'귀속설'은 국가 등 공권력의 담당자인 행정주체에게만 배타적으로 권리·의무를 귀속시키는 법은 '공법'이며, 모든 권리주체에게 공통적으로 권리·의무를 귀속시키는 법은 '사법'이라고 한다.

즉, 공권력의 주체만을 규율하기 위한 법이 공법이고, 국가를 포함한 모든 주체를 규율하기 위한 법이 사법이 된다. 이 견해에 의하면, ① 행정주체가 사인과 동일한 지위에서 행하는 국고행위는 사법관계로, 반면에 ② 공권이 부여된 사인의 행위는 공법관계로 파악할 수 있는 장점이 있다.

3) 종속설

'종속설'은 법률관계의 성질에 따라 당해 법률관계가 권력적 지배복종관계이면 '공법관계'로, 대등관계이면 '사법관계'로 보는 입장이다.

그러나 과거 경찰·조세 중심의 권력작용에서 본질적으로 대등관계로 간주되는 급부행정 중심의 비권력작용으로 국가의 중추적 기능이 이전됨에 따라 이 견해는 타당근거를 잃게 되었다. 그 외에 이 견해의 일반적 문제점으로서는 사법관계에서도 친자관계와 같은 지배복종관계가 있으며, 반대로 공법관계에서도 공법상 계약과 같은 대등관계가 있다는 점이 지적되고 있다.

4) 이익설

공익의 실현에 봉사하는 법이 '공법'이며, 사익의 실현에 봉사하는 법이 '사법'이라는 입장이다.

이익설은 행정이 공익의 실현작용이라는 점에서 타당성이 있다고 하겠으나, 공익과 사익의 구별이 명확한 것은 아니며 또한 많은 법령은 공익과 사익을 동시에 추구하고 있다는 점에서 비판을 받고 있다.

5) 사견(종합설)

위의 학설들은 모두 공법과 사법의 구별에 관한 부분적인 기준은 될 수 있겠으나 어느 한 학설만을 기준으로 구별하기는 어렵다고 하겠다. 학설이란 일반적으로 개념을 법적으로 명백히 하기 위한 이론으로서 기능하기 때문에 개별 법률 전체가 공법 또는 사법으로 분명한 경우도 있겠지만 공법규정과 사법규정이 동시에 규정되어 있는 경우도 있다. 이러한 경우에 법규정이 공익성·강제성 및 국가 관련성을 동시에 충족한다면 '공법관계'가 되는 것이고, 이 중한 가지 요소라도 흠결하고 있다면 '사법관계'일 가능성이 높다. 결국 어떤 법률관계의 성질을 판정함에 있어서는 위의 학설을 모두 참고하여 합리적인 결정을 내려야 할 것이다.

Ⅲ. 한국 실정법상 공법과 사법의 구별

1. 공법과 사법의 구별의 필요성

1) 재판관할과 재판절차의 결정기준

공법상의 법률관계에 관한 소송은 민사사건과는 달리 행정사건으로서, 엄격한 절차를 택하고 있는 민사소송과는 달리 여러 가지 특례를 규정한 행정소송법의 적용을 받도록 하고 있기 때문에, 분쟁의 대상인 법률관계가 공법관계인지 사법관계인지를 결정하지 않으면 안 된다. 또한 공법관계로 파악되는 경우에도 행정소송법에서 정하고 있는 항고소송이 되는지 당사자소송이 되는지를 구별하여야 하는데, 공법관계 중에서도 행정처분의 효력을 다투고자 하는 경우에는 항고소송을 제기하여야 하고 공무원의 연금지급청구 등 법률관계를 소송물로 하는 경우에는 당사자소송에 의하여야 한다.

2) 적용법규 및 법원리의 결정기준

공법관계에 적용되는 법규와 법원리는 사법관계의 그것과는 다른 특징(예 : 공법상의 금전채권의 소멸시효는 5년이고, 공법상의 의무불이행에 대하여는 행정상의 대집행·강제징수 등 민사소송절차에 의하지 아니한 특별한 강제집행수단이 인정되어 있으며, 공법상의 법률관계에서 발생한 공권은 포기·양도·압류할 수 없다는 특징 등)이 있기 때문에 당해 법률관계가 공법관계인지 사법관계인지 구별할 필요가 있다.

2. 공법과 사법의 구별의 방법

1) 명문의 규정이 있는 경우

실정법이 행정상 강제집행·행정벌, 행정상 손해배상·손실보상, 행정상 쟁송, 형법상 공무원에 관한 죄(수뢰죄 등)의 성립을 인정하는 명문의 규정을 두고 있는 경우에는 그 법에 의하여 발생된 법률관계를 공법관계로 보아야 할 것이다.

2) 명문의 규정이 없는 경우

실정법이 위와 같은 명문의 규정을 두고 있지 아니한 경우에는 부득이 공법과 사법의 구별

필요성에 비추어 위의 학설을 종합적으로 고려하여 공법관계 또는 사법관계를 결정하여야 한다. 예컨대, 조세관계와 같이 행정주체에게 우월한 지위를 인정하고 있는 경우에는 권력관계에 해당되므로 공법관계로 보아야 할 것이다.

3) 판 례

공법과 사법의 구별에 관한 우리의 판례는 관리행위라 하더라도 공공성이 있다는 것이 입증되는 경우에 공법관계로 보는 이익설의 입장에 서 있는 것(대판 1961. 10. 5, 4292행상6), 권력설의 입장에 서 있는 것(대판 1962. 2. 28, 4294민상898) 및 주체설의 입장에 서 있는 것(대판 1966. 4. 26, 66누27) 등으로 나누어져 있다. 이는 공법관계와 사법관계의 적용이 구체적 사안에 따라 다르게 나타나고 있다는 것을 반증하는 것이라 하겠다.

<공법관계로 본 판례>

① 국유재산의 무단점유자에게 부과한 변상금부과처분(대판 1992. 4. 14, 91다42197; 1988. 2. 23, 87누1046; 2014. 9. 4, 2013다3576)

판례 국유재산법 제51조 소정의 국유재산 무단점유자에 대한 변상금부과처분이 행정소송의 대상이 되는 행정처분인지 여부

국유재산법 제51조 제1항은 국유재산의 무단점유자에 대하여는 대부 또는 사용, 수익허가 등을 받은 경우에 납부하여야 할 대부료 또는 사용료 상당액 외에도 그 징벌적 의미에서 국가측이 일방적으로 그 2할 상당액을 추가하여 변상금을 징수토록 하고 있으며 동조 제2항은 변상금의 체납시 국세징수법에 의하여 강제징수토록 하고 있는 점 등에 비추어 보면 국유재산의 관리청이 그 무단점유자에 대하여 하는 변상금부과처분은 순전히 사경제 주체로서 행하는 사법상의 법률행위라 할 수 없고 이는 관리청이 공권력을 가진 우월적 지위에서 행한 것으로서 행정소송의 대상이 되는 행정처분이라고 보아야 한다(국유재산변상금부과처분취소; 대법원 1988.2.23, 선고, 87누1046, 판결).

---

② 도시재개발법상의 도시재개발조합과 재개발조합원 간의 법률관계(대판 1996. 2. 15, 94다31235)

판례 구 도시재개발법에 의한 재개발조합에 대하여 조합원 자격 확인을 구하는 소송의 성질

구 도시재개발법(1995. 12. 29. 법률 제5116호로 전문 개정되기 전의 것)에 의한 *재개발조합은 조합원에 대한 법률관계*에서 적어도 특수한 존립목적을 부여받은 특수한 행정주체로서 국가의 감독하에 그 존립 목적인 특정한 공공사무를 행하고 있다고 볼 수 있는 범위 내에서는 *공법상의 권리의무 관계*에 서 있다. 따라서 조합을 상대로 한 쟁송에 있어서 강제가입제를 특색으로 한 조합원의 자격 인정 여부에 관하여 다툼이 있는 경우에는 그 단계에서는 아직 조합의 어떠한 처분 등이 개입될 여지는 없으므로 *공법상의 당사자소송*에 의하여 그 조합원 자격의 확인을 구할 수 있고 ... (대법원 1996.02.15. 선고 94다31235 전원합의체 판결)

> **참고판례** 구 도시 및 주거환경정비법상 재개발조합과 조합장 또는 조합임원 사이의 선임·해임 등을 둘러싼 법률관계의 성질(=사법상의 법률관계)
>
> 구 도시 및 주거환경정비법(2007. 12. 21. 법률 제8785호로 개정되기 전의 것)상 재개발조합이 공법인이라는 사정만으로 재개발조합과 조합장 또는 조합임원 사이의 선임·해임 등을 둘러싼 법률관계가 공법상의 법률관계에 해당한다거나 그 조합장 또는 조합임원의 지위를 다투는 소송이 당연히 공법상 당사자소송에 해당한다고 볼 수는 없고, 구 도시 및 주거환경정비법의 규정들이 재개발조합과 조합장 및 조합임원과의 관계를 특별히 공법상의 근무관계로 설정하고 있다고 볼 수도 없으므로, *재개발조합과 조합장 또는 조합임원 사이의 선임·해임 등을 둘러싼 법률관계*는 사법상의 법률관계로서 그 조합장 또는 조합임원의 지위를 다투는 소송은 *민사소송에 의하여야 할 것이다*(대법원 2009.09.24. 자 2009마168,169 결정)

③ 공무원연금관리공단의 급여결정(대판 1996. 12. 6, 96누6417)
④ 지방자치단체에 근무하는 청원경찰의 근무관계(대판 1993. 7. 23, 92다47564)
⑤ 행정재산의 목적외 사용허가(대판 1998. 2. 27, 97누1105)
⑥ 하천구역 편입토지에 대한 손실보상금청구(대판(전원) 2006. 5. 18, 2004다6207)
⑦ 재건축조합이 만든 관리처분계획안에 대한 조합총회결의의 효력을 다투는 소송(대판(전원) 2009. 9. 17, 2007다2428)
⑧ 중앙관서의 장이 허위의 보조사업자에게 지급한 보조금의 반환을 청구하는 소송(대판 2012. 3. 15, 2011다17328)

<사법관계로 본 판례>

① 잡종재산(현행 일반재산)인 국유림의 대부행위 및 대부료의 납입고지(대판 1993. 12. 21, 93누13735; 대판 2000. 2. 11, 99다61675)

> **판례** 국유잡종재산 대부행위의 법적 성질(=사법상 계약) 및 그 대부료 납부고지의 법적 성질(=사법상 이행청구)
>
> 국유재산법 제31조, 제32조 제3항, 산림법 제75조 제1항의 규정 등에 의하여 국유잡종재산에 관한 관리 처분의 권한을 위임받은 기관이 국유잡종재산을 대부하는 행위는 국가가 사경제 주체로서 상대방과 대등한 위치에서 행하는 사법상의 계약이고, 행정청이 공권력의 주체로서 상대방의 의사 여하에 불구하고 일방적으로 행하는 행정처분이라고 볼 수 없으며, 국유잡종재산에 관한 대부료의 납부고지 역시 사법상의 이행청구에 해당하고, 이를 행정처분이라고 할 수 없다(부당이득금[대법원 2000.2.11, 선고, 99다61675, 판결]).

> **참고판례** 국유 일반재산의 대부료 등의 지급을 민사소송의 방법으로 구할 수 있는지 여부(원칙적 소극)
>
> 국유재산법 제42조 제1항, 제73조 제2항 제2호에 따르면, 국유 일반재산의 관리·처분에 관한 사무를 위탁받은 자는 국유 일반재산의 대부료 등이 납부기한까지 납부되지 아니한 경우에는 국세징수법 제23조와 같은 법의 체납처분에 관한 규정을 준용하여 대부료 등을 징수할 수 있다. 이와 같이 *국유 일반재산의 대부료 등의 징수*에 관하여는 국세징수법 규정을 준용한 간이하고 경제적인 특별구제절차가 마련되어 있으므로, 특별한

사정이 없는 한 *민사소송*의 방법으로 대부료 등의 지급을 구하는 것은 허용되지 아니한다.(대법원 2014.09.04. 선고 2014다203588 판결)

② 입찰보증금의 국고귀속조치(대판 1983. 3. 7, 81누366)

판례   입찰보증금 국고귀속 조치에 관한 분쟁이 행정소송의 대상인지 여부(소극)

예산회계법에 따라 체결되는 계약은 사법상의 계약이라고 할 것이고 동법 제70조의5의 입찰보증금은 낙찰자의 계약체결의무이행의 확보를 목적으로 하여 그 불이행시에 이를 국고에 귀속시켜 국가의 손해를 전보하는 사법상의 손해배상 예정으로서의 성질을 갖는 것이라고 할 것이므로 입찰보증금의 국고귀속조치는 국가가 사법상의 재산권의 주체로서 행위하는 것이지 공권력을 행사하는 것이거나 공권력작용과 일체성을 가진 것이 아니라 할 것이므로 이에 관한 분쟁은 행정소송이 아닌 민사소송의 대상이 될 수 밖에 없다고 할 것이다.

③ 창덕궁 안내원들의 근무관계(대판 1996. 1. 23, 95다5809)
④ 조세과오납금환급청구권(대판 1995. 4. 28, 94다55019)
⑤ 환매권(대판 1992. 4. 24, 92다4673)
⑥ 국가배상청구(대판 1972. 10. 10, 69다701)

Ⅳ. 한국 실정법상 공법과 사법의 관련

하나의 법률관계에 있어서도 다음의 예와 같이 공법과 사법이 함께 규율하는 경우도 있고, 또한 서로 밀접하게 영향을 주고받는 경우도 있다.

① 공법과 사법이 함께 규율하는 경우

종래 공물·공기업에 관한 법은 모두 공법이라고 보는 경향이 있었으나, 예컨대 국영철도의 법률관계 중 그 직원의 복무관계는 공법관계로, 운송계약상의 법률관계는 사법관계로 보아야 하는 등, 구체적으로 나누어 검토하여야 한다.

② 공법행위가 사법상 법률행위의 요소인 경우

주무부처장관의 비영리법인 설립인가, 토지거래허가, 각종 영업 양도·양수의 인가 등.

③ 공법행위가 사법적 효과를 발생하는 경우

토지수용의 경우에서처럼 토지의 수용관계는 공법행위이지만, 수용의 결과 토지소유권이 사인에게서 국가로 이전되는 효과가 발생하는 것 등.

④ 사법으로 규율되는 사항이 공법으로 보완되는 경우

토지에 대한 이해관계의 조정은 민법상의 상린관계만으로는 부족하므로 건축법 등의 공법으로 일조권의 확보를 위하여 건축물의 높이를 규제하는 것 등.

제 2 절 행정상 법률관계

행정상의 법률관계란 행정법의 적용을 받는 행정에 관한 법률관계를 총괄적으로 말하는 것이다. 좁은 의미로는 행정작용법적 관계를 의미하지만, 넓은 의미의 행정상 법률관계에는 첫머리에 언급한 바와 같이 행정작용법적 관계 외에 행정조직법적 관계도 포함한다. 행정작용법적 관계는 공법관계와 사법관계로 나누어지고 공법관계는 다시 권력관계와 관리관계로 나누어진다.

Ⅰ. 행정조직법적 관계

행정관청 상호간(상하·대등 관청 간)의 관계(행정주체의 내부관계)나 국가와 지방자치단체 간 또는 지방자치단체 상호간의 관계(행정주체 상호간의 관계)는 행정주체와 그 상대방인 국민 간의 관계인 행정작용법적 관계와는 달리 행정조직법적 관계라 하여, 권리의무관계가 아닌 직무권한의 관계로 파악되기 때문에 이들 상호간의 분쟁은 특별한 규정(예 : 지방의회의 의결에 대한 자치단체장의 대법원에의 출소권, 지자159③)이 없는 한 법원에 출소할 수 없고 행정조직 내부에서 해결하게 된다.

Ⅱ. 행정작용법적 관계

행정주체와 사인 간의 관계를 행정주체가 외부적으로 행정을 행한다는 점에서 행정작용법적 관계라 하며, 이에는 행정법의 적용을 받는 공법관계(권력관계·관리관계)와 사인 상호간의 관계와 같이 사법의 적용을 받는 사법관계(국고관계)가 있다.

1. 공법관계

1) 권력관계

> 행정주체가 우월한 의사의 주체로서 상대방인 국민에 대하여 일방적으로 명령하고 강제하는 관계(예 : 허가받은 영업자에 대한 각종 의무부과, 불법건축물의 강제철거 등)이기 때문에 대등한 당사자 사이의 이해조정을 목적으로 하는 사법관계와는 본질적으로 다르다.

따라서 원칙적으로 사법의 적용을 받지 않고, 행정주체의 행위에 공정력·확정력·강제력 등 법률상 우월한 효력이 인정되기 때문에 이를 **본래적 공법관계**라 한다. 이러한 **권력관계**에 있어서의 다툼은 권력행위 그 자체의 효력을 다투고자 할 때는 항고소송을, 그 권력행위에 따라 형성된 법률관계를 다투고자 할 때는 당사자소송을 제기하여야 한다.

2) 관리관계

① 관리관계의 의의

> 행정주체가 공물(도로·하천·공원·항만시설 등)을 관리하거나 공기업(철도·우편·상하수도·병원 등)을 경영하는 것과 같이 공권력의 주체로서가 아니고 재산(공물) 또는 사업(공기업)의 관리주체로서 국민에 대하는 관계를 말한다.

관리관계는 본질적으로는 사인 상호간의 관계와 같다고 하겠으나, 당해 사업의 공공성·윤리성·급부의 계속성 등으로 말미암아 공공복리를 위하여 필요한 한도 내에서 특별한 공법적 규율을 받게 됨에 불과하다고 하겠다. 따라서 이를 **전래적 또는 파생적 공법관계**라 한다. 이러한 관리관계는 **단순고권적 관계**라고도 하며, 대부분의 급부행정과 유도행정이 이에 해당한다. 관리관계로 인정되어 특별한 공법적 규율을 받기 위하여서는 법령에 명문의 규정이 있거나, 순수한 사경제적 활동과는 다른 공익성 또는 윤리성 등이 입증되어야 한다.

② 관리관계의 적용법규

관리관계는 원칙적으로는 사법의 적용을 받고 그에 관한 소송 역시 보통의 민사소송으로 다루어지며, 공공복리의 달성에 필요한 한도 내에서 공법의 적용(예 : 공물의 불융통성, 강제집행·시효취득의 제한, 공기업의 독점적 경영권 보장 및 공기업벌의 부과 등)을 받을 뿐이다.

> **판례** 사법관계로 보는 경우
> 전화가입계약은 전화가입 희망자의 가입청약과 이에 대한 승낙에 의하여 성립하는 영조물이용의 계약관계로서 비록 그것이 공공통신역무의 제공이라는 이용관계의 특수성 때문에 그 이용조건 및 방법, 이용의 제한, 이용관계의 종료원인 등에 관하여 여러 가지 법적 규제가 있기는 하나 그 성질은 사법상의 계약관계에 불과하다고 할 것이므로, 피고가 전기통신법시행령 제59조에 의하여 원고와의 전화가입계약을 해지하였다 하여도 이는 사법상의 계약의 해지와 성질상 다를 바 없다 할 것이고 이를 행정처분으로 볼 수 없다(대판 1982. 12. 28, 82누441).

> **판례** 공법관계로 보는 경우
> 수도법에 의하여 지방자치단체인 수도사업자가 수돗물의 공급을 받는 자에 대하여 하는 수도료의 부과징수와 이에 따른 수도료의 납부관계는 공법상의 권리의무관계라 할 것이므로 이에 관한 소송은 행정소송절차에 의하여야 한다(대판 1977. 2. 22, 82누441).

2. 사법관계

1) 사법관계의 의의

> 행정주체가 국민과의 관계에서 당사자가 되는 경우에도 우월한 의사의 주체로서가 아니라 사법상의 계약에 해당하는 국고의 주체, 즉 사법상 재산권의 주체로서 국민에게 대하는 경우에는 『같은 성질의 관계는 같은 성질의 법률로 규율되어야 한다』는 의미에서 사법이 적용되는 사법관계(국고관계)라고 본다.

예컨대 국가나 지방자치단체가 사인과 물품매매계약 또는 도로·공원·항만·교량의 건설도급계약을 체결하며, 국유재산을 대부·매각하고, 국채·지방채를 모집하거나, 수표를 발행하며, 은행이나 기업(예컨대, 중소기업은행, 담배인삼공사)의 주주가 되는 관계 등은 모두 사법관계이다.

2) 사법관계의 적용법규

이러한 행정상의 사법관계는 사인 상호간의 관계와 같이 사법의 적용을 받고, 그에 관한 소송은 민사소송에 의한다. 이러한 국고관계에 있어서도 국가 또는 지방자치단체 등의 행정주체가 사법상 재산권의 주체로서 활동하는 것은 사익을 위한 것이 아니라 어디까지나 공익을 위하여 행위하는 것이다. 따라서 그 행위의 공공성을 확보하기 위하여 일정한 제한과 규제가 수반된다. 국가를 당사자로 하는 계약에 관한 법률, 예산회계법, 국유재산법, 지방재정법, 기업예산회계법, 물품관리법, 조달사업에 관한 법률, 국가채권관리법 등에 의하여 계약의 방법·내용·상대방 등에 대한 특별한 제한을 가하는 경우가 여기에 해당된다. 이러한 특별한 공법적 규율을 가하는 법은 사법의 일종인 특별사법으로 보며, 그것이 사법행위로서의 본질에 변경을 가하는 것은 아니라고 하는 것이 통설·판례의 입장이다.

3. 요약

협의의 행정상 법률관계를 의미하는 행정작용법적 관계는 행정주체와 그 상대방인 사인간에 관한 법적인 관계를 말한다. 이러한 행정작용법적 관계는 행정주체가 공법의 형식에 따라 행정목적을 실현하는 공법관계와 행정주체가 사법의 형식을 사용해서 행정목적을 추구하는 사법관계로 나누어진다. 이를 다시 분설하여 정리하면 다음과 같다.

> ① 행정작용법적 관계는 공법관계와 사법관계로 나누어진다.
> ② 공법관계는 행정주체의 우월적 지위에서 공권력을 통하여 명령·강제를 발동할 수 있는 권력관계와, 대등한 당사자간의 법률관계이지만 공익성과 윤리성 때문에 공법관계가 되는 관리관계로 나

> 누어진다. 흔히 권력관계를 본래적 공법관계라 하고, 관리관계를 전래적 공법관계라 한다.
> ③ 특히 경찰행정과 조세행정이 권력관계의 대표적인 예에 해당된다.
> ④ 약간의 공법상 법률관계의 성질도 가지지만 근본적으로 사법의 형식에 따르는 행정을 사법관계 또는 국고관계라 하는데, 조달행정과 국유재산관리행정 등이 이에 속한다.
> ⑤ 국민의 복지증진을 위한 급부행정은 관리관계에 해당되는 것도 있고 사법관계에 해당되는 경우도 있다.

제 3 절   행정법관계의 당사자

행정법관계는 행정작용을 하는 자와 그 상대방, 즉 행정의 주체와 행정의 상대방(객체)와의 관계이므로 **행정법관계의 당사자**는 행정주체와 행정객체를 말한다. 행정주체는 행정권의 담당자로서 행정권을 행사하고 그 법적 효과가 궁극적으로 귀속되는 자를 의미하고, 행정객체는 행정주체의 상대방으로서 행정권 발동의 대상이 되는 사인을 의미하는 것이지만 공공단체도 객체가 되는 경우가 있다.

Ⅰ. 행정의 주체

> 행정주체로서는 국가·공공단체 및 이들로부터 행정사무를 위임받은 사인(공무수탁사인)이 있다.

이러한 행정주체는 공법상 당사자소송의 당사자가 되며, 행정객체에 대하여 행정상 손실보상이나 행정상 손해배상의 책임을 지는 상대방이 된다. 실제 행정권을 행사하는 것은 공무원이지만 이들의 행위의 법적 효과의 귀속주체, 즉 행정주체는 이들이 소속된 법인격을 가진 국가 또는 공공단체이다. 따라서 장관, 지방자치단체의 장 및 공공단체의 장은 곧바로 행정주체가 되는 것이 아니라 권한 행사의 대표자가 될 뿐이다. 그러나 행정소송의 원활한 수행을 위하여 이들이 행정소송의 피고가 된다.

1. 국가

국가는 시원적 행정주체이다. 우리 헌법상 대통령은 행정수반이기 때문에 행정권은 대통령을 정점으로 하는 국가행정조직을 통하여 행사된다. 국가는 행정권을 국가행정조직을 통하여 직접 행사하거나(**직접행정**), 국가로부터 독립된 행정주체를 설립하여 그로 하여금 독립적으로 행정권을 행사하게 하거나(**간접행정**), 국가의 감독하에 일정한 범위 내의 행정권을 이들에게 위임하여 행사하게 하는 방법(위임행정)도 있다.

2. 공공단체

'공공단체'란 국가 밑에 국가로부터 그 존립목적이 부여된 공법상의 법인으로서 자기의 고유한 사무를 행하는 기관을 말한다.

▶ 예 : 지방자치단체·공공조합·영조물법인 및 공법상 재단

1) 지방자치단체

'지방자치단체'란 일정지역과 그 주민으로 구성되어 그 지역 내에서 일정한 통치권을 행사하는 단체이다.

국가와 지방자치단체는 별개의 권리주체이지만, 지방자치단체의 자치권의 법적 성질에 관하여는 자치단체에 고유한 것이라는 설(고유권설)과 국가로부터 전래된 것이라는 설(전래설)이 대립되어 있다. 지방자치단체는 당연히 국가로부터 일정한 행정적 감독을 받는 것이기 때문에 전래설이 지배적인 견해이다.

지방자치단체의 내부구조는 집행기관과 의결기관으로 나누어져 있다. 집행기관이란 지방자치단체의 장과 하급행정기관을 의미하며, 읍·면·동장 및 그 보조기관 등으로 구성되어 있다. 지방자치단체의 의결기관으로서는 지방의회와 교육위원회가 있다. 한편, 지방자치단체의 장은 당해 지방자치단체의 대표로서의 지위에서 지방자치단체의 업무를 관장하지만, 다른 한편으로는 국가행정기관으로서의 지위에서 국가위임사무를 수행한다. 이를 지방자치단체의 장의 이중적 지위라 한다.

2) 공공조합(공법상의 사단법인)

'공공조합'이란 특정목적 하에 일정한 자격을 갖춘 사람(조합원)의 결합으로 성립된 공법상의 사단법인이지만 반드시 일정한 지역을 그 존립기반으로 하는 것이 아니라는 점에서 지방자치단체와 구별된다.

▶ 예 : 도시재개발조합·농지개량조합(현 한국농어촌공사)·토지구획정리조합(현 도시개발조합)·농업협동조합·수산업협동조합·중소기업협동조합·임업협동조합·상공회의소·대한교육연합회·건강보험조합·재향군인회·변호사회

이들이 행하는 토목사업·사회보험사업 등은 공익과 밀접한 관련이 있기 때문에 이들을 행정의 일부로 인정하고 각종 국가적 감독(위법한 처분의 취소명령, 보고서 제출 및 업무감사 등)을 받도록 함과 동시에, 환지처분권·토지수용권 및 경비의 강제징수 등 약간의 국가적 공권을 부여하고 있다.

3) 영조물법인(공법상 권리능력 있는 영조물)

'영조물'이란 일정한 행정목적을 달성하기 위한 인적·물적 결합체를 말하며, 이에 대하여 공법상의 법인격을 부여한 경우 이를 '영조물법인'이라 한다.

이러한 영조물법인을 설립·운영하는 이유는 국가가 직접 공행정을 수행하는 경우에 적용되는 인사·예산·회계 등에 관한 공법상의 엄격한 제약에서 벗어나 사기업에 유사한 합리적·능률적인 경영을 보장하기 위한 것이다. 영조물법인에 적용되는 일반법으로서는 정부투자기관관리기본법과 지방자치단체에 속한 영조물법인에 대한 일반법으로 지방공기업법이 있으며, 현행법상 각종 공사나 특수은행 등이 이에 해당한다.

▶ 예 : 한국방송공사·한국도로공사·한국토지주택공사·서울특별시지하철공사·한국가스공사·한국기술검정공단·과학기술원·서울대학교병원·한국은행.

4) 공법상의 재단법인(공재단)

공법상의 재단법인은 행정주체가 출연한 재산을 관리하기 위하여 공법상의 근거에 의하여 설립된 재단법인으로서 국가의 감독하에 있는 공공단체이다.

공법상 재단법인은 재산결합체가 중심적 요소이기 때문에 그 인적 구성과 행정은 부수적인 것으로서 그 수혜자를 위한 것일 뿐이다. 따라서 공법상의 재단법인에는 공공조합처럼 인적 결합이 없고, 영조물법인처럼 일반적 이용자도 없으며, 다만 그 지원을 받는 수혜자만 있다.

▶ 예 : 한국연구재단, 한국학중앙연구원

3. 공무수탁사인(수탁사인; 국가적 공권이 부여된 사인)

행정기본법 제2조(정의)
2. "행정청"이란 다음 각 목의 자를 말한다.
가. 행정에 관한 의사를 결정하여 표시하는 국가 또는 지방자치단체의 기관
나. 그 밖에 법령등에 따라 행정에 관한 의사를 결정하여 표시하는 권한을 가지고 있거나 그 권한을 위임 또는 위탁받은 공공단체 또는 그 기관이나 사인(私人)

> 행정절차법 제2조(정의)
> 1. "행정청"이란 다음 각 목의 자를 말한다.
> 가. 행정에 관한 의사를 결정하여 표시하는 국가 또는 지방자치단체의 기관
> 나. 그 밖에 법령 또는 자치법규(이하 "법령등"이라 한다)에 따라 행정권한을 가지고 있거나 위임 또는 위탁받은 공공단체 또는 그 기관이나 사인(私人)
> 행정심판법 제2조(정의)
> 4. "행정청"이란 행정에 관한 의사를 결정하여 표시하는 국가 또는 지방자치단체의 기관, 그 밖에 법령 또는 자치법규에 따라 행정권한을 가지고 있거나 위탁을 받은 공공단체나 그 기관 또는 사인(私人)을 말한다.
> 행정소송법 제2조(정의)
> ② 이 법을 적용함에 있어서 행정청에는 법령에 의하여 행정권한의 위임 또는 위탁을 받은 행정기관, 공공단체 및 그 기관 또는 사인이 포함된다.

'공무수탁사인'이란 공행정사무를 위탁받아 자신의 이름으로 처리할 수 있는 권한을 부여받은 행정주체인 사인을 말한다.

> 보통 사인은 행정객체의 지위에 서지만, ① 사인이 별정우체국의 지정을 받아 통신업무를 수행하는 경우(별정우체국설치법2), ② 사인이 일정한 공공사업의 주체(사업시행자)로서 국가로부터 토지수용권을 부여받아 토지수용을 하는 경우(방송·통신·가스사업자 등, 공익사업을 위한 토지 등의 취득 및 보상에 관한 법률4·도시재개발법22), ③ 사유 선박의 선장·해원 또는 항공기의 기장·승무원이 선박이나 항공기 내에서 발생한 범죄에 관하여 사법경찰관리의 직무를 수행하는 경우(사법경찰관리의 직무를 행할 자와 그 직무범위에 관한 법률, ④ 사립대학의 총·학장이 교육법에 의하여 학위를 수여하는 경우, ⑤ 기타 관세감면대상의약품 여부의 확인권·석탄품질검사권·변리사등록업무·건축사자격시험 관리업무 등을 관련 협회의 장에게 위탁한 경우 등과 같이, 공무수탁사인은 그 부여받은 권한의 범위 안에서는 행정주체의 지위에 서게 된다.

이들 공무수탁사인의 처분 등에 대하여는 법원에 **행정소송**을 제기할 수 있다. 공무수탁사인은 행정소송법상 행정청이다. 따라서 항고소송(취소소송 등)의 피고는 공무를 위임한 행정청이 아니라 공무수탁사인(행정청)으로 하여야 한다(행정소송법 제2·13조). 공법상 계약이면 행정소송 중 당사자소송으로, 사법상 계약이면 민사소송으로 다투어야 하며 이때 피고는 공무수탁사인이 된다. 국가배상법은 공무를 위탁받은 사인도 공무원이라고 명시하고 있다. 국가배상법상 국가배상책임자는 국가 또는 지방자치단체이므로 공무를 위탁한 국가 또는 지방자치단체를 상대로 손해배상을 청구할 수 있다고 본다.

다만, 사인이 공행정사무를 수행하는 경우에도 행정기관의 보조인인 경우와 행정을 대행하는 경우에는 공무수탁사인이 아니다. '**행정보조인**'이란 아르바이트로 행정서류의 정리나 우편물의 전달과 같은 업무를 수행하는 사인을 들 수 있다. '**행정대행**'이란 차량등록의 대행, 자동차검사의 대행처럼 사인이 특정의 업무를 행정기관을 대신하여 행하는 것을 말한다. 행정보조인과 행정대행자는 그 공무수행의 법적 효과는 공무를 위탁한 행정주체에게 귀속되고 그

행정주체가 책임을 진다는 점에서 동일성이 있다. 즉, 양자는 심부름의 수행에 불과하기 때문에 그 심부름을 명한 행정주체가 책임을 지는 관계이다. 그러나 행정보조인과 행정대행자의 차이는 행정보조인은 행정기관에 종속되어 있지만, 행정대행자는 담당 행정기관의 감독은 받지만 행정기관에 종속되어 있는 것은 아니다.

소득세법 제127조, 제128조에 따른 소득세의 원천징수의무자가 공무수탁사인인가? 판례는 소득세원천징수의무자를 공무수탁사인이 아니라 행정보조인 또는 공적 의무가 부과된 사인으로 보고 있는 것으로 보인다(대판 1990. 3. 23, 89누4789).

> **판례** 원천징수의무자인 행정청의 원천징수행위는 행정처분이 아니라는 판례
> 원천징수하는 소득세에 있어서는 납세의무자의 신고나 과세관청의 부과결정이 없이 법령이 정하는 바에 따라 그 세액이 자동적으로 확정되고, 원천징수의무자는 소득세법 제142조 및 제143조의 규정에 의하여 이와 같이 자동적으로 확정되는 세액을 수급자로부터 징수하여 과세관청에 납부하여야 할 의무를 부담하고 있으므로, 원천징수의무자가 비록 과세관청과 같은 행정청이더라도 그의 원천징수행위는 법령에서 규정된 징수 및 납부의무를 이행하기 위한 것에 불과한 것이지, 공권력의 행사로서의 행정처분을 한 경우에 해당되지 아니한다(대판 1990. 3. 23, 89누4789).

Ⅱ. 행정객체(행정의 상대방)

사인은 원칙적으로 행정객체의 지위에 서게 된다. 공공단체도 사인에 대하여는 행정주체의 지위에 서게 되지만, 반대로 국가나 다른 공공단체에 대하여는 행정객체의 지위에 서게 된다. 종래의 행정법관계에서 볼 때 사인은 행정작용의 상대방으로서 행정객체의 지위에만 있었으나, 오늘날은 행정절차법에 의한 청문·공청회를 통한 의견진술과 환경영향평가 등에서 주민대표로의 참여 등을 통하여 행정에 직접 참여하고 협력하는 지위도 누리게 되었다(행정법관계의 당사자개념의 상대화).

제4절 행정법관계의 특질

행정법관계도 권리·의무관계라는 점에서는 사인 상호간의 관계인 사법관계와 다를 바 없다고 하겠으나, **공익실현**이라는 행정목적 달성을 위하여 행정주체가 우월한 의사의 주체로서 국민에게 일방적으로 명령·강제하는 관계이기 때문에 행정주체에게 일정한 특권 내지 **우월적 지위**가 인정되고 있는 반면, 사법관계보다도 더 **엄격한 법의 기속**을 받도록 하고 있다. 한편 행정법관계에서 발생되는 사인의 권리, 즉 개인적 공권은 사권에 대하여 약간의 특수성을 가지며, 그 침해에 대한 구제수단도 특별한 방법에 의하게 된다.

행정법관계에서의 행정주체의 행위형식으로서 중심적 내용을 이루는 것이 바로 행정행위이기

때문에, 『행정법관계의 특질』은 결국 『행정행위의 특질』및 『행정행위의 효력』과 같은 의미를 가진다. 즉, 행정행위가 적법하게 성립요건과 효력발생요건을 갖추게 되면 그 행정행위의 내용에 따라 일정한 효력이 발생하게 된다. 즉 행정행위는 적법하게 성립할 경우에 공정력, 확정력, 강제력이 발생하는 것이다.

Ⅰ. 적법성

사법관계에 있어서는 당사자의 의사를 최대한으로 존중하는 사적 자치의 원칙이 적용되지만, 공법관계는 국민에게 일방적으로 명령·강제하는 관계인만큼 법치주의의 관점에서 행정의사의 발동요건·절차·형식 등에 있어 엄격한 법률에의 적합성이 요구된다.

▶ 예 : 각종 인·허가나 그 취소의 요건을 법령에 상세히 규정하고, 청문 등의 절차를 거치게 하며, 반드시 문서에 의하여 행하도록 하는 것.

Ⅱ. 공정력

1. 공정력의 의의

'공정력'이란 행정행위가 법적 요건을 갖추지 못하여 하자가 있는 경우에도 그 하자가 중대하고 명백하여 무효라고 인정되는 경우를 제외하고는 일단 유효한 것으로 통용되고, 취소권한이 있는 기관이 이를 취소하기 전까지는 누구도 그 효력을 부인할 수 없는 힘을 말한다.

▶ 예 : 운전면허의 정지처분이 있으면 비록 하자가 있다고 판단되더라도 일단은 면허증을 반납하고 운전을 하지 말아야 하며, 그렇지 않고 계속 운전하면 운전면허취소를 당하게 되며, 조세부과처분이 있으면 당연무효가 아닌 한 하자가 있다 하더라도 권한 있는 기관에 의하여 취소되기 전까지는 상대방은 조세를 납부할 의무를 지게 되고 납부하지 않으면 체납처분을 당하게 된다.

> **판례** 　행정행위의 공정력의 의의
> 　행정처분이 아무리 위법하다고 하여도 그 하자가 중대하고 명백하여 당연무효라고 보아야 할 사유가 있는 경우를 제외하고는 아무도 그 하자를 이유로 무단히 그 효과를 부정하지 못하는 것으로, 이러한 행정행위의 공정력은 판결의 기판력과 같은 효력은 아니지만 그 공정력의 객관적 범위에 속하는 행정행위의 하자가 취소사유에 불과한 때에는 그 처분이 취소되지 않는 한 처분의 효력을 부정하여 그로 인한 이득을 법률상 원인 없는 이득이라고 말할 수 없는 것이다(대판 1994. 11. 11., 94다28000).

그러므로 행정행위의 상대방이 조세과오납환급청구소송을 제기한 경우에 수소법원인 민사법원은 조세부과처분이 직권취소 또는 쟁송취소되기 전까지는 당해 처분이 유효하다는 것을 전제로 하여 판결하여야 하는 것이다.

사인 간의 법률관계에서 다툼이 있으면 민사소송을 제기하여 법원의 판결이 확정될 때까지는 당사자는 그 법률행위의 효력을 인정할 필요가 없는 것과 대조를 이룬다.

2. 공정력의 근거

1) 공정력의 이론적 근거

행정기관의 행정행위는 법원의 판결과 유사한 것으로서 행정행위를 하였다는 것은 그 적법요건도 갖추었음을 스스로 확인하였다는 것을 의미하며, 이 확인이 상대방과 제3자를 구속하는 것이라는 견해(판결유사설)와 공정력은 행정행위에 본래부터 내재하는 우월성 때문에 인정된 것이 아니라, 행정법관계의 법적 안정성과 계속성, 상대방과 제3자의 신뢰보호라는 정책적 이유로 인정된 것이며, 실정법적으로도 행정행위의 효력은 행정행위가 있고 나서 사후적인 행정쟁송(행정심판·행정소송)에 의하여만 다툴 수 있도록 한 절차법을 마련하고 있는 결과로 인정된 반사적 효과에 불과하다는 견해(행정정책설)가 대립되고 있다. 생각건대 법치주의와 현대 국민주권주의 하에서는 행정정책설이 타당하다고 생각된다.

2) 공정력의 실정법적 근거

우리 실정법상 공정력을 직접적으로 인정하고 있는 명문규정은 없다. 그러나 개별법령상에 공정력이 인정되는 간접적 근거로서는, ① 상술한 행정쟁송에 의한 취소제도(행정심판법4·행정소송법4), ② 행정쟁송이 제기된 경우에도 판결이 확정되기 전까지는 당해 행정행위의 집행이 원칙적으로 정지되지 아니하도록 한 점(집행부정지의 원칙 : 행정심판법18·21, 행정소송법 20·23) 등을 들 수 있다.

3. 공정력의 적용범위

1) 비권력관계

우월한 의사의 힘의 존재를 처음부터 전제로 하지 아니하는 관리관계 및 국고관계에 있어서는 공정력이 인정될 여지가 없다.

2) 행정행위의 무효·부존재

통상인이 판단하더라도 하자가 중대하고 명백하여 무효인 경우와, 처음부터 행정행위라고 할 만한 실체조차 존재하지 아니한 경우(부존재)에는 일반의 신뢰보호의 가치가 없는 것이므로 공정력이 인정될 여지가 없다(통설·판례의 입장). 다만, 무효의 경우에는 무효·취소의 구별의 상대화를 주장하면서 공정력이 인정되어야 한다는 주장도 있다.

3) 공정력과 입증책임의 문제

공정력을 근거로 하여 행정행위의 취소소송에 있어서는 위법임을 주장하는 원고(행정행위의 상대방)에게 위법성을 입증할 책임이 있다는 것이 종래의 통설이었으나, 오늘날은 공정력만을 이유로 입증책임의 소재를 결정할 수는 없다고 한다.

4) 공정력과 선결문제

어떤 민·형사소송에 있어서 특정 행정행위의 위법성 여부가 먼저 결정되어야 재판을 할 수 있는 경우(선결문제가 된 경우)에, 이에 관하여 민·형사법원이 판단할 수 있는가에 관하여는 민·형사소송을 나누어 고찰하여야 할 것이다. 그러나 행정행위가 무효 또는 부존재인 경우에는 선결문제를 다루는 민·형사소송에서 당연히 그 효력을 부인할 수 있음은 물론이다.

① 민사소송

(가) 행정행위의 효력 유무가 선결문제인 경우

원칙적으로 행정소송에 의하여 문제의 행정행위가 취소되기 전에는 민사소송에서 그 효력을 부인할 수 없다. 예컨대, 과세처분을 취소소송에 의하여 취소를 구하지 아니하고, 민사소송을 제기하여 이미 납부한 조세에 대한 부당이득반환을 청구하면서 과세처분의 효력을 부인할 수는 없다는 판례가 있다(대판 1973. 7. 10, 70다1439). 행정행위의 공정력의 효과와 행정행위에 대한 취소소송의 관할권의 배타적 성격으로 인하여 행정행위에 대한 민사법원의 심판권은 부인된다는 것이다.

> **판례** 조세의 과오납이 부당이득이 되는 경우
>
> 조세의 과오납이 부당이득이 되기 위하여는 납세 또는 조세의 징수가 실체법적으로나 절차법적으로 전혀 법률상의 근거가 없거나 과세처분의 하자가 중대하고 명백하여 당연무효이어야 하고, 과세처분의 하자가 단지 취소할 수 있는 정도에 불과할 때에는 과세관청이 이를 스스로 취소하거나 항고소송절차에 의하여 취소되지 않는 한 그로 인한 조세의 납부가 부당이득이 된다고 할 수 없다(대판 1994. 11. 11, 94다28000).

(나) 행정행위의 위법 여부가 선결문제인 경우

그러나 공정력은 절차적 효력에 불과한 것으로서 그 행위를 실질적으로 적법하게 하는 것은 아니므로, 행정행위의 효력을 부인하지 않는 한도에서 그 위법성 여부를 판단할 수 있다고 본다. 예를 들어 행정청의 계고처분으로 인하여 자신의 권익을 침해받은 자가 계고처분에 대한 취소판결을 받음이 없이 국가배상청구소송을 제기한 경우에는 실무상 국가배상청구소송은 민사소송으로 취급되므로 민사법원이 심리하게 된다. 이러한 경우에 별도의 행정소송으로 취소를 구하지 아니하고도 민사소송을 제기하여 불법건축물 철거 계고처분의 위법을 이유로 국가배상을 청구할 수 있다는 우리 대법원의 판례가 있다(대판 1972. 4. 28, 72다337).

> **판례**
> 위법한 행정대집행이 완료되면 그 처분의 무효확인 또는 취소를 구할 소의 이익은 없다 하더라도, 미리 그 행정처분의 취소판결이 있어야만, 그 행정처분의 위법임을 이유로 한 손해배상 청구를 할 수 있는 것은 아니다(대판 1972. 4. 28, 72다337).

② 형사소송

예컨대, 영업허가가 취소되었음에도 계속 영업을 한 경우, 무허가영업죄의 성립 여부를 재판하는 형사소송에서 당해 영업허가 취소행위의 위법성을 심사할 수 있는가에 관하여는, 행정행위의 공정력이 형사소송에도 미친다고 하여 심사할 수 없다는 부정설과, 국민의 권리구제를 목적으로 하는 행정소송제도와 범죄구성요건의 판단을 목적으로 하는 형사소송제도의 취지에 비추어 행정소송과는 별도로 위법성을 심사할 수 있다고 하는 긍정설이 대립되어 있으나, 판례는 긍정설의 입장을 취하고 있다(대판 1986. 1. 28, 85도2489).

> **판례** 도로교통법 제57조 제1호에 위반하여 교부된 운전면허의 효력
> 연령미달의 결격자인 피고인이 소외인의 이름으로 운전면허시험에 응시, 합격하여 교부받은 운전면허는 당연무효가 아니고 도로교통법 제65조 제3호의 사유에 해당함에 불과하여 취소되지 않는 한 유효하므로 피고인의 운전행위는 무면허운전에 해당하지 아니한다(대판 1982. 6. 8, 80도2646).

> **판례** 구 도시계획법 제78조 제1항에 정한 처분이나 조치명령을 받은 자가 이에 위반한 경우 같은 법 제92조에 정한 처벌을 하기 위하여는 그 처분이나 조치명령이 적법할 것을 요하는지 여부(적극)
> 구 도시계획법 제78조 제1항에 정한 처분이나 조치명령을 받은 자가 이에 위반한 경우 이로 인하여 같은 법 제92조에 정한 처벌을 하기 위하여는 그 처분이나 조치명령이 적법한 것이라야 하고, 그 처분이 당연무효가 아니라 하더라도 그것이 위법한 처분으로 인정되는 한 같은 법 제92조 위반죄가 성립될 수 없다(대판 1992. 8. 18, 90도1709).

그러나 예컨대 형사소송에서는 당해 영업허가 취소행위를 적법한 것으로 보아 유죄판결을 하였으나, 그 후 행정소송에서 이를 위법한 것으로 보아 영업허가취소행위가 취소된 경우 국민은 억울하게 형사범으로 처벌받게 되는 문제가 발생할 소지가 있다.

Ⅲ. 확정력

확정력이라 함은 하자 있는 행정행위라 할지라도 일정 기간이 경과함으로써, 또는 당해 행위의 성질상, 더 이상 취소할 수 없게 되는 힘을 말하며 이를 행정행위의 확정력 또는 존속력이라 한다.

행정행위의 확정력은 형식적 확정력과 실질적 확정력으로 구분되며, 형식적 확정력을 불가쟁력이라 하고 실질적 확정력을 불가변력이라 한다.

1. 불가쟁력

1) 불가쟁력의 의의

행정행위의 『상대방』에 대하여 발생하는 효력으로서, 하자 있는 행정행위라도 일정한 기간 내(행정심판은 처분이 있음을 안 날로부터 90일 또는 처분이 있은 날로부터 180일 이내, 행정소송은 처분이 있음을 안 날 또는 행정심판의 재결서를 송달받은 날로부터 90일 또는 처분이 있은 날로부터 1년 이내)에 행정쟁송을 제기하여야 하며, 그 기간이 경과하거나 쟁송절차가 끝난 때에는 행정행위의 상대방은 더 이상 그 효력을 다툴 수 없게 하는 힘을 말한다.

불가쟁력은 행정법관계의 신속한 안정, 즉 법적 안정성을 위하여 개인의 권리구제를 어느 시점까지만 인정하는 절차법적 제도라 할 수 있다.

행정행위의 형식적 확정력인 불가쟁력은 소송법상 확정판결에 대하여 발생하는 기판력과는 그 내용이 전혀 다른 것이다. 이는 행정행위와 확정판결의 차이에서 기인하는 바, 행정행위는 판결과 같이 독립된 제3의 기관이 내리는 판단이 아니며, 행정행위는 판결처럼 확고한 존속성을 가지는 것은 아니기 때문이다. 그러므로 이러한 불가쟁력은 그 처분으로 인하여 법률상 이익을 침해받은 자가 당해 처분이나 재결의 효력을 더 이상 다툴 수 없다는 의미일 뿐이며, 더 나아가 판결에 있어서와 같은 기판력이 인정되는 것은 아니기 때문에, 처분의 기초가 된 사실관계나 법률적 판단이 확정되어 버리고 당사자 또는 법원이 이에 기속되어 모순되는 주장이나 판단을 할 수 없게 되는 것은 아니다(대판 1994. 11. 8, 93누21927).

따라서 산업재해요양불승인처분의 불복기간의 경과로 인하여 확정되었다 하더라도 요양급여청구권이 없다는 내용의 법률관계까지 확정된 것은 아니며, 소멸시효에 걸리지 아니한 이상 다시 요양급여를 청구할 수 있고 그것이 거부된 경우 이는 새로운 거부처분으로서 이에 대한 취소소송을 제기할 수 있게 된다(대판 1993. 4. 13, 92누17181).

2) 불가쟁력의 적용범위

위와 같은 불가쟁력의 취지에 비추어, ① 무효 또는 부존재인 행정행위에 대하여는 적용될 여지가 없으며(행정심판전치주의 및 제소기간의 적용배제, 행소38①), ② 비록 불가쟁력이 발생된 행정행위라 할지라도 위법임이 인정된 때에는 이를 이유로 국가배상을 청구하거나, 행정기관이 스스로 위법임을 인정하여 직권으로 취소하는 것은 가능하다.

3) 불가쟁력의 한계

행정법관계의 신속한 안정보다 더 우선하여야 할 정도로 상대방의 권리구제의 필요성이 인정될 경우까지 불가쟁력을 고집할 근거는 없다고 할 것이며(예컨대, 법원의 확정판결에 대하여까지도 재심청구를 인정하고 있다).

행정절차법은 행정청에 대한 청원 또는 진정 등의 방법으로 행정청 스스로의 직권에 의한 재심사를 촉구하는 방법밖에 없다.

2. 불가변력

1) 불가변력의 의의

『행정주체』에 대하여 발생하는 효력으로서, 하자 있는 행정행위는 행정청의 입장에서는 취소·철회할 수 있음이 원칙이지만, 예외적으로 어떤 행정행위는 성질상 행정청도 하자를 이유로 스스로 취소·철회할 수 없게 하는 힘, 즉 불가변력을 발생하는 경우도 있다.

불가쟁력이 처분의 상대방이나 이해관계인에 대한 구속력이라면, 불가변력은 처분행정청 또는 상급행정청에 대한 구속력이다.

2) 불가변력의 성질

불가변력은 불가쟁력과 같이 실정법상 인정된 제도가 아니라 학설·판례로 인정된 것이기 때문에 그 성질에 대하여는, ① 어떤 행정행위가 행하여진 과정 또는 절차가 소송에 유사한 것으로 보기 때문에 인정된다는 소송법적 확정력설과, ② 법적 안정성의 견지에서 행정행위의 성질상 발생하는 효력이라고 하는 불가변력설 등이 대립되어 있으나, 소송과 유사하지 아니한 행정행위에도 인정된다는 점에서 불가변력설이 타당하다고 하겠다.

3) 불가변력이 발생되는 행정행위

① 일정한 쟁송절차를 거친 준법률행위적 행정행위인 『재결행위』(예 : 행정심판의 재결, 토지수용위원회·국세심판소·소청심사위원회의 재결 등)는 그 자체가 소송에 유사한 절차를 거쳐 판정된 것이므로 상대방의 불복은 허용되지만, 행정청 자신에 대하여도 하자를 이유로 번복시킬 수 있도록 허용하는 것은 분쟁을 엄격한 절차에 따라 공정하게 심판하도록 한 제도 본

래의 취지에 반하기 때문에 불가변력이 발생된다.

② 비록 쟁송절차는 거치지 않았지만 특정 사실 또는 법률관계에 관한 의문이나 다툼을 공적 권위로써 확인해 주는 준법률행위적 행정행위인 『확인행위』(예 : 국가시험의 합격자 결정, 각종 선거의 당선인 결정, 발명특허 등)도 성질상 처분 행정청이 임의로 변경할 수 없다고 하여야 할 것이다.

4) 불가변력에 위반한 행정행위의 효력

불가변력이 발생되는 행정행위임에도 불구하고 행정관청이 이를 취소·변경하는 새로운 처분을 내린 경우, 그 새로운 처분의 효과에 관하여는 중대하고 명백한 하자를 이유로 무효라는 견해도 있으나, 새로운 처분 역시 앞에서 본 공정력을 가진다고 할 것이므로 위법하기는 하지만 법정절차에 따라 취소·변경될 때까지는 일단 유효한 것으로 보아야 할 것이며, 판례도 같은 입장에 있다.

5) 불가쟁력과의 관계

양자는 서로 다른 취지에서 인정되어 온 별개의 제도이므로 서로 관련이 없다. 즉, 불가쟁력은 상대방에게만, 불가변력은 처분 행정청에게만 각각 적용되는 힘이기 때문에, 비록 불가쟁력이 발생된 행정행위라 할지라도 불가변력이 인정되는 재결 등이 아닌 한 행정관청이 직권으로 취소하는 것이 가능함은 물론이며, 반대로 불가변력이 발생된 행정행위라 할지라도 처분 상대방은 불가쟁력이 발생하기 전까지는 행정소송 등을 제기하여 취소를 구할 수 있다.

Ⅳ. 강제력

'강제력'이란 행정의사의 실효성을 확보하기 위하여 행정의사의 내용을 강제로 실현시키는 힘을 말한다.

이는 행정행위를 통하여 사인에게 명하여진 특정의무가 이행되지 않는 경우에 행정행위의 실효성을 확보하기 위한 가장 강력한 효력이다. 그러므로 강제력은 행정행위를 통하여 의무부과가 수반되는 경찰처분이나 과세처분과 같은 하명행위에서 주로 문제가 되며, 사인에게 권리와 급부를 부여하는 형성적 행정행위에서는 문제되지 않는다. 강제력은 의무이행을 강제하여 사실상 의무가 이행되는 상태를 실현하는 자력집행력과, 그 의무위반에 대하여 일정한 제재를 가하는 제재력이 있다.

1. 자력집행력

'자력집행력'이란 예를 들어, 납세의무자가 세금납부의무를 불이행하는 경우에 세무공무원이 압류·공매 등의 절차를 통하여 강제징수를 하거나, 위법한 무허가 건축물에 대하여 인부를 고용하여 혹은 공권력을 동원하여 강제 철거하거나, 전염병환자를 강제로 격리 수용하는 것처럼 국가 또는 공공단체가 그의 의사를 스스로의 힘에 의하여 강제하고 실현하는 것을 말한다.

사법관계에서는 상대방이 의무를 이행치 아니할 경우 스스로 이를 실현시킬 방법은 없고, 먼저 법원의 판결을 구하고 그 승소판결에 기하여 별도의 국가기관(집행관)에 의한 강제집행을 청구할 수 있음에 그치지만, 행정법관계에서는 이와 같이 행정관청이 직접 실력을 행사하여 의무를 이행시키는 힘을 가지고 있다. 자력집행력의 일반적인 근거법률로서는 행정대집행법과 국세징수법이 있다.

2. 제재력

행정법관계에서는 상대방이 행정의사를 위반한 경우 이에 대한 제재로서 행정형벌(징역·벌금 등) 또는 행정질서벌(과태료)을 과할 수 있다.

▶ 예 : 무면허운전행위에 대한 형벌부과 및 주민등록법상 전입신고의무 위반에 대한 과태료 부과 등.

이처럼 행정형벌은 형법상의 처벌내용이 부과되는 것이고, 행정질서벌은 과태료가 부과되는 것이라는 점에서 구별된다.

V. 권리·의무의 특수성

사법관계에서의 권리·의무는 사익을 위하여 인정되는 것이지만, 행정법관계에서 국가가 개인에 대하여, 또는 개인이 국가에 대하여 가지는 권리는 순전히 사익을 위하여서만 인정되는 것이 아니고, 이것을 개인에게 부여하는 것이 동시에 공익의 실현을 위하여서도 필요하기 때문에 인정되는 것이다(공익성).

따라서 권리가 동시에 의무로서의 성격(예 : 각종 선거권 등)을 띠고 있으며, 그 결과 사법관계에서와는 달리 공권·공의무의 이전·포기가 제한되는 등의 특수성이 인정된다.

Ⅵ. 권리구제의 특수성

사권이 침해된 경우에는 민법상 손해배상 및 민사소송에 의하지만, 공권이 침해된 경우에는 이와 다른 특별한 구제수단이 마련되어 있다. 그 주된 이유는 권리침해가 우월한 지위에 있는 공권력 주체에 의하여 행하여졌다는 점과, 국민의 권리 구제와 함께 공익의 보장도 고려하여야 한다는 데 있다.

1. 행정상 손해전보

'행정상 손해전보'는 공권력발동에 의한 행정작용에 의하여 야기된 행정객체의 손해를 전보하여 주는 제도를 말한다.

이는 다시 위법한 행정작용으로 인한 손해배상과, 적법한 행정작용으로 인한 손실보상으로 나누어진다. 『위법』한 행정작용으로 인한 손해배상에 관하여는 국가배상법이 민법상의 불법행위로 인한 손해배상제도와 다른 특별한 절차요건 등을 규정하고 있으며, 『적법』한 행정작용(토지수용·징발 등)으로 인한 특별한 재산상의 희생에 대하여는 토지보상법 등 개별법에 의한 손실보상의 청구가 인정된다. 사법상으로는 『적법』한 재산권 침해라는 제도는 없으므로 손실보상제도는 행정법관계에만 있는 특유한 제도이다.

2. 행정상 쟁송

위법한 행정작용의 취소·변경을 구하는 모든 절차를 '행정상 쟁송'이라고 한다.

우리나라는 영·미식 사법국가주의를 채택하여 최종적으로는 행정소송의 형태로 일반법원의 관할로 하고 있으나, 사법관계에 적용되는 민사소송과는 다른 여러 가지 특성을 인정하고 있고(사정판결, 직권심리주의, 제소기간의 제한 등), 행정소송에 앞서 행정권에 대하여 먼저 시정을 요구하는 행정심판제도를 채택하고 있다. 또한 헌법은 공권력의 행사로 인하여 기본권이 침해된 경우에는 일반적인 행정상 쟁송제도의 보충적 구제제도로서 헌법소원을 인정하고 있다.

제 5 절 행정법관계의 내용

행정법관계도 사법관계와 마찬가지로 권리·의무관계로 구체화되며, 행정법관계에서 발생하는 권리·의무를 사법상의 권리·의무와 구별하여 '공권·공의무'라고 한다. 흔히 행정법관계의 내용이라 하면 이와 같은 공권과 공의무를 말한다. 공권·공의무는 그 귀속주체에 따라 국가적 공권·공의무와, 개인적 공권·공의무로 구분된다.

Ⅰ. 국가적 공권

'국가적 공권'이란 국가·공공단체·국가적 공권을 부여받은 사인이 우월한 의사의 주체로서 상대방인 개인에 대하여 가지는 권리를 말한다.

이는 ① 목적 면에서 보아 경찰권·규제권·공용부담특권·과세권 등으로 나뉘어지고, ② 내용 면에서는 하명권(일정한 의무를 명하는 권리)·강제권(명한 의무를 이행치 아니할 경우 강제로 집행할 수 있는 권리)·형성권(법률관계를 발생·변경·소멸시킬 권리)·공법상의 물권적 지배권(공소유권·공법상의 담보물권 등)으로 구분된다. 이러한 국가적 공권은 행정주체가 사인에 대하여 가지는 권리라기보다는 그 사무의 범위를 정하는 권한의 성질을 가진다고 보아야 할 것이다.

Ⅱ. 개인적(주관적) 공권

1. 개인적(주관적) 공권의 의의

'개인적(주관적) 공권'이란 우월한 의사의 주체인 국가·공공단체 등에 대하여 상대방인 개인이 가지는 공법상의 권리로서 개인이 자기의 구체적인 이익을 위하여 행정주체에 대하여 일정한 작위 및 부작위를 요구할 수 있는 법적인 힘을 말한다.

전통적으로 자유권·수익권·참정권으로 대표되고 있으나, 최근 현대 복지국가에 있어서는 국가의 부작위에 의하여 실현되는 소극적 자유권이 아닌 적극적 생활권의 보장으로 국가기능이 전환됨에 따라, 사인은 개인적 공권에 근거하여 종래 행정의 단순한 객체의 지위에서 벗어나 행정권에 대하여 여러 가지 형태의 작위·부작위를 청구할 수 있는 권리주체로서의 지위로 격상되고 있다. 이와 같은 공권성립의 3요소로서 강행법규의 존재, 사적 이익의 보호, 청구권 등의 존재를 들고 있다.

2. 개인적(주관적) 공권의 성립요건

1) 강행법규의 존재(행정주체의 의무의 존재)

개인적 공권을 주장하기 위하여서는 행정주체에게 일정한 작위 또는 부작위 의무를 부과하는 강행법규가 존재하여야 한다. 여기서 말하는 강행법규란 형식적 의미의 법률뿐만 아니라, 법률의 위임에 의한 법규명령이 포함되는 것은 물론이고 행정청이 행하여야 하는 작위·부작위·급부·수인의무도 포함된다.

2) 강행법규의 사익보호성

위와 같은 강행법규가 존재하는 경우에도 당해 법규의 취지가 오로지 공익의 실현에만 있지 아니하고 공익과 동시에 관계인의 사익도 보호하고자 하는 경우에 비로소 권리성이 인정되며, 그렇지 못한 경우에는 권리가 아닌 단순한 반사적 이익에 불과하게 된다. 당해 법규의 사익보호성 여부에 대한 판단은 결국 그 법규 전체의 목적·취지 등을 종합하여 판단할 수밖에 없으나, 최근의 판례 등은 보다 넓게 법규의 사익보호성을 인정하고 있다.

이에 관하여는 최근 『보호규범이론』이라고 하여 대다수의 학설과 판례는 ① 당해 행정행위의 직접적인 근거가 되는 법규를 기본으로 하되, ② 직접적인 근거법규가 아닌 관련법규의 취지·목적 등으로 보아 행정주체를 규제하는 이유가 순수한 공익이 아닌 개인의 직접적이고 구체적인 이익까지를 보호하려는 취지가 포함되어 있다고 해석되는 경우에는 '법규의 사익보호성'을 널리 인정하고 있으나, 다만 공익보호의 결과로 국민 일반으로서 누리는 추상적·평균적·일반적 이익에 불과한 경우에는 사익보호성을 부정하고 있는 경향이 있다(예 : 주거지역 내의 연탄공장에 인접한 인근주민의 주거의 안녕이라는 이익. 대판 1975. 5. 13, 73누96·97; LPG가스충전소에 인접한 인근주민의 안전이라는 이익. 대판 1983. 7. 12, 83누59; 공설화장장 인근주민들의 보건상의 이익. 대판 1995. 9. 26, 94누14544 등을 모두 법규에 의하여 보호되는 사익으로 보아 주민들의 원고적격을 인정하였다).

이와 같이 우리 판례는 '법규'의 개념을 당해 행정행위의 '직접적인 근거법규'뿐만 아니라 '관련법규'까지로 확대하여 권익보호에 기여하고 있으며, 헌법재판소는 '헌법상의 기본권조항 및 기본원리'까지를 포함시키고 있다(상세한 내용은 제4편 행정소송 중 취소소송의 원고적격(법률상 이익)에서 설명한다).

3. 개인적(주관적) 공권의 종류

1) 자유권

국가공공단체 등 행정주체의 위법한 공권력 행사로 인한 권익침해를 저지할 수 있는 소극적 권리로서 헌법상 자유권적 기본권이 이에 해당한다. 자유권의 침해에 대한 구제수단으로서는 취소소송 형태의 행정소송, 국가배상청구 등이 있다. 따라서 개인적 공권으로서의 자유권은 국가의 행정행위에 대한 소극적 권능제한규범이 된다.

2) 수익권

수익권이란 행정주체에 대하여 적극적으로 일정한 작위 또는 급부 등을 『청구』할 수 있는 권리를 말한다. 우리 헌법상 생활권적 기본권과 청구권적 기본권이 이에 해당하지만 헌법규정 자체만으로 구체적인 청구권이 발생되는가에 관하여는 헌법이론상 논란이 있으며, 행정현실을 보면 이들 헌법상의 제권리를 구체적으로 실현하기 위하여 많은 법률을 제정하고 있다.

법률에 의하여 구체화된 수익권의 예로서는, ① 사회보장급부청구권(생활보호, 의료보호, 장애자·아동·노인·모자보호 등), ② 공물사용권(도로·하천·공원 사용권 등), ③ 공기업이용권(국립병원·국유철도 이용권 등), ④ 공법상의 금전청구권(공무원의 봉급·연금청구권, 과오납세액 반환청구권 등), ⑤ 행정쟁송(행정심판·행정소송)제기권과 함께 오늘날 ⑥ 적극적인 행정행위 발급청구권도 주장되고 있다.

수익권이 침해된 경우 이에 대한 구제수단은 의무이행소송의 형태를 띠게 될 것이지만, 이는 우리 현행 소송법상 인정되지 아니하기 때문에 먼저 행정주체에 대하여 작위나 급부를 청구한 후 이에 대한 거부처분이 있기를 기다려 거부처분에 대한 취소소송을 제기하거나, 거부처분조차 없이 이를 방치하고 있는 경우에는 부작위위법확인소송의 형태로 제기하는 수밖에 없다.

3) 참정권(행정절차참가권)

전통적인 참정권으로서 선거권·국민투표권과 함께 피선거권(공무담임권)이 있다. 한편, 최근에는 행정과정에 있어서의 민주적 원리가 강조된 결과, ① 행정입법 및 행정계획 결정에의 참가와 함께, ② 불이익처분 절차에의 참가(의견진술의 기회 부여 등)가 행정절차참가권의 이름 아래 인정되고 있다.

4. 개인적(주관적) 공권의 특수성

개인에게 공권을 부여하는 것이 동시에 공익을 위하여도 필요하기 때문에 개인적 공권이 인정되는 것이므로(공익성), 사익을 목적으로 하는 사권과는 다른 특수성이 인정된다.

1) 이전성의 제한

공익적 견지에서 인정되기 때문에 일신전속적 성격을 가진다. 따라서 양도·상속 등 이전성이 부인되고 그 결과 압류하거나 담보로 제공하는 것까지 금지되는 경우가 많다(예 : 공무원연금청구권·국가배상금청구권·생활보호청구권 등의 양도·압류·담보제공 금지).

그러나 공권 가운데 순수한 **경제적 가치**만을 내용으로 하는 것은 인가 또는 신고를 조건으로 하여 이전을 허용함이 보통이다(예 : 하천토석채취권, 도로·공원 점용권, 자동차운수사업면허권 등).

2) 포기성의 제한

공권은 공익의 실현을 위하여 인정되는 것이므로 본인이 포기의사를 표시한다고 하여 포기의 효과가 나타나는 것은 아니다(예 : 선거권·행정쟁송제기권·봉급청구권 등). 다만, 공권을 행사하지 아니한 결과 소멸시효의 완성 또는 제척기간의 경과로 더 이상 행사할 수 없게 되는 것은 별개의 문제이다(이를 공권의 **불행사**라고 한다).

3) 비대체성

공권의 일신전속성으로 말미암아 타인에게 위임하거나 대리 행사하는 것을 금지하는 경우가 많다(예 : 선거권의 행사 등).

4) 구제수단의 특수성

공권이 침해된 경우에는 『공법상의 권리관계에 관한 소송』으로서 일반 민사소송이 아닌 **행정소송**의 방법에 의하도록 하고 있다.

5) 금전채권의 소멸시효

국가·지방자치단체의 모든 금전채권 또는 금전채무는 통상 10년의 소멸시효가 적용되는 사법상의 채권·채무와는 달리 5년의 단기소멸시효가 적용된다.

5. 특수성에 대한 비판론

최근 공권의 특수성을 부정하는 **공·사권 구별부인론**이 공·사법 일원론의 입장에서 대두되고 있다. 이 견해에 의하면 선거권·쟁송제기권·자유권 등의 이전성이 제한된다는 것은 공권의 특수성이라기보다는 오히려 이들 권리는 『국민』이라는 신분에 본질적으로 부수되어 있기 때문에 발생되는 결과라고 하며, 사권과 대비할 수 있는 것은 공무원 봉급청구권 같은 재산권의 성질을 가진 구체적 청구권으로서의 공권에 한한다고 할 것이고, 그것도 각 권리에 관한 개별법규상 인정된 것이지 공권의 일반적 특수성으로 설명할 수는 없는 것이라고 주장한다.

생각건대, 우리 실정법상 공법과 사법의 구별을 상대적이나마 인정하고 있다는 점을 감안하면 공권과 사권의 구별 자체는 인정하되, 공권의 특수성은 모든 공권이 아니라 재산권적 성격을 가지는 구체적 청구권인 공권에 한하여 인정할 수 있다고 할 것이고, 이 경우에도 개별법규에서 그 공권을 인정한 취지·목적에 비추어 합리적이라고 인정되는 범위 안에서만 특수성을 인정할 수 있다고 하겠다.

Ⅲ. 개인적 공권의 확장(행정법관계에서의 사인의 권리확장)

종래 소극적 질서유지만을 담당하던 외견적 입헌군주정과 달리 적극적 복지향상을 주된 국가기능으로 하는 현대 국민주권국가에서는 국민들이 종래의 소극적 지위에서 벗어나 주권자로서의 지위에 상응하는 새로운 법적 권리를 주장하기에 이르렀다.

우선 개인적 공권의『실체』면에서 ① 종래 권리로 인정받지 못하고 반사적 이익의 이름으로 설명되던 것이 점차 권리로 편입되고, ② 적극적으로 자기 또는 제3자에 대하여 행정권의 발동을 청구하는 권리까지 인정되기에 이르렀다. 전자가 바로 반사적 이익의 공권화이며, 후자가 행정행위발급청구권이다. 공권의 실현『절차』면에서는 ③ 행정절차에 참가할 권리와 함께, ④ 행정청에 특정처분을 구하는 행정개입을 청구할 권리, ⑤ 하자 없는 재량행사를 청구할 수 있는 권리까지 주장되고 있다. 즉, 행정절차에 참가할 권리인 행정절차참가권, 개인에게 행정청에 대하여 제3자에게 대한 개입을 요구하는 권리인 행정개입청구권 및 개인이 행정청에 대하여 하자 없는 재량처분을 구하는 하자 없는 재량행사청구권 등이 있다.

1. 반사적 이익의 공권화(사익보호성의 확대)

1) 반사적 이익의 개념

'반사적 이익'이란 법이 공익의 보호증진을 위하여 강제적인 규율을 행하고 있거나 법에 의하여 집행된 행정의 반사적 효과로서 특정 또는 불특정 다수의 사인에게 발생하는 이익을 말한다.

일반적으로 권리란 자기 자신의 직·간접적인 행위에 의하여 발생하는 데 반하여, 반사적 이익이란 행정청의 그린벨트지정 해제의 경우처럼 자기 자신에 의한 아무런 행위도 존재하지 않음에도 불구하고 그 지정 해제에 의하여 지가상승의 이익을 누리는 것을 말한다. 행정상의 강제법규에 의하여 행정청에 부과된 일정한 작위·부작위 의무는 관계인 사익의 보호가 목적이 아니라 오로지 공익의 실현에만 목적이 있기 때문에, 행정청에 대하여 일정한 의무를 부과한 결과 발생하는 이익은 반사적 이익에 해당하는 것이다.

2) 반사적 이익의 개인적 공권화

과거 공권은 엄격히 자기의 행위에 의하여 발생하는 구체적인 법적 힘인 권리에만 한정하고 그 이외의 이익은 전부 반사적 이익으로 보았다. 그러나 실질적 국민주권주의와 사회적 법치국가의 강화에 따라 강행법규는 공익의 보호뿐만 아니라 개인의 이익도 함께 보호하고 있다는 점에서 반사적 이익이 개인적 공권으로 확대되고 있다. 개인이 받는 이익이 반사적 이익인지 또는 공권인지 여부의 판단은 기본적으로 당해 법규가 가지는 강행법규성과 사익보호성이라는 두 가지 성질에 따라 결정되는 문제이며, 그 사익보호성은 당해 법규와 관련법규 전체의 목적·취지에 비추어 합리적으로 판단하여야 한다. 우리 대법원판례도 가급적이면 법규의 목적·취지에는 공익보호와 동시에 개인의 이익보호도 포함되어 있는 것으로 해석하는 경향이 나타나고 있다. 즉 예전에는 반사적 이익으로 보았던 것을 공익과 동시에 개인적 이익도 보호하는 것으로 해석함으로써 그러한 이익이 법적으로 보호되는 이익 또는 공권으로서의 성격이 인정되는 경우가 행정법의 영역에서 점차 증대되고 있다. 이것이 바로 반사적 이익의 공권화이다.

우리 행정소송법 제12조는 『취소소송은 처분 등의 취소를 구할 법률상의 이익이 있는 자가 제기할 수 있다』라고 규정하고 있기 때문에 반드시 좁은 의미의 권리가 아니라 하더라도 법률상의 이익만 있으면 취소소송의 원고적격이 인정되기 때문에, 반사적 이익이 침해된 경우에도 처음부터 원고적격이 부인되는 것이 아니라 소송을 통하여 구제할 가치가 있다면 원고적격이 인정된다고 하겠다. 이러한 반사적 이익의 공권화는 첫째 국가의 기능 확대, 둘째 헌법상 국민의 기본권 강화, 셋째 이에 따른 입법권에 의한 국민의 권익보호 강화, 넷째 법원의 해석을 통한 국민의 공권 강화 노력에 기인하는 것이기도 하지만, 강행법규에 의한 행정을 통하여 발생하는 이익은 비록 반사적 이익이라 하더라도 사법상의 행위에 의한 반사적 이익과는 달리 약한 이익이 아니라 공적으로 강하게 보호되는 이익이라는 성격을 가지기 때문이다.

◎ 개인적 공권과 반사적 이익

구분	구별기준	구별실익	
		원고적격 인정 여부	손해배상청구권 인정 여부
개인적 공권	법규의 사익보호성 긍정	원고적격 긍정	손해배상청구권 인정
반사적 이익	법규의 사익보호성 부정	원고적격 부정	손해배상청구권 부정

3) 구체적 사례

판례와 학설이 단순한 반사적 이익이 아닌 법적 이익으로 인정한 사항들을 구체적으로 살펴보면 다음과 같다.

① 경찰허가에 의한 이익

종래의 통설은 허가와 특허를 구분하여, 허가는 어떤 권리를 설정해 주는 것이 아니고 본래 자연적 자유의 영역에 속하는 사항을 일반적으로 금지했다가, 특정 자격을 갖춘 자에게 금지를 해제하여 원래 갖고 있던 자유를 회복시켜 주는 것에 불과하며, 따라서 당해 영업을 허가제로 설정함으로써 (허가받지 못한 자에 비하여) 허가받은 자가 누리게 되는 이익은 권리가 아닌 단순한 반사적 이익에 불과하다고 보았다.

판례도 과거 **공중목욕장** 영업허가로 얻게 되는 이익은 반사적 이익에 불과하다고 보아 기존 허가영업자에게 인근 신규 영업허가의 취소를 청구할 권리를 인정하지 않았으나(대판 1963. 8. 22, 63누97), 그 후 **약종상** 영업허가에 있어서는 기존 허가영업자에 대하여 신규 약종상 영업허가의 취소를 청구할 권리를 인정함으로써 법적 이익으로 보았다(대판 1988. 6. 14, 87누873).

② 공물사용자의 이익

도로·공원·하천 등 공물은 원래 일반 공중의 이익을 위하여 설치된 것이므로 공물의 허가사용 및 특허사용은 물론 자유사용(일반사용, 즉 단순한 도로의 통행, 공원의 산책 등)까지도 행정주체 또는 다른 개인이 위법하게 침해한 경우에는 그에 대한 구제를 청구할 수 있는 것이며, 따라서 그 이익은 법적 이익이라고 한다.

③ 타인에 대한 규제로 얻는 제3자의 이익

도시계획법과 건축법에 의한 건축규제로 인하여 인근 주민이 받는 이익, 예컨대 주거지역 내에 연탄공장의 설립이 금지되고 건축물의 높이·건폐율 등이 규제됨으로써 받는 인근 주민의 이익도 단순한 반사적 이익이 아니라 법적으로 보호되는 이익이라고 함으로써, 위법한 연탄공장 설립허가에 대한 인근 주민의 취소소송을 인용한 판례가 있으며(대판 1975. 5. 13, 73누96·97), 동일한 취지로 주거지역 내에서의 위법한 자동차 LPG가스충전소 허가에 대한 인근 주민의 취소소송도 인용하였다(대판 1983. 7. 12, 83누59).

④ 공적 부조에 의한 이익

과거 행정주체에 의한 생활보호·의료보호 등의 공적 부조에 있어 사인은 단순히 반사적 이익을 가질 뿐이라고 하였으나, 오늘날은 이러한 이익도 개인의 이익을 위하여 강행법규에 따라 인정된 이상 헌법상의 생활권을 구체화하는 것으로서 법률에 의하여 보호되는 이익으로 보아야 할 것이다(예 : 생활보호청구권 등).

2. 행정행위발급청구권

1) 행정행위발급청구권의 의의

> 종래 사인은 행정작용이 있고 나서 이로 인한 권익의 침해가 있는 경우에 비로소 행정행위의 취소 등 사후적 구제를 청구할 수 있었으나, 국민주권주의 하에서는 사인이 자기의 이익을 위해서 자기에 대하여 적법한 행정행위(인·허가, 특허 등)를 해 줄 것을 적극적으로 청구할 수 있는 권리, 즉 '행정행위발급청구권'까지를 인정받게 되었다.

2) 행정행위발급청구권의 성립요건

행정행위발급청구권의 일반적 행사요건은 전술한 개인적 공권의 일반적 성립요건과 같다. 즉, ① 행정주체에게 일정한 작위·부작위 의무를 과하는 강행법규가 존재하고, ② 그 법규가 공익뿐만 아니라 사익까지도 보호하고자 하는 취지인 경우에는 행정행위의 발급을 청구할 수 있다.

종래의 전통적 견해에 의하면, ① 행정주체의 일정한 작위·부작위 의무의 존재에 관하여는 행정행위가 기속행위인 경우에는 인정되지만, 재량행위인 경우에는 부인되어 왔으나 오늘날은 재량행위라 할지라도 『재량권이 영(0)으로 수축』되는 예외적인 경우에는 인정되고 있으며, ② 법규의 사익보호성에 관하여는 당해 법규에 명문규정이 없더라도 법해석에 의하여 사익보호성을 널리 인정하려는 경향이 있다.

우리 판례의 태도를 보면 행정행위의 발급을 구하는 소송에서 소송요건으로서 원고에게 행정행위의 발급을 요구할 '법규상 또는 조리상 신청권'이 있다고 인정되는 경우에 한하여 이러한 행정행위발급청구권을 인정하고 있다. 여기서 말하는 '법규'란 특정 행정행위에 관하여 직접 규율하고 있는 법규뿐만 아니라 기타의 관련법규까지를 포함하는 의미이며, 또한 '조리상 신청권'이란 법규에서 명문으로 인정하고 있지 아니하더라도 행정법의 일반법원리인 비례·평등·신뢰보호·신의성실·기대가능성·기득권존중의 원칙 등 사물의 본질적 법칙 또는 일반사회의 정의감에 비추어 행정행위의 발급을 신청할 수 있다고 인정되는 경우를 말한다.

3) 행정행위발급청구권의 행사방법

이론적으로 행정행위발급청구권이 인정된다 하더라도 그것을 행사할 수 있는 법적 수단이 있어야 할 것인바, 우리 행정소송법은 독일 행정소송법이 인정하고 있는 **의무이행소송**을 인정하고 있지 않기 때문에 그 실천수단에 있어 완벽하다고는 할 수 없다(다만, 우리 행정심판법은 의무이행심판을 인정하고 있다).

따라서 현행 행정소송법상에서는, ① 행정행위 발급신청에 대한 행정청의 거부처분이 있는 경우 이 거부처분에 대하여 취소소송을 제기한 후 그 취소판결에 따른 행정청의 **재처분의무**(행소30②)와 그에 대한 **간접강제**(재처분을 지체하면 행정청에게 손해배상을 명하는 것. 행소34)에 의하거나, ② 행정행위 발급신청에 대하여 아무런 처분 없이 방치하고 있는 경우 그것이 위법임을 확인해 달라는 **부작위위법확인소송**(행소4③)의 형태로 구제받을 수밖에 없다고 하겠다.

3. 행정개입청구권

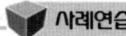 사례연습

대기환경보전법 제16조는 "환경부장관은 조업 중인 배출시설에서 배출되는 오염물질의 정도가 동법 규정에 의한 배출허용기준을 초과한다고 인정하는 때에는 총리령이 정하는 바에 따라 기준을 정하여 사업자에게 당해 배출시설 또는 방지시설의 개선·대체 기타 필요한 조치를 명할 수 있다"고 규정하고 있다. 공해배출업체 A가 배출허용기준을 초과해 오염물질을 배출하였음에도 환경부장관이 아무런 개선명령을 발하지 않고 있다.
(1) 이에 의해 피해를 입은 인근주민 N은 환경부장관에 대해 어떤 조치를 청구할 수 있는가?
(2) 만약 그 청구가 인정된다면 소송법상 어떤 권리구제를 받을 수 있는가?

1) 행정개입청구권의 의의

'행정개입청구권'이란 사인(인근 주민·상품소비자 등)이 자기의 이익을 위하여 행정주체에 대하여 제3자(예 : 공해배출기업·불량제품생산기업·위법건축물의 건축주 등)에 대한 규제를 할 것을 청구할 수 있는 권리를 말한다.

이는 사인이 행정청에 대하여 특정한 처분을 해 줄 것을 요구하는 권리이므로 행정청에게 규제, 감독 및 행정권발동이라는 처분의무가 있어야만 한다. 따라서 행정개입청구권은 기속행위의 경우에 인정되는 것이 원칙이지만, 재량행위의 경우에도 재량권이 영으로 수축되는 경우에는 행정청의 재량행위가 기속행위로 전환되는 것이므로 이러한 경우에도 발생된다. 행정개입청구권은 이처럼 구체적인 처분을 구할 수 있는 권리라는 점에서 실체적 권리이다. 행정행위발급청구권은 자기에 대한 행정작용을 청구하는 것임에 비하여, 행정개입청구권은 제3자에 대한 행정작용을 청구한다는 차이가 있으며, 최근 환경권·소비자권·안전권 및 건축법상의 인접권 등 새로운 권리의 실현수단으로 많이 논의되고 있다.

2) 행정개입청구권의 성립요건

전술한 행정행위발급청구권과 같이, ① 행정주체에게 일정한 작위·부작위 의무를 과하는 강행법규의 존재(행정청의 개입의무가 존재할 것)와, ② 강행법규에 의해 사익보호성(행정권의 발동 권한을 규정한 법령의 사익보호목적)이 인정되어야만 행정개입청구권이 인정된다. 따라서 이러한 공권이 성립되기 위해서는 행정행위가 기속행위이어야 하며, 강행법규에 의거한 행정주체의 행위의무가 공익을 추구하기 위한 것일 뿐만 아니라 특정인의 사익도 보호하기 위한 규정으로 해석되어야 한다.

오늘날의 견해는 『재량권의 영으로의 수축』 이론과, 법해석에 의한 사익보호성의 인정으로 이 두 가지 요건의 충족을 인정하려는 경향이 있다. 즉 행정행위가 기속행위인 경우에는 행정청의 개입의무가 인정되는 것이지만, 재량행위가 되는 경우에는 그 재량행위가 재량권이 영으로 수축된 경우에만 인정되고, 그 개입의무는 사익보호성이 인정될 때 행정개입청구권이 성립되는 것이다.

3) 행정개입청구권의 행사방법

행정개입청구권의 행사방법 역시 행정행위발급청구권과 마찬가지로 **의무이행소송**이 인정되어야 실효성 있게 보장되겠지만, 우리 행정소송법상으로는, ① 행정개입청구에 대한 거부처분이 있는 경우에 거부처분에 대한 취소판결과 이에 따른 **재처분의무** 및 **간접강제제도**에 의하거나, ② 행정개입청구에 대하여 아무런 처분 없이 방치하고 있는 경우에 **부작위위법확인소송**의 방법에 의하는 수밖에 없다고 하겠다. 그러나 실제적 적용에 있어서는 경찰개입청구권에서처럼 경찰기관이 그 개입의무가 있음에도 불구하고 이를 해태하여 위해가 발생한 경우에는 행정소송은 소의 이익이 없기 때문에 실효성이 없고, 행정상 **손해배상**을 청구하여야 할 것이다.

사례연습 해설

(1) 대기환경보전법 제16조의 개선명령의 발령여부는 환경부장관의 재량사항에 속하므로 N은 원칙적으로 행정개입청구권을 갖지 않는다. 그러나 N의 피해가 생명·신체상의 중대한 침해로 되는 경우와 같이 재량이 영으로 수축되는 경우에는 환경부장관은 행정개입의무를 부담하며, 대기환경보전법 제16조와 관련 법령의 해석상 사익(인근주민의 신체·건강상 이익)보호도 목적으로 하고 있으므로 N은 환경부장관에 대해 행정개입청구권으로서 개선명령권의 발동을 청구할 수 있다.

(2) N의 개선명령권 발동의 요구에도 불구하고 환경부장관이 거부하면 거부처분취소소송을 제기할 수 있다. 또한 환경부장관이 상당기간 부작위하면 의무이행심판과 부작위위법확인소송을 제기할 수 있으며, 환경부장관의 의무해태로 인해 손해가 발생한 경우에는 N은 국가배상법 제2조가 정하는 요건을 구비하였다고 볼 것이고, 따라서 N은 국가에 대하여 부작위에 대한 손해배상도 청구할 수 있을 것이다.

---

4. 행정절차참가권

오늘날의 국민주권주의하에서 사인의 지위는 전술한 공권의 실체적인 면에서뿐만 아니라

절차법적인 면에서 행정의사결정에 적극 참가할 수 있는 권리가 인정되기에 이르렀다.
　행정절차란 행정청이 불이익처분을 하기 전에 상대방에게 의견진술의 기회를 부여하는 청문절차와, 행정계획 및 행정입법 과정에서의 민주적 참여기회의 부여 등을 말한다. 우리나라는 행정절차법에서 이와 같은 행정절차참가권을 인정하고 있다.

5. 무하자재량행사청구권

1) 무하자재량행사청구권의 의의

> 종래 재량행위론은 반사적 이익론과 함께 가능한 한 개인적 공권의 인정범위를 축소하는 데 기여해 왔으나, 오늘날에는 재량권도 무한한 재량이 아니라 일정한 한계가 있다는 것을 전제로 하여, 재량의 적정한 행사를 청구할 수 있는 권리도 사인에게 인정되어야 한다는 견해가 우세하다. 즉, 법을 적용·집행하는 행정청에게 재량의 여지가 있는 경우에도 행정청은 하자 없는 재량행사에 대한 법적 의무를 진다고 한다. 그러므로 행정청은 재량행사를 하는 경우에도 재량권의 한계를 넘어서거나 법이 재량권을 부여한 목적에 위배되는 행위를 하여서는 아니 된다. 이 경우 개인은 행정청에 대하여 '하자 없는 적법한 재량처분을 구하는 공권'을 가지게 되는데 이것이 바로 '무하자재량행사청구권'이다.

　이는 단순히 위법한 행정처분을 배제하는 방어적 권리가 아니라, 행정청에 대하여 적법한 행정처분을 할 것을 구하는 적극적 공권이다.
　하자 없는 재량행사청구권은 재량행사에 있어서의 하자(구체적으로는 재량권 일탈·남용)만을 이유로 자기의 어떤 실체법적 권리의 침해가 없더라도 『무하자재량행사청구권』이라는 형식적인 권리를 침해한 것으로 보아 행정소송을 제기할 수 있다는 이론이다. 무하자재량행사청구권을 인정하게 되면 재량행위의 영역에서 사인이 행정청에 한 신청에 대하여 행정청이 거부하거나 부작위한 경우에 취소소송과 부작위위법확인소송을 제기할 때 대상적격이나 원고적격을 명백히 확정할 수 있다는 점에서 그 실익이 있다.

2) 무하자재량행사청구권의 성립요건

　무하자재량행사청구권도 하나의 공권이므로 공권의 두 가지 성립요건에 해당하는 **강행법규**에 의한 법적 의무와 **사익보호성**이 동시에 존재하여야 한다. 재량행위라 할지라도 행정청의 자기의사에 의하여 선택적이고 자의적인 처분이 허용되는 행위가 아니며 재량권의 한계를 준수해야 할 법적 의무가 있다. 다만, 기속행위에 있어서의 법적 의무는 법규상 명시된 특정처분을 행할 의무이지만, 재량행위에 있어서의 법적 의무는 그 처분을 함에 있어서 재량권의 한계를 준수할 의무에 그친다.
　사익보호성이라 함은 재량처분을 허용하고 있는 관계법규의 목적·취지가 공익뿐만 아니라 상대방의 사익도 보호하고자 하는 경우에만 이러한 청구권이 인정된다는 것을 말한다.

◎ 무하자재량행사청구권과 행정개입청구권의 비교

구분	무하자재량행사청구권	행정개입청구권
개념	하자 없는 재량행사를 구하는 권리	특정처분의 발동을 구하는 권리
성질	형식적 권리	실체적 권리
요건	◦의무의 존재(특정처분을 할 의무가 아니라 하자 없는 재량행사를 할 의무) ◦사익보호성	◦의무의 존재(행정권의 개입의 의무) ◦사익보호성
범위	재량행위에서만 성립하는 권리	기속행위의 경우 성립하며, 재량행위의 경우에도 재량권이 영으로 수축되는 경우에는 성립 가능

3) 무하자재량행사청구권의 행사방법

무하자재량행사청구권은 종국처분의 형성과정에 있어서 재량권의 법적 한계를 준수하면서 어떠한 처분을 할 것을 요구할 수 있을 따름이라는 점에서 실체적 청구권과 구별되는 **형식적 청구권**이다. 따라서 하자 없는 재량행사청구권은 구체적으로 ① 행정청에 대한 청구(즉, 자신을 검사로 임용하여 줄 것을 행정청에 청구할 수는 없어도 적법한 응답을 요구할 청구권은 있다), ② 의무이행심판, ③ 거부처분에 대한 취소소송, ④ 부작위에 대한 부작위위법확인소송의 방법으로 실행할 수 있다.

> **판례** 검사임용거부처분취소소송에서 하자 없는 재량행사청구권을 인정한 판례
> 사법연수원 수료생에 대한 검사임용에 있어 임용권자는 임용여부에 관하여 어떠한 내용의 응답을 할 것인지는 자유재량에 속하므로 임용거부라는 응답이 부당하더라도 사법심사의 대상으로 삼을 수 없는 것이 원칙이나, 행정청에는 적어도 재량권 일탈·남용이 없는 적법한 응답을 할 의무가 있고 이에 응하여 임용신청자도 재량권 일탈·남용이 없는 적법한 응답을 요구할 권리가 있다고 할 것이며, 이러한 응답신청권에 기하여 재량권 남용의 위법한 거부처분에 대하여는 항고소송으로서 그 취소를 구할 수 있다(대판 1991. 2. 12, 90누5825).

4) 무하자재량행사청구권에 대한 비판

사인이 보호받아야 할 어떤 실체법상의 권리가 침해되지 않았는데도 불구하고 이러한 형식적 권리의 존재와 그 침해를 상정해 낸다는 것은 지나치게 형식논리에 입각한 것으로 생각되고, 이러한 형식적 권리의 침해만으로 행정소송을 허용하는 것은 어떤 행정행위와 전혀 관계없는 제3자에게까지 행정소송의 원고적격을 부당하게 확대함으로써 행정소송을 민중소송화할 우려가 있다고 하겠으며(예컨대, A시가 연탄공장설립을 허가한 주거지역의 주민뿐만 아니라 다른 도시에 거주하는 어떤 시민도 그 허가의 취소를 구할 수 있게 된다), 우리 행정소송법에도 그 근거가 없음은 물론, 독일에 있어서도 통설·판례는 여전히 실체적 권리침해가 있어야만 행정소송을 제기할 수 있다고 한다.

6. 재량권의 영(0)으로의 수축이론

행정권의 발동에 대하여 외견상 재량권이 부여된 것 같은 경우라 할지라도 주민의 생명·신체의 안전을 위하여 오직 하나의 행정처분을 행하는 것만이 적법한 재량권 행사라고 인정할 수 있는 경우(예 : 주택가에 붕괴 위험이 있는 암벽이 있는 경우 그 제거 여부에 관하여는 행정관청이 재량권을 행사할 처지가 아니며, 오로지 제거하는 것만이 적법한 재량권 행사로 볼 수 밖에 없다), 이러한 경우에 행정권의 발동을 의무화하기 위한 행정행위발급청구권 또는 행정개입청구권을 인정하기 위한 이론적 근거로서 『재량권의 영으로의 수축이론』이 대두되고 있다. 즉, 재량행위에 있어서 형식적 청구권으로 인식되고 있는 하자 없는 재량행사청구권이 기속행위에 있어서와 같이 실체적 청구권으로 전환되게 하는 것이 바로 **재량권의 영으로의 수축이론**이다.

이 이론은 우리 학자들 모두가 인정하고 있으며, 우리 판례는 이 이론에 근거하여 상기 붕괴 위험이 있는 암벽의 예에서 위법한 행정작용으로 인한 국가배상책임의 성립은 인정한 바 있으나(판례 참조), 이 이론에 근거하여 직접 행정행위발급청구권을 인정한 판례는 아직 없다.

> **판례** 행정불개입이 위법임을 이유로 손해배상책임을 인정한 판례
> 지방자치단체 소유의 임야에 많은 주민들이 무허가로 주택을 짓고 살고 있어도 그에 대하여 관리행정을 실시해 온 지방자치단체는 이들 주택가 내에 돌출하여 위험이 예견되는 자연암벽이 있으면 복지행정의 집행자로서 이를 사전에 제거하여야 할 의무가 있으며, 그 의무를 해태한 부작위로 인하여 붕괴사고가 일어나서 주민들이 손해를 입으면 이를 배상할 책임이 있다(대판 1980. 2. 26, 79다2341).

Ⅳ. 공의무의 특수성

공의무라 함은 공권에 대응하여 의무자의 의사에 가하여지는 공법상의 구속을 말하며, 국가적 공의무(공무원의 봉급청구권에 대한 국가의 봉급지급의무)와 개인적 공의무(납세·교육·국방의 의무 등)가 있으며, 그 내용에 따라 작위·부작위·급부·수인의무로 구분할 수 있다.

공의무의 특수성 중에서는 특히 개인적 공의무의 특수성이 논하여지고 있는 바, ① 앞에서 설명한 개인적 공권의 특수성과 마찬가지로, 일신전속적 성질을 가진 공의무의 경우 타인에게 이전하거나 포기하는 것이 허용되지 아니하고(교육·국방의 의무 등), 다만 납세의무와 같이 순수한 경제적 가치만을 내용으로 하는 공의무인 경우에는 이전성이 인정되는 것이 보통이며(예 : 납세의무를 상속인이 상속하는 경우 등), ② 그 불이행에 관하여는 강제징수 등 행정강제와 행정벌이 과하여진다.

제 6 절 행정법(공법)관계에 대한 법규정의 흠결 시 사법규정의 적용

Ⅰ. 개 설

오랜 전통을 가지고 발전해 온 사법 분야와 달리 행정법은 역사도 짧고 일반법전화 되어 있는 통칙적 법률이 아직 없으며, 복잡하고 다양한 수많은 규율대상을 실정법으로 완벽하게 규율하는 것도 사실상 불가능하기 때문에, 어떤 분야에 있어서는 구체적으로 이에 적용하여야 할 법규나 법원칙이 존재하지 아니하는 경우가 있을 수 있다.

이러한 경우에 행정법의 흠결을 사법규정 또는 사법원리를 적용하여 해결할 수 있을 것인가에 관한 문제가 대두되고 있으며(예 : 국가 또는 지방자치단체가 과실로 사인의 토지에 대하여 도로점용료를 징수한 경우 민법상 부당이득에 관한 규정을 적용할 것인가), 이는 공·사법 이원론 체계를 유지해 온 대륙법계 국가에서 특히 문제가 되고 있다. 국가배상법 제8조에 "국가 또는 지방자치단체의 손해배상의 책임에 관하여는 이 법의 규정에 의한 것을 제외하고는 민법의 규정에 의한다. 다만, 민법 이외의 법률에 다른 규정이 있을 때에는 그 규정에 의한다"라고 명시하고 있는 경우처럼 그 근거규정이 있을 때에는 사법규정이 준용되므로 사법규정의 보충문제는 명료하게 해결된다. 다만, 법의 흠결에 대하여 명시적인 규정을 두지 않고 있는 경우와, 공법규정 가운데 유사한 규정이 발견되지 않는 경우에 그 적용에 대한 다툼이 있다.

Ⅱ. 학 설

1. 부정설

엄격한 공·사법 이원론의 입장에서 공법규정의 흠결을 사법규정으로 보충할 수 없다고 하는바, 이는 과거 외견적 입헌군주제하에서 국가의사에 우월성을 부여하기 위하여 사법에 대한 공법의 특수성을 지나치게 강조한 결과 주장된 이론이다.

2. 긍정설

오늘날은 공·사법의 공통·유사성을 인정하여 공법규정의 흠결을 사법규정 및 사법원리로 보충할 수 있다는 것이 통설이다. 이 설은 행정법관계에 사법규정이 적용되는 경우에도 직접 적용하는 견해와 유추적용만 인정하는 견해로 나누어진다.

1) 직접적용설

사법규정은 일반법원리적 규정이 대부분이며(예 : 신의성실·권리남용금지 등), 이러한 일반법원리는 공법분야에도 직접 적용되어야 한다는 이론이다(판례 참조).

그러나 공·사법을 구분하고 있는 우리 실정법 체계하에서는 사법에 대한 공법의 특수성을 부분적으로나마 인정하고 있기 때문에, 공법의 특수성을 전혀 고려치 않는 이 이론은 받아들이기 어렵다고 하겠다.

2) 유추적용설

사법규정의 적용을 인정하면서도 공법관계의 특수성을 고려하여 사법규정을 그대로 적용하지 않고 유추적용(사법규정 그대로가 아니고 이에 내포된 원리를 유추하여 적용)하여야 한다는 주장이다.

① 일반적 유추적용설

공법은 공익, 사법은 사익이라는 목적상의 차이는 있지만 본질적으로는 정의·공평이라는 같은 지도원리에 의하여 지배되고 있다는 점에서, 특별한 금지규정이 없는 한 사법규정이 일반적으로 공법관계에 유추적용되어야 한다는 견해이다.

② 한정적 유추적용설

공법의 특수성을 좀더 강조하여 공법관계 중 재산관계에 대하여서만, 또는 명문으로 사법규정의 적용을 인정하고 있는 경우에만 사법규정이 유추적용되어야 한다는 견해이다.

3. 법일원설

공법과 사법의 구별을 부인하는 견해에 의하면 당연히 일반법인 사법이 적용된다고 주장한다. 그러나 이 견해는 공·사법의 구별을 인정하고 있는 우리 실정법 체계와 맞지 아니한다고 하겠다.

4. 사 견

부정설과 법일원설은 각각 오늘날의 행정 현실 및 실정법 체계에 비추어 받아들이기 어려우며 따라서 긍정설이 타당하다고 하겠으나, 긍정설 중 어느 설을 취할지를 일률적으로 판단하기는 쉽지 않을 것으로 생각된다. 이 경우 고려할 사항은, ① 법규정이 흠결된 분야가 권력·관리·국고관계 중 어느 분야인지와, ② 적용하고자 하는 사법규정이 일반법원리적 성격의 것인지 그렇지 않은 것인지의 여부에 따라 구체적·개별적으로 판단하여야 할 것이다.

Ⅲ. 구체적 적용

1. 일반법원리적 규정

사법규정 중 ① 일반법원리적 규정과 ② 법의 기술적인 약속(기간의 계산방법 등)에 관한 규정은, 그것이 순수한 일반법의 색채를 띠고 있는 경우에는 직접 적용되고, 사법적 색채로 분장된 경우에는 사법적 색채만을 제거하고 본래의 일반법원리로 환원시켜 유추적용된다고 할 것이다. 일반법원리적 규정에 해당하는 것으로는 민법 중 신의성실·권리남용금지·자연인·법인·물건·의사표시·대리·부관·기간·시효 등 총칙규정과, 사무관리·부당이득·불법행위 등 채권법의 일부규정을 들 수 있다.

2. 기타의 사법규정

상기 일반법원리적 규정 이외의 사법규정은 흠결되고 있는 분야의 성질에 따라 나누어 고찰할 필요가 있다.

1) 권력관계

행정주체의 의사에 우월한 지위가 인정되는 결과, 대등한 당사자간의 자유로운 의사의 합치에 의하여 형성되는 사법관계와는 성질이 다르므로 일반법원리적 규정을 제외하고는 사법규정이 원칙적으로 적용되지 아니한다. 그러나 그 성질과 기능에 반하지 아니하는 한도 내에서는 사법규정이 유추적용될 수 있다고 할 것이다.

2) 관리관계

행정주체가 비권력적인 공물 또는 공기업의 관리·경영주체의 지위에서 국민에게 대하는 관리관계는 본질적으로 사법관계와 다름이 없기 때문에 명문의 규정이 있거나, 당해 법규 전체의 취지에 비추어 공익목적 달성에 필요한 한도 내에서만 공법적 규율을 받을 뿐이며, 그 외에는 일반적으로 사법규정이 적용되고 이에 관한 소송도 민사소송으로 다루어진다.

3) 국고관계

행정주체가 국고, 즉 사법상 재산권의 주체로서 국민을 대하는 경우에는 사인 상호간의 관계와 같이 사법의 적용을 받고, 이에 관한 소송 역시 민사소송에 의한다고 하겠으나, 예산회계법·국유재산법·물품관리법·국가채권관리법 등에 의하여 계약의 내용·방법·상대방 등에 대한 제한을 가하는 수가 있다.

그러나 이러한 특별한 제한규정은 이를 사법의 일종인 특별사법으로 보기 때문에 사법상의 법률행위로서의 본질에 변경을 가하는 것은 아니다(예 : 국유재산 임대차계약은 사법상의 법률행위라는 판례, 대판 1960. 1. 27, 60행상139).

제 7 절 특별권력관계(특별행정법관계)

Ⅰ. 특별권력관계론

1. 특별권력관계의 의의

행정법관계(공법관계)는 그 수단에 따라 권력관계와 관리관계로 구분되며, 권력관계는 다시 일반 행정목적을 달성하기 위하여 성립된 일반권력관계와 특정 행정목적을 달성하기 위하여 성립된 특별권력관계로 구분된다.

일반권력관계는 행정주체와 행정객체인 일반 국민 사이의 관계로서, 국가의 일반통치권에 기하여 모든 국민 또는 주민의 신분을 가지는 자에게 당연히 성립하는 관계임에 반하여, 군인·공무원 등과 같이 특별한 신분관계에 있는 경우에는 일반권력관계에서 통용되는 법치주의 또는 행정의 법률적합성의 원칙을 배제하면서 어느 일방이 그 상대방을 포괄적으로 지배하고 그 상대방은 이에 복종하는 관계가 된다.

> 특별권력관계는 국가와 공무원·군인·국립학교 학생 등과의 관계와 같이, ① 공무원으로의 임명행위 등 특별한 공법상 원인에 의하여 성립하고(성립원인), ② 특별한 행정목적의 수행을 위하여 필요한 한도 내에서(목적), ③ 포괄적 지배권에 의하여(권력적 기초) 일방이 타방을 지배하고 타방이 이에 복종함을 내용으로 하는 법률관계이다.

2. 특별권력관계의 이론적 기초

특별권력관계론은 19세기 후반 독일의 외견적 입헌군주제하에서 절대주의적 군주와 계몽주의적 시민 간의 타협의 산물로서 성립되어 오토 마이어에 의하여 개념화되었다. 국가와 일반 시민의 관계는 일반권력관계로서 법치주의 지배하에 두지만, 국가의 기관에 불과한 공무원은 국가의 일반공권력이 아닌 특별한 권력(특별권력)에 기초한 포괄적 지배를 받는 관계로서, 일반 시민으로서 당연히 누릴 수 있는 기본권·법치주의 및 재판청구권이 배제된다고 함으로써 『법률로부터 자유로운 포괄적 지배권』인 특별권력을 인정하기에 이르렀다.

이러한 역사적 배경을 가진 특별권력관계론은 행정규칙론 및 재량행위론과 결합하여, 군주로 대표되던 행정부에 대하여 엄격한 법치주의의 제약을 떠나 『법률(또는 입법부)로부터 자유로운 행정영역』을 확보해 주기 위한 이론적 도구로서 기능하였다.

3. 특별권력관계의 성립과 소멸

1) 특별권력관계의 성립

특별권력관계가 성립하기 위하여서는 공법상 특별한 성립원인이 필요하다.

① 법률의 규정에 의한 경우

현역입영대상자의 군입대(병역법 제16조), 전염병환자의 강제입원(감염병의 예방 및 관리에 관한 법률 제42조), 죄수의 수감(형의 집행 및 수용자의 처우에 관한 법률 제1·16조), 일정한 자격자의 공공조합에의 강제가입(토지구획정리조합 등) 등 특정 사실이 발생되면 본인의 동의 없이 법률의 규정에 의하여 당연히 성립되는 관계이다.

② 동의에 의한 경우

상대방의 임의적(자발적) 동의에 의한 경우(국공립학교 입학, 공무원 임명 등)와, 동의가 법률에 의하여 의무화되어 있는 의무적(강제적) 동의에 의한 경우(의무교육 대상인 학령아동의 초등학교 취학 등)가 있다.

2) 특별권력관계의 소멸

특별권력관계의 목적달성(사병의 전역, 학생의 졸업 등), 탈퇴(공무원의 사임 등), 특별권력주체에 의한 일방적인 배제(학생의 퇴학처분, 공무원의 파면처분 등)가 있다.

4. 특별권력관계의 종류

특별권력관계는 보통 다음의 네 가지로 분류된다.

1) 공법상의 근무관계

국가 등 행정주체에 대하여 포괄적인 근무의무를 부담하는 윤리적 관계(공무원의 근무관계 등)이므로 민법상의 고용관계와는 구별된다.

2) 공법상의 영조물이용관계

국영철도·시영버스 등과 같이 순수한 경제적 급부를 내용으로 하는 것은 일반 사법상의 관계임은 전술한 바와 같고, 여기서는 국공립학교·도서관의 이용관계 등과 같이 윤리적 성격을 갖는 것만을 의미한다.

3) 공법상의 특별감독관계

국가적 목적을 위하여 설립된 공공단체(공공조합 및 영조물법인)와 국가사무를 위임받은 사인(별정우체국장 등)이 국가로부터 특별한 감독을 받는 관계를 말한다(예 : 주무부장관의 시정명령권, 감사권, 경영실적평가권, 인사권 등). 종전에 특허기업(자동차운수·해상운송·전기·가스·수도 사업 등)도 국가로부터 특별감독관계에 있다고 보았으나, 오늘날은 이를 일반권력관계로 보고 있다.

4) 공법상의 사단관계

농지개량조합·임업협동조합 등 공공조합과 그 조합원과의 관계로서, 공공조합은 조합원에 대하여 비용부담의 강제 등 특별한 권력을 가진다.

> **판례**   농지개량조합과 직원과의 관계는 특별권력관계라는 판례
> 피고 조합(당진농지개량조합)과 직원과의 관계가 사법상 근로계약관계가 아닌 공법상의 특별권력관계이고, 따라서 조합의 직원에 대한 징계처분의 취소를 구하는 이 사건 소송은 행정소송사항에 속한다(대판 1998. 10. 9, 97누1198).

5. 특별권력관계의 내용

특별권력은 상술한 특별권력관계의 종류에 따라 ① 직무상 권력(공법상 근무관계), ② 영조물권력, ③ 감독권력, ④ 사단권력으로 구분되며, 이를 내용적으로 보면 명령권과 징계권으로 구분된다.

1) 명령권

상대방에 대하여 포괄적인 명령권을 가지며, 그 발동형식은 ① 개별적·구체적 처분에 의하거나(예 : 시정명령·징계처분 등), ② 일반적·추상적 규정인 행정규칙에 의할 수 있다(예 : 장관의 훈령·예규, 영조물규칙, 공공조합규약 등). 어느 것이든 당해 특별권력관계의 상대방에게만 효력이 미치며, 일반 국민에게는 미치지 않는다는 점에서 일반권력관계에 기초한 행정행위나 법규명령과 구별된다.

2) 징계권

특별권력관계의 내부질서를 문란케 한 자에 대하여 내부질서 유지를 목적으로 징계벌을 과할 수 있다(예 : 공무원의 징계, 학생의 정학, 도서관 이용중지 및 퇴거조치 등). 전통적 견해에 의하면 징계는 법령의 근거 없이 특별권력 내부의 규율을 정한 행정규칙에 의하여서도 할 수 있다고 보았으나, 최근 상대방의 기본적 지위와 관련된 경우에는 법령에 근거가 있어야 한다는 주장이 유력하며, 특히 당해 특별권력관계가 상대방의 임의적 동의에 의하여 성립한 경우에는 아무리 무겁다 하더라도 당해 특별권력관계에서 배제하는 데 그쳐야 할 것이다.

◎ 일반권력관계와 전통적 특별권력관계의 비교

구 분	일반권력관계	특별권력관계
기 초	일반통치권	특별권력
규 율	행정주체와 일반국민	특별권력주체와 내부 구성원
성 립	당연히 성립	특별한 원인(법률규정 또는 동의)에 의해 성립
내 용	과세권, 형벌권 등	명령권, 징계권
법치주의와의 관계	전면적으로 적용됨	법률유보 배제, 기본권 제약, 사법심사 배제

Ⅱ. 특별권력관계론의 재검토

법치주의를 부정하는 특별권력관계론은 제2차대전 이후 독일·일본에서 법치주의 및 민주주의의 견지에서 『비판의 십자포화』를 받았으며, 이러한 비판론은 특별권력관계 수정론과 부정론으로 대별될 수 있다.

1. 수정론

1) 제한적 특별권력관계론

기본권의 무제한적인 제한은 부정하면서도, 『본』 기본법(독일의 헌법)이 직접 공무원관계, 교도소 수용관계, 학교교육 및 방위근무관계를 규정하고 있는 것은 바로 특별권력의 존재를 인정하였기 때문이라는 점에 근거하여, 각 특별권력관계의 행정목적을 달성하기 위하여 일정한 범위 안에서만 법치주의의 완화를 인정하고 있다. 즉, ① 기본권 제한은 법률에 의하여야 하며, ② 법률유보의 원칙도 지켜져야 하지만, 본질적인 사항을 제외하고는 특별권력주체에게 상당한 자유영역을 부여할 수 있고, ③ 사법심사도 허용되지만, 공직 등 특별한 기능의 수행을 보장한다는 의미에서 일정한 범위 내에서만 허용되어야 한다고 주장한다.

2) 기본관계 · 경영관계 구별론

특별권력관계를 기본관계와 경영관계로 구분하여, 기본관계에서의 행위는 법치주의의 적용을 받으므로 사법심사의 대상이 되지만 경영관계의 행위는 사법심사의 대상이 되지 않는다는 울레(C. H. Ule) 교수의 주장이 이에 속하며, 그는 구성원의 『법적 지위의 본질적인 것』에 관한 사항이 기본관계에 해당된다고 하면서 그 예로서, ① 공무원의 임명·파견·전직(단순한 보직변경·승진 등이 아닌), ② 군인의 입대·전역, ③ 학생의 입학허가·퇴학·정학, ④ 수형자의 형의 집행 등을 들고 있다. 또한 경영관계로는 ① 공무원에 대한 직무명령·교육훈련·기타 인사관리, ② 군인의 훈련·처우, ③ 학생에 대한 강의·교과과정 편성, ④ 수형자에 대한 교도소 내의 일상활동 등을 들고 있다.

2. 부정론

1) 전면적·형식적 부정론

오늘날 자유민주주의 체제하에서는 헌법상 의회중심주의·법치주의 및 기본권존중주의에 근거하여 공권력의 발동은 모두 법률에 근거하여야 하며, 법률로부터 자유로운 특별권력이란 개념 자체를 인정할 수 없다고 한다.

2) 개별적·실질적 부정론

특별권력관계의 존재 자체를 부정하지는 아니하지만, 종래 특별권력관계로 보았던 관계를 구체적·개별적으로 재검토하여 특별권력관계의 범주에서 축출하고 이를 ① 일반권력관계(권력적 색채가 짙은 공무원·군인·수형자·강제입원환자 등)와, ② 계약관계(권력적 색채가 비교적 적은 학생의 재학관계 등)로 환원시키는 이론이다. 이 경우 공무원 근무관계까지 사기업의 근무관계와 같은 사법상의 근로계약관계로 보는 견해도 있다.

3. 사견

오늘날의 기본권존중주의·법치주의·의회중심주의 헌법이론하에서는 아무리 국가의 특별한 포괄적 지배권에 복종하는 관계라 할지라도 법률에 의하지 아니하고 기본권 제한을 무제한 허용하는 종래의 특별권력관계론은 문제가 있다고 하겠다. 따라서 수정론 중 비교적 명확한 기준을 제시하고 있는 내부·외부관계 구분론의 견해에 따르고자 한다.

Ⅲ. 특별권력관계와 법치주의

특별권력관계와 법치주의의 적용문제는 법률유보의 원칙, 기본권 제한 및 사법심사라는 세 가지 측면에서 논의되고 있다.

1. 법률유보의 원칙

종래의 특별권력관계론에 의하면, 특별권력관계에 있어서는 법률의 근거 없이도 그 구성원에 대하여 포괄적인 명령·강제권을 가진다고 하였으나, 오늘날은 원칙적으로 법률에 근거가 있어야 하며, 다만 특별한 목적과 기능 수행에 필요한 한도 내에서 법치주의가 상대적으로 완화될 수 있다고 하여야 할 것이다.

따라서 기본관계에 관한 사항을 제외하고는 특별권력에 대하여 일반적·포괄적 수권이 허용된다고 보아야 하며, 우리 국가공무원법이 공무원의 임명·해임·징계·복무 등 기본적 사항을 직접 법률로 규정하고, 구체적인 근무내용 등은 행정 내부적인 행정규칙으로 정하도록 한 것도 이러한 입장에 서 있는 것이라고 볼 수 있다.

2. 기본권 제한

종래의 특별권력관계론에 의하면, 법률에 근거가 없는 경우에도 당해 특별권력관계의 목적 달성에 필요한 범위 안에서 기본권 제한이 가능하다고 하였으나, 오늘날은 원칙적으로 법률에 근거를 두어야 한다는 것이 통설이며, 그 실정법상의 예로서는, ① 헌법상의 공무원의 정치적 중립(구체적으로는 정치활동의 금지)규정과 노동3권의 제한규정, ② 법률에 의한 것으로서 수형자의 서신의 검열(행형18조의2), 사병의 병영 내 거주의무(병역18) 등이 있다.

다만, 예컨대 교육목적의 달성을 위한 국공립학교 학생의 정치활동 금지나 기숙사생활 강제 등과 같이 법률의 근거 없이 기본권을 제한하는 경우도 있으나, 이는 특별권력관계가 아니고 헌법상 기본권의 내재적 한계라고 하는 견해가 있다.

3. 사법심사

다수설은 특별권력관계에서의 행정주체의 행위로 인하여 권익이 침해된 경우, 소익(권리보호의 이익)이 인정되는 한 사법심사를 통하여 구제받을 수 있다고 한다. 이 경우 당해 행위는 대체로 교육·교정 등의 목적수행상 행정주체에게 넓은 재량을 부여한 재량행위일 경우가 많기 때문에, 재량행위는 재량권의 일탈·남용이 있을 경우에만 사법심사를 받게 된다는 한계는 있다고 할 것이다(예 : 공무원 및 국립학교 학생에 대한 징계행위).

그러나 특별권력관계를 경영관계와 기본관계로 구분하여, 경영관계에서의 행위(예 : 학생의 정학처분, 사병의 영창처분, 수형자에 대한 독방 수용 등)는 사법심사의 대상이 되지 못하지만, 기본관계에서의 행위(예 : 지방의회의원의 제명, 공무원의 파면, 학생의 제적처분, 조합원의 제명 등)는 사법심사의 대상이 된다는 유력한 학설도 있다. 우리 판례는 특별권력관계에서의 행위는 전면적으로 행정소송의 대상이 된다고 한다.

> **판례** 구청장에 의한 동장 면직처분은 행정소송의 대상이 된다는 판례
>
> 동장과 구청장과의 관계는 이른바 행정법상의 특별권력관계에 해당되며, 이러한 특별권력관계에 있어서도 구청장의 위법한 직권면직처분으로 말미암아 권리를 침해당한 자는 행정소송법 제1조의 규정에 따라 그 취소를 구할 수 있다. 또한 행정청의 자유재량에 속하는 처분이라 하더라도 그 재량의 범위를 일탈하였을 때에는 행정소송의 대상이 된다(대판 1982. 7. 27, 80누86).

> **판례** 학생에 대한 징계처분은 사법심사의 대상에서 제외되는 것이 아니라는 판례
>
> 학생에 대한 징계권의 발동이나 징계의 양정이 징계권자의 교육적 재량에 맡겨져 있다 할지라도 법원이 심리한 결과 그 징계처분에 위법사유가 있다고 판단되는 경우에는 이를 취소할 수 있는 것이고, 징계처분이 교육적 재량행위라는 이유만으로 사법심사의 대상에서 당연히 제외되는 것은 아니다(대판 1991. 11. 22, 91누2144).

제4장 행정법상의 법률요건과 법률사실

제1절 법률요건과 법률사실

Ⅰ. 행정법상의 법률요건과 법률사실

행정상 법률관계를 발생·변경 또는 소멸시키는 효과(이를 법률효과라고 한다)를 발생시키는 원인이 되는 사실을 총칭하여 행정법상의 『법률요건』이라 하며, 행정법상의 법률요건을 구성하는 개개의 사실을 행정법상의 『법률사실』이라고 한다.

행정법상의 법률요건은 1개의 법률사실(예 : 상계 등)로 이루어지는 수도 있고, 여러 개의 법률사실(예 : 음식점 영업허가에 있어서의 신청행위와 허가행위, 공법상 계약에 있어서의 청약과 승낙행위 등)로 이루어지는 경우도 있다. 행정법상의 법률요건과 법률사실이라는 개념은 민법상의 법률요건과 법률사실에서 도입된 개념이다.

Ⅱ. 행정법상의 법률사실의 종류

행정법상의 법률사실은 민법에서와 같이 사람의 정신작용을 요소로 하는 『용태』(정신적 사실)와 그렇지 아니한 『사건』(자연적 사실)으로 나누어진다.

1. 행정법상의 사건

사람의 정신작용을 요소로 하지 아니하는 행정법상의 『사건』(자연적 사실)에는, ① 사람의 생사(사망함으로써 운전면허가 실효되는 것 또는 의사면허가 실효되는 것 등), 시간의 경과(허가의 유효기간 만료로 허가의 효력이 소멸되는 것), 일정한 연령에의 도달(20세가 되어 선거권을 취득하는 것) 등과 같은 순수한 자연적 사건과, ② 물건의 점유·소유(토지의 소유로 재산세 납부의무를 지는 것), 일정지역에의 거주(주민등록의무와 주민세 납부의무를 지는 것) 등 사실행위가 있으며, 모두 일정한 외부적·객관적 사실의 존재 자체만으로 일정한 법률효과를 발생한다. 이들 중 가장 빈번하게 행정법상 법률요건으로 등장하는 기간·시효·주소에 관하여는 제2절에서 설명한다.

2. 행정법상의 용태

행정법상의 용태(정신적 사실)란 사람의 정신작용을 요소로 하는 법률사실로서, 외부적 용태와 내부적 용태로 구분된다.

1) 외부적 용태(행위)

외부에 표시된 정신작용에 의하여 일정한 행정법상의 법률효과를 발생시키는 것으로서, 공법행위가 그 중심을 이루고 있다. 공법행위에는 사인의 공법행위(허가 신청, 행정소송의 제기 등)도 있지만, 그 대부분은 행정주체의 공법행위로서 행정입법·행정계획·행정지도·행정계약·행정행위 등이 있다(이들 행정주체의 공법행위는 행정법이론의 핵심적인 부분이므로 제2편에서 상세히 설명하며, 이 장에서는 사인의 공법행위에 관하여만 제4절에서 설명한다).

2) 내부적 용태(내심)

외부에 표시되지 아니한 내부적 정신상태만으로 행정법상의 법률효과를 발생시키는 것을 말한다(예 : 선의·악의·고의·과실 등).

제 2 절　행정법상의 사건

Ⅰ. 기간

행정기본법 제6조(행정에 관한 기간의 계산)
① 행정에 관한 기간의 계산에 관하여는 이 법 또는 다른 법령등에 특별한 규정이 있는 경우를 제외하고는 「민법」을 준용한다.
② 법령등 또는 처분에서 국민의 권익을 제한하거나 의무를 부과하는 경우 권익이 제한되거나 의무가 지속되는 기간의 계산은 다음 각 호의 기준에 따른다. 다만, 다음 각 호의 기준에 따르는 것이 국민에게 불리한 경우에는 그러하지 아니하다.
1. 기간을 일, 주, 월 또는 연으로 정한 경우에는 기간의 첫날을 산입한다.
2. 기간의 말일이 토요일 또는 공휴일인 경우에도 기간은 그 날로 만료한다.

1. 기간의 의의

'기간'이란 『한 시점에서 다른 시점까지의 시간적 간격』을 말한다.

따라서 기간개념에는 시간적 간격의 출발점인 기산점과 종료점인 만료점이 그 기본구성요소가 된다. 기간의 계산방법은 매우 중요한 문제이지만 행정법에는 이에 관한 일반규정은 없고, 이는 일종의 법기술적인 약속이므로 사법관계와 달리할 합리적인 이유가 없기 때문에 민법총칙(156 내지 161)의 기간계산 방법에 관한 규정이 일반적으로 적용된다(행정절차법3; 대판 1987. 10. 13, 87누53)고 하겠으며(이러한 의미에서 이는 공법의 흠결에 적용되는 일반법원리적 규정이라고 할 수 있다), 다만 개별 행정법에 특별한 규정을 둔 경우에만 그 규정에 의한다고 하겠다.

2. 기간의 기산점

기간을 시·분·초로 정한 경우에는 즉시로부터 기산하며, 일·주·월·년으로 정한 경우에는 초일불산입의 원칙이 적용된다. 다만, 연령계산과 같이 기간이 오전 0시부터 시작되는 때에는 초일도 산입한다(민157단, 158).

행정법에서 기간계산이 특히 문제가 되는 것은 법령의 시행일에 관한 것인바, 예컨대『공포 후 30일이 경과한 날부터 시행한다』고 한 경우 공포일의 다음날부터 기산하여(초일불산입의 원칙) 30일째가 되는 날의 다음날부터 시행하게 된다(예 : 6월 10일 공포의 경우 7월 11일부터 시행된다). 판례도 또한 같은 입장을 취하고 있다(대판 1971. 5. 31, 71다787).

그러나 특히 초일산입의 특별규정을 두고 있는 경우에는 그에 따라야 할 것이며, 그 예로서는 임시회 집회공고기간(3일)의 계산 등 국회법에 의한 각종 기간의 계산에 있어서는 초일을 산입한다고 규정한 국회법(165) 등을 들 수 있다.

> **판례** 기간계산에 초일불산입의 원칙을 적용한 판례
> 기간의 계산에 관하여는 경찰공무원징계령에 특별한 규정이 없으므로 보충적으로 그 계산방법을 규정하고 있는 민법 제155조, 157조의 규정에 따라 징계사유가 발생한 초일은 기간계산에 산입하지 않아야 한다(대판 1972. 12. 12, 72누149).

3. 기간의 만료점

기간의 만료점에 관하여, 기간을 일·주·월·년으로 정한 경우에는 그 기간의 말일이 종료됨으로써 기간이 만료되지만, 그 말일이 공휴일인 때에는 그 다음날에 만료된다(민159·161). 기간

을 주·월·년으로 정한 때에는 역에 의하여 계산하되, 주·월·년의 처음부터 기산하지 아니하는 때에는 최후의 주·월·년에서 그 기산일에 해당하는 날의 전일에 만료하고, 월 또는 년으로 정한 경우에 최종의 월에 해당일이 없는 때에는 그 월의 말일로 만료한다(민160).

4. 기간의 역산

행정법 중 예컨대『며칠 전까지』라고 하여 역산을 규정하고 있는 경우가 있으며 이때에도 역시 초일불산입의 원칙이 적용된다. 즉『3일 전까지』라고 하는 경우 당일은 초일이므로 빼고, 그 전날부터 계산하여 3일이 되는 날의 이전을 말한다(즉, 중간에 3일의 기간이 있어야 하므로, 예컨대 1월 10일의 3일 전까지 제출하여야 할 경우 10일은 초일불산입에 의하여 계산하지 않고 9일, 8일, 7일의 이전인 6일 자정까지 제출하여야 한다).

> **판례** 국세심판결정 기간의 말일이 공휴일인 경우, 그 기간의 만료일
> 국세기본법 제4조는 "이 법 또는 세법에 규정하는 기간의 계산은 이 법 또는 세법에 특별한 규정이 있는 것을 제외하고는 민법에 의한다"고 규정하고 있고, 국세기본법 또는 다른 세법에 국세심판결정 기간의 말일에 관한 규정이 없으므로 그에 관하여는 민법 제161조의 규정에 따라 기간의 말일이 공휴일에 해당한 때에는 기간은 그 익일로 만료한다(대판 1985. 4. 23, 84누597).

Ⅱ. 시 효

1. 개 설

> 일정한 사실상태가 오랫동안 지속되어 온 경우, 그것이 진실한 법률관계에 합치되는가의 여부를 묻지 아니하고 그 사실상태 그대로를 존중하여 이를 진실한 법률관계로 간주하는 제도를 '시효'제도라고 하며, 이에는 '취득시효'와 '소멸시효'가 있다.

원래 시효제도는 장기간 계속된 사실상태를 존중하여 법적 안정성을 기하기 위하여 사법에서 발달된 일반법원리적 성격의 제도이며, 공법 분야에서는 이에 관한 통칙적 규정이 없기 때문에 그 흠결을 사법으로 보완할 필요가 있다.

2. 공법상 금전채권의 소멸시효

1) 원칙

국가의 금전채권 또는 금전채무의 소멸시효는 국가재정법 제96조에서『다른 법률에 특별한

규정이 없는 한』5년으로 규정하고 있다(지방자치단체의 경우도 지방재정법 제82조가 동일하게 규정하고 있으며, 민법(162)상 채권의 소멸시효는 원칙적으로 10년임에 유의). 이러한 5년의 단기소멸시효제도는 합헌으로 선고되었다(헌결 2001. 4. 26, 99헌바37; 헌결 2004. 4. 29, 2002헌바58).

여기서『다른 법률에 특별한 규정이 없는 한』이라는 뜻은 국가재정법 이외의 모든 법률(민법·상법 등의 사법까지도 포함)에서 5년보다 짧게 규정하고 있지 않는 한 5년의 시효로 소멸된다는 뜻이다.

> **판례** 구 예산회계법(현 국가재정법) 제96조 소정의 소멸시효기간이 적용되지 않는 '다른 법률의 규정'의 의미 및 민법 제766조 제2항이 이에 해당하는지 여부(소극)
> 예산회계법 제96조에서 '다른 법률의 규정'이라 함은 다른 법률에 예산회계법 제96조에서 규정한 5년의 소멸시효기간보다 짧은 기간의 소멸시효의 규정이 있는 경우를 가리키는 것이고, 이보다 긴 10년의 소멸시효를 규정한 민법 제766조 제2항은 예산회계법 제96조에서 말하는 '다른 법률의 규정'에 해당하지 아니한다(대판 2001. 4. 24, 2000다57856).

따라서 국회의원의 세비청구권은 성질상 민법상의 급료채권이므로 민법(163)에 의하여 3년간의 단기소멸시효가 적용되며(대판 1966. 9. 20, 65다2506), 공무원의 봉급청구권도 이와 같다(국방부의 질의에 대한 1986. 11. 11 법제처 유권해석).

2) 예외

다른 법률에 특별한 규정을 둔 예로서는, ① 공무원연금법(81)에 의한 단기급여청구권(1년)과 ② 관세법(25)에 의한 관세징수권(원칙 2년, 예외 5년) 등이 있다.

3) 적용범위

상기 국가재정법 제96조는『금전의 급부를 목적으로 하는 국가의 권리와 국가에 대한 권리』라고 규정하고 있으므로 반드시 공법상의 금전채권뿐만 아니라, 국가와 국민 간에 발생한 사법상의 금전채권에 대하여도 적용된다고 하겠으며(예: 도로공사대금 청구권, 물품대금 청구권 등), 판례도 같은 입장에 있다(대판 1966. 9. 20, 65다2506).

4) 시효의 중단·정지

역시 다른 법률에 특별한 규정이 없는 한 민법의 규정을 준용한다(국재96·지재70·국기27②). 특별한 규정으로서는 국가·지방자치단체가 행하는 조세 등의『납입의 고지』에 시효중단의 효력을 인정하는 것을 들 수 있다(국재96·지재71·국기28·지세50·관세26 등).

『납입의 고지』는 반드시 서면에 의한 것을 말하며 구술에 의한 것은 시효중단의 효력이 없으나(국징23), 납입의 고지에 의한 국세징수권자의 권리행사로 인하여 이미 발생한 시효중단의 효력은 그 부과처분이 비록 행정쟁송 등에 의하여 취소되더라도 소멸되는 것은 아니라는 판례가 있다(대판 1988. 2. 23, 85누820 등).

5) 시효의 효력

민법상으로는, 소멸시효의 효력은 권리 그 자체를 소멸시키는 것이 아니고 다만 상대방에 대하여 항변권을 발생시킬 뿐이며, 이 항변권은 상대방이 얼마든지 포기할 수 있는 것이라는 **상대적 소멸설**도 있으나, 공법상의 금전채권에 있어서는 법률관계의 일률적 확정의 견지에서 권리가 절대적으로 소멸한다는 **절대적 소멸설**을 취하는 것이 타당하다고 하겠다. 따라서 소멸시효의 완성 후에 행한 부과처분에 따라 납세한 경우에는 항상 민법상의 부당이득을 구성하므로 납세자는 **과오납금반환청구권**을 행사하게 된다. 판례는 원칙적으로 절대적 소멸설을 취하고 있으나, 당사자의 원용이 없을 때에는 직권으로 소멸시효를 고려하지 않는 경우도 있다.

> **판례** 조세채권의 소멸시효기간이 완성된 후에 부과한 과세처분의 효력
> 조세채권의 소멸시효가 완성되어 부과권이 소멸된 후에 부과한 과세처분은 위법한 처분으로 그 하자가 중대하고도 명백하여 무효라 할 것이다(대판 1988. 3. 22, 87누1018).

> **판례** 소멸시효의 주장과 그 주장을 할 수 있는 자
> 소멸시효에 있어서 그 시효기간이 만료되면 권리는 당연히 소멸하지만 그 시효의 이익을 받는 자가 소송에서 소멸시효의 주장을 하지 아니하면 그 의사에 반하여 재판할 수 없고, 그 시효이익을 받는 자는 시효기간 만료로 인하여 소멸하는 권리의 의무자를 말한다(대판 1991. 7. 26, 91다5631).

3. 공물의 취득시효

1) 의 의

민법에 의하면 사물의 경우 원칙적으로 부동산은 20년, 동산은 10년간 소유의 의사로 평온·공연하게 점유를 계속하면 소유권을 취득하지만(민245①246), 도로나 하천의 부지 같은 공물에 대하여도 이러한 시효취득을 인정할 수 있을 것인가에 관하여는 학설이 대립되고 있다.

2) 학 설

① 부정설

공물에 대한 사인의 사실상의 지배관계는 양적으로 아무리 오래 지속되더라도 정당화될 수 없다고 하며, 판례도 『공물은 공용폐지가 없는 한 시효취득의 목적이 될 수 없다』고 한다(대판 1974. 2. 12, 73나557 등).

② 긍정설

사법상 소유권의 객체가 될 수 없는 공물(공유수면 또는 하천부지)이 아닌 한 시효취득의 대상이 될 수 있으며, 시효취득된 후에도 공적 목적에 사용되어야 한다는 공법상의 제한은 그대로 받는다는 **제한적 긍정설**과, 공물의 취득시효가 문제될 정도이면 당해 공물이 공적 목적에 오랫동안 제공되지 않고 있어서 공물에 대한 묵시적인 공용폐지가 있었다고 보아 완전한 시효취득을 인정하는 **완전긍정설**이 있다.

3) 사 견

생각건대, 묵시적 공용폐지도 공용폐지의 일종이므로 결국 공물은 공용폐지가 있기 전까지는 시효취득의 대상이 될 수 없다는 부정설 및 판례의 입장이 타당하다고 하겠다.

> **판례** 공물은 시효취득대상이 아니라는 판례
> 행정재산은 공용폐지가 되지 아니한 상태로는 사법상의 거래의 대상이 될 수 없으므로, 시효취득의 대상이 되지 않는다(대판 1993. 7. 17, 92다49973).

4. 제척기간

> '제척기간'이란 행정법상으로 보장되는 일정한 권리에 대하여 법률이 정하고 있는 권리의 존속기간을 말한다(예: 행정소송법상 제소기간).

예컨대, 취소소송은 처분 등이 있음을 안 날로부터 90일 이내에 제기하여야 한다고 정하고 있는 행정소송의 제소기간(행소법 제20조), 행정심판의 청구는 처분 등이 있음을 안 날로부터 90일 이내에 제기하여야 한다고 정하고 있는 행정심판청구기간(행심법 제18조) 및 토지보상법상의 사업인정 고시 후 1년 이내에 재결신청을 하지 아니하면 사업인정이 실효된다는 규정(23①) 등을 말한다. 제척기간은 일정한 기간 내에 권리를 행사하지 않음으로써 그 권리가 소멸된다는 점에서 소멸시효제도와 같으나, 제척기간은 법률관계의 신속한 확정이라는 행정상의 편의를 목적으로 하기 때문에 그 중단사유가 인정되지 않는다.

Ⅲ. 주소·거소

1. 개 설

지방자치단체의 주민이 되거나, 주민세 납세의무지, 인감신고의 장소, 납세고지서 등 행정서류송달의 장소를 확정하기 위하여 주소가 가지는 공법상의 의의는 매우 크다고 할 수 있다.

2. 주 소

민법에 의하면 『생활의 근거되는 곳』이 주소가 되며(18①), 행정법관계에 있어서의 주소는 주민등록법이 통칙적 규정을 마련하여 『다른 법률에 특별한 규정이 없는 한 이 법에 의한 주민등록지를 공법관계에 있어서의 주소로 한다』(동법17의7①)고 일률적으로 확정하였다. 법인의 공법상 주소에 관하여는 통칙적 규정이 없으므로 민법이 적용된다(36).

주민등록법상의 주민등록은 ① 30일 이상 거주할 목적으로, ② 일정한 곳에 주소나 거소를 가지는 경우에 하는 것이며, 이중으로 주민등록을 하는 것은 허용치 아니하는바(동법 6·10②), 공법상의 주소는 1개소에 한정된다. 이 점에서는 『주소는 동시에 두 곳 이상 있을 수 있다』고 하여 복수주의를 택하고 있는 사법의 원칙과는 반대가 되고 있다(민18②).

다만, 다른 법률이 공법관계에 있어서의 주소에 관하여 특별한 규정을 둔 경우에는 그 법률관계에 관한 한 그곳이 주소가 되므로 일반적인 주민등록지와 함께 복수의 주소를 가지게 된다.

3. 거 소

거소란 생활과의 밀착의 정도가 주소보다 낮은 곳을 말한다(민19~21).

행정법관계에 있어서 주소가 없거나 불분명한 경우에는 거소에 대하여 일정한 법률효과를 부여하는 경우가 있으며(예 : 국내에 1년 이상 거소를 둔 자에게 소득세를 부과하는 것 등. 소득세법1①, 국세징수법16, 지방세법37①·51), 이 경우 거소에 관하여 특별한 규정이 없으면 상기 민법의 규정이 준용된다고 하겠다.

제 3 절 공법상 사무관리 · 부당이득

I. 공법상 사무관리

1. 사무관리의 의의

'사무관리'란 민법상의 제도로서, 법률상의 의무 없이 타인을 위하여 그의 사무(일)를 대신 관리하는 것을 말한다(734).

사무관리가 성립하기 위해서는 ① 타인의 사무관리(보존·개량·처분행위 등)를 하고, ② 타인을 위하여 관리한다는 의사가 필요하며, ③ 관리자에게는 관리에 대한 강제적인 의무가 없고,

④ 관리행위로 인하여 본인에게 불이익하거나 본인의 의사에 반하지 않아야 한다.

행정법 분야에 있어서도 ① 국가에 의한 사인의 사무관리의 예로서, 국가의 특별감독 하에 있는 사업에 대한 강제관리(예 : 재단에 문제가 있는 사립학교의 강제관리 등)와 재해시의 구호나 행려병자의 보호와 같은 보호관리가 있으며, ② 반대로 교통·통신의 두절 기타 비상재난시에 국가가 하여야 할 사무(조난자 구호, 시설의 응급복구조치 등)를 사인이 대신 관리하는 경우도 있다.

한편, 행정법상의 사무관리는 이를 행할 의무(공무원의 복무의무 등)에 의거한 것이므로 사무관리로 볼 수 없다는 견해도 있으나(옐리네크), 그 의무는 국가에 대한 것이지 피관리자인 사인에 대한 것은 아니기 때문에 사무관리로 볼 수 있다고 할 것이다.

2. 사무관리의 적용법규

행정법상의 사무관리에 관한 통칙적 규정은 없으므로 수난구호법(21·23)상 시장·군수의 피구조자 보호의무 및 피구조자의 구호비용납부의무 등과 같은 특별한 규정이 없는 한 사무관리에 관한 일반법원리적 규정이라 할 수 있는 민법(734 ~740)의 규정을 준용하여야 할 것이며, 그 주된 것으로서는 사무관리자의 본인에 대한 사무개시의 통지의무 및 지출비용의 상환청구권 등이 될 것이다.

Ⅱ. 공법상 부당이득

1. 부당이득의 의의

'부당이득'이란 정당한 법률상의 원인 없이 타인의 재산 또는 노무로 인하여 이득을 얻고, 이로 인하여 타인에게 손해를 가한 자에 대하여 형평의 견지에서 그 이득의 반환의무를 과하는 제도이다(민741~749).

원래 부당이득은 사법상의 제도이지만, 행정법 분야에서도 ① 행정주체의 부당이득으로서 세금·공물 사용료 등의 과다징수, 착오에 의한 사유지의 도로 편입 등이 있을 수 있고, ② 반대로 사인의 부당이득으로서는 공무원의 봉급·연금 과다수령, 국유지의 무단사용 등이 있을 수 있다.

이러한 여러 유형의 부당이득을 총괄적으로 규율하는 통칙적 규정은 없으며 각 개별 법률에서 개별적으로 규정하고 있을 뿐이다(예 : 국기51~54, 관세22③, 지세45~47, 우편25 등).

사법에서 발달한 부당이득의 법리는 형평의 관점에서 인정되는 일반법원리에 해당하는 것이므로, 공법에 규정이 없는 경우(공법의 흠결)에 사법으로 이를 보완하는 것이 형평의 관점에서 필요하다고 하겠다.

2. 부당이득의 유형

1) 행정주체의 부당이득

공권력 발동인 행정행위에 기인한 경우에 ① 처음부터 무효인 경우에는 당연히 행정주체의 부당이득이 성립되지만, ② 취소사유인 흠이 있는 경우에는 공정력으로 말미암아 당해 행정행위가 취소된 후에야 비로소 정당한 법률상의 원인 없는 부당이득이 성립하게 된다. 따라서 취소사유인 흠이 있는 경우에 당해 행정행위에 대한 제소기간이 경과하여 불가쟁력이 발생한 후에는 부당이득반환청구의 길이 없다고 하겠다.

부당이득의 반환범위도 문제가 될 것으로 민법은 선의의 이득인 경우는 경감하고 악의의 이득인 경우는 가중한다고 규정하고 있지만, 행정주체에 의한 부당이득의 경우는 선의·악의를 불문하고 항상 이득의 전액을 반환하도록 하고 있다(위 각 개별법률 참조).

이 경우 받은 이익에 이자를 붙여서 반환하여야 할 것인가에 관하여는, 과오납세액에는 이자를 붙이도록 하고 있지만(국기52), 이러한 규정이 없는 경우에는 논쟁의 소지가 있다.

한편, 무효인 행정행위에 의거하여 부과된 채무(예 : 조세 등)를 상대방이 이미 이행한 경우, 행정주체는 상대방이 채무가 없음을 알고서도 스스로 이행한 것임을 이유로 민법 제742조에 의한 비채변제에 해당하여 반환해 줄 의무가 없다고 주장할 수 있을지에 관하여는, 상대방은 비록 채무가 없다고 믿었을 경우라도 현실적으로 과세관청의 공권력 앞에서는 일단 납부하지 않을 도리가 없는 형편에 있으므로 비채변제를 주장할 수 없다고 할 것이다.

> **판례** 과다 원천징수한 세액의 성격
> 원천징수의무자가 원천납세의무자로부터 원천징수대상이 아닌 소득에 대하여 세액을 징수납부하였거나 징수하여야 할 세액을 초과하여 징수납부하였다면, 국가는 원천징수의무자로부터 이를 납부받는 순간 아무런 법률상의 원인 없이 보유하는 부당이득이 된다(대판 2002. 11. 8, 2001두8780).

2) 사인의 부당이득

사인의 부당이득도 행정행위에 기인한 경우에는 ① 그것이 처음부터 무효인 경우에는 당연히, ② 취소사유가 있음에 그치는 경우에는 취소된 후에 법률상 정당한 원인 없는 부당이득이 성립하게 된다.

이 경우 수익적 행정행위의 취소는 상대방에게 귀책사유(부정한 방법으로 허가를 얻어낸 경우 등)가 없는 한 원칙적으로 불가능하므로 부당이득반환청구는 어렵게 된다.

부당이득의 반환범위는 행정주체의 부당이득과 마찬가지로 이익의 전액을 반환하여야 할 것이며(이자는 논쟁의 소지가 있다), 민법상의 비채변제임을 주장하여 반환의무를 면할 수도 없다고 할 것이다.

 행정주체가 부당이득반환청구권을 행사할 경우 행정행위의 형태로 행사하고 그 불이행에 대하여는 행정상 강제징수를 인정하는 예가 있는바(보조금33), 이러한 경우 상대방은 항고소송으로 이를 다툴 수밖에 없으나, 그러한 특별한 규정이 없는 한 공법상의 당사자소송(후술)에 의하여야 할 것이다.

3. 부당이득반환청구권의 성질

공법상 부당이득반환청구권의 성질에 관하여는 사권설과 공권설이 대립되어 있다.

1) 사권설

행정행위에 의한 부당이득인 경우에도 그것이 처음부터 무효이거나 또는 하자를 이유로 취소된 후에 성립하므로 이때는 이미 공법상이든 사법상이든 간에 아무런 법률상 원인이 없는 상태이며, 또한 부당이득반환청구권 자체가 원래 형평의 이념에서 확립된 사권이므로 이에 관한 소송도 민사소송에 의하여야 한다고 하며, 우리 판례도 같은 입장이다.

판례

① 조세부과처분이 당연무효임을 전제로 하여 이미 납부한 세금의 반환을 청구하는 것은 민사상의 부당이득 반환청구로서 민사소송절차에 따라야 한다(대판 1995. 4. 19, 95다55019).
② 개발부담금 부과처분이 취소된 이상 그 후의 부당이득으로서의 과오납금반환에 관한 법률관계는 단순한 민사관계에 불과한 것이고, 행정소송절차에 따라야 하는 관계로 볼 수 없다(대판 1995. 12. 22, 94다51235).

---

2) 공권설

공법상의 원인에 의하여 잘못 발생된 결과를 시정하기 위하여 인정된 권리는 공법상 원인 유무의 탐구와 밀접한 관련이 있으므로 공권이며, 이에 관한 소송도『공법상의 법률관계에 관한 소송』인 공법상의 당사자소송(행소3)에 의하여야 한다는 견해이다.

3) 사견

생각건대, ① 공권설에 따라 행정소송법상의 당사자소송에 의하더라도 그 소송절차의 대부분은 민사소송 절차가 준용되기 때문에 민사소송과의 차이가 거의 없으며, ② 소송실무상으로도 민사소송으로 다루어지고 있다는 점에서 논쟁의 실익이 거의 없다는 주장도 있다. 그러나 공·사법의 구별을 전제로 하고 있는 우리 실정법 체계 하에서, 특히 행정소송법 제3조 제2호가 항고소송 아닌 대등한 당사자간의 소송형태로서『행정청의 처분 등을 원인으로 하는 법률관계에 관한 소송, 그 밖에 공법상의 법률관계에 관한 소송』을 당사자소송이라 하여 제도적으로 인정하고 있는 이상, 부당이득반환청구권은 **공권**이며 따라서 이에 관한 소송도 민사소송 아닌 행정소송(당사자소송)으로 보는 것이 타당하다고 생각된다.

4. 부당이득의 성립요건

1) 재산적 이익의 이동

공법상의 부당이득이 성립하기 위한 첫째 요건은 법률관계의 한 당사자에 이익이 발생하고 동시에 다른 한 당사자에게 손실이 발생하는 재산적 이익의 이동관계가 존재하여야 한다. 이익과 손실 사이에 인과관계가 있어야 하는 것이므로 하나의 동일한 사실관계에 의하여 한편에는 이익이, 다른 한편에는 손실이 직접적으로 발생하는 경우이어야 한다.

2) 법률상의 원인 없는 이익의 발생

공법상의 부당이득이 성립하기 위한 두 번째 요건은 재산적 이익의 이동이 법률상의 원인 없는 것이어야 한다. 여기서 법률상의 원인이라 함은 재산상의 이익을 정당하게 보유할 수 있는 권원을 의미한다. 공법상의 부당이득은 행정행위에 의한 경우와 사실행위에 의한 경우가 있는데, 행정행위에 의하여 부당이득이 발생되기 위하여서는 그 행정행위가 실효되거나 직권 또는 쟁송에 의하여 취소되어야 한다. 왜냐하면 위법한 행정행위도 공정력이 있으므로 권한 있는 기관에 의하여 취소될 때까지는 유효한 것으로 취급되기 때문이다.

5. 부당이득반환청구권의 소멸시효

행정법상 부당이득반환청구권의 소멸시효는 각 법률에 특별한 규정(예 : 관세25③, 2년)이 없는 한, 국가에 대한 금전채권·채무의 일반적 소멸시효기간인 5년의 시효에 걸린다고 할 것이다(예회96·지재82).

6. 상계

상계란 채권자와 채무자 두 사람 간에 서로 대립하는 채권·채무를 가질 경우에 각각 변제하는 것이 아니라 그 채권과 채무의 대등액을 소멸하게 하는 일방적 의사표시이다. 따라서 이미 과오납한 국세의 반환청구권을 상대방이 납부하여야 할 다른 국세에 충당(상계)하거나, 보조금의 반환명령을 받고도 반환하지 아니한 경우 상대방에게 아직 교부되지 아니한 동종의 보조금과 상계하는 것과 같이 법령에서 명문의 규정을 둔 경우(국기51·지세45·보조금32)에는 당연히 상계할 수 있다.

그러나 명문의 규정이 없는 경우에는 ① 일반적으로 상계가 허용되지 아니한다는 견해와, ② 행정주체는 상계할 수 있으나, 상대방인 개인은 상계권을 행사할 수 없다는 견해 등이 있다(이 경우에도 전혀 성질이 다른 채무와 상계하는 것은 부당결부금지의 원칙에 반하므로 허용되지 아니한다).

제 4 절 공법행위

Ⅰ. 공법행위의 의의

'공법행위'란 사법행위에 반대되는 말로서 공법적 법률효과의 형성(발생·변경·소멸)을 목적으로 하는 모든 행위를 말하며, 행정주체에 의한 것과 사인에 의한 것으로 크게 구분할 수 있다.

'행정주체에 의한 공법행위'로서는 행정입법·행정계획·행정행위·행정벌과 같이 우월한 의사의 주체로서 행하는 권력행위와, 공법상 계약·공법상 합동행위·행정지도 등과 같이 대등한 당사자로서 행하는 비권력행위가 있는바, 이들 각각의 행위형식은 행정법이론의 골격을 이루는 것으로서 다음 편에서 많은 지면을 할애하여 설명하고자 하며, 여기에서는 '사인의 공법행위'에 관하여만 논하고자 한다.

Ⅱ. 사인의 공법행위

1. 사인의 공법행위의 의의

'사인의 공법행위'란 공법적 효과의 발생을 목적으로 하는 모든 사인의 행위를 말한다.

오늘날 국민주권주의 하에서는 사인의 지위가 현저히 향상되어 적극적으로 행정에 관여하고 유도해 나가는 입장에 있으며, 이에 따라 행정절차참가권, 행정정보공개청구권 등 새로운 개인적 공권이 인정되고 있다.

2. 사인의 공법행위의 종류

사인의 공법행위도 매우 다양하므로 여러 각도에서 분류할 수 있겠으나, 그 중 강학상 의미 있는 것만 들어보면 다음과 같다.

1) 지위에 따른 분류

① 투표행위와 같이 국가 등 **행정주체**의 지위에서 행하는 행위와, ② 각종 인·허가 신청 등과 같이 **행정객체**의 지위에서 어떤 이익을 받을 목적으로 행하는 행위가 있다.

2) 성질에 따른 분류

① 일방적 의사표시로 구성되는 **단독행위**(예 : 인·허가 신청, 행정소송 제기)와, ② 당사자 간의 의사표시의 합치로 이루어지는 **쌍방적 행위**가 있다. 쌍방적 행위는 다시 당사자 간의 반대방향의 의사표시의 합치로 이루어지는 **공법상 계약**(토지수용에 관한 협의 등)과, 당사자 간의 동일방향의 의사표시의 합치로 이루어지는 **공법상 합동행위**(토지구획정리조합·도시재개발조합 등 공공조합 설립행위)로 나누어진다.

3) 효과에 따른 분류

① 자족적 공법행위(자체완성적 공법행위)

일정한 의사표시나 단순한 사실의 통지 그 행위 자체만으로 일정한 법률효과를 발생하는 공법행위를 말한다.

자족적 공법행위에 속하는 대표적 행위가 '자기완결적 신고'이다.

▶ 예 : 사인 상호간의 공법행위·옥외집회 및 시위의 신고·체육시설업의 신고·투표행위·혼인신고·출생신고 등.

이는 흔히 행위 그 자체만으로 법률효과를 완결시키는 것이므로 '자기완결적 공법행위' 또는 '자체완성적 공법행위'라 한다.

따라서 자기완결적 신고에 대하여는 행정관청의 수리행위를 기다릴 필요 없이 적법한 신고서가 행정관청에 도달한 때에 그 효력이 발생하며, 나아가 행정관청이 신고를 반려하거나 신고수리를 거부하더라도 이를 무시할 수 있는 것이므로 신고반려 또는 신고수리거부행위는 신고인의 권리의무에 아무런 변동 또는 지장을 초래하지 아니한다는 의미에서 원칙적으로 소위 행정행위성(처분성)이 부정되고, 따라서 행정소송을 제기하더라도 각하된다. 이러한 자족적 공법행위로서의 신고에 대하여는 행정절차 중의 신고 부분에서 상세히 다루고 있어 여기서는 이 정도에서 그치고자 한다.

② 행정요건적 공법행위

'행정요건적 공법행위'란 그 자체로서 법률효과를 완성하지 못하고 법률효과를 발생시키기 위한 하나의 요건에 불과한 공법행위를 말한다.

▣ 예 : 사직원의 제출이나 신청(인·허가 신청, 국가고시 응시원서 제출, 입학원서 제출, 행정심판 또는 행정소송 제기 등)과 동의·승낙(토지수용에 관한 협의, 공무원 임명에 대한 동의, 도시재개발사업인가 신청을 위한 토지소유자의 동의 등)이 있다. 신고 가운데 행정관청의 수리를 요하는 신고는 자족적 공법행위가 아니라 행정요건적 공법행위에 해당한다(예컨대, 외국환거래신고, 농지의 전용신고, 어업신고 등)

3. 사인의 공법행위의 특징

우선 ① 사인의 공법행위는 행정행위에 대한 특징으로서, 우월한 의사의 주체로서 행하는 공권력행사가 아니므로 공정력 등 행정행위에 한하여 주어지는 효력이 인정되지 않으며, ② 또한 사인의 공법행위는 사법행위에 대한 특징으로서, 다같이 비권력적 행위임에는 본질적 차이가 없으나, 공법적 효과의 발생을 목적으로 하며, 법적 안정성과 법률관계의 명확성의 요청이 특히 강하기 때문에 법률효과의 발생을 당사자 간의 사적 자치에 맡기는 사법행위와는 달리, 행위의 형식과 효과면에서 획일적인 정형화가 요구되고 있다(예 : 인·허가 신청시 판단자료로서 반드시 법정 서류를 첨부하도록 하고, 각종 신고·신청서식을 법령으로 규정하는 것 등).

4. 사인의 공법행위의 적용법규

사인의 공법행위를 규율하는 통칙적 규정은 없으며, 각 개별법령에서 단편적으로 규정하고 있을 뿐이다. 따라서 이러한 규정이 없는 경우 민법상의 법률행위에 관한 규정(민103~154)이 준용될 것인가에 관한 문제가 제기된다.

1) 의사능력·행위능력

의사능력이 없는 자의 행위는 민법의 원칙대로 무효라고 하겠다. 그러나 행위능력이 없는 자(미성년자·금치산자·한정치산자)의 행위는 문제가 되며, 우편법(10) 및 공중전기통신법(9)과 같이 행위능력 있는 자의 행위로 간주하는 명문의 규정을 둔 예도 있으나, 그렇지 아니한 경우에는 일반적으로 공법행위 중 재산관계행위에 있어서는 민법을 준용하여 취소할 수 있다고 할 것이다.

2) 의사의 흠결과 하자 있는 의사표시

의사의 흠결(허위표시·심리유보·착오) 또는 하자 있는 의사표시(사기·강박)인 경우 그 행위의 효력에 대하여는 특별한 규정이 없는 한 민법의 규정(107~110)이 원칙적으로 준용된다고 하겠다. 다만, 판례는 전역지원의 의사표시가 진의 아닌 의사표시라 하더라도 그 무효에 관한 법리를 선언한 민법 제107조 제1항 단서의 규정은 그 성질상 사인의 공법행위에는 적용되지 않는다 할 것이므로 그 표시된 대로 유효한 것으로 보고 있다(대판 1994. 1. 11, 93누10057).

> **판례** 공직자숙정계획에 의한 일괄사표제출에 따른 의원면직처분이 당연무효가 아니라는 판례
> 이른바 1980년의 공직자숙정계획의 일환으로 일괄사표의 제출과 선별수리의 형식으로 공무원에 대한 의원면직처분이 이루어진 경우, 사직원 제출행위가 강압에 의하여 의사결정의 자유를 박탈당한 상태에서 이루어진 것이라고 할 수 없고 민법상 비진의 의사표시의 무효에 관한 규정은 사인의 공법행위에 적용되지 않으므로 그 의원면직처분을 당연무효라고 할 수는 없다(대판 2001. 8. 24, 99두9971).

3) 대 리

행위의 성질상 일신전속적인 것은 대리(代理)를 허용할 수 없겠으나(예 : 투표행위·공무원사직원 제출·귀화허가 신청 등), 그 외의 행위는 명문으로 특별히 금지되어 있지 않는 한 타인에 의한 대리가 허용된다고 하겠다(예 : 음식점영업허가 신청·여권발급 신청 등 대부분의 행위).

4) 부 관

사법의 경우와 달리 행정법관계의 명확성의 필요 때문에 원칙적으로 조건, 기한 및 부담과 같은 부관을 붙이는 것은 허용되지 아니한다.

5) 철회·보정

사인의 공법행위는 그에 근거하여 일정한 법적 효과가 발생되기 전까지는 철회하거나 보정(보완)할 수 있다(예 : 의원면직처분이 행하여지기 전까지 공무원사직원을 철회하는 것). 그러나 철회·보정이 명문으로 제한되거나(예 : 사실심의 변론종결 후의 소장의 정정, 행소21①), 행위의 성질상 불가능한 경우(투표행위 등)도 있다고 하겠다.

> **판례** 공무원의 사직의사표시의 철회 또는 취소가 허용되는 시한(의원면직처분시)
> 공무원이 한 사직 의사표시의 철회나 취소는 그에 터잡은 의원면직처분이 있을 때까지 할 수 있는 것이고, 일단 면직처분이 있고 난 이후에는 철회나 취소할 여지가 없다(대판 2001. 8. 24, 99두9971).

> **판례** 사인의 공법상 행위의 철회의 자유성 인정여부와 철회의 시기
> 사인의 공법상 행위는 명문으로 금지되거나 성질상 불가능한 경우가 아닌 한 그에 의거한 행정행위가 행하여질 때까지는 자유로이 철회나 보정이 가능하다고 보아야 할 것이다(대판 2001. 6. 15, 99두5566).

6) 효력발생시기

민법(111)에서와 같이 도달주의에 의한다고 하겠으나, 예외적으로 발신행위자를 보호하기 위하여 발신주의를 취하는 경우도 있고(예 : 과세표준신고서는 납세자가 우체국에서 발송한

날에 신고된 것으로 본다는 국세기본법 제5조의2의 규정), 체신관서의 공증을 조건으로 하여 기간 후의 도달을 기간 내의 도달로 간주하는 경우도 있다.

5. 사인의 공법행위의 효과

적법한 사인의 공법행위에 대하여 관계 행정기관은 처리의무를 진다.

1) 행정기관의 수리·처리의무

적법한 사인의 공법행위에 대하여 행정기관은 이를 수리하여 처리할 의무를 지게 된다. 이 경우 처리기한이 법령에 명시된 경우에 명시된 기간 내에 처리하지 않으면 사인은 부작위위법확인소송으로 처리를 촉구할 수 있겠으나, 이를 거부처분으로 보아 거부처분취소소송을 제기할 수는 없다.

2) 신고의 심사범위

주민등록신고·이미용업 등 각종 영업의 신고·건축신고 등 신고에 대하여는 법정 요건의 구비 여부에 관한 형식적 심사만 할 수 있으며, 법정 요건을 갖춘 경우에는 당연히 수리하여야 하지만, 신고된 내용이 사실과 부합되지 아니함이 명백할 때에는 수리를 거부할 수 있다고 할 것이다(예 : 주민등록법상의 신고내용이 사실과 다른 경우에는 사실조사를 거쳐 사실대로 신고할 것을 최고하고, 이에 응하지 아니할 경우에는 직권으로 정정 또는 말소할 수 있다. 주등17의2).

3) 하자의 보완

신청행위에 하자가 있는 경우 곧바로 거부처분을 내릴 것이 아니라 하자가 보완될 수 있는 성질의 것인 경우에는 보완할 기회를 부여한 후에 처리방향을 결정하여야 할 것이다(대판 1985. 4. 19, 84누378).

4) 수정인가의 문제

신청이 인가신청인 경우 신청내용의 일부를 수정하여 인가할 수 있는가에 관하여는 가부양설의 대립이 있으나, 원래 인가는 사인이 원하는 법적 행위의 효력을 완성시켜 주는 행위에 불과하다는 의미에서 법률에 특별한 규정이 없는 한 불가능하다고 하겠다(제2편 제1장 행정행위 중 인가에서 설명).

6. 행정요건적 사인의 공법행위의 하자(흠)와 그에 따른 행정행위의 효력

사인의 공법행위에 하자(흠)가 있는 경우, 이에 근거하여 행하여진 행정행위의 효력은 어떻게 될 것인가? 그 자체로서 일정한 법률효과를 완성시키는 사인의 자족적 공법행위의 경우에는 특별한 문제가 생길 여지가 없으나, 행정요건적 공법행위에 있어서 일부 견해(무효·유효설)는 다음과 같다.

① 행정행위의 전제조건인 경우에는, 사인의 공법행위가 어떤 행정행위를 하기 위하여 필요한 전제조건인 경우에 사인의 공법행위가 무효이거나 적법하게 철회되면 이에 기하여 행하여진 행정행위도 무효가 된다고 한다. 그러나 단순히 취소할 수 있는 하자에 불과할 경우(예 : 착오 등)에는 그에 따라 행하여진 행정행위는 원칙적으로 유효하다고 한다. ② 행정행위의 단순한 동기에 그치는 경우에는, 사인의 공법행위가 행정행위를 하기 위한 단순한 동기에 불과한 경우에는 이들 양자는 서로 필요적 관계에 있지 아니하므로 행정행위의 효력에 아무런 영향을 미치지 아니한다고 한다.

대법원은 다음과 같이 구체적인 사안별로 해결하고 있다.

> **판례** 본인의 진정한 의사에 의하여 작성되지 아니한 사직원에 의한 면직처분의 적법여부
> 조사기관에 소환당하여 구타당하리라는 공포심에서 조사관의 요구를 거절치 못하고 작성교부한 사직서이라면 이를 본인의 진정한 의사에 의하여 작성한 것이라 할 수 없으므로 그 사직원에 따른 면직처분은 위법이다(대판 1968. 3. 19, 67누164).

> **판례** 공무원이 감사기관이나 상급관청 등의 강박에 의하여 사직서를 제출한 경우, 그 강박의 정도와 당해 사직서에 터잡은 면직처분의 효력
> 사직서의 제출이 감사기관이나 상급관청 등의 강박에 의한 경우에는 그 정도가 의사결정의 자유를 박탈할 정도에 이른 것이라면 그 의사표시가 무효로 될 것이고 그렇지 않고 의사결정의 자유를 제한하는 정도에 그친 경우라면 그 성질에 반하지 아니하는 한 의사표시에 관한 민법 제110조의 규정을 준용하여 그 효력을 따져보아야 할 것이나, 감사담당 직원이 당해 공무원에 대한 비리를 조사하는 과정에서 사직하지 아니하면 징계파면이 될 것이고 또한 그렇게 되면 퇴직금 지급상의 불이익을 당하게 될 것이라는 등의 강경한 태도를 취하였다고 할지라도 그 취지가 단지 비리에 따른 객관적 상황을 고지하면서 사직을 권고·종용한 것에 지나지 않고 위 공무원이 그 비리로 인하여 징계파면이 될 경우 퇴직금 지급상의 불이익을 당하게 될 것 등 여러 사정을 고려하여 사직서를 제출한 경우라면 그 의사결정이 의원면직처분의 효력에 영향을 미칠 하자가 있었다고는 볼 수 없다(대판 1997. 12. 12, 97누13962).

III. 사인의 공법행위로서의 신고

1. 신고의 의의

1) 신고의 개념

> '사인의 공법행위로서의 신고'란 사인이 공법적 효과의 발생을 목적으로 행정기관에게 일정한 사항에 대하여 알려야 할 의무가 있는 경우에 그것을 알리는 행위로서 행정청에 의한 실질적 심사가 요구되지 아니하는 행위를 말한다.

사인의 공법행위로서의 신고에는 '자족적 공법행위로서의 신고'와 '행정요건적 공법행위로서의 신고'가 있다. 한편, 단순한 사실로서의 신고는 사인의 공법행위로서의 신고에 해당하지 아니한다.

2) 영업양도로 인한 '지위승계신고' 및 신고수리의 법적 성격

식품위생법 제39조 제1항, 제3항에 의하여 영업양도에 따른 지위승계신고를 수리하는 허가관청의 행위는, 단순히 양도·양수인 사이에 이미 발생한 사법상의 사업양도의 법률효과에 의하여 양수인이 그 영업을 승계하였다는 사실의 신고를 접수하는 행위에 그치는 것이 아니라, 실질에 있어서 '양도자의 사업허가를 취소'함과 아울러 양수자에게 적법하게 '사업을 할 수 있는 권리를 설정하여 주는 행위'로서 사업허가자의 변경이라는 법률효과를 발생시키는 행위라고 할 것이다(대판 2001. 2. 9, 2000도2050). 이와 같이 식품위생법상 영업자 지위승계신고는 사인의 공법행위로서의 신고와 달리 취급하여야 한다. 즉, 허가영업의 양도의 경우에 양수인이 하는 신고는 성질상 '새로운 허가신청'의 일종으로 보아야 한다. 따라서 지위승계신고수리는 양수인에 대한 '실질적인 허가처분'이다.

> **판례** 구 식품위생법상 영업자로부터 영업을 양수하여 영업자의 지위를 승계한 경우, 그 대가의 지급 여부 또는 양도인의 인감증명서 교부 여부와 무관하게 영업자지위승계신고를 할 의무가 있는지 여부(적극)
>
> 구 식품위생법(1997. 12. 13. 법률 제5453호로 개정되기 전의 것) 제25조 제1항, 제3항에 의하여 영업양도에 따른 지위승계신고를 수리하는 허가관청의 행위는, 단순히 양도·양수인 사이에 이미 발생한 사법상의 사업양도의 법률효과에 의하여 양수인이 그 영업을 승계하였다는 사실의 신고를 접수하는 행위에 그치는 것이 아니라, 실질에 있어서 양도자의 사업허가를 취소함과 아울러 양수자에게 적법히 사업을 할 수 있는 권리를 설정하여 주는 행위로서 사업허가자의 변경이라는 법률효과를 발생시키는 행위라고 할 것이고, 한편 구 식품위생법시행규칙(1998. 10. 19. 보건복지부령 제83호로 개정되기 전의 것) 제33조에 의하면, 위 법 제25조 제3항에 따라 영업자의 지위승계신고를 하고자 하는 자는 [별지 제33호 서식]에 의한 영업자지위승계신고서에 권리의 이전을 증빙하는 서류 및 양도인의 인감증명서 등을 첨부하여 허가 또는 신고관청에 제출하여야 한다고 하면서, 행방불명(주민등록법상 무단전출을 포함한다) 등으로 양도인의 인감증명서를 첨부하지 못하는 경우에는

허가 또는 신고관청이 사실확인 등을 통하여 양도·양수가 이루어졌다고 인정할 수 있는 때에는 이를 제출하지 아니할 수 있다고 규정되어 있음을 알 수 있는바, 이러한 법리와 관계 법령의 취지에 비추어 보면 구 식품위생법(1997. 12. 13. 법률 제5453호로 개정되기 전의 것)상 영업자로부터 영업을 양수하여 영업자의 지위를 승계한 자는, 그 대가의 지급여부 또는 양도인의 인감증명서 교부 여부와는 무관하게, 영업을 실제로 양수한 날부터 1월 이내에 소정의 절차에 따른 지위승계신고를 하여야 하고, 그러한 신고를 하지 아니한 채 양수받은 영업을 계속하였다면 위 식품위생법 소정의 신고의무를 다하지 아니한 것으로 해석하여야 한다(대판 2001. 2. 9, 2000도2050).

2. 신고의 종류

1) 자족적 공법행위로서의 신고(수리를 요하지 아니하는 신고)

> 행정절차법 제40조(신고)
> ① 법령등에서 행정청에 일정한 사항을 통지함으로써 의무가 끝나는 신고를 규정하고 있는 경우 신고를 관장하는 행정청은 신고에 필요한 구비서류, 접수기관, 그 밖에 법령등에 따른 신고에 필요한 사항을 게시(인터넷 등을 통한 게시를 포함한다)하거나 이에 대한 편람을 갖추어 두고 누구나 열람할 수 있도록 하여야 한다.
> ② 제1항에 따른 신고가 다음 각 호의 요건을 갖춘 경우에는 신고서가 접수기관에 도달된 때에 신고 의무가 이행된 것으로 본다.
>   1. 신고서의 기재사항에 흠이 없을 것
>   2. 필요한 구비서류가 첨부되어 있을 것
>   3. 그 밖에 법령등에 규정된 형식상의 요건에 적합할 것
> ③ 행정청은 제2항 각 호의 요건을 갖추지 못한 신고서가 제출된 경우에는 지체 없이 상당한 기간을 정하여 신고인에게 보완을 요구하여야 한다.
> ④ 행정청은 신고인이 제3항에 따른 기간 내에 보완을 하지 아니하였을 때에는 그 이유를 구체적으로 밝혀 해당 신고서를 되돌려 보내야 한다.

▶ 예 : 건축법의 건축신고, 가족관계의 등록 등에 관한 법률의 출생신고, 체육시설의 설치·이용에 관한 법률 제18조(현 제20조)의 신고

이것은 법령 등에서 사인이 행정청에 대하여 일정한 사항을 통지하고 도달함으로써 공법적 효과가 발생하는 신고를 말한다. '수리를 요하지 아니하는 신고'라고도 하며, 실정법상 등록이라고 표현하기도 한다.

이러한 신고는 자족적 공법행위이므로 일방당사자의 의사표시만으로 법률효과를 발생하게 된다. 따라서 신고는 행정주체에 대한 사인의 일방적 통고로서 그것이 행정청에 제출되어 접수된 때에 관계법이 정하는 법적 효과가 발생하며, 행정청의 별도의 수리행위가 필요한 것은 아니다. 이때에 행정청의 수리행위는 접수 후의 행정청 내부절차로서의 성격만을 가질 뿐이므로 독자적인 의미를 갖지 못하게 된다. 따라서 당사자의 신고행위가 형식적 요건을 갖추었음에도 불구하고 행정청이 접수를 거부한 때에도, 이는 법적 의미를 갖지 아니하고 다만 단순한 사실행

위에 불과하므로, 당사자는 이러한 접수거부행위를 다툴 수 없다. 따라서 자족적 공법행위로서의 신고의 수리행위나 수리거부행위는 원칙상 항고소송의 대상이 되는 처분이 아니다(대판 2001. 5, 29, 99두10292).

그러나 최근의 판례는 건축법상의 신고 사례에서 다른 입장을 보이고 있다. 즉 건축법 제14조 제1항의 인·허가의제 효과를 수반하지 않는 일반적인 건축신고는 신고거부를 항고소송의 대상인 처분으로 보았으며(대판(전원) 2010. 11. 18, 2008두167), 마찬가지로 건축법상 착공신고거부도 항고소송의 대상으로 보았다(대판 2011. 6. 10, 2010두7321).

> **판례** 행정청의 건축신고 반려행위 또는 수리거부행위가 항고소송의 대상이 된다는 판례
>
> 구 건축법(2008. 3. 21. 법률 제8974호로 전부 개정되기 전의 것) 관련 규정의 내용 및 취지에 의하면, 행정청은 건축신고로써 건축허가가 의제되는 건축물의 경우에도 그 신고 없이 건축이 개시될 경우 건축주 등에 대하여 공사 중지·철거·사용금지 등의 시정명령을 할 수 있고(제69조 제1항), 그 시정명령을 받고 이행하지 않은 건축물에 대하여는 당해 건축물을 사용하여 행할 다른 법령에 의한 영업 기타 행위의 허가를 하지 않도록 요청할 수 있으며(제69조 제2항), 그 요청을 받은 자는 특별한 이유가 없는 한 이에 응하여야 하고(제69조 제3항), 나아가 행정청은 그 시정명령의 이행을 하지 아니한 건축주 등에 대하여는 이행강제금을 부과할 수 있으며(제69조의2 제1항 제1호), 또한 건축신고를 하지 않은 자는 200만 원 이하의 벌금에 처해질 수 있다(제80조 제1호, 제9조). 이와 같이 건축주 등은 신고제하에서도 건축신고가 반려될 경우 당해 건축물의 건축을 개시하면 시정명령, 이행강제금, 벌금의 대상이 되거나 당해 건축물을 사용하여 행할 행위의 허가가 거부될 우려가 있어 불안정한 지위에 놓이게 된다. 따라서 건축신고 반려행위가 이루어진 단계에서 당사자로 하여금 반려행위의 적법성을 다투어 그 법적 불안을 해소한 다음 건축행위에 나아가도록 함으로써 장차 있을지도 모르는 위험에서 미리 벗어날 수 있도록 길을 열어 주고, 위법한 건축물의 양산과 그 철거를 둘러싼 분쟁을 조기에 근본적으로 해결할 수 있게 하는 것이 법치행정의 원리에 부합한다. 그러므로 건축신고 반려행위는 항고소송의 대상이 된다고 보는 것이 옳다(대판(전원) 2010. 11. 18, 2008두167).

행정절차법 제40조상의 신고도 이 유형에 해당한다. 동법 제40조 제1항은 "법령 등에서 행정청에 대하여 일정한 사항을 통지함으로써 의무가 끝나는 신고를 규정하고 있는 경우 신고를 관장하는 행정청은 신고에 필요한 구비서류와 접수기관 기타 법령 등에 의한 신고에 필요한 사항을 게시하거나 이에 대한 편람을 비치하여 누구나 열람할 수 있도록 하여야 한다"고 규정하고, 제2항은 "신고가 일정한 요건을 갖춘 경우에는 신고서가 접수기관에 도달된 때에 신고의 의무가 이행된 것으로 본다"고 규정하고 있다.

2) 행정요건적 공법행위로서의 신고(수리를 요하는 신고)

> 행정기본법 제34조(수리 여부에 따른 신고의 효력) 법령등으로 정하는 바에 따라 행정청에 일정한 사항을 통지하여야 하는 신고로서 법률에 신고의 수리가 필요하다고 명시되어 있는 경우(행정기관의 내부 업무 처리 절차로서 수리를 규정한 경우는 제외한다)에는 행정청이 수리하여야 효력이 발생한다.

▶ 예 : 건축법의 건축주 명의변경 신고, 허가 등의 지위승계 신고, 수산업법 제47조의 어업신고, 채석허가 수허가자 명의변경 신고.

이것은 법령 등에서 행정청에 대하여 일정한 사항을 통지하고 행정청이 이를 수리함으로써 법적 효과가 발생하는 신고를 말한다. 수리를 요하는 신고로 불리기도 한다.

신고의 요건을 갖춘 신고가 있었다 하더라도 수리되지 않으면 신고가 되지 않은 것이 된다. 따라서 수리를 요하는 신고의 경우에 수리거부는 거부처분에 해당하며, 위법한 거부처분은 항고소송의 대상이 될 수 있다(대판 1996. 2. 27, 94누6062).

최근에 건축법상의 신고 판례에서도 동법 제14조 제2항의 인·허가의제 효과를 수반하는 건축신고는 수리를 요하는 신고로 보면서 수리거부를 항고소송의 대상인 처분으로 보았다(대판(전원) 2011. 1. 20, 2010두14954).

> **판례** 건축법 제14조 제2항에 의한 인·허가의제 효과를 수반하는 건축신고가, 행정청이 그 실체적 요건에 관한 심사를 한 후 수리하여야 하는 이른바 '수리를 요하는 신고'라는 판례
> 건축법에서 인·허가의제 제도를 둔 취지는, 인·허가의제사항과 관련하여 건축허가 또는 건축신고의 관할 행정청으로 그 창구를 단일화하고 절차를 간소화하며 비용과 시간을 절감함으로써 국민의 권익을 보호하려는 것이지, 인·허가의제사항 관련 법률에 따른 각각의 인·허가 요건에 관한 일체의 심사를 배제하려는 것으로 보기는 어렵다. 왜냐하면, 건축법과 인·허가의제사항 관련 법률은 각기 고유한 목적이 있고, 건축신고와 인·허가의제사항도 각각 별개의 제도적 취지가 있으며 그 요건 또한 달리하기 때문이다. 나아가 인·허가의제사항 관련 법률에 규정된 요건 중 상당수는 공익에 관한 것으로서 행정청의 전문적이고 종합적인 심사가 요구되는데, 만약 건축신고만으로 인·허가의제사항에 관한 일체의 요건 심사가 배제된다고 한다면, 중대한 공익상의 침해나 이해관계인의 피해를 야기하고 관련 법률에서 인·허가 제도를 통하여 사인의 행위를 사전에 감독하고자 하는 규율체계 전반을 무너뜨릴 우려가 있다. 또한 무엇보다도 건축신고를 하려는 자는 인·허가의제사항 관련 법령에서 제출하도록 의무화하고 있는 신청서와 구비서류를 제출하여야 하는데, 이는 건축신고를 수리하는 행정청으로 하여금 인·허가의제사항 관련 법률에 규정된 요건에 관하여도 심사를 하도록 하기 위한 것으로 볼 수밖에 없다. 따라서 인·허가의제 효과를 수반하는 건축신고는 일반적인 건축신고와는 달리, 특별한 사정이 없는 한 행정청이 그 실체적 요건에 관한 심사를 한 후 수리하여야 하는 이른바 '수리를 요하는 신고'로 보는 것이 옳다.

제2편

일반행정작용법

제 2 부

일반행정작용법

제1장 행정행위(처분)

제1절 행정행위의 개념 및 특질

I. 행정행위의 개념

> 행정기본법 제2조(정의) 이 법에서 사용하는 용어의 뜻은 다음과 같다.
> 4. "처분"이란 행정청이 구체적 사실에 관하여 행하는 법 집행으로서 공권력의 행사 또는 그 거부와 그 밖에 이에 준하는 행정작용을 말한다.

1. 행정행위 개념 정립의 실익

1) 행정쟁송의 대상 확정

행정쟁송의 대상이 되는 행정행위를 확정하기 위해서는 행정소송법상의 『처분』의 개념을 확정하는 것이 매우 중요하다. 즉 어떤 행정행위가 처분성이 있으면 행정소송의 대상이 되지만 처분성이 없으면 그 대상에서 제외된다.

판례

항고소송의 대상이 되는 행정처분이라 함은 행정청의 공법상의 행위로서 특정사항에 대하여 법규에 의한 권리의 설정 또는 의무의 부담을 명하거나 기타 법률상 효과를 발생하게 하는 등 국민의 구체적인 권리의무에 변동을 초래하는 행위를 말한다(대판 1995. 11. 21, 95누9099).

따라서 행정행위는 곧 처분성을 가지는 것을 말한다.

2) 사법행위와의 구별

행정행위는 행정주체의 우월한 의사의 힘에 의하여 국민의 권리·의무에 일방적인 변동을 초래하는 것이기 때문에 대등한 당사자 간의 의사의 합치에 의하여 성립되는 공법상계약사실행위 등 여타의 행정작용 또는 사법상의 법률행위(사법행위)와 달리 공정력·확정력·강제력과 같은 특수한 효력이 인정된다. 또한 내심의 의사와 표현의 불일치가 항상 문제가 되는 사법행위와는 달리, 행정행위에 있어서는 그 의사결정과정에 있어서의 착오·허위표시 등 공무원 개인의 의사의 흠결·하자 등이 그대로 행정행위의 효력에 영향을 미친다고 하기는 어렵다. 그 구제제도에 관하여서도 행정행위에 대해서는 손해전보제도·행정쟁송제도를 둠으로써 사법상의 구제제도에 대하여 제소기간 제한 등 특수성이 인정되고 있다. 따라서 **사법행위에 대비되는 특수성**을 탐구하기 위하여서도 행정행위의 개념을 인정할 필요가 있다.

2. 행정행위의 개념

통설인 최협의의 행정행위는 『행정청이 법 아래서 구체적 사실에 관한 법집행으로서 행하는 권력적 단독행위인 공법행위』를 말한다. 현행 행정소송법은 처분을 "행정청이 행하는 구체적 사실에 관한 법집행으로서 공권력의 행사 또는 그 거부와 그 밖에 이에 준하는 행정작용"이라고 정의하고 있다(2①). 이 정의에 의하면 처분은 최협의의 행정행위 이외에도 "이에 준하는 행정작용"까지 포함하고 있기 때문에 처분과 최협의의 행정행위와는 그 개념이 일치하지 않는다.

3. 행정행위의 개념징표

1) 행정청의 행위

행정행위는 행정청의 행위이다. 여기서 행정청이란 국가·지방자치단체의 행정기관뿐만 아니라, 공공조합·영조물법인 등 공법인은 물론, 국가로부터 공권력을 부여받은 사인도 포함된다. 그러나 입법부의 입법행위, 사법부의 재판행위는 포함되지 않음은 물론이다. 그러나 지방의회의 결정은 행정행위라는 판례가 있다.

> **판례** 지방의회의 결정은 행정행위라는 판례
>
> 지방의회를 대표하고 의사를 정리하며 회의장 내의 질서를 유지하고 의회의 사무를 감독하며 위원회에 출석하여 발언할 수 있는 등의 직무권한을 가지는 지방의회 의장에 대한 불신임의결은 의장으로서의 권한을 박탈하는 행정처분의 일종으로서 항고소송의 대상이 된다(대판 1994. 10. 11, 94두23).

2) 구체적 사실에 대한 법집행행위

행정행위는 구체적 사실을 직접 규율하는 행위이다.

▶ 예 : 신청인에게 건축허가를 내주는 행위

따라서 일반적·추상적인 법규범을 정립하는 행정입법이나 조례·규칙 제정행위는 제외된다. 그러나 구체적 사실을 규율하는 것인 한, 불특정 다수인을 상대방으로 하는 『일반처분』(일반적·구체적 규율)도 행정행위에 속한다(통설).

▶ 예 : 위험한 도로의 통행금지, 입산금지, 교통표지판, 자동장치에 의한 교통신호

그 직접적 대상은 물건이지만 그를 통하여 사람에게도 법적 효과를 발생시키는 『물적 행정행위』도 일반처분의 일종으로서 행정행위로 본다.

▶ 예 : 주차금지구역의 지정, 개별공시지가 결정

> **판례**
> 토지초과이득세 등의 산정기준이 되는 개별토지가격결정이 항고소송의 대상이 되는 행정처분인지 여부(적극)
> 시장·군수 또는 구청장의 개별토지가격결정은 관계법령에 의한 토지초과이득세, 택지초과소유부담금 또는 개발부담금 산정의 기준이 되어 국민의 권리나 의무 또는 법률상 이익에 직접적으로 관계되는 것으로서 행정소송법 제2조 제1항 제1호 소정의 행정청이 행하는 구체적 사실에 관한 법집행으로서의 공권력행사이므로 항고소송의 대상이 되는 행정처분에 해당한다(대판 1994. 2. 8, 93누111).

3) 외부에 대한 직접적인 법적 효과를 발생시키는 행위

① 행정행위는 우선 행정의 **외부**, 즉 **국민**에 대한 행위이므로 행정기관의 내부적 행위(예 : 상급기관의 명령·승인 등)는 행정행위가 아니다. 한편, **특별권력관계**에 있어서의 행위도 원칙적으로는 행정행위가 아니지만(예 : 상관의 직무상 명령), **기본관계에서의 행위**(공무원의 임명·파면, 학생의 입·퇴학 등)에 대하여는 행정행위의 성격을 인정하여 행정쟁송의 대상으로 보는 것이 판례의 입장이다.

> **판례**
> "농지개량조합과 그 직원 간의 관계는 사법상의 근로계약관계가 아닌 공법상의 특별권력관계이고, 그 조합의 직원에 대한 징계처분의 취소를 구하는 소송은 행정소송사항에 속한다"라고 하여 기본관계에서의 행위로 보아 항고소송의 대상으로 인정하고 있다(대판 1995. 6. 9, 94누10870).

② 행정행위는 국민의 권리·의무를 직접 발생·변경·소멸시키는 효과를 가져오는 행위이어야 한다. 즉, 행정행위는 **법적 규율**행위이다. 따라서 법적 효과를 발생시키지 아니하는 단순한 조사보고(예 : 보호대상 영세민인지를 조사하여 보고하는 행위) 또는 각종 공사의 시행 등과 같은 소위 사실행위는 행정행위가 아니다. 다만, **사실행위**라 할지라도 그 집행을 수인하여야 할 **법적 의무**를 내포하고 있다고 인정되는 경우(예 : 전염병환자의 강제격리 등)에는 행정행위로 볼 수 있으며, 오늘날 급부행정의 중요성이 커짐에 따라 특정 위치에의 육교설치 등 **공공사업 시행행위**의 행정행위성 여부도 문제가 되고 있다.

③ 판례에 의하면, 고도의 국가적 이익에 관계되거나 정치적 성격을 띠는 소위 **통치행위**는 행정소송의 대상이 되는 행정행위에서 제외된다고 한다.

4) 권력적 단독행위

행정행위는 행정기관이 우월한 의사의 주체로서 국민에게 **일방적으로 명령·강제하는 행위**이기 때문에, 대등한 당사자의 지위에서 행하는 사경제적 작용(예 : 국유재산 매각, 대부 등 국고작용)과 공법상 계약·합동행위 등 비권력적 행위는 행정행위가 아니다. 그러나 일방적·권력적 행위인 한, 그 행위의 성립에 상대방의 신청·동의(예 : 인·허가 신청, 공무원임명동의 등)가 전제되어 있더라도 행정행위의 성격을 상실하지 아니한다.

4. 소위 형식적 행정행위의 개념

　이상에서 논한 **전통적 행정행위론**은 공정력·확정력·강제력 등 특별한 효력을 인정받는 일단의 행위의 실체를 파악하려는 **실체법상의 개념**이었다. 그러나 오늘날 행정지도·행정계획 등 새로운 형태의 행정작용이 계속 출현하여 행정작용의 형식이 매우 다양해짐에 따라, 이들 새로운 행정작용이 비록 전통적 이론에 의한 실체법상 행정행위의 개념적 징표를 완전히 갖추지 못하였음에도 불구하고, 이들을 행정쟁송법상 취소소송의 대상으로 인정함으로써 권리침해를 구제하기 위하여 『형식적 행정행위』라는 개념을 창설하였다.

▶ 예 : 행정입법·행정계획·행정지도·행정조사, 사회보장적 급부의 결정, 공공시설의 설치행위(쓰레기 매립장·육교 설치) 등.

　이와 같이 구체적 사실규율성, 법적 효과성 또는 권력성을 띠지 아니한 행정작용도 쟁송법적으로는 적어도 행정행위라고 주장하면서 이를 『형식적 행정행위』라고 부르고 있다.

　생각건대, 이러한 형식적 행정행위의 개념이 국민의 권익구제의 기회를 확대할 것이라는 점을 부인할 수는 없지만, 실체법상 발전해 온 행정행위의 개념을 넓히는 방법보다는 오히려 행정작용의 형식의 다양화를 그대로 인정하면서 행정행위가 아닌 행정작용도 행정쟁송의 대상에 포함시키는 방법이 국민의 권익구제에 오히려 유리하다고 하겠다. 특히 행정소송법(2①)에서 이미 취소소송의 대상인 행정처분의 개념을 『구체적 사실에 관한 법집행으로서의 공권력의 행사 또는 그 거부와 그 밖에 이에 준하는 행정작용』이라고 정의하여 행정행위 아닌 행정작용에 대하여도 폭넓은 권리구제의 길을 열어 놓은 이상, 공정력·확정력·강제력 등 특유한 효력이 인정되고 있는 행정행위의 개념에 혼동만 초래할 뿐인 형식적 행정행위의 개념을 별도로 인정할 실익은 없다고 생각된다(부정론 : 판례).

> **판례**　한국전력공사가 전기공급의 적법 여부를 조회한 데 대한 관할 구청장의 회신은 권고적 성격의 행위에 불과한 것으로서 항고소송의 대상이 되는 행정처분이라고 볼 수 없다고 한 사례
> 　무단 용도변경을 이유로 단전조치된 건물의 소유자로부터 새로이 전기공급신청을 받은 한국전력공사가 관할 구청장에게 전기공급의 적법 여부를 조회한 데 대하여, 관할 구청장이 한국전력공사에 대하여 건축법 제69조 제2항, 제3항의 규정에 의하여 위 건물에 대한 전기공급이 불가하다는 내용의 회신을 하였다면, 그 회신은 권고적 성격의 행위에 불과한 것으로서 한국전력공사나 특정인의 법률상 지위에 직접적인 변동을 가져오는 것은 아니므로 항고소송의 대상이 되는 행정처분이라고 볼 수 없다(대판 1995. 11. 21, 95누9099).

Ⅱ. 행정행위의 특질

> 행정행위는 행정주체가 우월한 의사의 주체로서 상대방인 국민에 대하여 일방적으로 명령·강제하는 권력적 단독행위이기 때문에 행정주체의 다른 행정작용 및 사법상의 법률행위가 갖지 아니하는 특수성이 인정되는바, ① 적법성, ② 공정력, ③ 확정력, ④ 강제력, ⑤ 권리구제수단의 특수성이 바로 그것이다.

적법성이란 행정행위가 대등당사자 간의 자유로운 의사의 합치를 요소로 하는 사법상의 법률행위와 구별되는 권력적 단독행위를 의미하기 때문에 그 명령·강제의 발동에 있어서는 반드시 **법적 근거**에 의하여 행하여져야 하고, 그 내용에 있어서도 **법률**에 적합하여야 하는 것을 말한다. 행정행위의 **공정력**은 행정기관이 행한 행정행위는 종국적으로 취소되기 전까지는 유효한 효력을 가지게 되는 것을 말한다.

> **판례**
>
> "행정행위는 공정력의 효력이 있어 설혹 행정행위에 하자가 있는 경우에도 그 하자가 중대하고 명백하여 당연무효로 보아야 할 사유가 있는 경우 외에는 그 행정행위가 행정소송이나 다른 행정행위에 의하여 적절히 취소될 때까지는 단순히 취소할 수 있는 사유가 있는 것만으로는 누구나가 그 효력을 부인할 수 없다"라고 판시하여 공정력에 대하여 구체적이고 분명한 견해를 제시하고 있다(대판 1991. 4. 23, 90누8756).

확정력이란 행정행위가 성립되면 계속하여 존속하게 된다는 불가변력과 불가쟁력을 말하며, 강제력이란 **자력집행력과 제재력**을 행사하여 행정행위를 강제로 실현하는 것을 말하며, 권리구제수단의 특수성은 행정행위로 인하여 권리를 침해받은 자는 행정심판법과 행정소송법이 정한 **특수한 쟁송제도**와 공법상 손해배상 및 손실보상이라는 **특수한 손해전보제도**에 따라 권리구제를 받을 수 있는 것을 말한다. 이러한 행정행위의 특질은 공행정행위는 사법행위와는 달리 반드시 법률에 근거하여 성립되며, 그 집행에 있어서는 강제적으로라도 실현된다는 점에서 연유하는 것이다.

제 2 절 행정행위의 종류

Ⅰ. 법률행위적 행정행위·준법률행위적 행정행위

> 행정행위의 구성요소가 사람의 『**의사표시**』(민법총칙 중 법률행위 참조)이고 따라서 그 법적 효과도 표의자가 바라는 대로 부여되는 것이 '법률행위적 행정행위'(예 : 하명·허가·인가·특허 등)이며, 반면

행정행위의 구성요소가 의사표시가 아닌 정신작용(판단·인식·관념의 표시)이고 따라서 그 법적 효과도 표의자의 의사 여하와 관계없이 직접 법규에 규정된 대로 부여되는 것이 '**준법률행위적 행정행위**'(예 : 확인·공증·통지·수리 등)이다.

양자의 구별은 민법상 법률행위이론에서 유래한 것으로서, 다시 말하자면 **법률행위적 행정행위**는 행정청이 표시한 의사의 내용대로 법적 효과가 생기는 것인데 반하여, **준법률행위적 행정행위**는 행정청의 의사 여하를 불문하고 법이 직접 규정한 일정한 법적 효과가 발생하는 것이다. 그 구별 실익은, **전자**는 의사표시를 요소로 하므로 행정주체가 스스로 그 법적 효과를 일부 제약하는 『**부관**』을 붙여서 행정행위를 할 수 있지만(예 : 한약업사 면허를 하면서 특정지역에서만 영업을 할 수 있다는 부관), **후자**는 그렇지 못하다는 점이다(예 : 국가고시합격자 결정, 부동산등기, 특허출원 공고, 혼인신고 수리에는 어떤 조건을 붙일 수 없고, 당해 행정행위가 있으면 법이 직접 일정한 효과를 부여하고 있다).

법률행위적 행정행위는 다시 개인이 원래부터 갖고 있던 자연적 자유를 제한하거나 이를 해제하는 **명령적 행위**(예 : 하명·허가·면제)와, 개인이 원래부터 가지고 있지 않은 특별한 권리, 능력 및 법적 지위를 부여하는 **형성적 행위**(예 : 특허·인가·대리)로 구분되고, **준법률행위적 행정행위**는 확인·공증·통지·수리로 나누어지는데, 이들은 행정행위의 가장 본질적이며 중요한 구분에 해당한다.

Ⅱ. 수익적 행정행위·부담적(침익적) 행정행위·복효적(이중효과적) 행정행위

1. 개 념

수익적 행위와 부담적 행위가 2각 관계의 구조라면 복효적 행정행위는 바로 3각 관계의 구조적 특징을 가진다.

행정행위가 상대방에게 권리·이익을 새로이 부여하거나 이미 부과된 의무를 면제하는 등 유리한 효과를 발생하는 행정행위를 『**수익적 행정행위**』라 한다.

허가·특허·인가와 하명의 취소 등이 바로 수익적 행정행위이다.

그 반대로 상대방에게 의무를 부과하거나 이미 부여된 권리·이익을 박탈하는 등 불리한 효과를 발생하는 것을 『**부담적(침익적) 행정행위**』라 한다.

부담적 행정행위로는 하명, 조세부과처분, 입영명령, 영업정지, 각종 허가의 취소처분 등이 있다.

한편, 행정행위의 직접 상대방에게는 유리한 효과를 발생하지만 제3자에게는 불이익을 초래하거나 (예 : 연탄공장설립허가로 인근주민은 불이익), 그 반대인 경우(예 : 공해배출업소에 조업정지명령을 하면 인근주민은 이익)를 『복효적(이중효과적) 행정행위』라 한다.

학자에 따라서는 이를 '이중효과적 행정행위'라고도 한다. 그러나 하나의 행정행위가 양면성을 가질 수도 있기 때문에(예 : 대지 일부의 도로편입을 조건으로 한 건축허가), 수익적 행위와 부담적 행위의 구별은 절대적인 것이 아니고 상대적인 것임에 유의하여야 한다.

2. 수익적 행위와 부담적(침익적) 행위의 구별 실익

1) 법률유보의 적용 여부

종래의 통설인 침해유보설에 의하면 부담적 행정행위에만 법률유보가 엄격히 적용되며, 수익적 행정행위는 법률의 근거 없이도 할 수 있다고 한다. 그러나 급부행정의 비중이 커진 오늘날의 복지국가에서는 사회유보설·권력행정유보설, 나아가 전부유보설까지 대두되어 수익적 행정행위도 법률유보의 원칙이 적용되어야 한다고 주장하고 있다. 그러나 수익적 행정행위는 그 성질상 부담적 행정행위보다는 더 낮은 강도의 법률유보의 원칙이 적용된다고 하겠다.

2) 상대방의 신청·동의 여부

수익적 행정행위는 보통 상대방의 수익의 의사표시, 즉 신청이나 동의에 의하여 행하여지는 이른바 **쌍방적 행정행위**이지만, 조세부과나 입영명령처럼 부담적 행정행위는 보통 신청·동의 없이 행정주체의 직권으로 행하여지는 **일방적 행정행위**이다.

3) 재량성 여부

과거의 통설인 효과재량설에 의하면 수익적 행정행위는 **재량행위**로, 부담적 행정행위는 기속행위로 보았다. 그러나 오늘날은 행정행위의 효과가 수익적인가 또는 부담적인가의 기준만으로는 기속행위와 재량행위를 구별하기는 어렵다고 한다. 예컨대, 건축허가·영업허가는 형식적으로는 수익적 행정행위이나, 헌법상의 기본권과 관련하여 볼 때, 관계법상의 요건을 충족하면 당연히 당해 행위를 하여야 하는 경우로서 기속행위로 해석된다. 이러한 행정행위의 형태는 대학설립 인가에서 보는 것처럼 준칙주의를 채택하고 있는 경우에 빈번하게 일어난다.

4) 부 관

일반적으로 수익적 행정행위에는 부관을 붙일 수 있지만, 부담적 행정행위에는 붙일 수 없다는 주장이 있으나, 반드시 그러한 것은 아니다(예 : 영업허가를 취소하면서 1년간은 계속하게 한다는 기한을 붙일 수 있다).

5) 취소·철회의 제한

수익적 행정행위의 취소·철회는 상대방의 기득권을 현저하게 침해하는 것이므로, 기득권 보호를 위하여서는 침해되는 사익보다 더 큰 공익을 보호할 필요성이 인정되어야만 할 수 있다는 강한 제약을 받는 데 비하여(비례의 원칙), 부담적 행정행위의 취소·철회는 그 반대이므로 이러한 제한은 없다고 하겠다.

> **판례**
>
> 『행정처분에 하자가 있음을 이유로 처분청이 이를 취소하는 경우에도 그 처분이 국민에게 권리나 이익을 부여하는 이른바 수익적 행정행위인 때에는 그 처분을 취소하여야 할 공익상의 필요가 그 취소로 인하여 당사자가 입게 될 기득권과 신뢰보호 및 법률생활안정의 침해 등 불이익을 정당화할 만큼 강한 경우에 한하여 취소할 수 있다』라고 하여 수익적 행정행위에 대하여 취소를 엄격하게 제한하고 있다(대판 1991. 4. 12, 90누9260).

6) 절차적 보호

부담적 행정행위는 상대방의 권리·이익을 침해하는 것이라는 점에서 부당한 침해를 예방하기 위하여 사전에 일정한 절차를 거칠 것이 요청되고 있으나(예 : 음식점 영업허가를 취소하기 전에 반드시 상대방에게 유리한 의견진술의 기회를 부여하여야 한다), 수익적 행정행위에는 이러한 필요성이 거의 인정되지 아니한다. 다만, 그 처분의 영향이 광범위하여 널리 당사자 등의 의견을 수렴할 필요가 있다고 행정청이 인정하는 경우에는 공청회를 개최하여야 한다(행정절차법22②).

7) 의무이행의 확보

부담적 행정행위는 상대방에게 일정한 의무가 부과되므로 그 불이행에 대하여 행정상 강제집행이나 행정벌을 과함으로써 의무의 이행을 강제할 필요가 있지만, 수익적 행정행위에는 이러한 문제가 발생하지 아니한다.

8) 권리구제수단

부담적 행정행위는 일반적으로 행정쟁송 중 **취소소송**의 형태로 이를 다툴 수 있다.
수익적 행정행위는 그 거부처분 또는 방치(부작위)가 문제가 되므로 **거부처분취소소송·부작위위법확인소송**의 형태가 되며, 나아가 독일에서와 같은 적극적인 의무이행소송의 인정 여부도 검토할 필요가 있다. 복효적 행정행위에 대하여는 제3자가 수익자인 경우 그 제3자의 **행정개입청구권**이 논의되고 있다.

Ⅲ. 기속행위·재량행위

기속행위와 재량행위는 행정기관이 **법에 구속되는 정도**에 따른 분류로서 모든 행정행위는 법률에 적합하게 행하여져야 하지만, 법에 기속되는 정도에는 차이가 있다고 한다.

> 일정한 요건에 해당하면 일정한 행정행위를 할 것을 법이 명하고 있는 경우에 법률효과의 선택과 결정에 있어서 행정청이 자유영역을 가지지 못하는 것을 『기속행위』라 하며, 어떤 행정행위의 요건·내용을 판단함에 있어 법이 행정주체에 대하여 일정한 범위 내에서 행정청에게 특정 효과의 선택·결정의 재량을 인정하고 있는 경우 이러한 재량에 따른 행정청의 행위를 『재량행위』라고 한다.

재량행위는 다시 기속재량과 자유재량으로 구분되기도 하지만 엄밀한 의미에서 보면, 행정행위에는 자유재량행위가 존재하지 않는다고 본다. 왜냐하면 비록 재량행위이라 하더라도 재량권의 일탈·남용이 있게 되면 재량하자로서 위법한 처분이 되고, 이에 대해서는 행정소송이 가능하기 때문이다.

Ⅳ. 요약

> ① 하명은 법률행위적 행정행위, 부담적 행정행위, 기속행위이다.
> ② 허가·특허·인가는 법률행위적 행정행위, 수익적 행정행위이다.
> ③ 확인·공증·통지·수리 등은 준법률행위적 행정행위이다.

Ⅴ. 행정기본법상 자동적 처분

> 행정기본법 제20조(자동적 처분) 행정청은 법률로 정하는 바에 따라 완전히 자동화된 시스템(인공지능 기술을 적용한 시스템을 포함한다)으로 처분을 할 수 있다. 다만, 처분에 재량이 있는 경우는 그러하지 아니하다.

1. 자동적 처분의 의의

행정청은 법률로 정하는 바에 따라 완전히 자동화된 시스템(인공지능 기술을 적용한 시스템을 포함한다)으로 처분을 할 수 있다. 다만, 처분에 재량이 있는 경우는 그러하지 아니하다(행정기본법 제20조). 이러한 '자동화 처분'에는 공무원의 의사작용이 개입하지 않는다. 완전히 자동화된 시스템(인공지능 기술을 적용한 시스템을 포함한다)으로 처분할 뿐이다.

예컨대 소득세 부과결정이나 교통신호와 같이 '자동적으로 결정되는 처분'은 처분의 내용만 자동적으로 결정될 따름이다. 처분의 통지는 따로 행정청이 한다. 여기에선 행정청의 의사작용이 최종 개입하는 셈이다.

2. 자동적 처분의 특성

첫째, 행정청은 "법률로 정하는 바에 따라" 자동적 처분을 할 수 있다. 법률적 근거가 필요한 것이다.

둘째, 행정청은 "완전히 자동화된 시스템(인공지능 기술을 적용한 시스템을 포함한다)"으로 자동적 처분을 한다. 완전히 자동화된 시스템에는 인공지능(AI) 기술을 적용한 시스템을 포함한다. 그런데 완전히 자동화된 시스템의 의미는 법적으로 정의된 바 없다.

셋째, 행정청은 자동적 "처분"을 할 수 있다. 모든 행정작용이 아니라 처분만 할 수 있을 뿐이다.

넷째, 처분에 "재량"이 있는 경우는 자동적 처분을 할 수 없다. 재량행위가 아닌 기속행위는 자동적 처분을 할 수 있는 것이다.[2]

3. 자동적 처분과 '전자문서에 의한 행정행위'의 구별

1) 전자문서에 의한 행정행위의 의의

전자문서의 교부는 일반 문서의 교부와 같은 법적 효과가 생긴다. "전자문서"란 컴퓨터 등 정보처리능력을 가진 장치에 의하여 전자적인 형태로 작성되어 송신·수신 또는 저장된 정보를 말한다(행정기본법 제2조 제8호).

2) 전자문서에 의한 행정행위(처분)의 신청

일반적으로 행정청에 처분을 구하는 신청은 아날로그 방식인 문서로 하여야 한다. 다만, 다른 법령등에 특별한 규정이 있는 경우와 행정청이 미리 다른 방법을 정하여 공시한 경우에는 그러하지 아니하다(행정기본법 제17조 제1항). 이에 따라 처분을 신청할 때 전자문서로 하는 경우에는 행정청의 컴퓨터 등에 입력된 때에 신청한 것으로 본다(동법 제17조 제2항).

3) 전자문서에 의한 행정행위(처분)의 송달과 송달의 효력 발생

송달은 우편, 교부 또는 정보통신망 이용 등의 방법으로 하되, 송달받을 자(대표자 또는 대

---

[2] 홍정선, 신행정법특강, 박영사, 2024, 165면.

리인을 포함한다)의 주소·거소(居所)·영업소·사무소 또는 전자우편주소(이하 "주소등"이라 한다)로 한다. 다만, 송달받을 자가 동의하는 경우에는 그를 만나는 장소에서 송달할 수 있다(행정기본법 제14조 제1항).

교부에 의한 송달은 수령확인서를 받고 문서를 교부함으로써 하며, 송달하는 장소에서 송달받을 자를 만나지 못한 경우에는 그 사무원·피용자(被傭者) 또는 동거인으로서 사리를 분별할 지능이 있는 사람(이하 "사무원등"이라 한다)에게 문서를 교부할 수 있다. 다만, 문서를 송달받을 자 또는 그 사무원등이 정당한 사유 없이 송달받기를 거부하는 때에는 그 사실을 수령확인서에 적고, 문서를 송달할 장소에 놓아둘 수 있다(동법 제14조 제2항).

그런데 전자문서에 의한 행정행위(처분)도 처분의 상대방에게 통지되어야 한다. 정보통신망을 이용한 송달은 송달받을 자가 동의하는 경우에만 한다. 이 경우 송달받을 자는 송달받을 전자우편주소 등을 지정하여야 한다(동법 제14조 제3항). 일반적으로 송달은 다른 법령등에 특별한 규정이 있는 경우를 제외하고는 해당 문서가 송달받을 자에게 도달됨으로써 그 효력이 발생한다(동법 제15조 제1항). 동법 제14조제3항에 따라 정보통신망을 이용하여 전자문서로 송달하는 경우에는 송달받을 자가 지정한 컴퓨터 등에 입력된 때에 도달된 것으로 본다(동법 제15조 제2항).

송달받을 자의 주소등을 통상적인 방법으로 확인할 수 없는 경우나 송달이 불가능한 경우에는 송달받을 자가 알기 쉽도록 관보, 공보, 게시판, 일간신문 중 하나 이상에 공고하고 인터넷에도 공고하여야 한다(동법 제14조 제4항). 이에 따른 공고를 할 때에는 민감정보 및 고유식별정보 등 송달받을 자의 개인정보를 「개인정보 보호법」에 따라 보호하여야 한다(동법 제14조 제5항). 행정청은 송달하는 문서의 명칭, 송달받는 자의 성명 또는 명칭, 발송방법 및 발송 연월일을 확인할 수 있는 기록을 보존하여야 한다(동법 제14조 제6항). 동법 제14조제4항의 경우에는 다른 법령등에 특별한 규정이 있는 경우를 제외하고는 공고일부터 14일이 지난 때에 그 효력이 발생한다. 다만, 긴급히 시행하여야 할 특별한 사유가 있어 효력 발생 시기를 달리 정하여 공고한 경우에는 그에 따른다(동법 제15조 제3항).

4) 전자문서에 의한 행정행위(처분)과 자동적으로 결정되는 행정행위의 구별

첫째, '전자문서에 의한 행정행위(처분)'의 송달은 문서나 구두가 아니라 예컨대 이메일 등의 전자적 방식으로 한다. 반면에 '자동적으로 결정되는 행정행위'의 송달은 교부(통지)로 한다.

둘째, '전자문서에 의한 행정행위(처분)'의 내용은 기술적이 아닌 '전통적'인 방식으로 정해지나, '자동적으로 결정되는 행정행위'의 내용은 '기술적'으로 정해진다.

제3절 기속행위와 재량행위, 불확정개념과 판단여지

Ⅰ. 개 념

1. 법치주의와 재량행위

행정행위의 발동요건과 효과는 법적으로 엄격히 정하는 것이 **법치주의**의 당연한 요청이라고 하겠다. 이에 따라 실정법규의 내용도 ① 행정행위의 요건을 정한 **요건규정**(예 : 보사부장관은 공익상 또는 선량한 풍속을 유지하기 위하여 필요하다고 인정하는 때에는…. 식품30)과, ② 이러한 요건에 해당되는 때에는 일정한 내용의 행정행위를 한다는 **효과규정**(예 : 식품접객영업자의 영업시간 및 영업행위에 대한 제한을 할 수 있다. 식품30)으로 구성되어 있다.

그런데 **법치주의**를 엄격히 고수하기 위해서는 법령을 적용하는 행정관청이 법령을 마음대로 해석할 여지가 없을 정도로 행정행위의 요건과 효과를 일의적이고 명확하게 규정하여야 하겠다. 그러나 ① 짧은 추상적 법규규정으로 천차만별의 구체적 대상들을 일일이 규율하기란 불가능하며(법기술상의 한계), ② 변화무쌍한 현실로 말미암아 법 제정시에는 도저히 예측하지 못한 새로운 사태가 발생할 수도 있기 때문에(법제정자의 능력의 한계), 법령은 어느 정도까지만 구체적으로 규정하고 그 이상의 사항은 구체적 사정에 맞추어 가장 합당한 처분을 할 수 있도록 행정관청에 대하여 **독자적 재량권**을 부여하는 것이 공익달성에 보다 합리적이라 할 수 있다. 따라서 **재량행위**의 이론 및 그 한계 문제가 법치주의와 관련하여 논하여지고 있는 것이다.

2. 기속행위와 재량행위

> 법령이 어떤 경우에 어떤 내용의 행정행위를 할 것인가에 대하여 의문의 여지없이 명확하게 규정함으로써 이를 기계적으로 적용하기만 하면 되는 경우를 '기속행위'라 하고, 반대로 행정관청의 독자적 판단권을 인정하고 있는 경우 이를 '재량행위'라 한다.

즉, **재량행위**는 관계법령상 행정청에 당해 행위를 할 것인가의 여부(**결정재량**) 또는 법적으로 허용되는 다수의 행위 중에서 어떤 행위를 선택적으로 할 것인가(**선택재량**)에 대하여 독자적으로 판단할 수 있는 재량권을 행사하는 행위를 말한다. 양자의 구별기준에 관하여는 학설이 대립되어 있다.

3. 소위 기속재량과 자유재량

1) 의 의

종래의 학설은 재량행위를 다시 기속재량(법규재량)과 자유재량(공익재량)으로 구분하여 설명하였다.

기속재량이란 『무엇이 법인가를 판단함에 있어서의 재량』이기 때문에 법규재량이라고도 한다.

기속재량은 법규정이 행정기관의 자유로운 판단을 허용하는 것 같지만 실제로는 법의 취지는 이미 일의적으로 확정되어 있고 행정관청은 다만 구체적인 사례에 있어 법의 취지·목적이 무엇인가를 판단할 재량 밖에는 없는 경우를 말하므로, 『무엇이 법인가』를 잘못 판단한 행위는 기속행위의 기속위반과 마찬가지로 위법행위가 되고 따라서 법원의 심사대상이 된다.

자유재량이란 무엇이 법인가를 탐구하여야 하는 것이 아니라 『무엇이 공익에 더 적합한가를 판단하는 재량』이므로 이를 공익재량 혹은 편의재량이라고도 하다.

그 재량을 그르친 경우에는 단지 판단의 당·부당의 문제가 발생할 뿐 위법의 문제는 발생치 아니하며 따라서 법원의 심사대상이 되지 아니한다고 한다.

2) 구별론에 대한 비판

기속재량·자유재량 구분론은 초기의 재량행위론 시절에 재량행위라 하여 무조건 사법심사의 대상에서 배제하는 것을 시정하고, 재량행위 중 기속재량 위반 행위는 사법심사의 대상에 포함시킴으로써 재판을 통한 국민의 권리구제의 기회를 넓혀 주려는 배려에서 주장되었던 것이나, 오늘날에는 ① 자유재량행위도 무한정의 재량이 아니며, 그 일탈·남용의 경우에는 위법으로 보아 사법심사의 대상으로 하고 있으므로 이와 같은 배려는 불필요하게 되었으며, ② 기속재량행위를 위와 같이 정의하는 이상 그것은 사실상 기속행위와 다를 바 없기 때문에 굳이 양자를 구별할 필요성이 없게 되었다.

판례

재량권의 남용이나 재량권의 일탈의 경우에는 그 재량권이 기속재량이거나 자유재량이거나를 막론하고 사법심사의 대상이 된다(대판 1984. 1. 31, 83누451).

Ⅱ. 기속행위와 재량행위의 구별 실익(필요성)

1. 사법심사의 범위

오스트리아·미국 등과 같이 실정법이 명문으로 재량행위를 행정소송의 대상에서 제외하고 있는 예도 있으나, 이러한 규정이 없는 우리나라의 경우에도 ① 행정소송법(27)이 『행정청의 재량에 속하는 처분(재량행위)이라도 재량권의 한계를 넘거나 그 남용이 있는 때에는 법원은 이를 취소할 수 있다』고 규정한 것은 반대해석으로 재량행위는 재량권 일탈·남용이 없는 한 적법한 것이므로 사법심사의 대상이 되지 아니한다는 것을 의미하며, ② 행정부 내에서 행하는 행정심판의 심사범위는 위법뿐만 아니라 부당한 행정행위도 포함되는 데 반하여(즉 기속행위와 재량행위가 포함된다) 사법부가 행하는 행정소송의 심사범위는 오직 위법한 행정행위(즉, 기속행위만)에 국한되기 때문에 기속행위와 재량행위를 명백히 구분할 필요가 있다.

2. 부관과의 관계

통설·판례에 의하면 행정행위의 종류·내용의 선택에 재량이 부여된 재량행위에 대하여는 논리 필연적으로 당해 행정행위의 효과를 일부 제한하는 등의 부관을 붙일 수 있는 것이지만, 기속행위에 대하여는 관계법령상의 요건이 충족되면 당연히 어떠한 행위를 하여야 할 법적 기속을 받기 때문에 행정관청이 이를 붙일 수 있는 재량이 없다고 한다(판례 참조. 단, 법령에서 특별히 권한을 부여한 경우에는 붙일 수 있다).

그러나 기속행위인 경우에도 상대방이 행정행위의 요건을 일부 미비한 경우 그 요건을 갖출 것을 조건으로 하여 행정행위를 하는 것이 도리어 상대방에게 유리한 때에는 이를 금지할 이유가 없으므로(예 : 경미한 요건을 갖추지 못한 건축허가신청 등) 양자를 구별할 필요성은 그만큼 적어졌고, 다만 기속행위에 붙일 수 있는 부관의 범위가 제한적이라는 점에서 구별의 실익은 여전히 존재한다고 하겠다.

> **판례** 자동차운송알선사업 등록처분은 기속행위이므로 부관을 붙일 수 없다는 판례
> 자동차운송을 중개·대리·주선하는 『자동차운송알선사업』을 경영하고자 하는 자는 교통부장관의 등록(학문상 허가의 일종)을 받아야 하며, 그 등록기준은 자동차운수사업법 및 동법시행규칙에 상세히 규정하고 있는 바 등록신청인의 시설 등이 이들 규정상의 등록기준에 적합할 때에는 당연히 등록을 받아 주어야 할 의무가 있다고 할 것이므로 기속행위에 해당하며, 기속행위에 대하여는 법령상 특별한 근거가 없는 한 부관을 붙일 수 없고 부관을 붙였다 하더라도 이는 무효라 할 것이다. 따라서 등록관청이 자동차운송알선사업의 등록을 함에 있어서 붙인 『청주시내에 화물 터미널이 설립될 경우에는 사업소를 화물터미널 내로 이전하여야 한다』는 부관은 무효이다(대판 1993. 7. 27, 92누13998).

3. 상대방의 권리

건축허가, 자동차운전면허 등과 같은 **기속행위**의 경우 행정관청은 그 행정행위를 하여야 할 **법적 의무**를 지기 때문에 상대방에게는 이를 해줄 것을 요구할 수 있는 권리가 발생하며 불응시 행정소송으로 이를 청구할 권리가 있다. 그러나 **재량행위**의 경우에는 상대방에게 이러한 청구권이 없으며, 다만 예외적으로 **재량권이 영으로 수축**된 경우에만 **행정행위발급청구권**과 같은 청구권이 발생한다고 하겠다.

4. 불가변력 발생 여부의 문제

기속행위는 그 요건과 내용이 법규에 엄격히 기속되므로 법규가 존속되는 한 처분행정청이 이를 함부로 취소할 수 없는 **불가변력**이 발생하지만, **재량행위**는 취소가 가능하다는 견해가 있다. 그러나 재량행위라 하여 취소가 자유로운 것은 아니며 특히 수익적 행위의 취소는 비례원칙 및 신뢰보호의 원칙 등에 의하여 조리상 강한 제약을 받고 있다는 점을 감안한다면 불가변력의 발생 여부를 결정하기 위하여 양자를 구분할 실익은 적다고 하겠다.

Ⅲ. 기속행위와 재량행위의 구별기준

1. 학 설

1) 요건재량설

> 요건재량설은 기속행위를 법문에 규정된 행정행위의 요건에 따라 구별하려는 견해이다. 따라서 법규가 행정행위에 관하여 구체적이고 명확하게 행정행위의 요건을 규정하고 있으면 기속행위가 된다는 것이다.

이 이론에 의하면 행정행위의 요건에 대하여 법령이 ① 아무런 제한규정을 두지 아니하거나(공백규정), ② 행정의 최종목적인 『공익』만을 요건으로 규정한 경우(예 : 『보건복지부장관은 공익상 필요하다고 인정할 때에는…』이라는 표현)에는 재량행위라고 하며, 공익보다 좀더 구체화된 중간목적의 달성을 요건으로 규정한 경우에는 재량행위가 아니라 기속행위가 된다는 것이다(예 : 보건복지부장관은 『선량한 풍속의 유지』를 위하여… 등).

판례 요건재량설에 따른 판례
① 의사국가시험과 5급공무원 공개 경쟁채용시험의 채점행위(대판 1964. 6. 30, 63누194),

② 중·고등학교 교과용 도서의 검증행위는 모두 재량행위라고 하였다(대판 1992. 5. 12, 91누1813).

법령 중 많은 내용이 요건재량을 인정하고 있고 판례도 이를 인정하고 있으나, ① 효과재량(예: 『필요한 처분을 할 수 있다』 또는 『영업행위에 대한 제한을 할 수 있다』)을 전적으로 부인한 점은 옳지 못하며, ② 최종목적(즉, 공익)과 중간목적은 상대적인 차이밖에 없기 때문에 기속행위와 재량행위의 구별기준이 명확하지 못하다는 단점이 있다.

2) 효과재량설

> 행정행위의 요건판단에 있어서는 재량이 인정될 수 없으며, 다만 『행정행위를 하느냐, 않느냐? 또는 하더라도 어떤 행정행위를 선택할 것이냐?』에 관한 재량, 즉 효과재량만이 인정된다는 전제하에,
> ① 수익적인 효과를 초래하는 수익적 행정행위 또는 국민의 권익과 아무 관련이 없는 행위는 법령이 특히 기속하는 규정을 두지 않는 한 원칙적으로 재량행위이지만,
> ② 부담적인 효과를 초래하는 부담적 행정행위와 확인행위 등 준법률행위적 행정행위는 어떠한 경우에도 재량행위가 아닌 기속행위라고 한다.

판례 효과재량설에 따른 판례
① 개인택시사업면허는 권리·이익을 부여하는 행위이므로 재량행위이지만(대판 1993. 10. 12, 93누4243), 반대로
② 이미 행한 허가처분을 취소·철회함으로써 불이익을 줄 경우에 행정청이 가지는 재량은 기속재량이라고 하였다(대판 1963. 8. 31, 63누111).

이 견해는 요건재량을 일체 부정한 위에 효과재량 중 부담적 행정행위를 기속행위라고 함으로써, 재량행위의 범위를 축소하고 사법심사의 범위를 확대하여 국민의 권리구제의 기회를 확대한 공적은 인정되지만, ① 오늘날 **수익적 행정행위도 기속행위**로 편입되는 경향이 많아지고 있고(최근 많은 판례가 건축허가·광천음료수제조업허가 등의 수익적 행정행위를 기속행위로 보고 있다. 허가 편 참조), ② 반대로 **부담적 행정행위에도 재량**이 인정되는 예가 있으며(허가취소·영업정지·과징금 중 어느 것을 선택할 것인가의 재량), ③ 요건재량의 존재를 전적으로 부인하는 것도 타당치 못하다는 점에서 비판을 받고 있다.

3) 판단여지설

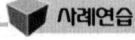

국가시험에 응시한 수험생 X는 필기시험에 합격하였으나, 면접시험에서 면접위원에 대한 불손한 태도가 관련법령상 "용모·예의·품행 및 성실성" 기준에 부합하지 않는다고 인정되어 Y행정청으로부터 불합격처분을 받았다. Y행정청의 불합격처분에 대한 X의 쟁송수단과 그 인용 여부를 논하시오.

> 판단여지설은 법률이 정한 요건규정이 추상적·불확정적 개념으로 사용되고 있는 경우 행정청에 이러한 요건의 적용·해석에 관한 판단의 여지가 인정되는가 하는 점에서 출발한다.

이러한 판단여지는 **행정행위의 요건의 판단**에 관해서만 인정되는 것이기 때문에 요건재량설을 보충하여 주는 이론으로서, 행정청에 의한 고도의 전문적·기술적 판단이나 정책적 판단이 요구되는 일정한 행정작용에 있어서는 행정청의 판단을 존중하여야 한다는 이론이다.

▶ 예 : 각종 시험 합격결정, 학생·공무원의 성적평가, 예술·문화·환경분야의 전문가적인 판단 등.

따라서 판단여지설은 행위효과의 판단에 있어서는 재량행위와 기속행위의 구별에 관한 이론이 될 수 없다. 그러나 판단여지를 재량과 유사개념으로 본다면 판단여지설의 존재는 무의미하여 질 것이다. 따라서 판단여지를 **행정행위의 요건의 판단에 관한 재량**이라 보아야 할 것이다.

판례는 판단여지를 재량의 문제로 보고 있어 판단여지와 재량을 구별하지 않고 있다.

판례 판단여지를 인정한 판례

지가공시및토지등의평가에관한법률시행령 제18조 제1·2항이 감정평가사시험의 합격기준으로 절대평가제 방식을 원칙으로 하되, 행정청이 감정평가사의 수급상 필요하다고 인정할 때에는 상대평가제 방식으로 할 수 있다고 규정하고 있으므로, 감정평가사시험을 실시함에 있어 어떤 합격기준을 선택할 것인가는 시험실시기관인 행정청의 고유한 정책적인 판단에 맡겨진 것으로서 자유재량에 속한다(대판 1996. 9. 20, 96누6882).

사례연습 해설

X는 행정심판(불합격처분취소심판·불합격처분무효확인심판) 또는 행정소송(불합격처분취소소송·불합격처분무효확인소송)의 제기를 통해 행정청의 불합격처분을 다툴 수 있다.

본안에서 X가 승소하기 위해서는 면접시험이 위법하여야 한다. 면접시험의 채점행위의 성질이 문제되는데, 면접시험을 재량행위로 보는 전통적 견해와 판례의 입장에서 보면, 면접시험에 재량하자가 있을 때에는 인용가능성(X의 승소가능성)이 있다. 한편, 면접시험을 판단여지로 이해하는 입장에서는 판단여지에 하자가 있을 때에 인용가능성(X의 승소가능성)이 있다. 따라서 이 같은 판단여지가 존재하는 경우 법원의 사법심사는 '절차상의 하자나 중대한 사실관계의 오인' 등으로 제한되므로 사안의 경우 X의 주장은 인용되기 어려울 것으로 보인다. 판례는 공무원임용을 위한 면접시험의 채점행위에 대해 "면접위원의 고도의 교양과 학식, 경험에 기초한 자율적 판단에 의존하는 것으로서 오로지 면접위원의 자유재량에 속하고, 그와 같은 판단이 현저하게 재량권을 일탈 내지 남용한 것이 아니라면 이를 위법하다고 할 수 없다"고 판시하고 있다.

4) 사견

이미 설명한 바와 같이 우리 실정법과 판례는 행정행위의 요건 인정과 효과 선택, 양자에 관하여 모두 재량을 인정하고 있기 때문에 **요건재량설**과 **효과재량설**은 모두 어느 정도의 타당성을 갖는다고 하겠으나, 반면 양설 모두 위와 같은 문제점이 있어 완벽한 이론으로 인정받기는 어렵다고 하겠다.

> 따라서 기속행위와 재량행위의 구별은
> ① 당해 법령의 표현방식(…를 할 수 있다, …를 하여야 한다 등),
> ② 당해 행정행위의 성질(수익적인가, 부담적인가),
> ③ 헌법상 기본권과의 관계(제한되는 기본권이 자유권인가, 생활권인가) 등을 종합적으로 검토하여 구체적·개별적으로 판단할 수밖에 없다.

판례 기속행위 내지 기속재량행위와 재량행위 내지 자유재량행위의 구분 기준 및 그 각각에 대한 사법심사 방식

행정행위가 그 재량성의 유무 및 범위와 관련하여 이른바 기속행위 내지 기속재량행위와 재량행위 내지 자유재량행위로 구분된다고 할 때, 그 구분은 당해 행위의 근거가 된 법규의 체제·형식과 그 문언, 당해 행위가 속하는 행정 분야의 주된 목적과 특성, 당해 행위 자체의 개별적 성질과 유형 등을 모두 고려하여 판단하여야 하고, 이렇게 구분되는 양자에 대한 사법심사는, 전자의 경우 그 법규에 대한 원칙적인 기속성으로 인하여 법원이 사실인정과 관련 법규의 해석·적용을 통하여 일정한 결론을 도출한 후 그 결론에 비추어 행정청이 한 판단의 적법 여부를 독자의 입장에서 판정하는 방식에 의하게 되나, 후자의 경우 행정청의 재량에 기한 공익판단의 여지를 감안하여 법원은 독자의 결론을 도출함이 없이 당해 행위에 재량권의 일탈·남용이 있는지 여부만을 심사하게 되고, 이러한 재량권의 일탈·남용 여부에 대한 심사는 사실오인, 비례·평등의 원칙 위배, 당해 행위의 목적 위반이나 동기의 부정 유무 등을 그 판단 대상으로 한다(대판 2001. 2. 9, 98두17593).

2. 구체적 구별기준

1) 요건규정

① 공백규정이거나 『공익』 목적만을 규정한 경우

행정행위의 요건에 관하여 아무런 규정을 두지 아니한 공백규정 또는 행정의 최종목적인 공익 달성만을 요건으로 한 경우 당해 행위는 **재량행위**이다.

② 불확정개념

예컨대, 법령이 『선량한 풍속의 유지』를 위하여, 『도시 경관의 유지』를 위하여, 『정당한 사유가 없는 한』 등의 불확정개념을 사용한 경우에는 행정관청에게 독자적 판단의 여지가 인정된다는 점에서 이를 **재량행위**의 일종으로 볼 수 있을 것인가?

이에 관하여 제2차대전 후 독일에서 대두된 『판단여지설』에 의하면 이러한 불확정개념을 둘로 나누어

① 통상인의 일반적인 경험법칙에 따라서 객관적 판단이 가능한 **경험개념**은 판단의 여지가 없으며 **사법심사의 대상이 되는** 반면(예 : 치안상 위해, 정당한 사유, 적당한 장소, 야간 등과

같은 개념),

② 가치판단의 객관적 기준이 존재하지 아니하는 **가치개념**은 판단여지가 있으며 **사법심사의 대상에서 제외**된다고 한다(예 : 국가고시 시험성적평가, 공무원의 근무성적평정, 행정정책의 결정, 독립규제위원회가 행한 가치평가적 결정 등).

판단여지설은 경험개념을 일종의 법개념으로 보아 판단여지를 배제함으로써 사법심사의 범위를 넓혔다는 공적이 있으나 ① 경험개념과 가치개념의 구분이 분명하지 않다는 문제점이 있으며, ② 오늘날의 독일에서도 판단여지를 재량과 구분하지 아니하는 견해가 유력하다고 한다.

생각건대, 불확정개념의 해석·적용에 있어서는 판단여지설의 주장을 참작하여 원칙적으로는 사법심사가 가능하며, 가치개념과 같은 극히 예외적인 경우에만 재량이 인정된다고 하여야 할 것이다.

2) 효과규정

효과규정이 재량행위인가의 판단은 당해 법령의 표현방식, 행위의 성질, 기본권과의 관계 등을 고려하여 구체적·개별적으로 판단하여야 할 것이다.

① **법령의 표현방식**

먼저 요건규정과 관련하여서는 비록 법령이 건축허가, 운전면허, 음식점·숙박업 영업허가 등을 『할 수 있다』고 규정함으로써 허가를 하든 안하든 마치 재량을 인정하고 있는 듯이 표현하고 있더라도, 허가요건이 구비되면 당연히 허가하여야 한다는 의미에서 기속행위로 보아야 한다. 원래 이들 행위는 헌법상 영업의 자유에 따라 당연히 할 수 있는 자연적 자유에 속하는 것임에도 불구하고 경찰·보건위생 등의 행정목적 달성을 위하여 일정한 제한을 가한 것에 불과하기 때문이다.

또한 효과규정과 관련하여서는 식품위생법(58) 등과 같이 『영업허가를 취소하거나 6월 이내의 영업 정지를 명할 수 있다』고 규정하여 2개 이상의 행정행위 중에서 선택권을 부여하고 있는 경우에 어느 행위를 선택할 것인가는 **재량행위**에 속함은 물론이다(판례 참조).

> **판례** 효과규정이 재량행위라는 판례
> 자동차운수사업 면허조건 등에 위반한 사업자에 대하여 행정청이 행정제재수단으로서 사업정지를 명할 것인지, 과징금을 부과할 것이지, 과징금을 부과키로 하였다면 그 금액은 얼마로 할 것인지 등에 관하여 재량권이 부여되어 있다고 할 것이다(대판 1993. 7. 27, 93누1007).

② **수익적 행정행위·부담적 행정행위에 따른 구분**

이미 설명한 바와 같이 수익적 행정행위를 모두 재량행위로 보는 것은 타당치 않으며(예 :

건축·음식점·숙박영업 허가 등), 반대로 **부담적 행정행위**에도 재량이 인정될 수 있으므로(예 : 상술한 영업허가의 취소·정지·과징금 부과 중 어느 것을 선택할 것인가 등), 수익적이냐 부담적이냐에 따른 일률적인 구분은 어렵다고 하겠다.

> **판례**
> 어느 행정행위가 기속행위인지 재량행위라고 할지라도 기속재량행위인지 또는 자유재량에 속하는 것인지의 여부는 일률적으로 규정할 수 없는 것이고, 당해 처분의 근거가 된 규정의 형식이나 체제 또는 문언에 따라 개별적으로 판단하여야 한다(대판 1997. 12. 26, 97누15418).

> **판례** 수익적 행정행위는 재량행위라는 판례
> 주택건설촉진법 제33조에 의한 주택건설사업계획의 승인은 상대방에게 권리나 이익을 부여하는 효과를 수반하는 이른바 수익적 행정처분으로서 법령에 행정처분의 요건에 관하여 일의적으로 규정되어 있지 아니한 이상 행정청의 재량행위에 속한다고 할 것이다(대판 1996. 10. 11, 95누9020).

> **판례** 채광계획인가는 기속재량행위라는 판례
> 광업권의 행사를 보장하면서 광산개발에 따른 자연경관의 훼손, 상수원의 수질오염 등 공익침해를 방지하기 위한 목적에서 광물채굴에 앞서 채광계획인가를 받도록 한 제도의 취지와 공익을 실현하여야 하는 행정의 합목적성에 비추어 볼 때, 채광계획이 중대한 공익에 배치된다고 할 때에는 인가를 거부할 수 있다고 보아야 하고, 채광계획을 불인가하는 경우에는 정당한 사유가 제시되어야 하며 자의적으로 불인가를 하여서는 아니 될 것이므로 채광계획인가는 기속재량행위에 속하는 것으로 보아야 한다(대판 1993. 5. 3, 92누19477).

③ 확인적 행위

일정한 사실관계 또는 법률관계의 존부에 관하여 판단하는 확인적 행위는 성격상 기속행위로 보아야 할 경우가 많을 것이다.

▶ 예 : 도로구역 결정, 발명특허권 부여, 선거의 당선인 결정, 소득세 부과를 위한 소득금액 결정 등.

Ⅳ. 재량권의 한계(재량하자)

1. 의 의

> 법령이 정한 요건에 기속되는 기속행위에 있어서의 법령위반은 위법한 행정행위가 되는 것으로서 사법심사의 대상이 됨은 물론이지만, 재량행위라 할지라도 부여된 재량권을 적절히 행사하지 못한 경우에는 『재량권의 일탈·남용』이 되어 단순한 부당이 아닌 위법으로 간주되어 법원에 의하여 취소 대상이 되기 때문에 재량권 행사에는 일정한 한계가 있다고 할 수 있다.

재량권의 일탈·남용의 이론은 우리 판례에 의하여 형성된 개념이지만, 행정소송법(27)도 이를 명문으로 인정하고 있음은 이미 언급한 바와 같다.

2. 재량권의 일탈·남용

1) 의 의

재량권의 일탈이라 함은 재량권의 외적 한계를 벗어난 것을 말하며(예 : 어떤 행정행위를 하기 위한 요건이 되는 사실이 전혀 없는데도 있다고 인정하여 행정행위를 한 경우),
재량권의 남용이라 함은 재량권의 내재적 목적에 반하는 것을 말한다(예 : 재량을 인정한 본래의 목적이 아닌 다른 목적을 위하여 행사하는 것).

양자의 이론상 구분은 가능하지만 실제상 구분은 어려우며 판례에서도 두 개념을 구분하지 않고 사용하는 예도 많이 있어, 이하에서는 이를 구분하지 아니하고 판례 등에서 나타난 구체적인 사례를 중심으로 설명하고자 한다.

2) 요건사실의 오인

① 행정행위의 요건이 되는 사실이 전혀 존재하지 않음에도 불구하고 행한 행정행위, 또는 ② 요건이 되는 사실의 인정에 전혀 합리성을 결한 경우는 **재량권의 일탈**에 해당된다.

▶ 예 : 도저히 품위손상행위로 볼 수 없는 행위에 대하여 징계처분을 하거나, 전근명령을 받고 임지로 여행 중에 심한 풍랑을 만나 병원에 입원한 공무원에 대하여 직무태만으로 면직처분을 한 것 (대판 1969. 7. 22, 69누38).

3) 목적위반과 동기의 부정

재량을 부여한 내재적 목적에 위반하여 재량권을 행사하거나, 부정한 동기 또는 자의적·보복적 목적으로 재량권을 행사하는 것은 **재량권의 남용**이 된다.

▶ 예 : 담당공무원의 친척이 경영하는 유흥주점을 위하여 그와 경쟁관계에 있는 특정 유흥주점만 집중단속하여 영업정지처분을 하거나, 소방관이 화재의 예방·진압을 위하여 타인의 집에 출입하는 것이 아니고 범죄의 예방을 위하여 출입한 경우.

4) 평등원칙 위반

재량이 인정되는 경우라 할지라도, 제1편에서 설명한 바와 같이 평등원칙은 헌법상의 원칙이므로 이에 위반하면 위법한 것이 된다. 평등원칙 위반은 주로 영업허가나 그 취소·정지 등 행정행위의 구체적인 기준을 법규가 아닌 훈령·예규 등의 행정규칙에서 규정하고 있는 경우, 즉 행정관청이 소위 **재량준칙**을 정립하여 재량행사의 기준을 스스로 정한 후 동등한 사안에 대하여 다른 취급을 한 경우에 발생하게 된다(이처럼 행정관청이 스스로의 의지에 구속되는 것을 『행정의 자기구속의 원리』라고 한다).

> **판례** 평등원칙 위반을 위법으로 본 판례 및 결정례
> ① 당직근무 중 심심풀이로 돈을 걸지 않고 점수따기 화투놀이를 한 것이 징계사유에 해당되기는 하지만, 함께 화투놀이한 3명은 가벼운 견책에 처했음에도 불구하고 파면처분을 한 것은 공평의 원칙상 그 재량의 범위를 벗어난 위법한 것이다(대판 1972. 12. 26, 72누194).
> ② 경찰관이 범죄의 피해를 신고하러 온 청구인을 뚜렷한 혐의도 없이 오히려 경범죄처벌법 위반자로 몰아 즉결심판을 청구하고 보호유치의 명목으로 감금하는 과정에서 상처를 입힌 것이 사실이라면, 당해 경찰관이 초범이고, 이미 경고의 징계처분을 받았으며 상해의 정도가 경미하다는 등의 사유만으로 기소를 유예한 검사의 처분은 기소재량권의 내재적 한계를 넘어 헌법상 보장된 청구인의 평등권과 재판절차 진술권을 침해한 자의적 처분이다(헌재결 1996. 3. 8, 95헌마208).

5) 비례원칙 위반

재량이 인정된 경우에도 재량권 행사에 있어 헌법상 원칙의 하나인 비례원칙에 위반된 경우에는 위법한 것이 된다.

> ▶ 예 : ① 상대방의 비행에 대하여 너무 심한 징계를 과한 경우와, ② 위반행위로 인한 공익 침해의 정도와 이에 대한 제재적 행정처분으로 상대방이 입게 될 불이익을 비교·교량하여 적절한 비례관계(형평)가 유지되지 아니한 경우에는 위법이 된다(대판 2000. 4. 7, 98누1179).

> **판례** 비례원칙 위반을 위법으로 본 판례
> 유흥장에 미성년자를 단 1회 출입시켜 술을 제공하여 식품위생법을 위반한 데 대한 제재로서 가장 중한 영업취소로 응징한 것은 책임에 대한 응보의 균형을 잃은 것으로서 행정행위의 재량을 심히 넘은 처분이다(대판 1997. 9. 13, 77누15).

> **판례** 비례원칙에 위반되지 아니한다는 판례
> 목욕탕이라는 상호로 영업허가를 받았음에도 불구하고 사우나탕이란 간판을 표시하여 적발된 후 간판을 바꾸라는 개선명령에 불응하고 3개월이나 영업을 계속하다가 다시 적발된 경우 공중위생법규에 따라 15일간의 영업정지 처분을 한 것은 재량권을 남용하였다고 보기 어렵다(대판 1993. 6. 29, 92누19149).

6) 재량권의 불행사 또는 해태

① 행정관청에 재량권이 허용된 재량행위임에도 불구하고 이를 처음부터 기속행위로 판단하여 구체적 사안을 전혀 검토해 보지도 않고 거부처분을 해 버리거나(**재량권의 불행사**), ② 재량행위에 있어서도 구체적 사정을 충분히 검토하지 아니하고 거부처분을 한 것이 명백히 인정될 경우(재량권행사의 해태 또는 태만)에는 위법한 것으로 사법심사의 대상이 된다고 할 것이다.

7) 재량권의 0으로의 수축

① 의 의

> 행정관청에게 재량권이 인정된 경우라 할지라도 개인의 생명·신체에 절박한 위해가 초래될 우려가 있는 경우에는 특정 권한의 발동만이 유일하게 적법한 재량권 행사로 인정되기 때문에 재량권은 0으로 수축되며, 따라서 상대방은 행정행위발급청구권을 가지게 된다는 이론이다.

이 이론은 원래 독일 연방행정법원이 『중대한 위험이 존재하는 경우 행정청의 불개입 결정은 그것만으로도 재량권의 남용이 된다』고 하여 행정불개입의 위법을 이유로 국가배상책임을 인정한 데서 비롯되었다.

② 적 용

아직 의무이행소송이 인정되지 아니하는 우리 소송제도하에서는 먼저 행정권한의 발동을 청구하고 이에 아무 응답이 없을 경우 부작위위법확인소송을 제기하거나, 발동거부의 회답을 받은 후 거부처분 취소소송을 제기하는 수밖에 없다고 하겠다.

> **판례**
>
> 『긴급구호권한과 같은 경찰관의 조치권한은 일반적으로 경찰관의 전문적 판단에 기한 합리적 재량에 위임되어 있는 것이나, 그렇다고 하더라도 구체적 상황하에서 경찰관에게 이러한 조치권한을 부여한 취지와 목적에 비추어 볼 때 그 불행사가 현저하게 불합리하다고 인정되는 경우에는, 이러한 불행사는 법령에 위반하는 행위에 해당하게 되어, 국가배상법의 다른 요건이 충족되는 한, 국가는 이로 인하여 피해를 입은 자에 대하여 국가배상책임을 지게 된다』라고 판시하여(대판 1998. 8. 25, 98다16980)
> 재량권의 0으로의 수축이론에 입각하여 행정권을 발동할 의무를 인정하고 있다.

V. 재량행위에 대한 통제

현대행정의 전문성·기술성이 더해감에 따라 특히 복지행정 분야에 행정재량이 점차 확대되어 법치주의의 원칙과 마찰을 초래하고 있기 때문에 재량행위에 대한 여러 가지 효과적인 통제수단이 모색되고 있다.

1. 입법적 통제

국회는 **법률을** 제정함에 있어 불확정개념의 사용을 자제하고 가능한 한 구체적인 개념으로 행정행위의 요건 및 효과를 규정하여야 할 것이다. 재량행위에 관한 원천적 통제가 되는 입법적 통제가 국민의 이익과 권리구제라는 측면에서 가장 확실한 방법이다. 그러나 행정이 전문화·고도화되고 있고, 장래 발생가능한 모든 경우를 예상하여 구체적으로 일일이 입법을 한다는 것은 거의 불가능하기 때문에 그 한계가 있다.

국회는 입법 이외에도 **국정감사·조사권**(헌61), **출석요구 및 질문권**(헌62), **국무총리·국무위원해임건의권**(헌63) 및 **탄핵소추의결권**(헌65) 등에 의해 재량행위를 통제할 수도 있다.

2. 행정적 통제

상급행정청이 하급행정청에 대한 재량권 행사의 적정 여부에 대한 **감독권**(감사원의 감사권도 포함) 행사와 함께, **행정심판제도**는 재량권 행사의 당·부당을 통제하는 최종 수단이 된다. 즉, 법원에 의한 행정소송에 있어서는 재량권 일탈·남용만을 위법으로 보아 취소할 수 있을 뿐이지만, 행정심판에 있어서는 재량권의 범위 내에서 재량이 행사된 경우라 할지라도 그것이 공익에 적합하게 행사되었는지의 여부까지 판단하여 그렇지 못하다고 인정될 경우에는 소위 『부당』이라고 하여 취소할 수 있도록 행정심판법이 명문으로 규정하고 있다(동법1·4). 따라서 행정상의 법률관계에 관하여 분쟁이 발생하는 경우에 법원이 아닌 행정기관이 이에 관하여 심리하고 판정하는 행정심판제도는 위법한 재량권행사뿐만 아니라 특히 부당한 재량권행사에 대하여 유용한 통제수단이 된다.

최근에는 **행정절차참가권**에 의하여 재량권 행사과정에 이해관계인의 참여를 보장함으로써 적정한 재량권 행사를 유도하고 있다(예 : 허가취소 등 불이익 처분 시 반드시 청문의 기회를 부여하는 것 등). 행정절차참가에 의한 통제는 국민주권주의와 민주주의원리에 합치하는 방법으로서 처분의 상대방 및 이해관계인이 행정절차에 참여함으로써 행정의 공정성과 투명성의 확보가 가능하기 때문에 재량의 여지가 통제되는 것으로서, 이른바 **국민에 의한 통제**가 된다. 행정절차법은 의견제출·청문·공청회 등에 관한 규정(제2장 제2절)과 기준공표(동법20) 및 이유제시(동법23)에 관한 규정을 두고 있다.

3. 사법적 통제

1) 의 의

재량행위라 할지라도 그 한계를 위반한 경우에는 재량권 일탈·남용으로서 위법이 되며 법원에 의하여 취소되게 되므로 사법적 통제는 가장 강력한 통제수단이 된다.

따라서 법원은 재량행위에 대하여는 당·부당의 문제가 생길 뿐 위법의 문제는 생기지 않는다 하여 본안심리 전에 각하할 것이 아니라, 항상 그 일탈·남용여부를 심사하기 위하여 **본안심리**를 하여야만 하며 실제로도 그렇게 하고 있다.

헌법 제111조 제1항은 헌법소원에 관하여 규정하고 있고, 헌법재판소법 제68조 제1항은 재판 이외의 공권력의 행사 또는 불행사로 인하여 헌법상 보장된 기본권을 침해받은 자는 **헌법소원심판**을 청구할 수 있도록 규정하고 있다. 따라서 행정청의 위법한 재량권 행사로 인하여 헌법상 보장된 기본권을 침해받은 자는 헌법소원을 제기할 수 있다.

2) 입증책임

사법심사에 있어서 재량권의 한계를 벗어나서 위법하다는 점은 그 행정처분의 효력을 다투는 원고가 이를 주장·입증하여야 하며, 그 처분청이 재량권 행사가 정당한 것이었다는 점까지 주장·입증할 필요는 없다는 판례가 있다(대판 1987. 12. 8, 87누861).

제4절 행정행위의 내용

행정행위는 그 구성요소와 법률효과의 발생원인을 표준으로 **법률행위적 행정행위**와 **준법률행위적 행정행위**로 구분됨은 이미 설명한 바와 같다. 그 중 법률행위적 행정행위는 상대방에 대한 법률효과의 내용에 따라 다시 ① 특정한 의무를 부과하거나 이미 부과된 의무를 해제하는 **명령적 행위**와, ② 권리·능력을 부여하거나 변경하는 **형성적 행위**로 구분된다.

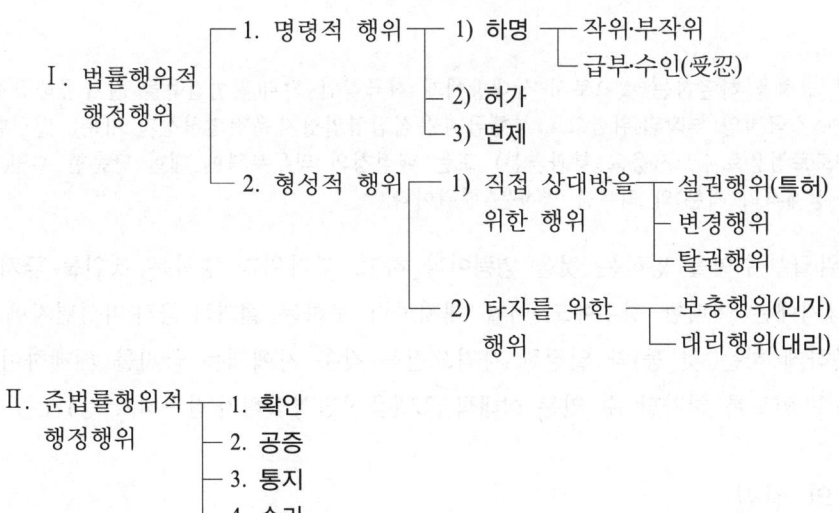

제1항 명령적 행위

> '명령적 행위'란 『행정청이 그 상대방인 국민에게 일정한 의무를 부과하거나 이미 과하여진 의무를 해제하는 행정행위』를 말한다.

명령적 행정행위에는 하명·허가·면제가 있는데 이들은 모두 개인의 자연적 자유를 제한하거나 그 제한을 해제하는 행위로서 그 위반에 대해서는 강제집행이나 행정벌이 가하여지는 것이 일반적이다. 이러한 의미에서 권리를 발생·변경·소멸시켜 주거나 타인을 위하여 그 행위의 효력을 보충·완성시켜 주는 행위인 **형성적 행위**와 근본적인 차이가 있다.

> 명령적 행정행위는 다시
> ① 의무를 명하는 행위인 하명과
> ② 의무를 해제하는 허가·면제로 구분된다.
> ③ 의무를 해제하는 경우에도 부작위의무를 해제하는 것이 허가이며, 작위·급부·수인의무를 해제하는 것이 면제이다.

Ⅰ. 하명(Befehl)

1. 하명의 의의

> '하명'이란 명령을 하달하는 것으로서 상대방에게 적극적인 작위(위법건축물 철거·공해방지시설 개선명령 등), 소극적인 부작위(위험도로 통행금지·음식점영업정지·운전면허정지 처분), 일정한 내용의 급부(조세·도로점용료·수도사용료 부과처분), 또는 행정청의 의무부과에 대한 단순한 수인(건강진단·예방 접종·강제격리 처분)의 의무를 명하는 행위이다.

보통 작위·급부·수인을 명하는 것을 **명령**이라 하고, 부작위를 명하는 행위를 **금지**라고 하기도 한다. 금지에는 어떠한 경우에도 이를 해제하지 못하는 **절대적 금지**(미성년자에게 술·담배를 팔지 못하게 하는 것 등)와 일정한 자격요건을 갖춘 자에게는 금지를 해제하여 적법하게 행위를 할 수 있도록 허가할 수 있는 **상대적 금지**(음식점영업허가·건축허가 등)가 있다.

2. 하명의 성질

하명은 개인의 자연적 자유를 제한하는 것이므로 ① 반드시 **법령**에 근거가 있어야 하고 법규가 정한 요건이 갖추어져 있을 때에만 행할 수 있으며, ② **부담적 행정행위**이므로 원칙적으로 행정관청에 재량을 허용하지 아니하는 **기속행위**라 하겠다.

3. 하명의 형식

① 법령에서 직접 명령을 규정하는 **법규하명**(예 : 음주운전금지·횡단보도 서행의무 등)과 ② 법령에 근거한 구체적인 행정행위의 형식으로 행하는 **하명처분**이 있으나, 행정행위에서 말하는 하명은 하명처분만을 의미한다고 하겠다. 하명처분에는 다시 불특정 다수인에 대한 일반처분(위험도로의 통행금지 등)과 특정 상대방에 대한 처분(음식점 영업정지 등)으로 구분된다.

4. 하명의 종류

① 부과하는 의무의 내용에 따라 **작위·부작위·급부·수인하명**으로 구분할 수 있으며, ② 각 행정 분야에 따라 **경찰하명, 복리행정상의 하명, 재정하명, 군정하명**으로 나눌 수 있다. 이는 다시 상대방이 특정인인가 또는 불특정인인가에 따라 **개별하명·일반하명**(예 : 예방접종, 야간통행금지)으로 나누어진다.

5. 하명의 대상

하명의 대상인 행위는 ① 통행금지나 교통장애물 제거 또는 무허가건물의 철거 등과 같은 사실행위일 수도 있고, ② 총포거래금지나 불공정거래금지 또는 영업행위금지 등과 같은 **법률행위**일 수도 있다.

6. 하명의 효과

하명의 내용에 따라 일정한 행위를 하거나 하지 말아야 할 **공법상 의무**를 지게 된다. 하명의 효과는 그 수명자에게만 미치는 것이지만, 대물적 하명의 효과는 그 대상인 물건의 소유권을 승계한 자에게도 미친다(예 : 위법건축물 철거명령, 목욕탕시설 개수명령 등).

7. 하명 위반의 효과

하명에 의하여 명하여진 의무를 이행하지 아니하면 **행정상 강제집행**에 의하여 강제하거나 행정벌이 과하여진다.

▶ 예 : 무허가 건축물의 철거명령(작위하명)을 이행하지 않은 자에 대해서는 행정상의 강제집행이

이루어지고, 청소년에게 술과 담배를 팔지 말아야 하는 의무(부작위하명)를 위반한 자에게 행정벌이 가해진다.

다만, 국토이용관리법상의 토지거래허가제처럼 특정한 지역 내에서 허가받지 않고 토지거래를 하여서는 아니 된다는 하명 위반에 대한 처벌만으로는 하명의 행정목적을 달성할 수 없는 때에는 **행정벌**과 함께 하명위반행위(무허가토지거래행위) 그 자체를 **무효**로 규정하는 경우도 있다. 그러나 원칙적으로 명령·금지에 위반한 행위가 법률행위인 경우에 처벌은 받지만 그 행위가 당연히 무효로 되는 것은 아니다(예 : 불법무기 거래행위도 처벌은 받지만 거래 자체는 **유효**하다).

> **판례** 외국환관리법 위반행위의 사법상의 효력에는 아무 영향이 없다는 판례
>
> 국내거주자와 비거주자 사이의 채권의 발생, 변제, 국내거주자의 비거주자에 대한 지급을 제한 또는 금지하는 외국환관리법 제21조, 제23조 등은 단속 법규에 불과하므로 이에 저촉되는 행위의 사법상의 효력에는 아무런 영향이 없다(대판 1983. 3. 22, 83다51).

8. 하자 있는 하명에 대한 구제

하명은 행정청의 일방적인 지배권에 의한 강제적 행정행위이기 때문에 위법·부당한 하명으로 권리·이익이 침해된 자는 **행정쟁송**으로 그 취소·변경을 구하고, 손해가 있으면 **행정상 손해배상청구소송**을 제기할 수 있다.

Ⅱ. 허가

1. 허가의 의의

'허가'란 일반적 금지(부작위의무)에 의하여 제한되었던 자연적 자유를 특정 자격요건을 갖춘 자에게 회복하여 적법하게 일정한 행위를 할 수 있도록 하는 처분을 말한다(예: 운전면허, 단란주점 영업허가).

허가는 법령에 의하여 행하는 **기속행위**이다.

허가는 원래 사람의 자연적 자유에 속하였던 행위를 금지한 후 일정한 요건을 갖춘 자에게 본래의 '자유를 회복'시켜주는 것이라는 점에서 '예방적 금지'에 대하여만 가능하다. 따라서 마약사용과 같이 '억제적 금지'에 대하여 치료·학문연구 등 특별한 경우에만 예외적으로 승인해 주는 '예외적 승인(예외적 허가)'과는 구별된다.

> 예외적 승인의 예 : 치료·연구목적의 마약사용허가, 카지노사업의 영업허가, '총포·도검·화약류 등 단속법'에 의한 총포 등의 소지허가, 학교환경위생 정화구역에서의 금지해제, 개발제한구역의 지정 및 관리에 관한 특별조치법에 의한 개발행위허가 등.

판례 개발제한구역 내에서의 건축물의 건축 등에 대한 예외적 허가의 법적 성질(=재량행위) 및 그에 관한 사법심사의 기준
구 도시계획법(2000. 1. 28. 법률 제6243호로 전문 개정되기 전의 것) 제21조, 구 도시계획법시행령(2000. 7. 1. 대통령령 제16891호로 전문 개정되기 전의 것) 제20조 제1항, 제2항 등의 각 규정을 종합하면, 개발제한구역 내에서는 구역 지정의 목적상 건축물의 건축, 공작물의 설치, 토지의 형질변경 등의 행위는 원칙적으로 금지되고, 다만 구체적인 경우에 위와 같은 구역 지정의 목적에 위배되지 아니할 경우 예외적으로 허가에 의하여 그러한 행위를 할 수 있게 되며, 한편 개발제한구역 내에서의 건축물의 건축 등에 대한 예외적 허가는 그 상대방에게 수익적인 것으로서 재량행위에 속하는 것이라고 할 것이므로 그에 관한 행정청의 판단이 사실오인, 비례·평등의 원칙 위배, 목적위반 등에 해당하지 아니하는 이상 재량권의 일탈·남용에 해당한다고 할 수 없다(대판 2004. 7. 22, 2003두7606).

허가는 학문상의 용어이며, 실정법상으로는 허가 외에도 인가(은행업·보험업·신용금고업)·면허(자동차운전·의사약사)·등록(사설학원)·지정(담배소매인 지정)·승인(전기용품 형식승인) 등의 여러 가지 용어로 사용되고 있어 혼동을 초래하고 있다.

2. 허가의 성질

1) 명령적 행위(특허와의 구별)

① 종래의 통설·판례에 의하면 허가는 원래의 자연적 자유에 속하던 것을 특정인에 한하여 회복시켜 주는 것에 불과한 **명령적 행위**이므로 권리를 설정하는 형성적 행위인 특허와 구별된다(판례 참조).

허가로 인하여 자유가 회복됨으로써 받는 이익(예 : 공중목욕장 영업허가를 받은 자가 적법하게 영업행위를 함으로써 얻는 영업상의 이득)은 권리로서의 이익이 아닌 단순한 반사적 이익에 불과하므로 만약 허가관청이 제3자에 대하여 새로운 허가를 함으로써 기존 허가영업자가 영업상의 불이익을 받더라도 법원에 그 새로운 영업허가의 취소를 구할 수 없다(판례 참조).

판례 공중목욕장업 허가는 명령적 행위이며, 허가로 얻는 이익은 반사적 이익이라는 판례
공중목욕장업법에 의한 공중목욕장업 허가는 권리를 설정하는 행위가 아니고 금지의 해제에 불과하며, 그 허가의 효과는 본래의 영업의 자유의 회복을 가져오는 것이다. 따라서 기존 목욕장 인근에 새로운 목욕장을 허가함으로써 기존 목욕장의 수입이 사실상 감소된 경우에도 이는 단순한 반사적 이익의 침해에 불과하므로 새로운 목욕장 허가처분의 취소를 청구할 소의 이익이 없다(대판 1963. 8. 22, 63누97).

> **판례** 한의사면허는 허가이며, 이로 얻는 이익은 사실상 이익에 불과하다는 판례
> 한의사면허는 경찰금지를 해제하는 명령적 행위(강학상 허가)에 해당하고, 한약조제시험을 통하여 약사에게 한약조제권을 인정함으로써 한의사인 원고들의 영업상 이익이 감소되었다 하더라도 이러한 이익은 사실상의 이익에 불과하고 약사법이나 의료법 등의 법률에 의하여 보호되는 이익이라고 볼 수 없다(대판 1998. 3. 10, 97누4289).

② 그러나 최근 허가는 단순한 자유의 회복 이상으로 일정한 행위를 할 수 있는 권리(자유권적 권리)를 부여하는 것이라는 의미에서 특허와 같이 **형성적 행위**로 보는 견해가 있는가 하면(오늘날의 독일에서는 행정행위를 명령행위·형성행위·확인행위로 나누고, 허가를 **형성행위**에 포함시키고 있다), 반대로 헌법상 직업선택의 자유와 영업의 자유를 최대한 보장하려는 입장에서 오늘날 공기업의 특허(특허는 원래 공기업특허에서부터 인정되었다)는 보통의 허가와 다를 바 없다는 견해도 있는 등 '허가의 특허화'와 '특허의 허가화'가 진행되고 있어 양자의 **구별은 점차 상대화되어** 가고 있다고 한다. 실정법적으로도 허가·특허·인가의 용어가 학문상의 그것과 일치하지 아니하는 경우가 많으며 실제로 두 가지 성질을 함께 가지고 있는 예도 있다.

▶ 예 : 도시가스사업법에 의한 가스사업허가와 석유사업법에 의한 **석유정제업** 허가는 독점적 경영권을 설정하고 있으므로 특허에 해당되지만, 허가받지 아니하고 사업을 영위하는 자는 징역·벌금에 처한다는 점에서 허가의 성질도 함께 가지고 있다.

2) 기속행위(예외적으로 재량행위)(2012년 행정고시)(사법시험 제54회 2012년)

① 판례에 의하면 허가는 자연적 자유를 회복시켜 주는 것으로서, 허가요건에 해당함에도 불구하고 허가하지 않는 것은 불필요하게 개인의 자연적 자유를 더 묶어 두는 것이므로 위법하다고 하여야 할 것이고, 따라서 허가요건에 해당하면 반드시 허가하여야 한다는 의미에서 **기속행위**라고 한다.

> **판례** 허가는 수익적 행정행위임에도 불구하고 기본권의 최대한 보장이라는 견지에서 허가요건에 해당하면 반드시 허가하여야 하는 <u>기속행위</u>라는 판례
> ① 건축허가
> 건축허가신청이 법정요건에 합치하는 경우에는 특별한 사정이 없는 한 이를 허가하여야 하며, 공익상 필요가 없음에도 불구하고 요건을 갖춘 자에 대한 허가를 건축법·도시계획법 등 관계법규에서 정한 제한사유 이외의 사유를 들어 거부할 수는 없다(대판 1992. 12. 11, 92누3038).
> ② 대중음식점 영업허가
> 식품위생법상의 대중음식점 영업허가는 그 성질상 일반적 금지에 대한 해제에 불과하므로 허가권자는 허가신청이 법에서 정한 요건을 구비한 때에는 반드시 허가하여야 하며, 관계법규에서 정하는 사유 이외의 사유를 들어 허가신청을 거부할 수는 없다(대판 1993. 5. 27, 93누2216).

판례는 건축법상 일반건축물의 건축허가를 거부하려면 명문의 근거를 요한다고 하는데, 이는 일반건축물의 건축허가를 기속행위로 보는 점에서 기인한 것이다.

> **판례** 건축허가권자가 관계 법규에서 정하는 제한사유 이외의 사유를 들어 그 허가신청을 거부할 수 있는지 여부(소극) 및 그 관계 법규의 의미
> 구 건축법(1991.5.31. 법률 제4381호로 개정되기 전의 것) 제5조 제1항 소정의 건축허가권자는 건축물이 건축법, 도시계획법 등의 관계 법규에서 정하는 어떠한 제한에 배치되지 않는 이상 당연히 같은 법조 소정의 건축허가를 하여야 하고, 위 관계 법규에서 정하는 제한사유 이외의 사유를 들어 그 허가신청을 거부할 수는 없고, 여기서 여기서 관계 법규란 건축물에 대한 건축허가의 제한에 관하여 직접 규정하고 있는 법규만을 말하고, 건축허가에 따라 건축된 건축물 내의 시설의 운영이나 용도에 따른 건축물의 사용에 대하여 제한을 가하는 법규를 말하는 것은 아니라 할 것이다(대판 1992. 6. 9, 91누11766).

② 그러나 예외적으로 허가가 **재량행위**인 경우도 있다(토지형질변경허가·개발제한구역 내에서의 건축허가). 예컨대, 효과규정이 아닌 요건규정에서 **불확정개념**을 사용하고 있는 경우(예: 도시경관, 공중보건위생, 공공의 질서유지에 지장을 주지 아니하는 경우 등)에는 그 요건판단에 있어 행정관청의 판단 여지가 인정될 경우는 있을 것이다.

> **판례** 토지형질 변경허가는 재량행위라는 판례
> 형질변경허가가 신청된 당해 토지의 합리적인 이용이나 도시계획사업에 지장이 될 우려가 있는지 여부와 공익상 또는 이해관계인의 보호를 위하여 부관을 붙일 필요의 유무나 그 내용 등을 판단함에 있어서 행정청의 재량의 여지가 있으므로 그에 관한 판단 기준을 정하는 것 역시 행정청의 재량에 속하는 것이다(대판 1999. 2. 23, 98두17845).

> **판례** 구 도시계획법상 개발제한구역 내에서의 건축허가는 재량행위라는 판례
> 구 도시계획법(2000. 1. 28. 법률 제6243호로 전문 개정되기 전의 것) 제21조와 같은법 시행령(2000. 7. 1. 대통령령 제16891호로 전문 개정되기 전의 것) 제20조 제1항, 제2항 및 같은법 시행규칙(2000. 7. 4. 건설교통부령 제245호로 전문 개정되기 전의 것) 제7조 제1항 제1호 (가)목 등의 규정을 종합하여 보면, 개발제한구역 안에서는 구역 지정의 목적상 건축물의 건축 등의 개발행위는 원칙적으로 금지되고, 다만 구체적인 경우에 이와 같은 구역 지정의 목적에 위배되지 아니할 경우 예외적으로 허가에 의하여 그러한 행위를 할 수 있게 되어 있음이 그 규정의 체제와 문언상 분명하고, 이러한 예외적인 건축허가는 그 상대방에게 수익적인 것에 틀림이 없으므로 그 법률적 성질은 재량행위 내지 자유재량행위에 속하는 것이다(대판 2003. 3. 28, 2002두11905).

판례는 산림법상 산림훼손허가신청을 거부하는 경우에는 명문의 근거가 반드시 요하는 것은 아니라고 하였는데, 이는 산림훼손허가를 재량행위로 본 데 기인한 것이다.

> **판례** 산림훼손 금지 또는 제한 지역에 해당하지 않더라도 법규상 명문의 근거 없이 산림훼손허가 또는 산림훼손기간연장허가를 거부할 수 있는지 여부(한정 적극)
> 산림훼손은 국토 및 자연의 유지와 수질 등 환경의 보전에 직접적으로 영향을 미치는 행위이므로 법령이 규정하는 산림훼손 금지 또는 제한 지역에 해당하는 경우는 물론 금지 또는 제한 지역에 해당하지 않더라도 허가관청은 산림훼손허가신청 대상 토지의 현상과 위치 및 주위의 상황 등을 고려하여 국토 및 자연의 유지와 환경의 보전 등 중대한 공익상 필요가 있다고 인정될 때에는 허가를 거부할 수 있고, 그 경우 법규에 명문의

근거가 없더라도 거부처분을 할 수 있는 것이며, 이는 산림훼손기간을 연장하는 경우에도 마찬가지이다(대판 1997. 8. 29, 96누15213).

허가가 기속행위이기 때문에 특허와 달리 먼저 허가요건을 갖추어 신청하는 자가 있으면 허가하여야 한다는 의미에서 **선원주의**가 적용된다(특허는 재량행위이므로 여러 신청자 중 가장 적합한 자를 선택할 재량이 인정된다).

3. 허가의 형식

하명은 법령에서 직접 행하는 법규하명도 있지만(음주운전금지 등), 허가는 상대적 금지를 특정한 경우에만 해제해 주는 것이므로 성질상 **행정행위**의 방식에 의하여야 한다. 그러나 허가의 상대방은 특정인임이 원칙이지만(예 : 운전면허, 음식점영업허가 등) 불특정 다수인일 수도 있다(예 : 위험한 도로에 대한 통행금지의 해제, 야간통행금지의 해제 등).

4. 허가의 종류

① **대인적 허가**(의사면허·약사면허·운전면허 등), **대물적 허가**(건축허가·음식점영업허가·차량검사 등), **혼합적 허가**(총포화약류제조업허가 등)가 있으며, 대인적 허가는 일신전속적인 것이기 때문에 제3자에게 이전될 수 없다. 그러나 대물적 허가는 허가여부의 판단 근거가 물적인 것이기 때문에 이전성이 인정되며, 혼합적 허가는 그 판단기준에 인적 요소도 포함되므로 원칙적으로 이전성이 제한되지만 인적 요소와 물적 요소가 모두 법령상의 기준에 합당할 경우 이전성이 허용되기도 한다.

② 허가는 행정 분야에 따라 **경찰허가·복리행정상의 허가·재정허가·군정허가** 등으로도 분류된다.

5. 허가의 대상

보통은 **사실행위**(음식점영업·자동차운전·건축행위 등)이지만, **법률행위**일 경우도 있다(총포거래 등).

6. 허가의 신청

허가는 상대방의 신청에 의하여 행하여지는 것이 원칙이지만, 특허·인가와 달리 신청 없이도 행할 수 있으며(예 : 위험한 도로에 대한 통행금지의 해제 등), 신청내용과 다른 내용의 허가도 유효하게 성립된다(판례 참조). 허가가 신청에 의하여 행하여지는 경우에는 신청과 다른 허가(수정허가)도 원칙적으로 유효하게 성립될 수 있다는 것이 통설이다.

> **판례** (건축허가의) 신청과 다른 내용의 허가도 유효하다는 판례
>
> 건축물의 개축허가 신청에 대하여 행정청이 착오로 대수선 및 용도변경허가를 하였다 하더라도 취소 등 적법한 조치 없이는 그 효력을 부인할 수 없음은 물론, 이를 다른 처분, 즉 개축허가로 볼 수도 없다(대판 1985. 11. 26, 85누382).

7. 허가의 효과

허가의 효과는 자연적 자유의 회복에 그치므로 이로 인하여 받는 이익은 권리로서의 이익이 아닌 반사적 이익에 불과하다.

> **판례**
>
> 목욕장영업허가에 대한 위 판례 외에도, 이웃 여관이 건물의 4·5층까지 숙박업에 사용하고자 숙박업구조변경허가를 받은 경우에, 인근 다른 여관들이 이로 인하여 받게 될 불이익은 사실상의 것에 불과하며 이것만으로는 숙박업구조변경허가처분의 무효확인 또는 취소를 구할 소익이 없다고 판시하였다(대판 1990. 8. 14, 89누7900).

그러나 최근 허가와 특허의 구별이 상대화되어 감에 따라 판례도 **주류제조면허를** 허가로 보면서도 그 재산적 가치를 인정하고 이를 **법률상 이익으로** 보는 경향이 있는바, 비록 허가라 하더라도 관계법령의 취지가 **공익뿐만 아니라 개인의 이익까지도** 함께 보호하고자 하는 것인 때에는 단순한 반사적 이익이 아니라 **법적으로 보호되는 이익**이라고 하여야 할 것이며, 이 경우의 허가는 특허의 성질을 함께 가지고 있는 것으로 보아야 할 것이다(판례 참조).

> **판례** 주류제조면허는 반사적 이익이 아닌 법률로 보호되는 이익이라는 판례(법인세 부과시 순자산가액평가에 주류제조면허를 포함시켜야 한다는 취지)
>
> 주류제조면허는 국가의 수입확보를 위하여 설정된 재정허가의 일종이지만, 일단 이 면허를 얻은 자의 이익은 단순한 사실상의 반사적 이익에만 그치는 것이 아니라 주세법의 규정에 따라 보호되는 이익이고, 주세법상 주류제조면허의 양도가 인정되지 않고 있으나, 국세청훈령으로 보충면허제도를 두어 기존 면허업자가 그 면허를 자진 취소함과 동시에 그에 대체하여 동일제조장에 동일면허종목을 신청하는 경우에는 그 면허를 부여함으로써 당사자 간의 면허의 양도를 간접적으로 허용하고 있으며, 주류제조의 신규 면허는 주세당국의 억제정책으로 사실상 그 취득이 거의 불가능하여 위와 같은 보충면허를 받는 방법으로 면허권의 양도가 이루어지고 있는 이상, 위 면허권이 가지는 재산적 가치는 현실적으로 부인할 수 없는 것이므로 주류제조회사의 순자산가액을 평가함에 있어서 주류제조면허를 포함시키지 아니한 것은 잘못이다(대판 1989. 12. 22, 89누46).

한편, 허가는 특정 법령상의 금지를 해제하여 주는 효과밖에 없으므로 다른 목적으로 제정된 다른 법령에 의한 금지까지를 해제하는 것은 아니다(예 : 공무원은 음식점영업허가를 받더라도 국가공무원법상의 영리활동 금지의무까지 해제되는 것은 아니다).

근래 행정기능이 전문·다양화되어 인·허가 등 국민의 자연적 자유를 제한하는 법령이 급격히 증가하여, 예컨대 공장·빌딩·백화점·골프장 등을 짓는 데 필요한 수십 종의 인·허가를 받기 위하

여 수백 종의 구비서류를 갖추느라 몇 달 내지 몇 년이나 걸리는 실정에 있어, 기업의 생산활동에 지장을 초래하고 국가경쟁력 저하의 본질적 요인이 되고 있다. 따라서 정부는 **규제완화 내지 탈규제**의 차원에서 각종 인·허가 제도를 과감하게 축소하는 법제 개혁을 단행하고 있다.

이와 관련하여 1997년에는 『행정규제기본법』이 제정되어 모든 행정규제는 법률에 근거하여야 하고(규제법정주의), 규제는 필요한 최소한의 범위 내에서만 설정되어야 하며, 인·허가 등의 객관적·구체적 기준을 미리 공표하고, 규제의 신설·강화시에는 사전에 **규제영향분석과 자체심사**를 하도록 의무화하고 있다.

> **판례**
>
> 또한 인·허가 등의 요건은 법률에서 직접 정하거나 법률의 구체적·개별적인 위임에 의한 법규명령으로만 정할 수 있으며, 법률의 구체적·개별적 위임 없이 제정된 대통령령으로, 예컨대『지역별 교습수요에 적합할 것』이라는 새로운 사설학원의 인가요건을 정한 것은 사설학원 설립의 자유를 법률의 근거 없이 부당하게 제한하는 것으로 모법에 위반되어 무효가 된다는 판례가 있다(대판 1994. 2. 8, 93누8276).

한편, 각종 법령에서 허가의 요건으로 『거리제한규정』을 두고 있는 예가 가끔 있으나, 이러한 거리제한규정(예 : 주유소설치허가·공중목욕장영업허가에 있어 기존영업자와 일정한 거리 이상 떨어진 경우에만 허가할 수 있다는 규정)은 그것이 근거법률로부터 적법한 위임을 받은 하위법령으로 제정되어 있는 경우에 그 위임받은 범위 안에서 제정되었고, 또한 근거법률의 취지로 보아 당해 허가영업이 공익뿐만 아니라 기존영업자의 **사익**도 함께 보호하려는 취지라고 해석될 경우에만 기존영업자의 이익을 단순한 반사적 이익이 아니라 '**법률상 이익**'으로 보아 이를 **유효**한 것으로 평가할 수 있을 것이다(판례 참조).

> **판례** 공중목욕장영업허가에 있어서의 거리제한은 위법이라는 판례
>
> 구 공중목욕탕업법에 의하면 공중위생의 견지에서 환경과 설비의 합리적 제한을 두어 목욕탕의 설치, 장소, 시설 및 구조의 적절이 목욕탕업 경영의 허가기준으로 규정되어 있을 뿐 거리제한과 같은 분포의 적정에 관하여는 그 법에 아무런 규정도 없고 분포의 적정이 가사 공공의 복리를 위하여 필요한 것이라 하여도 위 법률이 환경과 설비에 관하여만 규정하고 분포의 적정에 관한 규정이 없는 한 분포의 적정이란 이유로 헌법상 보장된 영업의 자유가 제한될 수 없으므로 분포의 적정을 허가요건으로 하는 구 공중목욕탕업법 시행세칙 제4조의 규정이나 서울특별시장의 공중목욕탕 상호간의 거리제한에 관한 통첩은 헌법과 법률에 위배되어 무효이다(대판 1963. 8. 22, 63누97).

> **판례** 주유소의 난립방지를 위한 거리제한은 적법하다는 판례
>
> 위험물취급소 위치변경신청에 대한 불허가처분 당시의 소방법시행령 제78조 소정의 시설 기준 가운데 주유소 상호간의 거리에 관한 명문의 제한이 없었던 당시 상공부장관의 통첩에 의한 내무부장관의 거리제한 지시를 적용하여 위치변경신청을 거부한 처분은 적법하다(대판 1974. 11. 26, 74누110).

8. 허가받지 아니하고 행한 행위의 효과

허가를 받아야만 적법하게 할 수 있는 행위를 허가받지 아니하고 행한 경우에는 **행정상 강제집행**이나 **행정벌**의 대상은 되지만, 원칙적으로 당해 무허가행위의 **사법상 효력**까지 부인되는 것은 아니다.

9. 허가의 갱신

허가에 유효기간이 설정되어 있는 경우에 유효기간이 만료되어 갱신허가를 신청하는 경우 허가관청은 반드시 허가해 주어야만 하는 것은 아니며, 새로운 허가와 마찬가지로 허가요건에의 적합 여부를 심사하여 허가 여부를 결정하여야 한다(판례 참조).

갱신허가는 형식적으로는 새로운 허가행위이지만 실질적으로는 기존 허가의 효력의 동일성을 유지함으로써 장래에 향하여 종전의 지위를 계속 유지시키는 효과를 가지는 것이다. 따라서 갱신 전의 법령위반사실까지 불문에 붙이는 것이 아니며, 갱신허가를 한 후에도 갱신 전의 법령위반사실을 근거로 갱신허가를 취소할 수 있다(판례 참조).

> **판례** 갱신허가시 허가요건에의 적합 여부를 새로이 판단하여야 한다는 판례
> 사행행위 등 규제 및 처벌특례법에 의한 투전기영업허가를 받은 자가 유효기간이 지나서 다시 영업허가를 신청한 경우 이는 단순히 그 유효기간을 연장하여 주는 것이라기보다는 종전의 허가와는 별도의 새로운 영업허가를 내용으로 하는 행정처분이라 할 것이므로 동법의 규정에 의하여 허가요건의 적합 여부를 새로이 판단하여 그 허가 여부를 결정하여야 할 것이다(대판 1993. 2. 10, 92두72).

> **판례** 갱신허가 전의 법위반사실을 근거로 허가를 취소할 수 있다는 판례
> 유료직업소개사업의 갱신허가는 종전의 지위를 계속 유지시키는 효과를 갖는 것에 불과하고 갱신 전의 법위반사실을 불문에 붙이는 효과를 발생하는 것은 아니므로 갱신허가가 있은 후에도 갱신 전의 법위반사실을 근거로 하여 갱신허가를 취소할 수 있다(대판 1982. 7. 27, 81누174).

10. 허가영업의 양도와 제재사유의 승계

허가가 승계된 경우 양도인의 위법행위로 인한 제재사유가 양수인에게도 승계되는가? 따라서 행정청은 양도인의 위법행위를 내세워 양수인에 대해서도 제재처분을 할 수 있는가?

대물적 허가나 혼합적 허가는 **상속양도**의 대상이 될 수 있으며, 이 경우 대부분의 실정법은 인가 또는 승인을 받거나 신고하도록 함으로써 법률관계의 명확성을 기하도록 하고 있다(예 : 음식점영업 또는 건설업의 양도·양수는 신고하도록 하고 있다).

실제로 대부분의 영업허가는 사법상 양도의 대상이 되고 있으며, 이 경우 행정관청에 대한 신고 또는 인가행위는 그 양도·양수 계약의 **효력발생요건**이 되지만, 신고하거나 인가를 받기 전

이라도 당해 양도·양수 계약의 사법상 효력은 유효하다고 하여야 한다(판례 참조).

> **판례** 행정관청의 인가를 받을 것을 전제로 한 건설업면허 양도·양수 계약의 사법상 효력에 관한 판례
> 행정관청의 인가를 받을 것을 전제로 하는 건설업면허 양도·양수 계약은 이미 유효하게 성립한 것이다. 따라서 양도·양수 계약 당사자의 어느 일방에게 귀책사유가 있는 채무불이행이 있을 경우에는 이를 이유로 계약을 해제할 수 있다(대판 1994. 3. 11, 93다55418).

허가의 양도로 인하여 양수인은 양도인의 지위를 포괄적으로 승계하는 효과가 있으므로 양도인에게 허가를 취소할 위법사유가 있다면 이를 이유로 양수인에게 허가취소 등 제재조치를 할 수 있다는 판례가 있다(판례 참조. 그렇지 아니할 경우 위법행위를 한 영업자가 이에 대한 허가취소 등의 제재조치를 면하기 위하여 서둘러 양도·양수함으로써 양도·양수제도를 악용하는 사례가 있기 때문이다).

그러나 식품위생법(61) 등과 같이 허가취소·영업정지 등의 행정처분이 이미 행하여진 경우에는 그 행정처분의 효과는 그 처분기간이 만료된 날로부터 1년간 양수인에게 승계되며, 처분절차가 진행 중인 경우도 양수인에게 효력이 미치도록 제한하면서, 양수인이 그 제재처분의 존재나 양도인의 법령위반사실을 알지 못하였음을 증명하는 때에는 양수인에게 효력이 미치지 아니하는 것으로 하여 선의의 양수인을 보호하는 규정을 두고 있는 경우도 있다.

판례는 법위반행위를 한 자가 양도인임에도 불구하고 석유판매업(주유소)허가가 대물적 허가임을 근거로 양수인에 대한 석유판매업허가취소처분을 정당하다고 보거나(대판 1986. 7. 22, 86누203), 양수인에게 발령된 공중위생(이용원)영업정지처분이 대물적 처분이라는 근거로 양수인에 대한 영업정지처분을 정당하다고 보고 있다(대판 2001.6.29., 2001두1611).

> **판례** 석유판매업이 양도된 경우, 양도인의 귀책사유로 양수인에게 제재를 가할 수 있는지 여부
> 석유사업법 제12조 제3항, 제9조 제1항, 제12조 제4항 등을 종합하면 석유판매업(주유소)허가는 소위 대물적 허가의 성질을 갖는 것이어서 그 사업의 양도도 가능하고 이 경우 양수인은 양도인의 지위를 승계하게 됨에 따라 양도인의 위 허가에 따른 권리의무가 양수인에게 이전되는 것이므로 만약 양도인에게 그 허가를 취소할 위법사유가 있다면 허가관청은 이를 이유로 양수인에게 응분의 제재조치를 취할 수 있다 할 것이고, 양수인이 그 양수후 허가관청으로부터 석유판매업허가를 다시 받았다 하더라도 이는 석유판매업의 양수도를 전제로 한 것이어서 이로써 양도인의 지위승계가 부정되는 것은 아니므로 양도인의 귀책사유는 양수인에게 그 효력이 미친다(대판 1986. 7. 22, 86누203).

> **판례** 공중위생영업에 있어 그 영업을 정지할 위법사유가 있는 경우, 그 영업이 양도·양수 되었다 하더라도 양수인에 대하여 영업정지처분을 할 수 있는지 여부(적극)
> 구 공중위생관리법(2000. 1. 12. 법률 제6155호로 개정되기 전의 것) 제11조 제5항에서, 영업소폐쇄명령을 받은 후 6월이 지나지 아니한 경우에는 동일한 장소에서는 그 폐쇄명령을 받은 영업과 같은 종류의 영업을 할 수 없다고 규정하고 있고, 같은법시행규칙 제19조 [별표 7] 행정처분기준 Ⅱ. 개별기준 3. 이용업에서 업주의 위반사항에 대하여 3차 또는 4차 위반시(다만, 영업정지처분을 받고 그 영업정지기간 중 영업을 한 경우는 1차 위반시)에는 영업장폐쇄명령을 하고, 그보다 위반횟수가 적을 경우에는 영업정지, 개선명령 등을 하게 되

며, 일정한 경우 하나의 위반행위에 대하여 영업소에 대한 영업정지 또는 영업장폐쇄명령을, 이용사(업주)에 대한 업무정지 또는 면허취소 처분을 동시에 할 수 있다고 규정하고 있는 점 등을 고려하여 볼 때 영업정지나 영업장폐쇄명령 모두 대물적 처분으로 보아야 할 이치이고, 아울러 구 공중위생관리법(2000. 1. 12. 법률 제6155호로 개정되기 전의 것) 제3조 제1항에서 보건복지부장관은 공중위생영업자로 하여금 일정한 시설 및 설비를 갖추고 이를 유지·관리하게 할 수 있으며, 제2항에서 공중위생영업자가 영업소를 개설한 후 시장 등에게 영업소개설사실을 통보하도록 규정하는 외에 공중위생영업에 대한 어떠한 제한규정도 두고 있지 아니한 것은 공중위생영업의 양도가 가능함을 전제로 한 것이라 할 것이므로, 양수인이 그 양수 후 행정청에 새로운 영업소개설통보를 하였다 하더라도, 그로 인하여 영업양도·양수로 영업소에 관한 권리의무가 양수인에게 이전하는 법률효과까지 부정되는 것은 아니라 할 것인바, 만일 어떠한 공중위생영업에 대하여 그 영업을 정지할 위법사유가 있다면, 관할 행정청은 그 영업이 양도·양수되었다 하더라도 그 업소의 양수인에 대하여 영업정지처분을 할 수 있다고 봄이 상당하다(대판 2001.6.29., 2001두1611).

11. 인허가의제

1) 인허가의제의 의의

"인허가의제"란 하나의 인허가(이하 "주된 인허가"라 한다)를 받으면 '법률로 정하는 바에 따라' 그와 관련된 여러 인허가(이하 "관련 인허가"라 한다)를 받은 것으로 보는 것을 말한다(행정기본법 제24조 제1항). 행정기본법은 '인허가 법정주의'를 따르고 있다.

> **판례**
>
> 건축법에서 인·허가의제 제도를 둔 취지는, 인·허가의제사항과 관련하여 건축허가 또는 건축신고의 관할 행정청으로 그 창구를 단일화하고 절차를 간소화하며 비용과 시간을 절감함으로써 국민의 권익을 보호하려는 것이지, 인·허가의제사항 관련 법률에 따른 각각의 인·허가 요건에 관한 일체의 심사를 배제하려는 것으로 보기는 어렵다. 왜냐하면, 건축법과 인·허가의제사항 관련 법률은 각기 고유한 목적이 있고, 건축신고와 인·허가 의제사항도 각각 별개의 제도적 취지가 있으며 그 요건 또한 달리하기 때문이다. 나아가 인·허가의제사항 관련 법률에 규정된 요건 중 상당수는 공익에 관한 것으로서 행정청의 전문적이고 종합적인 심사가 요구되는데, 만약 건축신고만으로 인·허가의제사항에 관한 일체의 요건 심사가 배제된다고 한다면, 중대한 공익상의 침해나 이해관계인의 피해를 야기하고 관련 법률에서 인·허가 제도를 통하여 사인의 행위를 사전에 감독하고자 하는 규율체계 전반을 무너뜨릴 우려가 있다. 또한 무엇보다도 건축신고를 하려는 자는 인·허가의제사항 관련 법령에서 제출하도록 의무화하고 있는 신청서와 구비서류를 제출하여야 하는데, 이는 건축신고를 수리하는 행정청으로 하여금 인·허가의제사항 관련 법률에 규정된 요건에 관하여도 심사를 하도록 하기 위한 것으로 볼 수밖에 없다. 따라서 인·허가의제 효과를 수반하는 건축신고는 일반적인 건축신고와는 달리, 특별한 사정이 없는 한 행정청이 그 실체적 요건에 관한 심사를 한 후 수리하여야 하는 이른바 '수리를 요하는 신고'로 보는 것이 옳다.(대법원 2011.01.20. 선고 2010두14954 전원합의체 판결)

2) 인허가의제의 절차

① 관련 인허가 신청서류 '동시제출주의'

인허가의제를 받으려면 주된 인허가를 신청할 때 관련 인허가에 필요한 서류를 함께 제출하여야 한다. 다만, 불가피한 사유로 함께 제출할 수 없는 경우에는 주된 인허가 행정청이 별도로 정하는 기한까지 제출할 수 있다(동법 제24조 제2항).

② 관련 인허가 행정청과 협의('필요적 절차')

주된 인허가 행정청은 주된 인허가를 하기 전에 관련 인허가에 관하여 미리 관련 인허가 행정청과 '협의하여야' 한다(동법 제24조 제3항).

③ 관련 인허가 행정청의 의견제출

관련 인허가 행정청은 행정기본법 제24조 제3항에 따른 협의를 요청받으면 그 요청을 받은 날부터 '20일 이내'(제5항 단서에 따른 절차에 걸리는 기간은 제외한다)에 의견을 '제출하여야' 한다. 이 경우 전단에서 정한 기간(민원 처리 관련 법령에 따라 의견을 제출하여야 하는 기간을 연장한 경우에는 그 연장한 기간을 말한다) 내에 협의 여부에 관하여 의견을 제출하지 아니하면 협의가 된 것으로 본다(동법 제24조 제4항).

④ 절차의 집중

예컨대 관련 인허가 법률에 주민의 의견청취절차가 규정된 경우 그 절차를 거쳐야만 하는가, 그렇지 않으면 주된 인허가 법률에 규정된 절차만 거치면 되는가? 대법원은 관련 인허가에 규정된 절차는 거칠 필요가 없고 신청된 주된 인허가에 관해 규정된 절차만 거치면 된다는 입장이다(절차집중효설). 인허가의제의 취지에서 타당하다고 본다.

> **판례** 주택건설사업계획 승인권자가 도시·군관리계획 결정권자와 협의를 거쳐 주택건설사업계획을 승인함으로써 도시·군관리계획결정이 이루어진 것으로 의제되기 위해서는 협의 절차와 별도로 국토의 계획 및 이용에 관한 법률 제28조 등에 따른 주민 의견 청취 절차를 거쳐야 하는지 여부(소극)
> 구 주택법(2016. 1. 19. 법률 제13805호로 전부 개정되기 전의 것, 이하 '구 주택법'이라 한다) 제17조 제1항에 인허가 의제 규정을 둔 입법 취지는, 주택건설사업을 시행하는 데 필요한 각종 인허가 사항과 관련하여 주택건설사업계획 승인권자로 그 창구를 단일화하고 절차를 간소화함으로써 각종 인허가에 드는 비용과 시간을 절감하여 주택의 건설·공급을 활성화하려는 데에 있다. 이러한 인허가 의제 규정의 입법 취지를 고려하면, 주택건설사업계획 승인권자가 구 주택법 제17조 제3항에 따라 도시·군관리계획 결정권자와 협의를 거쳐 관계 주택건설사업계획을 승인하면 같은 조 제1항 제5호에 따라 도시·군관리계획결정이 이루어진 것으로 의제되고, 이러한 협의 절차와 별도로 국토의 계획 및 이용에 관한 법률 제28조 등에서 정한 도시·군관리계획 입안을 위한 주민 의견청취 절차를 거칠 필요는 없다.(대법원 2018.11.29. 선고 2016두38792 판결)

행정기본법 제24조 제3항에 따라 협의를 요청받은 관련 인허가 행정청은 해당 법령을 위반하여 협의에 응해서는 아니 된다. 다만, 관련 인허가에 필요한 심의, 의견 청취 등 절차에 관하여는 법률에 인허가의제 시에도 해당 절차를 거친다는 '명시적인 규정이 있는 경우에만' 이를 거친다(동법 제24조 제5항).

3) 인허가의제의 '실체적 요건' 심사

주된 인허가 행정청이 관련 인허가의 실체적 요건 구비 여부까지 심사해야 하는가? 신청된 주된 인허가 요건의 구비 여부만 심사하면 족하지 않고, 관련 인허가 요건까지 모두 구비한 경우에 주된 신청에 대한 허가를 할 수 있다고 보는 것이 대법원의 입장이다. 이에 따라 관련 인허가의 요건 미비 시 주된 인허가 신청에 대한 거부처분은 적법하다.

> **판례** 국토의 계획 및 이용에 관한 법률상 건축물의 건축에 관한 개발행위허가가 의제되는 건축허가신청이 국토의 계획 및 이용에 관한 법령이 정한 개발행위허가기준에 부합하지 아니하는 경우, 허가권자가 이를 거부할 수 있는지 여부(적극)
> 건축물의 건축이 국토계획법상 개발행위에 해당할 경우 그에 대한 건축허가를 하는 허가권자는 건축허가에 배치·저촉되는 관계 법령상 제한 사유의 하나로 국토계획법령의 개발행위허가기준을 확인하여야 하므로, 국토계획법상 건축물의 건축에 관한 개발행위허가가 의제되는 건축허가신청이 국토계획법령이 정한 개발행위허가기준에 부합하지 아니하면 허가권자로서는 이를 거부할 수 있고 …(대법원 2016.08.24. 선고 2016두35762 판결)

4) 인허가의제의 효과

행정기본법 제24조제3항·제4항에 따라 협의가 된 사항에 대해서는 '주된 인허가를 받았을 때' '관련 인허가를 받은 것으로 본다'(동법 제25조 제1항).

인허가의제의 효과는 주된 인허가의 해당 법률에 규정된 관련 인허가에 한정된다(동법 제25조 제2항).

5) 인허가의제의 사후관리 등

인허가의제의 경우 관련 인허가 행정청은 관련 인허가를 직접 한 것으로 보아 관계 법령에 따른 관리·감독 등 필요한 조치를 하여야 한다(동법 제26조 제1항).

주된 인허가가 있은 후 이를 변경하는 경우에는 행정기본법 제24조·제25조 및 제26조 제1항을 준용한다(동법 제26조 제2항).

Ⅲ. 면제

허가는 소극적인 부작위의무를 해제해 주는 것이지만, 면제는 적극적인 작위·급부·수인 의무를 해제하는 것을 말한다.

▶ 예 : 군입대의무면제·조세면제·예방접종의무면제 등.

면제는 의무를 해제해 준다는 점에서 허가와 성질이 같다. 따라서 면제의 성질·종류·효과 등은 허가에서 설명한 것과 같다.

제2항 형성적 행위

'형성적 행위'란 행정청이 그 상대방인 국민의 특정한 권리, 권리능력, 행위능력 또는 포괄적인 법률관계 및 기타 법률상의 힘을 발생·변경·소멸시키는 행위를 말한다.

형성적 행위는 이해관계인 및 제3자에게 대항할 수 있는 법률상의 새로운 이익이나 권리를 부여하거나 또는 이를 변경·박탈하는 것을 목적으로 하는 점에서 국민의 자연적 자유의 제한과 해제를 목적으로 하는 **명령적 행위**와 구별된다. 즉 형성적 행위는 특정한 권리나 법률관계를 새로이 창설한다는 점에서 명령적 행위와 구별된다. 형성적 행위는 상대방을 표준으로 하여 다음과 같이 구분된다.

① 직접 상대방을 위한 행위(특허)

설권·변경·탈권행위로 나누어지며, 그 중 '설권행위'를 특별히 '**특허**'라고 한다.

② 타자를 위한 행위

제3자의 행위를 보충하여 그 효력을 완성시켜 주거나(인가), 제3자를 대리하여 행하는 행위(대리)로 나누어진다.

Ⅰ. 특허(광의)

1. 특허(광의)의 의의

'광의의 특허'란 특정 상대방을 위하여 새로운 권리·능력 또는 포괄적 법률관계를 설정하는 행위를 말하며, 이 중 권리를 설정하는 행위를 '협의의 특허'라고 한다.

특정인에게 재산상의 이익을 향유할 수 있는 『**권리**』 설정행위의 예로서는 광업허가, 어업면허, 자동차·해상·항만·항공 등 각종 운수사업면허, 보세구역설치경영특허, 특허기업특허, 토지수용권설정, 공유수면매립면허, 공물사용권특허, 교과서의 국정·검정·인정행위 등이 있다.

특정인에게 그 행위를 할 수 있게 하는 『**능력**』 설정행위로서는 공법인설립행위가 있고, 두 가지 이상의 법적 관계의 합성에 의하여 성립하는 『**포괄적 법률관계**』 설정행위로서는 공무원임명·귀화허가 등이 있다.

권리·능력 및 포괄적 법률관계를 설정하는 행위를 **설권행위**, 즉 '광의의 특허'라고 하는 데 비하여, 이미 설정된 그것들을 변경시키는 행위를 **변경행위**(예 : 광구변경, 공무원 전보)라 하고, 그것들을 소멸시키는 행위를 **탈권행위**(예 : 어업면허의 취소)라 한다.

2. 특허(광의)의 성질

특허는 명령적 행위인 허가와 달리 본래의 자연적 자유를 회복시켜 주는 것이 아니고 법률상의 새로운 권리를 부여하는 **형성적 행위**이므로, 전형적인 수익적 **행정행위**이며 **재량행위**이고 **쌍방적 행정행위**이다. 따라서 이로 인한 이익도 단순한 반사적 이익이 아닌 **권리로서의 이익**이다. 그러나 최근 허가와 특허의 **구별**은 점차 상대화되어 가는 경향이 있음은 이미 설명한 바와 같다.

> **판례** 　자동차운수사업면허, 교과서의 국정·검정행위는 형성적 행위이며 재량행위라는 판례
> ① 자동차운수사업법에 의한 자동차운수사업면허는 특정인에게 권리를 설정하여 주는 행위로서 재량행위이다(대판 1993. 5. 27, 92누19033).
> ② 교과서에 관한 국정 또는 검·인정 제도의 법적 성질은 인간의 자연적 자유의 제한에 대한 해제인 허가가 아니라, 어떠한 책에 대하여 교과서라는 특수한 지위를 부여하는 가치 창설적인 형성적 행위로서 특허의 성질을 갖는다고 할 것이므로 국가는 그에 대하여 재량권을 갖는다(헌재결 1992. 11. 28, 89헌마88).

한편, 종래 특허를 사인의 출원이라는 의사표시와 행정청의 특허행위라는 의사표시에 대등한 가치를 부여하여 **공법상 계약**의 일종으로 보는 견해도 있었으나, 양자의 의사표시에 대등한 가치를 부여하기는 어려우며, 역시 상대방의 신청을 요하는 **쌍방적 행정행위**로 보는 것이 일반적인 견해이다.

3. 특허(광의)의 형식

특허는 허가와 달리 언제나 **특정인에게만** 할 수 있으며, 따라서 **특허처분**이라는 구체적인 행정행위의 형식으로 행하여지는 것이 원칙이지만, 예외적으로 법규에 의하여 직접 행하여지는 경우(**법규특허**)도 있다(예 : 한국도로공사법·대한주택공사법·한국토지공사법 등에 의하여 공법인을 직접 설립하고 각종 사업수행권을 부여하는 것).

4. 특허(광의)의 출원(신청)

특허는 허가와 달리 상대방의 출원을 **필요요건**(효력요건)으로 하므로 출원이 없거나 출원내용에 반하는 특허는 완전한 효력을 발생할 수 없다. 다만, 특허처분이 아닌 직접 법규에 의한

특허의 경우에는 성질상 출원이 필요없다.

5. 특허(광의)의 효과

특허는 상대방에게 권리·능력·포괄적 법률관계를 설정하는 효과를 가지며, 이로 인하여 설정되는 권리는 공권인 경우(예 : 특허기업의 특허, 공물사용권의 특허)도 있지만 사권인 경우도 있다(예 : 광업법 제12조의 광업권, 수산법 제15조의 어업권 등). 어떤 경우든 특허로 부여된 권리를 행정주체가 침해하면 행정상 쟁송과 국가배상으로, 사인이 침해하면 사법상 손해배상으로 구제받을 수 있다.

대인적 특허의 효과는 이전될 수 없으나(예 : 공무원·귀화자의 지위 등), 대물적 또는 혼합적 특허의 효과는 행정관청에의 신고·인가 등에 의하여 이전될 수 있다(예 : 광업권·어업권·운수사업면허의 양도·양수 등).

6. 특허받지 아니하고 행한 행위의 효과

> **판례** 기존어업권을 침해하는 새로운 어업면허는 무효라는 판례
> 다른 조합이나 다른 어촌계의 업무 구역 내에는 기존어업권자의 동의가 있는 경우 등이 아니면 중복하여 어업면허를 할 수 없으며, 이에 위반하여 어업면허를 하였다면 그 면허처분은 당연 무효이다(대판 1978. 4. 25, 78누42).

허가의 경우와 같이 행정상 강제집행이나 행정벌의 대상이 될 뿐이지만, 예외적으로 당해 행위의 효력까지를 무효로 보아야 할 경우도 있다(예 : 공무원 임명을 받지 아니한 자의 행정행위 등).

7. 특허의 갱신·양도

허가에서 설명한 바와 같다. 다만, 특허가 재량행위이듯이 특허의 갱신도 재량행위인 점이 다를 뿐이다(판례 참조).

> **판례** 보세구역 설치경영의 특허 및 그 갱신은 재량행위라는 판례
> 관계법 제78조의 규정에 의한 보세구역의 설치경영특허는 보세구역의 설치경영에 관한 권리를 설정하는 특허에 해당하는 것으로서 행정관청의 자유재량에 속하는 것이며, 특허기간의 만료로 인한 특허의 갱신은 실질적으로 권리의 설정과 같으므로 특허의 갱신여부도 자유재량에 속한다(대판 1989. 5. 9, 88누4188).

8. 허가와 특허의 구별

허가에서 이미 설명한 바와 같이 오늘날 허가와 특허의 구별이 점차 상대화되어 가고 있고, 실정법상으로도 서로 혼동하여 사용되는 경우가 있으나, 양자의 상대적인 차이점을 정리하면 다음과 같다.

1) 허가와 특허의 공통점

양자는 모두 ① 수익적 행정행위, ② 상대방의 출원, ③ 일정한 경제적 이익의 발생, ④ 부관의 가능, ⑤ 행정관청의 특별한 감독, ⑥ 허가 또는 특허 없이 행한 경우의 행정상 강제집행, 행정벌 부과 등의 공통점이 있다.

2) 허가와 특허의 차이점

① 명령적 행위·형성적 행위

허가는 자연적 자유를 회복시키는 명령적 행위이지만, 특허는 권리를 설정하는 형성적 행위이다.

② 기속행위·재량행위

허가는 원칙적으로 기속행위이지만, 특허는 원칙적으로 재량행위이다.

③ 구체적 행정행위 여부

허가는 항상 개별적·구체적 허가처분의 형식에 의하지만, 특허는 예외적으로 법규에서 직접 행할 수도 있다.

④ 출원 여부

허가는 예외적으로 상대방의 출원 없이도 행하여질 수 있으나(일반처분 등), 특허는 항상 출원이 있어야 한다(단, 법규가 직접 행하는 경우는 예외).

⑤ 규제목적·대상사업

허가는 명령적 행위라는 특성상 소극적인 질서유지를 규제목적으로 하고 있으므로 음식점·숙박영업·이미용업 등 개인적 사업인 데 반하여, 특허는 공공복리를 위하여 국가의 적극적인 관여를 필요로 하는 물·가스·전기·운송사업 등 공익사업이다.

⑥ 효과

허가로 받는 이익은 단순한 반사적 이익에 그치므로 그 침해에 대한 구제를 신청할 수 없으나(예 : 기존 숙박영업자는 영업이익의 감소를 이유로 인근의 숙박업 신규허가의 취소를 청구할 수 없다), 특허로 받는 이익은 권리로서의 이익이므로 행정관청도 이를 침해할 수 없다(예 : 광업권·어업권 등을 침해하면 일종의 공용수용에 해당하며, 손실보상을 하여야 한다).

또한, 허가의 효과는 공법상 의무의 해제이므로 항상 공법적인 데 비하여, 특허의 효과는 사법적인 것일 때도 있다(예 : 어업권·광업권 등 사권의 설정).

⑦ 감독·보호

허가를 받은 자에 대한 감독은 공공의 질서유지를 위한 소극적·최소한의 감독에 그치며 특별한 보호는 없는 것이 원칙이지만, 특허를 받은 자에 대한 감독은 공공복리의 달성을 위한 적극적인 것이며 당해 사업목적 달성을 위하여 일정한 보호와 특권이 부여될 경우도 있다(예 : 특허기업에 대한 각종 보조금 및 토지수용권 부여, 특허기업과 유사한 명칭 사용행위의 금지 등).

Ⅱ. 인가(보충행위)

1. 인가의 의의

> '인가'란 제3자의 법률행위에 동의를 부여하여 그 행위의 법적 효력을 완성하여 주는 행위로서 '보충행위'라고도 한다.

원래 사인 간의 법률행위는 행정주체의 동의나 간섭 없이도 완전히 효력을 발생하는 것이 원칙이지만, 예외적으로 공익에 중대한 영향을 미치는 행위는 행정주체가 후견적 입장에서 관여하도록 하는 경우가 있다.

▶ 예 : 비영리법인 설립허가 및 정관변경인가, 특허기업의 운임·요금 인가, 사립학교법인 이사취임승인, 지방채기채승인, 허가나 특허의 양도·양수의 인가, 외국인 토지취득허가, 토지거래허가구역 내에서의 토지거래허가 등.

인가는 학문상의 개념이기 때문에 실정법상에서는 이처럼 허가·승인·인가 등의 용어로 사용되고 있다(판례 참조).

판례 실정법상 허가라는 용어를 학문상의 인가라고 판시한 경우
① 민법상 재단법인 정관변경허가
민법 제45조와 제46조에서 말하는 재단법인의 정관 변경 '허가'는 법률상의 표현이 허가로 되어 있기는 하나, 그 성질에 있어 법률행위의 효력을 보충하여 주는 것이지 일반적 금지를 해제하는 것이 아니므로, 그

법적 성격은 인가라고 보아야 한다(대판 1996. 5. 16, 95누4810).
② 국토이용관리법상 토지거래허가
　국토이용관리법 제21조의3 제1항 소정의 허가가 규제지역 내의 모든 국민에게 전반적으로 토지거래의 자유를 금지하고 일정한 요건을 갖춘 경우에만 금지를 해제하여 계약체결의 자유를 회복시켜 주는 성질의 것이라고 보는 것은 위 법의 입법취지를 넘어선 지나친 해석이라고 할 것이고, 규제지역 내에서도 토지거래의 자유가 인정되나 다만, 위 허가를 허가 전의 유동적 무효 상태에 있는 법률행위의 효력을 완성시켜 주는 인가적 성질을 띤 것이라고 보는 것이 타당하다(대판 1991. 12. 24, 90다12243).

　도시 및 주거환경정비법(도시정비법)상 "행정청이 도시 및 주거환경정비법 등 관련 법령에 근거하여 행하는 조합설립인가처분은 단순히 사인들의 조합설립행위에 대한 보충행위로서의 성질을 갖는 것에 그치는 것이 아니라 법령상 요건을 갖출 경우 도시 및 주거환경정비법상 주택재건축사업을 시행할 수 있는 권한을 갖는 행정주체(공법인)로서의 지위를 부여하는 일종의 설권적 처분의 성격을 갖는다고 보아야 한다"(대판 2009. 9. 24, 2008다60568)고 한다.

> **판례**　행정청이 도시 및 주거환경정비법 등 관련 법령에 의하여 행하는 조합설립인가처분의 법적 성격
> 　행정청이 도시 및 주거환경정비법 등 관련 법령에 근거하여 행하는 조합설립인가처분은 단순히 사인들의 조합설립행위에 대한 보충행위로서의 성질을 갖는 것에 그치는 것이 아니라 법령상 요건을 갖출 경우 도시 및 주거환경정비법상 주택재건축사업을 시행할 수 있는 권한을 갖는 행정주체(공법인)로서의 지위를 부여하는 일종의 설권적 처분의 성격을 갖는다고 보아야 한다(대판 2009. 9. 24, 2008다60568).

2. 인가의 성질

　인가는 법률행위의 효력발생요건이므로 인가받아야 할 행위를 인가받지 아니하고 행한 무인가행위는 원칙적으로 무효가 되며, 이 점에서 허가와 구별된다.

> **판례**
> 　국토의계획 및 이용에 관한 법률상의 토지거래계약허가의 법적 성질을 인가로 보면서도, 허가를 받기 전의 토지거래는 확정적으로 무효가 되는 것이 아니라 거래허가를 받게 되면 유효한 상태가 되는 유동적 무효이고 그 인가가 거부된 경우에 확정적 무효가 되는 것이라 보고 있다(대판 1991. 12. 24, 90다12243).

　즉, 인가가 무효를 유보시키고 있는 경우도 성립된다는 것이다.

> **판례**　인가받지 아니하고 행한 행위의 효과
> 　무역거래법18①(현, 대외무역법20②)은 효력규정이므로 이에 위반하여 상공부장관의 승인(학문상의 인가에 해당한다) 없이 행한 외화획득용 수입원료·기재의 양도·양수행위는 무효이다(대판 1974. 3. 26, 73다721).

　그러나 건설업면허 양도·양수의 예와 같이 통상 당사자 간에 양도·양수 계약을 먼저 하고 나서 행정관청에 양도·양수의 인가를 신청하는바, 이 경우 인가가 있기 전까지는 면허의 이전이라는 법적 효과가 발생되지 않는다는 것뿐이지, 당사자 간의 양도계약이라는 채권계약의

사법상 효력까지 부인되는 것은 아니다(허가의 양도에서 예시한 건설업면허 양도·양수 계약의 사법상 효력에 관한 판례 참조. 대판 1994. 3. 11, 93다55418).

3. 인가의 형식

인가는 성질상 항상 개별적 행정행위인 인가처분의 형식으로만 행하여진다.

4. 인가의 대상

인가의 대상은 그 성질상 반드시 **법률행위**에 국한되며, 사실행위는 제외된다는 점에서 허가와 구별된다. 인가 대상인 법률행위의 종류에는 **공법상 행위**(예 : 공공단체의 정관변경인가)도 있고 **사법상 행위**(특허기업의 양도·양수 인가, 민법상 재단법인정관변경허가 등)도 있다. 인가는 법률행위만을 대상으로 하기 때문에 그 효과는 당해 법률행위에 대한 직접 관계인에 한하여 발생하고 타인에게 이전되지 않음이 원칙이다.

5. 인가의 신청과 수정인가

인가는 성질상 보충성의 성격을 가지는 것이므로 항상 **상대방의 신청**에 의하여서만 행하여 질 수 있으며, 이 점에서 허가와 구분된다.
또한, 당사자가 발생시키기를 원하는 법률효과와 다른 내용으로 수정하여 인가할 수 있는가에 관하여는 보충성의 원칙과 사적 자치의 원칙을 존중하여 법령에 특별한 근거가 없는 한 부정되어야 할 것이며, 이 점에서도 허가와 구별된다.

6. 기본행위의 하자와 인가의 관계

인가는 타자의 법률행위의 효력을 보충하여 완성시켜 주는 보충적 행위에 불과하므로, 그 타자의 법률행위(이를 행정관청의 인가행위에 대하여 기본행위 또는 기본적 법률행위라 한다) 자체가 불성립 또는 무효이거나 취소원인이 있어 취소된 경우에는 아무리 인가를 받았더라도 기본행위의 하자가 치유되는 것은 아니며, 나아가 그 전제조건의 결여로 말미암아 인가 자체까지 무효로 된다(판례 참조). 인가는 기본행위의 적법·유효한 성립을 전제로 하기 때문이다.
또한, 기본행위에 하자가 있으면 기본행위의 취소·무효 확인을 구할 수 있을 뿐이며, 이에 대한 인가행위를 대상으로 취소·무효 확인을 구할 수는 없다고 할 것이다(판례 참조).

판례 기본행위의 하자와 인가와의 관계

① 도시재개발법(41)에 근거하여 주택개량재개발조합이 작성한 주택개량사업관리처분계획에 대한 행정청의 인가처분은 동 계획에 대한 법률상의 효력을 완성시켜 주는 보충행위로서, 그 기본이 되는 동 계획에 하자가 있을 때에는 그에 대한 인가가 있었다 하더라도 기본행위인 동 계획이 유효한 것으로 될 수 없다(대판 1994. 10. 14, 93누22753).
② 하천공사권의 양도·양수에 관한 인가는 기본행위인 양도·양수계약을 보충하여 그 법률상의 효력을 완성시키는 보충행위이므로 기본행위가 무효일 때에는 그 보충행위인 인가처분도 별도의 취소조치를 기다릴 필요 없이 당연히 무효이다(대판 1980. 5. 27, 79누196).
③ 사립학교법 제17조 4항에 의한 감독청의 이사회소집승인처분은 이사장이 아닌 이사에게 이사회 소집권한을 부여하여 이사회결의의 전제가 되는 이사회소집의 법률상 효력을 완성시켜 주는 보충적 행정행위로서 성질상 기본행위인 이사회소집행위가 법정요건을 충족하지 못하여 무효인 경우에는 그에 대한 승인이 있다 하더라도 이사회 소집이 유효한 것으로 될 수 없을 뿐만 아니라 기본행위를 떠나 승인처분 자체만으로는 법률상 아무런 효력도 없다(대판 1993. 4. 23, 92누15482).

판례 기본행위의 하자를 이유로 인가행위의 취소 또는 무효확인을 구할 수 없다는 판례

① 주택개량사업관리처분계획이 적법·유효하고 보충행위인 인가처분 자체에만 하자가 있다면 그 인가처분의 무효나 취소를 주장할 수 있지만, 인가처분에는 하자가 없고 기본행위에만 하자가 있는 경우에는 그 기본행위의 하자를 다투는 것은 별론으로 하고, 기본행위의 무효를 내세워 바로 그에 대한 행정청의 인가처분의 취소 또는 무효확인을 구할 법률상의 이익은 없다(대판 1994. 10. 14, 93누22753).
② 기본행위인 주택재건축조합설립에 하자가 있는 경우에는 민사쟁송으로 따로 그 기본행위의 취소 또는 무효확인 등을 구하는 것은 별론으로 하고 기본행위의 불성립 또는 무효를 내세워 바로 그에 대한 감독청의 인가처분의 취소 또는 무효확인을 소구할 법률상의 이익이 있다고 할 수 없다(대판 2000. 9. 5, 99두1584).

7. 인가행위의 하자

기본행위는 유효하게 성립하였지만 행정관청의 인가행위에 무효 또는 취소원인인 하자가 있는 경우에는 그 인가행위만이 무효가 되거나 취소할 수 있게 된다. 이러한 경우 기본행위의 효력에는 아무런 영향을 미칠 수 없으므로 당해 기본행위는 결국 인가가 없는 무인가행위로 존재하게 되며, 필요한 경우 다시 요건을 구비하여 인가신청을 할 수 있음은 물론이다.

8. 인가와 허가의 구별

1) 명령적 행위와 형성적 행위

허가는 자연적 자유를 회복시켜 주는 명령적 행위이지만, 인가는 타자의 행위의 법률적 효력을 완성시켜 주는 형성적 행위이다.

2) 위반시의 효과

허가받아야 할 행위를 허가받지 아니하고 행할 경우 강제집행·행정벌의 대상은 되지만, 당해 행위의 효력에는 아무런 영향을 미치지 못함이 원칙이다. 그러나 인가받아야 할 행위를 인가받지 아니하고 행한 경우에는 당해 행위의 효력 자체가 부인될 뿐 강제집행이나 처벌의 대상은 되지 아니한다.

3) 대 상

허가는 사실행위 또는 법률행위를 대상으로 하지만, 인가는 성질상 항상 법률행위만을 대상으로 한다.

4) 신 청

허가는 상대방의 신청 없이 행하여지는 경우도 있지만, 인가는 항상 신청에 의하여 행하여진다.

5) 실정법상의 예

실정법상 허가와 인가는 학문상의 그것과 반드시 일치하지 않는 경우도 있다(예 : 민법상의 법인설립『허가』는 학문상 인가에 해당한다). 한편, 국토의 계획 및 이용에 관한 법률상의 토지거래계약허가와 같이 허가를 받아야 매매계약의 법적 효과가 완성된다는 의미에서 인가에 해당되지만, 허가 없이 매매계약을 체결한 자는 2년 이하의 징역 등의 행정벌을 과함으로써 자연적 자유에 대한 금지 및 해제를 규정하였다는 의미에서 허가의 성질을 함께 가지는 예도 있다.

9. 인가와 특허의 구별

1) 인가와 특허의 공통점

양자는 모두 ① 수익적 행정행위 및 ② 형성적 행위이고, ③ 상대방의 출원이 있어야 하며, 신청내용과 다른 특허나 인가(수정인가)는 불가능하고, ④ 구체적인 행정행위(행정처분)의 형식을 취한다는 공통점이 있다.

2) 인가와 특허의 차이점

① 내 용

특허는 직접 상대방을 위하여 권리·능력을 설정하여 주는 설권행위이지만, 인가는 당사자 사이의 법률행위의 효력을 완성시켜 주는 일종의 보충행위이다.

② 효 과

특허는 제3자에 대하여 주장할 수 있는 법적 권리를 설정해 주는 것이지만, 인가는 당사자 사이의 법률행위의 보충에 그치며 새로운 권리를 설정해 주는 것은 아니다.

③ 이전가능성

특허의 효과는 일신전속적인 대인적 특허가 아닌 한 이전될 수 있으나, 인가는 기본행위인 특정 법률행위를 대상으로 행하여지는 것이므로 성질상 이전될 수 없다.

④ 기본행위와의 관계 문제

특허는 기본행위와의 관계가 문제될 수 없으나, 인가는 보충행위이기 때문에 항상 기본행위의 적법한 존재를 전제로 하며 기본행위가 부존재·무효·취소되면 인가까지 효력을 상실하게 된다.

Ⅲ. 공법상 대리

'공법상 대리'란 제3자가 행하여야 할 행위를 행정주체가 대신하여 행하고 그 행위의 효과는 본인에게 귀속하게 하는 것을 말한다.

일반적으로 공법상 행위로서의 대리는 본인의 의사에 의한 대리(임의대리)가 아니라 법률의 규정에 의한 **법정대리**이다. 여기에서의 대리는 **행정행위로서 공법상 행위로서의 대리**를 말한다. 따라서 행정조직 내부에서의 대리는 이에 포함되지 않는다.

대리는 그 목적에 따라 다음과 같이 구분될 수 있다.

① 감독적인 목적	감독관청이 행하는 공법인의 정관작성·임원임면·법인설립 등기신청
② 당사자 간의 협의 불성립시의 조정적 목적	토지보상법 제34조 1항에 의한 '토지수용의 재결'
③ 타인보호의 목적	연고 없는 사망자의 유품관리
④ 국가 자신의 행정목적 달성	세금체납자에 대한 압류재산의 '공매'행위

제3항 준법률행위적 행정행위

> '준법률행위적 행정행위'란 개별적으로 국민의 권리와 의무에 구체적이고 직접적으로 영향을 미치는 행정행위라는 점에서 행정행위이지만, 법률행위적 행정행위와 달리 행정행위의 구성요소가 '의사표시'가 아닌 어떤 정신작용(판단·인식·관념의 표시)이며, 따라서 그 법적 효과도 의사표시에 나타난 행정관청의 의사대로 부여되는 것이 아니라 '직접 법령에 규정된 대로' 부여되는 행정행위를 말한다.

이러한 준법률행위적 행정행위는 보통 ① 확인행위, ② 공증행위, ③ 통지행위, ④ 수리행위로 구분된다.

Ⅰ. 확인

1. 확인의 의의

> '확인'이란 특정 사실관계 또는 법률관계의 존재여부나 그 정당성 여부에 관하여 행정관청이 공적 권위로써 확인하는 '판단의 표시행위'이다.

즉, 확인이란 특허와 같이 새로운 법률관계를 설정하는 것이 아니고, 기존의 사실 또는 법률관계를 유권적으로 확정하는 것을 말한다.

▶ 예 : 실정법적으로는 재결(행정심판의 재결)·결정(도로구역·당선인·시험합격자의 결정)·특허(발명특허) 등의 용어로 사용되고 있다.

판례

친일반민족행위자 재산의 국가귀속에 관한 특별법 제3조 제1항 본문, 제9조 규정들의 취지와 내용에 비추어 보면, 같은 법 제2조 제2호에 정한 친일재산은 친일반민족행위자재산조사위원회가 국가귀속결정을 하여야 비로소 국가의 소유로 되는 것이 아니라 특별법의 시행에 따라 그 취득·증여 등 원인행위시에 소급하여 당연히 국가의 소유로 되고, 위 위원회의 국가귀속결정은 당해 재산이 친일재산에 해당한다는 사실을 확인하는 이른바 준법률행위적 행정행위의 성격을 가진다.(대법원 2008.11.13. 선고 2008두13491 판결)

2. 확인의 성질

1) 준법률행위적 행정행위

특허로 대표되는 형성적 행정행위는 행정관청의 의사표시대로 새로운 법률효과가 발생되는 법률행위적 행정행위임에 반하여, 확인은 이미 존재하는 사실 또는 법률관계를 공적 권위로써 판단해 주는 **준법률행위적 행정행위**이며, 이로 인하여 특허권과 같은 일종의 권리 형성적 효과가 부여되는 경우도 있으나 그 법적 효과는 직접 법률이 부여하는 것이지 당해 확인행위 자체의 효과는 아니다(예 : 『발명특허』도 어떤 발명행위가 최초의 창작에 해당된다는 공적인 확인행위이며, 이로 인한 법적 효과-특허권은 20년간 보호되며, 침해가 금지되는 등의 법적 효과-는 특허법에 의하여 직접 발생되는 것이다).

2) 법선언적 행위·기속행위

확인행위는 일정한 사실·법률관계의 존재여부 또는 정당성여부를 확인하고 선언하는 **법선언적 행위**로서 사법행위와 유사한 면이 있으며, 일정한 사실·법률관계가 존재·부존재 또는 정당·부당하다고 판단되는 이상 확인행위를 하지 않을 수 없다는 의미에서 **기속행위**에 해당한다.

3. 확인의 종류

① 조직법상의 확인	국가시험합격자·선거당선인 결정 등
② 급부행정상의 확인	도로·하천구역 결정, 발명특허 등
③ 재정법상의 확인	소득세부과를 위한 소득금액의 결정 등
④ 군정법상의 확인	군사시설보호구역의 지정 등
⑤ 쟁송법상의 확인	이의신청·행정심판에 대한 재결 등

4. 확인의 형식

항상 **구체적 처분**의 형식으로 행하여지며, 법령에 의한 일반적 확인은 성립될 수 없고 구체적 사안에 따른 개별적 확인만 인정된다. 또한 확인행위는 법률관계의 명확성을 기하기 위하여 일정한 형식이 요구되는 경우가 많다(예 : 행정심판의 재결서).

5. 확인의 효과

공통적인 효과로서 모든 확인행위는 공적 권한을 가진 판단작용이므로 처분 행정관청이 임의로 변경할 수 없는 **불가변력**이 발생하며, 그 외에도 각 개별법령에 규정된 대로의 효과를 발생하게 된다. 예컨대, 발명특허처럼 형성적 효과가 부여되는 경우도 있으나, 그것은 법률의 규정에 의한 것이지 확인행위 그 자체에 의한 것은 아니다.

Ⅱ. 공증

1. 공증의 의의

'공증'이란 행정청이 그 상대방인 사인에게 특정 사실 또는 법률관계의 존부를 '공적으로 증명'함으로써 공적인 증거력을 부여하는 행정행위를 말한다.

공증은 다만 어떠한 사실 또는 관계가 진실한 것으로 인식하여 그것을 공적으로 증명하는 '**인식의 표시**'이므로 진실이 아닐 수도 있다. 그러므로 공증은 적절한 어떤 **반증**에 의하여 효력을 상실할 수도 있다는 점에서 주의가 요구된다.

2. 공증의 성질

공증은 의사표시를 내용으로 하지 아니하는 **준법률행위적 행정행위**이며, 요건에 해당하면 확인하지 않을 수 없으므로 **기속행위**라는 점에서는 확인과 같지만, 확인은 판단의 표시임에 반하여 공증은 **인식의 표시**라는 점이 다르다.

3. 공증의 종류

공증의 종류 또는 형식으로서는 다음과 같은 것이 있다.

① 등기·등록	부동산등기·외국인등록·차량등록·주민등록 등
② 등재	토지대장·선거인명부·광업원부에의 등재 등
③ 회의록·의사록에의 기재	공법인이사회 회의록, 국회속기록 기재 등
④ 증명서 발급	국가시험합격증·납세완납증명서 교부 등
⑤ 인·허가증 발급	각종 인가·허가·특허·등록·신고필증·여권의 발급 등
⑥ 검인·증인의 압날	농산물·전기제품 등에 대한 각종 검사 결과 합격품임을 표시하는 것 등

> **판례** 자격증 발급행위는 공증행위라는 판례
> 도지사의 의료유사업자 자격증갱신발급행위는 특정한 사실 또는 법률관계의 존부를 공적으로 증명하는 소위 공증행위에 속한다(대판 1997. 5. 24, 76누297).

4. 공증의 효과

공증의 기본적 효과로서는, 반대의 증거가 있을 때까지는 일단 진정한 것으로 추정되는 『**공적 증거력**』을 들 수 있으며, 그 외에 각 개별법령이 정하는 바에 따라서 ① 권리행사의 요건(선거인명부 등재), ② 권리의 발생·변경 요건(부동산 등기·광업원부에의 등록 등)이 되기도 한다.

1) 항고소송의 대상적격을 부정한 경우

한편, 종래 우리 판례는 **토지대장·건축물관리대장·지적도·임야도·임야대장·자동차운전면허대장** 등 각종 공부에의 등재행위 또는 등록행위에 대하여는 행정사무집행의 편의와 사실증명의 자료로 삼기 위한 것일 뿐, 상대방의 토지·건물·임야 등에 관한 실체상의 권리관계에 어떤 변동을 초래하는 것은 아니라는 이유로 처분성을 부인하고 행정소송의 대상에서 제외하여 왔다.

> **판례** 지적공부에의 등재행위에 대하여 처분성을 부정한 판례
> 멸실된 지적공부를 복구하거나 지적공부에 기재된 일정한 사항을 변경하는 행위는 행정사무집행의 편의와 사실증명의 자료로 삼기 위한 것으로 이로 인하여 당해 토지에 대한 실체상의 권리관계에 어떤 변동을 가져오는 것이 아니고, 특단의 사정이 없는 한 토지의 소재, 지번, 지목 및 경계가 지적공부의 기재에 의하여 확정된다 하여 토지 소유권의 범위가 지적공부의 기재만에 의하여 증명되는 것도 아니므로, 소관청이 지적공부의 복구신청을 거부하거나 그 등재사항에 대한 변경신청을 거부한 것을 가리켜 항고소송의 대상이 되는 행정처분이라고 할 수 없다(대판 1991. 12. 14, 91누8357).

> **판례** 관할관청이 무허가건물의 무허가건물관리대장 등재 요건에 관한 오류를 바로잡으면서 당해 무허가건물을 무허가건물관리대장에서 삭제하는 행위가 항고소송의 대상이 되는 행정처분인지 여부(소극)
> 무허가건물관리대장은, 행정관청이 지방자치단체의 조례 등에 근거하여 무허가건물 정비에 관한 행정상 사무처리의 편의와 사실증명의 자료로 삼기 위하여 작성, 비치하는 대장으로서 무허가건물을 무허가건물관리대장에 등재하거나 등재된 내용을 변경 또는 삭제하는 행위로 인하여 당해 무허가 건물에 대한 실체상의 권리관계에 변동을 가져오는 것이 아니고, 무허가건물의 건축시기, 용도, 면적 등이 무허가건물관리대장의 기재에 의해서만 증명되는 것도 아니므로, 관할관청이 무허가건물의 무허가건물관리대장 등재 요건에 관한 오류를 바로잡으면서 당해 무허가건물을 무허가건물관리대장에서 삭제하는 행위는 다른 특별한 사정이 없는 한 항고소송의 대상이 되는 행정처분이 아니다(대판 2009. 3. 12, 2008두11525).

2) 항고소송의 대상적격을 긍정한 경우

① 헌법재판소는 위법한 **지목변경행위**를 시정하여 달라는 지목변경신청서를 반려한 구청장의 처분은 공권력의 행사인 거부처분에 해당되고, 또한 토지소유자인 청구인이 누리게 될 재산권이 침해당하였다고 함으로써 행정청의 지목변경행위에 **처분성**을 인정해 왔으며,

> **판례** 지적등록사항 정정신청을 반려한 행위가 헌법소원의 대상인 공권력의 행사에 해당하는지 여부(적극)
> 지적법 제38조 제2항에 의하면 토지소유자에게는 지적공부의 등록사항에 대한 정정신청의 권리가 부여되어 있고, 이에 대응하여 소관청은 소유자의 정정신청이 있으면 등록사항에 오류가 있는지를 조사한 다음 오류가 있을 경우에는 등록사항을 정정하여야 할 의무가 있는바, 피청구인의 반려행위는 지적관리업무를 담당하고 있는 행정청의 지위에서 청구인의 등록사항 정정신청을 확정적으로 거부하는 의사를 밝힌 것으로서 공권

력의 행사인 거부처분이라 할 것이므로 헌법재판소법 제68조 제1항 소정의 "공권력의 행사"에 해당한다(헌재결 1999. 6. 24, 97헌마315).

> **판례** 지목에 관한 등록이나 등록변경 또는 등록정정이 해당 토지소유자의 실체적 권리관계에 영향을 미치는지 여부(적극)
>
> 지목은 토지에 대한 공법상의 규제, 공시지가의 산정, 손실보상가액의 산정 등 각종 토지행정의 기초로서 공법상의 법률관계에 법률상·사실상의 영향을 미치고 있으며, 토지소유자는 지목을 토대로 한 각종 토지행정으로 인하여 토지의 사용·수익·처분에 일정한 제한을 받게 되므로, 지목은 단순히 토지에 관한 사실적·경제적 이해관계에만 영향을 미치는 것이 아니라 토지의 사용·수익·처분을 내용으로 하는 토지소유권을 제대로 행사하기 위한 전제요건으로서 토지소유자의 실체적 권리관계에 밀접히 관련되어 있다고 할 것이고, 따라서 지목에 관한 등록이나 등록변경 또는 등록의 정정은 단순히 토지행정의 편의나 사실증명의 자료로 삼기 위한 것에 그치는 것이 아니라, 해당 토지소유자의 재산권에 크건 작건 영향을 미친다고 볼 것이며, 정당한 지목을 등록함으로써 토지소유자가 누리게 될 이익은 국가가 헌법 제23조에 따라 보장하여 주어야 할 재산권의 한 내포로 봄이 상당하다(헌재결 1999. 6. 24, 97헌마315).

② 대법원도 지적공부상의 지목은 재산권행사의 기초가 되며 조세부과 등 공법상 권리의무와 토지의 사용·수익 등 권리관계에 변동을 초래하기 때문에 항고소송의 대상이 된다고 하여 그 처분성을 인정하고 있다.

> **판례** 지적공부상 지목변경행위에 대하여 처분성을 인정한 판례
>
> 구 지적법(2001. 1. 26. 법률 제6389호로 전문 개정되기 전의 것) 제20조, 제38조 제2항의 규정은 토지소유자에게 지목변경신청권과 지목정정신청권을 부여한 것이고, 한편 지목은 토지에 대한 공법상의 규제, 개발부담금의 부과대상, 지방세의 과세대상, 공시지가의 산정, 손실보상가액의 산정 등 토지행정의 기초로서 공법상의 법률관계에 영향을 미치고, 토지소유자는 지목을 토대로 토지의 사용·수익·처분에 일정한 제한을 받게 되는 점 등을 고려하면, 지목은 토지소유권을 제대로 행사하기 위한 전제요건으로서 토지소유자의 실체적 권리관계에 밀접하게 관련되어 있으므로 지적공부 소관청의 지목변경신청 반려행위는 국민의 권리관계에 영향을 미치는 것으로서 항고소송의 대상이 되는 행정처분에 해당한다(대판 2004. 4. 22, 전원합의체 2003두9015).

Ⅲ. 통지

1. 통지의 의의

> '통지'란 행정청의 의사 또는 특정한 사실 등을 특정인 또는 불특정 다수인에 대하여 알리는 행위를 말한다.

여기서 말하는 통지는 그 자체가 일정한 법률효과를 발생시키는 독립한 행정행위이므로, 이미 성립된 행정행위의 단순한 효력발생요건으로서의 **'행정행위의 통지'**와는 구별된다.

2. 통지의 종류

통지는
① 어떤 사실을 통지하는 '관념의 통지'인 경우(예 : 특허출원 공고, 귀화허가의 고시, 토지수용의 사업인정 고시 등)도 있고,
② 행정관청의 '의사의 통지'인 경우도 있다(예 : 대집행의 계고, 납세의 독촉 등).

3. 통지의 성질 및 효과

통지는 일정한 관념의 표시인 **준법률행위적 행정행위**이므로 행정관청의 의사표시에 따라 법적 효과가 부여되는 것이 아니고 법령에 규정된 대로의 법적 효과가 발생된다(예 : 특허출원의 공고로 특허심사의 절차가 개시되는 효과).

행정대집행법상 대집행의 계고, 대집행영장에 의한 통지 또는 국세징수법상 납세의 독촉에 대하여는 (준법률행위적) 행정행위로서의 처분성(處分性)을 인정하여 행정소송의 대상으로 할 수 있으나(대집행의 계고 및 영장에 의한 통지에 관하여는 대판 1996. 2. 9, 95누12507 참조),
공무원법상의 당연퇴직은 결격사유가 있을 때 법률상 당연히 퇴직하는 것이므로 당연퇴직의 통지행위는 당연퇴직되었음을 알려주는 이른바 '관념의 통지'에 불과하고 새로운 처분성을 가지는 것은 아니라는 이유로 행정소송의 대상이 아니라고 한다(판례 참조).

판례 　당연퇴직의 통보는 관념의 통지로서 행정처분이 아니라는 판례
국가공무원법 제69조에 의하면 공무원이 제33조 각호의 1에 해당할 때에는 당연히 퇴직한다고 규정하고 있으므로, 국가공무원법상 당연퇴직은 결격사유가 있을 때 법률상 당연히 퇴직하는 것이지, 공무원관계를 소멸시키기 위한 별도의 행정처분을 요하는 것이 아니며, 당연퇴직의 인사발령은 법률상 당연히 발생하는 퇴직사유를 공적으로 확인하여 알려주는 이른바 관념의 통지에 불과하고 공무원의 신분을 상실시키는 새로운 형성적 행위가 아니므로 행정소송의 대상이 되는 독립한 행정처분이라 할 수 없다(대판 1995. 11. 14, 95누2036).

4. 『행정행위의 통지』와의 구별

준법률행위적 행정행위로서의 『통지』는 그 자체로서 하나의 독립된 행정행위이며 법령에 규정된 독립적인 법적 효과가 부여되는 행위임에 반하여, 『행정행위의 통지』는 일반적인 행정행위가 있은 후 그 효력발생을 위하여 상대방에게 알려 주는 행위로서 행정행위의 단순한 효력발생요건에 불과하며 독립적인 법적 효과가 부여되지 아니한다는 점에서 구별된다(예 : 행정심판재결서의 송달행위, 음식점·숙박업 영업허가증의 발송행위).

Ⅳ. 수리

1. 수리의 의의 및 성질

'수리'란 각종 인·허가 신청서, 국가시험원서, 혼인신고서, 행정심판청구서 등이 형식적 요건을 갖추었다고 인정된 경우에 이를 유효한 행정행위로서 받아들이는 것을 말한다.

수리는 단순한 사실에 불과한 도달이나 사실행위인 접수와는 달리 이를 유효한 것으로 받아들이는 행정관청의 수동적 의사표시로서, '관념의 표시'인 **준법률행위적 행정행위**이다.

2. 수리의 효과

수리는 ① 사법상의 효과가 발생하거나(혼인신고의 수리), ② 공법상의 효과가 발생하거나(국가시험원서의 수리), ③ 행정관청에 사안의 심리·재결 의무가 발생하거나(행정심판청구서의 수리), ④ 공무원관계의 소멸(공무원의 사직원의 수리) 등 법령에 규정된 대로의 법적 효과가 발생한다.

3. 수리의 보정과 수리거부

수리의 요건을 결한 행위에 대하여는 행정관청은 **보정**을 명하게 되며, 소정기간 내에 보정되지 아니하면 수리를 거부하게 된다. **수리거부(受理拒否)**행위는 소극적 행정행위로서 거부처분에 해당하므로 수리를 요하는 신고의 수리거부행위는 거부처분취소심판 및 부작위위법확인소송의 대상이 된다. 행정절차법에 따를 경우 신고서의 기재사항의 하자 및 구비서류의 미비 등의 이유로 신고인에게 보완을 요구하였는데에도 기간 내에 보완을 하지 아니한 때에는 그 이유를 명시하여 되돌려 보내야 한다(제40조)라고 하여 이 경우에는 수리를 하지 않아도 된다.

제 5 절 행정행위의 부관

행정기본법 제17조(부관)
① 행정청은 처분에 재량이 있는 경우에는 부관(조건, 기한, 부담, 철회권의 유보 등을 말한다. 이하 이 조에서 같다)을 붙일 수 있다.
② 행정청은 처분에 재량이 없는 경우에는 법률에 근거가 있는 경우에 부관을 붙일 수 있다.
③ 행정청은 부관을 붙일 수 있는 처분이 다음 각 호의 어느 하나에 해당하는 경우에는 그 처분을

> 한 후에도 부관을 새로 붙이거나 종전의 부관을 변경할 수 있다.
> 1. 법률에 근거가 있는 경우
> 2. 당사자의 동의가 있는 경우
> 3. 사정이 변경되어 부관을 새로 붙이거나 종전의 부관을 변경하지 아니하면 해당 처분의 목적을 달성할 수 없다고 인정되는 경우
> ④ 부관은 다음 각 호의 요건에 적합하여야 한다.
> 1. 해당 처분의 목적에 위배되지 아니할 것
> 2. 해당 처분과 실질적인 관련이 있을 것
> 3. 해당 처분의 목적을 달성하기 위하여 필요한 최소한의 범위일 것

Ⅰ. 부관의 개념

1. 부관의 의의

'행정행위의 부관'이란 『① 행정행위의 효과를 특별히 제한하거나, ② 특별한 의무를 부과하거나, ③ 부족한 요건을 보충하도록 하기 위하여, 주된 행정행위에 부가하여 붙이는 부가적 규율』을 말한다.

2. 부관의 기능

1) 부관의 장점

① 행정행위의 신축성 부여

행정행위의 부관은 특히 영업 및 건설관계법의 허가와 관련하여 중요한 역할을 하여 왔지만 오늘날에 있어서 환경관계법에서도 적용되고 있다. 따라서 건축의 인·허가, 특허 등 각종 행정행위를 신청한 상대방이 대부분의 요건은 갖추었으나 일부 요건만을 미비한 경우 이를 거부함이 원칙이겠지만, 일부 요건을 일정기간 내에 갖출 것을 조건으로 하여 행정행위를 해주는 것이 상대방에게 유리한 경우에 부관의 존재가치가 인정된다(예 : 건물까지의 진입도로만 없는 건축허가신청에 대하여 이를 갖출 것을 조건으로 한 건축허가).

② 경제성 도모

위와 같은 경우 일단 거부처분을 하고 요건을 갖춘 후 재신청·재심사하는 복잡한 절차를 다시 거쳐야 할 필요가 없고, 상대방도 사업시기를 훨씬 앞당길 수 있는 등 많은 사회·경제적 이익이 도모된다.

③ 공익 및 제3자 보호

보조금 교부시 공익사업을 위한 일정한 의무를 부과하거나, 공해산업·건축·환경·보건·위생 분야의 사업자로 하여금 인근주민의 권익침해 방지와 미풍양속·도시 및 자연경관·환경보호 등의 공익을 달성하게 하기 위하여 부관이 효과적으로 활용될 수 있다.

④ 재정의 확보

도로·하천·공원 점용허가, 골재채취허가 등 수익적 행정행위는 상대방에게 상당한 경제적 이익을 부여하므로 행정관청은 그 반대급부로서 상대방에게 점용료·사용료 등의 부담을 지움으로써 재정에 도움을 받을 수 있다.

2) 부관의 단점

부관은 행정행위에 신축성을 부여하는 것이 상대방은 물론 행정관청에게도 이익이 되기 때문에 인정되는 것이지만 한편, 부관이 남용되어 상대방에게 불이익이 초래될 우려도 있다. 특히, 수익적 행정행위를 하면서 장래 상황의 변화가 있으면 그 효력을 소멸시키고자 하는 해제조건·해제기한(종기)·철회권의 유보 등의 소위 해제부관은 상대방에게 불이익을 줄 수 있으며, 점용료·사용료 등의 부담을 과하는 것 역시 상대방의 권익을 침해하는 부작용이 발생하게 된다.

3. 부관과 법정부관의 구별

행정행위의 효과의 제한이 직접 법령에 규정된 경우 이를 법정부관이라 하여 여기서 말하는 행정행위에 부가되는 부관과는 구별하고 있다(예 : 광업권의 존속기간을 25년으로 한 광업법(14), 자동차검사증의 유효기간을 2년으로 정한 자동차관리법시행규칙(103), 한약업사의 영업구역을 면단위 지역으로 한정한 약사법시행규칙(42) 등). 행정행위의 부관은 행정청 스스로의 개별적인 의사결정에 의하여 붙여지는 것이므로 이와 같이 효과의 제한이 확정적으로 규율되어 있는 법정부관과는 다르다.

Ⅱ. 부관의 종류

부관은 그 내용에 따라 ① 조건, ② 기한, ③ 부담, ④ 철회권의 유보, ⑤ 법률효과의 일부배제, ⑥ 부관의 변경권의 유보 등으로 구분된다.

1. 조건

'조건'이란 행정행위의 효력의 발생 또는 소멸을 『장래 발생 여부가 불확실한 어떤 사실의 성취 여부』에 의존하게 하는 것을 말하며, 따라서 조건이 되는 장래의 어떤 사실의 성취여부가 미정인 동안은 행정행위의 효력이 불안정한 상태에 놓이게 된다.

조건에는 ① 조건이 성취되면 비로소 행정행위의 효력이 발생하는 **정지조건**(예 : 공해방지시설의 설치를 조건으로 한 연탄공장 설립허가, 진입도로의 완공을 조건으로 한 주유소 설치허가 등)과, ② 조건이 성취되면 이미 발생하였던 행정행위의 효력이 소멸하는 **해제조건**(예 : 6개월 이내에 공사에 착수하지 아니하면 효력을 상실한다는 공유수면매립면허, 일정기간 내에 시설을 완공하지 아니하면 실효된다는 의약품제조업허가·학교설립인가 등)이 있다.

정지조건과 해제조건의 구별은 경우에 따라서 분명치 않은 경우가 있을 수 있는바, 이러한 경우는 가능한 한 상대편에 유리한 입장에서 수익적 행정행위인 경우에는 우선 발효되게 하는 해제조건으로, 부담적 행정행위인 경우에는 그 반대인 정지조건으로 해석해 주는 것이 옳다고 생각되며, 이러한 의문을 해소하기 위하여 실정법은, 예컨대 일정기간 내에 시설을 갖춘다는 조건으로 의약품제조업허가를 할 수 있다고 한 후(이것만으로는 정지조건인지 해제조건인지 불분명하다), 그 기간 내에 시설을 갖추지 아니하면 그 허가를 취소할 수 있다는 명문규정을 둠으로써 해제조건임을 명백히 하고 있는 예가 많다(약사27).

행정법관계를 오랫동안 불안정한 상태에 두는 것은 옳지 않기 때문에 조건부 행정행위는 남용할 바는 못된다고 하겠으며, 따라서 법령이 조건으로 표현한 경우에도 실질적으로는 다음에 설명하는 부담으로 보아야 할 경우도 있다.

2. 기한

'기한'이란 행정행위의 효력의 발생 또는 소멸을 장래에 발생할 것이 확실한 어떤 사실의 성취여부에 의존하게 하는 것으로서, 『발생할 것이 확실한 어떤 사실』에 의존하게 한다는 점에서 발생 여부가 불확실한 어떤 사실에 의존케 하는 조건과 구별된다.

기한은 ① 어떤 사실의 발생에 의하여 비로소 행정행위의 효력이 발생하는 시기(예 : 2003. 1. 1부로 허가한다)와, 어떤 사실의 발생에 의하여 기존의 행정행위의 효력이 소멸하는 종기(예 : 2005. 12. 31까지 허가한다, 또는 7년의 유효기간을 붙인 자동차운전면허)가 있으며, ② 발생할 것이 확실함은 물론 발생할 시기까지도 확실한 확정기한(2003. 7. 1 등)과, 발생할 것은 확실하지만 그 시기는 확실치 않은 불확정기한(신청인이 사망할 때까지 등)으로 나누어진다.

기한은 장래 발생할 것이 '확실한' 어떤 사실의 성취여부에 의존케 한다는 점에서 행정법관계의 불안정성이 조건보다는 덜하며, 특히 실정법상 많이 활용되는 종기의 경우 종기가 도래되면 『인가·허가·특허의 갱신』이 문제가 된다(예 : 7년이 되면 운전면허를 갱신하는 것, 하천점용허가기간을 3년으로 하는 것 등).

3. 부담

1) 부담의 의의

'부담'이란 주된 행정행위에 부가하여 상대방에게 작위·부작위·급부 또는 수인 의무를 부과하는 부관으로서 특히 허가·특허 등 수익적 행정행위에 많이 부과되고 있다.

▣ 예 : 자동차운수사업·예식장영업자에게 요금신고의무 등 각종의무부과, 도로·하천점용허가시 점용료·사용료 납부의무, 유흥음식점 영업허가시 심야영업금지의무, 임야를 택지로 변경허가하면서 도로·공원 용지를 기부할 의무, 카지노업허가시 총매출액 중 일정비율을 관광진흥개발기금으로 납부할 의무, 건축물 건축시 교통유발부담금·과밀부담금 납부의무, 부동산중개업·유료직업소개사업자의 손해배상보증금 예치의무 등.

이는 수익적 행정행위의 상대방이 얻는 이익과 공공복리와의 조절적 입장에서 행하여지는 것으로서 점차 그 예가 많아지고 있다. 이와 같은 부담은 다른 부관과 달리 그 자체로서 행정행위가 되기 때문에 원칙적으로 부담만이 독립하여 항고소송이 되는 것이다.

2) 부담과 조건의 구별

부담에 해당하는 것을 실정법상 조건으로 표현하는 경우가 많이 있으나, 조건과는 달리 부담이 붙여져도 행정행위의 효력은 완전히 발생하며(정지조건과의 차이점), 부담을 이행치 않더라도 행정행위의 효력이 당연히 소멸되는 것도 아니므로(해제조건과의 차이점) 조건과는 구별되어야 한다. 즉 부담부 행정행위는 부담의 이행을 필요로 함이 없이 즉시 효력을 발생하기 때문에 처음부터 효력이 발생하지 않는 정지조건부 행정행위와는 달리 처음부터 효력을 발생하게 되는 것이다. 그러나 실제로 부담과 조건의 구별이 명확한 것은 아니다. 예를 들어, 노래방영업을 허가하면서 소음방지시설의 설치를 조건으로 붙인 경우에 그것이 부담이라면 즉시 노래방영업을 할 수 있지만, 당해 부관이 정지조건이라면 소음방지시설을 설치한 후에야 비로소 영업을 할 수 있게 된다.

실정법상 양자의 구별이 명확치 않을 경우에는 가능한 한 상대편에게 유리하게 하고 행정법관계의 불확실성을 축소한다는 의미에서 부담으로 해석함이 타당하다고 하겠다.

3) 부담만을 대상으로 한 행정쟁송

통설·판례에 의하면 부담은 다른 부관과는 달리 본체인 행정행위와 어느 정도 독립성을 가지는 행정행위이며, 그 상대방에게 적극적인 작위의무, 소극적 부작위의무 및 수인·급부의무를 명하는 것으로서 명령적 행위 중 하명에 해당한다. 따라서 부담 그 자체로서 **독립하여 항고소송의 대상인 처분성이 인정된다**. 그러므로 부담에만 고유한 흠이 있으면 본체인 행정행위와 따로 떼어서 그 취소, 무효·부존재 확인 등 행정쟁송을 제기할 수 있다.

4) 부담의 불이행의 효과

앞서 본 바와 같이 6월 이내에 공사에 착수하지 아니하면 공유수면매립면허의 효력이 소멸하도록 한 해제조건의 경우에는 그 조건이 성취되면 당해 행정행위의 효력이 별도의 취소처분 없이도 당연히 소멸되지만, 부담을 이행치 아니한 경우에는 그 효력이 당연히 소멸하는 것은 아니기 때문에 법령 또는 당해 행정행위의 부관에 근거하여 본체인 행정행위의 철회라는 구체적 처분이 있어야 소멸된다.

또한, 부담의 불이행에 대하여는 행정상 강제집행이나 행정벌을 과할 수 있다.

5) 행정행위의 하자가 부담에 미치는 영향

부담은 본체인 행정행위가 적법하게 존재하는 경우에만 존재할 수 있다고 할 것이므로, 본체인 행정행위가 무효·부존재이거나 취소되어 버린 경우에는 부담도 당연히 효력을 상실한다고 할 것이다.

4. 철회권의 유보

1) 철회권의 유보의 의의

『철회권의 유보』란 주된 행정행위에 부가하여, 특정 사유가 발생한 경우에는 행정행위를 철회할 수 있는 권한을 유보하는 부관이다.

즉, 철회권유보를 통하여 상대방에게 철회의 가능성을 미리 알려 주고, 공익목적의 실현과 장래의 상황변화에 대비하게 하는 것이다. 이러한 철회권 유보의 부관은 행정청이 어떠한 행정행위를 하면서 처분의 상대방에 대한 지속적인 의무이행확보가 필요한 경우 및 공공의 이익이 사적 이익보다 더 중요시되는 경우에 부과되는 것이며, 또한 처분상대방에게 사후에 철회의 가능성이 있음을 시사하여 주어, 보호가치가 있는 신뢰가 성립되지 않게 하는 데에도 그 의의가 있다.

2) 철회권의 행사요건

철회권유보의 부관을 붙이는 경우, 구체적 사유를 한정하지 아니하고 단지 『행정관청이 필요하다고 인정할 때에는 언제든지 철회할 수 있다』는 무제한적인 철회권의 유보는 상대방의 법적 안정성과 예측가능성을 해치므로 인정되지 아니한다.

또한 구체적 사유를 정한 경우 이에 해당한다고 하더라도 다시 행정행위의 철회에 관한 일반적 요건(비례의 원칙상 철회로 입는 상대방의 불이익보다 더 큰 공익상의 필요가 존재할 것)이 충족되지 않으면 아니 된다(판례 참조).

> **판례** 철회권이 유보되어 있더라도 공익상의 필요가 있어야 철회할 수 있다는 판례
> 해무청장이 『침몰선박을 3개월 내에 완전 해체하여 인양하지 못하거나 해무청장의 지시에 위반한 때에는 침몰선박의 해체·인양 허가를 취소한다』고 철회권의 유보를 하였더라도, 침몰 장소의 악조건과 해무청장의 작업중지명령 때문에 기한 내에 해체·인양치 못하였음에도 불구하고 동 허가를 철회한 것은 철회할 공익상의 필요 없이 철회권을 행사하여 철회권을 남용한 것이다(대판 1962. 2. 2, 4293행상42).

철회권이 유보된 경우 그 상대방은 장래 당해 행위가 철회될 수 있음을 미리 예견하고 있다는 점에서 신뢰보호의 원칙에 기한 철회권의 제한원리가 적용되지 아니하며 또한 철회로 인한 손실보상도 청구할 수 없게 된다는 견해도 있을 수 있으나, 이 경우에도 행정법의 일반법원칙에 해당하는 비례 및 신뢰보호의 원칙과 헌법이 인정하고 있는 손실보상청구권은 포기될 수 없는 원칙이라고 생각된다.

5. 법률효과의 일부배제

'법률효과의 일부배제'란 주된 행정행위에 부가하여 법령이 '일반적으로' 당해 행위에 부여하고 있는 효과의 일부의 발생을 특별히 배제한다는 의사표시이다.

▶ 예 : 택시영업허가를 하면서 격일제 운행을, 또는 개인택시영업허가를 하면서 3부제 운행을 조건으로 하는 것.

법률효과의 일부배제는 법령이 인정한 일반적인 효과를 특별히 제한하는 것이므로 법령에 특별한 근거가 있어야 붙일 수 있다(예 : 여객자동차운수사업법에 의한 상기 격일제·3부제 운행조건). 그러나 법률효과의 일부배제를 행정행위와는 별도의 부관이 아니라 행정행위의 내용 그 자체(즉, 격일제 택시영업허가 등)라고 하는 견해도 있다.

6. 부관의 변경권의 유보

행정행위에 붙인 부관을 장래에 추가 또는 변경할 권한을 미리 유보하는 부관을 말한다(예 : 도로74 ① : 법령 또는 도로관리청의 명령에 위반한 자는 도로점용허가의 취소,『조건의 변경』, 공사의 중지 등의 처분을 할 수 있다). 독일 행정절차법(36②)은『부담의 추가·변경·보충권의 유보』만을 부관의 한 종류로 규정하고 있고 우리 학자들도 대부분 이를 그대로 수용하고 있으나, 이론적으로 주된 행정행위의 존재 자체까지 소멸시킬 수 있는 철회권도 유보를 허용하고 있는 것을 감안한다면 부담뿐만 아니라 조건·기한·철회권의 유보·법률효과의 일부배제 등 모든 부관에 대하여 변경권의 유보를 인정하지 못할 바 없다고 생각된다(상기 도로법의 규정은 이를 인정하고 있는 실정법상의 예가 될 것이다).

다만, 인정하더라도 부관의 변경권의 행사는 본체인 행정행위의 부분적인 취소·변경을 초래하게 되므로, 행정행위의 취소·철회권의 행사와 마찬가지로 취소·철회하지 않으면 안될 공익상의 필요가 있어야 한다는 비례원칙에 의한 제한을 받는다고 할 것이다.

> **판례**
> 허가특허의『기한』이 당해 사업의 성질상 부당하게 짧을 때에는 이를 종기인 기한으로 볼 것이 아니라, 당해 기한이 만료되면 다시 당해 허가특허의 기한(부관)을 변경할 수 있는 권한을 유보한다는 뜻으로 해석하여야 한다(후술하는 부관의 한계에서 인용한 침몰선박에 관한 판례 참조).

Ⅲ. 부관의 한계

1. 부관을 붙일 수 있는 행정행위

1) 법률행위적 행정행위와 준법률행위적 행정행위

종전의 통설은 부관을『행정행위의 효과를 제한하기 위하여 주된 의사표시에 붙여진 종된 의사표시』라고 함으로써, 의사표시를 요소로 하지 아니하는 준법률행위적 행정행위에는 붙일 수 없다고 하였다. 그러나 최근의 통설은 행정행위의 효과를 특별히 제한하기 위한 부관은 성격상 의사표시를 요소로 하는 법률행위적 행정행위에만 허용되겠지만, 특별한 의무를 부과하는 부관(부담)이나 부족한 요건을 추후에 보완하도록 하기 위하여 부과하는 부관(조건)은 준법률행위적 행정행위에도 붙일 수 있다고 한다.

생각건대,『확인』행위와 함께『공증』행위도 기한은 붙일 수 있으며, 반대로 광의의 특허인 귀화허가·공무원임명행위와 같은 포괄적 법률관계설정행위는 법률행위적 행정행위임에도 불구하고 조건·기한·철회권유보 등의 부관을 붙일 수 없다는 점을 감안한다면, 부관의 허용가능성은『의사표시』여부에 따라 일률적으로 정할 것이 아니고 당해 행정행위의 성질에 따라 **구체적·개별적으로 검토**되어야 한다고 생각된다.

2) 기속행위와 재량행위

> 행정기본법 제17조(부관)
> ① 행정청은 처분에 재량이 있는 경우에는 부관(조건, 기한, 부담, 철회권의 유보 등을 말한다. 이하 이 조에서 같다)을 붙일 수 있다.
> ② 행정청은 처분에 재량이 없는 경우에는 법률에 근거가 있는 경우에 부관을 붙일 수 있다.

　종전의 통설·판례에 의하면 부관은, 『법률효과를 특별히 제한』하기 위한 것이므로 행정관청에게 당해 행정행위 자체까지 거부할 자유가 인정되고 있는 **재량행위**에만 붙일 수 있다고 하였으나, 최근의 통설에 의하면 상대방이 아직 갖추지 못한 행정행위의 요건을 갖출 것을 조건으로 하는 부관은 도리어 상대편에게 이익이 되는 것이므로 **기속행위**에도 붙일 수 있다고 한다.

　많은 실정법도 음식점·숙박업 영업허가 등과 같은 전형적 기속행위에 대하여 이와 같은 의미의 조건을 붙일 수 있음을 명시하고 있다. 예컨대, 음식점영업허가를 하면서 위생시설의 완비라는 부관을 붙이는 경우와 같이 요건보완을 조건으로 하는 경우에는 **기속행위**에도 부관을 붙일 수 있게 된다. 이렇게 하는 것이 행정의 불필요한 반복으로 인한 사회경제적 손실을 방지하여 주기 때문이다.

　한편, **재량행위**에 대하여는 원칙적으로 부관이 허용된다고 하겠으나, 귀화허가와 같이 그 성질상 인정되지 아니하는 경우도 있을 수 있다(예 : 귀화허가를 하면서 일정기간 동안 거주지에 관하여 조건을 붙이는 것 등).

2. 사후부관의 가능성

> 행정기본법 제17조(부관)
> ③ 행정청은 부관을 붙일 수 있는 처분이 다음 각 호의 어느 하나에 해당하는 경우에는 그 처분을 한 후에도 부관을 새로 붙이거나 종전의 부관을 변경할 수 있다.
> 1. 법률에 근거가 있는 경우
> 2. 당사자의 동의가 있는 경우
> 3. 사정이 변경되어 부관을 새로 붙이거나 종전의 부관을 변경하지 아니하면 해당 처분의 목적을 달성할 수 없다고 인정되는 경우

1) 부정설

　사후부관은 행정행위를 발하고 난 후에 다시 부관을 붙이는 것을 말한다. 부관은 본체인 행정행위에 부수된 종된 것이므로 독립성을 인정할 수 없고 따라서 사후에 부관만을 따로 붙일 수는 없다는 견해이다.

2) 제한적 긍정설

부관의 성질상 원칙적으로는 불가능하지만 예외적으로 ① 법규나 당해 행정행위에서 사후부관의 가능성이 유보되어 있거나 상대방이 이에 동의한 경우와, ② 부관 중 특히 『부담』만은 어느 정도 독립성이 있는 것이므로 사후부관이 가능하다고 한다. 판례는 폭넓은 제한적 긍정설의 입장을 취하고 있다.

> **판례** 사후부관을 긍정한 판례
>
> 행정처분에 이미 부담이 부가되어 있는 상태에서 그 의무의 범위 또는 내용 등을 변경하는 부관의 사후변경은, 법률에 명문규정이 있거나 그 변경이 미리 유보되어 있는 경우 또는 상대방의 동의가 있는 경우에 한하여 허용되는 것이 원칙이지만, 사정변경으로 인하여 당초에 부담을 부가한 목적을 달성할 수 없게 된 경우에도 그 목적달성에 필요한 범위 내에서 예외적으로 허용된다(대판 1997. 5. 30, 97누2627).

3) 사 견

사후부관은 이미 설명한 부관의 변경권의 행사와 마찬가지로 본체인 행정행위의 부분적인 취소·변경을 의미하는 것이므로, 비례원칙 등 행정행위의 취소·철회권의 행사에 관한 조리상의 제약하에 인정될 수 있다고 하겠다.

3. 부관의 일반적 한계(자유성)

> 행정기본법 제17조(부관)
> ④ 부관은 다음 각 호의 요건에 적합하여야 한다.
> 1. 해당 처분의 목적에 위배되지 아니할 것
> 2. 해당 처분과 실질적인 관련이 있을 것
> 3. 해당 처분의 목적을 달성하기 위하여 필요한 최소한의 범위일 것

1) 법령상의 한계

부관이 허용되는 경우에도 어느 정도까지 자유스럽게 붙일 수 있는가에 관한 문제가 부관의 한계이다. 법령이 부관의 내용에 관하여 일정한 한계를 정하고 있는 경우 이를 일탈할 수 없음은 물론이다. 그러나 우리 실정법은 『공공복리(또는 미풍양속·질서유지)를 위하여 필요한 영업시간, 기타 영업내용에 대한 조건을 붙일 수 있다』는 등의 추상적인 표현에 그치는 경우가 많아 법령상의 한계를 논할 의미가 의심스러울 정도이다.

2) 목적상의 한계

부관은 당해 법령이 추구하는 목적 범위 내에서만 붙일 수 있다. 따라서 여권발급에 국세완

납을 조건으로 하는 것과 같은 『부당결부』는 허용될 수 없다(제1편 제2장의 행정법의 법원 중 조리 참조).

3) 비례·평등 원칙상의 한계

부관 역시 행정법의 일반법원칙에 해당하는 비례·평등 원칙을 위배하여서는 아니 된다고 할 것이므로, 부관을 붙이지 않으면 안 될 공익상의 필요성이 부관으로 인하여 상대방이 받게 되는 불이익보다 큰 경우에 한하여, 또한 평등하게 붙여야 한다(판례 참조).

따라서 필요한 정도를 넘어서 상대방에게 너무 가혹한 부관을 붙여서는 아니 된다는 의미에서, 예컨대 ①『기간』을 너무 단기로 한다든지(선박계류시설의 설치를 위한 공유수면점용허가를 1년으로만 하여 매년 갱신케 하는 것 등), ②『부담』이 행정행위로 얻는 이익에 비하여 과중할 경우에는 문제가 있다고 하겠다(예 : 임야·전·답 등을 주택지로 토지형질변경허가를 하면서 그 면적의 25% 이상의 도로용지 및 10% 이상의 공원 등 공공용지를 무상으로 시에 기증하게 하는 것).

판례 [1] 부담은 비례의 원칙, 부당결부금지의 원칙에 위반되지 않아야만 적법하다는 판례
[2] 부관이 부당결부금지의 원칙에 위반하여 위법하지만 그 하자가 중대하고 명백하여 당연무효라고 볼 수는 없다고 한 판례

[1] 수익적 행정행위에 있어서는 법령에 특별한 근거규정이 없다고 하더라도 그 부관으로서 부담을 붙일 수 있으나, 그러한 부담은 비례의 원칙, 부당결부금지의 원칙에 위반되지 않아야만 적법하다.
[2] 지방자치단체장이 사업자에게 주택사업계획승인을 하면서 그 주택사업과는 아무런 관련이 없는 토지를 기부채납하도록 하는 부관을 주택사업계획승인에 붙인 경우, 그 부관은 부당결부금지의 원칙에 위반되어 위법하지만, 지방자치단체장이 승인한 사업자의 주택사업계획은 상당히 큰 규모의 사업임에 반하여, 사업자가 기부채납한 토지 가액은 그 100분의 1 상당의 금액에 불과한 데다가, 사업자가 그 동안 그 부관에 대하여 아무런 이의를 제기하지 아니하다가 지방자치단체장이 업무착오로 기부채납한 토지에 대하여 보상 협조요청서를 보내자 그 때서야 비로소 부관의 하자를 들고 나온 사정에 비추어 볼 때 부관의 하자가 중대하고 명백하여 당연무효라고는 볼 수 없다(대판 1997. 3. 1, 96다49650).

판례 가혹한 부관은 무효라는 판례

수산업법 제15조에 의하여 어업면허 또는 허가에 대하여 붙이는 조건은 그 성질상 면허 또는 허가어업의 본질적 효력을 해하지 아니하는 정도의 것이어야 하므로 기선선망어업허가를 하면서 부속선을 사용할 수 없도록 한 부관은 무효이다(대판 1990. 4. 27, 89누6808).

판례 부당하게 짧은 기한을 합리적으로 변경하여 해석한 판례

해무청장이 침몰선박의 해체·인양허가시에 붙인 『3개월 이내에 침몰선박을 완전해체·인양하지 않으면 침몰선박 해체·인양허가를 취소한다』는 부관은 사업의 성질상 부당하게 짧은 기한으로서, 그 기한이 도래하면 허가의 효력이 당연히 소멸한다는 취지가 아니라 그 기한이 도래하면 허가조건(부관)의 개정을 고려하겠다는 뜻으로 해석하여야 한다(대판 1962. 2. 2, 4293행상42).

Ⅳ. 위법한 부관과 행정행위의 효력

　부관에 하자가 있는 경우는 행정행위의 하자에 관한 일반이론과 마찬가지로 중대하고 명백한 경우에는 무효, 그렇지 않은 경우에는 취소할 수 있다고 할 것이다.
　그런데 부관이 무효이거나 취소될 경우 본체인 행정행위에 어떤 영향을 미칠 것인가에 관하여는, ① 그 부관만이 효력을 상실하고 본체인 행정행위에는 아무 영향을 미치지 아니한다는 객관설, ② 행정행위 전체를 무효로 한다는 설, ③ 원칙적으로 당해 부관만이 효력을 상실하는 것이지만, 예외적으로 그 부관이 없었더라면 행정관청이 당해 행정행위 자체를 하지 않았을 것이라고 인정되는 경우에는 행정행위 전체까지 무효가 된다는 **주관설**이 대립되어 있다.
　생각건대, 부관은 주된 행정행위에 부가된 종된 것이기는 하지만 경우에 따라서는 행정행위의 본질적 요소라고까지 인정될 경우가 있을 수 있으며(예 : 단순한 부담이 아니고, 행정행위의 중요한 요건의 보완을 조건으로 한 허가·특허 등), 이 경우에는 행정관청의 의사를 존중한다는 의미에서 주관설이 타당하다고 하겠다(판례 참조).

> **판례**　행정행위의 본질적 요소인 부관의 하자의 효과는 행정행위 전체에 미친다는 판례
> ① 지방자치단체의 공유재산인 행정재산의 사용·수익허가에 있어 그『허가기간』은 행정행위의 본질적 요소에 해당한다고 볼 것이어서, 부관인 허가기간에 위법사유가 있다면 이로써 행정재산의 사용·수익허가 전부가 위법하게 된다(대판 2001. 6. 15, 99두509).
> ② 도로점용허가의『점용기간』은 행정행위의 본질적인 요소에 해당하기 때문에 부관인 점용기간에 위법사유가 있다면 이로써 도로점용허가행위 전부가 위법하게 된다(대판 1985. 7. 9, 84누604).

Ⅴ. 위법한 부관에 대한 행정쟁송

1. 부관의 독립쟁송 가능성

　부관에만 하자가 있는 경우 상대방의 입장에서 본체인 행정행위로 부여된 권익 또는 지위는 그대로 유지하면서, 하자 있는 부관만 따로 떼어서 행정쟁송의 대상으로 할 수 있는가에 관하여 통설·판례는『부담』만은 본체인 행정행위와 어느 정도 독립성이 인정되므로 허용된다고 한다(판례 참조). 부담은 그 자체적인 규율로서 행정행위의 성격을 가지는 것으로서 행정행위에 추가되어 상대방에게 일정한 작위·부작위·급부·수인의 의무를 부과하는 고유한 내용을 가지는 행정행위이기 때문이다.

> **판례**　부관의 독립쟁송 기능성에 관한 판례
> ① 행정행위의 부관은 부담인 경우를 제외하고는 독립하여 행정소송의 대상이 될 수 없는바(1991. 12. 13, 90누8503, 1993. 10. 8, 93누2032 등 참조), 지방자치단체의 공유재산의 관리청이 행한 행정재산의 사용·수익

허가에서 정한 사용·수익허가의 기간은 허가의 효력을 제한하기 위한 행정행위의 부관으로서 이에 대하여는 독립하여 행정소송을 제기할 수 없고 따라서 이는 부적법한 소로서 각하를 면할 수 없다(대판 2001. 6. 15, 99두509).
② 어업면허의 유효기간을 1년으로 정한 부관은 독립하여 행정소송의 대상이 될 수 없으므로 면허유효기간만의 취소를 구할 수 없다(대판1986. 8. 19, 86누202).
③ 행정행위의 부관 중에서 부담은 다른 부관과는 달리 행정행위의 불가분적 요소가 아니고 그 존속이 본체인 행정행위의 존재를 전제로 하는 것일 뿐이므로 부담 그 자체만을 행정쟁송의 대상으로 할 수 있다(대판 1992. 1. 21, 91누1264).

그러나 최근의 유력한 학설은 부관의 독립쟁송가능성과 독립취소가능성을 구분하여, 독립취소의 가능 여부를 떠나 일단 독립쟁송제기의 가능성만은 모든 부관에 대하여 인정되어야 한다고 주장하며, 독일에서도 행정절차법 제정 이후 이와 같은 견해가 대두되고 있다.

2. 부관의 독립취소 가능성

부관만 독립하여 쟁송을 제기할 수 있다고 하더라도 과연 부관만을 취소할 수 있는가는 별개의 문제이다. 이에 관하여는 부관의 종류와는 관계없이 일반적으로 재량행위에 붙여진 부관만의 취소를 구하는 것은 결국 행정관청에 대하여 부관을 삭제하고 본체인 행정행위만을 할 것을 강요하는 것이 되므로 재량행위의 성질에 반하여 불가능하며, 따라서 **기속행위에** 붙여진 부관만의 취소는 가능하다는 견해가 있다. 기속행위의 경우 상대방의 신청이 법률요건을 충족시키는 경우에는, 신청인은 관계법이 정하는 대로의 수익적 행정행위의 발급청구권이 있기 때문에 분리하여 취소할 수 있다고 한다.

그러나 독립쟁송가능성에서와 마찬가지 논리로 본체인 행정행위로 인한 권익·지위는 그대로 유지하게 하면서 부관만을 취소하는 것이 **상대방에게 이익이 있다고 인정되는 한** 기속·재량 여부나 부관의 종류 여하를 막론하고 **인정함이** 타당하다고 생각된다.

다만, 이미 설명한 바와 같이 부관의 내용이 본체인 행정행위의 **본질적 요소**라고까지 인정되는 경우(예 : 도로점용허가에 있어서의 점용기간에 관한 앞의 판례)에는 행정청이 부관 없이는 주된 행정행위를 발하지 않았을 것이라고 판단되기 때문에 하자 있는 부관만을 취소한다는 것은 무의미하며, 따라서 본체인 행정행위 **전체를** 취소하여야 할 것이다. 즉, 부관부 행정행위 전체를 대상으로 항고소송을 제기하여야 할 것이다. 예를 들어 대단위 아파트신축공사에 있어서 도로점용허가기간을 지나치게 짧은 1월로 한 경우에 그 상대방은 "1월의 기한이 붙은 도로점용허가를 취소한다"라는 취지의 판결을 구하는 취소소송을 제기할 수 있다. 이러한 소송에서 취소판결이 확정되면 판결의 기속력에 따라 행정청은 동일한 처분을 할 수 없으므로, 행정청은 적정하고 합당한 기한이 붙은 도로점용허가처분을 다시 하여야 한다.

제6절 행정행위의 적법요건(성립·발효요건)

 행정행위의 적법요건은 주체, 내용, 형식, 절차, 표시 요건으로 구성된다. 무릇 행정행위가 완전한 효력을 발생하기 위하여서는 적법요건을 모두 갖추어야 한다. 행정행위의 적법요건에 관한 일반법은 아직 없으며, 주로 판례와 학설에 의하여 이론이 정립되어 왔다.

Ⅰ. 행정행위의 주체·내용·형식·절차요건

1) 주체요건

① 정당한 권한을 가진 자가, ② 권한의 범위 안에서, ③ 정상적인 의사에 기하여 행한 행위이어야 한다.

2) 내용요건

① 법률상·사실상으로 **실현가능**하고 객관적으로 **명확**하여야 하며, ② **적법**하고 공익에 적합(타당)하여야 한다.

3) 절차요건

① 쌍방적 행정행위에 있어서 상대방의 협력(신청·동의), ② 행정행위의 **사전적 절차**(사전통지와 의견진술), ③ 신중·공정을 기하기 위한 행정조직 내부에서의 협의·심의·의결 등이 요구되는 경우 이에 따라야 하며, 그 위반의 효과는 당해 절차의 중요도에 따라 다르다.

> **판례** 절차상의 위법은 취소사유에 해당하는 판례
> 행정청이 영업허가취소 등의 처분을 하려면 반드시 사전에 청문절차를 걸쳐야 하고, 설사 구 식품위생법 제26조 1항 소정의 사유가 분명히 존재하는 경우라 할지라도 당해 영업자가 청문을 포기한 경우가 아닌 한 청문절차를 거치지 않고 한 영업소폐쇄명령은 위법하며 취소사유에 해당한다(대판 1983. 6. 14, 83누14).

4) 형식요건

① 법령에 특별한 형식을 규정하고 있지 않은 한 문서로 하여야 한다. 이 경우 문서에는 그 처분행정청 및 담당자의 소속·성명과 전화번호를 기재하여야 한다(행정절차법24). 행정행위의 존재와 내용의 명확성을 기하여 법률관계를 명백히 하고 다툼의 여지를 줄이기 위하여서는 원칙적으로 문서에 의하는 것이 합리적이기 때문이다. ② 문서의 내용으로는 법령에 특별한 규정이 없는 한 상대방의 주소·성명 및 행정행위의 내용·일자를 기재하고 관인을 날인하며,

처분이유의 명시가 요구될 때에는 처분이유까지 기재하여야 한다. 그 이유는 행정청의 자기확인에 의한 스스로에 의한 통제가 가능하며, 이를 통한 정당한 결정은 개인의 권리보호에 기여할 수 있으며, 따라서 그 당사자인 국민은 행정처분을 적극적으로 수용하게 되고 그 행정처분에 대한 외부기관에 의한 통제가 용이하게 되기 때문이다.

Ⅱ. 행정행위의 표시(송달·통지)요건

> 행정절차법 제14조(송달)
> ① 송달은 우편, 교부 또는 정보통신망 이용 등의 방법으로 하되, 송달받을 자(대표자 또는 대리인을 포함한다. 이하 같다)의 주소·거소(居所)·영업소·사무소 또는 전자우편주소(이하 "주소등"이라 한다)로 한다. 다만, 송달받을 자가 동의하는 경우에는 그를 만나는 장소에서 송달할 수 있다.
> ② 교부에 의한 송달은 수령확인서를 받고 문서를 교부함으로써 하며, 송달하는 장소에서 송달받을 자를 만나지 못한 경우에는 그 사무원·피용자(被傭者) 또는 동거인으로서 사리를 분별할 지능이 있는 사람(이하 이 조에서 "사무원등"이라 한다)에게 문서를 교부할 수 있다. 다만, 문서를 송달받을 자 또는 그 사무원등이 정당한 사유 없이 송달받기를 거부하는 때에는 그 사실을 수령확인서에 적고, 문서를 송달할 장소에 놓아둘 수 있다.
> ③ 정보통신망을 이용한 송달은 송달받을 자가 동의하는 경우에만 한다. 이 경우 송달받을 자는 송달받을 전자우편주소 등을 지정하여야 한다.
> ④ 다음 각 호의 어느 하나에 해당하는 경우에는 송달받을 자가 알기 쉽도록 관보, 공보, 게시판, 일간신문 중 하나 이상에 공고하고 인터넷에도 공고하여야 한다.
>   1. 송달받을 자의 주소등을 통상적인 방법으로 확인할 수 없는 경우
>   2. 송달이 불가능한 경우
> ⑤ 행정청은 송달하는 문서의 명칭, 송달받는 자의 성명 또는 명칭, 발송방법 및 발송 연월일을 확인할 수 있는 기록을 보존하여야 한다.
> 제15조(송달의 효력 발생)
> ① 송달은 다른 법령등에 특별한 규정이 있는 경우를 제외하고는 해당 문서가 송달받을 자에게 도달됨으로써 그 효력이 발생한다.
> ② 제14조제3항에 따라 정보통신망을 이용하여 전자문서로 송달하는 경우에는 송달받을 자가 지정한 컴퓨터 등에 입력된 때에 도달된 것으로 본다.
> ③ 제14조제4항의 경우에는 다른 법령등에 특별한 규정이 있는 경우를 제외하고는 공고일부터 14일이 지난 때에 그 효력이 발생한다. 다만, 긴급히 시행하여야 할 특별한 사유가 있어 효력 발생 시기를 달리 정하여 공고한 경우에는 그에 따른다.

1. 도달주의의 원칙

행정행위가 성립요건을 모두 갖추었더라도 다른 법령에 특별한 규정이 없는 한 상대방에게 도달하여야만 효력을 발생한다(도달주의, 사무관리규정8②).

예컨대, 적성검사미필을 이유로 운전면허를 취소하고자 하는 경우에 운전면허취소통지서에 상대방의 주소를 잘못 기재하여 취소통지서가 반송되어 상대방이 이를 수령하지 못한 때에는 운전면허 취소행위의 효력이 발생되지 아니한다(국무총리행정심판위원회 재결 1990. 6. 13, 국행심90-158).

문서에 의한 행정행위는 보통 우편·교부·정보통신망 이용 등의 방법에 의하며, 문서에 의하지 아니하는 행정행위는 구술통지·표지판 게시 등의 방법에 의한다. 정보통신망을 이용한 송달은 본인이 동의하는 경우에 한하여 인정된다(행정절차법14). **우편**에 의한 송달의 경우 종전에는 보통우편에 의하더라도 상당한 기간 내에 도달된 것으로 추정하는 판례가 있었으나, 오늘날에는 반대로 도달된 것으로 추정할 수 없다고 판시하고 있으므로 상대방에게 도달되었음을 입증하기 위하여서는 **등기우편** 등의 방법에 의하여야 할 것이다(판례 참조).

> **판례**　통상우편의 도달추정을 부정한 판례
> 통상우편으로 발송된 재심사청구기간 결정통지서가 반송되지 않았다는 사실만 가지고 발송일로부터 일정한 기간 내에 원고에게 배달되었다고 추정할 수는 없다(대판 1977. 2. 22, 76누265).

> **판례**　등기우편의 도달추정을 인정한 판례
> 등기우편으로 발송된 경우에 반송되거나 기타 특별한 사정이 없는 한 그 무렵 수취인에게 배달되었다고 볼 수 있다(대판 1998. 12. 13, 97누8977).

행정행위의 효력발생요건으로서의 도달이란 상대방이 현실적으로 그 내용을 알아야 한다는 것은 아니며, 『알 수 있는 상태』에 놓여짐으로써 충분하다고 하겠다(판례 참조).

> **판례**　도달의 의미에 관한 판례
> 행정처분의 효력발생요건으로서의 도달이란 상대방이 그 내용을 현실적으로 알아야 할 필요까지는 없고, 다만 알 수 있는 상태에 놓여짐으로써 충분하다. 따라서 원고의 처가 원고의 주소지에서 원고에 대한 파면처분통지서를 수령하였다면 그 처가 이를 교도소에 수감 중인 원고에게 전달치 아니하고 폐기해 버렸더라도 원고의 처가 위 통지서를 수령한 때에 원고가 그 내용을 알 수 있는 상태에 있었다고 볼 수 있다(대판 1989. 9. 26, 89누4963).

2. 고시·공고의 방법

행정행위의 상대방이 불특정 다수인이거나(특정지역에서의 통행금지 등) 상대방의 주소 및 거소가 불분명한 경우(도로개설을 위하여 무연고 묘지의 이장이 필요한 경우 등) 기타 송달이 불가능한 경우에는 통상적인 통지방법이 불가능하므로, 고시 또는 공고(관보·공보·일간신문에의 게재, 시·군 게시판 등 적절한 장소에의 게시)의 방법에 의하고 인터넷에도 공고하여야 한다(행정절차법14④). 이 경우 특별한 규정이 없는 한 고시·공고 후 14일(예컨대 운전면허취소통지를 경찰서 게시판 공고 후 14일)이 경과되면 도달한 것으로 보아 그때부터 효력을 발생한다(행정절차법15③). 귀화허가도 관보에의 고시를 발효요건으로 하고 있다(국적11).

III. 전자문서의 특례

전자정부법 제3장 전자적 행정관리에서는 전자문서와 관련하여 여러 특례를 규정하고 있다.

1. 전자문서 방식(원칙)

행정기관등의 문서는 '전자문서를 기본'으로 하여 작성, 발송, 접수, 보관, 보존 및 활용되어야 한다. 다만, 업무의 성격상 또는 그 밖의 특별한 사정이 있는 경우에는 그러하지 아니하다(전자정부법 제25조 제1항). 행정기관등이 해당 기관에서 접수하거나 발송하는 문서의 서식은 전자문서에 적합하도록 하여야 한다(동법 제25조 제1항). 행정기관등의 전자문서의 작성, 발송, 접수, 보관, 보존 및 활용과 전자문서 서식의 작성 방법 등에 관하여 필요한 사항은 국회규칙, 대법원규칙, 헌법재판소규칙, 중앙선거관리위원회규칙 및 대통령령으로 정한다(동법 제25조 제3항).

2. 전자문서 등의 성립 및 효력 등

행정기관등이 작성하는 전자문서는 그 문서에 대하여 '결재'(국회규칙, 대법원규칙, 헌법재판소규칙, 중앙선거관리위원회규칙 및 대통령령으로 정하는 전자적인 수단에 의한 결재를 말한다)를 받음으로써 '성립'한다(전자정부법 제26조 제1항). 행정기관등의 보조기관 또는 보좌기관이 위임전결하거나 대결(代決)한 전자문서는 그 보조기관 또는 보좌기관의 제29조에 따른 '행정전자서명'으로 발송할 수 있다(동법 제26조 제2항). 이 법에 따른 전자문서 및 전자화문서는 다른 법률에 특별한 규정이 있는 경우를 제외하고는 '종이문서와 동일한 효력'을 갖는다.(동법 제26조 제3항)

3. 전자문서의 송신·수신

개인, 법인 또는 단체가 본인임을 확인할 필요가 있는 전자문서를 행정기관등에 송신하려는 경우에는 공인전자서명 또는 다른 법령에 따라 본인임을 확인하기 위하여 인정되는 전자적 수단을 이용하여 송신하여야 한다. 다만, 공공기관이 행정기관과 전자문서를 유통하는 경우에는 행정전자서명을 이용하여 송신·수신하여야 한다(전자정부법 제27조 제1항). 발송시기 또는 도달시기를 분명히 할 필요가 있는 전자문서는 발송시기 또는 도달시기를 객관적으로 확인할 수 있도록 국회규칙, 대법원규칙, 헌법재판소규칙, 중앙선거관리위원회규칙 및 대통령령으로 정하는 전자적 방법을 이용하여 송신하거나 수신하여야 한다(동법 제27조 제2항).

4. 전자문서의 발송시기 및 도달시기

행정기관등에 송신한 전자문서는 그 '전자문서의 송신시점이 정보시스템에 의하여 전자적으로 기록된 때'에 송신자가 '발송'한 것으로 본다(전자정부법 제28조 제1항). 행정기관등이 송신한 전자문서는 '수신자가 지정한 정보시스템 등에 입력된 때'에 그 수신자에게 '도달'된 것으로 본다. 다만, 지정한 정보시스템 등이 없는 경우에는 '수신자가 관리하는 정보시스템 등에 입력된 때'에 그 수신자에게 '도달'된 것으로 본다(동법 제28조 제2항).

특정한 기한까지 도달되어야 할 문서 등을 송신자가 기한 전에 제27조제2항에 따른 전자적 방법을 이용하여 전자문서로 발송하였으나 수신자의 정보시스템 또는 관련 장치의 장애로 인하여 기한 내에 도달되지 아니한 경우에는 해당 송신자에 대하여만 수신자의 장애가 제거된 날의 다음 날에 기한이 도래한 것으로 본다(동법 제28조 제3항). 행정기관등에 도달된 전자문서가 판독할 수 없는 상태로 수신된 경우에는 해당 행정기관등은 이를 흠이 있는 문서로 보고 보완에 필요한 상당한 기간을 정하여 보완을 요구하여야 하며, 행정기관등이 발송한 전자문서가 판독할 수 없는 상태로 수신자에게 도달된 경우에는 이를 적법하게 도달된 문서로 보지 아니한다(동법 제28조 제4항).

5. 행정전자서명의 인증

행정기관이 작성하는 전자문서에는 '행정전자서명'을 사용한다. 다만, 행정기관은 「전자문서 및 전자거래 기본법」 제2조제5호에 따른 전자거래를 효율적으로 운영하기 위하여 '공인전자서명'을 사용할 수 있다(전자정부법 제29조 제1항). '중앙사무관장기관의 장'은 행정전자서명에 대한 인증업무를 수행한다(동법 제29조 제2항).

중앙사무관장기관의 장은 제2항의 인증업무를 수행할 때 공인전자서명과의 호환성을 높이기 위하여 행정안전부장관과 협의하여 행정전자서명에 대한 '기술표준'을 마련하고, 행정전자서명과 공인전자서명이 서로 '연계'될 수 있는 방안을 마련하여야 한다(동법 제29조 제3항). 제2항에 따라 인증받은 행정전자서명이 있는 경우에는 그 행정전자서명을 전자문서에 표시된 행정기관 및 공공기관의 관인·공인 또는 해당 기관에서 직접 업무를 담당하는 사람의 서명이 있는 것으로 '보며', 그 전자문서는 행정전자서명이 된 후에 그 내용이 변경되지 아니하였다고 '추정'한다(동법 제29조 제4항). 행정전자서명의 인증업무에 관하여 필요한 사항은 국회규칙, 대법원규칙, 헌법재판소규칙, 중앙선거관리위원회규칙 및 대통령령으로 정한다(동법 제29조 제5항).

제 7 절 행정행위의 효력

　행정행위가 적법요건을 갖추지 못하면 『하자 있는 행정행위』라 하여 그 하자의 경중에 따라 행정행위의 부존재·무효 또는 취소사유가 된다.
　그러나 적법요건을 모두 갖춘 경우에 어떤 효력을 발생할 것인가에 관하여는, 당해 행정행위의 고유한 내용에 따른 개별적 효력(예 : 운전·건축·음식점영업·자동차운수사업의 허용 등)을 발생하는 외에, 공통적인 효력으로서 사법관계에서는 인정되지 아니하는 공권력행사행위인 행정행위에만 특유한 다음의 효력이 인정된다. 이는 바로 『행정법관계의 특질』 또는 『행정행위의 특질』과도 같은 개념이다.

1. 구속력

　행정행위가 적법요건을 갖춘 경우에는 그 내용에 따라 상대방과 행정관청을 '구속하는 힘'을 가진다. 따라서 하명·허가면제 등의 명령적 행위는 상대방에 대하여 작위·부작위·급부·수인의 의무를 발생시키거나 해제하는 효과를 가지며, 특허·인가대리 등의 형성적 행위는 상대방에게 권리·능력 등을 형성하는 효과를 가진다. 행정법은 강제적인 지배복종관계에 관한 공법이므로 구속력은 모든 행정행위에서 당연히 인정되는 실체법상의 권리이다. 행정행위의 발동은 일방적이지만 그 구속력은 쌍방적이기 때문에 처분청인 행정청도 행정행위에 구속된다.

2. 공정력

　'공정력'이란 행정행위는 비록 하자가 있더라도 당연 무효인 경우를 제외하고는 취소되기 전까지는 일응 유효한 것으로 통용되는 힘을 가지는 것을 말한다. 따라서 행정행위의 하자가 중대·명백한 경우에는 무효가 되므로 공정력이 인정되지 않는다. 오늘날에는 공정력 중에서 그 상대방인 국민에 대한 통용력만을 '공정력'이라 하고 다른 국가기관에 대한 통용력은 '구성요건적 효력'이라고 하여 이를 공정력과 구별하는 견해가 있다. 그러나 국가기관도 국민과의 관계에서 평등의 원칙에 지배당하고 있기 때문에 공정력이 통용되는 힘은 같을 수밖에 없어 그 성질상의 차이는 없으며, 따라서 굳이 양자를 구별할 필요는 없다.

3. 확정력(존속력): 불가쟁력(형식적 존속력)과 불가변력(실질적 존속력)

　행정행위에 비록 취소원인인 하자가 있더라도, ① 쟁송기간이 경과하면 상대방으로서는 더 이상 그 효력을 다툴 수 없는 효과(불가쟁력)를 발생하거나, ② 일정한 쟁송절차를 거친 행위

기타의 확인행위는 그 성질상 처분 행정청이라 할지라도 취소·변경할 수 없는 효과(불가변력)를 발생하게 된다. 그러나 취소권을 가진 행정청이 불가쟁력이 발생한 행정행위를 직권으로 취소·철회하는 것은 가능하며, 실질적인 확정력을 가지는 불가변적인 행정행위라도 그 상대방 또는 이해관계인은 쟁송제기기간 내에 행정쟁송을 제기하여 당해 행정행위의 효력을 다툴 수 있다고 할 것이다.

4. 강제력

행정행위에 부과된 의무를 상대방이 이행하지 않는 경우에 행정행위의 내용을 강제로 실현시킬 수 있는 '**자력집행력**'과 '**제재력**'이 인정된다. 자력집행력과 제재력은 반드시 이에 관한 법률의 근거가 있어야 하는데, 행정대집행법과 국세징수법에 의하여 강제집행수단을 강구하는 것이 바로 '자력집행력'의 예이고, 행정형벌, 행정질서벌 등의 행정벌이 바로 법률상에 규정된 '제재력'의 예이다.

제 8 절 행정행위의 하자(흠)

I. 개 설

1. 행정행위의 하자의 의의

> '행정행위의 하자'란 행정행위가 법이 정한 적법요건을 모두 갖추고(적법하고), 행정청이 공익에 적합한 재량을 행사한 경우(타당한 경우)에는 완전히 효력을 발생하지만, 그렇지 못한 경우에는 위법 또는 부당한 것으로 평가되어 소위 하자 있는 행정행위라 하여 그 하자의 종류·정도·내용에 따라 심한 경우 행정행위가 **부존재** 또는 **무효**가 되거나 **취소의 대상**이 되는 것을 말한다.

행정행위의 하자를 탐구하는 하자론은, 말하자면 **행정법에 있어서의 병리학**에 해당하는 것으로서 중요한 연구과제가 되고 있으나, 이에 관한 일반법 규정은 없으며 주로 학설과 판례에 의하여 발전되고 있다.

2. 행정행위의 하자의 유형

1) 위법과 부당

행정행위의 하자를 내용면에서 구분한 것이다. **위법**인 경우에는 부존재·무효·취소의 원인이 되기 때문에 이러한 행정행위는 행정청의 직권과 행정심판에 의하여 이를 확인할 수도 있지만, 법원에 의하여서도 확인할 수 있다. 행정행위의 위법여부는 행정행위가 외부에 표시된 시점을 기준으로 정하여야 한다.

재량행위에 있어 재량권의 적절한 행사를 그르친 **부당**인 경우에는 단지 행정청에 의한 취소의 대상이 될 수 있을 뿐이다. 행정청이 부당하게 재량행위를 한 경우에 그 행위는 적법하지만 타당성을 결여한 것이기 때문에 행정소송을 통해서는 취소될 수 없고 직권취소 또는 행정심판의 대상이 될 뿐이다(단, 재량권 일탈·남용의 경우는 위법으로 인정되고 따라서 법원도 취소할 수 있게 된다). 하자는 원칙적으로 위법성이 있다는 것을 의미하기 때문에 여기서 부당한 재량행위가 취소원인으로서의 하자에 해당하는 것은 일종의 예외적인 현상이라고 볼 수 있다.

2) 부존재·무효·취소

하자를 효과 면에서 구분하면 하자의 종류·정도·내용에 따라 **부존재**의 원인인 하자, **무효**의 원인인 하자 및 **취소**의 원인인 하자로 각각 구분할 수 있다. 그러나 명백한 오기·오산과 같은 **경미한 표현상의 하자**는 행정청이 언제든지 정정할 수 있기 때문에 무효·취소의 원인이 되지 못하고 행정행위의 효력에 아무런 영향을 미치지 아니한다(행정처분의 정정, 행정절차법25).

Ⅱ. 행정행위의 부존재

1. 행정행위의 부존재의 의의

'무효인 행정행위'는 일단 외관상 행정행위가 존재하고는 있으나 하자로 인하여 아무런 효과를 발생치 못하고 있는 것임에 반하여, '행정행위의 부존재'란 행정행위가 성립요건 중 중요한 요소를 결여함으로써 외관상으로도 행정행위라고 할 만한 것이 존재하지 않는 것을 말한다.

2. 행정행위의 부존재의 유형

광의의 부존재에는 ① 행정행위의 개념에는 해당하더라도 아직 내부적 의사결정단계에 있어 행정행위가 성립조차 되지 않은 경우 또는 이미 취소·철회·해제 조건의 성취 등으로 행정행위가 실효되어 버린 경우와 같이 **사실상의 부존재**와, ② 처음부터 행정행위(소송법상의 '처분')의 개념에 해당되지 아니하는 주의·권고·행정지도 및 사인의 공무원 사칭행위 등 소위 **비행정행위**의 2종류가 있다는 견해도 있으나, 이러한 비행정행위까지를 굳이 행정행위의 부존재라는 개념에 포함시켜 논할 이유는 없다고 본다. 왜냐하면 우리 행정소송법도 '무효 등 확인소송'의 개념을 행정청의 '처분 등'의 효력유무 또는 존재여부를 확인하는 소송이라고 정의하고 있는바, 이는 바로 존재여부를 확인해 달라는 부존재확인소송도 결국 '처분 등'의 존재여부를 확인해 달라는 것이어야 한다는 점을 명시하고 있는 것으로 해석할 수 밖에 없기 때문에 그러하다(행소4, 행심4).

3. 행정행위의 부존재와 무효의 구별

1) 부정설

무효와 부존재는 법률효과를 전혀 발생치 아니한다는 점에서는 차이가 없으므로 굳이 양자를 구별하여 취급할 이유가 없다고 한다.

2) 긍정설

무효인 경우와는 달리 부존재의 경우는 행정쟁송의 대상인 목적물(행정행위) 자체가 존재하지 않기 때문에 그 취소를 구하는 쟁송이 제기될 경우 사건의 본안을 심리하기도 전에 쟁송을 거부하는 **각하**를 할 수밖에 없다는 점에서 무효와의 구별실익이 있다고 한다(다수설). 아울러 무효인 행정행위는 전환이 인정되지만 부존재인 행정행위는 **전환**이 인정되지 않는다는 점에서도 구별이 필요하다.

3) 사견

우리 행정소송법과 행정쟁송법은 입법적으로 이 문제를 해결하여 무효확인쟁송과 부존재확인쟁송을 함께 묶어서 '무효 등 확인쟁송'이라 하여 항고쟁송의 한 형태로 인정하고 있으므로 양자가 다 같이 쟁송의 대상이 된다는 점에서는 구별의 실익이 없어졌다고 하겠으며, 구체적인 적용 법조항 역시 양자에게 공통되고 있어 그다지 큰 구별 실익은 없다고 하겠으나, 위의 **긍정설**에서 제시한 이유 때문에 여전히 양자를 구분하여야 할 것으로 생각된다.

Ⅲ. 행정행위의 무효와 취소의 구별

1. 행정행위의 무효와 취소의 의의

1) 무효인 행정행위

외관상 행정행위로 존재함에도 불구하고 중대하고 명백한 하자로 인하여 취소를 기다릴 필요 없이 처음부터 아무런 법적 효과를 발생하지 아니하는 것을 말한다.

따라서 어떠한 국가기관이나 사인도 이에 구속당하지 아니하고 자유로이 무효임을 주장할 수 있다.

2) 취소할 수 있는 행정행위

행정행위에 무효원인이 아닌 하자가 있지만 취소할 권한이 있는 행정관청이나 법원에 의하여 취소되기 전까지는 국가기관이나 사인 등 누구도 그 효력을 부인할 수 없으며(공정력), 취소가 있어야 비로소 그 효력을 상실하게 되는 것을 말한다.

2. 행정행위의 무효와 취소의 구별실익

1) 선결문제와의 관계

무효인 행정행위는 공정력이 없기 때문에 누구든지 무효임을 주장할 수 있고 따라서 민사소송이나 형사소송에서 특정 행정행위의 유·무효 여부가 당해 소송의 선결문제가 된 경우에 민사법원 또는 형사법원은 당해 행정행위가 무효임을 판단할 수 있다.

그러나 위법한 조세부과처분처럼 단순히 취소할 수 있는 행정행위에 그칠 경우에는 **공정력**이 발생하기 때문에 먼저 행정소송에서 취소소송을 제기하여 취소를 받은 후에 비로소 부당이득반환청구소송, 조세과오납금환급소송 등의 민사소송에서 그 효력을 부인할 수 있다(단, 소송실무상 민사소송으로 다루어지고 있는 국가배상사건에 있어서는 예외라는 판례가 있다. 건축물철거계고처분의 위법을 이유로 한 국가배상청구사건. 대판 1972. 4. 28, 72다337).

형사소송에 있어서 판례와 학설상 다른 견해도 있으나 같은 이유로 먼저 취소사유에 해당하는 행정행위에 대하여 행정소송에서 취소판결을 받아야 형사소송에서 그 효력을 부인할 수 있게 된다(예컨대, 자동차운전면허취소처분을 받은 자가 계속 운전을 하여 무면허운전으로 형사처벌을 받은 경우에는 먼저 행정소송을 제기하여 운전면허취소처분에 대한 취소판결을 받아야 계류 중인 형사소송에서 무면허운전이 아니며 따라서 무죄라는 판결을 받을 수 있게 된다).

선결문제에 관하여는 제1편 제3장 행정법관계의 특질 중 **공정력** 부분에서 상세히 설명하였기 때문에 그 부분을 참고하기 바란다.

2) 행정쟁송의 형식

무효인 행정행위는 무효선언을 구하는 의미에서의 취소소송의 형태와 함께 **무효확인소송**도 인정되지만, 취소할 수 있는 행정행위는 항상 **취소소송**만 인정된다. 그러나 무효확인소송이 제기되었으나 심리결과 취소할 수 있는 행정행위에 불과한 경우에 법원은 무효의 주장에는 취소도 포함된 것으로 보고 취소판결을 내릴 수 있다고 보는 것이 판례의 입장이다. 다만, 이 경우에는 제소기간과 개별법률이 예외적으로 거치도록 규정하고 있는 행정심판전치주의 등 취소소송의 소송요건을 갖추어야 한다(대판 1987. 6. 9, 87누219). 그러므로 행정행위의 당사자인 국민은 취소소송제기기간 내에 무효확인소송을 제기하거나 취소소송을 제기하는 것이 유용한 방법이 된다고 하겠다.

3) 행정쟁송의 제기요건

취소쟁송은 ① 제소기간이 적용되고 ② 조세부과처분·자동차운전면허취소(정지)처분·공무원징계처분 등과 같이 개별법률에서 행정심판전치주의를 규정하고 있는 예외적인 경우에 한하여 **행정심판전치주의**도 적용되지만, 무효확인쟁송은 이러한 제한이 없다. 그러나 위에서 살펴본 무효선언을 구하는 의미에서의 취소소송의 제소기간에 관하여는 견해가 대립되어 있으며, 판례는 적용된다고 한다.

그러나 **무효확인소송**에 있어서는 취소소송에서는 요구되지 아니하는 요건, 즉 ① 무효확인을 구할 법률상 이익(확인의 이익)이 있어야 할 것과, ② 무효임을 원용하여 민사상 손해배상청구소송 등의 다른 소송으로 구제받을 길이 없을 경우에만 '**보충적**'으로 제소할 수 있다는 것이 우리 판례의 입장이다(대판 1992. 7. 28, 92누4352, 1991. 6. 28, 90누9346 등. 무효 등 확인소송 참조).

4) 사정재결·사정판결

취소사유에 해당되어 취소함이 마땅함에도 불구하고 취소하면 공공복리에 반하게 되므로 특별히 취소하지 아니한다는 사정재결과 사정판결은 취소할 수 있는 행위에만 인정되며, 무효인 행정행위는 절대적으로 무효라는 점에서 인정될 수 없다.

5) 하자의 승계

선행행위에 무효원인인 하자가 있는 경우에는 성질상 후행행위에도 그 하자가 승계되지만, 취소사유가 있음에 그치는 경우에는 선행행위와 후행행위가 결합하여 1개의 효과를 완성하는 경우에만 승계된다.

6) 하자의 치유·전환

하자 있는 행정행위의 치유는 취소할 수 있는 행위에 대하여 인정되며, 반대로 전환은 무효인 행정행위에 대하여만 인정된다. 다만, 무효·취소의 구별의 상대화라는 관점에서 무효와 같이 하자가 심한 경우에도 전환이 인정된다면 그보다 경미한 하자인 취소의 경우에도 행정행위의 전환이 인정되어야 한다는 견해도 있다.

7) 입증책임

취소소송에 있어서 취소사유의 존재 등에 관한 입증책임은 원고와 피고간에 민사소송법상의 입증책임분배의 원칙이 적용됨에 반하여, 무효 등 확인소송에 있어서 무효사유에 관하여는 누구나 쉽게 입증할 수 있다는 등의 이유로 원고에게 입증책임이 있다는 것이 우리 판례의 입장이다(대판 1992. 3. 10, 91누6030. 무효 등 확인소송 참조).

3. 행정행위의 무효와 취소의 구별에 관한 학설

1) 논리적 견해

켈젠·메르클 등의 순수법학파는 순수논리적 입장에서 법률요건을 결한 행정행위는 원칙적으로 모두 무효라고 한다. 그러나 이 견해는 법치주의적 요청에는 충실하지만 행정행위를 성립시키는 여러 가지의 법률요건 간에는 그 중요성에 있어서 경중이 있다는 사실을 무시하고 있다.

2) 관념론적 견해

능력법규·강행법규 또는 중요법규에 위반한 행정행위는 무효이고, 명령법규·임의법규 또는 중요치 않은 법규에 위반한 행위는 취소할 수 있다고 하고 있으나, 이들 법규 간의 구별이 명확한 것은 아니라는 문제점이 있다.

3) 목적론적 견해

행정행위는 우월한 의사의 발동이므로 원칙적으로 취소할 수 있음에 그친다는 견해(O. Mayer)와, 반대로 행정법규의 강행성·공익성을 이유로 원칙적으로 무효라는 견해(R. Herrnritt 등)가 있다.

4) 기능론적 견해(중대·명백설)

행정쟁송제도의 취지·목적에 비추어, 하자가 전문적인 국가기관이 아닌 사인도 인정할 수 있을 정도로 중대하고 명백한 경우에는 무효, 전문적인 국가기관이 신중한 절차를 거쳐 판단해야 할 정도의 것이면 취소할 수 있는 것이라 한다.

4. 행정행위의 무효와 취소의 구별기준

1) 중대설

이 설은 당해 행정행위의 성립에 필요한 여러 요건 중 중요한 요건에 하자가 있는 경우에 무효인 행정행위로 보는 것을 말한다. 중대설은 명백한 흠은 요구되지 않고 중대한 흠만 있으면 무효가 되기 때문에 **무효사유를 넓게 인정하여** 상대방인 국민의 권리를 넓게 인정하여 강한 권리 구제에 기여하는 것이지만, 무효사유를 너무 넓게 인정하기 때문에 수익적 행정행위와 복효적 행정행위에 있어서는 오히려 상대방과 이해관계인에게 불이익을 가져다주며, 행정의 법적 안정성이나 제3자의 신뢰보호가 상대적으로 많이 희생된다는 단점이 있다.

2) 중대·명백설

행정행위의 하자가 내부적 요건에 있어서 중대하여야 하고, 외부적으로는 하자가 정상적인 통상인이 보아도 명백하게 인식될 정도로 외관상 일견하여 명백한 것이어야 한다(외관상 일견명백설).

▶ 예 : ① 공무원법상 임용결격사유에 해당하는 자(금치산자·파산자 및 파면된 후 5년 미경과자 등)에 대한 공무원임용행위, ② 수사기관의 강압에 의하여 작성된 확인서·자술서·각서 등을 과세자료로 한 과세처분(대판 1992. 3. 31, 91다32053), ③ 국가시험에 불합격한 의대졸업생에 대한 의사면허, ④ 대상목적물을 특정하지 아니한 국유재산임대처분(대판 1961. 3. 13, 4292행상92), ⑤ 18세 미만자에 대한 운전면허, ⑥ 세금을 완납한 사람에 대한 체납처분, ⑦ 판매되지 아니한 물품에 대한 물품세부과(대판 1966. 12. 20, 65다43), ⑧ 재결서에 의하지 아니한 행정심판재결 등.

결국, 무엇이 중대하고도 명백한 하자인가에 관하여는 당해 법규의 목적·의미·기능 등을 참작하여 행정쟁송제도의 취지·목적에 비추어 합리적으로 판단하여야 할 것이다(같은 취지 : 대판 1993. 12. 7, 93누11432).

3) 조사의무설

이 설은 행정행위가 무효로 되는 것은 원칙적으로 그 하자가 중대하고 명백한 경우에 한정된다는 중대명백설을 취하면서도, 명백성의 기준을 완화하여 무효사유를 넓히려는 견해이다.

이는 일본에서 주장된 학설로서, 공무원이 그 직무의 성실한 수행으로서 당연히 요구되는 정도의 조사에 의하여 판명될 수 있는 사실관계로 비추어 보면 당해 처분의 위법성이 명백하게 인정되는 경우에도 하자의 명백성의 요건이 충족되어 무효라고 한다. 그러나 우리 판례는 무효의 판단에 있어서 이러한 기준을 적용한 적이 없다.

4) 명백성 보충요건설

원칙적으로 중대한 하자만 있으면 무효라고 하면서, 예외적으로 제3자의 이익을 보호해야 할 경우에만 **명백성**이 보충적으로 요구된다는 견해이다. 즉, 제3자의 이익이 관련된 경우에는 제3자의 입장에서 보아 중대하고도 명백한 하자인 경우에만 무효가 된다는 견해이다. 우리 판례는 아직 이 이론을 적용한 적이 없으나, 무효인 조례에 근거하여 행한 건설영업정지처분을 취소사유라고 한 전원합의체의 다수의견에 대하여 소수의견이 이 이론을 적용하여 건설업영업정지처분을 무효라고 주장한 바 있다(대판 1995. 7. 11, 94누4615).

> **판례** 무효인 조례에 근거하여 행한 건설업영업정지처분이 중대명백설에 근거하여 무효는 아니라는 다수의견
>
> 건설공사를 일괄하도급하여 구청장으로부터 4개월간의 영업정지처분을 받은 경우에, 건설업법 제50조 제2항 제3호·제22조상의 영업정지처분권한은 건설부장관으로부터 시·도지사에 대한 위임조항만 있을 뿐 구청장에게 재위임할 수 있는 근거규정이 없고, 행정권한의 위임 및 위탁에 관한 규정 제4조에 의하여 재위임한다고 하더라도 이는 기관위임사무이므로 규칙으로 위임하여야 함에도 불구하고 서울시장이 조례로 구청장에게 위임하였다면 이 조례는 무효이며 결과적으로 이에 기한 처분은 적법한 위임없이 권한없는 자에 의하여 행하여진 것과 마찬가지가 되어 그 하자가 중대하나, 조례와 규칙은 조례가 상위규범이고 또한 헌법 제107조 제2항의 '규칙'에는 지방자치단체의 조례와 규칙이 모두 포함되는 등 이른바 규칙의 개념이 경우에 따라 상이하게 해석되는 점 등에 비추어 보면 위임과정의 하자가 객관적으로 명백한 것으로 볼 수 없으므로 이로 인한 하자는 결국 당연무효사유는 아니라고 봄이 상당하다(대판 1995. 7. 11, 94누4615 전원합의체).

> **판례** 위 사건에서 명백성 보충요건설에 근거하여 무효라는 소수의견
>
> 구청장의 건설업영업정지처분은 소극적으로 허가된 행위를 할 수 없도록 금지 내지 정지함에 그치고 있어 그 처분의 존재를 신뢰하는 제3자의 보호나 행정법질서에 대한 공공의 신뢰를 고려할 필요가 크지 않다는 점, 위임에 관한 조례가 무효이어서 결국 처분청에게 권한이 없다는 것은 극히 중대한 하자에 해당하는 것으로 보아야 한다는 점, 지방자치의 전면적인 실시에 따라 앞으로 이와 같은 성격의 하자가 늘어날 것이 예상되므로 법원의 태도를 엄정하게 유지함으로써 행정의 법적합성과 국민의 권리구제를 도모할 필요성도 적지 아니하다는 점 등을 고려할 때, 위 영업정지처분은 그 처분의 성질이나 하자의 중대성에 비추어 그 하자가 외관상 명백하지 않더라도 당연무효라고 보아야 한다(위 판례의 소수의견).

5. 행정행위의 하자의 효과의 개별화이론

통설인 중대·명백설에 따르되, 하자의 성질·경중 등에만 의존하여 무효 아니면 취소라는 기계적인 결론에 이를 것이 아니라, 중대·명백설을 기준으로 하면서도 상대방의 신뢰보호, 법적

안정성 또는 공익에의 지장의 정도 등 무효·취소가 초래할 결과까지를 함께 고려하여 구체적 상황에 합당한 탄력적인 결론을 내릴 것을 강조하는, 소위 하자의 효과의 개별화이론(제에즈·힙펠 등)이 유력하게 대두되고 있으며, 그 구체적 적용으로서는 ① 하자 있는 행정행위의 치유와 전환, ② 사실상의 공무원이론과 표현대리이론, ③ 사정판결 등을 들 수 있다.

6. 위헌법률에 근거한 행정처분의 효력(하자의 정도)

1) 대법원

판례 위헌법률에 근거하여 발하여진 행정처분의 효력

법률에 근거하여 행정처분이 발하여진 후에 헌법재판소가 그 행정처분의 근거가 된 법률을 위헌으로 결정하였다면 결과적으로 행정처분은 법률의 근거가 없이 행하여진 것과 마찬가지가 되어 하자가 있는 것이 되나, 하자 있는 행정처분이 당연무효가 되기 위하여는 그 하자가 중대할 뿐만 아니라 명백한 것이어야 하는데, 일반적으로 법률이 헌법에 위반된다는 사정이 헌법재판소의 위헌결정이 있기 전에는 객관적으로 명백한 것이라고 할 수는 없으므로 헌법재판소의 위헌결정 전에 행정처분의 근거되는 당해 법률이 헌법에 위반된다는 사유는 특별한 사정이 없는 한 그 행정처분의 취소소송의 전제가 될 수 있을 뿐 당연무효사유는 아니라고 봄이 상당하다(대법원 1994.10.28, 선고, 92누9463, 판결).

2) 헌법재판소

① 원칙적 취소

판례 행정처분에 대한 제소기간이 도과한 후 그 처분에 대한 무효확인의 소를 제기한 경우 당해 행정처분의 근거법률이 위헌인지 여부가 당해 사건 재판의 전제가 되는지 여부(소극)

행정처분의 근거법률이 헌법에 위반된다는 사정은 헌법재판소의 위헌결정이 있기 전에는 객관적으로 명백한 것이라고 할 수는 없으므로 특별한 사정이 없는 한 그러한 하자는 행정처분의 취소사유에 해당할 뿐 당연무효사유는 아니어서, 제소기간이 경과한 뒤에는 행정처분의 근거 법률이 위헌임을 이유로 무효확인소송 등을 제기하더라도 행정처분의 효력에는 영향이 없음이 원칙이다. 따라서 행정처분의 근거가 된 법률조항의 위헌 여부에 따라 당해 행정처분의 무효확인을 구하는 당해 사건 재판의 주문이 달라지거나 재판의 내용과 효력에 관한 법률적 의미가 달라지는 것은 아니므로 재판의 전제성이 인정되지 아니한다(전원재판부 2010헌바251, 2014.1.28).

② 예외적 무효

판례 불가쟁력이 발생한 행정처분에 대하여 그 근거법규가 위헌임을 이유로 무효확인의 소를 제기한 경우 위 근거법규의 위헌여부가 재판의 전제가 되는지 여부

행정처분의 집행이 이미 종료되었고 그것이 번복될 경우 법적 안정성을 크게 해치게 되는 경우에는 후에 행

정처분의 근거가 된 법규가 헌법재판소에서 위헌으로 선고된다고 하더라도 그 행정처분이 당연무효가 되지는 않음이 원칙이라고 할 것이나, 행정처분 자체의 효력이 쟁송기간 경과 후에도 존속 중인 경우, 특히 그 처분이 위헌법률에 근거하여 내려진 것이고 그 행정처분의 목적달성을 위하여서는 후행 행정처분이 필요한데 후행 행정처분은 아직 이루어지지 않은 경우와 같이 그 행정처분을 무효로 하더라도 법적 안정성을 크게 해치지 않는 반면에 그 하자가 중대하여 그 구제가 필요한 경우에 대하여서는 그 예외를 인정하여 이를 당연무효사유로 보아서 쟁송기간 경과 후에라도 무효확인을 구할 수 있는 것이라고 봐야 할 것이다. 그렇다면 관련소송사건에서 청구인이 무효확인을 구하는 행정처분의 진행정도는 마포세무서장의 압류만 있는 상태이고 그 처분의 만족을 위한 환가 및 청산이라는 행정처분은 아직 집행되지 않고 있는 경우이므로 이 사건은 위 예외에 해당되는 사례로 볼 여지가 있고, 따라서 헌법재판소로서는 위 압류처분의 근거법규에 대하여 일응 재판의 전제성을 인정하여 그 위헌 여부에 대하여 판단하여야 할 것이다(전원재판부 92헌바23, 1994.6.30).

7. 위헌법률에 근거한 행정처분의 집행력

대법원은 위헌법률에 기초한 행정처분의 집행이나 집행력을 유지하기 위한 행위는 위헌결정의 기속력에 위반되어 허용되지 않는다고 한다.

> **판례** 과세처분 이후 조세 부과의 근거가 되었던 법률규정에 대하여 위헌결정이 내려진 경우, 그 조세채권의 집행을 위한 체납처분이 당연무효인지 여부(적극)
>
> 구 헌법재판소법(2011. 4. 5. 법률 제10546호로 개정되기 전의 것) 제47조 제1항은 "법률의 위헌결정은 법원 기타 국가기관 및 지방자치단체를 기속한다."고 규정하고 있는데, 이러한 위헌결정의 기속력과 헌법을 최고규범으로 하는 법질서의 체계적 요청에 비추어 국가기관 및 지방자치단체는 위헌으로 선언된 법률규정에 근거하여 새로운 행정처분을 할 수 없음은 물론이고, 위헌결정 전에 이미 형성된 법률관계에 기한 후속처분이라도 그것이 새로운 위헌적 법률관계를 생성·확대하는 경우라면 이를 허용할 수 없다. 따라서 조세 부과의 근거가 되었던 법률규정이 위헌으로 선언된 경우, 비록 그에 기한 과세처분이 위헌결정 전에 이루어졌고, 과세처분에 대한 제소기간이 이미 경과하여 조세채권이 확정되었으며, 조세채권의 집행을 위한 체납처분의 근거규정 자체에 대하여는 따로 위헌결정이 내려진 바 없다고 하더라도, 위와 같은 위헌결정 이후에 조세채권의 집행을 위한 새로운 체납처분에 착수하거나 이를 속행하는 것은 더 이상 허용되지 않고, 나아가 이러한 위헌결정의 효력에 위배하여 이루어진 체납처분은 그 사유만으로 하자가 중대하고 객관적으로 명백하여 당연무효라고 보아야 한다[대법원 2012.2.16. 선고, 2010두10907, 전원합의체 판결].

IV. 행정행위의 하자의 승계

1. 행정행위의 하자의 승계의 의의

조세체납처분에 있어서의 독촉·압류·매각·충당행위와, 행정대집행에 있어서의 계고, 대집행영장에 의한 통지, 대집행실행, 비용징수 등과 같이 일련의 선행행위와 후행행위가 있는 경우에 선행행위가 이미 제소기간이 경과되어 불가쟁력이 발생하는 등의 사유로 인하여 그 위법을 더 이상 다툴 수 없는 경우에, 그 후행행위가 적법함에도 불구하고 선행행위의 위법을 이유로 후행행위도 위법임을 주장할 수 있다고 한다면 국민의 권리구제의 폭이 확대될 수 있다는 점에서 선행행위의 '하자의 승계' 여부가 논의되고 있다.

이러한 문제가 논의되기 위해서는 ① 선행행위와 후행행위가 모두 항고소송의 대상이 되는 처분이어야 하며, ② 선행행위에 불가쟁력이 발생하여야 하며, ③ 후행행위 자체에는 고유한 하자가 없어야 하며(왜냐하면 이 경우에는 후행행위 자체를 다툴 수 있으므로 하자의 승계를 논할 실익이 없기 때문이다), ④ 선행행위에는 무효사유가 아닌 **취소사유**에 해당하는 하자가 존재하여야 한다. 그 이유는 선행행위가 무효인 경우에는 불가쟁력이 발생하지 아니하기 때문에 당연히 후행행위에 그 하자가 승계되기 때문이다(조세부과처분이 중대하고 명백한 하자가 있어 무효인 경우에는 그 부과처분의 집행을 위한 체납처분도 무효이다(대판 1988. 6. 28, 87누1009)). 이러한 하자의 승계문제를 선행행위의 후행행위에 대한 구속력(규준력)이론으로 설명하는 견해도 있다.

2. 행정행위의 하자의 승계 여부

1) 행정행위의 하자가 승계되는 경우

행정법관계의 법적 안정성을 저해할 우려가 있기 때문에 하자의 승계는 원칙적으로 인정되지 않아야 하겠지만, 선행행위와 후행행위가 서로 **결합**하여 1개의 **법률효과**를 완성하는 경우에는 승계된다고 한다.

> **판례**
> ① 허위서류에 기한 의사시험 응시자격인정행위와 의사면허처분(대판 1975. 12. 9, 75누123), ② 선행 독촉처분과 후행 가산금징수처분(대판 1986. 10. 28, 86누147), ③ 안경사시험 합격처분의 하자와 안경사면허처분(대판 1993. 2. 9, 92누4567), ④ 행정대집행에 있어서의 일련의 절차에 관하여 하자의 승계를 인정(판례 참조).

> **판례** 행정행위의 하자의 승계를 인정한 판례
> 대집행의 계고, 대집행영장에 의한 통지, 대집행의 실행, 대집행비용의 납부명령 등은 대집행이라는 동일한 행정목적을 달성하기 위한 단계적인 일련의 연속적 절차로서 서로 결합하여 하나의 법률효과를 발생시키는 것이므로, 대집행이 완료되어 그 계고처분의 취소를 구할 법률상 이익이 없게 된 경우에 후행 처분인 대집행비용 납부명령 자체에는 아무런 하자가 없더라도 대집행비용 납부명령의 취소를 구하는 소송에서 선행처분인 계고처분의 위법을 이유로 대집행비용 납부명령도 위법이라는 주장을 할 수 있다(대판 1993. 11. 9, 93누14271).

2) 행정행위의 하자가 승계되지 않는 경우

선행행위와 후행행위가 서로 독립하여 **별개의 법률효과**의 발생을 목적으로 하고 있는 경우에는 승계되지 않는다고 한다.

> **판례**
> ① 선행의 조세부과처분과 후행의 체납처분(대판 1987. 9. 22, 87누383), ② 도시재개발시의 사업시행인가와 사업시행을 위한 후행 토지수용재결처분(판례 참조), ③ 선행 직위해제처분을 받은 자에 대한 후행 직권면

직 처분(대판 1984. 9. 11, 84누191), ④ 선행 건물철거명령과 후행의 대집행계고처분 등 행정대집행행위(대판 1998. 9. 8, 97누20502; 대판 1982. 7. 27, 81누293) 등에 있어서 하자의 승계를 부정.

> **판례** 행정행위의 하자의 승계를 부정한 판례
> ① 도시재개발법에 의한 재개발사업의 시행인가라는 선행처분의 쟁송기간이 지난 후에 그 사업의 수행을 위하여 행하는 토지수용의 재결단계에 있어서는, 동 재개발사업시행인가처분이 당연무효라고 인정되지 아니하는 한, 동 인가처분의 위법을 이유로 토지수용재결처분의 취소를 구할 수 없다(대판 1993. 3. 9, 92누16287).
> ② 건물철거명령이 당연무효가 아닌 이상 행정심판이나 소송을 제기하여 그 위법함을 소구하는 절차를 거치지 아니하였다면 위 선행행위인 건물철거명령은 적법한 것으로 확정되었다고 할 것이므로 후행행위인 대집행계고처분에서는 그 건물이 무허가건물이 아닌 적법한 건축물이라는 주장이나 그러한 사실인정을 하지 못한다(대판 1998. 9. 8, 97누20502).

3) 행정행위의 하자가 예외적으로 승계되는 경우

선행행위와 후행행위가 서로 독립하여 별개의 효과를 발생하는 경우에는 승계되지 않는 것이 원칙이다. 그러나 최근 선행행위와 후행행위가 별개의 법률효과를 목적으로 하더라도 대법원은 이에 대한 예외를 인정하여, 쟁송기간이 도과한 **개별공시지가** 결정의 위법을 이유로 그에 기초하여 부과된 양도소득세 부과처분의 취소를 구한 사건에서 행정청의 후행처분의 위법을 주장할 수 없도록 하는 것이 관계인에게 수인의 한도를 넘어서는 불이익을 강요하게 될 경우에는 수인한도의 법리상 예외적으로 하자의 승계를 인정한 바 있다(판례 참조).

> **판례** 수인한도를 넘는다는 이유로 하자의 승계를 예외적으로 인정한 판례
> 개별공시지가 결정은 이를 기초로 한 과세처분과는 별개의 독립된 처분으로서 서로 독립하여 별개의 법률효과를 목적으로 하는 것이나, 개별공시지가는 개별적으로 고지하는 것이 아니어서 토지소유자 등이 그 내용을 알고 있었다고 하기도 곤란하고, 더욱이 장차 어떠한 과세처분 등 구체적 불이익이 현실적으로 나타날 때에 비로소 권리구제의 길을 찾는 것이 우리 국민의 권리의식임을 감안하여 볼 때, 과세처분 등 후행 행정처분에서 개별공시지가의 위법을 주장할 수 없도록 하는 것은 수인한도를 넘는 불이익을 강요하는 것으로서 국민의 재판을 받을 권리를 보장한 헌법의 이념에도 부합하는 것이 아니라고 할 것이므로 후행 과세처분의 취소를 구하는 행정소송에서도 선행처분인 개별공시지가 결정의 위법을 독립된 위법사유로 주장할 수 있다(대판 1994. 1. 25, 93누8542).

3. 행정행위의 하자의 승계에 관한 구속력이론의 검토

1) 구속력이론의 내용

하자의 승계에 관한 전통적 논의와 달리 이 문제를 불가쟁력이 발생한 선행행위의 후행행위에 대한 구속력의 문제로 파악하는 견해가 있음은 앞서 언급한 바와 같다. 이 견해는 선행행위에 불가쟁력이 발생하면 ① 선·후의 양 행정행위가 동일한 목적을 추구하고(대물적 한계),

② 그 수범자가 동일하며(대인적 한계), ③ 선행행위의 사실상태 및 법적 상태가 동일성을 유지하고(시간적 한계), 추가적으로 ④ 예측가능성과 수인가능성이 있으면 선행행위가 후행행위를 구속하기 때문에 후행행위의 효력을 다툴 수 없다는 견해이다.

2) 비 판

이 견해는 ① 충분한 논거도 제시하지 아니한 채 판결의 기판력에 관한 이론을 행정행위의 불가쟁력 논의에 응용하여 이론을 전개하고 있으며, ② 선·후행 행정행위가 동일한 목적을 추구할 경우에는 구속력 때문에 오히려 후행행위의 효력을 다툴 수 없다고 하여 앞에서 예시한 많은 경우에 하자의 승계를 부인함으로써 오히려 국민의 권리구제의 폭이 통설보다 좁아질 우려가 있다고 생각되며, ③ 결국 이 문제를 해결하기 위하여 예측가능성과 수인가능성이 없으면 구속력이 미치지 않는다고 함으로써 권리구제의 폭을 좁히지 않으려고 하고 있으나, 이는 근본적인 해결책은 되지 못하며, ④ 예측가능성과 수인가능성의 개념은 법치주의하에서 국민의 권익보호를 위한 일반적 법원리로서, 굳이 구속력이론에 특유한 논거가 될 수 없다는 비판을 받고 있다.

V. 하자 있는 행정행위의 치유와 전환

1. 개 설

하자 있는 행정행위는 그 하자의 정도에 따라 무효로 되거나 취소할 수 있는 것이 원칙이다. 그러나 하자의 효과를 이렇게 정형화·고정화시키는 것보다는 상대방의 신뢰와 법적 안정성을 보호하기 위하여 경우에 따라서 무효인 행위를 유효한 다른 행위로 전환되었다고 인정하거나, 또는 취소할 수 있는 행위의 하자가 치유되어 버렸다고 인정하는 것이 공익과 사익의 조화에 도움이 된다는 이론이 하자의 효과의 개별화이론의 일환으로 발전되어 왔다.

치유와 전환의 이론은 사법상 무효행위의 전환(민138) 및 취소할 수 있는 행위의 추인(민143~145)과 같은 맥락의 이론으로서, 독일 행정절차법(45)은 명문의 규정을 두고 있으나, 우리는 이와 같은 규정이 없어 사법상의 이론을 유추하여 학설과 판례로 인정하고 있다.

2. 하자 있는 행정행위의 치유

1) 하자 있는 행정행위의 치유의 의의

'행정행위의 하자의 치유'란 ① 행정행위가 성립 당시에는 하자가 있었으나 사후에 그 하자가 보완되었거나, ② 공무원 자격을 상실한 자가 행한 수익적 행정행위를 신뢰보호의 차원에서 유효하게 인정하는 경우(이른바 사실상 공무원이론)와, ③ 다른 사유가 있어 더 이상 취소할 필요가 없게 된 경우에는 하자가 치유된 것으로 보아 유효한 행정행위로 취급하는 것을 말한다.

2) 하자 있는 행정행위의 치유의 인정근거

법치주의를 엄격히 고수하는 입장에서는 하자 있는 행정행위는 일단 취소하여야 하며, 상대방이 다시 필요한 요건을 완전히 갖춘 후에 처음부터 다시 필요한 절차를 거쳐 행정행위를 하여야 한다고 주장하겠으나, 그렇게 하는 경우 불필요하게 복잡한 행정절차를 처음부터 다시 반복하여야 하는 번거로움이 있고 상대방의 이익이나 법적 안정성도 침해하는 결과를 초래하기 때문에, 공익과 사익 모두에 유리하다고 인정될 경우에는 일정한 요건하에 하자의 치유를 인정하고 있다(판례 참조).

> **판례** 일반적 기준에 관한 판례
> 하자 있는 행정행위의 치유나 전환은 행정행위의 성질이나 법치주의의 관점에서 볼 때 원칙적으로 허용될 수 없는 것이지만, 행정행위의 무용한 반복을 피하고 당사자의 법적 안정성을 도모하기 위하여, 또한 이를 허용하더라도 국민의 권익 침해하지 아니하는 범위 안에서 인정할 수 있다(대판 1998. 10. 27, 98두4535).

3) 하자 있는 행정행위의 치유의 요건

① 요건의 사후 보완

주체에 관한 요건(대리권 없는 행위에 대한 사후 추인), 내용에 관한 요건(인·허가특허요건의 사후 충족, 계고시에는 명시하지 않은 철거 대상물을 대집행영장에서 명시한 경우), 절차에 관한 요건(신청서의 사후 제출·사후 보완, 타 기관의 필요적 협력의 사후 이행, 행정심판 등 필요적 행정절차의 사후 이행), 형식에 관한 요건(필요한 처분서의 사후 작성·보완) 등을 사후 상당한 기간 내에 보완하고 또한 상대방에게도 특별한 손해가 발생하지 아니할 경우에는 하자가 치유된 것으로 볼 수 있다(판례 참조).

> **판례** 하자의 치유를 인정한 판례
> 조세를 체납한 법인이 상업등기부에는 대표자명의변경등기를 하였으나 법인세법(60③)에 따른 대표자변경 신고를 하지 아니하였기 때문에 세무서장이 체납처분을 위한 재산공매의 통지를 종전의 대표자 명의로 한 경우에 있어서, 동 법인이 공매절차의 진행 중에 공매연기신청을 하였으며, 이에 응하여 세무서장이 공매기일을 연기한 후 다시 적법한 공매의 공고를 하고 당해 법인에게 공매의 통지를 한 후 공매처분을 하였다면 위 공매통지의 하자는 치유되었다고 할 것이다(대판 1971. 2. 23, 70누161).

② 취소할 필요가 없게 된 경우

예컨대, 인·허가 취소의 전 단계 행정절차로 행한 청문절차에서 사전통지기간이 부족했으나 상대방이 출석하여 충분한 의견진술을 한 경우, 합의제행정관청의 회의소집절차에 하자가 있었으나 위원이 출석·의결하고 추후 아무도 이의를 제기하지 아니한 경우에는 비록 요건의 사후보완 행위는 없었지만 하자가 치유되어 더 이상 당해 행정행위의 효과를 다툴 수 없게 되었다고 보아야 할 것이다.

4) 하자 있는 행정행위의 치유의 한계

중대하고 명백한 하자는 치유될 수 없다고 하여야 한다. 즉 중대하고 명백한 하자가 있어서 무효인 행정행위는 처음부터 아무런 효력을 발생할 수 없는 것이므로 성질상 하자의 치유를 인정할 여지가 없으며(판례 참조), 다만 본래의 행정행위가 아닌 전혀 다른 행정행위로 **전환**되어 효력을 발생하는 무효행위의 전환은 가능하다고 하겠다.

> **판례** 무효인 행정행위는 치유될 수 없다는 판례
> 징계처분이 중대하고 명백한 하자 때문에 당연무효라면 비록 상대방이 이를 용인하였더라도 그 하자가 치유되는 것은 아니다(대판 1989. 12. 12, 88누8869).

3. 하자 있는 행정행위의 전환

1) 하자 있는 행정행위의 전환의 의의

'하자 있는 행정행위의 전환'이란 중대하고 명백한 하자로 인하여 A라는 행정행위로서는 당연무효이지만 B라는 행정행위로서는 완전한 요건을 갖추고 있다고 인정되는 경우에, 이를 B라는 다른 행정행위로 보아 유효한 것으로 취급하는 것을 말한다.

예컨대, 이미 사망한 자에게 행한 토지수용위원회의 재결처분을 그 상속인에 대한 처분으로 전환하는 것을 말한다(대판 1971. 9. 14, 68구539).

치유는 취소할 수 있는 위법한 행정행위를 '본래의 행정행위로서' 유효한 것으로 인정하는 것임에 반하여, 전환은 무효인 행정행위를 '다른 행정행위로서' 유효한 것으로 인정하는 것이라는 점에서 구별된다. 『하자의 전환』과 『처분사유의 추가·변경』은 원래의 행정행위에 새로운 변경을 가한다는 점에서는 구별이 되지 않지만, 전환은 하나의 행정행위에서 다른 행정행위 간에 처분의 동일성이 없지만, 처분사유의 추가·변경은 원래의 행정행위에 처분사유를 추가 내지 변경하는 것으로서 처분의 동일성이 존재한다는 점에서 구별된다.

2) 하자 있는 행정행위의 전환의 인정 근거

법치주의의 원칙을 엄격히 고수하는 입장에서는 무효인 행위를 다른 행위로 전환하는 것을 인정할 수 없겠으나, 전환하더라도 관계되는 공익과 사익에 아무런 불이익을 주지 아니하는

한편, 상대방의 법적 안정성도 보호하고 행정주체의 입장에서도 불필요한 처분절차를 반복하지 아니하게 될 경우에는 행정경제를 도모할 수 있다는 점에서 인정할 실익이 있다고 하겠다.

다만, 이를 무제한적으로 인정하는 경우, 예컨대 A라는 징계사유나 영업 인·허가 취소사유로 징계 또는 인·허가 취소처분을 한 후 쟁송단계에서 처분청이 불리하게 되면 종종 B라는 다른 사유에 의한 징계 또는 취소처분으로 전환되었다고 주장하는 것까지 인정하게 될 우려가 있기 때문에, 특히 부담적 행정행위의 전환을 인정하는 것은 신중을 요한다고 하겠다.

예컨대, 공무원에 대한 징계면직처분에 대한 쟁송에서 행정행위의 하자가 인정되어 그 처분이 취소되어야 할 운명에 처한 경우에 행정청이 직권면직처분으로의 전환을 주장하거나, 불법영업을 이유로 한 택시기사에 대한 면허정지처분에 대하여 그 하자가 인정되어 그 처분이 취소되어야 할 경우에 행정청이 면허미갱신을 이유로 한 면허정지처분으로의 전환을 주장하는 경우가 이러한 예에 해당한다. 법일반론적으로 볼 때, 이는 별개의 행정처분이 되는 것이지 행정행위의 전환으로 취급되기는 곤란하다고 할 것이다.

3) 하자 있는 행정행위의 전환의 요건

하자있는 행정행위가 나중에 유효한 행정행위로 전환되기 위해서는 여러 가지 전제 요건을 충족시켜야 하는데 독일의 마우러(Maurer)의 논거를 들면 다음과 같다. ① 새로운 행정행위가 원래의 행정행위 안에 포함되어 있어야 하고, ② 양자가 동일한 목적을 향하고 있으며, ③ 새로운 행정행위는 형식적·실질적으로 적법하게 고려되고, ④ 행정청이 본래의 행정행위의 위법성을 인지하였다면 새로운 행정행위를 하였을 것이며, ⑤ 새로운 행정행위의 법적 효과는 당사자에 더 불리하지 않으며, ⑥ 원래 행정행위는 취소될 수 있으며, ⑦ 당사자의 의견이 반영되었을 경우에 하자 있는 행정행위의 전환이 인정된다는 것이다.

이러한 요건이 성립되면 하자의 전환으로 인하여 생긴 새로운 행정행위는 종전의 행정행위 발령 당시로 소급하여 효력을 발생한다. 하자의 전환은 새로운 행정행위로서의 성질을 가지는 것이므로, 이에 대해서는 행정소송으로 다툴 수 있다.

제 9 절 행정행위의 무효

I. 행정행위의 무효의 의의

행정행위의 무효란 『외관상으로는 행정행위가 존재하지만, 중대하고 명백한 하자로 인하여 처음부터 당연히 아무런 효력을 발생하지 못하는 것』을 말한다.

따라서 무효는, ① 행정행위의 외관은 존재한다는 점에서 아무런 외관조차 존재하지 아니하는 행정행위의 부존재와 구별되며, ② 처음부터 아무런 효력을 갖지 않는다는 점에서, 취소할 권한이 있는 기관에 의하여 취소될 때까지는 일단 효력을 갖는 '취소할 수 있는 행정행위'와 구별된다.

Ⅱ. 행정행위의 무효원인

하자의 내용은 천차만별이므로 중대·명백설에 따라 일률적으로 무효원인인 하자를 정형화하기란 쉬운 일이 아니라고 하겠으나, 그 동안 학설과 판례가 인정한 무효원인을 행정행위의 성립요건인 주체·내용·절차·형식으로 나누어 설명하고자 한다.

1. 주체상 무효원인

1) 정당한 권한이 없는 행정기관의 행위

① 공무원이 아닌 자의 행위

적법하게 임명되지 아니한 자(결격사유자가 임명된 경우 등) 또는 행위시에 이미 신분을 상실한 자(퇴직하거나 징계로 면직된 자 등)의 행위는 원칙적으로 **무효**이다.

그러나 임명행위의 적법성, 퇴직 여부 등은 행정행위의 상대방으로서는 알 수 없을 것이므로, 선의의 상대방의 신뢰보호와 법적 안정성을 위하여 『사실상의 공무원』이론에 따라 무효가 아님은 물론 취소도 할 수 없도록 하여 완전히 **유효**한 것으로 취급할 경우도 있다.

② 대리권 없는 자의 행위

이 경우에도 원칙적으로는 **무효**라 하겠다.

> **판례**
>
> 체납취득세에 대한 압류처분권한은 도지사로부터 시장에게 위임된 것이고 압류처분권한을 내부위임 받은 데 불과한 자가 시장명의가 아닌 자신의 명의로 한 압류처분은 권한 없는 자에 의한 것으로서 당연 무효가 된다(대판 1993. 5. 27, 93누6621).

그러나 민법상의 **표현대리**의 법리에 따라 상대방이 정당한 대리권을 가진 공무원의 행위라고 믿을 만한 상당한 이유가 있는 경우에는 이를 **유효**한 것으로 보아야 할 것이다.

> **판례**
>
> 수납기관이 아닌 자의 양곡대금수납행위(대판 1963. 12. 5, 63다519), 세금징수관 보조원의 수납행위(대판 1969. 5. 13, 69다356)에서 표현대리를 인정한 바 있다.

③ 적법하게 구성되지 아니한 합의제 행정기관의 행위

법령이 요구하는 적법한 소집절차의 결여, 결격자의 참여, 의사정족수와 의결정족수의 미달 등은 원칙적으로 **무효**라고 하겠다.

> **판례**
>
> 징계위원회의 위원 중 제척사유에 해당하는 위원이 징계의결에 참여하여 행한 징계의결은 무효이다(대판 1994. 10. 7, 93누21214).

다만, 일단 의결되어 행정행위로 외부에 표시되어 버린 경우에는 상대방의 신뢰보호와 법적 안정성을 위하여 **유효**한 것으로 보아야 할 경우도 있을 수 있다.

④ 타 기관의 필요적 협력을 결한 행위

법령이 국민의 권익보호 또는 행정의 타당성을 기하기 위하여 다른 기관의 의결(지방채 발행시 지방의회의 의결 등)·승인(도시계획에 대한 건설부장관의 승인 등) 등을 반드시 거치도록 하고 있는 경우에 이들 필요적 협력을 결한 행위는 원칙적으로 **무효**라고 하겠다. 다만, ① 자문기관의 자문을 거치도록 한 경우에 이를 결한 행위는 자문이 이해관계인의 권익보호를 위하여 인정된 경우에만 무효원인이 될 뿐이고, 단순히 행위의 신중과 내용의 타당성 도모만을 위하여 인정된 경우에는 효력에 아무런 영향을 미치지 아니한다고 할 것이며, ② 비록 필요적 협력을 결한 행위라도 일단 외부에 표시된 경우에는 역시 상대방의 신뢰보호와 법적 안정성을 위하여 **유효**한 것으로 보아야 할 경우도 있을 수 있다.

⑤ 행정기관의 권한 외의 행위

행정기관의 권한에는 사항적·지역적·대인적 한계가 있는바, 이 한계를 넘어서 행사된 행위는 원칙적으로 **무효**라고 하여야 할 것이다.

▶ 예 : 경찰서장이 행한 재산압류, 건설부장관이 행한 항만매립면허, B도 소재 대지·건물에 대한 A직할시장의 건축허가와 음식점영업허가, 교원에 대한 도지사의 징계처분 등.

다만, 권한배분이 행정행위의 상대방에게는 명백하지 않은 경우가 있을 수 있으며, 이때에는 **신뢰보호**와 법적 안정성의 견지에서 **유효**한 것으로 보아야 할 경우도 있을 수 있다.

> **판례** 동장이 행한 유기장영업허가는 무효라는 판례
>
> 유기장업법(지금의 공중위생법)에 의한 유기장(당구장)영업허가는 시장이 하게 되어 있으므로, 허가권이 없는 동장으로부터 받은 영업허가는 당연무효이다(대판 1991. 10. 11, 91누3338).

> **판례** 권한 없는 자에 의한 도시계획결정은 무효라는 판례
>
> 도시계획의 결정·변경 등에 관한 권한을 가진 행정청은 이미 도시계획이 결정·고시된 지역에 대하여도 다른 내용의 도시계획을 결정·고시할 수 있고, 이때에 후행 도시계획에 선행 도시계획과 서로 양립할 수 없는 내용이

포함되어 있다면, 특별한 사정이 없는 한 선행 도시계획은 후행 도시계획과 같은 내용으로 변경되는 것이나, 후행 도시계획의 결정을 하는 행정청이 선행 도시계획의 결정·변경 등에 관한 권한을 가지고 있지 아니한 경우에 선행 도시계획과 서로 양립할 수 없는 내용이 포함된 후행 도시계획결정을 하는 것은 아무런 권한 없이 선행 도시계획결정을 폐지하고, 양립할 수 없는 새로운 내용이 포함된 후행 도시계획결정을 하는 것으로서, 선행 도시계획결정의 폐지 부분은 권한 없는 자에 의하여 행해진 것으로서 무효이고, 같은 대상지역에 대하여 선행 도시계획결정이 적법하게 폐지되지 아니한 상태에서 그 위에 다시 한 후행 도시계획결정 역시 위법하고, 그 하자는 중대하고도 명백하여 다른 특별한 사정이 없는 한 무효라고 보아야 한다(대판 2000. 9. 8, 99두11257).

⑥ 증표를 제시하지 아니하고 행한 행위

조세체납처분을 위한 재산압류행위 등의 행정강제는 특히 국민의 권익침해의 우려가 크므로 정당한 권한이 있는 공무원임을 표시하는 증표를 제시한 후에 행하도록 규정되어 있으며, 이러한 증표 제시의무에 위반한 행위는 국민의 권익보호와 절차의 정당성보호의 취지에서 무효라고 보아야 할 것이다.

2) 행정기관의 의사에 결함이 있는 행위

① 의사능력 없는 자의 행위

공무원의 심신상실의 상태 중의 행정행위나 또는 저항할 수 없을 정도의 강제에 의한 행위는 무효라 할 것이다.

② 행위능력 없는 자의 행위

금치산자 또는 한정치산자는 공무원이 될 수 없는 결격사유에 해당되므로(국공33), 임명행위 자체도 무효이며 따라서 이들의 행위도 무효라고 하겠으나, 이미 설명한 바와 같이『사실상의 공무원』이론에 따라 유효한 것으로 취급될 경우도 있다. 다만, 미성년자는 공무원임용시험시행규칙 제3조에 의거, 18세 이상이면 응시자격이 있고 따라서 공무원이 될 수 있으므로 그 행위의 효력에 아무 영향이 없다고 하겠다.

③ 착오로 인한 행위

민법에서와 같이 취소할 수 있다는 의사설도 있으나, 통설·판례는 착오가 있었다는 자체만으로는 무효 또는 취소원인으로 인정하지 아니하고 표시된 대로 효력을 발생한다고 한다(표시설; 다만, 단순한 표현의 잘못, 계산과정의 실수 등 명백한 표현상의 하자는 정정하여 원래의 진의에 따라 효력이 발생된다)(판례 참조).

판례 착오를 이유로 행정행위의 효력을 부인할 수 없다는 판례
건축법에 의하여 개축허가신청을 하였음에도 불구하고 행정청의 착오로 대수선 및 용도변경허가를 하였다고 하더라도, 동 허가의 취소처분이 없는 한 그 효력을 부인할 수 없음은 물론, 이를 개축허가로 간주할 수도

없다(대판 1985. 11. 26, 85누1985).

그러나 착오의 결과로 행하여진 행정행위의 『내용 자체』가 실현 불가능하거나 위법하게 된 때에는 그 내용의 불능 또는 위법을 이유로 무효가 되거나 취소할 수 있음은 물론이다.

④ 상대방의 사기·강박·증뢰에 의한 행위

인·허가 신청시에 허위의 서류를 제출하거나, 담당공무원을 협박하거나, 뇌물을 주어 인·허가 등을 받은 경우에는 그 결과로 행한 행정행위의 내용에 아무런 하자가 없더라도 상대방을 보호할 아무런 가치가 없으므로 독립된 **취소사유**로 보는 것이 통설이다.

대부분의 실정법도 『사위 기타 부정한 방법으로 허가받은 자』는 취소의 대상이 됨을 명문으로 규정하고 있다(예 : 식품위생법·부동산중개업법·건축법·여객자동차운수사업법 등).

2. 내용상 무효원인

행정행위는 그 내용이 **명확**하고 또한 **실현 가능**한 것이어야 하며, 그렇지 못한 경우에는 원칙적으로 **무효**가 된다. 그러나 내용이 단순히 위법하거나 부당(재량권을 잘못 행사하여 공익에 위반한 행위)에 그친 경우에는 취소할 수 있을 뿐이다.

1) 내용이 불명확한 행위

행정행위의 내용이 사회통념상 인식할 수 없을 정도로 불명확한 경우에는 **무효**라고 하여야 할 것이다.

▣ 예 : 철거대상건축물, 압류대상인 재산, 임대대상인 국유재산을 구체적으로 특정하지 아니한 계고·압류·임대처분.

그러나 사후에 내용을 명백히 한 경우에는 하자의 치유의 이론에 따라 유효한 것으로 보아야 할 경우도 있다.

2) 내용이 실현 불가능한 행위

① 사실상의 불가능

지나간 시점을 기한으로 출석을 명하는 행위 등과 같이 물리적으로 불가능하거나, 실현 가능하더라도 상식을 넘어 과다한 비용을 요하는 행위는 **무효**이다.

② 법률상의 불가능

법 이론상으로 절대 불가능하거나, 법이 금지한 결과 객관적으로 실현이 명백히 불가능한 경우는 무효이다.

▶ 예 : 상대방인 『인에 관한 불능』(죽은 사람에 대한 약사면허, 여자에 대한 입영명령, 조합원이 아닌 자에 대한 토지개량조합의 조합비 부과 등), 행위의 『목적물에 관한 불능』(존재하지 아니하는 목적물의 징발처분, 사유지를 대상으로 한 국유재산 매각처분, 체납처분시 법률상 압류가 금지된 물건 또는 제3자 소유물건의 압류 등. 판례 참조), 행위의 목적인 『법률관계에 관한 불능』(판매되지 아니한 물품에 대한 부가가치세 부과, 법률상 인정되지 아니하는 광물에 대한 광업허가 등).

> **판례** 제3자의 물건에 대한 압류처분은 무효라는 판례
> 조세체납자가 아닌 제3자의 소유물건을 압류하고 공매하더라도 이는 법률상 실현 불가능한 것이므로 당연무효이다(대판 1993. 4. 27, 92누12117).

> **판례** 위헌인 법률에 근거한 행정처분은 당연무효가 아니라는 판례
> 일반적으로 법률이 헌법에 위반된다는 사정이 헌법재판소의 위헌결정이 있기 전에는 객관적으로 명백한 것이라고 할 수는 없으므로 헌법재판소의 위헌결정 전에 행정처분의 근거되는 당해 법률이 헌법에 위반된다는 사유는 특별한 사정이 없는 한 그 행정처분의 취소소송의 전제가 될 수 있을 뿐 당연무효사유는 아니라고 봄이 상당하다(대판 2001. 2. 27, 2000다55737).

3) 미풍양속 위반행위

선량한 풍속 기타 사회질서에 위반되는 사항을 내용으로 한 행위(도박영업·매춘영업의 허가 등)에 대하여는 민법 및 독일 행정절차법(44②)과 같이 무효라고 하는 견해도 있으나, **통설은 취소 원인으로 본다.**

3. 절차상 무효원인

토지수용·체납처분·음식점영업허가취소처분 등과 같이 행정행위를 하기 위하여 법률이 일련의 필요적 절차를 거칠 것을 요구하고 있는 경우에 이 절차 중 어느 하나를 결하거나 하자가 있으면 절차에 관한 하자가 되며, 통설에 의하면 그 효과로서는 ① 대립하는 당사자 간의 이해조정이나 이해관계인의 권익보호를 위하여 인정된 절차인 경우에는 **무효**가 되지만, ② 단순히 행정의 신중성과 내용의 타당성 도모만을 위하여 인정된 경우에는 **취소원인**이 될 뿐이라고 한다.

통설과 판례가 인정하는 무효원인이 되는 하자는 다음과 같다.

1) 법률상 필요한 상대방의 신청 또는 동의 없이 행한 행위

상대방의 신청 없이 행한 자동차운수사업면허, 광업·어업 허가, 귀화허가와, 동의 없이 행한 공무원임명 등의 행위는 원칙적으로 무효이다.

2) 필요한 공고·열람 및 통지 없이 행한 행위

수용할 토지의 토지세목을 공고·통지하지 않은 토지수용행위, 독촉절차 없이 행한 조세체납처분, 철거예정임을 계고하지 않은 불법건축물 강제철거, 특허출원의 공고 없이 행한 발명특허처분, 열람절차 없이 행한 선거인명부확정 등과 같은 행위는 원칙적으로 **무효**이다.

다만, 그 절차에 **단순한** 하자가 있음에 불과한 경우에는 무효라 할 수 없고 경우에 따라 취소의 대상이 될 수 있을 뿐이며, **경미한** 하자는 이해관계인의 권익을 침해하지 아니하는 한 사후 보완 등에 의한 하자의 **치유**를 인정하여야 할 것이다.

> **판례**
>
> 공고 및 통지절차 없이 한 토지구획정리사업은 무효라고 한 예가 있으나(대판 1973. 1. 19, 71나1901), 종합소득세 등을 납부하지 않는 자에 대하여 독촉절차 없이 압류처분을 한 경우 이는 취소사유에 불과하다고 판시한 예(대판 1987. 3. 27, 87누383) 등에 비추어 볼 때, 대부분의 절차위반행위를 무효사유라기보다는 취소사유로 보는 경향이 있다.

3) 필요한 이해관계인의 참여 또는 협의 없이 행한 행위

토지소유자와의 협의를 하지 아니하고 바로 토지수용의 재결을 한 경우, 조세체납처분시의 재산압류나 불법건축물 강제철거시 소유자의 참여 없이 행한 경우 등 이해관계인의 권익보호를 위하여 인정된 참여 또는 협의를 결한 행위는 원칙적으로 **무효**이다.

4) 필요한 청문 또는 의견진술의 기회를 주지 아니한 행위

수익적 행정행위의 취소·철회·정지는 각 개별 법률에서 반드시 상대방에게 미리 통지하여 청문 또는 의견진술의 기회를 부여하도록 하고 있는바, 이에 위반하여 행한 행정행위는 원칙적으로 **무효**이다.

> **판례**
>
> 건축법 또는 약사법상의 청문기회를 부여하지 아니하고 행한 건축허가취소 및 약종상허가취소처분은 취소사유에 해당할 뿐이며 당연무효는 아니다(대판1990. 1. 25, 89누5607; 대판 1986. 8. 19, 86누115).

> **판례** 청문절차 없이 행한 음식점영업의 폐쇄명령은 위법하여 취소사유에 해당한다는 판례
>
> 허가영업에 대한 취소처분 또는 신고영업에 대한 폐쇄명령을 하기 위하여서는 식품위생법에 의거하여 반드시 사전에 청문절차를 거쳐야 하므로 상대방이 청문을 포기한 경우가 아닌 한 청문절차를 거치지 아니하고 행한 영업소폐쇄명령은 위법하여 취소사유에 해당한다(대판 1983. 6. 14, 83누14).

4. 형식상 무효원인

일반이론인 중대·명백설에 따라 중대하고 명백한 하자는 무효, 그렇지 아니한 하자는 취소의 원인이 되며, 특히 경미한 하자는 아무런 영향을 미치지 아니한다.

1) 필요한 문서에 의하지 아니한 행위

재결서에 의하지 아니한 행정심판의 재결, 독촉장에 의하지 아니한 납세의 독촉 등과 같이 법령이 문서에 의할 것을 요구한 경우에 구술로 행하면 **무효**이다. 행정절차법(24)도 행정처분은 신속을 요하거나 경미한 사안 이외에는 문서로써 하도록 명문화하고 있다.

2) 처분청의 표시와 날인이 없는 행위

문서에 의하는 경우 특별한 예외사유(사무관리규정21)가 없는 한 처분청의 표시와 관인의 날인이 있어야 하는바, 이를 결한 행위는 **무효**이다.

3) 이유 기타 필요적 기재사항이 누락된 행위

법령이 문서에 의하되, 처분이유·집행책임자 등 필요적 기재사항을 규정하고 있는 경우에 이를 누락한 행위는 원칙적으로 무효라고 할 것이다(이유를 붙이지 아니한 행정심판재결서, 집행책임자의 표시가 없는 대집행영장 등).

한편, 행정절차법(23)에 의하면 행정처분에는 반드시 그 근거와 이유를 제시하도록 함으로써 **이유부기**(理由附記)를 하도록 규정하고 있으므로 신청인의 내용을 모두 그대로 인정하는 처분이 아닌 처분에 있어 이유를 기재하지 아니한 경우에는 원칙적으로 **무효**라 하겠다(독일 행정절차법(39①)은 수익적이건 부담적이건 간에 모든 행정처분에는 이유를 붙이도록 규정하고 있다).

> **판례**
>
> 납세고지서에 과세연도·세목·세액·산출근거·납부기한·납부장소 중 어느 하나의 기재가 누락된 경우에는 위법하지만 당연무효는 아니며 취소의 대상이다(대판 1984. 5. 9, 84누116; 대판 1985. 12. 10, 84누243; 대판 1989. 11. 10, 88누7996).

> **판례** 납세고지서의 필요적 기재사항을 결한 과세처분은 취소할 수 있을 뿐이라는 판례
>
> 국세징수법 제9조 제1항에서 『세무서장이 국세를 징수하고자 할 때에는 납세자에게 그 국세의 과세연도, 세목, 세액 및 산출근거, 납부기한과 납부장소를 명시한 고지서를 발부하여야 한다』는 규정은 단순히 세무행정상의 편의를 위한 훈시규정이 아니라, 조세행정에 있어 자의를 배제하고 신중하고 합리적인 처분을 행함으로써 공정을 기함과 동시에, 납세의무자에게 부과처분의 내용을 상세히 알려 불복 여부의 결정과 불복신청에 편의를 제공하려는 데서 나온 강행규정이므로, 납세고지서에 그와 같은 기재가 누락되면 그 과세처분 자체가 위법한 처분이 되어 취소의 대상이 된다(대판 1984. 5. 9, 84누116).

Ⅲ. 행정행위의 무효의 효과

무효인 행정행위는 행정관청이나 법원의 무효라는 의사표시를 기다릴 필요없이 행정행위 성립당시인 처음부터 당연히 아무런 효력을 발생하지 아니한다. 무효인 행정행위는 이처럼 처음부터 효력이 발생하지 않으므로 원래 무효인 행정행위에 후속하는 행정행위도 당연 무효가 된다(판례 참조). 따라서 누구든지 또한 언제든지 무효임을 주장할 수 있다.

그러므로 하자가 있지만 공정력으로 말미암아 권한 있는 행정청이나 법원에 의하여 취소될 때까지는 일단 효력을 가지되 취소된 후에야 비로소 처음부터 소급하여 효력을 상실하는 『취소』와 구별되며, 또한 행정행위 자체에는 아무런 하자가 없이 유효하게 성립하였으나 사후에 발생한 새로운 사정으로 말미암아 장래에 향하여 그 효력을 상실시키는 『철회』와도 구별된다.

무효인 행정행위의 하자는 치유될 수 없으나, 그것이 적법한 다른 행정행위로서의 요건을 갖춘 경우에는 그 다른 행정행위로의 전환이 인정될 수 있다.

> **판례** 선행행위가 당연무효이면 후행행위도 당연무효라는 판례
> 적법한 건축물에 대한 철거명령은 그 하자가 중대하고 명백하여 당연무효라고 할 것이고, 그 후행행위인 건축물철거 대집행계고처분 역시 당연무효라고 할 것이다(대판 1999. 4. 27, 97누6780).

Ⅳ. 행정행위의 무효를 주장하는 방법

무효인 행정행위는 행정청이나 법원의 특별한 의사표시를 기다릴 것 없이 처음부터 아무런 효력을 발생하지 아니하는 것이지만, 행정행위로서의 외형은 존재하기 때문에 행정청이나 제3자가 유효하다고 주장할 우려가 있다. 따라서 상대방의 입장에서는 적극적으로 무효임을 공적으로 확인받음으로써 불안한 상태를 해소할 필요가 있으며, 이를 위하여 현행 제도상 다음의 세 가지 방법이 인정되고 있다.

1. 무효확인쟁송

행정심판에 있어서는 행정행위가 무효임을 확인하는 **무효확인심판**을 제기할 수 있다. 이 경우 취소심판과는 달리 심판청구기간의 제한이 없으며 언제든지 제기할 수 있다(행심18⑦). 한편, 직접 법원에 **무효확인소송**을 제기할 수 있는바, 무효확인의 성격상 행정심판전치주의와 제소기간의 제한을 받지 아니한다(행소38①).

2. 무효선언을 구하는 의미의 취소소송

행정행위가 처음부터 무효라는 주장을 취소소송의 형태로 법원에 제기하는 방법이다. 이는 일단 유효한 행정행위의 효력을 상실케 해 달라는 본래의 취소소송과는 성격상 차이가 있지만 종전부터 판례에 의하여 인정되어 왔던 소송형태이다.

이 경우에도 취소소송의 형식을 취하는 한 행정심판전치주의와 제소기간의 적용을 받아야 하는가에 관하여 종전의 판례는 양분되어 있었으나, 1976년에 우리 대법원은 적용을 받는다고 하였다(판례 참조).

> **판례** 무효선언을 구하는 의미의 취소소송에 대하여도 행정심판전치주의가 적용된다는 판례
> 행정처분의 당연무효를 선언하는 의미에서의 취소를 구하는 소송도 그것이 외견상 존재하는 행정처분에 권한 있는 기관에 의한 취소를 구하고 있는 점에서 하나의 항고소송인 이상, 행정소송법상의 행정심판전치절차 등 행정소송법상 특유의 제소요건의 충족이 필요하며, 필요하지 않다고 한 종전의 판결(대판 1975. 4. 22, 73누215; 대판 1974. 5. 28, 74누96 등)은 이를 폐기한다(대판 전원합의부 1976. 2. 24, 73누128).

3. 민·형사소송에서 선결문제로 무효임을 주장하는 방법

무효는 취소와 달리 행정관청이나 법원의 선언을 기다릴 필요 없이 누구든지 언제 어디서나 무효임을 주장할 수 있다고 할 것이므로 직접 당해 행정행위의 무효확인소송 또는 취소소송에 의하지 아니하고, 『무효인 행정행위로 생긴 결과의 시정』을 구하는 소송을 제기하여 그 소송에서 선결문제로 되어 있는 행정행위의 무효임을 주장할 수도 있다고 하겠다.

▶ 예 : 민사소송의 형태로는 ① 무효인 과세처분에 따라 이미 세금을 납부한 자가 국가에 대하여 부당이득반환청구소송을 제기하거나, ② 무효인 토지수용으로 소유권을 침해당한 자가 국가를 상대로 토지소유권 확인청구소송 및 원상회복청구소송을 제기하거나, ③ 무효인 제3자에 대한 어업면허로 손해를 입은 기존 면허어업권자가 국가배상청구소송을 제기하거나, ④ 무효인 징계처분으로 파면된 자가 국가를 상대로 공무원보수지급청구소송을 제기하는 경우를 들 수 있으며, 형사소송의 형태로는 공무집행방해죄로 기소된 자가 그 공무집행이 무효임을 주장하여 무죄임을 주장하는 경우가 바로 이에 해당된다.

우리 행정소송법(11)은 민사소송의 선결문제로 된 경우에 이를 명문으로 인정하고 있으나, 형사소송의 선결문제로 된 경우에도 무효의 성질에 비추어 당연히 무효임을 주장할 수 있다고 하겠다.

> **판례** 민사소송에서 선결문제인 행정행위의 무효임을 주장할 수 있다는 판례
> 원고가 당연무효인 처분에 대하여 불복의 절차를 밟지 아니하고 오랫동안 방치하였다 하더라도 그 권리를

포기하였다고는 볼 수 없을 것이며, 또한 당연무효의 행정처분에 대하여는 행정소송으로 이를 다투지 아니하더라도 그 무효임을 전제로 한 민사소송을 제기할 수 있는 것이다(대판 1964. 6. 2, 63다941).

제 10 절 행정행위의 취소

행정기본법 제18조(위법 또는 부당한 처분의 취소)
① 행정청은 위법 또는 부당한 처분의 전부나 일부를 소급하여 취소할 수 있다. 다만, 당사자의 신뢰를 보호할 가치가 있는 등 정당한 사유가 있는 경우에는 장래를 향하여 취소할 수 있다.
② 행정청은 제1항에 따라 당사자에게 권리나 이익을 부여하는 처분을 취소하려는 경우에는 취소로 인하여 당사자가 입게 될 불이익을 취소로 달성되는 공익과 비교·형량(衡量)하여야 한다. 다만, 다음 각 호의 어느 하나에 해당하는 경우에는 그러하지 아니하다.
1. 거짓이나 그 밖의 부정한 방법으로 처분을 받은 경우
2. 당사자가 처분의 위법성을 알고 있었거나 중대한 과실로 알지 못한 경우

Ⅰ. 행정행위의 취소의 의의

1. 개 념

'행정행위의 취소'란 그 성립에 있어서『무효원인인 하자 이외의 하자가 있지만 공정력으로 말미암아 일단 유효한 것으로 취급되는 행정행위에 대하여, 그 성립상의 하자를 이유로 하여 취소할 권한이 있는 행정청이나 법원이 처음부터 소급하여 그 효력을 소멸시키는 별개의 행정행위』를 말한다.

이러한 의미의 취소에는 직권취소와 쟁송취소가 있다.

2. 행정행위의 취소의 무효 및 철회의 구별

무효와 철회도 궁극적으로 행정행위를 소멸케 한다는 점에서 취소로 호칭하기도 하나, 취소는 일단 유효하게 존속되고 있는 행정행위의 효력을 소멸시키는 행위인 점에서 처음부터 아무런 효력이 발생되지 않고 있는 **무효**와 구별된다.

또한 취소가 행정행위의 성립당시부터 하자가 있음을 이유로 하여 처음부터 행정행위의 효력은 상실케 하는 소급효가 있다는 점에서, 처음에는 아무런 하자 없이 성립한 행정행위이지만 행정행위가 성립된 이후에 그 효력을 더 이상 장래에 향하여 존속시킬 수 없는 새로운 사유가 발생하여 장래에 향하여 그 효력을 소멸시키는 **철회**와도 구별된다.

> **판례** 행정행위의 취소사유와 철회사유의 구별기준
>
> 행정행위의 취소는 일단 유효하게 성립한 행정행위를 그 행위에 위법 또는 부당한 하자가 있음을 이유로 소급하여 그 효력을 소멸시키는 별도의 행정처분이고, 행정행위의 철회는 적법요건을 구비하여 완전히 효력을 발하고 있는 행정행위를 사후적으로 그 행위의 효력의 전부 또는 일부를 장래에 향해 소멸시키는 행정처분이므로, 행정행위의 취소사유는 행정행위의 성립 당시에 존재하였던 하자를 말하고, 철회사유는 행정행위가 성립된 이후에 새로이 발생한 것으로서 행정행위의 효력을 존속시킬 수 없는 사유를 말한다(대판 2003. 5. 30, 2003다6422).

Ⅱ. 행정행위의 취소의 종류

1. 행정청에 의한 취소와 법원에 의한 취소

취소할 수 있는 권한을 가진 기관에 따른 분류이다. 취소는 행정청과 법원만이 할 수 있다. **행정청**은 행정청이 스스로의 직권 또는 상대방의 쟁송제기에 의하여 취소할 수 있는 반면, **법원**은 항상 쟁송에 의하여서만 취소할 수 있기 때문에 쟁송취소만 가능하다.

2. 수익적 행위의 취소와 부담적 행위의 취소

수익적 행위를 취소하여 달라는 청구는 수익자인 상대방이 할 까닭이 없으므로 주로 행정청의 직권취소의 방법에 의할 것이나, 다만 복효적 행정행위에 있어서는 권익이 침해된 제3자(연탄공장의 인근주민, 기존노선버스사업자 등)에 의한 쟁송취소도 있을 수 있다.

부담적 행위의 취소는 주로 상대방이 청구할 것이므로 쟁송취소의 방법에 의하겠지만, 행정청도 스스로의 잘못을 발견하고 법률에 의한 행정을 구현한다는 의미에서 직권취소를 하는 경우도 많다.

3. 형식적 의미의 취소와 실질적 의미의 취소

하자 있는 행정행위의 효력을 직접 소멸시키는 행정행위가 형식적 의미의 취소이며 이것이 본래의 의미의 취소에 해당하는 것이지만, 하자 있는 행정행위와 내용적으로 양립될 수 없는 새로운 행정행위를 함으로써 실질적으로 기존의 하자 있는 행정행위의 효력을 소멸시키는 것을 실질적 의미의 취소라고 하며 우리 실정법과 행정실무에서는 이를 『변경』이라고 표현하는 경우가 많다(예 : 소득세를 300만 원에서 200만 원으로, 10층의 건축허가를 6층의 건축허가로, 자동차운전면허취소를 3개월간의 면허정지로 각각 변경하는 것).

4. 행정행위의 쟁송취소와 직권취소

1) 쟁송취소와 직권취소의 개념

쟁송취소와 직권취소는 둘 다 성립상 하자가 있는 행정행위의 효력을 소급하여 상실시킨다는 점에서 공통점이 있지만, 양자는 여러 가지 점에서 차이가 있다.

> **쟁송취소**란 행정행위로 인하여 권익을 침해당한 자가 제기한 행정심판 또는 행정소송에 의거하여 행정청 또는 법원이 취소하는 것을 말하며,
> **직권취소**란 쟁송제기 없이 취소권을 가진 행정청이 자발적으로 취소하는 것을 말한다.

2) 쟁송취소와 직권취소의 차이점

① 목 적

쟁송취소는 침해당한 국민의 **권익구제**에 목적이 있고, 직권취소는 행정의 적법·타당성의 회복이라는 **행정목적 실현**에 비중을 두고 있다.

② 대 상

쟁송취소는 주로 **부담적** 행위가 대상이 되는 한편, 직권취소는 주로 **수익적** 행위가 대상이 되겠지만 부담적 행위가 대상이 될 수도 있다. **불가변력**이 발생한 행정행위에 대해서는 국민과 행정청을 동시에 구속하는 효력이 발생하기 때문에 쟁송취소만 가능하다.

③ 취소권의 제한

쟁송취소는 주로 부담적 행위로 인하여 침해된 권익구제에 목적이 있는 것이므로 취소사유가 있으면 **원칙적으로** 취소하여야 한다(다만, 위법하게 수용한 토지 위에 공항·항만·발전소가 이미 설치된 경우 등과 같이, 위법하지만 공공복리를 고려하여 부득이 취소하지 않고 대신 적절한 보상 등을 하게 하는 **사정재결·사정판결은 예외**이다).

그러나 **직권취소**는 주로 수익적 행위로 인하여 상대방이 이익을 얻고 있음에도 불구하고 그 하자를 이유로 이를 박탈하는 것이므로, 취소로 인하여 상대방이 받을 불이익과 취소함으로써 얻고자 하는 공공의 이익을 엄격히 비교하여 후자가 크다고 인정될 경우에만 취소할 수 있다는, **비례원칙**과, 행정청이 상대방인 국민에 대하여 일정한 신뢰를 부여한 경우에는 이를 보호하여야 한다는 **신뢰보호의 원칙**에 의한 제한을 받는다.

④ 행사기간

쟁송취소는 법률관계의 신속한 안정을 위하여 설정된 쟁송제기기간의 제한을 받으며 그 기

간이 지나면 더 이상 다툴 수 없게 되는 데 반하여, 직권취소에는 이러한 기간상의 제한이 없고 다만 상대방의 신뢰보호를 위하여 장기간 취소하지 않고 방치하면 취소권이 상실된다는 **실권**의 법리에 의한 제한이 있을 뿐이다.

⑤ 절 차

쟁송취소는 당사자 간의 절차의 공정성이 관건이므로 **행정심판법·행정소송법**이 정한 엄격한 절차에 따라 행하여지지만, **직권취소**는 원칙적으로 이러한 제한은 없으나 최근 각 개별법률에서 상대방에게 변명의 기회를 제공하기 위하여 반드시 **의견제출과 청문**의 절차를 거칠 것을 요구하고 있으며, 행정절차법 제27조 이하에서도 이를 의무화하고 있다.

⑥ 효 력

쟁송취소는 권리구제라는 제도의 취지상 원칙적으로 처음부터 효력을 상실하는 **소급효**를 가지지만, **직권취소**는 사기·강박 등 상대방에게 책임이 있는 경우 외에는 상대방의 신뢰보호와 관련하여 **소급효가 제한**되는 경우도 있다. 직권취소는 대체로 부담적 행정행위에 있어서는 소급적이나, 수익적 행정행위는 소급적으로 적용되지 않고 장래효만 가진다고 보아야 할 것이다.

⑦ 적극적 변경 가능성

취소의 내용으로서 문제의 행정행위의 전부 또는 일부를 취소하는 외에 음식점 영업허가취소를 영업정지 1개월로 변경하는 등 소위 **적극적 변경**까지 할 수 있는가에 관하여서는, **쟁송취소**의 경우 **행정심판**은 상급행정기관이 행하는 것이므로 행정의 자율적 통제라는 의미에서 가능하지만, 법원이 행하는 행정소송에서는 3권분립의 원칙상 불가능하다고 하겠다. 한편, **직권취소**의 경우에는 행정의 적법·타당성을 확보하기 위하여 **가능**하다고 하겠다.

Ⅲ. 행정행위의 쟁송취소와 직권취소의 취소권자

1. 쟁송취소의 취소권자

쟁송취소의 경우 행정심판의 단계에서는 재결청이다. 재결청은 보통 상급감독청이 되지만, 예외적으로 제3의 기관이 될 수도 있다(예 : 국세심판원, 공무원소청심사위원회). 그리고 행정소송의 단계에서는 제1심으로서 서울지역의 경우는 행정법원이 따로 설치되어 있지만 그 이외의 지역에서는 지방법원의 행정부가 담당한다.

2. 직권취소의 취소권자

당해 행정행위를 행한 처분청이 취소권을 가짐은 물론이다. 그러나 **처분청의 감독청도 취소권이 있는가**에 관하여는, ① 보통 상급감독청이 행정심판의 재결청으로서 취소권을 가지고 있다는 것은 일반적으로 감독청이 취소권이 있음을 전제로 하는 것이며, 감독권의 성질상으로도 당연히 취소권이 있다는 **적극설**과, ② 감독청이라 할지라도 하급행정청의 권한을 직접 대집행할 수 없는 것이므로 명문의 규정(예 : 각부 장관의 처분에 대한 대통령과 국무총리의 취소권에 관한 정부조직법10②·15②)이 없는 한 불가능하며, 다만 취소할 것을 명령하는 취소명령권이 있을 뿐이라는 **소극설**이 있는바, 적극설이 타당하다고 본다. 감독청의 재결권과 정부조직법상의 규정 등은 일반적으로 감독청은 취소권이 있다는 것을 전제로 하여 인정된 제도라고 보아야 할 것이며, 이들을 법률이 인정하고 있는 특별한 예외적인 제도로 볼 수는 없기 때문이다.

Ⅳ. 행정행위의 쟁송취소와 직권취소의 취소권 근거

하자 있는 행정행위를 취소하기 위하여서는 당해 행정행위의 요건·효과 등을 규율하는 규정 이외에 별도로 취소권을 설정하는 **명문의 규정이 필요한가**에 관하여는 학설이 대립되고 있다.

1. 쟁송취소의 취소권 근거

법률에 의한 행정의 원리에 의하면 위법한 행정행위는 취소되어 마땅하므로 명문의 규정으로 취소권이 별도로 설정되어야 하는 것은 아니며, 다만 행사절차만을 규정한 행정심판법과 행정소송법에 따라서 행사하기만 하면 된다.

2. 직권취소의 취소권 근거

직권취소는 주로 수익적 행정행위를 대상으로 한다는 점을 감안하여 상대방의 권익을 침해하기 위하여는 법률의 명시적인 수권이 필요하다는 침해유보설의 입장에서 별도의 명문의 근거를 요한다는 **필요설**도 있으나, 다수설(**불요설**)은 쟁송취소와 마찬가지로 『행정의 적법성 및 타당성의 회복』이라는 취소제도 그 자체의 취지가 바로 취소권의 근거가 되므로 별도의 명문의 수권이 없더라도 행정행위의 요건을 정한 법령의 규정 그 자체를 근거로 하여 취소할 수 있다고 하며, 판례도 이러한 입장에 서 있다(판례 참조).

생각건대, 국민의 권익보호라는 측면에서 필요설도 경청할 만한 것이라 하겠으나, 필요설이 의도하는 바는 취소권의 제한에 관한 법리로 충분히 달성된다고 할 것이며, 실정법상으로 보더라도 많은 법률들은 명문의 규정을 두고 있지만 그렇지 않은 법률도 있다는 사실은 명문의 규정이 없더라도 취소권이 있다는 것을 당연한 전제로 하고 있음을 의미하므로 **불요설에 찬동하고자 한다.**

> **판례** 취소권은 별도의 법적 근거가 필요 없다는 판례
>
> 행정행위를 한 처분청은 그 행위에 하자가 있는 경우에는 별도의 법적 근거가 없더라도 스스로 이를 취소할 수 있다. 다만, 수익적 행정행위일 때에는 취소하여야 할 공익상의 필요와 취소로 인하여 당사자가 입을 기득권·신뢰보호·법적 안정의 침해 등의 불이익을 비교 형량한 후 공익상의 필요가 당사자의 불이익을 정당화할 수 있을 만큼 강한 경우에 한하여 취소할 수 있다(대판 1986. 2. 25, 85누664).

V. 행정행위의 취소사유

무효원인이 되는 중대하고 명백한 하자가 아닌 하자, 즉 단순한 위법 또는 부당이 취소원인이 된다.

일반적인 취소사유로는 무효원인 등에서 이미 설명한 바와 같이
① 상대방의 사기·강박·증뢰 등의 부정수단,
② 미풍양속 위반,
③ 중요한 절차 또는 형식이 아닌 단순한 절차 또는 형식 위반,
④ 조리위반(비례·평등·신뢰보호·부당결부금지의 원칙 등),
⑤ 재량행위에 있어서의 재량권 일탈·남용,
⑥ 행정행위의 요건의 판단에 있어서 사실관계의 오인 또는 법령해석의 잘못이라는 하자가 있고, 그것이 중대하기는 하지만 외관상 명백하지는 아니한 경우(행정실무에서 제일 많은 비중을 차지한다. 판례 참조),
⑦ 부당, 즉 재량의 범위 내에서 권한을 행사하였기 때문에 위법은 아니지만, 재량권을 잘못 행사하여 공익에 위배되는 경우(이 경우에는 법원은 취소할 수 없다) 등을 들 수 있다.

> **판례** 행정행위의 요건인 사실관계의 인정의 잘못 또는 법령해석의 착오가 『중대한 하자』이지만 명백하지 않은 하자에 해당되어 취소원인이 된다는 판례
>
> ① 과세처분에 사실관계를 오인한 하자가 있는 경우에 그 하자가 중대하다고 하더라도 외형상 객관적으로 명백하지 않다면 취소할 수 있음에 불과하며 당연무효라고 볼 수 없다(대판 1987. 12. 8, 87누837).
>   ※ 징계처분에 있어 사실관계를 오인한 하자에 대하여도 같은 판례(대판 1990. 11. 27, 90누5580).
> ② 부산직할시장의 행정지시에 의하여 토지의 사용이 금지된 경우에도 토지초과이득세법(8③)에 의한 과세대상인 유휴토지에서 제외된다고 해석하여야 함에도 불구하고 토초세를 부과한 것은 법령해석을 잘못한 중대한 하자가 있다고 하더라도, 이러한 하자가 외관상 명백한 것이라고는 볼 수 없으므로 당연무효의 처분

이라고 볼 수는 없다(대판 1993. 12. 24, 93다36875).

> **판례** 행정처분의 성립과정에서 뇌물이 수수되었다는 사유로 이를 직권취소하는 경우, 직권취소의 예외가 인정되기 위한 요건 및 그에 대한 입증책임의 소재(=주장하는 자)
> 행정처분의 성립과정에서 그 처분을 받아내기 위한 뇌물이 수수되었다면 특별한 사정이 없는 한 그 행정처분에는 직권취소사유가 있는 것으로 보아야 할 것이고, 이러한 이유로 직권취소하는 경우에는 처분 상대방측에 귀책사유가 있기 때문에 신뢰보호의 원칙도 적용될 여지가 없다 할 것이며, 다만 행정처분의 성립과정에서 뇌물이 수수되었다고 하더라도 그 행정처분이 기속적 행정행위이고 그 처분의 요건이 충족되었음이 객관적으로 명백하여 다른 선택의 여지가 없었던 경우에는 직권취소의 예외가 될 수 있을 것이지만, 그 경우 이에 대한 입증책임은 이를 주장하는 측에게 있다(대판 2003. 7. 22, 2002두11066).

Ⅵ. 행정행위의 쟁송취소와 직권취소의 취소권 제한

1. 쟁송취소의 취소권 제한

쟁송취소는 주로 부담적 행정행위가 대상이 되기 때문에 상대방의 신뢰 또는 기득권보호 등을 이유로 한 취소권의 제한이론이 작용할 여지가 없다고 하겠다. 다만, 행정심판법 제33조 및 행정소송법 제28조가 당해 행정행위가 위법하더라도 취소하는 것이 『현저히 공공복리에 적합하지 아니하다고 인정하는 때』에는 취소하지 않는 대신에 손해배상 등의 적절한 구제를 명하도록 하는 사정재결 또는 사정판결을 인정하고 있는 것이 유일한 취소권의 제한사유가 될 것이다.

2. 직권취소의 취소권 제한

1) 비례원칙에 의한 제한

직권취소는 주로 수익적 행정행위가 대상이 되기 때문에 항상 상대방의 기득권이 침해되는 결과를 초래한다. 종래의 엄격한 법치주의 또는 법률에 의한 행정의 원리에 충실하자면 위법한 행정행위는 취소됨이 마땅하므로 취소자유의 원칙이 적용되어 왔으나, 1950년대 후반부터 독일의 학설·판례가 행정의 법률적합성을 확보함으로써 달성하고자 하는 공익 못지않게 사익인 상대방의 법적 안정성과 신뢰보호의 원리를 중시하여 공익이 사익보다 훨씬 크다고 인정될 경우에만 취소가 허용된다고 함으로써 비례원칙에 의한 취소권의 제한이론이 널리 인정되게 되었고, 결국 독일 행정절차법(48·50·51·52)에서도 행정청은 행정행위를 취소할 수 있다는 사실을 안 날로부터 1년이 경과한 후에는 취소할 수 없다고 하여 이를 채택하고 있다(그러나 이러한 통설적 견해는 결국 법치주의를 포기하는 것이라는 포르스트호프 교수 등의 비판도 있다).

우리 판례는 수익적 행정행위는 비록 취소사유가 있더라도 상대방의 기득권과 신뢰 및 법률생활의 안정의 침해를 정당화할 만한 중대한 공익상의 필요 또는 제3자 이익보호의 필요가 있는 때에 한하여 취소할 수 있으며, 반대로 공익상의 필요보다 상대방이 받게 되는 불이익 등이 막대한 경우에는 재량권의 한계를 일탈한 것으로서 그 취소 자체가 위법한 것이 된다고 함으로써 비례원칙에 의한 취소권의 제한을 인정하고 있다(판례 참조).

> **판례** 옥외광고물설치허가 요건에 위배한 설치허가를 사후에 취소한 것이 비례원칙에 위반되어 위법이라는 판례
>
> 옥외광고물등관리법상의 광고물설치허가요건인 광고물의 규격·표시방법에 위반한 광고물임에도 불구하고 일단 설치허가를 한 후에 허가의 위법을 이유로 취소한 사건에 있어, 허가·면허·인가·특허 등 수익적 행정처분을 취소·중지시키는 경우에는 취소 등의 사유가 있더라도 상대방의 기득권 침해를 정당화할 만한 중대한 공익 또는 제3자의 이익 보호의 필요가 있는 때에 한하며, 공익상의 필요보다 상대방이 받게 되는 불이익이 막대한 경우에는 재량권의 한계를 일탈한 것으로서 위법을 면치 못한다고 판시하였다(대판 1993. 5. 27, 93누2803).

> **판례** 식품영업허가취소가 비례원칙에 위반되지 아니한다는 판례
>
> • 사실개요
>
> 식품위생법(22①)에 의하면 유흥음식점영업소의 소재지를 변경하고자 할 때에는 변경허가를 받도록 되어 있음에도 불구하고, 2층 건물의 1층에 있던 영업소를 (건물의 멸실로 인하여) 새로이 신축한 건물의 지하층으로 옮긴 후에 이를 제3자에게 양도해 버렸다.
>
> • 판결요지
>
> 허가 없이 영업소를 이전하여 영업하는 행위 또는 무단으로 건축물의 용도를 변경하여 영업하는 행위를 방지하여야 할 공익상의 필요가, 양도인의 유흥음식점 영업허가를 적법한 것으로 믿고 이를 양수하여 영업자지위승계신고를 마친 양수인의 신뢰이익이나 취소처분으로 인하여 양수인이 입게 될 불이익보다 훨씬 큰 경우에 해당하므로 영업허가취소처분에 재량권 일탈의 위법이 없다(대판 1994. 10. 11, 93누22678).

2) 실권의 법리

행정관청에 취소권이 인정된 경우에도 행정행위의 위법상태를 장기간 방치함으로써 상대편이 당해 행위의 존속을 신뢰하게 된 경우에도 신뢰보호의 원칙상 실권(失權)의 법리에 따라 더 이상 취소할 수 없다고 하여야 할 것이다. 1987년에 입법예고 되었던 행정절차법안(31②)은 위법한 수익적 처분이 있음을 안 날로부터 1년, 처분이 있은 날로부터 2년이 경과하면 취소할 수 없다고 규정하여 실권의 법리를 채택하고 있었지만 현행 행정절차법에는 이 규정이 삭제되었다.

실권 또는 실효의 법리는 법의 일반원리인 신의성실의 원칙에 바탕을 둔 파생원칙이므로, 공법관계 가운데 관리관계는 물론이고 권력관계에도 적용되어야 한다고 하겠으나, 그것은 본래 권리행사의 기회가 있음에도 불구하고 권리자가 장기간에 걸쳐 그 권리를 행사하지 아니하였기 때문에 의무자인 상대방이 이미 그 권리를 행사하지 아니할 것으로 믿을 만한 정당한

사유가 있게 되거나 행사하지 아니할 것으로 추인한 경우에 새삼스럽게 그 권리를 행사하는 것이 신의성실의 원칙에 반하는 결과가 될 때 그 권리행사를 허용하지 아니하는 것을 의미한다(대판 1988. 4. 27, 87누915).

3) 불가변력이 있는 행정행위

행정심판에 대한 재결 및 국가시험의 합격자결정 등과 같은 준법률행위적 행정행위인 **확인행위**는 불가변력이 발생하기 때문에 상대방의 쟁송제기에 의하지 아니하는 한 직권으로 취소할 수는 없다.

4) 포괄적 법률관계 설정행위

귀화허가·공무원임명행위 등은 이로 인하여 수많은 법률관계가 새로이 형성·발전되므로 **법적 안정성**의 견지에서 자유로이 취소할 수 없다.

5) 사인의 법률행위의 효력을 완성시켜 주는 행위

인가와 같이 사법상의 법률행위의 효력을 완성시켜 주는 행위는 이로 인하여 수많은 법률관계가 형성·발전되므로 역시 **법적 안정성**의 견지에서 취소가 제한된다.

6) 복효적 행정행위

복효적 행정행위를 취소함에 있어서는, 취소함으로써 제3자가 받게 될 이익 또는 불이익도 함께 고려하여 취소 여부를 결정하여야 할 것이다(제3절 복효적 행정행위 참조).

Ⅶ. 행정행위의 쟁송취소와 직권취소의 절차

1. 쟁송취소의 절차

쟁송취소의 절차는 **행정심판법**과 **행정소송법**에 상세히 규정된 절차에 따라야 하며, 행정법 교과서 중 행정구제 편의 대부분이 이에 관한 설명에 해당된다.

2. 직권취소의 절차

직권취소에 관한 일반적인 절차적 규정은 없으나, 각 개별법률에서 청문절차 등에 의하여 의견진술의 기회를 부여하도록 규정함으로써 상대방의 권익보호를 도모하고 있다. 한편, **행정**

절차법(22③)은 모든 부담적 행위를 할 경우에는 사전에 서면 또는 구술에 의한 **의견제출**의 기회부여를 의무화하고 있으며, 다른 법령에서 청문을 실시하도록 규정하고 있거나 행정청이 필요하다고 인정하는 경우에는 청문 또는 공청회까지 실시하도록 하고 있다(22①②).

Ⅷ. 행정행위의 쟁송취소와 직권취소의 효과

1. 쟁송취소의 효과

쟁송취소는 성격상 부담적 행정행위가 대상이 되며, 상술한 공익과 사익 간의 이익형량의 필요성이 인정되지 않기 때문에 원칙적으로 당해 행정행위가 있었던 때에 소급하여 효력이 발생된다(취소의 소급효). 따라서 처음부터 아무런 행정행위가 없었던 것과 같은 상태로 되게 하는 효과를 가진다.

2. 직권취소의 효과

종래의 통설은 쟁송취소와 마찬가지로 소급효를 가진다고 하였으나, 최근의 다수설은 하자의 효과의 개별화이론에 입각하여 **구체적인 관계이익을 비교·교량하여 소급효 여부를 결정하여야** 한다고 한다. 이 견해에 따르면 ① 취소의 원인이 상대방의 사기 등 귀책사유로 인한 경우 이외에는 신뢰보호의 필요상 장래에 향하여만 효력을 발생한다고 할 것이며, ② 기타 당해 행정행위의 효과가 일시적인가 계속적인가, 이미 완결된 결과까지도 제거하지 않으면 취소의 효과를 달성할 수 없는 것인가, 또는 취소의 시기가 행정행위가 있은 직후인가, 상당기간 경과 후인가 등을 종합적으로 판단하여 소급효 인정 여부를 결정하여야 할 것이다.

한편, 수익적 행정행위의 취소로 상대방이 재산상의 손실을 입은 경우에는 상대방이 당해 행정행위의 존속을 신뢰하였으며 또한 귀책사유가 없는 한 그로 인한 손실을 보상하여야 할 것이다.

> **판례** 행정처분이 취소되면 소급효과가 발생한다는 판례
>
> 행정처분이 취소되면 그 소급효에 의하여 처음부터 그 처분이 없었던 것과 같은 효과가 발생하게 되는바, 행정청이 의료법인의 이사에 대한 이사취임승인취소처분(제1처분)을 직권으로 취소(제2처분)한 경우에는 그로 인하여 이사가 소급하여 이사로서의 지위를 회복하게 되고, 그 결과 제1처분과 제2처분 사이에 법원에 의하여 선임결정된 임시이사들의 지위는 법원의 해임결정이 없더라도 당연히 소멸한다(대판 1997. 1. 21, 96누3401).

IX. 행정행위의 쟁송취소와 직권취소의 취소(하자 있는 취소의 효력)

1. 쟁송취소와 직권취소의 취소의 의의

음식점영업허가·건축허가 등이 취소되면 허가가 없는 상태로 되는데, 여기서 취소처분 자체도 하나의 행정행위이므로 하자가 있는 경우 하자에 관한 일반론에 따라 그 취소처분을 취소하면 원래의 행정행위가 자동으로 되살아난다고 할 것인가의 문제가 제기된다.

2. 쟁송취소의 취소

행정심판 또는 행정소송으로 행정행위가 취소되면 불가변력이 발생하므로 그 취소처분의 하자를 이유로 다시 취소하지 못한다.

3. 직권취소의 취소

1) 취소에 무효원인이 있을 때

취소행위에 중대하고 명백한 하자가 있을 경우에는 당해 취소행위 자체가 당연무효가 되고 처음부터 취소하지 않았던 것과 같은 효과가 발생된다. 이 경우 쟁송에 의하건 직권에 의하건 간에 무효선언으로서의 취소 또는 무효확인이 모두 가능하다고 하겠다.

2) 취소에 취소원인이 있을 때

① 부정설

과거 취소처분은 행정행위의 효력을 확정적으로 상실시키는 것이므로 취소처분의 취소로 처음의 행정행위의 효력을 소생시킬 수는 없으며, 소생시키기 위하여서는 처음의 행정행위와 동일한 내용의 새로운 행정행위를 하는 수밖에 없다고 한다.

② 긍정설

최근의 통설은 취소도 하나의 행정행위이므로 하자가 있는 경우 일반이론에 따라 이를 취소할 수 있으며, 취소에 의하여 별도의 행정행위를 하지 아니하고도 원래의 행정행위의 효력이 부활된다고 한다.

③ 사견

긍정설이 복잡한 재처분절차를 다시 거치지 않아도 된다는 경제적 이유에서 타당하다고 생각되며, 실제 행정쟁송에 있어서도 취소처분의 취소를 구하는 예가 많이 있고 행정실무상으로도 인정되고 있다.

판례는 긍정설과 부정설로 나뉘어 있다.

> **판례** 부정설에 입각한 판례
>
> **과세관청이 부과의 취소를 다시 취소함으로써 원부과처분을 소생시킬 수 없다는 판례**
> 국세기본법 제26조 제1호는 부과의 취소를 국세납부의무 소멸사유의 하나로들고 있으나, 그 부과의 취소에 하자가 있는 경우의 부과의 취소의 취소에 대하여는 법률이 명문으로 그 취소요건이나 그에 대한 불복절차에 대하여 따로 규정을 둔 바도 없으므로, 설사 부과의 취소에 위법사유가 있다고 하더라도 당연무효가 아닌 한 일단 유효하게 성립하여 부과처분을 확정적으로 상실시키는 것이므로, 과세관청은 부과의 취소를 다시 취소함으로써 원부과처분을 소생시킬 수는 없고 납세의무자에게 종전의 과세대상에 대한 납부의무를 지우려면 다시 법률에서 정한 부과절차에 좇아 동일한 내용의 새로운 처분을 하는 수밖에 없다(대판 1995. 3. 10, 94누7027)

> **판례** 긍정설에 입각한 판례
>
> **행정청이 의료법인의 이사에 대한 이사취임승인취소처분을 직권으로 취소한 경우 이사가 소급하여 지위를 회복하게 되고, 법원에 의하여 선임된 임시이사는 법원의 해임결정이 없더라도 당연히 그 지위가 소멸된다는 판례**
> 행정처분이 취소되면 그 소급효에 의하여 처음부터 그 처분이 없었던 것과 같은 효과를 발생하게 되는바, 행정청이 의료법인의 이사에 대한 이사취임승인취소처분(제1처분)을 직권으로 취소(제2처분)한 경우에는 그로 인하여 이사가 소급하여 이사로서의 지위를 회복하게 되고, 그 결과 위 제1처분과 제2처분 사이에 법원에 의하여 선임결정된 임시이사들의 지위는 법원의 해임결정이 없더라도 당연히 소멸된다(대판 1997. 1. 21, 96누3401).

제11절 행정행위의 철회

행정기본법 제19조(적법한 처분의 철회)
① 행정청은 적법한 처분이 다음 각 호의 어느 하나에 해당하는 경우에는 그 처분의 전부 또는 일부를 장래를 향하여 철회할 수 있다.
1. 법률에서 정한 철회 사유에 해당하게 된 경우
2. 법령등의 변경이나 사정변경으로 처분을 더 이상 존속시킬 필요가 없게 된 경우
3. 중대한 공익을 위하여 필요한 경우
② 행정청은 제1항에 따라 처분을 철회하려는 경우에는 철회로 인하여 당사자가 입게 될 불이익을 철회로 달성되는 공익과 비교·형량하여야 한다.

Ⅰ 개 설

1. 행정행위의 철회의 의의

'행정행위의 철회'란 『성립 당시에는 아무런 하자 없이 완전히 유효하게 성립한 행정행위에 대하여, 사후에 발생한 새로운 사정으로 말미암아 더 이상 그 효력을 존속시킬 수 없게 된 경우에, 장래에 향하여 그 효력을 상실시키는 별개의 독립된 행정행위』를 말한다.

철회는 침해적 행정행위에 대해서는 원칙적으로 가능하지만 수익적 행정행위와 복효적 행정행위에 있어서는 상대방과 제3자의 이익에 대한 침해적 효과가 발생하기 때문에 신뢰보호의 원칙과 비례의 원칙에 의한 제한을 받는다.

▶ 예 : 변태영업을 한 유흥음식점에 대한 허가의 취소처분, 음주운전으로 인한 자동차운전면허의 취소처분 등.

철회는 학문상의 용어이며, 실정법에서는 보통 "취소"라는 용어를 사용한다(도로법74·75).

2. 행정행위의 철회와 취소의 구별

1) 행정행위의 철회와 취소의 공통점

양자는 ① 다 같이 유효하게 성립된 행정행위의 효력을 상실시키는, ② 별개의 독립된 행정행위라는 점, 그리고 ③ 실정법상의 용어로서는 종종 취소라는 용어로 혼용되고 있다는 점에서 공통점을 가진다.

2) 행정행위의 철회와 취소의 차이점

양자는 ① 권한에 있어서, 취소는 처분청·감독청 및 법원이 할 수 있지만, 철회는 사후에 발생된 새로운 사정으로 말미암아 더 이상 원처분의 효력을 존속시킬 수 없다고 판단되는 경우에 행하는 것이므로 성질상 새로운 처분을 하는 것과 같기 때문에 처분청만이 할 수 있고, ② 원인에 있어서, 취소는 행정행위에 처음부터 존재하였던 하자를 원인으로 하는 것이지만, 철회는 일단 하자 없이 성립한 행정행위에 대하여 사후에 발생한 새로운 사유를 원인으로 하는 것이며, ③ 효과에 있어서, 취소는 처음부터 소급하여 효력을 상실케 하는 소급효가 있는 반면, 철회는 사후에 발생된 새로운 사실을 이유로 하는 것이므로 당연히 그 때부터 장래에 향하여서만 행정행위의 효력이 상실된다는 차이점이 있다.

그러나 최근 ① 직권취소에 있어서도 감독청은 취소권이 없다는 견해도 있으며, ② 원인에 있어서 시원적인 것과 후발적인 것의 구분은 상대적이며 입법정책여하에 따라 법으로 규정하기 나름이라는 점, ③ 취소의 효과도 개별화 이론에 따라 소급효 여부를 결정하여야 한다는 점 등을 들어 양자의 구별의 상대화를 주장하는 견해도 대두되고 있으나, 처음부터 존재하였던 하자와 사정변경, 상대방의 유책행위, 공익상의 필요 등 후발적 사유는 분명히 구분할 가치가 있으며, 처음부터 내재된 하자가 아닌 후발적 원인 특히 상대편에게 귀책사유가 없는 원인까지를 철회원인으로 하는 관계로 상대방의 신뢰보호를 더욱 고려하여야 한다는 점 등을 감안하면 양자의 구별은 여전히 필요하다고 하겠다.

Ⅱ. 행정행위의 철회권자

철회는 후발적 사유에 기인하여 새로운 처분을 하는 것과 같기 때문에 **처분청**만이 할 수 있다. 감독청은 하급기관의 권한을 대집행할 수는 없기 때문에 감독권에 의거하여 철회하라고 명할 수는 있으나, 직접 철회하는 것은 불가능하다.

Ⅲ. 행정행위의 철회사유

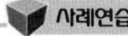

甲市에 사는 A는 주거지역 내의 자신의 대지에 건축을 하기 위해 甲시장에게 건축허가를 신청하여 건축허가를 받아 공사에 착수하였다. 그러던 중 도시계획결정이 변경되어 甲시장은 A의 대지가 녹지보전지역으로 바뀌었음을 이유로 청문을 거친 후 건축허가를 취소하였다.
이에 A는 건축허가취소에 대하여 행정소송을 제기하려 한다. 인용여부를 논하시오.

1. 상대방의 유책행위에 대한 제재

1) 의 의

대부분의 법령에는 『이 법 또는 이 법에 의한 명령(법규명령을 의미함)이나 이에 의거한 처분(사용료 등의 납부를 명하는 처분, 법규위반에 대한 시정명령 등을 의미함)에 위반한 때에는 ○○허가·면허·등록 등의 정지 또는 취소(철회를 의미함)를 할 수 있다』는 규정을 두고 있다.

▶ 예 : 유흥음식점영업자의 퇴폐영업·위생불량, 각종 운수업자의 잦은 사고발생·결함행위·정비불량행위, 부동산중개업자의 법정중개수수료 초과수령행위, 의사의 진료거부행위, 자동차운전면허소지자의 도로교통법규위반행위 등 법령이 정하는 상대방의 유책행위로 말미암아 더 이상 당해 인·허가

등의 행정행위의 효력을 지속하는 것이 공공복리 또는 질서유지에 중대한 위해를 초래할 우려가 있음을 이유로 장래에 향하여 그 효력을 소멸케 하는 것을 말한다(『정지』란 1월간의 영업정지 등과 같이, 일정한 기간을 정하여 그 효력을 일시 정지시키는 것으로서 보통 철회와 함께 규정되어 그보다 약간 경미한 유책행위에 대하여 과하는 것이다).

2) 기 능

행정행위의 철회는 상대방을 강제하여 행정법상의 각종 **의무**(작위·부작위·급부·수인 의무)의 **이행확보수단**으로서의 기능을 하므로 거의 모든 행정법규에서 도입하고 있으나,

① 한편으로는 국가가 국민의 생업을 잃게 한다는 윤리적 차원에서의 한계와, 반대로 버스 운수사업·가스사업 등의 허가취소와 같이 이용자인 일반국민의 일상생활에 당장 큰 지장을 초래케 한다는 데 따른 집행상의 한계가 있으며,

② 철회·정지의 기준이 『법 또는 명령 위반』 등으로 너무나 포괄적·추상적으로만 규정되어 재량권이 너무 광범위하게 부여되어 있기 때문에 국민의 권익침해의 우려가 많다는 점 등이 지적되고 있다.

3) 개선방향

상술한 문제점 ①과 관련하여서는 다수 국민에의 불편방지라는 더 큰 공익을 위하여 철회·정지처분에 갈음하여 **과징금**을 과하도록 하고 있으며(각종 운수사업법·주차장법 등), ②와 관련하여서는 국무총리훈령(1984. 5. 14 훈령 제196호)을 발하여 각 부처는 법령(또는 부득이한 경우 훈령·예규 등 행정규칙)으로 상대방의 유책의 정도에 비례하여 경고·정지·철회 등으로 명문화하되, 정상을 참작할 특별한 사유가 있는 경우에는 가중 또는 경감할 수 있도록 하고, 절차에 있어서는 반드시 사전에 본인의 **의견제출**의 기회를 부여하도록 하였는바, 오늘날 대부분의 법령(대통령령이나 부령)에서 이를 명문화하여 잘 집행하고 있으며, 현행 행정절차법(27)도 이를 명시하고 있다.

2. 사정변경

사정변경이란 행정행위의 성립에 있어 그 기초가 된 사정이 그 후 사실관계나 근거법령의 변경으로 당사자가 예견할 수 없는 중대한 사정변경이 있게 되어, 현재 변경된 사실관계와 법령 아래에서 전에 행한 행정행위가 행하여진다면 당연히 위법이 되는 경우를 말한다. 따라서 당초의 행정행위의 기초가 된 사실관계나 근거법령에 따른 행정행위에 대한 철회가능성이 문제된다.

이러한 사정변경에 의한 수익적 행정행위의 철회는 그 상대방의 귀책사유에 기인한 것이 아니므로 **손실보상**의 문제가 발생한다.

> **판례**
>
> 처분청이 처분 후에 원래의 처분을 그대로 존속시킬 필요가 없게 된 사정변경이 생겼거나 중대한 공익상의 필요가 발생한 경우에는 별도의 법적 근거가 없어도 별개의 행정행위로 이를 철회·변경할 수 있다(대판 1997. 9. 12, 96누6219).

1) 사실관계의 변경

생활보호대상자가 생활형편이 나아지거나, 운전면허자나 총포소지허가자가 심신상실 또는 마약중독자가 되어 버린 경우, 도로나 공원에 공사가 필요하여 그 점용허가를 더 이상 유지할 수 없게 된 경우 등은 철회할 수 있으나, 공무원임명행위·귀화허가행위와 같이 포괄적 법률관계 설정행위는 성질상 철회가 제한된다.

특히 인·허가 등을 받을 당시에는 법령상의 요건에 합당하였으나 그 후에 인·허가 등의 요건규정(자본금·시설규모·종업원의 수 등)에 미달하게 되었다고 해서 바로 철회할 수 있는 것은 아니다.

인·허가 등을 신규로 발급할 경우와 이미 인·허가를 받아 적법하게 영업하고 있는 경우를 동일시 할 수는 없으며, 적어도 행정지도나 시설개선명령 등에 의하여 스스로 보정할 기회를 부여한 후에 이에 불응할 경우에 한하여 철회할 수 있고(예 : 식품위생법 제57조 등), 나아가 다른 철회의 경우와 마찬가지로 후술하는 신뢰보호의 원칙과 비례원칙에 의하여도 철회권의 행사가 제한된다고 하겠다.

2) 근거법령의 변경

행정행위의 요건이 행위 당시의 요건보다 더 까다로운 요건으로 변경되었다 하더라도 법령은 소급효가 없으므로 이를 이유로 철회할 수 없다. 그러나 법령의 개정시에는 부칙에서 기존의 행정행위의 효력에 대하여는 영향을 미치지 아니한다는 뜻의 명문의 규정을 두어 의문을 해소하는 것이 바람직하며, 이를 **경과조치**라고 한다.

3. 철회권의 유보

행정행위에는 가끔 『일정한 사유가 발생하면 철회할 수 있다』는 내용의 부관을 붙이는 경우가 있으며, 이때에는 그 사유가 발생하면 철회권을 행사할 수 있다. 그러나 이 경우에도 상대방의 신뢰보호와 법적 안정성 등의 견지에서 철회권의 행사에는 일정한 제한이 있다고 하여야 한다(후술).

4. 더 큰 공익상의 필요

도로·하천·공유수면·공원 등의 점용허가, 어업·광업·산림개간·초지조성 등의 허가를 한 후에, 댐·폐기물처리장·임해공업단지·원자력발전소의 건설 등 보다 큰 공익을 위하여 불가피하게 허가 등을 철회하지 않을 수 없는 경우가 있다. 이러한 경우는 상대방의 유책행위가 없음에도 불구하고 이를 철회하는 것이므로 일종의 권리의 수용으로 보아 **손실보상**을 하여야 한다.

▶ 예 : 도로법(75·79)은 공공의 이익이 될 사업을 위하여 특히 필요한 경우에는 도로점용허가를 철회할 수 있으나, 그 손실을 보상하도록 의무화하고 있다.

> **사례연습 해설**
>
> 설문의 건축허가취소는 건축허가의 철회에 해당하고, 이는 법령의 명시적인 근거없이 이루어진 처분이다. 철회원인이 있으면 법률상 철회근거규정이 없이도 철회할 수 있다는 견해(철회자유설)와 법률상 철회근거규정이 있어야 한다는 견해(철회부자유설)가 대립되어 있지만, 판례와 전통적 견해의 입장인 철회자유설의 입장에서 보면, 설문의 도시계획변경결정은 더 큰 공익을 위한 경우이며, 이는 신뢰보호에는 문제가 있지만 손실보상으로 보전된다는 점을 감안할 때, 법률상 철회권을 인정하는 명문규정이 없더라도 철회할 수 있다는 점에서 A에 대한 건축허가취소는 적법하다. 따라서 A는 행정소송을 제기하여도 인용되기 어렵다.

Ⅳ. 행정행위의 철회권의 근거

상술한 철회원인이 있으면 법률상 철회근거규정 없이도 철회할 수 있다는 견해(철회자유설)와, 법률상의 철회근거규정이 있어야 한다는 견해(철회부자유설)가 대립되어 있다.

1. 철회자유설(근거불요설)

철회권의 유보, 상대방의 귀책사유, 사정변경 등을 이유로 한 철회는 상대방의 신뢰보호의 가치가 없으며, 더 큰 공익을 위한 경우는 신뢰보호에는 문제가 있지만 손실보상으로 보전된다는 점 등을 이유로, 철회사유에 해당하면 법률상 철회권을 인정하는 명문의 규정이 없더라도 철회할 수 있다는 견해로서, 종전의 통설·판례의 견해이다(판례 참조).

> **판례** 철회자유설에 입각한 판례
>
> 유류판매업면허를 함에 있어서 조건부면허를 한 것은 행정행위의 부관 중 철회권의 유보에 해당하며, 철회는 법령에 규정이 없더라도 의무위반이 있는 경우, 사정변경이 있는 경우, 철회권이 유보된 경우, 또는 중대한 공익상의 필요가 발생한 경우 등에는 당해 행정행위를 한 행정청이 그 행정처분을 철회할 수 있다(대판 1984. 11. 13, 84누269).

> **판례** 수익적 행정처분에 대한 취소권 등의 행사의 요건 및 그 한계
> 행정행위를 한 처분청은 비록 그 처분 당시에 별다른 하자가 없었고, 또 그 처분 후에 이를 철회할 별도의 법적 근거가 없다 하더라도 원래의 처분을 존속시킬 필요가 없게 된 사정변경이 생겼거나 또는 중대한 공익상의 필요가 발생한 경우에는 그 효력을 상실케 하는 별개의 행정행위로 이를 철회할 수 있다고 할 것이나, 수익적 행정처분을 취소 또는 철회하는 경우에는 이미 부여된 그 국민의 기득권을 침해하는 것이 되므로, 비록 취소 등의 사유가 있다고 하더라도 그 취소권 등의 행사는 기득권의 침해를 정당화할 만한 중대한 공익상의 필요 또는 제3자의 이익보호의 필요가 있는 때에 한하여 상대방이 받는 불이익과 비교·교량하여 결정하여야 하고, 그 처분으로 인하여 공익상의 필요보다 상대방이 받게 되는 불이익 등이 막대한 경우에는 재량권의 한계를 일탈한 것으로서 그 자체가 위법하다(대판 2004. 11. 26, 2003두10251·10268).

2. 철회부자유설(근거필요설)

취소는 행정행위의 성립 당시의 흠을 이유로 한 행정의 적법성회복이라는 취소제도 그 자체의 취지상 별도의 법률의 근거가 필요 없지만, 철회는 공익상의 필요 등 처음부터 행정행위에 내재되지 아니하였던 다른 사유로 그 효력을 소멸케 하는 하나의 새로운 행정행위인 만큼 법적 안정성의 견지에서 법률상 명문의 근거가 필요하다는 견해이다. 이를 흔히 근거필요설 또는 적극설이라고도 한다.

3. 사견

철회의 자유성의 문제는 결국 행정의 공익적합성과 사정변경에 따른 임기응변성을 중시하느냐 아니면 상대방의 신뢰보호와 법적 안정성을 중시하느냐에 관한 선택의 문제로 귀결되겠지만, 기본권 보호라는 법치주의의 관점에서 우선 침해적 행정행위의 철회에는 별도의 법적 근거가 필요 없다고 하더라도, 수익적 행정행위의 철회에는 원칙적으로 법적 근거가 필요하다고 생각된다.

특히 상대방의 유책행위라 하더라도 예측가능성을 보장한 후에 철회하여야 하며, 『더 큰 공익상의 필요』가 있으면 손실보상을 위해서라도 법적 근거를 필요로 한다. 그러나 **사정변경** 또는 **철회권의 유보**의 경우까지 법률에 근거를 둔다는 것은 실제로 불가능할 뿐만 아니라 구체적 사정에 따른 행정의 합목적성 달성을 외면하는 결과가 초래될 것이므로, 이 경우에는 일단 법률의 근거라는 구속으로부터 자유롭게 해주되, 부관의 일반적 한계에 관한 제한이론(철회권의 유보의 경우)과, 철회권이 인정되더라도 모든 사유의 철회에 공통적으로 적용되는 철회권의 제한(후술)에 관한 법리로써 법적 안정성의 침해 등의 문제점을 해소하는 것이 타당하다고 생각된다.

V. 행정행위의 철회권의 제한

1. 비례원칙에 의한 제한

철회권이 법률에 의하여 명문으로 인정되어 있든 그렇지 않든 간에 실제로 철회권을 행사함에 있어서는 전술한 취소권의 제한에서와 같이 수익적 행정행위를 철회함으로써 달성하고자 하는 공익상의 필요와 철회로 인하여 상대방이 받는 불이익을 비교하여 전자가 후자보다 월등한 경우에만 철회할 수 있다(앞 페이지의 대판 2004. 11. 26, 2003두10251·10268 판례 참조. 단, 부담적 행정행위에 관하여는 철회를 통하여 불이익을 제거하는 것으로서 이러한 제한이 적용되지 아니한다). 1987년에 입법 예고되었던 행정절차법안(32)도 『취소에 의해 달성하고자 하는 공익상 필요와 상대방이 이미 취득한 권익의 보호·제3자의 신뢰보호 및 법률생활의 안정 등의 요청을 비교형량하여 결정하여야 한다』는 취소권 제한에 관한 규정을 철회권 행사에 준용하도록 명시하고 있었지만 그 후 행정절차법 제정과정에서 이 규정이 삭제되었다.

2. 기타의 제한

위 일반적 제한 외에도 다음의 경우에는 행위의 성질상 철회권이 제한된다고 보아야 한다.

1) 포괄적 법률관계 설정행위

귀화하거나 공무원으로 임명되면 이를 기초로 하여 수많은 법률관계가 형성되므로 귀화허가 또는 공무원임명행위 등 포괄적 법률관계 설정행위에 대한 철회권 행사는 제한된다고 할 것이다.

2) 불가변력이 있는 행위

행정심판에 대한 재결 기타 확인행위는 불가변력이 있어 철회가 제한된다.

3) 복효적 행정행위

이 경우에는 공익과 상대방의 불이익뿐만 아니라 철회로 인하여 제3자가 받는 불이익까지 함께 고려하여야 하는 제한을 받는다(제3절 복효적 행정행위 참고).

4) 실권의 법리

철회의 원인이 있더라도 장기간 이를 방치하면 상대방의 신뢰보호상 실권의 법리에 의하여 더 이상 철회할 수 없다고 하여야 한다(판례 참조).

> **판례**　비례원칙에 의한 철회권의 제한에 관한 판례

개인택시 운송사업자가 질병 때문에 부득이 두 번째의 대리운전을 한 것을 이유로 첫 번째의 운행정지처분에 이어 운송사업면허취소처분을 한 것은 공익상의 필요보다 그 가족의 유일한 생계수단의 박탈로 원고가 입게 될 불이익이 너무 커서 재량권의 한계를 일탈한 것이다(대판 1990. 11. 23, 90누5416).

> **판례**　신뢰보호의 원칙에 의한 철회권의 제한에 관한 판례

운전면허 취소사유에 해당하는 음주운전을 적발한 경찰관의 소속 경찰서장이 사무착오로 위반자에게 운전면허정지처분을 한 상태에서 다시 위반자의 주소지 관할 지방경찰청장이 위반자에게 운전면허취소처분을 한 것은 선행처분에 대한 당사자의 신뢰 및 법적 안정성을 크게 저해하는 것이 되어 허용될 수 없다(대판, 2000. 2. 25, 99두10520).

> **판례**　3년간 철회권을 행사하지 아니함은 실권의 법리에 해당한다는 판례

운전면허정지기간 중에 운전을 하여 면허취소(철회에 해당) 사유에 해당하더라도 3년이나 지난 후에 면허를 취소한 것은 원고가 별다른 행정조치가 없을 것이라고 믿는 신뢰의 이익과 법적 안정성을 빼앗는 것이 되어 가혹하다 할 것이고, 취소하여야 할 공익상의 목적만으로는 원고가 입게 될 불이익에 견줄 바 못된다(대판 1987. 9. 8, 87누373).

> **판례**　1년 10개월간 철회권을 행사하지 않았더라도 철회할 수 있다는 판례

택시운송사업자가 중대한 교통사고로 많은 사상자를 발생케 하면 자동차운수사업법(31①(5))에 의거 운송사업면허가 취소될 가능성을 예상할 수 있었을 터이니, 1년 10개월 동안 별다른 행정조치가 없었다고 신뢰의 이익을 주장할 수는 없으며 또한 재량권의 범위를 일탈한 것으로 보기는 어렵다(대판 1989. 6. 27, 83누6283).

> **판례**　수익적 행정처분에 대한 취소권 등의 행사의 요건 및 그 한계에 관한 판례

행정행위를 한 처분청은 비록 그 처분 당시에 별다른 하자가 없었고, 또 그 처분 후에 이를 철회할 별도의 법적 근거가 없다 하더라도 원래의 처분을 존속시킬 필요가 없게 된 사정변경이 생겼거나 또는 중대한 공익상의 필요가 발생한 경우에는 그 효력을 상실케 하는 별개의 행정행위로 이를 철회할 수 있다고 할 것이나, 수익적 행정처분을 취소 또는 철회하는 경우에는 이미 부여된 그 국민의 기득권을 침해하는 것이 되므로, 비록 취소 등의 사유가 있다고 하더라도 그 취소권 등의 행사는 기득권의 침해를 정당화할 만한 중대한 공익상의 필요 또는 제3자의 이익보호의 필요가 있는 때에 한하여 상대방이 받는 불이익과 비교·교량하여 결정하여야 하고, 그 처분으로 인하여 공익상의 필요보다 상대방이 받게 되는 불이익 등이 막대한 경우에는 재량권의 한계를 일탈한 것으로서 그 자체가 위법하다(대판 2004. 11. 26, 2003두10251·10268).

VI. 행정행위의 철회의 절차

철회의 절차에 관한 통칙적 규정은 아직 없으며, 각 개별법률에서 상대방에게 의견제출의 기회를 부여하고 있을 뿐이다(도로74, 하천68 등). 행정절차법(27)은 취소에서와 마찬가지로 서면 또는 구술에 의한 의견제출의 기회부여를 의무화하고 있으며, 다른 법령에서 청문을 실시하도록 규정하고 있거나 행정청이 필요하다고 인정하는 경우에는 청문 또는 공청회까지 실시하도록 하고 있다.

Ⅶ. 행정행위의 철회의 효과

1. 장래에 향하여 효력상실

철회된 때로부터 장래에 향하여 행정행위의 효력이 상실되는 것을 원칙으로 하지만, 부수적 효과로서 원상회복·개수명령 등이 있을 수 있다. 오늘날 철회에 대해서도 소급효를 인정하려는 견해도 있지만, 철회는 위법성에 기인하는 것이 아니고 공공의 이익 등과 관련되어 발생하는 것이기 때문에 그 효력 면에서 소급효와 친하지 않는 관계에 있다고 할 것이다.

2. 손실보상의 문제

상대방의 유책행위에 의하지 아니하고 수익적 행정행위가 철회된 경우에는 상대방이 행정행위의 존속을 신뢰함으로써 받은 재산상의 특별한 손실에 대하여 손실보상을 하여야 한다.

이에 관한 일반법은 없지만 몇몇 단행법에서 그 예를 볼 수 있다(예 : 국유재산법28③, 공유수면관리법14, 도로법80②, 수산법81, 하천법75 등).

Ⅷ. 행정행위의 철회의 취소(하자 있는 철회의 효력)

행정행위의 철회 그 자체에 하자가 있는 경우, ① 철회행위의 하자가 중대하고 명백한 것이면 당연히 무효이고(따라서 철회가 없는 상태이므로 당초 행정행위의 효력이 당연히 지속된다), 이 경우 무효선언으로서의 철회의 취소를 구하거나 철회의 무효확인을 구할 수도 있다고 하겠으며, ② 철회행위의 하자가 단순히 취소할 수 있는 하자에 불과한 경우에는 철회를 취소하더라도 이미 소멸된 행정행위의 효과를 부활시킬 수 없다는 견해도 있으나, 철회행위도 일종의 행정행위인 만큼 취소의 취소와 마찬가지로 행정행위의 하자에 관한 일반이론에 따라 취소할 수 있으며, 이 경우 당초의 행정행위의 효과는 소급하여 부활된다고 하겠다.

제 12 절　행정행위의 실효(종료)

Ⅰ. 의　의

'행정행위의 실효'란 『아무런 하자 없이 성립·발효한 행정행위가 행정청의 의사와 무관하게 그 목적의 달성 등 사후에 발생한 일정한 사유로 말미암아 그 효력이 장래를 향하여 당연히 소멸되는 것』을 말한다.

예컨대, 기한이 정하여져 있는 행정행위에 종기가 도래한 경우처럼 별개의 행정행위에 의하지 않고 기간이라는 객관적인 사실의 발생으로 당연히 행정행위의 효력이 소멸되는 것을 말한다.

Ⅱ. 행정행위의 실효와 무효·부존재 및 취소·철회의 구별

1. 행정행위의 실효와 무효의 구별

행정행위의 무효는 그 성립상의 중대하고 명백한 하자로 인하여 행정행위가 처음부터 아무런 효과를 발생하지 못하는 것이지만, 실효는 아무런 하자 없이 성립·발효하였으나 사후에 생긴 사유로 인하여 그때부터 장래에 향하여 그 효력이 소멸되는 것이다.

2. 행정행위의 실효와 부존재의 구별

행정행위의 부존재는 처음부터 행정행위라고 할 만한 외관조차 갖추지 못함으로써 행정행위가 있었다고조차 할 수 없는 것을 말하지만, 실효는 완전하게 성립·발효하였다가 행정행위의 원래 기능을 유지하고 난 후에 발생한 사유로 인하여 효력이 상실되는 것이다.

3. 행정행위의 실효와 취소의 구별

행정행위의 취소는 그 성립상의 하자(중대하고 명백하지 아니한)로 인하여 처음부터 소급하여 효력을 소멸케 하는 별도의 행정행위이지만, 실효는 성립상의 하자가 아닌 사후에 발생한 사유로 인하여 별도의 행정행위 없이 장래에 향하여 효력이 상실되는 것이다.

4. 행정행위의 실효와 철회의 구별

행정행위의 철회와 실효는 행정행위의 성립 후에 발생한 새로운 사유를 원인으로 하여 장래에 향하여 효력이 소멸된다는 점에서는 공통되지만, 실효는 철회와 달리 별도의 행정행위 없이 당연히 효력이 상실된다는 점에서 구별된다.

Ⅲ. 행정행위의 실효사유

행정행위의 실효사유는

① 행정행위의 목적물의 소멸(예 : 징발대상·철거대상 건축물이 화재로 소실되어 버린 경우),

② 상대방의 사망(예 : 운전면허·의사면허·총포소지허가 등 대인적 행정행위의 경우),

③ 행정행위의 목적달성(예 : 1개월간의 영업정지·자격정지·면허정지처분 기간이 모두 경과되어 버린 경우, 납세고지서대로 조세를 납부한 경우 등),

④ 행정행위의 부관인 해제조건의 성취 또는 종기의 도래(예 : 언제까지 영업시설을 갖추어 영업개시를 하지 않으면 영업허가의 효력이 상실된다는 조건이 성취되거나, 5년간 영업허가를 한 경우 그 종기가 도래한 때) 등을 들 수 있다.

Ⅳ. 행정행위의 실효의 효과

행정행위에 실효사유가 발생하면 별도의 행정행위에 의하지 아니하고 당연히 그때로부터 장래에 향하여 효력이 소멸된다. 취소·철회와 달리 별도의 행정행위를 요하지 아니한다는 점에 특징이 있다.

> **판례** 허가받은 영업을 폐업한 경우 실효된다는 판례
> 유기장의 영업허가는 신청에 의한 처분이 분명한바, 신청에 의한 허가처분은 허가를 받은 자가 영업을 폐업할 경우에는 당연히 소멸되는 것이므로, 이와 같은 경우 행정청의 허가취소처분은 실효되었음을 확인하는 것에 지나지 아니한다. 따라서 원고로서는 이 사건 취소처분의 취소를 구할 소익이 없다(대판 1990. 7. 13, 90누2284).

Ⅴ. 행정행위의 실효의 주장

행정행위가 실효되었음은 누구나 자유로이 주장할 수 있다. 그러나 해제조건의 성취 여부, 목적달성 여부 등에 관하여 의문이 있거나 행정청과 상대방 간에 견해가 다를 수도 있겠으며, 이러한 경우 상대방은 불안한 법적 지위에 놓이게 되므로 이를 해소하기 위하여 행정심판으로서 무효 등 확인심판의 일종인 **실효확인심판**을 제기하거나 법원에 무효 등 확인소송의 일종인 **실효확인소송**을 제기할 수 있다.

제 13 절 행정법상의 확약

Ⅰ. 개 설

1. 확약의 의의

행정절차법 제40조의2(확약) ① 법령등에서 당사자가 신청할 수 있는 처분을 규정하고 있는 경우 행정청은 당사자의 신청에 따라 장래에 어떤 처분을 하거나 하지 아니할 것을 내용으로 하는 의사표시(이하 "확약"이라 한다)를 할 수 있다.
② 확약은 문서로 하여야 한다.
③ 행정청은 다른 행정청과의 협의 등의 절차를 거쳐야 하는 처분에 대하여 확약을 하려는 경우에는 확약을 하기 전에 그 절차를 거쳐야 한다.
④ 행정청은 다음 각 호의 어느 하나에 해당하는 경우에는 확약에 기속되지 아니한다.
1. 확약을 한 후에 확약의 내용을 이행할 수 없을 정도로 법령등이나 사정이 변경된 경우
2. 확약이 위법한 경우
⑤ 행정청은 확약이 제4항 각 호의 어느 하나에 해당하여 확약을 이행할 수 없는 경우에는 지체 없이 당사자에게 그 사실을 통지하여야 한다.

『행정관청이 국민에 대하여 장래 일정한 작위 또는 부작위를 약속하는 공법상 일방적인 자기 구속적인 의사표시』를 '확언'이라고 하며, 그 중 '행정행위'를 대상으로 하는 자기 구속적 의사표시를 특히 '확약'이라고 한다.

▶ 예 : 확언은 독일의 학설·판례에 의해 발전된 이론이지만, 우리나라에서도 예컨대, 각종 인·허가 신청에 대하여 행하는 내인가·내허가, 일정기간 내에는 불법건축물을 철거하지 않겠다는 약속, 재개발구역 내 전세입주자들에게 아파트 입주권을 주겠다는 약속, 기타 각종 지역개발사업의 약속 등의 형태로 폭넓게 행하여지고 있음에도 불구하고 그 허용성·한계·요건·효과·취소 및 권리구제가능성 등에 관한 실정법상의 규제가 미비하여 아직은 학설과 판례에 의존하고 있는 실정이다.

행정의 실제에 있어서 확약은 행정청과 그 상대방인 국민 간에 민주적 의사소통의 길을 열어 주고 행정에 대한 예측가능성과 신뢰를 보장하게 하는 순기능을 수행하게 된다. 행정상의 확약은 대외적 효력을 가지기 때문에 매우 중요한 의미를 가지게 된다. 여기서는 확언과 확약 중에서 행정행위의 자기 구속적인 확약에 대해서만 고찰하고자 한다.

2. 확약과 다른 행위의 구별

1) 확약과 사실행위의 구별

확약은 본 행정행위를 행할 것을 약속하는 의사표시로서 일정한 법적 효과를 발생하는 법적 행위이므로 특정인에게 일정한 지도·권고·조언 등을 하는 행정작용인 행정지도와 같은 사실행위와 구별된다.

2) 확약과 공법상 계약의 구별

확약은 일방적 의사표시임에 반하여 공법상 계약은 복수의 당사자 사이의 반대방향의 의사의 합치에 의하여 성립되는 쌍방적 의사표시이다.

3) 확약과 내부행위의 구별

확약은 국민에 대한 의사표시이므로 단순한 행정조직 내의 행정 내부의 행위와는 구별된다.

4) 확약과 교시(고지)의 구별

확약은 일정한 구속력을 가지는 데 반하여, 상대방에게 단순히 어떤 사실관계나 법률관계에 관한 정보를 제공하는 사실행위에 불과한 교시 또는 고지는 아무런 법적 구속력이 없다.

▶ 예 : 법령해석질의에 대한 응답 등.

따라서 상대방은 교시내용에 따른 행위를 할 것을 요구할 권리는 없으나, 교시에 따른 결과 재산상의 손해를 입은 경우에 손해배상은 청구할 수 있다고 하겠다.

5) 확약과 부분 인·허가의 구별

부분 인·허가란 전체 행정행위의 가분적인 일부분에 대하여 행하는 인·허가를 말한다.

▶ 예 : 다세대 건축허가신청에 있어서 그 전체에 대한 허가는 보다 구체적인 검토가 필요한 것으로 판단되는 경우에 일단 가분적인 일부 세대에 대하여 건축허가를 하는 것.

부분 인·허가 역시 전체 행정행위의 일부분이 되기는 하지만 그 자체 하나의 독립된 행정행위라 할 수 있다.

6) 확약과 예비결정의 구별

예비결정이란 예컨대, 원자력발전소·폐기물처리업 등과 같이 장기간에 걸친 준비와 공사가 필요하고 막대한 재정적 지출이 소요되는 사업에 있어, 필요한 모든 인적·물적 시설과 설비를 갖춘 후에 허가를 신청하였다가 대상 부지와 위치와 사업계획 등이 부적절하다는 이유로 불허가 될 경우에 상대방이 받는 불이익이 막대하다고 판단될 경우에, **최종허가 전에 미리 그 부지와 사업계획 등의 적법성 여부에 대한 결정**을 하여 줌으로써 상대방의 불측의 피해를 예방하려는 의도에서 도입하고 있는 제도이다.

▶ 예 : 발전용 원자로 건설을 위한 부지의 사전승인제도, 폐기물처리업허가 전의 사업계획에 대한 적합 여부 통보 등.

확약은 장래의 행정행위에 대한 약속인 데 비하여, 예비결정은 그 자체가 하나의 완결적인 행정행위로서의 성격을 가지고 있으며, 따라서 **독립된 행정처분**으로 보아 취소쟁송의 대상으로 할 수 있다(판례 참조).

> **판례** 폐기물관리법에 의한 폐기물처리사업계획의 부적정통보행위는 행정처분이라는 판례
> 폐기물처리업 허가를 받기 전에 먼저 사업계획서를 제출하여 이에 대한 적정통보를 받아야 하므로 결국 그 부적정통보는 허가신청 자체를 제한하는 등 개인의 권리 내지 법률상 이익을 개별적이고 구체적으로 규제하고 있어 행정처분에 해당한다(대판 1998. 4. 28, 97누21086).

7) 확약과 가행정행위의 구별

가행정행위란 독일의 학설·판례에 의하여 인정된 개념으로서, 『확정적 행정행위가 있기 전까지 잠정적으로 행하여지는 행정행위』를 말한다.

▶ 예 : 부가가치세·법인세·소득세 등의 확정 전에 상대편의 신고에 따라 잠정적으로 세액을 결정하거나, 물품의 수입시에 일단 잠정적으로 관세율을 적용하였다가 후일에 세율을 확정짓는 것 등.

가행정행위는 급부행정의 영역에서도 **가급부결정**의 형태로 상대방으로 하여금 확정결정시까지 일정한 급부를 수령할 수 있도록 하는 역할을 하고 있으며, 상대방은 가급부결정에 따른 일정한 법적 지위가 보장되어 있다고 볼 수 있다.

이러한 가행정행위도 **행정행위로서의 성질**을 가지는 것이므로 비록 잠정적이기는 하지만 행정행위로서의 효과는 완전히 발생하며, 후일에 본행정행위가 있게 되면 이에 대체되어 자동으로 그 효력을 상실하게 된다는 점에서 확약과 구별된다.

Ⅱ. 확약의 법적 성질

확약이 행정행위의 성질을 가진다고 볼 것인가에 관하여는 부정설과 긍정설이 대립되어 있다. **부정설**은 확약은 장래 일정한 방향의 규율을 그 내용으로 하지만, 확약단계에서 아직 종국적인 규율성이 결여되어 있다는 점에서 확약에 대한 행정행위의 성질을 부정하고 있다. 그

러나 확약은 행정기관에 대하여 장래의 일정한 작위·부작위 의무를 부과하는 법적 효과를 발생시킨다는 점에서 법적 규율성을 가지고 있으며 그 한도에서는 행정행위의 성질을 갖는다고 하겠다(긍정설). 그러나 확약이 갖는 법적 효과란 장래의 일정한 작위·부작위에 대한 의무라는 점에서 통상의 행정행위가 갖는 법적 효과와는 성질상 차이가 있다.

우리 판례는 확약에 공정력이나 불가쟁력과 같은 행정행위에 특유한 효력이 인정되지 않는다고 하면서 행정행위로서의 성격을 부정하고 있다(판례 참조).

판례 확약이 행정처분은 아니라는 판례

어업권면허를 하기 전에 행하는 면허우선순위 결정행위는 우선권자로 결정된 자의 신청이 있으면 어업권면허를 하겠다는 것을 약속하는 행위로서 확약에 불과하고 행정처분은 아니므로, 공정력이나 불가쟁력과 같은 효력이 인정되지 아니한다(대판 1995. 1. 20, 94누6529).

Ⅲ. 확약의 허용성 및 한계

1. 확약의 허용성

확약을 허용하는 법령상 명문의 규정이 없는 경우에도 확약이 허용될 수 있을 것인가에 관하여 견해가 대립되어 있다.

1) 부정설

명문의 규정이 없는 경우 확약은 허용될 수 없다는 견해로서, 일본 및 과거 독일의 판례의 태도이다. 현재 부정설은 찾아보기 어렵다.

2) 긍정설

① 신뢰보호설

신뢰보호의 원칙상 확약이 인정되며 또 그 법적 효과도 여기서 도출된다는 견해이다.

② 본처분권 포함설

법령이 행정기관에 대하여 본처분을 할 수 있는 권한을 부여한 경우에는 그 예비적 권한행사인 확약의 권한도 당연히 포함되어 있으므로 별도의 법령상 근거를 요하지 않는다는 견해이다.

3) 사 견

생각건대, 확약은 본처분권의 일부를 이룬다고 볼 수 있으므로 긍정설 중 **본처분권 포함설**

이 타당하다고 생각된다. 신뢰보호설은 확약이 행하여진 후 그 법적 효과발생의 논거에 대한 설명이며, 확약 그 자체의 허용성에 대한 설명으로는 보기 어렵다고 하겠다.

2. 확약의 한계

1) 기속행위에 대한 확약

재량행위에 대하여 확약이 가능하다는 데에는 이견이 없다. 그러나 **기속행위**에 관하여는 행정청은 본처분을 할 의무가 있으므로 확약을 하는 것은 의미가 없다고 하여 **부정하는 견해**가 있으나, 실제로 기속행위와 재량행위의 한계는 명확치 아니하며 기속행위의 확약에 의하여서도 상대방의 이익보호의 가능성이 있다고 할 것이므로 **긍정**하는 것이 타당하다고 하겠다.

2) 본처분 요건완성 후의 확약

인·허가 등 본처분의 요건을 모두 갖춘 후에도 확약을 할 수 있는가에 관하여는 ① 이를 **부정**하고 바로 본처분을 하여야 한다는 견해와, ② 재량행위인 경우에는 재량권 행사의 방향을 스스로 미리 구속하는 의미의 확약이 가능하고, 기속행위인 경우에도 처분의 시기에 관하여는 재량권이 있다는 이유로 이를 **긍정**하는 견해가 대립되어 있으나, 국민의 권익을 조기에 확정할 수 있는 상태에 있음에도 불구하고 굳이 불확정상태에 두는 것은 법적 안정성을 해치는 것이므로 부정하여야 할 것이다.

Ⅳ. 확약의 요건

확약이 일반적인 효력을 가지기 위해서는 행정행위의 경우와 마찬가지로 주체·내용·절차·형식의 성립요건을 갖추어야 한다. 첫째 확약의 내용이 되는 본 행정처분행위를 할 수 있는 정당한 권한을 가지는 행정**주체**가 그 권한의 범위 안에서 행하고, 둘째 법령에 합치하고 실현 가능한 **내용**을 가져야 하며, 셋째 절차면에서 상대방에 대한 청문이나 다른 행정청의 승인이나 동의 등의 **절차**가 요구되는 경우에 이를 거쳐야 하고, 넷째 그 **형식**면에서는 법령이나 일반원칙이 정하는 서면이나 구술에 의하는 등의 요건을 갖추어야만 한다.

Ⅴ. 확약의 효과

1. 본처분 이행의무

행정청은 확약의 내용인 본처분을 하여야 할 자기구속적인 의무를 지게 되며, 만약 확약의 내용에 반하는 어떠한 처분을 하거나, 약속한 본 처분을 거부하거나 부작위하는 경우에는 신뢰보호의 원칙에 위반하여 위법하다는 주장을 할 수 있다.

> 참고 : 실제로 구 건축법(7·8) 등은 건축이 허용되는지의 여부에 대한 사전결정 신청에 대하여 시장·군수가 사전결정을 한 경우에는 이에 따라 본처분인 건축허가를 하도록 명시한 바 있으나, 이 사전결정제도는 1995. 1. 5 폐지되었다.

> **판례** 확약의 내용에 반하는 처분은 신뢰보호의 원칙에 반한다는 판례
> 국세청장이 원고와 동종의 훈련교육용역의 제공이 부가가치세 면세사업인 사업경영상담업에 해당한다는 견해를 명시적으로 표명하였다가, 원고가 폐업한 후에 위 용역의 제공이 면세사업인 경영상담업에 해당되지 않는다고 하면서 부가가치세 부과처분을 한 것은 신뢰보호의 원칙에 위배된다(대판 1994. 3. 22, 93누22517).

본처분 이행의무를 위반할 경우 이에 대한 쟁송수단에 관하여 살펴보면 **첫째**, 행정청이 본처분의 신청을 받고도 이를 이행치 아니할 경우에 상대방이 제기하는 행정쟁송의 형태는 본처분에 대한 **의무이행심판**과, 본처분의 거부처분이나 부작위에 대한 **취소소송** 또는 **부작위위법확인소송**의 형태가 될 것이며, **둘째**, 확약에 반하는 내용의 다른 어떤 **처분**을 한 경우에는 **취소쟁송**의 형태가 될 것이다.

2. 확약과 사정변경

행정청은 불가항력 등의 사유로 확약을 이행할 수 없을 정도로 **사실상태** 또는 **법률상태**가 변경된 경우에는, 그 확약에 기속되지 아니한다고 보아 **사정변경에 의한 실효**를 인정할 수 있다. 따라서 확약의 구속력은 일반적인 행정행위의 구속력보다 약하며 불안정적이라고 말할 수 있다. 독일행정절차법(38③)도 확약의 전제가 되었던 사실 및 법적 여건이 변경된 경우 행정청이 이러한 사실을 알았더라면 확약을 하지 않았으리라고 인정될 경우에는 더 이상 확약에 구속되지 아니한다고 규정하고 있고, 우리 판례도 같은 견해이다.

> **판례** 사정변경에 따른 확약의 실효를 인정한 판례
> 행정청이 상대방에게 장차 어떤 처분을 하겠다고 확약하였더라도 그 후 사실적·법률적 상태가 변경되었다면 확약은 행정청의 별다른 의사표시를 기다리지 않고 실효된다(대판 1996. 8. 20, 95누10877).

3. 확약의 하자

1) 확약의 무효

확약이 행하여지면 확약을 행한 행정청은 확약을 이행하여야 하는 자기구속력을 받게 되지

만, 확약이 주체·내용·절차·형식에 관한 요건에 중대하고 명백한 하자가 있는 경우 그 확약은 무효가 된다.

2) 확약의 취소

확약에 단순한 하자가 있는 경우에는 행정행위의 취소에 관한 일반이론에 따라 취소할 수 있음은 물론이며, 특히 상대방의 신뢰보호의 관점에서 취소권의 제한에 관한 법리가 적용된다. 확약도 일반 행정행위의 철회사유와 같은 사유가 발생하면 철회할 수 있음은 물론이다.

Ⅵ. 확약과 권리구제

1. 행정쟁송

행정청이 확약의 내용인 본처분을 이행하지 아니하는 경우 상대방은 의무이행심판과 부작위위법확인소송을 제기하여 본처분의 이행을 청구할 수 있다.

2. 손해전보

행정청의 확약 내용의 불이행 또는 확약 자체의 위법한 취소로 인하여 상대방에게 손해가 발생한 경우에는 공무원의 고의·과실에 의한 불법행위로 인한 손해배상을 청구할 수 있다.

한편, 행정청이 사정변경 또는 보다 큰 공익상의 요구 등 상대방의 책임이 아닌 다른 사유로 확약을 적법하게 철회한 경우에는 상대방이 입은 재산상의 손실에 대하여 손실보상을 하여야 한다.

 제2장 행정행위(처분) 외의 행정의 행위형식

제1절 행정입법

Ⅰ. 개 설

1. 행정입법의 의의

'행정입법'이란 『행정기관이 법조문의 형식으로 일반적·추상적인 규범을 정립하는 행정작용』을 말한다.

즉 행정입법이란 행정권에 의한 입법으로서 불특정 다수인에 대하여 효력을 가지는 규범을 정립하는 것이다.

넓은 의미에서 행정입법에는 국가행정권에 의한 입법과 지방자치단체에 의한 **자치입법**(조례와 규칙)이 포함되지만, 자치입법은 지방자치 편에서 별도로 논하고 있으므로 여기서는 국가행정권에 의한 입법만 설명하고자 한다.

행정입법에는 대외적 효력을 가지는 법규의 성질을 가지는 '**법규명령**'과 그렇지 아니한 행정 내부의 업무처리지침으로 정립되어 대내적 효력만 가지는 '**행정규칙**'이 포함된다. 법규명령은 다시 법령의 집행을 위하여 필요한 구체적·기술적 사항을 규율하기 위하여 발하는 '**집행명령**'과 법률 또는 상위명령에 의하여 위임된 사항에 관하여 발하는 명령으로서 위임의 범위 안에서 국민의 권리·의무에 관한 사항을 구체적으로 정하는 '**위임명령**'으로 나누어진다.

2. 행정입법의 필요성

현대 법치주의 또는 법률에 의한 행정의 원리에 의하면 국민의 권리·의무에 관한 사항은 국민의 대표기관인 국회에 의하여 제정된 법률에 의하여서만 규율되는 것이 원칙이라고 하겠다.

그럼에도 불구하고 현대 복지국가에서는 행정의 기능이 질적·양적으로 확대됨에 따라 종전의 소극적 경찰국가에서 얼마 안 되는 소수의 실정법으로 사회의 모든 현상을 규율하던 때와는 달리 법규범의 정립업무를 행정부에 점점 더 많이 위임할 수밖에 없게 되었으며, 그 이유로서는 ① 현대행정의 고도의 전문·기술성 때문에 정치성을 특징으로 하는 국회는 제도의 근본 방향을 정립하고, 보다 전문·기술적인 문제는 전문·기술관료로 조직된 행정부에 위임하는 것이 보다 합리적이며, ② 변화무쌍한 천차만별의 대상에 대하여 구체적이고도 타당성 있는 방대한 양의 규범을 정립할 필요가 있는 반면에, 국회의 심의에는 엄청난 시간과 절차가 소요되어 급속한 사회변화에 적응하기 어렵다는 점에서 국회의 부담경감을 위하여 도움을 주기도 한다.

3. 행정입법의 문제점

행정상 입법의 증가추세가 필연적인 것이라고는 하더라도 법률을 지나치게 골격·입법화하고 백지위임식으로 행정입법에 수권해 버리는 것은 법치주의를 무너뜨리고 국민의 대표기관인 국회에 의한 통제를 벗어나 행정부의 전횡을 초래할 우려가 크기 때문에 위임입법의 한계에 관한 적절한 규범을 정립하여 행정입법의 남용을 억제하여야 할 것이다.

II. 법규명령

행정기본법 제2조(정의) 이 법에서 사용하는 용어의 뜻은 다음과 같다.
1. "법령등"이란 다음 각 목의 것을 말한다.
가. 법령: 다음의 어느 하나에 해당하는 것
 1) 법률 및 대통령령·총리령·부령
 2) 국회규칙·대법원규칙·헌법재판소규칙·중앙선거관리위원회규칙 및 감사원규칙
 3) 1) 또는 2)의 위임을 받아 중앙행정기관(「정부조직법」 및 그 밖의 법률에 따라 설치된 중앙행정기관을 말한다. 이하 같다)의 장이 정한 훈령·예규 및 고시 등 행정규칙
나. 자치법규: 지방자치단체의 조례 및 규칙
---

1. 법규명령의 의의 및 성질

'**법규명령**'이란 『행정기관이 정립하는 일반적·추상적 규범 중에서 법규의 성질을 가진 것』을 말한다.

『법규』라 함은 국민과 행정권을 모두 구속하며(**양면적 구속성**), **재판규범**이 되는 법규범을 총칭하는 개념으로서, 행정권만을 구속하며(일면적 구속성) 재판규범이 되지 못하는 **행정규칙과** 대비되는 개념이다.

법규명령은 법률의 법규창조력의 원칙과 법률유보의 원칙이 적용된다. 따라서 법규명령에 위반한 행정권의 행위는 **위법**으로서 **무효** 또는 **취소사유가** 되며, 이로 인하여 권익이 침해된 국민은 행정쟁송으로 그 무효확인·취소를 구하거나 손해배상청구소송을 제기할 수 있다. 반면 법규가 아닌 행정규칙에 위반한 행위는 그러하지 아니하다.

2. 법규명령의 종류

법규명령은 여러 가지 기준에 따라 분류할 수 있으나, 행정상 입법의 특성상 반드시 상위 법령상의 수권에 근거하여야 하고 그 발동권한의 소재가 분명하여야 한다. 따라서 법규명령은 일반적으로 수권의 범위·근거와 법형식에 의한 분류가 가능하다.

1) 수권의 범위·근거에 의한 분류

① 비상명령

비상사태의 수습을 위하여 행정부가 헌법에 근거하여 발하는 헌법적 효력을 가지는 명령을 말한다. 프랑스 헌법상의 비상조치, 바이마르 헌법 제48조에 의한 비상조치, 우리의 과거 소위 유신헌법 제51조의 대통령긴급조치 등이 이에 해당한다.

② 법률대위명령

헌법에 근거하여 발하는 법률적 효력을 가지는 명령을 말한다. 현행 헌법상 대통령의 긴급명령, 긴급재정·경제명령이 이에 해당한다(헌76①·②). 법률대위명령은 헌법에 직접 근거하여 발하여지는 독립명령이기 때문에 법률의 위임 없이도 가능하다. 다만, 이러한 법률대위명령은 지체 없이 국회의 승인을 얻어야 하며, 그 승인을 얻지 못한 때에는 그때부터 효력을 상실한다.

③ 법률종속명령

법률보다 하위의 효력을 가지는 명령으로서, 이론상 위임명령과 집행명령으로 구분되지만(헌75·95·114), 실정법의 제정 관행을 보면 양자가 하나의 법규명령에 함께 규정되고 있다.

(가) 위임명령

법률이 특정사항에 대하여 구체적으로 범위를 정하여 위임한 사항을 규정하는 명령으로서 대통령령과, 법률 또는 대통령령의 위임에 의한 총리령·부령을 말한다.

(나) 집행명령

상위법령에 의한 구체적인 위임 없이 상위 법령의 단순한 집행을 위한 세부적 절차·방법 등에 관한 사항을 규정하는 명령이다. 행정부는 법률 집행의 권한과 의무를 가진다는 점에서 집행명령은 법률의 위임 없이도 제정할 수 있는 반면에, 국민의 권리·의무에 관한 사항은 창설할 수 없다.

2) 법형식에 의한 분류

① 대통령긴급명령, 긴급재정·경제명령(헌76①·②)

② 대통령령

도로교통법시행령과 같이 통상 『시행령』이라는 명칭을 사용하며, 내용적으로는 상술한 위임명령과 집행명령을 포함하고 있다(헌75). 대통령령의 일반적인 제명은 근거법이 되는 모법의 시행에 관한 전반적인 사항을 정하는 경우에는 "○○법(법률)시행령"으로 칭하며, 모법의 일부규정의 시행에 필요한 개별적 사항을 정하거나, 대통령의 권한범위 안의 사항을 정할 경우에는 "○○규정", "○○령"으로 칭하되, 다만, 조직법규 중 행정기관의 조직·직무범위에 관한 사항을 정하는 직제의 경우에는 "○○직제"로 통상 표현한다.

③ 총리령·부령

국무총리 또는 행정각부의 장은 소관사무에 관하여 법률이나 대통령령의 위임 또는 직권으로 총리령 또는 부령을 발할 수 있으며(헌95), 병역법시행규칙과 같이 통상 『시행규칙』이란 명칭을 붙인다. 총리령·부령의 제명은 일반적으로 "○○법(법률)시행규칙" 또는 "○○규칙"으로 칭한다.

그런데 총리령이 부령보다 효력상 우위에 있는가에 관하여는, 총리령은 국무총리의 업무인 행정 각부에 대한 통할사무에 관하여 발하는 것이므로 우위에 있다는 견해(총리령우위설)와, 헌법(95)상 효력의 차이에 관한 명문의 규정이 없고 총리령은 행정 각부의 장과 동일한 지위에서 국무총리 직속기관의 사무에 관하여만 발하여지고 있으므로 동위의 효력을 가진다는 견해(양자동위설)가 있다. 생각건대, 국무총리의 소관사무 중 헌법(86②)상 행정 각부를 통할하는 지위에서 발하는 총리령은 부령보다 우위의 효과를 가지며(실제로 이에 해당되는 총리령은 많지 않다. 비상대비자원관리법시행규칙 등), 특정 국무총리 직속기관(법제처·국가보훈처 등)의 업무에 관하여 발하는 총리령(법제업무운영규정시행규칙·행정심판법시행규칙 등)은 부령과 동위의 효력을 가진다고 하여야 할 것이다.

④ 중앙선거관리위원회규칙 등

중앙선거관리위원회가 헌법(114⑥)에 의거하여 법령의 범위 안에서 발하는 선거관리·국민투표관리·정당사무 등에 관한 규칙으로서, 내용적으로 위임명령과 집행명령을 포함하고 있다. 대법원규칙도 법규적 성질을 갖는다. 이는 행정소송과 관련된 범위 안에서 행정입법에 포함시킬 수 있다(헌108). 헌법재판소규칙(헌113②)도 법규적 성질을 갖는다. 이는 헌법소원·위헌법률심사 및 기관소송 등과 관련된 범위 안에서 행정입법에 포함된다.

⑤ 감사원규칙

감사원규칙은 감사원이 감사원법 제52조에 근거하여 감사절차·감사원의 내부규율 및 감사원의 사무처리에 관하여 제정하는 규칙을 말한다. 이렇듯 **헌법이 아니라 법률에 근거하여** 정립되는 감사원규칙을 행정규칙으로 볼 것인가 아니면 법규명령으로 볼 것인가에 관하여는 행정입법은 국회입법원칙에 대한 예외를 이루는 것이므로 헌법에 명문으로 열거된 것에 한하여 인정된다는 입장에서 이를 후술하는 행정규칙의 일종으로 보는 견해(**행정규칙설**)도 있으나, 헌법의 규정은 예시적인 것이며 그 외의 행정입법형식을 금지하는 뜻은 아니라는 점에서 이를 법규명령의 일종으로 인정(**법규명령설**)하여야 할 것으로 생각되며, 인정하더라도 국회가 제정한 법률의 위임 범위 내에서 또는 법률의 집행을 위하여 필요한 한도 내에서만 제정되는 것이므로 특별히 문제될 이유는 없다고 생각된다. 법규명령설이 통설이다.

3. 법규명령의 근거

법규명령을 발하기 위하여서는 헌법·법률 또는 상위법령의 근거가 있어야 한다. 구체적으로 보면 긴급명령이나 긴급재정·경제명령은 헌법이 정하는 요건이 충족되어야만, 위임명령은 법률이나 상위명령의 구체적 범위를 정한 위임이 있어야만 정할 수 있다. 다만, 집행명령은 법률 또는 상위명령의 단순한 집행을 위한 절차·방법 등을 정하는 것이므로 위임 없이도 발할 수 있다.

4. 법규명령의 한계

1) 대통령긴급명령과 긴급재정·경제명령

우리 헌법 제76조 제1항에 규정된 대통령긴급재정·경제명령과 동조 제2항에 규정된 대통령긴급명령은 『법률의 효력을 가지는 명령』이라 하여 국회가 제정한 법률과 동일한 효력을 가지게 하고 있다. 그러나 이러한 긴급명령과 긴급재정·경제명령은 주로 시간상의 긴급을 요하는 경우에 발하는 것이지, 통상의 절차가 가능할 경우에는 발하는 것이 아니기 때문에 일반적인 행정상의 입법이 아니라 할 것이다. 또한 종국적으로 국회의 승인을 얻지 못한 때에는 그때부터 효력을 상실하게 되는 것이다.

2) 위임명령

위임명령의 한계에 관하여는 다음 사항이 거론되고 있다.

① 일반적 한계

헌법(75)은 『법률에서 구체적으로 범위를 정하여 위임받은 사항』에 한하여서만 위임명령을 발할 수 있다고 규정하고 있다. 따라서 국민의 권리·의무에 관한 기본적인 사항은 모두 법률에서 직접 규정하여야 하며(법률유보의 원칙), 다만 그 세부적인 법률 보충적인 사항에 한하여 위임할 수 있고 위임할 경우에도 법률유보의 원칙이 훼손되지 아니하도록 법률에서 위임의 범위를 구체적으로 정하여 위임하여야 한다.

따라서 위임은 개별적이며 구체적인 위임이어야 하며, 반대로 일반적 또는 포괄적 위임이나 백지위임은 헌법의 위임범위를 벗어난 것으로서 위헌이며 무효의 판결을 받게 된다(후술 판례 참조).

무엇이 개별적·구체적 위임인가에 관하여는, 위임입법으로 규정할 대상을 명백히 한정하고(대상의 한정성), 이를 규정함에 있어서 수임기관이 고려하여야 할 기준·목표 등을 명확히 제시하여야 한다(기준의 명확성).

수임기관이 고려하여야 할 목표·기준은 수권 법률의 전체의 취지·목적 등의 해석에 의하여 명확하게 밝혀질 수 있으면 된다고 하는 판례가 있다(대판 1971. 1. 26, 69도1094).

독일 기본법(80①)에서도 『수권의 내용·목적·범위를 법률에서 규정하여야 한다』고 하여 소위 명확성의 원칙을 고수하고 있다.

② 대상의 한정성과 기준의 명확성의 정도

모든 행정분야에 있어 천편일률적인 기준을 요구할 수는 없으며, (가) 우선 규제대상의 성격에 따라 기본권 침해영역에서는 급부행정영역보다 더 강하게 요구되며, (나) 매우 다양한 사실관계를 규율하거나 사실관계가 수시로 변화할 것이 예상되는 때에는 그 반대라고 하여야 한다(판례 참조).

> **판례** 위임의 구체성·명확성의 정도에 관한 판례
>
> 교육법(8의2)은 『중학교 의무교육의 범위는 대통령령으로 정한다』고만 규정하여 의무교육의 범위를 구체적으로 한정하지 않고 있어 헌법 제75조에 대한 위헌이 아닌가 하는 의문이 생기지만, 이러한 위임의 구체성·명확성의 요구 정도는 규제대상의 종류와 성격에 따라 달라진다. 막대한 재정지출을 수반하는 무상교육의 수익적 성격과 규율대상의 복잡다양성을 고려하면, 위임의 명확성의 요구 정도를 완화하여 해석할 수 있는 것이며, 따라서 포괄적 위임금지를 규정한 헌법 제75조에 위반하지 아니한다(헌재결 1991. 2. 11, 90헌가27).

> **판례** 수익적 행정분야에는 완화된 기준이 적용된다는 판례
>
> (구) 공공용지의 취득 및 손실보상에 관한 특례법(공특법4⑤)은 보상대상인 손실의 종류를 열거하고 그 평가방법 및 기준 등을 건설부령으로 정하도록 위임하였는바, 위 조항은 보상의 대상이 되는 손실의 종류를 제한적으로 한정한 것이 아니라 예시적인 것에 불과하며 여기에 열거되지 아니한 손실에 대하여도 건설부령으로 정할 수 있다고 보아야 한다. 따라서 위 조항에 이농비만 있을 뿐 실농보상에 관하여는 명문으로 규정이 없다 하더라도, 토지수용으로 영농을 계속할 수 없게 된 농민이 입은 영농피해에 대하여 그 보상액 산정방법과 기준을 정한 공특법시행규칙의 관련조문은 공특법의 위 조항에 터잡은 것으로 유효하고, 모법의 위임이 없

는 무효의 규정이라 할 수 없다(대판 1994. 1. 28, 93누17218).

> **판례** 모법의 위임범위를 벗어나 무효인 부령이라는 판례
>
> 부가가치세법(17③)은 세액공제의 대상이 될 재화의 종류를 정하면서 그 세액 산출의 계산방법만을 동법시행령에 위임하고 있고, 이에 의거한 동법시행령(62①)은 의제매입세액 계산의 기준이 되는 농작물 등의 가액에 곱할 율만을 재무부령에서 정하도록 재위임하고 있을 뿐인데도, 동법시행규칙(19②)은 모법에서 정하고 있는 세액공제 대상 재화에서 다시 일정한 재화를 제외한다고 규정하고 있으므로, 이는 모법의 위임범위를 벗어난 근거 없는 것으로서 무효의 규정이라 할 것이다(대판 1985. 3. 26, 84누384).

▶ 예 : 구체적으로 범위를 정한 모범적인 위임의 예

행정규제 및 민원사무 기본법 시행령(16)은 민원신청서류의 보완에 소요되는 기간, 협의기관 간의 서류이송에 소요되는 기간 등 민원신청서류의 법정처리기간에서 제외되는 기간을 6개로 열거한 후 마지막으로 『총리령으로 정하는 선행사무의 완결을 조건으로 하는 경우 그에 소요되는 기간』을 열거하였으며, 이에 근거하여 동시행규칙(총리령)은 선행사무에 소요되는 기간을 『외국기관에의 조회, 시험, 국회·지방의회의 심의 등에 소요되는 기간』 등으로 구체적으로 규정하고 있다(2).

③ 헌법상의 입법사항에 대한 위임문제

우리 헌법은 죄형법정주의(12), 조세법률주의(59)와 함께 국적취득요건(2①), 재산권의 수용 및 보상(23③), 행정 각부의 설치(96), 지방자치단체의 종류(117②) 등을 법률로 정하도록 하고 있으며, 이를 헌법상의 입법사항(立法事項)이라 하여 이에 대해서는 국회만이 전권을 행사하게 하고 있다. 이러한 **국회전속적 입법사항**에 관하여는 위임이 허용되지 아니한다는 견해와 일정한 범위 내에서 위임할 수 있다는 견해가 있으나, 이들 헌법상의 개별조항이 위임입법의 일반적 기준 및 한계를 정한 헌법 제75조의 적용을 배제하는 취지로는 해석되지 아니하므로 **위임이 허용된다**고 보아야 할 것이다.

현행법상 위임의 예로서는 (가) 관세법(16)상 할당관세를 법률이 정한 기본세율의 40% 범위 내에서 대통령령으로 가감할 수 있도록 위임한 것, (나) 손실보상액의 구체적인 산정방법·기준 등을 위임한 것(위 공특법 관련 판례 참조), (다) 특별지방자치단체의 종류와 설치를 대통령령에 위임한 것(지자2④) 등을 들 수 있다.

> **판례** 육군본부 방위병소집복무해제규정(육규 104-1) 제23조가 병역법에 위반한 무효의 규정인지 여부
>
> 병의 복무기간은 국방의무의 본질적 내용에 관한 것이어서 이는 반드시 법률로 정하여야 할 입법사항에 속한다고 풀이할 것인바 육군본부 방위병소집복무해제규정(육군규정 104-1) 제23조가 질병휴가, 청원휴가, 각종사고(군무이탈, 구속, 영창, 징역, 유계결근), 1일 24시간 이상 지각, 조퇴한 날, 전속 및 보직변경에 따른 출발일자부터 일보변경 전일까지의 기간 등을 복무에서 제외한다고 규정하여 병역법 제25조 제3항이 규정하지 아니한 구속 등의 사유를 복무기간에 산입하지 않도록 규정한 것은 병역법에 위반하여 무효라고 할 것이다(대판 1985. 2. 28, 85초13).

④ 벌칙의 위임문제

죄형법정주의와 관련하여 전형적인 기본권 침해에 해당하기 때문에 가장 신중하게 다루어져야 할 분야이다. 이에 관하여는 처벌의 대상인 범죄의 구성요건과 형량으로 구분하여 고찰하여야 할 것인바, **(가) 구성요건**의 포괄적 위임은 허용되지 아니하며, 최소한 법률에서 처벌대상인 행위가 어떠한 것이라고 예측할 수 있을 정도로 구체적으로 정하여야 하며, **(나) 형량**에 관하여는 형벌의 종류와 상한은 법률로 정하여야 한다(판례 참조).

> **판례** 범죄의 구성요건을 포괄 위임하여 위헌이라는 판례
> 복표발행·현상기타사행행위단속법(법률 제762호 1961. 11. 1) 제9조가 『각령(제2공화국 의원내각제하의 법령, 오늘날의 대통령령에 해당함)의 규정에 위반한 행위』를 처벌토록 한 것은 형벌만을 규정하고 범죄의 구성요건의 설정을 완전히 백지위임한 것이나 다름없으므로 헌법 제12조 제1항에 위배된다(헌재결 1991. 7. 8, 91헌가4).

> **판례** 죄형법정주의에 위배되지 아니하는 위임이라는 판례
> 양곡관리법 제17조 제1항은, 농수산부장관은 양곡의 수급조정과 유통질서의 확립을 위하여 특히 필요하다고 인정할 때에는 양곡 매매업자에 대하여 기간과 지역을 정하여 대통령령이 정하는 바에 따라 매매대상자의 제한, 판매가격의 최고한도, 거래 포장규격의 제한 등에 관한 명령을 할 수 있도록 규정하고, 동법 제23조는 위 규정에 의한 농수산부장관의 명령에 위반한 자는 10년 이하의 징역, 3천만 원 이하의 벌금에 처하도록 한 경우에 이들 조항은 모두 죄가 되는 행위와 이에 대한 형벌은 법률로 정하여야 한다는 헌법 제12조의 죄형법정주의에 반한다고 할 수 없다(대판 1982. 11. 23, 82도2352).

⑤ 재위임의 문제

법률에서 대통령령으로 정하도록 위임하였음에도 불구하고 다시 부령으로 위임할 수 있는가에 관하여 종전에는 이를 수권법률을 개정하는 결과가 된다고 하여 완전히 부정하는 견해도 있었으나, 오늘날은 전면적 재위임은 허용되지 않지만 위임받은 사항에 관하여 기본적인 골격을 정한 다음 다시 세부적인 사항을 하위명령에 위임하는 것은 **허용된다**고 보며, 헌법(95)이 법률 또는 『대통령령의 위임』으로 총리령·부령을 발할 수 있다는 표현도 바로 재위임(再委任)을 허용하는 취지로 해석하고 있다.

현실적으로도 대통령령이 부령에 재위임하고 있는 예가 많이 있다(예 : 식품위생법 제31조는 "식품접객영업자 및 '대통령령이 정하는 영업자'는 위생관리·질서유지·국민보건위생의 증진을 위하여 보건복지부령으로 정하는 준수사항을 지켜야 한다"고 규정하였고, 이에 의거한 동법시행령 제17조의2는 준수사항의 적용대상영업자를 『식품운반업, 식품보존업, 포장용기류제조업 중 '보건복지부령이 정하는 영업'』이라고 규정함으로써 범위를 정하여 부령에 재위임하였다).

> **판례** 특정사항의 범위를 정한 재위임은 허용된다는 결정
> 재위임에 의한 부령의 경우에도 위임에 대한 대통령령에 가해지는 헌법상의 제한이 당연히 적용되므로 법률에서 위임받은 사항을 전혀 규정하지 아니하고 그대로 재위임하는 것은 허용되지 않으며 위임받은 사항에

관하여 대강을 정하고 그 중의 특정사항을 범위를 정하여 하위법령에 다시 위임하는 경우에만 재위임이 허용된다(헌재결 1996. 2. 29, 94헌마213).

3) 집행명령

집행명령은 위임명령과 달리 상위명령의 성실한 집행을 위한 절차·방법 등에 관한 사항만을 정할 수 있으며 국민의 권리·의무에 직접 또는 간접적으로 관계되는 사항을 정하여서는 아니 된다(왜냐하면 이는 위임명령의 영역에 속하는 사항이기 때문이다). 그러나 현실적으로 양자의 차이는 상대적이며 애매한 경우가 많기 때문에 행정현실에 있어서 상위명령의 위임 없이 위임명령에 해당하는 사항을 집행명령으로 규정하는 사례가 더러 있다.

5. 법규명령의 성립 및 발효요건

1) 법규명령의 성립요건

다음의 성립요건을 모두 갖추지 못한 법규명령은 하자를 띠게 되며, 그것이 중대하고 명백한 것이면 무효가 된다.

① 주 체

대통령·국무총리·소관부처 장관 등 정당한 권한을 가진 기관이 제정하여야 한다. 어선의 안전한 조업을 위하여 행정자치·국방·농림·건설교통부의 4개 부처 공동부령으로 제정한 『선박안전조업규칙』과 같이 제정권자가 2개 부처 이상인 경우도 있으며, 이를 개정할 때에는 이들 부처의 협의에 의하여 각 부령을 동시에 개정하여야 한다.

② 근거·내용

헌법·법률·대통령령 등 상위명령의 위임이 있어야 하고, 또한 그 위임의 범위를 벗어나서는 안 되며, 상위명령의 어떠한 조항에도 저촉되지 아니하는 내용이어야 한다. 또한 그 내용이 객관적으로 인식할 수 있을 정도로 명확하여야 하며, 평균인의 능력으로 실현 가능한 것이어야 한다.

> **판례** 법률의 개정으로 위임 근거 유무에 변동이 있는 법규명령의 유효 여부 판단기준
> 일반적으로 법률의 위임에 의하여 효력을 갖는 법규명령의 경우, 구법에 위임의 근거가 없어 무효였더라도 사후에 법개정으로 위임의 근거가 부여되면 그 때부터는 유효한 법규명령이 되나, 반대로 구법의 위임에 의한 유효한 법규명령이 법개정으로 위임의 근거가 없어지게 되면 그 때부터 무효인 법규명령이 되므로, 어떤 법령의 위임 근거 유무에 따른 유효 여부를 심사하려면 법개정의 전·후에 걸쳐 모두 심사하여야만 그 법규명령의 시기에 따른 유효·무효를 판단할 수 있다(대판 1995. 6. 30, 93추83).

③ 절 차

행정관청의 대내적 절차로는 주무부처의 성안 → 관계부처의 협의가 필요한 경우 협의 → 법제처 심사(정부조직27①) → 국무회의 심의(법률·대통령령의 경우) → 국회 심의·의결(법률의 경우) → 공포의 절차를 거쳐야 한다. 대통령령은 법제처의 심사와 국무회의의 심의를 거쳐야 하고, 총리령과 부령은 국무회의의 심의 없이 법제처의 심사를 거쳐 바로 공포한다(헌89; 정부조직법24①).

대외적 절차로서는 국민의 권리·의무 또는 일상생활과 밀접한 관련이 있는 법규명령은 반드시 사전에 20일 이상 **입법예고**하고 국민과 이해관계인으로부터 의견을 제출받아 반영하도록 하고 있으며, 필요한 경우 공청회까지 개최할 수 있도록 하고 있다(행정절차법41-45).

④ 형 식

법조문의 형식으로 하여야 한다.

⑤ 공 포

법규명령을 대외적으로 표시하는 것을 공포라 한다. 공포는 정부가 발행하는 **관보**에 게재하는 것을 말하며, 법규명령의 공포일은 그 법규명령이 게재된 관보가 현실적으로 "발행된 날"을 말한다(법령 등 공포에 관한 법률11①·12; 대판 1969. 11. 25, 69누129 참조).

2) 법규명령의 발효요건

적법하게 성립된 법규명령은 시행됨으로써 그 효력(구속력)이 발생한다. 시행일은 국민의 주지기간·행정관청의 사전준비기간 등을 고려하여 당해 법규명령의 부칙에서 『공포 후 3월이 경과한 날부터 시행한다』 등으로 규정함이 대부분이며, 특별히 시행일을 규정하지 아니한 경우에는 **공포한 날로부터 20일**이 경과함으로써 효력이 발생한다(위 법률13).

6. 법규명령의 소멸

법규명령의 소멸은 그 시점을 기준으로 장래에 향하여 효력을 상실하는 것을 말하는데, 일반 법률과 마찬가지로 **폐지**되거나 **종기**가 도래하는 경우에는 실효가 됨으로써 소멸하게 된다. 폐지란 행정권의 직접적이고 명시적인 의사표시에 의하여 법규명령의 효력을 장래에 향하여 소멸시키는 것을 말한다. **실효**는 종기의 도래나 해제조건의 성취에 의하는 경우도 있지만, 상위법우선의 원칙과 신법우선의 원칙에 의하여 그 내용이 상위법과 신법에 저촉되는 경우에 효력의 상실로 인하여 소멸되는 것도 포함된다.

7. 법규명령에 대한 통제

1) 정치적 통제

① **국회에 의한 통제**로서는 법률로 위임할 경우에 위임의 범위를 명확히 한정하는 방법 외에, 행정입법의 성립·발효에 국회의 동의와 승인을 요하게 하는 방법이 있다. 영국과 같이 법령의 국회제출절차(Laying Process)에 의하여 의회의 사전 또는 사후 동의를 받게 하는 방법도 있으나, 우리는 다만 대통령의 긴급명령과 긴급재정·경제명령에 대하여 국회의 사후승인을 얻게 하는 직접적 통제 이외에는 실질적 통제제도가 없다.

② **국민에 의한 통제**로서는 행정절차법상의 입법예고제에 의하여 20일 이상 사전에 공고하여 국민의 의견을 제출받고, 필요하면 공청회까지 거치도록 하고 있다(행정절차법41-45).

미국 행정절차법은 법령제정절차(Rule Making Process)라 하여 엄격한 청문절차 등을 거치도록 하고 있다.

2) 행정적 통제

행정부 내에 특별한 심사기구를 두어 그 심사를 받도록 하고 있는바, 우리의 법제처, 일본의 내각법제국, 프랑스의 국참사원(Conseil d'Etat), 미국의 관리예산처(Office of Management and Budget : OMB) 등이 그것이다.

한편, 상급관청은 일반적인 지휘·감독권에 근거하여 훈령 등으로 하급관청이 발령하는 법규명령의 기준·방향 등을 지시할 수도 있으며, 공포된 후에는 개정·폐지를 명하거나 그와 모순되는 상위명령을 제정하여 실효시켜 버리는 방법 등에 의하여 통제할 수 있다.

3) 사법적 통제

① **법원에 의한 통제**

나라에 따라 차이가 있으나, 우리는 법규명령에 대한 **추상적 규범통제**는 허용되지 아니하고, 구체적인 사건의 재판에 있어 법규명령의 위헌·위법성 여부가 **재판의 전제가 될 경우에만** 그 사건의 판결을 위한 선결문제로서 위헌·위법성 여부를 심사할 수 있다(**구체적 규범통제**). 그러나 법규명령 자체만으로도 국민의 권리·의무를 직접 발생·변경·소멸시키는 소위 『**처분법령**』인 경우에는 구체적 사건성이 없더라도 그 처분법령 자체가 행정소송의 대상이 된다)(판례 참조). 또한 법원이 위법이라고 판단한 법규명령은 오직 당해 사건에 한하여만 적용이 거부될 뿐이며, 위법인 법규명령 자체가 실효되어 버리는 것은 아니며, **위헌·위법한 법규명령에 기하여 행하여진 행정행위**는 중대·명백설에 입각하여 판단할 때 원칙적으로 법규명령이 위헌·위법으로 선언되기 전에는 그 하자가 중대한 것이기는 하지만 행정청에게는 법령심사권이 없기 때문에 명백한 하자라고 볼 수는 없으므로 당연무효로 볼 수는 없고 **취소사유**에 해당한다고 보아야 할 것이다. 다만 예외적으로 행정기관이 대법원에 의해 위법으로 판정된 법규명령을 적용하여 행정행위를 한 경우에는 그 행정행위는 당연히 **무효**가 된다고 보아야 한다.

> **판례** 지방분교의 폐지에 관한 지방자치단체의 조례에 대하여 행정처분성을 인정한 판례
> 조례가 집행행위의 개입 없이도 그 자체로서 직접 국민의 구체적인 권리·의무나 법적 이익에 영향을 미치는 등의 법률상 효과를 발생하는 경우에는 그 조례는 항고소송의 대상이 되는 행정처분에 해당한다(대판 1996. 9. 20, 95누7994).

② 헌법재판소에 의한 통제

우리 헌법은 명령(법규명령), 규칙(행정규칙)에 대한 위헌·위법 심사권은 법원에(107②), 법률의 위헌심사권은 헌법재판소에 부여하고 있다(107①).

그런데 헌법재판소도 『공권력의 행사 또는 불행사로 인하여 헌법상 보장된 기본권을 침해받은 자는 **헌법소원심판을 청구할 수 있다**』는 헌법재판소법(68①)에 근거하여 명령·규칙의 위헌성 여부를 심사할 수 있는가에 관하여는,

(가) 헌법 제107조 제2항은 재판의 전제가 된 경우에 한하여 법원의 심사권을 인정한 것이고, 명령·규칙의 제정행위도 공권력의 행사행위이므로 그것이 국민의 기본권을 침해한 경우에 그에 대한 헌법소원을 인정하는 것은 헌법 제107조 제2항에 위배되는 것은 아니라는 **적극설**과,

(나) 헌법(107① 및 ②) 규정은 법률과 명령·규칙의 심사권을 엄격히 분리하여, 전자는 헌법재판소에, 후자는 법원에 각각 배타적으로 부여한 것으로 해석되므로, 헌법재판소는 명령·규칙에 대한 위헌심판권을 가질 수 없다는 소극설이 대립되어 있으나,

(다) **적극설이 통설**이고 또한 타당하다. 우리 **헌법재판소도** 법무사자격시험을 실시하지 않을 수 있도록 규정한 "법무사법시행규칙"(대법원규칙)이 모법인 법무사법에 반하고 헌법상의 평등권과 직업선택의 자유를 침해하여 위헌이라는 헌법소원심판에 대하여 **적극설**의 입장에서 위헌이라고 결정한 바 있다(헌재결 1990. 10. 15, 89헌마178).

> **판례** [1] 사법부에서 제정한 법무사법시행규칙의 헌법소원의 대상성
> [2] 위 규칙에 대한 헌법소원과 보충성의 원칙
>
> [1] ① 헌법 제107조 제2항이 규정한 명령·규칙에 대한 대법원의 최종심사권이란 구체적인 소송사건에서 명령·규칙의 위헌여부가 재판의 전제가 되었을 경우 법률의 경우와는 달리 헌법재판소에 제청할 것 없이 대법원이 최종적으로 심사할 수 있다는 의미이며, 명령·규칙 그 자체에 의하여 직접 기본권이 침해되었음을 이유로 하여 헌법소원심판을 청구하는 것은 위 헌법규정과는 아무런 상관이 없는 문제이다.
> ② 따라서 입법부·행정부·사법부에서 제정한 규칙이 별도의 집행행위를 기다리지 않고 직접 기본권을 침해하는 것일 때에는 모두 헌법소원심판의 대상이 될 수 있는 것이다.
> [2] ① 이 사건에서 심판청구의 대상으로 하는 것은 법원행정처장의 법무사시험 불실시 즉 공권력의 불행사가

아니라 법원행정처장으로 하여금 그 재량에 따라 법무사시험을 실시하지 아니해도 괜찮다고 규정한 법무사법시행규칙 제3조 제1항이다.
② 법령자체에 의한 직접적인 기본권침해 여부가 문제되었을 경우 그 법령의 효력을 직접 다투는 것을 소송물로 하여 일반 법원에 구제를 구할 수 있는 절차는 존재하지 아니하므로 이 사건에서는 다른 구제절차를 거칠 것 없이 바로 헌법소원심판을 청구할 수 있는 것이다(헌재 1990. 10. 15, 89헌마178; 헌재 2000. 7. 20, 99헌마455 참조).

8. 행정입법부작위와 권리구제

행정입법부작위에 의하여 국민의 권익이 침해된 경우에 국민은 어떠한 법적 구제를 받을 수 있는지가 문제된다.

1) 행정입법부작위와 부작위위법확인소송

행정입법부작위에 대한 부작위위법확인소송을 인정할 수 있을 것인가가 문제된다. 행정소송법 제36조의 부작위위법확인소송은 신청한 처분의 부작위를 다투는 소송일 뿐, 행정입법의 부작위를 다투는 소송은 아니다. 따라서 현행 행정소송법상 행정입법의 부작위를 행정소송으로 다툴 수는 없다. 판례도 부작위위법확인소송은 처분에 대한 부작위를 다투는 소송이므로 추상적인 법령에 관한 제정의 여부 등은 그 자체로서 국민의 구체적인 권리·의무에 직접적인 변동을 초래하는 것이 아니기 때문에 불가능하다는 입장이다(판례 참조).

판례 추상적인 법령의 제정 여부 등이 부작위위법확인소송의 대상이 될 수 있는지 여부(소극)
행정소송은 구체적 사건에 대한 법률상 분쟁을 법에 의하여 해결함으로써 법적 안정을 기하자는 것이므로 부작위위법확인소송의 대상이 될 수 있는 것은 구체적 권리의무에 관한 분쟁이어야 하고 추상적인 법령에 관하여 제정의 여부 등은 그 자체로서 국민의 구체적인 권리의무에 직접적 변동을 초래하는 것이 아니어서 그 소송의 대상이 될 수 없다(대판 1992. 5. 8, 91누11261).

2) 행정입법부작위에 대한 헌법소원

행정입법부작위에 대한 헌법소원을 인정할 것인가가 문제된다. 이에 대해 헌법재판소는 "행정입법부작위는 항고소송의 대상이 되지 않는다는 것이 대법원의 입장이므로 보충성원칙의 예외로서 헌법소원의 대상이 된다"고 판시하고 있다(헌재 1998. 7. 16, 96헌마246). **헌법재판소는 행정권의 시행령제정의무를 헌법적 의무로 본다.** 시행명령을 제정할 법적 의무가 있는 경우에 명령제정의 거부나 입법부작위도 '공권력의 행사나 불행사'이므로 당연히 **헌법소원의 대상이 된다**(헌결 2004. 2. 26, 2001헌마718).

판례 [1] 진정입법부작위에 대한 헌법소원심판청구의 청구기간 및 보충성의 원칙
[2] 보건복지부장관이 의료법과 대통령령의 위임에 따라 치과전문의자격시험제도를 실시할 수 있도록 시행규칙을 개정하거나 필요한 조항을 신설하는 등 제도적 조치를 마련하지 아니하는 부작위가 청구인들의 기본권을 침해한 것으로서 헌법에 위반되는지 여부(적극)

[1] ① 치과의사로서 전문의가 되고자 하는 자는 대통령령이 정하는 수련을 거쳐 보건복지부장관의 자격인정을 받아야 하고(의료법 제55조 제1항) 전문의 자격인정 및 전문과목에 관하여 필요한 사항은 대통령령으로 정하는바(동조 제3항), 위 대통령령인 '규정' 제2조의2 제2호(개정 1995. 1. 28)는 치과전문의의 전문과목을 "구강악안면외과·치과보철과·치과교정과·소아치과·치주과·치과보존과·구강내과·구강악안면방사선과·구강병리과 및 예방치과"로 정하고, 제17조(개정 1994. 12. 23)에서는 전문의자격의 인정에 관하여 "일정한 수련과정을 이수한 자로서 전문의자격시험에 합격"할 것을 요구하고 있는데도, '시행규칙'이 위 규정에 따른 개정입법 및 새로운 입법을 하지 않고 있는 것은 진정입법부작위에 해당하므로 이 부분에 대한 심판청구는 청구기간의 제한을 받지 않는다.
② 입법부작위에 대한 행정소송의 적법여부에 관하여 대법원은 "행정소송은 구체적 사건에 대한 법률상 분쟁을 법에 의하여 해결함으로써 법적 안정을 기하자는 것이므로 부작위위법확인소송의 대상이 될 수 있는 것은 구체적 권리의무에 관한 분쟁이어야 하고, 추상적인 법령에 관하여 제정의 여부 등은 그 자체로서 국민의 구체적인 권리의무에 직접적 변동을 초래하는 것이 아니어서 행정소송의 대상이 될 수 없다"고 판시하고 있으므로, 피청구인 보건복지부장관에 대한 청구 중 위 시행규칙에 대한 입법부작위 부분은 다른 구제절차가 없는 경우에 해당한다.

[2] ① 삼권분립의 원칙, 법치행정의 원칙을 당연한 전제로 하고 있는 우리 헌법하에서 행정권의 행정입법 등 법집행의무는 헌법적 의무라고 보아야 한다. 왜냐하면 행정입법이나 처분의 개입 없이도 법률이 집행될 수 있거나 법률의 시행여부나 시행시기까지 행정권에 위임된 경우는 별론으로 하고, 이 사건과 같이 치과전문의제도의 실시를 법률 및 대통령령이 규정하고 있고 그 실시를 위하여 시행규칙의 개정 등이 행해져야 함에도 불구하고 행정권이 법률의 시행에 필요한 행정입법을 하지 아니하는 경우에는 행정권에 의하여 입법권이 침해되는 결과가 되기 때문이다. 따라서 보건복지부장관에게는 헌법에서 유래하는 행정입법의 작위의무가 있다.
② 상위법령을 시행하기 위하여 하위법령을 제정하거나 필요한 조치를 함에 있어서는 상당한 기간을 필요로 하며 합리적인 기간 내의 지체를 위헌적인 부작위로 볼 수 없으나, 이 사건의 경우 현행 규정이 제정된 때(1976. 4. 15)로부터 이미 20년 이상이 경과되었음에도 아직 치과전문의제도의 실시를 위한 구체적 조치를 취하고 있지 아니하고 있으므로 합리적 기간 내의 지체라고 볼 수 없고, 법률의 시행에 반대하는 여론의 압력이나 이익단체의 반대와 같은 사유는 지체를 정당화하는 사유가 될 수 없다.
③ 청구인들은 치과대학을 졸업하고 국가시험에 합격하여 치과의사 면허를 받았을 뿐만 아니라, 전공의 수련과정을 사실상 마쳤다. 그런데 현행 의료법과 위 규정에 의하면 치과전문의의 전문과목은 10개로 세분화되어 있고, 일반 치과의까지 포함하면 11가지의 치과의가 존재할 수 있는데도 이를 시행하기 위한 시행규칙의 미비로 청구인들은 일반 치과의로서 존재할 수밖에 없는 실정이다. 따라서 이로 말미암아 청구인들은 직업으로서 치과전문의를 선택하고 이를 수행할 자유(직업의 자유)를 침해당하고 있다. 또한 청구인들은 전공의 수련과정을 사실상 마치고도 치과전문의자격시험의 실시를 위한 제도가 미비한 탓에 치과전문의자격을 획득할 수 없었고 이로 인하여 형벌의 위험을 감수하지 않고는 전문과목을 표시할 수 없게 되었으므로(의료법 제55조 제2항, 제69조 참조) 행복추구권을 침해받고 있고, 이 점에서 전공의 수련과정을 거치지 않은 일반 치과의사나 전문의시험이 실시되는 다른 의료 분야의 전문의에 비하여 불합리한 차별을 받고 있다(헌재 1998. 7. 16, 96헌마246).

판례 [1] 행정입법의무의 헌법적 성격
[2] 구 군법무관임용법 제5조 제3항 및 군법무관임용 등에 관한 법률 제6조가 군법무관의 봉급과 그 밖의 보수를 법관 및 검사의 예에 준하여 지급하도록 하는 대통령령을 제정할 것을 규정하였는데, 대통령이 지금까지 해당 대통령령을 제정하지 않는 것이 청구인들(군법무관들)의 기본권을 침해하는지 여부(적극)

[1] 우리 헌법은 국가권력의 남용으로부터 국민의 자유와 권리를 보호하려는 법치국가의 실현을 기본이념으로 하고 있고, 자유민주주의 헌법의 원리에 따라 국가의 기능을 입법·행정·사법으로 분립하여 견제와 균형을 이루게 하는 권력분립제도를 채택하고 있어, 행정과 사법은 법률에 기속되므로, 국회가 특정한 사항에 대하여 행정부에 위임하였음에도 불구하고 행정부가 정당한 이유 없이 이를 이행하지 않는다면 권력분립의 원칙과 법치국가의 원칙에 위배되는 것이다.

[2] ① 구 군법무관임용법 제5조 제3항은 1967. 3. 3. 제정되어 2000. 12. 26. 폐지되었고, 군법무관임용 등에 관한 법률 제6조는 2000. 12. 26. 제정되었다. 그러나 해당 시행령은 지금까지 제정된 바 없다. 위 구법조항과 현행법 조항은 자구 내용만 일부 달라졌을 뿐 기본적으로 내용이 동일하다. 그렇다면 위 구법조항 시행시부터 약 37년간 해당 시행령에 관한 입법부작위 상태가 지속되고 있다.

② 행정부가 위임 입법에 따른 시행명령을 제정하지 않거나 개정하지 않은 것에 정당한 이유가 있었다면 그런 경우에는 헌법재판소가 위헌확인을 할 수는 없다. 그러한 정당한 이유가 인정되기 위해서는 그 위임입법 자체가 헌법에 위반된다는 것이 명백하거나, 행정입법 의무의 이행이 오히려 헌법질서를 파괴하는 결과를 가져옴이 명백할 정도는 되어야 할 것이다.

③ 위 조항들은 군법무관의 보수 수준에 관한 것으로서 위헌임이 명백할 만큼 자의적이라고 할 수 없고, 군법무관 직무의 특수성을 고려할 때 위 규정이 입법자의 입법형성의 헌법적 한계를 벗어난 것이라고도 볼 수 없다.

④ 이 사건 입법부작위의 정당한 이유로써 거론된 '타 병과 장교와의 형평성 문제'는 시행령 제정의 근거가 되는 법률의 개정을 추구할 사유는 될 수 있어도, 해당 법률에 따른 시행령 제정을 거부하는 사유는 될 수 없다. 또한 '예산상의 제약'이 있다는 논거도 예산의 심의·확정권을 국회가 지니고 있는 한 이 사건에서 입법부작위에 대한 정당한 사유라고 하기 어렵다.

⑤ 한편 법률이 군법무관의 보수를 판사, 검사의 예에 의하도록 규정하면서 그 구체적 내용을 시행령에 위임하고 있다면, 이는 군법무관의 보수의 내용을 법률로써 일차적으로 형성한 것이고, 따라서 상당한 수준의 보수청구권이 인정되는 것이라 해석함이 상당하다. 그러므로 이 사건에서 대통령이 법률의 명시적 위임에도 불구하고 지금까지 해당 시행령을 제정하지 않아 그러한 보수청구권이 보장되지 않고 있다면 그러한 입법부작위는 정당한 이유 없이 청구인들의 재산권을 침해하는 것으로써 헌법에 위반된다(헌재 2004. 2. 26, 2001헌마718).

3) 행정입법부작위와 국가배상

행정입법부작위로 인하여 손해가 발생한 경우에 공무원의 고의·과실이 인정되는 경우에는 국가배상청구가 가능하다.

Ⅲ. 행정규칙

1. 행정규칙의 의의

'행정규칙'이란 『행정조직 내부 또는 특별권력관계 내부의 조직과 활동을 규율하기 위하여 제정되는 일반적·추상적 규정』으로서, 훈령·예규·지시 등의 형식으로 제정되는 행정기관 내부규범을 말한다.

법규명령과 달리 일반 국민의 권리·의무를 규율하는 것이 아니므로 소위 『법규』가 아니라는 점, 즉 국민에 대한 법적 구속력은 없고 오직 행정조직 내부에서만 효력을 가진다는 점에 특징이 있다(일면적 구속성).

따라서 행정규칙에 위반하여 행한 행정행위도 위법은 아니며 그 효력에는 아무 지장이 없으나, 다만 이를 행한 공무원만이 행정조직 내부에서 징계책임을 질뿐이라고 한다.

2. 행정규칙의 성립배경 및 기능

원래 행정규칙이론은 독일의 입헌군주제하의 **특별권력관계론**을 기초로 하여 **재량행위론**과 함께 『법률(즉 의회)로부터 자유로운 영역』을 형성함으로써 군주의 독자적 영역을 고수하기 위한 의회와 군주의 타협의 산물이었다. 위의 3가지 이론은 그 후 국민주권주의하의 실질적 법치주의의 이념과는 본질적으로 거리가 있어 축소와 수정을 거듭해 오기는 했으나, 지금까지의 통설과 판례는 아직 이를 모두 인정하고 있다.

오늘날 행정규칙은 이러한 한계점을 내포하면서도 소수의 법규명령만으로는 커버할 수 없는 **대량·반복적인 행정행위**(조세부과·복지·노동·건설 등)의 통일적인 기준을 마련하여 『**재량권행사의 준칙**』으로 기능함으로써 헌법상의 평등권을 구현하는 적극적인 기능을 수행하고 있는 반면, 행정이라는 울타리 안에 둘러싸여 국민들에게 공개되지 아니하는 재량준칙을 **비밀리**에 제정·적용함으로써 또 다른 **권력남용**의 요인으로 작용하게 될 우려도 있다.

국민은 행정조직 내부적 효력만 가지는 행정규칙에 따르지 아니한 행정행위에 대하여 위법성을 이유로는 제소할 수 없지만, 행정규칙에 따르지 아니한 행정처분에 대하여 평등의 원칙에 위반됨을 이유로는 제소할 수 있기 때문에 재량권행사의 준칙이라는 측면에서 행정규칙의 중요성이 인정된다.

3. 행정규칙의 종류

1) 형식에 따른 분류

『사무관리규정』(대통령령)에 의하면 행정규칙은 훈령·지시·예규·일일명령 등의 형식으로 구분된다. 이들은 상급기관이 하급기관의 근무에 관한 사항을 계속적으로 규율하기 위하여 발하는 일종의 근무규칙이다.

① 훈 령

상급기관이 하급기관에 대하여 장기간에 걸쳐서 그 권한의 행사를 일반적으로 지시하기 위하여 발하는 명령이다. 훈령은 관보에 공시하는 것이 보통인데 공시하지 않는 내훈도 있다. 훈령은 법규명령처럼 법규의 성질을 가지지 않는 행정명령이기 때문에 훈령의 발령은 반드시 명문의 법적 근거를 필요로 하는 것은 아니다. 훈령은 하급행정기관에 대하여 발령되지만 하급행정청이 훈령에 위반하여 행정행위를 하였다는 사실만으로 당해 행정행위가 위법하게 되는 것은 아니다.

② 지 시

상급기관이 직권 또는 하급기관의 문의에 의하여 개별적·구체적으로 발하는 명령을 말한다.

③ 예 규

예규란 행정사무의 통일을 기하기 위하여 반복적 행정사무의 기준을 제시하는 명령을 말한다.

④ 일일명령

출장·당직·휴가 등 일일업무에 관한 명령을 말한다.

> * 고시
> 고시는 행정기관이 법령이 정하는 바에 따라 일정한 사항을 불특정다수의 일반인에게 알리는 통지행위로서의 성질을 가지는 것이 일반적이다. "공고" 또는 "공시" 등으로 표현되는 경우도 있다(사무관리규정시행규칙3).
> 어떠한 고시가 일반적·추상적 규율의 성질을 가질 경우에는 "행정규칙" 또는 "법규명령"에 해당할 것이지만, 다른 집행행위의 매개 없이 그 자체로서 직접 국민의 구체적인 권리의무나 법률관계를 규율하는 성격("일반처분", 예 : 특정도로의 통행금지에 대한 고시)을 가질 때에는 행정처분에 해당한다고 할 것이다(대판 2003. 10. 9, 2003무23).

2) 내용에 따른 분류

① 조직규칙

행정조직 내부의 조직·권한배분·업무처리절차 등에 관한 규칙을 말한다. 우리의 경우 헌법상에 행정조직법정주의를 택하고 있어 조직규칙이 기능할 수 있는 범위가 한정적이다.

② 행위지도규칙

행정기관의 대외적 활동의 지침을 정한 규칙이다.

(가) 해석규칙

오늘날 많은 법규가 불확정개념을 사용하고 있기 때문에 그 개념을 명확하게 해석해 줌으로써 하급 집행기관 간에 통일적인 법적용을 기하기 위하여 마련한 규칙이다. 즉, 행정내부에 있어서 규범해석을 통일하여 국민에 대한 관계에서 법적 평등취급을 보장하고 법률의 집행을 정형화하는 기능을 수행하는 것이다.

(나) 재량준칙

하급기관의 재량권행사의 기준을 정한 행정규칙을 말한다.

▶ 예 : 식품위생법·자동차운수사업법 등에 의한 법규위반자에 대하여 위반사안의 경중에 따라 사업허가 취소·정지 등의 구체적 기준을 정한 것.

재량준칙도 직접적인 대외적 구속력을 갖는다고 할 수 없다. 그러나 우리 헌법재판소는 행정규칙인 재량준칙의 경우는 평등의 원칙이나 신뢰보호의 원칙에 따라 행정기관은 그 상대방에 대한 관계에서 그 규칙을 따라야 할 자기구약을 당하게 되고, 그러한 경우에는 대외적인 구속력을 갖는다고 볼 수 있다(판례 참조).

판례 교육위원회의 인사관리원칙(중등에 대한 헌법소원의 적법 여부)
① 행정규칙이 법령의 규정에 의하여 행정관청에 법령의 구체적 내용을 보충할 권한을 부여한 경우, 또는 재량권행사의 준칙인 규칙이 그 정한 바에 따라 되풀이 시행되어 행정관행이 이룩되게 되면, 평등의 원칙이나 신뢰보호의 원칙에 따라 행정기관은 그 상대방에 대한 관계에서 그 규칙에 따라야할 자기구속을 당하게 되고, 그러한 경우에는 대외적인 구속력을 가지게 된다 할 것이다.
② 그러나, 이 사건 인사관리원칙은 중등학교 교원 등에 대한 임용권을 적정하게 행사하기 위하여 그 기준을 일반적·추상적 형태로 제정한 조직 내부의 사무지침에 불과하므로, 그 변경으로 말미암아 청구인(교원)의 기본권이나 법적 이익이 침해당한 것이 아니다(헌재 1990. 9. 3, 90헌마13).

(다) 간소화지침

대량·반복적 행정처분의 획일적 기준을 정한 규칙이다.

▶ 예 : 조세·사용료·수수료 등 각종 부과금의 반복적인 부과·징수업무의 처리지침을 정한 것.

(라) 법령대위규칙

관계법령이 없거나 불충분한 경우에 발하는 규칙을 말한다.

3) 특별권력관계의 종류에 따른 분류

① 근무규칙

공법상의 근무관계를 규율하는 규칙이다(예 : 공무원당직근무규칙).

② 영조물규칙

공법상의 영조물 이용관계를 규율하는 규칙이다(예 : 국립도서관이용규칙). 그러나 오늘날에 있어서는 영조물이용관계를 특별권력관계로 보는 이론이 퇴조하고 있다.

③ 감독규칙

공법상의 특별감독관계를 규율하는 규칙이다(예 : 별정우체국 감독규칙).

④ 사원규칙

공법상의 사단관계를 규율하는 규칙이다(예 : 산림조합정관).

4. 법규명령 형식의 행정규칙과 행정규칙 형식의 법규명령

1) 법규명령 형식의 행정규칙

정부공문서규정·공무원근무규정 등은 법규명령인 대통령령으로 제정된 것이지만 그 내용은 전형적인 행정규칙에 해당되는바, 이 경우에 위 대통령령의 성질을 법규명령으로 볼 것인지 아니면 행정규칙으로 볼 것인지에 대하여 견해가 대립되어 있다.

① 법규명령설

이러한 행정규칙은 법규명령으로 전환되어 국민과 법원을 구속하는 양면적 효과를 가진다는 견해이며, 현재의 다수설이다.

② 행정규칙설

비록 형식이 법규명령이라 할지라도 내용이 행정규칙의 성질을 가진 것이면 행정규칙으로 보아야 하며, 따라서 국민과 법원을 구속할 수는 없다는 견해이다.

③ 결 언

생각건대, 행정조직 내부에서만 적용되어야 할 사항과 외부적으로 효력을 가져야 할 사항 간의 구별기준은 매우 애매하며, 아무리 행정조직 내부에서만 효력을 가진다고 하더라도 직·간접적으로 국민에게 영향을 미치게 됨은 부인할 수 없다고 하겠다.

따라서 전술한 예와 같이 법규명령의 형식을 갖추고 있는 이상 비록 행정조직 내부에만 효력이 미칠 것을 예정한 것이라도 이는 법규명령으로 보아야 하며, 따라서 이에 위반한 행정처분에 대하여는 위법을 이유로 취소할 수 있다고 하여야 할 것이다. 판례도 대통령령인 『정부공문서규정』(현재의 사무관리규정)에 위반하여 국민의 문서열람·복사신청을 거부한 행정청의 조치는 위법하다고 하였다(판례 참조).

판례 정부공문서규정에 위반한 행위를 위법으로 본 판례

일반적으로 국민은 국가기관에 대하여 기밀에 관한 사항 등 특별한 경우 이외에는 보관하고 있는 문서의 열람 및 복사를 청구할 수 있고, 정부공문서규정 제36조 제2항의 규정도 행정기관으로 하여금 일반국민의 문서열람 및 복사신청에 대하여 기밀 등의 특별한 사유가 없는 한 이에 응하도록 하고 있으므로 그 신청을 거부한 것은 위법하다(대판 1989. 10. 24, 88누9312).

2) 법규명령 형식의 행정규칙(재량권행사의 준칙)

▣ 사례연습

甲은 음주운전을 하다가 적발되어 100일간의 운전면허정지처분을 받고 그 기간 중에 다시 운전을 하다가 적발되었다. 지방경찰청장은 도로교통법 제78조 제1항 제11호와 시행규칙 제53조 <별표16>에 의하여 면허취소처분을 내렸다. 운전면허정지처분에 대한 불복기간은 이미 경과하였다.
(1) 甲은 운전면허취소처분에 대하여 불복하려고 한다. 그 절차와 방법을 시간적 순서에 따라 개괄하시오.
(2) 도로교통법과 동법시행규칙에 의하면 운전면허정지처분의 고지는 서면에 의하여야 함에도 지방경찰청장은 구두로 통보하였다.
① 甲이 불복절차를 밟고 있는 중에 지방경찰청장이 서면으로 통보하였다면 그 하자가 치유될 수 있는가? ② 운전면허정지처분의 절차상의 하자를 이유로 운전면허취소처분에 대한 취소소송을 제기한다면 그 취소소송이 받아들여질 수 있는가?
(3) 도로교통법시행규칙 제53조를 행정규칙(행정명령)으로 본 대법원 판례의 태도에 대하여 논평하시오.

판례는
① 운전면허취소·정지 처분의 구체적 기준을 정한 행정자치부령인 도로교통법시행규칙 제53조 및 별표16(대판 1990. 10. 16, 90누4297)과,
② 음식점영업 등의 허가취소·정지처분의 구체적 기준을 정한 보건복지부령인 식품위생법시행규칙 제53조 및 별표15(대판 1994. 3. 8, 93누21958; 대판 1993. 6. 29, 93누5635),
③ 이·미용업 등의 허가취소·정지처분의 구체적 기준을 정한 보건복지부령인 공중위생법시행규칙 제41조 및 별표7(대판 1990. 5. 22, 90누1571),
④ 자동차운수사업자의 허가취소·정지처분의 구체적 기준을 정한 건설교통부령인 자동차운수사업법 제31조 등의 규정에 의한 사업면허의 취소 등에 관한 규칙(대판 1990. 10. 12, 90누3546),
⑤ 건축사사무소의 등록취소 등의 기준을 정한 건설교통부령인 건축사법시행규칙 제28조의

규정(대판 1993. 10. 8, 93누15069),

⑥ 당구장 등 풍속영업의 허가취소·정지처분의 구체적 기준을 정한 풍속영업의 규제에 관한 법률시행규칙 제8조 제1항 및 별표3(대판 1994. 4. 12, 94누651)과,

⑦ 총리령인 공무원징계양정 등에 관한 규칙(대판 1992. 4. 14, 91누9954) 등 **일련의 법규명령인 부령·총리령**에 대하여 한결같이 이는『행정조직 내부의 사무처리준칙을 정한 것에 불과하므로 관계 행정기관과 직원을 기속함에 그치고, 대외적으로 국민이나 법원을 기속하는 효력은 없다』고 하여 **행정규칙설**의 입장을 취하고 있으나(대판 1995. 10. 17, 94누14148; 대판 1997. 5. 30, 96누5773; 대판 1991. 11. 8, 91누4973 등),

동일한 내용을 담고 있는 대통령령에 대하여는 **법규명령설**의 입장을 취하고 있다(대판 2001. 3. 9, 99두5207; 대판 1997. 12. 26, 97누15418 등).

> **판례** 도로교통법시행규칙(부령) 소정의 운전면허행정처분기준의 대외적 기속력 유무(소극) 및 운전면허취소처분의 적법 여부에 대한 판단기준
> 도로교통법시행규칙 제53조 제1항이 정한 [별표16]의 운전면허행정처분기준은 부령의 형식으로 되어 있으나, 그 규정의 성질과 내용이 운전면허의 취소처분 등에 관한 사무처리기준과 처분절차 등 행정청 내부의 사무처리준칙을 규정한 것에 지나지 아니하므로 대외적으로 국민이나 법원을 기속하는 효력이 없으므로, 자동차운전면허취소처분의 적법 여부는 그 운전면허행정처분기준만에 의하여 판단할 것이 아니라 도로교통법의 규정 내용과 취지에 따라 판단되어야 한다(대판 1997. 5. 30, 96누5773).

> **판례** 구 청소년보호법 제49조 제1항, 제2항의 위임에 따른 같은법시행령 제40조 [별표 6]의 위반행위의 종별에 따른 과징금처분기준의 법적 성격(=법규명령) 및 그 과징금 수액의 의미(=최고한도액)
> 구 청소년보호법(1999. 2. 5. 법률 제5817호로 개정되기 전의 것) 제49조 제1항, 제2항에 따른 같은법시행령(1999. 6. 30. 대통령령 제16461호로 개정되기 전의 것) 제40조 [별표6]의 위반행위의 종별에 따른 과징금처분기준은 법규명령이기는 하나 모법의 위임규정의 내용과 취지 및 헌법상의 과잉금지의 원칙과 평등의 원칙 등에 비추어 같은 유형의 위반행위라 하더라도 그 규모나 기간·사회적 비난 정도·위반행위로 인하여 다른 법률에 의하여 처벌받은 다른 사정·행위자의 개인적 사정 및 위반행위로 얻은 불법이익의 규모 등 여러 요소를 종합적으로 고려하여 사안에 따라 적정한 과징금의 액수를 정하여야 할 것이므로 그 액수는 정액이 아니라 최고한도액이다(대판 2001. 3. 9, 99두5207).

그러나 이들 부령·총리령은 각종 법령위반행위를 유형별로 세분하여 경중에 따라 경고, 15일·30일·60일 등의 영업정지, 최종적으로 허가·면허 등의 취소처분을 하도록 규정한 것으로서,『법령위반 행위에 대하여는 허가를 취소 또는 정지할 수 있다』는 극히 추상적인 법률의 규범을 보다 구체화하여 **재량권** 행사의 준칙을 정한 것으로 볼 수 있고, 그 내용도 본질적으로 국민의 권리·의무에 관한 사항을 정한 것이라 할 것이므로 **법규명령**에 속하는 것이다. 따라서 처음부터 당연히 법규명령에 해당하는 내용이 법규명령의 형식으로 제정된 것으로서 지극히 당연한 법규명령임에도 불구하고 그 대외적 효력을 부인하는 것은 이해하기 어렵다.

법제처 등 관계부처의 노력으로 지금까지 행정 내부에서 비공개리에 실질적으로 국민의 권리·

의무를 규율해 왔던 수많은 훈령·예규 등의 행정규칙들이 입법예고, 법제처 심사, 관보에의 공포 등 일련의 민주적 절차를 거쳐 위에 열거된 부령 등의 법규명령으로 제정되어 왔다.

그럼에도 불구하고 우리 판례가 동일한 내용임에도 불구하고 대통령령으로 제정하면 법규명령이고 부령으로 제정하면 행정규칙이라고 하는 모순된 태도도 이해하기 어려울 뿐만 아니라, 이들 부령은 행정규칙의 성질을 가진 것으로서 법규가 아니므로 이에 위반한 행정행위는 위법이 아니라고 한다면, 행정부의 위와 같은 노력을 무위로 돌아가게 하는 것임은 물론, 우리 헌법이 인정하고 있는 법규명령의 효력까지 부인하는 중대한 문제가 야기되며, 국민의 법의식에도 혼란을 초래할 우려마저 있다. 행정부도 앞으로는 이러한 사태를 예방하기 위하여 국민의 권리·의무에 관한 사항은 가능한 한 법률이나 대통령령에서 모두 정해 버리고 부득이 부령 등에 위임하고자 할 때에는 반드시 위임대상의 한정성과 기준의 명확성이라는 위임의 한계원리를 준수하여 위임하는 것이 바람직하다고 생각된다.

사례연습 해설

(1) 甲은 행정심판절차를 거친 후 운전면허취소처분의 취소를 구하는 소송을 제기할 수 있다(필요적 행정심판전치). 한편, 다투는 방법에는 운전면허취소처분 그 자체의 하자를 이유로 운전면허취소처분을 다투는 방법과 운전면허취소처분 자체에는 하자가 없다고 하여도 운전면허취소처분에 선행하였던 운전면허정지처분의 하자를 이유로 운전면허취소처분을 다투는 방법이 있다.

(2) 구두통보에 의한 면허정지처분은 문서주의(행정절차법 제24조 1항)에 위반된다. 그 하자는 중대하고 명백하므로 구두통보에 의한 면허정지처분은 무효이다. 무효행위는 하자의 치유의 대상이 아니다. 무효인 면허정지처분의 위반을 이유로 한 면허취소처분은 위법하므로, 운전면허정지처분의 절차상 하자를 이유로 甲이 제기하는 운전면허취소청구소송은 인용될 수 있다.

한편, 그 하자가 명백하지만 중대하지 않다고 보면, 운전면허정지처분은 취소의 대상이 되는바, 하자의 치유가 가능하지만, 하자의 치유도 판례상 불복절차(쟁송절차)의 제기 전에만 가능하므로 불복절차 중에 한 지방경찰청장의 서면통보로 하자는 치유되지 아니한다. 그리고 설문의 운전면허정지처분과 운전면허취소처분은 하나의 효과(음주운전에 대한 제재)를 목적으로 하는바, 甲이 운전면허정지처분의 절차상 하자를 이유로 운전면허취소처분취소소송을 제기하면 甲의 청구는 인용될 수 있다(하자의 승계).

(3) 도로교통법시행규칙 제53조 제1항과 <별표16>은 부령에 관하여 규정한 헌법 제95조에 따른 것이라는 점, 도로교통법시행규칙 제53조 제1항과 <별표 16>이 정하는 사항은 단순히 행정내부적인 사무처리기준에 불과한 것이 아니라 국민의 기본권(운전의 자유)과 직접 관련한다는 점 등에 비추어 볼 때, 도로교통법시행규칙 제53조 제1항 <별표16>을 법규명령으로 이해하는 것이 타당한바, 판례의 태도는 정당하지 아니하다.

3) 행정규칙 형식의 법규명령

법령이 특정 행정청에게 그 법령의 구체적인 사항을 정할 수 있는 권한을 부여하면서 그 권한행사의 절차나 방법을 특정하지 아니한 관계로 수임행정청이 행정규칙의 형식으로 그 법령의 내용을 구체적으로 정하는 경우가 있다. 즉, 내용상으로는 법규명령에 해당하는 것을 행정규칙의 형식으로 제정한 경우에 그 성질을 무엇으로 볼 것인가에 관하여는,

① 이는 법규를 보충하는 것으로서 대외적인 효력을 가지는 법규명령의 일종이라고 하는 견해(**법규명령설**)와,

② 헌법이 규정하고 있는 법규명령의 형식은 한정적으로 열거된 것이므로 총리령·부령의 형식이 아닌 훈령·예규 등의 형식을 취하는 이상 행정규칙이라는 견해(**행정규칙설**),

③ 실질적 의미의 법규명령을 행정규칙으로 발하는 것은 위법·무효가 된다는 견해(**위헌무효설**) 등이 있다.

판례는

① 소득세법시행령이 양도소득세액 산출에 있어서 부동산투기억제를 위하여 기준시가가 아닌 실지거래가액에 의하여 부동산 양도차액을 결정할 수 있는 경우를 "국세청장이 정한다"고 위임한 바에 근거하여 발령된 국세청장훈령인 『재산제세조사사무처리규정』은 법규명령을 보충하는 기능을 가지면서 그와 결합하여 대외적인 구속력이 있는 **법규명령**으로서의 효력을 가진다고 하였으며(대판 1992. 1. 21, 91누5334),

② 주류도매업면허신청서의 구비서류는 "국세청장이 정한다"는 주세법시행령(14)의 위임에 근거하여 구비서류를 정한 국세청장훈령인 『주류도매면허제도개선업무처리지침』(대판 1994. 3. 8, 92누1728)과,

③ 보건복지부장관이 공익상 허가를 제한할 필요가 있는 영업은 허가할 수 없다는 식품위생법(23의3)에 근거하여 "생수는 허가제한영업으로 규정하면서 전량수출 또는 주한 외국인에게 판매할 때에만 허가할 수 있다"는 규정을 둔 보건복지부장관고시인 『식품제조영업허가기준』에 대하여도 각각 위 ①과 동일한 판결을 내린 바 있다(대판 1994. 3. 8, 92누1728. 그러나 이 고시는 헌법상 직업활동의 자유, 국민의 먹을 물 선택이라는 행복추구권을 침해하여 무효라고 하였다). 헌법재판소도 대법원과 동일한 입장이다(헌재 2000. 7. 20, 99헌마455; 헌재 2004. 10. 28, 99헌바91; 헌재 2004. 1. 29, 2001헌마894).

> **판례** 산업자원부장관이 공업배치 및 공장설립에 관한 법률 제8조의 규정에 따라 공장입지의 기준을 구체적으로 정한 고시의 법적 성질(=법규명령)
> 법령의 규정이 특정 행정기관에 그 법령내용의 구체적 사항을 정할 수 있는 권한을 부여하면서 그 권한 행사의 절차나 방법을 특정하고 있지 않은 관계로 수임 행정기관이 행정규칙의 형식으로 그 법령의 내용이 될 사항을 구체적으로 정하고 있는 경우에는, 그 행정규칙이 당해 법령의 위임한계를 벗어나지 않는 한, 그와 결합하여 대외적으로 구속력이 있는 **법규명령**으로서 효력을 가지는 것이므로, 산업자원부장관이 공업배치 및 공장설립에 관한 법률 제8조의 규정에 따라 공장입지의 기준을 구체적으로 정한 고시는 법규명령으로서 효력을 가진다(대판 2003. 9. 26, 2003두2274).

> **판례** '청소년유해매체물의 표시방법'에 관한 정보통신부고시가 헌법소원의 대상이 된다고 본 사례
>
> '청소년유해매체물의 표시방법'에 관한 정보통신부고시는 청소년유해매체물을 제공하려는 자가 하여야 할 전자적 표시의 내용을 정하고 있는데, 이는 정보통신망이용촉진 및 정보보호 등에 관한 법률 제42조 및 동법시행령 제21조 제2항, 제3항의 위임규정에 의하여 제정된 것으로서 국민의 기본권을 제한하는 것인바 상위법령과 결합하여 대외적 구속력을 갖는 **법규명령**으로 기능하고 있는 것이므로 헌법소원의 대상이 된다(헌재 2004. 1. 29, 2001헌마894).

생각건대, 국민의 권리·의무는 법률의 위임에 의거하여 법규명령이라는 엄격한 절차와 형식에 따라 규율하도록 하고 있는 우리 헌법상의 법치주의 정신에 입각한다면 이를 행정규칙에 위임한다는 자체가 위험한 발상이며, 설사 위임했더라도 행정규칙이 바로 법규명령으로 변한다는 것은 이해하기 어렵다고 생각되므로 이는 어디까지나 **행정규칙**으로 보아야 할 것이다. 입법론적으로 보면 이들은 모두 상술한 재량권 행사의 준칙인 법규명령과 같이 법규명령으로 제정되어야만 할 성질의 것이다.

따라서 이러한 **행정규칙**은 법규명령이 아니므로 이에 위반한 행정행위를 자동적으로 위법이라고 주장할 수는 없고, 다만 그것이 행정청에 의하여 계속적·반복적으로 집행될 경우 행정관습법의 일종인 **행정선례법**임을 주장하거나, 또는 이에 위반한 행정행위를 다른 신청인과 평등하게 취급하지 아니한 데 대한 **평등원칙 위반** 등을 이유로 위법임을 주장하여 그 취소를 청구할 수 있을 뿐이라고 하겠다.

5. 행정규칙의 성질 및 효력

행정규칙이 과연 법규로서의 성질과 효력을 가지는가에 관하여 종래의 전통적 견해는 이를 부인하였으나, 오늘날에는 일정한 유형의 행정규칙에 대하여는 준법규적 성질을 인정하고 있다.

1) 비법규성설

전통적인 과거 19세기 독일의 입헌군주정시대의 견해에 의하면 행정규칙은 ① **특별권력에 기초**하여(권력적 기초), ② 특별권력관계 내부에서의 조직과 작용만을 규율하기 위하여 발령되는 것이므로 국민과 법원을 구속하는 법적 효력은 없고 오직 수명기관과 수명자에 대하여만 효력을 발생하므로(**일면적 구속성**), ③ 수명기관이 행정규칙에 위반한 행정행위를 한 경우에도 국민에 대한 효력에는 아무 영향이 없으며, 다만 위반행위를 한 공무원이 행정조직 내부에서의 책임인 징계책임만을 질 뿐이며(위반시의 효과), ④ 행정조직 내부가 아닌 외부에 대하여 공포할 필요도 없으며(대외적 공포의 불필요), ⑤ 발령권자 자신은 이에 구속되지 않고 이와 모순되는 개별적·구체적 명령을 발함으로써 종전에 발한 일반적·추상적 행정규칙을 개정할 수도 있기 때문에 특별권력관계 내부에서의 개별적·구체적 명령과의 효력의 차이는

없다(개별적·구체적 명령과의 동위성)고 한다.

2) 법규성설

오늘날의 이론은 수명자가 공무원법상의 복종의무에 기하여 행정규칙에 구속되는 결과, 적어도 사실상으로는 국민에 대하여 외부적 효력을 발휘하게 되는 현상에 착안하여, 행정규칙이 갖는 이러한 사실상의 효력을 두고 일정한 행정규칙에 대하여 준법규성을 인정하고 있는 경향이 있으며, 구체적으로 보면 두 가지의 견해로 나뉘고 있다.

① 간접적인 법규적 효력설

행정규칙 중에서도 조직규칙 같은 순수한 대내적 규칙 이외의 **해석규칙**과 **재량준칙**은 처음부터 일반 국민에게 적용될 것이 예정되어 있으며, 이들 행정규칙은 계속적·반복적으로 적용됨으로써 **행정선례법**이 되거나, 특별한 이유 없이 어느 특정 국민에 대하여만 이를 적용치 않는 경우에 헌법상의 **평등** 또는 **신뢰보호**의 원칙에 위반되어 결국 위법하게 된다고 하며, 오늘날 독일의 다수설과 연방행정법원의 판례의 입장이다.

② 직접적인 법규적 효력설

입법권은 의회에만 있는 것이 아니고 행정권에도 일정 한도 내에서 고유한 입법권이 있다는 이원적 법이론에 근거하여 행정권도 부여된 재량권행사의 범위 내에서 법률이나 법규명령의 위임 없이 직접 대외적 효력을 가지는 법규를 제정할 수 있다는 견해이다(Ossenbühl). 따라서 이러한 행정규칙은 국민과 법원을 구속하는 대외적 효력을 가진다고 한다.

독일연방행정법원이 1985. 12. 19 뷜(Wyhl)판결에서 방사능노출에 대한 일반적 산정기준을 정한 연방내무성의 지침(행정규칙)을 『규범구체화 행정규칙』이라 하여 직접적인 대외적 효력을 인정한 바 있으나, 이에 관하여는 독일에서도 찬반의 논란이 있다.

③ 결 언

생각건대, 직접적인 대외적 효력을 인정한다는 것은 우리 헌법상의 권력분립 및 법률유보의 원칙에 반하며, 현실적으로도 법률 등의 위임 없이 재량권행사의 준칙이라는 이름으로 민주적인 심사공포절차 없이 비공개리에 또한 그 자신은 아무런 구속도 받지 아니하는 행정규칙을 발령하도록 허용하는 것은 행정권남용의 우려가 있으므로 부당하다고 생각된다. 따라서 평등원칙 등을 매개로 하여 간접적으로만 대외적 효력을 갖는다는 **간접적인 법규적 효력설**이 타당하다고 하겠다.

3) 판례의 견해

우리 판례는 원칙적으로는 법규성을 부정하는 한편, 예외적으로만 법규성을 인정하고 있다.

① 법규성을 부정한 판례

대부분의 판례는 원칙적으로 행정규칙의 법규성을 부정하고 있다.

> **판례**   행정규칙의 법규성을 부정한 판례
> ① 국세청장 훈령인『국세징수법기본통칙』은 과세관청 내부에 있어서 세법의 해석기준 및 집행기준을 시달한 행정규칙에 불과하고 법원이나 국민을 기속하는 효력이 있는 법규가 아니라고 할 것이며 … 이 규정이 오랫동안 시행되어 왔다는 사정만으로 그 규정의 법규적 효력을 인정할 수도 없는 법리이다(대판 1992. 12. 22, 92누7580).
> ②『자동차운수사업법 제31조 등에 관한 처분 요령(교통부장관훈령)』은 자동차운수사업 법령 위반자에 대한 사업면허 취소·정지 등의 행정처분 기준을 정한 훈시적인 규정에 지나지 아니하는 것으로서, 관계 행정청의 재량권을 기속하는 것이라고 할 수 없음은 물론, 법원을 기속하는 성질의 것도 아니다(대판 1983. 9. 13, 82누285).
> ③ 행정정보공개 운영지침(국무총리훈령)은 공개대상에서 제외하는 정보의 범위를 조정하고 있으나, 국민의 자유와 권리는 법률로써만 제한할 수 있으므로, 이는 법률에 의하지 아니하고 국민의 기본권을 제한하는 것이 되어 대외적 구속력은 없다(대판 1999. 6. 21, 97누5114).

대법원은 이에 그치지 아니하고 나아가 이들과 같은 내용을 규정한 부령인 법규명령조차 행정기관 내부의 사무처리준칙에 불과하므로 국민이나 법원을 기속하는 효력은 없고 이에 위반하여도 위법이 아니며, 반대로 이에 적합하다고 하여 바로 적법한 것은 아니라고까지 하여 문제가 되고 있음은『재량권 행사의 준칙인 법규명령』에서 이미 설명한 바와 같다.

바로 위의 ②에 예시한 판례는 1983년도의 것인바, 그 후 정부는 그 판례의 취지에 따르기 위하여, 그리고 상술한 행정규칙의 법규명령화 방침에 따라 동 훈령을 폐지하고 이를 법규명령인 교통부령으로 격상하여 제정하였음에도 불구하고 그 교통부령에 대하여조차 같은 판결을 내렸다(판례 참조).

> **판례**   법규명령인 교통부령의 법규성을 부정한 판례
> ① 교통부령인『자동차 운수사업법 제31조 등의 규정에 의한 사업면허의 취소 등에 관한 규칙』은 성격상 행정청 내의 사무처리의 기준과 절차에 관한 준칙의 성질을 가진 것에 불과할 뿐, 대외적으로 국민이나 법원을 기속할 수 없는 것이므로 자동차운송사업 면허의 취소처분이 위 규칙에 적합하다 하여 바로 적법한 처분이라고 할 것은 아니다(대판 1990. 10. 12, 90누3546).
> ② 상기 교통부령(5①)이 자동차운송사업 면허취소처분을 하고자 할 때에는 상대방에게 진술 또는 변명의 기회를 부여하도록 규정하고 있으나, 증거가 확실한 경우에는 굳이 진술 또는 변명의 기회를 줄 필요가 없으며, 또한 위 교통부령의 성질은 면허취소처분에 관한 사무처리기준과 절차 등 행정청 내부의 사무처리준칙에 불과하여 면허취소처분이 이에 위반되더라도 위법의 문제는 생기지 아니한다(대판 1987. 2. 10, 84누350).

결론적으로 말하자면 행정규칙은 독자적으로는 법규성이 부인되므로 행정규칙에 따른 행정행위의 위법성을 이유로 그 대외적 효력을 주장할 수 없지만, 재량준칙인 행정규칙의 경우에는 평등 또는 신뢰보호의 원칙을 매개로 하여 간접적인 법규적 효력을 가지기 때문에 대외적 효력을 주장할 수 있으며, 이 이론을 뒷받침하는 헌법재판소의 결정을 소개한다.

헌재결정 재량준칙인 행정규칙의 간접적인 법규적 효력을 인정한 결정

재량권행사의 준칙인 행정규칙이 그 정한 바에 따라 되풀이 시행되어 행정관행이 이룩되게 되면, 평등의 원칙이나 신뢰보호의 원칙에 따라 행정기관이 그 상대방에 대한 관계에서 그 규칙에 따라야 할 자기구속을 당하게 되는 경우에는 구속력을 가지게 된다(헌재결 1990. 9. 3, 90헌마13).

② 법규성을 긍정한 판례

부동산양도차액결정에 관한 국세청장훈령인 『재산제세조사사무처리규정』에 대하여 **법규명령**으로서의 효력을 인정한 바 있다(행정규칙 형식의 법규명령에서 예시, 대판 1992. 1. 21, 91누5334).

그러나 이 판례는 이미 설명한 바와 같이 대통령령인 소득세법시행령이라는 **법규명령의 구체적·개별적 위임**이 있었고 이에 근거하여 제정된 것이기 때문에 **실질적으로는 법규명령에 해당**하는 것이며, 따라서 법규명령의 효력이지 본래의 의미의 행정규칙의 효력에 대한 판결이라고 볼 수는 없다(이러한 행정규칙에의 위임이 옳지 못하다는 것은 이미 설명한 바와 같다).

따라서 우리 판례도 본래의 의미의 행정규칙에 대하여는 직접적인 법규적 효력을 부정하고 있는 것이라고 하겠다(심지어 재량권행사의 준칙인 법규명령에 대하여까지 법규적 효력을 부인하고 있는 형편임은 앞에서 설명한 바 있다).

6. 행정규칙의 근거와 한계

1) 근 거

행정규칙은 법령에서 인정된 재량의 범위 내에서 제정하는 것이므로 법령의 개별적·구체적 위임 없이도 제정할 수 있다.

2) 한 계

행정규칙은 ① 법령 및 상급행정기관의 행정규칙에 위반하지 않아야 하며, ② 당해 행정목적의 달성을 위하여 필요한 한도 내에서만 발령되어야 하고, ③ 국민의 권리·의무에 관한 사항을 규율할 수 없다.

7. 행정규칙의 성립 및 발효요건

1) 행정규칙의 성립요건

상술한 법규명령과 같은 성립요건을 갖추어야 하지만, 성격상 다른 점도 있다.

① 주 체

행정규칙은 권한이 있는 행정기관이 재량권, 포괄적 감독권 및 관리권을 가지는 경우에 그 범위 내에서 발한다.

② 내 용

법령 또는 상급행정기관의 행정규칙에 위반한 내용이어서는 아니 되며, 또한 내용이 불명확하거나 실현 불가능한 것이어서도 아니 된다.

③ 절 차

법규명령과 달리 특별한 절차는 없으며, 대외적인 표시행위인 공포도 필요 없다.

> **판례**
> 훈령은 적당한 방법으로 표시 또는 통보하면 되는 것이지, 이를 공포하거나 고시하지 아니하였다는 이유만으로 그 효력을 부인할 수 없다(대판 1990. 5. 22, 90누639).

그러나 **재량준칙**인 행정규칙과 같이 사실상 국민에 대하여 효력이 미치는 행정규칙에 관하여는 그 적법·타당성의 확보가 법규명령 못지 않게 긴요하다는 데에 착안하여 정부는 대통령령인 『법제업무운영규정』으로 모든 중앙행정기관의 훈령·예규 등은 제정 후 반드시 연 2회씩 실시하는 법제처의 사후심사를 받도록 하였으며, 법제처는 심사 후 위법한 내용 또는 법령으로 정하여야 할 내용은 이를 시정하도록 통보하고, 각 부처에서는 이에 응하도록 하였다.

한편, 공포도 필요 없음이 원칙이지만, **고시**와 **훈령**만은 대통령령인 관보규정(3⑧ 및 ⑨)에 의거하여 관보에 게재하도록 함으로써 대외적으로 표시하고 있다.

2) 행정규칙의 발효요건

상술한 바와 같이 적절하다고 인정되는 방법으로 수명기관에 도달한 때로부터 효력을 발생한다. 시행일을 당해 훈령에서 별도로 명시하고 있는 경우에는 이에 의함은 물론이다.

3) 소 멸

법규명령과 마찬가지로 폐지 또는 실효됨으로써 효력이 소멸된다.

8. 행정규칙에 대한 통제

1) 행정적 통제

상급행정기관은 하급행정기관이 제정한 행정규칙과 모순된 행정규칙을 제정하거나 또는 지휘

감독권에 근거한 행정규칙 변경명령에 의하여 통제할 수 있으며, 중앙행정기관은 1984년부터 상술한 바와 같이 법제처의 사후심사제도에 의하여 통제되고 있다.

2) 사법적 통제

행정규칙이 직접 국민의 권리·의무에 변동을 초래하는 소위 『처분규칙』인 경우에는 이를 행정행위(처분)로 보아 직접 취소 또는 무효확인을 구하는 행정심판이나 행정소송을 제기할 수는 있겠으나, 그 외의 대부분의 행정규칙은 이에 의거한 구체적인 행정행위가 있기 전까지는 국민의 권리·의무에 직접적인 변동을 초래하는 것이 아니므로(구체적 사건성의 결여; 제4편 제4장 중 행정소송의 한계에서 설명), 행정규칙 자체만을 대상으로 취소 또는 무효확인을 구하는 행정심판이나 행정소송을 제기할 수는 없다.

제 2 절 행정계획

Ⅰ. 개 설

1. 행정계획의 의의

> 행정절차법 제40조의4(행정계획) 행정청은 행정청이 수립하는 계획 중 국민의 권리·의무에 직접 영향을 미치는 계획을 수립하거나 변경·폐지할 때에는 관련된 여러 이익을 정당하게 형량하여야 한다.

> '행정계획'이란 『행정주체가 장래 도달하고자 하는 목표를 설정하고 이를 위하여 필요한 수단들을 조정하고 통합하는 작용(계획행정), 또는 이러한 작용의 결과 마련된 활동기준(행정계획)』을 말한다.

행정계획이 행정법과 관련되는 분야는 우선 계획과정에서는 이해관계인의 이익을 위한 절차적 참여문제, 그리고 그 결과로 설정된 행정계획 분야에서는 국민에 대한 구속력과 구제수단을 중심으로 한 법적 성질문제에 관하여서이다.

판례 행정계획의 의미 및 행정주체의 행정계획결정에 관한 재량의 범위

행정계획이라 함은 행정에 관한 전문적·기술적 판단을 기초로 하여 도시의 건설·정비·개량 등과 같은 특정한 행정목표를 달성하기 위하여 서로 관련되는 행정수단을 종합·조정함으로써 장래의 일정한 시점에 있어서 일정한 질서를 실현하기 위한 활동기준으로 설정된 것으로서, 도시계획법 등 관계 법령에는 추상적인 행정목표와 절차만이 규정되어 있을 뿐 행정계획의 내용에 대하여는 별다른 규정을 두고 있지 아니하므로 행정주체는 구체적인 행정계획을 입안·결정함에 있어서 비교적 광범위한 형성의 자유를 가지는 한편, 행정주체가 가지는 이와 같은 형성의 자유는 무제한적인 것이 아니라 그 행정계획에 관련되는 자들의 이익을 공익과 사익 사이에서는

물론이고 공익 상호간과 사익 상호간에도 정당하게 비교교량하여야 한다는 제한이 있는 것이고, 따라서 행정주체가 행정계획을 입안·결정함에 있어서 이익형량을 전혀 행하지 아니하거나 이익형량의 고려 대상에 마땅히 포함시켜야 할 사항을 누락한 경우 또는 이익형량을 하였으나 정당성·객관성이 결여된 경우에는 그 행정계획결정은 재량권을 일탈·남용한 것으로서 위법하게 된다(대판 2000. 3. 23, 98두2768; 대판 1996. 11. 22, 96누8567).

2. 행정계획의 기능

1) 목표설정

행정계획의 본질적 기능으로서, 목표 자체의 정당성과 합리성뿐만 아니라 설정과정에서의 절차적 참여도 요구된다. 한편, 설정된 목표라도 사정변경에 응하여 수정하여야 할 경우가 있으며, 이 경우에는 상대방의 신뢰보호가 문제된다.

2) 수단의 종합

현대행정은 매우 전문화·세분화되어 있으므로 경제·사회·국토개발계획 등과 같이 여러 분야의 행정이 종합되어야만 달성될 수 있는 계획은 관련 부처 간의 모든 행정수단을 종합·조정하는 기능을 수행하게 되며, 따라서 행정청 상호간의 수단과 이해의 조정 문제가 제기되고 있다.

3) 행정과 국민의 매개

행정계획은 행정규칙과 달리 행정 내부에서만 효력이 있는 것이 아니라 국민의 장래의 활동에 대한 지침으로 작용될 것이 예상되고 있으며, 따라서 그 구속력과 행정지도·자금지원 등의 문제가 제기된다.

Ⅱ. 행정계획의 종류

1. 종합계획과 부문별 계획

전자는 국토종합계획·장기경제계획·장기사회계획 등을 말하고, 후자는 도시계획·교육계획·환경계획·산림계획 등과 같은 것을 말한다.

2. 장기·중기·연도별 계획

종래『정부의 기획 및 심사분석에 관한 규정』(대통령령)에 의하면 장기계획은 6년 이상, 중

기계획은 2년 이상 5년 이하의 계획을 말하였다. 그러나 정부의 기획 및 심사분석에 관한 규정은 폐지되었다. 오늘날에 있어서 일반적 기준으로서 그 기간에 따라 장기계획은 20년, 중기계획은 10년, 단기계획은 5년을 계획기간으로 하는 것을 말하며, 연도별 계획은 당해연도 1년을 계획기간으로 하는 것을 말한다.

3. 지역계획과 비지역계획

지역적·공간적 의미를 가지는 계획을 지역계획이라고 하며(국토계획·도시계획 등), 그렇지 아니한 것을 비지역계획이라고 한다(인구·노동·보건계획 등).

4. 상위계획과 하위계획

국토건설종합계획과 도시계획의 관계 등과 같이 다른 계획의 기준이 되는가의 여부에 따른 구분이다.

5. 구속적 계획과 비구속적 계획

법적 구속력의 유무에 따른 구분이며, 행정법에서는 가장 중요한 의미를 갖고 있다. 구속적 계획이란 대외적 효력을 가지는 것으로서 구체적 집행을 전제로 하고 있는 도시관리계획, 수도권정비계획, 환지계획 등이 있으며, 비구속적 계획은 대내적 효력만 가지는 것으로서 행정에 대한 지침적 기능을 가지는 국토종합계획·광역도시계획·도시기본계획·교육진흥계획 등이 있다. 비구속적 행정계획은 행정기관의 구상에 불과한 것이므로 법적 구속력을 갖지 않고 항고소송의 대상이 되지 않는다.

Ⅲ. 행정계획의 수립절차

1. 행정계획의 법적 근거

1) 행정조직법적 근거

모든 행정계획의 수립을 위하여서는 먼저 행정조직법적으로 그 권한이 부여되어야만 가능하다(예 : 정부조직법과 각 부처의 직제 등).

2) 행정작용법적 근거

구속적 계획은 국민의 권리·의무에 직접 영향을 미치는 것이므로 당연히 국토의 계획 및 이용에 관한 법률 등과 같은 법적 근거를 요한다. 그러나 비구속적 계획은 단순히 행정 내부의 지침적 기능밖에 없으므로 원칙적으로 법적 근거가 없이도 가능하다고 하겠다.

2. 수립절차

1) 의 의

행정계획의 정당성과 합리성을 보장하기 위하여서는 각종 전문지식의 활용, 관련 행정청 및 이해관계인의 이해의 조정, 민주적 통제 등 여러 가지 요소를 고려하여야 할 것이다. 현재 행정계획의 수립절차에 관한 일반적 규정은 없고 각 개별법에서 단편적으로 규정하고 있다. 다만, 국민생활에 큰 영향을 주거나 다수 당사자의 이해가 상충되거나, 일반국민에게 불편과 부담을 주거나, 기타 널리 국민의 의견수렴이 필요하거나, 행정행위를 행하는 데 있어서 정당성의 확보가 필요한 행정계획은 원칙적으로 행정예고절차를 거쳐 수립·시행·변경하도록 각 해당 개별 법률에서 규정하고 있다. 이들을 종합하면 대체로 다음과 같은 절차를 거치도록 되어 있다.

2) 전문기구의 조사심의

거의 모든 행정계획은 그 전문성·기술성을 고려하여 특별한 심의위원회의 조사심의를 거치도록 하고 있다(예 : 국토정책위원회, 수도권정비위원회, 중앙도시계획위원회, 시·도도시계획위원회, 시·군·구도시계획위원회 등).

3) 관계행정청 간의 조정

정부전체 차원에서 통일적이고 체계적인 계획의 수립과 원활한 집행을 위하여 관계행정청 또는 지방자치단체와 협의를 거치도록 하는 경우가 많으며(예 : 건설교통부장관의 국토이용계획·수도권정비계획 수립시 관계부처장관 또는 지방자치단체의 장과 협의를 거치도록 한 것), 행정절차법도 이를 의무화하고 있다(18).

4) 이해관계인의 참여

국민의 권리·의무를 직접 규율하는 구속적 계획의 수립에는 반드시 이해관계인의 참여가 요청된다. 현행 법률 중에는 도시계획·토지구획정리사업계획·도시재개발사업계획 등의 수립에 주민 등 이해관계인의 참여를 위하여 ① 계획내용을 일정기간 공고한 후, ② 이에 대한 의견을 제출하게 하거나 필요시 청문 또는 공청회까지 개최하도록 하고 있다. 한편 행정절차법도 많은 국민의 이해가 상충되는 사항 등에 관하여는 행정예고제를 실시하고 국민에게 의견제출의 기회를 부여하고 공청회까지 개최할 수 있도록 하고 있다(동법 제5장 행정예고).

5) 공 고

구속적 계획은 불특정 다수의 일반 국민에게 영향을 미치는 것이므로 통상 이를 관보 등에 고시 또는 공고함으로써 그 효력이 발생되도록 하고 있으며(판례 참조), 국토의 계획 및 이용에 관한 법률(31)도 도시관리계획결정은 고시가 있은 날부터 5일 후에 그 효력이 발생한다고 규정하고 있다.

> **판례** 고시하지 아니한 처분(결정)은 효력이 없다는 판례
> 구 도시계획법 제7조가 도시계획결정 등 처분의 고시를 도시계획구역·도시계획결정 등의 효력발생요건으로 규정하였다고 볼 것이어서 건설부장관이 기안·결재 등의 과정을 거쳐 정당하게 도시계획결정 등의 처분을 하였다고 하더라도 이를 관보에 게재하여 고시하지 아니한 이상 대외적으로 아무런 효력을 발생하지 아니한다 (대판 1985. 12. 10, 85누186).

6) 변경·폐지

확정된 행정계획을 변경할 때에는 처음부터 새로운 행정계획확정절차를 거쳐야 하며, 폐지할 때에도 역시 공고하여야 한다.

7) 실 효

행정계획이 확정·공고된 후 당해 계획이 일정기간 이내에 실시되지 아니한 때에는 그 기간이 만료된 날의 다음날에 행정계획의 효력이 상실된다(예 : 도시관리계획결정의 고시일부터 2년이 되는 날까지 지형도면의 고시가 없는 경우 그 다음날부터 도시관리계획결정의 효력은 상실되며, 한편 도로·공원·주차장 등의 도시계획시설결정의 고시일부터 20년이 경과할 때까지 당해 사업이 시행되지 아니할 경우에도 그 다음날에 도시계획시설결정의 효력이 상실된다. 국토의 계획 및 이용에 관한 법률 33·48). 도시계획 등 구속적 행정계획을 수립한 후 수십 년 간 예산부족 등을 이유로 집행하지 않음으로써 그 기간 동안 건축제한·토지형질변경제한 등 각종 토지이용행위가 제한됨으로 말미암아 토지소유자 등이 많은 피해를 입고 있는 실정을 감안하여 입법화된 획기적인 조항이라 하겠다.

3. 행정계획의 수립절차의 하자

도시계획법이 규정하고 있는 시장·군수의 계획입안절차, 기초조사절차 또는 주민의 의견청

취절차에 하자가 있는 경우에는 비록 도시계획의 내용이 재량권의 범위 내이고 변경될 가능성이 없다고 하더라도 이는 위법하며 따라서 취소의 대상이 된다(대판 1990. 1. 23, 87누947).

> **판례** 공청회와 이주대책이 없는 도시계획수립행위의 위법과 수용재결처분의 취소
>
> 도시계획의 수립에 있어서 도시계획법 제16조의2 소정의 공청회를 열지 아니하고 공공용지의 취득 및 손실보상에 관한 특례법 제8조 소정의 이주대책을 수립하지 아니하였더라도 이는 절차상의 위법으로서 취소사유에 불과하고 그 하자가 도시계획결정 또는 도시계획사업시행인가를 무효라고 할 수 있을 정도로 중대하고 명백하다고는 할 수 없으므로 이러한 위법을 선행처분인 도시계획결정이나 사업시행인가 단계에서 다투지 아니하였다면 그 쟁송기간이 이미 도과한 후인 수용재결단계에 있어서는 도시계획수립 행위의 위와 같은 위법을 들어 재결처분의 취소를 구할 수는 없다고 할 것이다(대판 1990. 1. 23, 87누947).

> **판례** 도시계획입안절차에 하자가 있는 행정처분의 효력
>
> 도시계획법 제11조 제1항, 제15조 제1항, 제16조의2 제2항, 동법시행령 제11조 제1항, 제14조의2 제6항 및 동법시행규칙 제4조 제2항 등의 취지는 도시계획의 입안에 있어 다수 이해관계자의 이익을 합리적으로 조정하여 국민의 자유권리에 대한 부당한 침해를 방지하고 행정의 민주화와 신뢰를 확보하기 위하여 국민의 의사를 그 과정에 반영시키는 데 있다 할 것이므로 위와 같은 절차에 하자가 있는 행정처분은 위법하다(대판 1988. 5. 24, 87누388).

Ⅳ. 행정계획의 법적 효력 및 성질

1. 행정계획의 법적 효력

1) 비구속적 계획

과학기술진흥종합계획·농어촌개발계획 등과 같이 행정주체의 행정에 대한 지침에 불과한 것은 일반 국민에 대한 법적 구속력이 없다. 다만, 이러한 계획이 행정행위를 함에 있어서 재량준칙이 되어 평등원칙 등을 통하여 국민에 대하여 간접적으로 구속력을 갖게 될 수는 있다고 하겠다.

2) 구속적 계획

구속적 계획은 ① 국민에 대하여 직접 일정한 법적 효과를 발생하거나(예 : 도시관리계획상의 도시(주거·상업·공업·녹지지역으로 다시 세분됨)·관리(보전·생산계획관리지역으로 다시 세분됨)·농림·자연환경보전지역이라는 4개의 용도지역별로 각각 일정한 건축행위, 토지이용 행위가 금지되며, 경관·미관·고도·방화·방재·보존·시설보호·취락·개발진흥·특정용도제한지구 등의 용도지구 안에서도 마찬가지이다), ② 행정기관 또는 다른 행정계획을 구속하는 법적 효과(예 : 국토기본법상의 국토종합계획은 도종합계획, 기타의 지역계획을 구속)를 발생한다.

*행정계획의 집중효
1. 의 의
예컨대, 택지개발촉진법 제11조 제1항은 "택지개발사업시행자가 제9조(택지개발사업실시계획의 승인 등)의 규정에 의한 실시계획의 승인을 얻은 때에는 다음 각호의 결정·인가·협의·동의·면허·승인·처분·해제·명령 또는 지정(이하 '인·허가 등'이라 한다)을 받은 것으로 보며, 건설교통부장관이 실시계획의 승인을 고시한 때에는 관계법률에 의한 인·허가 등의 고시 또는 공고가 있은 것으로 본다."고 규정함으로써 각 개별법률에 의한 토지형질변경허가·도로하천점용허가 등 수십 개의 인·허가를 관계행정청으로부터 일일이 받지 않아도 되도록 하고 있다.
이와 같이 하나의 행정계획이 확정되면 다른 법령에 의해 받게 되어 있는 승인 또는 허가 등을 대체시키는 효과를 집중효라고 말한다. 대체효라고도 한다.
2. 효 과
여기에서 인·허가를 받은 것으로 의제된다는 의미가
① 대체행정청의 관할권만 계획확정기관에 이전되어 계획확정기관은 대체행정청이 준수해야 하는 절차적 요건과 실체적 요건을 모두 준수해야 한다는 것(관할집중설)인지, 아니면
② 계획확정기관은 계획확정에 관한 절차적 규정만 준수하면 될 것이지 불필요하게 의제되는 인·허가 등의 절차규정을 따를 필요는 없으나 실체법상의 요건규정에는 전면적으로 구속된다는 것인지에 대해 견해가 대립된다(절차집중설).
생각건대 집중효제도의 기능 내지 취지에 비추어 절차집중설이 타당하다. 우리 판례도 절차집중설의 입장을 취하고 있다.

> 판례 건설부장관이 관계기관의 장과의 협의를 거쳐 주택건설사업계획 승인을 한 경우 별도로 도시계획법 소정의 중앙도시계획위원회의 의결이나 주민의 의견청취 등 절차가 필요한지 여부(소극)
> 건설부장관이 구 주택건설촉진법(1991. 3. 8. 법률 제4339호로 개정되기전의 것) 제33조에 따라 관계기관의 장과의 협의를 거쳐 사업계획승인을 한 이상 같은 조 제4항의 허가·인가·결정·승인 등이 있는 것으로 볼 것이고, 그 절차와 별도로 도시계획법 제12조 등 소정의 중앙도시계획위원회의 의결이나 주민의 의견청취 등 절차를 거칠 필요는 없다(대판 1992. 11. 10, 92누1162).

2. 행정계획의 법적 성질

구속적 계획 중 특히 국민에 대하여 직접 효력을 발생하는 행정계획의 법적 성질에 관하여는 주로 행정쟁송의 대상이 되는가의 문제와 관련하여 견해가 대립되어 있다. 왜냐하면 입법행위는 원칙적으로 항고소송의 대상이 되지 않고, 행정행위 등 처분만이 그 대상이 되기 때문에 행정계획이 이와 같은 처분이 되는지를 정하는 것은 매우 중요한 문제가 되기 때문이다.

1) 입법행위설

예컨대, 『도시계획결정은 일반적·추상적인 도시계획의 결정으로서, 특정 개인에게 어떤 직접적이며 구체적인 권리·의무관계가 발생한다고 볼 수는 없다』는 견해이다(서울 고판 1980. 1.

29, 79누416). 행정계획은 입법행위에 해당하는 것이기 때문에 행정쟁송의 대상이 될 수 없다고 한다. 그러나 이 설은 ① 행정계획이 법규명령의 형식을 취하지 않으며, ② 법규명령의 제정절차와는 다르게 제정되고 있다는 점에서 비판을 받고 있다.

2) 행정행위설

우리 대법원은 위 서울고법의 원심판결에 대하여 『고시된 **도시계획결정**에 의하여 토지·건물소유자의 토지형질변경·건축행위 등 권리행사가 제한을 받게 되므로 특정 개인의 권리 내지 법률상 이익을 구체적으로 규제하는 효과를 가져오게 하는 행정청의 처분』이라고 하여 행정쟁송의 대상이 된다고 한다(대판 1982. 3. 9, 80누105; 같은 취지 대판 1988. 5. 24, 87누388).

3) 복수성질설

행정계획 중에는 법규명령적인 것도 있고 행정행위적인 것도 있을 수 있다고 하며, 여기서의 행정행위란 구체적·개별적 성질을 가지는 통상의 행정행위가 아니라 일반처분 또는 물적 행정행위를 의미한다고 한다.

4) 독자성설

포르스트호프에 의하면 행정계획은 입법행위도 행정행위도 아니지만, 독자적인 법적 성질을 가지는 이물(aliud)로서 구속력을 가진다는 점에서는 행정행위에 준하여 행정쟁송의 대상이 된다고 한다.

5) 사 견

종래의 통설인 입법행위설에 의하면 행정계획만으로는 국민의 권리·의무에 구체적인 변동을 초래하지 않기 때문에 행정쟁송의 대상이 될 수 없다고 한다.

그러나 예컨대, **도시계획결정**만 보더라도, ① 토지의 형질변경행위는 시장·군수의 허가를 받아야 하며, 특히 일정한 행위는 허가가 절대적으로 금지되는 효과가 있으며, ② 공업지역에서는 주택의 신축이 금지되는 등 주거·상업·공업 등의 각 용도 지역별로 허용되는 건축물의 종류와 그 건폐율·용적률·높이 등의 제한이 가해지는 법적 효과가 부여되기 때문에, 건축법 등 법령의 규정과 결합하여 직접 국민의 권익에 구체적인 변동을 초래하므로 행정쟁송의 대상인 **구체적·개별적 처분성**이 인정된다고 하겠다.

대법원 판례도 상술한 바와 같이 행정쟁송의 대상으로 인정하고 있고, **국무총리행정심판위원회**도 공장이 가동 중인 행정심판청구인의 토지를 토지구획정리사업계획을 일부 변경하여 동 사업지구에서 제외하여 달라는 행정심판에 대하여, 동 계획이 당해 토지의 위치·지목·면적·이용상황 등 제반 여건을 제대로 고려하지 아니한 부당한 처분이라 하여 이를 인용한 바 있다(국행심 재결 1980. 12. 10, 86-244).

그러나 행정계획은 후술하는 바와 같이 광범위한 계획재량을 인정받고 있어서 그 위법성의 인정에 한계가 있기 때문에, 재량권행사의 부당성 여부도 심판의 대상으로 하고 있는 행정심판에서가 아닌 행정소송단계에서 구제받기에는 어려움이 있고, 또한 위법성이 인정되더라도 이에 의거한 대규모 공사가 이미 상당한 정도로 진행되고 있는 경우에 특정인만을 위한 취소는 공익에 중대한 지장을 초래하므로 부득이 사정판결을 할 수밖에 없다는 한계가 있으므로, 특히 사전적·절차적인 참여의 보장에 많은 비중을 둘 필요가 있다.

> **판례** 행정계획의 처분성을 인정한 판례(도시계획결정)
> 고시된 도시계획결정이 행정소송의 대상이 되는가(적극)
> 도시계획법 제12조 소정의 고시된 도시계획결정은 특정 개인의 권리 내지 법률상의 이익을 개별적이고 구체적으로 규제하는 효과를 가져오게 하는 행정청의 처분이라 할 것이고, 이는 행정소송의 대상이 된다(대판 1982. 3. 9, 80누105; 대판 1988. 5. 24, 87누388).

> **판례** 행정계획의 처분성을 부정한 판례(환지계획결정·농어촌도로기본계획)
> ① 환지계획이 항고소송의 대상이 되는 행정처분인지 여부(소극)
> 토지구획정리사업법 제57조, 제62조 등의 규정상 환지예정지 지정이나 환지처분은 그에 의하여 직접 토지소유자 등의 권리의무가 변동되므로 이를 항고소송의 대상이 되는 처분이라고 볼 수 있으나, 환지계획은 위와 같은 환지예정지 지정이나 환지처분의 근거가 될 뿐 그 자체가 직접 토지소유자 등의 법률상의 지위를 변동시키거나 또는 환지예정지 지정이나 환지처분과는 다른 고유한 법률효과를 수반하는 것이 아니어서 이를 항고소송의 대상이 되는 처분에 해당한다고 할 수가 없다(대판 1999. 8. 20, 97누6889).
> ② 구 농어촌도로정비법 제6조 소정의 농어촌도로기본계획이 항고소송의 대상이 되는 행정처분에 해당하는지 여부(소극)
> 구 농어촌도로정비법(1997. 12. 13. 법률 제5454호로 개정되기 전의 것) 제6조에 의한 농어촌도로기본계획은 군수가 시도·군도 이상의 도로를 기간으로 관할구역 안의 도로에 대한 장기개발방향의 지침을 정하기 위하여 내무부장관의 승인을 받아 고시하는 계획으로서 그에 후속되는 농어촌도로정비계획의 근거가 되는 것일 뿐 그 자체로서 국민의 권리의무를 개별적 구체적으로 규제하는 효과를 가지는 것은 아니므로 이는 항고소송의 대상이 되는 행정처분에 해당한다고 할 수 없다(대판 2000. 9. 5, 99두974).

V. 행정계획의 계획재량(형량명령)

1. 계획재량의 의의

> 행정청이 행정계획을 수립함에 있어서는 관련요소의 복잡성과 미래예측의 곤란성 때문에 일반적인 재량행위보다 더욱 광범위한 범위의 재량 또는 형성의 자유가 인정되는바, 이를 특히 계획재량이라고 한다.

계획재량의 개념은 일반 행정법규의 집행과 관련하여 행정기관의 재량행위와 구별하기 위하여 사용하는 도구개념이었다.

> **판례**
>
> "도시계획법 등 관계법령에는 추상적인 행정목표와 절차만 규정되어 있을 뿐 행정계획의 내용에 대해서는 별다른 규정을 두고 있지 아니하므로 행정주체는 구체적인 행정계획을 입안·결정함에 있어서 비교적 광범위한 형성의 자유를 가진다."라고 하여 계획재량의 개념을 수용하고 있다(대판 2000. 3. 23, 98두2768).

2. 계획재량의 사법심사와 이익형량의 원칙(형량명령)

계획재량은 행정계획의 수립과 관련하여 계획 관청이 가지게 되는 전문적·기술적 판단을 기초로 하는 재량 또는 형성의 자유이기는 하지만 계획의 수립으로 인하여 구체적으로 국민의 권리와 이익을 구속하게 된다. 현행 행정소송법은 위법한 처분 등을 행정소송의 대상으로 삼고 있는데, 계획재량에 의한 행정계획이 대외적으로 처분성을 가지고 그 처분이 위법성을 띠고 있다면 **사법심사**가 가능하게 된다. 이 경우에는 행정소송으로 행정계획에 대한 취소를 구할 수 있다.

따라서 행정계획에 있어서 계획은 폭넓은 재량이 인정되지만 일정한 한계를 지니게 된다. 즉, 행정계획에 있어서도 법이 정한 절차와 형식을 준수하여야 할 뿐만 아니라 ① 그 계획에서 설정되는 목표는 근거법에 합치되는 것이어야 하고, ② 구체적으로 당해 법률이 정한 계획기준 또는 행정청이 정하여 공표한 계획기준에 따라야 하고, ③ 관계된 여러 이익들을 정당하게 고려하고 형량해야 하는 **이익형량**(利益衡量)의 원칙을 준수하여야 한다. 여기서 이익형량의 원칙이라 함은 관련되는 모든 공·사익의 조사와 그 평가 및 비교형량이라는 3단계에 걸쳐 행하여 지며, 예컨대, ① 이익형량을 전혀 하지 아니하거나(**형량의 해태**), ② 반드시 고려되어야 할 특정 이익이 이익형량에서 누락되거나(**형량의 흠결**), ③ 이익형량을 하기는 하였으나 그것이 비례의 원칙에 어긋나는 경우(**형량위배 또는 형량의 불균형**)에는 이익형량에 하자가 있게 되고, 따라서 **재량권 일탈·남용**으로 인한 위법으로 간주되어 그 행정계획은 취소쟁송에 의하여 취소될 수 있다.

> **판례**
>
> 행정계획결정에 있어 광범위한 형성의 자유를 인정하고 이러한 형성의 자유에 대한 한계원리로서 형량명령의 법리를 반영하면서 "형량하자"라는 표현을 사용하고 있으며, 형량하자의 법리를 재량권 일탈·남용으로 해결하고 있다(대판 2005. 3. 10, 2002두5474; 대판 2000. 3. 23, 98두2768; 대판 1996. 11. 29, 96누8567).

> **판례**   이익형량에 하자가 있는 계획재량은 위법한 처분이라는 판례
>
> 행정주체가 택지개발예정지구 지정 처분과 같은 행정계획을 입안·결정하는 데에는 비록 광범위한 계획재량을 갖고 있지만 행정계획에 관련된 자들의 이익을 공익과 사익 사이에서는 물론, 공익 상호간과 사익 상호간에

도 정당하게 비교·교량하여야 하고 그 비교·교량은 비례의 원칙에 적합하도록 하여야 하는 것이므로, 만약 이익형량을 전혀 하지 아니하였거나 이익형량의 고려대상에 포함시켜야 할 중요한 사항을 누락한 경우 또는 이익형량을 하기는 하였으나 그것이 비례의 원칙에 어긋나게 된 경우에는 그 행정계획은 재량권을 일탈·남용한 위법한 처분이다(대판 1997. 9. 26, 96누10096).

Ⅵ. 행정계획의 계획보장청구권(행정계획과 신뢰보호)

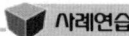

도지사 甲은 A토지지역 상업지구를 주택지구로 하는 도시계획변경결정을 하였다. 이 결정으로 인해 A토지의 소유자인 X는 지가의 현저한 하락으로 인해 막대한 손해를 입게 되었다. 이에 대한 X의 구제수단은?

1. 개 설

행정계획은 그 성격상 다른 어떤 행정작용보다도 미래지향적 행정작용이므로 계획이 확정된 이후에도 사정변경 등에 기한 탄력적인 **변경가능성**이 요구되는 반면에, 이의 존속을 신뢰하여 많은 경제적 투자를 한 상대방의 **신뢰보호**가 강하게 요청되고 있는 분야이다.

▶ 예 : 상업지구에 토지를 매입하여 상가를 짓고 있는데 주거지역으로 변경되면 막대한 손실이 초래된다.

따라서 계획변경가능성과 신뢰보호라는 상충되는 요청 사이의 적절한 조화가 절실하다고 하겠으며, 이에 제기된 이론이 바로 **계획보장청구권**이론이다. 따라서 이를 행정계획분야에 있어서의 신뢰보호의 원칙의 적용례라 할 수 있다.

계획보장청구권이란 단일한 내용의 청구권이 아니라, 계획의 존속·이행을 청구하고, 그렇지 못할 경우에는 경과조치와 손해전보를 청구할 수 있는 청구권 등을 포괄하는 개념이다. 따라서 계획보장청구권은 계획존속청구권, 계획준수·이행청구권, 계획변경·폐지청구권, 경과조치청구권 및 손해전보의 청구권을 포함하고 있다.

2. 계획보장청구권의 근거 및 성격

1) 계획보장청구권의 근거

계획보장청구권의 이론적 근거에 관하여는 ① 법치국가원리에 의한 법적 안정성을 구한다는 **법적 안정성설**, ② 행정계획의 존속을 신뢰한 자의 신뢰를 보호하여야 한다는 **신뢰보호설**, ③ 헌법상 보호받아야 하는 재산권의 일종이라는 **재산권설**, ④ 계획을 전제로 하는 계약불가능의 법리에 따르는 계약법리설 등이 있다.

  2) 계획보장청구권의 성격

  ① 행정청의 채무불이행으로 인한 손해배상청구권설, ② 행정청의 고의·과실에 의한 불법행위로 인한 손해배상청구권설, ③ 행정계획의 변경·폐지 자체는 적법한 것으로 보되, 이로 인한 침해는 특별한 희생에 해당되므로 수용유사침해로 인한 손실보상청구권이라는 견해 등이 있다.

3. 계획보장청구권의 내용

  1) 계획존속청구권

  행정계획의 변경 또는 폐지에 대항하여 그 존속을 주장하는 권리인 계획존속청구권은 행정계획의 가변성·공공복리성에 비추어 일반적으로는 인정될 수 없다고 하겠다. 그러나 계획이 법률 또는 행정행위의 형식으로 행하여진 경우에는 인정하여야 할 것이라는 견해도 있다. 즉, 행정계획이 법률의 형식으로 정립된 경우에도 ① 계획법규가 과거에 이미 종결된 사실에 적용되는 진정소급효를 갖는 계획변경은 당연히 불허되지만, ② 과거나 현재의 사실이나 법률관계에 적용되어 장래에까지도 법적 지위를 침해하게 되는 부진정소급효를 갖는 계획변경의 경우에는 당해 계획의 존속에 대한 이해관계인의 신뢰보호(예 : 토지의 매입과 건축행위의 개시 등)가 계획변경에 의하여 달성하고자 하는 공익보다 큰 경우에는 계획변경에 대한 계획존속청구권이 인정된다고 하겠다.
  한편, 행정계획이 행정행위의 형식으로 행하여진 경우에의 계획변경에 관하여는 행정행위의 철회의 제한에 관한 일반원칙이 적용된다고 하겠고, 따라서 이 역시 상대방의 신뢰보호가 계획변경의 제한원리로 작용하게 된다.

  2) 계획준수·이행청구권

  행정계획에 반하는 행정행위 기타의 행정작용의 금지를 청구하는 『계획준수청구권』과, 계획내용대로의 성실한 집행을 청구하는 『계획이행청구권』은 일반적으로는 인정되기 어렵지만, 법령상 계획의 성실한 집행의무가 명시되어 있고, 그 법령의 취지가 상대방의 이익도 보호하려는 취지임이 인정되는 경우에는 이들 청구권을 인정하여야 할 것이다.

  3) 계획변경·폐지청구권

  기존의 행정계획에 대하여 사정변경 등의 이유로 주민 등에게 계획변경·폐지청구권을 인정할 수 있는가의 문제이다.

판례는 이를 원칙적으로 부정하고 있는바(대판 1994. 12. 9, 94누8433), 그 논거로서는 행정청이 국민으로부터 어떤 행정행위를 해줄 것을 신청받고서 이를 거부한 행위가 행정처분(거부처분)이 되기 위해서는 국민에게 신청에 따른 행정행위를 해줄 것을 요구할 수 있는 '법규상 또는 조리상의 권리'가 있어야 하는바, 이러한 권리가 인정되지 아니한다는 이유로 취소소송의 대상이 되는 (거부)처분이 될 수 없고 따라서 부적법한 소로서 각하시키고 있다(국민의 청구는 단순히 행정청의 직권에 의한 계획변경을 촉구하는 민원제기에 불과하다고 본다). 그러나 예외적으로 계획변경청구권을 인정하는 판례도 있다(대판 2003. 9. 23, 2001두10936).

> **판례** 지역 주민은 도시계획사업실시계획의 변경인가를 청구할 권리가 없다는 판례
>
> 도시계획법(25①)에 의하면 도시계획사업실시계획의 인가 및 동 변경인가는 건설부장관이 사업시행자인 시장·군수의 신청에 의하여 행하도록 되어 있을 뿐, 주민이 직접 이를 신청할 수 있다는 규정도 없을 뿐만 아니라, 도시계획과 같은 장기성·종합성이 요구되는 행정계획은 일단 확정된 후 사정의 변동이 있다고 하여 지역 주민에게 일일이 계획의 변경을 청구할 권리를 인정해 줄 수 없다(대판 1994. 1. 28, 93누22090).

> **판례** 도시계획법상 용도지역의 변경을 청구할 권리가 없다는 재결례
>
> • 사실개요
> 청구인이 경영하고 있는 시장부지를 일반 주거지역에서 상업지역으로 변경하여 달라는 용도지역변경신청에 대하여 서울특별시장이 이를 거부하자 이를 이행하라는 의무이행행정심판을 제기하였다.
>
> • 재결요지
> 의무이행심판대상이 되는 거부처분 또는 부작위가 성립되기 위하여는 신청인에게 신청에 따른 행정행위를 해줄 것을 요구할 수 있는 법규상 또는 조리상의 권리가 있어야 하는바, 도시계획법상 주민에게 이러한 신청권이 없을 뿐만 아니라 도시계획과 같은 장기성·종합성이 요구되는 행정계획에 있어서는 그 계획이 일단 확정된 후 어떤 사정의 변동이 있다 하여 지역 주민에게 일일이 계획의 변경을 청구할 권리를 인정해 줄 수도 없으므로, 청구인의 이 건 용도지역변경신청은 적법한 신청이라기 보다는 단순한 민원제기에 불과하다고 할 것이므로 이 건 청구는 의무이행심판의 대상이 되지 아니한다고 할 것이므로 행정심판제기의 요건을 결한 부적법한 심판청구이므로 이를 각하한다(국무총리행정심판위원회재결 1993. 6. 30, 93-176).
> ※ 이 건 재결서는 제4편 중 행정심판에서 직접 예시하고 있음.

> **판례** 국토이용계획변경신청을 거부하는 경우 실질적으로 폐기물처리업허가신청을 불허하는 결과가 되는 예외적인 경우 계획변경신청권을 인정한 판례
>
> (구 폐기물관리법상) 폐기물처리사업계획의 적정통보를 받은 자는 장래 일정한 기간 내에 관계 법령이 규정하는 시설 등을 갖추어 폐기물처리업허가신청을 할 수 있는 법률상 지위에 있다고 할것인바, 피고(진안군수)로부터 폐기물처리사업계획의 적정통보를 받은 원고가 폐기물처리업허가를 받기 위하여는 이 사건 부동산에 대한 용도지역을 '농림지역 또는 준농림지역'에서 '준도시지역(시설용지지구)'으로 변경하는 국토이용계획변경이 선행되어야 하고, 원고의 위 계획변경신청을 피고가 거부한다면 이는 실질적으로 원고에 대한 폐기물처리업허가신청을 불허하는 결과가 되므로, 원고는 위 국토이용계획변경의 입안 및 결정권자인 피고에 대하여 그 계획변경을 신청할 법규상 또는 조리상 권리를 가진다고 할 것이다(대판 2003. 9. 23, 2001두10936, 진안군수의 (주)진도에 대한 국토이용계획변경승인거부처분을 다툰 사건).

4) 경과조치청구권

행정계획이 변경·폐지될 경우에 이로 인하여 재산상의 손해를 보게 되는 자가, ① 자기에 대한 적용배제 또는 적용유예기간의 설정, ② 추가로 필요한 시설을 위한 보조금지급청구권 등의 경과조치를 청구할 수 있는가에 관한 문제이다.

생각건대, 상대방의 신뢰보호상 계획존속·이행청구권이 부인되는 데 대한 보완적 의미에서라도 이러한 경과조치청구권을 인정하는 것이 바람직하며, 과거 우리 행정절차법안(58①)에서는 행정계획을 변경·폐지하고자 할 때에는 『국민의 재산상 손실을 방지하기 위한 시설의 설치 기타 필요한 예방대책을 강구』하도록 명시하여 경과조치청구권을 인정한 적이 있지만, 행정절차법을 비롯한 현행법상 이러한 권리를 규정한 법령은 없다.

5) 손해배상·손실보상청구권

계획의 변경·폐지로 인한 손해나 손실의 보전에 관한 일반적 규정은 없으며, 행정상 손해배상 또는 손실보상의 법리에 따라 해결하여야 할 것이다.

그러나 현실적으로 담당 공무원의 고의·과실을 입증하기가 쉽지 아니하기 때문에 손해배상책임은 인정되기 어려울 것이므로, 적법한 계획의 변경·폐지로 인한 특별한 희생에 대하여는 대체로 손실보상의 법리에 따라 손실보상을 하여야 할 것이다.

> **사례연습 해설**
>
> 도지사 甲의 도시계획변경결정이 위법한 경우, X는 도시계획변경결정의 취소를 구하는 취소소송을 제기함으로써 그 권리구제를 받을 수 있고, 이 경우 사정판결의 가능성도 있다. 판례는 도시계획결정 및 그 변경결정에 대한 처분성을 인정한다(대판 1982. 3. 9, 80누105). 도시계획결정이 적법한 경우에는 변경을 구할 수 없다. 왜냐하면 도시계획은 공익을 위한 것이지 사익을 위한 것은 아니므로 X는 도시계획변경청구권을 갖지 아니하기 때문이다.
>
> 또한 도지사 甲의 도시계획결정이 위법한 경우, X는 국가배상법 제2조가 정하는 바에 따라 손해배상을 청구할 수도 있다. 한편, 도지사 甲의 도시계획결정이 적법한 경우에 X가 특별한 희생을 강요당한다면 손실보상을 청구할 수도 있다. 그러나 판례의 태도에 비추어 보상규정이 없는 한 손실보상을 받기에는 어려워 보인다.

Ⅶ. 행정계획의 구제수단

1. 행정계획의 사후적 구제수단

1) 행정쟁송

상술한 바와 같이 국민에 대한 구속적 행정계획은 처분적 행정행위가 되기 때문에 행정심판이나 행정소송으로 그 취소·변경을 구할 수 있다고 하겠으나 광범위한 계획재량이 인정됨에 따라 첫째, 원고의 승소가 어렵고 둘째, 계획의 특정 부분만의 취소는 전체계획을 무용화시킬 가능성이 있으며 셋째, 계획의 확정은 완성된 사실을 의미하는 것으로서 권익구제의 실효성을 거두기 어려운 점 등의 한계가 있기 때문에 주로 **계획수립·확정 절차의 위법성 여부**에 심사의 중점이 놓여질 수밖에 없다고 하겠다.

> **판례** 고시된 도시계획결정이 행정소송이 대상이 되는가(적극)
> 도시계획법 제12조 소정의 고시된 도시계획결정은 특정 개인의 권리 내지 법률상의 이익을 개별적이고 구체적으로 규제하는 효과를 가져오게 하는 행정청의 처분이라 할 것이고, 이는 행정소송의 대상이 된다(대판 1982. 3. 9, 80누105).

2) 손실보상

행정계획으로 인한 손실보상은 ① 그린벨트(개발제한구역) 설정과 같이 행정계획 자체로 인한 재산권의 제한(소위 **계획제한**)에 대하여 이를 특별한 희생으로 보아 손실보상을 할 것인가의 문제와, ② 행정계획이 **변경·폐지**된 경우에 그 존속을 신뢰하여 자본 등을 투자한 개인에 대하여 손실보상을 할 것인가의 문제가 제기된다.

그러나 손실보상의 요건에서 말하는 『특별한 희생』이 인정되더라도 **헌법(23③)** 규정상 손실보상을 한다는 법률의 규정이 없는 한 손실보상은 할 수 없고, 대신에 공용침해로 인한 손실에 대한 보상규정이 없는 법률은 수용과 보상은 동시에 정하여야 하는 헌법상의 결부조항에 위배되기 때문에 그 법률은 **위헌·무효**이므로 그 위법(위헌)을 이유로 한 **손해배상청구권**이 인정된다는 견해와, 상기 헌법규정에 직접 근거하여 **손실보상청구권**이 인정된다는 견해 등으로 대립되고 있다. 그러나 계획재량에 의한 재산권의 침해에 대해서는 점차 개별 입법의 구체화를 통하여 그 손실보상의 범위를 넓혀 가는 것이 계획재량의 정당성과 국민의 권리구제를 위하여 바람직할 것이라 생각된다.

> **판례** 개발제한구역 지정에 관한 도시계획법 제21조는 합헌이라는 판례
> 도시계획법 제21조의 규정에 의하여 개발제한구역 안에 있는 토지의 소유자는 재산상의 권리 행사에 많은 제한을 받게 되고 그 한도 내에서 일반 토지소유자에 비하여 불이익을 받게 됨은 명백하지만, '도시의 무질서

한 확산을 방지하고 도시주변의 자연환경을 보전하여 도시민의 건전한 생활환경을 확보하기 위하여 또는 국방부장관의 요청이 있어 보안상 도시의 개발을 제한할 필요가 있다고 인정되는 때'(도시계획법 제21조 제1항)에 한하여 가하여지는 그와 같은 제한으로 인한 토지소유자의 불이익은 공공의 복리를 위하여 감수하지 아니하면 안 될 정도의 것이라고 인정되므로, 그에 대하여 손실보상의 규정을 두지 아니하였다 하여 도시계획법 제21조의 규정을 헌법 제23조 제3항, 제11조 제1항 및 제37조 제2항에 위배되는 것으로 볼 수 없다(대판 1996. 6. 28, 94다54511).

> **판례** 개발제한구역 지정으로 사회적제약의 범위를 넘는 가혹한 부담이 발생하는 예외적인 경우에도 보상규정을 두지 않는 것은 위헌이라는 판례
> 도시계획법 제21조에 의한 재산권의 제한은 개발제한구역으로 지정된 토지를 원칙적으로 지정 당시의 지목과 토지현황에 의한 이용방법에 따라 사용할 수 있는 한, 재산권에 내재하는 사회적 제약을 비례의 원칙에 합치하게 합헌적으로 구체화한 것이라고 할 것이나, 종래의 지목과 토지현황에 의한 이용방법에 따른 토지의 사용도 할 수 없거나 실질적으로 사용·수익을 전혀 할 수 없는 예외적인 경우에도 아무런 보상없이 이를 감수하도록 하고 있는 한, 비례의 원칙에 위반되어 당해 토지소유자의 재산권을 과도하게 침해하는 것으로서 헌법에 위반된다. 도시계획법 제21조에 규정된 개발제한구역제도 그 자체는 원칙적으로 합헌적인 규정인데, 다만 개발제한구역의 지정으로 말미암아 일부 토지소유자에게 사회적 제약의 범위를 넘는 가혹한 부담이 발생하는 예외적인 경우에 대하여 보상규정을 두지 않은 것에 위헌성이 있는 것이다(헌재 1998. 12. 24, 97헌바78).

2. 행정계획의 사전적 권리구제수단

행정계획은 성격상 계획수립단계에서 이해관계인의 참여를 보장하여 공익과 사익의 조화를 기하는 행정 절차적·사전적 구제수단의 확립이 매우 중요한 비중을 차지하고 있으며, 지금까지의 개별적·단편적 법률로는 미흡하여 **행정절차법**(제5장)에서는 많은 국민의 이해가 상충되는 이러한 행정계획의 수립·시행에 관하여 **행정예고제**를 규정하고 있고 이해관계인은 그 예고된 계획에 대하여 의견제출 및 공청회 등을 통하여 절차적 참여가 보장되고 있다.

이 밖에도 **국토의 계획 및 이용에 관한 법률** 등에서처럼 공청회의 개최를 통한 의견수렴이나, 계획안을 공람시켜 의견제출의 기회를 부여하는 등의 방법으로 이해관계인의 절차적 참여를 보장하여 행정계획의 정당성을 확보하는 것이 일반적이다.

제 3 절   공법상 계약 및 합동행위

Ⅰ. 공법상 계약

> 행정기본법 제27조(공법상 계약의 체결) ① 행정청은 법령등을 위반하지 아니하는 범위에서 행정목적을 달성하기 위하여 필요한 경우에는 공법상 법률관계에 관한 계약(이하 "공법상 계약"이라 한다)을 체결할 수 있다. 이 경우 계약의 목적 및 내용을 명확하게 적은 계약서를 작성하여야 한다.

② 행정청은 공법상 계약의 상대방을 선정하고 계약 내용을 정할 때 공법상 계약의 공공성과 제3자의 이해관계를 고려하여야 한다.

1. 개 설

1) 공법상 계약의 의의

'공법상 계약'이란 『공법적 효과의 발생을 목적으로 하는 복수당사자 간의 반대방향의 의사표시의 합치에 의하여 성립되는 공법행위』를 말한다.

▶ 예 : '공익사업을 위한 토지 등의 취득 및 보상에 관한 법률'에 의한 사업자와 토지소유자 간의 토지취득을 위한 협의(협의취득).

공법상 계약은 행정주체와 객체가 대등한 지위에서 자유로운 계약에 의하여 법률관계를 형성하는 비권력작용이라는 점에 특색이 있으며, 행정주체가 우월한 의사의 주체로서 국민에 대하여 일방적으로 명령·강제하는 권력작용인 행정행위 중심의 독일 및 우리나라 행정법체계 하에서는 이론이 크게 발전하지 못하고 있고 판례도 이러한 개념을 부정하고 있는 형편이지만, 프랑스와 미국에서는 널리 활용되고 있는 비권력행정에 속하는 행위형식이다.

2) 공법상 계약과 다른 행위형식의 구별

① 공법상 계약과 사법상 계약의 구별

사법상 계약은 사법의 영역에 복수당사자의 의사의 합치에 의하여 이루어지는 계약이지만, 공법상의 계약은 공법상의 권리·의무의 발생·변경·소멸의 공법적 효과의 발생을 목적으로 한다는 점에서 구별된다. 공법상 계약은 공법의 영역에서의 법률관계를 의미한다. 따라서 국가가 순수한 사경제적 행위(국고행위)로서 사인과 행하는 계약(국유재산 매매·임대계약, 도로공사도급계약, 물품구매계약 등)은 사법적 효과를 발생하는 것이므로 사법상 계약에 해당한다.

전화가입계약도 여러 가지 공법적인 규제가 있기는 하지만 그 본질은 사법상 계약이므로 전화가입계약의 해지는 민사소송으로 다투어야 하며, 취소소송의 대상이 되는 행정처분으로 볼 수 없다(대판 2001. 2. 27, 99두6842).

② 공법상 계약과 행정행위의 구별

행정행위는 『일방적 의사에 의한 권력적 단독행위』라는 점에서 구별된다. 그러나 **공무원임명행위·귀화허가** 등이 공법상 계약 또는 행정행위 중 어느 것에 해당하는지에 관하여는 견해가 대립되어 있다. 공법상의 계약은 그 법률효과가 복수당사자 사이의 의사의 결합에 의하여 성립된다. 공무원 임명행위와 귀화허가는 상대방의 신청에 의한 의사의 합치라는 점에서는 공법상 계약처럼 보이지만, 신청에 대하여 행정청이 일방적 의사에 의한 결정의 성질이 더 강하기 때문에 **행정행위**로 보아야 할 것이다. 이들 문제는 결국 특정 실정법제도에 있어서의 의사합치의 성질에서 찾아야 할 것이다.

③ 공법상 계약과 공법상 합동행위의 구별

복수당사자 사이의 의사표시의 합치라는 점에서는 같지만, A시와 B시가 조합을 설립하는 것과 같은 공법상 합동행위는 모든 당사자 간의 『같은 방향의 의사표시』이며, 따라서 그 법적 효과도 당사자 간에 같은 의미를 가진다는 점에서 구별된다.

▶ 예 : 조합설립행위는 조합원으로서 같은 방향의 동등한 권리·의무가 성립함에 비하여, 공법상 계약은 토지취득을 위한 협의와 같이 토지소유권취득과 보상금지급의무, 소유권이전의무와 보상금지급청구권의 발생과 같이 당사자 간에 서로 반대방향의 법률효과가 발생한다.

3) 행정계약론

최근 공법상 계약뿐만 아니라 사법상 계약까지 포함하여 행정주체가 계약당사자가 되는 것을 모두 **행정계약**이라 하는 경우가 있다. 이러한 견해는 공법과 사법의 구별기준이 명확하지 않고, 사법상 계약과 명확히 구별되는 공법상 계약의 영역을 확정하기 어려우며, 공법상 당사자소송과 민사소송을 구별할 실익이 없다는 점을 그 논거로 하고 있다. 그러나 양자는 ① 우리 행정법체계가 전통적으로 공·사법의 이원적 체계를 유지하고 있고, 각 분야에 적용되는 법규 및 법원리가 다르며, ② 이에 적용되는 구제제도도 국가배상법·행정소송법 아니면 민법·민사소송법으로 구분되어 있기 때문에 법이론적으로 볼 때 양자는 따로 논함이 타당하다고 생각된다.

그러나 현실적으로 볼 때 아직 공법상 계약에만 고유한 법원리가 크게 발전되어 있지 못하고, 국가배상제도 및 공법상 당사자소송의 일반 민법·민사소송에 대한 특칙도 그다지 많지 아니하므로 법원의 소송실무에서는 이들을 모두 민사소송으로 함께 취급하고 있는 실정이다.

4) 외국의 공법상 계약

① 독 일

행정행위 중심의 행정법이론체계상 **공법상 계약**의 범위는 매우 한정적·예외적으로만 인정되어 왔으며, 행정절차법(54~62)은 법규에 반하지 아니하는 한 이를 허용하고 있고, 서면에 의할 것과 무효원인 등에 관하여 규정하고 있다.

② 프랑스

국참사원('꽁세이 데따') 판례를 중심으로 행정계약의 관념이 광범위하게 인정되어 왔으며, 토지수용계약뿐만 아니라, 독일에서는 행정행위로 보는 공기업특허·공물사용권의 특허와 사법상 계약으로 보는 공사도급계약·물품납품계약·물품제조계약·운송계약 등도 모두 행정계약으로 본다.

③ 영·미

원래 공·사법의 구별이 인정되지 아니하였으므로 특별한 공법상 계약의 관념이 성립될 여지가 없었고 일반 사법이 적용되어 왔다. 그러나 19세기 후반부터 **정부계약**이라는 이름으로 여러 정책적 조항을 포함한 **표준조항**을 도입하여 사법상 계약에 대한 특칙들을 인정하고 있다.

2. 공법상 계약의 성립가능성과 자유성

1) 공법상 계약의 성립가능성

① 부정설

공법상 계약은 국가와 사인이 대등한 의사의 당사자관계에서 성립하는 것인데, 행정은 항상 국민에 대하여 고권적 행위를 하려고 하기 때문에 국가와 사인 간에는 의사의 대등성이 인정되기 어렵고 따라서 공법상 계약은 성립되지 않는다는 것이다.

② 긍정설

그러나 오늘날 급부행정의 증대로 인하여 행정행위의 유연성이 요구되면서 통설은 실정법규 또는 실제상의 필요 등을 근거로 하여 공법상 계약의 성립가능성을 인정하고 있다.

③ 결 언

행정주체의 의사라고 하여 어떤 분야이든 선험적으로 항상 우월한 것이라고 단정할 수는 없고, 법률이 우월성을 인정치 아니할 경우 또는 법률상 규율되고 있지 아니한 분야에 있어서까지 공법상 계약의 성립을 부정할 이유는 없다고 생각되므로 **긍정설**이 타당하다고 하겠다.

2) 공법상 계약의 자유성

공법상 계약의 성립가능성을 인정하는 경우에도 그 체결에 법률의 근거가 있어야 할 것인가의 문제에 관하여는 다시 견해가 대립되어 있다.

① 부정설

법률에 의한 행정의 원리가 공법상 계약에도 적용되어야 하므로 **법률의 근거가 있어야 한다**

고 하여 공법상 계약의 자유성을 부정하는 견해이다.

② 긍정설

권력작용인 행정행위와 달리 비권력작용인 공법상 계약의 효력은 사법상 계약과 마찬가지로 당사자 간의 자유로운 의사의 합치 그 자체에서 도출되기 때문에 굳이 **법률의 근거가 필요없다**고 하여 공법상 계약의 자유성을 인정하는 견해이다.

③ 사견

비권력작용인 공법상 계약은 권력작용인 행정행위와는 그 성립기초와 효력근거를 달리한다고 할 것이므로 법률의 근거를 요하지 아니한다고 하겠다(긍정설).

3. 공법상 계약의 종류

1) 행정주체 상호간의 계약

① 국가와 공공단체 간, 또는 공공단체 상호간의 사무위탁계약이나(예 : 농지개량조합이 시·군과 조합비징수위탁계약을 체결하는 것), ② 지방자치단체 상호간에 도로법·하천법에 의하여 도로·하천의 관리 및 경비부담에 관하여 체결하는 계약 등이 이에 해당한다.

2) 행정주체와 사인 간의 계약

▶ 예 : ① 국가·공공단체가 사업자인 경우의 협의에 의한 토지취득,
② 임의적 공용부담계약(예 : 사유지를 공원·학교부지로 제공하는 소위 기부채납; 국유재산9·24, 지방재정75),
③ 행정사무의 위탁계약(예 : 별정우체국법에 의한 별정우체국의 지정),
④ 공법상 보조금지급계약(예 : 형식상으로는 보조금 교부결정이라는 행정행위의 형식에 의하지만 실질적 법률관계는 협의에 의하여 형성되는 공법상 계약이다. 보조금17),
⑤ 특정분야의 연구개발사업계약,
⑥ 수도공급계약(지방자치단체와 사인 간의),
⑦ 원자력손해배상보상계약(정부와 원자력사업자 간의, 원자력손해배상법9),
⑧ 환경보전협정(지방자치단체와 사기업 간의) 등이 이에 해당된다.

이들 외에도 학자에 따라서는 공무원임명, 귀화허가, 지원에 의한 군입대 또는 국공립학교에의 입학 등을 공법상 계약으로 보는 견해도 있으나 이는 권력행정에 속하고, 대등한 의사의 합치로 성립한다고 보기는 어려우므로, 상대방의 협력을 요하는 행정행위로 보는 것이 타당하다.

한편, 일본의 공해방지협정(지방자치단체와 기업 간의), 독일의 교환계약(허가 등의 수익적 행정행위를 해 주는 대신 부담금의 납부의무를 약속하는) 등과 같이 외국에서는 전형적인 권력행정분야에서도 공법상 계약의 성립을 인정하는 예도 있다.

3) 사인 상호간의 계약

법률에 명문규정이 있는 경우 사인 상호간에도 공법적 효과가 발생하는 공법상 계약의 성립을 인정할 수 있으며, 현행법상으로 **사업자가 사인인 경우의 협의에 의한 토지취득**이 이에 해당한다. 이를 순수한 사법상의 매매계약으로 보는 견해도 있으나, 협의에 대한 확인이 있으면 토지수용위원회의 재결과 같은 효력을 가지며 따라서 사업자는 권리를 취득하고, 토지소유자는 보상금청구권과 환매권이라는 공권을 취득하게 되므로 공법상 계약으로 볼 것이다.

4. 공법상 계약의 특수성

사법상 계약에 대한 공법상 계약은 ① 행정주체와 사인 간의 계약으로 법규에 따르거나 또는 자유의 방식에 의하지만, ② 문서의 형식으로 하여야 하며, ③ 절차가 중요시되고, ④ 그 당사자의 자유로운 의사에 의한 동의가 있어야 하고, ⑤ 계약기간이 명시되어야 하며, ⑥ 그에 대하여 명백한 하자가 있을 때는 성립되지 않는 특수성이 있다.

1) 공법상 계약의 실체법적 특수성

① 합법성의 원칙

법률에 위배되지 아니하여야 한다. 따라서 법률이 공법상 계약을 명시적 또는 묵시적으로 금지한 경우에는 불가능하며, 계약의 절차·방법·형식·내용 등에 관한 명문의 규정이 있는 경우에는 이에 위반하여서는 아니 된다.

② 방법 및 형식

원칙적으로 문서에 의하여야 하며(독일 행정절차법57), 체결방법으로는 일반경쟁·제한경쟁·지명경쟁 및 수의계약의 방법이 있다(예회76·지재61).

③ 절 차

원칙적으로 제한은 없으나, 공익상 행정관청의 인가 또는 확인을 받도록 하는 경우도 있다(예 : 토지수용의 협의성립의 확인, 공익사업을 위한 토지 등의 취득 및 보상에 관한 법률29 참조).

④ 계약강제

계약체결 여부는 원칙적으로 당사자 간의 자유에 맡기는 것이지만(계약자유의 원칙), 예외적으로 수도공급계약과 같이 일상생활에 필요 불가결한 재화나 용역의 공급은 국민의 생활권보장이라는 윤리적 측면에서 법률로 정당한 사유 없이 공급을 거절하지 못하도록 함으로써 계약강제가 행하여지기도 한다(수도24).

⑤ 해 제

일반적으로는 민법상의 계약해제규정(민543 이하)이 그대로 적용된다고 할 수 있지만, 예외적으로 공익상 특별한 제한이 가해지는 경우도 있다(예 : 상술한 수도공급계약은 생존권보장 측면에서 행정주체가 자유로이 해제할 수 없다).

민법상의 해제사유(상대방의 채무불이행 등)가 있는 경우 외에도 행정주체는 사정변경 등의 경우에 공익상 해제할 수 있고 상대방은 이에 대하여 손실보상을 청구할 수 있다(보조금21 등).

⑥ 하 자

무효·취소 등 행정행위의 하자에 관한 이론 대신에 민법상 법률행위의 하자에 관한 규정(착오·사기·강박·허위표시 등)이 적용된다.

2) 공법상 계약의 절차법적 특수성

공법상 계약에 관한 쟁송은 『공법상 법률관계에 관한 소송』이므로 **공법상의 당사자소송**으로 행정소송법의 적용을 받게 된다.

판례 공법상 계약의 해지의 무효확인은 공법상 당사자소송으로 청구하여야 한다는 판례
공중보건의사 채용계약해지의 의사표시에 대하여는 대등한 당사자 간의 소송형식인 공법상의 당사자소송으로 그 의사표시의 무효확인을 청구할 수 있는 것이지, 이를 항고소송의 대상이 되는 행정처분이라는 전제에서 그 취소를 구하는 항고소송을 제기할 수는 없다고 할 것이다(대판 1996. 5. 31, 95누10617).

이와 같이 일방의 계약상의 채무불이행에 대하여는 공법상 당사자소송에 의하여 법원에 강제집행을 청구할 수밖에 없고, 행정강제(강제징수·강제철거 등)의 방법으로 행정관청이 직접 이를 실현하는 자력집행력이 인정되지 아니한다는 점에서 행정행위와 구별된다. 다만, 지정된 용도 외의 사용 등을 이유로 보조금교부결정을 취소한 경우에 국세징수의 예에 따른 보조금의 강제환수제도와 같이 예외적으로 자력집행력을 인정한 경우도 있다(보조금33).

Ⅱ. 공법상 합동행위

> 공법상 합동행위란『공법적 효과의 발생을 목적으로 하는 복수당사자 간의 동일방향의 의사표시의 합치에 의하여 성립되는 공법행위』를 말한다.

각 당사자 간에 의사표시의 방향이 동일하고, 그 법적 효과도 동일한 의미를 가진다는 점에서 **공법상 계약**과 구별된다.

➡ 예 : ① 지방자치단체 간에 지방자치단체조합을 설립하는 행위(지자149),
② 공공조합 간에 공공조합연합회를 설립하는 행위(산림조합법에 의한 산림조합중앙회) 등이 있다.

제4절　행정상의 사실행위

Ⅰ. 개　설

1. 행정상의 사실행위의 의의

> '행정상의 사실행위'란『일정한 법률효과를 지향하는 것이 아니라 직접적으로 어떠한 사실상의 결과의 발생만을 목적으로 하는 행정주체의 행위』를 말한다.

이는 법적 효과의 발생을 목적으로 하는 행정행위 등의 법적 행위에 대응하는 개념이다.

➡ 예 : 폐기물 수거, 불법건축물의 철거, 도서관·도로 등 공공시설의 설치, 도로청소, 법령질의에 대한 응답, 방범순찰활동, 범인체포, 도로·교량의 보수 등.

종래 행정법학의 주된 연구대상은 국민의 권리·의무에 직접 변동을 초래하는 행정행위를 중심으로 한 법적 행위에 국한하면서, 사실행위 중『계속적 성질을 가지는 권력적 사실행위(불법건축물 철거, 강제격리, 강제수거 등)』만은 취소소송의 대상이 된다고 하는 정도였으나, 오늘날 현대 복지국가하에서 **급부행정**의 비중이 커짐에 따라 사실행위의 근거·한계·구제수단 등과 관련하여 행정법학의 관심의 대상이 되고 있다.

2. 행정상의 사실행위의 종류

1) 권력적 사실행위와 비권력적 사실행위

공권력의 행사에 해당하는 **권력적 사실행위**는 계속성을 가지는 한 **행정쟁송**으로 취소를 구할 수 있다는 의미에서 **구별**의 실익이 있다.

▶ 예 : 권력적 사실행위로서는 행정대집행의 실행, 전염병환자의 강제격리, 위법한 관세물품의 영치행위 등이 있으며, ② 비권력적 사실행위로는 폐기물 수거, 행정지도, 표창 등이 있다.

2) 정신적 사실행위와 물리적 사실행위

사람의 의사작용을 중심으로 이루어지는 행정지도·보고·표창·교시(敎示, 법적 효과가 없는 질의에 대한 응답 등) 등은 정신적 사실행위에 속하고, 전화설치·도로보수·대집행실행 등은 물리적 사실행위에 속한다.

3) 집행적 사실행위와 독립적 사실행위

법령 또는 행정행위를 집행하기 위하여 행하여지는 사실행위(대집행을 위한 무허가건물 철거행위, 전염병 환자의 강제격리, 경찰관 무기사용, 강제징수 등)는 집행적 사실행위에 속하며, 취소소송의 대상이 된다. 독립적 사실행위는 금전출납행위·도로보수공사·학교수업·행정지도 등이 이에 해당된다.

4) 공법적 사실행위와 사법적 사실행위

사실행위가 공·사법의 어느 쪽의 규율을 받게 되는가에 따라 구제절차도 행정소송(취소소송 또는 공법상의 당사자소송)과 민사소송으로 구분된다(예 : 시영버스나 지하철 운송행위는 사법적 사실행위이므로 사법이 적용되고 민사소송으로 구제받는다).

Ⅱ. 행정상의 사실행위의 법적 근거와 한계

1. 행정상의 사실행위의 법적 근거

사실행위는 법적 효과를 발생하지 아니하므로 법적 근거는 필요 없다고 하겠으나, ① 다른 모든 행정작용에서와 마찬가지로 최소한 조직법상의 근거는 필요하며, ② 작용법상의 근거는 행정행위와 마찬가지로 법률유보에 관하여 침해유보설·전부유보설·사회유보설·중요사항유보설 중 어느 것을 취하는가에 따라 법률유보의 범위가 달라지겠지만, 적어도 침해유보설의 입장에서 국민의 신체·재산 등에 실력을 가하는 **권력적 사실행위**는 법률의 근거를 요한다고 하여야 할 것이다.

2. 행정상의 사실행위의 한계

사실행위도 행정작용의 일종이므로 법치주의의 범위 내에서만 행사되어야 한다. 따라서 법령에 그 근거·절차요건 등에 관한 규정이 있으면 이에 저촉되어서는 아니 되며, 행정목적 달성을 위하여 필요한 최소한의 범위 내에서만 행사되어야 하고(비례의 원칙), 그 외에도 **평등·신뢰보호의 원칙** 등 행정법의 일반법원칙에 위배되면 위법임을 면할 수 없게 된다.

Ⅲ. 행정상의 사실행위에 대한 구제

1. 행정쟁송

사실행위가 행정쟁송의 대상인 『처분』의 개념에 포함될 것인가에 관하여 견해가 대립되어 있으나, 일반적으로 권력적 사실행위에 대해서는 처분에 해당하는 것으로 보고 있다. 그러나 비권력적 사실행위에 대해서는 항고소송이 유일한 길이 아니라 국가배상청구권이나 공법상 결과제거청구권을 통해서도 권리구제의 길이 열려 있기 때문에 처분에 해당하는 것으로 볼 실익이 없게 된다. 사실행위의 종류별로 나누어 고찰할 필요가 있다.

1) 권력적 사실행위

① **긍정설**은 행정심판법(2)과 행정소송법(2)상의 『공권력의 행사』에는 행정행위뿐만 아니라 권력적 사실행위도 **계속적 성질**을 가지는 한 포함된다고 하며(전염병 환자의 강제 격리, 검사를 위한 식품·의약품의 강제수거 등), 다만 단시간 내에 종료되어 버리는 사실행위(경찰관의 임의동행, 위험한 행위의 제재조치 등)는 사실상 취소를 구할 이익이 없어 행정쟁송의 대상이 되기 어려울 것이라고 한다.

② **부정설**은 아무런 법적 효과를 가지지 아니하는 순수한 사실행위는 취소의 대상이 될 수 없으므로 행정쟁송의 대상이 될 수 없다고 한다.

그러나 부정설에 의하더라도 사실행위가 수인하명이라는 행정처분과 결합된 『**합성행위**』(合成行爲)의 경우(예 : 사람의 수용, 물건의 영치는 수인을 명하는 수인하명과 권력적 사실행위인 수용·영치 행위가 합성하여 하나의 행위를 이루고 있다고 본다)에 수인하명 부분에 대하여는 성질상 취소 청구가 가능하므로 전체적으로 보아 취소 청구가 가능하다고 함으로써 결과적으로 긍정설과 큰 차이가 없다.

> **판례**
>
> 권력적 사실행위에 해당하는 종로구청장의 단수조치(대판 1979. 12. 28, 79누218), 미결수용자의 교도소이송조치(대판 1992. 8. 7, 92두30) 등을 행정처분에 해당한다고 보았다.

2) 정신적 사실행위

행정청의 주의·권고·행정지도 등의 행위는 직접 법적 효과를 발생하는 것이 아니므로 역시 행정쟁송으로 취소를 구할 수 없다고 하겠다. 다만, 의사에 대한 경고와 같이 명예·신용에 사실상 중대한 영향을 미치는 행위에 대하여는 취소를 구할 수 있다는 견해도 있다.

3) 공공시설의 설치

쓰레기소각장·육교설치 등의 공공시설의 설치행위에 관하여,

① 통설은 행정행위성을 부인하므로 공법상의 **당사자소송**(재판실무에 있어서는 **민사소송**)으로 공사중지(가처분을 포함하여)의 이행소송을 제기하여야 하며, 행정소송법상의 취소소송의 대상은 아니라고 하고,

② 소수설은, 이들 행위를 분석하면 **기공결정이라는 행정행위와 시공이라는 사실행위가 결합**하여 하나의 행위를 이루고 있는 것이므로 전체적으로 보아 취소를 구할 수 있다고 하며, 실제로 일본의 하급심판결도 이를 지지하였으나 항소심은 기공결정행위는 행정관청 내부의 의사결정에 불과하며 공사 그 자체는 도급계약의 이행인 사실행위에 불과하다고 하여 전체적으로 취소소송의 대상이 될 수 없다고 하였다(동경고재 1974. 4. 30).

2. 손해배상

공무원의 고의·과실에 의한 위법한 직무집행행위인 사실행위(임의동행·강제수거·불법건축물 철거·노점상단속 등) 또는 영조물 설치·관리에 하자가 있는 사실행위(도로·교량의 보수행위 등)로 인하여 손해가 발생한 경우에는 취소소송으로 구제받는 것보다는 손해배상으로 구제받는 편이 훨씬 실효성 있는 구제방법이 될 것이다. 실제 손해배상제도가 주로 활용되고 있는 분야도 행정청의 법적 행위인 행정행위에 의한 손해의 배상보다는 사실행위에 의한 손해배상이라고 하겠다.

그러나 공법적 사실행위에 속하지 아니하는 **사법적 사실행위**는 성격상 국가배상법이 아닌 민법상의 불법행위로 인한 손해배상제도의 적용을 받는다는 점에 유의하여야 한다.

3. 손실보상

위법한 사실행위가 아니라 적법한 사실행위로 인한 특별한 희생(예 : 소방관의 소화작업에 장애가 되는 물건의 파괴행위 등)에 대하여 법률에 손실보상의 근거규정이 있으면 보상함이 당연하지만, 손실보상의 근거규정이 없는 경우에는 ① 직접 헌법(23③)의 규정에 의하여 손실보상을 청구할 수 있다는 견해와, ② 보상근거규정을 두지 아니한 법률은 위헌·무효이므로 적법행위에 대하여만 인정되는 손실보상의 청구는 불가능하지만, 위법행위로 인한 손해배상의 청구는 가능하다는 견해 등으로 나누어지고 있다.

> **판례** 서울대학교가 "94학년도 대학입학고사주요요강"을 제정하여 발표한 것에 대하여 제기된 헌법소원심판청구의 적법여부(공권력행사) 해당여부, 보충성, 권리보호의 이익
>
> 국립대학인 서울대학교의 "94학년도 대학입학고사주요요강"은 사실상의 준비행위 내지 사전안내로서 행정쟁송의 대상이 될 수 있는 행정처분이나 공권력의 행사는 될 수 없지만 그 내용이 국민의 기본권에 직접 영향을 끼치는 내용이고 앞으로 법령의 뒷받침에 의하여 그대로 실시될 것이 틀림없을 것으로 예상되어 그로 인하여 직접적으로 기본권 침해를 받게 되는 사람에게는 사실상의 규범작용으로 인한 위험성이 이미 현실적으로 발생하였다고 보아야 할 것이므로 이는 헌법소원의 대상이 되는 헌법재판소법 제68조 제1항 소정의 공권력의 행사에 해당된다고 할 것이며, 이 경우 헌법소원 외에 달리 구제방법이 없다(헌재 1992. 10. 1, 92헌마68·76).

제 5 절 행정지도

행정절차법 제2조(정의)
3. "행정지도"란 행정기관이 그 소관 사무의 범위에서 일정한 행정목적을 실현하기 위하여 특정인에게 일정한 행위를 하거나 하지 아니하도록 지도, 권고, 조언 등을 하는 행정작용을 말한다.
제48조(행정지도의 원칙)
① 행정지도는 그 목적 달성에 필요한 최소한도에 그쳐야 하며, 행정지도의 상대방의 의사에 반하여 부당하게 강요하여서는 아니 된다.
② 행정기관은 행정지도의 상대방이 행정지도에 따르지 아니하였다는 것을 이유로 불이익한 조치를 하여서는 아니 된다.
제49조(행정지도의 방식)
① 행정지도를 하는 자는 그 상대방에게 그 행정지도의 취지 및 내용과 신분을 밝혀야 한다.
② 행정지도가 말로 이루어지는 경우에 상대방이 제1항의 사항을 적은 서면의 교부를 요구하면 그 행정지도를 하는 자는 직무 수행에 특별한 지장이 없으면 이를 교부하여야 한다.
제50조(의견제출)
행정지도의 상대방은 해당 행정지도의 방식·내용 등에 관하여 행정기관에 의견제출을 할 수 있다.
제51조(다수인을 대상으로 하는 행정지도)
행정기관이 같은 행정목적을 실현하기 위하여 많은 상대방에게 행정지도를 하려는 경우에는 특별한 사정이 없으면 행정지도에 공통적인 내용이 되는 사항을 공표하여야 한다.

Ⅰ. 개 설

1. 행정지도의 의의

'행정지도'란 『행정주체가 소관사무의 범위 안에서 일정한 행정목적을 달성하기 위해 지도·권고·조언·장려 등의 방법으로 상대방의 자발적인 작위·부작위를 유도하는 희망의 표시인 비권력적 사실행위』를 말한다.

▶ 예 : 조업단축·위생상태·우량종묘·특용작물식재·과당경쟁지양·상품포장방법개선 등에 관한 행정청의 권고행위.

2. 행정지도의 특징

1) 사실행위성

아무런 법적 효과를 발생치 아니하는 사실행위이므로 행정행위, 공법상 계약, 합동행위 등의 법적 행위와 구별된다.

2) 비권력행위성

강제력이 없는 비권력행위이므로 권력적 사실행위인 행정강제와 구별된다.

3) 상대방의 협력성

상대방의 자발적 협력을 유도하는 것이므로 행정청 스스로의 힘으로 완결하는 도로·철도공사 등의 단독적 사실행위와 구별된다.

4) 행정객체에 대한 행위

행정주체 내부에서 행하는 상급기관의 하급기관에 대한 지도와 구별된다.

Ⅱ. 행정지도의 기능과 문제점

1. 행정지도의 기능

1) 법령미비 분야의 보완

오늘날 적극적 복리국가에서는 국민생활의 거의 전 분야에 걸친 무한정의 행정서비스가 요구되고 있는 실정임에 비하여, 기업의 생산유통 활동, 서비스 산업, 농·어업 등의 활동을 빠짐없이 법률로 완벽하게 규율하기를 기대하는 것은 거의 불가능에 가깝다. 그러나 법령이 미비한 분야라고 하여 국민경제상 방치할 수는 없는 것이므로 법적 근거 없는 비권력적인 행정지도로 이를 보완할 필요가 있게 된다.

2) 권력성의 완화

법령에 근거한 하명·금지 등의 권력적 단독행위인 행정행위로 목적을 달성할 수 있는 분야에 있어서도 행정관청에 의한 강제적 조치를 반가워하지 아니하는 우리 국민 정서상 **자발적 협력**을 유도하는 것이 상대방의 마찰이나 저항을 방지하고 무리 없이 행정목적을 달성하는 데에 유리한 경우도 있다.

▶ 예 : 음식점의 불결한 위생상태의 시정 권고, 불법광고판의 자진철거 권고 등.

3) 이해관계의 조정

상품생산량·가격 등 경제규제행정 분야에서 경쟁업체 상호간의 자율적 이해조정이 어려울 경우 행정청이 개입하여 이를 조정하게 되는 때에 활용되는 수단이다.

4) 정보·기술의 제공

특히 기업의 경쟁력 강화를 위하여 행정주체가 보유하고 있는 최신·첨단의 지식·정보·기술을 제공하기 위한 적절한 수단으로 활용될 수 있다.

▶ 예 : 농촌진흥청의 우량품종의 보급·권장.

2. 행정지도의 문제점

1) 법치주의의 회피

법령의 미비를 빙자하여 법령의 근거 없이 자의적으로 행정권을 행사하여 국민의 권익을 침해할 우려가 있다.

2) 상대방과의 타협

해당 분야를 규율하는 법규정이 있음에도 불구하고 상대방의 저항과 마찰이 두려워 적당히 타협하여 문제를 해결하는 것도 결국 공익과 **법치주의의 후퇴**를 초래한다.

▶ 예 : 당연히 건축허가가 되는 대지임에도 인근 주민의 동의를 받아오도록 지도하거나, 당연한 철거대상 불법건축물임에도 집단민원과 저항이 두려워 아파트 입주권을 부여하는 등의 타협을 하는 것.

3) 사실상의 강제성

비강제적 사실행위라고는 하지만, 상대방이 이에 불응할 경우 다른 여러 제재수단을 행사하거나 이익의 부여를 거부할 수 있는 지위에 있는 행정주체에 의한 권고는 사실상 강제성을 띨 수밖에 없다.

4) 기준의 불명확성

준거가 되는 법규범이 없기 때문에 행정지도의 내용과 기준이 불명확하고 가변적이고 안정성이 적으며, 담당 공무원에 따라 각각 다른 내용의 행정지도가 행해질 수도 있다.

▶ 예 : A공무원이 축산업자들에게 갑회사가 만든 정화조를 설치하라고 권장하여 이를 설치하였는데, 불과 몇 달 후에 A는 퇴직하고, B공무원이 이는 기준 미달이므로 다른 정화조로 교체하라고 권장하는 것 등.

5) 행정구제기회의 상실

위법한 행정지도라 할지라도 국민이 이를 받아들여 **스스로 이행해 버린** 경우에는 취소나 손해배상 등의 행정구제를 청구할 기회를 잃게 되는 경우가 있다.

6) 잘못된 지도로 인한 피해의 우려

잘못된 정보·기술제공 등으로 국민이 피해를 입은 경우에 배상책임이 문제가 될 수 있다.

Ⅲ. 행정지도의 종류

1. 법령의 근거 유무에 의한 분류

1) 법령의 직접적 근거에 의한 행정지도

행정지도는 법적 근거가 필요 없는 것이지만, 중소기업경영 및 기술지도(중소기업진흥 및 제품구매촉진에 관한 법률28), 비영리법인의 목적사업의 범위를 벗어난 판매사업에 대한 중단권고(유통산업발전법42) 등은 각 법률에 근거규정이 있다.

2) 법령의 간접적 근거에 의한 행정지도

당해 사항에 관하여 인·허가 및 그 취소 등의 행정행위를 할 수 있는 법적 근거규정이 있는 경우에는 이러한 권한을 행사하기 전에 행정지도를 할 수 있다고 하겠다.

▶ 예 : 음식점의 위생지도, 불법증축건물의 자진철거의 권고 등.

3) 법령의 근거 없는 행정지도

당해 행정작용을 규율하는 근거법령이 없는 경우에 조직법상 당해 행정관청에 부여된 일반적 권한에 근거하여 행하는 행정지도를 말한다.

2. 기능에 의한 분류

1) 조성적 행정지도

경제·사회·문화 등의 분야에서 국민에 대한 서비스의 형식으로 지식·기술·정보 등을 제공하는 행정지도를 말한다.

➡ 예 : 중소기업경영지도, 아동의 건강상담, 영농지도, 생활개선지도 등.

2) 조정적 행정지도

경쟁기업 간의 과당경쟁 등 이해 대립을 조정하기 위한 행정지도.

➡ 예 : 노사분쟁의 알선·조정, 동업자조합 또는 협회의 설립권고 및 이들을 통한 수출물량할당 등.

3) 규제적 행정지도

질서유지나 공공복리에 반하는 행위를 억제하기 위한 행정지도.

➡ 예 : 물가인상자제의 권고, 불법광고물 또는 붕괴위험 축대의 철거·개수 권고, 환경위생불량업소의 시정권고 등.

Ⅳ. 행정지도와 법치주의

1. 행정지도의 법적 근거

1) 행정지도의 조직법적 근거

법적 행위 또는 사실행위를 불문하고 모든 행정작용에는 당해 행정청의 일반적인 존립과 활동의 근거가 되는 조직법상의 근거는 있어야 하며, 행정지도도 예외는 아니다(예 : 정부조직법, 각 부처 직제 등).

2) 행정지도의 작용법적 근거

법률유보에 관한 전부유보설은 작용법적 근거가 있어야 한다고 주장하며, 침해유보설의 입장에서도 규제적 행정지도는 국민의 자유와 권리를 사실상 제한하는 것이므로 법률의 근거를 요한다는 견해도 있다. 그러나 행정지도는 비권력적 사실행위이며 상대방이 이에 응할지의 여부는 자유로이 결정할 수 있다는 데 그 특징이 있는 것이므로 작용법적 근거는 필요하지 않다는 것이 **통설(불요설)**이다.

그럼에도 불구하고 법치주의의 회피 등 최근 행정지도가 내포하고 있는 문제점에 비추어 법령의 근거를 마련하는 경우가 점차 증가하고 있으며, **행정절차법(48∼51)**도 일반적인 행정지도의 근거를 규정하면서, 행정지도는 그 목적달성에 필요한 최소한도에 그쳐야 하며, 지도를 받는 자의 의사에 반하여 부당하게 강요하여서는 아니 된다는 일반적 한계와 함께, 상대방의 문서교부청구권과 의견제출권 등에 관하여 규정하고 있다.

2. 행정지도의 법적 한계

1) 행정지도의 법규상의 한계

법령이 행정지도의 목적·방법·절차 등을 규정하고 있을 경우 이에 위반하여서는 아니 됨은 물론, 소관 행정청의 조직법상의 권한을 넘어 다른 행정청의 권한에 속하는 사항에 관하여 행정지도를 하여서는 아니 된다.

2) 행정지도의 조리상의 한계

행정지도도 행정작용의 일종인 이상 **비례·평등·신뢰보호**의 원칙 등 행정법의 일반법원칙상의 한계를 벗어나서 행사될 경우에는 위법이라는 평가를 받을 수밖에 없다.

즉 ① 필요한 **최소한도**에 그쳐야 하며(행정절차법48), ② 상대방의 의사에 반하여 이에 따를 것을 **강요**하여서는 아니 되고(동48), ③ 행정지도의 결과에 따라 특정 상대방에게 특별히 이익 또는 **불이익**을 주어서는 아니 되며, ④ 잘못된 행정지도를 신뢰하여 이에 응한 상대방에게 불이익을 주어서는 아니 된다(예 : 행정청이 권장한 종자를 파종하였는데 막대한 수확의 감소가 있는 경우).

> **판례** 정부의 주식매각 종용행위가 강박행위에 해당한다고 하여 행정지도로서 위법성이 조각된다는 주장을 배척한 판례
> 이른바 행정지도라 함은 행정주체가 일정한 행정목적을 실현하기 위하여 권고 등과 같은 비강제적인 수단을 사용하여 상대방의 자발적 협력 내지 동의를 얻어내어 행정상 바람직한 결과를 이끌어내는 행정활동으로 이해되고, 따라서 적법한 행정지도로 인정되기 위하여는 우선 그 목적이 적법한 것으로 인정될 수 있어야 할 것이므로, 주식매각의 종용이 정당한 법률적 근거 없이 자의적으로 주주에게 제재를 가하는 것이라면 이 점에서 벌써 행정지도의 영역을 벗어난 것이라고 보아야 할 것이고 만일 이러한 행위도 행정지도에 해당된다고 한다면 이는 행정지도라는 미명하에 법치주의의 원칙을 파괴하는 것이라고 하지 않을 수 없으며, 더구나 그 주주가 주

식매각의 종용을 거부한다는 의사를 명백하게 표시하였음에도 불구하고, 집요하게 위협적인 언동을 함으로써 그 매각을 강요하였다면 이는 위법한 강박행위에 해당한다고 하지 않을 수 없다 하여, 정부의 재무부 이재국장 등이 국제그룹 정리방안에 따라 신한투자금융 주식회사의 주식을 주식회사 제일은행에게 매각하도록 종용한 행위가 행정지도에 해당되어 위법성이 조각된다는 주장을 배척하였다(대판 1994. 12. 13, 93다4982).

3. 행정지도의 법적 효과

행정지도는 비권력적 사실행위이며 이에 불응하여도 아무런 법적 효과가 발생될 수 없는 것이지만, 예외적으로

① 권력적 행정작용을 하기에 앞서 먼저 행정지도를 하도록 한 경우에는 그 다음 단계인 **행정행위**를 하기 위한 요건으로서의 효과를 가지는 경우도 있으며,

▣ 예 : 대기업이 사업인수·확장 등으로 인하여 중소기업의 경영이 악화될 우려가 있을 경우에 중소기업자단체가 중소기업청장에게 행한 사업조정신청에 대하여 중소기업청장이 행한 생산품목·생산량 축소 등의 권고를 따르지 아니할 경우에는 대기업자에 대하여 그 이행을 명령하는 것(중소기업의 사업영역보호 및 기업간 협력증진에 관한 법률7).

② 행정지도를 상대방이 수락한 경우에는 법률로 일정한 **법적 효과**를 부여할 때도 있다.

▣ 예 : 노사 양 당사자가 노동위원회의 조정안을 수락하면 단체협약과 같은 효력을 갖는다(노동조합 및 노동관계조정법61).

4. 행정지도의 법적 규제

행정지도는 법령의 미비를 보완하고 상대방의 자발적 협력을 유도하며 행정과의 마찰을 최소화하는 등의 장점도 있는 반면에, 법치주의의 회피, 기준의 불명확성, 행정구제기회의 상실 등 많은 부작용의 소지가 있기 때문에 가능한 한 그 행사 기준·내용·방법·절차 및 책임소재와 구제수단 등에 관한 법적 규제가 필요하다.

이러한 의미에서 우리 행정절차법은 구두에 의한 행정지도에 대하여 상대방이 문서의 교부를 요구하는 때에는 행정청은 이에 응하도록 하고 있음은 주목할 만한 일이다(48).

V. 행정지도의 방식 및 절차

1. 행정지도의 방식

1) 행정지도실명제

행정지도를 행하는 자는 그 상대방에게 당해 행정지도의 취지·내용 및 신분을 밝혀야 한다(행정절차법 49①). 이를 통하여 행정지도에 있어서의 책임소재를 분명히 할 수 있으며 내용의 불명확성을 방지할 수 있게 된다.

2) 서면교부청구권

행정지도가 구술로 행해지는 경우에 상대방이 그 취지·내용·신분을 기재한 서면(書面)의 교부를 요구하는 때에는 당해 공무원을 특별한 지장이 없는 한 이를 교부하여야 한다(동법49②).

3) 다수인에 대한 행정지도의 공통사항의 공표

행정기관이 같은 행정목적을 달성하기 위해 많은 상대방에게 행정지도를 하고자 하는 때에는 특별한 사정이 없는 한 행정지도에 공통적인 내용이 되는 사항을 공표(公表)하여야 한다(51).

2. 행정지도의 절차

1) 의견제출

행정지도의 상대방은 행정지도의 방식·내용 등에 관하여 행정기관에 의견을 제출을 할 수 있다(50).

2) 기타 절차

다른 법률에 행정지도의 절차에 관한 특별한 규정이 있는 경우에는 그 절차를 따라야 한다(3①).

Ⅵ. 행정지도에 대한 구제

> **사례연습**
> 甲이 공중목욕장영업허가를 받아 영업을 하던 중 수지가 맞지 않으므로 요금을 10% 인상하였다. 이에 대해 乙시장이 종전의 요금으로 환원할 것을 권고하였으나 甲이 이에 불응하자 乙시장은 위생상태의 불량을 이유로 3개월간의 영업정지처분을 명하였다. 甲은 이에 대해 위법성을 다툴 수 있는지 당부는?

1. 행정쟁송

* 권고의 처분성을 부정한 사례

판례 행정지도는 취소소송의 대상이 될 수 없다는 판례
세무당국이 다른 회사에 대하여 원고와의 주류거래를 중지하여 줄 것을 요청한 행위는 권고적 성격의 행위로서 그 회사나 원고의 법률상 지위에 직접적인 변동을 가져오는 처분이라고는 볼 수 없으므로 항고소송의 대상이 될 수 없다(대판 1980. 10. 27, 80누395).

판례 구청장의 건물자진철거요청공문은 행정소송의 대상인 행정처분이 아니라고 본 판례
구청장이 도시재개발구역내의 건물소유자 갑에게 건물의 자진철거를 요청하는 내용의 공문을 보냈다고 하더라도 그 공문의 제목이 지장물철거촉구로 되어 있어서 철거명령이 아님이 분명하고, 행위의 주체 면에서 구청장은 재개발구역 내 지장물의 철거를 요구할 아무런 법적 근거가 없으며, 공문의 내용도 갑에게 재개발사업에의 협조를 요청함과 아울러 자발적으로 협조하지 아니하여 법에 따른 강제집행이 행하여짐으로써 갑이 입을지도 모를 불이익에 대한 안내로 되어 있고 구청장이 위 공문을 발송한 후 갑으로부터 취소요청을 받고 위 공문이 도시재개발법 제36조의 지장물이전요구나 동 제35조 제2항에 따른 행정대집행법상의 강제철거지시가 아니고 자진철거의 협조를 요청한 것이라고 회신한 바 있다면 이러한 회신내용과 법치행정의 현실 및 일반적인 법의식수준에 비추어 볼 때 외형상 행정처분으로 오인될 염려가 있는 행정청의 행위가 존재함으로써 상대방이 입게 될 불이익 내지 법적 불안도 존재하지 않는다고 볼 것이므로 이를 행정소송의 대상이 되는 처분이라고 볼 수 없다(대판 1989. 9. 12, 88누8883).

판례 항고소송의 대상이 되는 행정처분의 의미에 관한 판례
항고소송의 대상이 되는 행정처분이라 함은 행정청의 공법상 행위로서 특정사항에 대하여 법규에 의한 권리의 설정 또는 의무의 부담을 명하며 기타 법률상 효과를 발생케 하는 등 국민의 구체적 권리의무에 직접적 변동을 초래하는 행위를 말하고 행정권 내부에서의 행위나 알선, 권유, 사실상의 통지 등과 같이 상대방 또는 기타 관계자들의 법률상 지위에 직접적인 법률적 변동을 일으키지 아니하는 행위는 항고소송의 대상이 될 수 없다(대판 1993. 10. 26, 93누6331).

* 권고의 처분성을 긍정한 사례

판례 남녀차별금지및구제에관한법률상 국가인권위원회의 성희롱결정 및 시정조치권고가 행정소송의 대상이 되는 행정처분에 해당하는지 여부(적극)

구 남녀차별금지및구제에관한법률(2003. 5. 29. 법률 제6915호로 개정되기 전의 것) 제28조에 의하면, 국가인권위원회의 성희롱결정과 이에 따른 시정조치의 권고는 불가분의 일체로 행하여지는 것인데 국가인권위원회의 이러한 결정과 시정조치의 권고는 성희롱 행위자로 결정된 자의 인격권에 영향을 미침과 동시에 공공기관의 장 또는 사용자에게 일정한 법률상의 의무를 부담시키는 것이므로 국가인권위원회의 성희롱결정 및 시정조치권고는 행정소송의 대상이 되는 행정처분에 해당한다고 보지 않을 수 없다[대법원 2005.7.8, 선고, 2005두487, 판결].

2. 행정상 손해배상

위법한 행정지도에 응한 결과 발생한 상대방의 손해에 대하여는 손해배상책임을 인정하는 것이 법치주의의 견지에서 타당하다고 하겠다.

그러나 행정지도와 손해발생 사이에는 손해배상책임론에서 말하는 인과관계가 있어야 하는 바, 행정지도의 경우에는 상대방의 임의적 협력행위가 개재되어 있기 때문에 인과관계가 단절되므로 그러한 손해를 감수하여야 한다는 이론도 있을 수 있으나(『동의는 불법행위의 성립을 조각한다』는 민법 원리에 의거), 전후의 제반 사정에 비추어 보아 상대방이 행정지도에 응할 수밖에 없었다고 판단되는 경우에는 신뢰보호의 원칙상 손해배상책임이 성립된다고 하여야 할 것이다(판례 참조).

판례 행정지도에 대한 국가배상책임을 인정한 판례
① 행정청이 법령의 근거도 없이 책의 판매금지를 종용하였다면 이는 불법행위를 구성할 뿐만 아니라 그 시판불능으로 입은 손해와는 상당인과관계가 있다(서울민사지법 1989. 9. 26, 88가합4039).
② 공탁도 행정지도의 일환으로 직무수행으로서 행하였다고 할 것이므로, 비권력적 작용인 공탁으로 인한 피고(구청)의 손해배상책임은 성립할 수 없다는 상고이유의 주장은 이유가 없다(대판 1998. 7. 10, 96다38971).

3. 행정상 손실보상

행정지도가 전혀 강제성을 띠지 않으며 상대방의 자유로운 의사에 의하여 행정지도에 따른 이상 그로 인한 위험(손실의 가능성)은 상대방이 수인하여야 하므로 손실보상은 인정되지 않는다. 그러나 행정청의 통일벼 재배 장려나 조업단축 권고 등 적법한 행정지도로 상대방이 손실을 입은 경우에도 상대방이 이에 응할 수밖에 없었다고 판단되는 경우에는 상대방의 신뢰보호의 원칙상 손실보상의 법리를 적용하여 보상을 하여야 할 것이다(과거 통일벼의 피해농가에 대하여 법률상 손실보상근거가 없음에도 불구하고 정부는 임의적으로 손실보상을 한 바 있다). 다만, 이를 손실보상이 아니라 손해배상 또는 위험책임으로 보는 견해도 있다.

4. 헌법소원

단순한 행정지도로서의 한계를 넘어 규제적·구속적 성격을 상당히 강하게 갖는 경우 그 행정지도는 헌법소원의 대상이 될 수 있다(판례 참조).

판례 교육인적자원부장관의 국공립대학총장들에 대한 학칙시정요구가 헌법소원의 대상이 되는 공권력행사인지 여부(적극)

교육인적자원부장관의 대학총장들에 대한 이 사건 학칙시정요구는 고등교육법 제6조 제2항, 동법시행령 제4조 제3항에 따른 것으로서 그 법적 성격은 대학총장의 임의적인 협력을 통하여 사실상의 효과를 발생시키는 행정지도의 일종이지만, 그에 따르지 않을 경우 일정한 불이익조치를 예정하고 있어 사실상 상대방에게 그에 따를 의무를 부과하는 것과 다를 바 없으므로 단순한 행정지도로서의 한계를 넘어 규제적·구속적 성격을 상당히 강하게 갖는 것으로서 헌법소원의 대상이 되는 공권력의 행사라고 볼 수 있다(헌재 2003. 6. 26, 2002헌마337, 2003헌마7·8(병합)).

사례연습 해설

사안의 경우 乙시장의 위생상태 불량이라는 이유는 단순한 명목에 지나지 않고 실제적으로는 甲의 요금인하 권고불응이 처분사유로 보여진다. 권고는 행정지도의 성격을 갖는다. 권고불응을 실제적 이유로 하는 영업정지처분은 "행정기관은 행정지도의 상대방이 행정지도에 따르지 아니하였다는 것을 이유로 불이익한 조치를 하여서는 아니된다"는 행정절차법 제48조 제2항에 위배된다. 따라서 甲은 乙의 처분의 위법성을 다툴 수 있다. 설사 위생상태의 불량이 영업정지처분의 이유가 된다고 하더라도 영업정지기간을 3개월로 한 것은 법위반사유(위생상태불량)에 비추어 지나친 것으로서 비례의 원칙 위반(특히 최소침해의 원칙)을 이유로 한 재량권 남용의 위법을 들어, 甲은 乙의 처분의 위법성을 다툴 수 있다.

참고로 현행 공중위생관리법은 공중목욕장업에 대하여 허가제가 아니라 개설통보제를 취하고 있으며, 6개월의 범위 내에서 영업소의 영업정지 및 사용중지명령을 할 수 있도록 하고 있다(동법 제3조2항·제11조).

제3편

행정절차법, 정보공개법, 개인정보보호법

제3편

간호보건계열 교사용도서 편찬현황

제1절 행정절차법

Ⅰ. 행정절차의 의의

1. 광의의 행정절차

> 행정기관의 행정권 행사를 위한 대외적인 법적 절차를 총칭한 개념이다.

 따라서 행정기관 내부의 대내적인 사무처리 절차를 제외한 모든 행정권 행사의 절차, 즉 행정입법·행정처분·행정계획·행정강제·행정벌 및 행정쟁송 등에 관한 절차를 포함하는 개념이다.
 행정입법·행정처분·행정계획 등을 일반행정절차라 하며, 행정강제와 행정벌을 집행절차라 하는데, 이를 합하여 **사전절차**라 하고, 행정불복절차인 행정쟁송을 **사후절차**라 한다. 광의의 행정절차는 이러한 사전절차와 사후절차를 다 포함하는 개념이다.

2. 협의의 행정절차

> 통상 행정절차란 행정절차 중 행정기관의 제1차적인 행정권 행사의 절차만을 의미한다.

 따라서 행정권 행사가 있은 후의 집행절차인 행정강제 및 행정벌 절차와 사후구제절차인 행정쟁송 절차는 제외된다.
 본서에서도 협의의 행정절차의 개념에 따라 행정입법·행정처분·행정계획 등 순수한 제1차적 행정권 행사의 절차만을 고찰하기로 한다. 우리 행정절차법도 협의의 행정절차를 규율대상으로 하여 행정처분·행정계획·행정입법·행정지도의 절차에 관하여만 규정하고 있다.

Ⅱ. 행정절차의 필요성

1. 효율적 권익구제

 종래의 실질적 법치주의 사상에 입각하면 행정권의 행사는 실체법적으로 그 요건·효과 등을 엄격히 규율한 후 이에 위반시 적절한 사후적 구제수단만 완비해 두고 있으면 국민의 권익구제에 충분한 것으로 생각하였다. 그러나 현대 복리국가하에서는 행정의 영향력이 매우 커졌기 때문에 일단 침해된 국민의 권익을 사후에 회복시키는 것보다는, 처음부터 이해관계인의 절차적 참여를 통하여 행정의 적법·타당성을 보장하여 권익침해의 가능성을 사전에 봉쇄해 버리는 것이 국민의 권익보호에 더 효율적이라는 점에 착안하여 사전적 구제제도로서의 행정절차의 중요성이 강조되기에 이르렀다.

원래 영·미에서 발전한 이 제도는 이제 독일·프랑스·오스트리아 등 대륙법계 국가에도 폭넓게 인정되고 있으며, 이를 사전적 구제제도라 하여 행정쟁송과 함께 행정구제법에서 다루고 있는 학자도 있다.

2. 행정의 민주화

종래 행정의 상대방을 단순한 행정객체로만 파악하던 때에는 행정의 의사결정과정에 이해관계인이 참여한다는 것은 상정하기 어려웠으나, 국민주권국가하에서의 국민은 수동적인 행정객체의 지위에 그치지 아니하고, 능동적으로 행정주체의 의사결정과정에 직접 참가할 수 있는 지위까지 인정받음으로써 행정의 민주화에 기여하고 있다. 우리 행정절차법은 그 목적으로서 "이 법은 행정절차에 관한 공통적인 사항을 규정하여 국민의 행정참여를 도모함으로써…"라고 규정하여(1) 행정의 민주화를 지향하고 있다.

3. 행정의 적정화

행정의 의사결정과정에 이해관계인이 참여하여 참고자료를 제출하거나 의견을 개진함으로써 행정관청이 몰랐던 사실이나 잘못된 인식이 바로잡아지고 공익과 사익 간의 이해가 사전에 조정되어 행정의 적법·타당성이 확보됨으로써 행정의 적정화가 이루어지게 된다.

4. 행정의 능률화

복잡한 행정절차를 거치게 하는 자체가 행정의 능률성을 저해하는 것으로 생각되기 쉽지만, 상대방의 참여하에 행하여진 행정권 행사는 상대방의 협력을 얻어 집행도 용이하게 된다는 점에서, 장기적으로 보면 행정에 대한 신뢰도를 높이고 행정의 능률화에도 도움이 된다.

Ⅲ. 외국의 행정절차제도

1. 미국의 행정절차제도

1) 개 설

수정헌법(5)상의 "누구든지 적법절차(due process of law)에 의하지 아니하고는 자유 또는 재산을 박탈당하지 아니한다"라는 조항에 기초하여, 각종 규제권을 행사하는 행정위원회의 준입법·준사법권 행사의 절차를 규율하기 위하여 행정절차의 중요성이 인식되기 시작하였으며, 1946년에는 행정절차법(Administrative Procedure Act : APA)이 제정되었고 이는 다시 1967년 미합중국법전(U.S Code)에 흡수 규정되었으며, 그 내용으로는 행정입법 절차와 행정처분 절차를 규율하고 있다.

2) 행정입법절차

행정입법에 관한 절차로서는 약식절차와 정식절차가 있다. 약식절차로서는 통지(관보에의 게재행위)와 구술·서면에 의한 의견제출을, 정식절차로서는 크게 규칙제정절차와 재결절차로 대별되는데, 재결절차에 통지와 청문의 절차를 거칠 것을 요구하고 있는바, 정식절차는 개별 법률이 요구하고 있는 경우에만 행하여진다.

3) 행정처분절차

허가 등 모든 행정행위는 ① 이해관계인에 대한 통지, ② 의견 및 증거제출과 반대심문 등을 행하는 청문, ③ 청문기록에 입각하여 행하는 결정의 3단계를 거쳐 행하도록 규정하고 있다.

2. 영 국

영국은 일찍이 자연적 정의와 판례법에 기초하여 재판에 있어서 『누구든지 청문 없이는 불이익을 받지 아니한다』는 불문법 원칙이 발달하여 왔으며, 오늘날에는 행정절차에도 이 원칙이 적용되고 있다. 그러나 영국에서도 점차 제정법을 통하여 행정절차에 관한 규정을 두려고 하는바, 1958년에 제정되고 1971년에 전문개정된 『심판소 및 심문에 관한 법률』에는 재결절차에 관한 일반사항을 규정하고 있다.

3. 독일의 행정절차제도

1) 개 설

제2차대전 후 실질적 법치주의의 구현을 위한 효율적 권리구제에 착안하여 1976년에 연방행정절차법(VwVfG; Verwaltungsverfahrensgesetz)을 제정하여 정식절차·약식절차·계획확정절차·권리구제절차·대량절차 등 행정절차에 관한 규정과 함께, 실체법적 규정인 행정행위의 형식·효력·부관무효·취소·철회와 공법상 계약, 확약 등에 관한 규정을 두고 있다.

2) 행정처분절차

통상적으로 행정처분은 ① 이해관계인에 대한 청문권·문서열람 및 정보요구권 등이 보장되는 약식절차에 의하지만, ② 예외적으로 각 개별법률에서 요구하는 경우에는 구두변론에 의한 이해관계인의 청문 및 증인·감정인의 협력 등 보다 엄격한 절차인 정식절차에 따라 행하여져야 한다.

3) 계획확정절차

계획확정절차는 모든 경우에 적용되는 일반적 절차와는 달리 법률에서 특정 지역계획을 계획확정절차에 의할 것을 요구하는 경우에는 구두변론을 포함한 청문절차에 의하여야 한다.

4) 대량절차

많은 사람이 이해관계인이 되는 행정절차에 있어서의 특칙으로서, ① 300명 이상의 구두변론이 필요한 경우 개별통지에 갈음하여 관보나 지역신문에의 공고로써 할 수 있으며(67), ② 하나의 행정절차에 공동의 이해관계인이 50명 이상인 경우에는 질서 있는 절차의 진행을 위하여 신청 또는 직권으로 공동대리인을 선임할 수 있도록 하였다(17).

Ⅳ. 한국의 행정절차

1. 헌법상 근거문제

우리 헌법은 ① 제12조 제1항의 『누구든지 법률과 적법한 절차에 의하지 아니하고는 처벌·보안처분 또는 강제노역을 받지 아니한다』는 규정을 행정처분절차에 유추적용된다고 보거나, ② 헌법 제10조(기본적 인권의 보장의무)와 제37조(헌법에 열거되지 아니한 권리의 경시금지)에서 직접 근거를 찾거나, ③ 법치주의를 채택한 헌법의 전체적인 구조에 비추어 개인에 대한 불이익 처분은 실체적 제한뿐만 아니라 절차적 제한도 당연히 요구되고 있다고 함으로써 헌법상의 근거를 찾고 있다.

> **판례** 헌법 제12조상의 적법절차원리의 일반조항은 입법, 행정 등 국가의 모든 공권력의 작용에서 그 절차상의 적법성에도 적용된다고 본 판례
> 헌법 제12조 제3항 본문은 동조 제1항과 함께 적법절차원리의 일반조항에 해당하는 것으로서, 형사절차상의 영역에 한정되지 않고 입법, 행정 등 국가의 모든 공권력의 작용에는 절차상의 적법성뿐만 아니라 법률의 구체적 내용도 합리성과 정당성을 갖춘 실체적인 적법성이 있어야 한다는 적법절차의 원칙을 헌법의 기본원리로 명시하고 있는 것이다(헌재 1992. 12. 24, 92헌가8; 1990. 11. 19, 90헌가48).

2. 법률적 근거

행정절차의 중요한 내용인 청문 등을 규정한 개별법들이 있어 오다가 1996년 행정절차법이 제정되어 행정절차에 관한 일반법으로 기능하고 있다. 또한 민원사무에 관한 일반법으로 민원사무처리에 관한 법률이 있다. 따라서 민원사무에 관한 것은 개별법률, 민원사무처리에 관한 법률, 행정절차법 순서로 적용되고, 그 밖의 경우에는 개별법률, 행정절차법 순으로 적용된다.

3. 행정절차법의 특색

① 행정절차법은 공법상 행정절차에 관한 일반법일 뿐 사법작용과는 관계 없다.
② 행정절차법은 주로 절차적 규정이지만 신뢰보호의 원칙, 신의성실의 원칙 등 일부 실체적 규정도 내포하고 있다.
③ 처분절차, 신고, 행정상 입법예고, 행정예고 및 행정지도에 관한 규정을 갖고 있을 뿐 확약, 공법상 계약, 행정계획의 확정절차에 대해서는 규정하지 않고 있고, 행정행위의 하자치유와 절차하자의 효과에 관하여 규정하지 않고 있다.

V. 행정절차법의 내용

우리 행정절차법은 ① 행정처분, ② 신고, ③ 행정입법 예고, ④ 행정예고 및 ⑤ 행정지도 등 5개의 행정작용 유형별로 각각 행정절차를 규정하고 있다.

1. 행정처분절차

행정처분은 『행정청이 행하는 구체적 사실에 관한 법집행으로서의 공권력의 행사 또는 그 거부와 기타 이에 준하는 행정작용』(행정절차법2)을 말한다.

행정은 처분을 통하여 이루어지기 때문에 처분절차는 행정절차의 중심이 된다. 처분절차에 관해서 현행 행정절차법이 신청에 의한 처분절차로서의 수익적 처분 및 불이익처분에 대한 절차를 정하고 있는바, 좁은 의미의 처분절차는 불이익처분절차만 의미하기 때문에 이에 대한 규정만 살펴본다. 일반적으로 행정처분이 주체·내용·'절차' 및 형식이라는 내부적 성립요건과 외부에의 표시라는 외부적 성립요건을 모두 갖춘 경우에는 행정처분이 존재한다고 할 수 있다(대판 1999. 8. 20, 97누6889). 따라서 행정처분은 '절차'를 정한 법규정이 있는 경우에는 반드시 그에 따라야 적법하다는 평가를 받는다.

1) 불이익처분의 사전통지

> **행정절차법 제21조(처분의 사전 통지)**
> ① 행정청은 당사자에게 의무를 부과하거나 권익을 제한하는 처분을 하는 경우에는 미리 다음 각 호의 사항을 당사자등에게 통지하여야 한다.
> 1. 처분의 제목
> 2. 당사자의 성명 또는 명칭과 주소
> 3. 처분하려는 원인이 되는 사실과 처분의 내용 및 법적 근거
> 4. 제3호에 대하여 의견을 제출할 수 있다는 뜻과 의견을 제출하지 아니하는 경우의 처리방법
> 5. 의견제출기관의 명칭과 주소
> 6. 의견제출기한
> 7. 그 밖에 필요한 사항
> ② 행정청은 청문을 하려면 청문이 시작되는 날부터 10일 전까지 제1항 각 호의 사항을 당사자등에게 통지하여야 한다. 이 경우 제1항제4호부터 제6호까지의 사항은 청문 주재자의 소속·직위 및 성명, 청문의 일시 및 장소, 청문에 응하지 아니하는 경우의 처리방법 등 청문에 필요한 사항으로 갈음한다.
> ③ 제1항제6호에 따른 기한은 의견제출에 필요한 상당한 기간을 고려하여 정하여야 한다.
> ④ 다음 각 호의 어느 하나에 해당하는 경우에는 제1항에 따른 통지를 하지 아니할 수 있다.
> 1. 공공의 안전 또는 복리를 위하여 긴급히 처분을 할 필요가 있는 경우
> 2. 법령등에서 요구된 자격이 없거나 없어지게 되면 반드시 일정한 처분을 하여야 하는 경우에 그 자격이 없거나 없어지게 된 사실이 법원의 재판 등에 의하여 객관적으로 증명된 경우
> 3. 해당 처분의 성질상 의견청취가 현저히 곤란하거나 명백히 불필요하다고 인정될 만한 상당한 이유가 있는 경우

① 의 의

행정처분 중 국민에게 의무를 과하거나 권익을 제한하는 불이익처분을 하고자 할 때에는 미리 당사자와 이해관계인에게 처분내용·이유·법적근거와 함께 의견제출 및 청문신청을 할 수 있음을 통지하거나 공고하여야 한다(21). 그러나 ① 공공의 안전 또는 복리를 위하여 긴급한 처분을 할 필요가 있는 경우, ② 법령 등에서 요구된 자격이 없거나 없어지게 된 사실이 법원의 재판 등에 의하여 객관적으로 증명될 때, ③ 당해 처분의 성질상 의견청취가 현저히 곤란하거나 명백히 불필요하다고 인정될 만한 상당한 이유가 있는 경우에는 사전통지를 아니할 수 있다(동21).

> **판례**
> 행정청이 당사자에게 의무를 과하거나 권익을 제한하는 처분을 함에 있어서 당사자에게 행정절차법상의 사전통지를 하거나 의견제출의 기회를 주지 아니한 경우, 그 처분이 위법한 것이라는 판례
> 행정절차법 제21조 제1항, 제4항, 제22조 제1항 내지 제4항에 의하면, 행정청이 당사자에게 의무를 과하거

나 권익을 제한하는 처분을 하는 경우에는 미리 처분하고자 하는 원인이 되는 사실과 처분의 내용 및 법적 근거, 이에 대하여 의견을 제출할 수 있다는 뜻과 의견을 제출하지 아니하는 경우의 처리방법 등의 사항을 당사자 등에게 통지하여야 하고, 다른 법령 등에서 필요적으로 청문을 실시하거나 공청회를 개최하도록 규정하고 있지 아니한 경우에도 당사자 등에게 의견제출의 기회를 주어야 하되, "당해 처분의 성질상 의견청취가 현저히 곤란하거나 명백히 불필요하다고 인정될 만한 상당한 이유가 있는 경우" 등에는 처분의 사전통지나 의견청취를 하지 아니할 수 있도록 규정하고 있으므로, 행정청이 침해적 행정처분을 함에 있어서 당사자에게 위와 같은 사전통지를 하거나 의견제출의 기회를 주지 아니하였다면 사전통지를 하지 않거나 의견제출의 기회를 주지 아니하여도 되는 예외적인 경우에 해당하지 아니하는 한 그 처분은 위법하여 취소를 면할 수 없다(대판 2004. 5. 28, 2004두1254)

② 거부처분에도 사전통지절차가 적용되는지 여부(2010년 행정고시·2013년 행정고시·2013년 변호사시험 제2회)

거부처분이 '권익을 제한하는 처분'에 해당하여 거부처분에도 사전통지절차가 적용되는가?

> **판례** 신청에 대한 거부처분은 행정절차법 제21조 제1항 소정의 처분의 사전통지대상이 되지 아니한다는 판례
> 행정절차법 제21조 제1항은 행정청은 당사자에게 의무를 과하거나 권익을 제한하는 처분을 하는 경우에는 미리 처분의 제목, 당사자의 성명 또는 명칭과 주소, 처분하고자 하는 원인이 되는 사실과 처분의 내용 및 법적 근거, 그에 대하여 의견을 제출할 수 있다는 뜻과 의견을 제출하지 아니하는 경우의 처리방법, 의견제출기관의 명칭과 주소, 의견제출기한 등을 당사자 등에게 통지하도록 하고 있는바, 신청에 따른 처분이 이루어지지 아니한 경우에는 아직 당사자에게 권익이 부과되지 아니하였으므로 특별한 사정이 없는 한 신청에 대한 거부처분이라고 하더라도 직접 당사자의 권익을 제한하는 것은 아니어서 신청에 대한 거부처분을 여기에서 말하는 '당사자의 권익을 제한하는 처분'에 해당한다고 할 수 없는 것이어서 처분의 사전통지대상이 된다고 할 수 없다(대판 2003. 11. 28, 2003두674).

2) 의견청취절차(의견제출·청문·공청회)

> 행정절차법 제22조(의견청취)
> ① 행정청이 처분을 할 때 다음 각 호의 어느 하나에 해당하는 경우에는 <u>청문</u>을 한다.
> 1. 다른 법령등에서 청문을 하도록 규정하고 있는 경우
> 2. 행정청이 필요하다고 인정하는 경우
> 3. 다음 각 목의 처분 시 제21조제1항제6호에 따른 의견제출기한 내에 당사자등의 신청이 있는 경우
> 가. 인허가 등의 취소
> 나. 신분·자격의 박탈
> 다. 법인이나 조합 등의 설립허가의 취소
> ② 행정청이 처분을 할 때 다음 각 호의 어느 하나에 해당하는 경우에는 <u>공청회</u>를 개최한다.
> 1. 다른 법령등에서 공청회를 개최하도록 규정하고 있는 경우
> 2. 해당 처분의 영향이 광범위하여 널리 의견을 수렴할 필요가 있다고 행정청이 인정하는 경우
> ③ 행정청이 당사자에게 의무를 부과하거나 권익을 제한하는 처분을 할 때 제1항 또는 제2항의 경우 외에는 당사자등에게 <u>의견제출</u>의 기회를 주어야 한다.

④ 제1항부터 제3항까지의 규정에도 불구하고 제21조제4항 각 호의 어느 하나에 해당하는 경우와 당사자가 의견진술의 기회를 포기한다는 뜻을 명백히 표시한 경우에는 의견청취를 하지 아니할 수 있다.
⑤ 행정청은 청문·공청회 또는 의견제출을 거쳤을 때에는 신속히 처분하여 해당 처분이 지연되지 아니하도록 하여야 한다.
⑥ 행정청은 처분 후 1년 이내에 당사자등이 요청하는 경우에는 청문·공청회 또는 의견제출을 위하여 제출받은 서류나 그 밖의 물건을 반환하여야 한다.

① 의견제출(2014년 변호사시험 제3회·2008년 법원행정고시 제26회)

통상 당사자 등이 처분 전에 서면, 컴퓨터 통신 또는 구술에 의한 의견제출의 방법에 의한다(27).

> **판례** 퇴직연금의 환수결정시 당사자에게 의견진술의 기회를 주지 아니한 경우, 행정절차법 제22조 제3항이나 신의칙에 위반되는지 여부(소극)
> 퇴직연금의 환수결정은 당사자에게 의무를 과하는 처분이기는 하나, 관련 법령에 따라 당연히 환수금액이 정하여지는 것이므로, 퇴직연금의 환수결정에 앞서 당사자에게 의견진술의 기회를 주지 아니하여도 행정절차법 제22조 제3항이나 신의칙에 어긋나지 아니한다(대판 2000. 11. 28, 99두5443).

② 청문

개별법령이 요구하거나, 행정청이 직권으로 필요하다고 인정하는 경우에는 **청문의 방법**에 의할 수 있으며, 청문의 방법은 행정청이 지명하는 직원이 공개적으로 의견진술, 증거제출, 증거조사, 상대방의 주장에 대한 반증제출 등의 절차로 진행하며, 청문이 종결되면 청문조서 등을 작성·제출한다(22 및 28~35).

> **판례** 침해적 행정처분을 할 경우 청문을 실시하지 않을 수 있는 사유인 행정절차법 제21조 제4항 제3호 소정의 '의견청취가 현저히 곤란하거나 명백히 불필요하다고 인정될 만한 상당한 이유가 있는지 여부'의 판단 기준 및 행정처분의 상대방에 대한 청문통지서가 반송되었다거나, 행정처분의 상대방이 청문일시에 불출석하였다는 이유로 청문을 실시하지 아니하고 한 침해적 행정처분의 적법 여부(소극)
> 행정절차법 제21조 제4항 제3호는 침해적 행정처분을 할 경우 청문을 실시하지 않을 수 있는 사유로서 "당해 처분의 성질상 의견청취가 현저히 곤란하거나 명백히 불필요하다고 인정될 만한 상당한 이유가 있는 경우"를 규정하고 있으나, 여기에서 말하는 '의견청취가 현저히 곤란하거나 명백히 불필요하다고 인정될 만한 상당한 이유가 있는지 여부'는 당해 행정처분의 성질에 비추어 판단하여야 하는 것이지, 청문통지서의 반송 여부, 청문통지의 방법 등에 의하여 판단할 것은 아니며, 또한 행정처분의 상대방이 통지된 청문일시에 불출석하였다는 이유만으로 행정청이 관계 법령상 그 실시가 요구되는 청문을 실시하지 아니한 채 침해적 행정처분을 할 수는 없을 것이므로, 행정처분의 상대방에 대한 청문통지서가 반송되었다거나, 행정처분의 상대방이 청문일시에 불출석하였다는 이유로 청문을 실시하지 아니하고 행한 침해적 행정처분은 위법하다(대판 2001. 4. 13, 2000두3337).

> **판례** 행정청이 당사자와 도시계획사업의 시행과 관련한 협약을 체결하면서 관계 법령 및 행정절차법에 규정된 청문의 실시 등 의견청취절차를 배제하는 조항을 둔 경우, 청문의 실시에 관한 규정의 적용이 배제되거나 청문을 실시하지 않아도 되는 예외적인 경우에 해당하는지 여부(소극)
> 행정청이 당사자와 사이에 도시계획사업의 시행과 관련한 협약을 체결하면서 관계법령 및 행정절차법에 규정된 청문의 실시 등 의견청취절차를 배제하는 조항을 두었다고 하더라도, 국민의 행정참여를 도모함으로써 행정의 공정성·투명성 및 신뢰성을 확보하고 국민의 권익을 보호한다는 행정절차법의 목적 및 청문제도의 취지 등에 비추어 볼 때, 위와 같은 협약의 체결로 청문의 실시에 관한 규정의 적용을 배제할 수 있다고 볼 만한 법령상의 규정이 없는 한, 이러한 협약이 체결되었다고 하여 청문의 실시에 관한 규정의 적용이 배제된다거나 청문을 실시하지 않아도 되는 예외적인 경우에 해당한다고 할 수 없다(대판 2004. 7. 8, 2002두8350).

③ 공청회

개별법령이 요구하거나, 행정청이 직권으로 필요하다고 인정하는 경우에는 **공청회**를 개최하여야 하며, 공청회는 선정된 발표자가 발표하고 이들 상호간 또는 방청인이 질문을 하는 방법에 의한다(38·39).

3) 행정처분의 결정

의견제출·청문 또는 공청회에서 제출된 의견을 존중하여 행정처분의 내용을 결정하여야 한다(27⑤·35⑤).

4) 행정처분의 형식

원칙적으로 **문서**를 교부하되(24), 그 문서에는 행정처분의 근거와 이유를 기재하여야 한다(처분의 이유제시, 23). 그리고 행정처분에 대한 행정심판·행정소송의 청구절차 및 기간 등 **불복방법**도 함께 고지하여야 한다(26).

당사자 등의 동의가 있는 경우에는 전자문서로 행정처분을 할 수 있으며, 신속을 요하거나 사안이 경미한 경우에는 **구술** 기타의 방법으로 할 수 있으며, 이 경우 당사자의 요청이 있는 때에는 지체 없이 처분에 관한 문서를 교부하여야 한다(24).

5) 처분의 이유제시(2012년 행정고시)

판례는 이유제시의 정도에 관하여 근거법령과 주요사실이 구체적으로 기재될 것을 요하고 있다. 이유제시 결여의 하자는 독자적인 위법사유가 된다(판례 참조). 하자의 정도는 명백한 하자이나 적법요건에 중대한 위반이라고 보기는 어려우므로 취소사유로 보아야 한다.

판례 주류도매업면허의 취소처분에 그 대상이 된 위반사실을 특정하지 아니하여 위법하다고 본 사례

면허의 취소처분에는 그 근거가 되는 법령이나 취소권 유보의 부관 등을 명시하여야 함은 물론 처분을 받은 자가 어떠한 위반사실에 대하여 당해 처분이 있었는지를 알 수 있을 정도로 사실을 적시할 것을 요하며, 이와 같은 취소처분의 근거와 위반사실의 적시를 빠뜨린 하자는 피처분자가 처분 당시 그 취지를 알고 있었다거나 그후 알게 되었다 하여도 치유될 수 없다고 할 것인바, 세무서장인 피고가 주류도매업자인 원고에 대하여 한 이 사건 일반주류도매업면허취소통지에 "상기 주류도매장은 무면허 주류판매업자에게 주류를 판매하여 주세법 제11조 및 국세법사무처리규정 제26조에 의거 지정조건위반으로 주류판매면허를 취소합니다"라고만 되어 있어서 원고의 영업기간과 거래상대방 등에 비추어 원고가 어떠한 거래행위로 인하여 이 사건 처분을 받았는지 알 수 없게 되어 있다면 이 사건 면허취소처분은 위법하다.

6) 처분내용의 정정

행정청은 처분에 있어 오기·오산 기타 이에 준하는 **명백한 오류**가 있을 때에는 신청 또는 직권에 의하여 지체 없이 이를 정정하고 당사자에게 통지하여야 한다(25).

2. 신고절차

행정절차법 제40조(신고)
① 법령등에서 행정청에 일정한 사항을 통지함으로써 의무가 끝나는 신고를 규정하고 있는 경우 신고를 관장하는 행정청은 신고에 필요한 구비서류, 접수기관, 그 밖에 법령등에 따른 신고에 필요한 사항을 게시(인터넷 등을 통한 게시를 포함한다)하거나 이에 대한 편람을 갖추어 두고 누구나 열람할 수 있도록 하여야 한다.
② 제1항에 따른 신고가 다음 각 호의 요건을 갖춘 경우에는 신고서가 접수기관에 도달된 때에 신고 의무가 이행된 것으로 본다.
1. 신고서의 기재사항에 흠이 없을 것
2. 필요한 구비서류가 첨부되어 있을 것
3. 그 밖에 법령등에 규정된 형식상의 요건에 적합할 것
③ 행정청은 제2항 각 호의 요건을 갖추지 못한 신고서가 제출된 경우에는 지체 없이 상당한 기간을 정하여 신고인에게 보완을 요구하여야 한다.
④ 행정청은 신고인이 제3항에 따른 기간 내에 보완을 하지 아니하였을 때에는 그 이유를 구체적으로 밝혀 해당 신고서를 되돌려 보내야 한다.

1) 신고의 의의

'신고'란 『일정한 사실을 행정청에 통지함으로써 최종적인 법률효과가 발생하는 사인의 일방적인 행위』를 말한다.

신고는 **자기완결적 행위**이기 때문에 그것이 법령상의 형식적 요건을 갖춘 때에는, 접수기관에 도달한 경우 행정청은 수동적으로 이를 접수하여야 하기 때문에 그 신고의무는 이행된 것으로 보게 된다. 그러나 행정실무상으로는 신고자의 의사에 반한 신고의 수리거부 또는 신고의 반려 등의 사례가 적지 않기 때문에, 우리 행정절차법은 이를 시정하기 위한 명시적 규정을 두게 되었다.

2) 신고의무의 이행

신고에 대하여 규정하고 있는 경우에, 그 신고가 ① 신고서의 기재사항에 하자가 없고, ② 필요한 구비서류가 첨부되어 있으며, ③ 기타 법령 등에 규정된 형식상의 요건에 적합한 때에는, 신고서가 접수기관에 도달한 때에 신고를 해야 할 의무가 이행된 것으로 보도록 하고 있다(40). 우리 행정절차법이 정하고 있는 신고는 이처럼 형식적 요건이 충족되어 있는 한 신고서가 **행정청에 도달한 때**에 사인에게 부과되어 있는 신고의무는 이행된 것으로 보기 때문에, 이런 신고에 있어 수리의 관념이 개입할 여지는 없고, 따라서 수리행위 없이도 신고만으로 적법하게 일정한 행위를 할 수 있기 때문에 신고수리행위 또는 신고수리거부행위에 대하여 소위 처분성을 부정하며 행정소송이 제기되더라도 각하하고 있다(판례 참조).

> **판례** 건축신고수리행위에 대하여 처분성을 부정한 판례
> 구 건축법 제9조 제1항에 의하여 신고함으로써 건축허가를 받은 것으로 간주되는 경우에는 건축을 하고자 하는 자가 적법한 요건을 갖춘 신고만 하면 행정청의 수리행위 등 별다른 조치를 기다릴 필요없이 건축을 할 수 있는 것이므로, 행정청이 위 신고를 수리한 행위가 건축주는 물론이고 제3자인 인근토지소유자나 주민들의 구체적인 권리의무에 직접 변동을 초래하는 행정처분이라 할 수 없다(대판 1999. 10. 22, 98두18435).

그러나 이러한 판례는 건축신고제도가 후술하는 바와 같이 규제완화차원에서 행하여진 일종의 **완화된 허가제도**에 해당한다는 연혁적·현실적 배경을 무시하고 형식논리에 치우치고 있기 때문에, 예컨대 현실적으로 시장·군수·구청장에 의한 신고수리거부행위를 무시하고 건축행위를 감행할 경우에 신고인이 받게 될 유·무형의 제재를 외면한 채 소송을 통한 국민의 **권익구제의 기회를 박탈**하고 있다는 비판을 받고 있다.

3) 완화된 인·허가제도로서의 신고

국민생활과 기업활동에 대한 각종 인·허가제도를 규제완화의 차원에서 신고제도로 변경한 예가 실정법상 많이 있다. 이 경우 신고제도에 걸맞게 간단한 구비서류만 제출하면 적법하게 행위를 할 수 있도록 관계법령을 개정하여야 함에도 불구하고 여전히 종전의 인·허가시에 요구하던 서류 등을 그대로 또는 일부 면제하여 제출하게 하고 있으며, 행정실무에서도 여전히 이에 대하여 실질적 심사를 하고 거부처분(반려처분)까지 하고 있어 이러한 제도의 법적 성격에 관한 혼란을 초래하고 있는 것이 사실이다.

생각건대 현실적으로 엄연히 거부처분으로 볼 수 있는 반려행위가 행하여지고 있음에도 불구하고 단순한 신고제에서와 같이 처분성을 부인한다면 국민의 입장에서는 소송으로 구제받을 길이 없다는 점, 그리고 반려받았음에도 불구하고 이를 무시한 채 음식점영업·당구장영업·골프연습장업 등의 행위를 강행할 경우에는 행정관청으로부터 사실상 유·무형의 제재조치를 받게 될 우려가 크다는 점 등을 감안한다면 결국 **신고수리의 거부행위**는 신고인의 법적 이익에 영향을 미치는 것으로 보아 그 **처분성을 인정**하고 행정소송의 본안에서 그 위법성 여부를 판단하여 국민의 권익구제에 적극 임하여야 할 것이며, 우리 판례도 대체로 같은 입장에 있다.

> **판례** 골프연습장업에 대한 신고서반려행위에 처분성을 인정한 판례
> 체육시설의 설치·이용에 관한 법률에 의한 골프연습장업의 신고요건을 갖춘 자라고 할지라도 당해 건물이 건축법을 위배하여 건축된 무허가건물이라면 적법한 골프연습장업신고를 할 수 없고 따라서 이를 반려한 것은 정당하다(대판 1993. 4. 27, 93누1374).

> **판례** 당구장업에 대한 신고거부처분에 대하여 처분성을 인정한 판례
> 체육시설의 설치·이용에 관한 법률에 의하여 당구장업의 신고요건을 갖춘 자라 할지라도 학교보건법 제5조 소정의 학교환경위생정화구역 내에서는 동법 제6조에 의한 별도요건을 충족하지 아니하는 한 적법한 신고를 할 수 없다(대판 1991. 7. 12, 90누8350).

> **판례** 액화석유가스충전사업 등의 승계사실신고에 대하여 처분성을 인정한 판례
> 액화석유가스의 안전 및 사업관리법 제7조 제2항에 의한 사업양수에 의한 사업자 지위승계사실의 신고를 수리하는 허가관청의 행위는 단순히 양수자가 사업을 승계하였다는 사실의 신고를 접수하는 행위에 그치는 것이 아니라 실질에 있어서 양도자의 사업허가를 취소함과 아울러 양수자에게 적법하게 사업을 할 수 있는 법 규상 권리를 설정하여 주는 행위로서 사업허가자의 변경이라는 법률효과를 발생시키는 행위이므로 허가관청의 사업자지위승계사실의 신고를 수리하는 행위는 행정처분에 해당한다(대판 1993. 6. 8, 91누11544).

3. 행정상 입법예고 절차

행정절차법 제41조(행정상 입법예고)
① 법령등을 제정·개정 또는 폐지(이하 "입법"이라 한다)하려는 경우에는 해당 입법안을 마련한 행정청은 이를 예고하여야 한다. 다만, 다음 각 호의 어느 하나에 해당하는 경우에는 예고를 하지 아니할 수 있다.
1. 신속한 국민의 권리 보호 또는 예측 곤란한 특별한 사정의 발생 등으로 입법이 긴급을 요하는 경우
2. 상위 법령등의 단순한 집행을 위한 경우
3. 입법내용이 국민의 권리·의무 또는 일상생활과 관련이 없는 경우
4. 단순한 표현·자구를 변경하는 경우 등 입법내용의 성질상 예고의 필요가 없거나 곤란하다고 판단되는 경우
5. 예고함이 공공의 안전 또는 복리를 현저히 해칠 우려가 있는 경우
② 삭제
③ 법제처장은 입법예고를 하지 아니한 법령안의 심사 요청을 받은 경우에 입법예고를 하는 것이 적

> 당하다고 판단할 때에는 해당 행정청에 입법예고를 권고하거나 직접 예고할 수 있다.
> ④ 입법안을 마련한 행정청은 입법예고 후 예고내용에 국민생활과 직접 관련된 내용이 추가되는 등 대통령령으로 정하는 중요한 변경이 발생하는 경우에는 해당 부분에 대한 입법예고를 다시 하여야 한다. 다만, 제1항 각 호의 어느 하나에 해당하는 경우에는 예고를 하지 아니할 수 있다.
> ⑤ 입법예고의 기준·절차 등에 관하여 필요한 사항은 대통령령으로 정한다.
> 제42조(예고방법)
> ① 행정청은 입법안의 취지, 주요 내용 또는 전문(全文)을 다음 각 호의 구분에 따른 방법으로 공고하여야 하며, 추가로 인터넷, 신문 또는 방송 등을 통하여 공고할 수 있다.
> 1. 법령의 입법안을 입법예고하는 경우: 관보 및 법제처장이 구축·제공하는 정보시스템을 통한 공고
> 2. 자치법규의 입법안을 입법예고하는 경우: 공보를 통한 공고
> ② 행정청은 대통령령을 입법예고하는 경우 국회 소관 상임위원회에 이를 제출하여야 한다.
> ③ 행정청은 입법예고를 할 때에 입법안과 관련이 있다고 인정되는 중앙행정기관, 지방자치단체, 그 밖의 단체 등이 예고사항을 알 수 있도록 예고사항을 통지하거나 그 밖의 방법으로 알려야 한다.
> ④ 행정청은 제1항에 따라 예고된 입법안에 대하여 온라인공청회 등을 통하여 널리 의견을 수렴할 수 있다. 이 경우 제38조의2제3항부터 제5항까지의 규정을 준용한다.
> ⑤ 행정청은 예고된 입법안의 전문에 대한 열람 또는 복사를 요청받았을 때에는 특별한 사유가 없으면 그 요청에 따라야 한다.
> ⑥ 행정청은 제5항에 따른 복사에 드는 비용을 복사를 요청한 자에게 부담시킬 수 있다.
> 제43조(예고기간) 입법예고기간은 예고할 때 정하되, 특별한 사정이 없으면 40일(자치법규는 20일) 이상으로 한다.
> 제44조(의견제출 및 처리)
> ① 누구든지 예고된 입법안에 대하여 의견을 제출할 수 있다.
> ② 행정청은 의견접수기관, 의견제출기간, 그 밖에 필요한 사항을 해당 입법안을 예고할 때 함께 공고하여야 한다.
> ③ 행정청은 해당 입법안에 대한 의견이 제출된 경우 특별한 사유가 없으면 이를 존중하여 처리하여야 한다.
> ④ 행정청은 의견을 제출한 자에게 그 제출된 의견의 처리 결과를 통지하여야 한다.
> ⑤ 제출된 의견의 처리방법 및 처리결과의 통지에 관하여는 대통령령으로 정한다.
> 제45조(공청회)
> ① 행정청은 입법안에 관하여 공청회를 개최할 수 있다.
> ② 공청회에 관하여는 제38조, 제38조의2, 제38조의3, 제39조 및 제39조의2를 준용한다.

1) 예고대상

원칙적으로 모든 법률·대통령령·총리령·부령안과 지방자치단체의 조례·규칙 및 교육규칙이다. 다만, 긴급을 요하거나, 국민의 권리·의무 또는 일상생활과 관련이 없거나(행정조직법규 등), 상위법규의 단순한 집행을 위한 것이거나, 예고함이 공익에 현저히 불리한 형향을 미치는 경우 또는 입법내용의 성질 그 밖의 사유로 예고의 필요가 없거나 곤란하다고 판단되는 경우에는 입법예고를 하지 아니할 수 있다(41).

2) 예고방법·기간

행정청은 입법안의 취지·주요내용 또는 전문을 관보·공보나 인터넷·신문·방송 등의 방법으로 공고하여야 하며, 필요하다고 인정되는 단체 등에 대하여는 예고사항을 직접 통지할 수 있도록 하였으며, 예고기간은 특별한 사정이 없는 한 20일 이상으로 하였다(42·43).

3) 의견제출·공청회

누구든지 예고된 입법안에 대하여 그 의견을 제출할 수 있고, 행정청은 입법안에 관하여 공청회를 개최할 수 있다(44·45).

4) 결과의 처리

의견제출·공청회 등에서 제출된 의견은 특별한 사유가 없는 한 이를 존중하여 법령안에 반영하고, 행정청은 의견을 제출한 자에게 그 제출된 의견의 처리결과를 통지하여야 한다(44). 행정청은 입법예고의 결과 제출된 의견 중 중요한 사항에 대하여는 그 처리결과를 법률안 또는 대통령령안의 경우에는 국무회의 상정안에 첨부하고, 총리령안 또는 부령안의 경우에는 법제처장에게 제출하여야 한다(법제업무운영규정18).

4. 행정예고 절차

> 제46조(행정예고)
> ① 행정청은 정책, 제도 및 계획(이하 "정책등"이라 한다)을 수립·시행하거나 변경하려는 경우에는 이를 예고하여야 한다. 다만, 다음 각 호의 어느 하나에 해당하는 경우에는 예고를 하지 아니할 수 있다.
> 1. 신속하게 국민의 권리를 보호하여야 하거나 예측이 어려운 특별한 사정이 발생하는 등 긴급한 사유로 예고가 현저히 곤란한 경우
> 2. 법령등의 단순한 집행을 위한 경우
> 3. 정책등의 내용이 국민의 권리·의무 또는 일상생활과 관련이 없는 경우
> 4. 정책등의 예고가 공공의 안전 또는 복리를 현저히 해칠 우려가 상당한 경우
> ② 제1항에도 불구하고 법령등의 입법을 포함하는 행정예고는 입법예고로 갈음할 수 있다.
> ③ 행정예고기간은 예고 내용의 성격 등을 고려하여 정하되, 20일 이상으로 한다.
> ④ 제3항에도 불구하고 행정목적을 달성하기 위하여 긴급한 필요가 있는 경우에는 행정예고기간을 단축할 수 있다. 이 경우 단축된 행정예고기간은 10일 이상으로 한다.
> 제46조의2(행정예고 통계 작성 및 공고) 행정청은 매년 자신이 행한 행정예고의 실시 현황과 그 결과에 관한 통계를 작성하고, 이를 관보·공보 또는 인터넷 등의 방법으로 널리 공고하여야 한다.
> 제47조(예고방법 등)
> ① 행정청은 정책등안(案)의 취지, 주요 내용 등을 관보·공보나 인터넷·신문·방송 등을 통하여 공

> 고하여야 한다.
> ② 행정예고의 방법, 의견제출 및 처리, 공청회 및 온라인공청회에 관하여는 제38조, 제38조의2, 제38조의3, 제39조, 제39조의2, 제39조의3, 제42조(제1항·제2항 및 제4항은 제외한다), 제44조제1항부터 제3항까지 및 제45조제1항을 준용한다. 이 경우 "입법안"은 "정책등안"으로, "입법예고"는 "행정예고"로, "처분을 할 때"는 "정책등을 수립·시행하거나 변경할 때"로 본다.

행정입법·행정계획·행정처분이 아닌 국민의 일상생활과 밀접한 관련이 있는 정책이나 사업(예: 공휴일제도·기차표예매제도·양곡수매제도 등)으로서 ① 국민생활에 매우 큰 영향을 주는 사항, ② 많은 국민의 이해가 상충되는 사항, ③ 많은 국민에게 불편이나 부담을 주는 사항, ④ 기타 널리 국민의 의견수렴이 필요한 사항의 수립·시행·변경에 있어서는 국민의 의견을 널리 듣기 위하여 예고를 하여야 하며, 특별한 사정이 없는 한 20일 이상 충분히 예고하여야 한다(46·47).

행정예고의 방법, 의견제출, 공청회 및 결과의 처리에 관하여는 행정입법의 예고절차에서 설명한 것과 같다.

5. 행정지도절차

> 행정절차법 제48조(행정지도의 원칙)
> ① 행정지도는 그 목적달성에 필요한 최소한도에 그쳐야 하며, 행정지도의 상대방의의사에 반하여 부당하게 강요하여서는 아니된다.
> ② 행정기관은 행정지도의 상대방이 행정지도에 따르지 아니하였다는 것을 이유로 불이익한 조치를 하여서는 아니 된다.
> 제49조(행정지도의 방식)
> ① 행정지도를 하는 자는 그 상대방에게 그 행정지도의 취지 및 내용과 신분을 밝혀야 한다.
> ② 행정지도가 말로 이루어지는 경우에 상대방이 제1항의 사항을 적은 서면의 교부를 요구하면 그 행정지도를 하는 자는 직무 수행에 특별한 지장이 없으면 이를 교부하여야 한다.
> 제50조(의견제출) 행정지도의 상대방은 해당 행정지도의 방식·내용 등에 관하여 행정기관에 의견제출을 할 수 있다.
> 제51조(다수인을 대상으로 하는 행정지도) 행정기관이 같은 행정목적을 실현하기 위하여 많은 상대방에게 행정지도를 하려는 경우에는 특별한 사정이 없으면 행정지도에 공통적인 내용이 되는 사항을 공표하여야 한다.

행정지도의 남용과 사실상의 강제를 방지하기 위한 장치로서, ① 행정지도는 그 목적달성에 필요한 최소한에 그쳐야 하며 상대방의 의사에 반하여 부당하게 강요되어서는 아니 되며, ② 행정지도의 상대방이 이에 따르지 아니하였다는 이유로 불이익한 조치를 하여서는 아니 되며, ③ 구술에 의한 행정지도에 대하여 상대방의 문서교부 요구가 있을 때에는 행정청은 이에 응하여야 하며, ④ 상대방은 행정지도의 방식·내용 등에 관하여 의견제출을 할 수 있고, ⑤ 다수인을 대상으로 하는 행정지도는 특별한 사정이 없는 한 행정지도에 공통적인 내용이 되는 사항을 공표하여야 한다(48~51).

Ⅵ. 행정절차의 하자와 행정행위의 효력

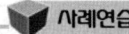 사례연습

A지방경찰청장은 운전을 업으로 하는 甲이 음주운전을 하였을 뿐만 아니라 음주측정을 거부하였다는 이유로 의견청취의 절차를 밟지 아니하고 도로교통법 제78조에 의하여 6월의 운전면허정지처분을 하였다. 甲은 위 처분의 취소를 구하는 소를 제기하려고 한다. 甲이 어떤 주장을 할 수 있을 것인가를 제시하고 그 주장의 인용가능성에 관하여 논술하라.

1. 학 설

법령이 요구하고 있는 사전통지·의견제출·청문·이유부기 등의 행정절차를 결한 행정처분·행정계획 등은 절차상의 요건을 흠결하는 행위가 된다. 이러한 하자가 있는 행정행위의 효과에 관하여는 실체법 위반과 마찬가지로 독립된 무효·취소사유로 되는가에 관하여 의문이 있다.

일반적으로 절차상의 하자가 중대·명백한 경우에는 하자의 일반이론에 따라 무효인 행정행위로 볼 것이며, 그 정도에 이르지 아니한 경우에는 취소사유가 될 뿐이라고 하겠으나, 행정행위가 실체법상으로는 적법함에도 불구하고 단지 절차상의 하자만을 이유로 취소하여야 하는가에 관하여는 좀더 신중히 검토할 필요가 있다고 생각된다.

이 문제는 ① 재량행위의 경우에는 행정청의 독자적 판단권이 인정되기 때문에 취소한 후 다시 적절한 재량을 행사하여 원처분과는 다른 처분을 할 수도 있는 것이므로 절차의 하자가 독립된 취소사유가 된다는 데 별 이견이 없으나, ② 기속행위에 있어서는 적법한 절차를 거쳐 다시 처분을 하더라도 결국 동일한 처분을 하게 될 것이라는 점에서 특히 이를 독립된 취소사유로 볼 수 있는가의 문제가 제기되고 있는 것이다.

1) 독립된 무효·취소원인으로 보는 견해

행정행위의 실체상의 하자(내용상의 하자)와 마찬가지로 행정절차를 결한 그 자체로서 위법이기 때문에 중대하고 명백한 경우는 무효, 그렇지 아니한 경우는 취소사유가 된다고 한다. 그 주된 논거로서는 ① 적정한 결정은 적법한 절차에 따라서만 행하여져야 하며, ② 적법한 절차를 거쳐 행정처분을 하는 경우에 행정청은 더 신중하고 합리적 처분을 내릴 수 있기 때문이다.

2) 독립된 무효·취소원인으로 보지 아니하는 견해

절차상의 하자가 있더라도 실체상으로 하자가 없는 이상, 당해 행정행위의 절차의 하자를 이유로 취소되더라도 행정청은 적법한 절차를 갖추어 동일한 내용의 행정행위를 반복할 것이므로 상대방은 아무 성과 없이 불필요한 노력만 들이게 된다는 점에서 독립된 무효·취소사유로 보지 않으며, 독일 행정절차법(46)도 실체에 있어서 다른 결정이 내려질 수 없다고 인정되는 경우에는 절차·형식에 관한 규정을 위반하였다는 이유만으로 행정행위의 취소를 청구할 수 없게 하였으며, 절차·형식의 하자는 사후에도 치유될 수 있는 하자로 규정하고 있다.

2. 판 례

대법원은 재량행위·기속행위를 불문하고 절차상 하자는 독자적인 위법사유가 될 수 있다는 입장이다. 그래서 판례는, ① 식품위생법상의 청문서는 7일 전에 도달되어야 함에도 불구하고 5일 전에 도달함으로써 청문절차를 위반한 음식점영업정지처분(대판 1992. 2. 11, 91누11575)과, ② 도시계획법상의 도시계획 확정절차에 하자가 있는 도시계획결정(대판 1988. 5. 24, 87누388)을 모두 위법하다고 보았다.

> **판례** 구 도시계획법 제23조 제5항의 규정에 의한 사업시행자 지정처분을 취소함에 있어서 청문을 실시하지 아니한 경우, 그 절차를 결여한 지정처분의 취소처분이 위법한 처분이라는 판례
>
> 구 도시계획법(2000. 1. 28. 법률 제6243호로 전문 개정되기 전의 것) 제78조, 제78조의2, 행정절차법 제22조 제1항 제1호, 제4항, 제21조 제4항에 의하면, 행정청이 구 도시계획법 제23조 제5항의 규정에 의한 사업시행자 지정처분을 취소하기 위해서는 청문을 실시하여야 하고, 다만 행정절차법 제22조 제4항, 제21조 제4항에서 정한 예외사유에 해당하는 경우에 한하여 청문을 실시하지 아니할 수 있으며, 이러한 청문제도는 행정처분의 사유에 대하여 당사자에게 변명과 유리한 자료를 제출할 기회를 부여함으로써 위법사유의 시정가능성을 고려하고 처분의 신중과 적정을 기하려는 데 그 취지가 있음에 비추어 볼 때, 행정청이 침해적 행정처분을 함에 즈음하여 청문을 실시하지 않아도 되는 예외적인 경우에 해당하지 않는 한 반드시 청문을 실시하여야 하고, 그 절차를 결여한 처분은 위법한 처분으로서 취소사유에 해당한다(대판 2004. 7. 8, 2002두8350).

3. 사견

생각건대, 우리 헌법상 『법률에 의한 행정』이라 함은 실체법뿐만 아니라 **절차법**에 의한 행정까지도 포함하는 의미로 해석하여야 할 것이므로 절차법 위반도 위법임을 면치 못한다고 하겠다. 반대설과 독일 행정절차법의 태도에도 일응 타당성은 인정되지만, 헌법에 근거를 두고 있는 국민의 절차적 참가권을 충분히 보장하고 행정청의 판단을 신중하게 한다는 의미에서 실체법상의 하자와 동등하게 절차상의 하자도 독립적으로 무효·취소의 원인이 된다고 보아야 할 것이다.

우리 행정소송법(30③)도 취소판결의 기속력에 관하여 규정하면서 이는 『처분이 절차의 위법을 이유로 취소되는 경우에 준용한다』고 함으로써, 절차의 위법만을 이유로 행정행위를 취소할 수 있음을 명문으로 인정하고 있다.

4. 절차상 하자의 치유

일반적으로 행정행위의 실체적 요건이 불비되었더라도 그 요건이 사후에 보완될 경우에는 하자가 치유된다고 볼 수 있으며, 이러한 하자의 치유에 관한 법리가 절차상의 하자에 대하여도 적용될 것인가에 관하여는 불필요한 행정행위의 반복금지, 법적 안정성 보장, 공공복리 도모 등의 이유로 이를 인정하는 것이 합리적이라고 본다.

> **판례**
>
> 행정청이 식품위생법상의 청문절차를 이행함에 있어 소정의 청문서 도달기간을 지키지 아니한 위법이 있더라도 상대방이 이에 대하여 이의하지 아니한 채 스스로 청문일에 출석하여 의견을 진술하고 변명하는 등 방어의 기회를 충분히 가졌다면 청문서 도달기간을 준수하지 아니한 하자는 치유되었다고 봄이 상당하다(대판 1992. 10. 23, 92누2844).

5. 이유부기의 하자

행정절차법(23)은 모든 거부처분에는 그 법률상·사실상의 이유를 부기하도록 의무화하고 있으므로, 이에 위반하여 이유부기가 없는 행정처분은 상술한 절차의 하자와 마찬가지로 독립된 무효 또는 취소의 원인이 된다고 하겠다. 현행 행정절차법은 이유부기의 방식에 대한 규정을 두고 있지 않으나, 이유부기는 행정처분의 방식에 관한 행정절차법 제24조 제1항의 규정에 의하여 다른 법령 등에 특별한 규정이 없는 한 원칙적으로 문서로 하여야 한다. 이유부기에 하자가 있을 경우 단지 그것만을 이유로 행정처분을 위법하다고 할 수 있는가의 문제가 대두되고 있다.

> **판례**
>
> "허가의 취소처분에는 그 근거가 되는 법령과, 처분을 받은 자가 어떠한 위반사실에 대하여 당해 처분이 있었는지를 알 수 있을 정도의 사실의 적시를 요한다"고 한 바 있다(대판 1984. 7. 10, 82누551).

이유부기제도는 행정청이 행정처분시 신중을 기하도록 하여 행정권의 남용을 막고, 나아가 행정쟁송의 제기 여부를 결정하는 데 중요한 참고자료가 되고 법원의 판단을 용이하게 한다는 점에서 국민의 권익구제에 중요한 역할을 한다고 하겠다.

이유부기의 하자에 관하여도 앞에서 논한 행정절차의 하자와 달리 취급할 이유가 없다고 할 수 있으며, 따라서 **독립된 취소사유로** 보아야 할 것이고, 이유부기의 하자의 치유문제 역시 절차상의 하자의 치유와 마찬가지 이유로 이를 인정하여야 할 것이다. 그러나 시기적으로 무한정 이를 인정할 수는 없고 상대방의 행정심판 및 행정소송 등 쟁송제기와 관련한 권익을 침해하지 아니하는 범위 안에서만 이를 인정하여야 할 것이다(판례 참조).

한편, 이유부기의 하자로 인하여 행정행위가 법원에 의하여 취소되더라도 행정청은 이유부기의 **하자를 보완하여** 종전과 동일한 처분을 할 수 있으며 이는 취소판결의 기속력에 저촉되는 것은 아니라고 할 것이며, 이 문제 역시 절차상의 하자를 보완하여 다시 종전과 동일한 처분을 하더라도 취소판결의 기속력에 저촉되지 않는다는 원리와 다를 바 없다(판례 참조).

> **판례** 이유부기의 하자를 이유로 처분을 취소한 판례
> 세무서장이 주류도매업자에게 발송한 주류도매업면허취소통지서에 "무면허 주류판매업자에게 주류를 판매하여 주세법 제11조에 의거 지정조건 위반으로 주류판매업면허를 취소합니다"라고 기재되어 있어 영업기간과 거래상대방 등에 비추어 원고가 어떠한 거래행위로 인하여 이 건 처분을 받았는지 알 수 없게 되어 있다면 이 면허취소처분은 위법하다(대판 1990. 9. 11, 90누1786).

> **판례** 이유부기의 하자의 치유에 관한 판례
> 행정행위의 하자의 치유는 원칙적으로 허용될 수 없는 것일 뿐만 아니라, 이를 허용하는 경우에도 국민의 권리와 이익을 침해하지 않는 범위에서 구체적 사정에 따라 합목적적으로 가려야 한다고 할 것인바, 이 치유를 허용하려면 늦어도 과세처분에 대한 불복여부의 결정 및 불복신청에 편의를 줄 수 있는 상당한 기간 내에 하여야 한다(대판 1983. 7. 26, 82누420).

> **판례** 이유부기의 하자와 취소판결의 기속력에 관한 판례
> 과세처분의 절차 내지 형식에 위법이 있어 이를 취소하는 판결이 확정되었을 때는 그 확정판결의 기속력은 판결에서 적시된 절차 내지 형식의 위법사유에 한하여 미치는 것이므로 과세관청은 그 위법사유를 보완하여 새로운 과세처분을 할 수 있고, 이는 확정판결의 기속력에 저촉되는 것이 아니다(대판 1987. 2. 10, 86누91).

사례연습 해설

도로교통법 제101조의 2는 운전면허취소시에만 청문을 거쳐야 한다고 규정하고 있을 뿐 운전면허정지의 경우 청문을 거쳐야 한다는 명문의 규정을 두고 있지 않다. 그러나 "행정청이 당사자에게 의무를 과하거나 권익을 제한하는 처분을 함에 있어서 제1항(청문) 또는 제2항(공청회)의 경우 외에는 당사자 등에게 의견제출의 기회를 주어야 한다"는 행정절차법 제22조 제3항에 의거하여 침익적인 처분인 운전면허정지처분은 의견제출절차를 거쳐야 한다. 의견제출절차를 거치지 아니한 A지방경찰청장의 6월의 면허정지처분은 위법하며, 그 위법은 독립적인 취소사유인바, 甲에 대한 면허정지처분은 취소의 대상이 된다. 따라서 甲은 의견제출절차의 결여를 위법사유로 하여 위 운전면허정지처분의 취소소송을 제기할 수 있고, 법원은 甲의 청구를 인용할 것으로 보인다.

제 2 절 정보공개법과 개인정보보호법

Ⅰ. 개 설

　오늘날의 정보화 사회에 있어서는 행정주체가 행정조사 등의 행정작용과정에서 수집된 개인과 기업에 대한 각종 자료를 컴퓨터의 도움으로 데이터 베이스화함으로써 막대한 정보를 보유하게 되었다.
　이러한 행정의 정보독점현상에 따라, 한편으로는 국민의 알 권리의 실현을 위하여 정보공개가 요청되고 있지만, 반대로 잘못된 정보공개로 인하여 사생활의 비밀이 침해되는 것을 방지하여야 한다는 서로 상반되는 법익의 충돌이 있게 되었다. 전자의 요청으로 마련된 제도가 **행정정보공개제도**이고 후자의 요청으로 마련된 제도가 **개인정보보호제도**이다.
　행정정보공개제도는 헌법상 보장된 국민의 알권리를 구현하며, 행정의 민주적 운영을 가능하게 하며, 주민자치의 활성화를 이루게 한다. 개인정보보호제도는 개인에 관한 정보가 부당하게 수집·유통·이용되는 것을 방지하여 개인의 프라이버시를 행정기관으로부터 보호하려는 제도이다. 현대 정보화사회에 있어서 이 두 제도는 불가분의 관계로서 양면성을 가지게 되었으며 세계의 각국은 입법을 통하여 이를 해결하고 있으며, 우리나라도 실정법으로 이를 규율하게 되었다.

Ⅱ. 행정정보공개

1. 행정정보공개의 의의

　'행정정보의 공개'란 『행정주체가 보유·관리하고 있는 각종 정보를 일부 비공개로 하여야 할 정보를 제외하고는 국민의 알 권리에 따라 공개하거나, 행정의 내부적 의사결정과정을 행정절차법상 이해관계인에게 공개하는 것』을 말한다.

　따라서 행정정보공개는 알 권리에 따른 국민 일반에 대한 공개와, 특정 이해관계인에 대한 행정절차법상의 공개로 크게 2종류로 구분된다. 전자에 관한 것이 1996년에 제정된 『공공기관의 정보공개에 관한 법률』에 규정된 **정보공개청구권**이고 후자에 관한 것이 행정절차법상의 **문서열람청구권** 등이다. 이러한 정보공개는 국민의 청구에 의하여 공개되며, 그 공개가 **의무적**인 것이라는 점에서 행정기관이 임의적으로 정보를 제공하는 활동인 행정홍보활동과는 구별된다.

2. 국민의 『알 권리』에 따른 행정정보공개

1) 알 권리의 의의

알 권리는 헌법상 명문으로 인정된 기본권은 아니지만, 현대 정보화사회에서 행정의 정보집중 및 독점으로부터 국민의 정보에의 접근을 허용함으로써 헌법상의 행복추구권(10), 언론(표현)의 자유(21), 인간다운 생활을 할 권리(34①)를 보장하는 한편, 국정에 관한 정보를 제공함으로써 국민주권의 원리에 따른 참정권을 보장하기 위하여 학설 및 판례에 의하여 인정된 헌법상의 기본권의 하나이다. 헌법상 입법의 공개(50), 재판의 공개(109)와는 달리 행정의 공개에 대해서는 명문규정을 두고 있지 않지만 알 권리의 생성기반을 살펴볼 때 이 권리의 핵심은 정부가 보유하고 있는 정보에 대한 국민의 알 권리, 즉 국민의 정부에 대한 일반적인 정보공개를 구할 권리라고 할 것이며, 이러한 알 권리의 실현은 법률의 제정이 뒤따라 이를 구체화시키는 것이 충실하고도 바람직하지만, 그러한 법률이 제정되어 있지 않다고 하더라도 헌법 제21조에 의하여 직접 보장될 수 있다(헌재결 1991. 5. 13, 90헌마133). 각국은 이러한 알 권리를 행정정보의 취득에 있어서 실현하기 위하여 정보공개법 등을 제정하고 있다.

> **판례** 정보공개청구권의 인정근거에 관한 판례
> 국민의 알 권리, 특히 국가정보에의 접근의 권리는 우리 헌법상 기본적으로 표현의 자유와 관련하여 인정되는 것으로 그 권리의 내용에는 일반 국민 누구나 국가에 대하여 보유·관리하고 있는 정보의 공개를 청구할 수 있는 이른바 일반적인 정보공개청구권이 포함되고, 이 청구권은 공공기관의 정보공개에 관한 법률이 1998. 1. 1. 시행되기 전에는 구『사무관리규정』(제33조 2항)과『행정정보공개운영지침』에서 구체화되어 있었다(대판 1999. 9. 21, 97누5114).

> **판례** 확정된 형사소송기록의 복사신청에 대한 거부행위의 기본권침해여부
> 확정된 형사소송기록의 복사신청에 대한 서울지방검찰청의 정부지청장의 거부행위는 청구인의 헌법상의 기본권인 "알 권리"를 침해한 것이다(헌재결 1991. 5. 13, 90헌마133).

2) '공공기관의 정보공개에 관한 법률'의 내용

동법은 공공기관이 보유·관리하는 정보의 공개의무 및 국민의 정보공개청구에 관하여 필요한 사항을 정함으로써 국민의 알 권리를 보장하고 국정에 대한 감시 등을 통한 국정운영의 투명성을 확보하기 위한 목적(1)으로 한다. 동법은 국가안전보장에 관련되는 정보, 보안업무 관장기관에서 국가안전보장과 관련된 정보분석을 목적으로 수집되거나 작성된 정보에 대해서는 적용을 제외하고 있지만(4③), 정보공개에 관한 일반법이다(4①).

> **판례** 공개를 구하는 정보를 공공기관이 보유·관리하고 있을 상당한 개연성이 있다는 점에 대한 증명책임의 소재(=공개청구자) 및 그 정보를 더 이상 보유·관리하고 있지 아니

하다는 점에 대한 증명책임의 소재(=공공기관)
정보공개제도는 공공기관이 보유·관리하는 정보를 그 상태대로 공개하는 제도로서 공개를 구하는 정보를 공공기관이 보유·관리하고 있을 상당한 개연성이 있다는 점에 대하여 원칙적으로 공개청구자에게 증명책임이 있다고 할 것이지만, 공개를 구하는 정보를 공공기관이 한때 보유·관리하였으나 후에 그 정보가 담긴 문서 등이 폐기되어 존재하지 않게 된 것이라면 그 정보를 더 이상 보유·관리하고 있지 아니하다는 점에 대한 증명책임은 공공기관에게 있다(대판 2004. 12. 9, 2003두1207).

이 법은 총칙, 정보공개청구권자(5) 및 비공개대상정보(9), 정보공개의 절차(10·11·13) 및 불복구제절차(18·19·20·21) 등을 규정하고 있다.

① 공개대상정보

동법은 공공기관의 정보는 공개가 원칙이며 비공개는 예외임을 선언하고 있으며(3), 공공기관이 직무상 작성 또는 취득하여 관리하고 있는 문서, 도면, 사진, 필름, 테이프, 슬라이드 및 컴퓨터에 의하여 처리되는 매체 등에 기록된 사항을 공개대상정보로 하고 있다(2). 따라서 공개대상정보는 널리 공문서의 성격을 갖는 모든 기록물을 그 대상으로 하고 있다고 하겠다.

② 비공개대상정보

공공기관의 정보공개에 관한 법률 제9조(비공개 대상 정보)
① 공공기관이 보유·관리하는 정보는 공개 대상이 된다. 다만, 다음 각 호의 어느 하나에 해당하는 정보는 공개하지 아니할 수 있다.
1. 다른 법률 또는 법률에서 위임한 명령(국회규칙·대법원규칙·헌법재판소규칙·중앙선거관리위원회규칙·대통령령 및 조례로 한정한다)에 따라 비밀이나 비공개 사항으로 규정된 정보
2. 국가안전보장·국방·통일·외교관계 등에 관한 사항으로서 공개될 경우 국가의 중대한 이익을 현저히 해칠 우려가 있다고 인정되는 정보
3. 공개될 경우 국민의 생명·신체 및 재산의 보호에 현저한 지장을 초래할 우려가 있다고 인정되는 정보
4. 진행 중인 재판에 관련된 정보와 범죄의 예방, 수사, 공소의 제기 및 유지, 형의 집행, 교정(矯正), 보안처분에 관한 사항으로서 공개될 경우 그 직무수행을 현저히 곤란하게 하거나 형사피고인의 공정한 재판을 받을 권리를 침해한다고 인정할 만한 상당한 이유가 있는 정보
5. 감사·감독·검사·시험·규제·입찰계약·기술개발·인사관리에 관한 사항이나 의사결정 과정 또는 내부검토 과정에 있는 사항 등으로서 공개될 경우 업무의 공정한 수행이나 연구·개발에 현저한 지장을 초래한다고 인정할 만한 상당한 이유가 있는 정보. 다만, 의사결정 과정 또는 내부검토 과정을 이유로 비공개할 경우에는 의사결정 과정 및 내부검토 과정이 종료되면 제10조에 따른 청구인에게 이를 통지하여야 한다.
6. 해당 정보에 포함되어 있는 성명·주민등록번호 등 개인에 관한 사항으로서 공개될 경우 사생활의 비밀 또는 자유를 침해할 우려가 있다고 인정되는 정보. 다만, 다음 각 목에 열거한 개인에 관한 정보는 제외한다.
가. 법령에서 정하는 바에 따라 열람할 수 있는 정보

> 나. 공공기관이 공표를 목적으로 작성하거나 취득한 정보로서 사생활의 비밀 또는 자유를 부당하게 침해하지 아니하는 정보
> 다. 공공기관이 작성하거나 취득한 정보로서 공개하는 것이 공익이나 개인의 권리 구제를 위하여 필요하다고 인정되는 정보
> 라. 직무를 수행한 공무원의 성명·직위
> 마. 공개하는 것이 공익을 위하여 필요한 경우로서 법령에 따라 국가 또는 지방자치단체가 업무의 일부를 위탁 또는 위촉한 개인의 성명·직업
> 7. 법인·단체 또는 개인(이하 "법인등"이라 한다)의 경영상·영업상 비밀에 관한 사항으로서 공개될 경우 법인등의 정당한 이익을 현저히 해칠 우려가 있다고 인정되는 정보. 다만, 다음 각 목에 열거한 정보는 제외한다.
> 가. 사업활동에 의하여 발생하는 위해(危害)로부터 사람의 생명·신체 또는 건강을 보호하기 위하여 공개할 필요가 있는 정보
> 나. 위법·부당한 사업활동으로부터 국민의 재산 또는 생활을 보호하기 위하여 공개할 필요가 있는 정보
> 8. 공개될 경우 부동산 투기, 매점매석 등으로 특정인에게 이익 또는 불이익을 줄 우려가 있다고 인정되는 정보

예외적으로 비공개할 수 있는 정보는 한정적으로 열거되어 있다(9①). 즉,

(가) 다른 법률 또는 법률이 위임한 명령(국회규칙·대법원규칙·헌법재판소규칙·중앙선거관리위원회규칙·대통령령 및 조례에 한정한다)에 따라 비밀이나 비공개 사항으로 규정된 정보.

> **판례** 공공기관의 정보공개에 관한 법률 제7조 제1항 제1호 소정의 '법률에 의한 명령'의 의미{=법규명령(위임명령)}
> 공공기관의 정보공개에 관한 법률 제1조, 제3조, 헌법 제37조의 각 취지와 행정입법으로는 법률이 구체적으로 범위를 정하여 위임한 범위 안에서만 국민의 자유와 권리에 관련된 규율을 정할 수 있는 점 등을 고려할 때, 공공기관의 정보공개에 관한 법률 제7조 제1항 제1호 소정의 '법률에 의한 명령'은 법률의 위임규정에 의하여 제정된 대통령령, 총리령, 부령 전부를 의미한다기 보다는 정보의 공개에 관하여 법률의 구체적인 위임 아래 제정된 법규명령(위임명령)을 의미한다(대판 2003. 12. 11, 2003두8395).

(나) 국가안전보장·국방·통일·외교관계 등에 관한 사항으로서 공개될 경우 국가의 중대한 이익을 현저히 해칠 우려가 있다고 인정되는 정보,

> **판례** 보안관찰법 소정의 보안관찰 관련 통계자료가 공공기관의 정보공개에 관한 법률 제7조 제1항 제2호, 제3호 소정의 비공개대상정보에 해당하는지 여부(적극)
> 보안관찰처분을 규정한 보안관찰법에 대하여 헌법재판소도 이미 그 합헌성을 인정한 바 있고, 보안관찰법 소정의 보안관찰 관련 통계자료는 우리나라 53개 지방검찰청 및 지청관할지역에서 매월 보고된 보안관찰처분에 관한 각종 자료로서, 보안관찰처분대상자 또는 피보안관찰자들의 매월별 규모, 그 처분시기, 지역별 분포에 대한 전국적 현황과 추이를 한눈에 파악할 수 있는 구체적이고 광범위한 자료에 해당하므로 '통계자료'라고 하여도 그 함의(含意)를 통하여 나타내는 의미가 있음이 분명하여 가치중립적일 수는 없고, 그 통계자료의 분석에 의하여 대남공작활동이 유리한 지역으로 보안관찰처분대상자가 많은 지역을 선택하는 등으로 위 정보가 북한정보기관에 의한 간첩의 파견, 포섭, 선전선동을 위한 교두보의 확보 등 북한의 대남전략에 있어 매우 유용한 자료로 악용될 우려가 없다고 할 수 없으므로, 위 정보는 공공기관의 정보공개에 관한 법률 제7조 제1항

제2호 소정의 공개될 경우 국가안전보장·국방·통일·외교관계 등 국가의 중대한 이익을 해할 우려가 있는 정보, 또는 제3호 소정의 공개될 경우 국민의 생명·신체 및 재산의 보호 기타 공공의 안전과 이익을 현저히 해할 우려가 있다고 인정되는 정보에 해당한다(대판 2004. 3. 18, 2001두8254).

(다) 공개될 경우 국민의 생명·신체 및 재산의 보호에 현저한 지장을 초래할 우려가 있다고 인정되는 정보,

(라) 진행 중인 재판에 관련된 정보와, 범죄의 예방·수사, 공소의 제기 및 유지, 형의 집행, 교정, 보안처분에 관한 사항으로서 공개될 경우 그 직무수행을 현저히 곤란하게 하거나 형사피고인의 공정한 재판을 받을 권리를 침해한다고 인정할 만한 상당한 이유가 있는 정보,

> **판례** 구 공공기관의 정보공개에 관한 법률 제7조 제1항 제4호에서 비공개대상으로 규정한 '형의 집행, 교정에 관한 사항으로서 공개될 경우 그 직무수행을 현저히 곤란하게 하는 정보'의 의미 및 이에 해당하는지 여부에 관한 판단 기준
>
> 구 공공기관의 정보공개에 관한 법률(2004. 1. 29. 법률 제7127호로 전문 개정되기 전의 것) 제7조 제1항 제4호에서 비공개대상으로 규정한 '형의 집행, 교정에 관한 사항으로서 공개될 경우 그 직무수행을 현저히 곤란하게 하는 정보'라 함은 당해 정보가 공개될 경우 재소자들의 관리 및 질서유지, 수용시설의 안전, 재소자들에 대한 적정한 처우 및 교정·교화에 관한 직무의 공정하고 효율적인 수행에 직접적이고 구체적으로 장애를 줄 고도의 개연성이 있고, 그 정도가 현저한 경우를 의미한다고 할 것이며, 여기에 해당하는지 여부는 비공개에 의하여 보호되는 업무수행의 공정성 등의 이익과 공개에 의하여 보호되는 국민의 알 권리의 보장과 국정에 대한 국민의 참여 및 국정운영의 투명성 확보 등의 이익을 비교·교량하여 구체적인 사안에 따라 개별적으로 판단되어야 한다(대판 2004. 12. 9, 2003두12707).

(마) 감사·감독·검사·시험·규제·입찰계약·기술개발·인사관리에 관한 사항이나 의사결정과정 또는 내부검토 과정에 있는 사항 등으로서 공개될 경우 업무의 공정한 수행이나 연구·개발에 현저한 지장을 초래한다고 인정할 만한 상당한 이유가 있는 정보공정한 업무수행에 지장을 초래할 정보(다만, 의사결정 과정 또는 내부검토 과정을 이유로 비공개할 경우에는 의사결정과정 및 내부검토 과정이 종료되면 제10조에 따른 청구인에게 이를 통지하여야 한다),

> **판례** 지방자치단체의 도시공원위원회의 회의관련자료 및 회의록을 공개시기 등에 관한 아무런 제한 규정 없이 공개하여야 한다는 취지의 지방자치단체의 조례안이 공공기관의 정보공개에 관한 법률 제7조 제1항 제5호에 위반되는지 여부(적극)
>
> 지방자치단체의 도시공원에 관한 조례에서 규정된 도시공원위원회의 심의사항에 관하여 위 위원회의 심의를 거친 후 시장이나 구청장이 위 사항들에 대한 결정을 대외적으로 공표하기 전에 위 위원회의 회의관련자료 및 회의록이 공개된다면 업무의 공정한 수행에 현저한 지장을 초래한다고 할 것이므로, 위 위원회의 심의 후 그 심의사항들에 대한 시장 등의 결정의 대외적 공표행위가 있기 전까지는 위 위원회의 회의관련자료 및 회의록은 공공기관의 정보공개에 관한 법률 제7조 제1항 제5호(개정법률 제9조 제1항 제5호)에서 규정하는 비공개대상정보에 해당한다고 할 것이고, 다만 시장 등의 결정의 대외적 공표행위가 있은 후에는 이를 의사결정과정이나 내부검토과정에 있는 사항이라고 할 수 없고 위 위원회의 회의관련자료 및 회의록을 공개하더라도 업무의 공정한 수행에 지장을 초래할 염려가 없으므로, 시장 등의 결정의 대외적 공표행위가 있은 후에는 위 위원회의 회의관련자료 및 회의록은 같은 법 제7조 제2항에 의하여 공개대상이 된다고 할 것인바, 지방자치단체

의 도시공원에 관한 조례안에서 공개시기 등에 관한 아무런 제한 규정 없이 위 위원회의 회의관련자료 및 회의록은 공개하여야 한다고 규정하였다면 이는 같은 법 제7조 제1항 제5호에 위반된다고 할 것이다(대판 2000. 5. 30, 99추85).

(바) 해당 정보에 포함되어 있는 이름·주민등록번호 등 개인에 관한 사항으로서 공개될 경우 개인의 사생활의 비밀 또는 자유가 침해될 우려가 있다고 인정되는 정보(다만, 다음 각 목에 열거한 개인에 관한 정보는 제외한다. 가. 법령에서 정하는 바에 따라 열람할 수 있는 정보 나. 공공기관이 공표를 목적으로 작성하거나 취득한 정보로서 사생활의 비밀 또는 자유를 부당하게 침해하지 아니하는 정보 다. 공공기관이 작성하거나 취득한 정보로서 공개하는 것이 공익이나 개인의 권리 구제를 위하여 필요하다고 인정되는 정보 라. 직무를 수행한 공무원의 성명·직위 마. 공개하는 것이 공익을 위하여 필요한 경우로서 법령에 따라 국가 또는 지방자치단체가 업무의 일부를 위탁 또는 위촉한 개인의 성명·직업),

> **판례** 법 제7조 제1항 제6호(개정법률 제9조 제1항 제6호)의 비공개대상정보에 대하여
> 법 제7조 제1항 제6호는 비공개대상정보의 하나로 '당해 정보에 포함되어 있는 이름·주민등록번호 등에 의하여 특정인을 식별할 수 있는 개인에 관한 정보'를 규정하면서, 같은 호 단서 (다)목으로 '공공기관이 작성하거나 취득한 정보로서 공개하는 것이 공익 또는 개인의 권리구제를 위하여 필요하다고 인정되는 정보'는 제외된다고 규정하고 있는데, 여기에서 '공개하는 것이 개인의 권리구제를 위하여 필요하다고 인정되는 정보'에 해당하는지 여부는 비공개에 의하여 보호되는 개인의 사생활의 비밀 등의 이익과 공개에 의하여 보호되는 개인의 권리구제 등의 이익을 비교·교량하여 구체적 사안에 따라 개별적으로 판단하여야 할 것인바, 이 사건 정보와 같은 수사기록에 들어 있는 특정인을 식별할 수 있는 개인에 관한 정보로는 통상 관련자들의 이름, 주민등록번호, 주소(주거 또는 근무처 등)·연락처(전화번호 등), 그 외 직업·나이 등이 있을 것인데, 그 중 관련자들의 이름은 수사기록의 공개를 구하는 필요성이나 유용성, 즉 개인의 권리구제라는 관점에서 특별한 사정이 없는 한 원칙적으로 공개되어야 할 것이고, 관련자들의 주민등록번호는 동명이인의 경우와 같이 동일성이 문제되는 등의 특별한 사정이 있는 경우를 제외하고는 개인의 권리구제를 위하여 필요하다고 볼 수는 없으므로 원칙적으로 비공개하여야 할 것이며, 관련자들의 주소·연락처는 공개될 경우 악용될 가능성이나 사생활이 침해될 가능성이 높은 반면, 증거의 확보 등 개인의 권리구제라는 관점에서는 그 공개가 필요하다고 볼 수 있는 경우도 있을 것이므로 개인식별정보는 비공개라는 원칙을 염두에 두고서 구체적 사안에 따라 개인의 권리구제의 필요성과 비교·교량하여 개별적으로 공개 여부를 판단하여야 할 것이고, 그 외 직업, 나이 등의 인적사항은 특별한 경우를 제외하고는 개인의 권리구제를 위하여 필요하다고 볼 수는 없다고 할 것이다(대판 2003. 12. 26, 2002두1342).

(사) 법인·단체 또는 개인(이하 "법인등"이라 한다)의 경영상·영업상 비밀에 관한 사항으로서 공개될 경우 법인등의 정당한 이익을 현저히 해칠 우려가 있다고 인정되는 정보(다만, 다음 각 목에 열거한 정보는 제외한다. 가. 사업활동에 의하여 발생하는 위해(危害)로부터 사람의 생명·신체 또는 건강을 보호하기 위하여 공개할 필요가 있는 정보 나. 위법·부당한 사업활동으로부터 국민의 재산 또는 생활을 보호하기 위하여 공개할 필요가 있는 정보),

(아) 공개될 경우 부동산 투기, 매점매석 등으로 특정인에게 이익 또는 불이익을 줄 우려가 있다고 인정되는 정보 등으로 열거된 8종류의 정보 외에는 모두 공개하여야 한다.

③ 정보공개의 의무기관

공공기관이며 공공기관은 국가·지방자치단체, 정부투자기관기본법 제2조의 규정에 의한 정부투자기관 기타 대통령령이 정하는 기관을 말한다(2). 따라서 법률에 의해 설치한 각급학교, 특별법에 의해 설치된 특수법인, 공무원연금법에 의한 퇴직연금의 지급정지대상기관 등도 포함된다(시행령2).

공공기관의 정보공개에 관한 법률 제2조(정의)
1. "정보"란 공공기관이 직무상 작성 또는 취득하여 관리하고 있는 문서(전자문서를 포함한다. 이하 같다)·도면·사진·필름·테이프·슬라이드 및 그 밖에 이에 준하는 매체 등에 기록된 사항을 말한다.
2. "공개"란 공공기관이 이 법에 따라 정보를 열람하게 하거나 그 사본·복제물을 제공하는 것 또는 「전자정부법」 제2조제10호에 따른 정보통신망(이하 "정보통신망"이라 한다)을 통하여 정보를 제공하는 것 등을 말한다.
3. "공공기관"이란 다음 각 목의 기관을 말한다.
가. 국가기관
1) 국회, 법원, 헌법재판소, 중앙선거관리위원회
2) 중앙행정기관(대통령 소속 기관과 국무총리 소속 기관을 포함한다) 및 그 소속 기관
3) 「행정기관 소속 위원회의 설치·운영에 관한 법률」에 따른 위원회
나. 지방자치단체
다. 「공공기관의 운영에 관한 법률」 제2조에 따른 공공기관
라. 그 밖에 대통령령으로 정하는 기관

---

④ 정보공개의 청구권자

공공기관의 정보공개에 관한 법률 제5조(정보공개 청구권자)
① 모든 국민은 정보의 공개를 청구할 권리를 가진다.
② 외국인의 정보공개 청구에 관하여는 대통령령으로 정한다.

모든 국민은 정보의 공개를 청구할 권리를 가진다(5). 국민 속에는 자연인·법인·법인격 없는 단체도 포함된다. 그러나 외국인의 정보공개청구에 관하여는 대통령령으로 정하여 ① 국내에 일정한 주소를 두고 거주하거나 학술연구를 위해 일시적으로 체류하는 자, ② 국내에 사무소를 두고 있는 법인 또는 단체에 한하여 인정하고 있다.

> **판례** 공공기관의 정보공개에 관한 법률 제6조 제1항 소정의 국민의 범위 및 정보공개거부처분을 받은 청구인이 그 거부처분의 취소를 구할 법률상의 이익이 있는지 여부(적극)
> 공공기관의 정보공개에 관한 법률 제6조 제1항은 "모든 국민은 정보의 공개를 청구할 권리를 가진다"고 규정하고 있는데, 여기에서 말하는 국민에는 자연인은 물론 법인, 권리능력 없는 사단·재단도 포함되고, 법인, 권리능력 없는 사단·재단 등의 경우에는 설립목적을 불문하며, 한편 정보공개청구권은 법률상 보호되는 구체적인 권리이므로 청구인이 공공기관에 대하여 정보공개를 청구하였다가 거부처분을 받은 것 자체가 법률상 이익의 침해에 해당한다(대판 2003. 12. 12, 2003두8050).

> **판례** 정보공개거부처분을 받은 청구인이 그 거부처분의 취소를 구할 법률상의 이익이 있는지 여부(적극)
>
> 정보공개청구권은 법률상 보호되는 구체적인 권리이므로 청구인이 공공기관에 대하여 정보공개를 청구하였다가 거부처분을 받은 것 자체가 법률상 이익의 침해에 해당한다고 할 것이고(대법원 2003. 12. 12, 선고 2003두8050 판결 참조), 거부처분을 받은 것 이외에 추가로 어떤 법률상의 이익을 가질 것을 요구하는 것은 아니다(대판 2004. 9. 23, 2003두1370).

⑤ 정보공개 청구절차

공공기관의 정보공개에 관한 법률
제10조(정보공개의 청구방법)
① 정보의 공개를 청구하는 자(이하 "청구인"이라 한다)는 해당 정보를 보유하거나 관리하고 있는 공공기관에 다음 각 호의 사항을 적은 정보공개 청구서를 제출하거나 말로써 정보의 공개를 청구할 수 있다.
1. 청구인의 성명·주민등록번호·주소 및 연락처(전화번호·전자우편주소 등을 말한다)
2. 공개를 청구하는 정보의 내용 및 공개방법

제11조(정보공개 여부의 결정)
① 공공기관은 제10조에 따라 정보공개의 청구를 받으면 그 청구를 받은 날부터 10일 이내에 공개 여부를 결정하여야 한다.
② 공공기관은 부득이한 사유로 제1항에 따른 기간 이내에 공개 여부를 결정할 수 없을 때에는 그 기간이 끝나는 날의 다음 날부터 기산(起算)하여 10일의 범위에서 공개 여부 결정기간을 연장할 수 있다. 이 경우 공공기관은 연장된 사실과 연장 사유를 청구인에게 지체 없이 문서로 통지하여야 한다.
③ 공공기관은 공개 청구된 공개 대상 정보의 전부 또는 일부가 제3자와 관련이 있다고 인정할 때에는 그 사실을 제3자에게 지체 없이 통지하여야 하며, 필요한 경우에는 그의 의견을 들을 수 있다.

제12조(정보공개심의회)
① 국가기관, 지방자치단체 및 「공공기관의 운영에 관한 법률」 제5조에 따른 공기업(이하 "국가기관 등"이라 한다)은 제11조에 따른 정보공개 여부 등을 심의하기 위하여 정보공개심의회(이하 "심의회"라 한다)를 설치·운영한다.

제13조(정보공개 여부 결정의 통지)
① 공공기관은 제11조에 따라 정보의 공개를 결정한 경우에는 공개의 일시 및 장소 등을 분명히 밝혀 청구인에게 통지하여야 한다.
② 공공기관은 청구인이 사본 또는 복제물의 교부를 원하는 경우에는 이를 교부하여야 한다. 다만, 공개 대상 정보의 양이 너무 많아 정상적인 업무수행에 현저한 지장을 초래할 우려가 있는 경우에는 정보의 사본·복제물을 일정 기간별로 나누어 제공하거나 열람과 병행하여 제공할 수 있다.
③ 공공기관은 제1항에 따라 정보를 공개하는 경우에 그 정보의 원본이 더럽혀지거나 파손될 우려가 있거나 그 밖에 상당한 이유가 있다고 인정할 때에는 그 정보의 사본·복제물을 공개할 수 있다.
④ 공공기관은 제11조에 따라 정보의 비공개 결정을 한 경우에는 그 사실을 청구인에게 지체 없이 문서로 통지하여야 한다. 이 경우 비공개 이유와 불복(不服)의 방법 및 절차를 구체적으로 밝혀야 한다.

제14조(부분 공개)
공개 청구한 정보가 제9조제1항 각 호의 어느 하나에 해당하는 부분과 공개 가능한 부분이 혼합되어 있는 경우로서 공개 청구의 취지에 어긋나지 아니하는 범위에서 두 부분을 분리할 수 있는 경우에는 제9조제1항 각 호의 어느 하나에 해당하는 부분을 제외하고 공개하여야 한다.
제15조(정보의 전자적 공개)
① 공공기관은 전자적 형태로 보유·관리하는 정보에 대하여 청구인이 전자적 형태로 공개하여 줄 것을 요청하는 경우에는 그 정보의 성질상 현저히 곤란한 경우를 제외하고는 청구인의 요청에 따라야 한다.
② 공공기관은 전자적 형태로 보유·관리하지 아니하는 정보에 대하여 청구인이 전자적 형태로 공개하여 줄 것을 요청한 경우에는 정상적인 업무수행에 현저한 지장을 초래하거나 그 정보의 성질이 훼손될 우려가 없으면 그 정보를 전자적 형태로 변환하여 공개할 수 있다.

정보공개를 청구하는 자는 당해 공공기관에 정보공개청구서를 제출하여야 하고(10①), 공공기관은 그 청구를 받은 날부터 10일 이내에 공개 여부를 결정한다(11①). 1차에 한하여 결정기간을 연장할 수 있으며, 20일 이내에 공공기관이 공개 여부를 결정하지 않으면 비공개의 결정이 있는 것으로 본다(11⑤). 비공개결정이 있는 때에는 사유, 불복방법 및 절차를 명시하여 청구인에게 통지해야 하고(13④), 정보공개는 정보의 원본으로 함이 원칙이지만 실제로는 복사에 의한 사본 등을 공개한다(13①③). 정보공개 및 우송 등에 소요되는 비용은 실비의 범위 안에서 청구인의 부담으로 한다(17).

> **판례** 비공개대상정보에 해당하는 부분과 공개가 가능한 부분이 구별되고 이를 분리할 수 있는 경우, 법원의 판결주문기재 방법
> 법원이 행정청의 정보공개거부처분의 위법 여부를 심리한 결과 공개를 거부한 정보에 비공개대상정보에 해당하는 부분과 공개가 가능한 부분이 혼합되어 있고 공개청구의 취지에 어긋나지 아니하는 범위 안에서 두 부분을 분리할 수 있음을 인정할 수 있을 때에는, 위 정보 중 공개가 가능한 부분을 특정하고 판결의 주문에 행정청의 위 거부처분 중 공개가 가능한 정보에 관한 부분만을 취소한다고 표시하여야 한다(대판 2003. 3. 11, 2001두6425).

⑥ 불복구제절차

공공기관의 정보공개에 관한 법률
제18조(이의신청)
① 청구인이 정보공개와 관련한 공공기관의 비공개 결정 또는 부분 공개 결정에 대하여 불복이 있거나 정보공개 청구 후 20일이 경과하도록 정보공개 결정이 없는 때에는 공공기관으로부터 정보공개 여부의 결정 통지를 받은 날 또는 정보공개 청구 후 20일이 경과한 날부터 30일 이내에 해당 공공기관에 문서로 이의신청을 할 수 있다.
제19조(행정심판)
① 청구인이 정보공개와 관련한 공공기관의 결정에 대하여 불복이 있거나 정보공개 청구 후 20일이 경과하도록 정보공개 결정이 없는 때에는 「행정심판법」에서 정하는 바에 따라 행정심판을 청구할 수 있다. 이 경우 국가기관 및 지방자치단체 외의 공공기관의 결정에 대한 감독행정기관은 관계 중앙행정기관의 장 또는 지방자치단체의 장으로 한다.
② 청구인은 제18조에 따른 이의신청 절차를 거치지 아니하고 행정심판을 청구할 수 있다.

> 제20조(행정소송)
> ① 청구인이 정보공개와 관련한 공공기관의 결정에 대하여 불복이 있거나 정보공개 청구 후 20일이 경과하도록 정보공개 결정이 없는 때에는 「행정소송법」에서 정하는 바에 따라 행정소송을 제기할 수 있다.

공공기관의 정보에 대한 비공개결정을 한 경우에는 30일 이내에 당해기관에 대하여 이의신청(18)을 하거나(임의적 절차), 이를 거치지 아니하고 행정심판(19) 및 행정소송(20) 등을 제기할 수 있다.

판례 정보공개거부처분을 받은 청구인이 그 거부처분의 취소를 구할 법률상의 이익이 있는지 여부(적극)

국민의 정보공개청구권은 법률상 보호되는 구체적인 권리이므로, 공공기관에 대하여 정보의 공개를 청구하였다가 공개거부처분을 받은 청구인은 행정소송을 통하여 그 공개거부처분의 취소를 구할 법률상의 이익이 있다(대판 2003. 3. 11, 2001두6425; 2003. 12. 12, 2003두8050).

판례 경찰서장의 수사기록사본교부거부처분에 대하여 행정소송절차를 거치지 아니하고 곧바로 헌법소원심판을 청구할 수 있는지의 여부(소극)

공공기관의 정보공개에 관한 법률 제6조, 제9조, 제18조에 의하여 국민에게 불기소사건기록의 열람, 등사를 청구할 권리 내지 법에 정하여진 절차에 따라 그 허가여부의 처분을 행할 것을 요구할 수 있는 법규상의 지위가 부여되었으므로 경찰서장의 수사기록사본교부거부처분은 행정소송의 대상이 된다 할 것이므로 직접 헌법소원심판의 대상으로 삼을 수 없다(헌재 2001. 2. 22, 2000헌마620).

동법은 이해관계 있는 제3자에게도 이러한 권리를 인정하고 있다(21). 즉, 공공기관은 공개대상 정보가 제3자와 관련이 있다고 인정되는 때에는 공개청구된 사실을 지체 없이 제3자에게 **통지**하여야 하며 필요한 경우 그 의견을 청취할 수 있도록 하고 있으며(11③), 공개청구된 사실을 통지 받은 제3자는 3일 이내에 당해 공공기관에 공개하지 아니할 것을 요청할 수 있고, 그 의사에 반하여 공개하고자 할 경우에는 그 제3자에게 이를 서면으로 통지하도록 하고 있고, 이 통지를 받은 제3자는 상술한 이의신청·행정심판·행정소송을 제기할 수 있도록 함으로써 이해관계 있는 제3자의 권익보호를 배려하고 있다.

3. 행정절차에서의 행정정보공개

1) 의 의

행정의 의사결정 단계에서부터 국민을 참여시킴으로써 행정의 적법·타당성을 확보한다는 행정절차의 본질상, 특정 행정작용의 상대방 기타 이해관계 있는 국민은 행정처분의 기준과 처분이유 및 관련문서의 공개 등을 청구할 권리를 갖는다.

2) 알 권리에 따른 정보공개와의 구별

알 권리에 근거한 정보공개는 모든 국민에 대한 것인 데 반하여, 행정절차에서의 행정정보공개는 특정 행정절차에 있어서의 상대방 기타 이해관계 있는 국민에 한하여 인정된다는 점에서 구별된다.

그러나 통상 국민의 알 권리에 근거한 공개대상에서는 제외되는 『행정의사결정 과정상의 정보』는 적어도 특정 행정절차에 있어서의 상대방 기타 이해관계자에게는 공개되어야 할 것이라는 점에서 양자는 상호보완적 관계에 있다고 하겠다.

3) 행정절차법상의 공개제도

우리 행정절차법이 규정하고 있는 공개제도로서는 다음의 것이 있다.

① 행정처분기준(재량기준)의 설정 및 공표

행정청은 각종 행정처분의 기준(재량기준)을 미리 설정하고 이를 공표하여야 하며, 당사자 등은 공표된 처분기준이 불명확할 경우 행정청에 대하여 해석 또는 설명을 요청할 수 있다(20). 이는 행정처분의 객관적 기준 없이 그때그때 담당공무원에 따라 행정처분이 자의적으로 행하여지는 것을 방지하여 법적 안정성과 평등성을 보장하고, 또한 이들 기준을 정하더라도 국민 앞에 공표되지 아니하고 행정내부에서만 공개되는 훈령·예규 등의 행정규칙으로 제정하는 사례를 방지하기 위한 것으로 보인다. 따라서 앞으로는 설사 행정규칙으로 재량기준을 정하더라도 반드시 공표할 의무가 있기 때문에 외부적 감시와 비판에 노출되므로 굳이 행정규칙으로 제정할 것을 고집할 이유가 없게 될 것이다.

② 행정처분 관련 문서의 열람

행정처분의 상대방이 행정쟁송·손해배상·손실보상 등의 행정구제수단을 취하고자 할 때를 대비하여 행정처분의 근거가 되었던 각종 문서의 열람·복사를 청구할 수 있도록 하였다(37).

③ 행정처분의 이유부기

행정처분에 이유부기를 의무화한 것은 행정청으로 하여금 행정처분을 신중하고 적정하게 하도록 할 뿐만 아니라, 상대방의 행정구제절차에 활용하기 위한 행정정보의 공개로서의 의미를 가진다(23).

> 판례　[1] 행정처분의 근거 및 이유제시의 정도
> 　　　[2] 행정청이 토지형질변경허가신청을 불허하는 근거규정으로 '도시계획법시행령 제20조'를 명시하지 아니하고 '도시계획법'이라고만 기재하였으나, 신청인이 자신의 신청이 개발제한구역의 지정목적에 현저히 지장을 초래하는 것이라는 이유로 구 도시계획법시행령 제20조 제1항 제2호에 따라 불허된 것임을 알 수 있었던 경우, 그 불허처분이 위법하지 아니하다고 한 판례
> [1] 행정절차법 제23조 제1항은 행정청은 처분을 하는 때에는 당사자에게 그 근거와 이유를 제시하여야 한다

고 규정하고 있는바, 일반적으로 당사자가 근거규정 등을 명시하여 신청하는 인·허가 등을 거부하는 처분을 함에 있어 당사자가 그 근거를 알 수 있을 정도로 상당한 이유를 제시한 경우에는 당해 처분의 근거 및 이유를 구체적 조항 및 내용까지 명시하지 않았더라도 그로 말미암아 그 처분이 위법한 것이 된다고 할 수 없다.

[2] 행정청이 토지형질변경허가신청을 불허하는 근거규정으로 '도시계획법시행령 제20조'를 명시하지 아니하고 '도시계획법'이라고만 기재하였으나, 신청인이 자신의 신청이 개발제한구역의 지정목적에 현저히 지장을 초래하는 것이라는 이유로 구 도시계획법시행령(2000. 7. 1. 대통령령 제16891호로 전문 개정되기 전의 것) 제20조 제1항 제2호에 따라 불허된 것임을 알 수 있었던 경우, 그 불허처분이 위법하지 아니하다(대판 2002. 5. 17, 2000두8912).

판례 납세고지서 작성과 관련한 하자로 과세처분이 당연무효로 되는지 여부(소극)

지방세법 제1조 제1항 제5호, 제25조 제1항, 지방세법시행령 제8조 등 납세고지서에 관한 법령 규정들은 강행규정으로서 이들 법령이 요구하는 기재사항 중 일부를 누락시킨 하자가 있는 경우 이로써 그 부과처분은 위법하게 되지만, 이러한 납세고지서 작성과 관련한 하자는 그 고지서가 납세의무자에게 송달된 이상 과세처분의 본질적 요소를 이루는 것은 아니어서 과세처분의 취소사유가 됨은 별론으로 하고 당연무효의 사유로는 되지 아니한다(대판 1998. 6. 26, 96누12634).

Ⅲ. 개인정보보호

1. 개인정보보호의 의의

『알 권리』에 따른 행정정보공개를 무한정 허용하는 경우 행정주체가 전산망을 구축하여 보유하고 있는 개인의 주민등록·납세·주택·토지·자동차·직업활동 등의 사생활에 관한 각종 정보가 본래의 행정목적 외에 유출되어 헌법(17)상 보장된 사생활의 비밀과 자유가 침해될 우려가 크게 되었다. 따라서 개인의 사생활의 자유는 소극적 방어권으로서의 보장뿐만 아니라 적극적으로는 자신에 관한 정보를 관리하고 외부로 공개함에 있어서 스스로 결정하는 '정보자기결정권'의 보장을 의미하고 있다.

2. 개인정보자기결정권의 헌법적 근거

헌법 제17조는 모든 국민은 사생활의 비밀과 자유를 침해받지 아니한다고 규정하여 사생활의 비밀과 자유를 보장하고 있다. 따라서 헌법 제17조가 개인정보보호에 관한 규정이라고 볼 수 있고, 그 밖에도 헌법 제10조 인간의 존엄과 가치 및 행복추구권, 제16조 주거의 자유 등이 그 근거가 된다고 할 것이다.

한편 대법원은 개인정보자기결정권의 헌법적 근거를 헌법 제10조와 제17조에서 찾고 있고(대판 1998. 7. 24, 96다42789), 헌법재판소는 독자적인 기본권으로서 헌법에 명시하지 아니한 기본권으로 보고 있다(헌재 2005. 5. 26, 2004헌마190).

3. 개인정보보호법

1) 제정이유

정보사회의 고도화와 개인정보의 경제적 가치 증대로 사회 모든 영역에 걸쳐 개인정보의 수집과 이용이 보편화되고 있으나, 국가사회 전반을 규율하는 개인정보 보호원칙과 개인정보 처리기준이 마련되지 못해 개인정보보호의 사각지대가 발생할 뿐만 아니라, 최근 개인정보의 유출·오용·남용 등 개인정보 침해 사례가 지속적으로 발생함에 따라 국민의 프라이버시 침해는 물론 명의도용, 전화사기 등 정신적·금전적 피해를 초래하고 있는 바, 공공부문과 민간부문을 망라하여 국제 수준에 부합하는 개인정보 처리원칙 등을 규정하고, 개인정보 침해로 인한 국민의 피해 구제를 강화하여 국민의 사생활의 비밀을 보호하며, 개인정보에 대한 권리와 이익을 보장하려는 것이다.

2) 주요내용

① 개인정보보호의 범위(제2조)

(가) 공공기관뿐만 아니라 비영리단체 등 업무상 개인정보파일을 운용하기 위하여 개인정보를 처리하는 자는 모두 이 법에 따른 개인정보 보호규정을 준수하도록 하고, 전자적으로 처리되는 개인정보 외에 수기(手記) 문서까지 개인정보의 보호범위에 포함한다.

(나) 그 동안 개인정보보호 관련 법률 적용을 받지 않았던 사각지대를 해소함으로써 국가사회 전반의 개인정보 보호수준이 제고될 것으로 기대된다.

② 개인정보보호위원회 설치(제7조 및 제8조)

(가) 개인정보 보호 기본계획, 법령 및 제도 개선 등 개인정보에 관한 주요 사항을 심의·의결하기 위하여 대통령 소속으로 위원장 1명, 상임위원 1명을 포함한 15명 이내의 위원으로 구성하는 개인정보 보호위원회를 두고, 개인정보 보호위원회에 사무국을 설치한다.

(나) 개인정보보호와 관련한 중요 사항에 대하여 의사결정의 신중성·전문성·객관성을 확보할 것으로 기대된다.

③ 개인정보의 수집, 이용, 제공 등 단계별 보호기준 마련(제15조부터 제22조까지)

(가) 개인정보를 수집, 이용하거나 제3자에게 제공할 경우에는 정보주체의 동의 등을 얻도록 하고, 개인정보의 수집·이용 목적의 달성 등으로 불필요하게 된 때에는 지체 없이 개인정보를 파기하도록 한다.

(나) 개인정보의 수집, 이용, 제공, 파기에 이르는 각 단계별로 개인정보처리자가 준수하여야 할 처리기준을 구체적으로 규정함으로써 법규의 실효성이 높아지고 개인정보의 안전한 처리가 가능해질 것으로 기대된다.

④ 고유식별정보의 처리제한 강화(제24조)

(가) 주민등록번호 등 법령에 따라 개인을 고유하게 구별하기 위해 부여된 고유식별정보는 원칙적으로 처리를 금지하고, 별도의 동의를 얻거나 법령에 의한 경우 등에 한하여 제한적으로 예외를 인정하는 한편, 대통령령으로 정하는 개인정보처리자는 홈페이지 회원가입 등 일정한 경우 주민등록번호 외의 방법을 반드시 제공하도록 의무화한다.

(나) 주민등록번호의 광범위한 사용 관행을 제한함으로써 주민등록번호 오·남용을 방지하는 한편, 고유식별정보에 대한 보호가 한층 강화될 것으로 기대된다.

⑤ 영상정보처리기기의 설치제한 근거마련

제25조(고정형 영상정보처리기기의 설치·운영 제한)
① 누구든지 다음 각 호의 경우를 제외하고는 공개된 장소에 고정형 영상정보처리기기를 설치·운영하여서는 아니 된다.
1. 법령에서 구체적으로 허용하고 있는 경우
2. 범죄의 예방 및 수사를 위하여 필요한 경우
3. 시설의 안전 및 관리, 화재 예방을 위하여 정당한 권한을 가진 자가 설치·운영하는 경우
4. 교통단속을 위하여 정당한 권한을 가진 자가 설치·운영하는 경우
5. 교통정보의 수집·분석 및 제공을 위하여 정당한 권한을 가진 자가 설치·운영하는 경우
6. 촬영된 영상정보를 저장하지 아니하는 경우로서 대통령령으로 정하는 경우
② 누구든지 불특정 다수가 이용하는 목욕실, 화장실, 발한실(發汗室), 탈의실 등 개인의 사생활을 현저히 침해할 우려가 있는 장소의 내부를 볼 수 있도록 고정형 영상정보처리기기를 설치·운영하여서는 아니 된다. 다만, 교도소, 정신보건 시설 등 법령에 근거하여 사람을 구금하거나 보호하는 시설로서 대통령령으로 정하는 시설에 대하여는 그러하지 아니하다.
③ 제1항 각 호에 따라 고정형 영상정보처리기기를 설치·운영하려는 공공기관의 장과 제2항 단서에 따라 고정형 영상정보처리기기를 설치·운영하려는 자는 공청회·설명회의 개최 등 대통령령으로 정하는 절차를 거쳐 관계 전문가 및 이해관계인의 의견을 수렴하여야 한다.
④ 제1항 각 호에 따라 고정형 영상정보처리기기를 설치·운영하는 자(이하 "고정형영상정보처리기기운영자"라 한다)는 정보주체가 쉽게 인식할 수 있도록 다음 각 호의 사항이 포함된 안내판을 설치하는 등 필요한 조치를 하여야 한다. 다만, 「군사기지 및 군사시설 보호법」 제2조제2호에 따른 군사시설, 「통합방위법」 제2조제13호에 따른 국가중요시설, 그 밖에 대통령령으로 정하는 시설의 경우에는 그러하지 아니하다.
1. 설치 목적 및 장소
2. 촬영 범위 및 시간
3. 관리책임자의 연락처
4. 그 밖에 대통령령으로 정하는 사항
⑤ 고정형영상정보처리기기운영자는 고정형 영상정보처리기기의 설치 목적과 다른 목적으로 고정형 영상정보처리기기를 임의로 조작하거나 다른 곳을 비춰서는 아니 되며, 녹음기능은 사용할 수 없다.
<개정 2023. 3. 14.>
⑥ 고정형영상정보처리기기운영자는 개인정보가 분실·도난·유출·위조·변조 또는 훼손되지 아니

하도록 제29조에 따라 안전성 확보에 필요한 조치를 하여야 한다.
⑦ 고정형영상정보처리기기운영자는 대통령령으로 정하는 바에 따라 고정형 영상정보처리기기 운영·관리 방침을 마련하여야 한다. 다만, 제30조에 따른 개인정보 처리방침을 정할 때 고정형 영상정보처리기기 운영·관리에 관한 사항을 포함시킨 경우에는 고정형 영상정보처리기기 운영·관리 방침을 마련하지 아니할 수 있다.
⑧ 고정형영상정보처리기기운영자는 고정형 영상정보처리기기의 설치·운영에 관한 사무를 위탁할 수 있다. 다만, 공공기관이 고정형 영상정보처리기기 설치·운영에 관한 사무를 위탁하는 경우에는 대통령령으로 정하는 절차 및 요건에 따라야 한다.

제25조의2(이동형 영상정보처리기기의 운영 제한)
① 업무를 목적으로 이동형 영상정보처리기기를 운영하려는 자는 다음 각 호의 경우를 제외하고는 공개된 장소에서 이동형 영상정보처리기기로 사람 또는 그 사람과 관련된 사물의 영상(개인정보에 해당하는 경우로 한정한다. 이하 같다)을 촬영하여서는 아니 된다.
1. 제15조제1항 각 호의 어느 하나에 해당하는 경우
2. 촬영 사실을 명확히 표시하여 정보주체가 촬영 사실을 알 수 있도록 하였음에도 불구하고 촬영 거부 의사를 밝히지 아니한 경우. 이 경우 정보주체의 권리를 부당하게 침해할 우려가 없고 합리적인 범위를 초과하지 아니하는 경우로 한정한다.
3. 그 밖에 제1호 및 제2호에 준하는 경우로서 대통령령으로 정하는 경우
② 누구든지 불특정 다수가 이용하는 목욕실, 화장실, 발한실, 탈의실 등 개인의 사생활을 현저히 침해할 우려가 있는 장소의 내부를 볼 수 있는 곳에서 이동형 영상정보처리기기로 사람 또는 그 사람과 관련된 사물의 영상을 촬영하여서는 아니 된다. 다만, 인명의 구조·구급 등을 위하여 필요한 경우로서 대통령령으로 정하는 경우에는 그러하지 아니하다.
③ 제1항 각 호에 해당하여 이동형 영상정보처리기기로 사람 또는 그 사람과 관련된 사물의 영상을 촬영하는 경우에는 불빛, 소리, 안내판 등 대통령령으로 정하는 바에 따라 촬영 사실을 표시하고 알려야 한다.
④ 제1항부터 제3항까지에서 규정한 사항 외에 이동형 영상정보처리기기의 운영에 관하여는 제25조제6항부터 제8항까지의 규정을 준용한다.

⑥ 개인정보 영향평가제도 도입(제33조)

 (가) 개인정보처리자는 개인정보파일의 구축·확대 등이 개인정보보호에 영향을 미칠 우려가 크다고 판단될 경우 자율적으로 영향평가를 수행할 수 있도록 하되, 공공기관은 정보주체의 권리침해 우려가 큰 일정한 사유에 해당될 때에는 영향평가 수행을 의무화한다.
 (나) 개인정보 침해로 인한 피해는 원상회복 등 사후 권리구제가 어려우므로 영향평가의 실시로 미리 위험요인을 분석하고 이를 조기에 제거하여 개인정보 유출 및 오·남용 등의 피해를 효과적으로 예방할 수 있을 것으로 기대된다.

⑦ 개인정보 유출사실의 통지·신고제도 도입(제34조)

 (가) 개인정보처리자는 개인정보 유출 사실을 인지하였을 경우 지체 없이 해당 정보주체에

게 관련 사실을 통지하고, 일정 규모 이상의 개인정보가 유출된 때에는 전문기관에 신고하도록 하는 한편, 피해의 최소화를 위해 필요한 조치를 하도록 한다.

(나) 개인정보 유출로 인한 피해의 확산 방지를 위한 신속한 조치 및 정보주체의 효과적 권리 구제 등에 기여할 수 있을 것으로 기대된다.

⑧ 정보주체의 권리 보장(제35조부터 제39조까지)

(가) 정보주체에게 개인정보의 열람청구권, 정정·삭제 청구권, 처리정지 요구권 등을 부여하고, 그 권리행사 방법 등을 규정한다.

(나) 정보주체의 권리를 명확히 규정함으로써 정보주체가 훨씬 용이하게 개인정보에 대한 자기통제권을 실현할 것으로 기대된다.

⑨ 개인정보 분쟁조정위원회 설치 및 집단분쟁조정제도의 도입(제40조부터 제50조까지)

(가) 개인정보에 관한 분쟁조정 업무를 신속하고 공정하게 처리하기 위하여 개인정보 분쟁조정위원회를 두고, 개인정보 분쟁조정위원회의 조정결정에 대해 수락한 경우 재판상 화해의 효력을 부여하며, 개인정보 피해가 대부분 대량·소액 사건인 점을 고려하여 집단분쟁조정제도를 도입한다.

(나) 개인정보 관련 분쟁의 공정하고 조속한 해결 및 개인정보처리자의 불법, 오·남용으로 인한 피해의 신속한 구제를 통해 정보주체의 권익 보호에 기여할 것으로 기대된다.

⑩ 단체소송의 도입(제51조부터 제57조까지)

(가) 개인정보처리자로 하여금 개인정보의 수집·이용·제공 등에 대한 준법정신과 경각심을 높이고, 동일·유사 개인정보 소송에 따른 사회적 비용을 절감하기 위해 개인정보 단체소송제도를 도입한다.

(나) 다만, 단체소송이 남발되는 것을 막기 위해 단체소송 전에 반드시 집단분쟁조정제도를 거치도록 하고 단체소송의 대상을 권리침해행위의 중단·정지 청구소송으로 제한한다.

⑪ 개인정보 침해사실의 신고(제62조)

(가) 개인정보처리자로부터 권리 또는 이익을 침해받은 자는 행정안전부장관에게 그 침해사실을 신고할 수 있으며, 행정안전부장관은 신고 접수 및 업무처리 지원을 위해 개인정보침해신고센터를 설치·운영한다.

(나) 개인정보 침해사실을 신고하고 상담할 수 있는 창구를 마련하여 정보주체의 신속한 권리구제와 고충처리에 기여할 것으로 기대된다.

제4편

행정의 실효성 확보

국가와 국민 간 또는 공공의 이익과 개개인의 사익 간의 법률관계에서 국가와 공익의 가치를 더 우선시하고 있는 것이 공법이다. 따라서 공법은 국가와 공익목적을 실현하기 위하여 강제적 수단을 가지게 된다. 행정법상의 행정작용은 급부행정에서처럼 개개의 국민에게 권리와 이익을 부여하는 경우도 있지만, 일반적으로는 국민에 대하여 적극적인 이행의무를 부과하거나 소극적인 행위금지의 형태로 이루어진다. 전자의 경우에는 국민은 수익자가 되기 때문에 의무이행의 문제가 발생하지 않지만, 후자의 경우에는 국민은 부담자가 되기 때문에 자발적으로 이를 이행하지 않음으로써 그 의무를 위반하는 경우가 발생한다. 공법으로서의 행정법은 이러한 경우에 행정의 실효성을 확보하기 위하여 법적인 강제수단을 동원하게 되는데, 이를 흔히 행정법상의 의무이행 확보수단 또는 행정의 실효성 확보수단이라 한다. 종래의 행정법상의 의무이행 확보수단으로는 행정강제와 행정벌이 주로 논의되었다. 그러나 이와 같은 강제(행정강제)와 제재(행정벌)만으로는 행정상의 의무이행을 충분히 확보하기 어려운 경우가 생기게 되어 새로운 의무이행 확보수단이 행정법의 영역에 등장하게 되었다. 이 장에서는 행정강제, 행정벌 및 새로운 의무이행 확보수단에 대해서 차례로 다루게 된다.

제1장 행정강제

제1절 개 설

Ⅰ. 행정강제의 의의

> 행정기본법 제30조(행정상 강제) ① 행정청은 행정목적을 달성하기 위하여 필요한 경우에는 법률로 정하는 바에 따라 필요한 최소한의 범위에서 다음 각 호의 어느 하나에 해당하는 조치를 할 수 있다.
> 1. <u>행정대집행</u>: 의무자가 행정상 의무(법령등에서 직접 부과하거나 행정청이 법령등에 따라 부과한 의무를 말한다. 이하 이 절에서 같다)로서 타인이 대신하여 행할 수 있는 의무를 이행하지 아니하는 경우 법률로 정하는 다른 수단으로는 그 이행을 확보하기 곤란하고 그 불이행을 방치하면 공익을 크게 해칠 것으로 인정될 때에 행정청이 의무자가 하여야 할 행위를 스스로 하거나 제3자에게 하게 하고 그 비용을 의무자로부터 징수하는 것
> 2. <u>이행강제금의 부과</u>: 의무자가 행정상 의무를 이행하지 아니하는 경우 행정청이 적절한 이행기간을 부여하고, 그 기한까지 행정상 의무를 이행하지 아니하면 금전급부의무를 부과하는 것
> 3. <u>직접강제</u>: 의무자가 행정상 의무를 이행하지 아니하는 경우 행정청이 의무자의 신체나 재산에 실력을 행사하여 그 행정상 의무의 이행이 있었던 것과 같은 상태를 실현하는 것
> 4. <u>강제징수</u>: 의무자가 행정상 의무 중 금전급부의무를 이행하지 아니하는 경우 행정청이 의무자의 재산에 실력을 행사하여 그 행정상 의무가 실현된 것과 같은 상태를 실현하는 것
> 5. <u>즉시강제</u>: 현재의 급박한 행정상의 장해를 제거하기 위한 경우로서 다음 각 목의 어느 하나에 해당하는 경우에 행정청이 곧바로 국민의 신체 또는 재산에 실력을 행사하여 행정목적을 달성하는 것
>   가. 행정청이 미리 행정상 의무 이행을 명할 시간적 여유가 없는 경우
>   나. 그 성질상 행정상 의무의 이행을 명하는 것만으로는 행정목적 달성이 곤란한 경우
> ② 행정상 강제 조치에 관하여 이 법에서 정한 사항 외에 필요한 사항은 따로 법률로 정한다.
> ③ 형사(刑事), 행형(行刑) 및 보안처분 관계 법령에 따라 행하는 사항이나 외국인의 출입국·난민인정·귀화·국적회복에 관한 사항에 관하여는 이 절을 적용하지 아니한다.

'행정강제'란 『행정목적의 실현을 위하여 사람의 신체 또는 재산에 실력을 가하여 행정상 필요한 상태를 실현하는 권력적 사실행위』를 말한다.

▶ 예 : 전염병 예방주사의 강제접종, 불법건축물의 강제철거, 체납조세의 강제징수 등.

행정의 실효성을 확보하기 위하여 내용적으로 직접적인 강제수단을 동원하게 되는 행정강제는 그 내용·방법에 따라,
① 행정법상의 의무이행을 강제하는 '행정상 강제집행',
② 급박한 상황 하에서 의무를 명하기 곤란한 경우에 행하는 '행정상 즉시강제',
③ 강제적 조사 작용으로서의 '행정조사' 등의 3종류로 나누어진다.

1) 행정강제와 행정행위의 구별

행정강제는 권력적 실력행사행위라는 점에서 사실행위에 해당하며, 따라서 법적 행위인 행정행위와 구별된다.

2) 행정강제와 행정지도 및 공법상 계약 등의 구별

행정강제는 우월한 의사의 주체로서 개인의 신체나 재산에 실력을 가하는 권력작용이라는 점에서 비권력작용인 행정지도, 공법상 계약 등과 구별된다.

3) 행정강제와 행정벌의 구별

행정강제는 행정목적의 실현을 궁극적인 목적으로 한다는 점에서는 후술하는 행정벌과 같으나, 행정강제는 장래에 향하여 직접 행정상 필요한 상태를 실현하는 실력행사임에 반하여, 행정벌은 과거의 위법행위에 대한 제재로서의 형벌 또는 질서벌의 부과라는 점에서 행정강제는 행정벌과 직접목적과 수단상의 차이가 있다.

4) 행정강제와 민사상의 강제집행절차의 구별

행정강제는 행정의 특징 중 자력집행력에 근거하여 **행정권 스스로의 힘**으로 강제하는 작용이라는 점에서 법원의 힘에 의존하여 행하는 민사상의 강제집행절차와는 구별된다.

Ⅱ. 행정강제의 종류

1. 행정상 강제집행

'행정상 강제집행'이란 『행정법상의 의무불이행에 대하여 의무자의 신체 또는 재산에 실력을 가하여 이를 이행시키거나, 이행한 것과 동일한 상태를 실현하는 작용』을 말한다.

▶ 예 : 불법건축물의 강제철거행위, 조세체납자에 대한 체납처분 등.

2. 행정상 즉시강제

'행정상 즉시강제'란 『목전에 급박한 행정상의 장해를 제거할 필요가 있는 경우에, 행정법상의 의무를 부과할 시간적 여유가 없을 때(예 : 광견의 난동 등) 또는 성질상 의무를 부과하고 그 실행을 기다려서는 행정목적의 달성이 곤란할 때(예 : 전염병환자의 입원 등)에는, 즉시 국민의 신체 또는 재산에 실력을 가하여 행정상 필요한 상태를 실현하는 작용』을 말한다.

▶ 예 : 광견의 사살, 전염병환자의 강제입원 등.

즉시강제는 의무의 부과와 그 불이행을 전제로 하지 않고 즉시에 실력행사를 하기 때문에 행정의 예측가능성과 법적 안정성을 침해한다는 점에서, 오늘날의 법치국가 하에서는 **강제집행**을 원칙으로 하고 즉시강제는 예외적으로만 인정하고 있다.

3. 행정조사

'행정조사'란 『행정기관이 행정작용을 적정하고 효율적으로 행하기 위하여 필요한 자료를 수집하는 권력적·강제적 조사 작용』을 말한다.

종전에는 행정조사를 독립된 행정작용으로 보지 아니하고 가택출입·질문 등 행정상 즉시강제의 일부분으로만 다루어 왔으나, 최근에는 보조수단성·급박성 여부 등을 기준으로 양자를 구별하여 설명하고 있다.

제 2 절 행정상 강제집행

I. 행정상 강제집행의 의의

'행정상 강제집행'이란 『직접 법령의 규정에 의거하거나 또는 법령에 의거한 행정처분에 의하여 과하여진 행정법상의 의무의 불이행에 대하여, 의무자의 신체 또는 재산에 실력을 가하여, 장래에 향하여 이를 이행시키거나 이행된 것과 같은 상태를 실현하는 작용』을 말한다.

현행법상으로는 대집행·직접강제·집행벌·강제징수 등의 수단이 인정되고 있다. 이 중 대집행과 강제징수는 일반적 수단으로서의 강제집행이지만, 직접강제와 집행벌은 예외적 수단으로서 개별법에 의한 강제집행을 의미한다.

행정상 강제집행은 행정상 '**의무의 불이행**'을 전제로 하는 점에서, 이를 전제로 하고 있지 않은 행정상 즉시강제와 구별되며, '장래'의 의무를 이행시키기 위한 강제수단이라는 점에서 '과거'의 의무위반에 대한 제재를 목적으로 하는 행정벌과 구별되며, 법원의 개입을 거치지 않은 독자적인 강제수단(자력집행)이라는 점에서 법원의 확인이나 판결을 요하는 민사상의 강제집행과 구별된다.

Ⅱ. 행정상 강제집행의 근거

과거 대륙법계의 국가에서는 법률상 행정권에 대하여 국민에게 일정한 의무를 명할 수 있는 권한이 부여된 이상, 이러한 명령권에는 그 의무불이행시에 행정청이 이를 강제로 집행할 수 있는 권한까지도 당연히 포함된다고 해석하였다. 따라서 대집행처럼 기존의 의무를 변경 없이 그대로 실현하는 것이면 별도의 **법적 근거가 필요 없다**고 보았다(이른바 **처분권내재설**).

그러나 오늘날은 행정법상 의무불이행에 대한 강제집행을 위하여서는 의무를 명하는 명령권과는 별도로 강제집행권을 부여하는 **법률의 규정이 필요하다**는 것이 **통설**의 입장이다.

생각건대 우리 헌법상 사인의 권리실현은 자력구제에 의하지 아니하고 반드시 재판을 거쳐 법원의 힘으로만 행할 수 있도록 하고 있음에 비하여, 행정주체에 대하여만 특별히 자력집행권을 설정하는 것은 헌법 원칙에 대한 예외를 이루는 것이므로 명령권에 대한 법적 근거와는 **별도의 법적 근거를 요한다**고 할 것이다.

현행법상 강제집행의 근거법으로서는

① '**일반법**'으로서 행정의 대집행에 관한 '**행정대집행법**'과 공법상 금전급부이행의 강제에 관한 '**국세징수법**'이 있으며,

② 그 외의 '**개별법**'으로서는 출입국관리법(62)·공익사업을 위한 토지 등의 취득 및 보상에 관한 법률(89)·군사시설보호법·해군기지법 등이 있다.

③ 그러나 이행강제금(집행벌), 직접강제에 관한 '**일반법**'은 없다.

생각건대 입법론상 포괄적이고도 체계적인 강제집행제도를 마련하는 것이 바람직할 것이다. 왜냐하면 이러한 포괄적이고 체계적인 강제집행제도는 바로 행정의 자의성을 배제하고 국민의 권익구제에 크게 기여할 것이기 때문이다. 독일에서는 단일한 통일법전으로서 행정집행법(Verwaltungsvollstreckungsgesetz)이 있다.

종류	적용가능한 의무	일반법
대집행	대체적 작위의무	행정대집행법
강제징수	금전급부의무	국세징수법
이행강제금(집행벌)·직접강제	대체적 작위의무, 비대체적 작위의무, 부작위의무, 수인의무	없음

Ⅲ. 행정상 강제집행의 수단

1. 개 설

행정상 강제집행의 수단으로서는 행정대집행, 강제징수, 이행강제금의 부과, 직접강제가 있으나, 우리나라에서는 행정대집행 및 행정상 강제징수만이 각각 일반법인 행정대집행법과 국세징수법에 의거하여 일반적으로 인정되고, 집행벌과 직접강제는 각 개별법에 특별한 규정이 있을 때에만 인정된다.

2. 행정대집행

> 행정기본법 제30조(행정상 강제) ① 행정청은 행정목적을 달성하기 위하여 필요한 경우에는 법률로 정하는 바에 따라 필요한 최소한의 범위에서 다음 각 호의 어느 하나에 해당하는 조치를 할 수 있다.
> 1. **행정대집행**: 의무자가 행정상 의무(법령등에서 직접 부과하거나 행정청이 법령등에 따라 부과한 의무를 말한다. 이하 이 절에서 같다)로서 타인이 대신하여 행할 수 있는 의무를 이행하지 아니하는 경우 법률로 정하는 다른 수단으로는 그 이행을 확보하기 곤란하고 그 불이행을 방치하면 공익을 크게 해칠 것으로 인정될 때에 행정청이 의무자가 하여야 할 행위를 스스로 하거나 제3자에게 하게 하고 그 비용을 의무자로부터 징수하는 것

1) 대집행의 의의

'대집행'이란 『의무의 성질상 의무자 본인이 아닌 제3자에 의하여도 이행이 가능한 대체적 작위의무를 의무자가 이행치 아니한 경우에, 행정청이 직접 이를 이행하거나(자기집행) 또는 제3자로 하여금 대신 행하도록 한 후(타자집행), 그 비용을 의무자로부터 징수하는 행위』를 말한다.

대집행은 일반법인 행정대집행법에 근거하여 행하여진다(행정대집행법2). 또한 대집행의 특별법으로 건축법 제74조, 공익사업을 위한 토지 등의 취득 및 보상에 관한 법률 제89조 등을 들 수 있다.

2) 대집행의 주체

당초에 대체적 작위의무를 명한 당해 행정청이 대집행의 주체가 된다. 행정청은 직접 또는 위임에 의하여 대집행을 행하거나 타인에게 대집행을 위탁할 수 있다. 대집행을 타인에게 위탁하는 경우 행정청과 타인의 법률관계에 대해서는 ① 대집행권이라는 행정권을 타인으로 하여금 행사하도록 하고, 그에 상응하는 비용을 지급하는 것을 내용으로 하는 공법상의 계약이라 보는 소수설과, ② 이를 사법상의 도급계약이라고 보는 통설의 대립이 있다.

3) 대집행의 요건

대체적 작위의무의 불이행이라는 요건 외에, 다른 수단으로는 그 이행의 확보가 곤란하고, 그 불이행을 방치함이 심히 공익을 해할 경우에만 대집행을 할 수 있다(법2).

① 공법상의 대체적 작위의무의 불이행

법령 또는 이에 근거한 행정처분에 의하여 부과된 대체적 작위의무를 불이행한 경우에 한한다.

(가) 법령 또는 이에 근거한 행정처분에 의하여 부과된 의무

행정법상의 의무는 통상 구체적·개별적 행정처분에 의하여 부과되는 것이 원칙이지만, 경우에 따라서는 법령(조례를 포함한다)에서 직접 의무를 명할 수도 있다(예 : 폐기물관리법에 의한 쓰레기 분리배출의무 등). 그러나 법령에서 직접 의무를 명하는 경우 상대방은 이를 구체적으로 알기 어려운 상태에 있는 경우가 많아 예측가능성의 견지에서 바람직한 것은 아니라고 하겠으며, 따라서 이를 즉시강제로 보는 견해도 있다(후술하는 즉시강제 참조).

(나) 대체적 작위의무(2010년 사법시험 제52회)

의무에는 작위·부작위(예 : 허가 없이 영업을 하지 아니할 의무 등)·급부(예 : 조세납부의무 등)·수인(예 : 예방주사를 맞을 의무 등)의 4종류가 있는바, 이 가운데 작위의무 중 성질상 타인이 대신할 수 있는 **대체적 작위의무**에 한하여 대집행이 가능하다.

▶ 예 : 자동차의 견인의무, 농지의 경작의무, 산림의 식재의무, 위법건축물의 철거의무, 청소의무, 교통장애물의 제거의무 등.

따라서 **부작위의무**(예 : 허가 없이 건축·자동차운전·음식점영업행위를 하지 아니할 의무 등)에 위반한 경우에는 후술하는 집행벌의 대상이 될 뿐이며, 이들 중 작위의무로의 전환이 가능한 의무에 한하여 구체적·개별적 행정처분(예 : 철거명령 등)으로 대체적 작위의무로 전환한 후 그 불이행에 대하여 대집행을 할 수 있다(전환규범; 건축법69; 도로법74; 골재채취법33; 하천법67; 도시공원법20; 옥외광고물등관리법10).

▶ 예 : 불법공작물의 설치행위는 부작위의무의 위반이므로 그에 대하여 직접 대집행을 할 수 없다. 따라서 이와 같은 경우에는 먼저 불법공작물의 철거를 명함으로써, 부작위의무를 대체적 작위의무로 전환한 다음에야 그 작위의무위반을 이유로 대집행을 할 수 있게 된다(판례 참조).

판례 금지규정에서 작위의무 명령권이 당연히 도출되는지 여부(소극)

행정대집행법 제2조는 대집행의 대상이 되는 의무를 "법률(법률의 위임에 의한 명령, 지방자치단체의 조례를 포함한다. 이하 같다)에 의하여 직접 명령되었거나 또는 법률에 의거한 행정청의 명령에 의한 행위로서 타인이 대신하여 행할 수 있는 행위"라고 규정하고 있으므로, 대집행계고처분을 하기 위하여는 법령에 의하여 직접 명령되거나 법령에 근거한 행정청의 명령에 의한 의무자의 대체적 작위의무 위반행위가 있어야 한다. 따라서 단순한 부작위의무의 위반, 즉 관계 법령에 정하고 있는 절대적 금지나 허가를 유보한 상대적 금지를 위반한 경우에는 당해 법령에서 그 위반자에 대하여 위반에 의하여 생긴 유형적 결과의 시정을 명하는 행정처분의 권한을 인정하는 규정(예컨대, 건축법 제69조, 도로법 제74조, 하천법 제67조, 도시공원법 제20조, 옥외광고물등관리법 제10조 등)을 두고 있지 아니한 이상, 법치주의의 원리에 비추어 볼 때 위와 같은 부작위의무로부터 그 의무를 위반함으로써 생긴 결과를 시정하기 위한 작위의무를 당연히 끌어낼 수는 없으며, 또 위 금지규정(특히 허가를 유보한 상대적 금지규정)으로부터 작위의무, 즉 위반결과의 시정을 명하는 권한이 당연히 추론(推論)되는 것도 아니다(대판 1996. 6. 28, 96누4374).

> **판례** 부작위의무에 대한 대집행계고처분의 적법 여부(소극) 및 그 경우 법원이 석명권을 행사하여 취소 여부를 심리하여야 하는지 여부(적극)
> 하천유수인용허가신청이 불허되었음을 이유로 하천유수인용행위를 중단할 것과 이를 불이행할 경우 행정대집행법에 의하여 대집행하겠다는 내용의 계고처분은 대집행의 대상이 될 수 없는 부작위의무에 대한 것으로서 그 자체로 위법함이 명백한바, 이러한 경우 법원으로서는 마땅히 석명권을 행사하여 원고로 하여금 위 계고처분의 위법사유를 밝히게 하고, 나아가 위와 같은 법리에 따라 그 취소 여부를 가려 보아야 한다(대판 1998. 10. 2, 96누5445).

한편 비대체적 작위의무는 성격상 타인이 대신할 수 없는 것이므로 대집행의 대상이 되지 못하며, 역시 후술하는 집행벌의 대상이 될 수 있을 뿐이다(예 : 의사의 진료의무, 전문가의 감정의무 등).

여기서 구 토지수용법(64)상 시장·군수가 사업자의 청구에 의하여 수용대상 **토지·건물의 인도**를 대집행하는 경우에, 거주하고 있는 사람의 신체에 실력을 가하여 강제로 퇴거시킬 권한까지 포함된다고 볼 수 있을 것인가에 관하여 학설은 이는 『신체에 대한 직접강제』이므로 이미 대집행의 범주를 넘어서는 것으로서 **별도의 법적 근거가 필요하다**고 하여 부인하고 있으며, 따라서 가재도구 등 물건을 반출하는 간접적인 방법에 의할 수밖에 없다고 한다. 즉 토지·건물을 점유하고 있는 거주자에게 강제적인 실력행사에 의한 퇴거의 방법으로 점유이전을 행하는 것은 대체적 작위의무에 해당되지 않으므로 대집행에 의하여 강제할 성질의 것이 아니다.

이러한 경우에는 사정에 따라 경찰관직무집행법상 위험발생방지조치나 형법상 공무집행방해죄의 적용을 통해 간접적으로 의무의 이행을 확보할 수 있을 뿐이다.

> **판례** 도시공원시설 점유자의 퇴거 및 명도의무가 행정대집행법에 의한 대집행의 대상인지 여부(소극)
> 도시공원시설인 매점의 관리청이 그 공동점유자 중의 1인에 대하여 소정의 기간 내에 위 매점으로부터 퇴거하고 이에 부수하여 그 판매 시설물 및 상품을 반출하지 아니할 때에는 이를 대집행하겠다는 내용의 계고처분은 그 주된 목적이 매점의 원형을 보존하기 위하여 점유자가 설치한 불법 시설물을 철거하고자 하는 것이 아니라, 매점에 대한 점유자의 점유를 배제하고 그 점유이전을 받는 데 있다고 할 것인데, 이러한 의무는 그것을 강제적으로 실현함에 있어 직접적인 실력행사가 필요한 것이지 대체적 작위의무에 해당하는 것은 아니어서 직접강제의 방법에 의하는 것은 별론으로 하고 행정대집행법에 의한 대집행의 대상이 되는 것은 아니다(대판 1998. 10. 23, 97누157).

> **판례** 구 토지수용법상 피수용자 등이 기업자에 대하여 부담하는 수용대상 토지의 인도의무가 행정대집행법에 의한 대집행의 대상이 될 수 있는지 여부(소극)
> 피수용자 등이 기업자에 대하여 부담하는 수용대상 토지의 인도의무에 관한 구 토지수용법(2002. 2. 4. 법률 제6656호 공익사업을 위한 토지 등의 취득 및 보상에 관한 법률 부칙 제2조로 폐지) 제63조, 제64조, 제77조 규정에서의 '인도'에는 명도도 포함되는 것으로 보아야 하고, 이러한 명도의무는 그것을 강제적으로 실현하면서 직접적인 실력행사가 필요한 것이지 대체적 작위의무라고 볼 수 없으므로 특별한 사정이 없는 한 행정대집행법에 의한 대집행의 대상이 될 수 있는 것이 아니다(대판 2005. 8. 19, 2004다2809).

② 다른 수단으로는 의무이행의 확보가 곤란할 것 - 보충성

대체적 작위의무의 이행을 확보할 수 있는 '다른 수단'(행정지도·시정명령 등)이 있는 경우에는 대집행이 금지된다(판례 참조).

그러나 성격상 대상 의무의 종류를 달리하는 집행벌·직접강제 등을 여기서 말하는 '다른 수단'으로 볼 수는 없다.

> **판례** 불법 증개축 건축물에 대한 계고처분의 요건
> 건축법에 위반하여 증, 개축함으로써 철거의무가 있더라도 행정대집행법 제2조에 의하여 그 철거의무를 대집행하기 위한 계고처분을 하려면 다른 방법으로는 그 이행의 확보가 어렵고, 그 불이행을 방치함이 심히 공익을 해하는 것으로 인정되는 경우에 한한다(대판 1989. 7. 11, 88누11193)

③ 그 불이행을 방치함이 심히 공익을 해할 것

이는 비례원칙을 말한 것으로서 사소한 공익을 위하여서는 함부로 대집행을 할 수 없다는 의미이다. 즉 대집행이 아닌 다른 수단으로서 의무자의 권익을 더 적게 침해하고서도 집행이 가능한 때에는 최소침해의 원칙에 따라 대집행은 인정되지 않는다.

그러나 구체적으로 『심히 공익을 해하는 여부』를 판단하기는 쉽지 않으며, 판례에 나타난 바를 보면 다음과 같다.

> **판례** 무허가 건축물이 심히 공익을 해한다는 판례
> 무허가 증축부분이 상당히 큰데다가 도로쪽 전면으로 돌출되어 있어 쉽게 발견되고 도시계획선을 침범하고 있는바, 이를 그대로 방치한다면 불법건축물을 단속하는 당국의 권능은 무력화되어 건축행정의 원활한 수행을 위태롭게 하고, 건축법 소정의 제한규정이나 도시계획구역 안에서의 토지의 경제적이고 효율적인 이용을 회피하는 것을 사전에 예방하지 못하게 되어, 더 큰 공익을 해하는 것이 된다(대판 1992. 8. 14, 92누3885).

> **판례** 위법 건축물이 심히 공익을 해한다는 판례
> 개발제한구역 및 도시공원에 속하는 임야상에 신축된 위법건축물인 대형 교회건물의 합법화가 불가능한 경우, 교회건물의 건축으로 공원미관조성이나 공원관리 측면에서 유리하고 철거될 경우 막대한 금전적 손해를 입게 되며 신자들이 예배할 장소를 잃게 된다는 사정을 고려하더라도 위 교회건물의 철거의무의 불이행을 방치함은 심히 공익을 해한다고 보아야 한다(대판 2000. 6. 23, 98두3112).

> 판례   무허가 건축물이 심히 공익을 해하지 않는다는 판례

건물이 노후되어 붕괴될 위험에 처해 있었는데도 대지에 관한 소유권 다툼으로 말미암아 수선허가를 받을 수 없어 부득이 허가 없이 수선을 하였는데, 그로 인하여 건물면적에 실질적인 변동을 초래하지 않았고 도시미관이나 위생을 해친 바도 없으므로, 이를 그대로 방치하더라도 심히 공익을 해하는 것으로 볼 수는 없다(대판 1988. 2. 9, 87누213).

> 판례   건축법 위반의 정도가 경미하여 심히 공익을 해하지 아니한 것으로 본 판례

건축허가면적보다 0.02m2정도 초과하여 이웃의 대지를 침범한 경우에, 이 정도의 위반만으로는 주위의 미관을 해칠 우려가 없을 뿐 아니라 이를 대집행으로 철거할 경우 많은 비용이 드는 반면, 공익에는 별 도움이 되지 아니하고, 도로교통·방화보안·위생·도시미관·공해예방 등의 공익을 크게 해친다고 볼 수도 없기 때문에, 철거를 위한 계고처분은 그 요건을 갖추지 못한 것으로서 위법하며 취소를 면할 수 없다(대판 1991. 3. 12, 90누10070).

④ 불가쟁력의 발생 여부 – 대집행의 요건 아님

대체적 작위의무를 과하는 행정처분의 불가쟁력의 발생을 요건으로 하지는 않으며, **불가쟁력이 발생하기 전이라도 대집행할 수 있다.** 따라서 의무자는 취소쟁송단계에서 집행정지결정을 신청할 필요가 있으며, 이것이 받아들여지지 아니하고 그대로 대집행되어 버린 경우에는 취소소송의 소의 이익은 없게 되므로 부득이 손해배상청구로 구제받을 수밖에 없게 된다. 따라서 행정청은 가능한 한 불가쟁력이 발생한 후에 대집행절차를 개시하는 배려를 하여야 할 것이다.

4) 대집행의 절차

계고, 대집행영장에 의한 통지, 실행 및 비용징수의 4단계를 거쳐야 한다(법3∼6).

① 계고

계고란 『행정청이 상당한 이행기간을 정하여 그 기한까지 이행하지 아니할 때에는 대집행을 한다는 뜻을 문서로 통지하는 **준법률행위적 행정행위(통지)**』를 말한다.

계고는 대집행이 행하여진다는 것을 사전에 의무자에게 통지하여 스스로 행정상의 의무를 이행하도록 촉구하는 기능을 가진다.

계고처분은 대집행영장을 발급하고 대집행을 하는 데 전제가 되는 **행정처분이므로**(대판 1962. 10. 18, 62누117), 위법한 계고에 대하여는 **취소소송**을 제기할 수 있다.

> 판례   계고처분은 행정처분으로서 행정소송의 대상이 된다는 판례

행정대집행법 제3조 제1항의 계고처분은 그 계고처분 자체만으로서는 행정적 법률효과를 발생하는 것은 아니나 같은 법 제3조 제2항의 대집행명령장을 발급하고 대 집행을 하는데 전제가 되는 것이므로 행정처분이라 할 수 있고 따라서 행정소송의 대상이 될 수 있다(대판 1962. 10. 18, 62누117).

『상당한 이행기간』은 사회통념상 이행에 소요되는 통상적인 기간을 말하며(판례 참조), 계고를 하기 전에 이미 전술한 대집행의 요건인 대체적 작위의무가 먼저 명하여져 있을 것이 요구된다(예 : 불법건축물의 철거명령 등).

> **판례** 상당한 의무이행기간을 부여하지 아니한 대집행계고처분 후에 대집행영장으로써 대집행의 시기를 늦춘 경우 그 계고처분의 적부(소극)
>
> 행정대집행법 제3조 제1항은 행정청이 의무자에게 대집행영장으로써 대집행할 시기 등을 통지하기 위하여는 그 전제로서 대집행계고처분을 함에 있어서 의무이행을 할 수 있는 상당한 기간을 부여할 것을 요구하고 있으므로, 행정청인 피고가 의무이행기한이 1988. 5. 24까지로 된 이 사건 대집행계고서를 5. 19 원고에게 발송하여 원고가 그 이행종기인 5. 24 이를 수령하였다면, 설사 피고가 대집행영장으로써 대집행의 시기를 1988. 5. 27 15:00로 늦추었더라도 위 대집행계고처분은 상당한 이행기한을 정하여 한 것이 아니어서 대집행의 적법 절차에 위배한 것으로 위법한 처분이라고 할 것이다(대판 1990. 9. 14, 90누2048).

판례는 계고서라는 1장의 문서에 일정기간 내에 자진 철거를 명함과 동시에 불이행시 대집행할 뜻을 계고한 경우에도 양자는 각각 독립된 행정처분으로서 적법하다고 하였으나(대판 1992. 6. 12, 91누13564), 이는 계고의 절차적 측면에서 문제가 있다고 하겠다.

그러나 예외적으로 비상시 또는 위험이 절박한 경우에 있어서 당해 행위의 급속한 실시를 요하여 계고절차를 취할 여유가 없을 때에는 계고 없이 대집행을 할 수 있다(3③; 건축법74; 옥외광고물 등 관리법10의2①).

계고처분에는 대집행할 행위의 내용과 범위가 **구체적으로 특정되어야** 하며, 특정되지 아니한 계고처분은 『내용의 불명확』으로 불명확한 정도에 따라 무효 또는 취소의 대상이 된다(판례 참조).

> **판례**
> 대집행할 행위의 비용과 범위는 대집행계고서에 의하여서만 특정되어야 하는 것은 아니며, 그 처분 전후에 송달된 다른 문서나 기타 사정을 종합하여 이를 특정할 수 있으면 족하다(대판 1990. 1. 25, 89누4543; 대판 1992. 3. 10, 91누4140).

> **판례** 대집행 계고처분을 함에 있어 대집행할 행위의 내용 및 범위가 반드시 대집행계고서에 의하여만 특정되어야 하는지 여부(소극)
>
> 행정청이 행정대집행법 제3조 제1항에 의한 대집행계고를 함에 있어서는 의무자가 스스로 이행하지 아니하는 경우에 대집행할 행위의 내용 및 범위가 구체적으로 특정되어야 하지만, 그 행위의 내용 및 범위는 반드시 대집행계고서에 의하여서만 특정되어야 하는 것이 아니고 계고처분 전후에 송달된 문서나 기타 사정을 종합하여 행위의 내용이 특정되거나 대집행 의무자가 그 이행의무의 범위를 알 수 있으면 족하다(대판 1997. 2. 14, 96누15428; 대판 1992. 6. 12, 91누13564).

② 대집행영장에 의한 통지

계고를 받고도 지정된 기한까지 의무를 이행하지 아니한 경우에 대집행영장에 의하여 대집행의 시기, 대집행책임자의 성명, 대집행비용의 개산액 등을 의무자에게 통지하는 **준법률행위**

적 행정행위(통지)를 말한다(3②). 그러나 비상시 등에는 예외적으로 생략할 수 있음은 계고에서와 같다.

③ 대집행의 실행

대집행책임자가 그 권한을 표시하는 증표를 휴대하고 이해관계인에게 제시한 후 대집행을 실행하면 상대방은 수인의무가 있다. 대집행의 실행은 수인하명과 사실행위가 결합된 전형적인 **권력적 사실행위**에 속한다.

대집행의 실행에 있어 사람의 신체에 대한 직접강제까지 할 수 있는가에 관하여는 소극적으로 해석할 수밖에 없으며, 대신 상대방의 실력에 의한 항거행위는 형법상 공무집행방해죄(136)를 구성하거나 경찰관직무집행법상의 억류행위 등 위험발생방지조치(4. 직접강제에서 설명)의 요건에 해당할 것이다.

④ 비용징수

대집행에 소요되는 모든 비용을 징수하기 위하여 그 금액과 납부기일을 정하여 문서로써 의무자에게 고지한다(5). 만일 납부기한까지 스스로 대집행비용을 납부하지 않을 경우에는 국세징수의 예에 의하여 **강제징수**할 수 있다(6①).

5) 대집행에 대한 구제

대집행의 4단계 행위 모두에 대하여 행정쟁송의 제기가 가능한지, 전 단계의 하자의 효과가 다음 단계로 승계되는지 등에 관하여 의문이 제기되고 있다.

① 행정쟁송의 제기

대집행에 대하여 불복이 있는 자는 당해 행정청 또는 그 직근상급행정청에 대하여 **행정심판**을 선택적으로 제기할 수 있으나, 당해 행정청에 행정심판을 제기한 자는 다시 상급행정청에 행정심판을 제기할 수는 없다(7① 및 ②). 이에 대한 재결결과에 불복이 있는 자는 법원에 다시 **행정소송**을 제기할 수 있음은 물론이다(8). 판례에 의하면 "행정대집행법 제8조는 대집행에 대한 행정심판의 제기가 행정심판을 제기하지 아니하고 취소소송을 제기할 수 있음을 규정한 것은 아니다"고 보았다(필요적 행정심판전치주의, 판례 참조).

> **판례** 행정대집행법 제8조가 행정심판전치의 원칙을 배제하는 규정인지 여부(소극)
> 행정대집행법 제8조는 대집행에 대한 행정심판의 제기가 법원에 민사소송이나 행정소송을 제기할 권리를 방해하지 아니한다는 것을 규정한 취지일 뿐 행정심판을 제기하지 아니하고 취소소송을 제기할 수 있음을 규정한 것은 아니다(대판 1993. 6. 8, 93누6164; 대판 1990. 10. 26, 9누5528).

한편, 대집행요건의 **주장·입증책임**은 처분 **행정청**에 있다(판례 참조).

> **판례** 건물철거 대집행계고처분의 요건 및 그 주장·입증책임
> 건축법에 위반하여 건축한 것이어서 철거의무가 있는 건물이라 하더라도 그 철거의무를 대집행하기 위한 계고처분을 하려면 다른 방법으로는 이행의 확보가 어렵고 불이행을 방치함이 심히 공익을 해하는 것으로 인정될 때에 한하여 허용되고 이러한 요건의 주장·입증책임은 처분 행정청에 있다(대판 1996. 10. 11, 96누8086).

② 행정쟁송의 대상

> 4단계의 행위 중 우선, 계고와 대집행영장에 의한 통지행위는 모두 준법률행위적 행정행위로서 행정쟁송의 대상이 된다는 것이 통설·판례의 입장이다(대판 1967. 10. 31, 66누25).

그러나 이들 행정행위는 대집행의 실행이 완료된 후에는 『회복할 법률상 이익』이 없는 한 적어도 행정쟁송으로 취소를 구할 수는 없으며, 따라서 위법한 대집행으로 인한 손해배상을 청구할 수밖에 없다고 하겠다(제4편 제4장 중 행정소송의 소의 이익 참고).

그리고 마지막 단계인 **비용납부고지행위**는 전형적인 행정행위이므로 그 금액의 과다 등을 이유로 **행정쟁송**을 제기할 수 있음은 물론이다.

다음으로 권력적 사실행위인 **대집행의 실행행위**에 대하여도 **취소소송의 대상**이 될 것인가에 관하여 종전에는 법률행위가 아니므로 불가능하다고 보았으나, 새 행정소송법은 취소소송의 대상인 『처분』의 개념을 『행정청이 행하는 구체적 사실에 관한 법집행으로서의 공권력의 행사 또는 그 거부와 그 밖에 이에 준하는 작용』으로 확대하였으며, 여기서 말하는 공권력의 행사작용에는 권력적 사실행위도 **계속적 성질**을 가지는 한 포함된다고 함이 통설의 견해이다.

그러나 대집행의 실행행위는 성질상 단기간에 끝나 버리는 것이 대부분이므로 전술한 바와 같이 『회복할 법률상 이익』이 없게 되어 취소를 구할 수 없게 되는 경우가 많을 것이다. 따라서 이 경우에는 위법한 대집행으로 인한 손해배상청구소송을 제기하거나, 대집행비용청구에 대한 취소소송을 제기하는 수밖에 없다.

③ 하자의 승계

상술한 4단계의 행위는 서로 결합하여 하나의 **법률효과**를 완성시키는 것으로서, 각 단계의 행위의 적법한 성립이 그 다음 단계의 행위의 전제조건이 되기 때문에 선행행위의 하자는 그 후행행위의 적법성에까지 영향을 미치게 된다. 따라서 계고처분의 하자를 주장할 기회를 놓쳤다고 하더라도 대집행영장에 의한 통지의 단계에서 이를 주장하여 대집행영장에 의한 통지의 위법 및 취소를 구할 수 있다(판례 참조).

> **판례**
> 『선행처분인 계고처분이 하자가 있는 위법한 처분이라면, 비록 대집행의 실행이 완료되어 그 계고처분의 취소를 구할 법률상의 이익이 없게 되고 또한 그 후행처분인 비용납부명령 자체에는 아무런 하자가 없더라도,

비용납부명령의 취소를 구하는 소송에서 선행처분인 계고처분이 위법한것이기 때문에 이를 전제로 행하여진 비용납부명령도 위법한 것이라고 주장할 수 있다」고 하여 "하자의 승계"를 인정하고 있다(대판 1993. 11. 9, 93누14271).

> **판례** 후행처분인 대집행영장발부통보처분의 취소청구 소송에서 선행처분인 계고처분이 위법하다는 이유로 대집행영장발부통보처분도 위법한 것이라는 주장을 할 수 있다는 판례
>
> 대집행의 계고, 대집행영장에 의한 통지, 대집행의 실행, 대집행에 요한 비용의 납부명령 등은 타인이 대신하여 행할 수 있는 행정의무의 이행을 의무자의 비용부담하에 확보하고자 하는, 동일한 행정목적을 달성하기 위하여 단계적인 일련의 절차로 연속하여 행하여지는 것으로서, 서로 결합하여 하나의 법률효과를 발생시키는 것이므로, 선행처분인 계고처분이 하자가 있는 위법한 처분이라면, 비록 그 하자가 중대하고도 명백한 것이 아니어서 당연무효의 처분이라고 볼 수 없고 행정소송으로 효력이 다투어지지도 아니하여 이미 불가쟁력이 생겼으며, 후행처분인 대집행영장발부통보처분 자체에는 아무런 하자가 없다고 하더라도, 후행처분인 대집행영장발부통보처분의 취소를 청구하는 소송에서 청구원인으로 선행처분인 계고처분이 위법한 것이기 때문에 그 계고처분을 전제로 행하여진 대집행영장발부통보처분도 위법한 것이라는 주장을 할 수 있다(대판 1996. 2. 9, 95누12507).

6) 대집행에 있어서의 재량 문제

행정대집행법상의 대집행 요건이 모두 구비된 경우에도 반드시 대집행을 하여야 하는 것은 아니며 행정청은 대집행할 것인가의 여부를 재량으로 결정할 수 있다고 할 것이다(행정대집행법도 『…대집행을 할 수 있다』고 표현하여 재량행위임을 인정하고 있다. 동법2).

그러나 대체적 작위의무의 불이행을 그대로 방치하는 것이 생명·신체에 중대한 위험을 야기하는 예외적인 경우(예 : 붕괴의 위험이 있는 축대 등)에는 『재량권의 0으로의 수축이론』에 따라 반드시 대집행을 하여야 할 기속을 받는다고 할 것이며, 이러한 경우에는 ① 대집행을 행정청에 청구하고 이에 대한 행정청의 거부처분이 있으면 동 **거부처분의 취소소송**을 제기하거나, 대집행의 청구에 대하여 아무런 응답이 없이 이를 방치하는 경우에는 **부작위위법확인소송**을 제기할 수 있음은 물론, ② 이로 인하여 손해가 발생한 경우에는 우리 판례가 인정하는 것과 같이 행정청의 위법행위로 인한 손해배상을 청구할 수도 있다(대판 1980. 2. 26, 79다2341).

3. 이행강제금(집행벌)의 부과

1) 이행강제금의 의의

> 행정기본법 제31조(이행강제금의 부과) ① 이행강제금 부과의 근거가 되는 법률에는 이행강제금에 관한 다음 각 호의 사항을 명확하게 규정하여야 한다. 다만, 제4호 또는 제5호를 규정할 경우 입법목적이나 입법취지를 훼손할 우려가 크다고 인정되는 경우로서 대통령령으로 정하는 경우는 제외한다.
> 1. 부과·징수 주체

> 2. 부과 요건
> 3. 부과 금액
> 4. 부과 금액 산정기준
> 5. 연간 부과 횟수나 횟수의 상한
> ② 행정청은 다음 각 호의 사항을 고려하여 이행강제금의 부과 금액을 가중하거나 감경할 수 있다.
> 1. 의무 불이행의 동기, 목적 및 결과
> 2. 의무 불이행의 정도 및 상습성
> 3. 그 밖에 행정목적을 달성하는 데 필요하다고 인정되는 사유
> ③ 행정청은 이행강제금을 부과하기 전에 미리 의무자에게 적절한 이행기간을 정하여 그 기한까지 행정상 의무를 이행하지 아니하면 이행강제금을 부과한다는 뜻을 문서로 계고(戒告)하여야 한다.
> ④ 행정청은 의무자가 제3항에 따른 계고에서 정한 기한까지 행정상 의무를 이행하지 아니한 경우 이행강제금의 부과 금액·사유·시기를 문서로 명확하게 적어 의무자에게 통지하여야 한다.
> ⑤ 행정청은 의무자가 행정상 의무를 이행할 때까지 이행강제금을 반복하여 부과할 수 있다. 다만, 의무자가 의무를 이행하면 새로운 이행강제금의 부과를 즉시 중지하되, 이미 부과한 이행강제금은 징수하여야 한다.
> ⑥ 행정청은 이행강제금을 부과받은 자가 납부기한까지 이행강제금을 내지 아니하면 국세강제징수의 예 또는 「지방행정제재·부과금의 징수 등에 관한 법률」에 따라 징수한다.

'이행강제금'이란 『의무자 자신이 아니면 이행할 수 없는 '부작위의무'(예 : 버스·선박의 결항금지의무, 택시의 대리운전 금지의무 등) 또는 '비대체적 작위의무'(예 : 농지의 매도의무, 의사의 진료의무, 증인의 출석의무 등)를 이행하지 아니하는 경우에 행정청이 일정한 기간 내에 의무를 이행하지 않으면 제재금을 과할 뜻을 '예고'하여 의무자에게 심리적 압박을 가함으로써 스스로 의무를 이행하도록 하기 위하여 일정한 금전납부의무를 부과하는 것』을 말한다.

따라서 이를 '집행벌'이라 부르기도 한다. 그러나 헌법재판소에 의하면 "이행강제금은 대체적 작위의무의 위반에 대해서도 부과될 수 있다"라고 한다(판례 참조).

판례 이행강제금은 대체적 작위의무의 위반에 대하여도 부과될 수 있다는 판례
전통적으로 행정대집행은 대체적 작위의무에 대한 강제집행수단으로, 이행강제금은 부작위의무나 비대체적 작위의무에 대한 강제집행수단으로 이해되어 왔으나, 이는 이행강제금제도의 본질에서 오는 제약은 아니며, 이행강제금은 대체적 작위의무의 위반에 대하여도 부과될 수 있다(헌재 2004. 2. 26, 2001헌바80등·2002헌바26(병합)).

2) 이행강제금의 가치

의무의 성격상 타인이 대신 이행할 수 없는 부작위의무 또는 비대체적 작위의무의 이행을 강제하는 수단으로서는 금전적 제재라는 간접적·심리적 압박의 방법 밖에 없다는 점에서 집행벌의 존재가치가 인정된다.

3) 이행강제금과 행정벌의 구별

후술하는 행정벌 역시 부작위의무 또는 비대체적 작위의무의 불이행에 대하여도 과할 수 있으며, 행정법상의 의무이행의 확보 수단으로도 사용된다는 점에서는 공통점이 있지만, 행정벌은 '과거'의 의무위반에 대한 제재로서의 벌칙인 데 비하여, 집행벌은 의무자에게 심리적 압박을 가하여 '장래'에 향하여 그 의무를 이행시키고자 하는 간접적인 강제집행의 일종이라는 점에서 차이가 있다. 따라서 집행벌은 **행정벌**과 **병과**될 수 있다(판례 참조). 또한 행정벌은 과거의 의무위반에 대한 제재이기 때문에 하나의 위반행위에 대해서는 이중처벌금지의 원칙에 따라 반복해 부과할 수 없지만, 집행벌은 금전납부의무의 부과에 의해 의무자를 심리적으로 압박해 장래에 향하여 행정상 의무이행을 확보하려는 것이므로 그 의무의 이행이 있기까지는 '반복적'으로 부과할 수 있다는 점에서 차이가 있다. 그러나 이는 법정한도 내에서만 허용된다.

> **판례** 형사처벌과 이행강제금의 부과는 이중처벌에 해당한다고 할 수 없다는 판례
> 건축법 제78조에 의한 무허가 건축행위에 대한 형사처벌과 건축법 제83조 제1항에 의한 시정명령 위반에 대한 이행강제금의 부과는 그 처벌 내지 제재대상이 되는 기본적 사실관계로서의 행위를 달리하며, 또한 그 보호법익과 목적에서도 차이가 있으므로 헌법 제13조 제1항이 금지하는 이중처벌에 해당한다고 할 수 없다 (헌재 2004. 2. 26, 2001헌바80등·2002헌바26(병합)).

4) 이행강제금의 근거

이행강제금에 관한 일반적인 규정은 없다. 일부 개별법에서 이를 규정하고 있을 뿐이다.

▶ 예 : ① 부동산 실권리자명의등기에 관한 법률 제6조
② 농지법 제62조
③ 건축법 제80조 (69의2)
④ 독점규제 및 공정거래에 관한 법률 제17조의3

5) 이행강제금에 대한 불복

이행강제금의 부과처분에 불복이 있는 자는 개별 법률이 정하는 바에 따라 다툴 수 있다. 이 경우에는 특별한 절차에 따라 권리를 구제받을 수 있을 뿐 항고소송을 제기할 수 없다(농지법 제62조).

각 해당 개별 법률에서 특별한 불복방법을 규정하고 있지 아니한 경우에는 일반적인 불복방법으로서의 **행정심판**과 **행정소송**의 방법에 의하게 된다(부동산 실권리자명의등기에 관한 법률 제6조). 건축법(2006년 5월 8일 시행)상 이행강제금의 부과는 항고소송의 대상이 되는 행정처분이다.

4. 직접강제

1) 직접강제의 의의

> 행정기본법 제30조(행정상 강제) ① 행정청은 행정목적을 달성하기 위하여 필요한 경우에는 법률로 정하는 바에 따라 필요한 최소한의 범위에서 다음 각 호의 어느 하나에 해당하는 조치를 할 수 있다.
> 3. 직접강제: 의무자가 행정상 의무를 이행하지 아니하는 경우 행정청이 의무자의 신체나 재산에 실력을 행사하여 그 행정상 의무의 이행이 있었던 것과 같은 상태를 실현하는 것
>
> 행정기본법 제32조(직접강제) ① 직접강제는 행정대집행이나 이행강제금 부과의 방법으로는 행정상 의무이행을 확보할 수 없거나 그 실현이 불가능한 경우에 실시하여야 한다.
> ② 직접강제를 실시하기 위하여 현장에 파견되는 집행책임자는 그가 집행책임자임을 표시하는 증표를 보여 주어야 한다.
> ③ 직접강제의 계고 및 통지에 관하여는 제31조제3항 및 제4항을 준용한다.

'직접강제'란 『행정법상 의무의 불이행에 대하여 직접 의무자의 신체 또는 재산에 실력을 가하여 의무의 이행이 있었던 것과 같은 상태를 실현하는 작용』을 말한다.

▶ 예 : 불법입국·체류 외국인의 강제출국조치, 군사시설보호구역의 무단침입자 또는 불법시설물의 강제퇴거·철거조치 등.

직접강제는 의무자의 신체 또는 재산에 직접 실력을 행사하는 행위이므로 가장 강력한 강제집행의 수단이 되며, 또한 **작위·부작위·수인** 등 모든 의무의 불이행에 대하여도 사용될 수 있다.

2) 직접강제의 성질

직접강제는 ① 의무자의 신체·재산에 직접 실력을 가하며 모든 의무의 불이행에 적용될 수 있다는 점에서 대체적 작위의무만을 대상으로 하는 대집행과 구별되고, 또한 부작위의무와 비대체적 작위의무의 불이행에 대한 금전적·간접적 강제수단인 집행벌과도 구별되며, 재산 그 자체에 실력을 가하여 필요한 상태를 실현해버린다는 점에서 금전납부의무에 대한 행정상 강제징수의 수단인 재산압류·공매행위와도 구별된다. 그리고 ② 의무의 존재와 그 불이행을 전제로 한다는 점에서 이를 전제로 하지 아니하는 즉시강제와도 구별된다.

3) 직접강제의 근거와 한계

신체·재산에 직접 실력을 가하는 가장 강력한 강제집행수단이기 때문에 남용으로 인한 신체의 자유 등 기본권 침해의 우려가 있어 출입국관리법(46), 군사시설보호법(6), 방어해면법(7) 공중위생관

리법(11) 도로교통법(67②), 식품위생법(79) 등 소수의 개별법에서 극히 예외적으로만 인정하고 있을 뿐 일반법은 없다. 한편 직접강제의 근거규정과 하명의 근거규정은 별개로 취급된다는 것이 판례의 입장이다.

> **판례**
>
> 학원의 설립·운영에 관한 법률(현 학원의 설립·운영 및 과외교습에 관한 법률)상 무등록학원의 설립·운영자에 대하여 관할 행정청이 그 폐쇄를 명할 수 없다(대판 2001. 2. 23, 99두6002).

또한 그 행사에 있어서는 보충성과 과잉금지의 원칙이 적용되어 최후의 수단으로서, 그리고 최소한의 범위 내에서 행사되어야 하며, 비례의 원칙에 따라 침해되는 사익과 달성하고자 하는 공익 간에 비례관계가 유지되어야 한다.

4) 직접강제제도의 확대

식품위생법(62), 공중위생관리법(11) 등 각종 영업법규를 보면 적법하게 허가받아 영업하는 허가영업자에 대하여는 각종 의무불이행에 대하여 개선명령·허가취소·영업정지·행정벌 등의 다양한 의무이행 확보수단이 마련되어 있음에도 불구하고, 처음부터 허가받지 아니하고 영업하는 무허가영업자에 대하여는 행정벌 외에 다른 의무이행 확보수단은 없는 반면, 행정벌은 그 과벌절차의 어려움과 전과자 양산의 문제 등 집행상의 문제점 때문에 제대로 집행하기 어려운 실정이다. 따라서 무허가 음식점·전자오락실·숙박업·목욕탕·술집 등이 번창하게 되자 이들에 대하여는 영업장소의 **폐쇄조치**와 함께, ① 간판 등의 **제거**, ② 내부시설물의 **봉인**, ③ 무허가업소임을 알리는 게시물의 부착 등의 직접강제수단을 도입하였으며, 이러한 직접강제제도는 주로 식품·의약품의 제조업, 총포·소방용기구·전기용품·계량기 등의 제조업, 폐기물관리업 등 국민의 보건·환경·안전에 심대한 영향을 미치는 영업 분야로 점차 확대되고 있다.

5. 강제징수

1) 강제징수의 의의

> 행정기본법 제30조(행정상 강제) ① 행정청은 행정목적을 달성하기 위하여 필요한 경우에는 법률로 정하는 바에 따라 필요한 최소한의 범위에서 다음 각 호의 어느 하나에 해당하는 조치를 할 수 있다.
> 4. **강제징수**: 의무자가 행정상 의무 중 금전급부의무를 이행하지 아니하는 경우 행정청이 의무자의 재산에 실력을 행사하여 그 행정상 의무가 실현된 것과 같은 상태를 실현하는 것

'강제징수'란 『행정법상의 '금전급부의무'를 이행하지 아니한 경우에 행정청이 의무자의 재산에 실력을 가하여 의무가 이행된 것과 같은 상태를 실현하는 작용』을 말한다.

2) 강제징수의 근거

행정상 강제징수에 관한 일반법으로서 **국세징수법**이 있으며, 그 외에 **지방세법**(82)·공익사업을 위한 토지 등의 취득 및 보상에 관한 법(90)·보조금의 예산 및 관리에 관한 법률 등 많은 개별법이 그 법에 의한 금전급부의무의 강제집행에 관하여 국세징수법을 준용하도록 하고 있다. 따라서 국세징수법은 행정상 강제징수제도의 중추적인 역할을 하고 있다.

3) 강제징수의 절차

독촉 및 체납처분의 절차로 크게 구분되어 행하여진다.

① 독 촉

국세를 납기까지 납부하지 아니한 때에는 납기경과 후 15일 이내에 독촉장(제2차 납세의무자에게는 납부최고서)을 발급하여 그 발급일로부터 10일 이내의 납부기한을 주어 독촉하여야 한다(국징23①). 독촉(督促)은 의무자에게 금전급부의무의 이행을 최고하고 그 불이행시에는 체납처분을 할 것을 예고하는 **준법률행위적 행정행위인 통지행위**에 해당한다. 판례도 독촉의 처분성을 긍정하고 있지만 반복된 독촉에 대해서는 처분성을 부정하고 있다(대판 1999. 7. 13, 97누119).

또한 납부기한까지 완납치 않을 경우에는 납기 경과일로부터 체납국세의 100분의 5에 해당하는 **가산금**을 징수하며(21①), 매 1월이 경과할 때마다 1,000분의 12에 해당하는 중가산금을 다시 가산하여 징수하되, 중가산금을 가산하여 징수하는 기간은 60개월을 초과하지 못한다(22).

독촉장 또는 납부최고서가 송달되면 후술하는 체납처분의 전제조건이 충족되며, 또한 조세채권의 **시효중단**의 효과가 발생한다(국기28).

② 체납처분

체납처분은 **재산압류·매각·청산**의 3단계로 행하여진다. 체납처분은 민사상의 강제집행과 같은 성질을 가지는 것이지만, 법원의 판결에 근거하여 집행하지 않고 행정처분에 근거하여 행정공무원이 직접 집행하는 점에서 민사상의 강제집행에 비해 간이·신속하게 처리된다.

(가) 재산압류

체납자의 재산을 사실상 및 법률상으로 처분을 금지하여 조세채권을 확보하는 강제행위이다. 따라서 압류는 권력적 사실행위로서 행정처분에 해당한다.

(a) 압류요건

체납자가 독촉장(또는 납부최고서)을 받고도 지정 기한까지 국세와 가산금을 완납하지 아니한 때이다(국징24).

(b) 압류대상재산

체납자의 소유로서 금전적 가치와 양도성이 있는 모든 재산이 된다(판례 참조). 그러나 체납자의 최저생활과 생업의 유지에 불가결한 의복·가구·식품 등은 압류가 금지되고, 봉급·퇴직금 등은 2분의 1까지만 압류할 수 있다(31∼33).

체납금액과 압류재산의 가액 간에는 **상당한 비례관계가 유지되어야** 함은 물론이며, 불필요하게 과다한 재산을 압류함은 위법이다.

> **판례** 납세자 아닌 제3자의 재산을 대상으로 한 체납압류처분의 효력(=당연무효)
> 체납처분으로서 압류의 요건을 규정하는 국세징수법 제24조 각 항의 규정을 보면, 어느 경우에나 압류의 대상을 납세자의 재산에 국한하고 있으므로, 납세자가 아닌 제3자의 재산을 대상으로 한 압류처분은 그 처분의 내용이 법률상 실현될 수 없는 것이어서 당연무효이다(대판 2001. 2. 23, 2000다68924).

(c) 압류방법

세무공무원은 수색·질문·검사권을 가지며, 신분증을 제시하고 참여자의 참여하에 압류한 후 압류조서를 작성하여 그 등본을 체납자에게 교부하여야 한다(25∼29). 동산·부동산·채권 등에 관한 구체적 압류방법은 법에 규정되어 있다(38·41·45·51 등).

(d) 압류의 효력

재산의 사실상·법률상의 처분을 금지시키는 효력이 있으며, 이는 압류재산의 천연과실과 법정과실에도 미치고, 재판상의 가압류·가처분 또는 체납자의 사망·법인의 합병 등에 의하여 영향을 받지 아니한다(34∼37). 다만, 체납자 또는 제3자가 압류재산의 사용 또는 수익을 하는 경우에는 그 재산으로부터 생기는 천연과실에 대해서는 미치지 아니한다(36).

(e) 압류의 해제

조세의 납부, 조세부과의 취소 등의 사유가 있으면 압류를 해제하여야 한다.

> **판례**
> 조세의 납부가 있다고 하여 압류처분이 당연 무효로 되는 것은 아니고, 압류의 해제처분이 있어야만 비로소 압류의 효력이 상실된다(대판 1982. 7. 13, 81누360).

(f) 참가압류

압류대상 재산이 이미 다른 기관의 체납처분으로 압류된 때에는 참가압류통지서를 그 압류기관에 발송함으로써 그 압류에 참가할 수 있다(57∼59).

(나) 압류재산의 매각

압류재산은 통화를 제외하고는 **공매**하여야 하는바, 공매는 입찰 또는 경매의 방법에 의하나 예외적으로 수의계약에 의할 수 있다(61∼62). 공매절차의 개시 전까지 조세가 완납된 때에는 공매를 중지한다(71).

공매의 성질은 체납자에 대하여 국가가 행하는 **공법상의 대리행위**이다. 대법원에 의하면 "과세관청이 체납처분으로서 행하는 공매는 우월한 공권력의 행사로서 행정소송의 대상이 되는 공법상의 **행정처분**"으로 보았으나, "성업공사(현 한국자산관리공사)가 당해 부동산을 공매하기로 한 결정 자체는 내부적인 의사결정에 불과하여 항고소송의 대상이 되는 행정처분이라고 볼 수 없다"고 판시하였다(판례 참조).

다만, 공매결정에 따라 낙찰자·경락자가 체납자의 재산을 취득하는 법률관계는 사법상의 매매계약관계이다. 마찬가지로 수의계약도 사인의 재산취득이기 때문에 사법상 매매계약이 된다.

> **판례** 과세관청이 행한 공매는 행정처분이며, 공매에 의하여 재산을 매수한 자가 그 공매처분이 취소된 경우 그 취소처분의 위법을 주장하여 행정소송을 제기할 법률상의 이익이 있다는 판례
>
> 과세관청이 체납처분으로서 행하는 공매는 우월한 공권력의 행사로서 행정소송의 대상이 되는 공법상의 행정처분이며 공매에 의하여 재산을 매수한 자는 그 공매처분이 취소된 경우에 그 취소처분의 위법을 주장하여 행정소송을 제기할 법률상 이익이 있다(대판 1984. 9. 25, 84누201).

> **판례** 성업공사의 공매결정·통지가 항고소송의 대상이 되는 행정처분에 해당하는지 여부(소극)
>
> 성업공사가 당해 부동산을 공매하기로 한 결정 자체는 내부적인 의사결정에 불과하여 항고소송의 대상이 되는 행정처분이라고 볼 수 없고, 또한 위 공사가 한 공매통지는 공매의 요건이 아니고 공매사실 그 자체를 체납자에게 알려주는 데 불과한 것으로서 통지의 상대방인 골프장업자의 법적 지위나 권리의무에 직접 영향을 주는 것이 아니라고 할 것이므로 이것 역시 행정처분에 해당한다고 할 수 없다(대판 1998. 6. 26, 96누12030).

(다) 청 산

체납처분으로 취득한 금액을 체납처분비·가산금·국세의 순서로 충당한 후, 잔액이 있으면 체납자에게 지급하고, 부족하면 법령이 정하는 바에 따라 배분한다(80·81).

③ **체납처분의 중지 및 결손처분**

체납처분의 목적물인 총재산의 추산가액이 체납처분비에 충당하고 잔여가 생길 여지가 없을 때에는 체납처분을 중지하고 결손처분을 할 수 있으며, 이로써 납세의무는 소멸된다(85~86).

④ **교부청구**

납세의무자가 이미 다른 국세의 체납으로 체납처분을 받거나, 민사상 강제집행·파산선고를 받거나, 경매가 개시되거나, 법인이 해산한 때에는 세무서장은 별도로 재산을 압류할 필요 없이 그 집행기관에 대하여 국세의 교부를 청구할 수 있다(56·60).

4) 강제징수에 대한 불복

① 납부 전의 불복방법

독촉 또는 체납처분이 위법·부당하다고 인정할 때에는 행정심판 또는 행정소송으로 취소·변경이나 무효확인을 청구할 수 있다. 다만, 행정심판의 경우 일반법인 행정심판법의 적용이 배제되고 국세기본법에 의하여 국세청장에 대한 **심사청구** 또는 조세심판원에 대한 **심판청구** 중에 선택하여 제기할 수 있으며, 당사자가 원할 경우에 한하여 임의적 절차로서 심사청구 또는 심판청구에 앞서 세무서장에 대한 **이의신청**도 할 수 있다(국기55). 조세부과처분에 대하여 행정소송을 제기하기 위하여 우리 실정법은 반드시 심사청구 또는 심판청구와 같은 행정심판을 먼저 거쳐야 한다는 의미에서 예외적 **필요적 행정심판전치주의**를 채택하고 있다(국기56 등).

> **판례** 조세소송에서 납세의무자가 전심절차를 거치지 않고 과세처분취소청구소송을 제기하기 위한 요건
> 조세소송에 있어서는 국세기본법 규정에 의하여 행정소송법 제18조 제2항, 제3항 및 제20조의 규정이 적용되지 아니하나, 다만 2개 이상의 같은 목적의 행정처분이 단계적, 발전적 과정에서 이루어진 것으로서 서로 내용상 관련이 있다든지, 세무소송 계속 중에 그 대상인 과세처분을 과세관청이 변경하였는데 위법사유가 공통된다든지, 동일한 행정처분에 의하여 수인이 동일한 의무를 부담하게 되는 경우에 선행처분에 대하여, 또는 그 납세의무자들 중 1인이 적법한 전심절차를 거친 때와 같이, 국세청장과 국세심판소로 하여금 기본적 사실관계와 법률문제에 대하여 다시 판단할 수 있는 기회를 부여하였을 뿐더러 납세의무자로 하여금 굳이 또 전심절차를 거치게 하는 것이 가혹하다고 보이는 등 정당한 사유가 있는 때에는 납세의무자가 전심절차를 거치지 아니하고도 과세처분의 취소를 청구하는 행정소송을 제기할 수 있다고 보아야 한다(대판 2000. 9. 26, 99두1557).

② 납부 후의 불복방법

무효인 조세부과처분, 납세자의 착오에 기인한 **과오납부세액**, 위법한 부과처분이 직권 또는 쟁송에 의하여 **취소**된 경우에 이미 납부한 조세는 모두 국가의 **부당이득**이 되므로 그 반환을 청구할 수 있으며, 이에 대한 소송은 과세처분이라는 공법상 법률관계를 원인으로 하여 발생한 것이므로 성질상 **공법상 당사자소송**에 의하여야 할 것이나, 소송실무에서는 이를 일반 민사소송으로 취급하고 있다.

제 3 절 행정상 즉시강제

Ⅰ. 개 설

1. 행정상 즉시강제의 의의

> 행정기본법 제30조(행정상 강제) ① 행정청은 행정목적을 달성하기 위하여 필요한 경우에는 법률로 정하는 바에 따라 필요한 최소한의 범위에서 다음 각 호의 어느 하나에 해당하는 조치를 할 수 있다.
> 5. 즉시강제: 현재의 급박한 행정상의 장해를 제거하기 위한 경우로서 다음 각 목의 어느 하나에 해당하는 경우에 행정청이 곧바로 국민의 신체 또는 재산에 실력을 행사하여 행정목적을 달성하는 것
> 가. 행정청이 미리 행정상 의무 이행을 명할 시간적 여유가 없는 경우
> 나. 그 성질상 행정상 의무의 이행을 명하는 것만으로는 행정목적 달성이 곤란한 경우
> 제33조(즉시강제) ① 즉시강제는 다른 수단으로는 행정목적을 달성할 수 없는 경우에만 허용되며, 이 경우에도 최소한으로만 실시하여야 한다.
> ② 즉시강제를 실시하기 위하여 현장에 파견되는 집행책임자는 그가 집행책임자임을 표시하는 증표를 보여 주어야 하며, 즉시강제의 이유와 내용을 고지하여야 한다.
> ③ 제2항에도 불구하고 집행책임자는 즉시강제를 하려는 재산의 소유자 또는 점유자를 알 수 없거나 현장에서 그 소재를 즉시 확인하기 어려운 경우에는 즉시강제를 실시한 후 집행책임자의 이름 및 그 이유와 내용을 고지할 수 있다. 다만, 다음 각 호에 해당하는 경우에는 게시판이나 인터넷 홈페이지에 게시하는 등 적절한 방법에 의한 공고로써 고지를 갈음할 수 있다.
> 1. 즉시강제를 실시한 후에도 재산의 소유자 또는 점유자를 알 수 없는 경우
> 2. 재산의 소유자 또는 점유자가 국외에 거주하거나 행방을 알 수 없는 경우
> 3. 그 밖에 대통령령으로 정하는 불가피한 사유로 고지할 수 없는 경우

'행정상 즉시강제'란 『목전에 급박한 장해를 제거하여야 할 필요가 있는 경우에 미리 행정법상 의무를 명할 시간적 여유가 없거나(예 : 광견의 배회), 또는 성질상 의무를 명하고 그 이행을 기다려서는 목적달성이 곤란할 경우(예 : 전염병환자의 입원명령), 즉시에 국민의 신체 또는 재산에 실력을 가하여 행정상 필요한 상태를 실현하는 권력적 사실행위』를 말한다.

오늘날 행정상 즉시강제의 성격을 (수인)하명행위(법적 행위)와 그 집행행위(실력행사)인 사실행위의 합성행위라고 하는 견해가 있는바, 그 실익은 취소소송의 대상으로 인정하는 데 무리가 없다는 점에 있다. 그러나 사실행위도 계속적 성질의 것인 한 취소소송의 대상이 된다는 최근의 견해에 의하면 굳이 합성행위로 볼 필요도 없다.

2. 행정상 즉시강제와 행정상 강제집행의 구별

전통적 견해에 의하면 행정상 강제집행은 의무의 존재 및 그 불이행을 전제로 하지만, 즉시강제는 이를 전제로 하지 않는다는 점에서 구별된다고 한다.

그러나 반대설에 의하면 행정상 강제집행을 양분하여, ① 법령에 근거한 구체적 행정처분에 의하여 부과된 의무의 불이행에 대한 것은 행정상 강제집행이지만, ② 직접 법령에 규정된 불특정다수인에 대한 극히 일반적이며 추상적인 의무는 특정 상대방에 대한 구체적인 의무부과와 계고 등 강제집행절차 없이 바로 실력으로 필요한 상태를 실현시키는 것이므로 성격상 즉시강제로 보는 것이 타당하다고 한다(예 : 도로교통법(63②)상『누구든지 교통에 방해될 만한 물건을 함부로 도로에 방치하여서는 아니 된다』는 일반적·추상적 의무에 기하여, 경찰서장이 제거명령·계고·통지 등의 대집행절차 없이 직접 주차위반차량을 견인·보관하는 조치 등).

따라서 행정상 즉시강제에는 전염병환자의 강제격리 등과 같이 일반적·추상적 의무가 전제되지 아니한 즉시강제와, 위 ②에서 설명한 법령에 규정된 일반적·추상적 의무를 전제로 한 즉시강제의 두 종류가 있다고 하는바, 이 견해에 찬동하고자 한다.

Ⅱ. 행정상 즉시강제의 근거

1. 행정상 즉시강제의 이론적 근거

과거 독일에서는 자연법적인 국가긴급방위권의 이론에 입각하여 특히 경찰행정 분야에 있어서는 법률상 근거 없이도 당연히 행정상 즉시강제가 허용된다고 하였다.

2. 행정상 즉시강제의 실정법적 근거

그러나 오늘날 실질적 법치주의하에서는 행정상 즉시강제야말로 사전적·구체적 의무부과도 없이 국민의 예측가능성과 법적 안정성을 해치는 전형적인 침해행정이므로 다른 어떤 권력행정 분야보다도 더욱 엄격한 발동요건상의 법적 근거가 필요하다는 데에 이견이 없다.

우리 현행법상의 근거로서는 경찰상 즉시강제에 관한 일반법인 경찰관직무집행법 외에, 전염병예방법(42)·마약류관리에 관한 법(47)·검역법·식품위생법(56)·정신보건법·소방기본법(78) 등의 개별법이 있다.

Ⅲ. 행정상 즉시강제의 종류

1. 대인적 강제

사람의 신체에 실력을 가하여 행정상 필요한 상태를 실현시키는 강제작용이다.

1) 경찰관직무집행법

① 보호조치

정신착란자·미아·주취자·자살기도자·부상자 등 구호를 요하는 자를 보건의료기관·경찰서 등에 보호조치한 후 가족 등에게 통지하는 조치이다(4).

② 위험발생의 방지조치

천재·사변·교통사고·위험물폭발·광견출현 등의 위험한 사태에 있어서 사람을 억류 또는 피난시키는 조치이다(5).

③ 범죄의 예방 및 제지조치

범죄행위로 인명·신체·재산에 위해를 끼칠 우려가 있어 긴급을 요하는 경우 그 행위를 제지할 수 있다(6).

④ 장구와 무기의 사용

범인의 체포·도주방지, 생명·신체에 대한 방호, 공무집행에 대한 항거의 억제를 위하여 필요한 한도 내에서 수갑·포승·경찰봉 등의 경찰장구와 무기를 사용할 수 있다(10·10의4①).

2) 개별법

전염병환자의 강제격리·강제건강진단(감염병의 예방 및 관리에 관한 법률), 마약환자의 강제수용(마약50), 화재현장에 있는 자에 대한 원조강제(소방기본법49), 긴급수송 등 응급조치(재난 및 안전관리기본법) 등이 있다.

2. 대물적 강제

물건에 실력을 가하여 행정상 필요한 상태를 실현시키는 강제작용이다.

1) 경찰관직무집행법

보호조치의 대상자가 휴대하고 있는 무기·흉기 등 물건에 대한 30일 이내의 임시영치(4③)

가 있다.

2) 개별법

소방대상물의 파괴(소방기본법78), 교통장애물의 제거 및 주차위반 차량의 견인·보관조치(도로교통법66·67), 유해식품·약품·동식물·유해약물 등의 강제수거 및 폐기(식품위생법17·약사법65·검역11·청소년보호법36 등), 물건의 영치(형의 집행 및 수용자의 처우에 관한 법률41), 불법게임물의 수거·삭제·폐기(구 음반·비디오물 및 게임물에 관한 법률), 진화·수방 등 응급조치(재난 및 안전관리기본법) 등이 있다.

3. 대가택 강제

소유자나 점유자의 의사에 반하여 타인의 가택 또는 영업소 등에 출입하거나 임검·검사하는 것을 말하며, 경찰관직무집행법(7)상 위험발생의 방지를 위한 가택출입, 조세범처벌절차법상의 수색이 그 예이다.

그러나 최근에는 부동산중개업소·유흥업소 등 거의 모든 영업소에 행정법규의 준수 여부를 감독하게 위하여 출입하여 검사하는 작용을 후술하는 행정조사로 보는 견해가 유력해지고 있다.

Ⅳ. 행정상 즉시강제의 한계

상술한 바와 같이 행정상 즉시강제는 가장 강력한 권력작용으로서 그 남용으로 인한 피해를 예방하기 위하여 엄격한 법적 근거가 필요함은 물론, 법적 근거가 있는 경우에도 다시 일정한 '조리상의 한계' 내에서 발동되어야 하며, 구체적으로는

① **급박성**("명백하고 현존하는 위험(clear and present danger)"의 존재),

② **소극성**(소극적으로 공공의 안녕질서의 유지를 위하여서만 가능하고, 적극적인 공공복리의 달성을 목적으로 하여서는 불가능),

③ **보충성**(다른 행정작용으로는 목적달성이 불가능하거나 시간적 여유가 없을 것),

④ **비례성**(목적달성에 필요한 최소한에 그칠 것)의 원칙에 위배되어서는 아니 된다.

V. 행정상 즉시강제의 영장주의와의 관계

1. 의 의

헌법(12③·16)은 『체포·구금·압수 또는 수색을 할 때에는 적법한 절차에 따라 검사의 신청에 의하여 법관이 발부한 영장(令狀)을 제시하여야 한다』고 규정하고 있는바, 행정상 즉시강제로 사람의 신체를 구속(마약중독자의 강제수용 등)하거나 주거를 침입(영업소·가택출입 등)할 경우에도 법관이 발부한 영장이 있어야 하는가에 관하여 견해가 대립되어 있다.

2. 학 설

1) 영장불요설

헌법상의 영장주의 규정은 역사적으로 볼 때 형사사법권의 남용을 방지함으로써 국민의 기본권을 보장하려는 취지의 것이므로 행정상 즉시강제에는 적용되지 않는다고 한다.

2) 영장필요설

위 견해는 헌법상 기본권보장의 취지를 부당하게 축소해석한 것이며, 형사사법작용과 행정상 즉시강제는 직접 목적은 다르지만 국민의 신체·재산에 대한 실력행사인 점에서 같기 때문에 영장주의가 적용되어야 한다는 견해이다.

3) 절충설

영장주의는 양자에 모두 적용됨을 원칙으로 하되, 다만 행정강제의 특질을 전혀 무시할 수는 없는 것이므로, 행정상 즉시강제 중 행정목적달성에 불가피하다고 인정할 만한 합리적 이유가 있는 특수한 경우에 한하여 영장주의가 배제된다는 견해로서, **통설 및 판례**의 입장이다.

> **판례** 구 사회안전법 제11조 소정의 동행보호규정이 사전영장주의를 규정한 헌법 규정에 반하지 아니한다는 판례
> 사전영장주의는 인신보호를 위한 헌법상의 기속원리이기 때문에 인신의 자유를 제한하는 모든 국가작용의 영역에서 존중되어야 하지만, 헌법 제12조 제3항 단서도 사전영장주의의 예외를 인정하고 있는 것처럼 사전영장주의를 고수하다가는 도저히 행정목적을 달성할 수 없는 지극히 예외적인 경우에는 형사절차에서와 같은 예외가 인정되므로, 구 사회안전법(1989. 6. 16. 법률 제4132호에 의해 '보안관찰법'이란 명칭으로 전문 개정되기 전의 것) 제11조 소정의 동행보호규정은 재범의 위험성이 현저한 자를 상대로 긴급히 보호할 필요가 있는 경우에 한하여 단기간의 동행보호를 허용한 것으로서 그 요건을 엄격히 해석하는 한, 동 규정 자체가 사전영장주의를 규정한 헌법규정에 반한다고 볼 수는 없다(대판 1997. 6. 13, 96다56115).

> **판례** 영장 없이 게임물 수거를 규정한 법률조항이 영장주의와 적법절차의 원칙에 위배되지 아니한다는 판례
>
> 이 사건 법률조항은 앞에서 본 바와 같이 급박한 상황에 대처하기 위한 것으로서 그 불가피성과 정당성이 충분히 인정되는 경우이므로, 이 사건 법률조항이 영장 없는 수거를 인정한다고 하더라도 이를 두고 헌법상 영장주의에 위배되는 것으로는 볼 수 없고, 위 구 음반·비디오물 및 게임물에 관한 법률 제24조 제4항에서 관계공무원이 당해 게임물 등을 수거한 때에는 그 소유자 또는 점유자에게 수거증을 교부하도록 하고 있고, 동조 제6항에서 수거 등 처분을 하는 관계공무원이나 협회 또는 단체의 임·직원은 그 권한을 표시하는 증표를 지니고 관계인에게 이를 제시하도록 하는 등의 절차적 요건을 규정하고 있으므로, 이 사건 법률조항이 적법절차의 원칙에 위배되는 것으로 보기도 어렵다(대판 2002. 10. 31, 2000헌가12).

4) 사 견

생각건대 기본권 보장만을 고수하여 어떠한 즉시강제 작용에도 영장을 필요로 한다면 목전의 급박한 위해를 방지하여 국민의 신체·재산을 보호하는 행정상 즉시강제가 인정될 여지가 없다고 하겠다.

따라서 헌법상 영장주의 정신과 행정상 즉시강제의 제도적 존재가치를 적절히 조화시키는 **절충설**의 입장이 타당하다고 생각되지만, 영장주의의 적용이 배제되는 『**특수한 경우**』를 어떻게 한정할 것인가의 문제는 여전히 남게 된다.

여기서 ① 하나의 작용이 행정상 즉시강제와 **형사사법권** 행사의 두 가지 목적을 동시에 추구하고 있는 경우에는 영장이 필요하며(예 : 조세범처벌절차법(3)과 관세법(212)이 범칙사건의 조사를 위한 압수 등에 영장을 요하게 한 것), ② 행정상 즉시강제의 정도·목적 등을 구체적·개별적으로 판단하여, 신체·주거·개인의 존엄성 등 헌법상의 **기본권**을 본질적으로 **침해하는 정도**의 것은 영장이 필요하다고 할 것이다(예 : 정신병원에의 강제입원 등).

Ⅵ. 행정상 즉시강제에 대한 구제

행정상 즉시강제는 남용될 경우 국민의 기본권 침해의 우려가 심대한 만큼 철저한 구제수단의 마련이 요청된다고 하겠다.

1. 적법한 즉시강제에 대한 구제

적법한 즉시강제에 대하여 상대방은 이를 수인하여야 하지만, 즉시강제의 원인에 대한 책임이 있는 자 이외의 제3자에게 즉시강제가 행하여질 경우에 그 제3자는 『특별한 희생』을 당한 것이므로 법률이 정하는 바에 따라 행정상의 손실보상을 청구할 수 있다

▶ 예 : 소방 또는 수난구호작업을 위한 동원(소방기본법78④·수난구호15·16 등).

2. 위법한 즉시강제에 대한 구제

1) 행정쟁송

대집행에 대한 구제에서 이미 설명한 바와 같이 권력적 사실행위인 즉시강제는 **계속적 성질**의 것인 한(정신질환자의 강제입원, 전염병환자의 강제격리, 무기·흉기 기타 유해물건의 수거·영치 등) 행정심판법과 행정소송법에 의하여 취소를 구할 수 있지만, 극히 단시간에 종료되어 버리는 경우에는 회복할 법률상의 이익이 없어 행정쟁송으로 구제받기는 어려울 것이다. 그러나 행정상의 즉시강제 중에서 전염병환자의 강제격리, 정신질환자의 강제입원과 같이 즉시강제가 계속적으로 집행되어야 실효성을 갖는 경우에는 행정소송으로 다툴 소의 이익이 있다.

2) 행정상 손해배상

위법한 행정상 즉시강제로 인하여 신체 또는 재산상의 손해를 입은 경우에는 국가 또는 지방자치단체에 대하여 행정상 손해배상을 청구하거나, 결과제거(불법 수거물의 반환청구 등)를 청구할 수 있다(이들에 관한 소송은 행정소송인 공법상 당사자소송에 해당되지만, 우리 재판실무에서는 민사소송으로 다루고 있다).

3) 정당방위

위법한 무기사용·보호조치·물건의 영치·강제수거조치 등에 대하여는 형법상 정당방위의 법리에 따라 이에 저항할 수 있으며, 이 경우 이는 형법상의 공무집행방해죄를 구성하지 아니한다.

> **판례**
>
> "적법성이 결여된 직무행위를 하는 공무원에게 항거하였다고 하여도 그 항거행위가 폭력을 수반하는 경우에 폭행죄 등의 죄책을 묻는 것은 별론으로 하고, 공무집행방해죄로 다스릴 수 없다"라고 판시하여(대판 1992. 2. 11, 91도2797) 공무집행방해죄의 구성요건을 엄격하게 해석하고 있다.

제 4 절 행정조사

> **행정조사기본법**
> 제2조(정의)
> 1. "행정조사"란 행정기관이 정책을 결정하거나 직무를 수행하는 데 필요한 정보나 자료를 수집하기 위하여 현장조사·문서열람·시료채취 등을 하거나 조사대상자에게 보고요구·자료제출요구 및 출석·진술요구를 행하는 활동을 말한다.
> 제4조(행정조사의 기본원칙)

① 행정조사는 조사목적을 달성하는데 필요한 최소한의 범위 안에서 실시하여야 하며, 다른 목적 등을 위하여 조사권을 남용하여서는 아니 된다.
② 행정기관은 조사목적에 적합하도록 조사대상자를 선정하여 행정조사를 실시하여야 한다.
③ 행정기관은 유사하거나 동일한 사안에 대하여는 공동조사 등을 실시함으로써 행정조사가 중복되지 아니하도록 하여야 한다.
④ 행정조사는 법령등의 위반에 대한 처벌보다는 법령등을 준수하도록 유도하는 데 중점을 두어야 한다.
⑤ 다른 법률에 따르지 아니하고는 행정조사의 대상자 또는 행정조사의 내용을 공표하거나 직무상 알게 된 비밀을 누설하여서는 아니된다.
⑥ 행정기관은 행정조사를 통하여 알게 된 정보를 다른 법률에 따라 내부에서 이용하거나 다른 기관에 제공하는 경우를 제외하고는 원래의 조사목적 이외의 용도로 이용하거나 타인에게 제공하여서는 아니 된다.

제5조(행정조사의 근거)
행정기관은 법령등에서 행정조사를 규정하고 있는 경우에 한하여 행정조사를 실시할 수 있다. 다만, 조사대상자의 자발적인 협조를 얻어 실시하는 행정조사의 경우에는 그러하지 아니하다.

Ⅰ. 개 설

1. 행정조사의 의의 및 법적 성질

'행정조사'란 『행정기관이 행정작용을 적정하고 효율적으로 행하기 위하여 사인으로부터 행정상 필요한 자료를 수집하는 권력적·강제적 조사작용』을 말한다(이설 있음).

▶ 예 : 국세기본법 제81조의3의 규정에 의한 국세청의 세무조사.

정보화사회가 진전됨에 따라 조사활동은 급속하게 확대됨에 따라 행정조사에 따른 국민의 권익침해가능성도 증대하게 되었다. 특히 권력적 사실행위인 행정조사로 인하여 주거의 자유, 영업의 자유, 사생활의 비밀 등의 기본권이 침해되는 경우가 있고, 개인정보와 기업의 비밀이 부당하게 수집·공개될 우려가 제기되고 있다. 행정조사에 대하여 법적인 근거가 필요한 이유도 바로 여기에 있다.

행정조사의 특질을 보면

① 직접 법률관계의 변동을 생기게 하는 것이 아니라 장래의 행정작용을 위한 **준비행위**로서의 성질을 가지며,

② 아무런 법적 효과를 발생시키지 아니하므로 행정행위가 아닌 **사실행위**(사실행위와 법적 행위가 결합된 합성적 행위라는 이설·판례 있음)이고,

③ 상대방의 의사에도 불구하고 행하는 **권력적 사실행위**(강제조사)라는 점에서 상대방의 임의적 협력에 의하여 행하는 **임의조사**(예 : 여론조사나 임의적 공청회)와 구별된다(단, 임의조사까지 행정조사에 포함시키는 견해도 있으나, 이는 너무 광범위하여 통일적인 이론구성에 난점이 있다).

> **판례** 세무조사결정이 항고소송의 대상이 되는 행정처분에 해당하는지 여부(적극)
> 부과처분을 위한 과세관청의 질문조사권이 행해지는 세무조사결정이 있는 경우 납세의무자는 세무공무원의 과세자료 수집을 위한 질문에 대답하고 검사를 수인하여야 할 법적 의무를 부담하게 되는 점, 세무조사는 기본적으로 적정하고 공평한 과세의 실현을 위하여 필요한 최소한의 범위 안에서 행하여져야 하고, 더욱이 동일한 세목 및 과세기간에 대한 재조사는 납세자의 영업의 자유 등 권익을 심각하게 침해할 뿐만 아니라 과세관청에 의한 자의적인 세무조사의 위험마저 있으므로 조세공평의 원칙에 현저히 반하는 예외적인 경우를 제외하고는 금지될 필요가 있는 점, 납세의무자로 하여금 개개의 과태료 처분에 대하여 불복하거나 조사 종료 후의 과세처분에 대하여만 다툴 수 있도록 하는 것보다는 그에 앞서 세무조사결정에 대하여 다툼으로써 분쟁을 조기에 근본적으로 해결할 수 있는 점 등을 종합하면, 세무조사결정은 납세의무자의 권리·의무에 직접 영향을 미치는 공권력의 행사에 따른 행정작용으로서 항고소송의 대상이 된다[대법원 2011.3.10, 선고, 2009두23617,23624, 판결].

2007년 5월 17일 제정된 행정조사기본법도 행정조사를 "행정기관이 정책을 결정하거나 직무를 수행하는 데 필요한 정보나 자료를 수집하기 위하여 현장조사·문서열람·시료채취 등을 하거나 조사대상자에게 보고 요구·자료제출 요구 및 출석·진술 요구를 행하는 활동"으로 정의하여 권력적 행정조사만을 그 대상으로 하고 있다.

2. 행정조사와 행정상 즉시강제의 구별

종전에는 행정조사를 독립된 행정작용으로 보지 아니하고, 행정청이 조사의 목적으로 행하는 가택출입·검사·질문 등 **행정상 즉시강제의 일부분**으로만 다루어 왔으나, 최근 다음과 같은 구분기준에 따라 이를 **독립된 행정작용**으로 보고 있다.

1) 구체적 결과의 실현 여부

행정상 즉시강제는 개인의 신체·재산에 실력을 가하여 행정상 필요한 결과를 직접 실현함을 목적으로 하지만, 행정조사는 구체적 결과의 실현이 목적이 아니라 다른 행정목적 달성을 위한 자료와 정보를 수집하는 준비적·보조적 수단에 불과하다(예 : 경찰관의 음주 난동자 제지를 위한 영업장 출입과, 구청직원의 부동산 중개업소의 과다수수료 징수 여부 확인을 위한 출입과는 차이가 있다).

2) 급박성 여부

행정상 즉시강제는 목전의 급박한 장해를 제거하기 위한 행위임에 반하여, 행정조사는 이를 전제로 하지 아니한다.

Ⅱ. 행정조사의 근거

행정조사는 국민의 신체·재산 및 사생활의 비밀에 중대한 영향을 미치며 또한 이를 권력적 조사활동으로 보는 한 수인의무가 발생하고 이에 불응하면 행정벌이 가해진다는 의미에서 반드시 법률의 근거가 있어야 한다.

미국 행정절차법(APA)은 행정조사는 법률이 정하는 경우에만 할 수 있다고 명시하고 있으며, 우리 현행법상 행정조사에 관한 일반법인 행정조사기본법이 있으며, 개별적 행정조사에 관한 근거법률로는 경찰관직무집행법(3·7)·풍속영업의 규제에 관한 법률(9)·공익사업을 위한 토지 등의 취득 및 보상에 관한 법률(9～13)·건축법·식품위생법(17)·공중위생관리법(9)·독점규제 및 공정거래에 관한 법률(49①)·국세징수법(26·27)·소득세법(170)·근로기준법(105)·총포도검화약류단속법(44)·소방기본법(82) 등이 있다.

Ⅲ. 행정조사의 종류

1. 행정조사의 대상에 의한 구분

1) 대인적 조사

조사대상이 사람인 경우로서 불심검문, 질문, 신체수색 등 사람에 대한 조사를 말한다(음주운전 여부를 조사하기 위한 음주측정, 부동산중개영업자에 대한 질문 등 상술한 모든 영업법규에 규정되어 있다).

2) 대물적 조사

장부나 물건의 조사·검사, 토지에의 출입·조사 등을 말한다(세무·약사·노동관계 공무원이 사업장 등에서 관계 장부·서류·물건 등을 조사하거나, 국토이용관리법(4)상 국토이용계획을 위한 측량·지장물 제거 등을 위하여 타인의 토지에 출입하여 조사하는 것 등).

3) 대가택 조사

가택출입·임검 등 주거나 영업소 등에 출입하여 법령이 정하는 시설·안전 기준 등이 유지되는지를 조사하는 것을 말한다(주유소·환경위생업소·소방점검대상업소 등에 출입·조사하는 것).

2. 행정조사의 강제수단에 의한 구분

1) 직접조사

신체 또는 재산에 직접 실력을 가하여 조사하는 것으로서, **영업장에 직접 출입하여** 검사 및 질문하는 것이 이에 해당하며, 이를 거부·방해·기피할 경우 행정질서벌인 **과태료**에 처함으로써 행정조사의 실효성을 담보하고 있다.

2) 간접조사

신체 또는 재산에 직접 실력을 가하여 조사하는 것이 아니라 일정사항에 대한 **보고 또는 자료제출을** 명하고 제출된 자료에 의거하여 조사의 목적을 달성하는 방법이며, 불이행시에는 역시 **과태료**에 처하도록 하고 있는바, 이는 행정행위에 의하여 발생된 자료제출의무라는 작위의무 위반에 대한 행정벌의 성격을 띤다.

Ⅳ. 행정조사의 한계

행정조사기본법은 행정조사의 실체법적 한계와 절차법적 한계에 대하여 규정을 하고 있다.

1. 행정조사의 실체법적 한계

1) 비례의 원칙

행정조사는 조사목적을 달성하는 데 필요한 최소한의 범위 안에서 실시하여야 하며, 다른 목적 등을 위하여 조사권을 남용하여서는 아니 된다(동법4①). 행정기관은 조사목적에 적합하도록 조사대상자를 선정하여 행정조사를 실시하여야 한다(동법4②).

2) 중복조사금지의 원칙

행정기관은 유사하거나 동일한 사안에 대하여는 공동조사 등을 실시함으로써 행정조사가 중복되지 않도록 하여야 한다(동법4③).

3) 비밀누설금지 및 목적 외 사용금지의 원칙

다른 법률에 따르지 아니하고는 행정조사의 대상자 또는 행정조사의 내용을 공표하거나 직무상 알게 된 비밀을 누설하여서는 아니 된다(동법4⑤). 행정기관은 행정조사를 통하여 알게 된 정보를 다른 법률에 따라 내부에서 이용하거나 다른 기관에 제공하는 경우를 제외하고는 원래의 조사목적 이외의 용도로 이용하거나 타인에게 제공하여서는 아니 된다(동법4⑥).

2. 행정조사의 절차법적 한계

1) 영장주의와의 관계

헌법상의 영장주의(헌법12③·16)가 행정조사를 위한 질문·검사·가택출입 등의 경우에도 적용되는가? 학설상으로는 **적극설과 소극설**의 견해가 대립된다. 행정상 즉시강제에서 논한 바와 같이 **절충설**의 견지에서 원칙적으로는 영장(令狀)이 필요 없지만, 행정조사가 동시에 형사사법권의 발동의 목적을 띠고 있거나 헌법상의 기본권이 침해될 경우에는 영장을 요한다고 할 것이다(판례 참조).

> **판례** 긴급을 요하는 경우에 한하여 수색압수를 하고 사후에 영장의 교부를 받아야 할 것이라는 판례
>
> 세관공무원이 밀수품을 싣고 왔다는 정보에 의하여 정박 중인 선박에 대하여 수색을 하려면 선박의 소유자 또는 점유자의 승낙을 얻거나 법관의 압수 수색영장을 발부 받거나 또는 관세법 212조 1항 후단에 의하여 긴급을 요하는 경우에 한하여 수색압수를 하고 사후에 영장의 교부를 받아야 할 것이다(대판 1976. 11. 9, 76도2703).

2) 사전절차

권력적으로 행하는 행정조사는 상대방의 기본권을 침해할 뿐 아니라, 그것을 원활하게 행하여지기 위하여 상대방의 협력이 불가피하게 요구되고 있다. 행정조사기본법은 사전절차로서 사전통지와 의견제출에 관하여 규정하고 있다.

① 사전통지

행정조사를 실시하고자 하는 행정기관의 장은 출석요구서, 보고요구서·자료제출요구서 및 현장출입조사서를 조사개시 7일 전까지 조사대상자에게 서면으로 통지하여야 한다(동법17①). 다만 ① 행정조사를 실시하기 전에 관련사항을 미리 통지하는 때에는 증거인멸 등으로 행정조사의 목적을 달성할 수 없다고 판단되는 경우, ②「통계법」제3조 제2호에 따른 지정통계의 작성을 위하여 조사하는 경우, ③ 조사대상자의 자발적인 협조를 얻어 실시하는 행정조사의 경우에는 행정조사의 개시와 동시에 이들 서류를 조사대상자에게 제시하거나 행정조사의 목적 등을 조사대상자에게 구두로 통지할 수 있다.

② 의견제출

조사대상자는 사전통지의 내용에 대하여 행정기관의 장에게 의견을 제출할 수 있다(동법21

①). 행정기관의 장은 조사대상자가 제출한 의견이 상당한 이유가 있다고 인정하는 경우에는 이를 반영하여야 한다(동법21②). 조사대상자는 조사원에게 공정한 행정조사를 기대하기 어려운 사정이 있다고 판단되는 경우에는 행정기관의 장에게 당해 조사원의 교체를 신청할 수 있으며(동법22②), 천재지변이나 그 밖에 대통령령으로 정하는 사유로 인하여 행정조사를 받을 수 없는 때에는 당해 행정조사를 연기하여 줄 것을 행정기관의 장에게 요청할 수 있다(동법18①).

3) 증표의 제시

대부분의 법률이 영장주의의 정신을 살려 행정조사를 하는 공무원은 그 권한을 표시하는 증표를 휴대하고 상대방에게 이를 제시할 의무를 규정하고 있다(예 : 공중위생관리법9). 따라서 증표의 제시가 없는 경우 행정조사는 **무효**가 되며, 상대방은 이에 응할 의무가 없고 실력으로 항거하여도 공무집행방해죄가 성립되지 아니한다.

4) 조사결과의 통지

행정기관의 장은 법령 등에 특별한 규정이 있는 경우를 제외하고는 행정조사의 결과를 확정한 날부터 7일 이내에 그 결과를 조사대상자에게 통지하여야 한다(동법24).

3. 실력적 강제의 가능성

행정조사를 위한 출입·검사·질문 등에 대하여 상대방은 수인의무가 있지만, 만약 상대방이 이를 거부하는 경우에 강제로 실현시킬 수 있는가(실력행사의 문제)에 관하여는 의문이 있을 수 있겠으나, 대부분의 법률들(예 : 소방법76)이 거부하는 경우 행정벌(대부분이 **과태료**이다) 기타의 불이익처분 등 간접적인 강제수단을 마련하고 있는 점에 비추어 보건대, 행정청이 상대방의 항거를 배제하고 직접 이를 실현할 수는 없다고 하겠다(부정설; 다수설).

또한 행정조사를 위한 질문 등에 대한 진술거부에 대하여 행정벌을 과하는 것은 헌법(12②)상에 규정된 형사상 불리진술강요금지의 원칙에 위배되는 것이 아닌가(진술거부권과의 관계) 하는 의문도 있겠으나, 헌법규정은 형사책임문제에만 적용될 뿐이며 순수한 행정조사 절차에는 적용되지 아니하기 때문에 위헌은 아니라고 하겠다.

다만, 상술한 바와 같이 행정조사와 형사책임추급의 두 가지 목적으로 행사되는 경우에는 진술거부에 대하여 행정벌을 과할 수 없다고 할 것이다.

V. 행정조사에 대한 구제

1. 적법한 행정조사에 대한 구제

적법한 행정조사로 『특별한 희생』을 당한 자는 법률이 정한 바에 따라 **손실보상**을 청구할 수 있다(예 : 토지수용을 위한 출입조사로 입은 손해, 공익사업을 위한 토지 등의 취득 및 보상에 관한 법률9③·12④ 참조).

그러나 유해식품 여부를 조사하기 위한 검사에 필요한 최소량의 식품의 수거 등은 손실이 경미하므로 특별한 희생으로 볼 수 없어 보상을 요하지 아니한다(식품17도 무상 수거임을 명시). 그런데 행정조사기본법에서는 조사원이 조사목적달성을 위하여 시료채취를 하는 경우에, 시료채취로 조사대상자에게 손실을 입히는 때에는 행정기관의 장은 손실을 보상하여야 한다고 규정하고 있다(동법12②).

2. 위법한 행정조사에 대한 구제

1) 행정쟁송

수인하명을 수반하는 행정조사는 권력적 사실행위이므로 비교적 장기간에 걸쳐 행하여지는 계속적 성질의 것인 경우에는 행정심판·행정소송으로 취소·변경을 구할 실익이 있다. 또한 이미 종료된 행정조사에 대하여는 행정조사가 취소됨으로써 『회복할 법률상의 이익』이 있는 경우에 한하여 취소를 구할 실익이 인정된다(행심9①·행소12).

2) 행정상 손해배상

위법한 행정조사의 결과 고가의 물건수거·영업방해·영업비밀침해·신용상실 등으로 인한 손해에 대하여는 국가 또는 지방자치단체에 대하여 **국가배상법**이 정한 바에 따라 손해배상을 청구할 수 있다. 특히 행정조사가 단시간에 종료되어 취소를 청구할 실익이 없게 될 경우에는 행정상 손해배상이 중요한 구제수단이 될 수밖에 없을 것이다.

3) 정당방위

중대하고 명백한 하자로 인하여 무효인 행정조사에 대하여는 정당방위로 저항할 수 있으며(통설), 이 경우 공무집행방해죄는 성립되지 아니한다.

VI. 위법한 행정조사와 행정행위의 효과

예컨대 위법한 세무조사의 결과에 따른 과세처분의 경우와 같이, 권력적 조사의 경우에 권력을 남용하여 조사가 이루어지는 등 행정조사에 위법이 있는 경우 당해 조사를 기초로 한 행정결정이 위법한 것으로 되는가?

이에 대하여는 ① 국가는 어떠한 경우에도 적법하고 정당한 절차를 거쳐야 하므로 위법한 행정조사가 있는 경우 그 위법은 원칙적으로 승계된다고 보는 **적극설**, ② 행정조사와 행정행위는 별개의 것이므로 조사의 위법이 곧 행정행위를 위법하게 할 수 없다는 **소극설**, ③ 행정조사는 당해 행정결정의 절차에 해당하므로 행정조사의 하자는 결국 **절차상 하자** 있는 행정행위의 문제가 된다는 견해 등이 주장되고 있다.

대법원은 위법한 중복세무조사에 기초하여 이루어진 부가가치세부과처분은 위법하다고 판시하였다.

> **판례** 납세자에 대한 부가가치세부과처분이, 종전의 부가가치세 경정조사와 같은 세목 및 같은 과세기간에 대하여 중복하여 실시된 위법한 세무조사에 기초하여 이루어진 것이어서 위법하다고 한 원심의 판단을 수긍한 사례
>
> 원심은 그 채용 증거에 의하여, 피고는 1998. 11.경 원고의 부동산 임대사업과 관련한 부가가치세의 탈루 여부에 대하여 세무조사를 벌인 결과, 임대수입을 일부 누락한 사실 등을 밝혀내고 그 세무조사 결과에 따라 같은 해 12.경 부가가치세 증액경정처분을 한 사실, 그런데 서울지방국세청장은 1999. 11.경 원고의 개인제세 전반에 관하여 특별세무조사를 한다는 명목으로 이미 부가가치세 경정조사가 이루어진 과세기간에 대하여 다시 임대수입의 누락 여부, 매입세액의 부당공제 여부 등에 관하여 조사를 하였고, 피고는 그 세무조사 결과에 따라 부가가치세액을 증액하는 이 사건 재경정처분을 한 사실 등을 인정한 다음, 이 사건 부가가치세부과처분은 이미 피고가 1998. 11.경에 한 세무조사(부가가치세 경정조사)와 같은 세목 및 같은 과세기간에 대하여 중복하여 실시한 서울지방국세청장의 위법한 중복조사에 기초하여 이루어진 것이므로 위법하다고 판단하였다. 원심판결 이유를 기록과 관계 법령에 비추어 살펴보면, 원심의 이러한 인정과 판단은 정당한 것으로 수긍이 되고, 거기에 상고이유에서 주장하는 바와 같은 사실오인 또는 중복조사에 관한 법리 등을 오해한 위법이 없다.

생각건대 행정조사는 행정행위에 대하여 준비적·보조적 관계에 있으며 행정조사와 행정행위는 별개의 제도로서 작용하는 것이므로 행정조사의 위법이 곧 행정행위를 위법하게 할 수 없다고 본다(소극설).

Ⅶ 행정조사로 얻은 개인정보의 관리·이용

1. 사생활 및 기업의 비밀보호

행정조사에 의하여 수집된 개인에 관한 각종 자료는 전산작업을 통하여 데이터베이스화함으로써

잘못 관리·이용될 경우 사생활의 비밀이 노출되어 헌법상 사생활의 자유가 침해될 우려가 크다.

따라서 미국·독일·프랑스 등 각국은 이미 70년대에 입법(예 : 미국의 프라이버시보호법(Privacy Act, 1974), 독일의 연방데이터보호법(Bundesdatenschutzrecht, 1990 개정))을 통하여 이러한 문제를 해결해 왔으며, 우리도 1994. 1. 7 『공공기관의 개인정보보호에 관한 법률』을 제정하여 개인정보의 공개는 본인의 동의가 있는 경우 등 특별한 사유가 있는 경우에만 허용하도록 하였다.

한편, 현대 정보화사회에 있어 기업에 관한 각종 자료에 대하여도 개인의 경우 못지않게 보호할 필요가 있고, 행정주체는 기업비밀 또는 영업비밀에 관한 사항을 누설하여서는 아니 된다고 하겠으며, 개인정보보호에 관한 법률과 마찬가지로 기업정보보호에 관한 법률도 속히 마련되어야 할 것으로 생각된다.

2. 행정정보공개청구권

1996. 12. 31. 제정된 공공기관의 정보공개에 관한 법률(6)에 의하여 모든 국민에게 행정정보공개청구권이 인정되고 있다. 공공기관이 관리·보유하고 있는 행정정보는 대부분이 바로 행정조사에 의하여 수집·작성·보관된 것이라 할 것이다. 행정조사에 의하여 얻어진 정보는 국민의 것이라는 기본의식에 바탕한 것이므로, 정보공개와 관련하여 공공기관의 처분 또는 부작위로 인하여 법률상의 이익을 침해받은 때에는 행정심판법과 행정소송법이 정하는 바에 따라 각각 행정심판(17)과 행정소송(18)을 청구할 수 있다고 규정하고 있다.

제2장 행정벌

Ⅰ. 행정벌의 의의

'행정벌'이란 『행정법상의 의무위반에 대하여 일반통치권에 의거하여 부과하는 제재로서의 처벌』을 말한다.

행정법규는 통상적으로 행정목적을 달성하기 위하여 국민에게 각종 행정상 의무를 부과하고, 그 실효성을 확보하기 위하여 의무위반에 대한 제재로서 행정벌을 규정하고 있다. 행정벌은 행정법상 과거의 의무위반에 대한 제재를 직접적인 목적으로 하지만 간접적으로 의무자에게 심리적 압박을 가함으로써 행정법상의 의무이행을 확보하는 기능을 가진다. 행정벌은 집행벌과는 달리 이중처벌금지의 원칙에 따라 동일 사실에 대하여 반복해서 부과할 수 없다.

우리 실정법상 행정상 강제집행에 관한 일반적 수단으로서 대체적 작위의무의 불이행에 대한 행정대집행만이 인정되고 있지만, 비대체적 작위의무 또는 부작위의무의 불이행에 대하여는 각 개별법에 특별한 규정이 있는 경우에만 직접강제·집행벌이 예외적으로 인정되고 있으므로, 비대체적 작위의무 또는 부작위의무의 불이행에 대하여는 행정벌이 의무이행의 확보수단으로서 중요한 역할을 하고 있다고 하겠다.

Ⅱ. 행정벌의 성질

다른 벌과의 구별을 통하여 행정벌의 성질을 살펴보면 다음과 같다.

1. 행정벌과 징계벌의 구별

징계벌은 특별권력에 의거하여 특별권력관계 내부의 질서를 유지하기 위하여 과하는 것이므로(예 : 공무원의 파면·감봉, 학생의 퇴학·정학 등), 일반권력관계에 기초하는 행정벌과는 처벌 목적과 권력적 기초 등에 있어 차이가 있다. 따라서 특별권력관계 내부에서의 질서문란행위가 동시에 반사회성까지 띠고 있는 경우에는 행정벌과 징계벌을 동시에 과할 수 있다. 양자를 병과하는 것은 일사부재리의 원칙에 저촉되지 않는다.

2. 행정벌과 이행강제금의 구별

이행강제금은 행정법상의 의무불이행에 대하여 장래에 향하여 그 이행을 강제하기 위하여 과하는 금전적 부담으로서 행정강제의 일종이지만, 행정벌은 과거의 의무위반에 대하여 제재로써 과하는 처벌이라는 점에서 구분된다. 그러나 양자는 모두 제재라는 심리적 압박을 가함으로써 간접적으로 의무이행을 확보하는 수단이라는 점에서는 공통점이 있다.

3. 행정벌과 형사벌의 구별

행정벌의 과벌대상인 행정범과 형사벌의 대상이 되는 형사범 간에 본질상의 차이가 있는가에 관하여는 견해가 대립되어 있다.

1) 구별 부정설

트로프스(Trops) 등 일부 형법학자의 견해로서, 행정범과 형사범 간에 본질적인 차이는 없고 단지 양적으로 경미사범이냐 중대사범이냐의 차이밖에 없다는 견해이다.

2) 구별 긍정설

① 피침해이익의 성질에 따른 구분설

골드슈미트는, 형사범은 법익침해를 요소로 하지만, 행정범은 단순히 공공복리의 실현을 목적으로 행하여지는 행정에 대한 협조를 태만히 한 것일 뿐 법익침해를 요소로 하지 않는다고 하며, 따라서 행정벌의 수단은 형벌과는 성질·절차가 전혀 다른 과태료이어야 한다고 주장한다. 그러나 공공복리도 국가와 국민의 이익으로서 법적으로 보호되는 이익으로 보아야 하기 때문에 이 견해는 옳지 못하다.

② 피침해규범의 성질에 따른 구분설

형사범은 법규범이 존재하기 이전에 처음부터 반윤리·반사회성을 가지는 자연범임에 반하여, 행정범은 그 자체로서는 반윤리·반사회성은 없으나 실정법이 금지규범을 창설함으로써 비로소 가벌성이 도출되는 행위, 즉 법정범이라는 견해로서, 종래의 통설이었다.

3) 사 견

역사적·연혁적으로 볼 때 **피침해규범을** 기준으로 자연범과 법정범으로 구분하여 양자 간에 성질상의 차이를 인정하는 견해가 타당하다고 생각된다. 다만, 반윤리·반사회성이라는 것이

만고불변의 고정된 개념은 아니기 때문에 시대변천에 따라 법정범이 자연범으로 발전될 수 있는 것이므로, 양자의 구별은 상대적·유동적임을 간과하여서는 아니 될 것이다.

 이러한 의미에서 양자 간에 질적인 차이만을 너무 강조한 나머지 행정범에는 형법의 기본원리가 전혀 적용되지 아니한다는 식의 지나친 독단적 주장은 부당하며, 기본적으로는 형법의 기본원리가 그대로 적용되지만 행정범의 특수성에 비추어 예외적으로 수정 적용됨을 인정하는 정도에 그쳐야 할 것이다.

Ⅲ. 근 거

 행정벌도 처벌의 일종이므로 헌법(12①)상의 **죄형법정주의**가 적용된다. 따라서 반드시 법률의 근거가 있어야 한다. 실제 대다수의 현행 법률들은 행정벌에 관한 개별규정을 두고 있으며, 특히 거의 모든 행정작용법들이 행정벌을 규정하고 있다.

 한편, 2007년 12월 21일에 행정질서벌의 일반법인 **질서위반행위규제법**이 제정되었고, 2008년 6월 22일부터 시행된다. 질서위반행위규제법이 제정된 동기는 질서위반행위의 성립과 과태료 처분에 관한 법률관계를 명확히 하고, 개별법령에서 통일되지 못하고 있던 과태료의 부과징수절차를 일원화하여 국민의 권익보호를 강화함과 동시에, 의무이행확보수단으로서 과태료의 효과적인 기능을 도모하기 위한 것이다. 동법은 "과태료의 부과·징수, 재판 및 집행 등의 절차에 관한 다른 규정 중 이 법의 규정에 저촉되는 것은 이 법으로 정하는 바에 따른다"고 하고 있으므로(동법 5조), ① 각 개별법률에서 과태료에 관한 규정을 두고 있는 경우에도 동법 규정의 내용이 우선 적용되며, ② 동법에서 정하지 않은 사항에 대해서만 각 개별법률의 규정이 적용된다고 할 것이다.

 법률은 처벌 대상인 행위의 구성요건과 형량에 관하여 구체적으로 범위를 정하여 법규명령에 위임할 수 있다.

 특히, 지방자치법(20)은 지방자치단체의 조례로서, 조례위반행위에 대하여 1천만 원 이하의 과태료의 벌칙을 정할 수 있도록 위임하고 있다.

 따라서 법률과 조례는 행정벌의 근거법이 되고 있다.

Ⅳ. 행정벌의 종류

1. 처벌대상에 따른 구분

 행정벌은 행정분야에 따라 경찰벌·재정벌·군정벌·공기업벌·경제규제벌 등으로 나누어진다.

2. 처벌내용에 따른 구분

1) 행정형벌

형법(41)에 열거되어 있는 형벌(사형·징역·금고·자격상실·자격정지·벌금·구류·과료·몰수)이 과하여지는 행정벌이며, 이에 대하여는 특별한 규정이 없는 한 형법총칙의 규정이 적용되고, 처벌절차도 즉결심판절차(법원조직법34; 즉결심판에 관한 절차법) 또는 통고처분절차(관세법311; 도로교통법118) 등 특별규정이 없는 한 원칙적으로 형사소송법이 적용된다.

2) 행정질서벌

과태료를 과하는 행정벌을 말한다. 행정형벌은 직접 행정목적(공공복리·질서유지 등)을 침해하는 행위에 대하여 과하는 것이지만, 행정질서벌은 거기에까지 이르지는 않고 단지 **간접적으로 행정목적달성에 장해가 되는 데 그치는 위험성**이 있는 정도의 비행에 대하여 과하는 것이다(판례 참조, 대판 1969. 7. 29, 69마400. 예 : 행정관청에 대한 신고·보고의무·장부비치의무·허가증 게시의무 등의 위반, 공무원의 출입·서류검사의 거부·방해 등). 헌법재판소는 행정형벌과 행정질서벌의 구별을 법률의 입법목적과 입법 당시의 제반사정을 고려하여 결정할 **입법재량**으로 본다(판례 참조, 헌재 1997. 8. 21, 93헌바51; 1997. 4. 24, 95헌마90).

행정질서벌인 과태료는 형법에 규정된 형벌이 아니므로 형법총칙과 형사소송법이 적용되지 아니한다. 그 과벌절차는 질서위반행위규제법에 따라 행정청에 의한 부과절차와 법원의 비송사건절차에 의한 재판으로 구분된다.

한편, 종래의 통설에 의하면 지방자치단체의 『조례에 의한 과태료』를 별도의 항목으로 다루었으나, 이는 근거법령만 다를 뿐 처벌내용은 동일하므로 이를 굳이 법률에 의한 과태료와 구분할 필요가 없다.

> **판례** 행정형벌과 행정질서벌의 구별
> 행정질서벌과 행정형벌은 다 같이 행정법령에 위반하는 데 대한 제재라는 점에서는 같다 하더라도 행정형벌은 그 행정법규 위반이 직접적으로 행정목적과 사회공익을 침해하는 경우에 과하여지는 것이므로 행정형벌을 과하는 데 있어서 고의 과실을 필요로 할 것이냐의 여부는 별문제로 하더라도 행정질서벌인 과태료는 직접적으로 행정목적이나 사회공익을 참해하는 데까지는 이르지 않고 다만 간접적으로 행정상의 질서에 장해를 줄 위험성이 있는 정도의 단순한 의무태만에 대한 제재로서 과하여지는 데 불과하므로 다른 특별한 규정이 없는 한 원칙적으로 고의 과실을 필요로 하지 아니한다고 해석하여야 할 것이다(대판 1969. 7. 29, 69마400).

> **판례** 행정법규 위반에 대한 처벌내용에 관한 입법재량
> 어떤 행정법규 위반행위에 대하여 이를 단지 간접적으로 행정상의 질서에 장해를 줄 위험성이 있음에 불과한 경우로 보아 행정질서벌인 과태료를 과할 것인가 아니면 직접적으로 행정목적과 공익을 침해한 행위로 보아 행정형벌을 과할 것인가, 그리고 행정형벌을 과할 경우 그 법정형의 형종과 형량을 어떻게 정할 것인가는

당해 위반행위가 위의 어느 경우에 해당하는가에 대한 법적 판단을 그르친 것이 아닌 한 그 처벌내용은 기본적으로 입법권자가 제반사정을 고려하여 결정할 입법재량에 속하는 문제라고 할 수 있다(헌재 1994. 4. 28, 91헌바14).

3) 행정형벌의 문제점과 행정질서벌화

이미 설명한 바와 같이 개별 행정법의 대부분이 행정법상의 의무이행을 확보하는 수단으로 **행정형벌을 규정하고 있는바**, 그 원인으로서는 ① 비대체적 작위의무(의사의 진료의무 등)와 부작위의무 위반행위(허가받지 않고는 영업하지 아니할 의무 위반, 즉 무허가영업행위)에 대하여는 대집행이 성질상 불가능한 반면, 집행벌은 효과가 간접적이며, 직접강제는 기본권 침해의 우려상 극히 한정적으로만 인정되기 때문에, 결국 행정벌에 의존할 수밖에 없다는 논리상의 불가피성과, ② 행정실무 면에서도 행정벌 중 행정질서벌인 과태료는 형벌이 아니므로 국민에 대한 심리적 강제의 효과가 크지 못함에도 불구하고, 그 과벌절차는 비송사건절차법에 따라 법원의 재판에 의하여야 하므로 행정형벌 못지않게 까다롭기 때문에, 굳이 행정형벌 아닌 과태료로 규정할 실익이 없다는 점 등을 들 수 있다.

그 결과 많은 국민이 전과자가 되어 심각한 사회문제로 대두되자 정부는, ① 독일에서 1952년 과태료에 관한 일반법인 질서위반법을 제정하였고, 많은 개별법에서도 도로교통사범 등의 **행정형벌을 행정질서벌로 전환**하였으며, ② 영국에서도 1970년대 이후 지나친 전과자의 양산 등에 대한 반성으로 행정관청이 직접 위법행위자로부터 부과·징수하는 **민사금전벌**(Civil Money Penalty)제도를 대폭 도입한 사례 등을 참고로 하여, 1984년부터 경미한 행정법규위반행위에 대한 제재를 형벌에서 과태료로 전환하기 시작하여 2001. 1. 1까지 총 226개 법률(민방위기본법·옥외광고물 등 관리법 등)을 개정하여 형벌(벌금 등)을 과태료로 전환한 바 있다.

V. 행정형벌의 특수성

1. 행정형벌의 실체법적 특수성(형법총칙의 적용 여부)

1) 개 설

형법(8)은 『본법 총칙은 다른 법령에 정한 죄에 적용한다. 단, 그 법령에 **특별한 규정**이 있을 때에는 예외로 한다』고 규정하고 있다. 따라서 행정법령에 특별한 규정이 있으면 형법총칙의 적용이 배제된다. 그러나 『특별한 규정』의 의미에 관하여는 ① 죄형법정주의를 엄격히 해석하여 **명문의 규정**에 한정한다는 견해와, ② 행정범의 특수성을 강조하여 명문의 규정이 없더라도 조리상 형법총칙의 적용이 배제되는 경우도 있다는 견해, 그리고 중간적 입장인 ③ **명문의 규정** 외에 당해 행정법 규정 자체의 해석에 의하여도 형법총칙의 적용이 배제되는 경우를 인정할 수 있다는 견해로 나누어지며, 판례는 ③의 입장을 취하고 있다(판례 참조).

생각건대, 실정법의 유추해석을 엄금하여 행정권에 의한 자의적인 처벌을 방지하려는 형사사법의 대원칙인 죄형법정주의는 행정형벌에도 당연히 적용되어야 하지만, 죄형법정주의의 이러한 정신을 훼손하지 않으면서 행정법령의 해석에 의하여 행위자에게 불리하지 아니한 방향으로 형법총칙의 적용을 배제하는 것은 가능하다고 하겠다.

> **판례** 행정형벌에 대한 형법총칙의 적용에 관한 판례
> 고의를 요하지 아니한다는 취지가 그 법규에 명문으로 규정되어 있거나, 명문의 규정이 없더라도 법규의 규정으로 위와 같은 취지를 명백히 확인할 수 있는 경우가 아니고서는 일반 형법의 원칙에 따라 고의를 요한다고 할 것이다(대판 1965. 6. 29, 65도1).

2) 구체적 고찰

① 고 의

형법상 형사범의 성립에는 원칙적으로 고의가 있어야 하며, 고의가 없는 과실에 의한 행위는 과실범이라 하여 법률에 특별한 규정이 있는 경우에 한하여 처벌된다(형13·14). 행정형벌에도 이 원칙은 당연히 적용되는 것이지만, 고의의 성립과 과실범의 처벌에 관하여는 견해가 대립되어 있다.

(가) 고의의 성립

고의의 성립에 관하여는 사실인식과 위법성의 인식이 문제된다.

(a) 사실인식

고의의 성립요소로서의 사실인식은 단순히 범죄의 구성요건에 해당하는 사실의 외형적 인식만을 의미하는 것이 아니라, 그 사실의 의미·내용에 대한 인식까지도 포함한다는 점에서 행정벌과 형사벌 간에는 차이가 없다.

(b) 위법성의 인식

형법(16)은 『자기의 행위가 법령에 의하여 죄가 되지 아니하는 것으로 오인한 행위는 그 오인에 정당한 이유가 있을 때에 한하여 벌하지 아니한다』고 하여, 위법성의 인식이 없는 행위(법률의 착오)는 원칙적으로 고의의 성립에 아무 지장을 주지 아니하지만, 예외적으로 정당한 이유가 있는 때에는 벌하지 아니하도록 하였다.

동조의 해석을 놓고 형사범의 성립에는 위법성의 인식이 필요한가의 여부에 관하여, ① 위법성 인식불요설과 ② 위법성인식 필요설이 있으나, ③ 통설은 위법성의 현실적 인식은 필요없지만 적어도 위법성인식의 가능성은 필요하다는 **위법성인식 가능성설**을 취하고 있다.

그런데 행정범은 실정법규에 의하여 비로소 가벌성이 창조된다는 특수성으로 말미암아 위

법성의 인식이 반드시 필요하다는 견해도 있으나, 행정범과 형사범의 구별은 상대적·유동적이며 행정법규도 오랫동안 시행됨으로써 위법성의 인식가능성은 생길 수 있다는 점을 고려한다면 행정범과 형사범을 구분하여 논할 이유는 없으며, 따라서 행정범도 형사범과 같이 위법성의 인식가능성만 있으면 고의가 성립된다고 하여야 할 것이다(판례 참조).

> **판례** 행정범의 성립에 있어 위법성인식 가능성설에 입각한 판례
> 골프장이 소재하고 있는 관광휴양지역 내에서는 산림법에 의한 산림훼손허가를 받지 아니하고 관광진흥법에 의한 허가만 받으면 된다는 담당 공무원의 잘못된 말을 믿었기 때문에 산림법에 의한 산림훼손 허가를 받지 아니한 경우에는, 허가를 받지 아니하더라도 죄가 되지 아니하는 것으로 착오를 일으킨 데 대하여 정당한 이유가 있는 것이므로 처벌할 수 없다(대판 1992. 5. 22, 91도2525).

(나) 과실범의 처벌

형법(14)에 규정된 대로 행정법에서 과실범을 처벌한다는 명문규정을 둔 경우에 과실범이 처벌됨은 의문의 여지가 없으며, 실제로 이를 규정하고 있는 법률도 많이 있다(예 : 도교108 등).

그런데 과실범을 처벌한다는 명문의 규정이 없는 경우에도 행정범은 행정법규 위반이라는 객관적 사실에만 착안하여 처벌하는 것이므로『조리상』과실범도 처벌하여야 할 것이라는 견해가 있으나, 이는 죄형법정주의에 반하는 무리한 견해라고 생각된다.

따라서 개설에서 설명한 바와 같이 과실범을 처벌한다는 **명문의 규정**이 있거나 적어도 **법해석상** 과실범도 처벌한다는 취지임이 **명백**한 경우에만 과실범을 처벌할 수 있다고 하겠으며, 판례도 같은 입장에 있다(판례 참조).

> **판례** 과실범의 처벌에 관한 판례
> ① 소방법 및 건축법상의 방화구조에 관한 법령을 위반한 호텔에서 화재가 발생하였으나, 실제 경영에 전혀 관여치 아니한 호텔 회장에게는 직접적인 주의의무도 없을 뿐만 아니라 … 행정범은 규정이 있거나 해석상 과실범도 벌하고자 하는 취지임이 명확한 경우를 제외하고는 형법의 원칙에 따라 고의가 있어야 벌할 수 있다고 할 것인데, 소방법 및 건축법의 해당 법조에 과실범을 처벌한다는 명문규정을 두고 있지 않을 뿐만 아니라 해석상으로도 고의를 요하지 않는 것으로는 볼 수 없기 때문에, 회장에게는 그 책임을 물을 수 없다(대판 1986. 7. 22, 85도108).
> ② 대기환경보전법의 입법목적이나 관계규정의 취지 등을 고려하면, 자동차 운행상의 과실로 동 법상의 법정 매연배출허용기준을 초과한다는 점을 인식하지 못한 경우에도 처벌하는 취지라고 해석함이 상당하다(대판 1993. 9. 10, 92도1136).

② 타인의 행위에 대한 책임

형사범에서는 범죄의 행위자만이 처벌되지만(형벌개별화의 원칙), 행정범에서는 예외적으로, ① 미성년자·금치산자의 위반행위에 대하여 그 **법정대리인**이 처벌되거나, ② 종업원의 행위에 대하여 행위자 본인과 함께 **사업주**도 처벌되는 **양벌규정**이 있는 경우도 있다.

그런데 이와 같이 법정대리인이나 사업주가 지는 책임의 성질에 관하여는 종업원 등에 갈음하여 지는 대위책임이라는 견해도 있으나, 이들은 자기 자신의 생활범위 내 또는 지휘·감독하에 있는 자가 법령에 위반하지 아니하도록 할 주의 및 감독의무를 태만히 한 데 대한 **자기 자신의 과실책임**이라고 함이 타당하다.

따라서 사업주 등에 대한 처벌규정을 둘 경우에도 과실이 인정되지 아니하는 경우, 즉 『종업원의 선임·감독에 관하여 주의의무를 다하였음이 입증된 경우』에는 처벌하지 아니한다는 예외규정을 둘 필요가 있으며, 실제로 대부분의 법률도 이를 명시하고 있다.

한편, 위와 같은 명문상의 양벌규정이 없는 경우에도 행정범의 특수성에 기하여 『조리상』 행위자 외의 사업주 등을 처벌할 수 있다는 견해도 있으나, 이 역시 죄형법정주의에 위배되는 것으로서 허용될 수 없다고 하겠다.

③ 법인의 책임

자연인 외에 법인도 범죄능력이 있는가에 관하여는 형법에서도 논의의 대상이 되어 왔으나 **통설·판례**는 이를 부정해 왔다. 그러나 **행정범**의 경우에는 법인의 대리인·사용인 기타 종업원이 그 법인의 업무를 수행함에 있어서 행정법규 위반행위를 한 때에는 행위자 본인과 함께 법인도 처벌한다는 **양벌규정**을 두어 법인도 처벌대상으로 하는 예(도로교통법116; 문화재보호법94; 인삼산업법32)가 많이 있다. 그러나 법인은 자연인이 아니기 때문에 성격상 징역 등 자유형이 불가능하므로 벌금·과료·몰수 등의 **재산형만**을 과할 수 있도록 규정하고 있다.

법인의 책임의 성질에 관하여는 상술한 바와 같이 종업원 등에 대한 선임·감독의무를 태만히 한 데 대하여 지는 법인 자신의 과실책임이며, 따라서 주의 및 감독의무를 다한 때에는 면책된다고 할 것이다. 또한 법인을 처벌한다는 **명문규정**이 없는 경우에도 『조리상』 행위자 외에 법인도 처벌할 수 있다고 볼 것인가에 관하여도 상술한 바와 같이 죄형법정주의원칙상 불가능한 것으로 보아야 할 것이다.

> **판례**
> ① 명문규정이 없는 경우에도 법인의 처벌이 가능하다고 한 판례(대판 1961. 5. 31, 4293형상923; 1971. 9. 28, 71도1394)도 있고, ② 명문규정이 없는 한 처벌되지 않는다는 판례(대판 1962. 1. 11, 4293형상883; 1968. 2. 20, 67도1683)도 있다.

> **판례** 법인도 처벌한다는 명문규정이 없는 한 법인은 처벌대상이 되지 아니한다는 판례
> 법인도 처벌한다는 특별규정이 없는 수출진흥법(폐)하에서는 법인에게 위 법을 적용하지 못한다(대판 1968. 2. 20, 67도1683).

> **판례** 법인을 처벌하는 명문규정이 있는 이상 그 부가형인 몰수 또는 추징도 할 수 있다는 판례
> 법인에 대하여는 범인으로 간주한다는 규정이 결여되어 있으므로 일견 법인에 대하여는 처벌하나 몰수추징은 과하지 아니하는 취지로 해석할 수 있는 감이 없지 아니하나 이것만으로는 곧 법인에 대한 몰수추징의

적용을 배제하는 특별규정으로 볼 수 없다고 해석함이 타당하다 할 것이다. 왜냐하면 원래 세법상의 범칙처벌은 범칙발생을 방지하는 동시에 동 범칙으로 인하여 침해된 국가재정을 보전확보함에 있다할 것인바 만일 소론과 같이 범인인 종업원등 개인에게만 몰수 또는 추징을 과하고 법인에게는 이를 과하는 취지가 아니라면 이는 국가재정의 전보확보의 목적에 배치되는 것이기 때문이다. 즉 법인의 사원·직원·사용인·종업원 등은 법인에 비하여 일반적으로 그 자력에 있어서 열등하고 따라서 거액의 범칙에 대하여 무자력자인 여사한 개인에게 추징을 과한다 하여도 그 실효를 걷을 수 없고 결국은 국가손실에 귀착할 것이다. 그 반면 법인은 추징을 면하므로 인하여 범죄에 의하여 불법 이익을 보유함에 이르게 됨에 비추어 유자력자인 법인에게 추징을 과하여야 할 것임은 당연한 귀결이기 때문이다. 그러므로 관세법 제210조에 의하여 법인에게 형사책임을 문책하여 처벌하는 이상 부가형인 몰수추징도 이를 과하여야 할 것이며 또 그 처벌되는 행위에 의한 법인의 불법이익 보유의 폐를 제거하여야 할 것이다(대판 1961. 6. 7, 4293형상923).

④ 책임능력

형사범의 경우에는 형법총칙에 의거하여 심신장애자는 형을 감경하거나 벌하지 아니하며(10), 농아자는 형을 감경하고(11), 14세 미만자는 벌하지 아니하지만(9), 행정범의 경우에는 이들도 책임능력자와 동일하게 처벌한다는 **명문규정**을 두는 경우가 있으며 이러한 경우에 이들이 처벌됨은 물론이다(담배사업31).

⑤ 공 범

행정범에 있어서는 형법상의 공동정범(30)·교사범(31)·종범(32) 규정의 적용을 배제하는 **명문규정**을 둔 경우(예 : 선박39)도 있고, 종범에 대한 감경규정의 적용을 배제하는 경우(담배사업31), 교사범을 정범으로 처벌하도록 한 경우(근로기준116) 등과 같이 형법상의 공범규정에 관한 특칙을 정하고 있는 예도 있다.

⑥ 경합범·작량감경

경합범의 경우 형법은 2개 이상의 죄의 벌금은 각 죄의 벌금액의 다액을 합산한 액수 이하로 처벌하도록 하고 있으나(38①), 행정범에 대하여는 이 규정의 적용을 배제한 경우도 있다(담배사업31).

또한 형사범은 범죄의 정상에 참작할 만한 사유가 있는 때에는 작량하여 그 형을 감경할 수 있으나(형53), 행정범의 경우에는 이 규정의 적용을 배제한 예도 있다(담배사업31).

2. 행정형벌의 절차법적 특수성

1) 통고처분

① 통고처분의 의의

행정형벌도 형사소송법의 절차에 따라 과함이 원칙이다. 그러나 조세범·관세범·전매사범·출입국관리사범·교통사범 및 경범죄처벌법에 의한 경범죄에 대하여는 세무서장·경찰서장 등이 범죄의 심증을 얻은 경우 벌금·과료·몰수액에 상당하는 『범칙금』을 납부할 것을 통고하는 **통고처**

분을 할 수 있다.

이 경우 상대방이 통고된 내용대로 이행한 때에는 처벌절차는 종료되고 '일사부재리의 원칙'이 적용되어 형사소추를 할 수 없도록 하고 있으며(조세범처벌절차법11; 관세법311 등), 이행치 아니하는 경우에는 통고처분은 그 효력이 상실되고, 세무서장·세관장 등의 고발(조세범처벌법12; 관세법312)에 의하여 통상의 형사소송절차에 따라 행정형벌이 과하여지도록 함으로써, 다발적·정형적 위법행위자를 굳이 복잡한 형사소송절차에 의하여 전과자로 만드는 것을 방지하였다.

② 통고처분에 대한 불복방법

통고처분은 행정쟁송의 대상이 될 수 없다. 통고처분도 일종의 행정행위이므로 성질상 행정쟁송의 대상이 될 수 있겠으나, 이에 불복할 경우에는 이를 이행치 아니하면 되며, 그렇게 되면 행정청의 고발에 의하여 당연히 **형사소송절차**로 이행되어 여기서 통고처분의 위법 여부를 다투게 되므로, 통고처분에 대하여는 별도로 행정심판·행정소송을 인정하지 아니함이 국세기본법(55⑤)·관세법(38) 등 실정법과 통설·판례의 입장이다(판례 참조).

> **판례** 통고처분에 대한 행정소송을 부정한 판례
> ① 통고처분은 행정소송의 대상이 되는 행정처분이 아니므로 그 처분의 취소를 구하는 소송은 부적법하다(대판 1995. 6. 29, 95누4674).
> ② 통고처분은 상대방의 임의의 승복을 그 발효요건으로 하기 때문에 그 자체만으로는 통고이행을 강제하거나 상대방에게 아무런 권리의무를 형성하지 않으므로 행정심판이나 행정소송의 대상으로서 처분성을 부여할 수 없다(헌재결 1998. 5. 28, 96헌바4).

③ 통고처분의 합헌성

통고처분제도는 위헌의 소지가 있는가? 헌법재판소는 통고처분을 합헌으로 선언하였다. 통고처분은 상대방의 임의의 승복을 그 발효요건으로 하고 있으며 통고처분에 대하여 이의가 있으면 통고내용을 이행하지 않음으로써 고발되어 형사재판절차에서 통고처분의 위법·부당함을 얼마든지 다툴 수 있기 때문에 법관에 의한 재판을 받을 권리(헌법27③)를 침해한다든가 적법절차의 원칙(헌법12①)에 저촉된다고 볼 수 없다(판례 참조, 헌결 2003. 10. 30, 2002헌마275; 헌결 1998. 5. 28, 96헌바4).

> **판례** 통고처분을 행정심판이나 행정소송의 대상에서 제외하고 있는 관세법 제38조 제3항 제2호가 재판청구권이나 적법절차에 위배되어 위헌인지 여부(소극)
> 통고처분은 상대방의 임의의 승복을 그 발효요건으로 하기 때문에 그 자체만으로는 통고이행을 강제하거나 상대방에게 아무런 권리의무를 형성하지 않으므로 행정심판이나 행정소송의 대상으로서의 처분성을 부여할 수 없고, 통고처분에 대하여 이의가 있으면 통고내용을 이행하지 않음으로써 고발되어 형사재판절차에서 통고처분의 위법·부당함을 얼마든지 다툴 수 있기 때문에 관세법 제38조 제3항 제2호가 법관에 의한 재판받을 권리를 침해한다든가 적법절차의 원칙에 저촉된다고 볼 수 없다(헌재 1998. 5. 28, 96헌바4).

> **판례** 통고처분제도의 근거조항인 도로교통법 제118조 본문의 위헌 여부(소극)
>
> 도로교통법상의 통고처분은 처분을 받은 당사자의 임의의 승복을 발효요건으로 하고 있으며, 행정공무원에 의하여 발하여 지는 것이지만, 통고처분에 따르지 않고자 하는 당사자에게는 정식재판의 절차가 보장되어 있다. 통고처분 제도는 경미한 교통법규 위반자로 하여금 형사처벌절차에 수반되는 심리적 불안, 시간과 비용의 소모, 명예와 신용의 훼손 등의 여러 불이익을 당하지 않고 범칙금 납부로써 위반행위에 대한 제재를 신속·간편하게 종결할 수 있게 하여 주며, 교통법규 위반행위가 홍수를 이루고 있는 현실에서 행정공무원에 의한 전문적이고 신속한 사건처리를 가능하게 하고, 검찰 및 법원의 과중한 업무 부담을 덜어 준다. 또한 통고처분제도는 형벌의 비범죄화 정신에 접근하는 제도이다. 이러한 점들을 종합할 때, 통고처분 제도의 근거규정인 도로교통법 제118조 본문이 적법절차원칙이나 사법권을 법원에 둔 권력분립원칙에 위배된다거나, 재판청구권을 침해하는 것이라 할 수 없다(헌결 2003. 10. 30, 2002헌마275).

2) 즉결심판절차

즉결심판절차는 20만 원 이하의 벌금·구류 또는 과료의 행정벌(또는 형사벌)은 경찰서장의 청구에 의하여 지방법원 또는 지원의 순회판사가 부과하는 것이다. 이에 불복하는 피고인은 정식재판을 청구할 수 있다(법원조직법34·35; 즉결심판에 관한 절차법2·3).

Ⅵ. 행정질서벌의 특수성

1. 행정질서벌의 의의

'행정질서벌'이란 『직접 행정목적을 침해한 정도에 이르지 아니하고 단지 행정목적 달성에 장해가 되는 데 그치는 정도의 비행에 대하여 과태료를 과하는 금전벌』을 말한다.

그런데 우리 실정법상의 과태료의 종류로서는 ① **민사상**의 의무위반에 대한 제재로서의 과태료(민97 : 법인 이사의 등기의무 위반; 호적130 : 호적신고의무 위반), ② **소송법상**의 의무위반에 대한 제재로서의 과태료(민소273·282 : 선서한 당사자의 허위진술, 증인 불출석에 대한 과태료; 형소151·161 : 증인의 불출석, 선서·증언 거부에 대한 과태료), ③ **징계벌인** 과태료(변호사72, 공증인83, 법무사29에 의거한 징계의 일종인 과태료), ④ 지방자치단체의 **조례**에 의한 과태료(지자20에 의한 조례위반행위에 대한 1,000만 원 이하의 과태료), ⑤ **행정벌인** 과태료 등이 있는바, 여기서 말하는 행정질서벌인 과태료는 ④와 ⑤뿐이다.

그러나 이미 설명한 바와 같이 정부의 행정벌, 특히 벌금의 과태료화 노력에 따라 과태료 부과의 근거를 마련한 법률의 수가 급증하고 있지만 독일의 질서위반법과 같이 이에 대한 통일적 기준을 정한 일반법은 아직 제정되지 않고 있다.

2. 행정질서벌의 실체법적 특수성(형법총칙의 적용 여부)

과태료는 행정형벌과는 달리 형벌이 아니므로 형법총칙의 규정이 적용되지 아니한다. 한편 질서위반행위규제법은 형법총칙에 상응하여 행정질서벌에 대한 총칙을 마련하고 있다.

1) 고의·과실

종래의 통설과 판례의 입장에 의하면, 행정질서벌의 대상이 되는 행위는 단순한 업무해태 행위로서 반윤리성이 희박하기 때문에 원칙적으로 객관적인 법령위반사실이 있으면 과할 수 있고, 행위자의 고의 또는 과실은 필요하지 않다고 한다(판례 참조).

> **판례** 행정질서벌에는 고의·과실을 요하지 아니한다는 판례
> 무역거래법 제30조 제2항에 의한 신고의무 위반행위에 대한 과태료는 행정질서벌의 하나로서, 의무에 위반한 이상 고의 또는 과실유무를 불문하고 과태료의 책임을 면할 수 없다(대판 1982. 7. 22, 82마210).

그러나 판례는 "위반자가 그 의무를 알지 못하는 것이 정당시할 수 있는 사정이 있을 때 또는 그 의무의 이행을 그 당사자에게 기대하는 것이 무리라고 하는 사정이 있을 때 등 그 의무 해태를 탓할 수 없는 정당한 사유가 있는 때에는 과태료를 부과할 수 없다"는 입장이다(판례 참조).

> **판례** 과태료와 같은 행정질서벌을 부과하기 위하여는 위반자의 고의·과실을 요하는지 여부(소극) 및 그 면책사유로서 정당한 사유의 의미
> 과태료와 같은 행정질서벌은 행정질서유지를 위한 의무의 위반이라는 객관적 사실에 대하여 과하는 제재이므로 반드시 현실적인 행위자가 아니라도 법령상 책임자로 규정된 자에게 부과되고 원칙적으로 위반자의 고의·과실을 요하지 아니하나, 위반자가 그 의무를 알지 못하는 것이 무리가 아니었다고 할 수 있어 그것을 정당시할 수 있는 사정이 있을 때 또는 그 의무의 이행을 그 당사자에게 기대하는 것이 무리라고 하는 사정이 있을 때 등 그 의무 해태를 탓할 수 없는 정당한 사유가 있는 때에는 이를 부과할 수 없다(대판 2000. 5. 26, 98두5972).

그러나 동법은 질서위반행위의 성립요건으로서 고의와 과실을 요구하고 있다(동법7). 이는 행정형벌이 행정질서벌로 전환되는 경향에 맞추어 행위자의 권익보호를 강화하기 위한 것이다.

2) 위법성의 착오

자신의 행위가 위법하지 아니한 것으로 오인하고 행한 질서위반행위는 그 오인에 정당한 이유가 있는 때에 한하여 과태료에 처하지 아니한다(동법8).

3) 책임연령과 심신장애

다른 법률에 특별한 규정이 있는 경우를 제외하고는 14세가 되지 아니한 자의 질서위반행위는 과태료에 처하지 않는다(동법9). 또한 심신장애자 및 심신미약자의 행위는 과태료를 부과하지 않거나 그 액수를 감경한다(동법10조①②). 그러나 스스로 심신장애 상태를 일으켜 질서위반행위를 한 자는 그러하지 아니하다(동법10③).

4) 법인의 책임

법인의 대표자, 법인 또는 개인의 대리인·사용인 및 그 밖의 종업원이 업무에 관하여 법인 또는 그 개인에게 부과한 법률상의 의무를 위반한 때에는 법인 또는 그 개인에게 과태료를 부과한다(동법11).

5) 다수인의 질서위반행위

2인 이상이 질서위반행위에 가담한 때에는 각자가 질서위반행위를 한 것으로 본다(동법12①). 신분에 의하여 성립하는 질서위반행위에 신분이 없는 자가 가담한 때에는 신분이 없는 자에 대하여도 질서위반행위가 성립한다(동법12②). 한편 신분에 의하여 과태료를 감경 또는 가중하거나 과태료를 부과하지 아니하는 때에는 그 신분의 효과는 신분이 없는 자에게는 미치지 아니한다.

6) 질서위반행위의 경합

하나의 행위가 2 이상의 질서위반행위에 해당하는 경우에는 각 질서위반행위에 대하여 정한 과태료 중 가장 중한 과태료를 부과한다(동법13①). 전항의 경우를 제외하고, 법령에 특별한 규정이 없는 한 2 이상의 질서위반행위가 경합하는 경우에는 각 질서위반행위에 대하여 정한 과태료를 각각 부과한다(동법13②).

7) 과태료의 산정

행정청 및 법원은 과태료를 정함에 있어서 ① 질서위반행위의 동기·목적·방법·결과, ② 질서위반행위 이후의 당사자의 태도와 정황, ③ 질서위반행위자의 연령·재산상태·환경, ④ 그 밖에 과태료의 산정에 필요하다고 인정되는 사유를 고려하여야 한다(동법14).

8) 과태료의 소멸시효

과거 판례는 과태료에는 금전채권의 소멸시효 및 형의 시효에 관한 규정이 적용되지 않는다고 보았다(판례 참조).

> 판례   과태료의 처벌에 있어 공소시효나 형의 시효 및 예산회계법 제96조 소정의 국가의
> 금전채권에 관한 소멸시효의 규정이 적용 내지 준용되는지 여부(소극)
>
> 과태료의 제재는 범죄에 대한 형벌이 아니므로 그 성질상 처음부터 공소시효(형사소송법 제249조)나 형의 시효(형법 제78조)에 상당하는 것은 있을 수 없고, 이에 상당하는 규정도 없으므로 일단 한번 과태료에 처해질 위반행위를 한 자는 그 처벌을 면할 수 없는 것이며, 예산회계법 제96조 제1항은 "금전의 급부를 목적으로 하는 국가의 권리로서 시효에 관하여 다른 법률에 규정이 없는 것은 5년간 행사하지 아니할 때에는 시효로 인하여 소멸한다"고 규정하고 있으므로 과태료결정 후 징수의 시효, 즉 과태료 재판의 효력이 소멸하는 시효에 관하여는 국가의 금전채권으로서 예산회계법에 의하여 그 기간은 5년이라고 할 것이지만, 위반행위자에 대한 과태료의 처벌권을 국가의 금전채권과 동일하게 볼 수는 없으므로 예산회계법 제96조에서 정해진 국가의 금전채권에 관한 소멸시효의 규정이 과태료의 처벌권에 적용되거나 준용되지는 않는다(대결 2000. 8. 24, 2000마1350).

 그러나 질서위반행위규제법은 행정청의 과태료 부과처분이나 법원의 과태료 재판이 확정된 후 5년간 징수하지 아니하거나 집행하지 아니하면 시효로 인하여 소멸한다"고 규정하고 있다(동법15①).

 한편, 과태료는 행정벌의 일종이지만 행정형벌과는 그 목적이나 성질이 다르므로, 과태료부과처분 후에 행정형벌을 부과한다고 해서 일사부재리의 원칙에 어긋나는 것이라고 할 수 없다(판례 참조).

> 판례   임시운행허가기간을 벗어나 무등록차량을 운행한 자에 대한 과태료의 제재와 형사처
> 벌이 일사부재리의 원칙에 반하는 것인지 여부(소극)
>
> 행정법상의 질서벌인 과태료의 부과처분과 형사처벌은 그 성질이나 목적을 달리하는 별개의 것이므로 행정법상의 질서벌인 과태료를 납부한 후에 형사처벌을 한다고 하여 이를 일사부재리의 원칙에 반하는 것이라고 할 수는 없으며, 자동차의 임시운행허가를 받은 자가 그 허가 목적 및 기간의 범위 안에서 운행하지 아니한 경우에 과태료를 부과하는 것은 당해 자동차가 무등록 자동차인지 여부와는 관계없이, 이미 등록된 자동차의 등록번호표 또는 봉인이 멸실되거나 식별하기 어렵게 되어 임시운행허가를 받은 경우까지를 포함하여, 허가받은 목적과 기간의 범위를 벗어나 운행하는 행위 전반에 대하여 행정질서벌로써 제재를 가하고자 하는 취지라고 해석되므로, 만일 임시운행허가기간을 넘어 운행한 자가 등록된 차량에 관하여 그러한 행위를 한 경우라면 과태료의 제재만을 받게 되겠지만, 무등록 차량에 관하여 그러한 행위를 한 경우라면 과태료와 별도로 형사처벌의 대상이 된다(대판 1996. 4. 12, 96도158).

3. 행정질서벌의 절차법적 특수성

 행정질서벌의 과벌절차는 일반행정질서벌로서 과태료와 조례에 의한 과태료로 구분할 수 있다.

1) 일반행정질서벌로서 과태료

 1차적으로 행정청이 직접 부과·징수하되, 그 부과처분을 받은 자가 이의신청을 하는 경우에는 관할 지방법원에 그 사실을 통보함으로써 비송사건절차법에 의한 과태료를 부과한다. 질서위반행위규제법은 이러한 방식을 채택하여 과태료 부과절차를 통일적으로 규율함과 더불

어 사전통지 및 의견제출 절차를 도입하여 이를 절차적으로 보완하고 있다.

① 사전통지·의견제출

행정청이 질서위반행위에 대하여 과태료를 부과하고자 하는 경우에는 미리 당사자에게 이를 통지하고, 10일 이상의 기간을 정하여 의견을 제출할 기회를 주어야 한다. 이 경우 지정된 기일까지 의견제출이 없는 경우에는 의견이 없는 것으로 본다(동법16①). 당사자는 의견제출 기한 이내에 행정청에 의견을 진술하거나 필요한 자료를 제출할 수 있다(동법16②). 행정청은 당사자가 제출한 의견에 상당한 이유가 있는 경우에는 과태료를 부과하지 않거나 통지한 내용을 변경할 수 있다(동법16조③).

② 과태료의 부과

행정청은 제16조의 의견제출 절차를 마친 후에 서면으로 과태료를 부과하여야 한다. 서면에는 질서위반행위, 과태료 금액, 그 밖에 대통령령으로 정하는 사항을 명시하여야 한다(동법17).

③ 과태료 부과의 제척기간

행정청은 질서위반행위가 종료된 날로부터 5년이 경과한 경우에는 해당 질서위반행위에 대하여 과태료를 부과할 수 없다(동법19조①). 다만 법원의 재판에 의하여 과태료 결정이 있는 경우에는 그 결정이 확정된 날부터 1년이 경과하기 전까지는 과태료를 정정부과 하는 등 해당 결정에 따라 필요한 처분을 할 수 있다(동법19②).

④ 이의제기 등

행정청의 과태료부과에 불복하는 당사자는 과태료 부과통지를 받은 날로부터 60일 이내에 해당 행정청에 서면으로 이의제기를 할 수 있다. 이 경우 과태료 부과처분은 그 효력을 상실한다(동법20). 이의제기를 받은 행정청은 14일 이내에 이에 대한 의견 및 증빙서류를 첨부하여 관할 법원에 통보하여야 한다(동법21). 만일 당사자가 소정의 기한 이내에 이의를 제기하지 아니하고 또한 과태료 및 가산금을 납부하지 않은 경우에는 국세 또는 지방세 체납처분의 예에 따라 강제징수한다(동법24③).

⑤ 법원의 재판 및 집행

행정청의 통보가 있는 경우에 관할 법원(당사자의 주소지의 지방법원 또는 그 지원)은 비송사건절차법에 따라 과태료 재판을 하며 과태료 재판은 이유를 붙인 결정으로 한다(동법28·36). 당사자는 과태료 결정에 대하여 즉시항고를 할 수 있으며, 이 경우 항고는 집행정지의 효력이 있다(동법38). 과태료 재판은 검사의 명령으로 집행하며, 이 경우 그 명령은 집행력 있는 집행권원과 동일한 효력이 있다(동법42①). 과태료 재판의 집행절차는 민사집행법에 따르거나 국세 또는 지방세 체납처분의 예에 따라 집행한다(동법42②).

2) 조례에 의한 과태료

지방자치단체는 조례에 의한 과태료의 과벌절차는 지방자치법 제27조와 제139조에 의한 경우로 구분할 수 있다. 그러나 과태료의 부과징수, 재판 및 집행 등의 절차에 관하여는 질서위반행위규제법이 우선적으로 적용되기 때문에, 향후 조례에 의한 과태료의 과벌절차도 상술한 일반행정질서벌의 과벌절차를 따를 것으로 예견된다.

① 지방자치법 제27조에 의한 과태료

조례위반행위에 대하여는 1,000만 원 이하의 과태료의 벌칙을 정할 수 있는 바(지자27①), 이 경우의 과태료의 부과절차는 지방자치단체의 장이 직접 부과하고, 30일 내에 이의신청 없이 납부하지 아니하면 지방세체납의 예에 따라 강제징수하며, 이의신청이 있으면 지체 없이 지방법원에 이를 통보하여 비송사건절차법에 따라 법원의 결정에 의하여 부과한다(지자27②~④).

② 지방자치법 제139조에 의한 과태료

지방자치단체의 조례는 사기 기타 부정한 방법으로 사용료·수수료·분담금의 징수를 면한 자에 대하여는 면한 액의 5배 이내의, 공공시설을 부정사용한 자에 대하여는 50만 원 이하의 과태료의 벌칙을 정할 수 있는바, 이 경우의 과태료는 지방자치단체의 장 또는 그 위임을 받은 자가 납입고지서에 의하여 징수하며(지자시51), 불이행시에는 지방세징수의 예에 따라 강제 징수한다(지자139②③). 이 경우의 과태료의 부과징수는 행정처분이므로 이에 불복하는 자는 당해 지방자치단체의 장에 대한 이의신청을 거쳐 **행정소송**을 제기할 수 있다(지자139⑤⑥).

제3장 새로운 행정의 실효성 확보수단

Ⅰ. 개 설

행정강제와 행정벌은 모두 직접 또는 간접적으로 행정법상의 각종 의무이행을 확보하는 수단으로 작용하고 있으나, 행정강제의 가장 일반적인 수단인 대집행은 대체적 작위의무에 한하여 행사될 수 있을 뿐이며, 부작위의무 또는 비대체적 작위의무는 극히 예외적으로만 인정되는 집행벌 또는 직접강제에 의존할 뿐, 대부분은 간접적 수단인 행정벌에 의존할 수밖에 없다. 그러나 행정벌은 수많은 국민을 전과자로 만들게 되어 현실적으로 이를 부과함에 어려움이 많다.

따라서 각종 의무불이행에 대하여 『인·허가 등의 철회·정지제도』를 활용함으로써 간접적으로 의무이행을 확보해 오고 있으나, 이 역시 국민의 생업에 관계되기 때문에 엄격히 집행하기에는 어려움이 있다. 또한 버스·선박·가스·석유사업 등과 같이 일반 공중의 일상생활에 불가결한 경우에는 함부로 인·허가의 철회·정지권을 행사할 수도 없게 된다.

> 여기에 새로운 의무이행 확보수단의 마련이 절실히 요청되어 각 개별법에서 단편적으로 ① 과징금·가산세·부당이득세·가산금, ② 공급거부, ③ 위반 사실의 공표, ④ 제재처분 등을 도입하고 있다.

이들 수단은 대부분 의무자에게 심리적 부담을 주거나 행정적으로 권유함으로써 행정법규의 위반을 사전에 예방하거나 의무자가 행정법규 위반상태를 스스로 시정하도록 하는 기능을 갖는다. 이러한 점에 비추어 이들 수단을 간접적 강제수단이라 부른다.

Ⅱ. 과징금·가산금·가산세·부당이득세

1. 과징금

> 행정기본법 제28조(과징금의 기준) ① 행정청은 법령등에 따른 의무를 위반한 자에 대하여 법률로 정하는 바에 따라 그 위반행위에 대한 제재로서 과징금을 부과할 수 있다.
> ② 과징금의 근거가 되는 법률에는 과징금에 관한 다음 각 호의 사항을 명확하게 규정하여야 한다.
> 1. 부과 · 징수 주체
> 2. 부과 사유
> 3. 상한액

> 4. 가산금을 징수하려는 경우 그 사항
> 5. 과징금 또는 가산금 체납 시 강제징수를 하려는 경우 그 사항
> 제29조(과징금의 납부기한 연기 및 분할 납부) 과징금은 한꺼번에 납부하는 것을 원칙으로 한다. 다만, 행정청은 과징금을 부과받은 자가 다음 각 호의 어느 하나에 해당하는 사유로 과징금 전액을 한꺼번에 내기 어렵다고 인정될 때에는 그 납부기한을 연기하거나 분할 납부하게 할 수 있으며, 이 경우 필요하다고 인정하면 담보를 제공하게 할 수 있다.
> 1. 재해 등으로 재산에 현저한 손실을 입은 경우
> 2. 사업 여건의 악화로 사업이 중대한 위기에 처한 경우
> 3. 과징금을 한꺼번에 내면 자금 사정에 현저한 어려움이 예상되는 경우
> 4. 그 밖에 제1호부터 제3호까지에 준하는 경우로서 대통령령으로 정하는 사유가 있는 경우

1) 과징금의 의의

'과징금'이란 『행정법상의 의무위반으로 경제상의 이익을 얻게 되는 경우에 당해 위반으로 인한 경제상 이익을 박탈하기 위하여 그 이익액에 대하여 부과·징수하는 금전적 제재』를 말한다.

판례 공정거래위원회로 하여금 부당내부거래를 한 사업자에 대하여 그 매출액의 2% 범위 내에서 부과할 수 있도록 한 과징금의 법적 성질

행정권에는 행정목적 실현을 위하여 행정법규 위반자에 대한 제재의 권한도 포함되어 있으므로, '제재를 통한 억지'는 행정규제의 본원적 기능이라 볼 수 있는 것이고, 따라서 어떤 행정제재의 기능이 오로지 제재(및 이에 결부된 억지)에 있다고 하여 이를 헌법 제13조 제1항에서 말하는 국가형벌권의 행사로서의 '처벌'에 해당한다고 할 수 없는바, 구 독점규제 및 공정거래에 관한 법률 제24조의2에 의한 부당내부거래에 대한 과징금은 그 취지와 기능, 부과의 주체와 절차 등을 종합할 때 부당내부거래 억지라는 행정목적을 실현하기 위하여 그 위반행위에 대하여 제재를 가하는 행정상의 제재금으로서의 기본적 성격에 부당이득환수적 요소도 부가되어 있는 것이라 할 것이고, 이를 두고 헌법 제13조 제1항에서 금지하는 국가형벌권 행사로서의 '처벌'에 해당한다고는 할 수 없다(헌재 2003. 7. 24, 2001헌가25).

판례 구 독점규제 및 공정거래에 관한 법률 제23조 제1항 제7호 소정의 부당지원행위에 대한 과징금이 헌법에 위반되는지 여부(소극)

부당지원행위에 대한 과징금은 부당지원행위 억제라는 행정목적을 실현하기 위한 행정상 제재금으로서의 기본적 성격에 부당이득환수적 요소도 부가되어 있는 것으로서, 이중처벌금지원칙에 위반된다거나 무죄추정의 원칙에 위반된다고 할 수 없고, 구 독점규제 및 공정거래에 관한 법률(1999. 12. 28. 법률 제6043호로 개정되기 전의 것) 제24조의2가 지원주체에 대하여 과징금을 부과하도록 정한 것은 입법자의 정책판단에 기한 것이고, 반드시 지원객체에 대하여 과징금을 부과하는 것만이 입법목적 달성을 위한 적절한 수단이 된다고 할 수 없으며, 과징금액의 산정에 있어서 지원주체의 매출액에 대한 일정한 비율의 한도 내에서 과징금을 부과하도록 하고 있으나, 공정거래위원회로서는 같은 법 제55조의3 제1항에 정한 각 사유를 참작하여 개별 부당지원행위의 불법의 정도에 비례하는 상당한 금액의 범위 내에서만 과징금을 부과할 의무가 있다는 점 등을 고려하면, 비례원칙에 위배된다고도 할 수 없다(대판 2004. 3. 12, 2001두7220).

행정법상의 의무위반에 대하여 부과하는 금전적 제재라는 점에서 과태료와 같은 성질을 가지지만 행정벌은 아니라는 점에서 구별된다. 따라서 이론적으로는 하나의 의무위반행위에 대하여 과징금과 과태료를 함께 부과하는 것도 가능하다고 하겠으나, 국민의 입장에서는 이중부담이 되므로 과징금을 부과한 경우에는 동일 위반행위에 대하여 과태료를 부과할 수 없도록 규정하고 있는 예도 있다(예 : 여객자동차운수사업86 등).

또한 과징금은 범죄에 대한 국가의 형벌권의 실행으로서 과벌이 아니므로, 행정법규 위반에 대하여 행정형벌을 부과하고 별도로 과징금을 부과하는 것은 이중처벌금지에 위반되지 않는다(헌재 2003. 7. 24, 2001헌가25).

한편 예컨대 공정거래위원회가 부과하는 부당지원행위에 대한 과징금납부명령과 같이 통상 과징금부과행위는 재량행위에 해당하지만, 기속행위인 경우도 있음을 유의해야 한다(판례).

> **판례**
> 부동산 실권리자명의 등기에 관한 법률 및 시행령상 명의신탁자에 대한 과징금부과처분의 법적 성질은 기속행위이다(대판 2007. 7. 12, 2005두17287).

2) 과징금의 종류

① 의무위반행위 자체로 얻은 **불법적 이익을 박탈**하기 위한 과징금으로서, 공정거래위원회의 가격인하명령에 불응할 경우 인상된 가격으로 얻은 경제적 이익만큼 과징금을 납부케 하고 이에 불응하면 국세체납처분의 예에 따라 체납처분을 하도록 한 독점규제 및 공정거래에 관한 법률(5·6)이나 청소년보호법(49)·대기환경보전법(37)의 규정이 그 예이다(대기환경보전법·수질환경보전법(19)상의 배출부과금 및 축산법상의 초과사육부과금도 이와 유사한 성격이다). 이를 흔히 '본래의 과징금(전형적 과징금)'이라 한다(판례 참조).

> **판례** 구 독점규제 및 공정거래에 관한 법률상의 과징금 부과의 성격 및 불공정거래행위에 대하여 부과되는 과징금의 산정 방법
> 구 독점규제 및 공정거래에 관한 법률(1999. 2. 5. 법률 제5813호로 개정되기 전의 것)상의 과징금 부과는 비록 제재적 성격을 가진 것이기는 하여도 기본적으로는 같은 법 위반행위에 의하여 얻은 불법적인 경제적 이익을 박탈하기 위하여 부과되는 것이고, 같은 법 제55조의3 제1항에서도 이를 고려하여 과징금을 부과함에 있어서는 위반행위의 내용과 정도, 기간과 횟수 외에 위반행위로 인하여 취득한 이익의 규모 등도 아울러 참작하도록 규정하고 있는 것이므로, 불공정거래행위에 대하여 부과되는 과징금의 액수는 당해 불공정거래행위의 구체적 태양 등에 기하여 판단되는 그 위법성의 정도뿐만 아니라 그로 인한 이득액의 규모와도 상호 균형을 이룰 것이 요구되고, 이러한 균형을 상실할 경우에는 비례의 원칙에 위배되어 재량권의 일탈·남용에 해당할 수가 있다(대판 2001. 2. 9, 2000두6206; 헌재 2003. 7. 24, 2001헌가25).

② 의무위반행위가 당해 사업의 인·허가 등의 철회·정지사유에 해당하지만 대중교통수단 등 공중의 일상생활에 불가결한 사업인 경우 부득이 철회·정지는 면하고 사업은 계속시키되, 사업의

계속으로 생기는 경제적 이익을 박탈하기 위한 과징금으로서, 최근 많은 실정법이 철회·정지제도의 결함을 보완하는 새로운 의무이행 확보수단으로 도입하고 있는 실정이다(예 : 여객자동차운수사업법88, 관광진흥법35, 대기환경보전법67, 수질 및 수생태계 보전에 관한 법률43, 대외무역법39, 석유사업14, 도시가스사업법10, 주차장24의2 해운법22 등). 이를 흔히 '**변형된 과징금**'이라 한다. 이러한 변형된 과징금을 공공성과 관련 없는 영업(예 : 식품위생법65)에까지 확대하는 것은 일반대중의 이익보호를 이유로 그 정당성을 인정할 수 없기 때문에 위헌이라고 보아야 한다는 견해도 있다. 영업정지처분에 갈음하는 과징금이 규정되어 있는 경우 과징금을 부과할 것인지, 아니면 영업정지처분을 할 것인지 여부는 통상 행정청의 재량에 해당한다(재량행위).

3) 과징금의 절차

과태료와 같이 법원의 결정에 의하지 아니하고 **행정청이 직접 부과징수**하며, 납부치 아니하는 경우 국세징수법 또는 지방세체납처분의 예에 따라 체납처분한다(강제징수). 따라서 과징금의 부과는 국민의 권익을 침해하는 전형적인 권력적·침해적 행정행위이므로 법치행정의 원리상 법률의 근거를 요하며, 특히 상대방에게 사전 **의견진술** 또는 청문의 기회를 부여하는 행정절차상의 배려가 있어야 할 것이며 실제 대부분의 법률도 이를 명문화하고 있다. 현행법상 과징금부과에 관한 일반법은 없고, 독점규제 및 공정거래에 관한 법률, 석유 및 석유대체연료 사업법 등 개별법에서 과징금에 관한 근거를 두고 있을 뿐이다. 한편 과징금납부의무는 일신전속적 의무가 아니므로 과징금을 부과받은 자가 사망한 경우 상속인에게 승계된다는 것이 판례의 입장이다.

> **판례**
>
> 과징금채무는 상속인에게 포괄승계된다(대판 1999. 5. 14, 99두35).

4) 과징금에 대한 구제

과징금의 부과행위도 침익적 행정행위로서 행정절차법이 적용되며 과징금부과처분은 행정소송의 대상이 되는 처분이다. **행정심판·행정소송**을 제기하여 취소를 구할 수 있음은 물론이다. 또한 위법한 과징금부과처분으로 인해 손해를 입은 자는 국가를 상대로 **손해배상청구**를 할 수 있다.

재량행위인 과징금부과처분이 법이 정한 한도액을 초과하여 위법한 경우 법원은 초과한 부분에 대해서만 취소할 수 있는지, 아니면 전부를 취소해야 하는지 여부가 문제된다. 이에 대하여 법원은 전부를 취소할 수밖에 없다고 한다(대판 1998. 4. 10, 98두2270).

한편, 헌법재판소는 "행정기관인 공정거래위원회에 의한 과징금의 부과가 적법절차에 위반되거나 사법권을 법원에 둔 권력분립의 원칙에 위반된다고 볼 수 없다"는 입장이다(판례 참조).

판례 공정거래위원회로 하여금 부당내부거래를 한 사업자에 대하여 그 매출액의 2% 범위 내에서 과징금을 부과할 수 있도록 한 것이 이중처벌금지원칙, 적법절차원칙, 비례성 원칙 등에 위반되는지 여부(소극)

법관에게 과징금에 관한 결정권한을 부여한다든지, 과징금 부과절차에 있어 사법적 요소들을 강화한다든지 하면 법치주의적 자유보장이라는 점에서 장점이 있겠으나, 공정거래법에서 행정기관인 공정거래위원회로 하여금 과징금을 부과하여 제재할 수 있도록 한 것은 부당내부거래를 비롯한 다양한 불공정 경제행위가 시장에 미치는 부정적 효과 등에 관한 사실수집과 평가는 이에 대한 전문적 지식과 경험을 갖춘 기관이 담당하는 것이 보다 바람직하다는 정책적 결단에 입각한 것이라 할 것이고, 과징금의 부과 여부 및 그 액수의 결정권자인 위원회는 합의제 행정기관으로서 그 구성에 있어 일정한 정도의 독립성이 보장되어 있고, 과징금 부과절차에서는 통지, 의견진술의 기회 부여 등을 통하여 당사자의 절차적 참여권을 인정하고 있으며, 행정소송을 통한 사법적 사후심사가 보장되어 있으므로, 이러한 점들을 종합적으로 고려할 때 과징금 부과 절차에 있어 적법절차원칙에 위반되거나 사법권을 법원에 둔 권력분립의 원칙에 위반된다고 볼 수 없다(헌재 2003. 7. 24, 2001헌가25).

◎ 과태료와 과징금의 구별

구분	과태료	과징금
부과주체	(원칙) 행정청이 1차적 부과	행정청
불복	취소소송의 대상이 아님	취소소송의 대상이 됨

2. 가산금·중가산금

국세 또는 지방세를 납기까지 납부하지 아니한 때에는 체납세액의 100분의 5에 상당하는 가산금을 징수하며, 납부기한이 경과한 날로부터 60개월까지 매 1월이 경과할 때마다 1,000분의 12에 상당하는 중가산금을 징수하도록 함으로써 납세의무의 이행을 확보하고 있다(국징21·22, 지세27). 가산금은 조세채무자가 부담하는 일종의 연체금으로서 조세채무의 이행을 간접적으로 강제하기 위한 것이다.

판례는 행정재산의 사용·수익 허가에 따른 사용료를 납부기한까지 납부하지 않은 경우에 부과되는 가산금과 중가산금은 미납분에 대한 지연이자의 의미로 부과되는 부대세의 일종이라고 판시한 바 있다(대판 2006. 3. 9, 2004다31074).

3. 가산세

소득세법(81)에 의한 과세표준 확정신고의무 등 **세법상의 각종 신고의무 위반**에 대하여 본래의 납세의무와는 별개로 부과하는 금전부담이다. 원래의 납세의무의 불이행에 대하여 과하는 가산금 및 중가산금제도는 납세의무 자체의 이행을 확보하는 수단임에 비하여, 가산세는 본래의 납세의무 자체의 불이행이 아니라 이를 위한 일정 기간 내의 신고의무 위반 또는 과소

신고 행위에 대하여 과하는 금전부담만을 의미한다. 따라서 그 성격은 오히려 행정질서벌인 과태료에 가깝다고 하겠다. 가산세는 세금의 형태로 가하는 행정벌의 성질을 가지는 제재이므로 납세자에게 그 의무의 해태를 탓할 수 없는 정당한 사유가 있는 경우에는 부과할 수 없다(대판 2005. 4. 15, 2003두4089; 대판 1998. 7. 24, 96누18076).

가산세는 처벌이 아니라는 점에서 행정벌, 형사벌과 병과될 수 있다.

세법상 가산세를 부과할 경우 납세자의 의무불이행에 대한 고의·과실은 고려되지 않는 것이고, 다만 의무불이행에 정당한 사유가 있는 경우에는 가산세를 부과할 수 없다는 것이 판례의 입장이다(대판 2003. 9. 5, 2001두403). 납세의무자가 세무공무원의 잘못된 설명을 믿고 신고납부의무를 불이행하였다 하더라도 그것이 관계법령에 어긋나는 것이 명백한 경우에는 그것만으로는 정당한 사유에 해당할 수 없다는 것이 판례의 입장이다(대판 2002. 4. 12, 2000두5944). 또한 법령의 부지도 정당한 사유에 해당한다고 볼 수 없다는 것이 판례의 입장이다(대판 1999. 12. 28, 98두3532).

4. 부당이득세

물가안정에 관한 법률 또는 다른 법률에 의하여 정부가 결정·지정·승인·인가 또는 허가하는 가격·요금(예 : 교통요금 등)을 초과하여 거래함으로써 부당한 이득을 얻은 자로부터 그 부당이득의 전액을 환수하는 조세를 말한다(부당이득세법). 부당이득세는 조세의 일종이지만, 정부의 통제가격을 초과하여 거래하지 아니할 의무의 이행을 강제하는 강력한 수단이 되고 있다.

Ⅲ. 공급거부

1. 공급거부의 의의

'공급거부'란 『행정법상의 의무를 위반한 자에 대하여 일정한 행정상의 서비스(역무)나 재화의 공급을 거부하는 사실행위』를 말한다.

오늘날 현대 복지국가에서는 전기·수도·도시가스·전화 등은 국민의 일상생활에 필수적인 것임을 감안할 때 이들의 공급거부는 현실적으로 매우 실효성 있는 행정법상의 의무이행 확보수단이 되고 있다.

2. 공급거부의 법적 근거

공급거부는 침해적 행위이므로 법률의 근거가 있어야 함은 물론이다. 개정 전 건축법상으로는 무허가 건축물 등 건축법 위반건축물(69②) 등에 대하여 각 주무관청이 전기·수도·도시가스·전화의 역무제공기관에 대하여 그 공급중지를 요청하면 이들 기관은 특별한 사유가 없는 한 이에 응하도록 규정하고 있다. 현행 건축법(2006년 5월 8일 이후 시행)에는 이러한 공급거부에 관한 근거규정이 존재하지 않는다.

3. 공급거부의 한계

본래 수도·전화·전기 등의 공역무는 그 공공성·윤리성으로 말미암아 정당한 사유 없이 공급을 거절할 수 없도록 하고 있다(예 : 수도법·전기사업법·전기통신사업법 등). 여기서 『정당한 사유』란 당해 급부행정상의 의무위반만을 의미하는 것임에도 불구하고, 이와는 아무런 관련이 없는 다른 법률(예 : 건축법 등)에 의하여 부과된 의무의 이행을 확보하는 수단으로 활용하는 것은, 이행이 확보되어야 할 의무와 거부되는 역무 간의 **사물적 관련이 없는** 것이므로 **부당결부금지의 원칙**에 위배된다고 하겠다.

4. 공급거부에 대한 구제

일반적으로 급부의 성질이 **공법적인** 경우(관리작용)에는 **행정쟁송**, **사법적인** 경우(사경제적 작용)에는 **민사소송**에 의하여 구제받을 수 있다고 하겠다.

대법원은 공급거부로서의 **단수조치**를 행정처분으로 보고 있으므로 위법한 단수처분에 대하여는 **취소소송**을 제기할 수 있다고 하였다(대판 1979. 12. 28, 79누218). 그러나 대법원은 행정청이 한국전력공사에 대하여 한 **전기공급불가의 회신**(대판 1995. 11. 21, 95누9099)이나 위법건축물에 대한 전기·전화공급 중단을 요청한 행위(대판 1996. 3. 22, 96누433)는 권고적 성격의 행위에 불과하므로 항고소송의 대상이 되는 행정처분이 아니라고 판시하여 행정쟁송이 될 수 없다고 보고 있다.

공급거부는 행정상의 의무 이행 수단이기도 하지만 궁극적으로 정당한 사유 없는 급부거절행위의 금지라는 원칙에 반하는 것이 되므로 통일적인 구제의 방향을 정할 것이 요구된다.

Ⅳ. 위반사실의 공표

> 행정절차법 제40조의3(위반사실 등의 공표) ① 행정청은 법령에 따른 의무를 위반한 자의 성명·법인명, 위반사실, 의무 위반을 이유로 한 처분사실 등(이하 "위반사실등"이라 한다)을 법률로 정하는 바에 따라 일반에게 공표할 수 있다.
> ② 행정청은 위반사실등의 공표를 하기 전에 사실과 다른 공표로 인하여 당사자의 명예·신용 등이 훼손되지 아니하도록 객관적이고 타당한 증거와 근거가 있는지를 확인하여야 한다.

③ 행정청은 위반사실등의 공표를 할 때에는 미리 당사자에게 그 사실을 통지하고 의견제출의 기회를 주어야 한다. 다만, 다음 각 호의 어느 하나에 해당하는 경우에는 그러하지 아니하다.
1. 공공의 안전 또는 복리를 위하여 긴급히 공표를 할 필요가 있는 경우
2. 해당 공표의 성질상 의견청취가 현저히 곤란하거나 명백히 불필요하다고 인정될 만한 타당한 이유가 있는 경우
3. 당사자가 의견진술의 기회를 포기한다는 뜻을 명백히 밝힌 경우
④ 제3항에 따라 의견제출의 기회를 받은 당사자는 공표 전에 관할 행정청에 서면이나 말 또는 정보통신망을 이용하여 의견을 제출할 수 있다.
⑤ 제4항에 따른 의견제출의 방법과 제출 의견의 반영 등에 관하여는 제27조 및 제27조의2를 준용한다. 이 경우 "처분"은 "위반사실등의 공표"로 본다.
⑥ 위반사실등의 공표는 관보, 공보 또는 인터넷 홈페이지 등을 통하여 한다.
⑦ 행정청은 위반사실등의 공표를 하기 전에 당사자가 공표와 관련된 의무의 이행, 원상회복, 손해배상 등의 조치를 마친 경우에는 위반사실등의 공표를 하지 아니할 수 있다.
⑧ 행정청은 공표된 내용이 사실과 다른 것으로 밝혀지거나 공표에 포함된 처분이 취소된 경우에는 그 내용을 정정하여, 정정한 내용을 지체 없이 해당 공표와 같은 방법으로 공표된 기간 이상 공표하여야 한다. 다만, 당사자가 원하지 아니하면 공표하지 아니할 수 있다.

1. 위반사실 공표의 의의

'위반사실의 공표'란 『행정법상의 의무위반이 있는 경우에 그 사실을 일반에게 공표함으로써 사회적 비난이라는 간접적·심리적 강제에 의하여 행정법상의 의무이행을 확보하려는 제도』를 말한다.

공표는 그 자체로서는 직접 아무런 법적 효과를 발생하지 않는 비권력적 사실행위이지만, 사안에 따라서는 강력한 의무이행 확보수단이 된다.

2. 위반사실 공표의 법적 성질 및 근거

공표는 그 자체로서는 어떠한 법적 효과도 발생치 아니하는 사실행위에 불과하지만, 개인이나 기업의 명예·신용이 훼손되므로 경우에 따라서는 다른 어떤 수단 못지않게 행정상의 의무이행을 심리적으로 강제하는 효과가 있다.

따라서 위반사실의 공표는 침해적 행위이므로 반드시 법률의 근거가 있어야 할 것이다. 현행 법상으로는 명단의 공표에 관하여 명시적으로 규정하는 일반법은 없다. 개별법상으로는
① 독점규제 및 공정거래에 관한 법률 제24조,
② 식품위생법 제84조,
③ 허위로 재산을 등록한 공직자에 대하여 공표하는 경우(공직자윤리법 제8조의2),
④ 고액·상습체납자(체납발생일로부터 1년이 지난 국세가 5억원 이상인 체납자)의 명단을

공개하도록 한 경우(국세기본법 제85조의5),
 ⑤ 청소년의 성을 매수한 자에 대한 일정사실을 공개하는 경우(아동·청소년의 성보호에 관한 법률 제38조) 등을 들 수 있다.

3. 위반사실 공표의 위헌성 문제

 공표제도는 헌법(17)상 『모든 국민은 **사생활의 비밀과 자유를 침해받지 아니한다**』는 규정에의 저촉 여부가 문제되며, 또한 형사사건과 관련하여서는 헌법상의 **무죄추정의 원칙**에의 위배 여부도 문제가 된다.
 이와 관련하여 최근 독점규제 및 공정거래에 관한 법률 제27조에 대한 위헌소원사건에 있어서 헌법재판소는 대한병원협회가 그 구성원인 의사들을 휴업·휴진케 하고 집회에 가담케 함으로써 동법상 금지되어 있는 "구성사업자의 사업활동을 부당하게 제한한 행위"를 하였음을 신문에 공표하도록 명한 조치의 근거가 되는 동법 제27조의 규정은 형사절차 내에서 법위반사실을 부인하고자 하는 당사자의 입장을 모순에 빠뜨리고 소송에 있어서 심리적 위축을 초래하며, 또한 법원으로 하여금 불합리한 예단을 촉구함으로써 형사소송에 영향을 미칠 우려가 있어 우리 헌법상 무죄추정의 원칙에 위반된다는 위헌결정을 내린 바 있어 주목된다(헌재결 2002. 1. 31, 2001헌바43).
 한편 헌법재판소는 구 청소년의 성보호에 관한 법률상의 명단공개제도에 관하여 합헌결정을 내린 바 있다(헌재 2003. 6. 26, 2002헌가14).

4. 위반사실 공표에 대한 권리구제

 공표는 아무런 법적 효과를 발생치 아니하는 비권력적 사실행위로서 처분성이 부정되며, 더구나 단시일에 종료되어 버리므로 행정쟁송으로 취소를 구하기는 어렵다고 하겠다. 따라서 위법한 공표로 권익을 침해받은 자는 공표 역시 비권력적인 공행정작용이므로 행정상의 손해배상을 청구하거나, 형법상의 명예훼손죄(형307)·피의사실공표죄(126) 또는 공무상 비밀누설죄(127)에 해당하는 경우 관련 공무원을 고소하여 형사상 처벌을 받게 함으로써 구제받거나, 언론중재법에 의거한 정정보도를 요구함으로써 구제받을 수 있다. 또한 공표로 인하여 훼손된 명예 또는 신용을 회복하기 위하여 **공법상 결과제거청구권**에 기하여 공표된 내용의 정정, 철회 등 **시정조치**를 구할 수 있을 것이다.
 판례는 행정상 공표로 인한 명예훼손의 경우, 원칙적으로 언론이나 사인에 의한 명예훼손의 경우처럼 적시된 사실의 내용이 진실이라는 증명이 없더라도 공표 당시 진실이라고 믿었고 또 그렇게 믿을 만한 상당한 이유가 있다면 위법성이 부정된다고 보고 있다(대판 1993. 11. 26, 93다18389).

V. 제재처분

> **사례연습**
>
> 甲은 식품위생업에 종사하는 자로서 영업부진으로 말미암아 재정상태가 심히 궁박하게 되어 소득세를 비롯한 국세를 3회 이상 체납하였다. 이에 관할 세무서장은 국세징수법이 정하는 바에 따라 세금납부를 독촉하였으나 甲은 이에 응하지 않았다. 관할 세무서장은 甲에 대해 강제징수절차를 개시하려고 하였으나 甲의 명의로 된 재산이 존재하지 않아 강제징수절차를 진행할 수 없었다. 이리하여 관할 세무서장은 국제징수법 제7조 제2항의 규정에 의거하여 주무행정청에 甲에 대한 영업허가의 취소를 요구하였고 이에 따라 甲의 영업허가는 취소되었다. 다음의 질문에 답하시오.
> (1) 甲에 대한 영업허가의 취소는 적법한가?
> (2) 甲은 국세체납을 이유로 한 영업허가의 취소를 규정하고 있는 국세징수법 제7조 제2항의 규정은 위헌이며, 그에 근거한 영업허가취소처분은 무효라고 주장하면서 영업허가취소처분의 무효확인을 구하는 소송을 제기하였다. 甲의 주장의 당부를 논하시오.

> **사례연습 해설**
>
> (1) 주무행정청의 甲에 대한 영업허가의 취소는 "세무서장은 제1항의 허가를 받아 사업을 경영하는 자가 국세를 3회 이상 체납한 때에는 대통령령이 정하는 경우를 제외하고 그 주무관서에 사업의 정지 또는 허가 등의 취소를 요구할 수 있다"는 국세징수법 제7조 제2항과 "제2항의 규정에 의한 세무서장의 요구가 있을 때에는 당해 주무관서는 정당한 사유가 없는 한 이에 응하여야 한다"는 국세징수법 제7조 제4항의 규정에 부합하므로 위법하다고 할 수 없다.
> 다만, 행정상 제재수단으로서 수익적 행정행위의 정지·철회는 본질적으로 '처벌'이라는 관점에서 보통의 행정재량에서의 법원의 통제밀도보다 더 강한 사법심사가 이루어져야 한다는 지적이 있고,30) 이에 따라 위 영업허가취소처분이 비례의 원칙에 위배된다고 볼 여지도 있으나 사안에서는 긍정되기 어려울 것이다.
> (2) 제재적 행정처분으로서 설문의 영업허가의 취소는 불이행된 의무와 직접적인 관련이 없다. 따라서 설문의 영업허가의 취소는 헌법상 직업선택의 자유에 대한 침해의 가능성과 부당결부금지의 원칙에 대한 위반가능성이 있다.
> 그러나 기본권보장과 행정목적의 효율적인 실현을 위한 기본권제한의 상관관계에서 국세를 3회 이상 체납한 자에 대한 영업허가의 취소는 비례의 원칙에 어긋나지 아니한다고 볼 수 있다. 뿐만 아니라 국세의 3회 이상 체납과 영업허가의 취소사이에는 넓은 의미에서 인과적 관계를 갖는다고 볼 수 있으므로 국세의 3회 이상 체납자에 대한 영업허가의 취소는 부당결부금지의 원칙에도 위반되지 아니한다. 요컨대 국세징수법 제7조 2항은 위헌이라 보기 어렵다. 따라서 甲의 주장은 정당하지 않다.

행정기본법 제2조(정의) 이 법에서 사용하는 용어의 뜻은 다음과 같다.
5. "제재처분"이란 법령등에 따른 의무를 위반하거나 이행하지 아니하였음을 이유로 당사자에게 의무를 부과하거나 권익을 제한하는 처분을 말한다. 다만, 제30조제1항 각 호에 따른 행정상 강제는 제외한다.
제22조(제재처분의 기준) ① 제재처분의 근거가 되는 법률에는 제재처분의 주체, 사유, 유형 및 상한을 명확하게 규정하여야 한다. 이 경우 제재처분의 유형 및 상한을 정할 때에는 해당 위반행위의 특수성 및 유사한 위반행위와의 형평성 등을 종합적으로 고려하여야 한다.
② 행정청은 재량이 있는 제재처분을 할 때에는 다음 각 호의 사항을 고려하여야 한다.
1. 위반행위의 동기, 목적 및 방법
2. 위반행위의 결과
3. 위반행위의 횟수
4. 그 밖에 제1호부터 제3호까지에 준하는 사항으로서 대통령령으로 정하는 사항
 제23조(제재처분의 제척기간) ① 행정청은 법령등의 위반행위가 종료된 날부터 5년이 지나면 해당 위반행위에 대하여 제재처분(인허가의 정지·취소·철회, 등록 말소, 영업소 폐쇄와 정지를 갈음하는 과징금 부과를 말한다. 이하 이 조에서 같다)을 할 수 없다.
② 다음 각 호의 어느 하나에 해당하는 경우에는 제1항을 적용하지 아니한다.
1. 거짓이나 그 밖의 부정한 방법으로 인허가를 받거나 신고를 한 경우
2. 당사자가 인허가나 신고의 위법성을 알고 있었거나 중대한 과실로 알지 못한 경우
3. 정당한 사유 없이 행정청의 조사·출입·검사를 기피·방해·거부하여 제척기간이 지난 경우
4. 제재처분을 하지 아니하면 국민의 안전·생명 또는 환경을 심각하게 해치거나 해칠 우려가 있는 경우
③ 행정청은 제1항에도 불구하고 행정심판의 재결이나 법원의 판결에 따라 제재처분이 취소·철회된 경우에는 재결이나 판결이 확정된 날부터 1년(합의제행정기관은 2년)이 지나기 전까지는 그 취지에 따른 새로운 제재처분을 할 수 있다.
④ 다른 법률에서 제1항 및 제3항의 기간보다 짧거나 긴 기간을 규정하고 있으면 그 법률에서 정하는 바에 따른다.

제5편

행정상 손해전보
(국가책임법)

행정구제(行政救濟, Verwaltungsrechtsschutz)라 함은 행정기관의 행정작용으로 인하여 자신의 권리나 이익이 침해될 우려가 있거나 또는 침해되었다고 주장하는 자가 행정기관이나 법원에 대하여 당해 행정작용의 취소·변경 또는 원상회복·손해전보를 청구하거나, 기타 피해의 구제 또는 예방을 청구하고, 이에 대하여 행정기관 또는 법원이 심리하여 권리·이익의 보호에 관하여 적절한 판정을 내리는 일련의 절차적 규제를 말한다. 이에 관한 법이 통상 행정구제법이며, 이에 관한 제도가 행정구제제도이다.

행정구제제도는 그 구제의 시점을 기준으로 내용적으로 사전적 구제제도와 사후적 구제제도로 구분할 수 있다.

사전적 구제제도(事前的 救濟制度)란 위법·부당한 행정작용 등으로 인하여 개인의 권리나 이익의 침해가 발생되기 이전 단계에서 그와 같은 행정작용을 예방하기 위한 구제수단을 말한다. ① 행정절차가 그 주된 기능을 수행한다고 볼 수 있으며, 아울러 우리의 ② 청원제도나 ③ 국민고충민원처리제도도 부분적으로 사전적 구제제도로서의 의미를 갖고 있다.

사후적 구제제도(事後的 救濟制度)란 행정작용으로 인하여 개인의 권리나 이익을 이미 침해당한 자가 행정기관이나 법원에 대하여 원상회복·손해전보 또는 당해 행정작용의 시정을 구하는 제도를 말하며, 이에는 ① 행정상 손해전보제도와 ② 행정쟁송제도가 있다.

본서에서는 사후적 권리구제제도인 행정상 손해전보(행정상 손해배상과 행정상 손실보상)제도와 행정쟁송(행정심판과 행정소송)제도를 주된 고찰대상으로 한다.

제1장 행정상 손해배상

제1절 개 설

Ⅰ. 행정상 손해배상의 의의

'행정상 손해배상'이란 『공무원의 위법한 직무집행행위 또는 공공의 영조물 설치·관리의 하자로 인하여, 개인에게 재산상의 손해를 가한 경우에, 국가나 공공단체가 그 손해를 배상하는 것』을 말한다(헌 29, 국배2·5).

이처럼 국가·공공단체의 위법한 활동으로 인하여 발생된 개인의 재산상의 손해에 대하여 그 원인자인 국가 등이 배상하도록 하는 것은, 사인 상호간의 관계에 있어서와 마찬가지로 자기의 불법행위로 말미암아 타인에게 끼친 재산상의 손해를 배상하는 것으로서 정의와 공평을 이념으로 하는 일반법원리에 그 근거를 두고 있다.

행정상 손해배상제도는 사법에서 발달한 개인주의적인 도의적 책임주의를 그 기초원리로 하고 있기 때문에 사법상의 불법행위책임과 공통점이 있다. 그러나 행정상 손해배상은 사법이 규율하는 분야와는 근본적으로 다른 공행정작용 및 기타의 공권력행사에 기인하는 배상책임을 규율하고 있고, 그 배상주체가 국가 또는 공공단체라는 점에서 사법상의 책임과는 다르다.

Ⅱ. 행정상 손해배상과 행정상 손실보상의 구별

1. 행정상 손실보상의 의의

행정상 손실보상이란 『토지수용과 같이 공공의 필요에 의하여 법률이 허용한 적법한 공권력의 행사로 말미암아 사유재산에 가하여진 특별한 희생에 대하여, 공적 부담 앞의 평등의 견지에서 행하는 조절적인 재산적 보상』을 말한다.

행정상 손실보상제도는 근대입헌주의의 확립에 의한 사유재산제의 보장에 따른 당연한 요청으로서 성립되었기 때문에, 위법행위는 국가에 귀속되지 않는다고 보는 '주권무책임의 원칙'의 극복을 통하여 성립된 국가배상제도보다 훨씬 이전부터 발전되어 왔다. 손실보상의 문제는 오직 공익을 행하는 행정과 국민의 문제이다. 즉, 개인과 개인 간에는 '공익을 행하는 개인에 의한 다른 개인에 대한 재산침해'라는 관계가 성립할 여지가 없기 때문에 손실보상의 문제는 발생하지 않는다.

2. 행정상 손해배상과 행정상 손실보상의 구별

1) 행정상 손해배상과 행정상 손실보상의 발생원인

행정상 손해배상제도는 『위법한 침해행위』로 인한 손해, 즉 행정을 행하는 자의 고의 또는 주의의무위반에 의한 과실로부터 야기되는 손해를 배상하는 것이지만 행정상 손실보상제도는 법률이 허용한 『적법한 침해행위』로 인한 특별한 희생을 보전해 주는 제도이기 때문에 위법성이 전제되지 않는다는 점에서 손해 또는 손실의 발생원인을 달리하고 있으며, 양자를 합하여 행정상 손해전보제도라고 한다.

2) 행정상 손해배상과 행정상 손실보상의 기초원리

행정상 손해배상제도는 사법상의 불법행위책임과 같이 개인주의적인 『도의적 책임주의』를 기초원리로 하여 행위자의 주관적 책임과 행위의 객관적 위법성을 그 성립요건으로 하고, 행정상 손실보상제도는 공공의 복리를 위하여 특정인만이 국가로부터 '특별한 희생'(도로·댐·철도·항만·발전소·주택단지·쓰레기매립장 건설 등을 위하여 특정지역의 토지를 강제로 수용하는 예)을 당한 경우에 공적 부담 앞의 평등의 견지에서 행하는 단체주의적인 『사회적 평등부담주의』를 기초원리로 하여 행위자의 주관적 책임을 문제삼지 않고 개인에 부과된 불평등한 부담을 전보해 주는 제도라는 점에서 양자의 차이가 있다.

3. 행정상 손해배상과 행정상 손실보상 구별의 상대화

양자는 이와 같이 발생원인과 기초원리를 각각 달리하는 것이지만, 다같이 국가의 행위로부터 발생한 손해를 전보하는 피해자구제제도라는 점에서는 공통되는 면도 있으므로 국가보상 등의 이름 하에 하나의 통일된 보상이론으로 재구성할 필요가 있다는 견해도 있다.

한편, 양 제도의 상호 접근경향도 찾아볼 수 있는바, 우선 손해배상 쪽에서는 무과실책임 또는 위험책임의 이론을 도입하여 손해발생에 국가의 고의·과실이 없는 경우에도 발생된 결과에 대하여 책임을 지도록 하는 이론이 대두되고 있으며, 손실보상 쪽에서는 적법행위가 아닌 위법한 무과실행위로 인한 침해도 보상하여야 한다는 수용유사침해론이 제기되고 있다.

그러나 우리나라의 경우 법률로 인정된 극히 예외적인 경우를 제외하고는 무과실책임은 부인되며, 수용유사침해에 대한 보상 또한 부인되고 있고 판례도 같은 입장에 있다(후술).

III. 한국의 행정상 손해배상제도

1. 헌법에 의한 국가배상책임의 인정

헌법(29①)은 『공무원의 직무상 불법행위로 인하여 손해를 받은 국민은 법률이 정하는 바에 의하여 국가 또는 공공단체에 정당한 배상을 청구할 수 있다. 이 경우 공무원 자신의 책임은 면제되지 아니한다.』고 규정함으로써 국가·공공단체의 불법행위책임을 일반적으로 인정하고 있으며, 이에 근거하여 제정된 법률이 국가배상법이다. 국가배상법 제2조 이하에서는 공무원의 위법한 직무행위로 인한 국가배상책임에 대하여 구체적으로 규정하고 있다.

2. 국가배상법

1) 국가배상법의 지위

국가배상법은 국가의 공권력작용으로 인한 불법행위책임과 함께, 공공의 영조물(도로·하천 등) 설치·관리의 하자로 인한 손해에 대한 국가의 배상책임을 규정한 **일반법**이라고 할 수 있다.

동법 제8조는 『국가 또는 지방자치단체의 배상책임에 관하여는 이 법의 규정에 의한 것을 제외하고는 민법의 규정에 의한다. 다만, 민법 이외의 법률에 다른 규정이 있을 때에는 그 규정에 의한다』고 하고 있는바, 그 의미를 분석하면 배상책임에 관하여, ① 민법 이외의 특별법에 규정이 있으면 그 규정이 제일 우선적으로 적용되며(동조 단서에 의거), ② 그러한 특별법이 없으면 국가배상법이 적용되고, ③ 국가배상법에 규정이 없는 세부사항에 관하여, 또는 국가배상법이 적용되지 아니하는 분야(국고작용)에 있어서의 국가의 불법행위책임에 관하여는 민법이 보충적으로 적용된다는 의미이다.

여기서 민법 이외의 다른 **특별법**이 국가배상책임에 관한 특칙을 정한 예로서는 ① 무과실책임을 인정하고 있는 경우(원자력손해배상법3·산업재해보상보험법3①·의사상자보호법·공무원연금법35 등), ② 배상책임·배상액의 한정이나 배상청구권의 단기소멸시효를 정한 경우(우편법38·철도법72~75·전기통신사업법·형사보상법5③ 등) 등을 들 수 있다.

한편, 국가배상법은 **외국인**이 피해자일 경우에는 그 외국인의 본국이 우리 국민에게 입힌 손해에 대하여 국가배상책임을 인정하고 있는 경우(이를 상호의 보증이 있는 경우라고 한다)에 한하여 동법에 의한 국가배상책임을 인정하는 소위 **상호주의**의 원칙을 채택하고 있다(동법 7). 이러한 상호주의의 채택은 공평 원칙의 실현이라는 점에서 타당하다고 하겠다.

2) 국가배상법의 성격

국가배상법의 성격이 공법인지 사법인지에 관하여는 학설이 대립되어 있으며, 공법으로 보는 경우에는 배상청구권을 공법상의 청구권인 공권으로 보며, 사법으로 보는 경우에는 이를 사법상의 청구권인 사권으로 본다.

① 공법설

(가) 우리 실정법이 공법과 사법의 이원적 체계를 인정하고 있는 이상, 공법적 원인에 의하여 발생한 손해의 배상책임에 관한 법인 국가배상법은 공법으로 보아야 하며, (나) 동법(9)이 배상청구소송제기에 앞서 비록 임의적이기는 하지만 배상심의회의 배상결정전치주의를 택하고 있는 것도 동법이 공법임을 말해 주는 것이고, (다) 행정소송법(3②)상의 당사자소송인『행정청의 처분 등을 원인으로 하는 법률관계에 관한 소송』에는 당연히 행정상의 손해배상청구소송이 포함된다는 것을 예정하고 있다는 점도 동법이 공법임을 말해 주는 것이라고 한다.

② 사법설

(가) 국가배상법에 의한 손해배상청구권은 민법상의 일반 불법행위이론의 한 유형에 불과하므로 동법은 민법의 특별법으로서 사법에 속하며, 공법에 특유한 별도의 책임이론을 창설한 것은 아니고, (나) 국가배상법(8) 자체도『국가·지방자치단체의 손해배상책임에 관하여는 이 법의 규정에 의한 것을 제외하고는 민법의 규정에 의한다』고 함으로써 동법이 민법에 대한 특별법임을 나타내고 있고(후술 판례 참조), (다) 행정소송법(10①)이『행정처분 등과 관련되는 손해배상청구소송을 당해 행정소송에 병합하여 심리할 수 있다』고 한 것은, 손해배상청구는 원칙적으로는 일반 민사소송절차에 의하는 것이지만 이를 특별히 이질적인 행정소송에 병합할 수 있다는 정책적 배려에서 나온 것이며, (라) 법원의 소송실무에 있어서도 국가배상청구사건은 민사소송으로 다루고 있다는 점 등을 근거로 하고 있다. **판례의 입장**이기도 하다(대판 1972. 10. 10, 69다701).

③ 사 견

생각건대, (가) 국가의 배상책임은 책임의 원인이 되는 공행정작용의 위법 또는 적법의 평가를 떠나서는 논할 수 없다는 점, (나) 행정소송법(3②)이 공법상의 당사자소송의 하나로 행정처분 등을 원인으로 하는 법률관계에 관한 소송을 명시한 것도 국가배상사건을 소송실무상으로 행정소송의 일종인 공법상의 당사자소송으로 다루어지도록 유도하기 위한 취지였다는 점, (다) 행정소송법(10①)상 손해배상청구소송을 그 배상원인이 되는 행정처분의 취소를 구하는 행정소송에 병합하여 심리할 수 있다는 표현도, 손해배상청구소송이 민사소송임을 전제로 한 것이 아니고, 오히려 행정소송임을 전제로 하여 같은 행정소송 내에서의 취소소송과 당사자소송 간의 병합을 의미한다는 점 등을 감안하면 공법설이 타당하다고 하겠다. 학설도 **공법설**이 다수설이며, 사법설이 소수설이다.

그럼에도 불구하고 우리 법원의 소송실무는 전통적으로 국가배상소송을 민사소송으로 보고 있는바, 이는 과거 우리 행정소송법이 행정소송사건의 제1심 관할법원을 고등법원으로 규정 했던 시절에 지리적으로 국민들과는 먼 거리에 있는 고등법원이 관할하는 행정소송보다는 가까운 지방법원이 관할하는 민사소송에 의하는 것이 국민의 권리구제에 보다 효과적일 것이라는 심리적 이유에도 일부 기인했다고 생각된다(지금은 행정소송사건의 제1심도 민사소송과 같이 지방법원이 관할하도록 하고 있으므로 아무 차이가 없다).

한편, 공법설을 취하는 학자들도 행정소송법에 의한 공법상의 당사자소송에 의하더라도 항고소송과 달리 재판절차상 민사소송에 대한 특칙이 거의 없어 사실상 민사소송과 유사하게 운영되기 때문에 공법이냐 사법이냐를 논할 실익이 거의 없다고 하고 있다. 또한 순수한 법논리적으로만 보더라도 국가배상법은 어디까지나 헌법상의 국가배상청구권이라는 주관적 공권의 실현을 위한 법이므로 당연히 공법으로 보아야 한다고 생각된다.

> **판례** 국가배상책임은 민사상의 손해배상책임이라는 판례(사법설)
> 공무원의 직무상 불법행위로 손해를 받은 국민이 국가 또는 공공단체에 손해배상을 구하는 것은 비록 국가배상법이 정한 바에 따른다고 하더라도 이 역시 민사상의 손해배상책임을 특별법인 국가배상법이 정한 데 불과하다(대판 1972. 10. 10, 69다701).

제 2 절 공무원의 직무상 불법행위로 인한 손해배상

대한민국헌법 제29조
① 공무원의 직무상 불법행위로 손해를 받은 국민은 법률이 정하는 바에 의하여 국가 또는 공공단체에 정당한 배상을 청구할 수 있다. 이 경우 공무원 자신의 책임은 면제되지 아니한다.
② 군인·군무원·경찰공무원 기타 법률이 정하는 자가 전투·훈련등 직무집행과 관련하여 받은 손해에 대하여는 법률이 정하는 보상외에 국가 또는 공공단체에 공무원의 직무상 불법행위로 인한 배상은 청구할 수 없다.

국가배상법 제2조(배상책임)
① 국가나 지방자치단체는 공무원 또는 공무를 위탁받은 사인(이하 "공무원"이라 한다)이 직무를 집행하면서 고의 또는 과실로 법령을 위반하여 타인에게 손해를 입히거나, 「자동차손해배상 보장법」에 따라 손해배상의 책임이 있을 때에는 이 법에 따라 그 손해를 배상하여야 한다. 다만, 군인·군무원·경찰공무원 또는 예비군대원이 전투·훈련 등 직무 집행과 관련하여 전사·순직하거나 공상을 입은 경우에 본인이나 그 유족이 다른 법령에 따라 재해보상금·유족연금·상이연금 등의 보상을 지급받을 수 있을 때에는 이 법 및 「민법」에 따른 손해배상을 청구할 수 없다.
② 제1항 본문의 경우에 공무원에게 고의 또는 중대한 과실이 있으면 국가나 지방자치단체는 그 공무원에게 구상할 수 있다.

사례연습

A지방해양수산청 소속 선박검사담당 공무원 甲은 선박에 관한 정기검사를 실시함에 있어, 선박안전법상의 선박검사에 관한 규정을 준수하지 않고 기관의 노후 등으로 화재의 위험이 있는 선박에 대하여 선박검사증서를 교부하였다. 그러나 동 선박은 몇 달 후 항해 도중 기관의 과열로 인하여 화재가 발생함으로써 승객 수십 명이 사망하기에 이르렀다.
이 경우 사망한 승객의 유가족이 甲의 직무수행과 관련하여 행사할 수 있는 권리구제수단에 대하여 논하시오.

Ⅰ. 공무원의 직무상 불법행위로 인한 국가배상책임의 요건

국가배상법(2①)은 『① 공무원 또는 공무를 위탁받은 사인이 ② 직무를 집행하면서 ③ 고의 또는 과실로 ④ 법령을 위반하여 ⑤ 타인에게 손해를 입히거나, 자동차손해배상보장법의 규정에 따라 손해배상의 책임이 있는 때에는 국가나 지방자치단체는 이 법에 따라 그 손해를 배상하여야 한다』고 하고, 이어서 당해 『공무원에게 고의 또는 중대한 과실이 있는 때에는 국가 또는 지방자치단체는 그 공무원에게 구상할 수 있다』(동조②)고 규정함으로써 공무원의 위법한 직무집행행위로 인한 국가의 손해배상책임을 규정하고 있다.

이하에서는 상기 손해배상책임의 요건을 차례로 설명하고자 한다.

1. (국가배상법상) 공무원

여기서 공무원이라 함은 행정조직법상 의미의 공무원을 의미하는 것이 아니라, 광의의 공무원을 말한다. 즉, ① 국가공무원법, 지방공무원법 등 각종 공무원법에 의하여 공무원의 신분을 가진 자뿐만 아니라, ② 널리 국가 등 행정주체로부터 공무를 위탁받아서 이에 종사하는 자를 포함한다는 것이 통설과 판례의 입장이다. 공무를 위탁받은 사인은 종래 판례와 학설로 인정한 것을 국가배상법 제2조가 공무원에 해당한다고 명문화하고 있다.

> **판례** 국가배상법 제2조 소정의 '공무원'의 의미(교통할아버지 사건)
> 국가배상법 제2조 소정의 '공무원'이라 함은 국가공무원법이나 지방공무원법에 의하여 공무원으로서의 신분을 가진 자에 국한하지 않고, 널리 공무를 위탁받아 실질적으로 공무에 종사하고 있는 일체의 자를 가리키는 것으로서, 공무의 위탁이 일시적이고 한정적인 사항에 관한 활동을 위한 것이어도 달리 볼 것은 아니다(대판 2001. 1. 5, 98다39060).

따라서 국회의원, 지방의회의원 기타 입법부·행정부·사법부의 모든 구성원과 함께, 판례는 집행관, 임시직공무원, 합의제 행정관청의 위원, 소집 중인 향토예비군, 통장, 미군부대 카츄샤, 시청 청소차운전사, 철도차장, 교통정리 중이던 교통할아버지 등을 포함하지만, 의용소방대원은 공무원에서 제외하였다. 공무원의 개념을 공무원법상의 공무원보다 넓게 인정하고 있는 이유는 널리 국가지방자치단체의 행위로 볼 수 있는 작용에 대하여는 국가 등이 배상책임을 지게 하여 권리구제의 폭을 넓히려는 데 있다.

이러한 의미에서 출동 중인 의용소방대원도 소방업무라는 공무에 종사하고 있으므로 소집 중인 향토예비군과 같이 공무원으로 보아야 할 것이다.

> **판례** [1] 검사 등의 수사기관이 피의자를 구속하여 수사한 후 공소를 제기하였으나 법원에서 무죄판결이 선고되어 확정된 경우, 국가배상법 제2조에 의한 손해배상책임이 인정되기 위한 요건
> [2] 검사가 공판과정에서 무죄를 입증할 수 있는 결정적인 증거에 해당하는 국립과학수사연구소의 감정서를 법원에 제출하지 아니하고 은폐한 행위는 위법하다고 보아 국가배상책임을 인정한 판례

[1] 검사는 수사기관으로서 피의사건을 조사하여 진상을 명백히 하고, 죄를 범하였다고 의심할 만한 상당한 이유가 있는 피의자에게 증거 인멸 및 도주의 염려 등이 있을 때에는 법원으로부터 영장을 발부받아 피의자를 구속할 수 있으며, 나아가 수집·조사된 증거를 종합하여 객관적으로 볼 때, 피의자가 유죄판결을 받을 가능성이 있는 정도의 혐의를 가지게 된 데에 합리적인 이유가 있다고 판단될 때에는 피의자에 대하여 공소를 제기할 수 있으므로 그 후 형사재판 과정에서 범죄사실의 존재를 증명함에 충분한 증거가 없다는 이유로 무죄판결이 확정되었다고 하더라도 그러한 사정만으로 바로 검사의 구속 및 공소제기가 위법하다고 할 수 없고, 그 구속 및 공소제기에 관한 검사의 판단이 그 당시의 자료에 비추어 경험칙이나 논리칙상 도저히 합리성을 긍정할 수 없는 정도에 이른 경우에만 그 위법성을 인정할 수 있다.

[2] 강도강간의 피해자가 제출한 팬티에 대한 국립과학수사연구소의 유전자검사결과 그 팬티에서 범인으로 지목되어 기소된 원고나 피해자의 남편과 다른 남자의 유전자형이 검출되었다는 감정결과를 검사가 공판과정에서 입수한 경우 그 감정서는 원고의 무죄를 입증할 수 있는 결정적인 증거에 해당하는데도 검사가 그 감정서를 법원에 제출하지 아니하고 은폐하였다면 검사의 그와 같은 행위는 위법하다고 보아 국가배상책임이 인정된다(대판 2002. 2. 22, 2001다23447).

> **판례** [1] 법관의 재판에 대한 국가배상책임이 인정되기 위한 요건
> [2] 헌법소원심판청구가 부당하게 각하되지 아니하였다고 하여도 본안 판단에서 청구기각되었을 사건인 경우, 위자료 인정 여부(적극)

[1] 법관의 재판에 법령의 규정을 따르지 아니한 잘못이 있다 하더라도 이로써 바로 그 재판상 직무행위가 국가배상법 제2조 제1항에서 말하는 위법한 행위로 되어 국가의 손해배상책임이 발생하는 것은 아니고, 그 국가배상책임이 인정되려면 당해 법관이 위법 또는 부당한 목적을 가지고 재판을 하였다거나 법이 법관의 직무수행상 준수할 것을 요구하고 있는 기준을 현저하게 위반하는 등 법관이 그에게 부여된 권한의 취지에 명백히 어긋나게 이를 행사하였다고 인정할 만한 특별한 사정이 있어야 한다.
[2] 헌법소원심판을 청구한 자로서는 헌법재판소 재판관이 일자 계산을 정확하게 하여 본안판단을 할 것으로 기대하는 것이 당연하고, 따라서 헌법재판소 재판관의 위법한 직무집행의 결과 잘못된 각하결정을 함으로써 청구인으로 하여금 본안판단을 받을 기회를 상실하게 한 이상, 설령 본안판단을 하였더라도 어차피 청구가 기각되었을 것이라는 사정이 있다고 하더라도 잘못된 판단으로 인하여 헌법소원심판 청구인의 위와 같은 합리적인 기대를 침해한 것이고 이러한 기대는 인격적 이익으로서 보호할 가치가 있다고 할 것이므로 그 침해로 인한 정신상 고통에 대하여는 위자료를 지급할 의무가 있다(대판 2003. 7. 11, 99다24218).

> **판례** 통장이 국가배상법 제2조 소정의 공무원에 해당하는지 여부(적극)
>
> 국가배상법 제2조 소정의 "공무원"이라 함은 국가공무원법이나 지방공무원법에 의하여 공무원으로서의 신분을 가진 자에 국한하지 않고, 널리 공무를 위탁받아 실질적으로 공무에 종사하고 있는 일체의 자를 가리키는바, 서울특별시 종로구 통·반설치조례에 의하면 통장은 동장의 추천에 의하여 구청장이 위촉하고 동장의 감독을 받아 주민의 거주·이동상황 파악 등의 임무를 수행하도록 규정되어 있고, 주민등록법 제14조와 같은법시행령 제7조의2 등에 의하면 주민등록 전입신고를 하여야 할 신고의무자가 전입신고를 할 경우에는 신고서에 관할이장(시에 있어서는 통장)의 확인인을 받아 제출하도록 규정되어 있는 점 등에 비추어 보면 통장이 전입신고서에 확인인을 찍는 행위는 공무를 위탁받아 실질적으로 공무를 수행하는 것이라고 보아야 하므로, 통장은 그 업무범위 내에서는 국가배상법 제2조 소정의 공무원에 해당한다(대판 1991. 7. 9, 91다5570).

> **판례** 과도한 시위진압으로 인하여 시위 참가자가 사망한 사안에서, 국가배상책임을 인정하되 시위 참가자에 대하여 30% 과실상계를 한 원심판결을 수긍한 사례
>
> 국가 소속 전투경찰들이 시위진압을 함에 있어서 합리적이고 상당하다고 인정되는 정도로 가능한 한 최루탄의 사용을 억제하고 또한 최대한 안전하고 평화로운 방법으로 시위진압을 하여 그 시위진압 과정에서 타인의 생명과 신체에 위해를 가하는 사태가 발생하지 아니하도록 하여야 하는데도, 이를 게을리 한 채 합리적이고 상당하다고 인정되는 정도를 넘어 지나치게 과도한 방법으로 시위진압을 한 잘못으로 시위 참가자로 하여금 사망에 이르게 하였다는 이유로 국가의 손해배상 책임을 인정하되, 피해자의 시위에 참가하여 사망에 이르기까지의 행위를 참작하여 30% 과실상계를 한 원심판결을 수긍한 판례(대판 1995. 11. 10, 95다23897).

2. 직무집행행위

1) 직무의 범위

국가작용 중 권력·관리·국고작용의 어느 범위까지를 직무행위로 보는가에 관하여 학설이 대립되어 있다.

① 협의설

국가배상법 제2조는 특별히 **권력작용**으로 인한 손해에 대하여만 국가의 배상책임을 인정한 것이라고 한다. 현재 이러한 입장을 지지하는 학자는 없다.

② 광의설

권력작용뿐만 아니라 **관리작용**(공기업 경영, 공물 관리 등)을 포함한다고 하며, 이는 사인과 같은 지위에서 행하는 국고작용(사경제적 작용)과 공행정작용 간에는 법적 성질을 달리한다는 데에 근거하여 이론상 공법인 국가배상법은 사법이 적용되는 국고작용에는 적용될 수 없다는 이론이다. 현재의 통설이다.

③ 최광의설

권력·관리작용뿐만 아니라 **국고작용**도 포함된다고 하며, 그 근거는 (가) 헌법(29)은 국가작용

의 성질상의 구별 없이 배상책임을 인정하고 있으며, (나) 국가배상법은 사법이므로 사경제적 작용에도 당연히 적용되는 것이고, 또한 (다) 동법은 민법상의 사용자의 면책규정(사용자가 감독상의 주의의무를 다한 경우에는 배상책임을 지지 아니한다는 규정)을 두고 있지 아니하므로 사경제적 작용에 대하여도 동법을 적용하는 것이 피해자의 구제에 유리하다는 실제상의 이유 등을 들고 있다. 소수설이다.

④ 사 견

최광의설은 (가) 국가배상법은 이론상 공법이므로 국가의 작용이라 할지라도 사경제적 작용에는 적용될 수 없으며, (나) 동법(8)도 『국가의 손해배상책임에 관하여는 이 법의 규정에 의한 것을 제외하고는 민법의 규정에 의한다』고 하여 국가의 사경제적 작용으로 인한 것은 동법이 아닌 민법의 적용을 받는다는 뜻을 명시하고 있고, (다) 사경제적 작용에도 동법을 적용하면 사용자인 국가 등의 면책규정이 없어 피해자구제에 유리하다는 실제상의 이유는, 오늘날 민법에서도 이론이 수정되어 사용자의 면책규정이 거의 적용되지 아니하기 때문에 그다지 큰 의미가 없다는 점 등을 고려하면 타당치 아니하며, 또한 협의설은 (가) 현대행정에 있어 큰 비중을 차지하는 관리작용을 모두 민법상의 배상책임에 맡겨 두는 것은 타당치 아니하며, (나) 권력작용과 관리작용을 다같이 공법관계로 파악하는 이상 공법인 국가배상법이 적용되어야 하고, (다) 실제로 양자 간의 구별도 명확치 아니하다는 점 때문에 문제가 있다.

따라서 광의설이 타당하다고 생각되며, 판례도 광의설에 입각하고 있다(대판 1980. 9. 24, 80다1051).

> **판례**
>
> "국가배상법이 정한 배상청구의 요건인 공무원의 직무에는 권력적 작용만이 아니라 행정지도와 같은 비권력적 작용도 포함되며 단지 행정주체가 사경제주체로서 하는 활동만 제외된다"(대판 1988. 7. 10, 96다38971).
>
> 시영버스 운행 중의 사고에 있어서도 자치단체가 사경제주체로서 활동한 경우이므로 국가배상법이 아닌 민법에 의한 책임을 지며, 그 운전사가 시의 별정직 공무원이라고 하여 결론을 달리하지 않는다는 판례(대판 1970. 11. 24, 70다1148).

> **판례** 국가배상법이 정한 손해배상청구의 요건인 '공무원의 직무'에 국가나 지방자치단체가 단순한 사경제의 주체로서 하는 작용은 포함되지 않는다는 판례
>
> 국가배상법이 정한 손해배상청구의 요건인 '공무원의 직무'에는 국가나 지방자치단체의 권력적 작용뿐만 아니라 비권력적 작용도 포함되지만 단순한 사경제의 주체로서 하는 작용은 포함되지 않는다(대판 2004. 4. 9, 2002다10691).

> **판례** '공무원의 직무'의 범위에 비권력적 작용도 포함된다는 판례
>
> 국가배상법이 정한 배상청구의 요건인 '공무원의 직무'에는 권력적 작용만이 아니라 행정지도와 같은 비권력적 작용도 포함되며 단지 행정주체가 사경제주체로서 하는 활동만 제외되는 것이고(대법원 1994. 9. 30. 선고 94다11767 판결 등 참조), 기록에 의하여 살펴보면, 피고 및 그 산하의 강남구청은 이 사건 도시계획사업의 주무관

청으로서 그 사업을 적극적으로 대행·지원하여 왔고 이 사건 공탁도 행정지도의 일환으로 직무수행으로서 행하였다고 할 것이므로, 비권력적 작용인 공탁으로 인한 피고의 손해배상책임은 성립할 수 없다는 상고이유의 주장은 이유가 없다(대판 1998. 7. 10, 96다38971).

2) 직무의 내용

직무에는 입법·사법·행정작용이 모두 포함되며, 특히 행정작용 중에는 법률행위적 행정행위·준법률행위적 행정행위와 사실행위·행정지도·공법상계약 등 모든 권력·비권력적 작용이 포함되는 바, 그 중 특히 문제가 되는 것은 다음과 같다.

① 직무의 사익보호성

공무원의 직무의 사익보호성의 필요여부와 관련하여 판례는 "공무원에게 부과된 직무상 의무의 내용이 단순히 공공 일반의 이익을 위한 것이거나 행정기관 내부의 질서를 규율하기 위한 것이 아니고 전적으로 또는 부수적으로 사회구성원 개인의 안전과 이익을 보호하기 위하여 설정된 것이어야 한다."라고 판시하여 직무의 사익보호성이 필요하다는 입장을 취하고 있다(판례 참조).

> **판례** 공무원의 직무상 의무는 개인의 안전과 이익을 보호하기 위하여 설정된 것이어야 한다는 판례
>
> 공무원에게 부과된 직무상 의무의 내용이 단순히 공공 일반의 이익을 위한 것이거나 행정기관 내부의 질서를 규율하기 위한 것이 아니고 전적으로 또는 부수적으로 사회구성원 개인의 안전과 이익을 보호하기 위하여 설정된 것이라면, 공무원이 그와 같은 직무상 의무를 위반함으로 인하여 피해자가 입은 손해에 대하여는 상당인과관계가 인정되는 범위 내에서 국가가 배상책임을 지는 것이고, 이때 상당인과관계의 유무를 판단함에 있어서는 일반적인 결과발생의 개연성은 물론 직무상 의무를 부과하는 법령 기타 행동규범의 목적, 그 수행하는 직무의 목적 내지 기능으로부터 예견가능한 행위 후의 사정, 가해행위의 태양 및 피해의 정도 등을 종합적으로 고려하여야 한다.
> 주민등록사무를 담당하는 공무원이 개명으로 인한 주민등록상 성명정정을 본적지 관할관청에 통보하지 아니한 직무상 의무위배행위와 甲과 같은 이름으로 개명허가를 받은 듯이 호적등본을 위조하여 주민등록상 성명을 위법하게 정정한 乙이 甲의 부동산에 관하여 불법적으로 근저당권설정등기를 경료함으로써 甲이 입은 손해 사이에는 상당인과관계가 있다(대판 2003. 4. 25, 2001다59842; 대판 2001. 4. 13, 2000다34891; 대판 2001. 10. 23, 99다36080).

> **판례** [1] 공무원의 직무상 의무는 개인의 안전과 이익을 보호하기 위하여 설정된 것이어야 한다는 판례
> [2] 구 풍속영업의 규제에 관한 법률에서 규정하고 있는 풍속영업의 신고 및 이에 대한 수리행위가 공공일반의 이익 외에 개인의 안전과 이익보호도 그 목적으로 하는지 여부(소극)
> [1] 공무원이 법령에서 부과된 직무상 의무를 위반한 것을 계기로 제3자가 손해를 입은 경우에 제3자에게 손해배상청구권이 발생하기 위하여는 공무원의 직무상 의무 위반행위와 제3자의 손해 사이에 상당인과관계가 있지 아니하면 아니되는 것이고, 상당인과관계의 유무를 판단함에 있어서는 일반적인 결과발생의 개연성은

물론 직무상 의무를 부과한 법령 기타 행동규범의 목적이나 가해행위의 태양 및 피해의 정도 등을 종합적으로 고려하여야 할 것인바, 공무원에게 직무상 의무를 부과한 법령의 보호목적이 사회 구성원 개인의 이익과 안전을 보호하기 위한 것이 아니고 단순히 공공일반의 이익이나 행정기관 내부의 질서를 규율하기 위한 것이라면, 가사 공무원이 그 직무상 의무를 위반한 것을 계기로 하여 제3자가 손해를 입었다 하더라도 공무원이 직무상 의무를 위반한 행위와 제3자가 입은 손해 사이에는 법리상 상당인과관계가 있다고 할 수 없다.

[2] 구 풍속영업의 규제에 관한 법률(1999. 3. 31. 법률 제5942호로 개정되기 전의 것) 제5조에서 다른 법률에 의한 허가인가등록 또는 신고대상이 아닌 풍속영업을 영위하고자 하는 자로 하여금 대통령령이 정하는 바에 의하여 경찰서장에게 신고하도록 한 규정의 취지는 선량한 풍속을 해하거나 청소년의 건전한 육성을 저해하는 행위 등을 규제하여 미풍양속의 보존과 청소년보호에 이바지하려는 데 있는 것이므로(제1조), 위 법률에서 요구되는 풍속영업의 신고 및 이에 대한 수리행위는 오로지 공공 일반의 이익을 위한 것으로 볼 것이고, 부수적으로라도 사회구성원의 개인의 안전과 이익 특히 사적인 거래의 안전을 보호하기 위한 것이라고 볼 수는 없다.

노래연습장의 시설 및 영업 일체를 양수한 후 구 풍속영업의 규제에 관한 법률의 규정에 따라 영업주 명의변경을 위하여 경찰서장에게 풍속영업변경신고서를 제출하였으나, 위 노래연습장 건물에 이미 속셈학원과 컴퓨터학원이 있다는 것이 발견되어 전(前) 영업주의 풍속영업신고서 수리행위가 잘못된 것으로 밝혀지자 경찰서장이 위 발급신고서를 반려한 경우, 경찰서장이 전 영업주의 영업신고서를 잘못 수리한 행위나 이를 즉시 시정하지 않은 행위와 영업변경신고서가 반려됨으로써 양수인이 입은 영업상 손해사이에 상당인과관계가 없다(대판 2001. 4. 13, 2000다34891).

> **판례** [1] 공무원의 직무상 의무 위반행위에 대해 국가 또는 지방자치단체가 손해배상책임을 지기 위한 요건
> [2] 국가 또는 지방자치단체가 법령이 정하는 상수원수 수질기준 유지의무를 다하지 못하고, 법령이 정하는 고도의 정수처리방법이 아닌 일반적 정수처리방법으로 수돗물을 생산·공급하였다는 사유만으로 그 수돗물을 마신 개인에 대하여 손해배상책임을 부담하는지 여부(소극)

[1] 일반적으로 국가 또는 지방자치단체가 권한을 행사할 때에는 국민에 대한 손해를 방지하여야 하고, 국민의 안전을 배려하여야 하며, 소속 공무원이 전적으로 또는 부수적으로라도 국민 개개인의 안전과 이익을 보호하기 위하여 법령에서 정한 직무상의 의무에 위반하여 국민에게 손해를 가하면 상당인과관계가 인정되는 범위 안에서 국가 또는 지방자치단체가 배상책임을 부담하는 것이지만, 공무원이 직무를 수행하면서 그 근거되는 법령의 규정에 따라 구체적으로 의무를 부여받았어도 그것이 국민의 이익과는 관계없이 순전히 행정기관 내부의 질서를 유지하기 위한 것이거나, 또는 국민의 이익과 관련된 것이라도 직접 국민 개개인의 이익을 위한 것이 아니라 전체적으로 공공 일반의 이익을 도모하기 위한 것이라면 그 의무에 위반하여 국민에게 손해를 가하여도 국가 또는 지방자치단체는 배상책임을 부담하지 아니한다.

[2] 상수원수의 수질을 환경기준에 따라 유지하도록 규정하고 있는 관련 법령의 취지·목적·내용과 그 법령에 따라 국가 또는 지방자치단체가 부담하는 의무의 성질 등을 고려할 때, 국가 등에게 일정한 기준에 따라 상수원수의 수질을 유지하여야 할 의무를 부과하고 있는 법령의 규정은 국민에게 양질의 수돗물이 공급되게 함으로써 국민 일반의 건강을 보호하여 공공 일반의 전체적인 이익을 도모하기 위한 것이지, 국민 개개인의 안전과 이익을 직접적으로 보호하기 위한 규정이 아니므로, 국민에게 공급된 수돗물의 상수원의 수질이 수질기준에 미달한 경우가 있고, 이로 말미암아 국민이 법령에 정하여진 수질기준에 미달한 상수원수로 생산된 수돗물을 마심으로써 건강상의 위해 발생에 대한 염려 등에 따른 정신적 고통을 받았다고 하더라도, 이러한 사정만으로는 국가 또는 지방자치단체가 국민에게 손해배상책임을 부담하지 아니한다. 또한 상수원수 2급에 미달하는 상수원수는 고도의 정수처리 후 사용하여야 한다는 환경정책기본법령상의 의무 역시 위에서 본 수질기준 유지의무와 같은 성질의 것이므로, 지방자치단체가 상수원수의 수질기준에

미달하는 하천수를 취수하거나 상수원수 3급 이하의 하천수를 취수하여 고도의 정수처리가 아닌 일반적 정수처리 후 수돗물을 생산·공급하였다고 하더라도, 그렇게 공급된 수돗물이 음용수 기준에 적합하고 몸에 해로운 물질이 포함되어 있지 아니한 이상, 지방자치단체의 위와 같은 수돗물 생산·공급행위가 국민에 대한 불법행위가 되지 아니한다(대판 2001. 10. 23, 99다36280).

② **입법작용**

공무원인 국회의원이 위헌법률을 제정하고, 법률을 집행할 책임이 있는 행정부 공무원이 이를 그대로 집행하여 국민에게 손해를 입힌 경우에, 행정부는 법률의 위헌 여부를 심사할 권한이 없으므로 손해배상책임을 물을 수 없겠으며, 국회는 매우 복잡한 법률안의 제안·의결 절차를 거치기 때문에 구체적으로 어느 국회의원에게 고의·과실이 있었는지를 논하는 것이 쉽지 않을 것이다. 판례는 "**국회의원의 입법행위**는 그 입법 내용이 헌법의 문언에 명백히 위반됨에도 불구하고 국회가 굳이 당해 입법을 한 것과 같은 특수한 경우가 아닌 한 국가배상법 제2조 1항 소정의 위법행위에 해당된다고 볼 수 없다"라고 판시(대판 1997. 6. 13, 96다56115)하여 입법작용 그 자체의 과실을 인정하는 데에는 어려움이 있음을 인정하고 있다.

더욱이 행정부가 제안한 법률안의 경우 행정부 공무원의 고의·과실까지 고려되어야 할 것이므로 매우 복잡한 문제를 야기한다. 영·미에서는 일반적으로 의회의 입법행위에 대하여 국가는 면책되지만, 독일과 프랑스에서는 한정적으로 국가의 책임을 인정하고 있다.

> **판례** 국회의원의 입법행위가 국가배상법 제2조 제1항의 위법행위에 해당되는지 여부(소극)
> 우리 헌법이 채택하고 있는 의회민주주의하에서 국회는 다원적 의견이나 각가지 이익을 반영시킨 토론과정을 거쳐 다수결의 원리에 따라 통일적인 국가의사를 형성하는 역할을 담당하는 국가기관으로서 그 과정에 참여한 국회의원은 입법에 관하여 원칙적으로 국민 전체에 대한 관계에서 정치적 책임을 질 뿐 국민 개개인의 권리에 대응하여 법적 의무를 지는 것은 아니므로, 국회의원의 입법행위는 그 입법 내용이 헌법의 문언에 명백히 위반됨에도 불구하고 국회가 굳이 당해 입법을 한 것과 같은 특수한 경우가 아닌 한 국가배상법 제2조 제1항 소정의 위법행위에 해당된다고 볼 수 없다(대판 1997. 6. 13, 96다56115).

③ **사법작용**

법관의 명백한 고의·과실에 의한 위법한 재판작용으로 인한 손해에 대하여는 국가배상책임을 인정할 수 있다고 하겠으나, 법관의 독립을 이유로 반대하는 견해도 있다. **판례**는 일본최고재판소의 입장을 받아들여 법관의 직무행위에 관한 국가배상책임은 예외적으로 '위법 또는 부당한 목적'·'명백한 권한남용' 등의 특별한 사정이 있는 경우에 한해 그 위법성을 인정할 수 있다는 입장이다. 영·미에서는 법관의 직무활동에 대한 독립성을 보장하기 위하여 명문으로 면책이 인정되고 있으며, 독일에서는 "법관의 직무위반이 형법상의 범죄행위에 해당하고 또 그 위반이 고의 또는 중과실로 인한 경우"에만 국가책임이 인정된다.

> **판례** 법관이 압수수색할 물건의 기재가 누락된 압수수색영장을 발부한 행위가 불법행위를 구성하지 않는다고 본 판례
>
> 법관의 재판에 법령의 규정을 따르지 아니한 잘못이 있다 하더라도 이로써 바로 그 재판상 직무행위가 국가배상법 제2조 제1항에서 말하는 위법한 행위로 되어 국가의 손해배상책임이 발생하는 것은 아니고, 당해 법관이 위법 또는 부당한 목적을 가지고 재판을 하는 등 법관이 그에게 부여된 권한의 취지에 명백히 어긋나게 이를 행사하였다고 인정할 만한 특별한 사정이 있어야 위법한 행위가 되어 국가배상책임이 인정된다고 할 것인바, 압수수색할 물건의 기재가 누락된 압수수색영장을 발부한 법관이 위법·부당한 목적을 가지고 있었다거나 법이 직무수행상 준수할 것을 요구하고 있는 기준을 현저히 위반하였다는 등의 자료를 찾아볼 수 없다면 그와 같은 압수수색영장의 발부행위는 불법행위를 구성하지 않는다고 본 사례(대판 2001. 10. 12, 2001다47290).

④ 부작위

종전의 통설은 부작위에 대한 국가배상책임을 부정하였으나, 사인에 대한 적극적인 작위의무가 인정되는 경우의 고의·과실에 의한 부작위는 고의·과실에 의한 작위와 다를 바 없으므로 부작위행위와 손해발생 간에 인과관계가 인정되는 한 국가배상책임을 인정하여야 할 것이다. 판례도 지방자치단체는 그가 소유한 임야 내의 주택가에 돌출한 위험한 암벽을 제거하여야 할 의무가 있으며, 이를 게을리한 부작위로 붕괴사고가 나서 주민들이 손해를 입은 경우에는 이를 배상할 책임이 있다고 하였다(소위 『재량권의 0으로의 수축이론』; 대판 1980. 2. 26, 79다2341).

> **판례** 공무원의 부작위에 의한 국가배상책임을 인정한 판례
>
> 경찰서 대용감방에 배치된 경찰관 등으로서는 감방 내의 상황을 잘 살펴 수감자들 사이에서 폭력행위 등이 일어나지 않도록 예방하고 나아가 폭력행위 등이 일어난 경우에는 이를 제지하여야 할 의무가 있음에도 불구하고 이러한 주의의무를 게을리 하였다면 국가는 감방 내의 폭력행위로 인한 손해를 배상할 책임이 있다(대판 1993. 9. 28, 93다17546).

3) 직무를 집행하면서

『직무를 집행하면서』란 직무행위 그 자체(조세부과·영업허가취소·건축물철거 등)뿐만 아니라, 직무집행의 수단으로 행하여지거나 직무와 밀접하게 관련된 행위까지를 포함하는 개념이다(판례 참조).

직무집행행위인지의 여부는 당해 행위가 정당한 권한 내의 것이어서 실질적으로 직무집행행위에 해당하는지, 또한 공무원이 직무집행의 의사를 갖고 있었는지의 여부와 관계없이 객관적으로 직무집행행위로서의 외형을 갖추고 있으면 된다는 **외형설**이 **통설·판례**이다. 그러므로 실질적으로 공무집행행위가 아니라는 사실을 피해자가 알았다 하더라도 무방하다.

▶ 예 : 공무원의 퇴근 중의 사고, 공무출장 후 귀대중의 사고, 상관의 명에 의한 이삿짐 운반, 훈계권 행사로서의 기합, 학군단 소속차량의 그 학교 교수의 장례식에 참석하기 위한 운행 등은 판례상 직무관련성이 인정되지만, 세무공무원이 재산압류시에 재산을 절취하거나, 경찰공무원이 도박장의 판돈을 착복하는 행위는 외형적으로 보아도 직무행위라 할 수 없으므로 제외된다.

> **판례** 직무와 밀접한 관련이 있는 행위도 직무집행행위로 본 판례
>
> 육군중사가 부대장의 명령에 따라 공무출장을 감에 있어서 관용차량이 없기 때문에 타인 소유의 개인차량을 빌려서 운전하고 가서 공무를 마친 후, 퇴근시간이 지나자 바로 집으로 퇴근하기 위하여 운전을 하다가 교통사고를 일으켰다면, 위 육군중사의 차량운전행위는 실질적·객관적으로 보아 출장명령을 수행하기 위한 행위로서 직무와 밀접한 관련이 있는 것이므로 직무집행행위에 속한다고 보아야 할 것이다(대판 1988. 3. 22, 87다카1163).

> **판례** 국가배상법 제2조 제1항에 정한 '직무를 집행함에 당하여'의 의미
>
> 국가배상법 제2조 제1항의 '직무를 집행함에 당하여'라 함은 직접 공무원의 직무집행행위이거나 그와 밀접한 관련이 있는 행위를 포함하고, 이를 판단함에 있어서는 행위 자체의 외관을 객관적으로 관찰하여 공무원의 직무행위로 보여질 때에는 비록 그것이 실질적으로 직무행위가 아니거나 또는 행위자로서는 주관적으로 공무집행의 의사가 없었다고 하더라도 그 행위는 공무원이 '직무를 집행함에 당하여' 한 것으로 보아야 한다.
> 인사업무담당 공무원이 다른 공무원의 공무원증 등을 위조한 행위에 대하여 실질적으로는 직무행위에 속하지 아니한다 할지라도 외관상으로 국가배상법 제2조 제1항의 직무집행관련성을 인정한 원심의 판단을 수긍한 판례(대판 2005. 1. 14, 2004다26805).

3. 고의·과실로 인한 행위

국가배상법 제2조에 의하면 국가의 손해배상책임을 인정하기 위하여서는 공무원의 직무집행행위가 고의 또는 과실에 의한 위법행위이어야 한다(과실책임주의).

1) 고의·과실의 의의

고의는 공무원이 자기의 행위로 인한 결과의 발생을 인식하면서 그 결과를 용인하는 심리상태를 말하는 것이고, 과실은 자기의 행위로 인하여 일정한 결과의 발생을 부주의로 인식하지 못하고 그 행위를 하는 심리상태를 말하는 것으로서 주의의무의 위반을 의미한다.

> **판례** 행정처분이 후에 항고소송에서 취소된 사실만으로 당해 행정처분이 곧바로 공무원의 고의 또는 과실로 인한 것으로서 불법행위를 구성한다고 단정할 수 있는지 여부(소극) 및 이 경우 국가배상책임의 성립요건과 그 판단 기준에 관한 판례
>
> 어떠한 행정처분이 후에 항고소송에서 취소되었다고 할지라도 그 기판력에 의하여 당해 행정처분이 곧바로 공무원의 고의 또는 과실로 인한 것으로서 불법행위를 구성한다고 단정할 수는 없는 것이고, 그 행정처분의 담당공무원이 보통 일반의 공무원을 표준으로 하여 볼 때 객관적 주의의무를 결하여 그 행정처분이 객관적 정당성을 상실하였다고 인정될 정도에 이른 경우에 비로소 국가배상법 제2조 소정의 국가배상책임의 요건을 충족하였다고 봄이 상당할 것이며, 이때에 객관적 정당성을 상실하였는지 여부는 피침해이익의 종류 및 성질, 침해행위가 되는 행정처분의 태양 및 그 원인, 행정처분의 발동에 대한 피해자측의 관여의 유무, 정도 및 손해의 정도 등 제반 사정을 종합하여 손해의 전보책임을 국가 또는 지방자치단체에게 부담시켜야 할 실질적인 이유가 있는지 여부에 의하여 판단하여야 한다(대판 2003. 11. 27, 2001다33789)

국가의 배상책임을 대위책임과 자기책임 중 어느 것으로 보는가에 따라 고의·과실의 의미가 달라진다.

① 대위책임설

고의·과실을 당해 공무원의 주관적인 인식 또는 주의의 유무를 기준으로 판단하여, 공무원이 위법행위임을 인식했거나(고의), 평균인으로서 통상적으로 갖추어야 할 주의를 게을리 하여, 즉 부주의로 인식하지 못한 경우(과실)를 말한다(판례 참조). 이와 같은 공무원의 직무행위에 기인한 손해배상책임은 원칙적으로 가해 공무원이 져야 하지만, 국가 또는 공공단체가 그 공무원을 대신하여 배상책임을 지는 것이라고 보는 것이 대위책임설이다. 따라서 공무원의 심신상실 중에 행한 행위에는 고의·과실이 인정될 여지가 없다.

② 자기책임설

고의·과실을 당해 공무원의 주관적인 인식 또는 주의의 유무를 기준으로 하면 결국 국가의 면책이 광범위하게 허용되어 권리구제에 크게 불리하게 되기 때문에, 국가작용을 객관적으로 평가하여 『널리 공무원의 위법행위로 인한 국가작용의 흠』이라는 정도로 완화시켜서, 결국 위법하기만 하면 무과실인 경우에도 국가 등의 책임을 인정하는 무과실책임의 입장을 취하게 된다.

③ 사 견

생각건대, 오늘날 사법의 영역에서도 일부 무과실책임론이나 위험책임론이 등장하고 있고, 대위책임설이 갖는 피해국민 보호의 불완전성 등을 감안하면 자기책임설의 우수성을 부인할 수는 없겠으며, 실제로도 유력한 학설이 되어 가고 있다.

그러나 대위책임설에 의하더라도 『과실의 객관화』를 기하여 특정공무원의 주관적 상태를 불문하고 당해 공무원과 동종·동등 지위의 공무원에게 통상 요구되는 평균적인 주의의무에 위반되는 경우에도 과실을 인정하게 되면 자기책임설과의 실질적인 차이는 거의 없게 된다. 판례도 대위책임설에 따르고 있다(판례 참조).

> **판례** 위법이기는 하지만 무과실인 행위는 배상책임이 없다는 판례(대위책임설)
> 특허권자라도 『3년간 특허를 영업적 규모로 실시하지 않으면 특허를 취소할 수 있다』는 특허취소사유가 특허법에 신설된 시점인 1963. 3. 5부터 기산하여 3년이 지난 후에 비로소 취소할 수 있음에도 불구하고(소위 법령불소급의 원칙), 그 전에 특허를 취소한 처분은 위법이기 때문에 이를 취소하면서, 그러나 『법령에 대한 해석이 복잡·미묘하여 워낙 어렵고 이에 대한 학설·판례조차 일치하지 못하고 있는 경우에는, 공무원이 그 나름대로 신중을 다하여 어느 한 설을 취한 결과가 대법원의 입장과 달라 결과적으로 위법한 처분이 된 경우에 그 이상의 것을 성실한 평균공무원에게 기대하기란 어려운 일이고, 이런 경우 결과책임을 지우는 법적 근거가 없는 오늘날, 그 학설을 취한 처리가 공무원의 과실에 의한 것이라 할 수 없다』고 함으로서 국가의 배상책임을 부인하였다(대판 1973. 10. 10, 72다2583; 같은 취지 대판 1997. 7. 11, 97다7608).

> **판례** 행정직공무원이 법규해석을 그르쳐 위법한 행정처분을 한 경우 과실이 있다는 판례

법령에 대한 해석이 복잡, 미묘하여 워낙 어렵고, 이에 대한 학설, 판례조차 귀일되어 있지 않는 등의 특별한 사정이 없는 한 일반적으로 공무원이 관계 법규를 알지 못하거나 필요한 지식을 갖추지 못하고 법규의 해석을 그르쳐 행정처분을 하였다면 그가 법률전문가가 아닌 행정직 공무원이라고 하여 과실이 없다고는 할 수 없다(대판 2001. 2. 9, 98다52988).

> **판례** 어떠한 행정처분이 위법한 경우, 그 자체만으로 곧바로 그 행정처분이 공무원의 고의 또는 과실로 인한 불법행위를 구성한다고 단정할 수 없다는 판례

어떠한 행정처분이 위법하다고 할지라도 그 자체만으로 곧바로 그 행정처분이 공무원의 고의 또는 과실로 인한 불법행위를 구성한다고 단정할 수는 없고, 공무원의 고의 또는 과실의 유무에 대하여는 별도의 판단을 요한다고 할 것인바, 그 이유는 행정청이 관계 법령의 해석이 확립되기 전에 어느 한 설을 취하여 업무를 처리한 것이 결과적으로 위법하게 되어 그 법령의 부당집행이라는 결과를 빚었다고 하더라도 처분 당시 그와 같은 처리방법 이상의 것을 성실한 평균적 공무원에게 기대하기 어려웠던 경우라면 특별한 사정이 없는 한 이를 두고 공무원의 과실로 인한 것이라고 볼 수는 없기 때문이다(대판 2001. 3. 13, 2000다20731; 대판 2004. 6. 11, 2002다31018).

> **판례** 행정규칙의 기준에 따른 영업허가취소처분이 행정심판에 의하여 재량권 일탈로 취소된 경우, 그 처분을 한 행정청 공무원에게 직무집행상 과실이 있다고 할 수 없다는 판례

영업허가취소처분이 나중에 행정심판에 의하여 재량권을 일탈한 위법한 처분임이 판명되어 취소되었다고 하더라도 그 처분이 당시 시행되던 공중위생법시행규칙에 정하여진 행정처분의 기준에 따른 것인 이상 그 영업허가취소처분을 한 행정청 공무원에게 그와 같은 위법한 처분을 한 데 있어 어떤 직무집행상의 과실이 있다고 할 수는 없다(대판 1994. 11. 8, 94다26141).

> **판례** 어떠한 행정처분이 후에 항고소송에서 취소된 사실만으로 당해 행정처분이 곧바로 공무원의 고의 또는 과실로 인한 것으로서 불법행위를 구성한다고 단정할 수 없으며, 이 경우 국가배상책임의 성립 요건과 그 판단 기준

어떠한 행정처분이 후에 항고소송에서 취소되었다고 할지라도 그 기판력에 의하여 당해 행정처분이 곧바로 공무원의 고의 또는 과실로 인한 것으로서 불법행위를 구성한다고 단정할 수는 없는 것이고, 그 행정처분의 담당공무원이 보통 일반의 공무원을 표준으로 하여 볼 때 객관적 주의의무를 결하여 그 행정처분이 객관적 정당성을 상실하였다고 인정될 정도에 이른 경우에 국가배상법 제2조 소정의 국가배상책임의 요건을 충족하였다고 봄이 상당할 것이며, 이 때에 객관적 정당성을 상실하였는지 여부는 피침해이익의 종류 및 성질, 침해행위가 되는 행정처분의 태양 및 그 원인, 행정처분의 발동에 대한 피해자측의 관여의 유무, 정도 및 손해의 정도 등 제반 사정을 종합하여 손해의 전보책임을 국가 또는 지방자치단체에게 부담시켜야 할 실질적인 이유가 있는지 여부에 의하여 판단하여야 한다(대판 2000. 5. 12, 99다70600; 대판 2003. 11. 27, 2001다33789; 대판 2003. 12. 11, 2001다65236).

2) 공무원의 특정 여부

공무원의 과실을 입증하기 위하여서는 먼저 공무원을 특정하여 과실 여부를 논하여야 하겠지만, 전술한 과실의 객관화이론에 의하면 가해 공무원을 특정할 필요는 없으며, 당해 직무집행행

위가 누구이든지 간에 공무원에 의한 행위임이 인정되기만 하면 국가 등이 배상책임을 진다는 것이다(다수설).

> **판례**
> 전투경찰들이 지나치게 과도하게 최루탄을 사용하거나 기타의 과도한 방법으로 시위진압을 하여 시위참가자를 사망케한 경우에 손해배상책임을 인정한 판례(대판 1995. 11. 10, 95다23897).

3) 고의·과실의 입증책임

대위책임설에 의하면 고의·과실의 입증책임은 원칙적으로 피해자인 국민에게 있다고 하겠으나, 과실을 입증한다는 것은 매우 어려우며 피해자에게만 일방적으로 부담을 지우는 것은 정의와 형평에도 맞지 않기 때문에, 최근에는 민사소송법에서 발달한 『일응추정의 법리』에 따라 국민에게 손해가 발생하면 공무원에게 일응 과실이 있는 것으로 추정하고, 따라서 피고인 국가 등이 과실이 없음을 입증하도록 하여 피해자 구제에 충실을 기하여야 한다는 견해가 유력하게 대두되고 있다.

4. 법령에 위반한 행위(위법성)

공무원의 직무집행행위가 법령에 위반한 것이어야 한다.

1) 법령위반의 범위(행위위법설)

법령위반의 의미에 관하여서는 행위위법설은 협의설(일원설)과 광의설(이원설)로 나누어진다. **협의설**은 좁은 의미의 법령(헌법·법률·법규명령·자치법규)위반만을 의미한다고 하며, **광의설**은 그 외에도 조리법(인권존중·권리남용금지·신의성실·평등·비례·공서양속 등)위반을 포함하여 『널리 객관적인 정당성을 결한 행위』라고 한다(다수설). 판례의 주류적인 입장은 행위위법설 중 광의설(이원설)이다. 따라서 광의설에 의한 '법령위반'의 개념은 취소소송에 있어서의 처분의 '위법성'보다 넓은 개념이 되는바, 이는 취소소송은 위법한 행정처분의 효력을 상실시키는 것을 목적으로 하는 것이지만, 국가배상제도는 국가 등의 가해행위로 발생한 결과인 손해의 전보를 목적으로 하는 것이라는 차이에 기인한다.

> **판례** 국가배상법 제2조의 법령의 의미
> '법령에 위반하여'라고 함은 엄격하게 형식적 의미의 법령에 명시적으로 공무원의 작위의무가 정하여져 있음에도 이를 위반하는 경우만을 의미하는 것은 아니고, 인권존중·권력남용금지·신의성실과 같이 공무원으로서 마땅히 지켜야 할 준칙이나 규범을 지키지 아니하고 위반한 경우를 포함하여 널리 그 행위가 객관적인 정당성을 결여하고 있는 경우도 포함한다[대법원 2012.7.26, 선고, 2010다95666, 판결].

2) 행정규칙 위반행위

훈령 등의 행정규칙은 행정조직 내부에서만 효력을 가지므로 이에 위반하여도 당해 행위의 효력에는 아무런 영향이 없다는 견해에 의하면 위법성을 인정할 수 없겠지만, 위 광의설에 입각할 때 행정규칙이 재량준칙인 경우 합리적인 이유없이 이에 위반하면 평등원칙에 위반하여 위법성을 띠게 된다고 보아야 할 것이다.

3) 부당한 재량권 행사

재량행위에 있어 재량의 범위 내에서 재량권행사를 잘못한 경우는 부당은 하지만 위법은 아니다. 그러나 광의설에 입각할 때 부당한 재량권 행사가 객관적으로 보아 정당성을 결하였다고 인정될 경우에는 위법성을 띠게 될 수 있을 것이다.

4) 위법성의 인정과 선결문제

행정행위의 위법성을 이유로 국가배상을 청구하는 경우에 행정소송을 먼저 제기하여 그 행위의 취소나 무효확인의 판결을 받지 아니하고 바로 민사소송(또는 공법상 당사자소송)인 국가배상소송에서 당해 행위의 위법성을 인정하고 국가배상책임을 인정할 수 있는가에 관하여는 학설이 대립되어 있다.

① 소극설

행정행위의 공정력 때문에 무효인 경우에는 바로 민사소송으로 가능하지만, 취소사유가 있음에 그치는 경우에는 먼저 행정소송으로 취소의 판결을 구하여야 하며 민사소송에서 바로 위법성을 인정할 수는 없다는 견해이다.

② 적극설

행정행위의 공정력이란 실체법상으로 당해 행정행위의 적법성을 추정하는 효력은 아니며, 다만 행정상 쟁송제도를 채택한 이상 오직 행정쟁송을 통하여서만 행정행위의 효력을 소멸시킬 수 있도록 하려는 절차법상의 효력에 불과한 것이므로, 『직접 당해 행위의 효력을 소멸케 하는 행위』가 아니라 국가배상책임을 인정키 위하여 그 위법성을 인정하는 데 불과한 정도의 판단은 민사소송(또는 공법상 당사자소송)에서도 할 수 있다는 견해이다.

③ 사 견

생각건대, 적극설에 의할 경우 위법성의 인정에 관하여 민사소송과 행정소송 간에 판결이 어긋날 수 있다는 결점도 있으나, (가) 손해배상에서의 위법성은 『널리 객관적인 정당성을 결한 행위』라고 보기 때문에 행정소송에서의 위법성보다는 넓은 개념이며, (나) 국가배상과 취소소송은 별개의 권리구제제도라는 점과, (다) 판결의 불일치문제는 최종적으로 대법원에 의하여 조정될 일임에도 이를 미리 우려하여 국민의 피해구제의 폭을 좁힐 이유는 없다는 점을 고려하면 적극설이 타당하며, 판례도 이와 같다(건축물 철거계고처분의 위법을 이유로 한 국가배상청구사건: 대판 1972. 4. 28, 72다337).

> **판례** 위법한 행정처분의 취소판결이 있어야만 민사소송으로 손해배상청구를 할 수 있는 것은 아니라는 판례(적극설에 입각한 판례)
>
> 위법한 행정대집행이 완료되면 그 처분의 무효확인 또는 취소를 구할 소의 이익은 없다 하더라도, 미리 그 행정처분의 취소판결이 있어야만 그 행정처분의 위법임을 이유로 한 손해배상 청구를 할 수 있는 것은 아니다(대판 1972. 4. 28, 72다337).

5) 조리상의 작위의무의 인정 여부

> **판례** 공무원의 부작위로 인한 국가배상책임의 인정 요건
>
> 국민의 생명·신체·재산 등에 대하여 절박하고 중대한 위험상태가 발생하였거나 발생할 상당한 우려가 있어서 국민의 생명 등을 보호하는 것을 본래적 사명으로 하는 국가가 초법규적·일차적으로 그 위험의 배제에 나서지 아니하면 국민의 생명 등을 보호할 수 없는 경우에는 형식적 의미의 법령에 근거가 없더라도 국가나 관련 공무원에 대하여 그러한 위험을 배제할 작위의무를 인정할 수 있을 것이다[대법원 2012.7.26, 선고, 2010다95666, 판결].

5. 타인에게 손해를 가할 것

공무원의 위법한 직무집행행위로 타인에게 손해가 발생하여야 한다.

1) 손 해

손해란 재산적 손해뿐만 아니라, 생명·신체·정신적 손해를 포함하며, 적극적 손해뿐만 아니라 소극적 손해도 포함한다. 이와 같이 손해는 법익침해에 의하여 발생되는 불이익을 말하며, 단순히 기대되는 이익이나 반사적 이익의 침해에 의한 불이익은 포함되지 않는다.

> **판례** 군산 윤락업소 화재 사건으로 사망한 윤락녀의 유족들이 국가를 상대로 제기한 손해배상청구 사건에서, 경찰관의 직무상 의무위반행위를 이유로 국가에게 위자료의 지급책임을 인정한 판례
>
> 윤락녀들이 윤락업소에 감금된 채로 윤락을 강요받으면서 생활하고 있음을 쉽게 알 수 있는 상황이었음에도, 경찰관이 이러한 감금 및 윤락강요행위를 제지하거나 윤락업주들을 체포·수사하는 등 필요한 조치를 취하지 아니하고 오히려 업주들로부터 뇌물을 수수하며 그와 같은 행위를 방치한 것은 경찰관의 직무상 의무에 위반하여 위법하므로 국가는 이로 인한 정신적 고통에 대하여 위자료를 지급할 의무가 있다(대판 2004. 9. 23, 2003다49009; 대판 1998. 7. 10, 96다38971).

2) 인과관계

위법한 직무집행행위와 손해의 발생 사이에는 **상당인과관계**가 있어야 한다(판례 참조). 여기서 상당인과관계란 민법에서와 같이 법률상의 인과관계를 의미한다. 즉, 어떤 행위의 원인·결과의 관계에 내재되어 있는 여러 가지의 사실 가운데에서, 객관적으로 보아 어떤 전행행위로부터 보통 일반적으로 초래되는 후행행위가 있는 때에는 통상적으로 상당인과관계에 있게 된다.

> **판례** 상당인과관계에 관한 판례
> ① 공무원이 선박안전법 등의 규정에 위반하여 제대로 선박검사를 하지 아니한 채 화재위험이 있는 불량선박에 대하여 중간검사 합격증서를 발급하여 선박을 계속 운항케 한 결과 발생한 선박화재사고와, 공무원의 위법한 직무집행행위 간에는 상당한 인과관계가 있고, 따라서 국가는 사고로 인한 손해를 배상할 책임이 있다(대판 1993. 2. 12, 91다43466).
> ② 총기·탄약·폭발물 등의 관리책임자는 자기의 보관 및 관리소홀로 총기 등이 군 외부로 유출되면 그것이 범죄행위에 사용되어 국민 개개인의 생명과 신체를 침해하는 결과가 발생할 수 있다는 것을 충분히 예견할 수 있다. 그렇다면 이 사건 폭음탄의 관리상의 과실과 폭음탄이 범죄행위에 사용되어 원고가 입은 손해 사이에는 상당인과관계가 있다(대판 1998. 2. 10, 97다49534).

3) 타 인

타인이란 가해자인 공무원을 제외한 모든 자연인·법인 등의 제3자를 말한다. 따라서 가해자가 국가공무원인 경우에는 지방자치단체도 포함되며, 가해자가 아닌 다른 공무원도 포함된다(예 : 관용차 운전자의 과실로 동승한 공무원이 부상한 경우).

다만, 피해자인 공무원이 군인·군무원·경찰공무원·향토예비군대원이 전투·훈련 등 직무집행과 관련하여 전사·순직·공상을 입은 경우에는 본인 또는 유족이 군인연금법 등 각 개별 법률에서 유족연금·상여연금 등 별도의 보상을 받도록 규정하고 있으므로, 국가배상법과 민법에 의한 손해배상청구는 할 수 없도록 규정하고 있다(헌29② 및 국배2①단). 이는 특히 위험성이 높은 직무에 종사하는 자에 대하여 국가가 별도의 보상제도를 마련하고 있는 경우에 이중적인 배상청구를 금지하는 취지로서 영·미에서도 인정되고 있는 제도이다.

> **사례연습 해설**
> 공무원의 직무위반으로 인한 국가배상책임이 문제된다. 사례에서 ① 甲은 공무원이고, ② 선박검사는 공무상 직무집행에 해당하며, ③ 승객의 사망은 甲이 적절한 조치를 취하지 아니한 과실에 비롯된 행위이고, ④ 불합격을 시켜야할 선박에 대하여 선박검사증서를 교부한 것은 직무상 의무를 위반한 것으로서 법령의 위반이고, ⑤ 승객은 타인에 해당하고, ⑥ 승객의 사망이라는 피해가 발생하였고, ⑦ 승객의 사망은 공무원의 직무집행과 인과관계가 있으므로 사망한 승객의 유족은 국가배상법 제2조 제1항이 정하는 요건을 구비하였다. 따라서 승객의 유족은 국가를 상대로 손해배상을 청구할 수 있다.

Ⅱ. 공무원의 직무상 불법행위로 인한 국가배상책임

1. 국가배상책임의 성질과 선택적 청구가능성의 문제

국가 등의 기관의 자격에서 행한 공무원의 행위에 대하여 국가가 책임을 지는 현상을 법리적으로 설명함에 있어 대위책임설과 자기책임설이 대립되어 있다.

1) 대위책임설

원래는 가해자인 공무원 개인이 부담하여야 할 책임을 국가가 대신하여 지는 책임이라는 설이며, 우리 행정법학계의 통설적 견해이다.

이 설은 우리 국가배상법이 공무원 개인의 고의·과실이 있어야 비로소 국가의 배상책임을 인정하는 과실책임주의를 취하고 있다는 데에 근거를 두고 있다.

따라서 국가는 당해 공무원에게 구상권을 행사할 수 있음은 물론이며, 다만 경과실인 경우에 구상권 행사를 제한한 이유는 공무원의 직무의욕 저하와 사무정체를 방지하기 위한 정책적 배려에 기한 것이라고 하며, 행위자인 공무원 개인은 어떠한 경우에도 직접 피해자에 대하여 배상책임을 지지는 않는다고 한다(선택적 청구권의 부정). 따라서 피해자는 다만 국가에 대해서만 배상을 청구할 수 있다고 본다. 이 설에 의하면 배상책임이 원래 공무원 개인의 책임을 국가가 대신해 진다는 것이므로 국가배상법(2)의 과실은 공무원 개인에 관하여 판단하게 되는 주관적 관념으로 해석된다. 그러므로 공무원의 무과실에 의한 손해발생의 경우에 배상책임이 부인된다는 단점이 있다.

2) 자기책임설

국가 등은 항상 그의 기관의 지위에 있는 공무원을 통하여 행위하는 것이기 때문에, 그 기관인 공무원의 『행위의 효과』는 행위의 적법·위법을 가릴 것 없이 항상 국가 등에게 귀속된다고 할 것이므로 국가 등이 직접 책임을 지는 것이 당연하다는 견해로서, 우리 헌법학계의 통설적 견해이다.

이 견해는 공무원의 직무집행행위는 국민에게 손해를 발생시킬 위험성을 항상 내포하고 있음에도 불구하고 직무집행권한을 수권한 결과에 대하여 지는 일종의 위험책임으로 이해하고 있다. 따라서 공무원 개인의 고의·과실은 요하지 아니하고 널리 『공무운영상의 하자』만 있으면 국가배상책임을 인정하고 있으며, 또한 국가의 자기책임과 공무원 개인의 책임은 이론상 서로 무관한 것이기 때문에 별도로 공무원 개인도 피해자에 대하여 직접 배상책임을 진다고 한다(선택적 청구권의 인정).

3) 중간설

공무원의 고의·중과실에 의한 행위는 국가 등의 행위로 볼 수 없고 따라서 대위책임이지만, 경과실에 의한 행위는 국가 등의 행위로 볼 수 있으며 따라서 자기책임이라는 견해이다. 우리 판례는 "고의·중과실에 의한 행위는 국가 등의 기관행위로 볼 수 없으므로 **대위책임**이지만, **경과실**에 의한 행위는 기관행위로 볼 수 있으므로 **자기책임이다**(대판 1996. 2. 15, 95다38677)라고 판시하여 이 설을 취하고 있다.

이 견해에 의하면 고의·중과실인 경우에는 국가가 공무원을 대신하여 책임을 지는 것이므로 당해 공무원에 대하여 당연히 구상할 수 있는 것이며, 경과실의 경우에는 국가의 자기책임이므로 공무원에 대한 국가의 **구상권**은 인정될 수 없음은 당연하다고 한다. 이 견해는 실제로 우리 국가배상법(2②)이 고의·중과실의 경우에만 구상권을 인정하고 있음을 논거로 제시하고 있다.

4) 사 견

과거 판례는 국가배상법 제2조 제2항의 구상권규정의 해석 및 국가와 가해공무원 개인에 대한 선택적 청구가능성을 놓고, 공무원 개인도 귀책사유의 정도에 관계없이 손해배상책임을 진다는 판례(대판 1972. 10. 10, 69다701)와, 반대로 공무원 개인은 손해배상책임을 지지 아니한다는 판례로 나뉘어 있었다(대판 1994. 4. 12, 93다11807).

그러나 공무원이 직무수행상 『**경과실**』로 타인에게 손해를 입힌 경우에는 직무수행상 통상 예견할 수 있는 것이므로 국가 등의 행위로 볼 수 있고, 따라서 이 경우의 국가의 책임은 **자기책임**이라고 보아야 하며, 그로 인하여 발생한 손해배상책임도 전적으로 국가 등에게만 귀속시켜야 하며 공무원 개인에게는 대내적 구상책임은 물론, 대외적으로 국민과의 관계에 있어서도 아무 책임을 묻지 아니하는 것이 옳다는 견지에서 공무원 개인에 대한 선택적 청구는 인정되지 아니한다고 보아야 한다고 생각한다(선택적 **청구권의 부정**).

반면, 공무원의 『**고의·중과실**』로 타인에게 손해를 입힌 경우에는 비록 그 행위가 직무와 관련된 것이라고 하더라도 그 본질상 기관행위로서의 품격을 상실하여 국가 등에게 그 책임을 귀속시킬 수는 없으므로 공무원 개인에게 불법행위로 인한 손해배상책임을 부담시키되, 다만 이 경우에도 행위의 외관을 객관적으로 관찰하여 공무원의 직무수행으로 보여질 때에는 피해자인 국민을 두텁게 보호하기 위하여 국가 등이 공무원 개인과 중첩적으로 배상책임을 부담하도록 하며(선택적 **청구권의 인정**), 국가 등이 배상한 경우에는 공무원 개인에게 내부적으로 **구상**(求償)할 수 있도록 함으로써 궁극적으로는 그 책임이 공무원 개인에게 귀속되도록 하려는 취지로 해석하여야 한다고 생각한다(같은 취지; 대판 1996. 2. 15, 95다38677. 종전의 상반된 위 판례를 정리한 판례).

> 판례 국가배상법 제2조 제1항 본문 및 제2항의 입법 취지

[다수의견]
　국가배상법 제2조 제1항 본문 및 제2항의 입법 취지는 공무원의 직무상 위법행위로 타인에게 손해를 끼친 경우에는 변제자력이 충분한 국가 등에게 선임감독상 과실 여부에 불구하고 손해배상책임을 부담시켜 국민의 재산권을 보장하되, 공무원이 직무를 수행함에 있어 경과실로 타인에게 손해를 입힌 경우에는 그 직무수행상 통상 예기할 수 있는 흠이 있는 것에 불과하므로, 이러한 공무원의 행위는 여전히 국가 등의 기관의 행위로 보아 그로 인하여 발생한 손해에 대한 배상책임도 전적으로 국가 등에만 귀속시키고 공무원 개인에게는 그로 인한 책임을 부담시키지 아니하여 공무원의 공무집행의 안정성을 확보하고, 반면에 공무원의 위법행위가 고의·중과실에 기한 경우에는 비록 그 행위가 그의 직무와 관련된 것이라고 하더라도 그와 같은 행위는 그 본질에 있어서 기관행위로서의 품격을 상실하여 국가 등에게 그 책임을 귀속시킬 수 없으므로 공무원 개인에게 불법행위로 인한 손해배상책임을 부담시키되, 다만 이러한 경우에도 그 행위의 외관을 객관적으로 관찰하여 공무원의 직무집행으로 보여질 때에는 피해자인 국민을 두텁게 보호하기 위하여 국가 등이 공무원 개인과 중첩적으로 배상책임을 부담하되 국가 등이 배상책임을 지는 경우에는 공무원 개인에게 구상할 수 있도록 함으로써 궁극적으로 그 책임이 공무원 개인에게 귀속되도록 하려는 것이라고 봄이 합당하다.

[별개의견]
　국가배상법 제2조 제2항의 입법취지가 공무원의 직무집행의 안정성 내지 효율성의 확보에 있음은 의문이 없는 바이나, 위 법 조항은 어디까지나 국가 등과 공무원 사이의 대내적 구상관계만을 규정함으로써, 즉 경과실의 경우에는 공무원에 대한 구상책임을 면제하는 것만으로써 공무집행의 안정성을 확보하려는 것이고, 대외적 관계 즉 피해자(국민)와 불법행위자(공무원) 본인 사이의 책임관계를 규율하는 취지로 볼 수는 없다. 그것은 국가배상법의 목적이 그 제1조가 밝히고 있는 바와 같이 국가 등의 손해배상책임과 그 배상절차 즉 국가 등과 피해자인 국민 간의 관계를 규정함에 있고 가해자인 공무원과 피해자인 국민 간의 관계를 규정함에 있는 것이 아닌 점에 비추어 보아도 명백하다.

[반대의견]
　헌법 제29조 제1항 및 국가배상법 제2조 제1항의 규정이 공무원의 직무상 불법행위에 대하여 자기의 행위에 대한 책임에서와 같이 국가 또는 공공단체의 무조건적인 배상책임을 규정한 것은, 오로지 변제자력이 충분한 국가 또는 공공단체로 하여금 배상하게 함으로써 피해자 구제에 만전을 기한다는 것에 그치는 것이 아니라, 더 나아가 국민 전체에 대한 봉사자인 공무원들로 하여금 보다 적극적이고 능동적으로 공무를 수행하게 하기 위하여 공무원 개인의 배상책임을 면제한다는 것에 초점이 있는 것으로 보아야 한다[대법원 1996.2.15, 선고, 95다38677, 전원합의체 판결].

2. 배상책임자

1) 국가·지방자치단체

　배상책임자는 가해 공무원이 소속된 국가 또는 지방자치단체이다(2①). 우리 헌법은 『국가 또는 공공단체』로 넓게 배상책임자를 규정하고 있으나, 국가배상법은 국가 또는 지방자치단체로만 한정하고 있다. 따라서 지방자치단체 이외의 공공단체(공공조합·영조물법인)의 배상책임은 민법에 의할 수밖에 없게 되었다.

2) 공무원의 선임·감독자와 비용부담자가 다른 경우

국가사무를 지방공무원에게 위탁하여 처리하거나 그 반대의 경우와 같이, 가해 공무원의 선임·감독주체와 봉급 기타의 비용부담주체가 서로 다른 경우에 피해자는 그 비용부담자에 대하여도 손해배상청구를 할 수 있으며, 이 경우에 손해를 배상한 주체는 궁극적으로 배상책임이 있는 다른 주체에 대하여 구상권을 가진다(6①②). 여기서 공무원의 **선임·감독주체**란 사무의 관리주체 또는 사무의 귀속주체를 말하며, 공무원의 **봉급비용부담주체**란 사무에 관한 실질상 또는 형식상 비용부담자를 말한다.

원래 국가배상법 제6조의 입법취지는 피해자인 국민의 입장에 서서 피고확정의 부담을 면해 주고자 함에 있다고 하겠다. 따라서, 원칙적으로 배상책임은 당해 사무의 귀속주체가 지는 것이지마는, 사무가 위임된 경우에는 ① 기관위임사무인 경우 사무의 귀속주체는 위임청인 국가 또는 상급 지방자치단체가 되지만, 현실적 비용부담자는 수임청인 하급 지방자치단체가 되는 것이 보통이므로 양자에게 선택적으로 청구할 수 있다고 하는 데 무리가 없으나, ② 단체위임사무인 경우에는 사무의 귀속주체도 현실적 비용부담자도 모두 수임청인 하급 자치단체가 되는 것이 보통이므로 국민은 결국 수임청에게만 손해배상청구를 할 수밖에 없지 않느냐는 의문이 있을 수 있으나, 이 경우에도 현실적 비용부담자가 아닌 궁극적·실질적 비용부담자는 결국 위임청이 된다고 보아야 할 것이기 때문에 양자 모두에게 선택적으로 청구할 수 있다는 결론에 이르게 된다.

> **판례** 비용부담자로서의 배상책임을 인정한 판례
> 군수가 도지사로부터 기관위임받은 사무를 처리하는 담당공무원이 군소속인 경우에 원칙적으로 군에는 국가배상책임이 없지만 군이 이들 담당공무원에 대한 봉급을 부담한다면 군도 국가배상법 제6조에 의한 비용부담자로서 국가배상책임이 있다(대판 1994. 1. 11, 92다29528).

3. 배상액

1) 배상기준

헌법(29①)은 『정당한 배상』을 하도록 규정하고 있는바, 이는 민법상의 일반 불법행위로 인한 손해배상책임과 같이 가해행위와 상당인과관계가 있는 모든 손해를 정당한 가격으로 환산하여 배상하는 것을 말한다.

그러나 국가배상법은 종래 생명·신체의 침해에 대한 배상기준만을 정해 오다가 1980년 법개정시 물건의 멸실·훼손으로 인한 배상기준을 추가하였으며, 또한 생명·신체침해로 인한 유족배상·장해배상·요양비 등을 일시에 청구하는 경우에는 봉급 등 장래에 발생할 손해액을 미리 지급하기 때문에 중간 이자를 공제함에 있어서 복리로 계산하는 복할인법(Leibniz식)을 택하

고 있었기 때문에 민법상의 불법행위로 인한 손해배상액 산정시에 우리 법원이 주로 단리로 중간이자를 공제하는 단할인법(Hoffmann식)보다 피해자에게 불리하다는 문제점이 있었다. 이에 따라 1997년 법 개정시에는 복할인법에 의한 중간이자공제방식을 삭제하고 구체적인 공제방식을 대통령령으로 정하도록 하였으며, 이에 의거한 동법시행령(6③)에서 **단할인법**에 의하도록 규정하였다.

2) 배상기준의 성격

위의 배상기준이 단순한 하나의 기준에 불과한 것인지, 아니면 이를 초과할 수 없는 상한을 정한 것인지에 관하여는 학설이 대립되어 있다.

① 기준액설

민법상의 불법행위책임과 달리 국가의 배상책임만을 특별히 법으로 한정함은 형평에 어긋나므로, 이는 단순히 하나의 기준에 불과하고 구체적 사안에 따라서는 배상액을 증액할 수 있다는 견해로서, 다수설과 판례가 지지하고 있다(대판 1980. 12. 9, 80다1828).

② 한정액설

법으로 정한 것은 당사자 사이의 분쟁의 소지를 없애기 위한 것으로서 바로 이에 기하여 배상하라는 취지의 한정액이라는 견해로서, 소수설이다.

③ 사 견

생각건대, 동법이 배상기준액을 정한 이유는 배상액을 한정하여 국고부담을 줄여 보자는 의도도 있었다고 할 수 있겠으나, 이를 한도액으로 보게 되면 민법상의 불법행위책임에 비하여 피해자에게 불리하게 되고, 결국 헌법상의 정당한 배상(29①)과 어긋나서 위헌의 문제가 야기될 수도 있으며, 동법도 명문으로 『…를 기준으로 하여 배상한다』고 표현하고 있는 점을 감안하면 기준액설이 타당하다고 하겠다.

4. 배상청구권의 양도·압류금지 및 소멸시효

국가배상법은 피해자·유족을 특별히 보호하기 위하여 배상청구권이라는 개인적 공권의 양도나 압류를 금지하고 있다(4). 한편, 배상청구권의 소멸시효에 관하여는 동법이 아무런 규정을 두고 있지 아니하므로 민법에 의하게 되며(동법 8조에 의거), 따라서 손해 및 그 가해자를 안 날로부터 3년이 지나면 시효로 소멸한다. 이 경우 동법에 의하여 행하는 배상심의회에 대한 손해배상금 지급신청행위는 소멸시효의 진행을 중단하는 시효중단사유로 볼 수 있으며(민168), 동 신청에 대하여 배상심의회의 결정이 있은 때로부터 중단되었던 소멸시효기간이 다시 진행된다고 하겠다.

Ⅲ. 국가배상청구의 절차

국가배상법 제9조는 결정전치주의를 폐지하고 배상심의회의 배상신청을 하지 않고 바로 국가배상청구소송을 제기할 수 있도록 하였다. 즉, 결정전치주의를 '임의적 절차'로서 정하고 있다. 결정전치주의를 택하면 ① 경제적 측면에서 비용·노력·시간 등을 절감할 수 있고, ② 행정적 측면에서 손해배상사무의 원활을 기할 수 있지만, ③ 소송적 측면에서는 소송에 의한 궁극적인 구제를 지연시키는 역기능도 있다.

1. 행정절차에 의한 청구

1) '임의적 결정전치주의'

결정전치주의를 택한 이유는 복잡하고 까다로운 소송절차를 피하고 시간·비용·노력을 절약하여 피해자 구제에 충실을 기하자는 데에 있으나, 제도를 잘못 운영하면 오히려 불필요한 절차만 거치게 함으로써 소송에 의한 구제를 지연시키는 결과를 초래할 수도 있기 때문에 결정전치주의를 '임의적 절차'로 채택하여 피해자의 선택에 맡기도록 함으로써 권리구제에 만전을 기하도록 하였다.

2) 배상심의회

일종의 합의제 행정관청으로서 국가·지방자치단체의 배상책임 여부와 배상금액을 결정하며, 하급심의회로서 지구배상심의회를 두고(일반 및 군지구배상심의회로 분리 설치), 상급심의회로서 법무부에 본부배상심의회를, 국방부에 특별배상심의회(군인·군무원 및 군 소속 영조물 사건만 관할)를 둔다.

3) 결정절차

배상금을 지급받고자 하는 자는 그 주소지·소재지 또는 배상원인 발생지를 관할하는 지구배상심의회에 배상금지급신청을 하여야 하며(12①), 지구배상심의회는 증인심문·감정·검증 등의 증거조사를 한 후 4주일 이내에 배상 여부를 결정하고, 결정 후 1주일 이내에 신청인에게 그 정본을 송달하여야 한다(13·14).

일정가액 이상의 중요배상사건은 본부 또는 특별심의회에 송부하여 본부 또는 특별심의회가 직접 결정하도록 하고 있으며(13⑥), 지구심의회에서 배상금지급신청이 기각 또는 각하된 경우에도 2주일 이내에 본부 또는 특별심의회에 재심을 신청할 수 있다(15의2).

4) 결정의 효력

배상심의회의 배상결정은 신청인이 동의함으로써 그 효력이 발생한다. 심의회의 결정에 동의하는 신청인은 지체없이 그 결정에 동의서를 붙여 국가 또는 지방자치단체에 배상금지급을 청구하여야 한다(15①). 신청인은 배상결정에 동의하여 배상금을 수령한 후에도 손해배상청구소송을 제기하여 배상금의 증액청구를 할 수 있다.

2. 소송절차에 의한 청구

배상금청구소송의 성격에 대하여는 전술한 바와 같이 행정소송의 일종인 공법상 당사자소송이라 할 것이나, 우리의 소송실무와 소수설은 이를 민사소송으로 취급하고 있다.

다만, 우리의 소송실무에 의하더라도 위법한 행정행위의 취소소송을 행정소송으로 제기하고 이에 병합하여 동 위법행위로 인한 손해배상을 청구하는 경우에는 전술한 바와 같이 『관련청구의 병합』제도에 의하여 행정소송으로 다루어지게 된다(행소10①).

위법한 행정행위로 발생한 손해에 대하여 먼저 당해 위법행위의 취소를 구하는 행정소송을 제기하지 않고 바로 손해배상청구소송을 제기할 수 있는가에 관하여는 전술한 바와 같이 소극설과 적극설이 대립되어 있으나, 위법성의 개념상의 차이점과 양 제도는 별개의 권리구제수단이라는 점 등을 고려하면 통설·판례가 취하고 있는 적극설이 타당하다고 하겠다.

제 3 절　영조물설치·관리의 하자로 인한 손해배상

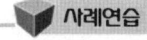

A시의 산악도로는 평소에도 낙석 위험이 많고 사고가 자주 발생하는 곳이다. 이에 도로주변에 "낙석주의"라는 경고판을 세우고 철조망을 설치하였으나 관리를 제대로 하지 않아 허술한 상태였다. 그러던 중 해빙기가 되자 낙석이 철조망을 뚫고 도로 위로 굴러 떨어져 이 곳을 운행 중이던 B가 낙석에 부딪혀 중상을 입었다.
B의 권리구제방안은?

국가배상법 제5조(공공시설 등의 하자로 인한 책임)
① 도로·하천, 그 밖의 공공의 영조물의 설치나 관리에 하자가 있기 때문에 타인에게 손해를 발생하게 하였을 때에는 국가나 지방자치단체는 그 손해를 배상하여야 한다. 이 경우 제2조제1항 단서, 제3조 및 제3조의2를 준용한다.

② 제1항을 적용할 때 손해의 원인에 대하여 책임을 질 자가 따로 있으면 국가나 지방자치단체는 그 자에게 구상할 수 있다.

Ⅰ. 영조물설치·관리의 하자로 인한 국가배상책임의 성질

국가배상법(5)은 『도로·하천 기타 공공의 영조물의 설치 또는 관리에 하자가 있기 때문에 타인에게 손해를 발생하게 하였을 때에는 국가 또는 지방자치단체는 그 손해를 배상하여야 한다』고 하고, 『이 경우 손해의 원인에 대하여 책임을 질 자가 따로 있을 때에는 국가 또는 지방자치단체는 그 자에 대하여 구상할 수 있다』고 규정하고 있다.

1. 무과실책임

이 규정에 의한 배상책임은 공공의 영조물의 설치·관리에 하자가 있다고 하는 객관적 사실만으로도 성립하며, 담당공무원의 고의·과실을 불문한다는 점에서(객관설; 후술) 통설은 무과실책임으로 보고 있다. 그러나 최소한 『설치·관리의 하자』는 있어야 한다는 점에서 보면 엄격한 의미의 절대적인 무과실책임으로 보기는 어렵다고 하겠다.

어쨌든 무과실책임주의를 택한 이상 피해자 구제에는 아주 유리하며, 이 때문에 동조는 『불법행위의 형식을 취한 사회보장』의 기능을 수행하고 있다는 평가를 받고 있다.

2. 민법상 배상책임과의 차이점

민법상 공작물로 인한 손해배상책임(민758)과 다른 점은, ① 대상물이 공작물보다 더 넓고, ② 점유자가 필요한 주의의무를 다한 때에는 그 소유자의 손해배상책임을 면책한다는 단서규정을 두고 있지 아니하기 때문에 피해자구제에 매우 유리하다는 점을 들 수 있다.

Ⅱ. 영조물설치·관리의 하자로 인한 국가배상책임의 요건

영조물설치·관리의 하자로 인한 국가배상책임이 성립하기 위하여서는 ① 도로·하천 기타의 공공의 영조물의, ② 설치 또는 관리의 하자로 인하여, ③ 타인에게 손해가 발생하여야 한다.

1. 공공의 영조물

여기서 말하는 공공의 영조물이란 학문적 의미의 영조물(공적 목적을 달성하기 위한 인적·

물적 시설의 총합체)이 아니라『널리 공공의 목적에 제공된 유체물』, 즉 학문상 공공용물과 공용물을 포함하는 공물을 말한다.

 따라서 모든 인공공물(도로·공원·가로수·제방·상하수도·학교·관공서청사 등)과 자연공물(하천·호수 등), 동산(자동차·항공기·동물 등)과 부동산(토지·건물 등)을 포함한다.

 공물인 이상 국가·지방자치단체가 직접 소유하는 자유공물뿐만 아니라 직접 소유하지 아니하는 타유공물(사유의 도로 등)도 포함된다. 그러나 국유재산이라 할지라도 공물이 아닌 잡종재산(대부분의 국유림 등)은 제외되며 그로 인한 손해는 민법상의 손해배상책임에 따른다(국배8·민758).

 다만, 자연공물은『설치』할 수 있는 것이 아니라는 점에서 의문이 있을 수도 있으나, ① 국가배상법은『설치 및 관리의 하자』가 아니라『설치 또는 관리의 하자』라고 하고 있으며, ② 순수한 자연공물이라도 최소한의 인공적 관리(예 : 하천의 준설공사 등)는 행하여지고 있고, ③ 순수한 자연공물을 제외해 버리면 하천에 제방 등의 시설이 되어 있는 경우에는 인공공물이 되어 국가배상책임을 지게 되는 것과 균형이 맞지 않게 되며, ④ 국가배상법도『도로·하천 기타 공공의 영조물』이라 하여 자연상태의 하천도 명문으로 포함하고 있다는 점 등을 감안하면 자연공물도 포함된다고 할 것이다.

2. 설치 또는 관리의 하자

1) 의 의

『설치의 하자』란 영조물을 설치하는 데 있어서 설계의 잘못, 불량자재의 사용 등 설계·건축의 잘못을 말하며, 『관리의 하자』란 설치 이후의 유지·수선·보관의 잘못을 말한다. 그러나 하자의 의미에 관하여는 학설이 대립되어 있다.

① 객관설

 하자란 객관적으로 보아 영조물이 사회통념상 일반적으로 갖추어야 할 안전성을 결여한 것으로서 하자발생의 고의·과실은 문제되지 아니한다고 하며, **통설·판례**의 입장이다(후술 판례 참조).

② 주관설

 하자 자체의 존재를 요하는 점은 객관설과 같으나 다만 그것이 관리자의 주관적인 안전관리의무위반, 즉 주의의무위반으로 인한 경우로 한정하는 입장이다.

③ 절충설

 영조물 자체에 객관적 하자가 있는 경우뿐만 아니라, 객관적 하자는 없더라도 관리자의 안전관리의무위반이 있을 경우에도 하자의 성립을 인정하는 입장이다. 즉, 영조물과 관련하여 발생하는 손해는 그것이 물적 하자로 인한 것이든 또는 관리상의 과오에 기인한 것이든 국가배상책임이 발생한다는 것이다.

④ 판 례

판례는 "국가배상법 제5조 제1항 소정의 영조물의 설치 또는 관리의 하자라 함은 영조물이 그 용도에 따라 통상 갖추어야 할 안전성을 갖추지 못한 상태에 있음을 말하는 것으로서" 기본적으로 객관설을 취하면서도 아울러 "안전성의 구비 여부를 판단함에 있어서는 사회통념상 일반적으로 요구되는 정도의 방호조치의무를 다하였는지 여부를 그 기준으로 삼아야 할 것"으로 이해하고 있으므로, 판례의 태도는 수정된 객관설의 입장을 취한 것으로 보인다.

> **판례** 국가배상법 제5조 제1항 소정의 영조물의 설치·관리상의 하자의 의미 및 그 판단 기준
>
> 국가배상법 제5조 제1항 소정의 영조물의 설치 또는 관리의 하자라 함은 영조물이 그 용도에 따라 통상 갖추어야 할 안전성을 갖추지 못한 상태에 있음을 말하는 것으로서, 영조물이 완전무결한 상태에 있지 아니하고 그 기능상 어떠한 결함이 있다는 것만으로 영조물의 설치 또는 관리에 하자가 있다고 할 수 없는 것이고, 위와 같은 안전성의 구비 여부를 판단함에 있어서는 당해 영조물의 용도, 그 설치장소의 현황 및 이용 상황 등 제반 사정을 종합적으로 고려하여 설치 관리자가 그 영조물의 위험성에 비례하여 사회통념상 일반적으로 요구되는 정도의 방호조치의무를 다하였는지 여부를 그 기준으로 삼아야 할 것이며, 객관적으로 보아 시간적·장소적으로 영조물의 기능상 결함으로 인한 손해발생의 예견가능성과 회피가능성이 없는 경우 즉 그 영조물의 결함이 영조물의 설치관리자의 관리행위가 미칠 수 없는 상황 아래에 있는 경우에는 영조물의 설치관리상의 하자를 인정할 수 없다[대법원 2000.2.25. 선고, 99다54004, 판결].

⑤ 사 견

공무원의 직무상 불법행위책임과는 달리 고의·과실을 요하지 아니한다는 점에서 **무과실책임**이며 따라서 객관설이 타당하다고 생각된다. 주관설은 안전관리의무를 고도화·객관화함으로써 피해자구제의 범위가 좁혀지지 아니하도록 노력하고 있으나 근본적으로 피해자 구제에 미흡하다고 할 것이며, 절충설은 피해자구제의 범위를 무한정하게 확대할 우려가 있다고 하겠다(예: 눈·비·안개 등 순수한 자연재해로 인한 피해에 대하여도 무한정한 국가배상책임을 인정할 우려가 있다).

2) 불가항력으로 인한 손해

통상 예측할 수 없는 불가항력으로 인한 손해('도로공사중'이라는 표지판을 제3자의 차가 쓰러뜨린 직후에 추락하여 발생된 손해인 경우, 또는 예측 불가능한 지진·폭풍·해일·눈사태 등 자연재해의 경우)에 대하여는 국가·지방자치단체의 배상책임을 인정할 수 없다고 하겠다. 다만, 이 경우에도 영조물 설치·관리의 하자와 경합하여 손해가 발생되거나 손해액이 확대된 경우에는 경합된 범위 안에서는 배상책임이 인정될 것이다.

> **판례** 장마철에 가로수가 쓰러져 발생한 사고에 영조물 설치·관리의 하자를 인정한 판례
> 구청이 관할하는 도로상의 15m 높이의 가로수가 장마철에 쓰러지면서 때마침 이곳을 통과하던 원고 자동차의 지붕을 덮쳐 자동차가 파손된 경우, 매년 집중호우와 태풍이 동반되는 장마철을 겪고 있는 우리나라 기후 여건하에서는 예측 불가능한 천재지변이라고 볼 수 없으므로 영조물의 설치·관리에 하자가 있다고 할 것이다(대판 1993. 7. 27, 93다20702).

> **판례** 집중호우로 인한 제방도로의 유실을 영조물의 설치·관리의 하자로 인정한 판례
> 50년 빈도의 최대 강우량에 해당하는 집중호우가 내렸다는 사실만으로는 그 이전에도 하천이 범람하고, 제방도로가 유실된 바 있었던 점과 우리나라의 경우 여름철 집중호우가 예상하기 어려운 정도의 기상이변에 해당한다고 보기 어려운 점에 비추어, 제방도로가 유실되면서 그곳을 걸어가던 보행자가 강물에 휩쓸려 익사한 경우의 사고가 예상할 수 없는 불가항력에 기인한 것이라 할 수 없으므로 제방도로의 설치·관리상의 하자가 있다고 할 것이다(대판 2000. 5. 6, 99다53247).

> **판례** 도로상에서 제3자의 행위가 개입되어 발생한 사고에 대하여 기대불가능성을 이유로 배상책임을 부정한 판례
> 국도상에 쇠파이프가 떨어져 있었고 그것이 다른 차량의 바퀴에 튕기어 승용차 앞 유리창을 뚫고 들어와 운전자가 사망한 경우에 일단 도로관리에 하자가 있다고 볼 수 있으나, 사고발생 33분 내지 22분 전에 피고 관리청이 운영하는 과적차량 검문소의 근무자 교대차량이 통과할 때 쇠파이프를 발견하지 못하였고, 피고가 넓은 국도를 더 짧은 간격으로 일일이 순찰하면서 낙하물을 제거하는 것은 현실적으로 불가능하다 할 것이므로 국가배상책임 없다(대판 1997. 4. 22, 97다3194).

3) 재정적 제약과 하자

국가·지방자치단체의 재정상의 제약으로 인하여 영조물이 갖추어야 할 안전성을 확보하지 못한 경우에도 배상책임이 면제되는 것은 아니며, 다만 안전성의 판단에 있어서의 참작사유가 될 뿐이라고 하겠다(판례 참조).

> **판례** 『재정적 제약』은 배상책임면제사유가 아닌 참작사유에 불과하다는 판례
> 견고하지 못한 흙벽돌로 지은 병사가 폭우로 인한 산사태로 뒤덮여 안에서 잠자고 있던 5명의 사병이 압사한 사건에 있어서, 영조물 설치의 하자 유무는 객관적 견지에서 본 안전성의 문제이며, 국가의 재정사정과 영조물의 사용목적은 안전성의 판단에 대한 정도의 문제로서 참작사유에는 해당되지만 절대적 요건은 아니다(대판 1967. 2. 21, 66다1723).

4) 하자의 입증책임

원칙적으로 하자가 있음을 주장하는 원고(피해자)에게 하자의 입증책임이 있다고 하겠으나, 전술한 공무원의 직무상 불법행위책임에 있어서의 고의·과실의 입증책임의 경우와 마찬가지로 **일응추정의 법리**에 따라 영조물에 의한 손해가 발생하면 일응 그 설치·관리의 하자가 있음이 추정된다고 보아 피고인 국가 등이 하자가 없음을 **입증**하여야 할 것이다. 이렇게 함으로써

원고인 국민의 부담을 덜어줄 수 있게 된다.

3. 손해의 발생

영조물 설치·관리의 하자로 타인에게 손해가 발생하여야 하며, 하자와 손해 간에는 **상당인과관계**가 있어야 한다. 상당인과관계가 인정되는 한 자연재해 또는 제3자의 행위와 경합하여 손해가 발생된 경우에도 배상책임은 인정된다.

공무원도 『타인』에 포함될 수 있으나, 국가배상법(2①단·5①후)은 직무상 불법행위로 인한 손해배상과 마찬가지로 군인·군무원·경찰공무원 등과 같이 위험성이 높은 직무에 종사하는 공무원에 대하여는 군인연금법 등 각 개별법률이 정하는 보상 외에 이 법에 의한 2중적인 배상청구는 금지하고 있다.

> **▶ 사례연습 해설**
>
> 국가배상법 제5조 1항의 영조물의 설치·관리의 하자로 인한 손해배상청구권을 행사할 수 있는지의 여부가 쟁점이 된다. ① B의 피해는 영조물인 산악도로와 관련하여 발생하였고, ② 영조물의 설치·관리상의 하자와 관련하여 개관설 또는 주관설(의무위반설)에 의하든 낙석이 많은 지역에 철조망을 제대로 보수하지 않은 점에 미루어 일응 관리상의 하자가 인정되며, ③ B는 영조물을 설치·관리하는 자 이외의 자로서 타인에 해당하고, ④ B는 중상이라는 피해를 입었고, ⑤ 산악도로의 관리상의 하자와 B의 피해 사이에는 상당인과관계가 존재하므로 B는 국가배상법 제5조 제1항 제1문이 정하는 배상청구권의 성립요건을 모두 갖추었다. 따라서 B는 국가배상법 제5조 제1항 제1문에 근거하여 손해배상청구권을 행사할 수 있다.

Ⅲ. 영조물설치·관리의 하자로 인한 국가배상책임

1. 배상책임자

영조물 설치 또는 관리의 책임이 있는 **국가** 또는 **지방자치단체**이다. 이 경우 설치·관리 의무자와 그 비용부담자가 다른 경우(예 : 국유 선박의 관리를 지방자치단체에게 위탁한 경우)에는 **비용부담자**도 배상책임을 지므로(6①), 피해자는 관리주체와 비용부담자 중에서 선택적으로 배상청구를 할 수 있으며, 이 경우에 손해를 배상한 주체는 내부관계에 있어서 궁극적으로 배상책임이 있는 자에게 **구상권**을 행사할 수 있음은 물론이다(6②). 이에 관하여는 본질적으로 공무원의 위법한 직무집행행위로 인한 손해배상에서 설명한 것과 같다.

> **판례**
>
> 국도의 관리비용을 지방자치단체가 부담하는 것과 같은 소위 국영공비사업에 있어서 국가는 영조물의 설치·관리자로서의 책임을 지며, 당해 영조물의 관리비용을 부담하는 서귀포시도 비용부담자로서 국가배상법 제6조 제1항이 정한 자신의 고유한 배상책임을 지는 것이며, 따라서 양자는 부진정 연대채무자인 공동불법행위자 상호간의 내부관계에서 각자의 손해발생에 대한 원인의 제공정도에 따라 배상책임을 분담하게 된다(대판 1993. 1. 26, 93다2684).

2. 원인책임자에 대한 구상권

국가·지방자치단체가 배상한 경우에도 손해의 원인에 대하여 책임을 질 자가 따로 있을 때에는 그 자에게 구상(求償)할 수 있다(6②).

여기서 말하는 원인책임자란, ① 영조물을 불완전하게 건조한 **공사수급인** 또는 ② 영조물의 관리기관인 **공무원**을 의미한다. 이 경우 공무원은 직무상 불법행위책임과의 균형상 고의·중과실이 있는 경우에 한하여 구상책임이 있다고 하여야 할 것이다.

3. 배상액

하자와 상당인과관계가 있는 모든 손해이며, 공무원의 직무상 불법행위로 인한 손해배상에 적용되는 배상기준을 준용하고 있다(5①후).

한편, 공무원의 직무상 불법행위의 경우와 마찬가지로 생명·신체의 침해로 인한 손해배상청구권은 양도·압류가 금지된다고 하여야 할 것이다(4).

제 4 절 공법상의 위험책임

I. 공법상의 위험책임의 의의

'위험책임'이란 원래 사법에서 발달된 이론으로서 근대민법의 기본원칙인 과실책임주의에 대응하여, 오늘날 전기·교통·원자력·광업 등 고도의 위험성을 가진 기업 활동으로 인하여 발생한 피해에 대하여 기업주체의 고의·과실을 묻지 아니하고 배상책임을 지게 하는 이론으로서, 공기업 활동을 중심으로 한 '공법'분야에서도 이를 도입·적용하려는 노력이 바로 '공법상의 위험책임론'이다.

Ⅱ. 공법상의 위험책임의 인정 여부에 관한 학설

1. 긍정설

원자력 등 처음부터 고도의 위험성을 내포하고 있는 행정활동에 대하여는 과실의 입증이 매우 어려움에도 불구하고 피해자에게 입증책임을 지우는 것은, 그 활동으로 인한 이익은 정부가 향유하면서 이로 인한 불이익은 전혀 책임지지 아니하려는 태도로서 정의와 형평에 어긋나기 때문에, 위험한 행정활동으로부터 야기된 피해가 있으면 행정주체가 책임을 져야 한다는 주장이다. 긍정설은 행정주체가 야기한 『특별한 위험상태』그 자체에 책임의 근거를 두고 있으며, 영·미의 엄격책임(strict liability), 프랑스의 위험이론, 우리의 무과실책임이론이 이에 해당한다.

2. 부정설

위험책임론은 결국 책임의 원인은 묻지 아니하고 발생된 결과에 대하여 무조건 책임을 지는 결과책임론으로 귀착되므로 책임의 한계를 설정할 수 없으며, 위험의 개념도 확정하기 어렵기 때문에 이를 인정할 수 없다는 견해이다.

3. 사 견

현대 과학기술을 활용한 고도의 기업활동분야에 있어서 위험책임론이 가지는 피해자보호기능을 무시할 수 없다는 점과, 반면 이를 무한정 확대 인정하면 결과책임에 흐르게 되어 근대사법의 기본원칙의 하나인 자기책임론을 근본부터 무너뜨릴 우려가 있다는 점을 감안하여 극히 한정된 위험분야에 있어서만 제한적으로 인정하는 것이 실질적 법치국가의 이념에도 부합할 것으로 생각된다.

Ⅲ. 실정법상의 위험책임

현행 우리 실정법상 위험책임이 인정되는 경우는 다음과 같다.
① 영조물의 설치 또는 관리의 하자로 인한 국가·지방자치단체의 손해배상책임(국배5)
② 국·공영 원자력사업으로 인한 손해배상책임(원자력손해배상3)
③ 국·공영 사업체 종사 근로자에 대한 산업재해보상책임(산재보상보험법)
④ 국·공영 광업체의 광해로 인한 손해배상책임(광업91)

⑤ 국·공유 자동차사고로 인한 손해배상책임(국배2① 및 자동차손해배상보장법. 대판 1970. 3. 24, 70다135)

⑥ 공무원·경찰공무원·군인·향토예비군 등의 공무수행 중의 재해에 대한 손해배상책임(공무원연금법35 등)

⑦ 국·공영 사업자의 독점규제 및 공정거래에 관한 법률 위반행위(불공정거래행위 등)로 인한 손해에 대한 배상책임(동법56)

제 5 절 공법상의 결과제거청구권

Ⅰ. 개 설

1. 공법상의 결과제거청구권의 의의

'공법상의 결과제거청구권'이란 『위법한 행정작용의 결과로 야기된 사실상태로 말미암아 권익을 침해받았다고 주장하는 자가 행정주체에 대하여 그 위법상태를 제거하여 줄 것을 청구하는 권리』를 말한다.

▶ 예 : 토지수용처분이 취소된 후에도 반환하지 않고 계속 공공용지로 사용하는 경우 등.

위법한 행정작용은 반드시 법적 행위에 한정되지 아니하며 행정상의 사실행위도 포함한다(예 : 사유지에 대한 위험물 적치, 지하시설물 매설, 도로개설 등 부당한 점용행위). 이와 같은 결과제거청구권은 법률유보의 원칙 또는 자유권적 기본권에 부여된 방어권의 관념 등으로부터 도출된 실체적 청구권이다. 따라서 공권의 침해나 그 침해에 의한 방해상태가 존속되어 있는 경우에 실제적으로 적용되고 있다.

2. 공법상의 결과제거청구권의 성질

공법상의 결과제거청구권은 민법상의 소유권에 기한 반환청구권·방해제거청구권 및 방해예방청구권(민213·214)을 공법 분야에 유추적용한 것으로서 독일의 학설·판례에서 발전된 이론으로 1982년 독일의 국가책임법에서 제도화되었다. 그러나 결과제거청구권은 공권력행사와 관련되는 것만이 아닌 사법활동에 대해서도 적용되는 경우가 있으므로, 공권 여부 등에 관하여 견해가 나뉘어져 있다.

1) 공권 여부

 사권설은 (공권이든 사권이든 간에)결국 아무런 법적 권원 없는 침해상태의 제거를 목적으로 하는 이상 굳이 사권 아닌 공권으로 따로 규율할 필요는 없는 것이므로 사인 상호간의 법률관계와 동일하게 취급할 것을 주장하고 있으나, **공권설**은 행정주체의 위법한 공행정작용을 원인으로 한 침해상태인 이상 공권이며 따라서 이에 관한 소송도『행정청의 처분 등을 원인으로 하는 법률관계에 관한 소송』인 공법상의 당사자소송이라고 한다. 행정상 손해배상청구권에서 설명한 것과 마찬가지로 공권설이 타당하다고 생각된다. 따라서 당사자소송을 독자적으로 제기할 수 있고, 처분 등에 관한 취소소송의 관련청구로서 병합하여 제기할 수도 있다.

 2) 물권적 청구권 여부

 물권적 지배권이 침해된 경우에만 발생하는 물권적 청구권이라는 주장도 있으나, 예컨대 공무원의 위법한 명예훼손적 발언으로 인하여 개인의 명예권 등 비재산권이 침해된 경우에도 성립될 수 있다고 할 것이므로 물권적 청구권은 아니라고 할 것이다.

 3) 손해배상청구권과의 구별

 양자는 요건과 효과에 있어 구별되는바, 우선 요건에 있어서 손해배상청구권은 행정주체의 고의·과실이 있어야 하지만, 결과제거청구권은 위법한 행정작용의 결과로서 남아 있는 상태로 인하여 법률상 이익이 침해되기만 하면 고의·과실은 묻지 아니하며, 효과에 있어서 전자는 금전배상을, 후자는 원상회복을 내용으로 하고 있다.

3. 공법상의 결과제거청구권의 필요성

 공법상의 결과제거청구권은 기존의 손해배상 및 행정행위의 취소소송제도만으로는 국민의 권익구제에 미흡한 경우에 그 가치가 인정되고 있다. 예컨대 위법한 토지수용처분·자동차압류·자동차견인·운전면허취소·사유지의 도로편입처분 등에 대하여, 비록 법원의 취소판결을 얻고 이로 인한 손해배상까지 받았다 하더라도 행정주체가 당해 토지·자동차 또는 면허증을 반환하지 아니하고 계속 점유하고 있는 경우에 이 제도를 인정할 실익이 있다.

 이 권리는 이처럼 초기에는 위법한 행정행위가 취소되었음에도 불구하고 위법한 사실상태가 잔존하고 있는 경우 이를 제거하는 **집행결과제거청구권**을 주된 내용으로 하였으나, 이후 공무원의 위법한 명예훼손적 발언과 같은 위법한 공행정 작용이나 적법한 권원 없이 행한 사인의 토지의 도로편입조치 같은 **사실행위**에도 확대 적용되고 있다는 점에서도 실익이 있다.

Ⅱ. 공법상의 결과제거청구권의 근거

실체법적 근거로서는, 독일의 판례와 학설은 헌법상의 법치주의 내지 법률에 의한 행정의 원리 및 기본권 규정과 민법상 소유권에 기한 방해배제청구권 규정의 유추적용에서 법적 근거를 찾고 있으며, 우리의 학설도 대체로 이와 유사하다.

한편 **절차법적** 근거로서는 행정소송법상의 당사자소송(39~44) 및 관련청구의 병합(10조)규정 등에서 찾고 있다.

Ⅲ. 공법상의 결과제거청구권의 요건

1. 위법한 행정작용

행정주체의 위법한 **법적 행위**(권력작용·관리작용 포함)뿐만 아니라 **사실행위**도 포함된다.

그러나 **사경제적 작용**(국고작용)으로 인한 침해는 민법상의 방해배제청구의 대상이 되기 때문에 제외된다. 공행정작용에 해당되는 한, **처음부터 무효**인 행정행위이었거나, 실행초기에는 적법한 행정작용이었지만 그 후 취소되거나 기간의 경과, 해제조건의 성취 및 처분 요건의 소멸 등의 사정변경에 의하여 **사후에 위법하게 된 경우**에 행정청이 이를 방치하고 있으면, 이해관계인은 그 위법상태의 제거를 요구할 수 있는 청구권이 인정된다.

2. 법률상 이익의 침해

행정작용으로 말미암아 법률상 이익이 침해된 경우에 한한다. 법률상 이익(法律上 利益)에는 반드시 물권 등 **재산상의 이익**뿐만 아니라 명예 등 **비재산적 이익**이 침해된 경우도 포함된다.

그러나 법률상 보호받을 수 있는 이익이 아닌 경우에는 제외된다(예 : 주차금지장소에 주차하여 견인된 차를 당초의 위치에 반환할 것을 요구하는 것 등).

3. 침해의 계속성

결과제거청구권은 제거해야 할 결과가 계속 존재할 것을 요건으로 한다. 따라서 법률상 이익침해의 상태가 더 이상 존재하지 않는 경우에는 손해배상은 별론으로 하더라도 적어도 결과제거청구권은 논리적으로 인정될 수 없다(예 : 불법으로 몰수당한 여권이 실제로 반환된 경우 등).

4. 결과제거의 가능성

결과제거청구권은 논리적으로 원래의 상태 또는 이와 유사한 상태로의 회복이 법률상 또는 사실상 가능하며, 또한 그것이 **기대가능**한 것이어야 한다.

따라서 원상회복에 드는 **비용**이 지나치게 많거나 **공공복리**를 현저히 해치는 경우

➡ 예 : 위법하게 수용된 토지에 발전소·철도·고속도로가 건설되어 버린 경우)에는 결과제거의 기대가능성이 없다고 하겠으며, 쟁송법상 사정재결과 사정판결의 예와 같이 적절한 금전적 배상 등으로 해결할 수밖에 없다고 하겠다. 그러나 사유지 위에 상수도관을 매설한 경우에는 결과제거의 기대가능성이 있다는 판례가 있다.

> **판례** 결과제거의 기대가능성을 인정한 판례
> • 사실개요
> 서울특별시가 개인의 사유지 약 10평을 아무런 정당한 권한없이 점유하여 상수도관을 매설하여 주민들의 식수공급에 사용하고 있었다.
> • 판결요지
> 피고가 공익사업이라는 이유로 상수도관을 철거할 수 없다거나 이를 이설할 다른 마땅한 장소가 없다는 사유만으로는 원고가 소유권에 기하여 상수도관의 철거를 구하는 것을 권리남용이라고 할 수 없다(대판 1987. 7. 7, 85다카1383).

Ⅳ. 공법상의 결과제거청구권의 효과

1. 원상회복의무의 발생

행정주체는 위법한 사실상태를 제거하여 원래의 상태로 회복(Wiederherstellung)하여야 할 의무가 있다.

2. 과실상계의 문제

위법한 사실상태의 발생에 대하여 피해자에게도 과실이 있는 경우에는 민법상의 과실상계(396)에 관한 규정을 유추적용하여 피해자의 과실의 정도에 따라 결과제거청구권이 감축되거나 상실될 수도 있다고 할 것이다.

3. 손해배상과의 관계

피해자는 결과제거청구권과 손해배상청구권을 중복적 또는 선택적으로 행사할 수 있음은

물론이며, 결과제거의 가능성이 없는 경우에는 상술한 바와 같이 손해배상만을 청구할 수 있을 뿐이라고 하겠다.

4. 복효적 행정행위의 제3자의 결과제거청구권 인정문제

위법한 건축허가의 취소소송에 승소한 인근 주민도 건축 중인 건물에 대하여 결과제거청구권을 행사할 수 있는가에 관하여는 부정적인 견해도 있으나, 제3자에게 소의 이익을 인정한 이상 한 걸음 나아가 결과제거청구권까지 인정하는 것이 권리보호의 이념에 충실하다고 생각된다.

V. 공법상의 결과제거청구권의 쟁송절차

결과제거청구권을 사권으로 보는 견해에 의하면 일반 민사소송에 의한다고 하겠으나, 공권으로 보는 견해에 따르면 전술한 바와 같이 공법상의 당사자소송에 의한다고 하며, 이미 행정행위에 대한 취소소송 또는 손해배상청구소송(민사소송일 경우도 포함)이 제기되어 있는 경우에는 관련청구소송으로 이에 병합하여 제기할 수 있음은 물론이다(행소10①·②).

그러나 우리 소송실무에서는 이를 민사소송으로 다루고 있다(위 판례 참조).

제2장 행정상 손실보상

제1절 개 설

Ⅰ. 행정상 손실보상의 의의

'행정상 손실보상'이란 『① 공공필요에 따른 적법한 공권력행사로 말미암아, ② 사유재산에 가해진 특별한 희생에 대하여, ③ 사유재산권의 보장과 전체적인 평등부담의 견지에서 행하여지는 조절적인 재산적 보상』을 말한다.

이를 나누어 설명하면 다음과 같다.

1) 『적법행위』로 인한 손실의 보상

토지수용·징발 등과 같이 법률이 처음부터 상대방의 재산권을 적법하게 침해할 권한을 부여하고 있는 경우에 그 권한을 행사한 결과 생긴 손실을 보상하는 제도이다. 따라서 위법행위로 인한 손해를 배상하는 손해배상제도와 구별된다. 그러나 두 제도는 다같이 행정작용에 의하여 개인이 입은 특별한 손실의 전보를 목적으로 하는 사회적 공평부담의 제도라는 점에서 융화의 경향을 보이고 있다.

2) 『공권력행사』로 인한 손실의 보상

공권력 행사가 아닌 사법상의 계약에 의한 매매대가의 지급과 구별된다(예 : 신도시개발 등을 위한 공공용지의 협의 매수, 공익사업을 위한 토지 등의 취득 및 보상에 관한 법률 제3장 협의에 의한 취득 또는 사용). 그러나 사법상 계약이라는 비권력적 수단이 성사되지 못할 경우에는 토지수용과 손실보상이라는 공권력 행사에 의존하게 된다.

3) 『특별한 희생』에 대한 조절적 보상

도로·철도·항만·댐·원자력발전소·폐기물 매립장 건설 등 공공의 이익에 불가피한 사업의 수행을 위하여 특정 개인에게 입히는 특별한 희생을 국민 전체의 부담으로 전가시켜, 『공적 부담 앞의 평등』을 실현하려는 조절적 의미의 보상이다. 그러므로 공권력 행사가 재산권 등에 영향을 미친 경우라도 그것이 일반적 부담 또는 권리의 의무화에 따르는 재산권 자체에 내재하는 사회적 구속의 범위 내의 것인 때에는 손실보상의 문제가 생기지 않는다. 예컨대, 자동차의 안전운행을 위하여 차량검사의무를 부과하거나 개인이 소유하고 있는 문화재의 관리의무를 부과하여 재산상의 손실이 발생하더라도 그것은 재산권에 내재하는 사회적 구속의 범위내의 것이 되어 보상이 필요하지 않다고 하겠다.

4) 『재산권 침해』에 대한 보상

공공필요에 의한 재산권의 침해(수용·사용·제한)에 대한 보상이므로 재산권침해가 아닌 적법한 노력동원(전시 근로동원, 수형자 등)과 구별된다.

그러나 오늘날은 반드시 재산권 침해뿐만 아니라 댐이주대책에 따라서 생활기반을 상실하게 되는 생활권 침해와 생명·신체의 침해에 대한 보상도 논의되고 있다.

Ⅱ. 행정상 손실보상의 근거

1. 행정상 손실보상의 이론적 근거

손실보상의 이론적 근거로서는 과거 자연법적인 기득권(재산권) 불가침원칙에 입각한 기득권설과, 반대로 극단적인 공익우선 및 국가권력 절대의 사상에 입각하여 보상은 당연한 것이 아니라 단지 국가가 행하는 은혜로서 특별히 해 주는 것이라는 은혜설 등이 있었으나, 오늘날은 통설인 특별희생설만이 주장되고 있다.

『특별희생설』에 의하면 공공의 이익을 위하여 특정인에게 부과된 특별한 희생은 이를 사회전체의 부담으로 돌리는 것이 ① 정의와 평등원칙에 부합되며, ② 공익과 사익 간의 조화를 도모할 수 있고, ③ 법률생활의 안정을 기할 수 있다는 것이다.

다만, 공익과 사익은 모두 중시되어야 마땅한 것이기는 하지만 그 중 어느 것을 보다 우선시키는가에 따라 손실보상의 개념·범위 등에 관하여 차이가 있게 된다.

2. 행정상 손실보상의 실정법적 근거

손실보상에 관한 헌법적 근거로서는 『공공필요에 의한 재산권의 수용·사용 또는 제한 및 그에 대한 보상은 법률로써 하되, 정당한 보상을 지급하여야 한다』는 규정을 들 수 있다(헌법23③). 이에 근거하여 일반법으로서 『공익사업을 위한 토지 등의 취득 및 보상에 관한 법률』(이하 "토지보상법"이라 함)이 제정되어 있으며, 그 외에 각 개별법에서도 손실보상에 관한 특별규정을 두면서 일반적인 사항에 관하여는 일반법인 토지보상법을 준용하도록 하는 경우가 있다(징발·국토·건축·도로·하천 등).

각 개별법을 보면 재산권의 수용·사용·제한은 규정하고 있으면서도 이에 대한 보상규정은 두지 아니한 경우가 있어 문제가 되고 있으며(예 : 국토의 계획 및 이용에 관한 법률에 의한 그린벨트, 즉 개발제한구역제도), 이 경우 상기 헌법 규정에 따라 직접 손실보상을 청구할 수 있는가(보상규정이 없는 수용 등이 있는 경우 손실보상의 가능성)(2011년 입법고시 제27회)의 문제와 관련하여 동 규정의 효력에 관한 학설이 대립되어 있다.

1) 입법자에 대한 직접효력설(위헌무효설)

재산권을 침해당한 국민에게 직접 손실보상청구권을 부여하는 규정은 아니지만, 적어도 입법자에 대하여는 재산권침해 규정을 둘 때에는 반드시 보상규정을 두도록 구속하는 힘을 가진다고 한다. 따라서 이에 위반한 법률은 위헌으로서 무효이며, 이러한 법률에 근거한 재산권침해행위는 당연히 위법행위가 되어 이론상 손해배상을 청구할 수 있고 손실보상은 청구할 수 없다고 주장한다.

2) 국민에 대한 직접효력설

위 헌법규정은 재산권을 침해당한 국민에게 직접 손실보상청구권을 부여한 것이므로 헌법규정을 근거로 하여 직접 손실보상을 청구할 수 있다고 한다. 따라서 어떤 법률이 재산권침해를 규정하면서 손실보상에 관한 규정을 두지 않는 경우라 하더라도 그런 법률이나 그에 의거한 재산권침해행위는 위헌무효가 아니고 유효하며, 그런 재산권침해를 당한 자는 직접 헌법규정에 근거하여 민사소송 또는 공법상의 당사자소송으로 보상청구를 할 수 있게 된다.

3) 유추적용설(간접효력설)

보상규정이 없는 경우에도 헌법 제23조 제1항의 재산권보장조항 및 제11조의 평등조항에 근거하여 헌법 제23조 제3항 및 관계규정의 유추적용을 통하여 보상을 청구할 수 있다는 견해이다.

4) 판례

대법원은 경계이론에 입각하여 ① 손실보상이 아니라 불법행위로 취급한 경우도 있고, ② 공용침해로 인한 특별한 손해에 대하여 보상규정이 없는 경우에 관련 법률상의 보상규정을 유추적용하여 보상을 인정(대판 1999. 11. 23, 98다11529)하는 등 일관성이 결여되어 있다.

> **판례** 유추적용을 인정한 판례
> 구 수산업법상 어업허가를 받고 허가어업에 종사하던 어민이 공유수면매립면허의 시행으로 피해를 입게 된 경우에 헌법 제23조 제3항, 면허어업권자 내지는 입어자에 관한 손실보상을 규정한 구 공유수면매립법 제16조, 공공용지의 취득 및 손실보상에 관한 특례법 제3조 제1항 및 동법시행규칙 제25조의 2의 규정을 유추적용해 피해어민들에게 손실보상을 해 줄 의무가 있다(대판 1999. 11. 23, 98다11529).

헌법재판소는 분리이론에 입각하여 법률에 보상규정을 두지 않는 것이 위헌이라는 입장을 피력하면서 보상에 대한 입법의무를 부과하는 입장이다. 위헌무효설을 따른 것으로 보인다.

> **판례** 헌법불합치결정을 하는 이유와 그 의미
> 구 도시계획법 제21조에 규정된 개발제한구역제도 그 자체는 원칙적으로 합헌적인 규정인데, 다만 개발제한구역의 지정으로 말미암아 일부 토지소유자에게 사회적 제약의 범위를 넘는 가혹한 부담이 발생하는 예외적인 경우에 대하여 보상규정을 두지 않은 것에 위헌성이 있는 것이고, 보상의 구체적 기준과 방법은 헌법재판소가 결정할 성질의 것이 아니라 광범위한 입법형성권을 가진 입법자가 입법정책적으로 정할 사항이므로, 입법자가 보상입법을 마련함으로써 위헌적인 상태를 제거할 때까지 위 조항을 형식적으로 존속케 하기 위하여 헌법불합치결정을 하는 것인바, 입법자는 되도록 빠른 시일내에 보상입법을 하여 위헌적 상태를 제거할 의무가 있고, 행정청은 보상입법이 마련되기 전에는 새로 개발제한구역을 지정하여서는 아니되며, 토지소유자는 보상입법을 기다려 그에 따른 권리행사를 할 수 있을 뿐 개발제한구역의 지정이나 그에 따른 토지재산권의 제한 그 자체의 효력을 다투거나 위 조항에 위반하여 행한 자신들의 행위의 정당성을 주장할 수는 없다[전원재판부 89헌마214, 1998.12.24].

5) 사 견

국민에 대한 직접효력설과 유추적용설은 헌법(23③)의 표현이 『수용·사용·제한 및 그에 대한 보상은 법률로써 하되』로 되어 있는 이상, 법률에 구체적으로 보상규정이 없는 경우에도 헌법에 기하여 직접 보상을 청구할 수 있다고 하기에는 무리가 따른다고 하겠다. 따라서 **입법자에 대한 직접효력설**(위헌무효설)에 의할 수밖에 없다고 하겠다.

그러나 이 견해에 의하는 경우에 국가배상법에 의한 손해배상을 청구하기 위하여서는 당해 재산권 침해행위의 위법성과 담당공무원의 **고의·과실**이 인정되어야 할 것인바, 당해 법률이 위헌이므로 위법성은 당연히 인정되는 것이지만 문제는 공무원의 고의·과실의 인정가능성에 있게 된다. 통상 공무원은 국회가 제정한 법률을 (헌법재판소가 위헌이라고 결정하기 전까지는) 성실히 적용함을 그 기본임무로 하는 것이므로 법집행과정에서의 고의·과실을 인정하기는 어렵다고 하겠다. 따라서 이러한 위헌법률이 집행되어 재산상 손실을 끼친 때에는 **과실의 요건을 대폭 완화**하여 손해배상이 가능하다고 해석하여야 할 것이다.

Ⅲ. 손실보상청구권의 법적 성격

1. 공권설

손실보상청구권은 그 발생원인이 되는 토지수용행위 등 공권력작용의 결과로 발생되는 것이기 때문에 당연히 공권이며, 이에 관한 소송 역시 **행정소송**(그 중 행정청의 처분 등을 원인으로 하는 법률관계에 관한 소송인 당사자소송)으로 다루어져야 한다는 견해이다.

2. 사권설

손실보상의 원인행위는 비록 공법적인 것이라 하더라도, 이에 대한 보상은 당사자의 의사 또는 직접 법률에 근거하여 발생하는 사법상의 채권·채무관계이므로 보상청구권은 사권이며 이에 관한 소송도 민사소송에 의한다는 견해이다.

3. 판 례

1) 일반적 판례

판례는 손실보상의 원인이 공법적 행위일지라도 손실의 내용이 사권이라면 손실보상청구권은 사권이라는 입장인데, 공용침해의 대상이 통상 사권이므로 원칙적으로 사권설을 취한 것으로 보인다. 이에 따라 손실보상청구소송은 민사소송에 의하는 것이 원칙이다.

> **판례** 징발보상청구권은 사권이라는 판례
> 징발이 국가의 일방적인 공권력의 행사에 의한 행정처분에 해당된다고 하여 피징발자의 국가에 대한 보상청구권까지를 공법관계에 속하는 권리라고는 할 수 없으므로, 비록 그것이 징발에 필수적으로 수반되는 권리이기는 하지만 그 성질은 사법상의 권리에 지나지 않는 것이다(대판 1969. 12. 30, 69다9).

> **판례** 어업권에 대한 손실보상은 민사소송으로 하여야 한다는 판례
> 수산업 소정의 요건에 해당한다고 하여 손실보상을 청구하려는 자는 행정관청이 그 보상청구를 거부하거나 보상금액을 결정한 경우라 해도 이에 대해서는 행정소송을 제기할 것이 아니라 면허어업에 대한 처분을 한 행정관청이 속한 권리주체인 지방자치단체를 상대로 민사소송으로 직접 손실보상지급청구를 하여야 한다(대판 1998. 2. 27, 97다46450).

2) 행정소송으로 본 판례

최근 대법원은 하천법상 하천구역 편입토지에 대한 손실보상청구를 공법상 권리로 보아 행정소송법상 당사자소송의 대상이 된다고 판시하였다(대판 2006. 5. 18, 2004다6207).

4. 사 견

① 손실보상청구권은 그 발생원인인 공권력작용의 위법성 여부의 탐구와 분리하여 고찰할 수 없으며, ② 원인과 결과(보상청구권)를 굳이 떼어서 다른 법률관계로 규율할 이유도 분명치 아니하고, ③ 1984년에 행정소송법을 개정하여 명문으로 『행정청의 처분 등을 원인으로 하는 법률관계에 관한 소송』을 행정소송의 하나인 당사자소송으로 인정한 이상, 이러한 명문규정이 없던 때와 마찬가지로 여전히 민사소송으로 다루는 것은 동법의 개정 취지에도 반하고,

④ 행정상의 손해배상제도는 이에 상응하는 민법상의 손해배상제도라도 있지만, 손실보상제도는 어디까지나 공법에만 특유한 『공공필요에 의한 적법한 재산권 침해제도』에 따른 산물임을 감안한다면 **공법설**이 타당하다고 생각된다.

제 2 절 행정상 손실보상청구권의 성립요건

Ⅰ. 공행정작용에 의한 재산권침해

1. 재산권의 의의

재산권은 소유권 외에도 법이 보호하는 모든 재산적 가치가 있는 권리를 말한다. 물권, 채권, 유가증권, 무체재산권 등이 포함된다.

2. 공행정작용에 의한 재산권침해

손실보상청구권이 성립하기 위해서는 공행정작용에 의한 재산권침해가 있어야만 한다. 행정주체의 사법작용은 빠진다. 공행정작용에는 토지수용 같은 법적 행위와 도로공사 같은 사실행위를 포함한다.

침해는 재산권의 가치를 줄이는 모든 작용을 말한다. 헌법 제23조 제3항은 재산권침해로서 재산권의 수용·사용·제한을 규정하고 있다. 수용은 재산권의 강제박탈을, 사용은 재산권의 강제적·일시적 사용을, 제한은 재산권에 대한 모든 공법상 제한을 뜻한다.

Ⅱ. 공공필요

헌법 제23조 제3항의 공공필요는 전형적인 불확정개념이다. 공공필요는 일반적으로 헌법 제37조 제2항의 국가안전보장·질서유지·공공복리를 포함하는 개념이다.

재산권의 침해가 적법한 공권력행사가 되기 위하여서는 공공의 필요성이 입증되어야 할 것인바, 『공공의 필요성』을 어느 범위까지 인정할 것인가에 관하여는 ① 특정 공공사업을 위한 필요(협의), ② 공공복리를 위한 필요(광의), ③ 널리 공공의 목적을 위한 필요(최광의)로 견해가 나누어지고 있다. 오늘날 공공의 필요성의 개념은 점차 확대되는 경향에 있다고 하겠으나(예컨대 공공복리를 위하여 행정주체가 일단 토지를 수용한 후 이를 민간주택사업자에게 분양하거나, 나아가서 법률에 의하여 행정청으로부터 허가·인가·승인·지정 등을 받아 공익을 목적으로 시행하는 철도·도로·공장·항만·주차장·공영차고지·화물터미널·삭도·궤도·하천·제방·댐·운하·수도·하수도·하수종말처리·폐수처리·사방·방풍·방화·방조·방수·저수지·용배수로·석유비축·송유·폐기물처리·전기·전기통신·방송·가스 및 기상관측에 관한 사업 등 민간국가기간산업을 위하여 사업주체인 **사인에게까지 직접 토지수용권을 부여하는 경우도 있다**), 결국은 당해 공공사업으로 달성하고자 하는 공익과 이로 인하여 침해되는 사익 간의 **이익형량**에 의하여 적정범위 내에서 인정되어야 할 것이다. 그리고 이때에는 **비례와 원칙**이 중요한 의미를 갖게 된다.

현행 토지보상법은 토지수용을 할 수 있는 **공익사업의 범위**를 7개의 유형별로 규정하고 있다(동법4).

① 국방·군사에 관한 사업,

② 법률에 의한 인·허가 등을 받아 공익을 목적으로 시행하는 철도·도로·공항·항만·주차장·공영차고지·화물터미널·삭도·궤도·하천·제방·댐·운하·수도·하수도·하수종말처리·폐수처리·사방·방풍·방화·방조·방수·저수지·용배수로·석유비축 및 송유·폐기물처리·전기·전기통신·방송·가스 및 기상관측에 관한 사업,

③ 국가 또는 지방자치단체가 설치하는 청사·공장·연구소·시험소·보건 또는 문화시설·공원·수목원·광장·운동장·시장·묘지·화장장·도축장 그 밖의 공공용 시설에 관한 사업,

④ 법률에 의하여 인·허가 등을 받아 공익을 목적으로 시행하는 학교·도서관·박물관 및 미술관의 건립에 관한 사업,

⑤ 국가·지방자치단체·정부투자기관·지방공기업 또는 국가나 지방자치단체가 지정한 자가 임대나 양도의 목적으로 시행하는 주택의 건설 또는 택지의 조성에 관한 사업,

⑥ 제1호 내지 제5호의 사업을 시행하기 위하여 필요한 통로·교량·전선로·재료적치장 그 밖의 부속시설에 관한 사업,

⑦ 그 밖에 다른 법률에 의하여 토지 등을 수용 또는 사용할 수 있는 사업

> **판례** 공용수용에 있어서 공익사업을 위한 필요에 대한 증명책임의 소재(=사업시행자)
> 공용수용은 공익사업을 위하여 특정의 재산권을 법률에 의하여 강제적으로 취득하는 것을 내용으로 하므로 그 공익사업을 위한 필요가 있어야 하고, 그 필요가 있는지에 대하여는 수용에 따른 상대방의 재산권침해를 정당화할 만한 공익의 존재가 쌍방의 이익의 비교형량의 결과로 입증되어야 하며, 그 입증책임은 사업시행자에게 있다.
> 이 사건 경원선 의정부-동안 간 복선전철 건설사업은 선로와 정거장 및 역사 등을 건설하는 구 공공철도건설 촉진법 제2조 제2호, 제3조 제1항 제2호 소정의 공공철도의 건설·개량사업으로서 구 토지수용법 제3조 제2호의 법률에 의하여 시설하는 철도사업인 공익사업에 해당한다(대판 2005. 11. 10, 2003두7507).

III. 적법한 침해

적법한 침해란 침해가 법률에 위반되지 않아야 하고 법률에 근거한 것이어야 한다는 것을 말한다.

IV. 특별한 희생

손실보상청구권이 성립하기 위하여는 재산권의 침해로 개인에게 특별한 희생이 있어야 한다. 특별한 희생은 재산권의 사회적 구속을 넘어서는 손실을 뜻한다.

헌법(23①·②)상 재산권 보장규정을 보면 『재산권의 내용과 한계는 법률로 정한다. 재산권의 행사는 공공복리에 적합하도록 하여야 한다』고 하여 다른 자유권보다 강한 사회적 구속을 받는 권리임을 선언하고 있다. 따라서 실정법은 ① 민법상 상린관계규정 등으로 재산권의 내용과 한계를 정하고, ② 또한 최소한의 사회질서유지와 공공복리를 위하여 건축법·도시계획법·도로법·항공법 등에서 일정한 지역·지구 내의 건축 또는 개발행위를 제한하고 있으며, 이는 모두 우리 헌법이 예정하고 있는 **재산권에 대한 당연한 『사회적 구속』**이기 때문에 보상을 요하지 아니한다고 하겠다.

그러나 현저하게 재산적 가치의 감소를 초래하는 **특별한 희생**이 있는 경우에는 보상이 필요 없는 재산권의 사회적 구속이론에 근거할 수 없고 반드시 그 보상을 전제로 하는 공용제한으로서만 가능하다. 그러나 공용제한의 경우에도 부분적으로 권리를 제한하면서도 보상을 하지 않는 경우는 재산권의 사회적 구속과 쉽게 구별되지 않으며, 그 **구별기준에 관한 학설**을 보면 다음과 같다.

1. 형식적 표준설

재산권에 대한 침해가 **특정인** 또는 **특정집단**에게만 행하여지는 경우만을 특별한 희생으로 보는 견해이다. 그러나 많은 사람에게 일반적으로 부과된 침해행위일지라도 침해가 심대한 경우에는 보상을 요하는 것으로 파악될 수도 있다는 점에서, 적어도 침해행위의 내용 또는 성질에 대한 검토가 필요하다고 생각된다.

2. 실질적 표준설

침해행위의 성질·정도를 기준으로 하여 특별한 희생인지의 여부를 판단하는 이론이며, 다시 여러 학설로 나누어진다.

1) 보호가치설

옐리네크(W. Jellinek)의 주장으로서, 재산권의 역사 등에 비추어 개인의 재산권 중 **보호할 가치가 있는 재산권**에 대한 침해만을 특별한 희생으로 보상되어야 한다고 본다.

2) 수인한도설

슈퇴터(R. Stödter) 등의 주장으로서, **침해의 강도**를 표준으로 하여 재산권의 침해가 현저하거나 참을 수 없을 때에는, 그것은 **수인한도**를 넘어서는 것으로 재산권의 사회적 구속이 아니라 특별한 희생이라는 것이다. 이 설은 독일연방행정재판소의 지지를 받고 있지만, 공공복리와 사회적 고려가 존재하는 한 재산권 제한이 가능하다는 점에서 비판을 면치 못하고 있다.

3) 사적 효용설

라인하르트(Reinhardt) 등의 견해로서, 재산권이 제한되는 경우에도 당해 재산권의 본래의 **사적 효용**이 본질적으로 침해되는 경우를 특별한 희생으로 보며, 재산권이 제한되고 있다 하더라도 재산의 객체가 아직 재산권자의 영리적 목적에 이용될 수 있으면 사회적 구속으로 본다. 사적 효용설은 재산권의 역할을 사회적 시장경제에 근거하여 특별한 희생의 한계를 정한 공적은 평가되지만, 독일에서는 판례가 이를 적용한 적이 없다.

4) 목적위배설

포르스트호프(Forsthoff) 등 독일의 다수설로서, 침해가 그 **재산권의 본래의 이용목적과 다른 목적의 이용을 강제하는 것**인 때에는 특별한 희생으로 보며(예 : 도로·철도·쓰레기매립장 건설을 위한 토지수용 등), 기존 목적과 동일한 목적을 위한 것이면 보상을 요하지 않는다고 한다(예 : 주택난 해결을 위한 임대강제).

5) 상황구속설

토지는 그것이 위치하고 있는 **지리적 상황**에 따라 이용에 제약을 받기 마련이며, 이러한 제약은 보상을 요하지 아니하는 사회적 제약에 불과하다는 견해로서, 우리 헌법재판소가 국토계획법상의 토지거래허가제의 합헌성을 인정하는 논거로서 제시한 적이 있다.

> **판례** 토지거래허가제의 합헌성을 인정한 판례
> 구 국토이용관리법 제21조의3 제1항의 토지거래허가제는 사유재산제도의 부정이 아니라 그 제한의 한 형태이고 토지의 투기적 거래의 억제를 위하여 그 처분을 제한함은 부득이한 것이므로 재산권의 본질적인 침해가 아니며, 헌법상의 경제조항에도 위배되지 아니하고 현재의 상황에서 이러한 제한수단의 선택이 헌법상의 비례의 원칙이나 과잉금지의 원칙에 위배된다고 할 수도 없다(헌재 1989. 12. 22, 88헌가13).

3. 사 견

상기 학설들은 그 어느 것도 완전한 것은 아니며 내용도 추상적이라는 비판을 받고 있다. 우리의 **통설**은 목적위배설 등을 중심으로 한 실질적 표준설에 따르면서도 형식적 표준설을 참고로 하여 상호보완적으로 판단하는 절충적 입장이다.

우리 판례를 살펴보면 과거 대법원은 구 도시계획법 제21조에 의한 **개발제한구역(그린벨트)** 지정행위로 인한 토지소유자의 불이익은 공공복리를 위하여 감수하여야 할 것이므로 이에 대하여 손실보상규정을 두지 아니하였다고 헌법 제23조 제3항이나 제37조 제2항에 위배되는 것이라고 할 수 없고(합헌), 따라서 개발제한구역제도는 특별한 희생이 아니라 합리적 제한(사회적 제약)에 해당한다고 하였으나(대결 1990. 5. 8, 89부2; 대판 1995. 4. 28, 95누627),

헌법재판소는 구 도시계획법 제21조에 대한 위헌소원사건에서 ① 대지에 건물신축이 금지되는 경우와 같이 토지를 종래의 목적으로도 사용할 수 없게 되거나(목적위배), ② 더 이상 법적으로 허용된 토지이용의 방법이 없기 때문에 실질적으로 토지의 사용·수익의 길이 없는 경우(사적효용설)에도 아무 보상없이 감수하도록 하고 있는 한, 이는 비례의 원칙에 위반되어 재산권을 과도하게 침해하는 것으로서 위헌이지만, 입법자가 보상입법을 마련할 때까지 위 조항을 존속케하는 **헌법불합치결정**을 함으로써(헌재결 1998. 12. 24, 89헌마214), 수인한도설·사적효용설·목적위배설·상황구속설 등을 종합적으로 고려한 것으로 보인다.

개발제한구역의 지정 및 관리에 관한 특별조치법(16)에서는 이 헌법재판소의 결정을 반영하여 개발제한구역의 지정으로 인하여 ① 토지를 종래의 용도로 사용할 수 없어 그 효용이 현저히 감소된 토지 또는 ② 사용 및 수익이 사실상 불가능한 토지의 소유자는 국가에 대하여 당해토지의 매수를 청구할 수 있도록 하였는바, 이러한 **매수청구권**제도는 손실보상은 아니지만 이에 갈음하는 제도로 이해될 수 있을 것이다.

> **판례** [1] 개발제한구역(이른바 그린벨트) 지정으로 인한 토지재산권 제한의 성격과 한계
> 개발제한구역을 지정하여 그 안에서는 건축물의 건축 등을 할 수 없도록 하고 있는 도시계획법 제21조는 헌법 제23조 제1항, 제2항에 따라 토지재산권에 관한 권리와 의무를 일반·추상적으로 확정하는 규정으로서 재산권을 형성하는 규정인 동시에 공익적 요청에 따른 재산권의 사회적 제약을 구체화하는 규정인바, 토지재산권은 강한 사회성, 공공성을 지니고 있어 이에 대하여는 다른 재산권에 비하여 보다 강한 제한과 의무를 부과할 수 있으나, 그렇다고 하더라도 다른 기본권을 제한하는 입법과 마찬가지로 비례성원칙을 준수하여야 하고, 재산권의 본질적 내용인 사용·수익권과 처분권을 부인하여서는 아니된다.
>
> [2] 토지재산권의 사회적 제약의 한계를 정하는 기준
> 개발제한구역 지정으로 인하여 토지를 종래의 목적으로도 사용할 수 없거나 또는 더 이상 법적으로 허용된 토지이용의 방법이 없기 때문에 실질적으로 토지의 사용·수익의 길이 없는 경우에는 토지소유자가 수인해야 하는 사회적 제약의 한계를 넘는 것으로 보아야 한다.
>
> [3] 토지를 종전의 용도대로 사용할 수 있는 경우에 개발제한구역 지정으로 인한 지가

의 하락이 토지재산권에 내재하는 사회적 제약의 범주에 속하는지 여부(적극)

개발제한구역의 지정으로 인한 개발가능성의 소멸과 그에 따른 지가의 하락이나 지가상승률의 상대적 감소는 토지소유자가 감수해야 하는 사회적 제약의 범주에 속하는 것으로 보아야 한다. 자신의 토지를 장래에 건축이나 개발목적으로 사용할 수 있으리라는 기대가능성이나 신뢰 및 이에 따른 지가상승의 기회는 원칙적으로 재산권의 보호범위에 속하지 않는다. 구역지정 당시의 상태대로 토지를 사용·수익·처분할 수 있는 이상, 구역지정에 따른 단순한 토지이용의 제한은 원칙적으로 재산권에 내재하는 사회적 제약의 범주를 넘지 않는다.

[4] 도시계획법 제21조의 위헌 여부(적극)

도시계획법 제21조에 의한 재산권의 제한은 개발제한구역으로 지정된 토지를 원칙적으로 지정 당시의 지목과 토지현황에 의한 이용방법에 따라 사용할 수 있는 한, 재산권에 내재하는 사회적 제약을 비례의 원칙에 합치하게 합헌적으로 구체화한 것이라고 할 것이나, 종래의 지목과 토지현황에 의한 이용방법에 따른 토지의 사용도 할 수 없거나 실질적으로 사용·수익을 전혀 할 수 없는 예외적인 경우에도 아무런 보상없이 이를 감수하도록 하고 있는 한, 비례의 원칙에 위반되어 당해 토지소유자의 재산권을 과도하게 침해하는 것으로서 헌법에 위반된다(헌재 1998. 12. 24, 89헌마214).

V. 손실보상규정의 존재

헌법 제23조 제3항은 "공공필요에 의한 재산권의 수용·사용 또는 제한 및 그에 대한 보상은 법률로써 하되, 정당한 보상을 지급하여야 한다." 고 규정하고 있다. 헌법은 공행정작용에 의하여 개인의 재산권이 침해되어 특별한 희생이 발생된 경우에는 이에 대한 정당한 보상을 규율하도록 입법자에게 의무를 부여하고 있는 것이다.

제 3 절　행정상 손실보상의 내용

Ⅰ. 보상기준

1. 헌법규정의 변천

손실보상기준에 관한 헌법규정은 ① 제1·2·4·5공화국 헌법은 상당보상을, ② 제3공화국 헌법 및 현행 헌법은 완전보상을 한다는 표현을 하고 있다.

그러나 그 동안 사유재산제를 보장하는 우리 헌법이념에 근본적인 변화가 있었던 것은 아니며 또한 토지수용에 대한 보상의 일반법이라 할 토지수용법도 일괄되게 시가보상, 즉 완전보상의 입장을 취해온 것을 보더라도, 헌법의 표현상의 차이에도 불구하고 완전보상설을 취하고 있다고 보아야 할 것이다.

2. 보상기준에 관한 학설

1) 완전보상설(판례)

이 설은 주로 자유국가적 재산권 개념을 바탕으로 주로 미국 수정헌법의 정당보상조항을 중심으로 발전된 관념으로서 재산권 침해에 대한 보상은 완전한 보상이어야 한다는 견해로서, 이에는 다시 ① 침해된 재산의 객관적 가치만을 완전히 보상하면 된다는 견해와, ② 발생된 손실의 전부를 보상하여야 하므로 부대적 손실인 사업장의 이전료, 영업상 손실 등도 보상하여야 한다는 견해로 나누어진다.

2) 상당보상설

반드시 완전한 보상이어야 할 필요는 없다는 견해로서, 다시 ① 당시의 사회통념에 비추어 객관적으로 공정·타당한 것이면 충분하다는 견해와, ② 완전보상이 원칙이지만, 예외적으로 합리적인 이유가 있으면 그 이하의 보상도 허용된다는 견해로 나누어진다.

상당보상설은 바이마르 헌법을 계승한 본 기본법(14)의 『공익과 관계 제이익의 정당한 형량에 의한 보상』이라는 표현에서 찾을 수 있으며, 어떤 경우에 완전보상 이하의 보상을 허용할 것인가에 관하여는 ① 일상생활의 수요를 충족시키는 재산을 의미하는 『작은 재산』의 침해는 완전보상이, 개인의 인격적 자유와 직접적으로 무관한 재산을 의미하는 『큰 재산』의 침해에 대하여는 그 이하의 보상이 허용된다는 견해가 있으나, 그 합리적 근거와 구체적 기준이 모호하다는 비판을 받고 있으며, ② 농지개혁을 위한 농지매수와 같이 어떤 재산권에 대한 사회적 변혁을 목적으로 한 침해에 대하여는 상당보상으로 충분하다는 견해가 있으나, 이러한 변혁조치는 이미 정상적인 손실보상의 법리로 설명될 수 없는 것이라고 한다.

3) 사 견

상당보상설이 주장되는 배경은 역시 완전보상이 이상적임을 인정하면서도, 현실 국가재정상의 제약과 다수 국민에 대한 조세부담의 무한정한 증대 등을 우려하기 때문이라고 하겠다.

그러나 아무리 공익의 실현을 위한다고 하더라도 자신의 귀책사유 없이 재산권에 가하여진 특별한 희생에 대하여는 완전한 보상을 하는 것이 사유재산권 보장을 천명하고 있는 헌법정신에 부합된다고 생각되며, 완전보상의 내용도 피침해 재산의 객관적 가치뿐만 아니라 부대적 손실까지 포함하는 것이 타당하다고 하겠다.

우리 헌법은 『정당한 보상을 지급하여야 한다』고 규정하고 있는데, 정당한 보상이란 원칙적으로 **완전보상**을 의미한다. 헌법이 규정하고 있는 재산권보장에 비추어 볼 때, 공공필요에 의한 일방적이고 강제적인 재산권제한에 의한 재산가치의 감소 및 상실에 대하여 사법질서를 구성하는 시중가격에 따른 실질적인 완전보상이 이루어지지 않는다면 공동체를 구속하고 있는 공법체계의 규범력에 대하여 의문이 제기될 수밖에 없게 된다. 우리 **헌법재판소**도 "헌법이 규정한 정당한 보상이란 손실보상의 원인이 되는 재산권 침해가 기존의 법질서 안에서 개인의 재산권에 대한 개별적인 침해인 경우에는 그 손실보상은 원칙적으로 피수용재산의 객관적인 재산가치를 완전하게 보상하는 것이어야 한다는 **완전보상**을 뜻하는 것으로서, 보상금액뿐만 아니라 보상의 시기나 방법 등에 있어서도 어떠한 제한을 두어서는 아니 된다는 것을 의미한다"라고 판시하여(헌재결 1998. 3. 26, 96헌바12) 완전보상설을 채택하고 있다.

> **판례** 제외지에 대한 보상법률인 1984년의 개정하천법이나 그 시행령에 규정된 보상의 내용이 헌법에서 요구하는 정당한 보상의 원리에 위배되지 아니한다는 판례
>
> 헌법 제23조 제3항에 규정된 "정당한 보상"이란 원칙적으로 피수용재산의 객관적인 재산가치를 완전하게 보상하는 것이어야 한다는 완전보상을 뜻하고, 토지의 경우에는 그 특성상 인근유사토지의 거래가격을 기준으로 하여 토지의 가격형성에 미치는 제 요소를 종합적으로 고려한 합리적 조정을 거쳐서 객관적인 가치를 평가할 수밖에 없는데, 제외지에 대한 보상규정인 1984년의 개정하천법 부칙 제2조 제1항은 보상대상토지, 보상의 주체, 보상의무에 관하여 스스로 규정하고 있고, 동조 제4항의 위임에 근거한 "법률 제3782호 하천법 중 개정법률 부칙 제2조의 규정에 의한 하천편입토지의 보상에 관한 규정"(대통령령 제11919호) 제9조, 제10조, 제12조는 보상의 기준과 방법 등에 관하여 규정하고 있는바, 이러한 규정들의 내용을 종합적으로 고려하여 볼 때 1984년의 개정하천법이나 그 시행령에 규정된 보상의 내용이 헌법에서 요구하는 정당한 보상의 원리에 위배된다고 할 수 없다(헌재 1998. 3. 26, 96헌바12).

그러나 완전보상설을 취한다고 하더라도 최근 문제가 되고 있는 개발이익까지를 보상할 필요는 없다고 하겠는바, 그 이유는 『개발이익은 공공사업의 시행에 의하여 비로소 발생되는 것이며, 피수용자인 토지소유자의 노력이나 자본에 의하여 발생한 것이 아니므로, 토지가 수용될 당시 갖는 객관적 가치에 포함된다고 볼 수 없기 때문』이며, 따라서 **헌법재판소**는 공시지가를 기준으로 보상토록 한 구 토지수용법(46②)은 합헌이라고 하였고(헌재결 참조), 대법원도 공시지가에 의한 보상을 정당한 보상이라고 한 바 있다(판례 참조).

> **판례** 개발이익을 배제한 공시지가에 의한 보상이 합헌이라는 판례
>
> 공시지가를 기준으로 보상하도록 규정한 지가공시 및 토지 등의 평가에 관한 법률(10①)과 토지수용법(46②)은 정당보상의 원리를 선언하고 그 보상의 기준과 방법을 법률에 유보한 헌법 제23조 제3항에 의거한 것이며, 그 내용이 정당한 보상에 합치되는 것이므로 헌법조항에 저촉된다고 볼 수 없다(대판 1993. 9. 10, 93누5307).

> **헌재결정** 공시지가에 의한 보상이 위헌이 아니라는 헌재결정
>
> 헌법 제23조 제3항이 규정하는 정당한 보상이란 원칙적으로 피수용재산의 객관적인 재산가치를 완전하게 보상하여야 한다는 완전보상을 의미하며, (구)토지수용법 제46조 제2항 및 지가공시 및 토지 등의 평가에 관한 법률 제10조 제1항 제1호가 토지수용으로 인한 손실보상액의 산정을 공시지가를 기준으로 하되 개발이익을 배제하고, 공시기준일부터 재결시까지의 시점보정을 인근토지의 가격변동률과 도매물가상승률 등에 의하여 행하도록 규정한 것은, 위 각 규정에 의한 기준지가가 대상지역 공고일 당시의 표준지의 객관적 가치를 정당하게 반영하는 것이고, 표준지와 지가산정대상토지 사이에 가격의 유사성을 인정할 수 있도록 표준지의 선정이 적정하며, 대상지역 공고일 이후 수용시까지의 시가변동을 산출하는 시점보정의 방법이 적정한 것으로

보이므로, 헌법상의 정당보상의 원칙에 위배되는 것이 아니며, 또한 위 헌법조항이 법률유보를 넘어섰다거나 과잉금지의 원칙에 위배되었다고 할 수 없다(헌재결 1995. 4. 20, 93헌바20·66, 94헌바4·9, 95헌바6 병합).

Ⅱ. 구체적 보상기준

1. 손실보상의 다양화

종래의 손실보상이론은 주로 소규모의 개발사업(도로·공원·국공립학교 건설 등)에 따라 토지소유권을 중심으로 하여 완전보상이냐 상당보상이냐를 논해 왔음에 그쳤으나, 최근에는 댐·공단·항만·신도시 개발 등과 같은 **대규모 개발사업**이 중심이 됨에 따라, ① 단순한 토지소유권 외에 이에 부대되는 사업손실 등 **다양한 경제적 손실**에 대한 보상문제와 함께, ② 댐 건설시의 수몰민의 예와 같이 부락민들이 대대로 살아온 생활기반 자체가 상실됨에 따른 **생활재건(생활보상)**까지 배려하게 되는 등 손실보상의 내용이 매우 다양하게 전개되고 있는 실정에 있다.

2. 재산권보상

재산권 보상이란 개별적·구체적인 재산적 손실에 대한 보상을 말하며, 구체적으로는 ① 토지보상, ② 토지 이외의 재산권보상, ③ 실비변상적 보상, ④ 일실손실보상으로 나누어진다.

1) 토지보상(지가공시제와 개발이익의 배제 및 환수)

① 일반적 보상기준(공시지가)

수용·사용에 대한 보상액은 협의성립 또는 재결 당시의 가격을 기준으로 한다. 그러나 ① 재결 당시의 현실적인 토지가격이 아니라 당해 공공사업의 시행으로 인한 지가상승분, 즉 『**개발이익**』을 배제하기 위하여 지가공시 및 토지 등의 평가에 관한 법률에 의한 **공시지가**를 기준으로 하는 한편, ② 공시지가는 통상 '공시기준일' 현재의 가격을 의미하기 때문에 그 이후의 적정가격상승분은 반영되어 있지 아니하므로 이를 보정하기 위하여 그 공시기준일부터 협의성립 또는 재결시까지의 관계법령에 의한 당해토지의 이용계획, 당해 공익사업으로 인한 지가의 영향을 받지 아니하는 지역의 지가변동률과 생산자물가상승률 기타 당해 토지의 위치·형상·환경·이용상황 등을 참작하여 평가한 적정가격으로 보상액을 결정하도록 하고 있다(토지보상법70).

여기서 『공시지가』와 관련하여, 종전에는 공익사업으로 인하여 땅값이 급등할 우려가 있는 지역에 대하여만 그때그때 부분적으로 『기준지가』라 하여 고시한 후 이를 보상기준으로 해 오다가 (71년 개정된 토지수용법), 1989년에 『지가공시 및 토지 등의 평가에 관한 법률』을 제정하여 전국의 모든 토지에 대하여 지가공시를 한 이후부터는 모든 토지의 보상에 있어서는 이 공시지가를 기준으로 하도록 하였다. 공시지가란 건설교통부장관이 매년 전국의 표준지에 대해 공시하는 단위면적의 가격을 말한다. 행정기관은 손실보상액을 산정함에 있어서 이러한 공시지가의 표준적인 비준표를 그대로 적용하여서는 아니되고 모든 가격산정요건을 구체적·종합적으로 참작하여 적정가격을 산출하여야 한다. 따라서 실제적용에서 다르게 가격산정이 이루어질 수 있다.

② 개발이익의 배제

우리 토지보상법(67②)은 보상액의 산정에 있어서는 당해 공익사업의 시행으로 인하여 토지의 가격에 변동이 있을 때에는 이를 고려하지 아니한다고 함으로써 개발이익배제의 원칙을 선언하고 있다. 현실을 보면 각종 공익사업 시행의 발표행위는 이미 수년전에 이루어졌고 그 영향으로 이미 공시지가 자체가 상당히 올라 있는 경우가 많으므로 공시지가 자체에 개발이익이 완전히 배제되었다고는 볼 수 없다. 따라서 공시지가 자체에 이미 개발이익이 포함되어 있을 경우에는 이를 공시지가에서 배제하고 손실보상을 하여야 한다(판례 참조).

한편 댐·폐기물매립장 건설 등과 같이 당해 공익사업으로 인하여 오히려 지가가 내려가는 경우도 있을 수 있는바, 이런 경우에는 반대로 공시지가에다 자연적인 지가상승분을 포함시켜서 보상하여야 할 것이다(판례 참조).

판례 손실보상에 있어서 개발이익은 배제하고 자연적인 지가상승분은 포함시켜야 한다는 판례

공시지가에 이미 당해 사업의 시행으로 인한 개발이익이 포함되어 있을 경우에는 그 공시지가에서 개발이익을 배제하여 손실보상액을 평가하고, 반대로 그 공시지가가 당해 사업의 시행으로 지가가 동결되어 개발이익을 배제한 자연적인 지가상승분조차 반영하지 못한 경우에는 그 자연적인 지가상승률을 포함하여 손실보상액을 평가하는 것이 정당보상의 원리에 합당하다고 할 것이다(대판 1993. 7. 27, 92누11084).

③ 개발이익의 환수

토지를 수용당한 토지소유자는 상술한 바와 같이 지가공시제에 의하여 개발이익이 배제되는 반면, 토지수용 대상에서 제외된 인근 지역의 토지소유자와 개발사업시행자는 당해 공익사업으로 인하여 엄청난 개발이익을 보게 되어 富의 평등분배와 부동산투기 억제 차원에서의 대책이 필요하게 되었는바, 그 방안의 하나로서, ① 토지의 양도차익에 대한 **양도소득세**의 부과와 함께, ② 개발사업시행자가 당해 개발사업으로 인하여 얻게 되는 지가상승분은 『**개발부담금**』으로 환수하도록 하고 있다(개발이익 환수에 관한 법률).

2) 토지 이외의 재산권 보상

① 지상물건에 대한 보상

건축물·공작물·과수·입목 기타 토지에 정착한 물건에 대하여는 그 이전에 필요한 비용(이전

비)을 보상하여야 한다. 그러나 이전이 어렵거나 이전으로 인하여 종래의 목적대로 사용할 수 없는 경우, 이전비가 그 물건의 가격을 넘는 경우, 사업시행자가 공익사업에 직접 사용할 목적으로 취득하는 경우에는 당해 물건을 수용할 때와 마찬가지로 당해 물건의 가격을 보상하도록 하였다(토지보상법75).

② 농업에 대한 보상

농작물에 대한 손실은 그 종류와 성장의 정도 등을 종합적으로 참작하여 보상하도록 하고 있다(토지보상법75②).

③ 권리에 대한 보상

지상권 등 토지에 대한 소유권 이외의 권리도 보상하여야 하며(3①), 광업권·어업권·물의 사용에 관한 권리에 대하여도 보상하여야 한다(토지보상법75②, 76).

④ 잔여지에 대한 보상

토지의 일부만이 수용되어, 그 밖의 남겨진 부분만으로는 종래의 목적에 사용하는 것이 현저히 곤란한 경우에는 나머지 토지도 수용을 청구하여 잔여지수용보상을 받거나, 잔여지의 가격하락시에는 잔여지가격하락보상을, 통로·도랑·담장 등의 신설 기타의 공사가 필요한 경우에는 잔여지공사비보상 등을 받게 된다(토지보상법73·74).

판례는 "토지수용법 제48조 정하고 있는 잔여지 수용청구에서는 잔여지를 종래의 목적에 사용하는 것이 현저히 곤란한 사정이 인정되지 않는 경우에도 그에 대한 손실보상을 부정할 근거가 없다"고 판시하여(대판 1999. 5. 14, 97누4623) 잔여지 손실보상 요건을 넓게 정하고 있다.

> **판례** 토지수용법 제47조에 의한 잔여지 손실보상의 요건
> 토지수용법 제47조는 잔여지 보상에 관하여 규정하면서 동일한 소유자에 속한 일단의 토지의 일부 수용이라는 요건 외에 잔여지 가격의 감소만을 들고 있으므로, 일단의 토지를 일부 수용함으로써 잔여지의 가격이 감소되었다고 인정되는 한, 같은 법 제48조가 정하고 있는 잔여지 수용청구에서와는 달리 잔여지를 종래의 목적에 사용하는 것이 현저히 곤란한 사정이 인정되지 않는 경우에도 그에 대한 손실보상을 부정할 근거가 없다 (대판 1999. 5. 14, 97누4623).

3) 실비변상적 보상

실비변상적 보상에 해당하는 것으로서는 전술한 ① 지상물건의 이전비보상과, ② 잔여지공사비보상 외에, ③ 분묘의 이장비보상 등이 있다(토지보상법75④).

4) 일실손실보상

토지 등 재산권의 수용에 부수하여 또는 독립적으로 종전부터 영위해 오던 사업을 폐업 또

는 휴업하게 되는 경우에 입게 되는 손실을 보상하는 것을 말한다.

① 농업의 폐지·이전에 대한 보상

전술한 농작물 등에 대한 보상과는 별도로 전업에 필요한 기간 또는 휴업기간 중의 일실손실을 보상한다(예 : 해당 도별 농가평균 농작물수입의 2년분을 영농손실액으로 보상한다. 토지보상법시행규칙48). 그러나 전업기간 내에 완전한 전업이 이루어져서 종전과 같은 영농이 이루어지기를 기대하는 것은 어려운 일이므로 완전보상에는 미치지 못한다고 하겠다.

② 영업의 폐지·휴업에 대한 보상

인적·물적 시설을 갖추고 계속적으로 영리를 목적으로 행하고 있는 영업 또는 관계법령에 의하여 인·허가 등을 받은 각종 허가신고영업자(음식점·약국·양조업 등 모든 영업)가 폐업하게 되면 당해 영업의 2년간의 영업이익에 영업용 고정자산·제품 등의 매각으로 인한 손실액을 더한 금액을 보상한다. 그러나 이 역시 완전한 보상이라고 보기는 어려울 것으로 생각되며, 특히 영업권은 반사적 이익으로 보기 때문에 보상하지 아니하고, 무허가영업에 대하여는 영업이익조차 보상하지 않고 3월분의 주거이전비만 보상한다. 그러나 영업장소를 다른 곳으로 이전하여 계속할 수 있는 경우에는 이전까지의 휴업기간에 해당하는 영업이익에 인건비·영업시설 등의 이전비 등의 손실액을 더한 금액을 보상한다(토지보상법시행규칙46·47·52).

③ 근로자에 대한 보상

영업의 폐업 시에는 종사하는 근로자에 대하여 90일분의 평균임금을 실직보상으로, 영업장소의 이전으로 인하여 근로자가 휴직하게 되는 경우에는 휴직기간 동안 평균임금의 70퍼센트를 휴직보상으로 지급한다(토지보상법시행규칙51).

3. 생활보상

* 대한민국헌법
제23조
③ 공공필요에 의한 재산권의 수용·사용 또는 제한 및 그에 대한 보상은 법률로써 하되, 정당한 보상을 지급하여야 한다.
제34조
① 모든 국민은 인간다운 생활을 할 권리를 가진다.
* 공익사업을 위한 토지 등의 취득 및 보상에 관한 법률
제78조(이주대책의 수립 등)
① 사업시행자는 공익사업의 시행으로 인하여 주거용 건축물을 제공함에 따라 생활의 근거를 상실하게 되는 자(이하 "이주대책대상자"라 한다)를 위하여 대통령령으로 정하는 바에 따라 이주대책을 수립·실시하거나 이주정착금을 지급하여야 한다.

1) 개 설

종전의 보상이론은 개개의 재산권이 갖는 개별적·경제적 가치만을 모두 보상함으로써 충분하다고 하는 대물적 보상에 그쳤다고 할 수 있으나, 댐 건설에 따른 수몰민의 예와 같이 모든 재산을 박탈당할 뿐만 아니라 생업과 부락공동체생활에서 오는 유·무형의 모든 이익을 포함한 생활기반 자체가 송두리째 상실되는 경우에는 주민 전체가 이주하여 전혀 새로운 환경하에서 새로이 생활하기 위한 총체적인 보상으로서의 생활보상이 행하여져야만 비로소 완전보상이 될 수 있다고 하겠다.

2) 근 거

생활보상의 이념적 근거로서는 개인의 생존권을 최대한 보장하고자 하는 헌법상 복지국가의 이념에서 찾을 수 있으며, 구체적으로는 헌법(23③)의 『정당한 보상』 규정과 함께 『인간다운 생활을 할 권리』(34)도 근거가 된다.

실정법상의 근거로서는 이주대책의 수립·시행, 대체지의 알선, 소수잔존자의 보상 등을 규정한 공익사업을 위한 토지 등의 취득 및 보상에 관한 법률 등을 들 수 있다.

3) 협의의 생활보상

우선 주거용 건축물의 소유자에 대한 것으로서는 토지보상법시행규칙상 ① 2개월분의 주거이전비(54①), ② 주거용 건물의 최저보상액제도(300만 원·58) 등을 들 수 있고, 기타의 자에 대한 것으로서는, ① 이주하는 농·어민이 지급받을 보상금이 없거나 있더라도 8개월분의 평균생계비에 미달하는 경우에는 8개월분의 평균생계비(56), ② 전세입자에게 지급하는 3개월분의 주거이전비(54③), ③ 무허가무신고 영업자에 대한 3개월분의 주거이전비 등이 있다(52).

4) 생활재건조치(광의의 생활보상)

댐 건설·해안매립·공단 또는 신도시 건설시에 많은 농어민이 생활 터전을 잃게 되는 경우, ① 이주희망자가 10호가 넘는 경우에 새로운 정착지를 조성하여 분양해 주는 이주대책의 수립·시행이 가장 피해가 적은 생활재건조치가 되겠으나(토지보상법78), ② 만약 이주대책을 수립·시행하지 아니하거나 이주대상자가 이주정착지가 아닌 다른 지역으로 이주하고자 하는 경우에는 이주정착금을 지급하여야 하며, 이주정착금은 보상대상인 주거용 건축물의 평가액의 30퍼센트에 해당하는 금액으로 하되, 그 금액이 500만 원 미만인 경우에는 500만 원으로 하고, 1천만 원을 초과하는 경우에는 1천만 원으로 한다(법시행령41 및 법시행규칙53).

> **판례** 가. 공공용지의취득및손실보상에관한특례법 소정의 이주대책의 제도적 취지
> 공공용지의취득및손실보상에관한특례법상의 이주대책은 공공사업의 시행에 필요한 토지 등을 제공함으로

인하여 생활의 근거를 상실하게 되는 이주자들을 위하여 사업시행자가 기본적인 생활시설이 포함된 택지를 조성하거나 그 지상에 주택을 건설하여 이주자들에게 이를 그 투입비용 원가만의 부담하에 개별 공급하는 것으로서, 그 본래의 취지에 있어 이주자들에 대하여 종전의 생활상태를 원상으로 회복시키면서 동시에 인간다운 생활을 보장하여 주기 위한 이른바 생활보상의 일환으로 국가의 적극적이고 정책적인 배려에 의하여 마련된 제도이다.

나. 같은 법 제8조 제1항에 의하여 이주자에게 이주대책상의 택지분양권이나 아파트 입주권 등을 받을 수 있는 구체적인 권리(수분양권)가 직접 발생하는지 여부

같은 법 제8조 제1항이 사업시행자에게 이주대책의 수립·실시의무를 부과하고 있다고 하여 그 규정 자체만에 의하여 이주자에게 사업시행자가 수립한 이주대책상의 택지분양권이나 아파트 입주권 등을 받을 수 있는 구체적인 권리(수분양권)가 직접 발생하는 것이라고는 도저히 볼 수 없으며, 사업시행자가 이주대책에 관한 구체적인 계획을 수립하여 이를 해당자에게 통지 내지 공고한 후, 이주자가 수분양권을 취득하기를 희망하여 이주대책에 정한 절차에 따라 사업시행자에게 이주대책대상자 선정신청을 하고 사업시행자가 이를 받아들여 이주대책대상자로 확인·결정하여야만 비로소 구체적인 수분양권이 발생하게 된다.

다. 이주자의 이주대책대상자 선정신청에 대한 사업시행자의 확인·결정 및 사업시행자의 이주대책에 관한 처분의 법적 성질과 이에 대한 쟁송방법

(1) 위와 같은 사업시행자가 하는 확인·결정은 곧 구체적인 이주대책상의 수분양권을 취득하기 위한 요건이 되는 행정작용으로서의 처분인 것이지, 결코 이를 단순히 절차상의 필요에 따른 사실행위에 불과한 것으로 평가할 수는 없다. 따라서 수분양권의 취득을 희망하는 이주자가 소정의 절차에 따라 이주대책대상자 선정신청을 한 데 대하여 사업시행자가 이주대책대상자가 아니라고 하여 위 확인·결정 등의 처분을 하지 않고 이를 제외시키거나 또는 거부조치한 경우에는, 이주자로서는 당연히 사업시행자를 상대로 항고소송에 의하여 그 제외처분 또는 거부처분의 취소를 구할 수 있다고 보아야 한다.

(2) 사업시행자가 국가 또는 지방자치단체와 같은 행정기관이 아니고 이와는 독립하여 법률에 의하여 특수한 존립목적을 부여받아 국가의 특별감독하에 그 존립목적인 공공사무를 행하는 공법인이 관계법령에 따라 공공사업을 시행하면서 그에 따른 이주대책을 실시하는 경우에도, 그 이주대책에 관한 처분은 법률상 부여받은 행정작용권한을 행사하는 것으로서 항고소송의 대상이 되는 공법상 처분이 되므로, 그 처분이 위법부당한 것이라면 사업시행자인 당해 공법인을 상대로 그 취소소송을 제기할 수 있다.

라. 같은 법상의 이주대책에 의한 수분양권의 법적 성질과 민사소송이나 공법상 당사자 소송으로 이주대책상의 수분양권의 확인을 구할 수 있는지 여부

이러한 수분양권은 위와 같이 이주자가 이주대책을 수립·실시하는 사업시행자로부터 이주대책대상자로 확인·결정을 받음으로써 취득하게 되는 택지나 아파트 등을 분양받을 수 있는 공법상의 권리라고 할 것이므로, 이주자가 사업시행자에 대한 이주대책대상자 선정신청 및 이에 따른 확인·결정 등 절차를 밟지 아니하여 구체적인 수분양권을 아직 취득하지도 못한 상태에서 곧바로 분양의무의 주체를 상대방으로 하여 민사소송이나 공법상 당사자소송으로 이주대책상의 수분양권의 확인 등을 구하는 것은 허용될 수 없고, 나아가 그 공급대상인 택지나 아파트 등의 특정부분에 관하여 그 수분양권의 확인을 소구하는 것은 더욱 불가능하다고 보아야 한다[대법원 1994.5.24. 선고, 92다35783, 전원합의체 판결].

4. 사업손실보상(간접손실보상)

공익사업을 위한 토지 등의 취득 및 보상에 관한 법률 제79조(그 밖의 토지에 관한 비용보상 등)
② 공익사업이 시행되는 지역 밖에 있는 토지등이 공익사업의 시행으로 인하여 본래의 기능을 다할 수 없게 되는 경우에는 국토교통부령으로 정하는 바에 따라 그 손실을 보상하여야 한다.
제73조(잔여지의 손실과 공사비 보상)
① 사업시행자는 동일한 소유자에게 속하는 일단의 토지의 일부가 취득되거나 사용됨으로 인하여 잔

> 여지의 가격이 감소하거나 그 밖의 손실이 있을 때 또는 잔여지에 통로·도랑·담장 등의 신설이나 그 밖의 공사가 필요할 때에는 국토교통부령으로 정하는 바에 따라 그 손실이나 공사의 비용을 보상하여야 한다. 다만, 잔여지의 가격 감소분과 잔여지에 대한 공사의 비용을 합한 금액이 잔여지의 가격보다 큰 경우에는 사업시행자는 그 잔여지를 매수할 수 있다.
>
> 제74조(잔여지 등의 매수 및 수용 청구)
> ① 동일한 소유자에게 속하는 일단의 토지의 일부가 협의에 의하여 매수되거나 수용됨으로 인하여 잔여지를 종래의 목적에 사용하는 것이 현저히 곤란할 때에는 해당 토지소유자는 사업시행자에게 잔여지를 매수하여 줄 것을 청구할 수 있으며, 사업인정 이후에는 관할 토지수용위원회에 수용을 청구할 수 있다. 이 경우 수용의 청구는 매수에 관한 협의가 성립되지 아니한 경우에만 할 수 있으며, 그 사업의 공사완료일까지 하여야 한다.
>
> 제85조(행정소송의 제기)
> ① 사업시행자, 토지소유자 또는 관계인은 제34조에 따른 재결에 불복할 때에는 재결서를 받은 날부터 60일 이내에, 이의신청을 거쳤을 때에는 이의신청에 대한 재결서를 받은 날부터 30일 이내에 각각 행정소송을 제기할 수 있다. 이 경우 사업시행자는 행정소송을 제기하기 전에 제84조에 따라 늘어난 보상금을 공탁하여야 하며, 보상금을 받을 자는 공탁된 보상금을 소송이 종결될 때까지 수령할 수 없다.
> ② 제1항에 따라 제기하려는 행정소송이 보상금의 증감에 관한 소송인 경우 그 소송을 제기하는 자가 토지소유자 또는 관계인일 때에는 사업시행자를, 사업시행자일 때에는 토지소유자 또는 관계인을 각각 피고로 한다.

사업손실(간접손실)이란 공익사업의 시행 또는 완공으로 인하여 당해 『사업구역 밖』의 토지소유자 또는 각종 영업자 등에 미치는 손실을 말하며, 이에 대한 보상은 사업손실보상(간접손실보상)이다.

현행법상 사업손실보상에 관하여는 공익사업을 위한 토지 등의 취득 및 보상에 관한 법률 제73조·제74조에 따른 잔여지보상 및 제75조의2에 따른 잔여건축물에 대한 보상과 동법 제79조 제2항에 의한 공익사업지구 밖의 토지 등에 대한 보상이 있다.

판례 구 '공익사업을 위한 토지 등의 취득 및 보상에 관한 법률' 제74조 제1항에 의한 잔여지 수용청구를 받아들이지 않은 토지수용위원회의 재결에 대하여 토지소유자가 불복하여 제기하는 소송의 성질 및 그 상대방

구 '공익사업을 위한 토지 등의 취득 및 보상에 관한 법률'(2007. 10. 17. 법률 제8665호로 개정되기 전의 것) 제74조 제1항에 규정되어 있는 잔여지 수용청구권은 손실보상의 일환으로 토지소유자에게 부여되는 권리로서 그 요건을 구비한 때에는 잔여지를 수용하는 토지수용위원회의 재결이 없더라도 그 청구에 의하여 수용의 효과가 발생하는 형성권적 성질을 가지므로, 잔여지 수용청구를 받아들이지 않은 토지수용위원회의 재결에 대하여 토지소유자가 불복하여 제기하는 소송은 위 법 제85조 제2항에 규정되어 있는 '보상금의 증감에 관한 소송'에 해당하여 사업시행자를 피고로 하여야 한다[대법원 2010.8.19, 선고, 2008두822, 판결].

제 4 절 행정상 손실보상의 방법 및 절차

Ⅰ. 행정상 손실보상의 방법

행정상 손실보상의 방법으로서는 금전보상·현물보상·매수보상·채권보상 등의 방법이 있다.

1. 금전보상

『보상은 법률로써 하되…』라는 헌법(23③) 규정에 따라 보상의 방법도 법률로 정하는 것이지만, 가장 원칙적인 보상은 자유로운 처분이 가능한 금전으로 보상하는 방법이다(토지보상법 63①).

2. 현물보상

오늘날의 고도 산업사회에서는 대지나 농지 자체가 갈수록 희소성을 띄게 되어, 비록 완전한 객관적 가치를 금전으로 보상받더라도 같은 금액으로 동질의 토지를 구입하기가 쉽지 아니하며, 이때에는 동등 수준의 다른 현물로 보상할 필요가 있는바, 수몰민에 대한 **이주대책** 등과 같은 생활재건조치가 바로 이에 해당된다고 하겠다. 한편, 도시재개발법(38)에 의한 재개발사업의 시행에 있어서 사업완공 후에 종전의 토지·건물·상가 소유자 등에 대하여 새로운 아파트·상가 등을 교부해 주는 **환권제도** 역시 현물보상의 예이다.

3. 매수보상

상술한 지상물건의 이전에 갈음하여 행하는 **매수청구**, 잔여지에 대한 매수청구, 소수잔존자에 의한 매수청구 등의 제도는 원래 수용대상물은 아니지만 특별한 사정으로 인하여 종래의 목적에 계속 사용할 수 없기 때문에, 상대방의 이익을 위하여 특별히 그 물건의 매수청구권을 인정하고 이에 따라 매수보상을 하도록 함으로써 실질적인 보상이 되도록 하고 있다.

4. 채권보상

1) 필요성

각종 대규모 공공개발사업의 시행으로 토지투기가 만연하고 지가가 엄청나게 올라서 현재 수준의 조세부담률과 국가재정형편으로는 금전보상이 어려운 현실을 감안하여, 그 해결방안의 하나로서 보상금을 채권으로 지급하는 방안이 도입되었다.

2) 요 건

사업시행자가 국가·지방자치단체·정부투자기관 및 공공단체인 경우에 한하여(따라서 사인에게 토지수용권이 부여된 경우는 제외된다), ① 토지소유자 또는 관계인 등이 원하거나, ② 당해 지역에 부재하는 부동산소유자(부재지주)의 토지로서 일정금액을 초과하는 보상금에 한하여 채권으로 보상할 수 있으나, 정당한 보상이 될 수 있도록 5년 이내의 상환기간을 정하고 3년 만기 정기예금의 이자를 지급하도록 하고 있다(토지보상법63②·③).

한편, 징발의 경우에는 10년의 범위 안에서 기간을 정하여 일시 또는 분할 상환하는 징발보상증권에 의하여 보상할 수 있다(징발22의2).

3) 문제점

헌법에 규정된 『정당한 보상』이 되려면 보상금액뿐만 아니라 보상의 시기와 방법까지도 정당해야 비로소 정당한 보상이 될 수 있다는 의미에서, 재정상의 애로가 인정됨에도 불구하고 채권보상제도는 남용될 경우 위헌의 소지가 있다고 하겠으며, 특히 장기간에 걸쳐 일정수준 이하의 금리만을 지급하는 것은 문제가 있고, 부재지주라는 이유만으로 다른 재산권과 차별하여 채권보상을 하도록 하는 것도 헌법상의 평등원칙에 어긋나는 위헌의 소지가 있다.

Ⅱ. 행정상 손실보상의 지급방법

행정상 손실보상액의 지급방법에는 ① 선불과 후불, ② 개별불과 일괄불(여러 보상대상자가 받을 보상금을 합산한 금액을 일괄 지급한 후 당사자 간에 다시 분배토록 하는 것), ③ 일시불과 분할불 등이 있으나, 선불·개별불·일시불을 원칙으로 하고 있다.

Ⅲ. 손실보상액의 결정방법 및 불복절차

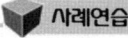

고속전철사업 시행발표 후 甲의 토지수용에 대하여 협상이 결렬된 후 지방토지수용위원회에 의해 수용이 결정되었다. 甲이 이에 불복하였다.
(1) 甲이 이의절차를 제기하는 경우와,
(2) 행정소송을 제기하여 보상금의 증액만을 요구하였을 때 어떻게 해야 하나?

1. 손실보상액의 결정방법

1) 당사자 간의 협의

토지보상법은 보상액의 결정에 있어 먼저 당사자 간의 협의를 원칙으로 하고 있다. 이 협의는 수용절차와 이에 의거한 재결의 전단계로 규정되어 있다(토지보상법 제3장·제4장 참조). 협의가 성립되면 복잡한 수용의 절차를 거칠 필요가 없게 되어 보상이 신속하게 진행된다.

> **판례** 공익사업을 위한 토지 등의 취득 및 보상에 관한 법률에 의한 보상을 하면서 손실보상금에 관한 당사자 간의 합의가 성립한 경우, 그 합의 내용이 같은 법에서 정하는 손실보상 기준에 맞지 않는다는 이유로 그 기준에 따른 손실보상금 청구를 추가로 할 수 있는지 여부(원칙적 소극)
> 공익사업을 위한 토지 등의 취득 및 보상에 관한 법률(이하 '공익사업법'이라고 한다)에 의한 보상합의는 공공기관이 사경제주체로서 행하는 사법상 계약의 실질을 가지는 것으로서, 당사자 간의 합의로 같은 법 소정의 손실보상의 기준에 의하지 아니한 손실보상금을 정할 수 있으며, 이와 같이 같은 법이 정하는 기준에 따르지 아니하고 손실보상액에 관한 합의를 하였다고 하더라도 그 합의가 착오 등을 이유로 적법하게 취소되지 않는 한 유효하다. 따라서 공익사업법에 의한 보상을 하면서 손실보상금에 관한 당사자 간의 합의가 성립하면 그 합의 내용대로 구속력이 있고, 손실보상금에 관한 합의 내용이 공익사업법에서 정하는 손실보상 기준에 맞지 않는다고 하더라도 합의가 적법하게 취소되는 등의 특별한 사정이 없는 한 추가로 공익사업법상 기준에 따른 손실보상금 청구를 할 수는 없다.

2) 행정청의 재결

당사자 간에 협의가 성립되지 않는 경우에는 사업시행자의 청구에 따라 토지수용위원회 같은 행정청의 재결에 의하여 보상액을 정하도록 하고 있다. 여기서 행정청이 행하는 재결의 내용에는, ① **토지수용위원회의 토지수용에 대한 재결**과 같이, 보상원인이 된 재산권 침해행위 그 자체의 위법·부당까지 심판하고(수용재결), 이와 아울러 보상액까지 재결하는 경우(보상재결)와, ② 재산권 침해행위 자체에 대하여는 심판할 수 없고 오직 보상액만을 재결하도록 한 경우(도로79·80, 항만37, 산림63, 징발24, 전기사업66②)가 있다.

2. 행정상 손실보상에 대한 불복절차

1) 이의신청(이의재결)

지방토지수용위원회 또는 중앙토지수용위원회의 재결에 대하여 불복이 있는 자는 재결서의 송달을 받은 날부터 30일 이내에 **중앙토지수용위원회에 이의신청**을 할 수 있으며, 이에 대하여 위원회는 원래의 재결이 위법·부당한 경우에는 수용재결의 전부 또는 일부를 취소하거나, 보상재결의 보상액을 증감하는 재결을 할 수 있다(토지보상법83·84). 이의신청은 제소를 위한 필요적 절차는 아니다.

2) 행정소송

① 행정소송의 제기

행정소송 단계에서는 전술한 수용재결과 보상재결을 분리하여, 전자에 대하여는 **수용재결취소소송**을 항고소송으로 제기할 수 있으며(이 경우의 피고는 **중앙 또는 지방토지수용위원회**가 된다), 후자에 대하여는 **보상액증감청구소송**을 공법상 당사자소송의 일종으로 독립하여 제기할 수 있다(85). 제소기간은 행정심판을 거치지 아니한 경우에는 토지수용위원회의 재결서를 받은 날로부터 60일 이내에, 상술한 행정심판을 거친 경우에는 이의신청에 대한 재결서를 받은 날로부터 30일 이내로 되어 있다(85). 재결절차는 제소를 위한 필수적인 절차이다(판례).

② 소의 대상(원처분중심주의와 재결주의)

토지보상법 제85조 제1항은 원처분(제34조의 재결신청에 대한 재결)에 대하여 행정소송을 제기할 수 있다는 것을 명시하고 있다. 문제는 동법 제84조의 이의신청에 대한 재결을 거친 후 행정소송을 제기한 경우이다(판례 참조).

> **판례** 토지소유자 등이 수용재결에 불복하여 이의신청을 거친 후 취소소송을 제기하는 경우 피고적격(=수용재결을 한 토지수용위원회) 및 소송대상(=수용재결)
> 공익사업을 위한 토지 등의 취득 및 보상에 관한 법률 제85조 제1항 전문의 문언 내용과 같은 법 제83조, 제85조가 중앙토지수용위원회에 대한 이의신청을 임의적 절차로 규정하고 있는 점, 행정소송법 제19조 단서가 행정심판에 대한 재결은 재결 자체에 고유한 위법이 있음을 이유로 하는 경우에 한하여 취소소송의 대상으로 삼을 수 있도록 규정하고 있는 점 등을 종합하여 보면, 수용재결에 불복하여 취소소송을 제기하는 때에는 이의신청을 거친 경우에도 수용재결을 한 중앙토지수용위원회 또는 지방토지수용위원회를 피고로 하여 수용재결의 취소를 구하여야 하고, 다만 이의신청에 대한 재결 자체에 고유한 위법이 있음을 이유로 하는 경우에는 그 이의재결을 한 중앙토지수용위원회를 피고로 하여 이의재결의 취소를 구할 수 있다고 보아야 한다[대법원 2010.1.28, 선고, 2008두1504, 판결].

③ 보상금증감소송

종전에는 피수용자가 수용 자체에는 이의가 없고 오직 보상액에 관하여만 다투고자 할 경우에도 토지수용위원회의 재결내용 전체를 대상으로 하는 재결취소소송만을 제기할 수 있었으며, 법원도 재결 전체에 대한 취소판결만 할 수 있고 보상액만을 증감하는 판결을 할 수 없었기 때문에, 그 판결에 기하여 토지수용위원회가 보상액을 다시 재결하는 절차의 번거로움이 있었다.

그러나 새로이 제정된 토지보상법(85②)은 **보상액만**을 다투고자 할 경우에는 토지수용위원회가 아닌 당해 **사업시행자만**을 피고로 하여 이른바 **형식적 당사자소송**에 해당하는 공법상 당사자소송을 제기할 수 있도록 규정함으로써 당사자주의를 채택함과 동시에 한번의 소송으로 모든 문제를 해결할 수 있도록 하였다. 즉 토지보상법 제85조 제2항은 "제1항의 규정에 의하여 제기하고자 하는 행정소송이 보상금의 증감에 관한 소송인 경우, 당해 소송을 제기하는 자가 토지소유자 또는 관계인인 때에는 사업시행자를, 사업시행자인 때에는 토지소유자 또는 관계인을 각각 피고로 한다"라고 규정하였다.

한편, 대법원은 잔여지 수용청구를 받아들이지 않은 토지수용위원회의 재결에 불복하여 제기하는 소송도 보상금의 증감에 관한 소송에 속한다고 판시하고 있다.

> **판례** 구 '공익사업을 위한 토지 등의 취득 및 보상에 관한 법률' 제74조 제1항에 의한 잔여지 수용청구를 받아들이지 않은 토지수용위원회의 재결에 대하여 토지소유자가 불복하여 제기하는 소송의 성질 및 그 상대방
> 구 '공익사업을 위한 토지 등의 취득 및 보상에 관한 법률'(2007. 10. 17. 법률 제8665호로 개정되기 전의 것) 제74조 제1항에 규정되어 있는 잔여지 수용청구권은 손실보상의 일환으로 토지소유자에게 부여되는 권리로서 그 요건을 구비한 때에는 잔여지를 수용하는 토지수용위원회의 재결이 없더라도 그 청구에 의하여 수용의 효과가 발생하는 형성권적 성질을 가지므로, 잔여지 수용청구를 받아들이지 않은 토지수용위원회의 재결에 대하여 토지소유자가 불복하여 제기하는 소송은 위 법 제85조 제2항에 규정되어 있는 '보상금의 증감에 관한 소송'에 해당하여 사업시행자를 피고로 하여야 한다[대법원 2010.8.19, 선고, 2008두822, 판결].

> **사례연습 해설**
> (1) 지방토지수용위원회의 재결에 대하여 불복이 있는 경우에, 甲은 재결서의 정본을 받은 날부터 30일 이내에 지방토지수용위원회를 거쳐 중앙토지수용위원회에 이의신청을 할 수 있고(토지보상법83②③), 그 이의신청에 대한 중앙토지수용위원회의 재결에 이의가 있는 경우에는 재결서를 받은 날부터 30일 이내에 행정소송을 제기할 수 있다. 또한 甲은 지방토지수용위원회의 재결에 대하여 중앙토지수용위원회에 이의신청을 하지 아니하고 지방토지수용위원회의 재결서를 받은 날부터 60일 이내에 바로 행정소송을 제기할 수도 있다(토지보상법85①).
> (2) 甲은 토지보상법 제85조 제2항의 규정에 따라 사업시행자를 피고로 하여 재결의 내용 중 손실보상액 결정부분에 대해서만 보상금의 증감을 구하는 행정소송을 제기하면 된다.

제 5 절 수용유사침해 · 수용적 침해 및 희생보상청구권

Ⅰ. 손실보상의 확장

헌법(23③)이 규정한 『공공필요에 의한 재산권의 수용·사용 또는 제한 및 그에 대한 보상은 법률로써 하되, 정당한 보상을 하여야 한다』는 손실보상조항의 해석과 관련하여, ① 법률에서 재

산권 침해만 규정하고 보상규정은 두지 않은 경우(수용유사침해)에도 보상받을 수 있는가의 문제, ② 반대로 법률에서 재산권 침해의 근거규정을 두지 아니한 경우에 적법한 공행정작용에 부수하여 발생된, 의도되지 아니한 침해(수용적 침해)에 대한 보상문제, 그리고 ③ 헌법상 재산권침해가 아닌 비재산권, 즉 생명·신체 등에 대한 침해(예 : 예방접종사고)에 대한 보상문제(희생보상청구권)가 제기될 수밖에 없으며, 이에 관한 독일의 학설·판례를 중심으로 검토하고자 한다.

Ⅱ. 수용유사침해에 대한 보상

1. 수용유사침해의 의의

'수용유사침해'란 『법률에서 재산권침해의 근거규정은 두고 있으나, 이에 대한 보상규정은 두고 있지 아니함으로써 결과적으로 위법(위헌)하게 된 재산권침해』를 말한다.
즉 '수용유사침해'는 개발제한구역(greenbelt)과 같이 개인의 재산권에 대하여 사회적 구속을 넘는 특별한 희생이 가하여졌지만 당해 법률에 보상규정이 없는 경우에 그 손실을 전보해 주기 위하여 도입된 개념이다.

따라서 이를 위법으로 보아 **손해배상**을 청구할 수 있다는 이론은 제1절에서 설명한 바와 같이 헌법규정(23③)의 해석에 관한 입법자에 대한 **직접효력설(위헌무효설)**의 입장이며, 반대로 국민에 대한 **직접효력설**에 의하면 직접 헌법 규정에 의하여 당연히 손실보상을 청구할 수 있으므로 **수용유사침해의 법리**를 인정하게 된다.

2 이론의 전개

상술한 위헌무효설의 입장에서 위법한 침해행위에 대한 손해배상을 현실적으로 청구하고자 하는 경우에, 문제는 위법성은 인정되지만 담당 공무원의 고의·과실은 인정될 수 없다는 데에 있다. 즉 『위법은 하지만 무과실』인 침해행위이므로 종래의 손실보상론(적법·무과실) 또는 손해배상론(위법·과실)의 어느 것에 의하더라도 구제받을 수 없게 되어 있다.

이러한 부당한 결과를 해결하기 위하여 **독일 연방최고법원**은 기본법(14③)의 손실보상조항에 근거하여 적법한 재산권 침해도 보상되는 터에 위법한 침해는 당연히 보상되어야 한다는 소위 수용유사침해론을 정립하였던 것이다.

그 후 1981. 7. 15 **연방헌법재판소**는 자갈채취업자가 개정된 수자원법에 따라 자갈채취사업을 계속하기 위하여 채취업허가를 신청하였는데 행정청이 이를 거부하자 원고가 손실보상을 청구한 소위 『자갈채취사건』에서 상대방은 손실보상은 청구할 수 없고 위법한 처분임을 이유로 취소소송을 제기할 수 있을 뿐이라고 하여 이 법리를 부정한 바 있으나, 연방최고법원의 판례와 학설은 여전히 이를 인정하고 있다.

생각건대, 『위법한 침해행위』에 대한 취급은 ① 개인의 재산권의 존속 그 자체의 보장이 우선되어야 한다는 사상에 입각한다면 당해 침해행위 자체에 대한 취소소송과 손해배상청구로 문제를 해결하여야 할 것이며, ② 반대로 공공의 이익을 위한 사업의 원활한 수행이 우선되어야 한다는 사상에 입각한다면 이를 일종의 수용으로 인정하는 대신에 손실보상청구권을 인정하는 것이 피해자구제에도 유리하다는 결론에 이르게 될 것이다. 또한 현실적으로도 만약 취소소송과 손해배상청구소송의 제소기간이 경과한 사안이라면 손실보상청구권을 인정할 실익이 있게 된다.

3. 한국의 학설

헌법규정(23③)의 해석과 관련하여 다음의 3가지 학설이 대립되어 있다.

① **위헌무효설**의 입장에서 손해배상청구만이 가능하다는 견해,

② 적법한 침해에 대한 손실보상이 인정된다면 위법한 침해에 대한 것도 당연히 인정되어야 한다는 **수용유사침해의 법리**를 인정하되, 헌법상의 재산권보장조항을 유추적용하여 손실보상을 청구할 수 있다는 견해,

③ 국민에 대한 **직접효력설**을 취하여 헌법(23③)에 직접 근거하여 손실보상을 청구할 수 있다는 견해가 있다.

생각건대, 국민에 대한 직접효력설을 취하기에는 헌법해석상 무리가 있으며, 보상규정 없이 침해하는 행위에 대한 손실보상을 인정하면 결국 그러한 침해행위를 정당한 침해로 인정하는 것이 되기 때문에, 재산권 그 자체의 존속을 희망하는 국민의 기본권(재산권)이 부당하게 침해되어 헌법의 재산권보장정신에 어긋난다는 문제가 있다. 따라서 **위헌무효설**의 입장에서 재산권 침해행위에 대한 취소소송과 함께 손해배상청구만이 가능하다는 견해에 찬동하되, 과실의 요건을 대폭 완화하여 수용유사침해에 해당하는 모든 경우에 **손해배상책임**이 인정되도록 하여야 할 것으로 생각된다.

4. 판 례

우리 판례는 개발제한구역의 설정으로 인하여 ① 특정 토지를 종래의 목적으로도 사용할 수 없게 되거나, ② 더 이상 법적으로 허용된 토지이용의 방법이 없기 때문에 실질적으로 토지의 사용·수익의 길이 없는 경우에는 보상을 하여야 하며 그렇지 아니하는 한 위헌으로 보아 **헌법불합치결정**을 한 바 있으며(헌재결 1998. 12. 24, 89헌마214, 90헌바16, 97헌바78 병합), 이 결정을 반영하여 개발제한구역의 지정 및 관리에 관한 특별조치법에서 토지소유자의 매수청구권을

인정하기에 이르렀음은 앞에서 설명한 바와 같다. 그러나 이 결정만으로는 상술한 위헌무효설에 입각하여 바로 손해배상을 청구할 수 있다는 결론을 도출하기에는 무리라고 하겠다.

다만, 소위 신군부에 의하여 **문화방송주식**을 강제로 빼앗긴 자가 국가를 상대로 손실보상청구를 한 사건에서 원심인 **고등법원**은 "국가의 주식강제취득은 법률의 근거없이 개인의 재산을 수용한 것으로서 이른바 **수용유사침해에 해당하며 구 헌법 제22조 제3항의 효력으로서 국가에 그 손실의 보상을 청구할 수 있다**"(서울고법 1992. 12. 24, 92나20073)고 하여 수용유사침해의 법리를 적극 활용한 바 있으나, 상고심인 **대법원**은 "과연 우리 법제하에서 그와 같은 이론을 채택할 수 있는 것인가는 별론으로 하더라도, 이 사건 주식취득이 공권력행사에 의한 수용유사적 침해에 해당한다고 볼 수는 없다"(대판 1993. 10. 26, 93다6409)고 함으로써 수용유사침해론의 채택여부에 관하여 입장을 보류한 바 있으며, 그 후에도 이 법리를 부인하고 있다.

Ⅲ. 수용적 침해에 대한 보상

1. 수용적 침해의 의의

'수용적 침해'란 『적법한 행정작용의 결과로 발생된 의도되지 아니한 부수적 침해』를 말한다.

▶ 예 : ① 수십 년간 도시계획상의 도로·공원용지 등의 도시계획시설로 고시만 해 두고 그대로 방치함으로써 토지소유자가 입은 재산상의 손해
② 지하철공사가 장기간 계속되어 인근 영업자의 영업에 발생한 손해 등

2. 이론의 전개

이 이론 역시 독일 연방최고법원에 의하여 정립된 것으로서, 공공공사로 인한 일정 한도 내의 피해는 재산권에 내재하는 사회적 제약으로서 원칙적으로 이를 감수해야 할 의무가 있다고 하겠으나, 그 정도를 넘어서 타인에게는 부과되지 않는 특별한 희생에 해당될 때에는 기본법(14③)이 예상하고 있는 『의도된 적법한 침해』가 아닌 『의도되지 않은 부수적 침해』이기 때문에 관계법에 보상규정이 없는 경우가 많다. 이러한 재산권의 침해행위는 원칙적으로 사실행위에 해당하는 것으로서 독일 기본법 제14조 3항의 공용수용의 적법요건으로서 수용과 보상을 동시에 규정하여야 하는 결부조항(Junktim-Klausel)의 적용을 받지 않는다. 이 경우 보상규정이 없더라도 위법성의 문제가 제기되지 않는다. 이러한 경우에 있어서 그로 인한 특별한 손해를 전보해 주려는 것이 바로 수용적 침해에 대한 보상이다. 이러한 보상의무는 재산권침해적 행위의 위법성 때문에 성립하는 것이 아니라, 정당한 침해가 가능함에도 불구하고

행한 것이므로 성립되는 것이다.

3. 한국의 학설

헌법(23③)상의 보상규정은 역시 『법률에 의하여 미리 의도된 침해』에 대한 보상만을 예상한 규정임은 부인할 수 없다고 하겠다. 이러한 의미에서 ① 독일의 수용적 침해의 이론을 적용하여 보상청구가 가능하다는 견해와, ② 국민에 대한 직접효력설을 취하여 보상청구가 가능하다는 견해에는 찬성하기 어려우며, 따라서 ③ 이러한 『의도되지 아니한 침해』도 그 위법성을 부인키 어려운 이상 상술한 위헌무효설의 입장에서 손해배상청구만이 가능하다고 하겠으며, 다만 과실의 요건을 대폭 완화하여 손해배상을 폭넓게 인정하여야 할 것으로 생각된다.

4. 판 례

우리 헌법재판소는 "토지소유자가 도시계획시설로 결정된 토지를 종래의 용도대로 계속 사용할 수 없거나 사적 이용이 완전히 배제된 경우에도 아무런 보상없이 장기간 감수하도록 규정하고 있는 한 이는 비례원칙에 위반하여 재산권을 과도하게 침해하는 위헌적인 규정이다"(헌재결 1999. 10. 21, 97헌바26)라고 함으로써, 도시계획시설 결정행위 자체에 위헌성이 있는 것이 아니라 그 시행과정에 있어서 장기적인 시행지연으로 발생하는 가혹한 부담에 대하여 보상규정을 두지 않은 것이 위헌이라는 해석을 하고 있다. 이에 따라 2000년 1월 28일 전문개정된 도시계획법(40·41)과 이를 이어받은 국토의 계획 및 이용에 관한 법률(47)에서는 도시계획결정 고시일로부터 10년 동안 도시계획시설사업이 시행되지 아니하는 경우에는 해당 토지소유자에 대하여 시장·군수 등에 대한 매수청구권을 부여하는 한편, 20년 동안 당해 도시계획시설사업이 시행되지 아니할 경우에는 그 다음날에 그 도시계획시설결정이 실효된다는 규정을 신설하였다(법48).

Ⅳ. 희생보상청구권

1. 희생보상청구권의 의의

'희생보상청구권'이란 헌법은 공공필요에 의한 재산권의 침해에 대한 보상만을 명시하고 있기 때문에 비재산권의 침해에 대한 보상근거를 마련하기 위한 이론이다. 『적법한 행정작용으로 인하여 재산권 아닌 생명·신체 등의 비재산권이 침해된 경우에 인정되는 손실보상청구권』을 말한다.

▣ 예 : 전염병 예방 접종사고로 생명·신체가 침해된 경우.

한편, 위법한 행정작용으로 인한 손해배상의 영역에 있어서는 재산권·비재산권을 불문하고 모두 배상하고 있기 때문에 이러한 희생보상청구권의 문제가 대두될 여지가 없다.

2. 학 설

1) 부정설

예방접종사고 같은 것은 의도된 침해가 아닌 우연한 사고이므로 손실보상이 아닌 위험책임에 입각한 손해배상제도에 의하여 전보되어야 한다는 견해이다.

2) 긍정설

예방접종은 오늘날 증명된 과학적 방법에 의한 것으로서 위험하다고도 볼 수 없으며, 그 부작용에 의한 생명·신체의 침해는 의도되지는 아니하였지만 전염병예방이라는 공익을 위한 적법한 침해, 즉 **수용적 침해와 같은 논리구조**를 가지는 것이고, 그렇다면 재산권이냐 비재산권이냐에 따라 차등을 두어야 할 합리적인 이유가 없는 이상 손실보상제도의 적용을 받아야 할 것이라고 한다.

그러나 그 근거로서는 ① 헌법상의 손실보상규정(23③)은 명문으로 재산권에 한정하고 있으므로 기본권보장에 관한 일반규정(10), 신체의 자유(12) 및 평등규정(11)을 근거로 하여 직접 청구할 수 있다는 견해와, ② 헌법상의 손실보상규정을 유추해석하여 청구할 수 있다는 견해로 나누어진다.

3. 한국에서의 적용문제

헌법(23③)상의 손실보상 규정의 해석에 관한 통설인 『입법자에 대한 직접효력설』(위헌무효설)에 따라 법률에 손실보상규정이 있는 경우에 한하여 손실보상청구가 가능하며, 그렇지 아니한 경우에는 역시 위헌(위법)행위로 인한 **손해배상청구**만이 가능하다고 하겠으나, 이 경우 특히 공무원의 과실을 폭넓게 인정하여야 할 것으로 생각된다.

손실보상규정의 유무에 따른 이러한 혼란을 방지하기 위하여 1995. 1. 5 개정된 **전염병예방법**은 명문으로 예방접종사고에 대한 『손실보상』을 인정하고 있다. 전염병예방법 제54의2 제1항에는 "국가는 예방 접종을 받은 자가 그 예방 접종으로 인하여 질병에 걸리거나 장애인이 되거나 사망한 때에는 대통령령이 정하는 기준과 절차에 따라 다음 각 호의 보상을 하여야 한다"라고 하여 **희생보상청구권**을 인정하고 있다.

제6편

행정쟁송(행정심판, 행정소송)

제1장 행정쟁송

Ⅰ. 행정쟁송의 의의

'행정쟁송'이란 『행정법상의 법률관계에 관한 분쟁이 있을 경우에 당사자의 청구에 의하여 일정한 심판기관이 이를 심리·판정하는 절차』를 말한다.

행정의 적법성과 타당성은 행정감독과 국민통제에 의하여 어느 정도 보장될 수 있다. 그러나 더 실효적인 방법은 위법·부당한 행정작용으로 인하여 그 권익을 침해받은 자로 하여금 직접 그 효력을 다툴 수 있게 하고, 일정한 판정기관이 그에 대한 유권적 판정을 내리도록 하는 제도를 마련하는 것이다.

이러한 행정쟁송제도는 실질적 법치주의에 부합하는 제도로서 모든 국가작용의 적법·타당한 행사를 담보하기 위한 여러 사전적·사후적 절차 중에서 가장 전통적이며 최종적인 수단으로 작용함과 동시에, 위법·부당한 행정작용 그 자체의 효력을 직접 다투는 제도로서 가장 직접적이며 강력한 권리구제수단이라는 점에 의미가 있다.

Ⅱ. 행정쟁송제도의 발달

행정쟁송제도는 사법부 아닌 행정부 내에 **행정재판소**를 설치하여 행정사건을 다루었던 독·불 등 대륙법계 국가에서만 독자적으로 발달되어 왔으며(**대륙식 행정국가주의**), 영미법계 국가에서는 행정쟁송도 일반 민·형사사건과 마찬가지로 **일반법원의 관할** 하에 두기 때문에 행정사건이라 하여 특별히 달리 취급되지 아니하였다(**영미식 사법국가주의**).

그러나 19세기 말 이후 영미법계 국가에서도 각종 행정위원회(독립규제위원회)에 대하여 행정쟁송에 대한 심판기능이 부여되기 시작하였으며, 반면 대륙법계 국가 중 독일에서는 제2차 대전 패전 이래 종전 행정부 소속의 행정재판소가 사법부 소속으로 탈바꿈하였고, 프랑스에서도 19세기 말 이래의 행정부 소속 행정재판소가 소속은 그대로 유지되면서도 사법부 못지않게 독립성을 가지게 되어 실질적인 권리구제에 있어서 부족함이 없게 되었다.

이러한 양 법계 국가들 간의 행정쟁송제도의 상호접근현상은 실질적 법치주의의 구현을 위한 국민의 권리구제제도의 강화라는 공통의 목표에 접근하기 위한 노력의 결과로 보이며, 따라서 오늘날에는 양 제도를 분리·고찰할 필요가 크게 감소되었다고 할 수 있다. 우리 헌법은 영미법 국가에서와 같이 행정사건도 **일반법원의** 관할로 하고 있지만 행정사건의 특수성을 감안하여 **행정소송법**에서는 민사소송에 대한 여러 가지 특례를 두고 있다.

Ⅲ. 행정쟁송제도의 기능

1. 국민의 권익구제

행정쟁송제도는 이미 설명한 바와 같이 기본적으로는 위법·부당한 행정처분의 취소·변경을 통하여 침해된 국민의 권익을 구제하기 위하여 존재하는 것이다.

이러한 기능은 구체적으로 행정청에 의한 행정심판과 법원에 의한 행정소송에 의하여 수행되는 것이며, 행정청 자신이 심판기관이 되는 행정심판보다는 역시 독립된 법원에 의한 행정소송이 보다 완벽한 기능을 수행한다고 하겠지만, 그럼에도 불구하고 행정심판제도는 신속성·경제성·간편성 등의 장점으로 말미암아 국민의 권익구제에 있어 적지 않은 비중을 차지하고 있다. 행정소송은 국민의 권리구제를 위한 최종적인 수단이기는 하지만 행정소송에 의한 법원의 심사는 처분의 적법성의 문제에 한정된다. 법원은 법률상 쟁송에 관해서만 한정하여 판단해야 하기 때문이다. 이에 반하여 행정심판에서는 행정행위의 당·부당까지도 판단하여 국민의 권익구제에 기여할 수 있다.

2. 행정의 자기통제

이는 행정청 자신이 행하는 행정심판제도에 의하여 특히 발휘되는 기능으로서, 원래 대륙식 행정국가에서의 행정쟁송제도는 처분 행정청의 업무에 대한 감독권한이 있는 상급관청으로 하여금 하급관청의 처분의 위법·부당 여부를 심의케 함으로써 사법부의 간섭을 받기 전에 행정부 스스로에 의한 내부적·자율적 통제를 목표로 하였던 것이며, 이러한 기능은 오늘날 국민의 권익구제 기능보다는 가치가 저하된 것이기는 하지만, 여전히 행정부 내부에서는 중요한 의미를 가진다.

Ⅳ. 행정쟁송의 종류

행정쟁송은 심판기관·내용·절차 등을 기준으로 여러 가지로 분류할 수 있다.

1. 광의의 행정쟁송과 협의의 행정쟁송

『광의의 행정쟁송』이란 행정쟁송의 의의에서 설명한 바와 같이 행정상의 법률관계에 관한 분쟁이 있을 경우에 당사자의 청구에 의하여 일정한 심판기관이 이를 심리판정하는 절차를 총칭하여 말하며, 심판기관이 행정부이거나 법원이거나를 묻지 아니한다. 따라서 **행정심판과 행정소송을 포함하는** 개념이다.

『**협의의 행정쟁송**』이란 광의의 행정쟁송 중에서 특히 행정청이 심판기관이 되는 행정쟁송, 즉 **행정심판만을** 의미한다. 우리나라에서는 행정작용에 대한 종국적 사법통제의 원칙을 취하면서도 동시에 자율적 통제기회의 보장, 또는 그 권리구제수단의 간이성·경제성·신속성 등 제도적 장점을 이유로 행정심판제도를 행정소송제도와 병행하여 채택하고 있다.

2. 실질적 쟁송과 형식적 쟁송

『**실질적 쟁송**』이란 행정상의 법률관계에 관한 분쟁이 있는 경우에 그 분쟁을 해결하기 위한 절차를 말하며, 『**형식적 쟁송**』이란 이러한 분쟁을 미리 예방하기 위하여 행정권이 발동되기 전에 처음부터 형식적으로 쟁송절차와 유사한 절차를 거쳐 발동되도록 함으로써 행정처분의 적법·타당성을 확보하기 위한 절차를 말한다. 형식적 쟁송의 예로서는 영·미에서 발달한 고지·청문절차 등의 행정절차제도를 들 수 있다.

3. 정식쟁송과 약식쟁송

무릇 분쟁의 공정한 해결을 위하여서는, ① 심판기관이 독립한 지위에 있는 제3자이고, ② 심리절차에 있어서 당사자의 구두변론의 기회가 보장되어야 하는바, 이를 모두 갖춘 것을 『**정식쟁송**』이라 하고, 어느 하나 이상이 결여된 것을 『**약식쟁송**』이라 하며, 행정소송은 전자, 행정심판은 후자에 해당된다.

4. 항고쟁송과 당사자쟁송

『**항고쟁송**』이란 이미 행하여진 행정처분의 위법·부당을 이유로 그 취소·변경을 구하는 쟁송이며, 구체적으로 ① 각 개별법에 의한 이의신청·심사청구·심판청구 등(국세기본법), ② 행정심판법에 규정된 모든 종류의 행정심판(취소심판·무효 등 확인심판·의무이행심판, 동법4), ③ 행정소송법에 규정된 행정소송 중 취소소송·무효 등 확인소송·부작위위법확인소송(동법4)이 이에 해당한다.

『**당사자쟁송**』이란 우월한 의사의 주체에 의한 일방적 처분이 있고 상대방이 이에 불복하는 절차가 아니라, 『서로 대등한 당사자의 관계에 서서 공법상의 법률관계의 형성·존부에 관한 다툼을 판정하는 절차』를 말하며, 구체적으로 ① 토지소유자와 공공사업자(수용자) 간에 협의가 성립되지 아니한 경우에 **토지수용위원회**가 행하는 **재결절차**와, ② 행정소송 중『행정청의 처분 등을 원인으로 하는 법률관계에 관한 소송, 그 밖에 공법상의 법률관계에 관한 소송으로서 그 법률관계의 한쪽 당사자를 피고로 하는 소송』(동법3(2))으로서, 예컨대 **행정상 손해배상청구소송·손실보상청구소송·부당이득반환청구소송·결과제거청구소송, 공무원봉급·연금지급청구소송** 등 행정처분(위법한 특허·인허가 취소, 토지수용, 조세부과, 공무원파면 행위) 등이 원인이 되어 파생된 권리·의무관계에 대한 분쟁을 말한다.

따라서 특허, 인허가, 토지수용, 조세부과, 공무원파면행위 그 자체에 대한 취소·변경을 구하는 것은 항고쟁송이 되며, 그 결과 발생된 손해에 대한 배상 또는 부당이득의 반환 등을 요구하는 청구소송이 바로 당사자쟁송이 된다.

한편, 국가에 대한 물품·공사대금 청구소송 등과 같은 사경제적 작용(국고작용)으로 인한 것은 대등한 당사자 간의 법률관계이기는 하지만 공법상의 법률관계가 아닌 사법상의 법률관계이기 때문에 일반 민사소송에 의하므로 행정쟁송의 대상이 아니다.

5. 시심적 쟁송과 복심적 쟁송

『**시심적 쟁송**』이란 어떤 쟁송에 의하여 법률관계가 처음으로(시심적으로) 형성되는 것을 말하며, 예컨대 전술한 형식적 쟁송과 당사자쟁송이 이에 해당된다.

『**복심적 쟁송**』이란 이미 행정작용이 행하여진 후에 그 위법·부당을 이유로 다시 심사해 줄 것을 요구하는 절차를 말하며, 항고쟁송이 이에 해당한다.

6. 주관적 쟁송과 객관적 쟁송

『**주관적 쟁송**』이란 행정작용으로 인하여 개인의 권리·이익이 침해된 경우에 그 구제를 구하는 쟁송을 말하며, 일반적으로 모든 쟁송은 이에 해당한다.

『**객관적 쟁송**』이란 특정 개인의 권익구제를 목적으로 하는 것이 아니라 행정작용의 객관적인 적법·타당성의 확보 또는 공공의 이익보호를 직접 목적으로 하는 쟁송을 말하며, 후술하는 민중쟁송과 기관쟁송이 이에 해당한다.

객관적 쟁송은 개인의 권익구제라는 쟁송제도 본래의 역할과는 다른 직접적인 이해관계자 외의 자에게 제소권을 부여하는 것이므로 법률에 특별히 규정이 있는 경우에만 인정된다.

7. 민중쟁송과 기관쟁송

『**민중쟁송**』이란 행정법규의 위법한 적용을 시정하기 위하여 일반민중 또는 선거인에게 쟁송제기를 인정한 것을 말하며, 현행법상 ① 선거법에서 대통령·국회의원의 선거 또는 당선의 효력에 관하여 선거인이 대법원에 제기하는 **선거소송**(공직선거 및 선거부정방지법222·223), ② 지방의회의원·지방자치단체의 장의 선거 또는 당선의 효력에 관하여 선거인인 주민이 선거관리위원회에 제기하는 **선거소청**(동법219), ③ 지방자치단체의 공금의 지출, 재산의 취득·관리·처분, 당해 지방자치단체를 당사자로 하는 매매·임차·도급 그 밖의 계약의 체결·이행 또는 지방세·사용료·수수료·과태료 등 공금의 부과·징수의 해태에 관한 사항을 감사청구한 주민이 주무부장관 또는 시·도지사가 감사청구를 수리한 날부터 60일을 경과하여도 감사를 종료하지 아니하거나, 감사결과에 불복이 있거나, 감사결과에 따른 주무부장관 또는 시·도지사의 조치요구를 지방자치단체의 장이 이행하지 아니하거나, 지방자치단체의 장의 이행조치에 불복이 있는 경우에 관할 행정법원(행정법원이 설치되지 아니한 지역에서는 관할 지방법원본원)에 당해 행위의 전부 또는 일부의 중지, 당해 행위의 취소·변경을 구하거나 효력의 유무 또는 존재여부의 확인, 당해 해태사실의 위법확인, 그 밖에 손해배상청구 또는 부당이득반환청구를 할 것을 요구하는 **주민소송**을 제기할 수 있다(지자13의5).

『**기관쟁송**』이란 국가·공공단체의 기관 상호간의 분쟁해결을 위한 쟁송으로서, ① 지방자치단체의 장 또는 교육감이 지방의회·교육위원회의 의결의 위법을 이유로 지방의회 또는 교육위원회를 피고로 하여 대법원에 제소하는 것(지자159)과, ② 주무부장관 또는 시·도지사의 위법·부당한 시정명령 또는 취소·정지 처분에 대한 지방자치단체의 장의 대법원에의 제소(지자157) 등이 있다.

제2장 행정심판

제1절 행정심판의 의의

Ⅰ. 행정심판의 의의

1. 행정심판의 개념

'광의의 행정심판'이란 『널리 행정청이 행하는 행정상의 법률관계에 관한 분쟁에 대한 심판절차』를 말한다.

즉, 행정청의 위법·부당한 행정처분이나 기타 공권력의 행사·불행사로 인하여 자신의 권리나 이익을 침해당한 자가 행정기관에 대하여 그 시정을 구하는 절차를 말한다. 실정법상으로는 행정심판이라는 명칭 이외에 이의신청, 심사청구, 심판청구, 재심청구 등의 여러 가지 명칭으로 불리고 있다.

따라서 후술하는 이의신청과 당사자쟁송(재결)을 포함하여 널리 행정청이 행하는 모든 분쟁해결 절차를 말한다.

'협의의 행정심판'이란 『행정심판법에 의한 행정심판』을 말한다.

현재의 행정심판은 임의적 절차로 되어 있다(행소18). 따라서 공무원관계법(국공16·교공53①·지공20조의2)과 도로교통법(101의3), 조세관계법(국세기본법56②·지방세법78②·관세법38의2) 등 개별 법률에서 예외적으로 필요적 행정심판전치주의를 채택하고 있는 경우를 제외하고는 원칙적으로 임의적 절차이기 때문에 행정심판 또는 행정소송을 선택적으로 청구할 수 있게 되었다. 즉, 행정심판은 원칙적으로 임의적 절차이다.

이러한 행정심판제도에 관하여는 우리 헌법(107③)이 직접 "재판의 전심절차로서 행정심판을 할 수 있다. 행정심판의 절차는 법률로 정하되, 사법절차가 준용되어야 한다"고 규정함으로써 제도적 근거를 마련하고 있다. 여기서 말하는 "사법절차"를 특징 짓는 요소로는 판단기관의 독립성·공정성, 대심적 심리구조, 당사자의 절차적 권리보장 등을 들 수 있으나, 위 헌법 조항은 행정심판에 사법절차가 "준용"될 것만을 요구하고 있으므로 위와 같은 사법절차적 요소를 엄격히 갖추어

할 필요는 없다고 할지라도, 적어도 사법절차의 본질적 요소를 전혀 구비하지 아니하고 있다면 "준용"의 요구마저 위반된다(헌재 2000. 6. 1, 98헌바8; 헌재 2001. 6. 28, 2000헌바30).

2. 행정심판과 다른 개념의 구별

1) 행정심판과 청원

헌법상 기본권의 하나인 청원권을 보장하기 위하여 헌법은 청원(請願)에 대한 국가기관의 심사의무를 규정하고 있고(헌26②), 나아가서 청원법은 심사처리 의무와 결과통지의무까지 규정하고 있어(동법9) 행정심판제도와 유사한 면이 있으나, ① 대상사안에 있어 행정심판은 국민의 권리·이익이 침해된 경우에 한하지만, 청원은 법령의 제정이나 제도의 개선에 관한 희망 등 권익침해와 무관한 사안도 제출할 수 있으며, ② 대상기관·시기에 있어 행정심판은 엄격한 제한이 있지만, 청원은 어떤 기관(입법·사법·행정부)이든, 어느 시기든 제출할 수 있고, ③ 심리 및 판정에 있어 행정심판은 엄격한 절차·방식·효과(기속력)상의 법적 제한을 받지만, 청원은 이러한 제한이 없다는 점에서 본질적인 차이가 있다.

> **판례**
>
> 청원에 대한 심사처리결과의 통지는 행정소송의 대상이 되는 행정처분이라고 할 수 없다(대판 1990. 5. 25, 90누1458).

2) 행정심판과 진정

진정이란 아무런 형식·절차상의 제한 없이 행정청에 대하여 잘못의 시정 등을 희망하는 사실상의 행위로서 이에 대한 행정청의 답변은 아무런 법적 구속력을 갖지 아니하는 점에서 재결에 기속력이 인정되는 행정심판과는 다르다. 다만, 진정에 대한 행정청의 답변이 행정상의 확약의 요건을 충족시키는 경우가 있을 수 있다.

그러나 진정이라는 제목을 사용하더라도 그 내용이 실질적으로 행정심판청구에 해당하는 것이면 행정심판으로 보아서 처리하여야 한다(판례 참조).

> **판례**
>
> 원고가 제출한 진정서에는 건축불허가처분을 재고하여 달라거나 이 사건 처분에 불복한다는 취지도 포함되어 있음을 알 수 있는바, 위 문서는 비록 제목이 "진정서"로 되어 있고, … 행정심판청구서로서의 형식을 다 갖추고 있다고 볼 수 없으나, 피청구인인 처분청과 청구인의 이름과 주소가 기재되어 있고, 청구인의 기명이 되어 있으며, 위 문서의 기재내용에 의하여 심판청구의 대상이 되는 행정처분의 내용과 심판청구의 취지 및 이유, 처분이 있는 것을 안 날을 알 수 있고, 여기에 기재되어 있지 않은 재결청, 처분을 한 행정청의 고지의 유무 등의 내용과 날인 등의 불비한 점은 보정이 가능하므로 이를 이 사건 처분에 대한 행정심판청구로 보는 것이 옳다(대판 2000. 6. 9, 98누2621).

3) 행정심판과 직권재심사

직권재심사와 행정심판은 행정작용의 적법·타당성을 보장하기 위한 행정권의 자율적 통제수단이라는 점에서 공통점이 있다. 그러나 행정심판은 행정처분으로 권익을 침해당한 상대방의 쟁송제기에 의하여 행하여지는 것이므로 주로 부담적 행위가 대상이 되며, 법률관계의 안정을 위하여 청구기간의 제한이 있는 반면에, 직권에 의한 재심사는 행정청 스스로의 발의에 의하여 행정의 적법·타당성의 확보를 목적으로 하는 것으로서 주로 수익적 행위가 대상이 되며, 기간상의 제한은 없다. 행정심판에서는 불가변력이 발생하는 처분도 그 대상이 되지만, 직권재심사는 불가변력이 발생하는 처분에 대하여는 원칙적으로 허용되지 않는다는 점에서도 차이가 난다.

4) 행정소송과 행정심판의 구별

◆ 행정소송과 행정심판의 **공통점**으로서는,
① 양자 모두 국민의 권익침해에 대한 구제를 목적으로 하는 **실질적 쟁송**이며,
② 쟁송의 제기에 의해서만 개시되고, 쟁송을 제기할 **법률상 이익**이 있는 자만이 제기할 수 있으며(청구인적격·원고적격),
③ 원칙적으로 **대심구조**를 취하고 있고,
④ 심리에 있어 **직권심리주의·불고불리**의 원칙이 적용되며,
⑤ 효과에 있어 **집행부정지의 원칙** 및 **사정재결** 또는 **사정판결**이 인정되는 점을 들 수 있다.

◆ 행정소송과 행정심판의 차이점으로서는
① **기능**에 있어 행정심판은 **행정의 자기통제**에, 행정소송은 **국민의 권익구제**에 보다 중점을 두고 있기 때문에 행정심판에 있어서는 행정기관이 판정기관이지만, 행정소송에 있어서는 법원이 그 판정기관이며,

② 따라서 **대상사안**도 행정심판은 위법성뿐만 아니라 재량권의 범위 내에서의 그 적절한 행사 여부, 즉 당·부당까지 심판하지만, 행정소송은 권력분립의 정신에 따라 **위법성**만 심사하게 된다(단, 재량권 일탈·남용은 포함한다).

③ **심리절차**에 있어 행정심판은 약식쟁송이기 때문에 구술심리주의와 함께 신속·간편한 **서면심리주의도 병행**하여 채택하고 있지만, 행정소송은 정식쟁송이므로 **구술심리주의를 원칙**으로 하고 있다.

④ 우리나라에서는 행정심판에 있어서는 **의무이행심판**이 인정되지만, 행정소송에 있어서는 의무이행소송이 인정되지 않는다.

⑤ 종전에는 행정쟁송에 있어서 행정심판을 거치고 난 후가 아니면 행정소송을 제기할 수 없도록 하는 행정심판전치주의를 취하고 있었으나 1998년 3월 1일부터는 서울지방행정법원의 설립과 함께 임의적 전치주의를 채택하여 행정심판을 거치지 않고 곧바로 행정소송을 제기할 수 있게 되었다.

◉ 행정소송과 행정심판의 구별

구분	행정심판	행정소송
판정기관	행정심판위원회	법원
성질	약식쟁송	정식쟁송
종류	취소심판 무효등확인심판 의무이행심판	취소소송 무효등확인소송 부작위위법확인소송
대상	위법·부당한 처분 또는 부작위	위법한 처분 또는 부작위
거부처분	취소심판, 무효등확인심판, 의무이행심판	취소소송, 무효등확인소송
의무이행쟁송 인정 여부	긍정	부정
적극적 변경 여부	가능	불가능
기간	처분이 있음을 안 날 : 90일 처분이 있은 날 : 180일	처분이 있음을 안 날 : 90일 처분이 있은 날 : 1년
심리	구술심리 또는 서면심리 비공개원칙	구술심리 공개원칙
의무이행확보수단	행정심판위원회의 직접처분권 인정(행정심판법 제50조 제1항)	간접강제제도(행정소송법 제34조)
오고지·불고지에 관한 규정	O	X
공통점	국민의 권리구제수단, 신청을 전제로 한 절차개시, 대심구조주의, 직권심리주의의 가미, 불고불리의 원칙, 불이익변경금지의 원칙, 집행부정지의 원칙, 사정재결·사정판결의 인정	

5) 국민고충처리

국민고충처리제도는 국민권익위원회로 하여금 행정과 관련된 국민의 고충민원을 상담·조사하여 행정기관의 처분 등이 위법·부당하다고 인정할 만한 상당한 이유가 있는 경우에 관계 행정기관의 장에게 적절한 시정조치를 권고하도록 함으로써 국민의 불편과 부담을 시정하기 위한 제도이다(『부패방지 및 국민권익위원회의 설치와 운영에 관한 법률』 참조). 종래 국민의 권리구제 및 권익보호를 위한 기능이 행정심판위원회, 국민고충처리위원회 및 국가청렴위원회 등 여러 기관으로 나뉘어져 국민에게 혼란과 불편을 초래하고 있음에 따라 행정심판, 고충민원처리, 부패방지 기능을 통합하여 국민의 권익구제 창구를 일원화 하고 신속한 가능을 수행할 수 있기 위하여 국민권익위원회를 설치한 것이다. 국민고충처리제도는 행정심판법에 의한 행정심판 내지 다른 특별법에 따른 이의신청, 심사청구, 재결의 신청 등의 불복구제절차와는 제도의 취지나 성격을 달리하고 있으므로 국민권익위원회에 대한 고충민원의 신청이 행정소송의 전치절차로서 요구되는 **행정심판청구에 해당하는 것으로 볼 수 없다**(대판 1995. 9. 29, 95누5332 참조).

다만, 국민권익위원회에 접수된 **신청서**가 행정기관의 처분에 대하여 시정을 구하는 취지임이 내용상 분명한 것으로서 국민권익위원회가 이를 당해 **처분청 또는 그 재결청에 송부한 경우**에 한하여 예외적으로 행정심판법 제17조 2항·7항의 규정에 의하여 그 신청서가 국민권익위원회에 접수된 때에 행정심판청구가 제기된 것으로 볼 수 있다(대판 1995. 9. 29, 95누5332 참조).

* **국민권익위원회**

  1. 설 치

  국민권익위원회는 고충민원의 처리와 이에 관련된 불합리한 행정제도를 개선하고, 부패의 발생을 예방하며 부패행위를 효율적으로 규제하도록 하기 위하여 국무총리 소속하에 설치되는 기관이다(국민권익위원회법11). 종래 국민의 권리구제 및 권익보호를 위한 기능이 행정심판위원회, 국민고충처리위원회 및 국가청렴위원회 등 여러 기관으로 나뉘어져 국민에게 혼란과 불편을 초래하고 있음에 따라 행정심판, 고충민원처리, 부패방지 기능을 통합하여 국민의 권익구제 창구를 일원화 하고 신속한 가능을 수행할 수 있기 위하여 국민권익위원회를 설치하였다. 여기서 국민고충처리위원회가 고충민원처리를 수행하여 왔는바, 그의 기능은 옴부즈만에 유사한 것으로 평가 되어 왔다. 다음에서는 국민권익위원회의 기능 중 고충민원처리를 중심으로 살펴보기로 한다.

  2. 구 성

  위원회는 위원장 1명을 포함한 15명의 위원(부위원장 3명과 상임위원 3명을 포함한다)으로 구성한다. 이 경우 부위원장은 각각 고충민원, 부패방지 업무 및 국무총리행정심판위원회의 운영업무를 분장하여 위원장을 보좌한다(13①).

  위원장, 부위원장과 위원은 고충민원과 부패방지에 관한 업무를 공정하고 독립적으로 수행할 수 있다고 인정되는 자로서 ① 대학이나 공인된 연구기관에서 부교수 이상 또는 이에 상당하는 직에 8년 이상 있거나 있었던 자, ② 판사·검사 또는 변호사의 직에 10년 이상 있거나 있었던 자, ③ 3급 이상 공무원 또는 고위공무원단에 속하는 공무원의 직에 있거나 있었던 자, ④ 건축사·세무사·공인회계사·기술사·변리사의 자격을 소지하고 해당직종에서 10년 이상 있거나 있었던 자, ⑤ 시민고충처리위원회 위원으로 위촉되어 그 직에 4년 이상 있었던 자, ⑥ 그 밖에 사회적 신망이 높고 행정에 관한 식견과 경험이 있는 자로서 시민사회단체로부터 추천을 받은 자 중에서 임명 또는 위촉한다(13②). 위원장 및 부위원장은 국무총리의 제청으로 대통령이 임명하고, 상임위원은 위원장의 제청으로 대통령이 임명하며, 상임이 아닌 위원은 대통령이 임명 또는 위촉한다. 이 경우 상임이 아닌 위원 중 1명은 국회가, 1명은 대법원장이 각각 추천하는 자를 임명 또는 위촉한다(13③).

3. 회 의

위원 전원으로 구성되는 전원위원회는 재적위원 과반수의 출석과 출석위원 과반수의 찬성으로 의결한다. 다만 종전의 의결례를 변경할 필요가 있는 사항은 재적위원 과반수의 찬성으로 의결한다(19①). 위원회는 고충민원의 처리와 관련하여 ① 시정권고사항 중 다수인의 이해와 관련된 사안 등 대통령령으로 정하는 사항, ② 제도개선을 권고하는 사항, ③ 감사의뢰의 결정에관한사항, ④종전의결례를 변경할 필요가 있는 사항, ⑤ 소위원회가 위원회에서 직접 처리하도록 의결한 사항, ⑥ 그 밖에 위원회에서 처리하는 것이 필요하다고 위원장이 인정하는 사항을 제외한 사항을 심의·의결하기 위하여 3인의 위원으로 구성하는 소위원회를 둘 수 있다(20①). 소위원회의 회의는 구성위원 전원의 출석과 출석위원 전원의 찬성으로의결한다(20②).

4. 국민권익위원회의 업무

고충민원의 처리와 관련된 국민권익위원회의 업무로는 ① 고충민원의 조사와 처리 및 이와 관련된 시정권고 또는 의견표명, ② 고충민원을 유발하는 행정제도 및 그 제도의 운영에 개선이 필요하다고 판단되는 경우 이에 대한 권고 또는 의견표명, ③ 위원회가 처리한 고충민원의 결과 및 행정제도의 개선에 관한 실태조사와 평가, ④ 민원사항에 관한 안내·상담 및 민원사항 처리실태 확인·지도, ⑤ 온라인 국민참여포털의 통합 운영과 정부민원안내콜센터의 설치·운영, ⑥ 시민고충처리위원회의 활동과 관련한 협력·지원 및 교육, ⑦ 다수인 관련 갈등 사항에 대한 중재·조정 및 기업애로 해소를 위한 기업고충민원의 조사·처리, ⑧ 그 밖에 국민권익 향상을 위하여 국무총리가 위원회에 부의하는 사항 등이 있다(12).

Ⅱ. 행정심판의 기능

1. 행정의 자기통제

행정심판제도는 행정상의 분쟁이 법원에 의하여 다루어지기 전에 행정관청으로 하여금 그 행정처분에 대하여 다시 검토케 하여 스스로 판단하여 시정할 수 있기 때문에 행정의 자기통제 기능을 수행하게 된다.

2. 신속하고 경제적인 권익구제

정식쟁송인 행정소송과 달리 약식쟁송인 만큼 60일(예외적으로 90일) 이내에 종결되는 신속성과, 소송대리인 선임과 인지대 등의 비용 없이 간단한 행정심판청구서의 제출만으로도 가능하다는 경제성이 행정심판제도의 장점이 된다. 그러나 행정심판제도가 형식적으로만 운영된다면 오히려 법원에 직접 구제를 청구하는 것보다 시간·노력상의 낭비만 초래된다는 점에도 유의하여야 할 것이다.

3. 행정청의 전문지식의 활용

행정청은 일반적 법률문제만을 다루는 법원보다 당해 분야의 전문적·기술적 지식과 경험이 풍부하게 축적되어 있으므로 이를 다시 한 번 활용케 함으로써 분쟁의 합리적 해결에 기여할 수 있다.

4. 법원의 부담 경감

행정심판제도가 적절하게 운영되면 많은 분쟁이 이 단계에서 해결될 수 있으므로 법원의 부담이 경감된다. 예컨대, 운전면허취소사건이나 과세처분과 같이 매년 수십 만 건의 처분이 대량으로 행하여지는 영역에서 분쟁이 발생할 경우 곧바로 행정소송이 제기되면 법원이 과중한 부담을 지게 된다. 이 경우 행정심판을 거쳐 법원에 소송이 제기된다면, 행정심판의 단계에서 분쟁이 먼저 해결될 수도 있으며, 행정심판이라는 전 단계에서의 여과장치를 거치면서 법률적 쟁점이 정리될 것이다.

> **판례**
>
> 행정소송을 제기함에 있어서 행정심판을 먼저 거치도록 하는 것은 행정관청으로 하여금 그 행정처분을 다시 검토케 하여 시정할 수 있는 기회를 줌으로써 행정권의 자주성을 존중하고 아울러 소송사건의 폭주를 피함으로써 법원의 부담을 줄이고자 하는 데 그 취지가 있다(대판 1988. 2. 23, 87누704).

제 2 절 행정기본법상 처분에 대한 이의신청 및 재심사

Ⅰ. 행정기본법상 처분에 대한 이의신청

행정기본법 제36조에서는 행정청의 '처분에 대한 이의신청'에 관하여 일반적으로 규정하고 있다. 다른 법률에서 이의신청과 이에 준하는 절차에 대하여 정하고 있는 경우에도 그 법률에서 규정하지 아니한 사항에 관하여는 행정기본법 제36조에서 정하는 바에 따른다(동법 제36조 제5항).

1. 이의신청의 대상 및 제기기간

'행정청의 처분'(「행정심판법」 제3조에 따라 같은 법에 따른 행정심판의 대상이 되는 처분을 말한다)에 '이의가 있는 당사자'는 처분을 받은 날부터 '30일 이내'에 '해당 행정청'에 이의신청을 할 수 있다(동법 제36조 제1항).

다음 각 호의 어느 하나에 해당하는 사항에 관하여는 행정기본법 제36조를 '적용하지 아니한다'(동법 제36조 제7항).

> 1. 공무원 인사 관계 법령에 따른 징계 등 처분에 관한 사항
> 2. 「국가인권위원회법」 제30조에 따른 진정에 대한 국가인권위원회의 결정
> 3. 「노동위원회법」 제2조의2에 따라 노동위원회의 의결을 거쳐 행하는 사항
> 4. 형사, 행형 및 보안처분 관계 법령에 따라 행하는 사항
> 5. 외국인의 출입국·난민인정·귀화·국적회복에 관한 사항
> 6. 과태료 부과 및 징수에 관한 사항

2. 이의신청에 대한 처리 기간

행정청은 행정기본법 제36조 제1항에 따른 이의신청을 받으면 그 신청을 받은 날부터 14일 이내에 그 이의신청에 대한 결과를 신청인에게 통지하여야 한다. 다만, 부득이한 사유로 14일 이내에 통지할 수 없는 경우에는 그 기간을 만료일 다음 날부터 기산하여 10일의 범위에서 한 차례 연장할 수 있으며, 연장 사유를 신청인에게 통지하여야 한다(동법 제36조 제2항).

3. 처분에 대한 이의신청과 행정심판 또는 행정소송의 관계

행정기본법 제36조 제1항에 따라 이의신청을 한 경우에도 그 '이의신청과 관계없이' 「행정심판법」에 따른 행정심판 또는 「행정소송법」에 따른 행정소송을 제기할 수 있다(동법 제36조 제3항).

이의신청에 대한 결과를 통지받은 후 행정심판 또는 행정소송을 제기하려는 자는 그 결과를 통지받은 날(행정기본법 제36조 제2항에 따른 통지기간 내에 결과를 통지받지 못한 경우에는 같은 항에 따른 통지기간이 만료되는 날의 다음 날을 말한다)부터 90일 이내에 행정심판 또는 행정소송을 제기할 수 있다(동법 제36조 제4항).

II. 행정기본법상 처분의 재심사

1. 처분의 재심사 신청사유

'당사자'(처분의 상대방)는 처분(제재처분 및 행정상 강제는 제외한다)이 행정심판, 행정소송 및 그 밖의 쟁송을 통하여 다툴 수 없게 된 경우(법원의 확정판결이 있는 경우는 제외한다)라도 다음 각 호의 어느 하나에 해당하는 경우에는 해당 처분을 한 행정청에 처분을 취소·철회하거나 변경하여 줄 것을 신청할 수 있다(행정기본법 제37조 제1항).

---
1. 처분의 근거가 된 사실관계 또는 법률관계가 추후에 당사자에게 유리하게 바뀐 경우
2. 당사자에게 유리한 결정을 가져다주었을 새로운 증거가 있는 경우
3. 「민사소송법」 제451조에 따른 재심사유에 준하는 사유가 발생한 경우 등 대통령령으로 정하는 경우

행정기본법 시행령 제12조(처분의 재심사 신청 사유) 법 제37조제1항제3호에서 "「민사소송법」 제451조에 따른 재심사유에 준하는 사유가 발생한 경우 등 대통령령으로 정하는 경우"란 다음 각 호의 어느 하나에 해당하는 경우를 말한다.
1. 처분 업무를 직접 또는 간접적으로 처리한 공무원이 그 처분에 관한 직무상 죄를 범한 경우
2. 처분의 근거가 된 문서나 그 밖의 자료가 위조되거나 변조된 것인 경우
3. 제3자의 거짓 진술이 처분의 근거가 된 경우
4. 처분에 영향을 미칠 중요한 사항에 관하여 판단이 누락된 경우

동법 제37조 제1항에 따른 신청은 해당 처분의 절차, 행정심판, 행정소송 및 그 밖의 쟁송에서 당사자가 중대한 과실 없이 동법 제37조 제1항 각 호의 사유를 주장하지 못한 경우에만 할 수 있다(동법 제37조 제2항).

다만 다음 각 호의 어느 하나에 해당하는 사항에 관하여는 행정기본법 제37조를 적용하지 아니한다(동법 제37조 제8항).

---
1. 공무원 인사 관계 법령에 따른 징계 등 처분에 관한 사항
2. 「노동위원회법」 제2조의2에 따라 노동위원회의 의결을 거쳐 행하는 사항
3. 형사, 행형 및 보안처분 관계 법령에 따라 행하는 사항
4. 외국인의 출입국·난민인정·귀화·국적회복에 관한 사항
5. 과태료 부과 및 징수에 관한 사항
6. 개별 법률에서 그 적용을 배제하고 있는 경우

2. 처분의 재심사 신청기간

동법 제37조 제1항에 따른 신청은 당사자가 동법 제37조 제1항 각 호의 사유를 안 날부터 60일 이내에 하여야 한다. 다만, 처분이 있은 날부터 5년이 지나면 신청할 수 없다(동법 제37조 제3항).

3. 처분의 재심사 신청에 대한 처리기간

동법 제37조 제1항에 따른 신청을 받은 행정청은 특별한 사정이 없으면 신청을 받은 날부터 90일(합의제행정기관은 180일) 이내에 처분의 재심사 결과(재심사 여부와 처분의 유지·취소·철회·변경 등에 대한 결정을 포함한다)를 신청인에게 통지하여야 한다. 다만, 부득이한 사유로 90일(합의제행정기관은 180일) 이내에 통지할 수 없는 경우에는 그 기간을 만료일 다음 날부터 기산하여 90일(합의제행정기관은 180일)의 범위에서 한 차례 연장할 수 있으며, 연장 사유를 신청인에게 통지하여야 한다(동법 제37조 제4항).

4. 처분의 재심사 결과에 대한 불복

동법 제37조 제4항에 따른 처분의 재심사 결과 중 처분을 유지하는 결과에 대해서는 행정심판, 행정소송 및 그 밖의 쟁송수단을 통하여 불복할 수 없다(동법 제37조 제5항).

5. 처분의 재심사와 직권취소 또는 철회의 관계

행정청의 행정기본법 제18조에 따른 취소와 제19조에 따른 철회는 처분의 재심사에 의하여 영향을 받지 아니한다(동법 제37조 제6항).

제 3 절   행정심판의 종류

Ⅰ. 항고쟁송과 당사자쟁송

1. 항고쟁송

항고쟁송에 속하는 행정심판에는 이의신청과 협의의 행정심판 및 특별법상의 행정심판의 3종류가 있다.

1) 이의신청

이의신청이란 원래의 **처분청 자신이 행하는 심판**을 말하며, 따라서 처분청의 직근상급행정청이 행하는 심판인 행정심판과 구별된다.

행정심판은 일반법인 행정심판법에 의하여 규율되며 모든 행정처분에 대하여 인정되는 데 반하여, 이의신청은 개별 법률에서 특별히 규정하는 행정처분에 대하여만 인정될 뿐이다(예 : 광업법에 의한 광업권 취소처분, 국세기본법에 의한 조세부과처분, 행정대집행법에 의한 일련의 대집행행위 등).

어떤 행정처분에 대하여 이의신청과 행정심판청구가 동시에 인정되고 있는 경우에는 양자를 전·후심의 관계에 둘 수도 있으나, 양자 중 **택일만을 허용**하는 것이 신속한 권리구제에 부합된다고 하겠다(예 : 행정대집행에 대한 불복은 당해 처분청 또는 상급행정청에 선택적으로 제기할 수 있으나, 처분청에 이의신청을 한 자는 상급행정청에 행정심판을 제기할 수 없다고 규정한 행정대집행법 제7조의 규정 등).

이의신청의 절차·심판 등에 대하여는 각 개별 법률이 정하는 바에 따르며, 행정심판법과 같은 일반법이 없어 신청기간·심판절차 등 그 내용이 각양각색이다.

2) 행정심판(협의)

행정심판법에 의한 행정심판을 의미하며, **취소심판, 무효 등 확인심판, 의무이행심판**의 3종류로 구분해 정하고 있다(행심4). 이 절의 주된 연구대상이 되므로 다음에 상세히 설명한다.

3) 특별행정심판

행정심판은 행정심판에 관한 일반법인 행정심판법이 정한 절차와 방법에 따라 행하는 것이 원칙이지만, 예외적으로 각 개별 법률에서 특별한 절차와 방법을 규정하고 있는 경우에는 그에 따라야 하며 이를 총칭하여 **특별행정심판**이라고 한다.

현행법상의 특별행정심판제도로서는, ① 국가·지방공무원의 징계 등에 대한 **소청**(국공76·지공67), ② 세무서장의 과세처분에 대한 국세청장에의 **심사청구** 및 조세심판원장에의 **심판청구**(국기62·69), ③ 특허처분에 대한 특허심판원의 **특허심판** 및 이에 대한 특허심판원의 재심(특허132의2·178), ④ 지방해양안전심판원의 재결에 대한 중앙해양안전심판원에의 제2심청구(해양사고의 조사 및 심판에 관한 법률58) 등이 있다.

이들 특별행정심판제도는 당해 특수 행정 분야의 고도의 전문·기술적 성격을 고려하여 예외적으로 인정된 제도이며, 따라서 소청심사위원회·조세심판원·특허심판원 등 **제3의 독립된 재결기관**을 설치할 뿐만 아니라, 그 중 특히 특허 및 해양사고에 있어서는 증거조사·구두변론 등 사법절차에 준하는 엄격한 심판절차를 마련함과 동시에 그 심판에 대한 소송도 일반 행정심판과 달리 특허법원 또는 대법원(중앙해양안전심판원의 경우)에 제기하도록 하고 있다(특허 186·해난심판74).

2. 당사자쟁송(재결)

1) 개 념

당사자쟁송이란 상술한 바와 같이 행정처분이 먼저 있고 나서 그 시정을 구하는 복심적 쟁송인 항고쟁송과 달리, 서로 대등한 당사자 간에 공법상의 법률관계의 형성·존부에 관한 다툼을 처음부터 쟁송절차를 거쳐 판정하는 것이므로 시심적 쟁송에 해당하며, 실정법상으로는 재결·재정·판정·결정 등의 여러 용어로 사용되고 있지만 학문상으로는 주로 **재결(또는 재결신청)**이라고 한다.

재결기관은 법령에 의하여 그 권한이 부여된 일반행정청인 것이 보통이지만 신중·공정을 기하기 위하여 특별한 행정위원회가 설치되는 경우가 많다(예 : 토지수용위원회, 노동위원회). 재결에 대하여 불복하는 자는 법이 정하는 절차에 따라 일정기간 내에 행정소송을 제기할 수 있다.

2) 절 차

재결신청을 할 수 있는 자는 당해 법률에서 정하고 있는바, 예컨대 토지수용시의 사업시행자와 같이 보통 당해 법률관계의 형성에 관하여 상대방에게 협의를 구한 자가 된다. 즉, 토지수용시 협의가 불성립하는 경우에 그 협의를 구하는 자는 사업을 진행하는 사업시행자이기 때문에 사업시행자가 재결신청자가 되는 것이다. 이 경우 그 상대방인 국민은 직접 재결신청은 할 수 없고 다만 사업시행자에게 재결신청을 할 것을 청구만 할 수 있다. 재결절차도 각 법률이 정하는 바에 의하지만, 당사자에게 의견진술의 기회를 부여함이 보통이다.

3) 재결기관

재결기관은 일반 상급행정청이 되는 것이 보통이나, 특히 재결의 신중·공정을 기하기 위하여 앞서 살펴본 바와 같이 토지수용위원회·노동위원회 등 독립된 행정위원회를 재결기관으로 하는 경우도 있다.

4) 재결의 종류

① 확인재결

법률관계의 존부 또는 정부를 확인하는 재결로서, 지방자치단체 간의 과세권의 귀속에 대한 협의 불성립시의 신청에 의한 도지사 또는 행정안전부장관의 결정(지세10) 등이 이에 해당한다.

② 형성재결

당사자 간에 법률관계의 새로운 형성에 관하여 협의가 성립되지 아니하는 경우 일방 당사자의 신청에 의하여 재결기관이 법률관계를 형성하는 재결을 하는 것으로서, **토지수용에 관한 토지수용위원회의 재결**(공익사업을 위한 토지 등의 취득 및 보상에 관한 법률34①), 광구의 굴진증구에 관한 지식재산부장관의 결정(광업36), 어업자와 신규입어자 간의 입어제한에 관한 협의 불성립시의 시·도지사 등의 재결(수산업85) 등이 이에 해당한다.

5) 재결에 대한 불복

당사자쟁송의 재결은 일정한 쟁송절차를 거치는 준사법적인 행위이므로 불가변력을 발생하며, 당사자는 각 개별법률이 정하는 기간 내에 항고쟁송(취소심판·취소소송)을 제기할 수 있음은 물론이며, 각 개별법률에 명문규정이 없더라도 재결 그 자체가 행정행위에 해당하므로 행정심판법과 행정소송법에 따라 항고쟁송(취소심판·취소소송)을 제기하여 그 취소·변경을 구할 수 있다.

Ⅱ. 행정심판법상의 행정심판의 종류

상술한 이의신청과 특별행정심판은 각각 개별법률에서 특히 명문으로 인정된 행정처분(특허·조세 등)에 대하여만 이를 제기할 수 있음에 반하여, 이들을 제외한 모든 행정처분에 대하여는 일반법인 행정심판법이 정하는 바에 따라 행정심판을 제기할 수 있는바, 동법(4)은 그 종류로서 취소심판·무효 등 확인심판·의무이행심판 등 세 가지 종류의 항고심판을 규정하고 있다.

1. 취소심판

1) 의 의

> 취소심판이란 『행정청의 위법 또는 부당한 처분, 즉 공권력의 행사 또는 그 거부나 그 밖의 이에 준하는 행정작용으로 인하여 권익을 침해당한 자가 그 취소·변경을 구하는 심판』을 말한다(4).

행정심판 중에서 가장 대표적인 것이 취소심판이며, 행정심판법은 취소심판을 중심으로 규정한 취소심판중심주의를 채택하고 있다. 취소심판의 주된 목적은 공정력이 있는 행정처분의 효력을 상실·변경시키려는 것이다.

2) 성 질

취소심판은 취소소송의 성질과 마찬가지로 형성적 쟁송인지 확인적 쟁송인지에 관하여 논란이 있는바,

① **형성적 쟁송설**은 취소심판을 원래의 처분의 효력을 취소·변경하여 법률관계를 소멸·변경시키는 형성적 성질의 것으로 보지만(따라서 원처분청의 별도의 취소·변경처분이 필요 없다),

② **확인적 쟁송설**은 원처분의 위법·부당성을 단순히 확인하는 것에 불과하다(따라서 원처분청은 별도의 취소·변경처분을 하여야 비로소 법률관계가 소멸·변경된다)고 하는바, 취소소송에서와 마찬가지로 **형성적 쟁송설**이 **통설**의 입장이다.

3) 특수성

① 심판청구기간의 제한(원처분이 있음을 안 날로부터 90일, 처분이 있은 날로부터 180일 이내), ② 사정재결(인용되어 마땅하지만 공공복리상 기각하는 재결; 후술), ③ 집행부정지제도를 채택하고 있는 결과, 행정심판을 제기하여도 당해 처분의 효력은 원칙적으로 정지되지 않는다(예외적으로 집행정지 결정 가능).

> **판례** 고시공고에 의한 행정처분의 경우 고시가 효력을 발생하는 날에 행정처분이 있음을 알았다고 본 판례
> 통상 고시 또는 공고에 의하여 행정처분을 하는 경우에는 그 처분의 상대방이 불특정 다수인이고, 그 처분의 효력이 불특정 다수인에게 일률적으로 적용되는 것이므로, 그에 대한 행정심판 청구기간도 그 행정처분에 이해관계를 갖는 자가 고시 또는 공고가 있었다는 사실을 현실적으로 알았는지 여부에 관계없이 고시가 효력을 발생하는 날인 고시 또는 공고가 있은 후 5일(현재는 14일)이 경과한 날에 행정처분이 있음을 알았다고 보아야 한다(대판 2000. 9. 8, 99두11257).
>
> ※ 그러나 2002. 12. 30 개정된 현행 행정절차법은 공고일로부터 14일이 경과한 때에 효력을 발생한다고 규정하고 있음에 주의.

4) 재 결

재결내용으로서 재결청은 ① 직접 원처분을 취소·변경할 수도 있고(형성적 재결로서, 처분취소재결·처분변경재결), ② 단순히 원처분청에 대하여 취소·변경할 것을 명하는 데 그칠 수도 있다(이행적 재결로서, 처분취소명령재결·처분변경명령재결; 32③).

◉ 행정심판법상 행정심판의 종류

구분	취소심판	무효등확인심판	의무이행심판
의의	행정청의 위법 또는 부당한 처분을 취소·변경하는	행정청의 처분의 효력유무 또는 존재여부를 확	당사자의 신청에 대한 행정청의 위법 또는 부당한 거부처분이나

	심판	인하는 심판	부작위에 대하여 일정한 처분을 하도록 하는 심판
인용재결	1. 처분취소·변경재결 2. 처분취소·변경명령재결	처분무효·유효·부존재·존재·실효확인재결	1. 처분재결 2. 처분명령재결
특징	1. 청구기간의 제한 O 2. 집행정지 허용 3. 사정재결 O	1. 청구기간의 제한 X 2. 집행정지 허용 3. 사정재결 X	1. 청구기간의 제한 (거부처분 O, 부작위 X) 2. 집행정지와 무관 3. 사정재결 O

2. 무효 등 확인심판

1) 의 의

무효 등 확인심판이란 『행정청의 처분의 효력유무 또는 존재여부에 대한 확인을 구하는 심판』을 말한다(4).

무효 또는 부존재(이를 합하여 동법에서 『무효 등』이라고 표현하였다)는 행정청이나 법원의 확인을 거칠 필요 없이 처음부터 당연히 아무런 효력을 발생하지 않는 것이므로 누구든지 이를 무시하고 행동할 수 있는 것이지만, 현실적으로 보면 유효하거나 존재하는 것으로 오인되어 행정청이 집행해 버릴 우려가 있기 때문에 상대방으로서는 불안한 상태에 있게 되므로, 이를 해소하기 위하여 유권적으로 무효·부존재임을 확인·선언하는 제도이다. 따라서 행정처분의 당연무효를 주장해 그 무효확인을 구하는 행정심판에 있어서는 청구인에게 그 처분이 무효인 사유를 주장·입증할 책임이 있다(대판 1992. 3. 10, 91누6030).

> **판례** 행정처분무효확인소송에 있어서의 주장, 입증책임
> 행정처분의 당연무효를 주장하여 그 무효확인을 구하는 행정소송에 있어서는 원고에게 그 행정처분이 무효인 사유를 주장, 입증할 책임이 있다(대판 1992. 3. 10, 91누6030).

2) 성 질

무효 등 확인심판의 성질에 대하여는 무효 등 확인소송의 성질과 마찬가지로 확인적 쟁송설·형성적 쟁송설 및 준형성적 쟁송설이 대립되어 있는바, 무효 등 확인심판은 실질적으로는 **확인적 쟁송**이지만 형식적으로는 처분의 효력유무 등을 직접 쟁송의 대상으로 한다는 점에서 **형성적 쟁송**으로서의 성격을 함께 가지는 것으로 보는 **준형성적 쟁송설**이 통설이다.

3) 특수성

무효 등 확인심판도 항고쟁송의 일종이므로 상술한 취소심판과 유사하지만, 취소할 수 있

는 행정처분이 아닌 당연 무효 또는 부존재인 행정처분을 대상으로 한다는 특성 때문에, ① **언제든지 제기할 수 있어야** 하므로 심판청구기간의 제한을 받지 아니하고 기간에 관계없이 청구할 수 있으며(18⑦), ② 취소함이 마땅한 행정처분임에도 불구하고 현저히 공공복리에 적합하지 아니하다는 이유로 특별히 효력을 유지시키는 **사정재결**은 할 수 없고 이러한 경우에는 인용재결을 하여야 한다(33③).

4) 재 결

심판청구가 이유 있다고 인정할 때에는 처분무효확인재결·처분유효확인재결·처분부존재확인재결·처분존재확인재결·처분실효확인재결 등을 하게 된다(32④). 이 재결에 불복하는 경우에는 무효 등 확인소송을 제기하게 된다.

3. 의무이행심판

1) 의 의

의무이행심판이란 『행정청의 위법 또는 부당한 거부처분이나 부작위로 인하여 권익의 침해를 당한 자의 청구에 의하여 일정한 처분을 할 것을 구하는 심판』을 말한다(4).

의무이행심판은 일반적으로 소극적인 행정작용으로 인한 당사자의 불이익을 구제하기 위하여 인정되는 것으로서, 특히 행정청의 직무의 해태나 부작위를 그 대상으로 하고 있다는 점에서 급부행정에 있어서 큰 의미를 가진다. 즉, 취소심판의 경우에는 잘못된 거부처분의 효력을 상실하게 하는 효과밖에 없으나, 의무이행심판으로 다투게 되면 적극적인 행위를 재결할 수 있다는 실익이 존재한다.

종전에는 인·허가 신청에 대한 장기간의 방치나 생활보호의 거부 등 법률상 일정한 처분의무가 존재함에도 불구하고 행정청의 부작위로 인한 권익침해에 대하여는 아무런 구제수단이 없었으나, 1984년에 행정소송법상의 부작위위법확인소송과 함께 인정된 획기적인 제도로서, 아직 행정소송의 단계에서는 의무이행소송이 도입되고 있지 않은 데 비해 행정심판단계에서 이를 도입한 것은 행정심판은 행정권의 연장이라는 고려가 반영된 것으로서 앞으로 행정소송에 있어서 의무이행소송의 도입 여부에 결정적인 역할을 하게 될 것으로 보인다.

2) 성 질

의무이행심판은 행정청에 대하여 일정한 처분을 이행할 것을 명하는 심판이므로 **이행적 쟁송**의 성질을 가지는 한편, 항고쟁송으로서의 성질도 가지는 것으로서, 구체적으로 현존하는 의무를 이행시키고자 하는데 그 취지가 있기 때문에 당사자의 신청에 대하여 피청구인인 행정청이 일정한 처분을 하여야 할 법률상 의무의 이행기가 도래하여 현실화된 경우에 의무이행심판이 가능하게 된다.

재결청은 원처분청의 상급 감독청이라는 성격 때문에 당연히 일정한 처분을 할 것을 명할 권한이 있으므로 이러한 의무이행심판제도를 도입하는 데 별 무리가 없었으나, 법원은 권력분립상 감독청이 아니기 때문에 행정부에 대한 처분명령권을 부여하기에는 무리가 있어 부득이 의무이행소송제도 대신에 부작위가 위법임을 확인하는 데 그치는 부작위위법확인소송제도만 우선 채택한 것으로 보인다.

3) 특수성

항고쟁송의 일종이므로 취소심판과 동일한 특수성을 가진다. 다만, ① **부작위**를 심판대상으로 하는 경우, 부작위가 계속되는 한 **심판청구기간**의 제한을 받을 수 없고(18⑦), **집행정지**에 관한 규정도 적용될 수 없다는 특수성이 있으며, ② 법률상 처분의무가 존재함에도 불구하고 부작위한 경우에만 인정된다는 특성 때문에, **처분의무의 이행기가 도래한 후**(예 : 인허가신청서 접수 후 15일 내에 처분할 의무가 있는 경우에는 그 15일이 지난 후)에 비로소 의무이행심판을 청구할 수 있다고 할 것이므로, 현재의 이행심판이 아닌 앞으로 다가올 **장래의 이행심판**(민사소송법251 참조)은 허용되지 아니한다고 하겠다.

4) 재 결

심판청구가 이유 있다고 인정할 때에는 재결청이 ① **직접 신청에 따른 처분**을 할 수도 있고(**형성적 재결**), ② 원처분청에 대하여 신청에 따른 **처분을 할 것을 명할 수도 있다**(이행적 재결; 32⑤). 이 경우 행정청은 지체 없이 그 재결의 취지에 따라 다시 이전의 신청에 대한 처분을 하여야 한다.

이행적 재결에 있어서 다시 ① **기속행위**인 경우에는 청구인의 신청대로 처분을 할 것을 명하는 재결(예 : 『건축허가·운전면허·공장등록을 하고 동 허가필증·면허증·등록증을 교부하라』)을 할 수 있지만, ② **재량행위**인 경우에는 성질상 더 이상 방치하지 말고 지체 없이 『**가부간에 어떤 처분을 할 것**』을 명하는 재결(예 : 재개발사업인가신청에 대하여 도시재개발법 등 관계법규에 따라 인가 여부를 결정하라」; 국무총리행정심판위원회재결 1986. 8. 22, 국행심86-144)을 할 수 있을 뿐이기 때문에 행정청은 처분할 의무는 있지만 반드시 신청대로의 처분을 할 의무는 없다. 이행적 재결에 있어서 신청인은 원처분청에 다시 처분을 해 줄 것을 신청할 필요가 없고, 원처분청은 재결의 취지대로 종전의 신청에 대한 처분을 할 의무가 있다(재결의 기속력; 37②).

5) 불 복

① 부작위에 대한 기각재결에 불복할 경우에는 행정소송법상 의무이행소송이 인정되지 아

니하므로 부득이 부작위위법확인소송을 제기하여야 하며, ② 거부처분에 대한 기각재결에 불복할 경우에는 거부처분취소소송을 제기할 수 있다.

6) 거부처분에 대한 취소심판의 가능성

대법원은 "당사자의 신청을 거부하는 처분을 취소하는 재결이 있는 경우에는 행정청은 그 재결의 취지에 따라 이전의 신청에 대한 처분을 하여야 하는 것"이라고 판시하므로 긍정하는 견해를 취하고 있다.

> **판례** 거부처분을 취소하는 재결의 효력 및 그 취지와 양립할 수 없는 다른 처분에 대한 취소를 구할 소익의 유무
>
> 당사자의 신청을 거부하는 처분을 취소하는 재결이 있는 경우에는 행정청은 그 재결의 취지에 따라 이전의 신청에 대한 처분을 하여야 하는 것이므로 행정청이 그 재결의 취지에 따른 처분을 하지 아니하고 그 처분과는 양립할 수 없는 다른 처분을 하는 것은 위법한 것이라 할 것이고 이 경우 그 재결의 신청인은 위법한 다른 처분의 취소를 소구할 이익이 있다[대법원 1988.12.13, 선고, 88누7880, 판결].

제 4 절 행정심판의 대상

행정심판법 제2조(정의)
1. "처분"이란 행정청이 행하는 구체적 사실에 관한 법집행으로서의 공권력의 행사 또는 그 거부, 그 밖에 이에 준하는 행정작용을 말한다.
2. "부작위"란 행정청이 당사자의 신청에 대하여 상당한 기간 내에 일정한 처분을 하여야 할 법률상 의무가 있는데도 처분을 하지 아니하는 것을 말한다.
3. "재결"이란 행정심판의 청구에 대하여 제6조에 따른 행정심판위원회가 행하는 판단을 말한다.
4. "행정청"이란 행정에 관한 의사를 결정하여 표시하는 국가 또는 지방자치단체의 기관, 그 밖에 법령 또는 자치법규에 따라 행정권한을 가지고 있거나 위탁을 받은 공공단체나 그 기관 또는 사인(私人)을 말한다.

제3조(행정심판의 대상)
① 행정청의 처분 또는 부작위에 대하여는 다른 법률에 특별한 규정이 있는 경우 외에는 이 법에 따라 행정심판을 청구할 수 있다.

I. 개 설

행정심판의 대상이란 『행정심판을 청구할 수 있는 요건적 사항』을 말한다.

일반적으로 법률이 행정심판의 대상을 확정하는 방법으로서는 ① 제2차대전 전의 대륙법계 국가의 예와 같이 법률이 특별히 열거하는 사항에 한하여 행정심판의 제기를 허용하는 **열기주의**와, ② 위법·부당한 처분은 모두 허용하는 **개괄주의**가 있으나, 국민의 권익구제에 만전을 기하기 위하여는 심판청구가 남용될 우려가 있음에도 불구하고 개괄주의가 타당하다고 하겠다. 오늘날은 영미법계와 대륙법계의 국가들이 모두 개괄주의를 택하고 있으며, 우리 행정심판법(2·3)도 『행정청의 위법·부당한 처분 또는 부작위』라 하여 모든 처분 또는 부작위에 대하여 행정심판을 제기할 수 있도록 하고 있다. 그러나 실제적으로는 행정청의 처분 또는 부작위 이외의 그 밖의 행정청에 의한 행위형식들이 행정심판의 대상에서 배제되는 문제점이 있다. 즉, 처분개념에는 권력적 사실행위는 포함되는 것이지만 비권력적 행위들은 대부분 행정심판 사항에서 배제되고 있는 실정이다.

대통령의 처분 또는 부작위에 대하여는 행정부의 수반이라는 점과 업무부담을 감안하여 행정심판대상에서 제외하고 바로 행정소송을 제기하도록 하고 있다(3②). 그 이유는 대통령이 행정수반 및 국가원수로서의 지위를 가지며, 대통령의 처분·부작위를 행정심판의 대상으로 하는 경우 재결청은 대통령이 될 수밖에 없을 것이므로 이는 자기의 행위에 대하여 자기가 심판을 하게 되는 모순이 있기 때문이다.

Ⅱ. 행정청

행정심판의 대상은 『**행정청**』의 처분 또는 부작위이다.

이때의 행정청이란 **처분 또는 부작위를 행할 수 있는 권한을 가지는 행정기관**, 즉 국가 또는 지방자치단체의 행정에 관한 의사를 결정·표시할 수 있는 권한을 가진 모든 행정기관, 즉 학문상의 **행정관청**을 말한다. 또한 행정청에는 법령에 의하여 행정권한의 위임 또는 위탁을 받은 **행정기관, 공공단체 및 그 기관, 사인**이 포함된다(2②).

처분이나 부작위가 있은 후에 그 권한이 다른 행정청에 승계된 때에는 이를 승계한 행정청을 말한다(13①단).

Ⅲ. 처 분

행정심판의 대상인 처분이란 『**행정청이 행하는 구체적 사실에 관한 법집행으로서의 공권력의 행사 또는 그 거부와 그 밖에 이에 준하는 행정작용**』을 말한다(2①(1); 처분의 개념은 행정소송의 대상인 처분과 같은 개념이므로 상세한 내용은 제4장 행정소송 중 취소소송의 대상인 『처분』의 개념 참조).

1. 공권력행사

공권력행사는 행정행위론에서 설명한 **행정행위**(예 : 인·허가·면허 등의 취소처분, 조세·개발부담금·도로사용료 등의 부과처분 등)가 중심이 되겠으나, 행정행위뿐만 아니라 **권력적 사실행위**(전염병환자의 강제수용, 위생검사를 위한 식품의 강제수거행위 등)도 계속적 성질을 가지는 한 구제받을 실익이 인정되므로 공권력행사에 포함된다.

2. 거부처분

일정한 공권력행사를 신청한 경우에 그 신청에 따른 공권력행사를 거부하는 의사표시로서, 소극적 내용이기는 하지만 분명히 **공권력행사**에 해당한다(예 : 각종 인가·허가·면허·등록신청 또는 신고에 대하여 인가거부·불허가·등록거부 또는 신고수리거부 등의 처분을 한 경우). 거부처분은 당사자의 신청내용에 대해 행정청이 부정적인 의사판단을 하여 외부적으로 행위를 행하는 것이라는 점에서 아무런 외부적 행위가 존재하지 않는 부작위와 구별된다. 또한 일정한 신청에 대하여 일정기간 내에 아무런 처분을 하지 않으면 이를 거부처분으로 본다고 법령이 규정하고 있는 경우, 즉 간주거부도 거부처분에 포함된다고 보아야 할 것이다.

> **판례** 　거부행위는 행정처분이라는 판례
> 지적법 제12조 제1항은 일반 국민에게 지적공부의 열람과 등본의 교부신청을 할 권리가 있음을 규정한 것인바, 그러므로 이 신청을 거부하는 행위는 그 거부행위가 정당한 것인지 여부는 별론으로 하고, 항고소송의 대상이 되는 행정처분에 해당한다(대판 1992. 5. 26, 91누5952).

행정심판 실무사례

거부처분(拒否處分)은 행정실무상으로는『반려』또는『반려처분』이라고도 하는 바, 독자들의 이해를 돕기 위하여 최근에 있었던 반려처분의 사례를 다음 페이지의 [건축허가신청서반려]라는 이름의 공문서를 통하여 보여 주고자 한다(특히 공문서의 제목, 거부처분사유 및 90일 이내에 행정심판 또는 행정소송을 제기할 수 있음을 고지하고 있는 점에 유의하고, 이 거부처분에 대하여 상대방이 제기한 [행정심판청구서]와 이에 대한 구청의 [답변서] 및 그 답변서에 대한 청구인의 반론을 기재한 [보충서면]과 이들 각종 공격·방어서류 및 구술심리의 결과에 기초하여 부산광역시 행정심판위원회가 의결한 대로 재결청인 부산광역시장이 행한 [재결서]까지 각 관련부분에서 예시하고 있는바, 일련의 행정쟁송의 과정과 흐름을 느껴 보기 바란다).

부산광역시 ○○구

우 ○○○-○○○ 부산광역시 ○○구 ○○동 148-15 / 전화(051-○○○-○○○) / 전송○○○-○○○
허가민원과 / 과장 ○○○ / 건축1담당 ○○○ / 담당자 ○○○

문서번호   건축 58551-○○○○
시행일자   2001. ○. ○○.
공개여부   공 개
수   신   서울시 ○○구 ○○동 ○○○-○○ (주)○○ 대표이사 ○○○
참   조

제   목   **건축허가 신청서 반려**

    1. 귀사의 무궁한 건승을 기원합니다.
    2. 우리구에서는 IMF 체제하의 어려운 경제사정으로 고통받고 있는 영세상인 및 서민경제를 보호하기 위해 재래시장 활성화와 일자리 하나 더 찾기 시책을 우리구 역점사업으로 시행하고 있습니다.
    3. 당해 신청지는 아파트가 밀집된 지역으로 재래시장(○○○○시장등) 및 생활필수품을 취급하는 영세상인들이 많이 분포되어 있는 실정으로 대형할인점이 들어서면 영세상인들의 매출격감으로 인해 서민경제에 악영향을 미칠 것으로 우려되며,
    4. 당해 지역은 평소 교통량이 많은 지역으로 앞으로 ○○○마켓까지 건립된다면 교통혼잡이 가중될 것으로 예상되므로,
    5. 귀사에서 제출한 우리구 ○○동 ○○○-○번지상 건축허가 신청서는 반려하오니, 넓은 아량으로 이해하여 주시기 바라며, 관련서류를 찾아가시기 바랍니다.
    6. 본처분에 이의가 있을 경우에는 행정심판법 제18조 및 행정소송법 제20조의 규정에 의거 처분이 있음을 안 날로부터 90일 이내에 행정심판 및 행정소송을 청구할 수 있음을 알려드립니다. 끝.

부산광역시 ○○구청장 [관인]

3. 공권력행사 또는 그 거부에 『준하는 행정작용』

이것은 공권력행사 또는 그 거부처분은 아니지만, 예컨대 **구속적 행정계획, 행정지도, 처분법령, 대물적 처분** 등을 말하며, 이들 행위에 대하여도 취소·변경을 통하여 국민의 권익구제가 가능한 한 널리 행정심판의 대상으로 하기 위하여 1984년 행정심판법 개정시에 새로이 인정된 포괄적 개념이다. 행정청에서 행한 일정한 행정작용이 엄격한 의미에서 공권력행사로서의 실체를 갖추지 않은 것이라 하더라도, 그에 대한 **다른 실효적 구제수단이 없는 경우**에는 당해 행정작용을 공권력행사에 준하는 작용으로 보아 행정심판의 대상이 될 수 있다고 하여야 할 것이다.

다만, 그 구체적 유형을 정하는 데 있어서는 행정소송에서의 처분개념 논의와 유사하게 이른바 형식적 행정행위의 개념도 이에 포함된다고 보거나, 법문의 내용에 비추어 **권력적 성질**을 갖는 행정작용에 한정된다고 보는 경우가 있다. 후자의 견해가 타당하다고 하겠다.

Ⅳ. 부작위

1. 의 의

> 부작위란 『행정청이 당사자의 신청에 의하여 상당기간 내에 일정한 처분을 하여야 할 법률상 의무가 있음에도 불구하고 이를 하지 아니하는 것』을 말한다(2①(2)).

예컨대, 인·허가 신청, 생활보호 신청, 공해규제 신청 등에 대하여 행정관청이 장기간 아무 응답 없이 방치하는 경우에 적극적으로 신청내용에 따른 처분을 해 줄 것을 요구하는 것으로서, 인·허가 신청에 대하여 명백한 거부의사를 표시하는 **거부처분과는 개념상 구분된다**(그러나 양자는 모두 의무이행심판의 대상이 된다는 점에서 공통점이 있다. 한편 행정소송에 있어서는 거부처분은 취소소송의, 부작위는 부작위위법확인소송의 대상으로 각각 분리되며, 의무이행소송은 권력분립상 인정되지 않고 있는 점에 유의하여야 한다).

2. 요 건

1) 당사자의 신청

여권발급신청에 관한 여권법(5) 또는 광업권설정출원에 관한 광업법(17)의 규정처럼 일정한 처분을 받기 위한 신청권이 법령에 명시적으로 인정된 경우뿐만 아니라, 법령해석상 신청권이 있다고 인정되는 경우도 포함된다(예 : 『건축물을 건축하고자 하는 자는 허가를 받아야 한다』고만 규정되어 있는 건축법(8①)의 경우처럼 구체적인 허가신청조항이 없더라도 당연히 허가신청권이 있다고 해석된다).

그러나 공정거래위원회에 대한 위반행위의 신고처럼 단순히 행정청의 직권발동을 촉구

2) 상당한 기간의 경과

상당한 기간 내에 가부간에 어떤 처분을 하지 아니하는 경우에만 부작위가 성립된다. 상당한 기간이란 **사회통념상** 일반적으로 그러한 신청에 대하여 검토·처리하는 데 소요될 것이라고 **합리적으로** 인정되는 기간을 말하지만, 최근에는 분쟁의 소지를 없애고 신속한 권리구제수단을 취할 수 있도록 인·허가 등 법령에 규정된 모든 신청의 처리기간·구비서류 등을 법령 또는 훈령 등으로 정하고 있으며, 이를 부처별·내용별로 종합한 『민원사무처리기준표』를 관보에 고시하도록 하고 있으므로(민원사무처리에 관한 법률9), 여기에 규정된 처리기간을 『상당한 기간』으로 볼 수 있을 것이다. 부작위에 대한 의무이행심판을 인정한 현행 법제도하에서는 이들 법정처리기간이 경과한 후에는 특별한 사정이 없는 한 원칙적으로 위법한 부작위가 성립되게 된다.

3) 처분을 할 법률상 의무의 존재

처분의 명문규정 또는 당해 처분의 성질에 비추어 기속행위일 경우에는 처분을 할 법률상 의무가 존재하지만, 재량행위인 경우에는 재량권이 0으로 수축된 경우 이외에는 처분을 할 법률상 의무가 없으므로 제외된다는 것이 통설이다.

그러나 여기서 말하는 『**처분을 할 법률상 의무**』란 처분행위의 성질이 기속행위인가 재량행위인가를 불문하고 상당한 기간 내에 인용 또는 거부의 처분을 내려야 할 의무만 존재하면 **충분**하다고 하여야 할 것이며, 그렇게 해석하여야만 재량행위의 부작위에 대하여 가부간에 조속히 어떤 처분을 내려 달라는 취지의 의무이행심판이 인정되는 것을 올바로 설명할 수 있게 된다.

▶ 예 : 재량행위로 볼 수 있는 재개발사업인가신청에 대하여 가부간에 조속히 어떤 처분을 내려 달라는 의무이행심판청구.

따라서 통설은 『처분을 할 의무』를, 신청에 대하여 적극적인 『인용처분을 할 의무』(즉, 기속행위)로 오해한 잘못이 있다고 하겠다.

4) 처분의 부존재

적극적 또는 소극적 처분이라고 볼 만한 외관 자체가 없어야 한다. 따라서 거부처분이나 무효인 처분이 있는 경우에는 처분은 존재하는 것이므로 부존재(不存在)가 아니다.

> **판례**
> 공무원으로 임용되기 전의 경력을 호봉획정에 산입하여 달라는 신청에 대하여 이를 거부하고 호봉재획정처분을 한 사례에 있어서, 원고가 호봉획정에 산입하지 아니한 부작위에 대하여 부작위위법확인의 소를 제기하였으나, 위 호봉재획정처분은 원고의 신청에 대한 거부처분이기 때문에 그 거부처분에 대한 취소를 구하면 될 것이므로 굳이 소극적인 부작위위법확인의 소를 인정할 실익이 없다고 하여 이를 각하하였다(대판 1992. 6. 9, 91누11278).

V. 위법 또는 부당한 처분·부작위

행정심판의 대상은 처분(거부처분 포함) 또는 부작위 중 위법 또는 부당한 것에 한한다.

1. 위법성

행정행위의 성립·발효 요건을 결하면 하자 있는 행정행위가 되며, 그것이 ① 중대하고 명백한 것인 경우에는 무효원인이 되기 때문에 행정심판 중 무효 등 확인심판의 대상이 되고, ② 그 이외의 단순한 위법에 그치는 경우에는 취소심판 또는 의무이행심판(거부처분 또는 부작위의 경우)의 대상이 된다.

한편, **재량행위**는 원칙적으로 위법성의 문제가 생기지 아니하고 당·부당의 문제가 될 뿐이지만, 재량권 일탈·남용의 경우에는 위법하다고 본다.

2. 부당성

재량행위에 있어서 재량권이 그 한계 내에서 행사된 경우에는 위법성의 문제는 없지만, 재량권을 부여한 목적에 비추어 합목적적이라고(타당하다고) 인정할 수 없는 경우에는 부당한 것이 되어 행정심판의 대상이 된다.

▶ 예 : 법령위반 행위에 대하여 법령의 범위 내에서 3월간의 영업정지 또는 감봉처분을 하였으나, 위반내용에 비하여 처분내용이 과도하다고 판단되는 경우).

행정소송은 권력분립상 오직 위법한 처분만을 대상으로 하지만(행소27. 재량에 속하는 처분도 재량권의 한계를 넘거나 그 남용이 있는 때에는 법원은 이를 취소할 수 있다), **행정심판**은 같은 행정부 내의 **상급 감독청**이 행하는 자기 통제적 심판이므로 행정행위의 합법성 아닌 **합목적성**까지를 심판할 수 있도록 한 것이며, 행정소송에 대한 행정심판의 제도적 가치도 여기에서 찾을 수 있다고 하겠다. 실제로 부당을 이유로 행정처분을 취소한 행정심판 재결례도 많이 있다(재결례 참조).

판례 부당을 이유로 행정처분을 취소·변경한 재결례

① A는 건설업법에 의한 포장공사업면허신청 마감일인 1992. 9. 26까지 4종의 장비를 갖추어 건설부장관에게 신청하였으나 오직 아스팔트 살포기만을 갖추지 못하였다는 이유로 면허신청이 거부된 경우에,『동 거부처분을 위법하다고 볼 수는 없으나 ① 신청인은 이미 4종의 장비를 구입하면서 2억 6천만 원을 지출하였고, ② 주문한 아스팔트 살포기가 중국 상해에서 태풍 등으로 선적작업이 늦어져서 부산항에 늦게 입항하여 10. 6에야 이를 갖추게 된 것이므로, 이와 같은 지연사유와 면허거부로 신청인이 받게 될 불이익 등을 감안할 때 이 건 면허거부처분은 청구인에게 너무 가혹하여 부당한 처분이다』고 재결하였다(국무총리행정심판위원회 재결, 1992. 11. 23, 국행심92-222).

② 시장이 개인택시에 설치된 자동개폐장치를 제거하도록 개선명령을 내렸음에도 불구하고 이에 불응한 개인택시사업자 대하여 60만 원의 과징금을 부과하였으나,『① 청구인이 자동개폐장치를 하게 된 동기가 승객이 주행 중에 뒷문을 열고 내리려는 것을 방지하기 위한 것이었으며, ② 청구인이 63세로서 17년간 모범운전자로 내무부장관의 표창을 받은 사실 등을 고려할 때, 이 건 과징금 부과처분은 지나치게 가혹하여 30만 원의 과징금으로 변경한다』고 재결하였다(국무총리행정심판위원회 재결, 1994. 10. 28, 국행심94-416).

제 5 절 행정심판기관(행정심판위원회)

I. 개 설

행정심판기관은 행정심판의 청구를 수리하여 이를 심리·판정하는 권한을 가진 기관이다. 종래 행정심판법은 심리·의결기능과 재결기능을 분리시켜, 심리·의결기능은 행정심판위원회에 부여하고, 처분청의 직근상급행정기관인 재결청은 그 의결에 따르는 형식적인 재결기능만을 갖도록 하였다. 그러나 개정 행정심판법은 창구의 일원화 및 절차의 신속화를 위하여 행정심판위원회가 행정심판청구사건의 심리·의결뿐만 아니라 재결까지 하도록 규정하고 있다(5).

II. 행정심판위원회

1. 법적 지위

행정심판위원회는 행정청의 처분 또는 부작위에 대한 행정심판의 청구를 심리·재결하는 합의제 행정관청이다. 행정심판위원회는 피청구인인 행정청의 직근 상급행정기관의 소속하에 설치되어 그의 지휘·감독을 받지 않고 독자적으로 행정심판사건에 대하여 심리·재결할 권한을 갖는다(5①). 한편, ① 대통령 직속기관의 장, ② 국회사무총장·법원행정처장·헌법재판소사무총장 및 중앙선거관리위원회사무총장, ③ 그 밖에 소관 감독행정기관이 없는 행정청의 처분 또

는 부작위에 대한 행정심판을 심리·재결하기 위하여 이들 기관소속하에 행정심판위원회를 둔다(5②).

2. 구성과 회의

행정심판위원회는 중앙행정심판위원회와 일반 행정심판위원회로 구분된다.

1) 중앙행정심판위원회

중앙행정심판위원회는 ① 국무총리나 행정 각 부 장관의 처분 또는 부작위, ② 국무총리나 중앙행정기관이 직근 상급행정기관이나 소관 감독 행정기관에 해당하는 처분이나 부작위, ③ 특별시장·광역시장·도지사·제주특별자치도지사(교육감을 포함)의 처분이나 부작위, ④ 정부조직법 제3조 또는 다른 법률의 규정에 따라 설치된 국가특별지방행정기관(대통령령으로 정하는 중앙행정기관에 소속된 국가특별행정기관은 제외함)의 처분이나 부작위에 대한 심판청구를 심리·재결한다(5③).

① 구 성

중앙행정심판위원회는 국민권익위원회에 두되, 위원회는 위원장 1인을 포함하여 50인 이내의 위원으로 구성하며, 위원 중 상임위원은 2인 이내로 한다(6의2②). 중앙행정심판위원회의 위원장은 국민권익위원회의 부위원장 중 1명이 되며, 필요한 경우에는 상임위원으로 하여금 그 직무를 대행하게 할 수 있다(6의2③).

상임위원은 별정직 국가공무원으로 보하되, 3급 이상 공무원 또는 고위공무원단에 속하는 일반직공무원으로 3년 이상 근무한 자 기타 행정심판에 관한 식견이 풍부한 자중에서 중앙행정심판위원회 위원장의 제청으로 국무총리를 거쳐 대통령이 임명하고, 그 임기는 3년으로 하며, 1차에 한하여 연임할 수 있다(6의2④).

그 밖의 위원은 변호사, 부교수 이상의 법률학교수이거나 이었던 자, 행정기관의 4급 이상 공무원 또는 고위공무원단에 속하는 일반직공무원으로 있었던 자 또는 그 밖에 행정심판에 관한 지식과 경험이 있는 자중에서 중앙행정심판위원회 위원장의 제청으로 국무총리가 위촉하거나 지명하는 자로 한다(동법6의2⑤). 위원회의 위원 중 공무원이 아닌 위원은 형법 기타 법률에 의한 벌칙의 적용에 있어서 공무원으로 본다(7의2).

② 회 의

중앙행정심판위원회의 회의는 위원장 및 상임위원 1인과 위원장이 매 회의 때마다 지정하는 위원을 포함하여 총 9인으로 구성하되, 그 중 과반수인 5인은 변호사·교수·공무원이었던 자 등 외부인사이어야 한다(6의2⑥). 위원회는 구성원 과반수의 출석과 출석위원 과반수의 찬성으로 의결한다(6의2⑦). 위원회는 위원장이 지정하는 심판청구사건을 미리 검토하게 하기 위하여 소위원회 또는 전문위원회를 둘 수 있다.

2) 일반 행정심판위원회

일반 행정심판기관은 중앙행정심판위원회가 심리·재결하는 심판청구사건을 제외한 심판청구사건을 심리·재결하기 위하여 피청구인의 직근 상급행정기관 소속하에 설치된다(5①). 이들 행정심판위원회 중에는 시장·군수·구청장의 처분에 대한 행정심판사건을 다루는 시·도지사소속 행정심판위원회의 안건이 가장 많을 것이다. 반면 시·도교육감과 대검찰청 소속의 고등검찰청·지방검찰청 등 소속에도 심판위원회를 두고 있으나 이들이 다루는 심판사건은 상대적으로 적다고 할 수 있다.

① 구 성

위원회는 위원장 1인을 포함한 15인 이내의 위원으로 구성한다. 위원장은 해당 행정심판위원회가 소속된 행정청이 되며, 필요한 경우에는 소속공무원으로 하여금 그 직무를 대행하게 할 수 있다(6③).

위원은 해당 행정심판위원회가 소속된 행정청이 ① 변호사, ② 부교수 이상의 법률학교수이거나 이었던 자, ③ 행정기관의 4급 이상 공무원 또는 고위공무원단에 속하는 일반직공무원으로 있었던 자, ④ 그 밖에 행정심판에 관한 지식과 경험이 있는 자, ⑤ 소속공무원 중에서 위촉하거나 지명하며(6④), 그 임기·신분보장 등은 대통령령으로 정한다. 다만, 해당 행정심판위원회가 소속된 행정청이 국회사무총장인 경우는 국회규칙으로, 법원행정처장인 경우는 대법원규칙으로, 헌법재판소사무처장인 경우는 헌법재판소규칙으로 각각 정한다. 공무원이 아닌 위원에 대하여 형법 기타 법률에 의한 벌칙적용에 있어서 공무원으로 의제하는 것은 국무총리행정심판위원회와 같다.

② 회 의

행정심판위원회의 회의는 위원장 및 위원장이 매 회의 때마다 지정하는 6인 위원으로 구성하되, 그 중 변호사·법률학교수 등 외부인사가 4인 이상 포함되어야 한다(6⑤). 행정심판위원회는 구성원 과반수의 출석과 출석위원 과반수의 찬성으로 의결한다(6⑥).

3. 운 영

심리·재결의 공정을 기하기 위하여 법관의 경우와 같이 위원과 직원의 제척·기피 및 회피에 관하여 규정하고 있다(7). 여기서 **제척**이란 특정 사건의 당사자와 친족관계에 있는 등의 사유로 공정한 심판을 기대할 수 없는 일정한 경우에 그에 해당하는 위원은 그 심판으로부터 당연히 배제되는 제도이고, **기피**는 당사자의 신청이 있을 때 행정심판위원회 결정에 의해 심판으로부터 배제하는 제도이며, **회피**는 위원 자신이 자발적으로 심판에서 물러나는 제도이다. 이러한 제도는 위원회의 심리·재결에 관한 사무에 관하여는 위원 아닌 직원에도 준용하도록 하고 있다.

4. 권 한

1) 심리권

행정심판위원회는 심판청구사건에 대한 심리권을 가진다. 즉, 재결을 위한 사실관계와 법률관계를 명백히 하기 위하여 문서나 구술에 의한 당사자 및 관계인의 주장과 반박을 듣고, 이를 뒷받침하는 증거자료를 수집·조사할 권한을 가진다. 심리는 심판청구 자체의 적법·부적법을 다루는 요건심리와, 사건의 내용에 대해서 다루는 본안심리를 주목적으로 하지만, 심판청구의 대상인 처분의 집행정지결정에 관한 심리도 포함된다(21⑤).

2) 심리권에 부수되는 권한

심리권에 부수되는 권한으로서 ① 공동심판청구사건에 있어서의 대표자선정권고권(11②), ② 청구인의 지위승계허가권(13②), ③ 피청구인 경정결정권(13②), ④ 심판참가허가권 및 요구권(16①·②), ⑤ 청구의 변경허가권(20⑤), ⑥ 청구의 보정명령권(23), ⑦ 관계행정기관에 대한 필요한 서류의 제출 또는 의견의 진술요구권 등이 있다. 이러한 제도는 행정심판위원회가 가지는 심리권을 효율적으로 행사하기 위한 장치이다.

3) 재결권

재결권이란 심판청구사건에 대하여 법적 판단을 할 수 있는 권한을 의미한다. 행정심판위원회는 심판청구사건에 대하여 재결할 권한을 가진다(5①). 종전에는 행정심판위원회가 심리·의결하고 그가 소속된 피청구인의 직근 상급행정청(재결청)이 재결권을 행사하였으나, 이러한 재결권은 형식적인 권한에 불과하였다. 이에 따라 개정 행정심판법은 창구의 일원화 내지 권리구제절차의 신속화를 위하여 행정심판위원회가 재결권을 갖도록 하였음은 이미 설명한 바와 같다. 다만 행정심판위원회가 소속된 직근 상급행정청은 스스로 행정심판위원회의 위원장이 되고, 아울러 행정심판위원회의 위원을 위촉 내지 지명할 수 있기 때문에 그러한 한도에서 행정심판의 재결에 대하여 영향을 미칠 수 있을 것이다. 한편, 국무총리행정심판위원회가 심리·재결하는 심판청구와 관련하여 국무총리나 중앙행정기관이 직근 상급행정청이 되는 경우에는 의견서를 제출하거나 의견을 진술할 수 있다(29⑤).

4) 집행정지 또는 그 취소결정권

행정심판법은 심판청구의 제기에 관하여 집행부정지원칙을 취하면서, 예외적으로 일정한 경우에 한하여 당사자의 신청 또는 직권으로 집행정지결정을 할 수 있도록 하고 있고, 집행정지 후 일정한 사유가 있는 경우에는 집행정지결정을 취소할 수 있도록 하고 있다. 이들 결정권은 종래 재결청의 권한에 속하였으나 개정법에 따라 행정심판위원회의 권한으로 되었다(21조②·④).

제6절 당사자와 관계인

Ⅰ. 당사자

행정심판도 행정쟁송인 이상 행정소송과 마찬가지로 대립하는 두 당사자, 즉 청구인과 피청구인 간의 대심구조로 편성하여 이들 사이에 대등한 지위에서 공격·방어를 통하여 심리를 진행하도록 하고 있다.

1. 청구인

> 행정심판법 제13조(청구인 적격)
> ① 취소심판은 처분의 취소 또는 변경을 구할 법률상 이익이 있는 자가 청구할 수 있다. 처분의 효과가 기간의 경과, 처분의 집행, 그 밖의 사유로 소멸된 뒤에도 그 처분의 취소로 회복되는 법률상 이익이 있는 자의 경우에도 또한 같다.
> ② 무효등확인심판은 처분의 효력 유무 또는 존재 여부의 확인을 구할 법률상 이익이 있는 자가 청구할 수 있다.
> ③ 의무이행심판은 처분을 신청한 자로서 행정청의 거부처분 또는 부작위에 대하여 일정한 처분을 구할 법률상 이익이 있는 자가 청구할 수 있다.

1) 의 의

청구인이란 『행정심판의 대상인 행정청의 처분 또는 부작위에 불복하여 그 취소·변경 등을 구하는 행정심판을 제기하는 자』를 말한다.

청구인은 자연인·법인임을 원칙으로 하지만, 법인격 없는 사단 또는 재단으로서 대표자 또는 관리인이 있을 때에는 그 이름으로 청구인이 될 수 있다(10). 다수인이 공동으로 심판청구를 할 때에는 그 중 3인 이하의 대표자를 스스로 선정할 수 있으며, 위원회도 그 선정을 권고할 수 있다(11). 선정대표자는 다른 청구인을 위해 그 사건에 관한 모든 행위를 할 수 있으나, 심판청구의 취하를 하려면 다른 청구인들의 동의를 얻어야 한다. 선정대표자가 선정된 때에는 다른 청구인들은 그 선정대표자를 통해서만 그 사건에 관한 행위를 할 수 있다(11③·④).

2) 청구인적격

① 취소심판의 청구인적격

(가) 법률상 이익의 존재

청구인적격이란 특정행정심판에 있어서 청구인으로서 심판을 제기해 본안에 관한 재결을 받기에 적합한 자격을 가지는 것으로서, 취소심판은 『처분의 취소 또는 변경을 구할 '법률상 이익'이 있는 자가 제기할 수 있다』(9①)고 규정하고 있다. **법률상 이익**이란 행정심판의 대상인 **특정처분의 직접적인 근거**가 되는 **법률**뿐만 아니라 "**이와 관련되는 다른 법률**"에 의하여 보호되고 있는 이익도 포함된다고 보아야 할 것이다(상세한 내용은 행정소송편의 원고적격 참고).

(나) 처분의 효과가 소멸된 때

처분의 효과가 기간의 경과(영업정지기간이 모두 지난 경우), 처분의 집행(외국인이 강제퇴거명령에 의거하여 이미 국외로 퇴거당한 경우) 기타의 사유로 인하여 소멸된 후에도 그 처분의 취소로 인하여 **회복**되는 **법률상 이익**이 있는 경우에는 처분의 효과가 이미 소멸된 후임에도 불구하고 행정심판을 제기할 수 있도록 하였다(9①후).

종전의 전통적인 견해에 의하면 취소심판의 목적을 분쟁의 대상이 되어 있는 처분의 효력을 제거하는 데에만 있다고 보았기 때문에, 처분의 효과가 이미 소멸되어 버린 경우에는 취소를 구할 목적물이 없어진 것이므로 취소심판의 법률상 이익이 없는 것으로 보았으나, 오늘날에는 상술한 바와 같이 처분이 취소됨으로써 **회복할 수 있는 권리·이익**이 잔존하는 경우에는 법률상 이익이 있는 것으로 명문으로 인정하였다.

▶ 예 : ① 음식점영업 등 거의 모든 영업에 있어서 한번 영업정지처분을 당한 후에 다시 법규위반 행위를 하면 가중하여 영업정지 또는 허가취소되는 경우가 많으며,
② 외국인은 한번 강제퇴거 당하면 5년간 재입국이 금지되는 불이익이 과하여진다.

② 무효 등 확인심판의 청구인적격

처분의 효력 유무 또는 존재 여부에 대한 '확인을 구할 법률상 이익'이 있는 자가 청구인적격을 가진다(9②).

『확인을 구할 법률상 이익』이라 함은 문제의 처분의 효력유무 또는 존재 여부에 관하여 당사자 간에 다툼이 있어서 재결로써 공권적인 확인을 하는 것이 청구인의 법적 지위의 불안정상

태를 제거할 수 있게 되는 경우를 말한다. 다만, 행정심판으로서의 무효 등 확인심판은 민사소송의 확인의 소와는 달리 항고쟁송의 성질을 가지는 것이므로 무효 등 확인심판의 법률상 이익은 그 재결의 결과로서 얻어지는 법적 이익까지도 포괄해 종합적·입체적으로 판단하여야 할 것이다.

③ 의무이행심판의 청구인적격

의무이행심판은 행정청의 거부처분 또는 부작위에 대하여 일정한 '처분을 구할 법률상 이익'이 있는 자가 청구인적격을 가진다(9③). 여기서 **『처분을 구할 법률상 이익』**이란 ① 거부처분의 경우에는 상술한 취소심판에서 말하는 법률상 이익과 같은 개념이며(거부처분도 하나의 처분이므로 같은 논리구조를 갖는다), ② 부작위의 경우에는 행정심판의 대상 중 부작위에서 설명한 대로 기속행위든 재량행위든 간에 상당한 기간 내에 인용 또는 거부의 처분을 내려야 할 의무가 법령상 인정되는 경우를 말한다고 하겠다.

취소심판 등 위 3종류의 행정심판의 청구인적격은 행정소송에 있어서의 원고적격과 같은 의미이므로 상세한 내용은 행정소송편에서 다루고자 한다.

3) 청구인의 지위승계

① 청구인이 사망한 때에는 그 상속인 기타 권리·이익의 승계자가, ② 법인 또는 법인격 없는 단체인 청구인이 합병한 때에는, 합병 후 존속하는 법인·단체 또는 합병으로 설립된 법인·단체가 청구인의 지위를 당연히 승계한다(**당연승계**12①~④). 한편, ③ 심판대상인 처분에 관계되는 권리·이익을 양수받은 자(예 : 자동차운수업·음식점영업·건설업 등을 허가관청에 인가 신고한 후 적법하게 양수받은 자)는 위원회의 허가를 받아 청구인의 지위를 승계할 수 있다(**허가승계**12⑤).

2. 피청구인

> 행정심판법 제17조(피청구인의 적격 및 경정)
> ① 행정심판은 처분을 한 행정청(의무이행심판의 경우에는 청구인의 신청을 받은 행정청)을 피청구인으로 하여 청구하여야 한다.

1) 피청구인적격

심판청구는 **『행정처분을 한 행정청』**을 피청구인으로 하여 제기하여야 한다(13①). 이론적으로는 권리·의무의 주체인 국가 또는 지방자치단체 등을 피청구인으로 하여야 할 것이지만, 행정소송과 마찬가지로 쟁송절차에 있어서 공격·방어의 용이성 등의 기술적 이유로 처분(또는 부작위) 행정청을 직접 피청구인으로 한 것이다.
 행정청의 권한이 법령에 의하여 다른 행정청, 공공단체 및 그 기관 또는 사인에게 위임 또는 위탁된 경우에는 위임 또는 위탁을 받은 자가 피청구인이 된다(2②).

2) 피청구인의 경정

 피청구인을 잘못 지정하여 심판청구를 한 경우에 행정심판위원회는 당사자의 신청에 의하거나 직권에 의한 결정으로 피청구인을 경정할 수 있다(13②). 경정이 있으면 종전의 피청구인에 대한 심판청구는 취하되고 새로운 피청구인에 대한 심판청구가 처음의 심판청구를 한 시점에 소급하여 제기된 것으로 간주되도록 함으로써, 심판청구기간의 경과를 이유로 각하당하는 불이익이 없도록 배려하였다(13④). 그러나 현행 행정심판법은 고지제도를 채택하고 있으므로 피청구인을 잘못 지정하는 경우가 발생할 가능성은 적어졌다.

3) 권한승계에 따른 경정

 심판대상인 행정처분에 대한 권한이 다른 행정청에 승계된 경우에는 원래의 처분청이 아닌 **승계한 행정청**을 피청구인으로 하여 행정심판을 제기하여야 하며(13①단), 만약 행정심판제기 후에 권한승계가 있은 경우에는 위원회는 당사자의 신청에 의하거나 직권에 의한 결정으로 피청구인을 경정할 수 있다(13⑤). 경정결정이 있은 때에는 종전의 피청구인에 대한 심판청구는 취하되고, 새로운 피청구인에 대한 심판청구가 처음에 심판청구를 한 때에 제기된 것으로 본다(13⑤).

Ⅱ. 행정심판의 관계인

1. 참가인

 행정심판의 결과에 대하여 **이해관계가 있는 제3자** 또는 **행정청**은 위원회의 허가를 받아 심판에 참가할 수 있고, 위원회도 필요하다고 인정되면 참가할 것을 요구할 수 있다(16①·②). 참가인(參加人)제도는 심판결과에 의하여 직접 자기의 권리·이익이 침해당할 우려가 있는 제3자 또는 행정청으로 하여금 자기의 이익을 보호하기 위한 증거자료를 제출하게 하고, 심판의 정확성을 기하기 위하여 인정된 제도이다.

▶ 예 : ① 체납자의 납세보증을 위하여 자기의 재산을 세무서에 담보로 제공하였던 물상보증인이 체납자가 제기한 재산 공매처분 취소심판에 참가하는 경우,
　② 인근주민이 연탄공장에 대한 허가취소를 구하는 행정심판을 제기한 경우에 당해 공장주가 심판에 참가하는 경우 등.

위의 예 ②의 경우는 복효적 행정행위에 있어 행정처분의 직접 상대방이 아닌 제3자에게 청구인적격이 인정되는 경우로서, 재결청은 반드시 처분의 직접 상대방(예 : 공장주인 등)에게 심판청구가 있었음을 통지하게 함으로써 참가인으로 참가할 기회를 보장하고 있다(22②). 참가인은 당사자인 청구인 또는 피청구인에 준하는 지위를 가지고 있다고 보아야 하며, 심리절차에서의 발언, 보충서면·증거서류의 제출, 증거조사신청, 관계서류의 열람 등을 할 수 있다.

2. 대리인

청구인은 법정대리인 외에, 배우자·직계존비속·형제자매·법인의 임직원 및 변호사, 다른 법률의 규정에 의하여 심판청구의 대리를 할 수 있는 자(공인노무사·세무사 등), 기타 위원회의 허가를 받은 자를 행정심판절차에 있어서의 대리인으로 선임할 수 있다(14①).

피청구인도 소속 직원·변호사 기타 위원회의 허가를 받은 자를 대리인으로 선임할 수 있다(14②). 대리인은 청구인 또는 피청구인을 위하여 대리권의 범위안에서 자기의 의사결정과 명의로 심판청구에 관한 행위를 하는 자이지만, 그 행위의 효과는 직접 청구인 또는 피청구인에게 귀속되게 된다.

제 7 절 행정심판의 청구

Ⅰ. 심판청구의 요건

행정심판을 청구하기 위하여서는 ① 청구인적격이 있는 자가(제5항 당사자와 관계인에서 이미 설명), ② 심판청구의 대상이 되는 위법 또는 부당한 처분이나 부작위를 대상으로 하여(제3항 행정심판의 대상에서 이미 설명), ③ 심판청구기간 내에 심판청구서에 의하여, 피청구인인 행정청이나 행정심판위원회에 제기하여야 하는바, ①, ②에 대하여는 이미 설명하였으므로 여기서는 ③의 구체적 절차에 관하여서만 설명하고자 한다.

1. 심판청구기간

행정심판법 제27조(심판청구의 기간)
① 행정심판은 처분이 있음을 알게 된 날부터 90일 이내에 청구하여야 한다.
② 청구인이 천재지변, 전쟁, 사변(事變), 그 밖의 불가항력으로 인하여 제1항에서 정한 기간에 심판청구를 할 수 없었을 때에는 그 사유가 소멸한 날부터 14일 이내에 행정심판을 청구할 수 있다. 다만,

국외에서 행정심판을 청구하는 경우에는 그 기간을 30일로 한다.
③ 행정심판은 처분이 있었던 날부터 180일이 지나면 청구하지 못한다. 다만, 정당한 사유가 있는 경우에는 그러하지 아니하다.
④ 제1항과 제2항의 기간은 불변기간으로 한다.
⑤ 행정청이 심판청구 기간을 제1항에 규정된 기간보다 긴 기간으로 잘못 알린 경우 그 잘못 알린 기간에 심판청구가 있으면 그 행정심판은 제1항에 규정된 기간에 청구된 것으로 본다.
⑥ 행정청이 심판청구 기간을 알리지 아니한 경우에는 제3항에 규정된 기간에 심판청구를 할 수 있다.
⑦ 제1항부터 제6항까지의 규정은 무효등확인심판청구와 부작위에 대한 의무이행심판청구에는 적용하지 아니한다.

심판청구기간은 취소심판과 거부처분에 대한 의무이행심판에 대하여만 적용되고, 무효 등 확인심판과 부작위에 대한 의무이행심판에는 전술한 바와 같이 성질상 적용되지 아니한다(18⑦). 행정심판법이 심판청구기간에 제한을 두는 이유는 처분은 그 상대방뿐만 아니라 일반 공공의 이해에 관계되는 것이기 때문에 처분과 관련된 행정법관계의 안정을 기하기 위한 것이다.

1) 원 칙

행정처분이 있음을 안 날로부터 90일 이내 또는 행정처분이 있은 날로부터 180일 이내에 제기하여야 한다(18①③). 이들 기간 중 어느 하나라도 먼저 경과해 버리면 행정심판을 제기할 수 없다. 따라서 이러한 기간 경과 후의 심판청구는 부적법한 것이 되어 각하된다(대판 1961. 6. 30, 61누61).

여기서 『처분이 있음을 안 날』이란 "당사자가 통지·공고 기타의 방법에 의하여 당해 처분이 있었다는 사실을 현실적으로 안 날"(판례 참조)을 의미한다. 처분을 서면으로 하는 경우에는 그 서면이 상대방에게 도달한 날, 공시송달의 경우에는 서면이 도달한 것으로 간주되는 날을 말한다.

> **판례** 행정심판법 제18조 제1항 소정의 심판청구기간 기산점인 '처분이 있음을 안 날'의 의미
> 행정심판법 제18조 제1항 소정의 심판청구기간 기산점인 '처분이 있음을 안 날'이라 함은 당사자가 통지·공고 기타의 방법에 의하여 당해 처분이 있었다는 사실을 현실적으로 안 날을 의미하고, 추상적으로 알 수 있었던 날을 의미하는 것은 아니라 할 것이며, 다만 처분을 기재한 서류가 당사자의 주소에 송달되는 등으로 사회통념상 처분이 있음을 당사자가 알 수 있는 상태에 놓여진 때에는 반증이 없는 한 그 처분이 있음을 알았다고 추정할 수는 있다(대판 1995. 11. 24, 95누11535).

한편, 『처분이 있은 날』이란 처분이 외부에 표시되어 객관적으로 그 처분의 효력이 발생된 날을 말하며(판례 참조), 상대편이 알았는가에 관계없이 행정법관계가 장기간 동안 불안정한 상태에 놓이게 되는 것을 방지하려는 취지에서 마련된 것이다.

> **판례** 상대방이 있는 행정처분이 있은 날의 의미
>
> 건축허가처분과 같이 상대방이 있는 행정처분에 있어서는 달리 특별한 규정이 없는 한 그 처분을 하였음을 상대방에게 고지하여야 그 효력이 발생한다고 할 것이어서 위의 행정처분이 있은 날이라 함은 위와 같이 그 행정처분의 효력이 발생한 날을 말한다(대판 1977. 11. 22, 77누195).

2) 예 외

① 90일에 대한 예외

천재지변·전쟁·사변 기타의 **불가항력**으로 90일 내에 제기할 수 없을 경우에는 그 사유가 소멸한 날로부터 14일 이내(국외에서는 30일 이내)에 제기할 수 있다(18②).

② 180일에 대한 예외

『정당한 사유』가 있으면 180일이 경과한 후에도 제기할 수 있다. 무엇이 정당한 사유인가는 위원회가 판단할 문제이지만 위의 불가항력보다는 넓은 개념이라고 하겠다(예 : 질병·부상으로 인한 장기입원 등).

3) 복효적 행정행위의 제3자의 심판청구기간

복효적 행정행위에 있어서 행정처분의 직접 상대방이 아닌 제3자(공해공장의 인근주민 등)가 행정심판을 청구하는 경우에도 원칙적으로 처분이 있음을 안 날로부터 90일, 처분이 있은 날로부터 180일 이내에 제기하여야 할 것이다(18). 제3자가 어떤 경위로든 처분이 있음을 객관적으로 알았거나 쉽게 알 수 있는 등 행정심판 청구기간 내에 심판청구가 가능하였다는 사정이 있는 경우에는 그때부터 90일 이내에 행정심판을 청구해야 한다(판례 참조).

> **판례** 행정처분의 상대방이 아닌 제3자가 당해 처분이 있음을 알았거나 쉽게 알 수 있는 경우의 행정심판청구기간
>
> 행정처분의 상대방이 아닌 제3자는 일반적으로 처분이 있는 것을 바로 알 수 있는 처지에 있지 아니하므로 처분이 있은 날로부터 180일이 경과하더라도 특별한 사유가 없는 한 구 행정심판법(1995. 12. 6. 법률 제5000호로 개정되기 전의 것) 제18조 제3항 단서 소정의 정당한 사유가 있는 것으로 보아 심판청구가 가능하다고 할 것이나, 그 제3자가 어떤 경위로든 행정처분이 있음을 알았거나 쉽게 알 수 있는 등 행정심판법 제18조 제1항 소정의 심판청구기간 내에 심판청구가 가능하였다는 사정이 있는 경우에는 그로부터 90일 이내에 행정심판을 청구하여야 한다(대판 1997. 9. 12, 96누14661).

그런데 행정처분은 직접 상대방에게는 통지하도록 되어 있지만 제3자에 대한 통지의무규정은 없으므로 제3자는 통상 행정처분이 있었음을 알 수 없는 상태에 놓이게 된다. 그러므로 제3자가 심판청구를 제기하는 경우는 처분이 있은 날로부터 180일 내가 되는 것이 보통이다.

따라서 제3자의 경우에는 일반적으로 『처분이 있은 날로부터 180일 이내』에 행정심판을 제기하

여야 할 것이지만, 180일이 경과한 후에도 그 기간 내에 심판청구가 가능하였다는 특별한 사정이 없는 한 상술한 『정당한 사유』가 있는 때에 해당하여 심판청구가 가능하다고 함으로써, 통지를 받지 못한 데 따른 불이익이 없도록 해줄 필요가 있다(판례 참조).

> **판례** 행정처분의 상대방이 아닌 제3자가 행정심판법 제18조 제3항 소정의 심판청구기간을 경과하고서도 행정심판을 청구할 수 있는 같은 법조항 단서 소정의 "정당한 사유"
> 행정심판법 제18조 제3항에 의하면 행정처분의 상대방이 아닌 제3자라도 처분이 있은 날로부터 180일을 경과하면 행정심판청구를 제기하지 못하는 것이 원칙이지만, 다만 정당한 사유가 있는 경우에는 그러하지 아니하도록 규정되어 있는바, 행정처분의 직접 상대방이 아닌 제3자는 일반적으로 처분이 있는 것을 바로 알 수 없는 처지에 있으므로, 위와 같은 심판청구기간 내에 심판청구를 제기하지 아니하였다고 하더라도, 그 기간 내에 처분이 있은 것을 알았거나 쉽게 알 수 있었기 때문에 심판청구를 제기할 수 있었다고 볼 만한 특별한 사정이 없는 한, 위 법조항 본문의 적용을 배제할 "정당한 사유"가 있는 경우에 해당한다고 보아 위와 같은 심판청구기간이 경과한 뒤에도 심판청구를 제기할 수 있다(대판 1992. 7. 28, 91누12844).

4) 심판청구기간을 불고지한 경우

행정청이 서면으로 행정처분을 하는 경우에는 처분의 상대방에게 심판청구의 가능 여부, 심판청구절차 및 청구기간을 고지하여야 하는 바(42①), 행정청이 이러한 고지를 함에 있어서 ① 착오로 법정기간보다 긴 기간으로 잘못 고지한 경우에는 그 잘못 고지된 기간 내에, ② 청구기간을 고지하지 아니한 경우에는 처분이 있은 날로부터 180일 이내에 심판청구를 하면 되도록 함으로써, 잘못된 고지 또는 불고지에 대한 책임을 행정청이 지도록 하였다(18⑤·⑥).

2. 심판청구방식

> 행정심판법 제28조(심판청구의 방식)
> ① 심판청구는 서면으로 하여야 한다.

심판청구는 청구인의 이름·주소, 피청구인인 행정청과 행정심판위원회, 심판청구의 대상이 되는 처분의 내용, 처분이 있은 것을 안 날, 심판청구의 취지 및 이유, 처분을 한 행정청이 행정심판을 제기할 수 있는지와 그 절차기간을 고지한 여부 및 그 내용을 등 필요적 기재사항을 기재한 『행정심판청구서』에 의하도록 함으로써 구술에 의할 경우의 불명확성을 예방하고 있다(19). 필요적 기재사항에 관하여 결함이 있을 경우에 이를 보정할 수 있는 내용이라고 위원회가 인정할 때에는 상당한 기간을 정하여 보정을 명할 수 있으며, 보정할 사항이 경미한 경우에는 직권으로 보정할 수 있다(23①).

판례도 비록 행정심판청구서라는 명칭을 사용하지 아니하고 이의신청 등의 용어를 사용한 경우에도 이를 적법한 행정심판청구로 보아야 하며, 기타 내용에 미비한 사항이 있더라도 보정이 가능한 때에는 보정을 명하여야 하며, 보정명령에 따르지 아니하거나 보정이 불가능할 경우에 한하여 이를 각하하여야 한다고 함으로써, 가능한 한 청구인에게 이익이 되도록 해석하고 있다(대판 1993. 6. 29, 92누19194).

> **판례** 행정심판청구서에 불비된 사항이 있는 경우 및 그 취지가 불명확한 경우의 처리방법
> 행정심판법 제19조, 같은 법 제23조의 규정취지와 행정심판제도의 목적에 비추어 보면 행정소송의 전치요건인 행정심판청구는 엄격한 형식을 요하지 아니하는 서면행위라고 볼 것이므로 행정청의 위법 부당한 처분 등으로 인하여 권리나 이익을 침해당한 자로부터 처분의 취소나 변경을 구하는 서면이 제출되었을 때에는 표제와 제출기관의 여하를 불문하고 행정심판청구로 보고 심리와 재결을 하여야 하고, 불비된 사항이 있을 때에는 보정 가능한 때에는 보정을 명하고 보정명령에 따르지 아니하거나 보정이 불가능한 때에는 각하하여야 하며, 제출된 서면의 취지가 불명확한 경우에도 행정청으로서는 그 서면을 가능한 한 제출자의 이익이 되도록 해석하고 처리하여야 한다(대판 1993. 6. 29, 92누19194).

행정심판청구서의 양식은 행정심판법시행규칙 별지 제29호 서식에 규정되어 있으나, 엄격한 형식을 요하지 아니하는 서면행위이므로 행정청의 위법·부당한 처분으로 인하여 권리나 이익을 침해당한 사람이 당해 행정청에 그 처분의 취소나 변경을 구하는 취지의 서면을 제출하였다면 서면의 명칭이나 형식 여하에 불구하고 행정심판청구로 봄이 타당할 것이다(대판 1999. 6. 22, 97두2772).

> **판례** 행정심판청구의 방식
> 행정심판청구는 엄격한 형식을 요하지 아니하는 서면행위이므로 행정청의 위법·부당한 처분으로 인하여 권리나 이익을 침해당한 사람이 당해 행정청에 그 처분의 취소나 변경을 구하는 취지의 서면을 제출하였다면 서면의 표제나 형식 여하에 불구하고 행정심판청구로 봄이 옳다(대판 1999. 6. 22, 97두2772).

행정심판 실무사례
참고로 앞에서 예시한 건축허가신청서반려처분(거부처분)에 대하여 상대방이 제기한 행정심판청구서의 양식과 별지에 기재한 심판청구의 취지 및 이유(이 부분이 제일 핵심부분이다)를 다음 페이지에 예시한다.

행 정 심 판 청 구

청 구 인	① 성명	(주) ○ ○ 대표이사 ○ ○ ○	② 법인등록번호	○○○○○○-○○○○○○○
	③ 주소	서울특별시 ○ ○ 구 ○ ○ 동 ○ ○ ○-○ ○		

④ 선정대표자 관리인 또는 대리인	변호사 ○ ○ ○		
⑤ 피청구인	부산광역시 ○ ○ 구청장	⑥ 재 결 청	부산광역시장
⑦ 청구대상인 처분내용(부작위의 전제가 되는 신청 내용·일자)	건축허가신청서 반려 부산광역시 ○ ○ 구 건축 문서번호 ○○○○○-○○○○ (2001. ○. ○○.)		
⑧ 처분있음을 안날	2001. ○. ○○.		
⑨ 심판청구 취지, 이유	별지 기재와 같음		
⑩ 처분청의 고지유무	유	⑪ 고 지 내 용	90일 내 행정심판 및 행정소송 청구
⑫ 증거서류 (증거물)	1. 부산광역시 ○ ○ 구 "건축허가신청서 반려"처분 공문 2. 기타 관련공문		
⑬ 근거법조	행정심판법 제19조, 동법시행령 제18조		

위와 같이 행정심판을 청구합니다.

청 구 인 : (주) ○ ○ 대표이사 ○ ○ ○

부 산 광 역 시 행정심판위원회 귀하

첨 부 서 류	청 구 서 부 본		수 수 료 없 음

청 구 취 지

"피청구인이 2001. 6. 29. 청구인에 대하여 한 건축허가 신청서 반려처분을 취소한다."
라는 재결을 구합니다.

청 구 이 유

　　가. 건축허가는 행정청의 재량행위가 아니고 법령상 허가배제사유가 아니면 무조건 허가를 해주어야 하는 기속행위에 해당되며, 「건축위원회에서 당해 건축물이 부적합하다고 심의하였다는 사유만으로 건축허가신청을 거부할 수 없다」는 대법원 판례(2000. 3. 14. 선고 98두4658) 등이 있으며, 또 「부산진구청장이 집단민원 발생을 우려하여 허가반려처분한 것은 위법하다」는 행정심판 재결례(부산시 93행심 제202호) 등도 있다.

　　나. 행정절차법 제4조제2항에서 "행정청은 법령 등의 해석 또는 행정청의 관행이 일반적으로 국민들에게 받아들여진 때에는 공익 또는 제3자의 정당한 이익을 현저히 해할 우려가 있는 경우를 제외하고는 새로운 해석 또는 관행에 의하여 소급하여 불리하게 처리하여서는 아니된다"고 규정하고 있음에도 불구하고 피청구인은 청구인에게 건축허가 사전심의를 인용해 놓고서 이제 와서 아무런 사정변화 없이 건축허가신청을 반려하는 것은 신뢰보호의 원칙에 위배되는 것으로, 부산시 행정심판위원회에서도 「구청장이 토지거래허가시에 탁아소건립 목적을 받아들여 허가를 해 놓고서 탁아소건립을 위한 토지형질변경허가신청을 반려하는 것은 신뢰보호원칙에 위배된다」는 재결례(93행심 제12호)도 있다.

　　다. 우리나라는 자유경제체제로서 대형마트·백화점 등 상호경쟁을 통하여 소비자가 최적의 소비처를 선택할 기회를 제공하고 있는바, 이 대형마트가 들어선다고 하면 다소의 소비형태의 변화는 있을지 모르겠으나 소비관행에 커다란 변화를 불러오지 않을 것으로 보이고 또 재래시장과 영세상인의 매출감소가 있다고 하더라도 이는 소비자들의 선택의 결과일 뿐이며 오히려 대형마트가 들어서므로 인해서 소비자 물가가 연평균 0.45% 하락하는 긍정적인 효과도 있고, 따라서 피청구인의 이 건 반려처분은 법률적인 근거 없이 특정상인(재래상인이나 영세상인)을 지원하는 것으로 공정거래법과 헌법상의 평등원칙에도 위배된다.

　　라. 피청구인이 우려하는 교통혼란에 대하여 부산광역시의 교통영향평가에서는 별 문제 없는 것으로 인용하였고 이를 하급관청인 피청구인이 부인하는 것은 행정의 위계질서에 어긋난다고 할 수 있고, 또 소비자들은 러시아워를 피하여 구매활동에 나설 것이며 이를 대비하여 매장측에서 주차시설과 진출입차량의 교통완화시설을 갖출 것이므로 피청구인이 우려하는 교통혼잡은 없을 것이다.

　　마. 피청구인의 관내에는 대형마트가 ○○마트 한 곳 뿐으로 주민들이 대형마트가 있는 서면 등으로 원거리 쇼핑을 함으로써 오히려 교통체증을 유발하고 연료낭비와 매연으로 자원낭비와 환경훼손을 가져온다 할 수 있고, 이 점포가 오픈할 무렵에는 지하철 공사와 광안대로가 완공되어 교통이 분산되고 인근 아파트 주민들은 도보로 쇼핑하는 새로운 쇼핑문화가 정착될 것이므로 지역 주민들의 가정경제에 보탬이 될 것이고 나아가 지역 상권은 성장할 것이다.

> 바. 청구인의 청구가 받아들여지지 않아 법원에 소송을 제기하면 승소판결을 받아 허가를 받을 때까지 상당한 시일이 소요될 것이고 이로 인한 경제적 손해인 임차토지의 임차보증금 34억원과 연간임차료 34억원(부가가치세 별도)에 대한 금융기관 대출이자를 피청구인은 배상하여야 할 것이므로 이건 처분의 취소를 바란다.
>   사. 첨부서류
>   ① 건축허가신청서 반려공문
>   ② 교통영향평가결과통보서
>   ③ 관련판례(이하 생략)

3. 심판청구서 제출기관

> 행정심판법 제23조(심판청구서의 제출)
> ① 행정심판을 청구하려는 자는 제28조에 따라 심판청구서를 작성하여 피청구인이나 위원회에 제출하여야 한다.

1) 피청구인인 행정청 또는 행정심판위원회

행정심판의 청구인은 행정심판청구서를 피청구인인 행정청 또는 행정심판위원회에 제출하여야 한다(19①). 종전에는 처분청에만 제출케 함으로써 처분청 경유주의를 택하였으나, 그렇게 할 경우 처분청이 심판청구를 철회하라는 압력을 행사하거나 심판청구서의 수리조차 거부할 우려가 있기 때문에 처분청에 제출하거나, 행정심판위원회에 직접 제출할 수 있도록 선택권을 부여한 것이다.

2) 처분청의 처리

처분청이 심판청구서를 접수하면 다음의 조치를 하여야 한다.

① 청구내용을 인용할 경우

심판청구가 이유 있다고 인정할 때에는 심판청구의 취지에 따르는 처분을 하거나 확인을 하고, 지체 없이 이를 행정심판위원회와 청구인에게 통지하여야 한다(17③). 이것은 더 이상 심리나 재결에 따르는 절차나 시간상의 낭비를 제거하려는 것이다.

행정심판이 제기된 이상 행정심판위원회의 심리·재결로 분쟁을 종국적으로 해결함이 원칙이겠지만, 처분청이 자신이 스스로 반성하여 시정하고자 하는 경우까지 굳이 복잡한 재결절차를 거치도록 고집함은 낭비라는 측면에서 인정된 제도로서, 이 같은 인용처분은 실질적으로는 처분청에 대한 이의신청제도(전술)를 도입한 것과 같은 의미를 갖는다.

② 청구내용을 불용할 경우

심판청구가 이유 없다고 인정할 때에는 접수일로부터 10일 이내에 답변서(答辯書)를 첨부하여 행정심판위원회에 송부하여야 하며, 청구인에게도 지체 없이 그 사실을 통지하여야 한다 (17④·⑥).

행정심판위원회가 직접 행정심판청구서를 받은 때에는 지체 없이 그 부본을 피청구인인 처분청에 송부하고, 피청구인인 처분청은 그로부터 10일 이내에 역시 답변서를 첨부하여 행정심판위원회에 송부하여야 한다. 위의 답변서에는 처분 또는 부작위의 근거와 이유를 명시하고, 심판청구의 취지와 이유에 대응하는 답변을 기재하여야 한다(24①~③).

> **행정심판 실무사례**
> 처분청의 답변서는 상대방의 주장을 반박하고 원처분의 적법·타당성을 주장하는 것으로서, 앞에서 예시한 건축허가거부처분에 대한 행정심판청구서에 대응하여 제출한 처분청의 『답변서』를 다음 페이지에 예시한다.

답 변 서

■ 답변 취지
"청구인의 청구를 기각한다"라는 재결을 구합니다.

■ 답변 이유
1. 행정심판 청구된 본 건 대지의 주변 여건을 살펴보면(증1,2), 당해 신청지는 부산의 대표적인 교통혼잡지역인 ○○로타리 부근으로(증3각호) 2002. 6월 ○○대로 진출입 램프가 개설되고, ○○○○○아파트가 2001. 6. 16. 2,637세대 입주를 시작으로 2005. 1월까지 7,374 전세대가 입주할 예정이므로 더욱 큰 교통혼잡이 예상되는 지역이며, 또한 대단위 아파트가 밀집된 지역으로 재래시장(○○○○시장 등) 및 생활필수품을 취급하는 상인들이 많이 분포되어 있는 지역입니다.
2. 청구인이 반려처분이 위법하다며 제시한 구 건축법 제8조제4항의 "시장, 군수, 구청장은 당해 용도, 규모 또는 형태의 건축물을 당해 대지에 건축하는 것이 도시미관, 주거환경 등에 비추어 대통령령이 정하는 바에 의하여 불합리하다고 인정되는 경우에는 건축위원회의 심의를 거쳐 건축허가를 하지 아니할 수 있다"는 규정은 1999. 2. 8자 개정되어 현행 건축법상 폐지된 규정이므로 청구인의 주장은 이유 없다 할 것입니다.
법령상 허가배제 사유에 해당하지 아니하면 무조건 허가를 해 주어야 하는 기속행위라고 주장하나, 서울행정법원 2001. 3. 9. 선고 2000구 32242 판결은(증4) "건축법상 허가권자는 도시계획법에 따라 도시의 주거기능, 상업기능, 공업기능 등이 조화를 이루어야 하는 도시계획 기본이념에 부합되는 경우에는 건축허가를 거부하여야 할 것이다"라고 판결된 예에서 보듯이 당해 건축물이 건립될 경우 교통혼잡으로 인해 인접해 있는 아파트들의 주거기능 및 주변 상인들의 상업기능 등이 조화되지 않을 것이므로 건축허가신청서 반려는 도시계획법의 기본이념에 충실했다 할 것입니다.
3. 건축허가 사전심의를 인용해 놓고 이제 와서 사정변화 없이 건축허가 신청을 반려하는 것이 신뢰보호의 원칙 내지 신의성실의 원칙에 위배되며, 기존 재래시장 및 영세상인의 매출감소는 영업자(상인)간 소비자 선택결과로 피청구인이 건축허가 신청을 반려한 것이 법률적 근거없이 특정 상인을 지원하는 것이라고 주장하나, 건축심의는 민원인의 신청이 있을 경우 건축물의 안전·기능 및 미관을 향상시키기 위해 구조안전, 피난 및 소방에 관한 사항만 단순 심의하는 것으로 건축허가시 검토해야 하는 관련법령의 극소수에

해당할 뿐만 아니라 건축심의 신청을 거부할 수 있는 법령상 근거가 없으므로 건축심의를 득한 사실만으로 건축허가처분을 위한 사전심의로 볼 수 없는바 청구인의 주장은 이유 없다 할 것이며, 우리 구에서는 97년 IMF 체제이후 어려운 경제사정으로 고통받고 있는 영세상인 및 서민경제를 보호하기 위해 재래시장 활성화(증5각호)와 일자리 하나 더 찾기 시책(증6각호)을 우리구 역점사업으로 시행하고 있는데, ○○○마켓이 건립되면 인근영세상인들의 매출격감으로 서민경제에 악영향을 미칠 것이므로 금번 건축허가신청서 반려는 시책을 적극적으로 수행함으로써 행정의 일관성 원칙에 충실했다 할 것입니다.
4. 청구인은 교통혼잡에 대해 부산광역시 교통영향평가에서 인용된 것을 하급관청이 부인하는 것은 행정의 위계질서에 어긋난다고 하나 우리 구에서 교통혼잡을 우려하는 것은 교통영향평가 심의결과에 대한 것이 아니라 당해 지역여건이 부산의 대표적인 교통혼잡지역인 ○○교차로와 인근해 있을 뿐만 아니라 2002. 6월 ○○대로 진출입 램프가 개설되고, ○○○○○아파트가 2001. 6. 16. 2,637세대 입주를 시작으로 2005. 1월까지 7,374 전세대가 입주할 예정이므로 교통수요가 급증할 것이고, 여기에 ○○○마켓까지 건립된다면 교통혼잡이 더욱 가중되므로 인해 주민들의 불편을 예상한 사항으로 행정의 위계질서와는 무관하다 할 것입니다.
5. 결론적으로 이 건 건축허가신청서반려처분은 교통혼잡을 사전에 방지하여 도시계획의 기본이념인 도시의 주거기능 및 상업기능 등이 조화를 이루어 주민이 편안하고 안전하게 생활할 수 있도록 하기 위해 관계규정에 적법, 타당하게 처리되었으며, 또한 부산광역시 및 우리구에서 중점적으로 시행하고 있는 지역경제 활성화 시책의 일관된 추진이라는 측면에서 보더라도 청구인의 주장은 이유 없으므로 마땅히 기각되어야 할 것입니다.

2001. ○. ○○.

위 심판 대리인

○○주사 ○○○

증거서류 : ① 위치도
② 현장사진
③ 관련 판결문 사본
④ 일자리 하나 더 만들기 사업추진계획서 사본 등
(생 략)

Ⅱ. 심판청구의 변경

심판청구를 제기한 후에 일정한 사유가 있을 경우에는 새로운 심판청구를 제기할 필요 없이 행정심판위원회의 허가를 얻어 심판청구를 변경할 수 있도록 함으로써, 청구인의 편의와 심판절차의 신속을 기할 수 있도록 하였다(20).

1. 청구의 변경

청구인은 청구의 기초에 변경이 없는 한도 내에서 위원회의 재결이 있기 전까지는 **청구취지**(예 : 취소심판을 무효확인심판으로, 조세부과취소청구를 조세경감청구로) 또는 **청구이유**(예 : 처분의 위법성을 이유로 하던 것을 처분의 부당성을 이유로 변경하거나 그 반대의 경우, 또는 다른 위법 또는 부당한 이유를 추가하는 경우)를 변경할 수 있다(20①). 이는 청구인의 편의와 심판의 경제성을 도모하기 위한 것이다.

2. 처분의 변경으로 인한 청구의 변경

심판청구가 제기된 후에 행정청이 심판대상인 처분을 변경한 때(예 : 영업허가취소처분을 영업정지처분으로 변경)에는 청구인은 변경된 처분에 맞추어 청구취지 또는 청구이유를 변경할 수 있음은 물론이다(20②).

3. 변경절차

청구의 변경은 서면으로 행정심판위원회에 신청하되, 행정심판위원회는 청구의 변경이 이유 없다고 인정할 때에는 피청구인인 행정청의 신청에 의하거나 행정심판위원회의 직권으로 변경을 허가하지 아니할 수 있다(20③~⑤).

Ⅲ. 심판청구의 효과

1. 행정심판위원회에 대한 효과

행정심판위원회는 심판청구서가 송부되거나 피청구인의 답변서가 제출된 때에는 지체 없이 심리·재결하여야 한다.

2. 처분에 대한 효과

행정심판법 제30조(집행정지)
① 심판청구는 처분의 효력이나 그 집행 또는 절차의 속행(續行)에 영향을 주지 아니한다.
② 위원회는 처분, 처분의 집행 또는 절차의 속행 때문에 중대한 손해가 생기는 것을 예방할 필요성이 긴급하다고 인정할 때에는 직권으로 또는 당사자의 신청에 의하여 처분의 효력, 처분의 집행 또는 절차의 속행의 전부 또는 일부의 정지(이하 "집행정지"라 한다)를 결정할 수 있다. 다만, 처분의 효력정지는 처분의 집행 또는 절차의 속행을 정지함으로써 그 목적을 달성할 수 있을 때에는 허용되지 아니한다.
③ 집행정지는 공공복리에 중대한 영향을 미칠 우려가 있을 때에는 허용되지 아니한다.

1) 집행부정지의 원칙

행정심판이 제기되더라도 문제의 행정처분의 효력에는 아무 지장이 없으며, 그 집행 또는 절차의 속행을 정지시키지 아니한다(21①. 집행부정지(執行不停止)).

집행부정지의 근거는 종래 행정행위의 공정력 또는 자력집행력에서 구하는 경향이 있었으나, 오늘날은 행정심판청구의 남용을 막고 행정의 부당한 중단을 예방하기 위한 입법정책적 배려에 의한 것으로 보고 있다. 이러한 집행부정지의 원칙만을 취한다면 행정처분은 그 심판청구의 제기와 관계없이 집행하게 되므로, 심판청구를 제기한 청구인이 나중에 그 청구가 이유 있어 청구인용재결을 받게 되더라도 이미 집행이 완료되어 회복할 수 없는 손해를 입게 되는 부당한 결과를 낳게 된다. 따라서 행정심판법은 일정한 요건이 충족되는 경우 처분에 대한 집행정지를 인정하고 있다.

2) 집행정지의 결정

행정심판위원회는 예외적으로 당사자의 신청에 의하거나 직권으로 행정심판위원회의 심리·재결을 거쳐 행정처분의 효력을 정지시키는 결정을 할 수 있다(21②·③).

① 정지결정의 요건

적극적 요건과 소극적 요건이 있다.

(가) 적극적 요건

다음의 요건이 존재하여야 집행정지를 할 수 있다.

i) 집행정지 대상인 처분의 존재

처분이 이미 집행이 완료되었거나 목적이 달성되어 버린 경우에는 집행정지를 구할 목적물이 없게 되어 집행정지를 청구할 수 없다(그러나 취소됨으로써 회복될 법률상 이익이 잔존하는 경우에 취소심판 자체의 청구인적격은 인정된다는 것은 이미 설명하였다). 따라서 집행정지를 위해서는 그 대상인 처분이 존재하여야 한다. **거부처분**이나 **부작위**에 대하여도 성질상 집행정지를 청구할 수 없음은 이미 설명한 바와 같다. 특히 거부처분에 대해서는 **집행정지를 할 수 없다**는 것이 통설 및 판례의 입장이다(대결 1995. 6. 21, 95두26; 대판 1992. 2. 13, 91두47). 그러나 허가갱신의 거부처분의 경우 신청인의 법적 지위가 거부처분이 있기 전까지는 허가의 효력이 법에 의해 지속되므로 집행정지신청의 이익이 있다는 견해도 있다.

> **판례** 행정청의 거부처분의 효력정지를 구할 이익이 있는지 여부
> 신청에 대한 거부처분의 효력을 정지하더라도 거부처분이 없었던 것과 같은 상태, 즉 거부처분이 있기 전의 신청시의 상태로 되돌아가는 데에 불과하고 행정청에게 신청에 따른 처분을 하여야 할 의무가 생기는 것이 아니므

로, 거부처분의 효력정지는 그 거부처분으로 인하여 신청인에게 생길 손해를 방지하는 데 아무런 보탬이 되지 아니하여 그 효력정지를 구할 이익이 없다(대결 1995. 6. 21, 95두26).

> **판례** 투전기업소허가갱신신청을 거부한 불허처분에 대하여 그 불허처분의 효력정지를 구할 이익이 없다 하여 효력정지신청을 각하한 판례
>
> 투전기업소허가갱신신청을 거부한 불허처분의 효력을 정지하더라도 이로 인하여 신청인에게 허가의 효력이 회복되거나 또는 행정청에게 허가를 갱신할 의무가 생기는 것은 아니므로 불허처분의 효력정지로서는 신청인이 입게 될 손해를 피하는 데에 아무런 보탬이 되지 아니하여 그 불허처분의 효력정지를 구할 이익이 없다(대판 1992. 2. 13, 91두47).

> **판례** 교도소장의 접견허가신청에 대한 거부처분과 효력정지의 필요성 유무(소극)
>
> 허가신청에 대한 거부처분은 그 효력이 정지되더라도 그 처분이 없었던 것과 같은 상태를 만드는 것에 지나지 아니하는 것이고 그 이상으로 행정청에 대하여 어떠한 처분을 명하는 등 적극적인 상태를 만들어 내는 경우를 포함하지 아니하는 것이므로, 교도소장이 접견을 불허한 처분에 대하여 효력정지를 한다 하여도 이로 인하여 위 교도소장에게 접견의 허가를 명하는 것이 되는 것도 아니고 또 당연히 접견이 되는 것도 아니어서 접견허가거부처분에 의하여 생길 회복할 수 없는 손해를 피하는 데 아무런 보탬도 되지 아니하니 접견허가거부처분의 효력을 정지할 필요성이 없다(대판 1991. 5. 2, 91두15).

ii) 심판청구의 행정심판위원회에의 계속

본안인 행정심판 자체가 행정심판위원회에 계속되어 있어야 처분의 집행정지를 할 수 있고, 행정심판 자체가 재결로 각하·기각되거나 청구인이 취하해 버린 후에는 처분의 집행정지를 할 수 없음은 물론이다.

iii) 회복하기 어려운 손해발생의 우려

집행정지는 행정처분 자체로 인하여, 또는 그 집행이나 절차의 속행으로 인하여 회복하기 어려운 손해가 발생할 우려가 있을 경우에만 인정된다. 여기서 『회복하기 어려운 손해』의 개념에 대하여는 여러 학설이 있으나, 특별한 사정이 없는 한 금전으로 보상할 수 없는 손해로서 이는 금전보상이 불능인 경우 내지는 금전보상으로는 사회관념상 행정처분을 받은 당사자가 참고 견딜 수 없거나 또는 참고 견디기가 현저히 곤란한 경우의 유형, 무형의 손해를 말한다. 그리고 기업에 있어서는 경제적 손실이나 기업 이미지 및 신용의 훼손으로 인하여 사업자의 자금사정이나 경영전반에 미치는 파급효과가 매우 중대하여 사업자체를 계속할 수 없거나 중대한 경영상의 위기를 맞게 될 것으로 보이는 경우에는 회복하기 어려운 손해라고 볼 수 있다(판례 참조).

> **판례** 행정소송법 제23조 제2항 소정의 행정처분 등의 집행정지 요건인 '회복하기 어려운 손해'의 의미 및 기업의 손해가 이에 해당하기 위한 요건
>
> 행정소송법 제23조 제2항에 정하고 있는 행정처분 등의 집행정지 요건인 '회복하기 어려운 손해'라 함은 특별한 사정이 없는 한 금전으로 보상할 수 없는 손해로서 이는 금전보상이 불능인 경우 내지는 금전보상으로는 사회관념상 행정처분을 받은 당사자가 참고 견딜 수 없거나 또는 참고 견디기가 현저히 곤란한 경우의 유형, 무형의 손해를 일컫는다 할 것인바, 당사자가 처분 등이나 그 집행 또는 절차의 속행으로 인하여 재산상의

손해를 입거나 기업 이미지 및 신용이 훼손당하였다고 주장하는 경우에 그 손해가 금전으로 보상될 수 없어 '회복하기 어려운 손해'에 해당한다고 하기 위해서는 그 경제적 손실이나 기업 이미지 및 신용의 훼손으로 인하여 사업자의 자금사정이나 경영전반에 미치는 파급효과가 매우 중대하여 사업자체를 계속할 수 없거나 중대한 경영상의 위기를 맞게 될 것으로 보이는 등의 사정이 존재하여야 한다.

항정신병 치료제의 요양급여 인정기준에 관한 보건복지부 고시의 효력이 계속 유지됨으로 인한 제약회사의 경제적 손실, 기업 이미지 및 신용의 훼손은 행정소송법 제23조 제2항 소정의 집행정지의 요건인 '회복하기 어려운 손해'에 해당하지 않는다(대판 2003. 10. 9, 2003무23).

▶ 판례   과징금납부명령의 처분이 사업자의 자금사정이나 경영전반에 미치는 파급효과가 매우 중대하다는 이유로 그로 인한 손해는 효력정지 내지 집행정지의 적극적 요건인 '회복하기 어려운 손해'에 해당한다고 한 사례

사업여건의 악화 및 막대한 부채비율로 인하여 외부자금의 신규차입이 사실상 중단된 상황에서 285억 원 규모의 과징금을 납부하기 위하여 무리하게 외부자금을 신규차입하게 되면 주거래은행과의 재무구조개선약정을 지키지 못하게 되어 사업자가 중대한 경영상의 위기를 맞게 될 것으로 보이는 경우, 그 과징금납부명령의 처분으로 인한 손해는 효력정지 내지 집행정지의 적극적 요건인 '회복하기 어려운 손해'에 해당한다(대결 2001. 10. 10, 2001무29).

iv) 본안재결을 기다릴 여유가 없는 긴급한 필요

집행정지는 회복하기 어려운 손해가 이미 발생하거나 발생이 임박하여 본안인 행정심판의 재결까지 기다릴 여유가 없는 긴급한 경우에 인정된다.

(나) 소극적 요건

집행정지 결정을 하기 위하여 존재하여서는 아니되는 요건을 말하는바, 상술한 적극적 요건이 모두 충족된 경우에도 집행정지가 『공공복리(公共福利)에 중대한 영향을 미칠 우려』가 있을 때에는 청구인의 권익보전을 희생시키고 공공복리를 우선시켜 집행정지결정을 할 수 없도록 하였다.

▶ 예 : ① 붕괴위험이 있는 건축물에 대한 공사중지명령에 대하여 취소심판을 제기하면서 그 집행정지를 신청한 경우, ② 악취·폐수·매연발생공장에 대한 가동중지명령에 대하여 취소심판을 제기하면서 그 집행정지를 신청한 경우 등.

② 정지결정의 대상

집행정지결정의 대상은 처분의 효력, 처분의 집행, 또는 절차의 속행이다. 정지범위는 그 전부 또는 일부이다(21②).

(가) 처분의 효력정지

행정처분의 내용에 따르는 구속력·공정력·집행력 등을 본안에 대한 재결이 있을 때까지 잠정적으로 정지시키는 것을 말한다.

▶ 예 : 운전면허, 음식점·목욕장 영업허가의 취소나 정지처분에 대한 『처분의 효력정지결정』이 있으면 본안 재결시까지 잠정적으로 영업을 계속할 수 있게 된다.

그러나 후술하는 처분의 집행정지 또는 절차의 속행정지만으로도 집행정지의 목적을 달성할 수 있을 경우에는 구태여 처분의 효력정지는 허용되지 않도록 함으로써(21②단), 행정의 계속성을 최대한 보장하도록 하였다.

(나) 처분의 집행정지

행정처분의 효력은 유지하되 이를 실현하기 위한 집행력의 행사만을 정지시키는 것을 말한다.

▶ 예 : 강제퇴거명령을 받은 외국인이 실제로 퇴거처분이 집행까지 되지는 아니한 상태라면 강제퇴거명령의 효력은 그대로 유지하되, 그 현실적인 집행만 정지하더라도(처분의 집행정지) 목적이 달성된다.

(다) 절차의 속행정지

행정처분의 효력은 유지하면서 행정처분에 따르는 일련의 남아 있는 후속절차만을 정지시키는 것을 말한다.

▶ 예 : 행정대집행절차 중 대집행의 계고처분의 효력은 유지시키되, 후속절차인 대집행영장에 의한 통지를 정지시키는 것.

③ 정지결정의 절차

행정심판위원회가 당사자의 **신청**에 의하거나 **직권**에 의하여 결정하되, 미리 **위원회의 심리를** 거쳐야 한다(21②).

집행정지는 전술한 바와 같이 긴급한 경우에만 인정됨에도 불구하고 굳이 1개월에 1회 정도씩 밖에 열리지 못하는 비상설기관인 위원회를 소집하여 심리를 거치게 하면 결국 집행정지제도가 활용되지 못하고 국민의 권익이 적기에 구제되지 못하는 결과가 초래되며, 결국 행정심판제기와 동시에 바로 법원에 행정소송을 제기하면서 법원에 대하여 집행정지결정을 신청하는 관행을 조장할 우려가 있다. 이러한 문제를 해소하기 위하여 **위원장의 직권**으로 위원회의 심리·결정 없이 집행정지결정을 할 수 있도록 하는 한편, 반드시 위원회에 이를 보고하고 **추인**을 받도록 하였으며, 추인을 받지 못한 때에 위원회는 집행정지 또는 집행정지의 취소에 관하여 심리·결정한 때에는 지체 없이 경정서를 당사자에게 송달하여야 한다. 집행정지결정을 취소하도록 하는 예외적 조항을 두고 있다(21⑥). 위원회는 집행정지 또는 집행정지의 취소에 관하여 심리·결정한 때에는 지체 없이 결정서를 당사자에게 송달하여야 한다(21⑦).

행정심판실무를 보면, 행정심판위원회는 본안인 심판청구내용 자체가 이유 있다고(즉, 본안에서 청구가 인용될 가능성이 충분히 있다고) 인정되는 경우가 아니면 좀처럼 집행정지결정을 하지 않으려는 성향이 강하여, 결국 행정소송을 다루는 법원보다 집행정지 결정에 제도적·관행적으로 인색함으로써 집행정지제도의 존재가치를 의문스럽게 하는 경우가 종종 있다.

16개 광역자치단체에 설치된 행정심판위원회가 2005년도에 심리·의결한 3,157건의 행정심판 사건 중 실제로 집행정지가 신청된 사건은 1,450건이며, 그 중 약 74%에 해당하는 1,157건만이 집행정지가 인용되었다.

④ 정지결정의 취소

집행정지결정을 한 후에도 집행정지가 공공복리에 중대한 영향을 미치거나, 상술한 집행정지의 사유가 소멸한 때에는 행정심판위원회는 당사자의 신청이나 직권에 의하여 집행정지 결정을 취소할 수 있다(21④). 여기서 당사자에는 처분청 외에도 복효적 행정행위의 제3자의 신청에 의하여 집행정지결정이 있은 경우에는 처분의 직접 상대방(예 : 연탄공장의 건축주 등)도 포함된다고 하겠다.

3. 임시처분

> 행정심판법 제31조(임시처분)
> ① 위원회는 처분 또는 부작위가 위법·부당하다고 상당히 의심되는 경우로서 처분 또는 부작위 때문에 당사자가 받을 우려가 있는 중대한 불이익이나 당사자에게 생길 급박한 위험을 막기 위하여 임시지위를 정하여야 할 필요가 있는 경우에는 직권으로 또는 당사자의 신청에 의하여 임시처분을 결정할 수 있다.
> ② 제1항에 따른 임시처분에 관하여는 제30조제3항부터 제7항까지를 준용한다. 이 경우 같은 조 제6항 전단 중 "중대한 손해가 생길 우려"는 "중대한 불이익이나 급박한 위험이 생길 우려"로 본다.
> ③ 제1항에 따른 임시처분은 제30조제2항에 따른 집행정지로 목적을 달성할 수 있는 경우에는 허용되지 아니한다.

1) 의 의

위원회는 처분 또는 부작위가 위법·부당하다고 상당히 의심되는 경우로서 처분 또는 부작위 때문에 당사자가 받을 우려가 있는 중대한 불이익이나 당사자에게 생길 급박한 위험을 막기 위하여 임시지위를 정하여야 할 필요가 있는 경우에는 직권으로 또는 당사자의 신청에 의하여 임시처분을 결정할 수 있다(31①).

2) 입법취지

행정심판의 청구인이 처분이나 부작위에 의하여 회복하기 어려운 손해를 입게 되는 경우 종전의 집행정지제도만으로는 청구인의 권익을 구제하기가 어려웠다. 이에 행정청의 처분이나 부작위 때문에 발생할 수 있는 당사자의 중대한 불이익이나 급박한 위험을 막기 위하여 당사자에게 임시지위를 부여할 수 있는 임시처분제도를 도입함으로써 집행정지에 비해 보다 적극적으로 당사자의 임시적 권익보호에 기여할 것으로 기대된다.

3) 요 건

① 거부처분 또는 부작위가 위법·부당하다고 상당히 의심될 것, ② 행정심판청구가 계속될 것, ③ 거부처분 또는 부작위 때문에 당사자가 받을 우려가 있는 중대한 불이익이나 당사자에게 생길 급박한 위험이 존재할 것, ④ 이를 막기 위하여 임시지위를 정하여야 할 필요가 있을 것을 요한다. 또한 ⑤ 공공복리에 중대한 영향을 미칠 우려가 없어야 한다.

4) 보충성

임시처분은 집행정지로 목적을 달성할 수 있는 경우에는 허용되지 아니한다(31③).

제 8 절 행정심판의 심리

행정심판의 심리란 재결의 기초가 되는 사실관계 및 법률관계를 명백히 하기 위하여 당사자의 주장을 듣고 증거자료를 수집·조사하는 일련의 절차를 말한다.

Ⅰ. 심리의 내용

1. 요건심리

행정심판이 제기되면 먼저 제6항 행정심판의 청구에서 설명한 청구인적격, 심판청구의 대상 여부, 청구기간, 심판청구서의 필요적 기재사항 등 행정심판청구의 요건을 갖추었는지를 심리하여야 한다(형식적 심리 또는 본안 전 심리).

요건을 갖추지 못한 부적법한 심판청구는 위원회가 이를 각하한다. 그러나 그 요건이 보정될 수 있는 성질의 것인 경우에는 위원회는 상당한 기간을 정하여 보정을 할 것을 명하거나, 경미한 것은 직권으로 보정할 수 있다(23①).

2. 본안심리

요건심리의 결과 심판청구가 요건을 모두 갖추어 적법한 것으로 판단되는 경우에 당해 심판청구의 내용, 즉 심판청구의 대상인 행정처분의 위법·부당 여부를 심리하는 것을 말하며, 실질적 심리라고도 한다.

본안심리의 결과 청구인의 주장이 이유 있으면 **인용재결**을 하고, 이유 없으면 **기각재결**(사정재결 포함)을 한다.

Ⅱ. 심리의 범위

1. 불고불리 및 불이익변경금지의 원칙

행정심판의 기능 중 행정의 적법·타당성 확보를 위한 행정의 자기통제를 강조하는 견해에 의하면, 심판청구대상인 처분(또는 부작위) 이외의 사항에 대하여는 재결하지 못하게 하는 불고불리의 원칙과, 원래의 처분보다 청구인에게 불이익하게 재결할 수 없도록 하는 불이익변경금지의 원칙은 적용되지 아니한다고 주장하지만, 권리구제에 중점을 두는 견해에 의하면 이들 두 원칙은 행정심판에도 적용되어야 한다고 주장한다. 그러나 우리 행정심판법은 행정심판에 있어서는 이들 두 원칙이 적용됨을 명문으로 규정함으로써 해석상 논쟁의 소지를 없애 버렸다(36).

2. 법률문제와 사실문제

행정심판의 심리범위는 적법·위법에 대한 법률문제, 당·부당에 관한 재량문제, 그리고 사실문제까지 모두 미친다. 특히 재량문제까지 심리할 수 있다는 점에서 행정소송보다 국민의 권리구제의 폭이 넓다고 하겠다.

Ⅲ. 심리의 절차

1. 심리의 기본원칙

1) 대심주의(쌍방심리주의)

대심주의란 대립되는 당사자 간에 대등한 공격·방어의 기회를 보장하고(예 : 심판청구서에 대한 답변서 제출기회 보장, 구술심리시 공평한 진술기회의 부여 등, 이를 흔히 무기대등의 원칙이라 한다), 당사자가 제출한 공격·방어자료를 심리의 바탕으로 하며, 위원회는 제3자적인 중립적 지위에서 심리를 진행하는 것을 말한다.

2) 구술심리 또는 서면심리주의

『심리는 구술심리 또는 서면심리로 한다』고 규정하고 있어 어느 방식을 취하는가는 위원회의 선택에 맡기고 있다(26②). 서면심리주의는 심리의 신속·간편한 진행에 유리하지만, 반면에 당사자의 주장을 직접 듣지 못하기 때문에 구체적 정황의 파악에는 불완전한 제도이므로 구술심리주의도 선택할 수 있도록 하였으나, 시간적 제약 등으로 그 실현에 어려움이 있다.

그러나 어느 일방 당사자가 『구술심리를 신청한 경우에는 서면심리만으로 결정할 수 있다고 인정되는 경우 외에는 구술심리를 하여야 한다』고 규정함으로써 구술심리신청권을 가능한 한 존중하고 있다(26②).

실제로 16개의 광역자치단체에 설치된 행정심판위원회가 2005년도에 3,157건의 행정심판사건을 심리함에 있어서, 514건의 구술심리신청에 대하여 94.2%에 해당하는 484건의 구술심리를 허가함으로써 구술심리신청권을 최대한 존중하는 모습을 보이고 있다. 한편, 전체사건대비 구술심리비율은 15.3%에 달한다.

3) 직권심리주의

직권심리주의는 당사자주의에 대응한 것으로서, 심리의 진행을 위원회의 직권으로 함과 동시에, 필요한 증거자료를 당사자가 제출한 것에만 의존하지 않고 직권으로 수집·조사하는 제도를 말한다.

행정심판법은 위원회가 필요하다고 인정할 때에는 당사자가 주장하지 아니한 사실에 대하여도 심리할 수 있으며(26①), 당사자의 신청이 있을 때는 물론이며 신청이 없더라도 직권으로 당사자·참고인을 심문하고 증거자료의 제출을 요구하며 필요한 검증 및 전문가의 감정을 할 수 있다고 함으로써(28①) 직권심리주의를 택하고 있다.

이와 같이 직권심리주의를 택한 이유는 행정심판이 단순히 개인의 권리구제 뿐만이 아니라 행정의 적법·타당성의 보장도 목적으로 하기 때문에 **실체적 진실의 발견**을 위하여 당사자의 주장이 없더라도 위원회가 적극 사실확인에 나서는 것이 필요하기 때문이다.

그러나 직권심리를 하더라도 그 결론부분인 재결만은 『심판청구의 대상이 되는 처분 또는 부작위 외의 사항에 대하여는 재결하지 못한다』는 불고불리의 원칙이 적용되기 때문에 직권심리의 범위는 무한정 자유스러운 것이 아니고 청구인의 심판청구의 대상인 행정처분 또는 부작위의 진실한 사실관계 및 법률관계를 밝히는 데 필요한 한도 내에서만 행하여질 수 있음을 유의하여야 한다.

4) 비공개주의

행정심판법에는 심리와 재결의 일반에 대한 공개 여부에 관하여 명문의 규정이 없지만, 직권심리주의 등을 택한 동법의 전체적인 구조로 보아 **비공개를 원칙**으로 하는 것으로 해석된다. 그러나 위원회가 필요하다고 인정되면 공개를 할 수도 있음은 물론이다.

2. 당사자의 절차적 권리

당사자는 심리에 있어 다음의 절차적 권리를 가진다.

1) 위원·직원에 대한 기피신청권

당사자는 위원회의 위원이나 직원에게 심리·의결의 공정성을 기하기 어려운 사정이 있는 경우에는 기피신청을 할 수 있으며, 이에 대하여는 위원장은 위원회의 의결을 거치지 않고 스스로 기피여부를 결정한다(7②).

2) 구술심리신청권

당사자는 위원회에 구술심리를 신청할 수 있다(26②).

3) 보충서면신청권

당사자는 자기가 제출한 심판청구서·답변서·참가신청서 등에서 주장한 사실을 보충하거나 다른 당사자의 주장을 다시 반박하기 위하여 보충서면(補充書面)을 제출할 수 있으며, 특히 위원회가 보충서면의 제출기한을 정한 경우에는 그 기한 내에 제출하여야 한다(25①·②).

> **행정심판 실무사례**
> 실제 행정심판에서 종종 활용되고 있는 『보충서면』의 예를 다음 페이지에 예시한다(앞서 예시한 처분청의 답변서에 기재된 내용을 다시 반박하기 위하여 행정심판청구인이 작성·제출한 것이다).

보 충 서 면

청 구 인   (주) ○○
          대표자 ○○○

피청구인   ○○구청장
          청구인 대리인은 피청구인의 답변에 대하여 의견을 개진합니다.

　1. 교통혼잡예상에 대하여
이 점은 건축법상 건축허가를 배제할 사유가 되지 않으며 뿐만 아니라 부산광역시 교통영향평가에서 충분히 심의가 되어 건축허가를 배제할 정도의 교통유발을 일으킨다고 볼 수 없다는 판정이 나고, 보완조치가 되었으므로 이 점을 가지고 불허가 사유로 삼을 수 없습니다.
피청구인 주장대로라면 ○○○○○아파트 등 아파트건축허가도 내주지 말았어야 합니다.

이러한 사유를 가지고 허가를 거부한 것은 위법하다는 별첨 경상남도 행정심판위원회의 재결 등 여러 건이 있습니다.

2. 기존 재래시장 및 영세상인의 매출감소에 관하여

피청구인이 소비자의 쾌적한 구매활동과 소비자 권리를 무시한 채 특정 상인을 비호하는 것은 관청의 중립성을 훼손하는 것으로 용납될 수 없고, 유통산업발전법에 정면으로 위배되는 것입니다.

이러한 사유로 허가를 거부한 것은 위법하다는 경상남도 행정심판위원회의 재결 등이 여러 건 있습니다.

오히려 피청구인이 펴고 있는 "일자리 하나 더 찾기시책"에 비추어 보면 청구인이 ○○마켓을 개점하면 이에 필요한 종업원 채용으로 일자리가 창출됩니다(별첨 2001. 7. 20. ○○일보기사 참조).

3. 대형유통업체의 긍정적 요인

유통구조근대화로 물가안정 내지 하락으로 서민경제에 기인합니다(첨부 참고자료).

4. 피청구인 제시판례

서울행정법원 2001. 3. 9. 선고 2000구 32242판결은 주거지역에 들어서는 소위 러브호텔(Love Hotel)에 대한 허가신청을 반려한 것으로 이 사건과는 사안이 상이한 것으로 원용될 수 없습니다.

5. 청구인이 제시하는 추가선례

① 경상남도 2000. 9. 2. 건축불허가처분취소재결

(주)○○마트가 진해시에 제출한 ○○마켓 4,897.29m2의 건축허가신청에 대하여 진해시가 교통량유발과 인근에 농산물공판장의 상권을 침해한다는 이유로 거부한 것은 위법하다는 경상남도행정심판위원회의 재결이 있었습니다.

② 경기도 행정심판재결(○○유통 슈퍼마켓사건)

하남시가 인근의 재래시장기능을 해친다는 이유로 ○○유통이 신청한 건축허가를 거부한 것은 위법하다고 재결하였습니다.

③ 경기도행정심판재결(화성의 대형할인점 사건)

교통체증을 이유로 대형할인점 건축허가를 거부한 것은 위법하다.

④ 충북행정심판재결(충주공용터미날 사건)

대형할인점 유치를 위한 사업계획변경신청을 중소상인보호와 상권보호를 이유로 거부한 것은 위법하다.

⑤ 경상북도행정심판재결(○○클럽경주점 사건)

경주시가 대형할인점 건축허가신청을 기존 중소상인보호를 위하여 거부한 것은 위법하다.

⑥ 서울고법판결(장례식장 건축허가거부사건)

서울고등법원은 2001. 5. 27. 주민반대로 장례식장허가거부는 위법하다고 판결하였습니다.

⑦ 부산지방법원 판결(아파트 건축불허가 사건)

2001. 7. 5. 악취와 매연발생으로 입주민들의 주거환경침해와 민원이 예상된다는 이유로 아파트건축허가를 불허한 것은 위법하다고 판결하였습니다.

⑧ 대법원판결에 따른 광주고법 판결(혐오시설이라고 허가취소사건)

2001. 7. 7. 광주고등법원은 시와 구청이 건축허가 후에 인근주민들이 혐오시설이라고 반발하자 허가를 취소한 것은 불법행위로서 16억 8990만원을 배상하라고 판결하였습니다.

⑨ 대법원 판결(마이클잭슨 내한공연 반대 사건)

시민단체가 마이클잭슨 내한공연에 대하여 불매운동을 벌이겠다고 압박한 것은 불법행위로서 손해배상금 5억원을 부담하여야 한다고 판결하였습니다.

> 이 점에 대하여 ○○일보 2001. 7. 18. 사설은 시민운동이라도 합법적으로 하여야 한다는 한계를 설정한 것으로 긍정적으로 평가하고 있습니다.
>
> 별첨 : 위 ①~⑨에 관한 각 판결문 또는 재결서 사본(생략)

4) 증거제출권

당사자는 그의 주장을 뒷받침하는 증거서류 또는 증거물을 제출할 수 있다(27①). 여기서 증거서류는 서증의 일종으로서 일정한 서면의 내용이 심판의 증거로 되는 것을 말하며, 증거물은 증거서류 외의 서류, 물품 등을 말하며, 이 두 가지를 합하여 물적 증거라 한다. 증거서류에는 다른 당사자의 수에 따르는 부본을 첨부해야 하며, 위원회는 제출된 부본을 지체없이 다른 당사자에게 송달해야 한다(27②·③).

5) 증거조사신청권

당사자는 그의 주장을 뒷받침하기 위하여 당사자 본인 또는 참고인의 심문, 당사자 또는 관계인이 소지한 증거자료의 제출, 감정·검증 등의 증거조사의 실시 등을 행정심판위원회에 신청할 수 있다(28①). 그러나 행정심판법은 당사자인 국민이 직접 행정기관이 보유하는 관계자료의 열람·복사를 요구할 수 있는 규정은 따로 두지 않고 있다. 따라서 당사자인 국민은 공공기관의정보공개에관한법률에 의하여 행정기관에게 대하여 그 보유정보의 공개를 청구할 수밖에 없다.

3. 관련청구의 병합과 분리

위원회는 여러 개의 심판청구사건이 동일한 행정청이 행한 유사한 내용의 처분이거나, 서로 관련되는 사건일 경우에는 심리의 신속·경제성의 관점에서 이들 사건을 병합하여 함께 심리할 수 있다(이 경우 병합은 사건에 대한 심리의 병합만을 의미하므로 재결은 각 사건별로 별도로 하여야 함은 물론이다).

반대로 위원회는 병합하여 심리 중인 관련청구사건이라도 분리하여 심리할 필요가 생긴 경우에는 직권으로 분리하여 심리할 수 있다(29).

제 9 절 행정심판의 재결

Ⅰ. 행정심판의 재결의 의의

'행정심판의 재결'이란 『행정심판청구사건에 대하여 행정심판위원회가 법적 판단을 하는 행위』를 말하며, 그 성질은 '준법률행위적 행정행위'에 속하는 '확인'행위이다.

재결자체도 하나의 처분으로 볼 수 있기 때문에 재결 자체에 위법이 있으면 취소소송의 대상이 된다(행소19).

Ⅱ. 행정심판의 재결의 절차

1. 행정심판위원회의 재결 및 재결기간

행정심판위원회는 심리를 마치면 그 심판청구에 대하여 재결을 하여야 한다. 재결은 행정심판위원회 또는 피청구인인 행정청이 심판청구서를 받은 날로부터 60일 이내에 하여야 한다. 다만 부득이한 사정이 있을 때에는 위원장이 직권으로 30일을 연장할 수 있다(34①). 재결기간을 연장한 때에는 재결기간이 만료되기 7일전까지 당사자에게 이를 통지하여야 한다(34②). 재결기간에는 심판청구가 부적법하여 보정을 명한 경우의 보정기간은 산입되지 않는다(23⑤).

2. 재결방식

재결은 서면인 재결서로 하되, 재결서에는 사건번호, 사건명, 당사자와 그 대리인, 주문, 청구의 취지, 재결이유, 재결날짜 등을 기재하고, 그 재결이 행정심판위원회의 의한 것임을 결정에 명기한 다음 기명날인하여야 한다. 재결서에서 가장 핵심부분은 주문과 재결이유인데, 주문은 재결의 결론으로서 당해 심판청구의 각하 또는 청구의 당부에 관한 판단의 표시이므로 간결·명확해야 하지만, 재결이유는 주문의 내용이 정당함을 인정할 수 있을 정도로 구체적으로 표시하여야 한다(35).

> **행정심판 실무사례**
> 재결서 역시 행정심판법시행규칙 별지 제16호 서식으로 양식이 정해져 있는 바, 앞에서 예시했던 건축허가신청거부처분 취소청구사건에 대하여 행정심판위원회의 『재결서』를 예시한다.
> ※ 국민권익위원회의 재결서도 그 다음 페이지에 예시한다.

부산광역시행정심판위원회
재 결

① 사 건	행심 제2001-○○○ 건축허가신청반려처분취소 심판청구사건			
청 구 인	② 성 명	(주)○○ 대표 ○○○		
	③ 주 소	서울특별시 ○○구 ○○동 ○○○-○○		
④ 피청구인	부산광역시 ○○구청장		⑤ 참 가 인	
⑥ 주 문	피청구인이 2001. ○. ○○자 청구인에 대하여 한 건축허가신청반려처분은 이를 취소한다.			
⑦ 청구취지	주문과 같음			
⑧ 이 유	별지 기재와 같음			
⑨ 근거법조	행정심판법 제31조제2항 및 제35조			

위 사건에 관하여 부산광역시행정심판위원회의 의결내용에 따라 주문과 같이 재결한다.

2001. ○. ○○.

부산광역시행정심판위원회

이 유

1. 사건개요
 (내용 생략)

2. 청구인 주장
 이에 대하여 청구인은 다음과 같이 주장한다.
 (내용 생략)

3. 피청구인 주장
 피청구인은 다음과 같이 주장한다.
 (내용 생략)

4. 이 건 처분의 위법·부당 여부
 가. 관계법령
  • 구건축법 제8조제4항
  • 행정절차법 제4조제2항
  • 건축법 제8조제1항, 제10조제1항
  • 건축법시행령 제9조제1항
  • 건축법 시행규칙 제6조
 나. 판　　단
  (1) 청구인이 제출한 청구서·건축허가신청서 불가통보서·2001. 2월 교통영향심의결과 협의내용 통보서·건축계획 심의신청서·보충서면서·각서, 피청구인이 제출한 답변서·교통정체지역 특별관리계획서·유형별 재래시장 활성화 계획서·일자리 하나 더 만들기 추진 계획서 등의 각 증거서류에 의하면 다음과 같은 사실을 알 수 있다.
    (가) 청구인은 2001. ○. ○○. ○○구 ○○동 ○○○-○번지상에 ○○○마켓 ○○점(판매시설) 건축허가 신청을 하였다.
    (나) 피청구인은 2001. ○. ○○. 피청구인의 관내 재래시장 및 영세상인 등 서민경제보호와 교통혼잡이 가중될 것이라는 사유로 반려처분하였다.
   (2) 살피건대, 건축법 제8조 제1항 3호에 제1호 및 제2호의 지역 또는 구역 외의 지역 또는 구역에서 연면적 200m2 이상이거나 3층 이상인 건축물(…)을 건축하거나 대수선하고자 하는 자는 시장·군수·구청장의 허가를 받아야 한다.(…)고 규정되어 있는바, 청구인은 청구인의 마트가 들어섬으로 해서 서면 등으로 원거리 쇼핑을 하는 주민들로 인한 교통혼잡이 줄어들 것이고, 재래시장 상인들을 위해 활어나 회는 판매하지 않고 종업원 500여명 중 그들 상인 자녀를 우선으로 고용할 계획을 가지고 있다고 주장하고 있고, 피청구인은 당초 허가신청 반려처분 및 심리과정에서의 위 반려처분사유를 건축법 등 관련법에 위배되지 않음을 인정한다고 하면서도 교통혼잡이 가중된다는 것과 영세상인보호를 위한 재래새장 활성화에 어긋난다고 하

는바, 먼저 건축허가에 있어서 건축허가권자는 건축허가신청이 건축법 등 관계법규에서 정하는 어떠한 제한에 배치되지 않는 이상 건축허가를 하여야 하고 위 관계법규에서 정하는 제한사유 이외의 사유를 들어 거부할 수 없다고 할 것이고(대법원 95누9051), 이 점에 대하여는 피청구인도 관련법에 위배되지 않음을 인정하고 있다. 다음 교통혼잡에 대하여는 이 건물이 들어서므로 인하여 파생되어질 교통소통의 악영향을 최소화하고자 부산광역시는 환경·교통·재해 등에 관한 영향평가법 제19조에 의거 교통영향평가심의회를 2001. 1. 26, 2001. 2. 9, 2001. 2. 23. 3회 개최하였고 심의 결과 건물 후면부 램프를 개설하는 조건 등으로 조건부 가결되었는바, 청구인은 이 조건들을 모두 수용하였기 때문에 반려할 사유가 되지 못한다고 할 것이고 동법의 목적이 대규모 사업 수행에 있어서 건전하고 지속 가능한 개발을 위한 것으로서 교통영향평가심의회의 의결에 있어서도 불가의결은 열거하고 있지도 않다. 또 다른 불가사유인 재래시장 상인문제는 이 건 건축허가건과는 별도의 사안으로서 피청구인이 다양한 경제사회시책을 통하여 해결해야 할 정책과제일 뿐이지 이 건 건축허가를 반려할 타당한 사유가 되지 못한다고 하겠다. 그리고 피청구인이 예시한 서울행정법원 2000구32242의 판례를 보면 「업무시설(오피스텔)용 건축허가를 받았다가 숙박시설(러브호텔)로 변경허가신청한 것을 반려하였다」는 것인데 반려 사유가 건물용도를 숙박시설로 변경하는 것은 당해 지역의 존립목적에 부합하지 않으면서 준주거지역의 기능을 현저하게 저해하는 것으로서 도시계획의 내용에 배치된다는 것이었다. 그러나 청구인의 이 건 건축허가신청은 준주거지역 내에 생필품 매장이 들어서는 것으로서 이 건 반려처분과는 직접적 관련성이 없는 판례라 하겠다. 따라서 피청구인이 청구인에게 한 건축허가신청 반려처분은 위법·부당한 처분이라고 할 수 있겠다. 다만, 청구인은 청구인이 제출한 답변서 및 심리과정에서 각서로 제시한 조건인 활어나 회는 판매하지 않고, 종업원 500여 명 중 그들 상인 자녀를 우선으로 고용하겠다는 계획을 성실히 이행하여야 한다.

5. 결 론
그렇다면, 청구인의 이 건 심판청구는 이유있다고 인정되므로 이를 인용하기로 하여 주문과 같이 재결한다.

재 결 서

사　　건　93-000 도시계획용도지역변경청구
청 구 인　(이름) ○○○
　　　　　(주소) 서울특별시 ○○구 ○○동 ○○○번지
피청구인　서울특별시장

　　　　청구인이 1993. ○. ○ 피청구인을 거쳐 당재결청에 제기한 심판청구에 대하여 국민권익위원회의 의결에 따라 주문과 같이 재결한다.

주　　문　이 건 심판청구를 각하한다.

청구취지　피청구인은 서울 ○○구 ○○동 ○○○번지의 용도지역을 일반주거지역에서 상업지역으로 변경하라.

이　　유　1. 피청구인이 1993. 1. 14 청구인의 용도지역변경신청에 대하여 도시계획용도지역의 지정은 도시의 건전한 육성을 위하여 사회전체의 효율적인 토지이용계획에 따라 지정되는 것인바, 청구인의 주장과 같은 용도지역변경은 현재로서는 불가능하다는 회신을 한 데 대하여,

　　　　2. 청구인은, 유통시설의 현대화로 재래식시장의 기능이 감소하고 여기에 무허가노점상 난립으로 상거래질서가 무너져 청구인이 경영하는 ○○시장이 소비시장의 기능을 상실하였는바, 이에 청구인은 시장을 재개발하여 지역발전에 이바지하고자 하니 시장대지는 상업지역으로 용도가 변경되어야 한다고 주장한다.

　　　　3. 살피건대, 의무이행심판의 대상이 되는 거부처분 또는 부작위가 성립되기 위하여는 신청인이 행정청에 대하여 그 신청에 따른 행정행위를 해줄 것을 요구할 수 있는 법규상 또는 조리상의 권리가 있어야 하는바, 도시계획법 제12조 제1항에 의하면, 도시계획 및 그 변경은 건설부장관이 직권 또는 같은 법 제11조의 규정에 의한 도시계획 입안자인 시장·군수의 신청에 의하여 소정절차를 거쳐 결정하도록 규정되어 있을 뿐, 도시계획법상 주민이 도시계획 및 그 변경에 대하여 어떤 신청을 할 수 있음에 관한 규정이 없을 뿐만 아니라, 도시계획과 같이 장기성·종합성이 요구되는 행정계획에 있어서는 그 계획이 일단 확정된 후에 어떤 사정의 변동이 있다 하여 지역주민에게 일일이 그 계획의 변경을 청구할 권리를 인정해 줄 수도 없으므로, 청구인의 이 건 용도지역변경 신청은 적법한 신청이라기보다 단순한 민원제기에 불과하다고 할 것이므로 이 건 청구는 의무이행심판의 대상이 되지 아니한다고 할 것이다.

　　　　4. 그렇다면 이 건 심판청구는 행정심판법 제3조 제1항의 규정에 의한 심판제기요건을 결한 부적법한 심판청구임이 명백하므로 이를 각하하기로 하여 주문과 같이 재결한다.

1993. ○. ○.

국민권익위원회

3. 재결범위

불고불리 및 불이익변경금지의 원칙이 적용된다(36). 이들 원칙은 원래 소송법상의 기본원칙이지만, 1984년의 행정심판법에서 이를 명문으로 규정하여 청구인의 권리구제기능을 확고히 하였다.

한편, 행정소송과는 달리 재량행위, 즉 재량권의 범위 내에서의 재량권 행사의 당·부당의 문제까지도 심판할 수 있어, 행정소송이 갖지 못한 권리구제의 기능을 수행하고 있다.

4. 재결서의 송달 및 효력 발생

재결을 한 때에는 지체 없이 재결서의 정본을 당사자에게 송달하여야 하며, 재결은 청구인에게 송달된 때에 효력을 발생한다. 심판청구의 참가인에게는 재결서의 부본을 송달한다(38 ①~③).

Ⅲ. 행정심판의 재결의 종류

행정심판법 제43조(재결의 구분)
① 위원회는 심판청구가 적법하지 아니하면 그 심판청구를 각하(却下)한다.
② 위원회는 심판청구가 이유가 없다고 인정하면 그 심판청구를 기각(棄却)한다.
③ 위원회는 취소심판의 청구가 이유가 있다고 인정하면 처분을 취소 또는 다른 처분으로 변경하거나 처분을 다른 처분으로 변경할 것을 피청구인에게 명한다.
④ 위원회는 무효등확인심판의 청구가 이유가 있다고 인정하면 처분의 효력 유무 또는 처분의 존재 여부를 확인한다.
⑤ 위원회는 의무이행심판의 청구가 이유가 있다고 인정하면 지체 없이 신청에 따른 처분을 하거나 처분을 할 것을 피청구인에게 명한다.
제44조(사정재결)
① 위원회는 심판청구가 이유가 있다고 인정하는 경우에도 이를 인용(認容)하는 것이 공공복리에 크게 위배된다고 인정하면 그 심판청구를 기각하는 재결을 할 수 있다. 이 경우 위원회는 재결의 주문(主文)에서 그 처분 또는 부작위가 위법하거나 부당하다는 것을 구체적으로 밝혀야 한다.
② 위원회는 제1항에 따른 재결을 할 때에는 청구인에 대하여 상당한 구제방법을 취하거나 상당한 구제방법을 취할 것을 피청구인에게 명할 수 있다.
③ 제1항과 제2항은 무효등확인심판에는 적용하지 아니한다.

재결은 그 내용에 따라 각하재결·기각재결·인용재결의 3종이 있다

1. 각하재결

각하재결은 이미 설명한 바와 같이 행정심판청구의 요건심리의 결과 그 제기 요건에 흠결이 있어 부적법한 행정심판에 대하여 청구의 내용인 본안의 심리를 거부하는 재결을 말한다(32①). 이러한 사유에 해당하는 것으로서는 청구인적격이 없거나, 청구의 대상인 행정처분 또는 부작위가 없거나, 심판청구기간이 경과한 때, 대통령의 처분·부작위에 관한 심판청구, 대상이 소멸한 때 및 재심판청구 등이 있다.

그러나 위원회의 보정명령 또는 직권보정에 의하여 보정된 경우에는 각하하지 아니하고 본안심리에 들어가게 됨은 이미 설명한 바와 같다. 그러나 보정을 명했음에도 보정기간 내에 보정되지 않으면 그 심판청구는 각하된다.

2. 기각재결

기각재결은 본안심리의 결과 심판청구가 이유 없다고 하여 청구를 배척하고 원처분을 시인하는 재결이다(32②). 원처분을 시인하는 데 그치므로 기각재결 후에 처분청이 직권으로 원처분을 취소·변경하는 것은 가능하다.

3. 인용재결

인용재결은 본안심리의 결과 심판청구가 이유 있다고(즉, 원처분 또는 부작위가 위법·부당하다고) 인정하여 청구인의 청구취지를 받아들이는 재결로서, 행정심판의 종류에 대응하여 각각 취소재결·무효 등 확인재결·의무이행재결로 구분된다. 인용재결을 하는 경우에는 재결로서, ① 직접 심판청구의 취지에 따라 처분을 취소·변경하거나 필요한 처분을 할 수도 있고, ② 처분청에 대해 당해 처분의 취소·변경 또는 필요한 처분을 할 것을 명할 수도 있다. 전자는 별도의 행위를 기다릴 것이 없이 그 재결의 효력을 가지는 것이지만, 후자는 재결에 따른 처분청 또는 부작위청의 별도의 행위를 기다려서 비로소 심판청구의 목적을 이룰 수 있게 된다.

1) 취소재결

처분취소재결·처분변경재결(이상 형성적 재결) 또는 처분취소명령재결·처분변경명령재결(이상 이행적 재결)을 말한다.

여기서 말하는 취소에는 원처분에 대한 전부취소뿐만 아니라 일부취소를 포함하는 개념이며(예 : 3개월의 영업정지처분을 1개월의 영업정지처분으로 하는 것), 『변경』이란 원처분의 내용을 적극적으로 다른 내용의 처분으로 바꾸는 것을 말한다(예 : 운전면허취소나 영업허가취소가 과중하다고 하여 2개월의 면허 또는 영업정지로 바꾸거나, 손실보상금액을 증액하는 것).

한편, 행정심판위원회는 원처분을 직접 취소·변경하는 형성적 재결(재결례 참조)을 하지 아니하고, 원처분청으로 하여금 취소·변경할 것을 명하는 데에 그치는 이행적 재결(예 : 『영업허가취소처분을 취소하라』- 처분취소명령재결, 『자동차운전면허취소처분을 6월의 면허정지처분으로 변경하라』- 처분변경명령재결)을 할 수도 있다.

> **판례** 원처분을 직접 변경하는 형성적 재결의 예
> 자동차 운수사업법상 중대한 교통사고를 야기한 자동차운송사업자에 대하여는 운송사업면허를 취소하거나 6월 이내의 사업정지를 명할 수 있다는 규정에 근거하여 서울 특별시장이 사업면허를 취소한 사건에 있어서, 국무총리행정심판위원회는 운송사업자가 피해배상을 하는 등 정상을 참작할 여지가 있어 『운송사업면허취소처분을 6월의 운행정지처분으로 변경한다』는 재결을 하였다(국행심1991. 5. 6, 91-73).

2) 무효 등 확인재결

이는 무효 등 확인심판의 청구가 이유 있다고 인정할 때 당해 처분의 효력 유무 또는 존재 여부를 확인하는 재결로서, 아무런 형성적 효과도 수반하지 않는다.

구체적으로는 ① 처분무효확인재결, ② 처분유효확인재결, ③ 처분부존재확인재결, ④ 처분존재확인재결, ⑤ 처분실효확인재결 등이 있다.

3) 의무이행재결

이것은 의무이행심판청구가 이유 있다고 인정하여, 거부처분 또는 부작위의 바탕이 된 신청에 따른 **처분을 직접 하거나**(처분재결), 부작위 행정청에게 **이를 하도록 명하는 재결**(처분명령재결)이다. 처분재결은 형성적 성질을 가지는 이행재결이다.

4. 사정재결

1) 의 의

취소심판 또는 의무이행심판에 있어 처분이나 부작위가 위법 또는 부당하다고 인정되는 경우 인용재결을 하여야 함은 이미 설명한 바와 같다.

그러나 예외적으로 청구인의 심판청구가 이유 있다고 인정되는 경우에도 이를 인용하는 것이 『현저히 공공복리에 적합하지 아니하다고 인정하는 때』(예 : 토지수용이 위법·부당하였지만 이미 사업이 종료되어 그 토지에 고속철도가 건설되어 버린 경우)에는 그 심판청구를 기각하는 재결을 할 수 있는바, 이는 재결형식으로는 기각재결에 속하지만 특별한 사정을 고려한 재결이라는 뜻에서 특히 **사정재결**(事情裁決)이라고 한다(33①. 재결례 참조).

사정재결은 개인의 작은 이익을 보호하려다 국가의 큰 공익이 중대한 침해를 받게 되는 일이 없도록 하기 위하여 특별히 인정된 예외적인 제도이다. 따라서 처음부터 무효 또는 부존재인 처분에 대하여는 그 효력을 소생시켜 줄 방도가 없으므로 **무효 등 확인심판**에 있어서는 적용될 수 없으며(33③), 또한 공익을 위하여 사익을 희생시키는 것이니만큼 청구인에게 이에 상응하는 다음의 구제수단을 취하도록 의무화하고 있다.

2) 위법·부당의 주문에의 명시

사정재결을 한다고 해서 처분의 위법·부당성이 소멸하는 것이 아니므로, 재결의 주문(主文)에 처분 또는 부작위가 위법 또는 부당함을 명시하여야 한다(33①후). 이는 사정재결에 의하여 청구는 기각되더라도 당해 처분 또는 부작위가 위법·부당함을 유권적으로 확정하여 사정재결 이후에 행하여질 청구인의 손해배상청구나 다른 구제방법을 용이하게 하려는 목적에서 마련된 것이다. 또한 주문에 위법·부당함을 명시함으로써 처분의 위법성에 실질적 확정력이 발생하게 된다.

3) 손해배상 등 구제방법

행정심판위원회는 청구인을 위하여 손해배상·피해방지시설의 설치 기타 상당한 구제방법을 스스로 취하거나, 피청구인(처분청)으로 하여금 이를 취할 것을 명하여야 한다(33②). 사정재결의 경우의 구제조치로서의 손해배상을 일종의 손실보상으로 보는 견해가 있다. 그 이유는 사정재결로 인한 손해는 위법한 원처분으로부터 발생하는 것이기 때문이다.

판례 ▶ 재결례(사정재결의 예)

① A구청장은 속칭 비디오방에 대하여 음반 및 비디오물에 관한 법률(개정 전의 것) 제2조에 규정된 비디오물 대여업의 정의의 범위를 벗어난다는 이유로 비디오물대여업 등록을 취소하였으나, 비디오방 영업자는 동 법령의 어느 조항에도 비디오방을 금지하는 규정은 없으므로 위법한 취소처분이라고 주장하여 시장에게 행정심판을 제기한 사건에 있어서, 재결청은 동법상 비디오방 영업행위를 금지하는 법규정은 없으므로 심판청구가 일응 이유 있다고 인정되지만 이를 인용할 경우 청소년의 건전한 문화생활과 정서생활을 침해하게 되어 공공의 이익에 막대한 지장을 초래할 것이라는 이유로 다음과 같은 사정재결을 한 바 있다(광주직할시 행정심판위원회 재결 : 광주행심 1994. 4. 7, 94-12. 동법은 1995년 개정되어 비디오방 영업의 등록제가 신설되었다.)

『이 건 비디오물 대여등록취소처분은 법적용의 잘못이 인정되어 위법이 있으나, 행정심판법 제33조 제1항에 의하여 기각한다. 다만, 피청구인은 청구인들에게 일정한 기간을 주어 칸막이와 VCR을 철거하여 비디오를 시청치 않게 할 경우에는 이 건 등록취소처분을 취소한다.』

② A의 토지는 산업기지개발구역으로 지정·고시되었지만 그 중 제1차 사업 지역 내에는 포함되지 않은 토지이므로 산업입지 및 개발에 관한 법률시행령에 의하여 건축허가가 가능하다고 주장하여 건축허가를 신청하였으나, 비록 명문으로 건축허가가 금지된 것은 아니지만 현재 공업단지 내의 해수침해 방지대책을 설계·시행 중에 있기 때문에 그 설계결과에 따라 건축행위 등의 제한이 불가피할 것이므로 A의 피해를 방지하기 위하여

건축허가를 거부한 처분에 대하여, 『A의 청구가 이유 있으나 해수침해의 방지라는 공공복리를 위하여 행정심판법(33)상의 사정재결규정에 의하여 이를 기각한다』고 재결하였다(경상남도 행정심판위원회 재결 : 경남 행심 1993. 5. 3, 93-21).

Ⅳ. 행정심판의 재결의 효력

재결도 엄격한 쟁송절차를 거쳐 행하여지는 **행정행위**의 일종이므로 그것이 당연무효인 경우 외에는 행정행위가 가지는 일반적인 효력으로서의 ① 공정력, ② 불가쟁력, ③ 불가변력을 가지며(이상은 제2편 행정행위에서 이미 설명), 그 외에 쟁송에 의한 판단작용이라는 특성에서 오는 ④ 형성력과 ⑤ 기속력을 가진다(여기서는 형성력과 기속력에 대하여만 설명한다).

1. 형성력

재결의 내용에 따라 기존의 법률관계에 직접 변동을 가져오는 효력을 말한다. 예컨대, 처분에 대한 취소·변경 재결이 있으면 원처분청에 의한 별도의 취소·변경처분 없이도 원처분시에 소급하여 재결내용대로 취소·변경되어 버린다(대판 1999. 12. 16, 98두18619; 대판 1998. 4. 24, 97두17131). 이것이 취소재결의 형성력의 효과이다. 이러한 형성력에는 대세적 효력이 인정된다.

> **판례** 형성적 재결의 효력
> ① 형성적 재결이 있는 경우에는 그 대상이 된 행정처분은 재결 자체에 의하여 당연히 취소되어 소멸된다(대판 1999. 12. 16, 98두18619).
> ② 행정심판법 제32조 제3항에 의하면 재결청은 취소심판의 청구가 이유 있다고 인정되는 때에는 처분을 취소 또는 변경하거나 처분청에게 취소 또는 변경할 것을 명한다고 규정하고 있으므로, 행정심판에 있어서 재결청의 재결 내용이 처분청의 취소를 명하는 것이 아니라 처분청의 처분을 스스로 취소하는 것일 때에는 그 재결의 형성력이 발생하여 당해 행정처분은 별도의 행정처분을 기다릴 것 없이 당연히 취소되어 소멸되는 것이다(대판 1997. 5. 30, 96누14678).

그러나 의무이행재결은 성질상 소급하지 아니하며, 재결시부터 재결내용대로의 처분이 행하여진 것으로 처리된다(취소·변경명령재결 또는 의무이행명령재결은 형성력은 없으나 후술하는 기속력에 의하여 목적이 달성된다).

2. 기속력

> **행정심판법**
> 제49조(재결의 기속력 등)
> ① 심판청구를 인용하는 재결은 피청구인과 그 밖의 관계 행정청을 기속(羈束)한다.

> ② 재결에 의하여 취소되거나 무효 또는 부존재로 확인되는 처분이 당사자의 신청을 거부하는 것을 내용으로 하는 경우에는 그 처분을 한 행정청은 재결의 취지에 따라 다시 이전의 신청에 대한 처분을 하여야 한다.
> ③ 당사자의 신청을 거부하거나 부작위로 방치한 처분의 이행을 명하는 재결이 있으면 행정청은 지체 없이 이전의 신청에 대하여 재결의 취지에 따라 처분을 하여야 한다.
> ④ 신청에 따른 처분이 절차의 위법 또는 부당을 이유로 재결로써 취소된 경우에는 제2항을 준용한다.
> 제50조(위원회의 직접 처분)
> ① 위원회는 피청구인이 제49조제3항에도 불구하고 처분을 하지 아니하는 경우에는 당사자가 신청하면 기간을 정하여 서면으로 시정을 명하고 그 기간에 이행하지 아니하면 직접 처분을 할 수 있다. 다만, 그 처분의 성질이나 그 밖의 불가피한 사유로 위원회가 직접 처분을 할 수 없는 경우에는 그러하지 아니하다.
> ② 위원회는 제1항 본문에 따라 직접 처분을 하였을 때에는 그 사실을 해당 행정청에 통보하여야 하며, 그 통보를 받은 행정청은 위원회가 한 처분을 자기가 한 처분으로 보아 관계 법령에 따라 관리·감독 등 필요한 조치를 하여야 한다.

1) 관계 행정청에 대한 기속력

재결은 피청구인인 행정청과 그 밖의 관계행정청을 기속한다(37①). 따라서 예컨대, 과세처분의 취소재결이 있어 동처분이 취소되었음에도 불구하고 원처분청이 동일한 사안에 관하여 과세처분을 되풀이한다면 위법한 것이 된다(대판 2003. 4. 25, 2002두3201; 대판 1986. 5. 27, 86누127).

> **판례** 행정청이 당해 처분에 관하여 위법한 것으로 재결에서 판단된 사유와 기본적 사실관계에 있어 동일성이 인정되는 사유를 내세워 다시 동일한 내용의 처분을 하는 것이 허용되는지 여부(소극)
> 행정심판법 제37조가 정하고 있는 재결은 당해 처분에 관하여 재결주문 및 그 전제가 된 요건사실의 인정과 판단에 대하여 처분청을 기속하므로, 당해 처분에 관하여 위법한 것으로 재결에서 판단된 사유와 기본적 사실관계에 있어 동일성이 인정되는 사유를 내세워 다시 동일한 내용의 처분을 하는 것은 허용되지 않는다(대판 2003. 4. 25, 2002두3201).

여기서 관계행정청이란 처분청의 상·하급 행정청과 기타의 모든 행정청을 포함하는 개념이다. 재결의 기속력은 인용재결에만 인정되고 기각재결에는 인정되지 아니하므로 기각재결이 있더라도 원처분청이 처분을 취소·변경할 수 있음은 당연하다고 하겠다.

그리고 인용재결의 기속력으로 말미암아 피청구인인 행정청은 이에 불복하더라도 행정소송을 제기할 수 없으나, 청구인은 일부취소 또는 변경재결에 대하여 여전히 부족하다고 판단되는 경우 행정소송을 제기할 수 있다는 점에 유의하여 처분청이 행정심판절차에 임함에 있어서는 신중을 기하여야 할 것이다.

2) 취소·변경명령재결의 기속력

취소심판에 있어서 직접 취소·변경하지 아니하고 취소·변경을 명하는 재결을 한 경우에는 원처분청은 재결내용대로 원처분을 취소·변경하여야 한다.

3) 의무이행명령재결의 기속력

거부처분 또는 부작위에 대하여 의무이행을 명하는 재결이 있은 경우에는 원처분청은 지체 없이 재결내용대로 이전의 신청에 대한 처분을 하여야 한다(37②). 이 경우 당해 행정청이 처분을 하지 아니하는 때에는 당사자의 신청에 따라 기간을 정하여 서면으로 시정을 명하고 그 기간 내에 이행하지 아니하는 경우에는 재결청이 직접 당해 처분을 할 수 있다(37②후).

V. 재결에 대한 불복

1. 재심판청구의 금지

행정심판법은 재결에 대하여는 다시 행정심판을 청구하지 못하도록 하였다(51). 따라서 행정소송에 의해 다툴 수밖에 없다.

2. 재결 자체에 대한 행정소송

행정소송법상의 취소소송은 기본적으로 재결이 아닌 원처분을 대상으로 하여 제기하도록 되어 있으므로(원처분주의), 재결내용에 불복이 있더라도 원칙적으로 원처분의 위법성을 가지고 행정소송에서 다투어야 한다. 그러나 재결도 행정처분의 하나이므로 예외적으로 **재결처분 그 자체에 고유한 위법**(위원회 등 주체에 관한 하자, 재결의 심리·의결절차나 재결서의 형식에 관한 하자, 각하되어야 할 사안을 인용 또는 기각한 경우와 같은 내용상의 하자 등)이 있는 경우에는 (원처분이 아닌) 재결 그 자체의 취소·변경을 구하거나 무효확인을 구하는 행정소송을 제기할 수 있음은 물론이다. 행정소송법(19)도 『취소소송은 처분 등을 대상으로 한다. 다만, 재결취소소송의 경우에는 재결 자체에 고유한 위법이 있음을 이유로 하는 경우에 한한다』고 명시하고 있다.

> **판례** 행정소송법 제19조소정의 '재결 자체에 고유한 위법'의 의미
> 행정소송법 제19조에서 말하는 '재결 자체에 고유한 위법'이란 원처분에는 없고 재결에만 있는 재결청의 권한 또는 구성의 위법, 재결의 절차나 형식의 위법, 내용의 위법 등을 뜻하고, 그 중 내용의 위법에는 위법·부당하게 인용재결을 한 경우가 해당된다(대판 1997. 9. 12, 96누14661).

> **판례** 행정소송법 제19조 소정의 '재결 자체에 고유한 위법'의 의미 및 적법한 행정심판청구를 각하한 재결은 재결 자체에 고유한 위법이 있는 경우에 해당하는지 여부(적극)
>
> 행정소송법 제19조에 의하면 행정심판에 대한 재결에 대하여도 그 재결 자체에 고유한 위법이 있음을 이유로 하는 경우에는 항고소송을 제기하여 그 취소를 구할 수 있고, 여기에서 말하는 '재결 자체에 고유한 위법'이란 그 재결자체에 주체, 절차, 형식 또는 내용상의 위법이 있는 경우를 의미하는데, 행정심판청구가 부적법하지 않음에도 각하한 재결은 심판청구인의 실체심리를 받을 권리를 박탈한 것으로서 원처분에 없는 고유한 하자가 있는 경우에 해당하고, 따라서 위 재결은 취소소송의 대상이 된다(대판 2001. 7. 27, 99두2970).

> **판례** 행정심판의 대상이 되지 아니하여 그 재결은 있다고 본 판례
>
> 행정청이 골프장 사업계획승인을 얻은 자의 사업시설 착공계획서를 수리한 것에 대하여 인근 주민들이 그 수리처분의 취소를 구하는 행정심판을 청구하자 재결청이 그 청구를 인용하여 수리처분을 취소하는 형성적 재결을 한 경우, 그 수리처분 취소 심판청구는 행정심판의 대상이 되지 아니하여 부적법 각하하여야 함에도 위 재결은 그 청구를 인용하여 수리처분을 취소하였으므로 재결 자체에 고유한 하자가 있다(대판 2001. 5. 29, 99두10292).

그러나 **토지수용의 재결·특허 및 해난심판의 재결**은 재결단계가 원처분단계보다 더 엄격한 절차를 거쳐 행하여지는 관계로 행정청의 원처분을 대상으로 하여 취소소송을 제기하는 것이 아니라 재결 그 자체를 취소소송의 대상으로 함으로써 원처분주의 아닌 **재결주의**를 택하고 있다(토지보상법85①·특허186·해양사고의 조사 및 심판에 관한 법률74).

제 10 절 행정심판의 고지제도

> **행정심판법**
> **제58조(행정심판의 고지)**
> ① 행정청이 처분을 할 때에는 처분의 상대방에게 다음 각 호의 사항을 알려야 한다.
> 1. 해당 처분에 대하여 행정심판을 청구할 수 있는지
> 2. 행정심판을 청구하는 경우의 심판청구 절차 및 심판청구 기간
> ② 행정청은 이해관계인이 요구하면 다음 각 호의 사항을 지체 없이 알려 주어야 한다. 이 경우 서면으로 알려 줄 것을 요구받으면 서면으로 알려 주어야 한다.
> 1. 해당 처분이 행정심판의 대상이 되는 처분인지
> 2. 행정심판의 대상이 되는 경우 소관 위원회 및 심판청구 기간
> **제23조(심판청구서의 제출)**
> ② 행정청이 제58조에 따른 고지를 하지 아니하거나 잘못 고지하여 청구인이 심판청구서를 다른 행정기관에 제출한 경우에는 그 행정기관은 그 심판청구서를 지체 없이 정당한 권한이 있는 피청구인에게 보내야 한다.
> ④ 제27조에 따른 심판청구 기간을 계산할 때에는 제1항에 따른 피청구인이나 위원회 또는 제2항에 따른 행정기관에 심판청구서가 제출되었을 때에 행정심판이 청구된 것으로 본다.
> **제27조(심판청구의 기간)**

① 행정심판은 처분이 있음을 알게 된 날부터 90일 이내에 청구하여야 한다.
③ 행정심판은 처분이 있었던 날부터 180일이 지나면 청구하지 못한다. 다만, 정당한 사유가 있는 경우에는 그러하지 아니하다.
⑤ 행정청이 심판청구 기간을 제1항에 규정된 기간보다 긴 기간으로 잘못 알린 경우 그 잘못 알린 기간에 심판청구가 있으면 그 행정심판은 제1항에 규정된 기간에 청구된 것으로 본다.
⑥ 행정청이 심판청구 기간을 알리지 아니한 경우에는 제3항에 규정된 기간에 심판청구를 할 수 있다.

Ⅰ. 개 설

1. 행정심판의 고지의 의의

'행정심판청구의 고지제도'란 『행정청이 모든 행정처분을 함에 있어서는 상대방이 이에 불복할 경우에 용이하게 행정심판을 제기할 수 있도록 행정심판 제기에 필요한 사항들(심판청구절차·청구기간 등)을 상대방에게 함께 고지하도록 의무화한 제도』를 말한다.

일반적으로 처분의 상대방인 국민은 불복하고 싶어도 절차를 몰라 당황하다가 결국 기간경과로 말미암아 권리구제를 받지 못하게 되는 경우가 많음에도 불구하고 종전의 소원법에는 이러한 고지제도를 두지 않았으나 1984년의 행정심판법(42)이 이를 명문화하였으며, 1996년에 제정된 행정절차법(26)에서도 이를 규정하고 있다. 행정심판법은 처분의 상대방 또는 이해관계인에 대한 처분청의 직권 또는 청구에 기한 고지의무를 규정하고 그 불고지 또는 잘못된 고지에 대한 구제수단을 마련하고 있고, 행정절차법은 행정심판법과는 달리 신청에 의한 고지는 규정하지 않고 직권고지만 규정하고 있으며, 직권고지를 서면에 의한 처분에 제한하지 않고 구두에 의한 처분까지 확대하고 있다.

이러한 고지제도는 외국에서는 일반화된 제도로서 독일은 행정법원법에서, 일본은 행정불복심사법(우리의 행정심판법)에서, 그 외 오스트리아·스웨덴·스페인 등 많은 나라에서는 행정절차법에서 각각 인정하고 있다.

2. 고지의 필요성

1) 권리구제의 기회보장

상술한 바와 같이 행정심판, 나아가서 행정소송으로 권리구제를 받을 수 있다는 사실과 그 절차를 상세히 알려 줌으로써 권리구제의 기회를 상실하지 않도록 하기 위한 제도이다.

2) 행정의 신중·적정성 확보

고지를 하게 되면 행정청은 당연히 행정심판의 제기를 예상하기 마련이므로, 결과적으로 행정처분에 있어 신중을 기하게 되고 따라서 적정한 행정권 행사가 이루어지게 된다.

3. 고지의 성질

여기서의 고지는 준법률행위적 행정행위의 일종인 통지(행정청의 일정한 관념이나 의사의 통지행위로서 법률이 직접 규정하고 있는 법적 효과가 발생하는 행위)가 아니라 단순히 현행 법규의 내용(행정심판법상 심판청구에 관계되는 조항의 내용)을 알려주는 데 불과하므로 법적 행위가 아닌 **사실행위**(예 : 특정 법조항의 내용에 대한 개인의 질의에 회신하여 주는 행위)에 해당한다.

사실행위이므로 고지 그 자체에 의하여서는 아무런 법적 효과가 발생되지 아니할 뿐더러, 고지를 하지 않았다고 해서 행정처분 그 자체의 효과에는 아무 영향도 미치지 아니하며, 고지 그 자체를 가지고 취소심판이나 소송의 대상으로 할 수도 없다. 다만, 고지를 하지 않거나 잘못 고지한 경우에만 법률이 정한 일정한 불이익이 행정청에 부과되는 법적 효과가 인정될 뿐이다.

II. 고지의 종류

1. 직권에 의한 고지

1) 고지대상인 처분

모든 서면에 의한 처분에 있어서는 행정심판의 제기가능 여부 등을 함께 고지하여야 한다. 여기서의 『처분』에는 행정심판법상의 행정심판청구의 대상인 처분뿐만 아니라 특별법에 의한 특별행정심판·이의신청 등 모든 종류의 행정심판청구의 대상이 되는 처분이 포함된다. 따라서, ① 처분이 아닌 사경제적 작용은 고지할 필요가 없으며(국유재산매각행위 등), ② 서면에 의하지 아니한 처분도 고지할 필요가 없겠으나 사실상 서면에 의하지 아니하는 처분은 거의 없다고 볼 수 있고, ③ 계속적 성질의 사실행위(강제격리·강제수거 등)도 행정심판의 대상이 되고 또한 서면으로 행하여지는 경우에는 고지하여야 한다(사실행위는 서면에 의하지 않는 것이라는 견해가 있으나, 행정실무에서는 사실행위도 일정한 사실확인서 등을 교부하면서 하는 경우도 있다), ④ 상대방의 신청에 의한 수익적 처분도 고지할 필요가 없다는 견해가 있으나, 수익적 처분인 경우에도 부관이 있거나, 특히 복효적 처분인 경우에 제3자에 대한 고지의 필요가 있음에도 불구하고 굳이 본인에게만 고지하지 않는다는 것도 옳지 못하므로 명문으로 제외되어 있지 않은 이상 고지하여야 할 것이다.

2) 고지의 상대방

처분의 직접 상대방에게만 고지하도록 되어 있으나(42), 오늘날 많은 수익적 처분이 복효적인 경우가 많으며, 이때 제3자는 후술하는 고지청구권이 있지만 처분이 있었다는 사실 자체를 모르는 처지에 어떻게 고지청구권을 행사할 수 있을는지 의문이다. 따라서 적어도 처분청이 당해 처분으로 인하여 권익이 침해되는 제3자가 있음을 안 때에는 이들에게도 성실하게 고지를 하는 것이 바람직하다고 하겠다.

3) 고지의 내용

당해 처분에 대한 행정심판제기를 위하여 반드시 알아야 할 사항을 고지하여야 할 것이다. 따라서 ① 처분에 대하여 **행정심판을 제기할 수 있는지의 여부**, ② 제기하는 경우의 **심판청구절차**, ③ **청구기간** 등을 알려야 한다.

4) 고지의 시기·방법

원칙적으로 처분시에 처분서에 함께 기재하여 고지하여야 할 것이지만, 처분 시에 누락된 경우 처분 후 지체 없이 따로 고지하여 보완할 수도 있다. 고지의 방법도 명문의 규정은 없으나 고지유무·내용에 관한 다툼을 없애기 위하여서도 서면에 의하여야 할 것이다.

2. 청구에 의한 고지

1) 고지의 청구권자

당해 처분에 대한 이해관계인이다(42②). 여기서 이해관계인은 처분의 **직접 상대방**도 처분만 받고 행정심판청구 가능 여부 등을 고지받지 않은 경우에는 해당되며, 복효적 행정행위에 있어서 제3자도 당연히 고지를 청구할 수 있다고 하겠다.

고지청구인은 자기가 당해 처분에 대하여 이해관계가 있음을 소명하여야 한다.

2) 고지청구의 대상인 처분

명문으로는 제한 없이 모든 처분을 대상으로 고지의 청구를 할 수 있는 것같이 표현되어 있으나, 전술한 직권고지와 차이를 둘 이유가 없으며 또한 고지제도의 목적에 비추어 보아 **행정심판청구의 대상인 처분**(사실행위도 포함)에 대하여만 고지를 청구할 수 있다고 하겠다.

3) 고지의 내용

고지의 내요은 당해 처분이 행정심판의 대상이 되는 처분인지의 여부와, 대상이 되는 경우에는 재결청 및 청구기간을 알려주어야 한다. 행정심판을 제기할 수 없는 처분인 경우에는 그 뜻을 알려주면 된다.

4) 고지의 시기·방법

고지의 청구를 받은 후 지체 없이 알려 주어야 하며, 방법은 서면·구술 어느 방법으로도 가능하겠으나, 청구인이 서면으로 고지해 줄 것을 요구한 경우에는 반드시 서면으로 고지하여야 한다(42②후).

Ⅲ. 불고지 및 잘못된 고지의 효과

상술한 바와 같이 고지를 하지 아니하거나 잘못 고지한 경우에도 당해 처분 자체의 효력에는 아무런 영향도 미치지 아니하지만, 처분청에 대하여 일정한 절차법상의 불이익을 과하고 있다.

> **판례** 구 자동차운수사업법 제31조 등의 규정에 의한 사업면허의 취소 등의 처분에 관한 규칙 (교통부령) 제7조 제3항에 따른 고지의무의 불이행과 면허취소처분의 하자유무
> 자동차운수사업법 제31조 등의 규정에 의한 사업면허의 취소 등의 처분에 관한 규칙(교통부령) 제7조 제3항의 고지절차에 관한 규정은 행정처분의 상대방이 그 처분에 대한 행정심판의 절차를 밟는 데 있어 편의를 제공하려는 데 있으며 처분청이 위 규정에 따른 고지의무를 이행하지 아니하였다고 하더라도 경우에 따라서는 행정심판의 제기기간이 연장될 수 있는 것에 그치고 이로 인하여 심판의 대상이 되는 행정처분에 어떤 하자가 수반된다고 할 수 없다(대판 1987. 11. 24, 87누529).

1. 불고지의 효과

1) 심판청구서 제출기관

심판청구서 제출기관을 고지하지 아니하여 심판청구서를 다른 행정기관에 잘못 제출한 때에는 당해 행정기관은 지체 없이 권한 있는 행정청에 이송하고 그 사실을 청구인에게 통지하여야 한다. 이 경우 심판청구기간의 계산에 있어서는 최초의 행정기관에 심판청구서가 제출된 때에 심판청구가 제기된 것으로 본다(17②·⑥·⑦).

2) 청구기간

심판청구기간을 고지하지 아니한 때에는 심판청구기간은 처분이 있은 날로부터 180일로 된다(18⑥). 따라서 청구인이 실제로 처분이 있었음을 알았는지의 여부와 심판청구기간에 관하여 알았는지의 여부는 묻지 아니하고 항상 『처분이 있은 날로부터 180일』만이 적용될 뿐이므로 상대방에게는 매우 유리하게 된다.

2. 잘못된 고지의 효과

1) 심판청구서 제출기관

심판청구서 제출기관을 잘못 고지하여 청구인이 그 고지된 행정기관에 심판청구서를 제출한 경우의 효과도 상술한 불고지의 경우와 같다(17②).

2) 청구기간

법률에 의한 심판청구기간보다 길게 고지한 경우에는 그 고지된 기간 내에 심판청구가 있으면 법정 청구기간이 경과되었더라도 법정기간 내에 제기된 것으로 본다(18⑤). 반대로 법정기간보다 짧게 고지한 경우에는 명문의 규정이 없으나 당연히 아무런 효과를 발생할 수 없으며, 따라서 법정기간 내에만 제기하면 될 것이다.

> **판례** 행정심판청구기간에 관한 행정심판법 제18조 제5항의 규정이 행정소송 제기에도 당연히 적용되는지 여부(소극)
> 행정청이 법정 심판청구기간보다 긴 기간으로 잘못 알린 경우에 그 잘못 알린 기간 내에 심판청구가 있으면 그 심판청구는 법정 심판청구기간 내에 제기된 것으로 본다는 취지의 행정심판법 제18조 제5항의 규정은 행정심판 제기에 관하여 적용되는 규정이지, 행정소송 제기에도 당연히 적용되는 규정이라고 할 수는 없다(대판 2001. 5. 8, 2000두6916).

제3장 행정소송

제1절 개 설

Ⅰ. 행정소송의 의의

'행정소송'이란 『행정법상의 법률관계에 관한 분쟁에 대하여 당사자의 소송제기에 의하여 법원이 이를 심리·판단하는 정식재판절차』를 말한다.

즉, 행정소송은 행정청의 위법한 처분 그 밖의 공권력의 행사·불행사 등으로 인하여 권리나 이익을 침해받은 자가 중립적인 지위에 있는 사법기관인 법원에 의하여 당사자 간의 대심구조에 입각한 엄격한 형식절차에 의하는 정식쟁송절차이다. 행정소송은 크게 위법한 행정작용으로 인하여 권리나 이익을 침해받은 자가 직접 제기하는 **주관적 소송**과 직접 자기의 법률상의 이익과 관계없이 그 시정을 구하기 위하여 제기하는 **객관적 소송**으로 대별된다. 주관적 소송은 다시 항고소송과 당사자소송으로 나누어지는데, 항고소송에는 **취소소송, 무효 등 확인소송 및 부작위위법확인소송** 등이 있다.

1. 행정법상의 법률관계에 관한 소송

행정소송은 행정사건에 관한 심판절차이기 때문에 사법상의 법률관계에 관한 분쟁을 심판하는 **민사소송**이나 국가의 형벌권 발동을 위한 **형사소송과 구별**된다. 다만, 실제로 공법과 사법의 구별이 불명확하기 때문에 민사사건과 행정사건의 구별이 반드시 명확한 것은 아니며, 학설·판례가 대립되는 분야도 있다.

▶ 예 : 손해배상·손실보상·공무원봉급·연금청구사건 등을 재판실무는 민사소송으로, 많은 행정법학자들은 행정소송 중 당사자소송으로 보고 있다.

2. 법원이 판정하는 사법작용

행정소송사건을 법원이 관할하는 영미식 사법국가주의와 행정부 내에 설치된 행정재판소가 관할하는 대륙식 행정국가주의가 있는바, 우리나라는 전자인 사법국가주의를 택하고 있다. 우리 헌법이 행정사건에 대한 최종적인 심사권을 대법원에 부여하여 행정사건을 일반 사법법원에 두고 있다는 점에서 **기본적으로는 영미식 사법국가주의**를 취하고 있지만, 행정소송법에서 행정사건에는 민사소송절차와 다른 약간의 특수한 소송절차를 인정하고 있다는 점에서는 **대륙식 행정국가주의**도 다소 가미하고 있다.

3. 정식쟁송

행정소송은 행정부와는 독립된 지위에 있는 법원이 당사자 간의 **대심구조·구술심리주의·공개주의** 등을 취하는 정식쟁송(正式爭訟)이라는 점에서 서면심리주의와 구술심리주의의 혼용 및 비공개주의 등을 취하는 약식쟁송인 행정심판과 구별된다.

Ⅱ. 행정소송(항고소송)의 특수성(민사소송과의 구별)

행정소송은 일반 사인 간의 권리의무관계를 심판대상으로 하는 **민사소송과 달리** 기본적으로 공익 실현을 목적으로 하는 공권력행사를 심판대상으로 하고 있다는 점에서 일반 민사소송에 대하여 약간의 특수성이 인정되고 있다.

우리 행정소송법(8)도 『① 행정소송에 대하여는 다른 법률에 특별한 규정이 있는 경우를 제외하고는 이 법이 정하는 바에 의한다. ② 행정소송에 관하여 이 법에 특별한 규정이 없는 사항에 대하여는 법원조직법과 민사소송법의 규정을 준용한다』고 함으로써 동법이 **민사소송법에 대한 특별법**임을 선언하고 있다.

동법이 규정하고 있는 민사소송에 대한 특수성은 다음과 같다(이들에 대한 상세한 설명이 바로 이 장의 대부분을 차지하고 있으므로, 여기서는 기본적인 사항만을 설명하고자 한다).

1. 예외적·임의적 행정심판전치주의

행정심판전치주의란 행정소송을 제기하기 전에 원칙적으로 행정심판을 먼저 제기하고 그 재결을 거친 후에 행정소송을 제기하도록 하는 제도를 말한다(행정심판을 먼저 거쳐야 한다는 뜻에서 전치주의라 한다). 그 이유는 행정청에 대하여 자기반성에 의한 자율적 시정의 기회를 부여하기 위한 것이다(행소18). 현행법상 행정심판의 필요적 전치주의의 적용을 받는 처분으로는 공무원에 대한 **징계** 기타 불이익처분(국공16②·지공202·교공53①) 및 **세법상의 불이익처분**(국세기본법56②), **도로교통법**상의 운전면허취소·정지처분(도교101의3) 등이 있다. 현행 행정소송법은 "취소소송은 법령의 규정에 의하여 당해 처분에 대한 행정심판을 제기할 수 있는 경우에도 이를 거치지 아니할 수 있다. 다만, 다른 법률에 당해 처분에 대한 행정심판의 재결을 거치지 아니하면 취소소송을 제기할 수 없다는 규정이 있는 때에는 그러하지 아니하다(18)라고 규정하여 과거의 필요적 행정심판전치주의를 대폭 완화하여 다른 법률에 전치주의를 규정하고 있을 때에만 예외적으로 행정심판전치주의를 적용한다는 의미에서 **예외적·임의적 행정심판전치주의**로 변경하였다. 따라서 이러한 예외적 규정이 없는 한 행정심판과 행정소송 중에서 임의적으로 선택하여 어느 것이든 먼저 제출할 수 있으며, 행정심판을 먼저 제출한 경우에는 다시 행정소송까지 제출할 수 있다.

2. 심급제도

구 행정소송법은 행정소송의 제1심은 피고의 소재지를 관할하는 고등법원이 되고 최종심은 대법원이 되도록 하여 이심제를 택하고 있었던바, 그 이유는 행정심판전치주의에 의한 행정심판을 실질적인 제1심으로 보았기 때문이다. 이에 대하여 법원조직법 중 개정 법률은 지방법원급의 행정법원을 신설하여(3①), 당해 법원을 행정사건에 관한 제1심 관할법원으로 함으로써 행정소송을 **행정법원-고등법원-대법원**의 3심제로 하고 있다. 이에 따라 1998년 3월 1일 서울지방행정법원이 설치되었고 그 외의 지역에서는 행정법원의 권한에 속하는 사건은 지방법원 본원 합의부에서 관할하도록 하고 있다.

3. 단기제소기간

행정소송은 행정법상 법률관계의 신속한 안정을 위하여 일정한 제소기간의 제한을 두고 있는데, 특히 취소소송에 대해서는 원칙적으로 처분 등이 있음을 안 날로부터 90일 이내에 제기하거나 처분이 있은 날로부터 1년 이내에 제기하여야 한다는 단기의 제소기간을 두고 있다(민사소송에서는 이러한 단기제소기간제도는 없다(20)). 이러한 기간을 경과하는 경우에는 소송요건을 흠결하는 것이 되어 당해 소송은 각하되며, 대상이 되는 행정청의 처분은 **불가쟁력**을 발생하여 그 법적 효과가 확정된다.

4. 피 고

민사소송상으로는 권리·의무의 주체인 국가·지방자치단체 등이 피고가 되지만, 행정소송에 있어서는 재판의 편리·신속·정확을 위하여 행정소송의 대상인 **처분 등을 직접 행한 행정청**이 피고가 되도록 하고 있다(13). 다만, 행정청이 없게 된 때에는 그 처분 등에 관한 사무가 귀속되는 국가 또는 공공단체를 피고로 한다(13②).

5. 집행부정지

행정소송에 있어서도 행정심판에서 본 바와 같이 행정의 부당한 중단을 막기 위하여 **집행부정지의 원칙**을 채택하고 있고 극히 **예외적으로만** 집행정지를 인정함으로써, 민사소송에서의 가처분제도보다 원고의 피해구제에 불리하게 되어 있다(23).

6. 관련청구소송의 병합

행정소송(취소소송)의 대상인 처분과 원인·결과의 관계에 있는 **손해배상·손실보상·부당이득반환·결과제거** 등의 관련청구소송이 일반 민사소송 등에 계속되어 있는 경우에는 이들을 그 원인행위인 처분 등의 취소소송이 계속된 법원에 **이송·병합심리**하여 재판의 중복과 판결의 저촉을 방지하도록 배려하였다(10).

7. 직권심리주의

민사소송이든 행정소송이든 그 심리는 엄격한 당사자주의와 **불고불리의 원칙**이 적용되지만, 행정소송은 그 공익성 때문에 **예외적으로** 다소의 **직권심리주의**를 도입하여 법원은 필요하다고 인정되면 **직권으로** 증거조사를 할 수 있고, 당사자가 주장하지 아니한 사실에 대하여도 판단할 수 있도록 하였다(26).

> **판례**
>
> "행정소송에 있어서도 불고불리의 원칙이 적용되어 법원은 당사자가 청구한 범위를 넘어서까지 판결을 할 수는 없지만, 당사자의 청구의 범위 내에서 일건 기록상 현출되어 있는 사항에 관하여 직권으로 증거조사를 하고 이를 기초로 하여 당사자가 주장하지 아니한 사실에 관하여도 판단할 수 있다"라고 판시하여(대판 1999. 5. 25, 99두1052) 이를 인정하고 있다.

한편, 원고에 대한 **불이익변경금지의 원칙**은 처분청의 상급 감독청이 행하는 행정심판을 행정작용의 하나로 보았기 때문에 행정심판에만 특히 인정되는 제도일 뿐이며, 대등한 당사자주의에 입각한 소송에 있어서는 민사·행정소송을 막론하고 인정되지 아니함에 유의하여야 한다.

8. 사정판결

행정심판에서와 같이 원고의 주장이 이유 있음에도 불구하고 **보다 큰 공익의 보호**를 위하여 기각판결을 하는 사정판결제도가 인정되고 있으며(28), 이는 당사자간의 사익보호만을 목적으로 하는 민사소송에서는 인정되지 않는 특수한 제도이다. 사정판결은 행정처분이 위법함에도 불구하고 취소를 허용하지 않는 것이므로 이는 극히 엄격한 요건에 해당하는 경우에만 **예외적으로 적용하여야 한다**(각주 판례 참조).

9. 판결의 효력과 소송의 종류

민사소송의 판결은 소송당사자인 원·피고에게만 그 효력이 있는 반면, 판결내용의 강제집행에는 별 문제가 없다. 그러나 행정소송의 판결은 행정법관계의 획일적 확정을 위하여 제3자에게도 미치는 **대세적 효력**이 인정되는 반면에, 국가에 대한 강제집행에는 권력분립상 한계가 있어 의무이행소송은 인정되지 아니하고 이보다 약한 형태인 **부작위위법확인소송만** 인정되고 있을 뿐이며, 행정소송 중 거부처분의 취소판결 또는 부작위위법확인판결의 강제집행을 위하여서는 성질상 **직접강제**가 아닌 간접강제제도(상당한 기간 내에 판결의 취지에 따른 행정처분을 하지 않으면 일정한 손해배상을 명하는 제도)를 택하고 있다(34①). 간접강제제도는 취소판결에 따라 취소된 행정처분이 거부처분인 경우에 행정청이 다시 처분을 할 의무를 부과하거나, 부작위가 위법이므로 어떤 처분을 하라는 의무를 부과하고, 이에 불응할 경우에는 일정한 손해배상을 할 것을 명하는 제도이다(대결 1998. 12. 24, 98무37).

10. 당사자소송의 특수성

이상의 설명은 모두 행정소송 중 항고소송(취소소송·무효 등 확인소송·부작위위법확인소송)의 특수성이며, 우리 행정소송법이 인정하고 있는 『행정청의 처분 등을 원인으로 하는 법률관계에 관한 소송, 그 밖에 공법상의 법률관계에 관한 소송』인 **당사자소송**(상술한 손해배상·손실보상·부당이득반환·결과제거청구소송 등)에 있어서는 그 특성상 상술한 취소소송의 특수성인 ① 임의적 행정심판전치주의, ② 제소기간, ③ 피고, ④ 집행부정지, ⑤ 사정판결, ⑥ 판결의 대세적 효력 등은 적용되지 아니한다(44).

> **판례** 구 도시재개발법에 의한 재개발조합에 대하여 조합원 자격 확인을 구하는 소송의 성질
> 구 도시재개발법(1995. 12. 29. 법률 제5116호로 전문 개정되기 전의 것)에 의한 재개발조합은 조합원에 대한 법률관계에서 적어도 특수한 존립목적을 부여받은 특수한 행정주체로서 국가의 감독하에 그 존립 목적인 특정한 공공사무를 행하고 있다고 볼 수 있는 범위 내에서는 공법상의 권리의무 관계에 서 있다. 따라서 조합을 상대로 한 쟁송에 있어서 강제가입제를 특색으로 한 조합원의 자격 인정 여부에 관하여 다툼이 있는 경우에는 그 단계에서는 아직 조합의 어떠한 처분 등이 개입될 여지는 없으므로 공법상의 당사자소송에 의하여 그 조합원 자격의 확인을 구할 수 있다(대법원 전원합의체 1996. 2. 15, 94다31235).

11. 민중소송과 기관소송의 인정

사인의 권리구제를 기본목적으로 하는 민사소송과는 달리, 사익의 구제와 함께 행정법규의 적정한 적용으로 **공익을 도모**한다는 행정소송의 목적상 민중소송과 기관소송이라는 특수한 소송형태를 인정하고 있다.

> '**민중소송**'은 국가 또는 공공단체의 기관이 법률에 위반되는 행위를 한 때에는 직접 자기의 법률상의 이익과 관계없이 그 시정을 구하기 위해서 제기하는 소송이다(행소3③).

이것은 행정법규의 적정한 집행의 확보와 공공의 이익을 확보하기 위하여 인정된 **객관적 소송**의 하나이다. 이는 항고소송·당사자소송 등의 자신의 개별적인 이익을 위하는 주관적 소송과는 달리 일반 선거인이 제기하는 **선거소송**(공직선거및선거부정방지법 222) 및 일반 투표인이 제기하는 **국민투표무효소송**(국민투표법92)처럼 특별한 법률의 규정이 있는 경우에만 소송을 제기할 수 있다.

> '**기관소송**'은 국가 또는 공공단체기관 상호간에 있어서 권한의 존부 또는 그 행사에 관한 다툼이 있을 때 제기하는 소송을 말한다.

제 2 절 행정소송의 한계

Ⅰ. 개 설

헌법(27① 및 107②)은 모든 국민에게 **재판을 받을 권리**를 보장하면서 모든 행정사건에 대하여도 **대법원의 최종심사권**을 보장하고 있고, 행정소송법(2)도 모든 행정처분·거부처분과 부작위에 관하여 행정소송의 제기를 허용하는 **개괄주의**를 택하고 있다.

그러나 개괄주의를 택하고 있다고 하여 모든 행정처분을 소송으로 다툴 수 있는 것은 아니며 여기에는 일정한 한계가 있는바, ① 우선 무릇 소송이란 구체적 권리·의무에 관한 분쟁으로서 법률의 적용에 의하여 해결될 수 있는 성질의 것이어야 한다는 **사법의 본질에서 오는 한계**와, ② 특히 행정소송이란 행정부가 행한 처분을 사법부가 심판하는 구조를 취하고 있기 때문에 우리 헌법상의 또 하나의 기본원리에 해당하는 **권력분립의 원칙에서 오는 한계**가 있게 된다.

Ⅱ. 사법의 본질에서 오는 한계

헌법(27①)상의 재판을 받을 권리에 의거하여 법원조직법(2①)은 『법원은 헌법에 특별한 규정이 있는 경우를 제외한 일체의 **법률상의 쟁송**을 심판한다』고 규정하고 있는바, 여기서 말하는 『법률상의 쟁송』이 바로 사법의 본질에서 오는 한계로서, ① 구체적 권리·의무관계에 관한 쟁송과, ② 법률에 의한 분쟁해결 가능성을 의미한다.

1. 구체적 권리·의무관계에 관한 쟁송(구체적 사건성)

소송제도를 인정한 근본취지는 소송을 통하여 국민의 구체적인 권리·의무관계에 관한 다툼을 해결해 주려는 데에 있는 것이므로 다음의 경우는 행정소송의 대상이 될 수 없다.

1) 추상적인 법령의 효력·해석에 관한 문제(추상적 규범통제)

우리 헌법(107②)도 명령·규칙의 위헌·위법 여부는 『재판의 전제가 된 경우에만』 대법원이 최종심사권을 갖는다고 선언하고 있듯이, 명령·규칙은 일반적·추상적 규정이므로 이에 근거하여 행정청이 특정인에 대하여 구체적 처분을 한 경우에 비로소 국민의 권리·의무가 발생(즉, 구체적 사건성이 구비)되기 때문에, 구체적 처분이 있기도 전에 미리부터 **추상적인 법령의 효력·해석 문제를 소송으로 제기할 수는 없다**(법원에 대한 제소가 아니라 주무부처에 대하여 법령의 효력·해석에 관한 질의를 하거나, 이에 대하여 주무부처가 직권으로, 또는 법제처의 유권해석을 받은 후에 행하는 해석은 얼마든지 가능하다).

다만, 예외적으로 법령에 의한 구체적 처분이 있기 전에 법령 그 자체가 직접 국민의 권리 또는 의무의 발생·변경·소멸을 가져오는 법령, 즉 『**처분법령**』(處分法令)인 경우에는 그 자체가 구체적 사건성을 가지므로 **행정소송의 대상이 된다**.

> **판례**
> 공립초등학교의 분교를 폐지하는 내용의 조례가 의결·공포되면 집행행위의 개입이 없어도 조례 그 자체로서 직접 국민의 구체적인 권리·의무나 법적 이익에 영향을 미치는 등의 법률상의 효과를 발생한다고 할 것이므로 이 경우, 그 조례는 항고소송의 대상이 되는 행정처분에 해당된다(대판 1996. 9. 20, 95누8003).

> **판례** 법령 자체의 취소를 구하는 소송은 부적법하다는 판례
> 취소소송의 대상은 구체적인 권리·의무에 관한 분쟁이어야 하고, 일반적·추상적인 법령이나 규칙 등은 그 자체로서 국민의 구체적인 권리·의무에 직접적 변동을 초래케 하는 것이 아니므로 그 대상이 될 수 없다고 할 것인바, 교통부령 제938호로 개정된 자동차관리법시행규칙의 취소를 구하는 소는 행정소송의 대상이 될 수 없는 부적법한 소이다(대판 1992. 3. 10, 91누12639).

2) 반사적 이익에 관한 문제

행정소송은 처분의 취소 등을 구할 『**법률상 이익**』이 있는 자에 대하여만 원고적격을 인정하고 있다. 법률상 이익의 개념에 관하여는 권리향수회복설부터 적법성보장설까지 다양한 견해의 대립이 있으나, 통설·판례가 지지하는 『**법률상이익구제설**』에 의하면, 법률이 개인의 이익을 보호하기 위하여 설정한 제도에 의하여 받는 이익은 법률상 이익이지만, 법률은 오직 질서유지·공공복리 등의 공익보호를 목적으로 할 뿐이며 당사자가 받는 이익이 단순히 그 반사적인 효과로서 사실상의 이익에 불과한 경우에는 이를 반사적 이익으로 보아 행정소송으로 구제를 청구할 수 없다고 한다.

> **판례** 석탄가공업에 관한 허가의 성질(반사적 이익)
> 석탄수급조정에 관한 임시조치법 소정의 석탄가공업에 관한 허가는 사업경영의 권리를 설정하는 형성적 행정행위가 아니라 질서유지와 공공복리를 위한 금지를 해제하는 명령적 행정행위여서 그 허가를 받은 자는 영업자유를 회복하는데 불과하고 독점적 영업권을 부여받은 것이 아니기 때문에 기존허가를 받은 원고들이 신규허가로 인하여 영업상 이익이 감소된다 하더라도 이는 원고들의 반사적 이익을 침해하는 것에 지나지 아니하므로 원고들은 신규허가 처분에 대하여 행정소송을 제기할 법률상 이익이 없다(대판 1980. 7. 22, 80누33·34).

3) 객관적 소송

민중소송이나 기관소송과 같은 객관적 소송은 특정 개인의 권리침해 여부와는 관계없이 단순히 행정법규의 적법한 적용을 감시하거나 국가기관 간의 이견을 해결하기 위하여 법률이 특별히 인정한 소송형태이기 때문에 아무나 제기할 수 있는 것이 아니고 법률이 정한 경우에 법률이 정한 자만이 제기할 수 있다(행소45).

4) 단순한 사실행위

행정청의 행위 중 단순한 사실행위(주의, 권고, 희망의 표시, 행정지도 등)는 사인의 권리·의무를 형성하는 것이 아니므로 아무런 법적 효과가 발생할 수 없고, 따라서 원칙적으로 행정소송의 대상이 될 수 없다.

2. 법령의 적용으로 해결할 수 있는 분쟁

비록 당사자 간의 구체적 권리·의무 관계에 관한 분쟁이라 하더라도 법령을 적용하여 해결할 수 없는 분쟁은 사법심사의 대상이 될 수 없다. 따라서 학술·예술적 평가, 정치·경제적인 정책의 타당성 등은 제외된다.

1) 학술·예술상의 문제

학술·예술의 우월성 논쟁 등은 비록 구체적 권리·의무에 관한 것이라도 법령을 적용하여 판정할 수 있는 성질의 것이 아니므로 행정소송의 대상이 되지 않는다.

2) 재량행위

행정작용 가운데는 엄격히 법령이 규정한 요건과 효과에 기속되어 행하여질 것이 요구되는 기속행위가 있는 반면에, 무엇이 공익에 합당한지에 관하여 행정청의 자유로운 판단에 맡기는 재량행위도 있는바, 과거 독일을 비롯한 행정소송의 열기주의를 채택하였던 국가에 있어서는 재량행위는 재량권을 일탈·남용하지 아니하고 부여된 재량권의 범위 내에서 행사되는 한 비록 당·부당의 문제는 발생하겠지만(따라서 행정심판의 대상은 되지만), 위법의 문제는 발생할 여지가 없고, 따라서 사법심사의 대상이 될 수 없다고 하였다. 현행 행정소송법(27)은 "행정청의 재량에 속하는 처분이라도 재량권의 한계를 넘거나 그 남용이 있는 때에는 법원은 이를 취소할 수 있다"라고 규정하여 **재량행위도 원칙적으로 사법심사의 대상이 됨**을 전제로 하고 있다. 따라서 부당한 재량행위는 처음부터 사법심사의 대상이 아니라는 견해는 실정법의 해석과 배치된다. 왜냐하면 재량행위라 하더라도 **재량권 일탈·남용여부를 심사**하기 위하여서는 어디까지나 일단 사법심사의 범주안에 넣을 필요가 있기 때문이다. 학설과 판례는 재량행위에 관한 문제는 사법심사 대상의 문제라기보다는 사법심사의 범위에 관한 문제로 보고 있다.

> **판례** 외교관 자녀 등의 입학고사 특별전형에 관한 대학교 총장의 처분은 행정소송의 대상이 된다는 판례
> 어떤 행정처분이 재량권의 남용이나 일탈에 해당하는 경우에는 그 재량권이 기속재량이거나 자유재량이거나를 막론하고 사법심사의 대상이 된다고 할 것인바, 외교관 자녀 등의 입학고사 특별전형이 교육법 제111조의2, 동법시행령 제71조의2 제4항에 의하여 대학교 총장이 정하는 방법에 의하도록 그 재량에 위임되어 있더라도 위 특별전형에 관한 대학교 총장의 처분이 재량권을 남용한 위법한 처분이라고 다투는 사건은 행정소송의 대상이 된다(대판 1990. 8. 28, 89누8255).

3) 특별권력관계 내부적 행위

과거의 특별권력관계 이론에 따르면 특별권력관계 내에서의 행위는 일반 사회의 법질서유지를 목적으로 하는 사법권에 의한 재판의 대상이 될 수 없다고 보았으나, 현재는 전적으로 또는 제한된 범위 내에서 사법심사가 가능하다는 것이 일반적 견해이다.

Ⅲ. 권력분립에서 오는 한계

1. 통치행위

고도의 정치성을 띤 행위는 법률을 적용한 적법·위법성만으로 평가하기에는 부적절하다는 입장에서, 각국은 인정근거와 범위의 차이는 있지만 사법심사에서 제외되는 통치행위의 개념을 인정한다(제1편 제1장 제3절 통치행위 참고). 또한 국회의원의 징계처분은 일종의 통치행위로서 사법심사의 대상이 아니지만(헌64③), 지방의회 의원의 징계처분(지방자치법78 이하)은 행정처분의 일종으로서 행정소송의 대상이 된다(판례 참조).

> **판례** 지방의회 의원에 대한 징계의결은 행정처분의 일종으로서 행정소송의 대상이 된다는 판례
> 지방자치법 제78조 내지 제81조의 규정에 의거한 지방의회의 의원징계의결은 그로 인해 의원의 권리에 직접 법률효과를 미치는 행정처분의 일종으로서 행정소송의 대상이 된다(대판 1993. 11. 26, 93누7341).

2. 의무이행소송

1) 의 의

> 의무이행소송이란 『행정청이 사인의 신청에 대하여 법령상 일정한 작위의무가 존재함에도 불구하고 부작위로 방치하고 있을 경우에 ① 신청에 따른 행정처분을 법원이 직접 행하는 판결(적극적 형성판결)을 구하는 소송, 또는 ② 일정한 행정처분을 할 것을 행정청에 명하는 판결(이행판결)을 구하는 소송』을 말한다.

의무이행소송은 독일에서 인정되고 있으며, 영·미에서는 직무집행명령의 형태로 인정되고 있고, 일본에서는 아직 도입하지 않고 우리와 같이 부작위위법확인소송까지만 인정하고 있다.

2) 인정 여부에 관한 학설

① 소극설

권력분립의 원칙상 법원은 행정청의 상급기관이 아니므로 행정청에 갈음하여 직접 어떤 처분을 행하거나 처분을 할 것을 명할 수는 없다고 한다.

우리 행정심판법(4·32)은 명문으로 의무이행심판을 인정하고 『청구가 이유 있다고 인정할 때에는 신청에 따른 처분을 하거나 이를 할 것을 명한다』고 하였으나, 행정소송법(4)은 부작위위법확인소송만을 인정하고 의무이행소송은 인정하지 않고 있는바, 행정소송법(4)이 항고소

송의 종류로 명시한 취소소송·무효 등 확인소송·부작위위법확인소송의 3종류를 예시적인 것이 아니라 한정적으로 열거적인 것으로 해석하여 다른 형태의 소위 『**무명항고소송**』(법률에 의하여 명문으로 인정되지 아니한 것이라는 뜻에서 무명이라 한다)은 인정되지 아니한다는 견해이다.

따라서 동법(4)상 취소소송의 개념인 『처분 등의 취소 또는 변경을 구하는 소송』에서 말하는 변경이란 적극적 변경인 적극적 형성소송이 아니라 소극적 변경인 원처분의 일부취소(예 : 영업정지 3월을 1월로 하는 것 등)만을 의미한다고 함으로써, 적극적 형성소송이나 이행소송은 제도상 인정되지 아니한다고 한다. 우리 판례와 종래의 통설이 이 견해를 지지하고 있다 (판례 참조).

판례 이행판결을 구하는 행정소송을 불허한 판례
① 시장상인들이 영업에 장애가 있다는 이유로 구청장에 대하여 인근 공터에 설치된 위법 건축물의 철거를 위한 대집행절차를 이행하라는 내용의 이행판결을 구하는 것은, 행정청으로 하여금 일정한 행정처분을 하도록 명하는 이른바 이행판결을 구하는 소송으로서, 현행 소송법에 의하여 허용되지 아니한다(대판 1989. 5. 23, 88누8135).
② 검사에게 압수물 환부를 이행하라는 청구는 행정청의 부작위에 대하여 일정한 처분을 하도록 하는 의무이행소송으로 현행 행정소송법상 허용되지 아니한다(대판 1995. 3. 10, 94누14018).

② 적극설

권력분립은 3권간의 견제와 균형을 통하여 권력남용을 방지함으로써 개인의 기본권을 보장하려는 데에 최종목표가 있는 만큼, 형식적·정치적 권력분립에서 탈피하여 적극적인 형성 또는 이행판결까지 허용하는 것이 진정한 권력분립의 이념에 합당한 것이라고 한다. 따라서 행정소송법(4)상 취소소송에서 말하는 『처분의 변경』에는 원처분의 일부취소뿐만 아니라 적극적 변경까지 포함된다고 해석한다.

③ 사 견

행정심판법과 달리 명문으로 인정하고 있지 아니한 의무이행소송을 학설로서 인정하기에는 무리가 따른다고 할 수밖에 없다(소극설). 다만, 부작위위법확인판결과 이를 보완하는 간접강제제도만으로는 ① 그 후에 행정청의 처분이 행하여지기를 다시 기다려야 하며, ② 그 처분이 위 판결의 취지에 어긋나는 경우 다시 그 처분을 상대로 취소소송을 제기하여야 하는 매우 복잡하고 우회적인 권리구제수단이 될 수밖에 없기 때문에 적절한 시기에 의무이행소송의 도입을 검토할 필요가 있다고 하겠다.

3. 예방적 부작위청구소송

1) 의 의

예방적 부작위청구소송이란 『일정한 행정작용이 행하여질 경우에는 법률상 이익의 침해가 명백히 예견되는 침해적 처분의 경우에 사전 예방적 수단으로서 어떤 행정행위 또는 사실행위를 하지 아니할 것을 미리 구하는 소송』을 말하며, 예방적 금지소송이라고 하기도 한다.

2) 인정 여부에 관한 학설

상술한 의무이행소송에 관한 학설 중

소극설은 행정소송법(4)의 행정소송의 종류를 열거적인 것으로 해석하여 이를 부인하지만,

적극설은 헌법상 국민의 재판청구권을 근거로 하여 법률상 이익의 침해가 명백히 예견되는 경우에는 일종의 무명항고소송으로서의 부작위청구소송을 인정하여야 한다고 하며 행정소송법(4)상의 행정소송의 종류를 일종의 예시적인 규정으로 본다.

생각건대, 의무이행소송의 경우와 같이 현행법이 명문으로 인정하고 있지 아니한 예방적 부작위청구소송을 학설로서 인정할 수는 없다고 하겠다(소극설).

판례도 신축건물의 준공검사처분을 하지 아니할 것을 구하는 소송은 행정소송법상 허용되지 아니한다고 함으로써 소극설의 입장을 지지하고 있다(대판 1987. 3. 24, 86누182).

> **판례** 행정청의 부작위를 구하는 청구의 적부
> 건축건물의 준공처분을 하여서는 아니된다는 내용의 부작위를 구하는 청구는 행정소송에서 허용되지 아니하는 것이므로 부적법하다(대판 1987. 3. 24, 86누182).

4. 작위의무확인소송

작위의무확인소송이란 『행정청에 대하여 일정한 처분(작위)을 할 법적 의무가 있다는 확인을 구하는 소송』을 말한다.

앞에 설명한 의무이행소송은 법원이 직접 일정한 처분을 하거나 행정청에 대하여 이를 할 것을 명하는 판결임에 반하여, 작위의무확인소송은 일정한 처분을 할 의무가 있음을 확인·선언하는 데 그치는 소송이다. 그러나 이 역시 판결의 기속력의 효과로 인하여 실질적으로는 의무이행소송을 인정하는 것과 같이 될 우려가 있다는 이유로 우리 행정소송법상 명문으로 인정하고 있지 않으며, 판례 또한 같다(소극설).

> **판례** 작위의무확인소송을 허용하지 아니한 판례
> 국가보훈청장에게 독립운동가들에 대한 서훈추천권의 행사가 적정하지 아니하였으니 이를 바로잡아 다시 추천하고 독립운동사 등의 책자를 다시 편찬보급하고, 독립기념관 전시관의 해설문·전시물 중 잘못된 부분을 고쳐서 다시 전시할 의무가 있음의 확인을 구하는 청구는 작위의무확인소송으로서 항고소송의 대상이 되지 아니한다(대판 1990. 11. 23, 90누3553).

제 3 절   행정소송의 종류

행정소송법 제3조(행정소송의 종류) 행정소송은 다음의 네가지로 구분한다.
1. 항고소송: 행정청의 처분등이나 부작위에 대하여 제기하는 소송
2. 당사자소송: 행정청의 처분등을 원인으로 하는 법률관계에 관한 소송 그 밖에 공법상의 법률관계에 관한 소송으로서 그 법률관계의 한쪽 당사자를 피고로 하는 소송
3. 민중소송: 국가 또는 공공단체의 기관이 법률에 위반되는 행위를 한 때에 직접 자기의 법률상 이익과 관계없이 그 시정을 구하기 위하여 제기하는 소송
4. 기관소송: 국가 또는 공공단체의 기관상호간에 있어서의 권한의 존부 또는 그 행사에 관한 다툼이 있을 때에 이에 대하여 제기하는 소송. 다만, 헌법재판소법 제2조의 규정에 의하여 헌법재판소의 관장사항으로 되는 소송은 제외한다.

제4조(항고소송) 항고소송은 다음과 같이 구분한다.
1. 취소소송: 행정청의 위법한 처분등을 취소 또는 변경하는 소송
2. 무효등 확인소송: 행정청의 처분등의 효력 유무 또는 존재여부를 확인하는 소송
3. 부작위위법확인소송: 행정청의 부작위가 위법하다는 것을 확인하는 소송

Ⅰ. 내용에 따른 분류

1. 항고소송

항고소송이란 『행정청의 처분 또는 부작위에 불복하여 제기하는 소송』을 말한다.

우리 행정소송법(4)은 항고소송의 형태로서 **취소소송·무효 등 확인소송 및 부작위위법확인소송**의 3가지만을 인정하고 있다. 법률이 인정하였다는 점에서 이들을 **법정항고소송**이라 한다. 그러나 이들 외에도 상술한 의무이행소송·예방적 부작위청구소송·작위의무확인소송 등과 같은 무명항고소송이 인정될 수 있는가에 관하여는 견해가 대립되어 있음은 제2절에서 설명한 바와 같다.

1) 취소소송

> 취소소송이란 『행정청의 위법한 처분 또는 재결의 취소·변경을 구하는 소송』을 말한다.

이는 행정소송의 전형을 이루고 있는 소송이다. 재결의 취소를 구하는 것은 재결 자체에 고유한 위법이 있을 때에만 인정되며, 그 외의 경우에는 재결 아닌 원처분을 대상으로 하여야 한다(원처분주의).

무효인 처분에 대하여 **무효선언**을 구하는 의미에서의 **취소소송**을 제기할 수도 있으나, 다만 이 경우에는 형식상은 취소소송이므로 예외적 행정심판전치주의 및 제소기간 등의 제한을 받는다는 것이 우리 판례의 입장이다.

위법한 행정처분의 취소를 구하는 소는 위법한 처분에 의하여 발생한 위법상태를 배제하여 원상으로 회복시키고, 그 처분으로 침해되거나 방해받은 권리와 이익을 보호·구제하고자 하는 소송이므로(대판 1992. 4. 24, 91누11131) 취소소송은 형성소송과 구제소송의 성질을 동시에 가지고 있다고 보겠다.

2) 무효 등 확인소송

> 무효 등 확인소송이란 『행정청의 처분 등의 효력 유무 또는 존부에 대한 확인을 구하는 소송』을 말한다.

행정행위가 무효 또는 부존재인 경우에는 처음부터 아무 효력도 발생하지 못하며 누구든지 공적인 확인절차 없이 이를 주장할 수 있는 것이지만, 특히 확인소송을 인정한 이유는 처분 등이 현실적으로 유효하거나 존재하는 것으로 오인되어 집행되어 버릴 우려가 있어 상대방은 불안한 상태에 있게 되므로, 이러한 상태를 해소하여 법률관계를 명백히 할 필요가 있기 때문이다. 무효 등 확인소송에는 처분 등의 **무효확인소송, 유효확인소송, 부존재확인소송, 존재확인소송 및 실효확인소송** 등이 있다.

3) 부작위위법확인소송

> 부작위위법확인소송이란 『상대방의 신청에 대하여 상당한 기간 내에 일정한 처분을 하여야 할 법률상 의무가 있음에도 불구하고 이를 하지 아니하는 경우에 그 위법의 확인을 구하는 소송』을 말한다.

이에 대한 인용판결이 있는 경우에는 행정청은 판결취지에 따른 재처분의무가 있으며, 간접강제제도로 재처분의무의 이행을 담보하고 있다(30·34·38②).

4) 무명항고소송의 인정 여부

　행정소송법(4)의 항고소송의 종류에 관한 규정에는 취소소송, 무효 등 확인소송 및 부작위위법확인소송만 열거하고 있기 때문에 무명항고소송을 인정하고 있지 않지만, 위 규정을 예시적인 것으로 보는 견해에 의하면 행정소송의 한계에서 설명한 의무이행소송·예방적 부작위청구소송과 함께 작위의무확인소송 등을 인정하여야 한다고 주장한다.
　그러나 통설·판례의 견해와 같이 실정법상 인정되지 아니하는 이러한 무명항고소송을 인정하기에는 무리가 있으며, 추후 신중한 논의를 거쳐 도입 여부를 결정하여야 할 것으로 생각된다.

2. 당사자소송

> 당사자소송이란『행정청의 처분 등을 원인으로 하는 법률관계에 관한 소송, 그 밖에 공법상의 법률관계에 관한 소송으로서, 그 법률관계의 한쪽 당사자를 피고로 하는 소송』을 말한다(3).

　당사자소송은 크게 형식적 당사자소송과 실질적 당사자소송으로 나누어진다.

> 형식적 당사자소송이란『처분 등을 원인으로 하는 법률관계에 관한 소송으로서 그 원인이 되는 처분 등에 불복하여 소송을 제기함에 있어 처분청을 피고로 하지 않고, 당해 법률관계의 한쪽 당사자를 피고로 하는 소송』을 말한다.

　예컨대, 토지보상법은 토지수용위원회의 재결과 관련해서, 관계법이 그 보상액에 관한 다툼을 토지소유자가 원고, 사업시행자가 피고가 되어 다투게 규정하고 있으며, 이는 형식적 당사자소송이 된다. 즉, 재결이라는 처분을 한 처분청인 토지수용위원회를 피고로 하여 그 재결처분의 효력을 다투게 하지 아니하고 그 법률관계의 한쪽 당사자인 사업시행자를 피고로 하여 제기한다는 점에 그 특징이 있는 것으로서, 이러한 명칭은 실질적으로는 재결처분의 효력을 다투는 것이므로 항고소송에 해당하지만, 형식적으로는 당사자소송의 형태를 취하고 있다는 데에 착안하여 붙인 이름이다.

> 실질적 당사자소송이란『대등당사자 사이의 공법상의 법률관계에 관한 소송으로서 당해 법률관계의 한쪽 당사자를 피고로 하는 소송』을 말하며, 당사자소송의 일반적인 형태이다.

　즉, 형식적 당사자소송으로 인정되는 것을 제외하고는 모두 실질적 당사자소송에 속하며, 이에는 공법상 계약에 관한 소송, 공법상의 신분·지위에 관한 소송, 공법상의 금전지급청구소송 등이 있다.
　행정처분 등의 위법·무효 등을 원인으로 하는 손해배상·손실보상·부당이득반환 및 연금지급·

결과제거·공무원 보수 등의 청구소송도 모두 공법상 당사자소송에 해당하겠으나 **우리 판례는** 이들을 모두 **민사소송으로** 다루고 있다.

3. 민중소송·기관소송

객관적 소송에 해당하는 행정소송으로는 민중소송과 기관소송이 있다. 이는 주관적 소송과는 달리 **특별히 법률이 정한 자만이** 제기할 수 있다.

> 민중소송은 국가 또는 공공단체의 기관이 법률에 위반되는 행우를 한 때에 직접 자기의 법률상 이익과 관계 없이 그 시정을 구하기 위해 제기하는 소송이며, 기관소송은 국가 또는 공공단체의 기관 상호간에 권한의 존부 또는 그 행사에 관한 다툼이 있을 경우에 제기하는 소송이다.

Ⅱ. 성질에 따른 분류

1. 형성의 소

> 형성의 소란 『행정법상의 법률관계를 발생·변경·소멸시키는 판결을 구하는 소송』을 말한다.

항고소송 중 취소소송이 이에 해당한다. 그러나 새로운 법률관계를 발생시키는 적극적인 형성의 소는 인정하지 아니하고 소극적인 형성, 즉 기존의 처분의 취소나 변경(일부 취소만을 의미)만이 허용된다.

2. 이행의 소

> 이행의 소란 『행정청에 대하여 일정한 처분을 할 것을 명하는 판결을 구하는 소송』을 말한다.

상술한 바와 같이 우리 행정소송법상 항고소송 중에서는 **의무이행소송·예방적 부작위청구소송** 등의 이행의 소는 인정되지 아니하며, 다만 학설상으로 이들을 무명항고소송의 일종으로 인정하는 견해가 있다.

한편, 당사자소송으로 손해배상·손실보상·부당이득반환·공무원보수지급·결과제거 등을 이행할 것을 명하는 판결을 구하면 이는 바로 이행의 소에 해당한다.

3. 확인의 소

> 확인의 소란 『법률관계의 존부에 관한 확인을 구하는 소송』을 말한다.

행정소송법상 항고소송 중 무효 등 확인소송 및 부작위위법확인소송이 본질적으로 이에 해당한다.

당사자소송 중에서도 상술한 손해배상 등을 바로 청구하지 아니하고 손해배상청구권 등의 존재에 관한 단순한 확인만을 구하는 소송이 가능하며 이 경우에 이들은 확인의 소에 해당한다고 볼 수 있다.

제 4 절 취소소송

Ⅰ. 재판관할

1. 사물관할

> 사물관할이란 『사건의 성질을 기준으로 재판권을 분배하는 것』을 말한다.

행정소송에서 취소소송의 제1심 관할법원은 지방법원급의 **행정법원이다**(행소9①). 1998년 3월 1일부터 시행된 행정소송법은 행정심판을 임의절차로 하고, 행정소송도 민사소송과 같이 3심제로 하고 있으므로 그 항소심을 **고등법원**, 상고심을 **대법원**이 담당하고 있다. 행정법원의 심판권은 판사 3인으로 구성된 합의부에서 행한다. 아직 행정법원이 설치되지 않은 지역에서 **지방법원** 본원이 행정사건을 담당하는 경우에도 역시 합의부의 관장사항이다. 이와 같은 행정법원의 설치는 전문법원인 서울의 행정법원에서 심판을 받는 자와 기타 지역에서 비전문법원인 지방법원 본원 합의부에 의한 심판을 받은 자와의 사이에 **평등성**의 문제가 생긴다.

2. 토지관할

> 토지관할이란 『소재지를 달리하는 제1심 사건의 동종의 법원 사이에 재판권의 분담관계를 정하여 놓은 것』을 말한다.

토지관할은 원칙적으로 피고의 주소나 거소에 의하여 정하여지는 일반관할과, 기타 소송사건의 내용에 의하여 정하여지는 특별관할이 있다. **일반관할**에 의하면 취소소송의 제1심 관할법원은 피고의 소재지를 관할하는 행정법원이다.

그러나 토지의 수용 기타 부동산 또는 특정의 장소에 관계되는 처분 등에 대한 취소소송은 **특별관할**에 따라 그 부동산 또는 장소의 소재지를 관할하는 행정법원에 제기하여야 한다(9).

3. 관할법원에의 이송

법원은 소송의 전부 또는 일부가 그 관할에 속하지 않는다고 인정할 때에는 **결정으로 관할법원에 이송**한다. 또한 원고의 고의 또는 중대한 과실 없이 행정소송이 심급을 달리하는 법원(지방법원이나 그 지원 등)에 잘못 제기된 경우에는 관할권 있는 관할법원에 이송하여야 한다(법7·8② 및 민소31①).

4. 관련청구소송의 이송·병합

> 행정소송법 제10조(관련청구소송의 이송 및 병합)
> ① 취소소송과 다음 각호의 1에 해당하는 소송(이하 "관련청구소송"이라 한다)이 각각 다른 법원에 계속되고 있는 경우에 관련청구소송이 계속된 법원이 상당하다고 인정하는 때에는 당사자의 신청 또는 직권에 의하여 이를 취소소송이 계속된 법원으로 이송할 수 있다.
> 1. 당해 처분등과 관련되는 손해배상·부당이득반환·원상회복등 청구소송
> 2. 당해 처분등과 관련되는 취소소송
> ② 취소소송에는 사실심의 변론종결시까지 관련청구소송을 병합하거나 피고외의 자를 상대로 한 관련청구소송을 취소소송이 계속된 법원에 병합하여 제기할 수 있다.

1) 의 의

'관련청구소송의 이송·병합'이란 『하나의 취소소송이 제기된 경우에 ① 문제의 처분 등을 원인으로 하여 발생된 손해배상청구소송 등 공법상 당사자소송, 또는 ② 문제의 처분 등과 밀접한 관련이 있는 다른 취소소송을 최초에 제기된 취소소송에 병합하여 함께 심리(또는 다른 법원에 이송하여 함께 심리)하는 것』을 말하며, 이는 재판 간의 모순·저촉을 피하고 당사자와 법원의 시간적·경제적 부담을 경감하려는 제도이다.

2) 관련청구소송의 범위

다음의 두 가지 경우에만 인정된다.

① 당해 처분 등을 원인으로 하여 발생된 손해배상·손실보상·부당이득반환·공무원보수·결과

제거 등을 청구하는 **당사자소송**(당사자소송은 처분청이 아니라 권리주체인 국가·지방자치단체 등을 피고로 하는 것이지만 그럼에도 불구하고 취소소송과 병합할 수 있도록 하였다).

② 당해 처분 등과 관련되는 **취소소송**(첫째, 당해 처분 등과 함께 하나의 절차를 구성하는 다른 처분에 대한 취소소송, 둘째 당해 처분에 대한 재결 그 자체에 고유한 하자가 있음을 이유로 하는 경우의 재결에 대한 취소소송, 셋째 당해 일반처분 등에 의하여 권익이 침해된 다른 자가 제기하는 취소소송 등을 말한다).

3) 관련청구소송의 이송

상술한 관련청구소송이 각각 다른 법원에 계속되어 있는 경우에는 법원의 직권 또는 당사자의 신청에 의하여 이를 취소소송이 계속된 법원으로 이송할 수 있다(10①).

4) 관련청구소송의 병합

이것은 1개의 소송절차에 수개의 청구를 동시에 하여 일괄재판이 행해지는 것을 말하는데, 상술한 관련청구소송은 취소소송의 사실심의 변론 종결시까지만 **병합**할 수 있다(10②).

한편, 같은 당사자 간에 소송의 목적물인 청구가 병합되는 경우에는 『**객관적 병합**』이라고 하며, 피고인 처분청 이외의 자(국가 또는 재결청)를 상대로 한 소송 또는 권익이 침해된 다른 자가 제기한 소송이 병합될 경우에는 주체를 달리하는 소송 간의 병합이라는 의미에서 『**주관적 병합**』이라고 한다. 주관적 병합에는 **주관적·예비적 병합**이 문제된다. 예컨대, 토지를 수용당한 원고가 중앙토지수용위원회를 피고로 하여 재결의 취소를 청구함과 동시에, 예비적으로 토지보상법상 사업시행자를 피고로 하여 손실보상금의 증액을 청구하는 것과 같은 **주관적·예비적 병합은 원칙적으로 허용되지 않는다.**

왜냐하면, 예비적 피고에 대한 청구의 당부에 대한 판단은 제1차적 피고에 대한 청구의 당부의 판단결과에 따라 결정되므로, 예비적 피고의 소송상의 지위가 현저히 불안정하고 불이익하게 되어 허용할 수 없으므로 예비적 피고에 대한 청구는 각하하여야 한다(대판 1996. 3. 22, 95누5509).

> **판례** 　주관적·예비적 병합은 허용되지 아니한다는 판례
> 　소의 주관적 예비적 청구의 병합에 있어서 예비적 당사자 특히 예비적 피고에 대한 청구의 당부에 관한 판단은 제1차적 피고에 대한 청구의 판단결과에 따라 결정되므로 예비적 피고의 소송상의 지위가 현저하게 불안정하고 또 불이익하게 되어 이를 허용할 수 없으므로 예비적 피고에 대한 청구는 이를 바로 각하하여야 한다(대판 1996. 3. 22, 95누5509).

Ⅱ. 당사자

1. 개 설

취소소송에 있어서 당사자란 원고와 피고를 말한다. **원고**는 행정청의 위법한 처분 등으로 권리·이익이 침해되었음을 이유로 그 처분의 취소·변경을 주장하는 자이고, 피고는 공익을 대표해 행정법규의 적용에 위법이 없음을 주장하는 자이다. 취소소송에 있어 당사자(원고·피고·참가인)가 될 수 있는 능력(당사자능력)은 민사소송과 마찬가지로 자연인·법인뿐만 아니라 법인격 없는 사단·재단도 대표자 또는 관리인이 있으면 그 단체의 이름으로 당사자가 될 수 있다(행소법8①; 민소법52).

당사자능력이 구비된 자 모두에게 취소소송의 당사자로서 소송을 수행하고 본안판결을 받을 수 있는 자격(능력)인 당사자적격(소송수행권)이 인정되는 것은 아니며, 예컨대 원고의 경우에는『처분 등의 취소를 구할 법률상 이익이 있는 자』만이 원고적격을 가진다.

2. 원고적격(소익)

행정소송법(12전단)은 "취소소송은 처분 등의 취소를 구할 **법률상 이익**이 있는 자가 제기할 수 있다"라고 규정하고 있다. 여기서 법률상 이익이 있는 자가 원고적격이 되지만, 법률상의 이익은 불확정개념이어서 어느 범위까지가 이에 해당하는지에 대해서는 학설상 견해가 나누어진다. 원고적격이 인정되기 위해서는 법률상의 이익이 현실적으로 침해되어야 하는지 아니면 침해의 가능성 내지 주장하는 것만으로 족한지에 대한 상세한 내용은 다음 항목에서 설명하고자 한다(항목 Ⅲ. 취소소송의 소익).

3. 피고적격

행정소송법 제2조(정의)
② 이 법을 적용함에 있어서 행정청에는 법령에 의하여 행정권한의 위임 또는 위탁을 받은 행정기관, 공공단체 및 그 기관 또는 사인이 포함된다.
제13조(피고적격)
① 취소소송은 다른 법률에 특별한 규정이 없는 한 그 처분등을 행한 행정청을 피고로 한다. 다만, 처분등이 있은 뒤에 그 처분등에 관계되는 권한이 다른 행정청에 승계된 때에는 이를 승계한 행정청을 피고로 한다.
② 제1항의 규정에 의한 행정청이 없게 된 때에는 그 처분등에 관한 사무가 귀속되는 국가 또는 공공단체를 피고로 한다.
제14조(피고경정)
① 원고가 피고를 잘못 지정한 때에는 법원은 원고의 신청에 의하여 결정으로써 피고의 경정을 허가할

> 수 있다.
> ④ 제1항의 규정에 의한 결정이 있은 때에는 새로운 피고에 대한 소송은 처음에 소를 제기한 때에 제기된 것으로 본다.
> ⑤ 제1항의 규정에 의한 결정이 있은 때에는 종전의 피고에 대한 소송은 취하된 것으로 본다.

1) 처분청

행정소송법(13①)은 『다른 법률에 특별한 규정이 없는 한 그 **처분 등을 행한 행정청**을 피고로 한다』고 규정하고 있다. 원래 권리주체인 국가공공단체 등이 직접 피고가 되어야 하겠지만 현실적인 소송수행의 편의를 위하여 처분을 행한 행정청을 피고로 한 것이다. 여기서 행정청은 국가 또는 지방자치단체의 행정에 관한 의사를 결정해 외부에 표시할 수 있는 권한을 직접 가지는 행정기관을 말한다.

권한의 위임 또는 위탁이 있은 경우에는 **위임 또는 위탁을 받은 행정기관, 공공단체 및 그 기관 또는 사인**이 피고가 된다(2②).

행정소송법이 아닌 다른 법률에서 특별히 처분청 아닌 행정청을 피고로 한 예는 ① 대통령이 행한 공무원 징계 기타 불이익처분의 피고를 **소속장관**으로(국공16·경찰공28 등), ② 대법원장의 처분에 대한 피고를 **법원행정처장**으로 한 것(법조70) 등이 있다.

2) 권한승계 또는 기관폐지의 경우

처분이 있은 후에 그 권한이 다른 행정기관에 승계된 경우에는 **승계한 행정청**이 피고가 되며(13①단), 승계기관이 없는 경우에는 처분 등에 관한 사무가 귀속되는 국가 또는 공공단체가 직접 피고가 된다(13②).

3) 피고의 경정

피고를 잘못 지정한 때에는 법원은 원고의 신청에 의하여 **결정으로 피고의 경정**을 허가할 수 있다(14①). 이 경우에는 종전의 피고에 대한 소송은 취하된 것으로 보고, 처음 소를 제기한 시점에 새로운 피고에 대한 소송이 제기된 것으로 본다(14④⑤).

4. 공동소송(관련청구의 주관적 병합)

> 행정소송법 제15조(공동소송)
> 수인의 청구 또는 수인에 대한 청구가 처분등의 취소청구와 관련되는 청구인 경우에 한하여 그 수인은 공동소송인이 될 수 있다.

수인의 원고의 소 제기 또는 수인의 피고에 대한 소 제기가 어떤 처분 등의 취소소송과 관련되는 청구인 경우에 한하여 그 수인의 원고 또는 피고는 **공동소송인**이 될 수 있다고 함으로써(15), 관련청구소송의 주관적 병합을 인정하였다.

5. 소송참가

> 행정소송법 제16조(제3자의 소송참가)
> ① 법원은 소송의 결과에 따라 권리 또는 이익의 침해를 받을 제3자가 있는 경우에는 당사자 또는 제3자의 신청 또는 직권에 의하여 결정으로써 그 제3자를 소송에 참가시킬 수 있다.
> ④ 제1항의 규정에 의하여 소송에 참가한 제3자에 대하여는 민사소송법 제67조의 규정을 준용한다.
> 제17조(행정청의 소송참가)
> ① 법원은 다른 행정청을 소송에 참가시킬 필요가 있다고 인정할 때에는 당사자 또는 당해 행정청의 신청 또는 직권에 의하여 결정으로써 그 행정청을 소송에 참가시킬 수 있다.
> ③ 제1항의 규정에 의하여 소송에 참가한 행정청에 대하여는 민사소송법 제76조의 규정을 준용한다.

1) 제3자의 소송참가

예컨대, 체납처분에 따른 압류재산 공매에서의 경락자는 당해 공매처분취소소송이 인용되어 버리는 경우 취소판결의 대세적 효력(29①)에 의거하여 경락취소의 효과가 자기에게도 미치기 때문에, 자기의 부당한 권익침해를 방지하기 위하여『소송의 결과에 따라 권리 또는 이익의 침해를 받게 되는 제3자』로서, 본인의 신청 또는 법원의 직권에 의한 결정에 따라 소송참가를 하여 자기에게 유리한 공격방어자료를 제출할 기회를 부여받고 있다(16①).

한편, 복효적 행정행위의 제3자가 취소소송의 원고가 된 경우(연탄공장의 인근주민 등)에는 당해 행정처분의 **직접 상대방(연탄공장주)**이 소송의 결과에 따라 권익의 침해를 받게 되기 때문에 제3자로서 소송참가를 할 수 있음은 물론이다. 참가인은 피참가인과 민사소송법에 의한 공동소송인에 준하는 지위를 가진다(16④ 및 민소63).

2) 행정청의 소송참가

법원은 **처분청이 아닌 다른 행정청**(예 : 재결청 등)을 소송에 참가시킬 필요가 있다고 인정할 때에는 당사자 또는 당해 행정청의 신청이나 직권에 의한 결정으로 그 행정청을 소송에 참가시킬 수 있다(17①). 이 경우 참가행정청은 민사소송법에 의한 **보조참가인의 지위**에 서게 되므로, 공격·방어 등의 소송행위를 할 수는 있으나 처분행정청의 소송행위와 저촉되는 행위는 할 수 없다(17③ 및 민소70).

6. 소송대리인

원고·피고는 모두 민사소송에서와 같이 변호사 등 소송대리인을 선임하여 소송을 수행하게 할 수 있다(8). 다만, 국가를 당사자로 하는 공법상 당사자소송인 경우에는 『국가를 당사자로 하는 소송에 관한 법률』(2·3)에 의거하여 법무부장관이 국가를 대표하며, 검사를 소송수행자로 지정하여 소송을 수행하거나 필요할 경우 변호사를 소송대리인으로 선임하여 소송을 수행하게 할 수 있다.

Ⅲ. 취소소송의 소익(원고적격)

> 행정소송법 제12조(원고적격)
> 취소소송은 처분등의 취소를 구할 법률상 이익이 있는 자가 제기할 수 있다. 처분등의 효과가 기간의 경과, 처분등의 집행 그 밖의 사유로 인하여 소멸된 뒤에도 그 처분등의 취소로 인하여 회복되는 법률상 이익이 있는 자의 경우에는 또한 같다.

1. 소익의 의의

소익이란 『원고의 청구가 국가의 재판제도를 이용하여 해결될 만한 가치 또는 필요성』을 말한다.

원래 민사소송에서 『이익 없으면 소권 없다』고 하는 바와 같이 행정소송도 이와 같이 분쟁을 소송을 통해 해결할 권리보호의 필요성이 있는 경우에 한하여 소의 제기가 허용된다. 소익이란 이와 같이 본안판결을 구할 정당한 이익 내지 필요성이다. 행정소송의 소익의 개념은 다음과 같이 나누어진다.

1) 최광의

① 취소를 구하는 처분·부작위 등의 존재(소송의 대상적격), ② 원고에게 소송으로 처분 등의 취소를 구할 법률상의 이익의 존재(원고적격), ③ 소송을 통하여 현실적으로 권리구제를 받을 수 있는 가능성 또는 실익의 존재(협의의 소익)을 모두 포함하는 개념이다.

2) 광 의

②의 원고적격과 ③의 협의의 소익을 의미한다.

3) 협 의

③의 협의의 소익을 의미한다.

여기서는 원고적격과 협의의 소익을 포함하는 광의의 소익에 관하여 설명하고, 소송의 대상 적격은 다음의 Ⅳ에서 설명하고자 한다.

2. 원고적격

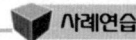

甲은 A시와 B시간의 시외버스 운송사업을 하면서 그럭저럭 수지를 맞추고 있었다. 그런데 관할행정청은 乙에게 동일한 구간에 대해서 새로운 운송사업면허를 부여하였다.
(1) 甲은 이에 대하여 행정소송을 제기하였는데 이 경우 법원은 어떠한 결정을 내려야 하는가?
(2) 만약 甲이 영업상 피해를 보고 있다면 긴급히 이를 구제할 수 있는 수단 및 가능성을 논하시오.

1) 개 설

행정소송법(12)은 처분 등의 취소를 구할 『법률상의 이익』이 있는 자에게 원고적격을 인정하고 있는바, 여기서 말하는 법률상의 이익에 관하여는 취소소송의 목적과 기능을 무엇으로 보는가에 따라 다음의 4가지 학설이 대립되고 있다.

2) 법률상 이익의 개념에 관한 학설

① 권리회복설

과거의 전통적 견해로서, 취소소송의 목적을 위법한 처분으로 인하여 침해된 개인의 권리회복에 있다고 보고, 권리(자유권·수익권 등의 공권과 재산권·어업권·광업권 등의 사권)가 침해된 자만이 원고적격이 있다고 함으로써 원고적격을 매우 한정하고 있다.

이 견해에 의하면 ① 권리침해가 없으면 아무리 불이익이 초래되더라도 원고적격이 부인되며(예 : 건축제한규정에 위반한 연탄공장의 건축으로 인한 인근주민의 불이익 등), ② 침해된 권리 자체의 회복이 불가능하게 된 경우에는 비록 부수적인 이익의 회복가능성이 남아 있더라도 원고적격이 부인된다(예 : 불법체류 외국인이 이미 강제 퇴거된 후, 또는 1개월의 영업정지기간이 모두 경과한 후에는 침해된 권리 자체의 회복은 불가능하지만, 그럼에도 불구하고 이러한 처분이 취소될 경우에는 추후 5년 이내 재입국 신청시의 거부처분 또는 영업법규 재위반시의 가중처분을 받지 않게 되는 실익이 인정되므로 원고적격을 인정할 필요가 있다).

② 법률상이익구제설

권리침해뿐만 아니라, 어떤 법률이 공익의 보호와 동시에 개인의 이익도 보호함을 목적으로 하는 경우(사익보호성)에 그 『법률에 의하여 보호되는 이익』을 침해한 경우에도 원고적격을 인정한다(예 : 건축제한법규·특허제도로 인한 인근주민, 특허기업자의 이익).

그러나 법률이 질서유지·공공복리 등 순수한 공익보호만을 목적으로 한 경우에 상대방이 얻게 되는 단순한 반사적 이익(예 : 공중위생이라는 공공복리를 목적으로 설정된 공중목욕장허가제도로 인하여 기존 허가업자가 얻는 이익)의 침해는 여전히 제외된다고 하며, 우리의 **통설·판례**의 입장이다.

이 견해에 의하면 취소소송의 소익이 크게 확대되어 권익구제에 보다 충실하게 된다.

> **판례** 　법률상이익구제설에 입각한 판례
>
> 선박운항사업 면허처분에 대하여 기존업자는 행정처분 취소를 구할 법률상 이익이 있다. 즉, 행정소송에서 소송의 원고는 행정처분에 의하여 직접 권리를 침해당한 자임을 보통으로 하나 직접권리의 침해를 받은 자가 아닐지라도 소송을 제기할 법률상의 이익을 가진 자는 그 행정처분의 효력을 다툴 수 있다고 해석되는바, 해상운송사업법 제4조 제1호에서 당해사업의 개시로 인하여 당해항로에서 전공급수송력이 전 수송수요량에 대하여 현저하게 공급 과잉이 되지 아니하도록 규정하여 허가의 요건으로 하고 있는 것은 주로 해상운송의 질서를 유지하고 해상운송사업의 건전한 발전을 도모하여 공공의 복리를 증진함을 목적으로 하고 있으며 동시에 한편으로는 업자 간의 경쟁으로 인하여 경영의 불합리를 방지하는 것이 공공의 복리를 위하여 필요하므로 허가조건을 제한하여 기존업자의 경영의 합리화를 보호하자는 데도 목적이 있다. 이러한 기존업자의 이익은 단순한 사실상의 이익이 아니고 법에 의하여 보호되는 이익이라고 해석된다(대판 1969. 12. 30, 69누106 등).

최근의 학설과 판례는 여기서 말하는 '**법률**'의 개념에는 당해 특정 처분의 직접적인 근거가 되는 법률뿐만 아니라 이와 '**관련되는 다른 법률**'에 의하여 보호되는 이익까지를 포함한다고 함으로써 원고적격을 확대하고 있다(대판 1995. 9. 26, 94누14544). 나아가서 우리 헌법상의 '기본권조항 및 기본권원리'까지 법률의 개념에 포함시키려는 헌법재판소의 판례도 발견된다(헌재 1998. 4. 30, 97헌마141).

> **판례** 　법률상이익구제설에 입각하여 관련법률에 의하여 보호되는 이익에 대하여도 사익보호성을 인정한 판례
>
> 행정처분의 직접 상대방이 아닌 제3자라도 당해 행정처분의 취소를 구할 법률상 이익이 있는 경우에는 원고적격이 인정되는데, 여기서 말하는 법률상 이익이란 당해 처분의 근거 법률에 의하여 보호되는 직접적이고 구체적인 이익이 있는 경우를 말하고, 다만 공익보호의 결과로 국민 일반이 공통적으로 가지는 추상적·평균적·일반적 이익과 같이 간접적이거나 사실적·경제적 이해관계를 가지는 데 불과한 경우에는 여기에 포함되지 않는다. (중략)
> 도시계획의 내용이 화장장의 설치에 관한 것일 때에는 도시계획법 외에 매장 및 묘지 등에 관한 법률도 그 근거법률이 된다고 보아야 할 것이고, 동법시행령상 20호 이상의 인가가 밀집한 지역, 학교 등으로부터 1,000m 이상 떨어질 것 등의 규정에 의하여 보호되는 부근 주민들의 이익은 부산시립영락공원 내의 공설화장장의 설치를 내용으로 하는 도시계획시설결정처분의 취소를 구할 법률상 이익으로 보아야 한다(대판 1995. 9. 26, 94누14544).

> **판례** 헌법상 기본권에 직접 근거하여 법률상 이익을 인정한 판례
> 설사 국세청장의 지정행위의 근거규범인 이 사건 조항들이 단지 공익만을 추구할 뿐 청구인 개인의 이익을 보호하려는 것이 아니라는 이유로 청구인에게 취소소송을 제기할 법률상 이익을 부정한다고 하더라도, 국세청장의 지정행위는 행정청이 병마개 제조업자들 사이에 특혜에 따른 차별을 통하여 사경제 주체간의 경쟁조건에 영향을 미치고 이로써 기업의 경쟁의 자유를 제한하는 것임이 명백한 경우에는 국세청장의 지정행위로 말미암아 기업의 경쟁의 자유를 제한받게 된 자들은 적어도 보충적으로 기본권에 의한 보호가 필요하다. 따라서 일반법규에서 경쟁자를 보호하는 규정을 별도로 두고 있지 않은 경우에도 청구인의 기본권인 경쟁의 자유가 바로 행정청의 지정행위의 취소를 구할 법률상 이익이 된다 할 것이다(헌재 1998. 4. 30, 97헌마141, 특별소비세법시행령 제37조3항 등 위헌확인사건).

③ 보호가치 있는 이익구제설

실체법이 보호하고 있는 권리 또는 이익이 침해된 경우뿐만 아니라, 소송을 통하여 개인의 실생활상의 이익에 관한 구체적 분쟁이 해결될 수 있다면, 그것이 **법률상의 이익이든 사실상의 이익이든** 불문하고 널리 『소송법상으로 보호할 가치가 있는 이익』이라 하여 소익을 인정하는 견해이다.

이 견해에 의하면 소익이 더욱 확대되지만, 한편 실체법이 보호하고 있지 않은 소송법상의 이익의 개념과 범위가 모호하며, 더욱이 실체법에 의하여 인정 여부가 확정되는 것이 아니라 전적으로 법관의 판단에 의하여만 인정 여부가 좌우된다는 점에서 법원에 법해석 기능을 초월한 법창조 기능까지 부여하게 되는 결과가 초래된다.

④ 적법성보장설

취소소송의 목적을 개인의 이익보호에 두지 아니하고 **행정처분의 적법성 보장**에 두는 견해로서, 자기의 권리·이익의 침해 여부와는 관계없이 처분을 다투기에 적합한 상태에 있는 자에 대하여 널리 소익을 인정하는 견해이다.

이 견해는 취소소송을 행정의 적법성 보장을 위한 객관적 쟁송, 그 중에서 특히 민중소송으로 파악하게 되는 결과, 현행 소송구조를 전면적으로 부인하게 되어 부당하다고 하겠다.

⑤ 사 견

상술한 바와 같이 소익의 개념은 종래의 권리회복설에서 법률상이익구제설로 확대되어 지금에 이르고 있으며, 일부에서 보호가치 있는 이익구제설, 나아가 적법성보장설로까지 확대·발전할 것이라는 견해도 있으나, 실체법이 보호하고 있는 이익을 떠난 소송법상의 이익의 개념을 창설하여 법원의 법창조 기능을 인정하게 됨은 무리가 있으며, 역시 실체법상 보호되는 이익을 점차 확대하여 권익구제의 길을 넓혀 가는 **법률상이익구제설의 견해가 타당**하다고 생각된다.

3) 제3자의 원고적격

상술한 법률상이익구제설의 입장에서 복효적 행정행위의 제3자인 기존영업자 또는 인근 주민 등에게도 원고적격이 인정되어 소위 경업자소송(競業者訴訟)과 인인소송(隣人訴訟) 및 환경소송과 소비자소송 등의 쟁송형태가 등장하게 된다.

① 경업자소송

판례는 **특허기업자가 받는 이익은 법률상 이익이므로 원고적격이 인정되고, 허가영업자가 받는 이익은 단순한 반사적 이익 내지 사실상의 이익이라 하여 원고적격을 부정**하고 있다.

> 원고적격이 인정된 예로서는 기존영업자의 신규영업자에 대한
> ① 선박운항사업면허취소소송(대판 1969. 12. 30, 69누106),
> ② 자동차운송사업의 노선연장허가취소소송(대판 1975. 7. 22, 73누173),
> ③ 자동차(시외버스)정류장설치허가취소소송(대판 1975. 7. 22, 75누12),
> ④ 광구의 증구허가취소소송(대판 1982. 7. 27, 81누271),
> ⑤ 약종상영업소이전허가취소소송(대판 1988. 6. 14, 87누873),
> ⑥ 화물자동차증차인가취소소송(대판 1992. 7. 10, 91누9107),
> ⑦ 하천부지점용허가취소소송(대판 1993. 10. 8, 93누5017) 등이 있다.
>
> 한편, 원고적격이 부정된 예로는 기존영업자의 신규영업자에 대한
> ① 공중목욕장영업허가취소소송(대판 1963. 8. 22, 63누97 등),
> ② 석탄가공업허가취소소송(대판 1980. 7. 22, 80누33·34),
> ③ 양곡가공업허가취소소송(대판 1981. 1. 27, 79누433)과 함께,
> ④ 도로점용허가 없이 도로부지에 무허가건물을 건축·사용 중인 자가 같은 부지에 대하여 행정청이 행한 타인의 도로점용허가의 취소를 구한 소송(대판 1991. 11. 26, 91누1219),
> ⑤ 약사들에게 한약조제권을 인정한 데 대하여 한의사들이 제기한 취소소송(대판 1998. 3. 10, 97누4289)을 들 수 있다.

판례 　기존 화물자동차운송사업자의 이익을 법률상 이익으로 본 판례

자동차운수사업법에서 동 사업면허의 기준으로 『당해 노선 또는 사업구역의 수송수요와 수송력공급에 적합할 것』을 정한 것은 동 사업에 관한 질서를 확립하고 동 사업의 종합적인 발달을 도모하여 공공의 복리를 증진함과 동시에(즉, 공익의 보호를 목적으로 함과 동시에), 업자 간의 경쟁으로 인한 경영의 불합리를 미리 방지하는 데 그 목적이 있다 할 것이므로(즉, 사익의 보호도 목적으로 하고 있으므로), 개별화물 자동차운수사업면허를 받아 이를 영위하고 있는 기존의 업자인 원고로서는 동일한 사업구역 내의 동종의 사업용 화물자동차면허 대수를 늘리는 이 사건 인가처분에 대하여 그 취소를 구할 이익이 있다(대판 1992. 7. 10, 91누9107).

② 인인소송

복효적 행정행위로 인하여 불이익을 받은 인근 주민에 대하여 **원고적격을 인정한 예로서, 주거지역 내의 위법한 연탄공장 건축허가취소소송**에서 건축법 등에 의하여 주거지역 내의 주민

이 받는 주거의 안정과 생활환경을 보호받는 이익은 단순한 반사적 이익 또는 사실상의 이익이 아니라 법률에 의하여 보호되는 이익이라고 한 판례가 있으며(대판 1975. 5. 13, 73누96 및 97), 이후 자동차LPG충전소 설치허가취소소송에서도 동일한 판결을 내린 바 있다(판례 참조).

그러나 인근 공장주들이 제기한 고압가스충전 및 주입시설 설치허가취소소송에서는 원고적격을 부인하였다(판례 참조).

> **판례** 인근 주민에게 자동차LPG충전소 설치허가취소소송의 원고적격을 인정한 판례
>
> 자동차LPG충전소 설치허가장소에 인접하여 거주하는 주민들이 설치허가처분이 고압가스관리안전법에 규정된 공공의 안전을 위한 설치허가기준에 미달한 위법한 처분임을 이유로 동 처분의 취소를 구한 소송에서, 대법원은 『행정처분의 상대방이 아닌 제3자도 그 처분으로 인하여 법률상 보호되는 이익이 침해당한 경우에는 그 처분의 취소·변경을 구하는 행정소송을 제기할 법률상 자격이 있다』고 판시하였다(대판 1983. 7. 12, 83누59).

> **판례** 인근 공장주인에게 고압가스충전 및 주입시설 설치허가취소소송의 원고적격을 부정한 판례
>
> 준공업지역 내의 인근 공장주들은 갑이 허가받은 고압가스충전 및 주입시설이 언제 폭발하여 원고들의 공장에 위해를 가할지 모르므로 안전한 조업을 할 법률상 이익을 침해당하였다고 주장하지만 … 가까운 장래에 이 시설이 폭발할 위험이 있다고 인정되지 아니하므로 원고들의 법률상 이익이 침해되었다고 할 수 없으므로, 이 사건 제소는 당사자적격이 없는 부적법한 소임을 이유로 이를 각하한 조치는 정당하다(대판 1981. 9. 22, 80누449).

③ 환경소송

상술한 인인소송보다 폭넓게 쾌적한 생활환경의 유지를 위하여 주민 일반에게 인정되는 소송형태로서, 우리나라에서는 논의 중에 있으나, 미국은 집단소송, 독일은 단체소송, 일본은 민중소송의 형태로 인정하고 있다(일본은 유명한 성전(나리타)공항 건설용지수용을 위한 사업인정처분에 대한 취소소송에 있어서 지역주민에게 원고적격을 인정하였다. 동경지재 1984. 7. 6).

우리나라에서도 근래 환경소송에서 지역 주민의 원고적격은 점차 확대되고 있다.

> **판례**
>
> 환경영향평가 대상지역 안의 주민들이 제기한 전원개발사업 실시계획 승인처분의 취소소송에서 환경상의 이익은 단순히 환경공익의 보호의 결과로서 국민 일반이 공통적으로 가지게 되는 추상적·평균적·일반적 이익에 그치지 아니하고 환경영향평가 지역 안의 주민 개개인에 대해 개별적으로 보호되는 직접적, 구체적 이익이라 하여 원고적격을 인정하고 있다(대판 1998. 9. 22, 97누19571).

> **판례** 환경영향평가 대상지역 안의 주민에 대하여 원고적격을 인정한 판례
>
> ① 속리산국립공원 내의 용화온천지구에 대한 공원사업 시행허가에 있어 환경영향평가 대상지역 안의 그 하류 지역 주민들이 갖는 식수원 등 환경적 이익은 단순히 환경공익보호의 결과로 국민 일반이 갖는 추상적·평균적·일반적 이익이 아니라, 주민 개개인이 갖는 개별적·직접적·구체적 이익이다(대판 1998. 4. 24, 97누3286).
> ② 강원도 인제군과 양양군에 행한 양수발전소 건설을 위한 '전원개발사업실시계획승인'처분에 대하여 환경

영향평가 대상지역 안에 거주하는 주민들은 원고적격이 있으나, 동지역 밖의 주민·산악인·생태연구가·사진가·환경보호단체 등의 이익은 전원개발에 관한 특별법·환경영향평가법 등이 이를 개별적·직접적·구체적으로 보호하려는 취지의 규정을 두고 있지 아니하므로 이들은 그 취소를 구할 원고적격이 없다(대판 1998. 9. 22, 97누19571).

환경소송은 취소소송의 형태 외에도 행정청이 대기·수질·토양·소음·진동 등에 대한 규제권의 발동을 게을리하는 경우에 적극적으로 규제권 발동을 명할 것을 법원에 청구하는 **의무이행소송**의 형태를 띠게 되는 경우가 많다는 데에 특색이 있다(그러나 의무이행소송은 우리 현행 행정소송법 체계 하에서는 인정되기 어렵다고 하겠다).

④ 소비자소송

사인에 의한 소비자의 피해는 한국소비자보호원 소비자분쟁조정위원회에의 조정신청과 법원에의 민사소송으로 구제받게 되지만, 행정처분으로 인한 소비자의 피해에 대한 별도의 소비자소송제도는 실정법상 인정되지 않으며, 관련 판례도 아직 없다. 그러나 독일과 일본에서는 그 예가 많으며, 예컨대 가스사용자가 제기한 가스공급조건 인가처분의 취소소송에서 **원고적격을 인정한** 바 있다(동경지재 1978. 7. 1). 그러나 독점금지법에 의하여 일반 소비자가 받는 이익은 반사적 이익에 불과하다는 이유로 **원고적격이 부정**되었다(일최고재 1978. 3. 14).

⑤ 대물적 처분에 대한 지역 주민의 소송

예컨대, 보안림·문화재·주차금지구역 등의 지정 또는 해제와 같은 대물적 처분(특정 상대방에 대하여만 효력을 가지는 통상의 행정처분에 대한 반대개념)에 대하여 지역 주민에게 원고적격을 인정할 것인가의 문제이다.

이러한 처분의 직접적인 규율대상은 물건이지만 이로 인하여 사람도 작간접으로 규율을 받는 것이라 볼 수 있기 때문에 이로써 권리·이익이 침해된 지역 주민도 **원고적격이 인정**된다고 하겠다(일본에서는 보안림지정 해제처분에 대하여 지역 주민에게 원고적격이 인정된 바 있다(일최고재 1989. 6. 20)).

4) 집단소송

① 개 설

집단소송이란 행정처분에 의하여 널리 지역 주민이나 소비자 일반의 집단적 이익이 침해된 경우에 피해자 개개인이 일일이 소송을 제기하고 이를 병합심리하는 통상의 소송형태가 아니라, 이들 전체의 주민대표나 소비자단체 등에 대하여 취소소송의 **원고적격을 인정**하고 그 판결의 효력을 전체 주민과 소비자에게 미치도록 하는 새로운 형태의 소송을 말한다.

② 필요성

집단소송은 당사자가 너무 많은 데 따른 소송의 번잡과 혼란을 방지하고, 일관성 있는 심리로 시간이 대폭 절약되며, 통일된 판결을 내리게 되므로 당사자 간에 개별적 판결에 따른 법률관계의 불일치를 방지할 수 있다는 점에서 필요성이 인정된다.

③ 외국의 예

미국에서는 **집단소송**(class action)이라 하여 당사자가 너무 많고, 구성원 전원에게 공통되는 법률상 또는 사실상의 문제이며, 전체 구성원의 이해관계를 적절히 대표할 수 있는 경우, 집단의 1인 또는 수인이 그 전체를 위하여 제소하거나 피소될 수 있도록 하고 있으며, 독일에서는 **단체소송**(Verbandsklage)이라 하여 소비자단체 등 단체 자체에 대하여 원고적격을 인정하고 있다.

④ 우리의 경우

현행 행정소송법을 제정할 때에 정부가 제출한 법안에서는(당시안18②) 원고가 될 자가 다수인인 경우에는 그들의 일부 또는 그들이 소속하는 단체에게 원고적격을 인정하였지만, 국회에서 먼저 민사소송법부터 이 제도를 도입하여야 한다는 이유로 삭제된 바 있으나, 최근 도입이 다시 추진되고 있다.

■ 사례연습 해설

(1) 판례는 "자동차운수사업에 관한 질서를 확립하고 자동차운수의 종합적인 발달을 도모하여 공공의 복리를 증진함과 동시에 업자간의 경쟁으로 인한 경영의 불합리를 미리 방지하자는 것이 구 자동차운수사업법 제6조 제1호의 목적이므로 기존 시내버스업자도 다른 운송사업자에 대한 운송사업면허에 대하여 그 취소를 구할 법률상의 이익이 있다"(대판 1987. 9. 22, 85누985)고 판시하였다. 따라서 甲은 법률상의 이익인 여객자동차운수사업법이 보장하는 독점적 이익을 침해받았으므로 원고적격을 갖는다. 또한 甲이 "그럭저럭 수지를 맞추는 상태"임에도 불구하고 경쟁회사인 乙에게 신규로 면허한다는 것은 "사업계획이 당해 노선 또는 사업구역의 수송수요의 수송력공급에 적합할 것"을 면허기준으로 하는 여객자동차운수사업법 제6조 제1항 제1호를 위반하므로, 관할행정청의 乙에 대한 면허처분은 재량권 남용을 이유로 위법한 행위로 볼 수 있다.
따라서 법원은 甲의 청구를 인용하는 판결을 내려야 한다.

(2) 영업상 피해에 대한 긴급한 구제수단으로서 집행정지의 여부가 문제된다. 행정소송법 제23조에서 규정하는 집행정지의 요건으로서 "회복하기 어려운 손해를 예방하기 위한 긴급한 필요"가 있을 것을 요한다. 판례는 이러한 회복하기 어려운 손해는 원칙적으로 금전으로는 보상이 불가능하거나 참고 견디기가 현저히 곤란한 유·무형의 손해일 것을 요한다(대판 1998. 8. 23, 99무15).
따라서 乙에 대한 면허로 조만간 甲의 도산이 초래될 경우라면, 법원은 집행정지의 결정을 하여야 하고, 그러한 경우가 아니라면 피해가 금전으로 보상될 수도 있으므로 甲의 집행정지신청을 기각하여야 한다.

3. 협의의 소익(권리보호의 필요)

> **사례연습**
>
> 甲은 유흥음식점영업허가를 받아 영업을 하던 중 위생불량을 이유로 행정청으로부터 1개월간의 영업정지처분을 받았다. 그러나 甲은 영업정지처분에 대해 승복할 수 없어 행정소송을 제기하였는바 소송제기중 영업정지기간이 만료되었다.
> 이에 대해 법원은 어떤 판결을 하여야 하는가? (단, 행정심판은 거친 것으로 한다)

> 행정소송법 제12조(원고적격)
> 취소소송은 처분등의 취소를 구할 법률상 이익이 있는 자가 제기할 수 있다. 처분등의 효과가 기간의 경과, 처분등의 집행 그 밖의 사유로 인하여 소멸된 뒤에도 그 처분등의 취소로 인하여 회복되는 법률상 이익이 있는 자의 경우에는 또한 같다.

1) 개 설

소송제도를 인정한 취지는 당사자에게 단순한 관념적 만족을 주기 위한 것이 아니고 현실적인 권익구제에 있는 것이므로, 현실적인 권익구제의 가능성 내지는 실익이 없으면 소송을 구할 소익이 인정되지 않는다. 이와 같이 분쟁을 재판에 의해 해결할 만한 현실적 필요성을 **협의의 소익** 또는 **권리보호의 필요**라고 한다.

종전의 통설·판례에 의하면 취소판결에 의하여 『취소대상인 원처분 자체가 부활될 가능성』이 존재하지 않으면 소익이 인정되지 아니한다고 하여 소익의 범위를 좁게 해석하였으나, 오늘날의 통설·판례는 비록 취소대상인 원처분이 기간의 경과, 처분의 집행종료 기타의 사유로 더 이상 부활될 가능성이 없더라도 그 처분이 취소됨으로 인하여 『회복되는 법률상 이익』이 있는 경우에는 소익을 인정하고 있으며, 행정소송법(12후)도 이를 명문으로 규정하고 있다.

2) 처분의 효과 소멸 후에도 소익이 인정되는 경우

행정소송법은 처분의 효과가 ① 기간의 경과(1개월의 운전면허나 영업정지처분시 그 1개월이 모두 경과한 경우), ② 처분의 집행(불법체류 외국인의 강제퇴거조치가 집행되어 강제 출국되어 버린 경우), 또는 ③ 그 밖의 사유로 인하여 소멸된 뒤에는 당해 처분에 위법한 하자가 있다 하더라도 취소판결을 받을 필요성이 없기 때문에 소의 이익이 부정됨이 원칙이다. 따라서 이러한 경우에는 취소소송이 아니라 손해배상 청구나 원상회복 청구(공법상 결과제거 청구) 등을 통하여 권리를 구제받아야 할 것이다. 그러나 처분 등의 효과가 소멸하였다 하더라도 예외적으로 그 처분의 취소로 인하여 『회복되는 법률상 이익』이 있는 경우에는 원고적격을 인정하고 있다(12후).

여기서 말하는 회복되는 법률상 이익에는 ① 원고의 부수적 이익이 회복될 수 있는 경우(예 : 공무원파면취소소송 도중에 공무원 정년이 넘게 되어 승소하더라도 공무원으로는 더 이상 복귀가 불가능하게 된 경우에도, 파면이 취소되면 정년까지의 보수 및 연금은 청구할 수 있게 된다. 대판 1977. 7. 12, 74누147)와, ② 당해 처분이 존재하고 있다는 사실 자체가 원고에게 장래 어떤 불이익처분을 함에 있어서의 요건사실로 작용할 경우 등이 있다(예 : 출입국관리법 제12조에 의거하여 한번 강제 퇴거된 자는 5년 내에 재입국이 금지되고, 도로교통법상 1년간의 운전면허정지기간을 모두 합산하여 120일이 넘으면 면허가 취소되게 되며, 음식점영업이나 건축사 업무 등을 규제하는 많은 행정법규는 한번 영업정치처분을 받으면 두 번째부터는 가중처분하도록 되어 있다. 이처럼 장래 **가중적 제재처분**을 당할 수 있는 요건사실로 작용하게 되는 경우에는 당해 영업정지처분의 위법을 이유로 취소판결을 받아야 할 필요성이 있으므로 그 취소를 구할 소익이 있게 된다.

그러나 그 처분이 원고에 대한 인격적 비난에 목적이 있지 아니하는 한, 그 처분으로 인하여 원고의 명예·신용이 침해당했다는 이유만으로는 취소소송을 구할 법률상 이익은 없다고 보아야 할 것이다.

판례 기간의 경과 후에는 소의 이익이 없다는 판례

행정처분이 법령이나 처분 자체에 의하여 효력기간이 정하여져 있는 경우에는 그 기간의 경과로 효력이 상실되므로 그 기간 경과 후에는 처분이 외형상 잔존함으로 인하여 어떠한 법률상의 이익이 침해되고 있다고 볼 만한 별다른 사정이 없는 한 그 처분의 취소 또는 무효확인을 구할 법률상의 이익은 없다(대판 2000. 11. 10, 99두486).

판례 기간도과 후에도 소의 이익이 있다는 판례

건축사에 대한 제재적인 행정처분인 업무정지명령을 보다 무거운 제재처분인 사무소등록취소처분의 기준요건으로 규정하고 있는 이상, 건축사업무정지처분을 받은 건축사로서는 위 처분에서 정한 기간이 도과되었다 하더라도 위 처분을 그대로 방치하여 둠으로써 장래 건축사사무소 등록취소라는 가중된 제재처분을 받게 될 우려가 있는 것이므로 건축사로서의 업무를 행할 수 있는 법률상 지위에 대한 위험이나 불안을 제거하기 위하여 건축사업무정지처분의 취소를 구할 이익이 있다(대판 1991. 3. 27, 91누3512).

사례연습 해설

판례는 "효력기간이 정해진 제재적 행정처분이 그 기간을 경과하면 처분의 취소를 구할 법률상의 이익은 없다"(대판 1997.7.11, 96누7397)고 보기 때문에 원칙적으로 법원은 이 경우 각하판결을 하여야 한다. 그러나 효력기간이 도과한 행정처분이라 해도 그것이 다른 제재적 처분의 가중요건이 되는 경우에는 그 요건이 부령이나 훈령에 규정되어 있다면 소익을 인정하지 않지만, 법률 또는 대통령령에 규정되어 있는 경우에는 소익을 긍정한다.

판례는 전자의 경우 부령이나 훈령은 대외적 구속력이 없음을 이유로 "행정명령에 불과한 각종 규칙상의 행정처분기준에 관한 규정에서 위반 횟수에 따라 가중처분하게 되어 있다고 하더라도 법률상의 이익이 있는 것으로 볼 수는 없다"(대법원 전원합의체 1995. 10. 17, 94누14148)고 한다. 따라서 법원은 이 경우 소송요건의 불비를 이유로 각하판결을 하여야 한다.
또한 후자의 경우라면 법원은 본안판단을 하여 甲의 입증 여하에 따라 인용판결 또는 기각판결을 하여야 할 것이다.
설문의 경우, 유흥음식점영업허가에 대한 제재적 처분의 기준을 정하는 보건복지부령인 식품위생법시행규칙을 행정규칙으로 보는 판례의 입장에서는 법원은 각하판결을 하여야 한다. 그러나 법규명령으로 보면 법원은 본안판단에 들어가서 이유가 있을 경우에는 인용판결, 이유가 없을 경우에는 기각판결을 하여야 한다.

Ⅳ. 취소소송의 대상적격

행정소송법 제2조(정의)
① 이 법에서 사용하는 용어의 정의는 다음과 같다.
1. "처분등"이라 함은 행정청이 행하는 구체적 사실에 관한 법집행으로서의 공권력의 행사 또는 그 거부와 그 밖에 이에 준하는 행정작용(이하 "處分"이라 한다) 및 행정심판에 대한 재결을 말한다.
제19조(취소소송의 대상)
취소소송은 처분등을 대상으로 한다. 다만, 재결취소소송의 경우에는 재결 자체에 고유한 위법이 있음을 이유로 하는 경우에 한한다.

1. 개 설

취소소송의 대상은 『처분 등』이며, 구체적으로는 『행정청이 행하는 구체적 사실에 관한 법집행으로서의 공권력의 행사 또는 그 거부와 그 밖에 이에 준하는 행정작용 및 행정심판에 대한 재결』을 말한다(동법2①(1)).

행정소송의 대상을 『처분 등』이라고 한 이유는 행정처분 외에 행정처분에 대한 재결도 포함시켰기 때문이다(재결도 재결 자체에 고유한 위법이 있는 경우에는 취소소송의 대상이 됨은 상술한 바 있다. 원처분주의). 이는 소의 대상에 관하여 열거주의가 아닌 개괄주의 원칙을 채택하고 있는 것이다. 취소소송의 대상적격과 관련하여 문제가 되는 점들은 취소소송의 대상이 되는 처분의 구체적 개념이 무엇인지와, 재결은 재결 자체에 고유한 위법이 있는 경우에 한하여 소의 대상이 된다는 원처분주의를 규정하고 있는 바, 이때 재결 자체의 고유한 위법이 무엇인지 등이다. 아래에서는 이러한 점들을 구체적으로 살펴본다.

2. 『행정청』의 처분

『행정청』이란 국가 또는 지방자치단체의 의사를 결정·표시할 수 있는 권한을 가진 모든 행정기관, 즉 학문상의 **행정관청**으로서, 행정심판에서 말하는 행정청과 같은 개념이다. 행정청의 처분의 인정 여부는 소송요건이므로 직권조사사항이며 처분성이 부정되면 그 소는 부적법하여 각하된다.

> **판례**
>
> 서울특별시 지하철공사 사장이 소속 직원의 재직기간 합산신청을 받아들이지 아니한 사건에 있어서, 지하철공사 사장은 공공단체 또는 그 기관으로서 행정청의 권한의 위임 또는 위탁을 받았다고 볼 수는 없기 때문에 행정소송법상의 행정청에 포함되지 아니하므로 행정소송의 대상이 되지 아니한다고 판시하였다(대판 1989. 8. 8, 89누2257).

3. 처 분

1) 개 념

① 실체법적 개념설

전통적 견해는 처분을 실체법상의 행정행위의 개념과 동일시하였다. 즉, 실체법적으로 공정력이 인정되는 행정행위의 효력을 제거하기 위하여 인정된 개념이므로 실체법상의 **행정행위**와 같은 개념이라는 것이다. 다만, 이 견해에 의하더라도 예외적으로 행정행위는 아니지만 **공권력적 사실행위**(강제격리·강제수거 등)도 강제성·계속성이 있는 한 권익구제의 가능성이 있다는 측면에서 예외적으로 행정행위에 준하여 처분의 개념에 포함시키고 있다.

② 쟁송법적 개념설

오늘날 행정계획, 행정지도, 공공시설의 설치, 기타의 사실행위 등 행정의 행위형식이 매우 다양화되어 종래의 권력행정으로부터 비권력행정으로 행정의 중심이 이동됨에 따라, 종전의 행정행위 중심의 처분개념으로는 국민의 권익구제에 한계가 있게 되어, 실체법적인 행정행위 외에 『행정기관의 행위로서 공권력행사에 해당되지는 않지만(따라서 법적 효과는 갖지 못하지만), 국민의 법익에 대하여 계속적으로 사실상의 영향력을 미치는 행위(후술하는 공공시설의 설치, 행정지도 등)』를 일종의 『**형식적 행정행위**』라고 하여 이들을 절차법적으로 취소소송의 대상인 처분의 개념에 포함시키는 견해이다.

③ 사 견

현대행정의 다양화 추세에 부응하여 국민의 권익구제의 대상을 확대하려는 절차법적 개념설의 취지는 긍정적인 면이 있다고 하겠으나, 실체법적으로 발전해 온 전통적인 행정행위의 개념 자체를 형식적인 개념으로 확대하려는 방법보다는, 행정작용의 다양성을 그대로 인정하되 실체법상의 행정행위가 아닌 행정작용도 취소소송의 성질에 반하지 아니하는 한 취소소송의 대상에 포함시키는 방법이 국민의 권익구제에 도리어 유리하며 행정법 이론체계의 혼란을 방지하는 데에도 도움이 된다고 하겠다. 특히 개정된 행소법(2①)도 행정처분의 개념을 『공권력의 행사 또는 그 거부와 그 밖에 이에 준하는 행정작용』이라고 명시하고 있기 때문에 굳이 절차법적 행정행위의 개념을 별도로 인정할 필요는 없다고 하겠다.

대법원 판례는 전통적으로 **실체법적 개념설**을 취해 왔으나, 도지사가 광업법 제47조 제3항의 규정에 의한 채광계획변경명령권을 행사하면서 이와 함께 동법상 아무 근거규정이 없는 "작업중지명령"권을 행사한 사건에 있어서 "어떤 행위를 행정처분으로 볼 것이냐의 문제는 행정청이 공권력의 주체로서 행하는 구체적 사실에 관한 법집행으로서 국민의 권리·의무에 직접 영향을 미치는 행위라는 점을 고려하고 … 행정청의 어떤 행위가 법적 근거도 없이 국민에게 불이익을 주는 행정처분과 같은 외형을 갖추고 있고, 상대방이 이를 행정처분으로 인식할 정도라면 국민의 불이익 내지 불안감을 제거시켜 주기 위한 구제수단이 필요한 점 … 국민의 권리의식 수준 등은 물론 당해 행정청의 태도 등도 고려하여 판단하여야 한다"고 함으로써(대판 1992. 1. 17, 91누1714; 대판 1993. 12. 10, 93누12619), **쟁송법적인 개념**을 도입하려는 시도가 있었다. 그러나 판례의 주된 경향은 역시 실체법적 개념설에 입각하고 있다.

2) 구체적 검토

우리 판례에 의하면, 『행정소송의 대상이 되는 처분이라 함은 공법상의 행위로서 특정사항에 대하여 법규에 의한 권리의 설정 또는 의무의 부담을 명하거나 기타 법률상 효과를 발생케 하는 등 국민의 권리의무에 직접 관계가 있는 행위』를 말한다(대판 1992. 2. 11, 91누4126). 이를 분석하면 ① 공법적 행위, ② 공권력행사 작용, ③ 구체적 사건성을 골자로 하고 있다.

① 공법적 행위

우선 공법적 행위에 한정되기 때문에 **사법행위**(국유잡종재산매각·물품구입·공사계약 등)는 제외되며 이들은 민사소송의 대상이 된다(대판 1993. 12. 7, 91누11612).

> **판례**   국유임야 대부료부과 조치가 행정처분인지 여부
> 산림청장이나 그로부터 권한을 위임받은 행정청이 산림법 등이 정하는 바에 따라 국유임야를 대부하거나 매각하는 행위는 사경제적 주체로서 상대방과 대등한 입장에서 하는 사법상 계약이지 행정청이 공권력의 주체로서 상대방의 의사 여하에 불구하고 일방적으로 행하는 행정처분이라고 볼 수 없으며 이 대부계약에 의한 대부료부과 조치 역시 사법상 채무이행을 구하는 것으로 보아야지 이를 행정처분이라고 할 수 없다(대판 1993. 12. 7, 91누11612).

또한 법적행위에 한정되므로 순수한 **사실행위**는 제외되고, **준법률행위적 행정행위**로서의 대집행의 계고와 같은 **통지행위**나 감사원의 변상판정에 대한 재검판정과 같은 **확인행위**에 대해서도 처분성을 인정하고 있다. 한편 준법률행위적 행정행위로서의 **공증행위**에 대하여도 처분성을 인정하

고 있다. 결국 취소소송은 행정작용의 취소를 통하여 기존의 법적 효과를 소멸시키는 형성의 소로 보기 때문에 법적 효과를 발생시키는 작용에 한하여 취소를 구하기에 적합하다고 보고 있는 것이다.

(가) 공권력적 사실행위

국민의 신체·재산에 물리력을 행사하는 공권력적 사실행위(강제격리·강제수거·단수조치 등)는 그것이 계속성을 띠는 한 소송으로 구제될 가능성이 있는 것이며, 그 근거로서는 이들 사실행위는 수인하명(수인의무라는 공법적 효과를 발생하는)과 집행행위(사실행위)의 합성행위라고 보는 **합성행위설**이 있다.

그러나 합성행위설(合成行爲說)은 독일에서 행정상 즉시강제에 관하여 인정된 이론으로서 모든 공권력적 사실행위에 확대하여 적용하기는 어렵다는 비판이 있으며, 이러한 의제이론보다는 공권력적 사실행위도 국민에 대하여 자력집행력에 따라야 할 수인의무를 부과하는 **법적 효과**가 부수적으로 수반된다고 보아 그것이 계속성을 띠고 있어 권익구제에 적합한 성질을 구비하고 있는 한 취소소송으로 구제할 수 있다고 하는 것이 타당하다고 생각된다.

(나) 공공시설의 설치행위

전통적인 실체법적 처분개념설의 입장에서는 처분성을 부인하지만, 일본의 하급심은 육교설치행위를 기공결정이라는 공법적 행위와 시공이라는 사실행위가 복합된 행위라 하여 처분성을 인정하고 학계의 지지도 받았으나, 결국 항소심에서 순수한 **사실행위**에 불과하고 아무런 법적 효과를 발생시키는 것이 아니므로 취소를 구하기에 적합하지 못하다는 이유로 **처분성이 부인되었다**(동경지재 1970. 10. 14 및 동경고재 1974. 4. 30). 따라서 오늘날의 쓰레기매립장·고무소각장시설 등 많은 급부행정 분야의 공공시설 설치행위의 중단이나 이전을 위하여서는 법적 효과의 소멸을 구하는 형성의 소인 취소소송이 아니라, **다른 장소에의 이전을 구하는 이행의 소인 공법상 당사자소송**(재판실무에서는 **민사소송**)과 함께 공사중지의 가처분을 신청할 수밖에 없다는 결론에 이르게 된다.

(다) 준법률행위적 행정행위

확인·공증·통지·수리행위와 같은 준법률행위적 행정행위도 직접 법률의 규정에 의하여 공법적 효과를 발생하는 한 당연히 취소소송의 대상이 된다(예 : 상표사용등록, 지적공부에의 등재 등).

> 판례 지적공부 소관청의 지목변경신청 반려행위는 항고소송의 대상이 되는 행정처분에 해당한다는 판례
> 구 지적법(2001. 1. 26. 법률 제6389호로 전문 개정되기 전의 것) 제20조, 제38조 제2항의 규정은 토지소유자에게 지목변경신청권과 지목정정신청권을 부여한 것이고, 한편 지목은 토지에 대한 공법상의 규제, 개발부

담금의 부과대상, 지방세의 과세대상, 공시지가의 산정, 손실보상가액의 산정 등 토지행정의 기초로서 공법상의 법률관계에 영향을 미치고, 토지소유자는 지목을 토대로 토지의 사용·수익·처분에 일정한 제한을 받게 되는 점 등을 고려하면, 지목은 토지소유권을 제대로 행사하기 위한 전제요건으로서 토지소유자의 실체적 권리관계에 밀접하게 관련되어 있으므로 지적공부 소관청의 지목변경신청 반려행위는 국민의 권리관계에 영향을 미치는 것으로서 항고소송의 대상이 되는 행정처분에 해당한다(대판 2004. 4. 22, 2003두9015).

② 공권력행사 작용

행정청이 우월한 의사의 주체로서 명령·강제하는 공권력행사 작용에 한정되므로 공법상 계약이나 합동행위는 취소소송의 대상이 될 수 없다(이들은 공법상 당사자소송의 대상이 된다고 하겠으나, 판례는 민사소송의 대상으로 보고 있다). 판례는 행정청이 국가나 지방자치단체와의 계약을 위반한 사업자에 대해 국가를 당사자로 하는 계약에 관한 법률(구 예산회계법)에 기하여 내린 **입찰참가자격 제한조치는 항고소송의 대상이 되지만**(대판 1994. 8. 23, 94누3568), 한국전력공사 등 공법인이 계약위반 사업자에 대하여 자체 규정에 의거하여 당해 공사가 실시하는 입찰에 참가할 수 없도록 제한하는 조치는 사법상의 효력을 가지는 행위에 불과하고 행정처분이 아니라는 이유로 항고소송의 대상이 되지 않는다고 보았다(대판 1999. 11. 26, 93부3).

> **판례** 지정납품업체인 중소기업의 대기업제품납품 및 공장등록증변조 등의 행위를 이유로 한 입찰참가자격제한처분을 적법하다고 한 사례
> 침구제조 및 납품업을 하는 중소기업이 중소기업제품구매촉진법에 위반하여 중소기업자가 생산한 제품이 아닌 대기업제품을 납품하고 공장등록증변조 등의 행위를 한 것은 입찰참가자격제한사유인 지방재정법 제62조, 구 지방재정법시행령(1993.9.23. 대통령령 제13981호로 개정되기 전의 것) 제71조, 구 예산회계법시행령(1993.9.23. 대통령령 제13980호로 개정되기 전의 것) 제130조 제1항 제1호, 제10호, 구 계약사무처리규칙(1993.10.20. 재무부령 제1948호로 개정되기 전의 것) 제79조 제1항 및 별표 제1호 (가)목, (다)목 소정의 "계약의 이행에 있어서 현저하게 조잡 또는 부당하게 하거나 부정한 행위를 한 자" 및 "입찰참가자격에 관한 서류를 위조 또는 변조한 자"에 해당되고, 지방자치단체의 장이 그 중소기업에 대한 입찰참가자격제한의 처분사유로 삼은 사유들 중 고가납품관계사유는 계약체결상의 문제일 뿐 계약이행상의 문제가 아니고 공장등록증변조관계사유는 그 후 적법하게 공장등록을 완결하여 그 변조행위가 치유될 수 있는 것이어서 이들 사유를 각 제외한다 하더라도 위 대기업제품납품사유만으로도 입찰참가자격제한사유가 있으며, 나아가 그 중소기업이 여러 번에 걸쳐 단체수의계약물량의 대부분을 납품하였고 그 가격 역시 고액인 점 등에 비추어 볼 때 영업상 지장 등 제반 사정을 고려한다 하더라도 입찰참가자격제한으로 인해 달성하려고 하는 공익목적에 비해 해당 납품업체가 입은 불이익이 지나치게 무겁다고 할 수 없어 재량권일탈·남용의 위법이 없다(대판 1994. 8. 23, 94누3568).

한편, 판례는 "국민의 적극적 신청행위에 대하여 행정청이 그 신청에 따른 행위를 하지 않겠다고 거부한 행위가 항고소송의 대상이 되는 행정처분에 해당하는 것이라고 하려면, 그 신청한 행위가 공권력의 행사 또는 이에 준하는 행정작용이어야 하고, 그 거부행위가 신청인의 법률관계에 어떤 변동을 일으키는 것이어야 하며, 그 국민에게 그 행위발동을 요구할 법규상 또는 조리상의 신청권이 있어야 한다"는 견해를 취하고 있다[대법원 2009.9.10, 선고, 2007두20638, 판결].

그리고 "거부처분의 처분성을 인정하기 위한 전제요건이 되는 신청권의 존부는 구체적 사건에서 신청인이 누구인가를 고려하지 않고 관계 법규의 해석에 의하여 일반 국민에게 그러한 신청권을 인정하고 있는가를 살펴 추상적으로 결정되는 것이고, 신청인이 그 신청에 따른 단순한 응답을 받을 권리를 넘어서 신청의 인용이라는 만족적 결과를 얻을 권리를 의미하는 것은 아니므로, 국민이 어떤 신청을 한 경우에 그 신청의 근거가 된 조항의 해석상 행정발동에 대한 개인의 신청권을 인정하고 있다고 보이면 그 거부행위는 항고소송의 대상이 되는 처분으로 보아야 하고, 구체적으로 그 신청이 인용될 수 있는가 하는 점은 본안에서 판단하여야 할 사항이다"라는 입장이다[대법원 2009.9.10, 선고, 2007두20638, 판결].

③ **구체적 사건성**

상대방의 권리·의무에 구체적으로 변경을 가하는 행정작용이 아닌 한 처분성이 인정되지 아니하며, 이와 관련하여 입법행위·행정규칙·행정계획·행정지도·행정내부적 행위 등이 문제가 된다.

(가) **입법행위**

법령의 제정 자체만으로는 국민의 권리·의무에 직접 변동을 초래하지 못하므로 법령 자체를 취소소송의 대상으로 할 수는 없다. 다만 『**처분법령**』은 그 자체로서 권리·의무에 변동을 가져오므로 취소소송의 대상이 된다(분교를 폐지하는 조례에 관한 판례, 대판 1996. 9. 20, 95누8003).

(나) **행정규칙**

역시 이에 의거한 구체적 행정처분이 있어야 권리·의무에 변동이 초래되는 것이므로 행정규칙 그 자체를 취소소송의 대상으로 할 수는 없다. 그러나 행정규칙 그 자체의 취소를 구하지 않고는 권리구제가 어려운 경우에는 이를 허용하여야 한다는 견해도 있다(일본의 하급심 판례. 특정 형태의 함수척이 계량법에 위반된다는 상급관청의 훈령이 발하여진 경우, 동 제작업자들이 판매계약의 해약사태를 방지하기 위하여 제기한 동 훈령취소소송을 적법하다고 인정한 바 있다).

(다) **행정계획**

종전에는 일률적으로 처분성이 부인되었으나, **도시계획결정**과 같이 국민의 권리·의무를 구체적으로 규제하는 효과를 발생하는 **구속적 계획**에 대하여는 처분성을 인정하였다(당해 계획구역 내의 토지소유자에 대하여 토지형질의 변경, 건축물의 신·증축 등이 금지되는 법적 효과가 발생한다(대판 1982. 3. 9, 80누105; 대판 1988. 5. 24, 87누388).

> **판례** 고시된 도시계획결정이 행정소송의 대상이 된다는 판례
> 도시계획법 제12조 소정의 고시된 도시계획결정은 특정 개인의 권리 내지 법률상의 이익을 개별적이고 구체적으로 규제하는 효과를 가져오게 하는 행정청의 처분이라 할 것이고, 이는 행정소송의 대상이 된다(대판 1982. 3. 9, 80누105).

(라) 행정지도

주의·권고·알선·중재·희망의 표시 등 행정지도는 권리·의무를 구체적으로 변동시키는 효과가 없으므로 처분성이 부인된다. 다만, 행정지도에의 불응이 다음에 행하여질 허가취소·영업정지·시정명령 등의 행정처분의 전제조건으로 작용할 경우에는 취소소송의 대상이 된다고 하겠다(제2편 제2장 제7절 행정지도 참조).

(마) 일반처분

특정 일자·시간대에 특정 번호차량의 도심 진입을 금지하거나, 특정 교량의 통행금지, 특정 장소에서의 집회금지를 명하는 불특정 다수인에 대한 처분은 일반처분이라 하여 독일 행정절차법(35②)이 명문으로 행정행위의 일종으로 보고 있으며, 우리의 경우에도 이를 취소소송의 대상인 행정처분으로 볼 수 있다고 하겠다.

(바) 대물적 처분

보안림·문화재·주차금지구역 등의 지정 또는 해제와 같은 대물적 처분도 직접적으로는 물건을 규율대상으로 하지만, 이로 인하여 권리·이익이 침해되는 소유자 또는 지역 주민들은 취소를 구할 수 있다고 할 수 있다. 독일 행정절차법(35②)도 이를 일반처분의 내용에 포함시키고 있다(Ⅲ에서 설명한 제3자의 원고적격 참고).

(사) 법령해석

행정청이 국민의 질의에 대하여 행한 법령해석은 법원을 구속하지 못함은 물론, 그 상대방이나 기타 관계자들의 법률상의 지위에 직접적인 변동을 초래하는 것이 아니므로 취소소송의 대상이 아니다(대판 1992. 10. 13, 91누2441).

> **판례** 행정 각 부처의 장 등이 일반 국민의 소관 법령의 해석에 관한 질의에 대하여 하는 회신은 항고소송의 대상이 될 수 없다는 판례
> 행정소송은 구체적인 권리의무에 관한 분쟁을 전제로 하여 제기되는 것으로서 행정소송의 대상이 되는 행정처분은 행정청의 공법상의 행위로서 특정사항에 대하여 법규에 의하여 권리를 설정하고 의무를 명하여 기타 법률상의 효과를 발생케 하는 등 국민의 권리의무에 직접 관계가 있는 행위를 말한다고 할 것인바, 행정 각 부처의 장 등이 일반 국민의 소관 법령의 해석에 관한 질의에 대하여 하는 회신은 법원을 구속하지 못함은 물론 그 상대방이나 기타 관계자들의 법률상의 지위에 직접적으로 변동을 가져오게 하는 것이 아니므로 특별한 사정이 없는 한 그 자체로서 항고소송의 대상이 될 수는 없다(대판 1992. 10. 13, 91누2441).

(아) 중간단계의 행위

최종단계의 행위를 위한 일련의 절차 중 중간단계의 행위는 그 행위 자체만으로 직접 국민의 권리·의무에 변동을 초래하는 경우에는 처분성이 인정되어 취소소송의 대상이 된다.

▶ 예 : ① 토지수용을 위한 사업인정고시행위만으로도 당해 토지에 대한 형질변경금지의무, 측량 등을 위한 출입허용의무 등이 부과된다,
② 지가공시 및 토지 등의 평가에 관한 법률에 의한 표준공시지가 또는 개별공시지가 결정행위도 각종 부담금 및 조세산정의 기준이 되어 국민의 권리·의무나 법률상 이익에 직접 영향을 미친다(대판 1993. 1. 15, 92누12407; 대판 1994. 3. 8, 93누10828)).

그러나 중간단계의 행위 그 자체만으로는 직접 국민의 권리·의무에 변동을 초래하지 아니하는 경우에는 처분성이 없고, 따라서 최종단계의 행정처분을 기다려 이를 대상으로 취소소송을 제기하여야 한다.

▶ 예 : ① 군의관의 신체등위판정행위는 중간단계의 행위에 불과하므로, 최종단계의 행위인 지방병무청장의 병역처분을 대상으로 하여야 한다(대판 1993. 8. 27, 93누3356),
② 운전면허행정처분처리대장에의 벌점기재행위는 운전면허 취소·정지처분의 기초자료로 제공하기 위한 것이고 벌점기재 자체만으로는 구체적인 권익침해를 발생시키지 아니한다(대판 1994. 8. 12, 94누2190).

> **판례** 징병검사시의 신체등위판정은 행정처분이 아니라는 판례
> 병역법상 신체등위판정은 행정청이라고 볼 수 없는 군의관이 하도록 되어 있으며, 그 자체만으로 바로 병역법상의 권리의무가 정하여지는 것이 아니라 그에 따라 지방병무청장이 병역처분을 함으로써 비로소 병역의무의 종류가 정하여지는 것이므로 항고소송의 대상이 되는 행정처분이라 보기 어렵다(대판 1993. 8. 27, 93누3356).

> **판례** 운전면허 행정처분처리대장상 벌점의 배점은 행정처분이 아니라는 판례
> 운전면허 행정처분처리대장상 벌점의 배점은 도로교통법규 위반행위를 단속하는 기관이 도로교통법시행규칙 별표 16의 정하는 바에 의하여 도로교통법규 위반의 경중, 피해의 정도 등에 따라 배정하는 점수를 말하는 것으로 자동차운전면허의 취소, 정지처분의 기초자료로 제공하기 위한 것이고 그 배점 자체만으로는 아직 국민에 대하여 구체적으로 어떤 권리를 제한하거나 의무를 명하는 등 법률적 규제를 하는 효과를 발생하는 요건을 갖춘 것이 아니어서 그 무효확인 또는 취소를 구하는 소송의 대상이 되는 행정처분이라고 할 수 없다(대판 1994. 8. 12, 94누2190).

(자) 자족적 공법행위로서의 신고행위

건축법상 소규모건축물 등은 허가대상건축물이 아니라 단순한 신고만 하면 건축할 수 있는 소위 신고대상건축물이다. 이 경우에 행하는 신고는 행정청에 도달된 때에 당연히 그 효력이 발생되며, 행정청에 의한 별도의 수리행위를 요하지 아니한다고 한다. 만약 행정청이 수리를 거부하거나 반려하더라도 상대방인 국민은 아무 제약없이 적법하게 건축행위를 할 수 있기 때

문에 이는 신고인의 권리나 지위에 아무런 변동을 초래하지 아니한다는 의미에서 **행정처분으로 볼 수 없고** 따라서 이에 대하여 제기된 수리거부취소소송 또는 반려(처분)취소소송은 이를 각하하여야 한다는 것이 우리 판례의 태도이며, 이에 관한 비판적 견해에 관하여는 사인의 공법행위 및 행정절차편의 신고 부분에서 상세히 설명하였다(대판 1999. 10. 22, 98두18435 등).

> **판례** 행정청이 구 건축법 제9조 제1항에 의하여 신고함으로써 건축허가를 받은 것으로 간주되는 사항에 대한 적법한 신고를 수리한 행위는 행정처분이 아니라는 판례
> 구 건축법(1996. 12. 30. 법률 제5230호로 개정되기 전의 것) 제9조 제1항에 의하여 신고를 함으로써 건축허가를 받은 것으로 간주되는 경우에는 건축을 하고자 하는 자가 적법한 요건을 갖춘 신고만 하면 행정청의 수리행위 등 별다른 조치를 기다릴 필요 없이 건축을 할 수 있는 것이므로, 행정청이 위 신고를 수리한 행위가 건축주는 물론이고 제3자인 인근 토지 소유자나 주민들의 구체적인 권리 의무에 직접 변동을 초래하는 행정처분이라 할 수 없다(대판 1999. 10. 22, 98두18435).

한편, 신고가 단순한 신고가 아닌 **완화된 인·허가제로서의 실질을 갖는 경우**에는 판례도 그 거부처분에 대하여 **처분성을 인정**하고 있다(골프연습장업신고, 당구장업신고 및 액화석유가스충전사업 등의 사업자 지위승계사실의 신고에 관한 대판 1993. 4. 27, 93누1374; 대판 1991. 7. 12, 90누8350; 대판 1993. 6. 8, 91누11544 각 참조).

> **판례** 액화석유가스의 안전 및 사업관리법 제7조 제2항에 의한 액화석유가스충전사업 지위 승계신고 수리행위는 행정처분에 해당한다는 판례
> 액화석유가스의 안전 및 사업관리법 제7조 제2항에 의한 사업양수에 의한 지위승계신고를 수리하는 허가관청의 행위는 단순히 양도, 양수자 사이에 발생한 사법상의 사업양도의 법률효과에 의하여 양수자가 사업을 승계하였다는 사실의 신고를 접수하는 행위에 그치는 것이 아니라 실질에 있어서 양도자의 사업허가를 취소함과 아울러 양수자에게 적법히 사업을 할 수 있는 법규상 권리를 설정하여 주는 행위로서 사업허가자의 변경이라는 법률효과를 발생시키는 행위이므로 허가관청이 법 제7조 제2항에 의한 사업양수에 의한 지위승계신고를 수리하는 행위는 행정처분에 해당한다(대판 1993. 6. 8, 91누11544).

4. 재 결

취소소송의 대상은 상술한 처분 외에 『행정심판에 대한 재결』도 포함된다. 여기서 말하는 행정심판에는 반드시 행정심판법에 의한 것만이 아니라, 이의신청·국세심판 등 **모든 항고쟁송에 대한 결정행위가 포함**된다(토지수용에 대한 재결 등과 같이 당사자쟁송인 학문상의 재결신청에 대한 재결은 재결이 아니라 상술한 『처분』에 해당한다고 하여야 『재결은 재결 자체에 고유한 위법이 있는 경우에만 행정소송의 대상이 된다』는 행정소송법 제19조 단서를 제대로 설명할 수 있게 된다).

원래 행정소송의 대상은 원처분을 대상으로 하여야 하는바(**원처분주의**), 그 이유는 이에 대한 재결을 대상으로 할 경우 그 재결이 취소되더라도 원처분이 취소되지 않는 한 원고의 목적은 달성될

수 없기 때문이다. 그러나 원처분주의만을 고집할 경우에는 복효적 행정행위의 제3자와 같이 원처분의 효력을 다툴 수 없거나 다툴 필요가 없는 자가 재결에 의하여 권익이 침해된 경우에 행정구제의 길이 막히기 때문에, 원칙적으로는 원처분주의에 의하되, 재결 자체에 고유한 주체·내용·절차·형식상의 위법이 있는 경우에는 재결도 취소소송의 대상이 되도록 한 것이다(대판 1992. 2. 28, 91누6979).

> **판례** 행정처분무효확인 등의 행정심판청구를 각하한 재결에 대하여 항고소송을 제기할 수 있는 요건
> 행정처분무효확인 등의 행정심판청구를 각하한 재결에 대한 항고소송은 원처분의 존재 여부나 그 유·무효를 이유로 주장할 수 없고, 그 재결 자체에 주체, 절차, 형식 또는 내용상의 위법이 있는 경우에 한한다 할 것이다(대판 1992. 2. 28, 91누6979).

한편, 판례는 "이른바 복효적 행정행위, 특히 제3자효를 수반하는 행정행위에 대한 행정심판청구에 있어서 그 청구를 인용하는 내용의 재결로 인하여 비로소 권리이익을 침해받게 되는 자는 그 인용재결에 대하여 다툴 필요가 있고, 그 인용재결은 원처분과 내용을 달리하는 것이므로 그 인용재결의 취소를 구하는 것은 원처분에는 없는 재결에 고유한 하자를 주장하는 셈이어서 당연히 항고소송의 대상이 된다"고 보아 제3자가 인용재결을 다투는 소송을 재결취소소송으로 본다[대법원 1997.12.23, 선고, 96누10911, 판결].

V. 취소소송의 제기요건

1. 제기요건

소송의 제기요건은 법원에 본안판결을 구하기 위한 요건을 말한다.
취소소송은
① 행정청의,
② 처분 등이 존재하고,
③ 그것의 위법성을 이유로,
④ 원고적격을 가진 자가,
⑤ 피고적격을 가진 행정청을 상대로,
⑥ 일정한 제소기간 내에,
⑦ 일정한 소장에 의하여,
⑧ 예외적으로 또는 임의적으로 행정심판을 거쳐,
⑨ 관할 지방법원에,
⑩ 처분 등의 취소·변경을 구하는 것이므로,

이상의 모든 요건을 갖추어야 적법하고 그렇지 못하면 부적법한 것으로서 본안심리에 들어가지 않고 각하된다.

이상의 요건 중 ① 행정청, ② 처분 등, ④ 원고적격, ⑤ 피고적격, ⑨ 관할 지방법원, ⑩ 처분 등의 취소·변경을 구하는 것은 이미 설명하였으므로(⑩은 제2절 행정소송의 한계 중 의무이행소송에서 설명), 이하에서는 나머지 항목인 ③ 위법성, ⑥ 제소기간, ⑦ 소장, ⑧ 예외적 또는 임의적 행정심판에 관하여 설명하되, ⑧은 예외적 행정심판전치주의라 하여 다음 항에서 따로 설명하고자 한다.

1) 처분 등의 위법성

처분의 부당성은 행정심판의 대상은 되지만 행정소송의 대상은 되지 않는다. 따라서 재량행위에 있어서의 재량권 행사를 그르친 경우에는 **재량권의 일탈·남용**에 이르지 않는 한 취소소송의 대상이 되지 않는다.

행정규칙은 법규가 아니므로 이에 위반한 처분이라도 위법의 문제가 발생하지 아니한다는 것이 종래의 통설이었으나, 오늘날은 행정규칙이 재량준칙으로 작용하는 경우 이에 위반한 처분은 헌법상의 평등원칙을 매개로 하여 위법이 된다고 한다.

선행행위의 위법을 이유로 후행행위의 취소를 구할 수 있는가에 관하여는, 양자가 결합하여 하나의 법률효과를 완성하는 때에는 긍정적으로 해석하여야 하며, 양자가 서로 독립하여 별개의 효과의 발생을 목적으로 하는 경우에는 부정적으로 해석하여야 할 것이다.

2) 제소기간

행정소송법 제20조(제소기간)
① 취소소송은 처분등이 있음을 안 날부터 90일 이내에 제기하여야 한다. 다만, 제18조제1항 단서에 규정한 경우와 그 밖에 행정심판청구를 할 수 있는 경우 또는 행정청이 행정심판청구를 할 수 있다고 잘못 알린 경우에 행정심판청구가 있은 때의 기간은 재결서의 정본을 송달받은 날부터 기산한다.
② 취소소송은 처분등이 있은 날부터 1년(第1項 但書의 경우는 裁決이 있은 날부터 1年)을 경과하면 이를 제기하지 못한다. 다만, 정당한 사유가 있는 때에는 그러하지 아니하다.
③ 제1항의 규정에 의한 기간은 불변기간으로 한다.

행정법관계는 공익과 밀접한 관계가 있으므로 오랫동안 불확정상태에 둘 수 없어 제소기간을 특별히 제한하고 있다.

① **처분**이 있음을 안 날 또는 행정심판의 재결을 거친 경우에는 재결서 정본의 송달을 받은 날로부터 90일 이내에 제기하여야 한다(20①). 이 경우의 행정심판은 필요적 전치주의에 의한 것이든 임의적으로 제기한 것이든 가리지 아니한다. 이 기간은 **불변기간**이므로 법원이 변경할 수 없으나, 원격지 거주자를 위하여 특별히 부가기간을 정하거나(민소159), 당사자에게 책임

없는 사유로 기간 준수가 불가능한 경우에 소송행위의 추완을 인정할 수 있다(민소160).

> **판례**
>
> 처분이 있음을 안 날이란 그 처분의 존재를 현실적으로 안 날을 말하며, 구체적으로 처분의 위법여부를 안 날을 의미하지는 않는다(대판 1974. 7. 26, 73누31).

② **처분이 있은 날** 또는 재결이 있은 날부터 1년이 지나면 제기할 수 없다. 그러나 이는 불변기간이 아니므로 **정당한 사유**가 있는 경우에는 **예외**가 인정된다(20②단).

위 두 기간은 선택적이 아니라 경합적으로 진행되는 것이므로 이들 기간 중 어느 하나가 만료되면 제소기간이 만료된다. 제소기간의 도과여부는 법원의 직권조사사항이다.

처분이 있은 날은 처분의 효력 발생일을 말한다.

3) 소 장

소장의 형식에 관하여는 특별한 규정이 없고 민사소송법이 준용된다(8②). 따라서 **필요적 기재사항**인 ① 당사자 및 법정대리인의 표시, ② **청구의 취지**("○○처분의 취소를 구함" 등), ③ **청구의 원인**(청구의 옳음을 입증할 수 있는 법률적·사실적 논거)만 기재하면 되며, 기타 임의적 기재사항도 기재할 수 있다(예 : 증거서류 등).

> **행정소송 실무사례**
> 청문절차위반 등을 이유로 한 음식점영업정지처분의 취소를 구하는 행정소송의 소장을 예시하면 다음과 같다. 이 사건에 대한 대법원의 판결문은 후술하는 Ⅸ. 취소소송의 판결에서 예시한다.

소 장

원 고　○○○
　　　서울시　○○구　○○동　○○○번지
　위 원고 대리인
　변호사　○○○
　　　서울시　○○구　○○동　○○○번지
피 고　○○구청장

영업정지처분취소청구의 소

청 구 취 지

"피고가 원고에 대하여 1991. 6. 3자로 한 영업정지처분은 이를 취소한다"라는 판결을 구함.

청 구 원 인

1. 원고는 서울특별시 ○○구 ○○동 ○○번지 ○○○라는 상호로 경양식 음식업을 경영하고 있습니다.
2. 그런데 피고는 1991. 6. 3자로 원고에 대하여 1991. 6. 10부터 같은 해 6. 24까지 영업정지 처분을 내렸습니다.
3. 그런데 피고는 위 처분을 함에 있어 영업정지처분장만 1991. 6. 3 밤에 원고에게 교부하였는바, 영업정지처분은 아래와 같은 이유로 위법한 것이므로 당연히 취소되어져야 할 것입니다.
    (1) 피고가 원고에게 교부한 영업정지처분장에는 그 처분일자와 처분사유 등의 기재가 없어 식품위생법 제58조와 동법시행령 제36조 제1항에 위배된 위법한 처분이라 할 것입니다.
    (2) 피고가 위 처분을 함에 있어서는 식품위생법 제64조와 동법시행령 제36조, 제37조에 의한 청문절차를 거쳐야 하고 그 청문서는 청문일 7일 전에 원고 또는 그 대리인에게 도달되도록 발송하여야 함에도 불구하고 피고는 똑같은 위반사항인 영업장 무단확장에 대해 청문일을 1991. 5. 28로 한 청문서는 같은 달 23일 밤에 인편으로 원고에게 송달하여 7일 기간을 주지 않았고, 청문일을 1991. 6. 3로 한 청문서는 같은 해 5. 28 등기우편으로 원고에게 송달함으로써 이 또한 7일의 기간을 주지 않았으므로 위 처분은 적법한 청문절차를 거치지 않은 위법이 있다 할 것입니다.
    (3) 위 1991. 6. 3을 청문일로 한 청문서가 설사 7일 기간 전에 원고에게 송달되었다 하더라도 출석요구시간이나 청문에 대한 청문서에 소명요지를 기재하여 제출할 시간의 특정이 없는 한 1991. 6. 3이 경과되어야만 원고가 청문에 응하지 않거나 청문서를 제출하지 아니한 때에 해당되는바, 청문일이 경과되지도 않은 바로 그 청문일로 지정된 1991. 6. 3자로 위와 같은 영업정지 처분을 한 것 또한 적법한 청문절차를 밟은 행정처분으로 볼 수 없다 할 것이므로, 이 점에서도 위 처분은 위법하다 할 것입니다.
    (4) 피고가 원고에게 보낸 출석요구서에 위반사항으로 영업장 무단확장 또는 객장 무단확장으로 기재되어 있어 위 처분이 위 위반사항에 원인한 것으로 보이는바, 위 처분사유가 무엇을

뜻하는지 불명하며 더구나 그에 대한 적용법조조차 밝히지 않고 있어 식품위생법의 어느 조항에 위반한 것인지도 명백치 않아 이 점에서도 청문절차나 그에 의한 행정처분이 위법하다 아니할 수 없습니다.

이상과 같은 이유로 위 영업정지 처분은 위법한 행정처분이므로 그 취소를 구하고자 본소 청구에 이른 것입니다.

첨 부 서 류

1. 사업자등록증 1통
2. 영업정지처분장 1통
3. 행정처분에 따른 청문서 2통
4. 행정심판청구서 접수증 1통
5. 위임장 1통

1991. 6.

위 원고 대리인
변호사 ○ ○ ○

서 울 고 등 법 원 귀 중

2. 소의 변경

행정소송법 제21조(소의 변경)
① 법원은 취소소송을 당해 처분등에 관계되는 사무가 귀속하는 국가 또는 공공단체에 대한 당사자소송 또는 취소소송외의 항고소송으로 변경하는 것이 상당하다고 인정할 때에는 청구의 기초에 변경이 없는 한 사실심의 변론종결시까지 원고의 신청에 의하여 결정으로써 소의 변경을 허가할 수 있다.
④ 제1항의 규정에 의한 허가결정에 대하여는 제14조제2항·제4항 및 제5항의 규정을 준용한다.
22조(처분변경으로 인한 소의 변경)
① 법원은 행정청이 소송의 대상인 처분을 소가 제기된 후 변경한 때에는 원고의 신청에 의하여 결정으로써 청구의 취지 또는 원인의 변경을 허가할 수 있다.
② 제1항의 규정에 의한 신청은 처분의 변경이 있음을 안 날로부터 60일 이내에 하여야 한다.
③ 제1항의 규정에 의하여 변경되는 청구는 제18조제1항 단서의 규정에 의한 요건을 갖춘 것으로 본다.

1) 개 념

소의 변경이란 『소송의 계속 중에 원고가 소송의 대상인 청구의 취지를 변경하는 것』을 말하며, 행정소송법은 다음의 두 종류를 인정하고 있다.

2) 소의 종류의 변경

법원은 취소소송을 당해 처분 등에 관계되는 사무가 귀속되는 국가 또는 공공단체를 피고로 하는 당사자소송(예 : 세무서장에 대한 조세부과취소소송을 제기한 후 세금을 납부해 버린 경우에, 위법인 과세처분을 이유로 국가에 대한 부당이득반환청구소송으로 변경) 또는 취소소송 외의 다른 항고소송(예 : 무효 등 확인소송 또는 부작위위법확인소송)으로 변경하는 것이 상당하다고 인정할 때에는, 『청구의 기초』에 변경이 없는 한 사실심의 변론 종결시까지, 원고의 신청에 의하여 결정으로써 소의 변경을 허가할 수 있다(21①).

반대로 당사자소송을 (행정청을 상대로 하는) 취소소송으로 변경하거나(42), 무효 등 확인소송·부작위위법확인소송을 취소소송으로 변경하는 것(37)도 같은 요건 하에서 허가할 수 있다.

여기서 『청구의 기초』에 변경이 없어야 한다는 것은 원고가 소송에 의하여 구제받고자 하는 『법률상 이익』의 동일성이 유지되어야 한다는 의미이다.

당사자소송으로 변경하면 피고가 행정청에서 국가 또는 공공단체로 변경되는 것이며, 이는 원래 민사소송에서는 소송관계의 동일성이 상실되므로 불허되는 것이지만 행정소송에서는 특별히 인정하되, 다만 새로이 피고로 될 자의 의견을 듣도록 하고 있다(21①).

3) 원처분의 변경으로 인한 소의 변경

취소소송의 계속 중에 피고인 행정청이 스스로 소송의 대상인 처분을 변경한 경우(예 : 의사면허취소를 면허정지처분으로 변경)에는, 원고의 신청이 있으면 법원의 결정으로 청구의 취지 또는 청구의 원인의 변경을 허가할 수 있도록 하였다(22①②). 또한 원처분의 변경으로 인한 소의 변경의 경우에는 필요적 행정심판전치주의의 적용을 받는 사건이라 하더라도 행정심판절차를 거칠 필요가 없도록 함으로써 원고의 불편이 없도록 배려하고 있다(22③).

원처분의 변경으로 인한 소의 변경제도는 피고의 행위로 말미암아 소송의 대상이 소멸되었기 때문에, 당초의 소를 각하하고 새로운 처분에 대한 새로운 소의 제기라는 불필요한 절차의 반복으로 원고에게 피해를 주는 것을 방지하기 위한 제도로서, 원고는 원처분의 변경사실을 안 날로부터 60일 이내에 소 변경을 신청하여야 한다. 소의 변경결정이 있으면 새로운 소는 구소(舊訴)가 처음 제기된 때에 제기된 것으로 보고, 구소는 취하된 것으로 본다(21④, 14④⑤).

3. 처분사유의 추가변경

처분의 당시에는 존재하였으나 행정청이 처분의 근거로 삼지 않았던 사유를 행정쟁송의 단계에서 추가하거나 그 내용을 변경하는 것을 처분사유의 추가변경이라 한다.

▶ 예 : 공무원에 대한 징계처분의 근거로서 청렴의무위반을 제시하였는데 소송 도중에 법원이 이러한 근거를 받아들일 것 같지 않으므로 재차 법령준수의무위반으로 근거를 변경하려는 경우.

소의 변경은 원고가 행하는 것이지만, 피고도 취소소송의 진행중에 당초의 행정처분사유를 추가하거나 변경할 수 있는가의 문제가 제기될 수 있다.

학설은 ① 행정소송에 있어서 양 당사자는 자기에게 유리한 모든 주장을 할 수 있으므로 가능하다는 긍정설과, ② 당초의 처분사유를 변경하는 것은 별개의 새로운 행정처분에 의하여 행하여져야 할 것이라는 이유로 이를 불허하는 부정설 등이 있으나, 우리 판례는 중간적 입장에서 당초의 처분이유와 '기본적 사실관계에 있어서 동일성'을 해치지 아니하는 범위 안에만 이를 허용하고 있으며, 그 근거로 들고 있는 것이 바로 신뢰보호의 원칙이다(대판 1992. 8. 18, 91누3659).

처분사유의 추가·변경은 사실심변론종결시까지 허용된다는 것이 판례의 태도이다(대판 1999. 8, 20, 98두17043).

> **판례** 행정처분의 취소를 구하는 항고소송에서 당초 처분의 근거로 삼은 사유와 기본적 사실관계에 있어서 동일성이 인정되지 않는 별개의 사실을 들어 처분청이 처분사유로 주장하거나 법원이 처분사유로 인정할 수는 없다는 판례
> 행정처분의 취소를 구하는 항고소송에 있어서는 실질적 법치주의와 행정처분의 상대방인 국민에 대한 신뢰보호라는 견지에서 처분청은 당초 처분의 근거로 삼은 사유와 기본적 사실관계에 있어서 동일성이 인정되는 한도 내에서만 새로운 처분사유를 추가하거나 변경할 수 있을 뿐 기본적 사실관계와 동일성이 인정되지 않는 별개의 사실을 들어 처분사유로 주장하는 것은 허용되지 아니하며 법원으로서도 당초의 처분사유와 기본적 사실관계의 동일성이 없는 사실은 처분사유로 인정할 수 없는 것이다(대판 1992. 8. 18, 91누3659).

Ⅵ. 취소소송의 제기효과 - 집행부정지의 원칙

1. 취소소송의 제기효과

1) 법원 등에 대한 효과(주관적 효과)

취소소송의 제기로 사건은 법원에 계속되어 법원은 이를 심리·판결해야 할 의무를 지게 되며, 당사자는 동일사건에 대하여 다시 소를 제기하지 못하게 된다(민소234 - 중복제소의 금지).

2) 처분에 대한 효과(객관적 효과)

취소소송이 제기되었다고 하여 소송의 대상인 처분의 집행을 정지시키면 행정의 계속성이 저해되어 공공복리에 영향을 끼치며(예 : 퇴폐유흥음식점의 영업행위 계속, 마약중독자의 운전행위의 계속, 부실시공건설업자의 시공행위의 계속 등), 소송제기를 남용할 우려도 있으므로 행정심판의 경우와 마찬가지로 집행부정지를 원칙으로 하고 예외적으로 집행정지의 결정을 할 수 있도록 하였다(23).

행정소송법 제23조(집행정지)
① 취소소송의 제기는 처분등의 효력이나 그 집행 또는 절차의 속행에 영향을 주지 아니한다.
② 취소소송이 제기된 경우에 처분등이나 그 집행 또는 절차의 속행으로 인하여 생길 회복하기 어려운 손해를 예방하기 위하여 긴급한 필요가 있다고 인정할 때에는 본안이 계속되고 있는 법원은 당사자의 신청 또는 직권에 의하여 처분등의 효력이나 그 집행 또는 절차의 속행의 전부 또는 일부의 정지(이하 "執行停止"라 한다)를 결정할 수 있다. 다만, 처분의 효력정지는 처분등의 집행 또는 절차의 속행을 정지함으로써 목적을 달성할 수 있는 경우에는 허용되지 아니한다.
③ 집행정지는 공공복리에 중대한 영향을 미칠 우려가 있을 때에는 허용되지 아니한다.
④ 제2항의 규정에 의한 집행정지의 결정을 신청함에 있어서는 그 이유에 대한 소명이 있어야 한다.
⑤ 제2항의 규정에 의한 집행정지의 결정 또는 기각의 결정에 대하여는 즉시항고할 수 있다. 이 경우 집행정지의 결정에 대한 즉시항고에는 결정의 집행을 정지하는 효력이 없다.
⑥ 제30조제1항의 규정은 제2항의 규정에 의한 집행정지의 결정에 이를 준용한다.
제24조(집행정지의 취소)
① 집행정지의 결정이 확정된 후 집행정지가 공공복리에 중대한 영향을 미치거나 그 정지사유가 없어진 때에는 당사자의 신청 또는 직권에 의하여 결정으로써 집행정지의 결정을 취소할 수 있다.
제29조(취소판결등의 효력)
① 처분등을 취소하는 확정판결은 제3자에 대하여도 효력이 있다.
② 제1항의 규정은 제23조의 규정에 의한 집행정지의 결정 또는 제24조의 규정에 의한 그 집행정지결정의 취소결정에 준용한다.

---

2. 집행부정지의 원칙

집행부정지의 이론적 근거를 종전에는 행정행위의 공정력 내지는 자력집행력에서 논리필연적으로 도출되는 것으로 보았으나, 오늘날은 상술한 행정의 계속성의 보장 등의 입법정책적인 배려에서 나온 원칙이라고 한다. 입법정책적으로는 독일과 같이 집행정지의 원칙을 채택하는 것이 바람직하다는 견해도 있으나, 행정적인 측면에서의 공익과 사익의 조화를 고려하면 집행부정지의 원칙을 취할 수 밖에 없을 것이다. 우리의 현행 행정소송법은 집행부정지를 원칙으로 하고 예외적으로 집행정지(執行停止)를 인정하여(23①), 행정작용의 계속적인 수행을 보장하고 있다.

3. 집행정지의 결정

> **▶ 사례연습**
> 사행행위 영업의 하나인 투전기영업허가를 받은 甲은 3년의 허가유효기간이 얼마 남지 아니하여 허가관청에 대하여 허가갱신신청을 하였으나 거부당하였다. 이에 甲은 허가갱신거부처분 취소소송을 제기함과 동시에 허가갱신거부처분의 집행정지결정을 신청하였다.
> 甲의 집행정지 주장의 당부와 그 논거를 제시하시오.

1) 집행정지의 의의

취소소송이 제기된 경우에 처분 등이나 그 집행 또는 절차의 속행으로 인하여 생길 회복하기 어려운 손해를 예방하기 위하여 긴급한 필요가 있다고 인정할 때에는, 본안에 관한 소송이 계속되어 있는 법원은, 당사자의 신청 또는 직권에 의하여, **처분 등의 효력이나 그 집행 또는 절차의 속행의** 전부 또는 일부의 **정지를 결정할 수 있다**(23②). 동조는 확정판결이 있을 때까지 원고의 권익를 보전해서 권익회복의 불능사태가 발생하는 것을 방지하려는 데 그 목적이 있다.

집행정지의 결정은 무효 등 확인소송에 있어서도 준용된다(38①).

2) 집행정지결정의 요건

행정심판에 있어서의 집행정지의 요건과 같다. 행정소송법은 그 요건으로서 『당해 처분이나 그 집행 또는 절차의 속행으로 인하여 당사자에게 생길 수 있는 회복하기 어려운 손해를 예방하기 위하여 긴급한 필요가 있다고 인정되는 경우』에 법원의 결정에 의해 처분의 효력을 정지할 수 있도록 하고 있다(23②).

① 적극적 요건

(가) 집행정지 대상인 처분의 존재

이는 이 제도가 행정소송제도와 연계하여 잠정적으로 행정기관의 처분 또는 그 효과로부터 당사자를 보호하기 위해서 존재하는 것이기 때문이다. 따라서 이미 집행이 완료되거나 처분의 목적이 달성된 경우에는 집행정지는 인정되지 않는다. 또한 부작위는 집행정지의 대상이 존재하지 아니하므로 부작위위법확인소송에서는 집행정지가 인정되지 아니하며, 취소소송 중에서도 **거부처분**에 대한 취소소송 역시 집행정지로 인하여 회복될 그 무엇이 존재하지 아니하므로 인정되지 아니한다고 하겠다(대결 1995. 6. 21, 95두26).

> **판례**   행정청의 거부처분은 효력정지를 구할 이익이 없다는 판례
>
> 신청에 대한 거부처분의 효력을 정지하더라도 거부처분이 없었던 것과 같은 상태, 즉 거부처분이 있기 전의 신청시의 상태로 되돌아가는 데에 불과하고 행정청에게 신청에 따른 처분을 하여야 할 의무가 생기는 것이 아니므로, 거부처분의 효력정지는 그 거부처분으로 인하여 신청인에게 생길 손해를 방지하는 데 아무런 보탬이 되지 아니하여 그 효력정지를 구할 이익이 없다(대결 1995. 6. 21, 95두26).

> **판례**   투전기업소허가갱신신청을 거부한 불허처분에 대하여 그 불허처분의 효력정지를 구할 이익이 없다 하여 효력정지신청을 각하한 판례
>
> 투전기업소허가갱신신청을 거부한 불허처분의 효력을 정지하더라도 이로 인하여 신청인에게 허가의 효력이 회복되거나 또는 행정청에게 허가를 갱신할 의무가 생기는 것은 아니므로 불허처분의 효력정지로서는 신청인이 입게 될 손해를 피하는 데 아무런 보탬이 되지 아니하여 그 불허처분의 효력정지를 구할 이익이 없다(대판 1992. 2. 13, 91두47).

> **판례**   교도소장의 접견허가신청에 대한 거부처분은 효력정지의 필요성이 없다는 판례
>
> 허가신청에 대한 거부처분은 그 효력이 정지되더라도 그 처분이 없었던 것과 같은 상태를 만드는 것에 지나지 아니하는 것이고 그 이상으로 행정청에 대하여 어떠한 처분을 명하는 등 적극적인 상태를 만들어 내는 경우를 포함하지 아니하는 것이므로, 교도소장이 접견을 불허한 처분에 대하여 효력정지를 한다 하여도 이로 인하여 위 교도소장에게 접견의 허가를 명하는 것이 되는 것도 아니고 또 당연히 접견이 되는 것도 아니어서 접견허가거부처분에 의하여 생길 회복할 수 없는 손해를 피하는 데 아무런 보탬도 되지 아니하니 접견허가거부처분의 효력을 정지할 필요성이 없다(대판 1991. 5. 2, 91두15).

(나) 본안소송의 계속

이는 행정소송제기가 적법하게 이루어져 있을 것을 요구하는 것이며, 행정소송제기의 형식적 요건을 그르친 경우에는 본안소송이 계속되지 않는 것으로 본다.

(다) 회복하기 어려운 손해발생의 우려

집행정지는 행정처분 자체로 인하여, 또는 그 집행이나 절차의 속행으로 인하여 회복하기 어려운 손해가 발생할 우려가 있을 경우에만 인정된다. 여기서 『회복하기 어려운 손해』의 개념에 대하여는 여러 학설이 있으나, 특별한 사정이 없는 한 금전으로 보상할 수 없는 손해로서 이는 **금전보상이 불능**인 경우 내지는 금전보상으로는 사회관념상 행정처분을 받은 당사자가 참고 견딜 수 없거나 또는 참고 **견디기가 현저히 곤란한 경우**의 유형, 무형의 손해를 일컫는다. 그리고 기업의 경우에는 경제적 손실이나 기업 이미지 및 신용의 훼손으로 인하여 사업자의 자금사정이나 경영전반에 미치는 파급효과가 매우 중대하여 사업자체를 계속할 수 없거나 **중대한 경영상의 위기**를 맞게 될 것으로 보이는 등의 사정이 존재하여야 한다(판례 참조).

> **판례**   행정소송법 제23조 제2항 소정의 행정처분 등의 집행정지 요건인 '회복하기 어려운 손해'의 의미 및 기업의 손해가 이에 해당하기 위한 요건
>
> 행정소송법 제23조 제2항에 정하고 있는 행정처분 등의 집행정지 요건인 '회복하기 어려운 손해'라 함은

특별한 사정이 없는 한 금전으로 보상할 수 없는 손해로서 이는 금전보상이 불능인 경우 내지는 금전보상으로는 사회관념상 행정처분을 받은 당사자가 참고 견딜 수 없거나 또는 참고 견디기가 현저히 곤란한 경우의 유형, 무형의 손해를 일컫는다 할 것인바, 당사자가 처분 등이나 그 집행 또는 절차의 속행으로 인하여 재산상의 손해를 입거나 기업 이미지 및 신용이 훼손당하였다고 주장하는 경우에 그 손해가 금전으로 보상될 수 없어 '회복하기 어려운 손해'에 해당한다고 하기 위해서는 그 경제적 손실이나 기업 이미지 및 신용의 훼손으로 인하여 사업자의 자금사정이나 경영전반에 미치는 파급효과가 매우 중대하여 사업자체를 계속할 수 없거나 중대한 경영상의 위기를 맞게 될 것으로 보이는 등의 사정이 존재하여야 한다.

향정신병 치료제의 요양급여 인정기준에 관한 보건복지부 고시의 효력이 계속 유지됨으로 인한 제약회사의 경제적 손실, 기업 이미지 및 신용의 훼손은 행정소송법 제23조 제2항 소정의 집행정지의 요건인 '회복하기 어려운 손해'에 해당하지 않는다(대판 2003. 10. 9, 2003무23).

> **판례** 과징금납부명령의 처분이 사업자의 자금사정이나 경영전반에 미치는 파급효과가 매우 중대하다는 이유로 그로 인한 손해는 효력정지 내지 집행정지의 적극적 요건인 '회복하기 어려운 손해'에 해당한다고 한 판례

사업여건의 악화 및 막대한 부채비율로 인하여 외부자금의 신규차입이 사실상 중단된 상황에서 285억 원 규모의 과징금을 납부하기 위하여 무리하게 외부자금을 신규차입하게 되면 주거래은행과의 재무구조개선약정을 지키지 못하게 되어 사업자가 중대한 경영상의 위기를 맞게 될 것으로 보이는 경우, 그 과징금납부명령의 처분으로 인한 손해는 효력정지 내지 집행정지의 적극적 요건인 '회복하기 어려운 손해'에 해당한다(대결 2001. 10. 10, 2001무29).

(라) 본안판결을 기다릴 여유가 없는 긴급한 필요

시간적인 긴급성의 판단은 『회복하기 어려운 손해발생의 우려』와 연계하여 판단되어야 하며, 대체로 이 요건이 충족되면 시간적으로도 긴급한 것으로 인정되어야 할 것이다.

② 소극적 요건

집행정지 결정을 하기 위하여 존재하여서는 아니되는 요건을 말하는바, 상술한 적극적 요건이 모두 충족된 경우에도 집행정지가 『공공복리에 중대한 영향을 미칠 우려』가 있을 때에는 청구인의 권익보전을 희생시키고 공공복리를 우선시켜 집행정지결정을 할 수 없도록 하였다.

▶ 예 : ① 붕괴위험이 있는 건축물에 대한 공사중지명령에 대하여 취소심판을 제기하면서 그 집행정지를 신청한 경우, ② 악취·폐수·매연발생공장에 대한 가동중지명령에 대하여 취소심판을 제기하면서 그 집행정지를 신청한 경우 등.

3) 집행정지결정의 성질

① 사법작용

집행정지결정이 행정작용이라는 견해도 있으나, 집행정지결정은 사법절차에 의한 권리구제 수단의 일종이며, 사법작용에는 반드시 본안에 대한 재판절차뿐만 아니라 이에 부수되는 가구제절차도 당연히 포함된다고 보아야 할 것이므로 사법작용으로 보아야 한다.

② 현상유지적·소극적 가처분

본안판결이 있을 때까지 잠정적으로 처분의 효력을 정지시키는 현상유지적·소극적인 가처분의 성격을 띤다. 바로 이 점에 집행정지제도의 한계가 있으며, 후술하는 가처분제도의 도입을 검토할 필요성이 제기된다.

따라서 집행정지결정은 잠정성·긴급성 및 본안소송에의 부종성이라는 특성을 지닌다.

4) 집행정지결정의 대상

집행정지결정은 처분의 효력, 처분의 집행 및 절차의 속행정지를 그 내용으로 하며, 그 전부에 대해서 또는 일부에 대해서 행할 수 있다(23②).

① 처분의 효력정지

처분의 내용에 따르는 구속력, 공정력, 집행력 등의 효력을 정지함으로써 당사자에 대한 효과에 있어서 당해 처분이 잠정적으로 존재하지 아니한 상태로 두는 것을 말한다.

그러나 행정심판에 있어서의 집행정지제도와 마찬가지로 후술하는 처분의 집행정지 또는 절차의 속행정지만으로 집행정지의 목적을 달성할 수 있을 경우에는 처분의 효력정지는 허용되지 아니한다고 함으로써(23②단), 행정의 계속성을 최대한 보장하도록 하였다.

▶ 예 : 피고인에 대한 교도소이송처분의 집행이 완료되어 진주교도소로 이미 이송되어 버린 상태라면 더 이상 남아있는 처분 또는 절차는 없기 때문에 '처분의 집행정지' 또는 '절차의 속행정지'로는 그 목적을 달성할 수 없게 되며 따라서 이 경우에는 교도소이송처분 그 자체의 효력정지신청을 하여야 할 것이다. 반대로 교도소이송처분이 아직 집행되기 전의 상태라고 한다면 '처분의 집행정지'만으로도 목적을 달성할 수 있기 때문에 이 경우에는 '처분의 집행정지'를 신청하여야 할 것이다.

② 처분의 집행정지

처분의 효력은 유지하되 이를 실현하기 위한 집행력의 행사만을 정지하는 것을 말한다.

▶ 예 : 강제퇴거명령을 받은 외국인이 실제로 퇴거처분이 집행까지 되지는 아니한 상태라면 강제퇴거명령의 효력은 그대로 유지하되, 그 현실적인 집행만 정지하더라도(처분의 집행정지) 목적이 달성된다.

③ 절차의 속행정지

행정처분의 효력은 유지하면서 행정처분에 따르는 일련의 남아 있는 후속절차만을 정지시키는 것을 말한다.

▶ 예 : 행정대집행절차 중 대집행의 계고처분의 효력은 유지시키되, 후속절차인 대집행영장에 의한 통지를 정지시키는 것.

5) 집행정지결정의 절차

당사자의 신청에 의하거나 직권에 의하여 법원의 결정으로 행하며, 당사자가 신청할 경우에는 그 이유에 대한 소명이 있어야 한다(23④). 여기서 법원은 상술한 집행정지 요건의 구비 여부만을 판단대상으로 하여야 하며, 본 안에서의 인용가능성은 판단대상이 되어서는 아니 됨은 행정심판에서 설명한 바와 같다(대결 1990. 6. 22, 90두6; 대결 1990. 12. 6, 90두13).

> **판례** 행정처분의 집행정지신청을 기각한 결정에 대하여 그 처분 자체의 적법여부를 불복 사유로 삼을 수 있는지 여부(소극)
> 행정처분의 효력정지나 집행정지를 구하는 신청사건에 있어서는 그 행정처분의 효력이나 집행을 정지시킬 필요가 있는지의 여부, 즉 행정소송법 제23조 제2항 소정 요건의 존부만이 판단대상이 되는 것이므로, 이러한 요건을 결여하였다는 이유로 집행정지신청을 기각한 결정에 대하여는 행정처분 자체의 적법여부를 가지고 불복사유로 삼을 수 없다(대결 1990. 6. 22, 90두6).

그러나 집행정지사건 자체만으로 판단하여도 본안에서 원처분의 취소가능성이 없음이 명백한 경우에까지 집행정지를 인정한다는 것은 이 제도의 취지에 반하므로 이 경우에는 집행정지의 결정을 할 수 없다고 하겠다(대결 1992. 6. 8, 92두14; 대결 1992. 8. 7, 92두30; 대결 1994. 10. 11, 94두23).

> **판례** [1] 행정처분의 효력정지나 집행정지를 구하는 신청사건에 있어서의 판단대상
> [2] 위 '가'항의 집행정지사건 자체에 의하여도 본안청구가 이유 없음이 명백하지 않아야 한다는 것도 집행정지의 요건인지 여부(적극)
> [1] 행정처분의 효력정지나 집행정지를 구하는 신청사건에 있어서는 행정처분 자체의 적법 여부는 궁극적으로 본안재판에서 심리를 거쳐 판단할 성질의 것이므로 원칙적으로는 판단할 것이 아니고 그 행정처분의 효력이나 집행을 정지할 것인가에 대한 행정소송법 제23조 제2항 소정의 요건의 존부만이 판단의 대상이 된다고 할 것이다.
> [2] 위 '가'항의 집행정지는 공공복리에 중대한 영향을 미칠 우려가 없어야 허용되고, 이 제도는 신청인이 본안소송에서 승소판결을 받을 때까지 그 지위를 보호함과 동시에 후에 받을 승소판결을 무의미하게 하는 것을 방지하려는 것이어서 본안소송에서의 처분의 취소가능성이 없음에도 처분의 효력이나 집행의 정지를 인정한다는 것은 제도의 취지에 반하므로 집행정지사건 자체에 의하여도 신청인의 본안청구가 이유 없음이 명백하지 않아야 한다는 것도 집행정지의 요건에 포함시켜야 할 것이다(대결 1992. 6. 8, 92두14).

6) 집행정지결정의 효력

집행정지결정은 그 결정내용에 따라 처분의 효력, 처분의 집행 또는 절차의 속행의 전부 또는 일부를 정지시키는 효력을 발생한다. 법원에 의해 집행정지결정이 내려지면 당해 처분의 당사자와 관계행정기관은 이에 구속을 받게 되어 기속력이 발생하며, 처분 이전의 상태를 유지하는 형성력도 발생한다.

① 형성력

처분의 효력을 정지시킴으로써 당해 처분이 없었던 것과 같은 상태를 실현시키는 형성력이 있다. 따라서 집행정지결정 이후에 동 결정에 위반된 처분의 집행 또는 절차의 속행행위는 **무효가** 된다(대판 1961. 11. 23, 4294행상3). 그러나 정지결정 직전까지 형성된 법률관계에는 아무런 영향을 미치지 못한다(예 : 3월의 영업정지처분기간 중 1월이 경과한 후에 집행정지결정이 있은 경우 이미 영업을 정지했던 1월은 어쩔 수 없다).

② 기속력

집행정지결정은 본 안에 대한 취소판결에 준하여 당사자인 행정청과 그 밖의 관계행정청 및 제3자에 대하여도 효력이 미친다(대세적 효력. 예 : 인근 주민이 낸 건축허가처분 집행정지결정의 효력이 건축허가를 받은 자에게도 미친다. 23⑥).

7) 집행정지결정에 대한 불복

집행정지결정 또는 그 기각결정에 대하여는 법원에 즉시항고를 할 수 있으나, 이 즉시항고에는 결정의 집행을 정지하는 효력이 없다(23⑤).

8) 집행정지결정의 취소

집행정지결정 후에도 그것이 공공복리에 중대한 영향을 미치거나 또는 집행정지의 사유가 소멸한 때에는 법원은 당사자의 신청 또는 직권에 의한 결정으로 집행정지결정을 취소할 수 있다(24①). 여기서 당사자에는 행정청과 복효적 행정행위의 수익자인 상대방(소송상으로는 제3자)도 포함된다.

집행정지결정의 취소에 대하여도 즉시항고를 할 수 있다(24②).

사례연습 해설

판례는 "투전기업소허가갱신신청을 거부한 불허처분의 효력을 정지하더라도 이로 인하여 신청인에게 유효기간이 만료된 허가의 효력이 회복되거나 또는 행정청에게 허가를 갱신할 의무가 생기는 것은 아니므로 불허처분의 효력정지로서는 신청인이 입게 될 손해를 피하는 데에 아무런 보탬이 되지 아니하여 그 불허처분의 효력정지를 구할 이익이 없다"(대판 1992.2.13, 91두47)고 하여 집행정지신청의 이익을 부정하였다. 그러나 원칙적으로 거부처분의 집행정지신청은 거부처분의 효력을 정지하더라도 거부처분이 없었던 것과 같은 상태, 즉 거부처분이 있기 전의 신청시의 상태로 되돌아가는 데에 불과하기 때문에 인정할 실익이 없다는 이유로 이를 부정해야 한다. 다만, 허가갱신의 거부처분의 경우 신청인의 법적 지위가 거부처분이 있기 전까지는 허가의 효력이 법에 의해 지속되므로, 집행정지신청의 이익이 있다고 볼 수 있다. 따라서 이 사안과 같은 허가갱신거부처분취소소송에서는 집행정지의 신청이익을 인정해야 한다.

4. 가처분

1) 의 의

상술한 집행정지결정은 어디까지나 이미 행하여진 침해적 행위에 대한 소극적·현상유지적 보전처분의 성격을 가질 뿐이며, 수익적 행정처분의 신청에 대한 부작위 또는 거부처분에 대하여 적극적으로 잠정적인 수익적 처분을 할 것을 명하거나, 장래 행하여질 우려가 있는 침해적 처분의 금지를 명하는 작용은 아니다. 따라서 이러한 경우에 민사소송법상의 가처분제도(714)를 준용하여 원고의 권리구제에 기여할 수 있는가에 관하여 논란이 있게 되었다.

> 즉, '가처분'이란 금전채권 외의 계쟁물에 관한 청구권의 집행을 보전하거나 임시적인 지위를 정해, 후일 법률관계가 확정될 때까지 잠정적인 법률관계를 정하는 절차를 말한다.

따라서 우리 행정소송법(8②)상의 민사소송법 준용규정에 근거하여 민사소송상의 가처분규정의 준용가능성에 관하여 견해가 대립되고 있다.

2) 학 설

① 소극설

사법부가 행정부를 대신하여 적극적 형성행위를 하는 것은 비록 잠정적인 것일지라도 권력분립의 원칙에 반하며, 이러한 의미에서 행정소송법(23)상의 집행정지제도는 민사소송법상의 가처분제도의 포괄적인 적용을 배제하기 위한 『특별한 규정』이므로 동법(8②)상 『행정소송에 관하여 이 법에 특별한 규정이 없는 사항에 대하여는 민사소송법의 규정을 준용한다』는 규정의 반대해석으로 민소법상의 가처분제도는 준용될 수 없다고 한다(대결 1992. 7. 6, 92마54; 대판 1973. 3. 13, 72다2621; 대결 1959. 11. 20, 4292행항2).

다만, 행정처분이 무효인 경우에는 가처분이 허용된다는 견해도 있다.

> **판례** 행정소송에 있어서는 민사소송법상의 가처분 제도를 준용할 수 없다는 판례
> 민사소송법상의 보전처분은 민사판결절차에 의하여 보호받을 수 있는 권리에 관한 것이므로, 민사소송법상의 가처분으로써 행정청의 어떠한 행정행위의 금지를 구하는 것은 허용될 수 없다 할 것이다(대결 1992. 7. 6, 92마54).

② 적극설

권리구제의 실효성을 확보하기 위하여서는 가처분제도가 필요하며, 또한 권력분립의 궁극목표도 3권 간의 억제와 균형을 통한 국민의 기본권보호에 있다는 점, 그리고 행정소송법(23)의 집행정지제도가 민사소송법상의 가처분제도의 적용을 배제하기 위하여 둔 『특별한 규정』

이라고 볼 수는 없다는 점과, 일본의 행정사건소송법(44)은 명문으로 민사소송법상의 가처분 규정의 준용을 배제하고 있지만 우리는 이러한 준용배제조항이 없다는 점 등을 이유로 가처분제도가 준용될 수 있다고 한다.

3) 사 견

수익적 행정처분의 신청에 대한 부작위 또는 거부처분에 대하여 잠정적으로 일정한 수익적 처분(임시건축허가·임시생계비지급·임시도로점용허가·임시여권발급 등)을 할 것을 명하거나, 장래에 행하여질 우려가 있는 침해적 처분(건설업면허·의사면허의 정지처분 등)의 금지를 명하기 위하여서는 결국 독일에서와 같이 **의무이행소송** 또는 **예방적 부작위청구소송**이 본안소송으로 인정되어야만 가능한 것이며, 이들이 인정되지 아니하는 우리의 소송구조상으로는 비록 잠정적 성격의 가처분이라 할지라도 허용되기 어려운 것이 아닌가 생각된다.

Ⅶ. 예외적 행정심판전치주의

1. 개 설

구 행정소송법은 필요적 행정심판전치주의를 채택하고 있었으나, 1994. 7. 14 개정되어 1998. 3. 1부터 시행되고 있는 현행 행정소송법(18①)은 『취소소송은 법령의 규정에 의하여 당해 처분에 대한 행정심판을 제기할 수 있는 경우에도 이를 거치지 아니하고 제기할 수 있다. 다만 다른 법률에 당해 처분에 대한 행정심판의 재결을 거치지 아니하면 취소소송을 제기할 수 없다는 규정이 있는 때에는 그러하지 아니하다』라고 규정하여, 원칙적으로 행정심판임의주의를 채택하고 있으며, 예외적으로 각 개별법률이 규정하고 있는 경우에만 행정심판전치주의를 채택하고 있다. 이는 행정심판의 경제적·기능적 장점에도 불구하고 행정기관이 스스로 심판관의 지위에 선다는 기본적인 문제점에 기인하여 도입된 제도이다.

현행 행정소송법은 행정소송에 3심제를 도입함으로써 종래 제1심의 성격을 가지고 있던 행정심판제도를 예외적으로 각 개별법률, 예컨대 국가공무원법(16) 및 지방공무원법(20의②) 상의 **공무원징계처분**, 국세기본법(56)·관세법(38의②) 상의 **조세부과처분**, 도로교통법(101의3) 상의 **운전면허취소·정지처분** 등 각 개별법률이 행정심판의 재결을 거치지 아니하면 행정소송을 제기할 수 없다는 특례를 규정하고 있는 경우에만 행정심판전치주의를 채택하고 있다.

예외적 행정심판전치주의의 적용대상이 되는 공무원징계처분·조세부과처분·운전면허취소·정지처분 등은 다른 분야의 행정처분과 비교하면 대체로 특별권력관계 내에서의 상급관청에 의한 행정의 자기통제, 행정공무원의 전문지식 활용, 대량적·정형적 행정처분에 대한 법원의 사건부담의 경감이라는 행정심판제도의 존재가치가 두드러지게 발현되는 분야라고 말할 수 있다.

2. 적용범위

1) 적용대상인 행정소송

원래 행정심판은 행정청의 처분 등이 있고 나서 이에 대하여 제기하는 것이므로 성질상 **항고소송에만 적용**되며, 공법상 당사자소송에는 적용될 여지가 없다.

그러나 항고소송 중에서도 이론상 **취소소송과 부작위위법확인소송**에는 당연히 적용되겠지만 (18① 및 38②), **무효 등 확인소송**은 처음부터 아무런 효력이 발생치 않거나 존재 자체가 의심스러운 행위를 대상으로 하여 단지 무효 등임을 공적으로 확인받기 위한 것에 불과하므로 굳이 행정심판전치주의를 적용할 이유가 없으며 행정소송법(38①)도 이를 명백히 하고 있다. 그러나 무효선언을 취소소송의 형태로 제기하는 경우에는 적용 여부에 문제가 있으며, 복효적 행정행위의 제3자도 적용받아야 할지에 관하여도 의문이 제기되고 있다.

2) 무효선언을 구하는 의미의 취소소송

형식적으로는 처분의 취소를 구하는 소송이지만 그 청구원인을 살펴보면 무효선언을 구하는 내용인 경우에, ① **판례**(대판 1990. 8. 28, 90누1892; 대판 1987. 9. 22, 87누482)는 무효사유와 취소사유의 구별의 상대성, 형식이 취소소송이면 취소소송에 요구되는 소송요건이 구비되어야 한다는 점 등을 들어 행정심판전치주의가 적용된다는 **적극설**을 취하고 있는 반면, ② **다수설**은, 소송은 형식보다는 내용을 중심으로 판단하여야 한다는 전제하에 이러한 경우도 무효확인소송으로 볼 것이므로 전술한 바와 같이 행정심판전치주의가 적용되지 않는다고 하는 **소극설**을 취하고 있다.

> **판례** 무효선언을 구하는 의미의 취소소송에 있어서도 행정심판전치주의가 적용된다는 판례
> 행정처분의 무효를 선언하는 의미에서 취소를 구하는 소송도 항고소송의 일종이므로 전심절차를 거쳐야 한다(대판 1987. 9. 22, 87누482).

생각건대, 소송의 형식보다는 내용을 중심으로 판단하는 **소극설**이 타당하다고 할 것이며, 그 이유로서는 ① 적극설에 의하면 무효확인을 취소소송 또는 무효 등 확인소송의 어느 것에 의하는가에 따라 행정심판전치주의가 적용되거나 적용되지 않게 됨으로써 일관성이 상실되고, 취소소송에 의할 경우 공연히 원고에게 부담만 초래하게 될 뿐이며, ② 적극설은 취소소송의 경우에 구체적으로 어떤 것이 무효선언을 구하는 의미의 취소소송인지가 명백하지 않음을 그 논거로 제시하고 있지만, 이는 청구원인을 잘 살펴보면 충분히 판별할 수 있으며, 그래도 분명치 않으면 법관의 석명권 행사로 충분히 밝혀질 수 있다는 점 등을 들 수 있다.

3) 복효적 행정행위의 제3자

복효적 행정행위에서 원고적격이 인정되는 제3자(예 : 연탄공장의 인근 주민 등)가 취소소송을 제기하려고 하는 경우에, 그 제3자는 그러한 처분이 있었다는 사실을 알 수 없기 때문에 행정심판 제기기간 내에 행정심판을 제기하기 어렵다는 이유로 '행정심판을 거치지 아니할 정당한 사유'가 있는 것으로 보아 행정심판전치주의의 적용 자체를 배제하여야 한다는 견해가 있으며, 실제로 구 행정소송법하에서는 이러한 입장에 선 판례도 있었다(대판 1983. 7. 12, 83누59).

그러나 현 행정소송법(18)은 ① 행정심판은 제기하되 그 재결은 거칠 필요가 없는 경우와, ② 처음부터 행정심판의 제기 자체가 필요 없는 경우를 구분하여 상세히 규정하고 있으며, 전자의 경우에는 『그 밖의 정당한 사유』라는 규정을 두었으나, 후자의 경우에는 이를 두지 아니한 것으로 보아, 실정법의 형식적 해석론이라는 비판은 있겠지만 적어도 행정심판의 제기는 필요하다고 하겠다. 다만, 제3자의 출소권을 최대한 보장하기 위하여 행정심판청구기간을 『처분이 있은 날로부터 1년』을 적용하되, 이 경우에도 『정당한 사유』에 의한 적용배제조항을 활용하여 구제하여야 할 것이며, 판례도 현 행정소송법하에서는 같은 입장을 취하고 있다(대판 1989. 5. 9, 88누5150. 제3장 중 행정심판의 청구기간 참조).

> **판례**
> [1] 행정처분의 상대방이 아닌 제3자의 제소와 행정소송법 제20조 제2항 단서의 적용 여부(소극)
> [2] 행정처분의 상대방이 아닌 제3자와 행정심판법 제18조 제3항 단서 소정의 정당한 사유
>
> [1] 행정소송법 제20조 제2항은 행정심판을 제기하지 아니하거나 그 재결을 거치지 아니하는 사건을 적용대상으로 한 것임이 규정 자체에 의하여 명백하고, 행정처분의 상대방이 아닌 제3자가 제기하는 사건은 같은 법 제18조 제3항 소정의 행정심판을 제기하지 아니하고 제소할 수 있는 사건에 포함되어 있지 않으므로 같은 법 제20조 제2항 단서를 적용하여 제소에 관한 제척기간의 규정을 배제할 수는 없다.
> [2] 행정처분의 직접상대방이 아닌 제3자는 행정처분이 있음을 곧 알 수 없는 처지이므로 행정심판법 제18조 제3항 소정의 심판청구의 제척기간 내에 처분이 있음을 알았다는 특별한 사정이 없는 한 그 제척기간의 적용을 배제할 같은 조항 단서 소정의 정당한 사유가 있는 때에 해당한다(대판 1989. 5. 9, 88누5150).

4. 내 용

1) 행정심판의 의의

행정심판전치주의에서 말하는 행정심판에는 이의신청과 특별행정심판 등 광의의 행정심판을 모두 포함한다.

2) 2개 이상의 행정심판절차

하나의 처분에 대하여 이의신청과 행정심판 등 2개 이상의 행정심판절차가 인정되어 있는

경우에는 이들 모두를 거쳐야 한다는 명문의 규정이 없는 한, 행정청에게는 1회의 반성기회만 부여하면 충분하며 모든 절차를 거치게 하면 상대방에게 너무 큰 부담을 주게 된다는 점에서 어느 한 절차만 거치면 되는 것으로 해석하여야 할 것이다(예 : 시장·군수의 생활보호결정에 대한 도지사 등에의 이의신청 및 도지사 등의 결정에 대한 보건복지부장관에의 재이의신청. 생활보호38~41).

그러나 기본적으로는 이러한 낭비적 절차를 규정하고 있는 입법 자체에 문제가 있으며 속히 정비되어야 할 것으로 생각된다.

3) 행정심판과 행정소송의 관련도

① 인적 관련

공동소송의 경우에 그 중 1인이 행정심판을 거쳤으면 다른 공동소송인들은 바로 행정소송을 제기할 수 있다고 함이 절차의 중복을 피할 수 있어 합리적이라고 생각된다(대판 1958. 4. 29, 4291행상6·7).

② 물적 관련

행정심판에서 주장했던 청구원인과 행정소송의 청구원인 간에는 기본적인 점에서 동일성이 유지되면 족하다(대판 1969. 11. 28, 67누91). 따라서 내용이 완전히 일치할 필요는 없으며, 원고는 행정심판에서 제출하지 아니하였던 새로운 청구원인을 주장할 수도 있다(대판 1999. 11. 26, 99두9407; 대판 1982. 9. 28, 81누106).

> **판례** 전심절차에서 주장하지 않은 공격방어방법을 행정소송절차에서 주장할 수 있다는 판례
> 행정소송이 전심절차를 거쳤는지 여부를 판단함에 있어서 전심절차에서의 주장과 행정소송에서의 주장이 전혀 별개의 것이 아닌 한 그 주장이 반드시 일치하여야 하는 것은 아니고, 당사자는 전심절차에서 미처 주장하지 아니한 사유를 공격방어방법으로 제출할 수 있다(대판 1999. 11. 26, 99두9407).

4) 행정심판전치에 관한 하자의 치유

① 부적합한 행정심판임에도 재결청이 재결해 버린 경우

행정심판 제기기간의 경과 등 보정이 불가능하여 부적법한 행정심판에 대하여는 재결청이 각하하여야 하며, 각하된 경우에는 행정심판전치의 요건을 충족치 못하게 되어 행정소송을 제기하여도 역시 각하된다.

그러나 만일 이를 간과하고 재결청이 재결을 해 버린 경우에는 **행정심판전치의 요건이 충족** 된다는 판례(대판 1960. 12. 12, 4294행상104)와, 반대로 **충족치 못한 것이라는** 판례(대판 1963. 2. 24, 62누225; 대판 1982. 6. 22, 81누368; 대판 1991. 6. 25, 90누6091)가 있으나, 현행 행정심판기간의 단기성으로 인한 실기의 가능성 등을 고려하건대 이러한 경우까지 굳이 권리구제의

길을 봉쇄할 필요는 없는 것으로 생각된다.

> **판례** 제기기간을 도과한 행정심판청구의 부적법을 간과한 채 행정청이 실질적 재결을 한 경우에 행정소송의 전치요건이 충족되지 못한 것이라는 판례
> 행정처분의 취소를 구하는 항고소송의 전심절차인 행정심판청구가 기간도과로 인하여 부적법한 경우에는 행정소송 역시 전치의 요건을 충족치 못한 것이 되어 부적법 각하를 면치 못하는 것이고, 이 점은 행정청이 행정심판의 제기기간을 도과한 부적법한 심판에 대하여 그 부적법을 간과한 채 실질적 재결을 하였다 하더라도 달라지는 것이 아니다(대판 1991. 6. 25, 90누6091).

② 적법한 행정심판을 재결청이 각하한 경우

반대로 적법한 행정심판임에도 불구하고 착오로 재결청이 각하해 버린 경우에는 당연히 행정심판전치의 요건이 충족된 것으로 보아야 할 것이다(대판 1960. 11. 28, 4291행상96).

③ 행정소송이 먼저 제기된 후 행정심판이 제기된 경우

행정심판만 제기하고 그 재결이 있기 전에 제기된 행정소송은 원칙적으로 부적법하므로 각하되어 마땅하지만, 실제로 사실심의 변론종결 전까지 재결이 있기만 하면 불필요한 절차의 반복을 피한다는 점에서 그 하자는 치유된 것으로 보고 있다(대판 1965. 6. 29, 65누57). 나아가서 행정심판과 행정소송을 동시에 제기하거나(관행상 이렇게 하는 예가 많다), 행정소송만 먼저 제기한 경우에도 그 후 행정심판 제기기간 내에 행정심판을 제기하고 사실심의 변론 종결시까지 재결이 있을 때에는 하자가 치유된 것으로 보고 적법한 소로서 인정하고 있다(대판 1987. 4. 28, 86누29. 대체로 제1심 변론기일은 소 제기 후 60일은 지나야 지정되며, 그 때까지 각하하지 않고 기다려 보는 것이 행정소송의 관행이다).

> **판례** 행정소송의 변론종결시까지 행정심판의 제기 및 재결이 있으면 행정심판전치의 하자가 치유된다는 판례
> 전심절차를 밟지 아니한 채 증여세부과처분취소소송을 제기하였다면 제소당시로 보면 전치요건을 구비하지 못한 위법이 있다 할 것이지만, 소송계속 중 심사청구 및 심판청구를 하여 각 기각결정을 받았다면 원심변론종결일 당시에는 위와 같은 전치요건흠결의 하자는 치유되었다고 볼 것이다(대판 1987. 4. 28, 86누29).

5. 전치주의에 대한 예외

행정심판전치주의가 안고 있는 문제점을 감안하건대, 이 제도를 모든 경우에 예외 없이 적용한다는 것은 너무나 불합리하다고 하겠다. 따라서 행정소송법은 종전의 법보다 예외사유를 더욱 상세히, 그리고 해석상 의문의 여지없이 명백히 규정하고 있다(18②③). 다만 이들 사유가 있다는 것은 원고가 이를 소명하여야 한다(18④).

1) 행정심판은 제기하되, 그 재결은 없어도 되는 경우

다음의 경우는 일단 행정심판의 제기는 필요하지만, 이에 대한 재결을 기다리게 할 이유는 없기 때문에 그 재결 없이도 행정소송을 제기할 수 있도록 하였다.

① 행정심판 청구가 있은 날로부터 60일이 지나도 재결이 없는 때

재결의 부당한 지연으로 인한 원고의 불이익을 방지하고 재결청으로 하여금 60일(예외적 90일)이라는 재결기간(행심34)을 지키도록 강제하는 규정이다. 따라서 60일이 지난 경우 원고는 곧바로 행정소송을 제기하거나, 좀더 기다려서 재결이 있은 후에 행정소송을 제기할 수도 있다. 후자의 경우에는 행정심판의 재결을 거친 사건이 되므로 행정소송은 재결서의 정본을 송달받은 날로부터 60일까지 제기하면 된다.

② 처분의 집행 또는 절차의 속행으로 생길 중대한 손해를 예방하여야 할 긴급한 필요가 있는 때

▶ 예 : 피서철을 앞둔 해수욕장의 건물철거 계고처분과 같이 회복하기 어려운 손해가 발생할 우려가 있는 경우(대판 1969. 6. 10, 69누28).

③ 행정심판기관이 의결 또는 재결을 하지 못할 사유가 있는 때

행정심판위원회가 구성되어 있지 않거나, 과반수 이상이 결원이며 단시일 내에 충원될 가능성이 없는 경우 등을 의미한다.

④ 기타 정당한 사유가 있는 때

60일 이내에 재결을 할 가능성이 전혀 없거나, 기타 행정심판을 제기는 하였지만 그 재결을 거치지 않은 것이 원고에게 아무 책임이 없을 경우를 말한다.

2) 행정심판 자체를 제기하지 않아도 되는 경우

행정심판을 제기하더라도 권리구제의 가능성이 없는 경우까지 굳이 행정심판의 제기를 강요할 이유는 없기 때문에 다음의 경우는 행정심판의 제기 자체가 필요 없다.

① 동종사건에 관하여 이미 행정심판의 기각재결이 있은 때

동일한 사실에 대하여 동일한 법적 근거에 행하여진 처분에 대하여 이미 기각재결이 있은 경우에는, 다른 사람이 제기해도 기각될 것이 명백하므로 행정청과 원고의 양측에 불필요한 시간적·경제적 낭비를 초래하기 때문에 인정된 것이다. 그러나 어느 범위까지를 동종사건으로 볼 것인가에 관하여는 논란의 여지가 있으며, 판례는 어떤 사건과 『기본적인 점에서 동질성』이 인정되는 다른 사건도 이에 포함된다고 한다(판례 참조).

> **판례** 동종사건에 관한 기각재결의 의미에 관한 판례
>
> 행정소송법 제18조 제3항 제1호 소정의 동종사건은 당해 사건은 물론이고 당해 사건과 기본적인 점에서 동질성이 인정되는 다른 사건도 포함되므로, A주택조합이 무주택요건을 갖추지 못한 조합원을 교체하지 아니하고 제출한 아파트 준공검사신청을 거부한 처분에 대하여 행정심판이 제기되고 이것이 기각된 경우에 이와 동일한 사정에 있는 B주택조합은 이에 대한 행정심판을 제기하지 아니하고도 행정소송을 제기할 수 있다(대판 1993. 9. 28, 93누9131).

② 내용상 관련되는 처분 또는 같은 목적을 위하여 단계적으로 진행되는 처분 중 어느 하나가 이미 행정심판의 재결을 거친 때

① 우선 '내용상 관련되는 처분'이라 함은 각각 별개의 처분이지만, 그 내용에 있어서는 서로 관련이 있는 것으로서, 국세의 부과처분과 그 불이행에 따른 가산금 및 중가산금 부과처분의 예(대판 1986. 7. 22, 85누297)와, 이에 대한 증액과세처분이 있는 경우 등을 들 수 있으며(판례 참조), ② '같은 목적을 위하여 단계적으로 진행되는 처분'이라 함은 대집행에 있어서의 계고처분과 대집행영장에 의한 통지처분, 조세체납절차에 있어서의 독촉·재산압류 및 공매처분 등 일련의 단계적 절차를 들 수 있으며, 이들 중 어느 하나의 처분에 대하여 행정청에게 재고의 기회를 부여한 것으로도 충분하다고 보기 때문이다.

> **판례** 과세처분 후에 이를 증액하는 처분에 대하여는 별도의 행정심판청구가 필요없다는 판례
>
> 과세처분이 있은 후에 이를 증액하는 새로운 처분이 있으면 당초의 처분은 이에 흡수되어 독립적인 존재가치를 상실하므로 행정심판의 경유 여부도 그 증액처분을 기준으로 판단하여야 할 것이지만, 그 위법사유가 공통되는 경우에는 당초의 과세처분에 대하여 적법한 행정심판절차를 거친 이상 굳이 같은 사유로 별도의 행정심판절차를 거치게 함은 가혹하므로 바로 취소소송을 제기할 수 있다(대판 1992. 8. 14, 91누13229).

> **판례** 농지전용신고수리 거부처분에 대한 행정심판청구가 있었으면 전용농지에 대한 원상회복 대집행계고처분에 대하여는 행정심판청구가 필요 없다는 판례
>
> 농지전용신고에 대한 거부처분에 대하여 적법한 행정심판을 제기하였다면, 후일에 전용한 농지의 원상회복을 위한 대집행 계고처분에 대하여는 별도로 행정심판을 제기하지 아니하고도 행정소송을 제기할 수 있다(대판 1993. 6. 29, 92누19194).

③ 행정청의 처분의 변경으로 인하여 새로운 소를 제기할 때

① 사실심의 변론종결 전에 행정청이 처분을 변경하면(예 : 운전면허취소를 3월의 면허정지로 변경) 원고는 당연히 소변경제도에 의하여 바뀐 처분을 소송의 대상으로 할 수 있으나, 이 경우 변경된 처분에 대하여 새로이 행정심판을 거치게 함은 너무 가혹하며, 또한 그렇게 할 경우에는 행정청이 고의로 소송을 지연시키는 데에 악용될 우려가 있고, ② 또한 사실심의 변론종결 후에 처분을 변경하면 법률심인 대법원에서는 소변경이 불가능하므로, 처음의 처분에 대하여 승소판결을 얻더라도 원고는 결국 아무 소득 없이 끝나게 되고 만다(운전면허취소처분을 취소하라는 승소

판결을 얻어도 이미 3월의 면허정지로 바뀌어 버렸으므로). 따라서 원고는 결국 변경된 처분을 대상으로 새로운 소를 제기하지 않을 수 없는바(이것만으로도 벌써 원고에게는 가혹하다), 이 경우 다시 변경된 처분에 대하여 행정심판까지 거치게 하는 것은 2중으로 가혹하게 되므로 이를 방지하기 위한 것이다.

④ 행정청이 행정심판을 거칠 필요가 없다고 잘못 알린 때

앞에서 설명한 행정심판청구의 고지제도에 의거, 행정청이 행정심판을 거칠 필요가 없다고 잘못 고지한 경우에는 상대방의 **신뢰**를 보호할 필요가 있기 때문에, 상대방이 잘못된 고지임을 알고 있었는가의 여부에 관계없이 행정심판을 거치지 아니하고 행정소송을 제기할 수 있다.

6. 전치주의의 충족 여부의 판단

행정심판전치를 거쳤는가의 여부는 다른 소송요건과 마찬가지로 당사자의 인정 여부와 관계없이 법원의 **직권조사사항**이며, 거치지 않았다고 판단되면 부적법한 소로써 각하하여야 한다(대판 1982. 12. 28, 82누7). 그러나 행정소송 제기 후에도 사실심의 변론 종결시까지만 행정심판전치의 요건을 충족하면 **하자가 치유**되어 적법한 소송으로 인정하고 있음은 이미 설명한 바와 같다. 다만, 행정소송에서의 주장과 그 전심절차인 행정심판에서의 주장이 어느 정도 부합하여야 하는지에 관해서는 문제가 된다. 원고가 전심절차에서 주장하지 아니한 처분의 위법사유를 소송절차에서 새롭게 주장하였다고 하여 다시 그 처분에 대하여 별도의 전심절차를 거쳐야 하는 것은 아니다(대판 1996. 6. 14, 96누754).

> **판례** 행정심판전치주의의 충족여부는 법원의 직권조사사항이라는 판례
> 행정소송의 전제인 전심절차를 적법하게 거친 여부는 당사자의 주장유무에 불구하고 법원이 직권으로 조사할 사항이다(대판 1982. 12. 28, 82누7).

Ⅷ. 취소소송의 심리

1. 심리의 내용

1) 요건심리

소송의 심리란 소에 대한 판결을 하기 위해 그 기초가 되는 소송자료(주로 사실과 증거)를 수집하는 절차를 말하는데, 요건심리와 본안심리가 이에 해당한다.

> 요건심리란 『소송이 소송요건(예 : 관할권, 제소기간, 당사자능력, 당사자적격, 전심절차 등)을 갖추었는지의 여부를 심리하는 것』을 말한다.

제소기간과 예외적 행정심판전치 여부 및 관할권 등 형식적 요건을 심사하여 부적법하다고 판단되면 본안심리에 들어가지 않고 각하한다. 요건심리는 법원의 직권조사사항이며, 사실심의 변론 종결시까지 요건을 갖추면 적법하게 된다.

2) 본안심리

> 본안심리란 『요건심리 결과 적법한 것으로 판단되면 원고의 청구를 인용할 것인지 기각할 것인지를 심리하는 것』을 말한다.

2. 심리의 범위

1) 불고불리의 원칙과 그 예외

행정소송에서도 민사소송과 같이 원고의 청구의 범위를 넘어서 심리·재판할 수 없음이 원칙(불고불리의 원칙, nemo judex sine actore)이다.

그러나 행정심판과 마찬가지로 『법원은 필요하다고 인정할 때에는 당사자가 주장하지 아니한 사항에 대하여도 판단할 수 있다』고 하여 예외를 인정하고 있는 바(26후), 그 이유는 행정사건은 민사사건과는 달리 공익의 실현과 밀접한 관련이 있기 때문에 실체적 진실의 발견을 단순히 당사자의 주장에만 맡겨 둘 수 없기 때문이다(직권증거조사주의에서 후술). 그러나 원고의 청구범위를 넘어서 그 이상의 청구의 인용까지 허용되는 것은 아니며, 어디까지나 청구의 범위 내에서 주장한 사실 이외의 사실에 대하여도 심리·판단할 수 있다는 의미에 불과하다고 하겠다(대판 1992. 3. 10, 91누6030).

2) 재량행위의 심리

재량행위라 할지라도 재량권의 일탈·남용이 있는 때에는 법원은 이를 취소할 수 있다고 행정소송법(27)이 명문으로 인정하고 있다. 따라서 재량행위라고 하여 본안심리를 거부하여서는 아니되며 일탈·남용 여부를 판단키 위하여서는 모두 본안심리를 하여야 한다.

3) 법률문제와 사실문제

우리 법원은 소송의 대상인 처분에 관련되는 모든 법률문제와 사실문제를 심리대상으로 하고 있다.

그러나 미국과 같이 판례로 실질적 증거의 법칙(Substantial Evidence Rule)이 확립되어 법률문제만을 법원이 심리하고 사실문제에 대한 조사는 행정청에 맡기되, 법원은 단지 행정청의 사실인정이 실질적 증거에 의하여 뒷받침되었는지만을 심사할 수 있도록 역할을 분담시킨 국가도 있다(동 법칙은 미국 행정절차법766②E에 명문화되어 있다).

3. 심리절차

1) 일반원칙

행정소송의 심리는 원칙적으로 민사소송법이 준용되는 결과 **처분권주의·공개심리주의·구술심리주의·변론주의** 등의 원칙이 적용된다. 그러나 행정소송법은 판결의 객관적인 공정·타당성을 보장하기 위해서, 변론주의에 대한 예외로서 직권증거조사주의(26)와 법원의 행정심판기록제출명령(25) 등에 관해 규정하고 있다.

2) 행정소송에 특유한 원칙

① 직권증거조사주의(직권심리주의)

행정소송은 공익의 실현과 밀접한 관련이 있으므로,『법원은 필요하다고 인정할 때에는 직권으로 증거조사를 할 수 있다』고 하여(26전) 당사자가 제시한 증거에만 의존하는 변론주의의 한계를 극복하고 적극적으로 실체적 진실의 발견에 임할 수 있는 근거를 마련하고 있다. 직권증거조사의 방법은 증인심문·감정·검증 등 모든 방법이 가능하다. 그러나 직권으로 증거조사를 할 수 있는 범위에 관하여 ① 당사자가 주장한 사실에 한하여 제출된 증거만으로는 충분치 못할 경우에 보충적으로 직권증거조사를 할 수 있을 뿐이라는 **변론주의보충설**과, ② 당사자가 주장하지 아니한 사실에 관하여도 직권으로 탐지하여 재판의 자료로 할 수 있다는 **직권탐지주의설**이 대립되어 있으나, 행정소송법 제26조 후단에서『법원은 필요하다고 인정하는 경우 당사자가 주장하지 아니한 사실에 대하여도 판단할 수 있다』고 하여 직권탐지주의까지를 의미한다는 명문규정을 두고 있다.

> **판례**
>
> 『청구의 범위를 초월하여 그 이상의 청구를 인용할 수 있다는 뜻은 아니며, 원고의 청구의 범위를 유지하면서 그 범위 내에서 주장한 사실 이외의 사실에 관하여도 판단할 수 있다는 뜻』이라고 함으로써 직권탐지주의설을 취하고 있다(대판 1992. 3. 10, 91누6030; 대판 1999. 5. 25, 99두1052).

② 행정심판기록의 제출명령권

법원은 당사자의 신청이 있는 때에는 결정으로써 재결청에 대하여 행정심판청구서·답변서·

위원회회의록·재결서 기타 원고 및 관계 행정청이 제출한 바 있는 행정심판에 관한 기록의 제출을 명할 수 있으며, 제출명령을 받은 재결청은 지체 없이 이를 제출하여야 한다(25①·②). 그러나 행정심판관련기록뿐만 아니라 『처분과 관련하여 행정청이 보유하고 있는 모든 문서』에 대한 열람 및 복사청구권은 아직 인정되지 않고 있다.

4. 주장책임과 입증책임

1) 주장책임

변론주의하에서는 법원은 당사자가 주장하지 아니한 사실에 대하여는 판결의 기초로 할 수 없으므로 당사자는 자기의 이익을 위하여 적극적으로 어떤 사실에 대한 주장을 할 필요가 있으며, 주장하지 아니하면 그 사실이 존재하지 않는 것으로 다루어져서 불리한 재판을 받게 된다.

그러나 **직권탐지주의**를 취하고 있는 행정소송에 있어서는 법원은 당사자가 주장하지 아니한 사실에 대하여도 판단할 수 있기 때문에 **주장책임**은 크게 문제가 되지 아니하며 입증책임만이 문제가 된다.

2) 입증책임

① 의 의

법원은 당사자 간의 다툼이 있는 사실의 존부를 변론의 전 취지와 증거조사의 결과를 참작하여 자유심증으로 판단하지만(민소187), 어떤 사실의 존부에 관하여 끝까지 심증형성에 이르지 못하게 되면 결국 존재 또는 부존재 간에 택일하여 어느 일방 당사자에게 불리한 사실판단을 내리지 않을 수 없게 되며, 이 경우를 대비하여 미리 어느 일방에게 **입증책임**을 지워 둘 필요가 있으며 이를 **입증책임의 분배**라고 한다. 입증책임분배의 문제는 변론주의뿐만 아니라 진위불명의 사태가 예견되는 한 직권탐지주의하에서도 문제가 된다.

② 학 설

다음의 4개의 학설이 대립되어 있다.

(가) 원고책임설

행정행위에는 공정력이 있어 일응 적법성이 추정되므로 행정행위의 위법임을 주장하는 원고에게 항상 입증책임이 있다고 한다. 그러나 공정력은 행정의 계속성 및 국민의 신뢰보호상 인정되는 절차상·사실상의 통용력일 뿐, 실체법상의 적법성의 추정을 의미하는 것은 아니므로 이 견해는 행정권을 부당하게 보호하는 것으로서 타당치 아니하다. 과거의 판례 중에는 이 입장에 선 판례도 있었다(대판 1962. 11. 1, 62누157; 대판 1961. 3. 27, 4291행상45).

(나) 피고책임설

　법치주의의 견지에서 행정청은 행정행위의 적법성을 스스로 담보하여야 하므로 언제나 행정청이 당해 처분의 적법성을 입증하여야 한다는 견해이다. 그러나 원고책임설과 마찬가지로 어느 일방에게만 전적으로 책임을 부과하는 것은 공평의 이념에 반한다는 비판이 있다. 최근의 판례 중에는 이 견해에 입각한 것도 있다(대판 1989. 1. 24, 88누5624; 대판 1987. 2. 24, 86누578).

(다) 민소법상의 입증책임분배설

　행정소송에 있어서도 민사소송법상의 입증책임분배의 원칙이 그대로 적용된다는 견해이다. 따라서 **행정청의 권한발생의 요건사실**(예 : 과세표준·세율 등)은 **피고인 행정청**이, **권한발생을 저지하는 요건사실**(예 : 비과세대상자라는 사실; 대판 1985. 7. 9, 84누780)은 **원고**가 각각 입증책임을 부담하게 된다.

　판례 중에는 『입증책임은 원칙적으로 민사소송의 일반원칙에 따라 분배되고, 당해 처분의 적법을 주장하는 피고에게 그 적법사유에 대한 입증책임이 있다 할 것이므로, 당해 처분의 적법성이 합리적으로 수긍될 수 있는 일응의 입증이 있는 경우에는 그 처분은 정당하다고 할 것이며, 그와 같이 합리적으로 수긍할 수 있는 증거와 상반되는 주장과 입증은 상대방인 원고에게 그 책임이 돌아간다』고 하여 이 견해를 취하고 있는 것이 많다(대판 1984. 7. 24, 84누124 등).

(라) 행소법 독자분배설

　대립되는 사익 간의 이해조정을 목적으로 하는 민사소송과 달리 행정소송은 공익과 사익 간의 조정을 목적으로 하므로 민소법상의 입증책임분배의 원칙이 그대로 적용될 수 없고, 행정행위의 성질·입증의 난이도·공평성 등을 종합적으로 고려하여 독자적인 분배원칙을 확립하여야 한다는 견해이다.

　이 견해에 의하면, ① 국민의 권익을 제한하거나 의무를 과하는 **침해적 행정행위의 취소를 구하는 소송**은 피고인 행정청이 그 적법성에 대하여(예 : 과세처분의 실체적·절차적 적법요건의 구비사실의 입증. 대판 1986. 2. 11, 85누604),

　② 국민이 **자기의 권익의 확장을 구하는 소송** 거부처분의 취소소송, 부작위위법확인소송 등은 원고가 그 청구의 정당성에 대하여(예 : 공무상 질병을 원인으로 한 공무원요양급여신청에 대한 거부처분은 원고가 공무와 질병 사이의 인과관계를 입증하여야 한다. 대판 1997. 2. 28, 96누14883),

　③ **무효확인소송의 무효사유**는 **원고**(예 : 납세고지서에 법정기재사항이 기재되어 있지 않아 무효라는 사실은 원고가 주장하여야 한다. 대판 1992. 3. 10, 91누6030),

　④ 재량행위에 있어서 **재량권 일탈·남용 사실**은 원고(대판 1987. 12. 8, 87누861)가 각각 입증

책임을 진다고 하며,

⑤ 소송요건의 존재사실도 비록 직권조사사항이기는 하지만 그 존부가 불명확한 경우 최종적으로 원고에게 불이익이 돌아간다는 점에서 역시 원고에게 입증책임이 있다고 하겠다.

③ 사 견

우리 판례의 입장을 놓고도 민소법상의 입증책임분배설의 입장이라는 견해와 행소법독자분배설의 입장이라는 견해로 나누어지고 있으나, 생각건대 헌법상의 기본권 보장의 정신, 행정행위의 성질, 입증의 난이도, 증거와의 접근정도 등을 고려하여 행정소송법에 특유한 입증책임분배원칙의 정립을 주장하는 행소법독자분배설이 타당하다고 생각된다.

IX. 취소소송의 판결

1. 판결의 의의

판결이란 『법원이 소송의 대상인 구체적 쟁송을 해결하기 위하여 변론을 거쳐 무엇이 법인가를 판단하여 선언하는 행위』를 말한다.

행정소송 실무사례
앞서 청문절차위반 등을 이유로 음식점영업정지의 취소를 구하는 소장을 예시하였는바, 이에 대한 대법원의 상고심 판결문(判決文)을 다음 페이지에 예시한다(대판 1992. 2. 11, 91누11575).

대 법 원

제 1 부
판 결

사　　　　건	91누11575 대중음식점영업정지처분취소
원고, 피상고인	○○○
	소송대리인 변호사 ○○○
피고, 상 고 인	서울특별시 ○○구청장
	소송대리인 변호사 ○○○
원 심 판 결	서울고등법원 1991. 10. 4 선고, 91구11225 판결
주　　　　문	상고를 기각한다.
	상고비용은 피고 부담으로 한다.

이　　　유　　원심판결의 이유에 의하면 원심은 식품위생법 제64조, 동법시행령 제37조 제1항의 규정에 의한 청문제도의 취지에 비추어 볼 때 행정청이 이 사건과 같은 영업정지처분을 하려면 반드시 사전에 청문절차를 거쳐야 함은 물론 청문서 도달기간 등을 엄격히 지켜 영업자로 하여금 의견진술과 변명의 기회를 보장하여야 하는 것이고 가령 동법 제58조의 사유가 분명히 존재하는 경우라도 위와 같은 청문절차를 제대로 준수하지 아니하고 한 영업정지처분은 위법을 면치 못한다(당원 1990. 11. 9 선고, 90누4129 판결)고 전제하고, 그 거시 증거에 의하면 피고는 이 사건처분을 함에 있어서 청문일 1991. 5. 28로 된 청문서를 청문일로부터 5일 전인 같은 달 22일에야 원고에게 발송한 사실을 인정할 수 있으므로 이 사건 처분을 함에 있어서 취한 청문절차는 식품위생법시행령 제37조 제1항 소정의 청문서 도달기간인 7일을 준수하지 아니한 것으로서 위법하며, 위법한 청문절차를 거쳐 내린 이 사건 처분 역시 위법하여 취소를 면치 못한다고 하고 있는바, 기록과 대조하여 살펴보면 원심의 위 사실인정과 법률판단은 정당하고 거기에 소론과 같은 청문절차에 관한 법리 오해나 심리미진 등의 위법이 있다 할 수 없다. 상고논지는 채용할 수 없는 것이다.

이에 상고를 기각하고 상고비용은 패소자에게 부담시키기로 관여법관의 의견이 일치되어 주문과 같이 판결한다.

재판장　대법관　○　○　○
　　　　대법관　○　○　○
　　　　대법관　○　○　○
　　　　대법관　○　○　○

2. 판결의 종류

판결은 여러 기준에 따라 분류할 수 있으며, 대표적인 것은 다음과 같다.

1) 중간판결과 종국판결

중간판결이란 소송의 진행 중에 발생한 쟁점을 해결하기 위한 확인적 성질의 판결을 말하며(예 : 원고적격이 없다는 피고의 항변을 이유 없다고 판결하는 것), 종국판결이란 사건의 전부 또는 일부를 종료시키는 판결을 말한다. 종국판결에는 본안판결과 소각하판결이 있다. 종국판결은 소의적법요건에 관한 판단인가 혹은 청구의 당부에 관한 판단인가에 따라 소송판결과 본안판결로 구별된다.

2) 소송판결과 본안판결

소송판결은 원고적격·필요적 행정심판전치·제소기간 등 형식적 소송요건의 하자를 이유로 소를 각하하는 판결(각하판결)이며, **본안판결**은 청구내용의 당부에 대한 판결로서, 청구의 인용 여부에 따라 **인용판결·기각판결 및 사정판결**로 나누어진다.

3) 인용판결

원고의 청구가 이유 있다고 하여 청구의 전부 또는 일부를 인용하는 판결로서, 그 내용 및 효력에 따라 확인판결·형성판결 및 이행판결로 구분된다. 항고소송 중 취소소송의 판결은 『**형성판결**』에 해당하며, 항고소송 중 부작위위법확인소송 및 무효 등 확인소송, 당사자소송 중 공법상 법률관계의 존부만을 확인하는 소송(예 : 봉급지급청구권 존재의 확인)의 판결은 모두 『**확인판결**』에 해당한다. 그러나 현행 소송법상 항고소송에 있어서는 적극적인 의무이행소송이 인정되지 않기 때문에 『**이행판결**』은 있을 수 없으며, 다만 당사자소송 중에서만 이행판결을 찾을 수 있다(예 : 손해배상청구·손실보상청구·공무원봉급연금청구·부당이득반환청구 기타 결과제거청구소송 등).

한편, 취소소송의 인용판결에 의하여 원처분을 『취소 또는 변경』할 수 있으나, 여기서 말하는 변경은 행정심판의 재결과 달리 소극적 변경, 즉 **일부취소**만을 의미하고, 적극적 변경은 불가능하다는 것이 통설·판례의 입장임은 이미 설명한 바 있다(제2절 행정소송의 한계 참고).

4) 기각판결

원고의 청구가 이유 없다고 하여 이를 배척하는 판결이다. 그러나 기각판결이 있더라도 행정청이 직권으로 원처분을 취소·변경할 수 있음은 물론이다.

5) 사정판결

> 행정소송법 제28조(사정판결)
> ① 원고의 청구가 이유있다고 인정하는 경우에도 처분등을 취소하는 것이 현저히 공공복리에 적합하지 아니하다고 인정하는 때에는 법원은 원고의 청구를 기각할 수 있다. 이 경우 법원은 그 판결의 주문에서 그 처분등이 위법함을 명시하여야 한다.
> ② 법원이 제1항의 규정에 의한 판결을 함에 있어서는 미리 원고가 그로 인하여 입게 될 손해의 정도와 배상방법 그 밖의 사정을 조사하여야 한다.
> ③ 원고는 피고인 행정청이 속하는 국가 또는 공공단체를 상대로 손해배상, 제해시설의 설치 그 밖에 적당한 구제방법의 청구를 당해 취소소송등이 계속된 법원에 병합하여 제기할 수 있다.
> 제32조(소송비용의 부담)
> 취소청구가 제28조의 규정에 의하여 기각되거나 행정청이 처분등을 취소 또는 변경함으로 인하여 청구가 각하 또는 기각된 경우에는 소송비용은 피고의 부담으로 한다.

행정심판의 사정재결과 같은 취지로 사정판결을 할 수 있다(28).

① 의 의

원고의 청구가 이유 있어 청구인용판결을 하여야 할 것이지만, 원처분을 취소·변경하는 것이 현저히 공공복리에 적합하지 아니하다고 인정하는 때에는 법원은 원고의 청구를 기각할 수 있다.

▶ 예 : 위법한 토지수용으로 이미 고속철도·공업단지·항만시설·댐과 발전소 등이 이미 건설되어 버린 경우 등.

사정판결은 그 취지면에서 행정에 우월적 가치를 부여하는 제도이기 때문에 헌법상 국민의 재판청구권을 침해할 소지가 크다. 그러므로 공익을 위하여 특별히 희생을 강요당하는 원고를 위하여 법원은 반드시 손해배상 기타 적절한 구제조치를 취하도록 함으로써 공익과 사익의 조화를 꾀하고 있다(판례 참조).

② 근 거

처분이 위법하여 취소되어야 함에도 불구하고 그대로 효력을 유지하게 함은 분명히 법치주의에 반하는 것임에도 불구하고 이를 인정한 것은, 처분의 효력을 취소함으로써 보호하고자 하는 사익보다, 처분의 효력을 유지함으로써 보호하고자 하는 **공익이 현저히 크기** 때문이라 하겠다. 따라서 이 제도의 남용을 경계함과 동시에 원고의 권익구제수단의 완비가 요청되고 있다.

③ 요 건

첫째, 취소하는 것이 현저히 공공복리에 적합하지 아니한 경우, 즉 사익보다 현저히 큰 공익을 보호하기 위하여서만 인정된다(대판 1999. 3. 9, 98두18565).

둘째, 따라서 공사익 간의 이익형량을 위한 구체적 자료를 마련케 하기 위하여 원고가 입게 될 손해의 정도와 배상방법, 그 밖의 사정을 조사하여야 한다(사정조사28②).

> **판례** 사정판결을 인정한 판례
>
> ① 도시재개발조합의 설립 및 그 사업시행에 대한 인가처분은 법정요건인 토지 및 건축물소유자 총수의 3분의 2 이상의 동의를 얻지 못하여 위법하였지만, 그 후 90% 이상의 토지 및 건축물 소유자가 재개발사업의 속행을 바라고 있어 새로이 위 인가처분이 행해질 경우에는 그 법정요건을 갖출 것으로 충분히 예상되므로, 위 인가처분이 애당초 법정요건을 갖추지 못해 위법한 것이라 하더라도 이를 이유로 위 인가처분을 취소하는 것은 오히려 현저히 공공복리에 적합하지 아니하다(대판 1995. 7. 28, 95누4629).

> **판례** 사정판결을 부정한 판례
>
> ① 시외버스운송사업자가 제출한 시외버스운송사업계획변경인가처분을 취소하면 연장될 노선을 이용할 승객들의 불편이 예상되지만 그러한 불편은 피고가 여러 대응조치들을 취함으로써 일시적인 현상에 그칠 것으로 예상되는 점에서 사정판결의 요건을 갖추지 못하고 있다(대판 1991. 5. 28, 90누1359).
> ② 이른바 '심재륜 사건'에서의 징계면직된 검사의 복직이 검찰조직의 안정과 인화를 저해할 우려가 있다는 등의 사정은 검찰 내부에서 조정·극복하여야 할 문제일 뿐이고 준사법기관인 검사에 대한 위법한 면직처분의 취소 필요성을 부정할 만큼 현저히 공공복리에 반하는 사유라고 볼 수 없다는 이유로, 사정판결을 할 경우에 해당하지 않는다고 판시하였다(대판 2001. 8. 24, 2000두7704).

④ 심 리

(가) 위법성판단의 기준시

처분의 위법성에 대한 판단은 일반 원칙대로 처분시의 법령을 기준으로 하는 것이지만, 사정판결은 처분 이후의 사정변경을 고려하는 취지에서 인정된 것이므로 사정판결하여야 할 "현저히 공공복리에 적합하지 아니하는 경우"에의 해당 여부의 판단은 성질상 판결시를 기준으로 한다고 하겠다.

> **판례**
>
> 건축불허가처분 당시에는 위법한 처분이었으나, 구두변론 종결시에는 이미 도시계획이 변경되어 녹지지역으로 지정·고시된 만큼 건축불허가처분을 취소하는 것은 현저히 공공복리에 적합하지 아니한다고 판시한 바 있다(대판 1970. 3. 24, 69누29).

(나) 직권탐지의 가능성

사정판결을 하여야 할 사유의 존재는 피고인 행정청이 주장입증하여야 할 것이지만, 우리 판례는 피고 행정청의 주장이 없더라도 법원의 직권탐지에 의하여 사정판결을 할 수 있다고 한다(대판 1993. 9. 28, 93누9132; 대판 1992. 2. 14, 90누9032).

> **판례** 행정소송에 있어서 법원이 직권으로 사정판결을 할 수 있다는 판례
> 행정소송에 있어서 법원이 행정소송법 제28조 소정의 사정판결을 할 필요가 있다고 인정하는 때에는 당사자의 명백한 주장이 없는 경우에도 일건 기록에 나타난 사실을 기초로 하여 직권으로 사정판결을 할 수 있다(대판 1993. 9. 28, 93누9132).

⑤ 판 결

(가) 판결주문에 위법성의 명시

법원은 사정판결의 주문에서 그 처분 등이 위법함을 명시하여야 한다(28후). 따라서 처분의 위법성에 대하여는 후술하는 기판력과 제3자에 대한 대세적 효력이 인정된다.

(나) 소송비용

원고의 청구가 기각되는 원고패소 판결임에도 불구하고 원래 패소자가 부담하도록 되어 있는 소송비용을 피고인 행정청이 부담하도록 하였다(32).

⑥ 원고의 권익구제

원고가 피고인 행정청이 속하는 국가 또는 공공단체를 상대로 손해배상, 제해시설의 설치 기타 적당한 구제의 청구를 용이하게 할 수 있도록 하기 위하여 이들 청구소송을 당해 취소소송이 계속된 법원에 **병합하여 제기**할 수 있도록 하였다(28③ 관련청구의 병합)(※ 여기서 손해배상청구소송 등의 성격이 민사소송 아닌 행정소송, 구체적으로는 국가 등을 상대로 하는 공법상의 당사자소송임을 다시 한 번 시사해 주고 있다).

⑦ 적용범위

사정판결은 취소소송에만 적용된다(28). 즉 처음부터 무효인 처분에 대하여는 그 효력을 유지시킨다는 것이 논리적으로 불가능하다는 의미에서 **무효 등 확인소송**에는 적용될 여지가 없으며(대판 1992. 11. 10, 91누8227, 대판 1987. 3. 10, 84누158; 반대설 있음. 후술), 부작위에도 효력을 유지시킬 근거를 찾을 수 없으므로 **부작위위법확인소송** 역시 사정판결에 친하지 아니하다고 하겠다.

3. 위법성판단의 기준시

행정소송 중 항고소송의 본질을 어떻게 파악하는가에 따라 견해가 대립되고 있다.

1) 처분시설

통설과 판례가 취하고 있는 처분시설은 항고소송의 성격을 처분에 대한 사법적 사후심사로

보아 처분시의 법령과 사실상태를 기준으로 위법 여부를 판단하여야 한다고 주장한다(대판 1993. 5. 27, 92누19033). 그 논거로서는 판결시를 기준으로 하게 되면 법원이 행정기관의 행정감독적인 기능을 수행하게 되는 문제가 발생하고, 취소소송은 처분 등에 대한 사후적 사법통제수단이라는 점을 들고 있다.

> **판례** 위법성 판단의 기준 시점에 관하여 처분시설에 입각한 판례
> 항고소송에 있어서 행정처분의 위법 여부를 판단하는 기준 시점에 대하여 판결시가 아니라 처분시라고 하는 의미는 행정처분이 있을 때의 법령과 사실상태를 기준으로 하여 위법 여부를 판단할 것이며 처분 후 법령의 개폐나 사실상태의 변동에 영향을 받지 않는다는 뜻이고 처분 당시 존재하였던 자료나 행정청에 제출되었던 자료만으로 위법 여부를 판단한다는 의미는 아니므로, 처분 당시의 사실상태 등에 대한 입증은 사실심 변론종결 당시까지 할 수 있고, 법원은 행정처분 당시 행정청이 알고 있었던 자료뿐만 아니라 사실심 변론종결 당시까지 제출된 모든 자료를 종합하여 처분 당시 존재하였던 객관적 사실을 확정하고 그 사실에 기초하여 처분의 위법 여부를 판단할 수 있다(대판 1993. 5. 27, 92누19033).

2) 판결시설

일부 견해가 취하고 있는 판결시설은 항고소송의 목적이 행정청의 책임을 묻는 것만이 아니고, 판결시의 현행법에 비추어 처분의 효력을 유지케 할 것인가를 판단함에 있다고 보아 판결시(정확하게는 구두변론 종결시)를 기준으로 판단하여야 한다는 견해이다.

3) 사 견

판결시를 기준으로 하면 당초 적법했던 처분이 법령의 변경으로 위법하게 되는 경우에 원고에게 유리하게 작용하여 권익구제에 이바지하게 되겠으나, 그 반대의 경우는 원고의 권익이 침해되며, 또한 재판의 지연 정도에 따라 재판결과가 달라질 수 있고, 경우에 따라서는 사법권의 본질을 넘어서 행정적 감독의 기능까지 수행하게 될 우려가 있으므로 **처분시설이 타당하다**고 생각된다.

4. 판결의 효력

1) 판결의 기속력(행정기관에 대한 효력)

> 행정소송법 제30조(취소판결등의 기속력)
> ①처분등을 취소하는 확정판결은 그 사건에 관하여 당사자인 행정청과 그 밖의 관계행정청을 기속한다.
> ②판결에 의하여 취소되는 처분이 당사자의 신청을 거부하는 것을 내용으로 하는 경우에는 그 처분을 행한 행정청은 판결의 취지에 따라 다시 이전의 신청에 대한 처분을 하여야 한다.
> ③제2항의 규정은 신청에 따른 처분이 절차의 위법을 이유로 취소되는 경우에 준용한다.

① 의 의

기속력이란 판결이 그 내용에 따라 소송 당사자인 행정청과 기타 관계행정청을 기속하는 효력을 말한다(30①).

판결이 행정처분을 취소하였음에도 불구하고 처분청이 동일한 행위 또는 판결의 취지와 배치되는 행위를 할 수 없도록 하기 위하여 인정된 효력이다. 이러한 취소판결의 기속력은 무효 등 확인소송과 부작위위법확인소송에 준용된다(38①②).

기속력은 처분 등을 취소하는 확정판결, 즉 **인용판결에서만 인정**되고, 기각판결에는 인정되지 않는다. 왜냐하면 기각판결의 경우에는 당해 처분은 적법하여 피고 행정청에게 어떠한 의무가 발생하지 않기 때문이다(행소법30①도 처분등을 '취소하는 확정판결'은 행정청을 기속한다고 명시함으로써 청구인용판결에만 기속력이 인정됨을 밝히고 있으며, 기판력은 모든 판결에 인정되는 효력이지만 기속력은 이와 같이 인용판결에서만 인정되는 효력이라는 점에서도 양자는 차이가 있다).

② 성 질(기판력과의 관계)

모든 민·형사판결의 주문은 그 후의 모든 재판을 구속하여 이와 모순되는 재판을 금지하는 효력, 즉 기판력의 내용에 따른 결과로서 인정되는 것이라는 **기판력설**도 있으나, 취소소송의 실효성을 확보하기 위하여 기판력보다 널리 직접 행정청을 구속하는 효력이라는 **특수효력설**이 통설이다. 따라서 과세처분의 취소판결이 있으면 행정청은 나아가서 이와 모순되는 압류·공매 등의 체납처분까지 직권으로 취소하여야 할 법적 의무를 부담한다.

③ 내 용

(가) 동일내용의 반복금지의무(부작위의무) 및 원상회복의무(결과제거의무)

취소판결이 있으면 행정청은 동일한 사정 하에서 동일한 당사자에게 동일한 내용의 처분을 반복하여서는 아니되며, 이에 위반하면 그 자체가 중대하고 명백한 하자로 되어 무효사유에 해당한다(대판 1982. 5. 11, 80누104).

그러나 행정청은 판결에서 위법으로 적시된 주체·내용·절차·형식에 관한 하자를 보완하여 새로운 처분을 할 수 있음은 물론이다(대판 1987. 2. 10, 86누91; 대판 1992. 11. 24, 91누10275).

한편, 이러한 소극적 반복금지효에서 한걸음 더 나아가 행정청은 취소된 처분에 의하여 초래된 위법상태를 원상으로 회복할 적극적인 의무까지도 진다(예 : 과세처분의 취소판결이 있으면 나아가 압류·공매 등의 체납처분까지도 취소하는 것).

(나) 재처분의무(적극적 처분의무)

거부처분에 대한 취소판결 또는 부작위위법확인판결이 있으면 행정청은 판결의 취지에 따라 종전의 원고의 청구에 대하여 재처분의무를 지게 된다(30②). 이 경우 원고는 처분에 대한 신청을 다시 할 필요가 없다. 피고인 행정청은 반드시 원고의 신청대로 재처분할 의무는 없으며, 판결내용에 적시되지 않은 다른 적법한 거부사유가 있으면 이를 이유로 다시 거부처분을 할 수 있다.

④ 범 위

기속력은 당사자인 행정청뿐만 아니라 모든 관계행정청까지 미치며(주관적 범위), 판결의 주문뿐만 아니라 이유에 명시된 사실인정과 법률문제에 대한 판단에까지 미친다(객관적 범위).

⑤ 기속력 위반행위의 효과

기속력에 위반하여 행한 행정청의 행위는 중대하고 명백한 하자로 무효가 된다.

> **판례**
>
> 확정판결의 당사자인 처분행정청이 그 행정소송의 사실심 변론종결 이전의 사유를 내세워 다시 확정판결과 저촉되는 행정처분을 하는 것은 허용되지 않는 것으로서 이러한 행정처분은 그 하자가 중대하고도 명백한 것이어서 당연무효라 할 것이다(대판 1990. 12. 11, 90누3560).

2) 형성력(제3자에 대한 효력)

> 행정소송법 제29조(취소판결등의 효력)
> ① 처분등을 취소하는 확정판결은 제3자에 대하여도 효력이 있다.
> 제16조(제3자의 소송참가)
> ① 법원은 소송의 결과에 따라 권리 또는 이익의 침해를 받을 제3자가 있는 경우에는 당사자 또는 제3자의 신청 또는 직권에 의하여 결정으로써 그 제3자를 소송에 참가시킬 수 있다.
> 제31조(제3자에 의한 재심청구)
> ① 처분등을 취소하는 판결에 의하여 권리 또는 이익의 침해를 받은 제3자는 자기에게 책임없는 사유로 소송에 참가하지 못함으로써 판결의 결과에 영향을 미칠 공격 또는 방어방법을 제출하지 못한 때에는 이를 이유로 확정된 종국판결에 대하여 재심의 청구를 할 수 있다.

① 의 의

취소판결이 확정되면 처분청의 별도의 취소처분 없이 당해 처분은 당연히 효력이 상실된다(판례 참조). 이에 따라 처분 등에 기하여 형성된 기존의 법률관계나 법률상태에 변동을 초래하는 효력을 형성력이라 한다.

> **판례** 취소판결의 형성력
>
> ① 과세처분을 취소하는 판결이 확정되면 그 과세처분은 처분시에 소급하여 소멸하는 것이므로 그 과세처분을 경정하는 경정처분도 할 수 없는 것이며, 이에 위반하여 행한 경정처분은 그 하자가 중대하고 명백한

당연무효인 처분이다(대판 1989. 5. 9, 88다카16096).
② 행정처분을 취소한다는 확정판결이 있으면 그 취소판결의 형성력에 의하여 당해 행정처분의 취소나 취소통지 등의 별도의 절차를 요하지 아니하고 당연히 취소의 효과가 발생한다(대판 1991. 10. 11, 90누5443).

② 범　위(취소판결의 제3자효 또는 대세효)

취소판결의 형성력이 당사자 간에만 미치는지 아니면 제3자에도 미치는지에 관하여 논란이 있었으나, 행정소송법(29①)은 행정상 법률관계의 획일적 확정을 위하여『처분 등을 취소하는 확정판결은 제3자에 대하여도 효력이 있다』고 함으로써 『대세적 효력』을 명문으로 인정하였다. 따라서 제3자가 예측하지 못한 손해를 입는 것을 방지하기 위하여 제3자의 소송참가 및 재심청구를 인정하고 있다(16·31).

3) 기판력(실질적 확정력; 법원과 양 당사자에 대한 효력)

> 행정소송법 제8조(법적용예)
> ② 행정소송에 관하여 이 법에 특별한 규정이 없는 사항에 대하여는 법원조직법과 민사소송법 및 민사집행법의 규정을 준용한다.
> 민사소송법 제216조(기판력의 객관적 범위)
> ① 확정판결(確定判決)은 주문에 포함된 것에 한하여 기판력(旣判力)을 가진다.
> 제218조(기판력의 주관적 범위)
> ① 확정판결은 당사자, 변론을 종결한 뒤의 승계인(변론 없이 한 판결의 경우에는 판결을 선고한 뒤의 승계인) 또는 그를 위하여 청구의 목적물을 소지한 사람에 대하여 효력이 미친다.

① 의　의

기판력이란 취소판결이 확정되면 후일에 동일한 소송물에 관한 동일한 당사자 간의 분쟁에 있어서 당사자와 법원은 이에 구속되어 이와 모순되는 주장과 판단을 할 수 없게 하는 효력을 말한다. 따라서 동일사항이 문제되면 당사자는 그에 반하여 되풀이하여 다투는 소송이 허용되지 않으며(불가쟁), 어느 법원도 그와 모순·저촉되는 판단을 해서는 안 된다(불가판).

판례　취소판결의 기판력에 관한 판례
확정판결의 기판력이라 함은 확정판결의 주문에 포함된 법률적 판단의 내용은 이후 그 소송당사자의 관계를 규율하는 새로운 기준이 되는 것이므로 동일한 사항이 소송상문제가 되었을 때 당사자는 이에 저촉되는 주장을 할 수 없고 법원도 이에 저촉되는 판단을 할 수 없는 기속력을 의미하는 것이고 이 경우 적극당사자(원고)가 되어 주장하는 경우는 물론이고 소극당사자(피고)로서 항변하는 경우에도 그 기판력에 저촉되는 주장은 할 수 없다(대판 1960. 9. 26, 4291행상146).

② 범 위

(가) 주관적 범위(인적 범위)

기판력은 당사자와 그 승계인(상속인·매수인·권한인수관청 등)에게 미치며, 특히 피고인 행정청이 소속된 국가 또는 공공단체에게도 미친다고 볼 것이다.

따라서 처분의 취소소송에서 위법임이 확정된 이상 그 위법한 처분으로 인한 손해배상청구소송에서 국가는 위법이 아님을 주장할 수 없다(또한 손해배상에서의 위법성은 취소소송에서의 위법성보다 넓은 개념임).

> **판례** 처분청을 피고로 한 과세처분 취소소송의 기판력이 당해 처분이 귀속하는 국가 또는 지방자치단체에 미친다는 판례
>
> 과세처분 취소소송의 피고는 처분청이므로 행정청을 피고로 하는 취소소송에 있어서의 기판력은 당해 처분이 귀속하는 국가 또는 공공단체에 미친다(대판 1998. 7. 24, 98다10854).

(나) 객관적 범위(물적 범위)

민사소송에서의 판결과 같이 판결의 주문(즉 판단의 결론부분)에만 기판력이 미치며, 판결이유에 적시된 위법사유에 관한 판단에 대하여는 미치지 아니한다(대판 1987. 6. 9, 86다카2756).

> **판례** 기판력은 판결주문에만 미치며, 판결이유에 적시된 위법사유에 관한 판단에는 미치지 아니한다는 판례
>
> 기판력의 객관적 범위는 그 판결의 주문에 포함된 것 즉 소송물로 주장된 법률관계의 존부에 관한 판단의 결론 그 자체에만 미치는 것이고 판결이유에 설시된 그 전제가 되는 법률관계의 존부에까지 미치는 것은 아니다(대판 1987. 6. 9, 86다카2756).

(다) 시간적 범위

기판력은 **사실심의 변론종결시**를 기준으로 하여 발생한다. 따라서 확정된 종국판결은 그 기판력으로서 당사자가 사실심의 변론종결시를 기준으로 그 때까지 제출하지 않은 공격방어방법은 그 뒤 다시 동일한 소송을 제기하여 이를 주장할 수 없다(대판 1992. 2. 25, 91누6108).

> **판례** 기판력으로서 사실심의 변론종결시까지 제출하지 아니한 공격방어방법은 다시 동일한 소송을 제기하여 주장할 수 없다는 판례
>
> 과세처분무효확인소송의 경우 소송물은 권리 또는 법률관계의 존부 확인을 구하는 것이며, 이는 청구취지만으로 소송물의 동일성이 특정된다고 할 것이고 따라서 당사자가 청구원인에서 무효사유로 내세운 개개의 주장은 공격방어방법에 불과하다고 볼 것이며, 한편 확정된 종국판결은 그 기판력으로서 당사자가 사실심의 변론종결시를 기준으로 그때까지 제출하지 않은 공격방어방법은 그 뒤 다시 동일한 소송을 제기하여 이를 주장할 수 없다(대판 1992. 2. 25, 91누6108).

4) 집행력

민사소송에서는 이행소송(예 : 전세금의 반환청구소송 등)이 일반적인 형태이므로 이행소송에는 강제집행을 할 수 있는 효력, 즉 집행력이 인정된다.

그러나 행정소송 중 항고소송에서는 아직 의무이행소송이 인정되지 아니하기 때문에 **집행력이 인정되지 아니한다.** 다만, 행정소송 중 **당사자소송은 이행소송의 성격을 띠는 한**(예 : 국가에 대하여 단순히 공무원봉급청구권만을 확인하는 확인소송이 아니라, 봉급지급청구소송을 제기한 경우) 그 판결에 집행력이 인정된다.

5) 간접강제(행정기관에 대한 효력)

> 행정소송법 제34조(거부처분취소판결의 간접강제)
> ① 행정청이 제30조제2항의 규정에 의한 처분을 하지 아니하는 때에는 제1심수소법원은 당사자의 신청에 의하여 결정으로써 상당한 기간을 정하고 행정청이 그 기간내에 이행하지 아니하는 때에는 그 지연기간에 따라 일정한 배상을 할 것을 명하거나 즉시 손해배상을 할 것을 명할 수 있다.

의무이행소송 대신에 인정되는 부작위위법확인판결과 거부처분에 대한 취소판결의 실효성을 담보하기 위하여 행정소송법은 단순히 판결의 기속력에 따른 처분청의 재처분의무를 규정함에 그치지 아니하고, **재처분의무를 이행치 아니할 경우**에 대비하여 당사자의 신청에 의하여 법원의 결정으로 상당한 재처분기간을 정하고 그 기간 내에 처분치 아니할 경우에는 그 지연기간에 따라 일정한 손해배상을 할 것을 명하거나, 즉시 배상을 할 것을 명할 수 있도록 하였다(34①). 이 **손해배상명령**은 피고 행정청이 소속하는 국가 또는 공공단체에게도 그 효력이 미친다(34②). 이러한 간접강제제도는 부작위위법확인소송에도 준용된다(38②).

5. 제3자의 재심청구(확정판결 후의 구제수단)(2011년 사법시험 제53회)

취소판결의 효력은 제3자에게도 미치게 되어(29①), 제3자가 예측하지 못한 손해를 입을 우려가 있으므로 제3자의 소송참가(확정판결 전의 구제수단)제도를 인정함과 동시에(16), 나아가서 자기에게 책임 없는 사유로 인하여 소송에 참가하지 못함으로써 판결의 결과에 영향을 미칠 수 있는 공격·방어방법을 제출하지 못한 제3자에 대하여는 확정판결에 대한 재심청구권을 예외적으로 인정하였다. 재심청구는 확정판결이 있음을 안 날로부터 30일, 확정판결이 있은 날로부터 1년 이내에 제기하여야 한다(31).

6. 명령·규칙에 대한 위헌·위법 판결의 공고

각급 법원은 명령(법규명령)·규칙(행정규칙)의 위헌 또는 위법 여부에 대하여 심사권을 갖는다(헌107②).

그러나 그것은 어디까지나 특정 소송사건에서 재판의 전제로 된 경우에 한하여 인정된 심사권이므로 위헌·위법임을 판단한 경우에도 법원으로서는 당해 사건에 한하여 적용하지 아니함에 그치고, 당해 명령·규칙의 일반적 효력까지를 소멸케 하지는 못한다. 그러나 대법원의 판결에 의하여 위헌·위법임이 확정된 경우에는 대법원은 지체 없이 판결내용을 관보발행업무를 관장하는 행정자치부장관에게 통보하여야 하며, 행정자치부장관은 지체 없이 이를 관보에 게재하도록 함으로써(6①·②), 최소한 관계행정청에 의한 더 이상의 적용을 막고 일반 국민들의 피해를 방지하기 위하여 널리 주지시키도록 배려하였다. 이 경우 당해 명령·규칙의 주무장관은 더 이상의 집행을 금지하도록 관계행정청에 지시함과 동시에, 신속한 개정 또는 폐지절차를 취하여야 할 것이다.

제 5 절   무효 등 확인소송

행정소송법 제4조(항고소송)
2. 무효등 확인소송: 행정청의 처분등의 효력 유무 또는 존재여부를 확인하는 소송
제35조(무효등 확인소송의 원고적격)
무효등 확인소송은 처분등의 효력 유무 또는 존재 여부의 확인을 구할 법률상 이익이 있는 자가 제기할 수 있다.
제38조(준용규정)
① 제9조, 제10조, 제13조 내지 제17조, 제19조, 제22조 내지 제26조, 제29조 내지 제31조 및 제33조의 규정은 무효등 확인소송의 경우에 준용한다.

Ⅰ. 개 설

1. 의 의

무효 등 확인소송이란 『행정청의 처분 또는 재결의 효력의 유무 또는 존재 여부를 확인하는 소송』을 말한다(4①(2)).

따라서 구체적으로는 처분 또는 재결의 『무효확인소송』, 『유효확인소송』(예 : 생활보호대상자 결정유효확인소송), 『존재확인소송』(예 : 조세부과취소처분존재확인소송), 『부존재확인소송』(예 : 징발처분부존재확인소송), 『실효확인소송』(예 : 부동산중개업 영업정지처분실효확인소송)으로 구분될 수 있다.

2. 필요성

원래 처분에 중대하고 명백한 하자가 있어 당연무효이거나 처음부터 처분이라고 할 만한 실체 자체가 존재하지 아니하는 부존재의 경우, 국민은 누구든지 이를 무시하고 무효 또는 부존재를 자유로이 주장할 수 있으며 이를 전제로 해서 부당이득반환청구 또는 공무원의 보수지급청구를 할 수 있으므로 굳이 법원이나 행정청에 무효·부존재의 확인을 구할 필요는 없다.

그러나 현실적으로 **처분의 외관이 존재**하고 있는 경우에 행정청에 의하여 집행되어 버릴 우려가 있어 법률관계가 불안정상태에 있기 때문에, 공적인 확인을 통해 **불안정상태를 제거**하기 위하여 독립된 소송형태로서 무효 등 확인소송제도를 인정할 필요가 있는 것이다.

3. 성 질

1) 항고소송

무효 등 확인소송도 행정청의 공권력행사가 먼저 있고 이에 대한 효력 유무를 다투어 그 효력의 배제를 목적으로 한다는 점에서 당사자소송이 아닌 항고소송의 성격을 가진다.

따라서 행정소송법은 이를 항고소송의 일종으로 규정하면서 취소소송에 관한 규정을 대부분 준용하도록 하고 있다. 다만, 성질상 필요적 행정심판전치주의, 제소기간, 사정판결 등은 제외된다(38①).

2) 준형성소송

무효 등 확인소송은 처음부터 당연무효인 행위에 대하여 무효임을 단지 확인·선언함에 그치는 확인소송이라는 측면도 있으나, 한편 행정주체가 우월한 지위에서 행한 행정처분의 효력을 다툰다는 점에서는 형성소송이라는 측면도 있다. 따라서 두 가지 성격을 모두 가지고 있다는 의미에서 이를 준형성소송이라고 한다.

Ⅱ. 재판관할

취소소송에 관한 규정이 준용되어 제1심은 피고 행정청의 소재지를 관할하는 행정법원에 있다. 무효 등 확인소송이 관할권 없는 법원에 잘못 제기된 경우에 그것이 원고의 고의·과실에 기인한 것이 아니라면 수소법원은 정당한 관할법원에 이송하여야 한다(8②).

Ⅲ. 당사자

1. 원고적격

1) 법률상 이익

무효등확인소송에서의 원고적격은 처분 또는 재결의 효력의 유무 또는 존재 여부의 『확인을 구할 법률상 이익이 있는 자』가 된다(35). 여기서 법률상 이익이란 취소소송에서의 그것과 같은 개념이라는 것이 통설이다. 그러나 취소소송에서는 회복시켜 줄 법률상 이익이 있는지가 쟁점인 데 반하여, 무효 등 확인소송에서는 성격상 『무효 등을 확인받음으로써 원고의 **권리 또는 법률상 지위의 불안·위험이 제거될 수 있을 것**』(즉, 권리보호의 필요)이 요청되며, 바로 이것이 법률상 이익에 해당한다고 해석하는 것이 타당하다(판례 참조). 따라서 판례는 『당연무효인 건축허가처분에 의하여 건축공사를 완료한 후 준공검사필증까지 받은 사람은 동 허가처분의 무효확인을 받아 건물의 건립을 저지할 수 있는 단계는 이미 지났으므로 무효확인을 구할 법률상 이익이 없다』고 하였다(대판 1993. 6. 8, 91누11544).

> **판례** 무효확인소송의 법률상 이익에 관한 판례
> 무효확인소송에 관한 행정소송법(35)상의 『확인을 구할 법률상 이익』은 그 대상인 현재의 권리 또는 법률관계에 관하여 당사자 사이에 분쟁이 있고, 그로 인하여 원고의 권리 또는 법률상의 지위에 불안·위험이 있어, 판결로써 그 법률관계의 존부를 확정하는 것이 불안·위험을 제거하는 데 필요하고도 적절한 경우에 인정된다(대판 1992. 7. 28, 92누4352).

2) 무효등확인소송의 보충성 문제(2010년 입법고시 제26회)

① 종전 판례는 무효가 누구든지 어떤 소송절차에서도 자유로이 주장하여 권익의 침해를 방지할 수 있다는 점에 근거하여, 민사상 손해배상청구소송 등 실질적으로 권익을 구제받고자 하는 다른 소송을 제기하여 그 소송에서 행정처분의 무효를 주장하여 구제받을 수 있는 이상, 처분의 무효 등 확인소송을 독립된 소로써 제기할 수 없다고 함으로써, 다른 소송으로 구제받을 수 없는 경우에만 『보충적』으로 무효등확인소송의 제기가 허용된다고 하였다. 행정소송인 무효등확인소송에도 민사소송처럼 확인소송의 일반적 요건인 즉시확정의 이익이 요구된다고 하였다(즉시확정이익긍정설).

> **판례**　무효등확인소송의 보충성에 관한 판례
> ① 공무원면직처분무효확인소송의 원고가 이미 공무원법상의 정년을 초과하거나 사망한 경우 원고가 비록 면직처분의 무효확인을 받더라도 공무원의 신분을 다시 회복할 수는 없고, 단지 정년 때까지 받지 못한 봉급·퇴직금지급청구소송 및 명예침해 등의 민사상 손해배상청구소송에서 그 전제로서 면직처분의 무효를 주장하여 구제받을 수 있는 것이므로, 독립된 소로서 면직처분의 무효확인을 받는 것이 원고의 권리 또는 법률상 지위에 현존하는 불안·위험을 제거하는 데 필요하고도 적절한 것이라고 할 수 없어 무효확인의 이익이 없다(대판 1991. 6. 28, 90누9346)(같은 취지의 판례 : 대판 1992. 3. 13, 91누5105 등).
> ② 무효라고 주장하는 과세처분에 따라 세금을 납부하여 그 처분이 이미 집행이 종료되어 버렸다면 그 과세처분이 존재하는 것과 같은 외관이 남아 있음으로써 장차 다가올 법률상의 불안이나 위험은 없다할 것이고, 다만 남아 있는 것은 이미 납부한 세금의 반환을 구하는 문제일 뿐이라 할 것인바, 이 경우 과세처분의 무효확인을 구하는 방법은 과세관청이 무효확인판결의 구속력을 존중하여 세금을 환급하여 줄 것을 기대하는 간접적인 방법에 불과할 것이므로, 민사소송으로 부당이득반환청구의 길이 열려있는 이상 과세처분 무효확인의 소는 분쟁해결에 직접적이고도 유효적절한 해결방법이라 할 수 없어 무효확인을 구할 법률상 이익이 없다(대판 1991. 9. 10, 91누3840).

그렇게 함으로써 불필요한 소송이 거부되어 법원의 부담이 경감되는 긍정적인 면도 있겠으나, 반면 원고의 입장에서는 무효 등 확인판결만에 의하여서도 명예의 회복 기타 법률상 지위의 불안이 제거될 수 있는 경우도 있으며, 또한 법률이 명문으로 인정하지 아니한 사유로 국민의 재판청구권을 제약하는 것은 문제가 있다고 하겠다.

② 그러나 최근(2008. 3. 20) 대법원 전원합의체는 판례를 변경하여 행정처분의 근거 법률에 의해 보호되는 직접적이고 구체적인 이익이 있는 경우 이와 별도로 무효확인소송의 보충성을 요구하지 않는 것으로 하였다(법적보호이익설·즉시확정이익부정설). 따라서 행정처분의 무효를 전제로 한 이행소송 즉 부당이득반환청구소송과 같은 구제수단이 있다고 할지라도 무효등확인소송을 제기할 수 있을 것으로 본다.

> **판례**　행정소송법 제35조에 규정된 '무효확인을 구할 법률상 이익'이 있는지를 판단할 때 행정처분의 무효를 전제로 한 이행소송 등과 같은 직접적인 구제수단이 있는지를 따져보아야 하는지 여부(소극)
> 　행정소송은 행정청의 위법한 처분 등을 취소·변경하거나 그 효력 유무 또는 존재 여부를 확인함으로써 국민의 권리 또는 이익의 침해를 구제하고 공법상의 권리관계 또는 법 적용에 관한 다툼을 적정하게 해결함을 목적으로 하므로, 대등한 주체 사이의 사법상 생활관계에 관한 분쟁을 심판대상으로 하는 민사소송과는 목적, 취지 및 기능 등을 달리한다. 또한 행정소송법 제4조에서는 무효확인소송을 항고소송의 일종으로 규정하고 있고, 행정소송법 제38조 제1항에서는 처분 등을 취소하는 확정판결의 기속력 및 행정청의 재처분 의무에 관한 행정소송법 제30조를 무효확인소송에도 준용하고 있으므로 무효확인판결 자체만으로도 실효성을 확보할 수 있다. 그리고 무효확인소송의 보충성을 규정하고 있는 외국의 일부 입법례와는 달리 우리나라 행정소송법에는 명문의 규정이 없어 이로 인한 명시적 제한이 존재하지 않는다. 이와 같은 사정을 비롯하여 행정에 대한 사법통제, 권익구제의 확대와 같은 행정소송의 기능 등을 종합하여 보면, 행정처분의 근거 법률에 의하여 보호되는 직접적이고 구체적인 이익이 있는 경우에는 행정소송법 제35조에 규정된 '무효확인을 구할 법률상 이

익'이 있다고 보아야 하고, 이와 별도로 무효확인소송의 보충성이 요구되는 것은 아니므로 행정처분의 무효를 전제로 한 이행소송 등과 같은 직접적인 구제수단이 있는지 여부를 따질 필요가 없다고 해석함이 상당하다(대판 전원합의체 2008.3.20, 2007두6342)

2. 피고적격

취소소송과 같이 처분청(부존재확인소송의 경우는 처분권한을 가진 행정청)이 피고가 된다(13·38①). 피고의 경정에 관하여도 취소소송의 관계규정이 준용된다(14·38①).

3. 소송참가

취소소송에서와 같은 취지로 제3자의 소송참가(16), 행정청의 소송참가(17)가 인정된다(38①).

Ⅳ. 소송제기

1. 소송의 대상

취소소송과 마찬가지로 행정청의 처분 또는 재결 등의 무효성·유효성 또는 존재·부존재 등에 관한 다툼이다. 처분 및 재결의 개념은 취소소송에서 설명한 것과 같다(원처분주의도 적용된다. 19 및 38①).

2. 행정심판전치주의 및 제소기간의 적용배제

무효인 처분은 처음부터 당연히 아무 효력이 없는 것이므로 굳이 행정청에게 반성·시정의 기회를 부여할 필요가 없고, 또한 언제든지 무효임을 주장할 수 있는 것이므로 행정심판전치주의와 제소기간이 적용되지 아니한다. 다만 무효선언을 구하는 의미에서의 취소소송의 형태로 제기하는 경우에 이들 규정의 적용 여부에 관하여는 견해가 대립되어 있으나, 적용되지 않는다고 보아야 할 것으로 생각된다(행정심판전치주의에서의 설명 참조).

3. 집행부정지의 원칙 및 가처분의 문제

1) 집행부정지의 원칙과 집행정지의 결정

무효인 처분은 처음부터 아무런 효력이 없음에도 불구하고 집행부정지의 원칙이 적용되고 예외적으로 집행정지의 결정을 할 수 있다고 한다면 논리적으로 모순이라 하겠다. 그러나 무효원인과 취소원인인 하자는 상대적인 차이밖에 없음에도 불구하고 무효확인소송의 형태로 제기되면 항상 집행이 정지된다고 하는 것도 행정의 계속성을 저해할 우려가 크기 때문에 취소소송과 구별치 않고 일단 **집행부정지를 원칙**으로 하고 예외적으로 집행정지의 결정을 하도록 하였다(23·24 및 38①). 판례도 『행정처분의 집행정지는 행정처분의 무효확인소송인 경우에도 허용된다』고 함으로써 같은 입장을 취하고 있다(대판 1966. 10. 4, 66두7).

2) 가처분

상기 집행정지에 관한 규정을 민사소송법상의 가처분제도에 대한 특별규정으로 보는가에 따라 가처분의 가능성에 대한 견해가 대립되고 있으나, 소극적으로 해석하여야 할 것이다.

4. 관련청구의 이송병합 및 소의 변경

무효 등 확인소송도 취소소송에서 설명한 것과 같은 취지로 관련 청구소송의 **이송병합**을 인정하고 있고(10 및 38①. 예 : 항고소송인 공무원파면무효확인소송에 당사자소송인 공무원 보수연금지급청구소송을 이송 또는 병합), 취소소송이나 당사자소송으로의 **소변경**(37) 또는 원처분의 변경으로 인한 소변경도 인정된다(다만, 취소소송으로 변경함에는 행정심판전치주의와 제소기간의 요건이 갖추어져야 한다. 예 : 과세처분무효확인소송을 과세처분취소소송으로 변경할 경우. 21·22 및 38①).

V. 심 리

1. 직권증거조사주의

심리에 있어서 법원이 필요하다고 인정하면 직권으로 증거조사를 할 수 있으며, 당사자가 주장하지 않은 사실에 대해서도 심판할 수 있다(26·38①).

2. 입증책임

입증책임에 관하여는 ① 취소소송의 입증책임과 같다고 하여 처분의 권한발생은 이를 주장하는 피고 행정청이, 반대로 처분의 권한발생의 저지는 이를 주장하는 원고가 진다는 견해(민소법상 입증책임분배설)와, ② 무효 등 확인소송은 취소소송과 달리 중대하고 명백한 하자가 있음을 이유로 하므로 누구나 쉽게 입증할 수 있다는 점 등을 들어 원고에게 입증책임이 있다는 견해(행소법 독자분배설)로 나누어지는바, 취소소송에서 설명한 것과 같은 이유로 행소법 독자분배설에 찬동하고자 하며 판례의 입장도 이와 같다(판례 참조).

> **판례** 무효확인소송의 입증책임에 관한 판례
> 행정처분의 무효확인을 구하는 행정소송에 있어서는 원고에게 그 행정처분이 무효인 사유를 주장·입증할 책임이 있다(대판 1992. 3. 10, 91누6030).

Ⅵ. 판 결

1. 위법성판단의 기준시

통설과 판례는 항고소송을 처분에 대한 사법적 사후심사로 보아 **처분시의 법령과 사실상태**를 기준으로 위법 여부를 판단하여야 한다고 한다.

2. 사정판결의 적용배제

무효 또는 부존재인 처분은 존속시켜 줄 효력이 처음부터 없기 때문에 사정판결을 할 수 없으며(38①), 판례도 같은 견해를 취하고 있다.

> **판례**
> "자동차운송사업의 면허를 얻고자 하는 자의 면허신청과 주무관청의 그 면허기준에 대한 심사는 자동차운송사업 면허처분의 중요하고도 불가결한 전제조건이라 할 것이므로 위 신청과 기준심사 없이 내린 위 사업면허는 무효이고, 이와 같이 당연무효의 행정처분을 소송목적물로 하는 행정소송에서는 사정판결을 할 수 없다."(대판 1985. 5. 26, 84누380)

그러나 ① 무효와 취소의 원인은 상대적인 차이밖에 없으며, ② 무효인 경우에도 이미 이루어진 결과를 존중할 필요가 있을 수 있고, ③ 사정판결에 의하더라도 손해배상 등의 방법으로 피해가 구제되므로 반드시 원고에게 불리한 것은 아니라는 점 등을 이유로 사정판결을 인정하는 견해도 있다.

3. 판결의 효력

무효 등 확인소송도 준형성소송이므로 형성력과 대세적 효력이 인정되며, 기속력과 기판력이 인정됨은 물론이다. 따라서 제3자의 소송참가와 재심청구도 인정되며, 당사자인 행정청과 그 밖의 행정청을 구속하므로 관계행정청은 반복금지효와 재처분의무가 있다(16·29·30·31 및 38①).

Ⅶ. 선결문제

1. 의 의

민사소송 또는 공법상 당사자소송에서 본안에 대한 판단을 하기 위하여 반드시 행정처분의 무효 또는 부존재 여부가 먼저 결정되어야 할 경우에 이 문제를 '선결문제'라고 한다

▶ 예 : 특허취소처분·과세처분·토지수용처분·파면처분의 무효를 이유로 민사소송 또는 공법상 당사자소송인 손해배상청구소송·부당이득반환청구소송·토지소유권확인소송·공무원신분확인 및 보수지급청구소송을 제기하는 경우.

선결문제는 공법상 당사자소송 또는 형사소송에서도 제기될 수 있으며, 행정소송법은 민사소송에서의 선결문제에 관하여만 명문의 규정을 두고 있다(11①).

2. 선결문제의 심판권의 소재

민사소송 또는 공법상 당사자소송절차에서 행정처분의 효력문제를 직접 심리·판단할 수 있는가, 아니면 별도의 행정소송에서 이를 심리·판단하여야 하는가에 관하여 통설은 행정처분의 하자의 정도를 기준으로 구분하여 논하고 있다.

1) 취소사유가 있는 경우

행정처분이 단순한 위법에 그쳐 취소사유가 있음에 그치는 경우에는 행정행위의 **공정력**으로 말미암아 정당한 권한이 있는 기관에 의하여 취소되기 전까지는 누구도(법원을 포함하여) 그 효력을 부인할 수 없기 때문에 별도의 취소소송에 의하여 취소되기 전에는 그 효력을 부인할 수 없다. 다만, 손해배상소송과 같이 행정처분을 직접 취소하는 것이 아니고 단순히 그 위법성을 인정함에 그치는 것은 가능하다고 한다(대판 1974. 3. 12, 73다228).

2) 무효·부존재 사유가 있는 경우

이 경우에는 처분의 공정력이 인정되지 않고 누구든지 어떤 절차에 있어서도 무효임을 주장할 수 있으므로 민사법원도 당연히 무효 또는 부존재를 스스로 판단·결정할 수 있다.

> **판례** 선결문제에 대한 민사소송의 심판권에 관한 판례
> 국세부과 및 징수처분과 같은 행정처분의 당연무효를 전제로 하여 민사소송을 제기한 때에는 법원은 그 행정처분의 하자가 중대하고 명백하여 당연무효라고 인정될 경우에는 이를 전제로 하여 판단할 수 있으나, 그 하자가 단순한 취소사유에 그칠 때에는 법원은 그 효력을 부인할 수 없다(대판 1973. 7. 10, 70다1439).

3. 심리절차

민사법원이 행정처분의 무효 또는 부존재를 선결문제로서 심리하고자 하는 경우에 이는 성격상 무효 등 확인소송과 유사하기 때문에 무효 등 확인소송에 관한 조항을 준용하도록 함과 동시에(11①), 처분청에게 소송참가의 기회를 부여하기 위하여 선결문제로 된 사실을 통지하도록 하고(11②), 처분청의 소송참가를 인정하고 있다. 선결문제의 심리에 있어 준용되는 조항은 직권증거조사주의(11① 및 26) 및 행정심판기록제출명령제도(11① 및 25) 등이다. 그러나 처분의 무효·부존재 확인에는 행정심판전치주의가 적용되지 아니하기 때문에 이를 거치지 아니할 것이므로 행정심판기록제출명령제도가 실제로 적용될 여지는 없다고 하겠다.

제 6 절 부작위위법확인소송

> 행정소송법 제2조(정의)
> ① 이 법에서 사용하는 용어의 정의는 다음과 같다.
> 2. "부작위"라 함은 행정청이 당사자의 신청에 대하여 상당한 기간내에 일정한 처분을 하여야 할 법률상 의무가 있음에도 불구하고 이를 하지 아니하는 것을 말한다.
> 제4조(항고소송)
> 3. 부작위위법확인소송: 행정청의 부작위가 위법하다는 것을 확인하는 소송
> 제36조(부작위위법확인소송의 원고적격)
> 부작위위법확인소송은 처분의 신청을 한 자로서 부작위의 위법의 확인을 구할 법률상 이익이 있는 자만이 제기할 수 있다.
> 제38조(준용규정)
> ② 제9조, 제10조, 제13조 내지 제19조, 제20조, 제25조 내지 제27조, 제29조 내지 제31조, 제33조 및 제34조의 규정은 부작위위법확인소송의 경우에 준용한다.

Ⅰ. 개 설

1. 의 의

'부작위위법확인소송'이란 『행정청의 부작위가 위법하다는 것을 확인하는 소송』을 말한다.

즉, 행정청이 당사자의 신청에 대하여 상당한 기간 내에 신청을 받아들여 적극적인 처분을 하거나 신청을 거부하는 내용의 소극적 거부처분을 하여야 할 법률상 응답의무가 있음에도

불구하고 이를 하지 아니하는 경우에 그 부작위가 위법하다는 것을 확인함으로써 행정청의 응답을 신속하게 하여 부작위 또는 무응답이라고 하는 소극적 위법상태를 제거하는 것을 목적으로 하는 소송이다(대판 1993. 4. 23, 92누17099).

위법한 처분에 대하여는 취소소송으로 구제받을 수 있고, 거부처분 역시 처분의 일종이므로 취소소송의 대상이 된다(단, 거부처분은 행정심판에 있어서는 소극적인 취소심판의 대상이 아니라 부작위와 함께 적극적인 의무이행심판의 대상이 된다).

그러나 행정청의 위법한 부작위에 대하여는 권력분립상 의무이행소송이 인정되지 않고 소극적인 부작위위법확인소송제도만 인정되며, 그 인용판결시의 행정청의 재처분의무와 간접강제제도에 의하여 문제점을 보완하고 있을 뿐이다(의무이행소송에 관하여는 제2절 행정소송의 한계에서 이미 설명). 그러나 부작위에 대하여는 행정소송법이 명문으로 인정하지는 아니하였지만 의무이행소송 또는 의무확인소송을 일종의 무명항고소송의 형태로 인정하여야 한다는 견해도 있는 바, 적절한 시기에 그 도입을 검토해 볼 필요가 있다고 생각된다.

2. 성 질

1) 항고소송

부작위란 행정청이 일정한 기간 내에 처분을 하여야 할 의무가 있음에도 불구하고 가부간에 아무런 처분을 하지 않고 있는 일종의 소극적 의사표시이므로 이에 대한 불복이라는 의미에서 항고소송의 성격을 가진다고 하겠으며, 행정소송법도 이를 항고소송으로 규정하면서 취소소송에 관한 대부분의 규정을 준용시키고 있다. 다만, 성질상 제소기간·집행정지·사정판결·처분변경으로 인한 소변경 등에 관한 규정은 제외하고 있다(38①).

2) 확인소송

부작위상태 자체가 위법임을 확인하는 데 그치는 것이므로 확인소송의 일종이다. 따라서 행정청에게 적극적으로 어떤 처분을 할 것을 명하는 이행소송 및 법률관계를 직접 형성·변경·소멸시키는 형성소송과 구별된다.

Ⅱ. 재판관할

취소소송에 관한 규정이 준용되어 제1심은 피고 행정청의 소재지를 관할하는 행정법원이 관할한다.

Ⅲ. 당사자

1. 원고적격

처분의 신청을 한 자로서, 부작위의 **위법확인을 구할 법률상 이익이 있는 자**만이 소송을 제기할 수 있다(36). 구체적으로는 행정청에 대하여 처분을 구할 수 있는 권리가 있는 자만이 원고적격이 인정된다. 여기서 말하는 『법률상 이익』은 취소소송에서의 그것과 같은 개념이다(취소소송의 소익 참조).

판례도 법률상 이익의 개념에 관한 **법률상이익구제설**에 입각하여, 시장 상인들이 인근 공터에 가설된 위법건축물로 인하여 시장영업에 장애가 있다는 이유로 구청장을 상대로 제기한 위법건축물 방치행위, 즉 부작위에 대한 위법확인소송을 기각한 바 있다(판례 참조).

> **판례**   부작위위법확인소송의 소익에 관한 판례
>
> 시장 인근의 공터에 설치된 위법 가설점포건물로 인하여 시장영업에 장애가 있다는 사실만으로는 직접적이고 구체적인 불이익을 받았다고 볼 수 없을 뿐만 아니라, 위법 건축물 철거의 근거법령인 건축법(5·7의3·42 등)의 규정도 원고의 영업상 이익을 보호하기 위한 규정이라고는 할 수 없다(대판 1989. 5. 23, 88누8135).
>
> ※ 이 판례는 제2절에서 인용한 이행소송을 불허한 판례와 동일한 판례인바, 원고는 위법 가설점포건물의 철거를 구하는 이행판결을 구하면서, 그 예비적 청구로서 본 부작위위법확인을 청구한 것이다.

2. 피고적격

취소소송과 같이 신청에 대한 처분권한을 가지고 있으나 이를 방치하고 있는 행정청(부작위청)이 피고가 된다(13 및 38②).

3. 소송참가

취소소송에서와 같은 취지로 제3자의 소송참가(16), 행정청의 소송참가(17)에 관한 규정이 준용된다(38②).

Ⅳ. 소송제기

1. 소송의 대상

소송의 대상은 『**부작위**』이다. 부작위란 『행정청이 ① 당사자의 신청에 의하여, ② 상당한

기간 내에, ③ 일정한 처분을 하여야 할 법률상 의무가 있음에도 불구하고, ④ 이를 하지 아니하는 것』을 말한다(2①(1)). 이 소송은 행정청이 신청에 대해 상당기간 내에 어떤 처분을 하여야 할 의무를 위반하고 있는 상태를 위법한 상태가 외부에 현실화된 것으로 보아 법원이 위법임을 확인하는 것이다.

부작위의 상세한 개념에 관하여는 행정심판에서 이미 설명하였으므로 여기서는 생략한다.

2. 예외적 행정심판전치주의

부작위에 대하여도 행정청에 반성·시정의 기회를 주기 위하여 예외적 행정심판전치주의의 적용을 받도록 하였다(18·38②). 이때의 행정심판은 취소심판이 아닌 **의무이행심판**임에 유의하여야 한다. 의무이행심판은 이행의 쟁송이고 부작위위법확인소송은 확인의 쟁송이라는 점에서 부자연스러운 점이 있으나, 이는 행정소송에서는 의무이행소송이 인정되지 않기 때문에 초래되는 현상이다.

3. 제소기간

예외적으로 행정심판전치주의가 적용되는 경우에 있어서는 행정심판재결서의 정본의 송달을 받은 날로부터 90일 이내에 제기하여야 한다(20①·38②). 그리고 처분이 있을 것을 전제로 한 제소기간 제한규정, 즉 『처분이 있음을 안 날로부터 90일, 처분이 있은 날로부터 1년』이라는 제소기간 제한규정은 부작위가 계속될 것을 요건으로 하는 부작위위법확인소송에서는 적용될 여지가 없다.

4. 집행정지 및 가처분의 문제

1) 집행정지

행정청의 부작위가 계속되는 한 처분의 존재를 전제로 하는 집행부정지의 원칙과 집행정지 결정제도는 적용될 여지가 없다.

2) 가처분

취소소송에서와 마찬가지로 가처분의 가능성에 대하여 견해가 대립되고 있으나, 소극적으로 해석하여야 할 것이다(취소소송의 제기효과 참고).

5. 관련청구의 이송병합 및 소의 변경

부작위위법확인소송도 취소소송에서 설명한 것과 같은 취지로 관련청구소송의 **이송병합**을 허용하고 있다(10 및 38② 예 : 체육시설의 설치·이용에 관한 법률에 의거하여 도지사로부터 골프장 사업계획의 승인을 얻은 자가 막대한 투자를 하여 법정시설을 갖춘 후 골프장업의 등록을 신청하였음에도 불구하고 상당기간 동안 이를 방치함으로써 손해를 입은 경우에 부작위위법확인소송에 당사자소송인 손해배상청구소송을 이송·병합).

또한 부작위위법확인소송을 **취소소송**(예 : 소송계속 중에 행정청이 일정한 처분을 한 경우에 그 처분에 대한 취소소송으로 변경하는 경우로서 실제로 그 예가 많다) 또는 **당사자소송**(예 : 위 경우에 부작위위법확인소송을 손해배상청구소송으로 변경하는 것)으로 **변경**할 수 있다(37).

그러나 원처분의 변경으로 인한 소변경제도(22)는 준용될 여지가 없다(원처분 자체가 존재하지 않으므로).

V. 심 리

1. 직권증거조사주의

부작위위법확인소송도 소송의 결과가 공공복리와 밀접한 관련이 있으므로 취소소송에서와 마찬가지로 직권증거조사에 관한 규정이 준용된다(38②·26).

2. 행정심판기록의 제출명령

취소소송에서와 마찬가지로 이를 인정하고 있다(38②·25).

3. 심리권의 범위

부작위위법확인소송의 심리권이 신청의 실체적 내용에까지 미치는가에 관하여는 학설이 대립되어 있다.

1) 소극설

부작위위법확인소송의 목적은 방치된 신청에 대하여 어떤 내용의 처분이든간에 내려 주어야 한다는 응답의무가 있음을 확인하는 데 그치고 신청한 대로의 처분을 하여야 한다는 확인을 구하는 것이 아니기 때문에 신청의 실체적 내용은 심리할 수 없다는 견해이다.

2) 적극설

부작위가 위법함을 단순히 확인함에 그치지 아니하고 나아가서 신청의 실체적 내용이 타당한 것인가도 심리하여 판결이유에 행정청이 행하여야 할 처분의 방향을 시사할 수 있다고 하는 견해이다.

3) 사 견

적극설은 의무이행소송이 인정되지 아니하는 현행 소송제도하에서 부작위위법확인소송을 의무이행소송에 가깝게 운영함으로써 국민의 권리구제에 도움을 준다는 긍정적 측면이 있으나, 입법으로 해결할 일을 법운영의 묘로써 해결하는 것은 무리가 있다고 할 것이므로 소극설이 타당하다고 생각된다. 판례도 또한 소극적 입장을 취하고 있다(판례 참조).

> **판례** 부작위위법확인소송의 심리권의 범위에 관한 판례
> 부작위위법확인소송은 그 부작위의 위법함을 확인함으로써 행정청의 응답을 신속하게 하여 부작위 내지 무응답이라는 소극적인 위법상태의 제거를 목적으로 하는 것이고, 나아가 당해 판결에 기하여 행정청이 처분을 하게 하고 다시 당해 처분에 불복이 있는 때에는 그 처분을 다투게 함으로써 최종적으로는 국민의 권익을 보호하려는 제도이다(대판 1992. 7. 28, 91누7361).

Ⅵ. 판 결

1. 위법성판단의 기준시

취소소송은 처분시를 기준으로 하지만, 부작위위법확인소송은 엄격한 의미의 처분이 존재하지 않으므로 논리상 처분시를 기준으로 할 수 없고, 작위의무의 위반상태가 위법이라는 확인을 구하는 것이므로 성질상 판결시까지 부작위상태가 계속되어야 한다. 따라서 소 제기 후 판결시까지 어떤 형태든 작위(처분)가 있으면 소의 이익이 없게 된다.

2. 사정판결의 적용배제

사정판결제도는 행정청의 처분이 있을 것을 전제로 하므로 아무 처분이 없는 부작위에 대한 위법확인소송에는 적용될 여지가 없다(38②·28).

3. 판결의 효력

부작위위법확인소송의 판결은 처분 행정청에 대한 기속력과 제3자에 대한 대세적 효력이 인

정되며, 그 외에 판결의 일반적 효력인 기판력이 인정됨은 물론이다. 그러나 형성소송이 아니므로 형성력은 없다.

판결의 기속력에는 취소판결과 같이 반복금지효와 **재처분의무**가 인정되며, 나아가서 **간접강제제도**에 의하여 이행소송이 인정되지 아니한 데 대한 결함을 보완하도록 하였다(30②34 및 38②)(상세한 내용은 제1항 중 취소판결의 효력 참고).

한편 **재처분의무**의 구체적 내용에 관하여는 전술한 심리권의 범위와 관련하여 견해가 대립되어 있는바,

① 소극설은 부작위위법소송의 목적이 응답의무의 확인에 그치는 것이므로, 예컨대 허가신청의 경우 허가를 하든지 거부하든지 간에 어떠한 내용의 처분이든 처분을 하기만 하면 되는 것이고 반드시 원고의 신청대로 처분할 필요는 없다고 하며,

② 적극설은 행정소송법(30②·38②)이 재처분의무의 내용으로 『판결의 취지에 따라 이전의 신청에 대한 처분을 하여야 한다』고 규정하고 있고 심리권의 범위에서 적극설을 취하는 이상, 판결이유에서 시사된 바와 같이 원고의 신청내용대로 처분함으로써 의무이행소송에 가깝게 운영하고자 하는 견해이지만, 심리권의 범위에서도 이미 설명한 대로 소극설이 타당하다고 하겠다(상기 판례 참조).

제 7 절 공법상 당사자소송

행정소송법 제3조(행정소송의 종류)
2. 당사자소송: 행정청의 처분등을 원인으로 하는 법률관계에 관한 소송 그 밖에 공법상의 법률관계에 관한 소송으로서 그 법률관계의 한쪽 당사자를 피고로 하는 소송
제39조(피고적격)
당사자소송은 국가·공공단체 그 밖의 권리주체를 피고로 한다.
제40조(재판관할)
제9조의 규정은 당사자소송의 경우에 준용한다. 다만, 국가 또는 공공단체가 피고인 경우에는 관계행정청의 소재지를 피고의 소재지로 본다.
제41조(제소기간)
당사자소송에 관하여 법령에 제소기간이 정하여져 있는 때에는 그 기간은 불변기간으로 한다.
제44조(준용규정)
① 제14조 내지 제17조, 제22조, 제25조, 제26조, 제30조제1항, 제32조 및 제33조의 규정은 당사자소송의 경우에 준용한다.
② 제10조의 규정은 당사자소송과 관련청구소송이 각각 다른 법원에 계속되고 있는 경우의 이송과 이들 소송의 병합의 경우에 준용한다.

Ⅰ. 개 설

1. 의 의

> '공법상 당사자소송'이란 『행정청의 처분 등을 원인으로 하는 법률관계에 관한 소송 기타 공법상의 법률관계에 관한 소송으로서 그 법률관계의 한쪽 당사자를 피고로 하는 소송』을 말한다.

당사자소송은 대등 당사자 간의 공법상의 권리 또는 공법상의 법률관계 그 자체를 소송물로 하는 **실질적 당사자소송**과, 처분이나 재결을 원인으로 하는 법률관계에 관한 소송으로서 법률관계의 원인이 되는 처분 등에 불복하여 소송을 제기하면서 처분청을 피고로 하는 것이 아니라 그 법률관계의 한쪽 당사자를 피고로 하는 **형식적 당사자소송**이 있다. 공법상의 신분·지위 등의 확인소송이 전형적인 실질적 당사자소송이며(대판 1996. 2. 15, 94다31235), 공익사업을 위한 토지 등의 취득 및 보상에 관한 법률에 의한 보상금 증감청구소송은 전형적인 형식적 당사자소송이다(대판 1991. 11. 26, 91누285).

2. 필요성

행정소송에서 항고소송 외에 당사자소송을 인정하고 있는 것은 우리 실정법 체계가 공법과 사법의 구별을 전제로 하고 있음을 보여 주는 것이라 하겠다. 그런데 행정소송은 그 성격상 행정청의 처분이 먼저 있고 나서 사후에 그 위법성을 이유로 이에 불복하는 의미를 가지는 항고소송이 중심이 될 수밖에 없는 것이기는 하지만,

① 처분 등이 원인이 되어 발생한 새로운 공법상의 법률관계(예 : 불법행위로 인한 손해배상청구권) 또는 처분 등의 존재를 전제로 하지 아니하는 공법상의 법률관계(예 : 공법상 계약에 관한 소송)가 있을 수 있으며, 이들 법률관계야말로 **직접 대등한 지위에서 당사자 간에(공법상 당사자소송으로)** 다투게 하면 될 일을 굳이 항고소송으로 다루기 위하여 먼저 행정청의 처분을 행하게 한 후(예 : 손해배상금결정 및 통지처분 등) 이에 불복하도록 하는 우회적 절차를 거치게 한다면 국민의 권리구제에 너무 우회적·소극적이라는 비난을 면할 수 없을 것이며,

② 또한 우리 실정법이 **공사법의 구별**을 인정하고 있는데, 상기 예는 어디까지나 사법관계(국고관계)가 아닌 권력관계·관리관계 등 **공법상의 법률관계**인 만큼, 사법상의 법률관계를 대상으로 하는 민사소송으로 다루기에도 적합치 못하다는 이유 때문에 항고소송에 대립되는 당사자소송을 민사소송 아닌 행정소송의 한 유형으로서 인정할 필요가 있는 것이다.

그러나 우리의 소송실무에 있어서는 종전부터 이를 일반 **민사소송**으로 다루고 있는바, 그 이

유는 ① 공법과 사법 또는 공권과 사권의 구별기준이 애매하며, ② 소송절차상으로도 공법상의 당사자소송과 민사소송 간에 차이가 거의 없어 민사소송에 대한 특수성이 희박하다는 점 등을 들 수 있다.

3. 대 상

공법상의 당사자소송의 대상은 『공법상의 법률관계(권리의무관계) 그 자체』이다(처분의 위법성은 직접 소송의 대상은 아니며 단지 그 선결문제가 될 뿐이다). 그러나 **무엇을 기준으로 공법관계와 사법관계를 구별할 것인지**에 대해서는 ① 소송물을 기준으로 한다는 견해(판례도 이 견해를 취하고 있다)와 ② 소송물의 발생원인이 되는 법률관계를 기준으로 한다는 통설의 견해로 나누어진다. 즉, 당사자소송 중에서 공무원의 지위확인소송은 행정사건이고 소유권확인이나 부당이득반환청구사건은 민사사건이라는 것이 소송물을 기준으로 하는 견해이며, 동일한 소유권확인소송이라도 그 소송물의 발생원인이 되는 법률관계를 기준으로 하여 행정처분의 무효등을 원인으로 할 때에는 행정사건이지만 매매계약의 무효를 원인으로 할 때에는 민사사건이라는 것이 법률관계를 기준으로 하는 견해이다. 예컨대, 판례의 견해에 의하면 과세처분의 무효임을 이유로 제기한 과오납금반환청구소송은 그 소송물이 민법상의 부당이득반환청구권인 사권이므로 민사사건으로 보겠지만, 통설의 견해에 의하면 그 권리의 발생원인이 되는 법률관계는 사법관계가 아니라 세법상의 과세처분이라는 공법관계이기 때문에 당사자소송으로 보아야 할 것이다.

4. 성 질

당사자소송은 행정청의 처분 등이 있고 사후에 이에 불복하는 항고쟁송이 아니라, 분쟁에 관하여 처음으로 다투는 시심적 쟁송에 해당한다.

II. 종 류

1. 실질적 당사자소송

행정소송법이 말하는 공법상의 법률관계에 관한 소송은 실질적 당사자소송을 의미하며, 이는 처분을 원인으로 하는가의 여부에 따라 다음의 2종류로 구분된다.

1) 처분 등을 원인으로 하는 법률관계에 관한 소송

예컨대, ① 과세처분 등의 무효 또는 취소를 원인으로 하는 공법상의 부당이득반환청구소송, ② 공무원의 직무상 불법행위 또는 영조물설치·관리의 하자를 원인으로 하는 손해배상청구소송, ③ 공무원 면직처분의 무효를 원인으로 하는 공무원보수·연금청구소송, ④ 토지수용 등 적법한 공권력 행사를 원인으로 하는 손실보상청구소송 등이 있다.

2) 기타 공법상의 법률관계에 관한 소송

처분 등을 원인으로 하지 아니하고도 발생할 수 있는 공법상의 법률관계에 관한 소송으로서, ① 공법상 계약에 관한 소송, ② 공법상 금전지급청구소송(후술하는 형식적 당사자소송에 의한 경우를 제외한 공법상 손실보상청구소송, 공법상 사무관리비용지급청구소송, 파면 등 행정처분이 없이 공무원보수·연금의 지급을 받지 못한 경우의 그 청구소송 등, 판례 참조), ③ 공법상 결과제거청구소송(토지수용이 취소되었음에도 계속 점유하는 토지에 대한 반환청구), ④ 공무원 등 공법상의 신분·지위 등의 확인소송(판례 참조) 등이 있다.

> **판례** 공무원연금관리공단이 공무원연금법령의 개정에 따라 퇴직연금 중 일부 금액에 대하여 지급거부의 의사표시를 한 경우, 그 의사표시가 항고소송의 대상이 되는 행정처분인지 여부(소극) 및 이 경우 미지급 퇴직연금의 지급을 구하는 소송의 성격(=공법상 당사자소송)
>
> 공무원연금관리공단의 인정에 의하여 퇴직연금을 지급받아 오던 중 공무원연금법령의 개정 등으로 퇴직연금 중 일부 금액의 지급이 정지된 경우에는 당연히 개정된 법령에 따라 퇴직연금이 확정되는 것이지 구 공무원연금법(2000. 12. 30. 법률 제6328호로 개정되기 전의 것) 제26조 제1항에 정해진 공무원연금관리공단의 퇴직연금 결정과 통지에 의하여 비로소 그 금액이 확정되는 것이 아니므로, 공무원연금관리공단이 퇴직연금 중 일부 금액에 대하여 지급거부의 의사표시를 하였다고 하더라도 그 의사표시는 퇴직연금 청구권을 형성·확정하는 행정처분이 아니라 공법상의 법률관계의 한쪽 당사자로서 그 지급의무의 존부 및 범위에 관하여 나름대로의 사실상·법률상 의견을 밝힌 것에 불과하다고 할 것이어서, 이를 행정처분이라고 볼 수는 없고, 그리고 이러한 미지급 퇴직연금에 대한 지급청구권은 공법상 권리로서 그 지급을 구하는 소송은 공법상의 법률관계에 관한 소송인 공법상 당사자소송에 해당한다(대판 2004. 12. 24, 2003두15195).

> **판례** [1] 광주민주화운동관련자보상심의위원회의 보상금지급신청에 대한 결정이 취소소송의 대상이 되는 행정처분인지 여부(소극)
> [2] 같은 법에 의거하여 관련자 및 유족들이 갖게 되는 보상 등에 관한 권리 및 소송의 성격(=당사자소송)과 그 지급에 관한 법률관계의 주체(=대한민국)
>
> [1] 광주민주화운동관련자보상 등에 관한 법률 제15조 본문의 규정에서 말하는 광주민주화운동관련자보상심의위원회의 결정을 거치는 것은 보상금 지급에 관한 소송을 제기하기 위한 전치요건에 불과하다고 할 것이므로 위 보상심의위원회의 결정은 취소소송의 대상이 되는 행정처분이라고 할 수 없다.
> [2] 같은 법에 의거하여 관련자 및 유족들이 갖게 되는 보상 등에 관한 권리는 헌법 제23조 제3항에 따른 재산권침해에 대한 손실보상청구나 국가배상법에 따른 손해배상청구와는 그 성질을 달리하는 것으로서 법률이 특별히 인정하고 있는 공법상의 권리라고 하여야 할 것이므로 그에 관한 소송은 행정소송법 제3조 제2

호 소정의 당사자소송에 의하여야 할 것이며 보상금 등의 지급에 관한 법률관계의 주체는 대한민국이다(대판 1992. 12. 24, 92누3335; 대판 1996. 5. 13, 95누10617).

2. 형식적 당사자소송

1) 의 의

토지수용의 재결 내용에는 수용재결과 보상재결의 두 가지가 포함되어 있는 바, 대부분의 토지소유자는 보상금에만 불복하여 소송을 제기하기 마련이며, 이 경우 토지수용위원회가 행한 수용처분 자체의 취소를 구하는 항고소송의 형식에 의하지 아니하고 바로 법률관계의 다른 쪽 당사자인 사업시행자를 상대로 보상금의 증액(또는 감액)청구소송만을 제기할 수 있으며, 이를 형식적 당사자소송이라고 한다(공익사업을 위한 토지 등의 취득 및 보상에 관한 법률85②).

2) 성 질

형식적 당사자소송은 형식적으로 보면 법률관계의 당사자인 토지소유자와 사업시행자 간의 당사자소송에 해당되지만, 실질적으로 보면 토지수용위원회의 재결의 위법을 다투는 항고소송으로서의 성질을 함께 가지고 있다(이러한 의미에서 이를 형식적 당사자소송이라고 부른다).

3) 필요성

토지수용 자체에는 승복하지만 보상금액에만 불복하고자 하는 경우에까지 먼저, ① 토지수용위원회를 피고로 하여 재결내용 전체에 대한 취소소송을 제기하게 한 후, ② 실질적 이해관계자인 사업시행자를 그 소송에 참가케 하고, ③ 재결취소소송의 관련청구소송으로서 별도의 공법상 손실보상청구소송(당사자소송)을 제기하여 이를 병합심리케 하는 복잡하고 우회적인 절차보다는, ① 직접 보상금 증액(감액)만을 소송대상으로 하여, ② 사업시행자를 피고로 하여 제기할 수 있도록 허용하는 것이 권리구제에 훨씬 간편하고 신속하다는 장점이 있기 때문에 2003. 1. 1부터 시행된 토지보상법(85)에서 이를 인정하고 있다(그 전에는 상술한 복잡하고 우회적인 방법에 의할 수밖에 없었다).

4) 인정 여부에 관한 학설

토지보상법과 같은 특별한 근거규정이 없더라도 행정소송법을 근거로 하여 이러한 형식적 당사자소송을 일반적으로 인정할 수 있을 것인가에 관하여는 견해가 대립되어 있다.

① 부정설

재결도 행정행위이므로 공정력을 가지는바, 공정력 있는 처분의 효력은 다투지 않고 이를 원인으로 하는 보상금청구권이라는 법률관계만을 판단하는 것은 공정력에 반한다고 한다.

② 긍정설

행정소송법(3 2호)이 말하는『처분 등을 원인으로 하는 법률관계에 관한 소송으로서 그 법률관계의 한쪽 당사자를 피고로 하는 소송』에 이러한 형식적 당사자소송이 포함되며, 이론상으로도 공정력 있는 처분을 그대로 둔 채 형식적 당사자소송을 제기하고 이에 대한 판결이 있으면 이것을 재결처분에 우선시키는 데 문제가 없다는 견해이다.

③ 사 견

생각건대, 행정소송법을 문리적으로만 해석하면 형식적 당사자소송을 인정하고 있다고 볼 수도 있겠으나, 행정행위의 공정력을 인정하는 이상 부정설이 타당하다고 생각된다.

따라서 형식적 당사자소송이 인정되려면 **공익사업을 위한 토지 등의 취득 및 보상에 관한 법률**과 같은 개별법상의 명시적 근거가 있어야 한다고 생각된다(예 : 특허법187·191, 의장75, 실용신안법56, 상표86 디자인보호법75등).

또한 전기통신기본법(40의2⑤·⑥)도 전기통신사업자와 이용자 간에 손해배상에 관하여 협의가 이루어지지 아니할 경우에 통신위원회에 재정신청을 할 수 있고, 통신위원회의 재정중 당사자가 지급하거나 수령하여야 할 금액에 불복이 있는 경우에는 소송으로 그 금액의 증감을 청구할 수 있으며, 이 소송에 있어서는 다른 당사자를 피고로 한다고 규정하고 있어 이 역시 형식적 당사자소송에 해당하는 예로 볼 수 있다.

Ⅲ. 특수성

항고소송에 대한 특수성으로서 다음의 것이 있다.

1. 당사자적격

원고는 공법상의 법률관계에 관하여 **권리보호의 이익**이 있는 자가 되며(8②에 의거 민사소송법이 준용되는 관계로), 피고는 위 법률관계의 한쪽 당사자인 **국가·공공단체 기타의 권리주체**(예 : 조세원천징수권자 등)가 된다(39. 행정청이 아니라는 점에서 **항고소송과 구별된다**). 피고가 국가인 경우에는『국가를 당사자로 하는 소송에 관한 법률』(1)에 의거하여 법무부장관이, 지방자치단체인 경우에는 지방자치법(92)에 의거하여 당해 지방자치단체의 장이 각각 이를 대표하며, 소속공무원 또는 변호사를 지정하여 구체적으로 소송을 수행케 한다. 한편, 이해관계 있는 제3자 또는 법률관계의 원인이 되는 처분 등을 행한 행정청도 각각 소송에 참가하는 소송참가제도도 인정되고 있다(16·17 및 44).

> **판례** 납세의무부존재확인의 소의 성격(=당사자소송) 및 피고적격(=국가공공단체 등 권리주체)
> 납세의무부존재확인의 소는 공법상의 법률관계 그 자체를 다투는 소송으로서 당사자소송이라 할 것이므로 행정소송법 제3조 제2호, 제39조에 의하여 그 법률관계의 한쪽 당사자인 국가공공단체 그 밖의 권리주체가 피고적격을 가진다(대판 2000. 9. 8, 99두2765; 대판 2001. 12. 11, 2001두7794).

2. 재판관할

제1심은 항고소송과 같이 피고의 소재지를 관할하는 행정법원이 된다. 다만, 피고가 국가 또는 공공단체인 경우 원활한 심리를 위하여 관계 행정청의 소재지를 피고의 소재지로 본다(40). 여기서 행정청은 본래의 의미의 행정청 이외에 관서 또는 관사의 뜻을 아울러 포함하는 것으로 새겨진다.

3. 제소기간

취소소송의 제소기간에 관한 규정은 준용되지 아니한다. 따라서 당사자소송의 제소기간의 제한은 원칙적으로 없다. 다만, 다른 법령에서 제소기간이 정하여져 있는 때에는 그에 따른 제한을 받게 되며, 이 경우의 제소기간은 불변기간으로 한다(행소41).

4. 행정심판전치주의의 적용 배제

당사자소송은 처분 등에 대한 불복이 아닌 시심적 쟁송이기 때문에 행정심판전치주의가 적용되지 않는다.

5. 관련청구소송의 이송·병합

당사자소송에는 관련청구소송(예 : 처분 등의 취소 또는 무효확인소송 등)을 병합심리(다른 법원에 계속되어 있는 경우에는 이를 이송받아 병합심리)할 수 있다(10②·44②).

6. 소의 변경

법원은 항고소송을 당사자소송으로 변경하는 것을 허가할 수 있는 것과 마찬가지로, 당사자소송을 항고소송으로 변경함을 허가할 수도 있으며(21 및 42), 당사자소송의 원인이 되는 처분 등을 행정청이 변경한 때에도 항고소송에서와 마찬가지로 처분변경으로 인한 당사자소송의 소변경이 허용된다(22 및 44①).

7. 행정심판기록의 제출명령

항고소송에서와 같다(25 및 44①).

8. 입증책임

행소법독자분배설이 적용되는 항고소송과는 달리, 대등한 당사자 간의 관계이므로 민소법상의 **입증책임분배원칙**이 적용된다고 하겠다. 즉, 권리를 주장하는 자는 권리근거규정의 요건사실(권리발생사실)에 대하여 입증책임을 지며, 권리주장의 상대방은 반대규정의 요건사실, 즉 ① 불공정한 법률행위와 같은 권리장애규정의 요건사실, ② 변제·공탁같은 권리멸각규정의 요건사실, ③ 정지조건의 존재, 기한의 유예와 같은 권리행사저지규정의 요건사실에 대하여 입증책임을 진다.

9. 직권증거조사

원칙적으로 변론주의가 적용되지만, 당사자소송도 항고소송에서와 같은 공익성이 있으므로 직권증거조사주의에 의하여 보충할 수 있도록 하였다(26 및 44).

10. 판결의 효력

취소판결의 효력 중 기속력(30① 및 44)·기판력은 인정되지만, 형성력과 대세적 효력, 행정청의 재처분의무 및 간접강제는 성질상 항고소송의 판결에만 고유한 효력이므로 인정될 수 없다.

그러나 당사자소송 중 ① 이행소송의 성격을 띤 것(부당이득반환·손해배상·손실보상·연금지급청구소송 등 대부분이 이에 해당)은 의무이행소송이 인정되지 않는 항고소송과 달리 형성력 대신 **집행력**이 인정되며, ② 공법상 법률관계의 존부의 확인만을 구하는 확인소송의 성격을 띤 것은 문제의 법률관계의 존부를 공적으로 확인·선언하는 효력밖에 없다(예 : 연금지급청구권·공무원신분 등의 존재확인청구소송).

11. 가집행선고

상술한 바와 같이 이행소송형태의 당사자소송에 있어서의 인용판결의 효력으로서 집행력이 인정되는바, 집행력을 담보하기 위하여 민사소송에서 널리 인정되는 가집행선고제도는 무한한 변제능력이 있는 국가에 대하여는 적용할 필요가 없다는 이유로 행정소송법(43)은 『국가를 상대로 하는 당사자소송에는 가집행선고를 할 수 없다』고 하고 있다. 그러나 동조는 같은 내용을 규정한 『소송촉진 등에 관한 특례법』 제6조 단서의 규정이 합리적 이유없이 국가를 우대하여 헌법 제11조 제1항의 평등원칙에 위배된다는 이유로 위헌으로 결정됨에 따라 위헌의 소지가 있다.

제 8 절 객관적 소송

I. 개 설

원래 행정소송은 주관적 소송이라 하여 개인의 권익이 침해된 경우에 이를 구제하기 위하여 인정되는 제도이며, 개인의 권익보호와 전혀 관계없이 오직 『행정법규의 적정한 적용』만을 보장하기 위한 소송은 허용되지 않는 것이 원칙이다(소익의 존재).

그럼에도 불구하고 개인의 권익침해 여부와는 관계없이 오직 행정의 적법성 보장이라는 공익만을 위하여 일반국민·선거인 또는 행정기관에 대하여 특수한 형태의 행정소송의 제기를 특별히 인정하는 경우가 있으며, 이를 보통의 소송인 주관적 소송에 대하여 객관적 소송이라 하는바, 현행제도상 민중소송과 기관소송이 이에 해당한다.

II. 민중소송

행정소송법 제3조(행정소송의 종류)
3. 민중소송: 국가 또는 공공단체의 기관이 법률에 위반되는 행위를 한 때에 직접 자기의 법률상 이익과 관계없이 그 시정을 구하기 위하여 제기하는 소송
제45조(소의 제기)
민중소송 및 기관소송은 법률이 정한 경우에 법률에 정한 자에 한하여 제기할 수 있다.
---

1. 의 의

'민중소송'이란 『국가 또는 공공단체의 기관이 법률에 위반되는 행위를 한 때에 직접 자기의 법률상 이익과 관계없이 그 시정을 구하기 위하여 제기하는 소송』으로서(행소3③), 선거행정 등에 대한 국민의 감시 및 참정의 수단으로서 기능하고 있다.

이는 개인의 권리구제가 아니라 행정법규의 적정한 집행을 보장하기 위하여 일반인이 소송을 제기할 수 있도록 하는 예외적인 행정소송으로서, 법률이 정한 경우에 법률이 정한 자만이 제기할 수 있는 특수한 소송이다(법정주의, 45). 따라서 법률의 규정이 없으면 민중소송을 제기할 수 없다.

> **판례** 행정청이 한 여론조사의 무효확인을 구하는 소송의 적부
> 행정소송법 제45조는 민중소송 및 기관소송은 법률이 정한 경우에 법률이 정한 자에 한하여 제기할 수 있다고 규정하고 있고, 행정청이 주민의 여론을 조사한 행위에 대하여는 법상 소로서 그 시정을 구할 수 있는 아무런 규정이 없으며, 행정소송법 제46조는 법률에서 민중소송을 허용하고 있는 경우에 그 재판절차를 규정한 것에 불과하므로, 원심이 여론조사의 무효확인을 구하는 소송을 각하한 것은 정당하다(대판 1996. 1. 23, 95누12736).

2. 종 류

1) 공직선거법상의 민중소송

1994. 3. 16 제정된 『공직선거 및 선거부정방지법』에 의하면,

① **대통령선거·국회의원선거**의 효력에 이의가 있는 선거인은 대법원에 **선거소송**을 제기할 수 있으며(222①),

② **지방자치단체의 장 및 지방의회의원** 선거의 효력에 관하여 이의가 있는 선거인은 시·도 선거관리위원회 또는 중앙선거관리위원회(시·도지사 선거의 경우)에 **선거소청**을 제기한 후 그 결정에 불복할 경우에 고등법원 또는 대법원(시·도지사 선거의 경우)에 **선거소송**을 제기할 수 있다(219·222②).

2) 국민투표법상의 민중소송

국민투표의 효력에 관하여 이의가 있는 투표인은 투표자 10만인 이상의 찬성을 얻어 대법원에 **국민투표무효의 소송**을 제기할 수 있다(국민투표92).

3) 지방자치법상의 주민소송

지방자치단체의 공금의 지출, 재산의 취득·관리·처분, 당해 지방자치단체를 당사자로 하는 매매·임차·도급 그 밖의 계약의 체결·이행 또는 지방세·사용료·수수료·과태료 등 공금의 부과·징수의 해태에 관한 사항을 감사청구한 주민이 주무부장관 또는 시·도지사가 감사청구를 수리한 날부터 60일을 경과하여도 감사를 종료하지 아니하거나, 감사결과에 불복이 있거나, 감사결과에 따른 주무부장관 또는 시·도지사의 조치요구를 지방자치단체의 장이 이행하지 아니하거나, 지방자치단체의 장의 이행조치에 불복이 있는 경우에 관할 행정법원(행정법원이 설치되지 아니한 지역에서는 관할 지방법원 본원)에 당해 행위의 전부 또는 일부의 중지, 당해 행위의 취소·변경을 구하거나 효력의 유무 또는 존재여부의 확인, 당해 해태사실의 위법확인, 그 밖에 손해배상청구 또는 부당이득반환청구를 할 것을 요구하는 **주민소송**을 제기할 수 있다(지자13의5).

3. 특수성

1) 원고적격

법률이 특별히 정한 자가 된다. 즉 선거인·후보자·정당 또는 투표인(국민투표의 경우)이 된다.

2) 피고적격

역시 법률에 의하여 중앙선거관리위원회위원장 또는 선거구선거관리위원회위원장이 된다.

3) 재판관할

대법원이 되며, 기초자치단체의 장 또는 지방의회의원선거의 경우는 고등법원이 된다.

4) 제소기간

선거법상의 제소기간은 10일(국민투표는 20일) 등으로 법정되어 있다.

5) 행정심판전치주의

시심적 쟁송이므로 행정심판전치주의가 적용될 여지가 없다.

6) 심 리

민중소송의 심리에 관하여는 각 개별법의 규정에 따르되, 규정이 없는 경우에는 ① 처분

등의 취소를 구하는 것이면 그 성질에 반하지 아니하는 한 취소소송의 규정을, ② 처분 등의 무효·부존재 여부나 부작위의 위법확인을 구하는 것이면 그 성질에 반하지 아니하는 한 각각 무효 등 확인소송 또는 부작위위법확인소송의 규정을, ③ 기타의 경우에는 그 성질에 반하지 아니하는 한 당사자소송에 관한 규정을 각각 준용하도록 하였다(행소46).

7) 입증책임

민중소송이 항고소송의 성격이면 앞에서 설명한 행소법독자분배의 원칙이, 당사자소송의 성격이면 민소법상의 입증책임분배의 원칙이 각각 적용된다고 볼 수도 있겠으나, 민중소송의 특수성에 비추어 볼 때 각 민중소송 제도의 취지·입증의 난이도·증거에의 접근가능성 등을 종합적으로 고려하여 개별적으로 판단하여 합리적으로 책임을 분배함이 타당하다고 하겠다.

Ⅲ. 기관소송

행정소송법 제3조(행정소송의 종류)
4. 기관소송: 국가 또는 공공단체의 기관상호간에 있어서의 권한의 존부 또는 그 행사에 관한 다툼이 있을 때에 이에 대하여 제기하는 소송. 다만, 헌법재판소법 제2조의 규정에 의하여 헌법재판소의 관장사항으로 되는 소송은 제외한다.
제45조(소의 제기)
민중소송 및 기관소송은 법률이 정한 경우에 법률에 정한 자에 한하여 제기할 수 있다.
대한민국 헌법 제111조
① 헌법재판소는 다음 사항을 관장한다.
4. 국가기관 상호간, 국가기관과 지방자치단체간 및 지방자치단체 상호간의 권한쟁의에 관한 심판

---

1. 의 의

'기관소송'이란 『국가 또는 공공단체의 기관 상호간의 권한의 존부 또는 그 행사에 관한 다툼이 있을 때에 이에 대하여 제기하는 소송』을 말한다(행소3 4호).

기관소송은 국가면 국가, 또는 공공단체면 공공단체라는 『동일한 행정주체에 소속하는 기관 상호간』의 권한쟁의에 관한 소송만을 의미한다.

따라서 상이한 행정주체 간(예 : 국가와 지방자치단체 간) 또는 상이한 행정주체에 소속하는 기관 간의 소송은 제외되며, 특히 헌법(111①(4))과 헌법재판소법(62)은 ① 국회·정부·법원 및 중앙선거관리위원회 상호간, ② 국가기관과 지방자치단체 간, ③ 지방자치단체 상호간의 권한

쟁의에 관하여는 **헌법재판소의 권한쟁의심판의 대상**으로 하고 있기 때문에 이에 대한 사항은 법원의 관할대상이 아니다.

2. 필요성

원래 동일한 행정주체 내부의 소속 기관 간의 권한쟁의는 기관 상호간의 협의에 의하며, 협의가 성립되지 않으면 상급기관의 감독권에 의하여 내부적으로 처리함이 원칙이지만, 상급감독기관이 없는 경우 등 특별한 경우에 한하여 제3자인 법원의 공정한 판단에 맡기기 위하여 인정되는 제도이다.

3. 종 류

1) 지방자치법상의 기관소송

① **지방의회**의 의결이 법령에 위반하거나 공익을 현저히 해한다고 판단될 때에 지방자치단체의 장이 지방의회에 재의를 요구하고, 재의결된 내용 역시 법령에 위반(공익위반은 제외됨에 유의)된다고 판단될 때에는 재의결일로부터 20일 이내에 **대법원에 제소**할 수 있으며, 이 경우 재의결의 집행을 정지하게 하는 집행정지결정을 신청할 수 있다(159).

② 지방자치단체의 장은 자치사무에 관한 명령·처분에 대하여 **감독청**(시·도의 경우에는 각 업무를 주관하는 중앙행정기관의 장, 시·군·구의 경우에는 시·도지사)이 행한 **취소** 또는 정지에 대하여 이의가 있는 경우에 그 취소 또는 정지처분의 통보를 받은 날로부터 15일 이내에 **대법원에 제소**할 수 있다(157). 그러나 이는 상이한 행정주체에 속하는 기관 간의 쟁송이므로 상술한 바와 같이 기관소송에 해당하지 않고 오히려 감독청의 취소·정지처분의 위법성을 다투는 항고소송에 해당한다고 보아야 할 것이다.

2) 지방교육자치에 관한 법률상의 기관소송

시·도의회 또는 교육위원회의 의결이 법령에 위반하거나 공익을 현저히 해한다고 판단될 때에는 교육감은 재의를 요구하고, 재의결된 내용 역시 법령에 위반(공익위반은 제외)된다고 판단될 때에는 교육인적자원부장관에게 이를 보고하고 재의결일로부터 20일 이내에 대법원에 제소할 수 있으며, 이 경우 재의결의 집행을 정지하게 하는 집행정지결정을 신청할 수 있다(동법31).

4. 특수성

1) 원고적격

상술한 바와 같이 지방자치단체의 장 또는 교육감이 된다.

2) 피고적격

지방의회 또는 교육위원회가 된다.

3) 재판관할

대법원이 제1심이며 최종심이 된다.

4) 제소기간

각 법률이 재의결일 등으로부터 20일 등으로 하여 분쟁의 신속한 해결을 도모하고 있다.

5) 심 리

상술한 민중소송의 경우와 같다(행소46).

6) 입증책임

기관소송은 고도의 공익적 요구에 따라 인정되는 객관적 소송이기 때문에 주관적 소송인 항고소송에 관한 입증책임이 그대로 적용될 수는 없다. 그러나 현행 행정소송법은 기관소송에 대하여 그 성질에 반하지 않는 한 ① 취소소송에 관한 규정, ② 무효 등 확인소송 또는 부작위위법확인소송에 관한 규정, ③ 당사자소송에 관한 규정을 준용한다고(46①~③) 규정하고 있기 때문에, 그 입증책임의 문제는 제기되는 기관소송의 성질에 따라 종합적으로 판단하여 적용하여야 할 것이다.

제 7 편

행정조직법

제1장 행정조직법 통칙

제1절 행정조직법의 의의 및 성질

Ⅰ. 행정조직법의 의의

행정조직법이란 『행정주체의 조직에 관한 법』이라고 정의할 수 있다. 행정주체란 행정을 집행하고 있는 국가 또는 자신의 사무를 자치적으로 행하는 공공단체(예 : 지방자치단체, 공공조합 또는 영조물법인과 같은 공법상 법인 등)처럼 그 상대방의 관계에 있는 행정객체에 대하여 행정을 행하는 자를 의미한다. 행정조직법이란 이 같은 행정주체의 조직에 관한 법이다.

Ⅱ. 행정조직법의 법적 성질 - 행정내부법, 법규성

종래에는 행정조직법은 행정기관의 내부관계를 조직·규율하는 법(행정내부법)으로서 직접적으로 권리·의무와 관련이 없다고 하여 그 법규성을 부인하였으나, 오늘날에는 국민의 권리·의무에 영향을 미치는 행정기관의 권한분배는 행정조직법에 의하기 때문에 행정조직법의 법규성을 인정하는 것이 일반적이다.

이러한 실질적 법치주의의 요청과 행정에 대한 민주적 통제라는 국민주권사상에 입각하여 우리 헌법도 **행정조직법정주의**를 채택하여, ① 행정각부의 설치·조직·직무범위(96), ② 감사원의 조직·직무범위(100), ③ 지방자치단체의 조직(118②) 등에 관하여는 국회가 제정하는 법률로 정하도록 하였으며(국회입법의 원칙), 이에 의거하여 각각 정부조직법과 지방자치법을 제정하였고, 정부조직법도 중앙행정기관의 설치·조직 및 직무범위를 법률로 정하도록 규정하고 있다.

제2절 행정조직의 특질 및 유형

Ⅰ. 현대 행정조직의 특질

오늘날 행정조직의 공통적인 특질로는 ① 행정조직의 통일성·계층성, ② 행정조직의 책임성, ③ 행정조직의 전문성, ④ 행정조직의 민주성 등을 꼽을 수 있다.

Ⅱ. 행정조직의 유형

1. 중앙집권형과 지방분권형

중앙집권형은 행정권력을 가능한 한 많이 중앙 또는 상급기관에 집중시키는 것을 말하며, 이는 주로 초기 국가형성의 과정에서 일반적으로 나타나는 현상이다. 이에 반하여 **지방분권형**은 행정권력을 가능한 한 많이 지방에 분산시키거나 이양시키는 것을 말한다.

2. 권력통합형(집중형)과 권력분산형

권력통합형이란 행정권력의 일원화의 요구에 의하여 행정권을 가능한 한 단일기관에 통합하거나 집중시키는 것을 말한다. 이에 반하여 **권력분산형**은 행정권력 상호 견제와 균형을 도모하기 위하여 행정권을 서로 대립하는 여러 기관에 분산시키는 조직형태를 말한다.

3. 관치행정형과 자치행정형

행정권의 주체를 국가에 한정하는가, 아니면 지방자치단체·경제단체(상공회의소·은행연합회·협동조합 등)·직능단체(의사회·변호사회·교원단체 등) 등에게 일정한 범위 내의 자기의 고유한 행정권을 부여하는가에 따른 분류이며, 전자를 **관치행정형**이라 하고 후자를 **자치행정형**이라 한다.

4. 직접민주형과 간접민주형

행정조직에 있어서의 직접민주형은 직접 국민의 의사에 따라 행정을 운영하는 경우를, 간접민주형은 국민이 선출한 대표자에 의하여 행정이 운영되는 경우를 말한다.

5. 독임형과 합의형

독임형은 행정을 단독 공무원의 책임 하에 수행하게 하는 것으로서 행정의 소재를 명확히 하며, 행정의 신속능률·책임규명에 적합한 형태이고, **합의형**은 복수의 공무원의 합의에 의하여 행정을 수행하는 것으로서 행정집행에 있어서 신중·공평·이해조정에 적합한 형태이며, 각종 행정위원회제도가 이에 해당한다.

III. 우리나라 행정조직의 기본원리

1. 행정조직법정주의

헌법은 행정각부(96)·감사원(100)·선거관리위원회(114)·지방자치단체(117) 등 행정조직을 법률로 정하도록 하였다. 이와 같은 행정조직의 설립은 반드시 국민의 대표인 국회가 제정하는 법률에 의하도록 함으로써 행정부가 자의적으로 행정조직을 설립할 수 없도록 하는 행정조직법정주의를 취하고 있다. 다만, 정부조직법(2④·3·4)에서 행정각부의 보조기관·특별지방행정기관·부속기관의 설치는 대통령령으로 정할 수 있도록 위임하고 있다.

2. 민주성

헌법은 국민의 직선에 의한 대통령을 행정부의 수반으로 하는 한편(67), 국무총리 임명에 대한 국회의 동의(86), 국무총리·국무위원에 대한 국회의 해임건의(63), 대통령·국무총리 등에 대한 국회의 탄핵소추(65) 등의 민주적 통제제도를 마련하고 있다.

3. 지방분권주의

헌법 제8장에 의거하여 지방자치가 실시되어 주민의 직선에 의한 지방의회와 지방자치단체의 장이 주민의 복지에 관한 사무를 스스로 처리하도록 하고 있으며, 많은 중앙의 행정권이 지방자치단체로 이양되고 있다. 특히 우리 헌법은 지방의회를 헌법기관으로 규정함으로써 직접 지역의 민의를 대변하고 있는 지방의회를 헌법의 개정에 의하지 않고서는 폐지할 수 없게 하고 있다(118①).

4. 독임제

우리나라의 행정조직은 능률성과 책임성을 담보하기 위하여 행정각부와 보조기관·특별지방행정기관 등 모든 행정조직에 있어 독임제를 원칙으로 하고 있으나, 정부조직법(5)은 예외적으로『행정기관에는 그 소관사무의 일부를 독립하여 수행할 필요가 있는 때에는 법률이 정하는 바에 의하여 행정위원회 등 합의제 행정기관을 둘 수 있다』고 하였다. 이에 의거하여 토지수용위원회·행정심판위원회·소청심사위원회·국토정책위원회 등의 합의제 행정기관이 법률로 설치되어 있다(공익사업을 위한 토지 등의 취득 및 보상에 관한 법률·행정심판법·국토기본법).

5. 직업공무원제

헌법(7②)은 공무원의 정치적 중립과 신분을 보장하고 있고, 국가공무원법 등 각종 공무원법은 성적주의에 입각한 공무원채용·승진제도 등 직업공무원제도를 확립함으로써 행정의 능률성과 공정성을 담보하고 있다.

제3절 행정기관의 의의와 종류

Ⅰ. 행정기관의 개념과 성질

1. 행정기관의 개념

행정기관이란 널리 『행정주체의 행정사무를 담당하는 기관』을 말한다.

이러한 의미의 행정기관에는 행정주체의 의사를 결정하고 이를 외부에 표시할 수 있는 권한을 가지는 행정관청뿐만 아니라 그 보조기관 등도 포함된다. 행정기관은 행정객체에 대하여 행정주체로서 행정사무를 처리하는 지위에 있는 행정사무의 담당자를 지칭하는 것이므로 입법·사법기관과 구별된다. 또한 행정기관은 그를 구성하면서 현실적으로 행정업무를 처리하는 자연인인 공무원과 구별되며, 담당 공무원이 변경되더라도 행정기관으로서의 행위에는 아무런 영향을 미치지 아니한다.

2. 행정기관의 성질 - 법인격 부정

행정기관에 법인격이 인정되는가? 법인격의 개념을 『법률효과의 귀속주체』라고 보면 법인격은 국가·지방자치단체·공공조합 등의 행정주체에게만 인정되며, 행정기관은 다만, ① 행정심판의 피청구인·행정소송의 피고로서의 당사자적격과 ② 기관소송의 당사자적격 ③ 행정기관 상호간의 권한의 위임·위탁 및 사무협의 등의 경우에 예외적으로 인격에 유사한 지위가 인정될 뿐이다. 요컨대 행정기관에는 인격성이 인정될 수 없다. 행정기관의 행위는 자신을 위한 것이 아니라 행정주체를 위한 것이기 때문에 행정기관은 권리능력을 갖고 있지 않다(판례 참조). 행정기관은 행정주체를 위한 권한의 귀속자일 뿐 행정주체는 아니다.

> **판례** 서울국제우체국장은 관세법상의 납세의무자가 될 수 없으므로 서울국제우체국장에 대한 관세부과처분은 당연무효라는 판례
> 서울국제우체국장은 우편사업을 담당하는 국가의 일개 기관에 불과할 뿐으로서 법률상 담세능력이 있다거

나 책임재산을 가질 수 있다고 볼 수 없어 관세법상의 납세의무자가 될 수 없으므로 위 우체국장에 대한 이 사건 관세부과처분은 관세의 납세의무자가 될 수 없는 자를 그 납세의무자로 한 위법한 처분으로서 그 하자가 중대하고도 명백하여 당연무효라고 할 것이다(대판 1987. 4. 28, 86누93).

Ⅱ. 행정기관의 종류

1. 행정청

행정관청이란 『국가의 의사 또는 판단을 결정하여(의결권) 이를 외부에 표시할 수 있는 권한(표시권)을 가진 기관』을 말하며, 국가뿐만 아니라 지방자치단체의 의사를 결정·표시할 수 있는 기관까지 포함하는 경우에는 **행정청**이라고 한다.

행정관청이란 행정행위·행정쟁송 등에 등장하는 학문상의 개념으로서, 정부조직법상 부·처·청 등을 **행정기관**이라고 하며, 이들 행정기관의 장인 장관·처장·청장이 바로 **행정관청**에 해당한다(장관 등의 자연인과는 구별되는 개념이다). 행정관청은 일반적으로 장관, 처장, 청장, 경찰서장, 소방서장, 특별시장, 광역시장, 도지사, 시장, 군수처럼 **독임제**의 형태를 가지지만, 행정심판위원회, 중앙선거관리위원회, 배상심의회, 금융통화위원회, 감사원, 소청심사위원회, 토지수용위원회 및 노동위원회처럼 **합의제기관**인 경우도 있다.

> **판례** 노동위원회는 합의제행정기관이라는 판례
> 노동위원회는 노동관계에 있어서 판정·조정업무의 신속공정한 수행을 위하여 설치된 합의제행정기관이므로 위원회가 행하는 절차 및 조치는 행정작용의 성질을 가지며 사법상의 절차 및 조치와는 구별된다(대판 1997. 6. 27, 96누17380).

2. 보조기관

보조기관이란 행정관청에 소속되어 행정관청의 의사결정과 집행을 보조하는 행정기관을 말한다. 중앙행정기관의 보조기관의 명칭은 행정각부의 차관·본부장(외교통상부의 통상교섭본부장)·차장·실장·국장·부장·과장·팀장·계장 및 지방자치단체의 부지사·부시장·국장·과장 등이 이에 해당한다. 그러나 보조기관도 행정관청의 권한의 위임 또는 대리에 의하여 행정관청의 지위를 가질 때도 있다.

3. 보좌기관

보좌기관이란 행정관청의 의사결정에 직접 관여하는 계선기관인 보조기관과 달리, 특정 정

책의 기획·연구·조사 등을 통하여 간접적으로 의사결정을 보좌하는 **참모기관**으로서, 차관보·담당관 등이 이에 속한다. 예컨대 대통령비서실, 국무총리비서실·국무조정실 및 행정각부의 차관보 및 담당관 등이 이에 해당된다.

보좌기관은 보조기관과 성격·업무를 달리하여야 함에도 불구하고 현실적으로는 보조기관 같이 운영되고 있는 경우가 많기 때문에 행정실무에서는 양자를 엄격하게 구분하지는 않고 있다.

4. 의결기관

의결기관이란 행정관청의 의사를 결정할 권한만 있고 이를 외부에 표시할 권한은 없는 **합의제 행정기관**을 말한다(예 : 각종 징계위원회, 광업조정위원회 등). 그러나 의사를 외부에 표시할 권한까지 보유한 경우에는 **합의제 행정관청**이 된다(예 : 각종 선거관리위원회, 감사원 등). 의결기관의 결정은 행정청을 구속한다.

따라서 행정청은 의결기관의 결정에 구속되며 그 결정에 따라 처분을 행한다. 의결기관의 의결을 거치지 않은 처분은 당연 무효이고, 의결기관의 의결에 반하는 처분도 원칙상 무효이다. 그러나 행정청이 재량권을 갖고 있는 경우 비록 의결기관의 결정에 따른다 하더라도 예외적으로 사회통념상 현저히 타당성을 잃었다고 볼 만한 특별한 사정이 있는 경우에는 재량권을 일탈·남용하였다고 볼 수 있다(판례 참조).

> **판례** 대학의 장이 대학 인사위원회에서 임용동의안이 부결되었음을 이유로 교수의 임용 및 임용제청을 거부하는 행위가 특별한 사정이 없는 이상 재량권을 일탈·남용한 것은 아니라는 판례
> 대학교수의 임용 여부는 임용권자가 교육법상 대학교수 등에게 요구되는 고도의 전문적인 학식과 교수능력 및 인격 등을 고려하여 합목적적으로 판단할 자유재량에 속하고, 특히 교육공무원법 제25조에서 대학의 장이 교수를 임용 또는 임용 제청함에 있어 대학 인사위원회의 동의를 얻도록 한 것은 교수 임용권자 또는 임용제청권자의 자의를 억제하고 객관적인 기준에 따른 인사질서를 확립함으로써 우수한 교원을 확보함과 동시에 대학의 자치 및 자율권과 교원의 신분보장을 도모하고자 하는 데 있으므로, 대학의 장이 대학 인사위원회에서 임용동의안이 부결되었음을 이유로 하여 교수의 임용 또는 임용제청을 거부하는 행위는 그것이 사회통념상 현저히 타당성을 잃었다고 볼 만한 특별한 사정이 없는 이상 재량권을 일탈·남용하였다고 볼 수 없다(대판 2006. 9. 28, 2004두7818).

5. 집행기관

집행기관은 행정관청의 명을 받아 국가의사를 실력으로 집행하는 기관을 말한다(경찰관·소방관·세무공무원 등).

6. 감사기관

감사기관은 다른 행정기관의 사무 또는 회계의 위법·부당 여부를 감사하는 행정기관을 말한다(예 : 감사원).

7. 부속기관

부속기관은 행정기관에 부속하여 이를 지원하는 기관을 말한다. 오늘날 행정의 전문기술성과 급부행정의 강화에 따라 부속기관은 점증하는 추세에 있으며, 정부조직법상, ① 자문기관(수도권정비위원회·국토정책위원회 등 각종 위원회와 심의회), ② 시험연구기관(국립환경연구원, 임업연구원·국립보건연구원·국립과학수사연구소 등), ③ 교육훈련기관(국가전문행정연수원 등), ④ 문화기관(국·공립도서관, 박물관·극장·국악원 등), ⑤ 의료기관(국립정신병원·국립의료원·경찰병원·보훈병원·결핵병원과 시·도립병원 등), ⑥ 제조기관(국립영상간행물제작소 등), ⑦ 관리보존기관(정부청사관리소·정부기록보존소 등) 등이 있다.

8. 공기업기관 및 영조물기관

공기업 경영 또는 영조물의 설치·관리를 위한 행정기관으로서, 우정관서는 **공기업기관**이며, 국·공립의 대학·병원·도서관·박물관·극장 등은 **영조물기관**에 해당한다. 공기업기관을 공기업의 형태로서 경영을 담당하고 있다는 점에서 이를 **현업기관**이라고도 한다. 영조물기관은 원칙적으로 법인격을 갖고 있지 못한 점에서 영조물법인과 구별된다.

9. 책임운영기관

책임운영기관이란 정부가 수행하는 사무중 공공성을 유지하면서도 경쟁원리에 따라 운영하는 것이 바람직한 사무에 대하여, 공모절차에 따라 계약직공무원으로 채용된 책임운영기관의 장에게 행정 및 재정상의 자율성을 부여하고 그 운영성과에 대하여 책임을 지도록 하는 행정기관을 말한다(책임운영기관의 설치·운영에 관한 법률 2). 책임운영기관은 ① 기관의 주된 사무가 사업적·집행적 성질의 행정서비스를 제공하고 성과측정기준의 개발과 성과의 측정이 가능한 사무 또는 ② 기관운영에 필요한 재정수입의 전부 또는 일부를 자체확보할 수 있는 사무를 수행할 경우에 대통령령으로 설치할 수 있다(국립영상간행물제작소·국립의료원·국립중앙극장·국립중앙과학관·임업연구원 등).

제 4 절 행정청의 권한의 대리와 위임

Ⅰ. 행정청의 권한

1. 권한의 의의

행정청의 권한이란 『행정청이 법령상 행정주체의 의사를 결정하고 표시할 수 있는 범위』를 말한다.

실정법(정조2①)에서 직무범위라는 용어로 사용되고 있는 것이 행정청의 권한이며, 흔히 행정청의 관할이라고도 한다. 행정청은 법령상 그 권한이 인정되는 경우에 그 범위 안에서만 국가의 의사 또는 판단을 결정·표시할 수 있다. 이러한 권한은 의사와 판단의 결정범위라는 점에서, 권리·의무의 법률관계에서 자기의 이익을 위하여 타인에 대하여 일정한 주장을 할 수 있는 법률상의 구체적인 힘을 의미하는 권리와 구별된다. 행정청의 권한은 행정청 자신의 이익을 위한 것이 아니라 그것이 소속하는 행정주체의 이익을 위하여 인정되는 것이기 때문에 행정청이 권리의 주체가 되는 것은 아니고 행정주체가 권리의 주체가 되는 것이다. 권한은 부여된 특정 행정청만이 행사할 수 있고 다른 행정청이 행사할 수는 없다.

2. 권한의 한계

1) 사항적 한계(사물관할, 실질적 권한)

행정청은 정부조직법과 대통령령인 각 부처 직제 등의 조직법령에 규정된 담당사무의 범위 내에서만 권한을 가지며, 이를 사항적 한계라고 한다(예 : 『법무부장관은 검찰·행형·인권옹호·출입국관리·기타 법무에 관한 사무를 장리한다』는 정부조직법 제31조 등).

권한의 사항적 한계를 사물관할 또는 실질적 권한이라고도 하는데, 행정청의 사물관할이 비교적 일반적인 것인 때에는 **보통행정청**이라고 하며(국가행정관청의 지위에서의 특별시장·광역시장·도지사와 시장·군수 등), 비교적 특정적인 것인 때에는 **특별행정청**이라고 한다(출입국관리사무소장·세무서장 등).

2) 지역적 한계(토지관할)

행정청의 권한이 전국에 미치는 경우 이를 중앙관청이라고 하며, 일부 지역에 한정되는 경우를 지방관청이라고 한다(경찰서장·세무서장·우체국장 등). 권한의 지역적 한계를 **토지관할** 또는 **지역적 권한**이라고도 한다. 중앙관청의 설치는 법률로 정하며, 특별지방행정관청의 설치는 특히 법률로 정한 경우를 제외하고는 대통령령으로 정하고 있다(정조제2조1항·3).

3) 대인적 한계(인적 관할)

행정청의 권한이 미치는 인적 범위가 한정되는 경우 이를 대인적 한계라고 한다. 행정청의 권한은 일반적으로 그가 담당할 사항을 기준으로 정하여지는 것이 원칙이지만 예외적으로는 특정인에 대하여 규정하게 되는 경우도 있다. 예컨대, 국방부장관의 권한은 인적 범위에서는 군인·군무원에게만 미치고, 국립대학교총장의 권한은 그 직원과 학생에게만 미치게 된다.

4) 형식적 한계

행정청의 권한행사는 형식적으로도 그 한계가 있을 수 있는 바, 예컨대 행정각부의 장은 부령의 형식으로 행정입법을 할 수 있으나, 국무총리 직속의 처의 장은 헌법상 부령의 형식이 아닌 총리령의 형식으로만 행정입법을 할 수 있는 것과 같다.

3. 권한의 효과

1) 외부적 효과

행정청이 그 권한의 범위 내에서 행한 행위의 효과는 행정관청 자신이 아니라 법인격을 가진 행정주체인 국가·지방자치단체 등에게 직접 귀속되는 효과가 발생한다. 그러나 권한 밖의 행위는 주체의 하자에 해당되어 무효가 된다(예 : 동장이 행한 철거의 대집행계고처분은 당연무효이다. 다만, 권한배분이 대외적으로 명백하지 아니한 경우에는 신뢰보호의 견지에서 유효한 것으로 보아야 할 때도 있다고 하겠다).

2) 내부적 효과

행정청의 권한은 행정내부에 있어서 동급의 행정청은 물론, 상·하급 행정청일지라도 법령에 의한 위임·위탁·대리의 경우를 제외하고는 대신 행사할 수 없다.

Ⅱ. 행정청의 권한의 대리

1. 행정청의 권한의 대리의 의의

행정청의 권한은 스스로 행사하는 것이 원칙이다. 이를 **권한불변경의 원칙**이라 하며, 이러한 권한불변경의 원칙에 대한 예외로서 권한의 대리가 있다.

> 권한의 대리라 함은 다른 행정기관(다른 행정청 또는 보조기관)이 자기의 이름으로 행정청의 권한의 전부 또는 일부를 대리(代理)하여 행사하고 그 효과는 피대리관청에게 귀속하는 것을 말한다.

권한의 대행(헌법71) 또는 직무대행(정부조직법22)이라고도 한다. 행정청의 권한을 사고·질병·유고 등의 사유에 의하여 또는 기타 필요에 의하여 다른 행정기관이 대행하는 경우 그 권한의 대리관계는 일반적으로 대통령의 권한을 국무총리가 대행하거나 장관의 권한을 차관이 대행하는 것처럼 행정청과 그의 보조기관 사이에서 행하여지는 것이 보통이다.

2. 유사개념과의 구별

1) 권한의 위임과의 구별

행정청의 권한의 대리와 위임은 둘 다 다른 자가 권한을 대신 행사하는 점에서는 공통성이 있으나,
① 대리는 권한의 귀속주체 자체가 변경되는 것은 아니지만 위임은 귀속주체 자체가 변경되며,
② 대리는 권한의 귀속 자체가 변경되는 것은 아니므로 반드시 **법령의 근거를** 요하지 아니하지만, 위임은 행정청의 권한의 일부를 다른 행정기관에 부여하는 것으로서 법령에 정하여진 권한을 변경하는 것이므로 항상 법령의 근거를 요하고,
③ 대리기관은 피대리관청의 보조기관이 되는 것이 보통임에 비하여, 위임에 있어서의 수임기관은 위임관청의 하급 행정청이 되는 것이 보통이라는 점에서 차이가 있다.

2) 내부위임(위임전결)과의 구별

행정청이 사무처리의 편의를 위하여 비교적 경미한 권한을 내부적으로만 그 보조기관(국장·과장 등) 또는 하급기관(구청장 등)에게 사실상 위임하여 행사하게 하되, 그 명의는 본래의 행정청의 이름으로 표시하는 것을 내부위임 또는 위임전결이라고 하며, 내부전결 또는 전결이라고도 한다.

따라서 ① 대리는 대리행위임을 표시는 하되 이를 자기의 명의로 행하는 것이지만, 내부위임은 이를 표시하지 않고 본래의 행정관청의 명의로 행하는 것이며, ② 대리는 외부적·법률적인 것이지만, 내부위임은 내부적·사실상의 것인 점에서 구분된다(판례 참조).

> **판례** 내부위임은 위임관청의 명의로 권한을 행사하여야 한다는 판례
> 석유사업법(13③23①)에 의한 사·도지사의 석유판매업 허가취소에 관한 권한은 법령상 시장·군수에게 위임된 것이 아니고 단지 권한위임업무처리지침에 의하여 내부위임 되었음에 불과하다면, 군수로서는 이 지침에 따라 도지사의 이름으로 석유판매업의 허가취소에 관한 권한을 사실상 대행하여 행사할 수 있을 뿐이며 자기의 이름으로 그 권한을 행사할 수는 없다(대판 1989. 9. 12, 89누671).

> **판례** 전결 같은 내부위임은 법률의 위임이 없는 경우에도 허용된다는 판례
> 전결과 같은 행정권한의 내부위임은 법령상 처분권자인 행정관청이 내부적인 사무처리의 편의를 도모하기 위하여 그의 보조기관 또는 하급 행정관청으로 하여금 그의 권한을 사실상 행사하게 하는 것으로서 법률이 위임을 허용하지 않는 경우에도 인정되는 것이므로, 설사 행정관청 내부의 사무처리규정에 불과한 전결규정에 위반하여 원래의 전결권자 아닌 보조기관 등이 처분권자인 행정관청의 이름으로 행정처분을 하였다고 하더라도 그 처분이 권한 없는 자에 의하여 행하여진 무효의 처분이라고 할 수 없다(대판 1998. 2. 27, 97누1105).

3) 대결과의 구별

대결이란 행정청 기타 결재권자의 출장·휴가 등의 일시 부재시 및 사고가 있는 때에는 그 직무를 대리하는 자가 대신 결재를 한 다음에 중요한 사항에 관하여서는 사후에 결재권자에게 보고하게 하는 것을 말한다(사무관리규정 제16조3항). 이는 주로 업무처리의 신속을 위하여 보조기관이 일시적으로 행하게 되는 것으로서, 상술한 내부위임과 유사한 제도이므로 대리와의 차이점도 이와 같다.

3. 행정청의 권한의 대리의 종류

1) 임의대리(수권대리)

① 의 의

'임의대리'라 함은 피대리관청의 수권에 의하여 대리관계가 발생하는 것으로서, 수권대리 또는 위임대리라고도 한다.

② 근 거

임의대리는 명문의 규정이 없는 경우에도 허용되는가? 수권대리는 법령의 근거가 있어야 가능하다는 **소극설(근거필요설)**과 권한이 일반적·추상적으로 광범위하게 규정된 경우에는 그 전부를 스스로 행사하여야 한다고 볼 것은 아니므로 그 일부를 수권할 수 있다는 **적극설(근거불요설)**이 있으나, 행정청의 권한은 본래 당해 행정청이 스스로 행사하여야 함이 원칙이라는 점에서 법령의 근거를 요한다고 하는 소극설이 타당하지만 행정현실에서는 법령의 규정이 없는 경우에도 허용되고 있다. 법령에서 수권대리를 명문으로 규정하고 있는 예로서는 각 중앙관서의 장이 소속공무원에게 세입징수관·재무관·계약관·지출관·출납공무원의 사무를 대리하게 하는 것을 들 수 있다(예회113).

③ 한 계

피대리관청의 권한의 일부에 대하여만 수권이 가능하며, 전부를 수권함은 권한의 변동을 초래하는 것이므로 허용되지 아니한다. 또한 법령에서 개별적으로 피대리관청의 권한으로 지

정된 권한은 수권할 수 없고(예 : 헌법의 규정에 의한 총리령·부령을 발하는 권한), 이러한 권한을 제외한 일반적 권한만 수권할 수 있다.

④ 감독 및 책임

피대리관청의 구체적 수권에 의한 것이므로 대리자를 감독할 수 있음은 물론, 대리자의 행위에 대하여 지휘·감독상의 책임을 진다.

2) 법정대리

① 의 의

'법정대리'란 사고·부재 등 법정사유가 발생하면 구체적인 수권 없이도 법령의 규정에 의하여 당연히 대리관계가 발생하는 것을 말한다.

법정대리의 근거법령으로서는 개별법령(헌법71; 정부조직법7②·12②·22) 외에 일반법인 직무대리규정(대통령령)이 있다. 법정대리는 임의대리와는 달리 수권행위의 문제가 생기지 않지만, 일반적으로 피대리관청의 구성원에게 그 권한을 행사할 수 없을 정도의 사고가 발생한 경우에 인정된다.

② 종 류

대리자의 지정방법에 따라 두 종류로 구분된다.

(가) 협의의 법정대리

헌법(71)에 의거한 대통령 궐위 또는 사고시 국무총리·국무위원에 의한 권한대리, 정부조직법(7②)에 의거한 장관 사고시의 차관의 직무대리 등 법령에 의하여 대리자가 직접 규정된 경우를 말한다.

(나) 지정대리

지정대리란 사고 등의 법정사유가 발생하면 지정권자가 대리자를 지정함으로써 대리관계가 발생하는 경우로서, 정부조직법(22)에 의거하여 국무총리·부총리가 모두 사고시 대통령이 지명하는 국무위원이 국무총리를 대리하는 것 또는 직무대리규정(4①)에 의거하여 직근 상급행정관청이 사고 행정관청의 차순위 서열자에 대하여 대리자로 지정하는 것 등을 말한다.

지정대리는 피대리관청의 지위에 있는 자가 존재하고는 있으나 일시적으로 사고가 있어 직무수행이 불가능한 경우에 행하는 것이지만, 피대리관청의 지위에 있는 자가 사망·해임 등으로 존재하지 않는 경우, 즉 궐위 시에는 이론상 대리관계가 발생할 여지가 없다는 이유로 이를 『서리』라 하여 지정대리와 구분하는 견해도 있다. 통설은 대리의 본질을 인격의 대리로 보지 아니하고 권한(직무)의 대리로 보기 때문에 피대리관청의 지위에 있는 자연인의 현실적인 존재여부에 관계없이 대리관계는 성립할 수 있다고 보아 **서리도 지정대리의 일종**으로 본다. 직무대리규정 제3조·제4조도 서리를 지정대리로 규정하고 있다.

③ 한 계

법정대리는 임의대리와 달리 피대리관청의 권한의 전부에 미친다.

④ 감독 및 책임

법정대리는 임의대리와 달리 피대리관청은 대리자를 지휘·감독할 수 없으며, 따라서 책임도 지지 아니한다. 그러나 오늘날 교통·통신의 발달에 따라 피대리관청의 해외출장·입원 등의 경우에 중요사항에 관하여 대리자를 지휘·감독하는 예가 많이 있으며, 이러한 경우에는 피대리관청도 감독상의 책임을 진다고 하겠다.

4. 복대리의 문제

복대리는 권한의 대리에 있어 대리자가 그 대리권을 다시 다른 자에게 대리하게 할 수 있는가의 문제로서, 법령에 명문규정이 있는 경우에는 그에 따르면 되겠으나, 규정이 없는 경우에는 임의대리와 법정대리로 나누어 검토할 필요가 있다.

1) 임의대리

피대리관청의 구체적 수권이라는 개별적 신뢰관계를 기초로 하여 성립되는 대리관계이므로 복대리는 원칙적으로 허용되지 아니한다.

2) 법정대리

대리인에 대한 구체적 신뢰여부와는 관계없이 법에 의하여 직접 성립되며, 대리권도 피대리관청의 권한의 전부에 미치며, 피대리관청의 지휘·감독을 받지 아니하고 대리인이 모든 책임을 지는 것이므로, 대리인도 그 대리권의 일부에 대하여는 복대리인을 선임할 수 있다.

5. 대리관계의 표시

대리행위는 타인을 위한 대리행위임을 표시하여 행하여야 한다는 민법(114)상의 **현명주의**(顯名主義)의 원칙이 유추적용된다고 하겠다. 따라서 『○○장관 직무대리 ○○차관』이라고 피대리관청을 현명하여야 하며, 현명치 아니하고 행한 행위는 무권한행위로서 무효원인이 된다고 하겠으나 이 경우에도 피대리관청의 행위라고 믿을 만한 정당한 사유가 있을 때에는 민법(125·126)에 의한 표현대리의 법리를 유추적용하여 유효한 것으로 보아야 할 것이며, 또한 행정법의 일반법원리로서의 신뢰보호의 원칙에 의하여서도 유효하게 보아야 할 것이다.

6. 대리권의 소멸

임의대리의 경우에는 피대리관청에 의한 대리권수여의 철회에 의하여 대리권이 소멸하며, 법정대리의 경우에는 대리권이 발생케 된 법정사유가 소멸(귀국·질병의 완치·궐위 중인 자의 임명 등)함에 따라 소멸한다.

Ⅲ. 행정청의 권한의 위임

1. 행정청의 권한의 위임의 개념

'권한의 위임'이란 행정청의 권한의 일부를 다른 행정기관에 실질적으로 <u>이전</u>하여 그 수임기관의 권한으로 행사하게 하는 것을 말한다.

권한이 위임되면 법령에 규정된 권한의 소재가 변경되는 것이므로 반드시 법령의 근거를 요하며, 그 권한의 위임의 범위 안에서 수임기관의 권한이 되고, 수임기관은 이를 자기의 명의와 책임 하에서 행사하게 된다(행정권한의 위임 및 위탁에 관한 규정).

특히 우리 행정현실에서 권한의 위임이 학문상으로 중요한 의미를 갖게 된 것은 중앙집권적 행정체제에 기인하고 있다. 즉, 종래 중앙행정관청이 제도의 기획업무뿐만 아니라 인·허가 등 단순한 집행업무까지 모두 관장해 왔으나, 행정의 양적·질적 확대에 따라 중앙정부가 집행업무까지 관장함은 무리이며 국민에게도 많은 불편을 주게 됨에 따라, 1970년대 이후부터 각 개별법령뿐만 아니라 일반법령인 『행정권한의 위임 및 위탁에 관한 규정』(대통령령)을 제정하는 등 정부의 지속적인 노력으로 지방자치단체의 장 또는 특별지방행정관청 등에 많은 권한이 위임되기 시작하였다. 그러나 지방자치시대를 맞이하여 중앙과 지방간에는 권한의 위임 아닌 분배의 원리에 입각한 권한의 재배분을 통하여 지방자치단체의 고유권한(고유사무)을 확대하는 방향으로 나아가야 할 것이다.

2. 유사개념과의 구별

1) 권한의 대리와의 구별

행정청의 권한의 위임과 대리는 그 권한의 이전 여부에 따라서 구별되는데, 권한의 대리는 권한의 이전이 아니고 단지 피대리관청을 위한 권한의 대리행사일 뿐이지만, 권한의 위임의 경우에는 그 권한 자체가 수임기관에 이전된다. 그러므로 권한의 위임은 권한의 대리와는 달리 반드시 법령의 근거를 필요로 한다. 또한 권한의 대리에 있어서 대리관청은 보조기관이지만, 권한의 위임에 있어서는 하급행정관청이 수임자가 되는 것이 보통이다.

2) 권한의 내부위임과의 구별

권한의 내부위임은 행정청이 내부적으로 사무처리의 편의를 도모하기 위하여 그 보조기관 또는 하급 행정기관으로 하여금 그 권한을 사실상 행사하게 하는 것을 말한다. 권한의 위임은 권한이 수임기관으로 이전되는 데 반해, 내부위임의 경우에는 그 권한의 행사를 수임자가 자기의 명의로 하는 것이 아니며 위임관청의 이름으로 행하기 때문에 권한의 이전을 가져오는 것은 아니다. 즉 권한의 위임은 권한의 법적인 귀속을 변경하는 것이지만 내부위임은 법적인 귀속의 변경을 가져오는 것은 아니다. 따라서 내부위임에 의하여 행하여진 행정행위에 대한 항고소송의 피고는 위임관청이 된다.

다만, 내부위임임에도 불구하고 수임관청이 자신의 명의로 행정처분을 하였다면 그 행정처분은 권한 없는 자에 의한 위법 무효인 행정처분이 되므로 이 때에는 위임관청이 아닌 수임관청을 피고로 하여야 하는 것이다.

> **판례** 내부위임에서의 수임자는 위임관청의 명의로 권한행사를 하여야 한다는 판례
> 행정권한의 위임은 위임관청이 법률에 따라 하는 특정권한에 대한 법정귀속의 변경임에 대하여 내부위임은 행정관청의 내부적인 사무처리의 편의를 도모하기 위하여 그 보조기관 또는 하급행정관청으로 하여금 그 권한을 사실상 행하게 하는 데 그치는 것이므로 권한위임의 경우에는 수임자가 자기의 명의로 권한을 행사할 수 있으나, 내부위임의 경우에는 수임자는 위임관청의 명의로 이를 할 수 있을 뿐이다(대판 1989. 3. 14, 88누10985).

> **판례** 내부위임을 받은 수임관청이 자기명의로 행한 처분은 무효라는 판례
> ① 내부위임사무의 경우에는 수임관청은 위임관청의 이름으로만 그 권한을 행사할 수 있을 뿐 자기의 이름으로 그 권한을 행사할 수 없는 바, 액화석유가스충전사업의 양도에 따른 사업자지위승계신고를 처리함에 있어 그 사무를 내부위임 받은 데 불과한 시장이 그의 이름으로 행한 동 신고수리처분은 권한 없는 자의 행위로서 위법 무효인 처분이다(대판 1995. 11. 28, 94누6475).
> ② 전문직 공무원 채용계약의 해지는 도지사의 권한임에도 불구하고 도지사로부터 내부위임 받은 데 불과한 군수가 자신의 명의로 무단결근을 이유로 행한 동 채용계약의 해지는 권한 없는 자의 행위로서 당연 무효이다(대구고판 1995. 2. 9, 94구1198).

> **판례** 내부위임을 받은 수임관청이 자기명의로 처분을 행한 경우에는 처분명의자인 수임관청이 피고가 된다는 판례
> 내부위임이나 대리권을 수여받은 데 불과하여 원행정청 명의나 대리관계를 밝히지 아니하고는 그의 명의로 처분 등을 할 권한이 없는 행정청이 권한 없이 그의 명의로 한 처분에 대하여도 처분 명의자인 행정청이 피고가 되어야 한다(대판 1991. 10. 8, 91누520).

3. 위임의 근거

정부조직법 제6조(권한의 위임 또는 위탁)
① 행정기관은 법령으로 정하는 바에 따라 그 소관사무의 일부를 보조기관 또는 하급행정기관에 위임

하거나 다른 행정기관·지방자치단체 또는 그 기관에 위탁 또는 위임할 수 있다. 이 경우 위임 또는 위탁을 받은 기관은 특히 필요한 경우에는 법령으로 정하는 바에 따라 위임 또는 위탁을 받은 사무의 일부를 보조기관 또는 하급행정기관에 재위임할 수 있다.
② 보조기관은 제1항에 따라 위임받은 사항에 대하여는 그 범위에서 행정기관으로서 그 사무를 수행한다.
③ 행정기관은 법령으로 정하는 바에 따라 그 소관사무 중 조사·검사·검정·관리 업무 등 국민의 권리·의무와 직접 관계되지 아니하는 사무를 지방자치단체가 아닌 법인·단체 또는 그 기관이나 개인에게 위탁할 수 있다.
지방자치법 제104조(사무의 위임 등)
① 지방자치단체의 장은 조례나 규칙으로 정하는 바에 따라 그 권한에 속하는 사무의 일부를 보조기관, 소속 행정기관 또는 하부행정기관에 위임할 수 있다.
② 지방자치단체의 장은 조례나 규칙으로 정하는 바에 따라 그 권한에 속하는 사무의 일부를 관할 지방자치단체나 공공단체 또는 그 기관(사업소·출장소를 포함한다)에 위임하거나 위탁할 수 있다.
③ 지방자치단체의 장은 조례나 규칙으로 정하는 바에 따라 그 권한에 속하는 사무 중 조사·검사·검정·관리업무 등 주민의 권리·의무와 직접 관련되지 아니하는 사무를 법인·단체 또는 그 기관이나 개인에게 위탁할 수 있다.
④ 지방자치단체의 장이 위임받거나 위탁받은 사무의 일부를 제1항부터 제3항까지의 규정에 따라 다시 위임하거나 위탁하려면 미리 그 사무를 위임하거나 위탁한 기관의 장의 승인을 받아야 한다.
행정권한의 위임 및 위탁에 관한 규정 제4조(재위임)
특별시장·광역시장·특별자치시장·도지사 또는 특별자치도지사(특별시·광역시·특별자치시·도 또는 특별자치도의 교육감을 포함한다. 이하 같다)나 시장·군수 또는 구청장(자치구의 구청장을 말한다. 이하 같다)은 행정의 능률향상과 주민의 편의를 위하여 필요하다고 인정될 때에는 수임사무의 일부를 그 위임기관의 장의 승인을 받아 규칙으로 정하는 바에 따라 시장·군수·구청장(교육장을 포함한다) 또는 읍·면·동장, 그 밖의 소속기관의 장에게 다시 위임할 수 있다.

　　행정청의 권한의 위임은 법령으로 규정한 권한의 변경을 의미하는 것이므로 반드시 법령의 근거를 요한다. 이에 관한 일반법인 정부조직법(6①)의 권한위임 근거규정에 따라 제정된 『행정권한의 위임 및 위탁에 관한 규정』(대통령령)은 각 개별법에서 중앙행정관청의 권한으로 규정된 각종 인·허가권한 등을 다른 행정기관 또는 지방자치단체의 장에게 위임하고 있고, 그 외에 지방자치법(104)도 국가 또는 상급자치단체의 권한으로 되어 있는 국가사무를 가능한 한 하급자치단체의 장에게 위임하여 처리하도록 권장하는 규정을 두고 있으며, 식품위생법·자동차운수사업법 등 거의 모든 개별법률도 도지사·시장·군수에 대한 권한위임의 근거조항을 두고 있다. 대법원은 권한위임 및 재위임 등에 관한 대강을 정한 일반법인 정부조직법을 권한위임 및 재위임의 일반원칙을 선언한 것에 불과한 것이 아니라 그 근거규정이 된다고 보고 있다(대판 1990. 2. 27, 89누5287).

> **판례** 　법률이 위임을 허용하고 있는 경우에만 권한의 위임이 허용된다는 판례
> 　행정권한의 위임은 행정관청이 법률에 따라 특정한 권한을 다른 행정관청에 이전하여 수임관청의 권한으

로 행사하도록 하는 것이어서 권한의 법적인 귀속을 변경하는 것이므로 법률이 위임을 허용하고 있는 경우에 한하여 인정된다고 할 것이다(대판 1992. 4. 24, 91누5792).

> **판례** 권한재위임에 관한 개별적 규정이 없어도 일반적 근거규정에 의한 재위임이 가능하다는 판례
>
> (구)건설업법(1994. 1. 7) 제57조1항에 의한 건설부장관의 권한에 속하는 영업정지 등 처분권한은 서울특별시장·직할시장 또는 도지사에게 위임되었을 뿐, 시·도지사가 이를 구청장·시장·군수에게 재위임할 수 있는 근거규정은 없으나, 정부조직법 제5조1항(현행 제6조1항)과 이에 기한 행정권한의 위임 및 위탁에 관한 규정 제4조에 재위임에 관한 일반적인 근거규정이 있으므로 시·도지사는 그 재위임에 관한 일반적인 규정에 따라 위임받은 위 처분권한을 구청장 등에게 재위임할 수 있다(대판 1995. 7. 11, 94누4615).

> **판례** 권한재위임에 의한 구청장의 과징금부과는 적법하다는 판례
>
> 서울특별시장은 교통부장관의 승인을 얻은 후 규칙이 정하는 바에 따라 재위임하는 것이 가능하고, 서울특별시행정권한위임규칙(규칙 제2657호) [별표] 제17호 (나)목에 의하면 "같은 법에 의한 과징금의 부과·징수 권한이 서울특별시장으로부터 구청장에게 재위임"되어 있으므로 구청장은 과징금을 부과할 적법한 권한이 있는 자이다(대판 2000. 2. 8, 97누3767).

4. 위임의 형식

권한의 위임은 그 권한을 대외적으로 변경하는 것이기 때문에 이러한 위임사실을 국민들에게 알려 주기 위하여 통상 인·허가권을 설정한 당해 **개별법률**의 위임근거조항(예 : 보건복지부장관의 권한의 일부를 도지사에게, 도지사의 권한의 일부를 시장·군수 등에게 위임할 수 있다는 식품위생법 제72조의 규정)에 근거하여 그 시행령인 대통령령에서 구체적으로 범위를 정하여 위임하는 형식을 취하고 있다(예 : 식품위생법시행령 제53조는 『법 제72조의 규정에 의하여 시·도지사의 권한 중 식품접객업의 허가 및 영업정지·허가취소 등에 관한 권한을 시장·군수·구청장에게 위임한다』고 규정).

그러나 이러한 개별법률과 그 하위법령 외에, 정부의 위임확대를 위한 노력에 따라 제정된 일반법인 정부조직법 제6조와 이에 근거한 행정권한의 위임 및 위탁에 관한 규정(대통령령)에 의거하여서도 각 개별법상의 권한을 위임할 수 있도록 함으로써 위임의 방식이 이원화되어 있다.

어쨌든 정부조직법(6)은 『법령이 정하는 바에 의하여 위임할 수 있다』고 규정하고 있기 때문에 위임여부가 국민에게 공표되지 아니하는 훈령·예규 등 행정규칙에 의거한 위임은 불가능하며, 법규명령으로만 가능하다고 하겠다. 이러한 권한의 항구적인 위임이 아닌 한 특정업무가 발생할 때마다 구체적·개별적으로 위임의 의사표시를 함으로써 위임할 수도 있다고 하겠으나, 이 경우에는 국민의 권리·의무와 직접 관련이 없는 업무 등에 한한다고 하겠다(예 : 특정국가사업을 위한 사업시행자가 토지매수업무 및 그 보상과 이주대책에 관한 업무를 시장·군수에게 위임하는 것 등).

5. 위임의 한계

　권한의 위임은 행정청의 권한의 일부에 대하여서만 가능하고, 권한의 전부 또는 주요부분의 위임은 권한의 획정을 무의미하게 하며 위임기관의 존재 자체를 의심스럽게 하는 것이므로 허용되지 아니한다. 행정권한의 위임 및 위탁에 관한 규정(3①)은 인허가등록 등 민원사무와 정책의 집행사무, 일상적으로 반복되는 사무 등을 위임대상 권한으로 예시하고 있다.

6. 위임의 상대방

　종전에는 위임은 ① 원칙적으로 보조기관 또는 하급행정관청에 대하여만 행하여졌으나, 현대행정의 복잡·다양화에 따라, ② 대등관청 또는 지휘감독계통을 달리하는 하급행정관청, ③ 지방자치단체 또는 그 기관, ④ 사인에 대하여도 위임이 행하여지고 있다. 특히 **대등관청**에 대한 경우는 『위탁』이라고 하며, 사인에 대한 것을 민간위탁이라고 하는 바, **민간위탁**은 국민의 권리·의무와 직접 관계되지 아니하는 비권력적인 조사·검사·검정·관리업무 등의 단순 사실행위로서 특수한 분야의 지식·기술을 요하는 사무를 능률성의 견지에서 민간에 위탁하는 것을 말한다(예 : 공공시설관리업무의 대행업자에의 위탁, 계획조선 실수요자선정권한의 산업은행총재에의 위탁, 관세감면대상 의약품여부 확인권한의 의약품수출입협회장에의 위탁, 석탄품질검사업무의 석탄산업합리화사업단에의 위탁, 변리사등록업무·건축사자격시험관리업무의 대한변리사회장·대한건축사협회장에의 위탁, 청소 등 폐기물처리업무의 민간사업자에의 위탁, 관보 및 법령집 보급업무의 지정업자에의 위탁, 수입인지판매업무의 은행에의 위탁 등).

　민간위탁에 따라 수탁자는 업무처리권한과 이에 따른 수수료징수권 등을 부여받기 때문에 독점적인 사업면허를 받는 것과 같은 효과가 있으므로 위탁행정관청은 수탁자의 인적·물적 능력과 공신력 등을 충분히 검토하여 선정하여야 할 것이고, 수수료징수 등 수탁업무의 처리에 대한 지휘·감독권을 가지며, 위법·부당한 업무처리는 이를 취소·정지할 수 있다(위 규정13③).

　한편 위탁을 받은 사인은 그 업무의 처리에 관한 한 행정관청의 지위에 서게 되므로 그 처분 등에 불복이 있는 자는 행정심판 또는 행정소송을 제기할 수 있다.

7. 위임의 효과

　권한의 위임이 있으면 위임기관은 그 사무를 처리할 권한을 상실하고, 수임기관이 자기의 명의와 책임 하에서 이를 행사하며 따라서 행정소송의 피고도 수임기관이 된다.

　그러나 위임기관의 지휘·감독권에 관하여는, 수임기관이 위임기관의 보조기관 또는 하급행정관청일 때에는 상급관청으로서의 일반적인 지휘·감독권에 따라 지휘·감독할 수 있으나, 대등관청 또는 계통을 달리하는 하급행정관청일 때에는 지휘·감독권이 없다고 볼 수 있지만, 상술한 행정권한의 위임 및 위탁에 관한 규정(6)은 이러한 구분 없이 모든 위임기관에 대하여 위임사무의 처리에 관한 지휘·감독권과 위법·부당한 처리의 **취소·정지권**을 인정하고 있다.

한편, 위임이 있으면 그 업무처리에 필요한 인력과 경비도 함께 이관하도록 명시되어 있음에도 불구하고(위 규정3②·18②), 현실적으로는 잘 지켜지지 않고 있고, 다만 위임사무의 처리에 수수료를 징수하게 되어 있는 경우 그 수수료를 수임기관에 귀속케 하는 정도에 그치고 있다(지자128②·③).

8. 위임의 종료

권한의 위임은 ① 법령의 규정에 의하여 직접 위임된 경우 당해 규정의 개정·폐지로 종료되며, ② 위임관청의 구체적·개별적 위임행위에 의하여 위임된 경우에는 위임의 철회로 종료된다. 권한의 위임이 이와 같은 사정으로 종료되게 되면 그 수임기관은 더 이상 위임사무를 담당할 수 없게 되는 것이므로, 위임의 종료에 의하여 그 사항은 다시 위임관청의 권한에 귀속하게 된다.

Ⅳ. 행정청 상호 간의 관계

1. 상·하행정청 간의 관계

상·하행정청간에는 권한의 위임·대리·감독관계가 발생하며, 그 중 권한의 위임·대리관계에 관하여는 이미 설명하였으므로 여기서는 권한감독관계에 관하여만 설명하고자 한다.

1) 권한감독의 의의

행정청에 대한 권한감독이란 상급관청이 하급관청의 권한행사의 적법·타당성을 확보하고 국가의사의 통일적 실현을 도모하기 위하여 행하는 통제적 작용을 말한다.

이러한 하급관청에 대하여 통제를 가할 수 있는 법률상의 힘을 감독권이라 한다. 상급관청의 감독권은 상명하복의 기관계층체적 구성에서 상급관청으로서 가지는 일반적인 권한이므로 이에 대한 개별적인 법적 근거를 요하지 않으나, 감독권 자체에 대한 일반적인 근거는 필요하다.

2) 권한감독의 범위

하급관청의 권한행사의 적법성뿐만 아니라 타당성까지도 감독할 수 있다. 따라서 하급관청의 재량행위에 대하여도 타당·부당 여부를 감독할 수 있다.

3) 권한감독의 수단

감독수단으로서는 사전적 감독(예방감독)과 사후적 감독(교정감독), 적극적 감독과 소극적 감독 등이 있으며, 일반적 감독수단으로는 감시권, 훈령권, 인가승인권, 권한쟁의결정권 및 취소·정지권 등이 있다.

① 감시권

감시권은 상급관청이 하급관청의 권한행사 상황을 파악하기 위하여 보고를 받고 현장방문·확인 및 사무감사를 하는 권한이며 특별한 법적 근거를 요하지 아니하지만, 불필요한 보고와 사무감사의 억제를 위하여 제정된 대통령령인 『사무관리규정』과 행정감사규정에 의하여 제한을 받는다.

② 훈령권

(가) 훈령의 의의

> '훈령'이란 상급관청이 하급관청 또는 보조기관의 권한행사를 일반적으로 지휘하기 위하여 발하는 명령을 말한다.

훈령을 발할 수 있는 권한이 '훈령권'이다. 훈령권은 특별한 법적 근거를 요하지 아니하며 감독권의 일환으로서 당연히 발할 수 있다.

한편, 훈령은 상급관청이 하급기관에 대하여 그 소관사무에 관하여 발하는 명령으로서 상하관청간의 문제이므로 상급공무원이 부하공무원에게 발하는 공무원간의 문제인 '직무명령'(국공법57; 지공법49)과는 구별된다. '훈령'은 행정기관에 대하여 발령된 것이기 때문에 행정기관을 구성하는 공무원이 변경된 경우에도 계속 효력을 갖지만, '직무명령'은 효력을 상실한다. '훈령'은 하급관청의 소관사무와 관련되나, '직무명령'은 공무원 개인의 직무와 관련을 맺는다.

◎ 훈령과 직무명령의 비교

구분	훈령	직무명령
의의	하급행정기관의 권한행사를 일반적으로 지휘하기 위하여 사전에 발하는 명령. 예방적 감독의 중추적 수단	상급공무원이 하급공무원에 대하여 직무상 발하는 명령

법적 근거	X	X
형식	일반적·추상적 명령	개별적·구체적 명령
대상	① 하급행정기관 ② 하급기관의 권한행사	① 부하공무원 개인 ② 직무수행에 필요한 생활행동 규율 가능
구성원의 변경	효력에 영향 없음	효력상실
법적 성질	비법규로서의 행정규칙	
효력발생 요건	수명기관에 도달 시 효력발생하고 관보에 공포할 필요 없음.	부하공무원에 도달 시 효력발생
양자의 관계	훈령은 직무명령의 성질도 가짐. 즉, 훈령이 직무명령을 포함. 동위설이 다수설.	

(나) 훈령의 성질

훈령은 소위 행정규칙으로서 행정조직 내부에 있어 하급기관의 행위를 기속하며, 이에 위반한 경우 공무원법상의 명령복종의무위반으로 징계책임을 지는 것은 물론이지만 대외적으로는 국민에 대하여 효력을 미치지 아니한다. 따라서 이에 위반하여 행한 행정행위의 효력에는 아무 영향을 미치지 아니한다는 소위 비법규성설이 종래의 통설·판례의 입장이었으나, 최근에는 재량준칙의 경우에는 직접 법적 구속력을 갖는다고 하거나, 재량준칙 위반 시 평등·신뢰보호의 원칙에 위반되어 위법하므로 간접적인 법적 구속력을 갖는다고 하는 법규성설도 대두되고 있다.

> **판례** 훈령은 대외적 구속력을 가지지 않는다는 판례
> ① 위 훈령(국민의 권익보호를 위한 행정절차에 관한 국무총리훈령 제235호)은 상급행정기관이 하급행정기관에 대하여 발하는 일반적인 행정명령으로서 행정기관 내부에서만 구속력이 있을 뿐 대외적인 구속력을 가지는 것은 아니다(대판 1994. 8. 9, 94누3414).
> ② 행정정보공개운영지침(국무총리훈령 제288호)은 공개대상에서 제외되는 정보의 범위를 규정하고 있으나, 국민의 자유와 권리는 법률로써만 제한할 수 있으므로, 이는 법률에 의하지 아니하고 국민의 기본권을 제한하는 것이 되어 대외적으로 구속력이 없다(대판 1999. 9. 21, 97누5114).

(다) 훈령의 종류

상당기간에 걸쳐 하급관청의 권한행사를 일반적으로 지휘하기 위하여 발하는 **협의의 훈령** 외에, 하급관청의 문의 또는 직권에 의하여 개별적·구체적으로 발하는 **지시**, 반복적 행정사무의 처리기준을 제시하는 **예규**, 출장·당직 등의 일일업무에 관한 명령인 **일일명령** 등이 있다.

(라) 훈령의 요건

형식적 요건으로서 ① 권한 있는 상급관청이, ② 하급관청의 권한의 범위 내에 속하는 사항에 대하여, ③ 성질상 하급관청의 독립적인 업무처리가 보장되지 아니한 사항에 한하여 발할 수 있으며, **실질적 요건**으로서 훈령의 내용이 ① 적법·타당하고, ② 실현가능하며, ③ 명백하여야 한다.

(마) 하자 있는 훈령의 효력

상술한 훈령의 형식적 요건에 하자가 있는 경우에 하급관청은 복종을 거부할 수 있으나, 실질적 요건에 하자가 있는 훈령에 대하여는 ① 행정행위와 마찬가지로 중대하고 명백한 위법의 경우에만 무효라는 설, ② 명백한 위법의 경우에는 무효라는 설, ③ 단순 위법의 경우에도 무효라는 설 등이 있다(이는 공무원의 복종의무의 한계에 관한 문제도 되므로 제4장 공무원 편에서 설명한다).

> **판례** 명백한 위법 내지 불법한 명령에 따라야 할 의무는 없다는 판례
> 하관은 소속 상관의 적법한 명령에 복종할 의무는 있으나, 그 명령이 참고인으로 소환된 사람에게 가혹행위를 가하는 등과 같이 명백한 위법 내지 불법한 명령인 때에는 이는 벌써 직무상의 지시명령이라 할 수 없으므로 이에 따라야 할 의무는 없다(대판 1988. 2. 23, 87도2358).

(바) 훈령의 경합

내용이 서로 모순 되는 둘 이상의 훈령이 경합된 때에는 당해 업무에 관한 주관상급관청의 훈령에 따라야 하며, 주관상급관청이 불명확한 때에는 권한쟁의의 방법으로 해결하여야 한다. 서로 상하관계에 있는 상급관청의 훈령이 경합된 때에는 행정조직의 계층적 질서의 존중이라는 견지에서 직근상급관청의 훈령에 따라야 할 것으로 생각된다.

③ 인가·승인권

인가승인권은 하급관청의 권한행사에 대하여 미리 인가승인을 받도록 함으로써 적법·타당성을 담보하려는 예방적 감독수단이다. 인가승인을 받도록 하는 것은 상급관청의 일반적인 감독권에 포함되므로 법령의 근거 없이도 가능하다. 인가승인을 받도록 법령에 규정된 경우에 이에 위반한 행위는 위법하지만 법령에 규정되지 아니한 경우에는 단순히 행정주체의 내부관계에 있어서 행하여지는 행위에 불과하므로 하급관청의 행위의 효력에 아무 영향이 없다.

④ 권한쟁의결정권

하급관청 상호간의 권한에 관한 다툼이 있을 경우에는 상급관청이 결정권을 가지며(행정절차법 6②; "행정청의 관할이 분명하지 아니한 경우에는 당해 행정청을 공통으로 감독하는 상급행정청이 그 관할을 결정하며, 공통으로 관할하는 상급행정청이 없는 경우에는 각 상급행정청의 협의로 그 관할을 결정한다"), 최종적으로는 행정각부간의 권한쟁의로 되어 국무회의의 심의를 거쳐 대통령이 결정하게 된다(헌89). 이와 같이 행정조직내부의 권한쟁의는 행정권 스스로에 의하여 해결되어야 하며 법원에 제소할 수 없으며 헌법재판소의 권한쟁의심판의 대상이 되지 않지만, 국회·정부·법원·중앙선거관리위원회 상호간의 권한쟁의와 국가기관과 지방자치단체간의 권한쟁의 그리고 지방자치단체 상호간의 권한쟁의는 헌법재판소의 권한쟁의심판의 대상이 된다(헌111①(4) 및 헌법재판소법62①(1)).

⑤ 취소·정지권

 취소·정지권이란 상급관청이 직권 또는 쟁송(행정심판 또는 행정소송) 제기에 의하여 하급관청의 위법·부당한 행위를 취소하거나 정지할 수 있는 권한을 말한다. 취소·정지권의 행사에는 법적 근거가 필요 없다는 소극설과 필요하다는 적극설이 대립되어 있다. 생각건대, 하급관청의 행위를 직접 취소·정지하는 것은 하급관청의 권한을 대집행하는 것이므로 불가능하다는 소극설에도 일응 타당성이 인정되지만, 우리 정부조직법(11②·19②)과 지방자치법(157 등)은 대통령·국무총리·주무부장관 또는 시·도지사 등 상급관청의 하급관청에 대한 일반적인 취소·정지에 관한 근거규정을 둠으로써 적극설의 입장에 있다.

 상급관청에 의한 행정행위의 취소·정지는 대외적 효력을 가지므로 행정쟁송을 제기하여 구제 받을 수 있다.

2. 대등관청 간의 관계

 대등관청은 소극적으로는 서로의 권한을 존중하고, 적극적으로는 서로 협력하는 관계에 있다.

1) 권한존중관계

 대등관청 상호간에는 서로 다른 관청의 권한을 존중하여야 하며 이를 침범하여서는 아니된다. 대등관청 사이에 권한쟁의가 있는 경우 상술한 권한쟁의의 결정방법에 의하여 결정하여야 한다. 우리 행정절차법(6①)은 "행정청이 그 관할에 속하지 아니하는 사안을 접수하였거나 이송 받은 경우에는 지체 없이 이를 관할 행정청에 이송하여야 하고 그 사실을 신청인에게 통보하여야 한다. 행정청이 접수 또는 이송을 받은 후 관할이 변경된 경우에도 또한 같다"라고 하여 행정관청 상호간의 권한 존중에 관한 일반규정을 두고 있다. 행정관청이 그 권한 내에서 행한 행위는 공정력이 인정되기 때문에 중대하고 명백한 하자로 인하여 무효인 경우를 제외하고는 다른 행정기관도 이에 구속된다.

2) 상호협력관계

① 협 의

 주무행정청이 업무처리에 관한 결정권을 갖지만 부차적인 관계행정청은 협의권만 갖을 뿐이다. 이 경우 관계행정청의 협의의견은 원칙적으로 주무행정청을 구속하지 않는다. 대법원은 "국립공원 관리청이 국립공원 집단시설지구개발사업과 관련하여 그 시설물기본설계 변경승인처분을 함에 있어서 환경부장관과의 협의를 거친 이상, 환경영향평가서의 내용이 환경영향평가제도를 둔 입법 취지를 달성할 수 없을 정도로 심히 부실하다는 등의 특별한 사정이 없는 한, 공원관리청이 환경부장관의 환경영향평가에 대한 의견에 반하는 처분을 하였다고 하여 그 처분이 위법하다고 할 수는 없다"고 판시하고 있다(대법원 2001.7.27, 선고, 99두2970, 판결).

그러나 법에서 규정한 협의절차를 거치지 않은 주무행정청의 처분은 절차의 하자에 해당하여 취소사유에 해당한다. 판례도 같은 입장이다.

> **판례** * 국방·군사시설 사업에 관한 법률 및 구 산림법에서 보전임지를 다른 용도로 이용하기 위한 사업에 대하여 승인 등 처분을 하기 전에 미리 산림청장과 협의를 하라고 규정한 의미 및 이러한 협의를 거치지 아니한 승인처분이 당연무효인지 여부(소극)
>
> 국방·군사시설 사업에 관한 법률 및 구 산림법(2002. 12. 30. 법률 제6841호로 개정되기 전의 것)에서 보전임지를 다른 용도로 이용하기 위한 사업에 대하여 승인 등 처분을 하기 전에 미리 산림청장과 협의를 하라고 규정한 의미는 그의 자문을 구하라는 것이지 그 의견을 따라 처분을 하라는 의미는 아니라 할 것이므로, 이러한 협의를 거치지 아니하였다고 하더라도 이는 당해 승인처분을 취소할 수 있는 원인이 되는 하자 정도에 불과하고 그 승인처분이 당연무효가 되는 하자에 해당하는 것은 아니라고 봄이 상당하다[대법원 2006.6.30, 선고, 2005두14363, 판결].

② 동 의

2 이상 행정청이 모두 주된 지위에 있는 경우에 행정업무처리의 편의를 위하여 더 깊은 업무를 다루는 행정청을 주무행정청으로, 다른 행정청을 관계행정청으로 할 수 있다. 이 때 주무행정청은 관계행정청의 동의의견 및 부동의의견에 구속된다.

행정청의 부동의는 내부행위로서 처분이 아니므로 개인은 그 부동의에 대하여 항고소송을 제기할 수는 없으나, 처분청이 동의기관의 부동의를 이유로 거부처분한 경우에는 해당 거부처분의 취소를 구하면서 처분사유가 된 부동의를 다투어야 한다.

> **판례** * 건축불허가처분을 하면서 건축불허가 사유뿐만 아니라 구 소방법 제8조 제1항에 따른 소방서장의 건축부동의 사유를 들고 있는 경우, 그 건축불허가처분에 관한 쟁송에서 건축법상의 건축불허가 사유뿐만 아니라 소방서장의 부동의 사유에 관하여도 다툴 수 있는지 여부(적극)
>
> 건축허가권자가 건축불허가처분을 하면서 그 처분사유로 건축불허가 사유뿐만 아니라 구 소방법(2003. 5. 29. 법률 제6916호로 개정되기 전의 것) 제8조 제1항에 따른 소방서장의 건축부동의 사유를 들고 있다고 하여 그 건축불허가처분 외에 별개로 건축부동의처분이 존재하는 것이 아니므로, 그 건축불허가처분을 받은 사람은 그 건축불허가처분에 관한 쟁송에서 건축법상의 건축불허가 사유뿐만 아니라 소방서장의 부동의 사유에 관하여도 다툴 수 있다 [대법원 2004.10.15, 선고, 2003두6573, 판결].

③ 사무위탁

대등관청에 대하여는 사무의 일부를 위양하여 처리하게 할 수 있으며, 이를 사무위탁이라고 한다(권한의 위임에서 설명하였다).

④ 행정응원

(가) 광의의 행정응원

대등관청에 대하여 의견·장부·서류의 제출, 공무원의 파견근무(국공32의4 등) 등의 협력을 하는 것을 말하며, 법령상의 명시적 근거 없이도 가능하지만, 근거가 있을 경우에는 요구받은 관청은 이를 거부할 수 없다(예 : 행정심판법(28③)에 의거한 행정심판위원회의 서류제출·의견진술요구, 자연재해대책법(9)에 의거한 재해대책본부의 관계공무원파견 기타의 응원요청).

『행정절차법』(8)은 행정관청간의 체계적인 행정응원제도의 확립을 위하여 인원·장비의 부족 등 행정응원요청의 요건과, 요청받은 행정청의 고유직무수행이 현저하게 저해될 경우 등 응원거부의 사유, 비용부담의 협의 등에 관하여 규정하고 있다.

(나) 협의의 행정응원

재해사변 기타 비상시에 다른 관청이 자기의 기능의 전부 또는 일부를 동원하여 응원하는 것을 말한다(예 : 경찰직무응원법(1)에 의한 경찰응원, 소방법(76)에 의한 소방응원, 위수령(7·8·12·18)에 의한 군사응원 등).

제2장 지방자치행정법

제1절 지방자치의 의의

Ⅰ. 자치행정의 개념

'자치행정'이란 『국가 안에 있는 단체가 국가로부터 독립된 지위에서 스스로 행하는 행정』을 말한다.

국가의 행정은 국가가 직접 자기의 기관에 의하여 행함이 원칙이지만, 국가로부터 독립된 법인격을 가진 단체, 즉 공공단체를 설립하여 이들로 하여금 일정 범위 내에서 스스로 행정을 행하게 할 수도 있으며, 이를 **자치행정**이라고 한다. 자치행정 중에서 특히 일정한 지역을 기초로 하는 지역단체가 행하는 행정을 지방자치라 한다. 지방자치는 지방적 이해관계가 있는 사무를 그 지방주민의 직접적인 의사에 따라 행한다는 점에서 일찍이 이를 '풀뿌리 민주정치'라고 부르고 있다. 자치행정에는 이와 같이 일정 지역을 기초로 하는 지역단체가 행정을 행하는 지방자치 외에 앞에서 고찰한 바와 같이 특정한 국가적 목적을 가진 인적 또는 물적 결합체인 공법상의 사단 또는 공법상의 재단을 설립하여 행하는 자치행정과 특정 목적을 가진 인적·물적 결합체인 영조물법인(한국도로공사 등)을 설립하여 행하는 자치행정도 있으나, 자치행정은 역사적으로 볼 때 주로 지방자치행정을 중심으로 발전해 왔으므로 여기서도 지방자치행정을 중심으로 논하고자 한다.

Ⅱ. 지방자치행정법의 법원

1. 헌 법

헌법은 국민의 기본권보장과 국가의 통치조직에 관한 두 가지 근본원칙을 정한 최고법이며, 국가의 통치조직으로서의 지방자치를 직접 규정하고 있다(117·118). 따라서 헌법은 지방자치의 법원으로서 최고규범이 된다. 헌법은 제117조에 지방자치를 하나의 헌법상의 제도로서 보장하고 있으며, 지방자치단체의 종류를 법률로 정하도록 하고 있다. 또한 헌법 제118조에서는 '풀뿌리 민주정치'의 기초가 되는 지방의회를 헌법기관으로서 규정하고 있다.

2. 법 률

법률은 지방자치일반에 관하여 국회가 제정한 것으로서 가장 기본적인 지방자치법의 법원이 된다. 지방자치의 일반법으로서는 지방자치법이 있으며, 그 외에도 지방자치에 관한 개별적인 영역들을 규정하고 있는 개별법으로서는 지방재정에 관한 지방재정법·지방세법·지방교부세법, 지방공기업에 관한 지방공기업법, 지방공무원에 관한 지방공무원법, 지방양여금법, 지방교육자치에 관한 법률, 지방교육재정교부금법, 지방의회의원과 지방자치단체장의 선거에 관한 공직선거 및 선거부정방지법 등이 있다.

3. 법규명령

지방자치행정법의 법원에는 법률에서 구체적으로 범위를 정하여 위임받은 사항에 대하여 행정기관이 법규를 정립하는 법규명령도 포함된다. 통상 행정기관이 정립하는 행정입법은 법규명령과 행정규칙으로 구분되는데, 법규명령만을 지방자치법의 법원으로 본다. 이에는 위에 설명한 각 개별 법률들의 시행령인 지방자치법시행령, 지방재정법시행령, 지방공기업법시행령 등이 있다.

4. 자치법규

지방자치단체가 정립하는 자치법규도 지방자치법의 법원이 된다. 자치법규에는 지방의회가 정립하는 조례, 지방자치단체장이 정립하는 규칙이 있다. 조례는 그 규율대상이 주민의 권리제한 또는 의무부과에 관한 사항이나 벌칙을 정할 경우를 제외하고는 법률의 위임없이 제정할 수 있으며(지자15), 규칙은 법령이나 조례의 위임에 근거하여 정립된다(지자16).

제 2 절 지방자치의 형태- 주민자치 및 단체자치

I. 주민자치

'주민자치'란 일정한 지역 내의 사무를 국가기관에 의하여서가 아니고 그 지역의 주민 스스로가 당연히 처리하는 것을 말한다.

주민자치는 일정한 지역에 거주하는 주민이 대표자를 선임하여 그 지역의 행정사무를 행하며, 특정의 현안문제에 대하여 주민이 직접 스스로의 의사를 반영하는 방식으로 이루어지기 때문에 지방자치의 본질로 이해되고 있다. 주민자치는 영·미의 자치제도를 특징적으로 표현하고 있는 것으로서 주로 **정치적 의미에서의 자치**라 한다. 따라서 주민자치를 흔히 정치적 의미에서의 자치라 하며, 이것은 행정에 있어서 국가와 일반국민과의 거리감을 좁히려는 목적에서 직업공무원에 의하여서가 아니고 지역주민에 의하여 직접 행정사무를 수행하는 것을 그 특징으로 한다. 주민자치에 의하면 지방행정사무는 지역주민인 명예직 공무원에 의하여 처리된다. 현행 지방자치법(32①)은 지방의회의원을 명예직으로 규정하고 있으며, 이는 바로 이러한 의미의 자치행정을 의미한다. 주민자치는 지방자치의 본질로 이해되고 있기 때문에 민주주의를 실현하기 위한 국가의 불가피한 관리와 감독이 필요한 경우에도 그 최소한에 그쳐야 한다. 따라서 주민자치에 대한 국가의 감독은 행정적 감독이 아니라 주로 입법적, 사법적 감독이 중심이 되는 것이다.

Ⅱ. 단체자치

'**단체자치**'란 국가로부터의 독립한 단체(지방자치단체)를 설립하여 그 단체가 자기의 사무를 자기의 기관에 의하여 자기의 책임 아래 처리하는 것을 말한다.

즉 단체자치란 국가로부터 독립하여 법인격을 갖춘 지방자치단체가 스스로의 권한과 책임 하에 공적 임무를 수행하는 자치행정을 말한다. 단체자치는 독일·프랑스 등의 대륙에서 국가가 독립된 법인격을 가진 단체를 설치하고 이들로 하여금 국가가 부여한 일정한 자치권을 행사하게 한 데에서 유래한 것으로서, 이를 흔히 법률적 의미의 자치라고도 한다. 단체자치는 ① 고유의 임무를 가지고, ② 고유책임으로 그 임무를 수행하고, ③ 공법적으로 구성되고, ④ 내용상 행정적 기능을 가지고, ⑤ 궁극적으로는 국가의 감독 하에 놓이는 단체에 의한 행정을 의미한다. 따라서 행정사무에 대한 엄격한 국가의 행정적 감독권이 인정되고 있다.

단체자치는 지방분권주의에 기초하는 것으로서 국가의 행정사무가 광범위하게 지방자치단체의 기관에 수임되어 수행되는 것을 말한다. 단체자치는 주민자치를 실현하는 불가결의 수단이다. 국가로부터 독립한 지방자치단체가 존재하더라도 그 단체의 정치와 의사형성에 주민의 참여가 불충분하다면 주민을 위한 지방행정의 실현을 기대할 수 없다. 따라서 지방자치에 있어서 주민자치와 단체자치는 소위 수레의 양바퀴라고 보아야 할 것이다.

Ⅲ. 한국 지방자치의 형태

주민자치와 단체자치는 서로 대립되어 존재하는 제도가 아니고, 그 역사적 발전과정에서 각국의 정치·경제·사회·문화 등의 여러 요소가 반영되어 나타난 형태이다. 오늘날 지방자치제를 실행하고 있는 많은 나라에서는 주민자치와 단체자치가 서로 접근하고 보완하는 경향에 있다. 즉 주민자치도 그 실현을 위하여서는 반드시 국가로부터 독립된 단체의 설립이 필수불가결한 것이며, 반면 단체자치사상에 입각하여 비록 단체는 설립되었다 하더라도 주민 스스로에 의한 자치가 보장되어 있지 않으면 본래의 의미의 자치라고 평가받을 수 없기 때문이다. 우리나라 지방자치의 형태도 이와 마찬가지로 **주민자치와 단체자치의 요소가 결합된 형태**로 나타나고 있다.

우리나라의 경우에는 주로 단체자치의 정신에 따라 지방자치단체가 기능을 수행하고 있지만, 지방의회의원의 명예직 규정의 채택으로 주민자치의 정신도 가미되어 있는 형태라고 볼 수 있다. 결론적으로 말하자면, 주민자치와 단체자치는 다같이 지방자치에 있어서 필요불가결한 구성요소를 이루고 있다고 하겠으며, 좀더 정확하게 표현하자면 주민자치가 본질적 요소이고 단체자치는 이를 실현하기 위한 형식적·법제도적 수단이라고 할 수 있기 때문에, 주민자치의 실현수단으로서 주민소송·주민소환 등의 제도가 도입되었다.

제 3 절 지방자치단체의 종류 · 법적 지위 및 구성요소

I. 지방자치단체의 종류

지방자치단체의 종류는 헌법의 위임에 따라 법률로 정하도록 하고 있다(117②). 입법자는 이에 대하여 전속적 권한을 가지게 된다. 이에 따라 지방자치법이 제정되었으며, 현행 지방자치법에는 지방자치단체의 종류를 크게 보통지방자치단체와 특별지방자치단체로 나누고 있다.

1. 보통지방자치단체

> '보통지방자치단체'란 그 목적·조직·권한이 일반적 성격을 가지고 전국에 걸쳐 보편적으로 존재하는 지방자치단체를 말한다.

현행 지방자치법(2)에 규정된 광역자치단체인 서울특별시·광역시·도 및 특별자치도와 기초자치단체인 시·군·자치구가 이에 해당한다. 특별시·광역시·도 및 특별자치도는 정부의 직할 하에 두고, 시는 도의 관할구역 안에 두며 군은 종전에는 도의 관할구역 안에만 두었으나 1995. 1. 1부터는 개정된 지방자치법에 의거하여 광역시에도 둘 수 있도록 하였고, 자치구는 특별시·광역시의 관할구역 안에 두었다(지자3). 여기서 시·군·자치구를 도·광역시·특별시의 관할구역 안에 둔다는 것은 도 등의 관할구역 안에 위치한다는 의미일 뿐, 도 등의 지휘·감독에 복종하는 예속단체라는 의미는 아니며, 모든 종류의 지방자치단체는 각자 고유한 사무를 처리하는 서로 대등한 법인이고, 원칙적으로 상명하복관계는 성립되지 아니한다(그러나 기초자치단체의 조례와 규칙은 광역자치단체의 그것에 위반하여서는 아니되며(지자17), 고유사무 아닌 국가사무를 위임받아 처리하는 지위에 있어서는 광역자치단체의 감독을 받는다).

2. 특별지방자치단체

'**특별지방자치단체**'란 보통지방자치단체 외의 특수한 목적을 수행하기 위하여 설치되고 전국적·보편적으로 존재하지 아니하는 지방자치단체를 말한다.

즉 특별지방자치단체란 설치목적·조직·사무·권한 등이 특수한 지방자치단체를 말하며, 일반 지방자치단체와는 달리 상하수도·지하철 등 광역 단위로 임무를 수행할 필요가 있거나, 미국과 같이 교육 등의 특별한 목적을 위하여 활용되고 있으며, 우리나라에서는 협의의 **특별지방자치단체**와 **지방자치단체조합**의 2종류가 인정되고 있다. 그러나 현행 지방자치법(2③)이 특정한 목적을 수행하기 위하여 필요한 경우에는 별도의 특별지방자치단체를 설립할 수 있다"라고 규정했음에도 아직은 이에 따라 설치된 지방자치단체는 없다. 다만, 둘 이상의 지방자치단체가 사무의 일부를 공동처리하기 위하여 규약을 정하여 당해 지방의회의 의결을 거쳐 설립하는 독립법인으로서 지방자치단체조합(지자149)이 있을 뿐이다. 협의의 특별지방자치단체와 지방자치단체조합에 대하여 간략하게 살펴보면 다음과 같다.

1) 협의의 특별지방자치단체

지방자치법은 특정한 목적을 수행하기 위하여 특별지방자치단체를 설립할 수 있으며, 그 설치·운영에 관한 사항은 대통령령으로 정하도록 하였다(법2③·④), 그러나 현재 이에 근거하여 설치된 특별지방자치단체는 없다는 것은 앞서 살펴본 바와 같다.

2) 지방자치단체조합

둘 이상의 지방자치단체가 특정 사무를 공동처리하기 위하여 합의에 의하여 설립하는 독립법인(149①)으로서, 그 설립행위의 법적 성격은 **공법상 합동행위**에 해당한다.
지방자치단체는 규약을 정하여 당해 지방의회의 의결을 거쳐 시·도는 행정자치부장관의, 시·군·자치구는 시·도지사(둘 이상의 시·도에 걸치는 경우에는 행정자치부장관)의 승인을 얻어 지방자치단체조합을 설립할 수 있으나, 공익상 필요할 때에는 행정자치부장관이 설립·해산 또는 규약의 변경을 명할 수 있다(153②). 조합의 해산절차도 위와 같다(154①).
지방자치단체의 사무의 일부만을 공동처리하기 위한 일부사무조합과 그 전부를 공동처리하기 위한 전부사무조합이 있을 수 있으나, 전부사무조합은 관련 자치단체의 사실상의 합병을 의미하므로 지방자치단체의 폐치·분합은 법률로만 하도록 한 지방자치법(4①)상 허용되지 아니한다.

지방자치단체조합은 의결기관으로서 조합회의와 집행기관으로서 조합장 및 사무직원을 두며, 모두 조합규약이 정하는 바에 따라 선임한다(150).

이러한 지방자치단체조합은 시·도가 구성원인 조합(둘 이상의 시·도에 걸치는 시·군·자치구가 구성원인 조합을 포함)은 행정자치부장관의, 시·군·자치구가 구성원인 조합은 제1차로 시·도지사의, 제2차로 행정자치부장관의 지도·감독을 받는다(153①).

현재 지방자치단체조합의 예로서는 서울·경기·인천의 쓰레기 공동처리를 위하여 설립된 수도권쓰레기매립지 운영관리조합이 있다.

II. 지방자치단체의 법적 지위

1. 공법상 법인

지방자치단체는 '공법상 법인'이다(지자3①). 그러므로 지방자치단체는 권리와 의무의 주체가 될 수 있는 **권리능력**을 가진다. 지방자치단체는 국가의 단순한 지방행정기관과는 구분되고, 그 설립·해산사무 등이 법률로 정하여지고, 대외적으로 권리와 의무의 귀속주체가 된다. 즉 지방자치단체는 권리능력을 가지므로 소송상의 당사자가 될 수 있는 **당사자능력**을 가진다.

2. 행위능력

행위능력이란 권리주체의 단독적 행위가 법률효과를 발생하게 하는 것을 말하는데, 자치단체는 국가영토의 일부를 그 구역으로 하고 구역 안의 모든 주민에 대하여 법률의 범위 내에서 고권적 지배권을 행사할 수 있는 행위능력을 가진다. 지방자치단체의 행위능력은 공·사법의 두 영역에서 모두 인정된다. 즉 지방자치단체는 공무원을 임용·보유할 수 있는 **공무원임용능력**을 가지며, 스스로 또는 대리인을 통하여 소송상의 행위를 할 수 있는 **소송능력**을 가진다. 그러나 지방자치단체의 행위능력은 법률이나 조례가 정한 사무의 범위 내에서만 행사할 수 있다.

3. 책임능력

지방자치단체는 자신에게 귀속되는 작위 또는 부작위의 효과에 대하여 책임을 져야 한다.

예컨대, 지방자치단체는 그 공무원이 직무를 집행함에 당하여 고의 또는 과실로 법령에 위반하여 타인에게 손해를 가하거나(국배2①), 또는 영조물의 설치나 관리상의 하자로 인하여 타인에게 손해를 발생하게 한 경우(국배5)에는 이에 대한 배상책임을 지게 된다. 지방자치단체소속 공무원의 직무와 관련된 사법상의 행위에 대하여서도 민법 제756조의 규정에 의한 **사용자책임**도 지게 된다.

한편, 헌법재판소는 지방자치단체의 기본권주체성을 부정하여 헌법소원의 청구인적격을 부정하고 있다.

> **판례**
> 기본권의 주체라야만 헌법소원심판을 청구할 수 있으므로, 지방자치단체장인 송파구청장은 헌법소원의 청구인적격이 없다(헌재결 1996. 3. 28, 96헌마50).

> **헌재결정** 지방자치단체의 의회는 기본권의 주체가 될 수 없다는 헌재결정
> 국가나 국가기관 또는 국가조직의 일부나 공법인은 기본권의 수범자이지, 기본권의 주체로서의 소지자가 아니고 오히려 국민의 기본권을 보호 내지 실현해야 할 책임과 의무를 지니고 있는 지위에 있을 뿐이므로, 공법인인 지방자치단체의 의결기관인 서울특별시의회는 기본권의 주체가 될 수 없고 따라서 헌법소원을 제기할 수 있는 적격이 없다(헌재결 1998. 3. 26, 96헌마345).

III. 지방자치단체의 구성요소

지방자치단체는 일정한 지역을 단위를 기초로 하는 공법상의 법인으로서 사단법인의 성격을 가지는 것이므로 그 구성요소로서는 주민·구역·자치권을 그 내용으로 하고 있다. **주민**은 그 지방자치단체 안에 주소를 두고 있는 인적 요소를 말하며, **구역**은 지방자치단체의 사무가 미치는 일정한 지역의 범위를 말하고, **자치권**은 법제도적으로 허용되는 자치적인 사무의 권한을 말한다. 주민·구역·자치권에 관하여는 절을 바꾸어 상세히 설명하고자 한다.

제 4 절 지방자치단체의 주민의 권리와 의무

I. 주민의 의의

주민은 지방자치단체의 인적 구성요소이다. 지방자치단체의 구역 안에 주소가 있는 자는 그 자치단체의 주민이 된다(지자12). 그러므로 자치단체 내에 주소를 가진 자이면 국적·성별·연령·행위능력에 상관없이 주민이 되는 것이므로 본인의 동의는 물론 어떤 행정행위나 절차적 등록 및 공증행위를 요하지 아니한다. 주민에는 자연인과 법인이 포함되며, 자연인에는 외

국인도 포함한다.

　주민등록법은 공법상의 법률관계에 있어서는 주민등록지를 유일한 주소로 인정하는 규정을 두고 있으며 30일 이상 거주할 목적으로 그 관할구역 안에 주소 또는 거소(거주지)를 가진 자라고 규정하고 있다(주등6). 지방자치단체의 구역 내에 주소를 가지기 위하여서는 자연인의 경우 원칙적으로 주민등록지(주등17②), 법인의 경우 주된 사무소 또는 본점의 소재지(민36; 상171)가 당해 지방자치단체의 구역 내에 있어야 한다.

　주민은 지방자치단체와의 관계에서 권리를 행사하는 주체로서의 지위와 그 의무를 이행하여야 하는 객체로서의 지위를 동시에 가지게 된다. 주민은 권리행사의 주체로서의 지위에서 지방자치단체의 선거에서 선거권과 피선거권을 가지며, 이를 가진 주민을 흔히 **공민**이라고 한다. 공민은 대한민국의 국적을 가진 주민 중에서 일정한 법정의 연령을 기준으로 정하게 된다. 그러므로 주민 중 외국인은 대한민국의 국적을 가지지 않은 자이기에 성질상 주민으로서의 권리 중 참정권은 인정되지 아니하며, 반대로 주민은 아니지만 구역 내에 거소나 사무소·영업소 등을 가지고 있는 법인은 납세의무 등 주민에 준하는 의무를 갖게 된다.

Ⅱ. 주민의 권리

　주민은 지방자치단체와의 관계에서 법령과 조례가 정하는 바에 의하여 일정한 권리를 가진다. 이러한 권리는 지방자치단체와의 관계에서 개개인이 누리는 구체적인 법률상의 이익으로서의 **개인적 공권**이다. 주민은 이러한 공권을 통하여 지방자치단체에 대하여 소극적 부작위·적극적 작위·급부 등을 청구할 수 있게 된다. 주민의 권리는 법률상의 이익이라는 점에서 단순한 기대이익 및 반사적 이익과는 구별된다.

1. 공공시설이용권

　주민은 법령이 정하는 바에 의하여 소속지방자치단체의 재산 및 공공시설(도서관·병원·공원·수도 등)을 이용할 수 있는 권리를 가진다(지자13①). 재산이란 현금 이외의 모든 재산적 가치가 있는 물건 및 권리를 말하고(지자133③), 공공시설이란 주민의 복리를 증진하기 위하여 설치하는 시설을 말한다(지자135).

　공공시설이용권의 대상이 되는 재산은 주민의 이용에 제공되고 있는 재산만을 의미하기 때문에 재산은 공공시설과 같은 개념으로 이해되기도 한다. 공공시설이란 지방자치단체가 주민의 복리를 증진하기 위하여 설치하는 시설을 의미하는 것이므로 넓게 보면 지방자치단체가 가지는 모든 도시의 기반시설이 여기에 해당하게 된다. 따라서 지방자치단체의 공공용물, 공공의 영조물, 공기업 기타 급부를 제공하는 모든 시설이 여기에 포함된다. 그 예로서 도로·공원·항만·상수도·하수도·병원·도서관·학교·박물관·시민회관·운동장·양로원·유치원 등을 들 수 있다. 이와 같은 공공시설은 물적 개념이 아니고 기능적 개념이다. 그러므로 공공시설은 공기업이나 공공의 영조물 같은 공법상의 형태 이외에도 사법상의 형태 또는 민간위탁의 형태 등도 모두 포함된다.

공공시설의 이용주체는 원칙적으로 그 지역의 주민이지만, 그 이용이 일반적으로 모든 사람에게 개방되어 있는 성질을 가지기 때문에 실제적으로 비주민(非住民)에 대하여 차등하여 그 이용을 제한하는 경우가 그리 흔한 것은 아니다. 즉 거대도시인 지방자치단체는 일반적으로 주변의 지방자치단체의 중심기능을 가지게 되기 마련이므로 다른 지방자치단체의 주민도 현실적으로 이와 같은 공공시설이용권을 가지게 된다. 다만, 주소지를 근거로 하여 입학을 허용하는 학교, 유치원 및 양로원 등에 있어서는 현실적인 수용여건 등에 비추어 주민과 비주민과의 합리적인 차별은 인정된다고 하겠다. 다만 법률효과의 면에서 본다면 공공시설이용권은 직접 주민의 지위에서 나오는 것이므로 정당한 이유없이 그 이용이 거부되는 경우에 주민은 시정을 요구할 수 있는 권리로서 청구권을 행사할 수 있지만 비주민은 그러한 권리를 가지지 못하기 때문에 주민과 비주민은 구별된다. 공공시설이용권은 그 지역의 주민이 가지는 주관적 공권이기 때문이다.

공공시설이용권의 내용과 한계는 법령과 조례에 의하여 규정된다. 따라서 공공시설의 이용에 사법적인 이용료(통행료, 입장료)와 공법상의 사용수수료 등을 부과하는 것이 가능하며, 공공시설의 수용능력이나 정원의 범위 내에서의 이용과 같은 사실상의 한계에 의하여 이용권을 제한하는 것은 가능하다.

2. 균등하게 행정의 혜택을 받을 권리

주민은 누구나 소속지방자치단체로부터 균등하게 행정의 혜택을 받을 권리를 가진다(지자13①). 행정의 혜택이란 국가의 은혜행위가 아니라 주민으로서 당연히 누리는 권리이기 때문에 주민은 재산과 공공시설의 이용을 제외한 그 밖의 일체의 행정서비스의 혜택을 받을 수 있다. 합리적인 사유가 없는 한 행정의 혜택은 모든 주민에게 평등한 것이어야 한다. 각종 인·허가, 보조금 교부 등에서 주민이 동일한 조건을 갖추고 있다면 행정기관에서는 동일한 혜택을 제공하여야 하는 것이다.

3. 선거권·피선거권 및 주민투표권

1) 선거권

지방자치법 제17조(주민의 권리)
  ③ 주민은 법령으로 정하는 바에 따라 그 지방자치단체에서 실시하는 지방의회의원과 지방

자치단체의 장의 선거(이하 "지방선거"라 한다)에 참여할 권리를 가진다.

공직선거법 제15조(선거권)
② 18세 이상으로서 제37조제1항에 따른 선거인명부작성기준일 현재 다음 각 호의 어느 하나에 해당하는 사람은 그 구역에서 선거하는 지방자치단체의 의회의원 및 장의 선거권이 있다.

> 1. 「주민등록법」 제6조제1항제1호 또는 제2호에 해당하는 사람으로서 해당 지방자치단체의 관할 구역에 주민등록이 되어 있는 사람
> 2. 「주민등록법」 제6조제1항제3호에 해당하는 사람으로서 주민등록표에 3개월 이상 계속하여 올라 있고 해당 지방자치단체의 관할구역에 주민등록이 되어 있는 사람
> 3. 「출입국관리법」 제10조에 따른 영주의 체류자격 취득일 후 3년이 경과한 외국인으로서 같은 법 제34조에 따라 해당 지방자치단체의 외국인등록대장에 올라 있는 사람

2) 피선거권

공직선거법 제16조(피선거권)
③ 선거일 현재 계속하여 60일 이상(公務로 外國에 派遣되어 選擧日전 60日후에 귀국한 者는 選擧人名簿作成基準日부터 계속하여 選擧日까지) 해당 지방자치단체의 관할구역에 주민등록이 되어 있는 주민으로서 18세 이상의 국민은 그 지방의회의원 및 지방자치단체의 장의 피선거권이 있다. 이 경우 60일의 기간은 그 지방자치단체의 설치·폐지·분할·합병 또는 구역변경(제28조 각 호의 어느 하나에 따른 구역변경을 포함한다)에 의하여 중단되지 아니한다.
④ 제3항 전단의 경우에 지방자치단체의 사무소 소재지가 다른 지방자치단체의 관할 구역에 있어 해당 지방자치단체의 장의 주민등록이 다른 지방자치단체의 관할 구역에 있게 될 때에는 해당 지방자치단체의 관할 구역에 주민등록이 되어 있는 것으로 본다.

3) 주민투표권

지방자치법 제18조(주민투표)
① 지방자치단체의 장은 주민에게 과도한 부담을 주거나 중대한 영향을 미치는 지방자치단체의 주요 결정사항 등에 대하여 주민투표에 부칠 수 있다.
② 주민투표의 대상·발의자·발의요건, 그 밖에 투표절차 등에 관한 사항은 따로 법률로 정한다.

주민투표법 제5조(주민투표권)
① 18세 이상의 주민 중 제6조제1항에 따른 투표인명부 작성기준일 현재 다음 각 호의 어느 하나에 해당하는 사람에게는 주민투표권이 있다. 다만, 「공직선거법」 제18조에 따라 선거권이 없는 사람에게는 주민투표권이 없다.

> 1. 그 지방자치단체의 관할 구역에 주민등록이 되어 있는 사람
> 2. 출입국관리 관계 법령에 따라 대한민국에 계속 거주할 수 있는 자격(체류자격변경허가 또는 체류기간연장허가를 통하여 계속 거주할 수 있는 경우를 포함한다)을 갖춘 외국인으로서 지방자치단체의 조례로 정한 사람

② 주민투표권자의 연령은 투표일 현재를 기준으로 산정한다.

제7조(주민투표의 대상)
① 주민에게 과도한 부담을 주거나 중대한 영향을 미치는 지방자치단체의 주요결정사항은 주민투표에 부칠 수 있다.
② 제1항에도 불구하고 다음 각 호의 어느 하나에 해당하는 사항은 주민투표에 부칠 수 없다.

> 1. 법령에 위반되거나 재판중인 사항
> 2. 국가 또는 다른 지방자치단체의 권한 또는 사무에 속하는 사항
> 3. 지방자치단체가 수행하는 다음 각 목의 어느 하나에 해당하는 사무의 처리에 관한 사항
> 가. 예산 편성·의결 및 집행
> 나. 회계·계약 및 재산관리
> 3의2. 지방세·사용료·수수료·분담금 등 각종 공과금의 부과 또는 감면에 관한 사항
> 4. 행정기구의 설치·변경에 관한 사항과 공무원의 인사·정원 등 신분과 보수에 관한 사항
> 5. 다른 법률에 의하여 주민대표가 직접 의사결정주체로서 참여할 수 있는 공공시설의 설치에 관한 사항. 다만, 제9조제5항의 규정에 의하여 지방의회가 주민투표의 실시를 청구하는 경우에는 그러하지 아니하다.
> 6. 동일한 사항(그 사항과 취지가 동일한 경우를 포함한다)에 대하여 주민투표가 실시된 후 2년이 경과되지 아니한 사항

제8조(국가정책에 관한 주민투표)
① 중앙행정기관의 장은 지방자치단체를 폐지하거나 설치하거나 나누거나 합치는 경우 또는 지방자치단체의 구역을 변경하거나 주요시설을 설치하는 등 국가정책의 수립에 관하여 주민의 의견을 듣기 위하여 필요하다고 인정하는 때에는 주민투표의 실시구역을 정하여 관계 지방자치단체의 장에게 주민투표의 실시를 요구할 수 있다. 이 경우 중앙행정기관의 장은 미리 행정안전부장관과 협의하여야 한다.
② 지방자치단체의 장은 제1항의 규정에 의하여 주민투표의 실시를 요구받은 때에는 지체 없이 이를 공표하여야 하며, 공표일부터 30일 이내에 그 지방의회의 의견을 들어야 한다.
③ 제2항의 규정에 의하여 지방의회의 의견을 들은 지방자치단체의 장은 그 결과를 관계 중앙행정기관의 장에게 통지하여야 한다.

④ 제1항의 규정에 의한 주민투표에 관하여는 제7조, 제16조, 제24조제1항·제5항·제6항, 제25조 및 제26조의 규정을 적용하지 아니한다.

제9조(주민투표의 실시요건)
① 지방자치단체의 장은 다음 각 호의 어느 하나에 해당하는 경우에는 주민투표를 실시할 수 있다. 이 경우 제1호 또는 제2호에 해당하는 경우에는 주민투표를 실시하여야 한다.

1. 주민이 제2항에 따라 주민투표의 실시를 청구하는 경우
2. 지방의회가 제5항에 따라 주민투표의 실시를 청구하는 경우
3. 지방자치단체의 장이 주민의 의견을 듣기 위하여 필요하다고 판단하는 경우

② 18세 이상 주민 중 제5조제1항 각 호의 어느 하나에 해당하는 사람(같은 항 각 호 외의 부분 단서에 따라 주민투표권이 없는 사람은 제외한다. 이하 "주민투표청구권자"라 한다)은 주민투표청구권자 총수의 20분의 1 이상 5분의 1 이하의 범위에서 지방자치단체의 조례로 정하는 수 이상의 서명으로 그 지방자치단체의 장에게 주민투표의 실시를 청구할 수 있다.
1. 삭제
2. 삭제
⑤ 지방의회는 재적의원 과반수의 출석과 출석의원 3분의 2 이상의 찬성으로 그 지방자치단체의 장에게 주민투표의 실시를 청구할 수 있다.
⑥ 지방자치단체의 장은 직권에 의하여 주민투표를 실시하고자 하는 때에는 그 지방의회 재적의원 과반수의 출석과 출석의원 과반수의 동의를 얻어야 한다.

제24조(주민투표결과의 확정)
① 주민투표에 부쳐진 사항은 주민투표권자 총수의 4분의 1 이상의 투표와 유효투표수 과반수의 득표로 확정된다. 다만, 다음 각 호의 어느 하나에 해당하는 경우에는 찬성과 반대 양자를 모두 수용하지 아니하거나, 양자택일의 대상이 되는 사항 모두를 선택하지 아니하기로 확정된 것으로 본다.

1. 전체 투표수가 주민투표권자 총수의 4분의 1에 미달되는 경우
2. 주민투표에 부쳐진 사항에 관한 유효득표수가 동수인 경우

⑤ 지방자치단체의 장 및 지방의회는 주민투표 결과 확정된 내용대로 행정·재정상의 필요한 조치를 하여야 한다.
⑥ 지방자치단체의 장 및 지방의회는 주민투표 결과 확정된 사항에 대하여 2년 이내에는 이를 변경하거나 새로운 결정을 할 수 없다. 다만, 제1항 단서의 규정에 의하여 찬성과 반대 양자를 모두 수용하지 아니하거나, 양자택일의 대상이 되는 사항 모두를 선택하지 아니하기

로 확정된 때에는 그러하지 아니하다.

제25조(주민투표소송 등)
① 주민투표의 효력에 관하여 이의가 있는 주민투표권자는 주민투표권자 총수의 100분의 1 이상의 서명으로 제24조제3항에 따라 주민투표결과가 공표된 날부터 14일 이내에 관할선거관리위원회 위원장을 피소청인으로 하여 시·군·구의 경우에는 시·도선거관리위원회에, 시·도의 경우에는 중앙선거관리위원회에 '소청'할 수 있다.
② 소청인은 제1항에 따른 소청에 대한 결정에 불복하려는 경우 관할선거관리위원회위원장을 피고로 하여 그 결정서를 받은 날(결정서를 받지 못한 때에는 결정기간이 종료된 날을 말한다)부터 10일 이내에 시·도의 경우에는 대법원에, 시·군·구의 경우에는 관할 고등법원에 소를 제기할 수 있다.

4. 청원권

주민은 지방의회에 청원을 할 수 있다(지자65). 지방의회에 대한 주민의 **청원권**은 헌법상에서 도출되는 **기본권**으로서의 성격을 가지는 것이지만, 그 본질상 법률에 의하여 인정되는 **개인적 공권**이다. 청원권은 지방자치단체의 현안문제에 대한 의사결정과정에 주민의 참여를 보장하는 것으로서 지방의회의원의 소개를 얻어 청원서의 제출로서 행한다. 청원의 대상사항에 관하여는 제한이 없지만, 재판에 간섭하거나 법령에 위반되는 내용의 청원은 수리하지 아니한다(지자66).

지방의회의 의장은 청원서를 접수한 때에는 이를 소관위원회 또는 본회의에 회부해서 심사를 하게 한다(지자67①). 청원을 소개한 의원은 소관위원회 또는 본회의의 요구가 있을 때에는 청원의 취지를 설명하여야 한다(지자67②). 지방의회가 채택한 청원으로서 지방자치단체의 장이 처리함이 타당하다고 인정되는 청원은 의견서를 첨부하여 이송하고, 이에 대하여 지방자치단체의 장은 그 처리결과를 지체없이 지방의회에 보고하여야 한다(지자68).

5. 조례제정·개정·폐지청구권

지방자치법 제19조(조례의 제정과 개정·폐지 청구)
① 주민은 지방자치단체의 조례를 제정하거나 개정하거나 폐지할 것을 청구할 수 있다.
② 조례의 제정·개정 또는 폐지 청구의 청구권자·청구대상·청구요건 및 절차 등에 관한 사항은 따로 법률로 정한다.

1) 주민조례청구권자

주민조례발안에 관한 법률 제2조(주민조례청구권자) '18세 이상의 주민으로서 다음 각 호의 어느 하나에 해당하는 사람'(「공직선거법」 제18조에 따른 선거권이 없는 사람은 제외한다. 이하 "청구권자"라 한다)은 해당 '지방자치단체의 의회'(지방자치단체의 장이 아님)(이하 "지방의회"라 한다)에 조례를 제정하거나 개정 또는 폐지할 것을 청구(이하 "주민조례청구"라 한다)할 수 있다.

> 1. 해당 지방자치단체의 관할 구역에 주민등록이 되어 있는 사람
> 2. 「출입국관리법」 제10조에 따른 영주(永住)할 수 있는 체류자격 취득일 후 3년이 지난 외국인으로서 같은 법 제34조에 따라 해당 지방자치단체의 외국인등록대장에 올라 있는 사람

2) 주민조례청구 제외 대상

주민조례발안에 관한 법률 제4조(주민조례청구 제외 대상) 다음 각 호의 사항은 주민조례청구 대상에서 제외한다.

> 1. 법령을 위반하는 사항
> 2. 지방세·사용료·수수료·부담금을 부과·징수 또는 감면하는 사항
> 3. 행정기구를 설치하거나 변경하는 사항
> 4. 공공시설의 설치를 반대하는 사항

3) 청구의 수리 및 각하(조례안의 발의)

주민조례발안에 관한 법률 제12조(청구의 수리 및 각하)
① 지방의회의 의장은 다음 각 호의 어느 하나에 해당하는 경우로서 제4조, 제5조 및 제10조제1항(제11조제5항에서 준용하는 경우를 포함한다)에 따른 요건에 적합한 경우에는 주민조례청구를 수리하고, 요건에 적합하지 아니한 경우에는 주민조례청구를 각하하여야 한다. 이 경우 수리 또는 각하 사실을 대표자에게 알려야 한다.

> 1. 제11조제2항(같은 조 제5항에 따라 준용되는 경우를 포함하며, 이하 같다)에 따른 이의신청이 없는 경우
> 2. 제11조제2항에 따라 제기된 모든 이의신청에 대하여 같은 조 제3항(같은 조 제5항에 따라 준용되는 경우를 포함한다)에 따른 결정이 끝난 경우

② 지방의회의 의장은 다음 각 호의 구분에 따른 기간의 범위에서 해당 지방자치단체의 조례로 정하는 기간 이내에 제1항에 따라 주민조례청구를 수리하거나 각하하여야 한다.

> 1. 제1항제1호에 해당하는 경우: 제10조제2항에 따른 열람기간이 끝난 날(제11조제5항에 따라 준용되는 경우에는 보정된 청구인명부에 대한 열람기간이 끝난 날)부터 3개월 이내
> 2. 제1항제2호에 해당하는 경우: 모든 이의신청에 대하여 제11조제3항에 따른 심사·결정이 끝난 날(제11조제5항에 따라 준용되는 경우에는 보정된 청구인명부의 서명에 제기된 모든 이의신청에 대한 심사·결정이 끝난 날)부터 3개월 이내

③ 지방의회의 의장은 제1항에 따라 주민조례청구를 각하하려면 대표자에게 의견을 제출할 기회를 주어야 한다.

④ 지방의회의 의장은 「지방자치법」 제76조제1항에도 불구하고 이 조 제1항에 따라 주민조례청구를 수리한 날부터 30일 이내에 지방의회의 의장 명의로 주민청구조례안을 발의하여야 한다.

4) 주민청구조례안의 심사 절차

주민조례발안에 관한 법률 제13조(주민청구조례안의 심사 절차)

① 지방의회는 제12조제1항에 따라 주민청구조례안이 수리된 날부터 1년 이내에 주민청구조례안을 의결하여야 한다. 다만, 필요한 경우에는 본회의 의결로 1년 이내의 범위에서 한 차례만 그 기간을 연장할 수 있다.

② 지방의회는 심사 안건으로 부쳐진 주민청구조례안을 의결하기 전에 대표자를 회의에 참석시켜 그 청구의 취지(대표자와의 질의·답변을 포함한다)를 들을 수 있다.

③ 「지방자치법」 제79조 단서에도 불구하고 주민청구조례안은 제12조제1항에 따라 주민청구조례안을 수리한 당시의 지방의회의원의 임기가 끝나더라도 다음 지방의회의원의 임기까지는 의결되지 못한 것 때문에 폐기되지 아니한다.

6. 감사청구권

지방자치법 제21조(주민의 감사 청구)

① 지방자치단체의 18세 이상의 주민으로서 다음 각 호의 어느 하나에 해당하는 사람(「공직선거법」 제18조에 따른 선거권이 없는 사람은 제외한다. 이하 이 조에서 "18세 이상의 주민"이라 한다)은 시·도는 300명, 제198조에 따른 인구 50만 이상 대도시는 200명, 그 밖의 시·군 및 자치구는 150명 이내에서 '그 지방자치단체의 조례로 정하는 수 이상의 18세 이상의 주민이 연대 서명하여 그 '지방자치단체와 그 장의 권한에 속하는 사무'(자치사무·단체위임사무와 기관위임사무를 포함함)의 처리가 법령에 위반되거나 공익을 현저히 해친다고 인정되면' '시·도의 경우에는 '주무부장관'에게, 시·군 및 자치구의 경우에는 '시·도지사'에게'(지방자치단체의 장이 아니라 감독청임) 감사를 청구할 수 있다.

1. 해당 지방자치단체의 관할 구역에 주민등록이 되어 있는 사람
2. 「출입국관리법」 제10조에 따른 영주(永住)할 수 있는 체류자격 취득일 후 3년이 경과한 외국인으로서 같은 법 제34조에 따라 해당 지방자치단체의 외국인등록대장에 올라 있는 사람

② **다음 각 호의 사항은 감사 청구의 대상에서 제외한다.**

1. 수사나 재판에 관여하게 되는 사항
2. 개인의 사생활을 침해할 우려가 있는 사항
3. 다른 기관에서 감사하였거나 감사 중인 사항. 다만, 다른 기관에서 감사한 사항이라도 새로운 사항이 발견되거나 중요 사항이 감사에서 누락된 경우와 제22조제1항에 따라 주민소송의 대상이 되는 경우에는 그러하지 아니하다.
4. 동일한 사항에 대하여 제22조제2항 각 호의 어느 하나에 해당하는 소송이 진행 중이거나 그 판결이 확정된 사항

③ 제1항에 따른 청구는 사무처리가 있었던 날이나 끝난 날부터 '3년'이 지나면 제기할 수 없다.

④ 지방자치단체의 18세 이상의 주민이 제1항에 따라 감사를 청구하려면 청구인의 대표자를 선정하여 청구인명부에 적어야 하며, 청구인의 대표자는 감사청구서를 작성하여 주무부장관 또는 시·도지사에게 제출하여야 한다.

⑤ 주무부장관이나 시·도지사는 제1항에 따른 청구를 받으면 청구를 받은 날부터 5일 이내에 그 내용을 공표하여야 하며, 청구를 공표한 날부터 10일간 청구인명부나 그 사본을 공개된 장소에 갖추어 두어 열람할 수 있도록 하여야 한다.

⑥ 청구인명부의 서명에 관하여 이의가 있는 사람은 제5항에 따른 열람기간에 해당 주무부장관이나 시·도지사에게 이의를 신청할 수 있다.

⑦ 주무부장관이나 시·도지사는 제6항에 따른 이의신청을 받으면 제5항에 따른 열람기간이 끝난 날부터 14일 이내에 심사·결정하되, 그 신청이 이유 있다고 결정한 경우에는 청구인명부를 수정하고, 그 사실을 이의신청을 한 사람과 제4항에 따른 청구인의 대표자에게 알려야 하며, 그 이의신청이 이유 없다고 결정한 경우에는 그 사실을 즉시 이의신청을 한 사람에게 알려야 한다.

⑧ 주무부장관이나 시·도지사는 제6항에 따른 이의신청이 없는 경우 또는 제6항에 따라 제기된 모든 이의신청에 대하여 제7항에 따른 결정이 끝난 경우로서 제1항부터 제3항까지의 규정에 따른 요건을 갖춘 경우에는 청구를 수리하고, 그러하지 아니한 경우에는 청구를 각하하되, 수리 또는 각하 사실을 청구인의 대표자에게 알려야 한다.

⑨ 주무부장관이나 시·도지사는 감사 청구를 수리한 날부터 60일 이내에 감사 청구된 사

항에 대하여 감사를 끝내야 하며, 감사 결과를 청구인의 대표자와 해당 지방자치단체의 장에게 서면으로 알리고, 공표하여야 한다. 다만, 그 기간에 감사를 끝내기가 어려운 정당한 사유가 있으면 그 기간을 연장할 수 있으며, 기간을 연장할 때에는 미리 청구인의 대표자와 해당 지방자치단체의 장에게 알리고, 공표하여야 한다.

⑩ 주무부장관이나 시·도지사는 주민이 감사를 청구한 사항이 다른 기관에서 이미 감사한 사항이거나 감사 중인 사항이면 그 기관에서 한 감사 결과 또는 감사 중인 사실과 감사가 끝난 후 그 결과를 알리겠다는 사실을 청구인의 대표자와 해당 기관에 지체 없이 알려야 한다.

⑪ 주무부장관이나 시·도지사는 주민 감사 청구를 처리(각하를 포함한다)할 때 청구인의 대표자에게 반드시 '증거 제출 및 의견 진술의 기회'를 주어야 한다.

⑫ 주무부장관이나 시·도지사는 제9항에 따른 감사 결과에 따라 기간을 정하여 해당 지방자치단체의 장에게 필요한 조치를 요구할 수 있다. 이 경우 그 지방자치단체의 장은 이를 성실히 이행하여야 하고, 그 조치 결과를 지방의회와 주무부장관 또는 시·도지사에게 보고하여야 한다.

⑬ 주무부장관이나 시·도지사는 제12항에 따른 조치 요구 내용과 지방자치단체의 장의 조치 결과를 청구인의 대표자에게 서면으로 알리고, 공표하여야 한다.

7. 주민소송권

> 지방자치법 제22조(주민소송)
> ① '제21조제1항에 따라 "공금의 지출에 관한 사항, 재산의 취득·관리·처분에 관한 사항, 해당 지방자치단체를 당사자로 하는 매매·임차·도급 계약이나 그 밖의 계약의 체결·이행에 관한 사항 또는 지방세·사용료·수수료·과태료 등 공금의 부과·징수를 게을리한 사항"을 '감사 청구한 주민'(원고)'은 다음 각 호의 어느 하나에 해당하는 경우에(제소사유) 그 감사 청구한 사항과 관련이 있는 위법한 행위나 업무를 게을리한 사실에 대하여 해당 '지방자치단체의 장'(피고)(비위를 저지른 공무원이나 지방의회의원이 피고가 아님)(해당 사항의 사무처리에 관한 권한을 소속 기관의 장에게 위임한 경우에는 그 소속 기관의 장을 말한다. 이하 이 조에서 같다)을 상대방으로 하여 소송을 제기할 수 있다.
> 1. 주무부장관이나 시·도지사가 감사 청구를 수리한 날부터 60일(제21조제9항 단서에 따라 감사기간이 연장된 경우에는 연장된 기간이 끝난 날을 말한다)이 지나도 감사를 끝내지 아니한 경우
> 2. 제21조제9항 및 제10항에 따른 감사 결과 또는 같은 조 제12항에 따른 조치 요구에 불복하는 경우
> 3. 제21조제12항에 따른 주무부장관이나 시·도지사의 조치 요구를 지방자치단체의 장이 이행하지 아니한 경우
> 4. 제21조제12항에 따른 지방자치단체의 장의 이행 조치에 불복하는 경우
> ② 제1항에 따라 주민이 제기할 수 있는 소송은 다음 각 호와 같다(주민소송의 종류).
> 1. 해당 행위를 계속하면 회복하기 어려운 손해를 발생시킬 우려가 있는 경우에는 그 행위의 전부나 일부를 중지할 것을 요구하는 소송

2. 행정처분인 해당 행위의 취소 또는 변경을 요구하거나 그 행위의 효력 유무 또는 존재 여부의 확인을 요구하는 소송
3. 게을리한 사실의 위법 확인을 요구하는 소송
4. 해당 지방자치단체의 장 및 직원, 지방의회의원, 해당 행위와 관련이 있는 상대방에게 손해배상청구 또는 부당이득반환청구를 할 것을 요구하는 소송. 다만, 그 지방자치단체의 직원이 「회계관계직원 등의 책임에 관한 법률」 제4조에 따른 변상책임을 져야 하는 경우에는 변상명령을 할 것을 요구하는 소송을 말한다.
③ 제2항제1호의 중지청구소송은 해당 행위를 중지할 경우 생명이나 신체에 중대한 위해가 생길 우려가 있거나 그 밖에 공공복리를 현저하게 해칠 우려가 있으면 제기할 수 없다.
④ 제2항에 따른 소송은 다음 각 호의 구분에 따른 날부터 '90일 이내'에 제기하여야 한다(제소기간).
1. 제1항제1호: 해당 60일이 끝난 날(제21조제9항 단서에 따라 감사기간이 연장된 경우에는 연장기간이 끝난 날을 말한다)
2. 제1항제2호: 해당 감사 결과나 조치 요구 내용에 대한 통지를 받은 날
3. 제1항제3호: 해당 조치를 요구할 때에 지정한 처리기간이 끝난 날
4. 제1항제4호: 해당 이행 조치 결과에 대한 통지를 받은 날
⑤ 제2항 각 호의 소송이 진행 중이면 다른 주민은 같은 사항에 대하여 별도의 소송을 제기할 수 없다.
⑥ 소송의 계속(繫屬) 중에 소송을 제기한 주민이 사망하거나 제16조에 따른 주민의 자격을 잃으면 소송절차는 중단된다. 소송대리인이 있는 경우에도 또한 같다.
⑦ 감사 청구에 연대 서명한 다른 주민은 제6항에 따른 사유가 발생한 사실을 안 날부터 6개월 이내에 소송절차를 수계(受繼)할 수 있다. 이 기간에 수계절차가 이루어지지 아니할 경우 그 소송절차는 종료된다.
⑧ 법원은 제6항에 따라 소송이 중단되면 감사 청구에 연대 서명한 다른 주민에게 소송절차를 중단한 사유와 소송절차 수계방법을 지체 없이 알려야 한다. 이 경우 법원은 감사 청구에 적힌 주소로 통지서를 우편으로 보낼 수 있고, 우편물이 통상 도달할 수 있을 때에 감사 청구에 연대 서명한 다른 주민은 제6항의 사유가 발생한 사실을 안 것으로 본다.
⑨ 제2항에 따른 소송은 해당 지방자치단체의 사무소 소재지를 관할하는 행정법원(행정법원이 설치되지 아니한 지역에서는 행정법원의 권한에 속하는 사건을 관할하는 지방법원 본원을 말한다)의 '관할'로 한다(관할법원).
⑩ 해당 지방자치단체의 장은 제2항제1호부터 제3호까지의 규정에 따른 소송이 제기된 경우 그 소송 결과에 따라 권리나 이익의 침해를 받을 제3자가 있으면 그 제3자에 대하여, 제2항제4호에 따른 소송이 제기된 경우 그 직원, 지방의회의원 또는 상대방에 대하여 '소송고지'를 해 줄 것을 법원에 신청하여야 한다.
⑪ 제2항제4호에 따른 소송이 제기된 경우에 지방자치단체의 장이 한 소송고지신청은 그 소송에 관한 손해배상청구권 또는 부당이득반환청구권의 시효중단에 관하여 「민법」 제168조제1호에 따른 청구로 본다.
⑫ 제11항에 따른 시효중단의 효력은 그 소송이 끝난 날부터 6개월 이내에 재판상 청구, 파산절차참가, 압류 또는 가압류, 가처분을 하지 아니하면 효력이 생기지 아니한다.
⑬ 국가, 상급 지방자치단체 및 감사 청구에 연대 서명한 다른 주민과 제10항에 따라 소송고지를 받은 자는 법원에서 계속 중인 '소송에 참가'할 수 있다.
⑭ 제2항에 따른 소송에서 당사자는 법원의 허가를 받지 아니하고는 '소의 취하, 소송의 화해 또는 청

구의 포기'를 할 수 없다.
⑮ 법원은 제14항에 따른 허가를 하기 전에 감사 청구에 연대 서명한 다른 주민에게 그 사실을 알려야 하며, 알린 때부터 1개월 이내에 허가 여부를 결정하여야 한다. 이 경우 통지방법 등에 관하여는 제8항 후단을 준용한다.

제23조(손해배상금 등의 지급청구 등)
① 지방자치단체의 장(해당 사항의 사무처리에 관한 권한을 소속 기관의 장에게 위임한 경우에는 그 소속 기관의 장을 말한다. 이하 이 조에서 같다)은 제22조제2항제4호 본문에 따른 소송에 대하여 손해배상청구나 부당이득반환청구를 명하는 판결이 확정되면 판결이 확정된 날부터 60일 이내를 기한으로 하여 당사자에게 그 판결에 따라 결정된 손해배상금이나 부당이득반환금의 지급을 청구하여야 한다. 다만, 손해배상금이나 부당이득반환금을 지급하여야 할 당사자가 지방자치단체의 장이면 지방의회의 의장이 지급을 청구하여야 한다.
② 지방자치단체는 제1항에 따라 지급청구를 받은 자가 같은 항의 기한까지 손해배상금이나 부당이득반환금을 지급하지 아니하면 손해배상·부당이득반환의 청구를 목적으로 하는 소송을 제기하여야 한다. 이 경우 그 소송의 상대방이 지방자치단체의 장이면 그 지방의회의 의장이 그 지방자치단체를 대표한다.

제24조(변상명령 등)
① 지방자치단체의 장은 제22조제2항제4호 단서에 따른 소송에 대하여 변상할 것을 명하는 판결이 확정되면 판결이 확정된 날부터 60일 이내를 기한으로 하여 당사자에게 그 판결에 따라 결정된 금액을 변상할 것을 명령하여야 한다.
② 제1항에 따라 변상할 것을 명령받은 자가 같은 항의 기한까지 변상금을 지급하지 아니하면 지방세 체납처분의 예에 따라 징수할 수 있다.
③ 제1항에 따라 변상할 것을 명령받은 자는 그 명령에 불복하는 경우 행정소송을 제기할 수 있다. 다만, 「행정심판법」에 따른 행정심판청구는 제기할 수 없다.

8. 주민소환권

지방자치법 제25조(주민소환)
① 주민은 그 지방자치단체의 장 및 지방의회의원(비례대표 지방의회의원은 제외한다)을 소환할 권리를 가진다.
② 주민소환의 투표 청구권자·청구요건·절차 및 효력 등에 관한 사항은 따로 법률로 정한다.

주민소환에 관한 법률 제3조(주민소환투표권)
① 제4조제1항의 규정에 의한 주민소환투표인명부 작성기준일 현재 다음 각 호의 어느 하나에 해당되는 자는 주민소환투표권이 있다.

1. 19세 이상의 주민으로서 당해 지방자치단체 관할구역에 주민등록이 되어 있는 자(「공직선거법」 제18조의 규정에 의하여 선거권이 없는 자를 제외한다)
2. 19세 이상의 외국인으로서 「출입국관리법」 제10조의 규정에 따른 영주의 체류자격 취득일 후 3년이 경과한 자 중 같은 법 제34조의 규정에 따라 당해 지방자치단체 관할구역의 외국인등록표에 등재된 자

② 주민소환투표권자의 연령은 주민소환투표일 현재를 기준으로 계산한다.

제7조(주민소환투표의 청구)

① 전년도 12월 31일 현재 주민등록표 및 외국인등록표에 등록된 제3조제1항제1호 및 제2호에 해당되는 자(이하 "주민소환투표청구권자"라 한다)는 해당 '지방자치단체의 장 및 지방의회의원'(비례대표시·도의원 및 비례대표자치구·시·군의원은 제외한다. 이하 "선출직 지방공직자"라 한다)에 대하여 다음 각 호에 해당하는 주민의 서명으로 그 소환사유를 서면에 구체적으로 명시하여 관할선거관리위원회에 주민소환투표의 실시를 청구할 수 있다.

1. 특별시장·광역시장·도지사(이하 "시·도지사"라 한다) : 당해 지방자치단체의 주민소환투표청구권자 총수의 100분의 10 이상
2. 시장·군수·자치구의 구청장 : 당해 지방자치단체의 주민소환투표청구권자 총수의 100분의 15 이상.
3. 지역선거구시·도의회의원(이하 "지역구시·도의원"이라 한다) 및 지역선거구자치구·시·군의회의원(이하 "지역구자치구·시·군의원"이라 한다) : 당해 지방의회의원의 선거구 안의 주민소환투표청구권자 총수의 100분의 20 이상

② 제1항의 규정에 의하여 시·도지사에 대한 주민소환투표를 청구함에 있어서 당해 지방자치단체 관할구역 안의 시·군·자치구 전체의 수가 3개 이상인 경우에는 3분의 1이상의 시·군·자치구에서 각각 주민소환투표청구권자 총수의 1만분의 5 이상 1천분의 10 이하의 범위 안에서 대통령령이 정하는 수 이상의 서명을 받아야 한다. 다만, 당해 지방자치단체 관할구역 안의 시·군·자치구 전체의 수가 2개인 경우에는 각각 주민소환투표청구권자 총수의 100분의 1 이상의 서명을 받아야 한다.

제8조(주민소환투표의 청구제한기간) 제7조제1항 내지 제3항의 규정에 불구하고 다음 각 호의 어느 하나에 해당되는 때에는 주민소환투표의 실시를 청구할 수 없다.

1. 선출직 지방공직자의 임기개시일부터 1년이 경과하지 아니한 때
2. 선출직 지방공직자의 임기만료일부터 1년 미만일 때
3. 해당 선출직 지방공직자에 대한 주민소환투표를 실시한 날부터 1년 이내인 때.

제14조(소명기회의 보장)

① 관할선거관리위원회는 제7조제1항 내지 제3항의 규정에 의한 주민소환투표청구가 적법하다고 인정하는 때에는 지체 없이 주민소환투표대상자에게 서면으로 소명할 것을 요청하여야 한다.

② 제1항의 규정에 의하여 소명요청을 받은 주민소환투표대상자는 그 요청을 받은 날부터 20일 이내에 500자 이내의 소명요지와 소명서(필요한 자료를 기재한 소명자료를 포함한다)를 관할선거관리위원회에 제출하여야 한다. 이 경우 소명서 또는 소명요지를 제출하지 아니한

때에는 소명이 없는 것으로 본다.
　③ 제12조제2항의 규정에 의하여 주민소환투표일과 주민소환투표안을 공고하는 때에는 제2항의 규정에 의한 소명요지를 함께 공고하여야 한다.

　제15조(주민소환투표의 형식)
　① 주민소환투표는 찬성 또는 반대를 선택하는 형식으로 실시한다.
　② 지방자치단체의 동일 관할구역에 2인 이상의 주민소환투표대상자가 있을 때에는 관할선거관리위원회는 하나의 투표용지에 그 대상자별로 제1항의 규정에 의한 형식으로 주민소환투표를 실시할 수 있다.

　제17조(주민소환투표운동의 원칙) 이 법에서 "주민소환투표운동"이라 함은 주민소환투표에 부쳐지거나 부쳐질 사항에 관하여 찬성 또는 반대하는 행위를 말한다. 다만, 다음 각 호의 어느 하나에 해당되는 행위는 주민소환투표운동으로 보지 아니한다.

> 1. 주민소환투표에 부쳐지거나 부쳐질 사항에 관한 단순한 의견개진 및 의사표시
> 2. 주민소환투표운동에 관한 준비행위

　제18조(주민소환투표운동의 기간 및 주민소환투표운동을 할 수 없는 자)
　① 주민소환투표운동은 제12조제2항의 규정에 의한 주민소환투표 공고일의 다음날부터 투표일 전일까지(이하 "주민소환투표운동기간"이라 한다)로 한다.
　② 제1항의 규정에 불구하고 제13조제2항의 규정에 의하여 주민소환투표가 실시될 경우에는 주민투표운동기간은 주민소환투표일 전 25일부터 투표일 전일까지로 한다.
　③ 「공직선거법」 제60조제1항 각 호의 어느 하나에 해당하는 자는 주민소환투표운동을 할 수 없다. 다만, 당해 주민소환투표대상자는 그러하지 아니하다.

　제21조(권한행사의 정지 및 권한대행)
　① 주민소환투표대상자는 관할선거관리위원회가 제12조제2항의 규정에 의하여 주민소환투표안을 공고한 때부터 제22조제3항의 규정에 의하여 주민소환투표결과를 공표할 때까지 그 권한행사가 정지된다.
　② 제1항의 규정에 의하여 지방자치단체의 장의 권한이 정지된 경우에는 부지사·부시장·부군수·부구청장(이하 "부단체장"이라 한다)이 「지방자치법」 제124조제4항의 규정을 준용하여 그 권한을 대행하고, 부단체장이 권한을 대행할 수 없는 경우에는 「지방자치법」 제124조제5항의 규정을 준용하여 그 권한을 대행한다.
　③ 제1항의 규정에 따라 권한행사가 정지된 지방의회의원은 그 정지 기간 동안 「공직선거법」 제111조의 규정에 의한 의정활동보고를 할 수 없다. 다만, 인터넷에 의정활동보고서를 게재할 수는 있다.

제22조(주민소환투표결과의 확정)

① 주민소환은 제3조의 규정에 의한 주민소환투표권자 총수의 3분의 1 이상의 투표와 유효투표 총수 과반수의 찬성으로 확정된다.

② 전체 주민소환투표자의 수가 제3조의 규정에 의한 주민소환투표권자 총수의 3분의 1에 미달하는 때에는 개표를 하지 아니한다.

③ 관할선거관리위원회는 개표가 끝난 때에는 지체 없이 그 결과를 공표한 후 주민소환투표청구인대표자, 주민소환투표대상자, 관계 중앙행정기관의 장, 당해 지방자치단체의 장(지방자치단체의 장이 주민소환투표대상자인 경우에는 제21조제2항의 규정에 의하여 권한을 대행하는 당해 지방자치단체의 부단체장을 말한다) 및 당해 지방의회의 의장(지방의회의원이 주민소환투표대상자인 경우에 한하며, 지방의회의 의장이 주민소환투표대상자인 경우에는 당해 지방의회의 부의장을 말한다)에게 통지하여야 한다. 제2항의 규정에 의하여 개표를 하지 아니한 때에도 또한 같다.

제23조(주민소환투표의 효력)

① 제22조제1항의 규정에 의하여 주민소환이 확정된 때에는 주민소환투표대상자는 그 결과가 공표된 시점부터 그 직을 상실한다.

② 제1항의 규정에 의하여 그 직을 상실한 자는 그로 인하여 실시하는 이 법 또는 「공직선거법」에 의한 해당 보궐선거에 후보자로 등록될 수 없다.

제24조(주민소환투표소송 등)

① 주민소환투표의 효력에 관하여 이의가 있는 해당 주민소환투표대상자 또는 주민소환투표권자(주민소환투표권자 총수의 100분의 1 이상의 서명을 받아야 한다)는 제22조제3항의 규정에 의하여 주민소환투표결과가 공표된 날부터 14일 이내에 관할선거관리위원회 위원장을 피소청인으로 하여 지역구시·도의원, 지역구자치구·시·군의원 또는 시장·군수·자치구의 구청장을 대상으로 한 주민소환투표에 있어서는 특별시·광역시·도선거관리위원회에, 시·도지사를 대상으로 한 주민소환투표에 있어서는 중앙선거관리위원회에 '소청'할 수 있다.

② 제1항의 소청에 대한 결정에 관하여 불복이 있는 소청인은 관할선거관리위원회 위원장을 피고로 하여 그 결정서를 받은 날(결정서를 받지 못한 때에는 「공직선거법」 제220조제1항의 규정에 의한 결정기간이 종료된 날을 말한다)부터 10일 이내에 지역구시·도의원, 지역구자치구·시·군의원 또는 시장·군수·자치구의 구청장을 대상으로 한 주민소환투표에 있어서는 그 선거구를 관할하는 고등법원에, 시·도지사를 대상으로 한 주민소환투표에 있어서는 '대법원에 소를 제기'할 수 있다.

제26조(주민소환투표관리경비)

① 주민소환투표사무의 관리에 필요한 다음 각 호의 비용은 당해 지방자치단체가 부담하

되, 주민소환투표청구인대표자 및 주민소환투표대상자가 주민소환투표운동을 위하여 지출한 비용은 각자 부담한다.

> 1. 주민소환투표의 준비·관리 및 실시에 필요한 비용
> 2. 주민소환투표공보의 발행, 토론회 등의 개최 및 불법 주민소환투표운동의 단속에 필요한 경비
> 3. 주민소환투표에 관한 소청 및 소송과 관련된 경비
> 4. 주민소환투표결과에 대한 자료의 정리, 그 밖에 주민소환투표사무의 관리를 위한 관할선거관리위원회의 운영 및 사무처리에 필요한 경비

Ⅲ. 주민의 의무

1. 비용분담의무

주민은 법령이 정하는 바에 따라 소속 지방자치단체의 비용을 분담할 의무를 진다(지자14). 지방자치법은 비용분담의 형태로서는 ① 지방세부과(126 및 지방세법), ② 각종시설이용과 역무제공에 대한 대가인 사용료·수수료·분담금의 징수(127·128·129) 등을 규정하고 있다.

2. 노무 및 물품제공의무

주민은 지방자치법상의 의무로서가 아니라 개별법에서 정한 의무의 내용으로서 노역 및 물품을 제공하여야 하는 의무를 진다. 예컨대, 재해로 인한 도로의 구조 또는 교통에 대한 위험을 방지하기 위하여 특히 필요하다고 인정하는 경우에는 그 도로의 부근에 거주하는 자에게 노무의 제공을 요청하거나 재해현장에서 필요로 하는 토지, 가옥 기타 공작물을 일시사용하며 장애물을 변경 또는 제거하거나 토석, 죽목, 운반기구 기타의 물건을 사용 또는 수용할 수 있게 하는 것(도로법49) 등이 이에 해당한다.

3. 공공시설의 이용강제

지방자치법에는 공공시설의 이용강제에 대한 규정은 없지만 공공시설이 주민의 임의적인 이용관계에 일임될 수 없는 성질을 가지고 있는 경우에는 개별법에 의하여 그 시설이용에 관한 강제적인 의무를 부과할 수 있다. 예컨대, 지방자치단체의 구역 안의 토지를 상수도시설, 하수도시설, 가스사업, 도로청소나 주민의 건강과 관련된 경우에 공적 사용에 제공하도록 강제될 수 있도록 하고 있다.

4. 과태료납부의무

주민은 지방자치단체의 법령을 준수하여야 하며, 지방자치단체의 조례위반행위에 대하여 과하여지는 과태료를 납부하여야 할 의무를 진다.

제 5 절 지방자치단체의 구역

Ⅰ. 지방자치단체의 구역

> 지방자치단체의 구역이란 지방자치단체의 자치권이 미치는 일정한 지역적 범위를 말한다.

지방자치단체의 구역은 당해 지역의 전통성과 역사성에 입각하여 설정되고 당해 지역주민의 자치의식 내지 공동체의식을 중시하는 점에서 국가의 행정구역과는 그 개념상 구별된다. 구역에는 지방자치단체가 위치하는 곳에 따라 육지·하천·호수는 물론 이들과 접한 해면도 포함된다.

Ⅱ. 구역의 변경

지방자치단체의 구역에 변경을 가져오는 원인으로는 폐치·분합·경계변경 및 미귀속지의 편입 등이 있다.

1. 폐치·분합

지방자치단체를 신설하거나 폐지하는 것을 말하며, 이에는 ① 하나의 지방자치단체를 둘 이상의 단체로 나누는 분할, ② 둘 이상의 지방자치단체를 합하여 하나의 단체로 만드는 합체(신설합병), ③ 하나의 지방자치단체를 다른 지방자치단체에 흡수시키는 편입(흡수합병) 등이 있다. 이는 엄격한 의미에서 단순한 구역의 변경에 그치지 않고 법인격의 변경에 해당하는 것이므로 폐치·분합은 지방의회의 의견을 들어 법률로써 정하여야 한다(지자4①). 자치구가 아닌 구와 읍·면·동의 폐치·분합은 행정자치부장관의 승인을 얻어 당해 지방자치단체의 조례로 정한다(지자4③). 리(里)의 폐치·분합은 지방자치단체의 조례로 정한다(지자4④). 폐치·분합이 있는 경우 새로 그 지역을 관할하게 된 지방자치단체가 그 사무와 재산을 승계한다(지자5).

> **판례** 기존 자치단체가 폐지된 경우 새로운 지방자치단체가 채무를 승계한다는 판례
> 거제군과 장승포시가 폐지되고 위 거제군과 장승포시의 전 관할구역을 그 관할구역으로 하는 거제시가 새로이 설치되는 경우와 같이, 종전의 두 지방자치단체가 완전히 폐지되고 그 지방자치단체들이 관할하는 전 구역을 그 관할구역으로 하여 새로운 지방자치단체가 설치되는 흡수합병 내지 합체의 경우에는, 그 채무를 부담할 주체인 기존의 지방자치단체는 소멸되었으므로 그 기존의 지방자치단체가 부담하고 있던 채무는 새로운 지방자치단체가 이를 승계한다(대판 1995. 12. 8, 95다36053).

2. 경계변경

지방자치단체의 존폐와는 관계없이 단지 경계만을 변경하는 것을 말하며, 역시 관계 지방의회의 의견을 들어 법률로 정하지만, 시·군·자치구의 경계변경은 대통령령으로 정한다(지자4). 경계변경이 있는 때에는 새로 그 지역을 관할하게 된 지방자치단체가 그 사무와 재산을 승계한다(지자5).

3. 미귀속지의 편입

자연적 또는 인공적으로 새로운 땅이 형성되거나 새로이 발견된 경우 이를 어느 지방자치단체의 구역에 편입시키는 것을 말하며, 현행법상 이에 관한 특별한 규정은 없으나 상술한 경계변경으로 기존의 단체에 편입하거나 새로운 단체를 신설하는 방법에 의하면 될 것이다.

Ⅲ. 지방자치단체의 명칭

지방자치단체의 명칭은 종전에 사용되어 오던 것을 계속 사용하되, 이를 변경하거나 지방자치단체를 폐치·분합할 때에는 관계되는 지방의회의 의견을 들어 법률로써 정한다(지자4).

Ⅳ. 자치구 아닌 구와 읍·면·동의 설치

특별시와 광역시에 두는 자치구와는 달리 인구 50만 이상의 시에는 행정의 능률과 주민의 편의를 위하여 자치구가 아닌 구를 둘 수 있다(지자3③). 군에는 읍·면을 두고 시·구(자치구 포함)에는 동을 두며, 도농복합형태의 시와 자치구가 아닌 구에는 읍·면·동을 함께 둘 수 있다(지자3③·④).

상술한 자치구가 아닌 구와 읍·면·동의 명칭도 종전의 것을 계속 사용하되, 이를 변경하거나 이들을 폐치·분합하는 때에는 행정자치부장관의 승인을 얻어 당해 지방자치단체의 조례로 정한다(지

자4③). 자치구 아닌 구와 읍·면·동 및 읍면의 관할구역 내에 두는 리(里)는 지방자치단체는 아니며, 지방자치단체 안의 행정구역에 불과하다.

제 6 절 지방자치단체의 권한

국가가 영토의 범위 내에서 주권을 가지는 것과 마찬가지로 지방자치단체는 그 지역의 범위 내에서 일정한 **자치고권**을 가진다. 지방자치단체가 헌법과 지방자치법에 의하여 부여된 사무를 국가로부터 독립하여 수행할 수 있는 고권적 권리가 바로 지방자치단체의 자치고권이다. 이러한 자치고권은 국가에 의하여 승인된 것이므로 법령의 범위 안에서만 인정되고 있다. 여기서 지방자치단체의 자치고권의 본질이 무엇인가에 관하여 종래부터 고유권설·전래설·제도적 보장설 등이 대립되어 왔으며, 어느 설을 취하는가에 따라 지방자치권의 범위에 차이가 있게 된다.

Ⅰ. 지방차치권의 본질

1. 고유권설

고유권설에 따르면 지방자치단체는 자생적 단체로서 고유의 인격과 지배권을 가진다고 본다. 고유권설의 사상적 계보는 1789년의 프랑스의 대혁명기의 지방자치권(Pouvoir municipal)사상과 게르만적 전통에 뿌리를 두는 독일의 지방자치단체의 고유권력(eigene öffentliche Gewalt)론에서 찾을 수 있다. 프랑스에서는 1789년 프랑스 대혁명의 사상적 배경의 하나였던 자연법적인 천부인권설을 지방자치에 투영시켜 지방자치단체도 개인과 같이 자기의 고유사무를 스스로 처리할 수 있는 지방자치권을 보유하고 있다고 주장되었으며, 독일에서도 지방자치단체는 개인보다 우월한 단체의 일반의사에 근거하여 주민에 대하여 일정한 지배권을 가진다는 고유권설이 대두되었다. 고유권설은 자연법상의 권리를 실정법상의 권리로 도입하는 데 대한 논증의 불명확성 및 자치권의 구체적 내용의 불명확성에 대한 비판을 받고 있다. 이러한 고유권설은 국가의 지방행정을 그 지방주민의 의사에 기초해서 자주적으로 처리한다는 주민자치의 사상과 결부되어 있다.

2. 전래설

전래설은 지방자치단체의 자치권도 국가의 통치조직에서 전래되고 국가에 의하여 승인된 것으로 보는 것을 말한다. 19세기 근대입헌국가의 법실증주의자들은 지방자치단체와 지방자치권은 국가의 창조물이며 국가로부터 전래된 이외에 아무것도 아니라고 하였다(엘리네크 등 독일 국법학자들과 일본 명치헌법하의 통설). 그러나 이 견해에 의하면 국가가 원하기만 하면 모든 지방자치단체를 폐지하고 일체의 행정을 국가행정으로 전환하는 것도 가능하다는 결론에 이르게 된다. 이러한 전래설은 지방자치는 국가로부터 상대적으로 독립한 단체에 의하여 처리되는 것이라는 단체자치의 사상과 결부되어 발전되어 온 이론이다.

3. 제도적 보장설

20세기 초 독일의 헌법학자 칼 슈미트(C. Schmitt)는, 지방자치권은 국가체제 내에서 법적으로 승인된 제도이기는 하지만, 그 제도 자체는 없앨 수 없으며 이를 파괴하거나 본질을 상실케 하는 법률은 모두 위헌이라는 **제도적 보장설**을 주장함으로써, 고유권설과 전래설의 중간적 입장에서 지방자치권을 헌법적으로 해석하고 그 본질에 대한 침해를 방지하고자 하였다. 제도적 보장설에 따르면 법률로서 자치단체간의 합병을 하거나 그 기능에 변경을 가하더라도 위헌은 아니다. 그러나 자치단체와 그 사무를 법률로 임의로 정하는 것은 허용되지 않으며, 자치제도의 본질적 내용을 이루는 부분은 이를 법률로서 개폐할 수 없다는 것이다. 제도적 보장설은 독일의 바이마르헌법과 초기 기본법 하에서 그리고 제2차 세계대전 후 일본에서의 통설이었다. 그러나 법률에 의한 침해로부터 보호하고자 하는 『지방자치의 본질적 영역』이 무엇인지가 명확하지 않다는 단점이 있다.

4. 신고유권설

일본 공법학계의 지배적 견해였던 제도적 보장설에 대한 비판으로서 등장한 것이 바로 신고유권설이다. 신고유권설은 국가법보다 엄격한 환경규제를 내용으로 하는 소위 초과조례와 자치단체의 재정위기를 개선하기 위한 자주과세의 허용여부 등을 둘러싸고 대두되었다. 종래의 제도적 보장설 내지 전래설은 국가주권과 통치권의 단일불가분성을 주된 논거로 하였지만, 주권은 단일불가분이라 하더라도 그것을 바탕으로 하는 통치권과 공권력은 필연적으로 한 곳에 집중될 것을 요청하는 것은 아니며, 국가와 지방자치단체간에 어떻게 나눌 것인가 하는 권력분립의 정신과 헌법에 따라 정하는 것이다. 즉 통치권과 공권력은 지방자치단체의 고유의 공권력이라는 자치권과 병립·공존할 수 있다는 것이다. 신고유권설은 주민의 인권보장을 위하여 공해방지·자연환경보전 등에 관한 제1차적 책임과 권한이 지방자치단체의 고유의 자치사무영역이라는 개념을 도출하는 데 기여한 것은 사실이지만, 그러한 관념을 인정하더라도 그 내용과 범위를 명확히 정하는 것은 불가능하다는 점에서 비판을 받고 있다.

5. 사 견

생각건대, 고유권설 내지 신고유권설은 헌법 이전의 자연법적 권리를 인정함으로써 지방자치권의 강화에 이바지하고자 하는 이데올로기로서 작용하고 있다는 점을 부인하기 어려우며 법치국가의 법원리로서는 수용되기 어려운 점이 있다. 전래설은 지방자치권의 존재자체를 국가의 입법정책에 맡김으로써 헌법질서가 지향하는 민주주의원리와 거리가 있는 것으로 생각된다. 따라서 지방자치의 본질을 헌법이 보장하는 제도로서 입법에 의하여서도 폐지할 수 없는 제도적 보장으로 보아야 할 것이다.

다만, 제도적 보장설 역시 지방자치에 관한 각국의 역사적 전통 및 이를 뒷받침하는 이념의 다양성 등으로 인하여 보장되어야 하는 제도의 내용이 될 『지방자치의 본질적 영역』을 결정하는 데 있어서는 크게 기여하지 못한 면이 있다. 결국 지방자치권도 다른 국가권력과 마찬가지로 국민의 기본권보장을 위하여 인정되고 있는 것이며 기본권의 최대한의 존중을 그 임무로 하는 것이라는 점에서 파악되어져야 할 것이다.

Ⅱ. 자치입법권

자치입법권이란 지방자치단체가 자치권에 기하여 그 관할구역 내에서 통용될 자치법규를 제정할 수 있는 권능을 말한다. 헌법(117①)은 지방자치단체는 『법령의 범위 안에서 자치에 관한 규정을 제정할 수 있다』라고 규정함으로써 자치입법권을 보장하고 있으며, 이에 근거하여 지방자치법(15·16)은 조례와 규칙에 관하여, 지방교육자치에 관한 법률(28)은 교육규칙에 관하여 규정하고 있다.

1. 조례제정권

1) 의 의

조례란 지방자치단체가 법령의 범위 안에서 그 권한에 속하는 사무에 관하여 지방의회의 의결로써 제정하는 법규이다(지자15·19). 조례도 주민에 대하여 효력을 가지는 법규임이 원칙이지만 반드시 이러한 효력을 필수적인 요건으로 하는 것은 아니다. 따라서 자치단체의 조직 내부관계를 규율하거나 도시계획 등의 사항을 규율하는 행정규칙적 조례도 존재한다.

2) 법적 성질

조례의 법적 성질에 관하여는 조례가 자주법으로서의 성질을 가지느냐의 여부에 대하여 견해의 대립이 있다. 즉 조례를 자주입법으로 보는 조례자주입법설과 조례를 하나의 위임입법으로 보는 조례위임입법설로 나누어지고 있다. 조례자주입법설은 고유권설 및 전래설과 결합하여 주장되고 조례위임입법설은 전래설과 결합하여 주장되고 있다.

① **조례자주입법설**

(가) 지방자치권에 대한 **고유권설**에 **입각한 조례자주입법설**은 자치단체의 고유사무에 관한 한 조례의 전권사항이므로 법률과 저촉되는 경우에도 조례가 우선한다고 하며, 헌법(117①)상『법령의 범위 안에서』라는 표현은 고유사무에 관한 한 아무 의미가 없다고 한다(법률우위·법률유보의 부정).

(나) **전래설에 입각한 조례자주입법설**은, 조례제정권은 국가로부터 전래된 것이므로 고유사무에 있어서도 법령에 위배되어서는 아니되지만 적어도 법령의 개별적인 위임은 필요 없다고 한다. 이 견해에 의하면 헌법(117①)의『법령의 범위 안에서』라는 표현은 바로 법령에 위반되어서는 아니된다는 의미이며, 위임이 있어야 조례를 제정할 수 있다는 의미는 아니라고 한다(법률우위는 인정하지만, 법률유보는 부인한다).

② **조례위임입법설**

지방자치권에 대한 전래설의 입장에서 주장되며, 지방자치단체의 권능은 모두가 국가권력으로부터 유래하는 것이기 때문에 지방자치단체의 권능 중의 하나인 조례제정권도 당연히 국가권력기관으로부터 유래한다고 본다. 즉 조례는 국가의 위임에 의하여 제정되는 행정상 입법의 일종이므로 법률우위와 법률유보의 원칙이 모두 적용된다고 한다. 그러나 이러한 조례위임입법설의 입장은 지방자치단체의 자치입법으로서의 조례는 형식적으로는 국법 하에 있다는 점에서, 실질적으로는 당해 자치단체의 사무에 관하여 자치단체와 주민과의 관계를 규율하는 법이라는 점에서 일반적인 한계가 있다.

③ **사 견**

전국가적이며 자연권적인 지방자치권을 인정하기는 어렵고, 조례제정권도 국가권력에서 유래한다고 할 것이므로 고유권에 입각한 조례자주입법설은 문제가 있다고 하겠으며, 반대로 조례위임입법설은 우리 헌법(117①)이『법령의 위임에 의하여』라는 표현 대신에『법령의 범위 안에서』조례를 제정할 수 있다고 하였기 때문에 역시 채택하기 어렵다고 하겠다.

따라서 **전래설에 입각한 조례자주입법설**이 타당하다고 생각되며, 이 견해에 의하면 헌법(117①)의『법령의 범위 안에서』라는 표현은 법률우위만을 의미하며 법률유보는 의미하지 않는다고 한다.

3) 조례제정권의 한계(법률과 조례의 관계)

> 대한민국 헌법 제117조
> ① 지방자치단체는 주민의 복리에 관한 사무를 처리하고 재산을 관리하며, 법령의 범위안에서 자치에 관한 규정을 제정할 수 있다.
> 지방자치법 제28조(조례)
> ① 지방자치단체는 법령의 범위에서 그 사무에 관하여 조례를 제정할 수 있다. 다만, 주민의 권리 제한 또는 의무 부과에 관한 사항이나 벌칙을 정할 때에는 법률의 위임이 있어야 한다.

조례는 자치입법권이다. 이와 같은 자치입법권은 국회의 입법권을 넘어서서 까지는 행사될 수 없다. 다만, 조례의 제정이 법률에 의하여 제한된다하더라도 헌법(117①)규정의 해석과 관련하여 어느 정도까지 제약을 받는가에 관하여는 논쟁이 있다.

① 조례와 법률우위의 원칙

조례는 국가의 한 구성이 되는 자치단체가 제정하는 것이므로 국가의 법령에 위반할 수 없다. 헌법과 지방자치법도 지방자치단체는 '**법령의 범위 안에서**' 조례를 제정할 수 있다고 규정하고 있다. 여기서 법령이란 국회입법의 법률, 조약 및 대통령령·총리령·부령 등 국가법령체계의 전체를 말한다. 지방자치도 국가적 통일성이 보장되는 한도에서 유지되는 것이므로 이러한 국가의 법령에 위반되는 조례는 당연히 무효가 될 것이다. 즉 헌법규정이 적어도 법률 및 그의 위임에 따라 제정된 법규명령의 우위를 의미하는 것이라는 데에는 이의가 없다.

그러나 구체적으로 살펴보면,

첫째, 법령이 어떤 대상에 대하여 전혀 규율하고 있지 아니한『법령의 공백』분야의 조례를 제정하는 것이 가능한가.

둘째, 법령이 규율하고는 있으나 그것과『목적 내지 취지』를 달리하는 조례를 제정하는 것이 가능한가.

셋째, 국가의 법령과 규제목적을 같이 하면서도 규제대상을 확대하거나 규제내용을 강화하는 조례를 제정하는 것이 가능한가(이른바 초과조례·추가조례)에 대한 문제가 제기된다.

첫째 문제에 관하여, 법령에 규정이 없더라도 국가의 전권에 속하지 아니하는 사무에 관하여는 일반적으로 재량에 의하여 조례로서 정할 수 있다고 본다. 따라서 **법령의 공백**이 있는 경우에는 자치단체의 사무의 범위 안에 속하는 한 조례제정권은 인정된다고 하겠다(예 : 서울시 조례로 각 세대와 사업장에서의 쓰레기 배출시간대를 규제하는 것 등). 우리 대법원은 1996. 12. 31 정부가 공공기관의 정보공개에관한법률을 제정하기 이전에 이미 제정되었던 청주시정보공개조례에 대한 판결에서 국가의 입법미비, 즉 법령의 공백부분에 대하여 조례제정권을 인정하였다.

> **판례** 법률의 개별적 위임 없이도 조례를 제정할 수 있다는 판례
> 지방자치단체는 그 내용이 주민의 권리의 제한 또는 의무의 부과에 관한 사항이거나 벌칙에 관한 사항이 아닌 한 법률의 위임이 없더라도 조례를 제정할 수 있다 할 것인데, 청주시의회에서 의결한 청주시행정정보공개조례안은 행정에 대한 주민의 알 권리의 실현을 그 근본내용으로 하면서도 이로 인한 개인의 권익침해 가능성을 배제하고 있으므로 이를 들어 주민의 권리를 제한하거나 의무를 부과하는 조례라고 단정할 수 없고, 따라서 그 제정에 있어서 반드시 법률의 개별적 위임이 필요한 것은 아니다(대판 1992. 6. 23, 92추17).

둘째 문제에 관하여, 법률과 규제대상을 같이 하지만, 그 『규제의 목적 내지 취지』를 달리하는 경우에 조례를 제정할 수 있느냐에 관하여서는, 국가 법령과 조례가 병존하는 경우에도 조례가 국가의 법령과 다른 목적에 기하여 규율하고 있으며, 당해 조례의 적용으로 인하여 국가의 법령이 의도하는 목적과 효과를 저해하지 아니하는 경우에는 국법과 조례 간에 모순저촉이 없으며, 조례가 국법에 위반하는 문제는 생기지 아니한다(예 : 광견병 예방 목적의 광견병 예방법이 있지만, 조례로 사육견관리조례를 별도로 만드는 것, 일본의 예).

* 초과조례·추가조례의 허용 여부

① **침익적인 추가·초과조례 : 무효**

끝으로 법률우위의 문제와 관련하여 국법과 동일한 목적으로 규제하되 그 규제대상을 확대하거나 또는 그 규제내용을 강화하는 조례를 제정할 수 있느냐의 문제가 발생한다. 국법과 동일한 목적으로 규제하되, 그 규제대상만을 확대하여 규제하는 경우는 국법의 적용범위를 확장하는 것이 되기 때문에 이를 **추가조례**라 하고, 국법과 규제목적도 같고 규제대상도 모두 같지만 그 규제내용만이 국법보다 더 강화된 조례를 **초과조례**라 한다. 국가의 법령과 동일한 대상에 대하여 동일한 목적의 조례를 제정하면서 법령보다 엄격한 요건의 규제수단을 정하는 조례는 법령에 위반되므로 허용되지 아니한다고 하겠다(예 : 신고제를 허가제로 강화하거나, 허가제에 있어서의 허가요건을 더욱 엄격하게 하는 것).

> **판례** 법령상의 기준보다 강화된 조례(초과조례)는 무효라는 판례
> 자동차관리법 및 자동차등록령이 자동차등록거부의 사유를 열거하면서 '차고지미확보'를 거부사유로 규정하고 있지 아니하였고 또한 별도의 등록거부사유를 조례로 정할 수 있도록 위임하고 있지도 아니함에도 하위법령인 수원시 조례로 차고지확보입증서류를 제출하도록 규정한 것은 법령이 정한 자동차등록기준보다 더 높은 수준의 기준을 부가하는 것으로서 자동차관리법령에 위배되어 무효이다(대판 1997. 4. 35, 96추251).

그러나 법령에 의한 규제가 전국적인 견지에서 최소한의 기준을 설정한 『최저기준법률』로 해석될 경우에는 조례로 그보다 엄격한 규제를 하는 것도 허용된다고 하겠다. 환경부령으로 정한 수질 또는 대기오염물질의 배출허용기준보다 더 엄격한 기준을 정한 각 시·도의 **공해방지조례**는 이러한 예에 해당하며, 이를 국가법령과 규제의 목적과 대상이 모두 같지만 규제의 내용만이 국가법령상의 기준을 초과하는 조례라는 의미에서 『초과조례』라고 한다.

② 수익적인 추가·초과조례 : 유효

판례 　조례에 의한 그 지방의 실정에 맞는 별도의 규율은 허용된다는 판례
① 지방자치법 제15조에서 말하는 '법령의 범위 안'이라는 의미는 '법령에 위반되지 아니하는 범위 안'이라는 의미로 풀이되는 것으로서, 특정 사항에 관하여 국가의 법령이 이미 존재하는 경우에도 그 규정의 취지가 반드시 전국에 걸쳐 일률적인 규율을 하려는 것이 아니라 각 지방자치단체가 그 지방의 실정에 맞게 별도로 규율하는 것을 용인하고 있다고 해석될 때에는 조례가 국가 법령에서 정하지 아니하는 사항을 규정하고 있다고 하더라도 이를 들어 법령에 위반되는 것이라고 할 수가 없다(대판 2000. 11. 24, 2000추29).
② 비록 생활보호법이 자활보호대상자에게는 생계비를 지원하지 아니하도록 규정하고 있더라도 이는 자활보호대상자를 전국에 걸쳐 일률적으로 동일한 내용의 보호만을 실시하여야 한다는 취지로 보이지는 아니하고 각 지방자치단체가 그 지방의 실정에 맞게 별도의 생활보호를 실시하는 것을 용인하는 취지라고 보아야 할 것이므로, 광주광역시 동구의회가 제정한 자활보호대상자 중 65세 이상의 노쇠자 등에 대하여 구예산의 범위 내에서 생계비를 지원하는 내용의 조례안이 생활보호법의 규정과 모순·저촉되는 것이라고는 할 수 없다(대판 1997. 4. 25, 96추244).

* 조례로 법령에 없는 새로운 견제장치를 만들 수 있는지 여부

　지방의회가 선임한 검사위원이 결산에 대한 검사 결과, 필요한 경우 결산검사의견서에 추징, 환수, 변상 및 책임공무원에 대한 징계 등의 시정조치에 관한 의견을 담을 수 있고, 그 의견에 대하여 시장이 시정조치 결과나 시정조치 계획을 의회에 알리도록 하는 내용의 개정 조례안은, 사실상 지방의회가 단체장에 대하여 직접 추징 등이나 책임공무원에 대한 징계 등을 요구하는 것으로서 지방의회가 법령에 의하여 주어진 권한의 범위를 넘어서 집행기관에 대하여 새로운 견제장치를 만드는 것에 해당하여 위법하다[대법원 2009.4.9, 선고, 2007추103, 판결].

판례 　지방자치단체의 자치사무에 관한 조례 제정의 한계
　지방자치단체가 그 자치사무에 관하여 조례로 제정할 수 있다고 하더라도 상위 법령에 위배할 수는 없고(지방자치법 제15조), 특별한 규정이 없는 한 지방자치법이 규정하고 있는 지방자치단체의 집행기관과 지방의회의 고유권한에 관하여는 조례로 이를 침해할 수 없고, 나아가 지방의회가 지방자치단체장의 고유권한이 아닌 사항에 대하여도 그 사무집행에 관한 집행권을 본질적으로 침해하는 것은 지방자치법의 관련 규정에 위반되어 허용될 수 없다[대법원 2001.11.27, 선고, 2001추57, 판결].

판례 　구청장이 주민자치위원회 위원을 위촉함에 있어 동장과 당해 지역 구의원 개인과의 사전 협의 절차가 필요한 것으로 한 조례안의 규정이 법령에 위반되는지 여부(적극)
　지방자치법상 지방자치단체의 집행기관과 지방의회는 서로 분립되어 제각각 그 고유권한을 행사하되 상호견제의 범위 내에서 상대방의 권한 행사에 대한 관여가 허용되는 것이므로, 집행기관의 고유권한에 속하는 인사권의 행사에 있어서도 지방의회는 견제의 범위 내에서 소극적·사후적으로 개입할 수 있을 뿐 사전에 적극적으로 개입하는 것은 허용되지 아니하고, 또 집행기관을 비판·감시·견제하기 위한 의결권·승인권·동의권 등의 권한도 지방자치법상 의결기관인 지방의회에 있는 것이지 의원 개인에게 있는 것이 아니므로, 지방의회가 재의결한 조

례안에서 구청장이 주민자치위원회 위원을 위촉함에 있어 동장과 당해 지역 구의원 개인과의 사전 협의 절차가 필요한 것으로 규정함으로써 지방의회 의원 개인이 구청장의 고유권한인 인사권 행사에 사전 관여할 수 있도록 규정하고 있는 것 또한 지방자치법상 허용되지 아니하는 것이다[대법원 2000.11.10, 선고, 2000추36, 판결].

② 조례와 법률유보의 원칙

헌법(117①) 규정에 불구하고 우리 지방자치법(제28조 제1항)은 『지방자치단체는 법령의 범위 안에서 조례를 제정할 수 있다. 다만, 주민의 권리제한 또는 의무부과에 관한 사항이나 벌칙을 정할 때에는 **법률의 위임이 있어야 한다**』고 규정하여 헌법에 위반되는가?

지방자치법 제28조 제1항 단서는 국민의 자유와 권리는 법률로써만 제한할 수 있다는 헌법 제37조 제2항의 법률유보원칙이 적용되므로 당연하다는 견해(합헌설, 판례)와 행정입법은 헌법(75·95)에 의거하여 반드시 법률의 위임이 있어야 하지만, 조례는 헌법 제40조에 의한 국회의 입법권과 별도로 헌법 제117조 제1항이 우선적으로 적용되며, 따라서 『법령의 범위 안에서』, 즉 법령에 저촉되지 않는 범위 안에서 『법률의 위임』이 없이도 얼마든지 제정할 수 있다는 견해(위헌설)가 대립되어 있다.

생각건대 지방자치법 제28조 제1항 단서는 지방자치단체에 대하여 포괄적인 자치권을 보장한 헌법의 취지를 제약하므로 위헌이라고 본다.

대법원은 지방자치법 제28조 제1항 단서는 기본권 제한에 대하여 법률유보원칙을 선언한 헌법 제37조 제2항의 취지에 부합하기 때문에 합헌이라고 본다.

> **판례** 지방자치법 제15조(현 제28조 제1항) 단서의 위헌 여부
> 지방자치법 제15조(현 제28조 제1항)는 원칙적으로 헌법 제117조 제1항의 규정과 같이 지방자치단체의 자치입법권을 보장하면서, 그 단서에서 국민의 권리제한·의무부과에 관한 사항을 규정하는 조례의 중대성에 비추어 입법정책적 고려에서 법률의 위임을 요구한다고 규정하고 있는바, 이는 기본권 제한에 대하여 법률유보원칙을 선언한 헌법 제37조 제2항의 취지에 부합하므로 조례제정에 있어서 위와 같은 경우에 법률의 위임근거를 요구하는 것이 위헌성이 있다고 할 수 없다[대법원 1995.5.12, 선고, 94추28, 판결].

③ 헌법상 법률주의 사항과의 관계

헌법상 국적법정주의(2), 죄형법정주의(12), 재산권법정주의(23①), 조세법률주의(59), 지방자치단체조직법정주의(118) 등 특별히 법률로 정하도록 규정된 사항에 대하여는 국민의 자유와 권리에 대한 침해의 우려가 있다는 이유로 조례로는 전혀 규율할 수 없다는 견해와, 헌법 제117조 제1항이 보장하고 있는 조례제정권이 의미를 갖기 위하여서는 동조항을 국회에 입법권을 부여한 헌법 제40조에 대한 예외규정으로 보아 법령의 범위 안에서, 즉 법령에 위반되지 않는 한 그리고 자차사무(고유사무)에 관한 한 조례로서도 이들을 규율할 수 있다는 견해가 있다. 법률유보의 문제에서 설명한 것과 같은 이유로 이러한 사항에 대하여서도 조례를 제정

할 수 있다고 보아야 할 것이다.

④ 광역자치단체의 조례·규칙과의 관계

시·군·자치구의 조례는 시·도의 조례 또는 규칙에 위반되어서는 아니된다(17). 이는 기초자치단체가 광역자치단체의 구역 내에 위치하고 있다는 점을 고려하여 전체적으로 국법질서의 통일을 기하기 위한 것이라고 할 수 있다. 그러나 양 자치단체는 그 사무범위가 구별되는 독립된 관계이며 상하관계가 아니라는 점에 비추어 볼 때 문제가 있다고 할 수 있다.

4) 종 류

조례는 지방자치단체의 사무가 아닌 국가사무에 대하여서는 제정할 수 없고 원칙적으로는 자치사무에 관해서만 가능하다. 다만 자치사무(고유사무)가 아닌 경우에도 국가의 위임에 의하여 지방자치단체의 사무에 속하게 된 단체위임사무는 조례제정의 대상이 된다. 현행 지방자치법 제9조 제1항에서도 지방자치단체의 사무를 '지방의 자치사무'와 '법령에 의하여 지방자치단체에 속하는 사무'로 구분하고 있다. 즉 조례는 크게 자치사무에 관한 자치조례와 국가의 위임에 근거하여 제정된 위임조례로 나누어진다.

① 자치조례

헌법 제117조 제1항에 기초하고 지방자치법 제15조의 일반적 수권에 근거하여 당해 지방자치단체의 사무에 관하여 제정되는 조례이다. 여기서 『사무(事務)』란 지방자치법 제9조 제1항에서 말하는 지방자치단체의 **자치사무**와 법령에 의하여 지방자치단체 자체에 속하게 된 **단체위임사무**를 가리키는 것이므로, 지방자치단체가 자치조례를 제정할 수 있는 대상이 되는 것은 자치사무 외에 단체위임사무도 자치단체 자체의 사무로 전환되기 때문에 해당되는 것이며, 판례도 이를 명백히 하고 있다.

> **판례** 　조례제정권은 원칙적으로 자치사무와 단체위임사무에 한한다는 판례
> 　지방자치단체가 조례를 제정할 수 있는 사항은 지방자치단체의 고유사무인 자치사무와 개별법령에 의하여 자치단체에 위임된 이른바 단체위임사무에 한하고, 국가사무가 지방자치단체의 장에게 위임된 기관위임사무는 원칙적으로 자치조례의 제정범위에 속하지 않는다 할 것이고, 다만 기관위임사무에 있어서도 그에 관한 개별법령에서 일정한 사항을 조례로 정하도록 위임하고 있는 경우에는 위임받은 사항에 관하여 개별법령의 취지에 부합하는 범위 내에서 이른바 위임조례를 정할 수 있다(대판 2000. 5. 30, 99추85).

② 위임조례

법령에 의하여 지방자치단체 자체에 위임된 사무(단체위임사무)가 아닌 『지방자치단체의 장』에게 위임된 사무를 기관위임사무라 하며, 이러한 기관위임사무는 지방자치단체 자체의 사무라고 할 수 없으므로 조례를 제정할 수 없다(판례 참조). 그러나 현실적으로 건축법·부동산

중개업법·폐기물관리법 등 많은 법률은 기관위임사무의 처리에 있어서 건폐율, 부동산중개 수수료, 폐기물처리방법과 그 수수료 등을 그 지역의 실정에 맞게 법률의 범위 내에서 조례로써 정하도록 구체적·개별적으로 위임하고 있으며, 이를 처리하는 자치단체의 장은 국가의 하급행정기관의 지위에 서게 되고 이에 근거하여 건축조례 등이 제정되고 있다. 그러나 이러한 위임조례는 국가법인 행정입법과 마찬가지로 취급되며 따라서 위임입법의 한계에 관한 원리가 그대로 적용되므로 상술한 자치조례와는 성질상 구분되어야 할 것이다(그러나 이 경우에도 순수한 국가법과 달라서 위임입법의 한계이론을 완화하여 적용하여야 할 것이라는 견해가 있다).

결국 기관위임사무에 관하여는 원칙적으로 조례를 제정할 수 없으나, 예외적으로 법령의 개별적 위임이 있는 경우에는 기관위임사무에 관하여서도 그 위임의 범위 내에서 이른바 위임조례를 제정할 수 있다(앞의 판례 및 대판 2000. 11. 24, 2000추29).

> **판례** 기관위임사무에 관하여 규정한 조례는 무효라는 판례
> 건설업법상의 일괄하도급금지규정을 위반한 건설업자에 대하여 행하는 영업정지처분권한은 건설업법에 의하면 건설부장관으로부터 시·도지사에게 위임되어 있으나, 이를 행정권한의 위임 및 위탁에 관한 규정 제4조에 의하여 구청장 등에게 재위임할 경우, 이는 지방자치단체의 장에게 위임된 이른바 기관위임사무에 해당하므로 지방자치단체의 장이 제정한 규칙에 의하여만 재위임할 수 있으며, 지방자치단체의 조례에 의하여 재위임한 경우 그 조례는 무효이며, 이에 근거하여 행한 영업정지처분도 결과적으로 적법한 위임없이 권한없는 자에 의하여 행하여진 것과 마찬가지가 되어 그 하자가 중대하나, 명백한 것으로는 볼 수 없어 취소할 수 있을 뿐이다(단, 소수의견은 명백성보충요건설에 입각하여 무효라고 주장하였음. 대판 1996. 7. 11, 94누4615 전원합의체).

> **판례** 법령의 범위를 벗어난 위임조례의 효력을 인정할 수 없다는 판례
> 기관위임사무에 있어서도 그에 관한 개별법령에서 일정한 사항을 조례로 정하도록 위임하고 있는 경우에는 지방자치단체의 자치조례제정권과 무관하게 이른바 위임조례를 정할 수 있다고 하겠으나 이때에도 그 내용은 개별법령이 위임하고 있는 사항에 관한 것으로서 개별법령의 취지에 부합하는 것이라야만 하고, 그 범위를 벗어난 경우에는 위임조례로서의 효력도 인정할 수 없다(대판 2000. 5. 30, 99추85).

5) 제정절차

① 제안 및 의결

지방자치단체의 장·광역자치단체의 교육감(교육·체육·과학분야에 한함)이 제안하거나, 재적의원 5분의 1 이상 또는 의원 10인 이상의 연서로 제안한다(지자58, 지방교육자치에 관한 법률 22①. 단, 교육감은 사전에 교육위원회의 의결을 거쳐야 제안 가능).

제안된 조례는 지방의회의 의결을 거쳐야 한다(지자35①).

② 공포 및 거부권

지방자치단체의 장은 의회가 의결하여 이송되어 온 조례안을 20일 이내에 공보·신문·게시판 등에 공포하여야 하며, 이의가 있을 때에는 이 기간 내에 이유를 붙여 지방의회로 환부하고 재의를 요구할 수 있다. 이 경우 지방의회는 재적의원 과반수의 출석과 출석의원 3분의 2 이상의 찬성으로 전과 같은 의결을 하면 그 조례안은 조례로써 확정되며(그렇지 못하면 조례안은 폐기된다), 자치단체의 장은 지체 없이 이를 공포하여야 한다(19).

③ 보 고

조례안의 제정 또는 개폐하는 경우 지방의회에서 이송된 날로부터 5일 이내에 행정자치부장관(광역단체의 경우) 또는 시·도지사(기초단체의 경우)에게 조례의 전문을 첨부하여 각각 보고하여야 하며, 이 보고를 받은 행정자치부장관은 이를 관계중앙행정기관의 장에게 통보하여야 한다(21).

6) 조례의 통제

지방자치법 제32조(조례와 규칙의 제정 절차 등)
① 조례안이 지방의회에서 의결되면 지방의회의 의장은 의결된 날부터 5일 이내에 그 지방자치단체의 장에게 이송하여야 한다.
② 지방자치단체의 장은 제1항의 조례안을 이송받으면 20일 이내에 공포하여야 한다.
③ 지방자치단체의 장은 이송받은 조례안에 대하여 이의가 있으면 제2항의 기간에 이유를 붙여 지방의회로 환부(還付)하고, 재의(再議)를 요구할 수 있다. 이 경우 지방자치단체의 장은 조례안의 일부에 대하여 또는 조례안을 수정하여 재의를 요구할 수 없다.
④ 지방의회는 제3항에 따라 재의 요구를 받으면 조례안을 재의에 부치고 재적의원 과반수의 출석과 출석의원 3분의 2 이상의 찬성으로 전(前)과 같은 의결을 하면 그 조례안은 조례로서 확정된다.
⑤ 지방자치단체의 장이 제2항의 기간에 공포하지 아니하거나 재의 요구를 하지 아니하더라도 그 조례안은 조례로서 확정된다.
⑥ 지방자치단체의 장은 제4항 또는 제5항에 따라 확정된 조례를 지체 없이 공포하여야 한다. 이 경우 제5항에 따라 조례가 확정된 후 또는 제4항에 따라 확정된 조례가 지방자치단체의 장에게 이송된 후 5일 이내에 지방자치단체의 장이 공포하지 아니하면 지방의회의 의장이 공포한다.
⑦ 제2항 및 제6항 전단에 따라 지방자치단체의 장이 조례를 공포하였을 때에는 즉시 해당 지방의회의 의장에게 통지하여야 하며, 제6항 후단에 따라 지방의회의 의장이 조례를 공포하였을 때에는 그 사실을 즉시 해당 지방자치단체의 장에게 통지하여야 한다.
⑧ 조례와 규칙은 특별한 규정이 없으면 공포한 날부터 20일이 지나면 효력을 발생한다.

제120조(지방의회의 의결에 대한 재의 요구와 제소)
① 지방자치단체의 장은 지방의회의 의결이 월권이거나 법령에 위반되거나 공익을 현저히 해친다고 인정되면 그 의결사항을 이송받은 날부터 20일 이내에 이유를 붙여 재의를 요구할 수 있다.

② 제1항의 요구에 대하여 재의한 결과 재적의원 과반수의 출석과 출석의원 3분의 2 이상의 찬성으로 전과 같은 의결을 하면 그 의결사항은 확정된다.
③ 지방자치단체의 장은 제2항에 따라 재의결된 사항이 법령에 위반된다고 인정되면 대법원에 소(訴)를 제기할 수 있다. 이 경우에는 제192조제4항을 준용한다.

제192조(지방의회 의결의 재의와 제소)
① 지방의회의 의결이 법령에 위반되거나 공익을 현저히 해친다고 판단되면 시·도에 대해서는 주무부장관이, 시·군 및 자치구에 대해서는 시·도지사가 해당 지방자치단체의 장에게 재의를 요구하게 할 수 있고, 재의 요구 지시를 받은 지방자치단체의 장은 의결사항을 이송받은 날부터 20일 이내에 지방의회에 이유를 붙여 재의를 요구하여야 한다.
② 시·군 및 자치구의회의 의결이 법령에 위반된다고 판단됨에도 불구하고 시·도지사가 제1항에 따라 재의를 요구하게 하지 아니한 경우 주무부장관이 직접 시장·군수 및 자치구의 구청장에게 재의를 요구하게 할 수 있고, 재의 요구 지시를 받은 시장·군수 및 자치구의 구청장은 의결사항을 이송받은 날부터 20일 이내에 지방의회에 이유를 붙여 재의를 요구하여야 한다.
③ 제1항 또는 제2항의 요구에 대하여 재의한 결과 재적의원 과반수의 출석과 출석의원 3분의 2 이상의 찬성으로 전과 같은 의결을 하면 그 의결사항은 확정된다.
④ 지방자치단체의 장은 제3항에 따라 재의결된 사항이 법령에 위반된다고 판단되면 재의결된 날부터 20일 이내에 대법원에 소를 제기할 수 있다. 이 경우 필요하다고 인정되면 그 의결의 집행을 정지하게 하는 집행정지결정을 신청할 수 있다.
⑤ 주무부장관이나 시·도지사는 재의결된 사항이 법령에 위반된다고 판단됨에도 불구하고 해당 지방자치단체의 장이 소를 제기하지 아니하면 시·도에 대해서는 주무부장관이, 시·군 및 자치구에 대해서는 시·도지사(제2항에 따라 주무부장관이 직접 재의 요구 지시를 한 경우에는 주무부장관을 말한다. 이하 이 조에서 같다)가 그 지방자치단체의 장에게 제소를 지시하거나 직접 제소 및 집행정지결정을 신청할 수 있다.
⑥ 제5항에 따른 제소의 지시는 제4항의 기간이 지난 날부터 7일 이내에 하고, 해당 지방자치단체의 장은 제소 지시를 받은 날부터 7일 이내에 제소하여야 한다.
⑦ 주무부장관이나 시·도지사는 제6항의 기간이 지난 날부터 7일 이내에 제5항에 따른 직접 제소 및 집행정지결정을 신청할 수 있다.
⑧ 제1항 또는 제2항에 따라 지방의회의 의결이 법령에 위반된다고 판단되어 주무부장관이나 시·도지사로부터 재의 요구 지시를 받은 해당 지방자치단체의 장이 재의를 요구하지 아니하는 경우(법령에 위반되는 지방의회의 의결사항이 조례안인 경우로서 재의 요구 지시를 받기 전에 그 조례안을 공포한 경우를 포함한다)에는 주무부장관이나 시·도지사는 제1항 또는 제2항에 따른 기간이 지난 날부터 7일 이내에 대법원에 직접 제소 및 집행정지 결정을 신청할 수 있다.
⑨ 제1항 또는 제2항에 따른 지방의회의 의결이나 제3항에 따라 재의결된 사항이 둘 이상의 부처와 관련되거나 주무부장관이 불분명하면 행정안전부장관이 재의 요구 또는 제소를 지시하거나 직접 제소 및 집행정지 결정을 신청할 수 있다.

① 지방자치단체의 장에 의한 통제(자율적 통제)

지방자치단체의 장은 이송받은 조례안에 대하여 이의가 있으면 제2항의 기간에 이유를 붙여 지방의회로 환부(還付)하고, 재의(再議)를 요구할 수 있다. 이 경우 지방자치단체의 장은 조례안의 일부에 대하여 또는 조례안을 수정하여 재의를 요구할 수 없다(26③). 이 경우 지방자치단체의 장은 재의결된 사항이 법령에 위반된다고 인정되더라도 대법원에 소(訴)를 제기할 수 있는 명문 규정이 없으나 "지방자치법 제26조 제3항은 지방의회의 의결사항 중 하나인 조례안에 대하여 지방자치단체의 장에게 재의요구권을 폭넓게 인정한 것으로서 지방자치단체의 장의 재의요구권을 일반적으로 인정한 지방자치법 제107조 제1항에 대한 특별규정이라고 할 것이므로, 지방자치단체의 장은 지방자치법 제107조 제3항에 따라 그 재의결에 법령위반이 있음을 내세워 대법원에 제소할 수 있는 것이다(대판 1999. 4. 27, 99추23)."

판례 **지방자치단체의 장은 조례안에 대한 재의결이 법령위반임을 이유로 대법원에 제소할 수 있다는 사례**
　　구 지방자치법 제19조 제3항(현 제26조 제3항)은 지방의회의 의결사항 중 하나인 조례안에 대하여 지방자치단체의 장에게 재의요구권을 폭넓게 인정한 것으로서 지방자치단체의 장의 재의요구권을 일반적으로 인정한 구 지방자치법 제98조 제1항에 대한 특별규정이라고 할 것이므로, 지방자치단체의 장은 구 지방자치법 제98조 제3항(현 제107조 제3항)에 따라 그 재의결에 법령위반이 있음을 내세워 대법원에 제소할 수 있는 것이다(대판 1999. 4. 27, 99추23).

　지방자치단체의 장은 재의결된 사항이 법령에 위반된다고 인정되는 때에는 **대법원에 소를 제기할 수 있다**(107③). 이러한 소의 제기는 조례에 대한 재의의 요구사유와 달리 법령의 위반에 한정된다. 이 경우 월권도 일종의 법령위반에 해당한다고 볼 수 있다. 지방자치단체의 장은 제소의 경우에 필요하다고 인정되는 때에는 그 의결의 집행을 정지하게 하는 집행정지결정을 신청할 수 있다(107③·172③).

② 국가 등의 감독관청에 의한 통제(타율적 통제)

　조례안을 포함하여 모든 지방의회의 의결이 법령에 위반되거나 공익을 현저히 해한다고 판단될 때에는 시·도에 대하여는 행정자치부장관이, 시·군 및 자치구에 대하여는 시·도지사가 해당 지방자치단체의 장에게 재의를 요구하게 할 수 있고, **재의를 요구받은 지방자치단체의 장은 지방의회에 이유를 붙여 재의를 요구하여야 한다**(172①). 만약 재의요구를 받은 지방자치단체의 장이 감독청의 재의요구에 불응한 채 20일이 경과한다면 그 조례안은 조례로 확정된다. 따라서 재의요구불응에 대한 감독청의 실질적인 통제수단은 미약할 수밖에 없다.

　한편, 지방자치단체의 장은 재의결된 사항이 법령에 위반된다고 판단되면 재의결된 날로부터 20일 이내에 **대법원에 제소할 수 있으며**, 이 경우 지방자치단체의 장이 소를 제기하지 아니하는 때에는 행정자치부장관 또는 시·도지사가 당해 지방자치단체의 장에게 제소를 지시하거나, 직접 제소하면서 집행정지결정을 신청할 수 있다(172③④).

③ 법원에 의한 통제

　조례에 근거한 행정처분에 의하여 권리와 이익이 침해된 주민은 그 취소소송에서 당해 처분의 위법사유로 처분의 근거가 되는 조례의 위법을 주장할 수 있다.

한편, 예외적으로 조례 그 자체로서 주민의 권리·이익을 직접 침해한 경우에는 당해 조례는 행정소송법상의 '처분성'을 가지는 것으로서 조례 자체에 대한 항고소송을 제기하여 이를 다툴 수 있다(판례 참조).

> **판례** 처분적 조례는 항고소송의 대상이 되는 행정처분이라는 판례
> 공립초등학교의 분교를 폐지하는 조례는 집행행위의 개입 없이도 그 자체로서 직접 국민의 구체적인 권리의무나 법적 이익에 영향을 미치는 등의 법률상의 효과를 발생한다고 할 것이므로 이는 항고소송의 대상이 되는 행정처분에 해당한다(대판 1996. 9. 20, 95누8003).

④ 헌법소원

지방자치단체의 주민은 조례에 근거한 처분에 의하여, 또는 조례 그 자체가 개개인의 기본권을 침해하는 경우에는 조례에 대하여 헌법소원을 제기하여 이를 다툴 수 있다. 이는 주민으로서의 권리이기 이전에 기본권보장의 주체로서 국민이 당연히 가지는 권리이다. 헌법재판소는 그 결정에서 "헌법재판소법 제68조1항에서 말하는 '공권력'에는 입법작용이 포함되며, 지방자치단체에서 제정하는 조례도 불특정다수인에 대해 구속력을 가지는 법규이므로 조례제정행위도 입법작용의 일종으로서 헌법소원의 대상이 된다(헌재결 1994. 12. 29, 92헌마216). 다만, 이 경우에 그 적법요건으로서 조례가 별도의 구체적인 집행행위를 기다리지 아니하고 직접 그리고 현재 자기의 기본권을 침해하는 것이어야 함을 요한다(헌재결 1995. 4. 20, 92헌마264·279병합)"라고 판시하여 조례에 의한 기본권침해에 대하여 헌법소원의 제기를 인정하고 있다. 따라서 헌법소원에 의한 조례의 통제가 가능하다.

2. 규 칙

1) 의 의

지방자치단체의 일반사무에 관한 집행기관인 지방자치단체의 장이 법령 또는 조례가 위임한 범위 안에서 그 권한에 속하는 사무에 관하여 제정하는 법규범이며(지자16), **법규적 성질의 것**(예 : 지방세징수조례의 시행세칙)과 **행정규칙적 성질의 것**(예 : 소속공무원 임면·교육훈련, 내부조직 등에 관한 규칙)이 있다.

2) 규칙제정권의 한계

① 규칙은 지방자치단체의 장이 그 권한에 속하는 사무에 관하여 제정하는 것이므로 자치사무·단체위임사무뿐만 아니라 기관위임사무에 대하여까지 제정할 수 있으며, ② 주민의 권리·

의무에 관한 규칙은 반드시 법령 또는 조례의 구체적·개별적 위임이 있어야 하지만, 자치단체의 장의 전권적 권한에 속하는 사항과 단순히 조례의 세부집행에 필요한 사항만을 규율하는 직권규칙은 위임없이도 제정할 수 있다고 하겠으나, ③ 규칙은 법령 또는 조례가 위임한 범위 안에서 제정되는 것이므로(16) 어떤 경우에도 법령 또는 조례에 위반되어서는 아니된다(판례 : 조례와 규칙중 조례가 상위규범이라 할 수 있다. 대판 1995. 8. 22, 94누5694), ④ 시·군·자치구의 규칙은 특별시·광역시·도의 조례나 규칙에 위반하여서는 아니된다(17). 이는 기초자치단체가 광역자치단체의 구역내에 위치하고 있다는 점을 고려하여 전체적인 국법질서의 통일을 기하기 위한 규정이다. 그리고 ⑤ 조례는 지방자치법의 위임에 의거하여 조례위반행위에 대하여 1천만 원 이하의 과태료를 정할 수 있으나(20), 규칙은 이러한 위임규정이 없으므로 과태료의 벌칙을 정할 수 없다.

3) 제정절차

규칙은 지방자치단체의 장이 단독으로 제정하지만, 그 공포예정일의 15일 전까지 광역자치단체의 경우에는 행정자치부장관에게, 기초자치단체의 경우에는 광역자치단체의 장에게 각각 규칙의 전문을 첨부하여 보고하여야 한다(21).

4) 공 표

규칙은 조례와 같이 당해 지방자치단체의 공보나 신문에 게재 또는 게시판 게시의 방법으로 공포한다.

3. 교육규칙

지방자치단체의 교육·체육·과학에 관한 집행기관인 교육감이 제정하는 규칙을 교육규칙이라고 하며, 그 성질·제정권의 한계, 제정절차, 공포 등에 관하여는 모두 상술한 규칙의 경우와 같다(지방교육자치에 관한 법률28).

Ⅲ. 자치조직권

자치조직권이란 지방자치단체가 그 조직을 스스로 결정할 수 있는 권한을 말한다. 헌법(118②)은 『지방자치단체의 조직과 운영에 관한 사항은 법률로 정한다』고 규정하였고, 이에 의거하여 지방자치법과 지방교육자치에관한법률 등이 지방자치단체의 조직의 기본적인 사항을 정하고 있으며, 이 범위 안에서 지방자치단체는 조례와 규칙 등에 의하여 독자적으로 조직권을 행사할 수 있다.

자치조직권에 근거하여 현행법상 지방자치단체는, ① 조례로는 자치구 아닌 구·읍·면·동·리의 명칭·구역의 변경·폐치·분합, 직속기관의 설치(소방기관·보건진료기관·시험연구기관 등), 사업소·출장소·합의제 행정기관·자문기관·지방공사·공단의 설치 등을 할 수 있으며, ② 규칙으로는 지방자치단체의 지방공무원 정원, 시·군·자치구와 자치구 아닌 구·읍·면·동 등의 행정기구, 읍·면·동·리장의 임명절차 등을 규정할 수 있다.

Ⅳ. 자치행정권

자치행정권이란 지방자치단체가 중앙정부의 간섭을 받지 아니하고 자기의 사무를 독자적으로 처리할 수 있는 권한을 말한다. 현행법상 지방자치단체는 주민의 공공복리를 위하여 각종 공기업·공공시설의 설치·경영 등의 비권력적 작용을 주된 사업으로 하지만, 그 외에도 소방권·공용부담권·재정권(조세 기타 공과금 징수권) 등 약간의 권력적 작용을 담당하고 있다.

1. 소방권

소방권은 원래 국가사무였으나, 지방자치법 개정으로 서울특별시와 광역시(당시의 직할시)는 1976. 1. 1부터, 도는 1992. 1. 1부터 각기 시·도의 자치사무로 이관되었다(소방3·동부칙1).

2. 공용부담특권

지방자치단체는 그 재산이나 공공시설로 인한 수익자에 대하여 수익자부담금을 징수할 수 있으며(지자129·하천 58등), 그 외에도 개별법률의 규정에 의하여 공용제한·공용수용·공용환권 등의 **공용부담특권**을 가진다(공익사업을 위한 토지 등의 취득 및 보상에 관한 법률(2002. 2. 4 제정)·토지구획정리사업법 등).

Ⅴ. 자치재정권

지방자치단체는 자치사무와 단체위임사무의 처리를 위한 경비를 지출할 의무가 있기 때문에(지자132), 그 경비에 충당하기 위하여 스스로 필요한 세입을 확보하고 지출을 관리하는 권한인 **자치재정권**이 반드시 확보되어야 한다.

현실적으로 보면 지방자치단체의 재정자립도의 확보야말로 실질적인 지방자치의 구현을 위한 가장 중요한 요소가 되고 있음에도 불구하고 아직까지 지방세의 비율이 낮은 편이며, 재정의 상당부분을 국가나 상급자치단체로부터의 교부금·보조금 등에 의존하고 있어 국세의 지방세화 등 자치재정의 확보가 시급한 실정이다.

1. 지방자치단체의 수입

수입은 크게 지방세수입과 세외수입으로 구분되며 세외수입은 다시 사용료·수수료·분담금·과태료 등 협의의 세외수입과 보조금·교부금 등으로 구분된다.

1) 지방세

① 의 의

지방자치단체가 자치상 필요한 경비를 충당하기 위하여 법률(지방세법)이 정하는 바에 따라 주민에게 부과하는 조세이며, 지방자치단체의 가장 중요한 재원이 된다.

② 법적 근거

지방세 역시 조세이므로 헌법(59)상 조세법률주의가 적용되며, 이에 근거하여 지방세법이 지방세의 종류·과세요건·부과징수 절차 등을 상세하게 규정하고 있고, 조례로도 지방세에 관하여 필요한 사항을 정할 수 있도록 하였으나, 실제로는 국법인 지방세법과 그 시행령·시행규칙에서 대부분을 정해 놓고 있어서 조례는 극히 경미한 절차적 세부사항만 규정하고 있는 실정이다(그러나 일본에서는 법률이 정한 이외의 보통세를 조례로 과할 수 있도록 함으로써(지방세법4③) 자치재정권의 확립을 도모하고 있다).

③ 종 류

지방세는 과세주체에 따라 서울특별시세·광역시세·도세와 시세·군세·자치구세로 분류되며, 과세목적에 따라 보통세와 목적세로 각각 분류된다(제6편 제5장 제3절 중 조세의 종류에 게재된 도표 참조).

④ 부과·징수

도세의 징수는 원칙적으로 시·군·자치구에 위임하여 납세고지서에 의하여 행한다. 지방세의 강제징수는 지방세법에 특별한 규정(지세27·28)이 있는 경우를 제외하고는 국세징수법상의 독촉·체납처분 절차를 준용하고 있다(28④). 지방세의 부과·징수에 불복이 있는 자는 행정심판법에 의한 행정심판절차에 의하지 아니하고 당해 지방자치단체의 장에게 90일 이내에 이의신청을 하여야 하며, 그 결정에 다시 불복이 있는 경우 90일 이내에 시·도세의 경우 행정자치부장관, 시·군·자치구세의 경우 광역자치단체의 장 또는 행정자치부장관에게 각각 **심사청구**를 할 수 있고(72~78), 그 결정에 다시 불복할 경우에는 행정소송법에 의한 **행정소송**을 제기할 수 있다. 그러나 이의신청을 거치지 아니하고 90일 이내에 바로 심사청구를 할 수도 있다.

지방세법상의 이러한 행정심판절차는 국세와 달리 임의적 전치주의로 변경되었기 때문에 이의신청 또는 심사청구의 절차를 거치지 아니하고 **바로 행정소송**을 제기할 수도 있다(상세한 내용은 제6편 제5장 제3절 조세 참조).

2) 협의의 세외수입

① 사용료

사용료는 공공시설의 이용 또는 재산의 사용 대가로 부과·징수하는 것을 말한다(127). 시립극장·운동장의 사용료와 도로·하천·공원의 점용허가의 대가로 부과하는 점용료가 이에 해당하며, 요금 및 부과징수절차 등은 조례로 정하고 있다. 사용료의 부과징수에 이의가 있는 자는 행정심판법에 의한 행정심판절차에 의하지 아니하고 90일 이내에 당해 지방자치단체의 장에게 **이의신청**을 할 수 있고 그 결정에 불복할 경우 90일 이내에 **행정소송**을 제기할 수 있다(131).

② 수수료

수수료는 지방자치단체가 특정인을 위한 사무를 행하는 경우에 그 사무에 대한 대가로 부과·징수하는 것을 말한다(128. 예 : 각종 인·허가·면허·등록수수료, 자격시험응시수수료, 각종 증명서발급·열람 수수료 등). 수수료의 징수는 국가의 경우와 마찬가지로 주민의 이용이 강제된 사무일 경우에는 반드시 법률의 근거가 있어야 하며, 반대로 이용여부가 주민의 자유로운 의사에 따라 결정될 경우에는 법률의 근거 없이도 징수할 수 있다.

그러나 지방자치법(128)은 이러한 구분없이 수수료 징수의 포괄적 근거규정을 두고 있으므로 동 규정에 의거하여 임의적·강제적 이용의 구분없이 수수료를 징수할 수 있게 되어 있다. 수수료 징수에 관한 사항 역시 조례로 정하도록 하였으며, 이에 대한 **이의신청 및 행정소송**도 사용료의 경우와 같다.

수수료의 귀속주체는 고유사무 및 단체위임사무의 경우 당해 지방자치단체임은 당연하며, 기관위임사무의 경우는 귀속주체가 국가이므로 수수료도 함께 국가에 귀속함이 원칙이라고 하겠으나, 지방자치법(128③)은 특별히 『위임사무(기관단체위임사무 포함)에 대한 수수료는 당해 지방자치단체의 수입으로 한다』고 규정하였다.

> **판례** 입찰참가신청자에 대하여 수수료를 징수하도록 하는 지방자치단체의 조례는 적법하다는 판례
> 입찰에 관한 사무는 전체적으로 볼 때 지방자치단체가 사경제주체로서 계약을 체결함에 있어서 그 계약상대방을 결정한다고 하는 자치단체 자신의 행정목적을 위한 사무라 할 것이지만, 그러한 입찰에 참가하는 신청을 수리하는 사무는 자치단체를 위한 사무인 동시에 입찰참가자를 위한 사무이기도 하므로, 입찰참가신청에

대하여 수수료를 징수하도록 한 지방자치단체의 조례는 법률의 위임의 범위 내에서 적법하게 제정된 것이다(대판 1997. 10. 14, 97다21253).

③ 분담금

분담금은 지방자치단체의 재산 또는 공공시설의 설치로 인하여 주민의 일부가 특히 이익을 받을 때 그 이익의 범위 안에서 부과·징수하는 금전을 말한다(129. 하천에 시설·공작물을 설치함으로써 특히 이익을 받는 토지소유자에게 과하는 하천수익자부담금 등). 분담금은 수익자의 수익의 한도를 초과하여 징수할 수 없고, 도시계획세·공공시설세 등의 목적세와 같은 성질의 것이므로 분담금과 목적세는 2중으로 징수할 수 없다. 분담금의 징수에 관하여는 조례로 정하며, 이에 대한 **이의신청** 및 **행정소송절차**는 사용료·수수료의 경우와 같다.

④ 과태료

과태료는 행정상의 질서유지를 위하여 과하는 행정질서벌로서, ① 지방자치법(20)상 지방자치단체의 『조례로써 조례위반 행위에 대하여 1천만 원 이하의 과태료를 정할 수 있다』는 일반적 근거규정 외에 ②『사기 기타 부정한 방법으로 사용료·수수료·분담금의 징수를 면한 자에 대하여 그 징수를 면한 금액의 5배 이내의 과태료에, 공공시설을 부정사용한 자에 대하여는 50만 원 이하의 과태료에 처하는 규정을 조례로 정할 수 있다(130②. 행정형벌인 『3월 이하의 징역이나 10만 원 이하의 벌금』을 과할 수 있도록 하였던 종전의 지방자치법 제20조는 죄형법정주의에 위반되어 위헌이라는 견해에 따라 1994. 3. 16 삭제되었다).

과태료의 부과·징수와 **이의신청** 및 **행정소송절차**에 관하여는 사용료 등의 경우와 같다(다만, 법 제20조에 근거한 과태료의 부과에 대한 불복은 이의신청까지는 동일하지만, 그 다음 단계는 행정소송에 의하지 아니하고 **비송사건절차법**에 따라 지방법원에 통보되어 지방법원이 재판하게 되는 점에 차이가 있다. 동조 참고).

> **판례** 과태료는 고의·과실을 요하지 아니하지만, 정당한 사유가 있을 때에는 부과할 수 없다는 판례
> 과태료와 같은 행정질서벌은 질서유지를 위한 의무의 위반이라는 객관적 사실에 대하여 과하는 제재이므로, 반드시 현실적인 행위자가 아니더라도 법령상 책임자로 규정된 자에게 부과되고 원칙적으로 위반자의 고의·과실을 요하지 아니하나, 위반자가 그 의무를 알지 못하는 것이 무리가 아니었다고 할 수 있어 그것을 정당시할 수 있는 사정이 있을 때 또는 그 의무의 이행을 그 당사자에게 기대하는 것이 무리라고 하는 사정이 있는 때 등 그 의무 해태를 탓할 수 없는 정당한 사유가 있는 때에는 이를 부과할 수 없다(대판 2000. 5. 26, 98두5972).

⑤ 재산수입

재산수입이란 지방자치단체가 행정목적상 또는 공익상 필요에 의하여 조례로서 보유·설

치하는 재산·자금·기금으로부터 발생한 수입을 말한다(133. 복지시설 운영, 의료보호기금·재해구호사업기금 등으로부터 발생한 수입).

⑥ 사업수입

사업수입이란 재산 및 공공시설 이외의 사업에서 발생한 수입을 말한다(시내버스운행사업 등).

⑦ 잡수입

잡수입이란 타인으로부터의 기부에 의한 기부금, 재산의 매각대금, 복권수입, 공과금 징수의 수탁에 따른 징수교부금 등을 말한다.

3) 지방교부세·지방양여금·보조금

① 지방교부세

지방교부세란 국가가 재정적 결함이 생기는 지방자치단체의 운영에 필요한 재원을 교부하는 것을 말한다. 근거법인 지방교부세법에 의거하여 국가는 매년 내국세 총액의 100분의 15를 지방교부세로 교부하되, 매년 자치단체별로 재정수요에 대한 수입의 미달액을 기초로 하여 산정한 보통교부세와 특별교부세로 구분하여 배분한다. 한편, 지방교육재정교부금법은 교육재정의 결함에 충당하기 위하여 별도로 지방교육재정교부금을 교부할 수 있도록 하고 있다.

② 지방양여금

지방양여금이란 지방교부세의 특별한 형태로서, 국세 중 주세의 전액과 교통세의 1,000분의 142를 지방양여금으로 지방자치단체에게 양여하며(국세와 지방세의 조정 등에 관한 법률5①), 또한 교육세수입의 전액을 교육세법에 규정된 목적에 사용하기 위하여 지방자치단체에 양여하도록 되어 있다(동법5②).

③ 보조금

보조금이란 국가 또는 상급지방자치단체가 자치재정의 적정을 도모하기 위하여 지방재정법(20)에 의거하여 예산에서 교부하는 금액을 말한다.

4) 지방채·일시차입금

① 지방채

지방채란 국채와 같은 공채의 일종이다. 지방자치단체는 지방자치단체의 항구적 이익 또는 비상재해복구 등의 필요가 있을 때에는 행정자치부장관의 승인을 얻은 범위 안에서 지방의회의 의결을 얻어 지방채를 발행할 수 있다(지자115·지재8).

② 일시차입금

일시차입금이란 당해 회계년도의 일시적 자금부족을 보충하기 위하여 지방의회의 의결을 거쳐 차입하는 금전이며, 그 회계년도의 수입으로 상환하여야 한다(지재11).

2. 지방자치단체의 예산·결산

지방자치단체의 예산·결산에 관하여는 지방자치법 제7장(116~125)과 지방재정법·지방공기업법 등의 규정에 의하여야 한다.

지방자치단체의 장은 매 회계년도마다 예산안을 편성하여 의회에 제출하여 의결을 얻어야 하며, 결산에 대하여는 의회의 승인을 얻어야 한다(지자118·125).

제 7 절 지방자치단체의 사무

I. 개 설

지방자치단체의 사무의 범위를 국가의 사무와 관련하여 어디까지로 확정할 것인가는 결국은 중앙집권이냐 지방분권이냐의 문제로 귀착하겠으며 각국별로 매우 다양한 형태를 보이고 있다.

전통적 견해에 의하면, 지방자치단체의 사무를 자치사무(고유사무)와 위임사무로 구분하고 있다. **자치사무**란 주민의 복리에 관한 사무로서 헌법과 법률에 의하여 지방자치단체의 사무로 규정된 것을 말한다. 자치사무는 흔히 고유사무라 불려지고 있다. 이는 지방자치단체의 자치권을 고유권으로 보는 고유권설에 입각하여 일정한 사무를 지방자치단체의 고유사무라 함으로써 국가로부터의 권한침해를 방지하기 위한 것이었다. 한편, **위임사무**는 주민의 복리사무 이외의 국가사무를 지방자체단체가 수행하는 것을 말한다. 국가사무는 전체로서 국가의 모든 구성원의 요청을 실현하고 국가의 문화의 발전과 경제를 보장하는 것 등의 국가적 임무에 관한 것이다. 이러한 국가사무는 원칙적으로 국가만이 행하는 것이 원칙이지만, 이를 효율적이고 신속하게 수행하기 위하여 지방자치단체로 하여금 수행하게 하는 것이 위임사무이다. 위임사무는 다시 단체위임사무와 기관위임사무로 나누어진다.

우리 지방자치법(9①)도『지방자치단체는 그 관할구역의 자치사무와 법령에 의하여 지방자치단체에 속하는 사무를 처리한다』고 함으로써 이러한 구분을 인정하고 있다.

Ⅱ. 사무의 종류

1. 자치사무(고유사무)

자치사무란 당해 지방자치단체의 존립을 위한 사무 및 주민의 복리를 증진시키기 위하여 행하는 사무 등과 같은 자치단체의 본래적 사무를 말하며, 이를 흔히 고유사무라고도 한다. 지방자치단체는 국가 또는 다른 지방자치단체의 전속적 사항에 속하는 사무를 제외하고는 그 지방주민의 복리에 관한 공공사무를 포괄적으로 처리할 수 있다. 현행 지방자치법(9)은 지방자치단체의 자치사무를 다음과 같이 포괄적으로 예시하는 한편, 지방자치단체가 처리할 수 없는 국가의 사무를 명시하고 있다(11). 따라서 다음의 자치사무는 어디까지나 예시적인 것에 불과하며, 여기에 예시되지 아니한 사무라 하더라도 국가사무로 명시되지 아니한 경우에는 자치사무로 보아 지방자치단체가 처리할 수 있다고 하겠다.

> **판례** 지방자치단체는 지방주민의 공공의 이익을 위한 고유사무를 행할 수 있다는 판례
> 국가 또는 상급지방자치단체가 지방자치단체에 대하여 그 사무를 위임하려면 반드시 법률 또는 법률의 위임을 받은 명령에 근거가 있어야 하고, 이러한 법률에 의한 위임사무를 제외하고는 지방자치단체는 널리 지방주민의 공공의 이익을 위한 사무를 고유사무로 행할 수 있다(대판 1973. 10. 23, 73다1212).

1) 종 류

지방자치법이 자치단체의 사무로서 예시하고 있는 사무는 그 내용에 따라 ① 지방자치단체의 자치조직·입법·재정, ② 주민의 복지증진(복지시설, 아동보호, 전염병예방, 묘지, 청소, 폐기물처리, 지방공기업 운영 등), ③ 산업진흥(농림·축산수산업의 진흥, 중소기업 육성, 소비자보호 등) ④ 지역개발 및 시설설치(토목·건설·도시계획·지방도로·공원·하천관리·주택개량·상하수도·주차장 설치 등), ⑤ 교육·문화(초·중·고등학교 설치·운영, 도서관·체육관·미술관 등의 설치·관리, 지방문화재 관리 등), ⑥ 민방위·소방 등으로 나누어진다.

> **판례** 자치사무에 해당한다는 판례
> ① 호적사무는 자치사무라는 판례
> 호적법 및 지방자치법의 제 규정에 비추어 보면 호적사무는 국가의 사무로서 국가의 기관위임에 의하여 수행되는 사무가 아니고 지방자치법 제9조가 정하는 지방자치단체의 사무라고 할 것이고, 단지 일반행정사무와는 달리 사법적 성질이 강하여 법원의 감독을 받게 하는 데 지나지 아니한다(대판 1995. 3. 28, 94다45654).
> ② 학교급식시설의 지원에 관한 사무는 시·군·자치구의 자치사무라는 판례
> 학교급식의 실시에 관한 사항은 고등학교 이하 각급 학교의 설립·경영·지휘·감독에 관한 사무로서 지방자치단체 중 특별시·광역시·도의 사무에 해당하나, 학교급식시설의 지원에 관한 사무는 고등학교 이하 각급 학교에서 학교급식의 실시에 필요한 경비의 일부를 보조하는 것이어서 그것이 곧 학교급식의 실시에 관한

사무에 해당한다고 보기 어려울 뿐만 아니라, 지방교육재정교부금법 제11조 제5항은 시·군·자치구가 관할 구역 안에 있는 고등학교 이하 각급 학교의 교육에 소요되는 경비의 일부를 보조할 수 있다고 규정하고 있으므로, 학교급식시설의 지원에 관한 사무는 시·군·자치구의 자치사무에 해당한다(대판 1996. 11. 29, 96추84).

③ 의료기관감독에 관한 사무는 자치사무라는 판례

의료법 제30조 제3항, 제51조 제1항에 의하면 도지사에게 신고함으로써 개설하는 의료기관에 대한 의료업정지명령 등의 권한은 보건사회부장관이 아닌 도지사에게 있고, 이러한 도지사의 의료기관감독에 관한 사무는 헌법 제117조, 지방자치법 제9조 제1항·2항 등 관련 법규와 그 사무의 성질 등에 비추어 볼 때, 주민의 복지에 관한 사업으로 지방자치단체의 사무에 속하고 국가사무에 속한다고 할 수 없다(대판 1994. 9. 13, 94누3599).

2) 자치단체별 사무배분

상술한 자치사무 중 ① 특별시·광역시·도는 둘 이상의 시·군·자치구에 관계되는 광역사무 및 공공시설의 설치·관리사무, 시·도 단위로 통일성을 유지할 필요가 있는 사무, 국가와 시·군·자치구 간의 연락·조정사무 등 시·군·자치구가 독자적으로 처리하기에는 부적절한 사무를 처리하며, ② 시·군·자치구는 상술한 광역자치단체가 처리하는 사무 이외의 사무를 처리한다(10①). 그러나 지방자치의 취지에 비추어 가급적이면 시·군·자치구에게 사무를 배분하는 것이 바람직하며, 지방자치법도 사무가 경합되지 아니하도록 하되 경합되는 경우에는 시·군·자치구가 우선적으로 처리한다고 함으로써 이러한 입장에 있다(10③).

3) 국가사무의 명시

① 외교·국방·사법·국세, ② 물가금융·수출입, 농림축산물의 수급조절, 국토종합개발계획, 근로기준, 우편, 철도 등 전국적 규모나 통일을 요하는 사무, ③ 지방자치단체의 기술·재정으로 감당하기 어려운 항공·기상·원자력 등의 사무는 국가사무로 규정하여 법률에 특별한 규정이 있는 경우를 제외하고는 지방자치단체가 처리할 수 없도록 하였다(11).

2. 위임사무

법령에 의하여 국가 또는 다른 자치단체로부터 위임받은 사무를 말하며, 단체위임사무와 기관위임사무로 구분된다.

1) 단체위임사무

지방자치법(9①)상 『법령에 의하여 지방자치단체에 속하는 사무』를 말하며 지방자치단체 자체에 위임된 사무이다. 단체위임사무는 성격상 국가와 지방자치단체가 함께 이해관계를 가지는 사무를 말하며, 현행법상 그 예는 별로 많지 않지만, ① 국세 징수의 시·군·자치구에 대한 위임(국징8), ② 도세 징수의 시·군·자치구에의 위임(지세53), ③ 국가하천의 점용료 징수의 특별시·광역시·도에의 위임(하천38③) 등이 이에 해당한다.

  단체위임사무는 지방자치단체 자체의 사무로 전환되며, 자치사무와 마찬가지로 지방자치단체의 사무로 취급받기 때문에 자치사무와의 구별이 애매하여 입법론적으로는 구분을 폐지하자는 견해도 있으나, 양자의 **차이점**은 ① **경비부담**(자치사무는 자치단체 단독부담, 단체위임사무는 국가와 공동으로 분담 지재17·18①), ② **국가의 감독범위**(자치사무는 위법시에만 취소·정지 가능, 단체위임사무는 위법 외에 부당의 경우에도 가능, 지자157①전단·후단) 등이 있으므로 실정법상 구별의 실익이 있다고 하겠다.

  그러나 양자는 다같이 지방자치단체 자체의 사무이므로 **공통점**으로서 ① 지방의회의 사무감사와 조사를 받고(지자36), ② 조례의 제정대상이 된다는 점을 들 수 있다(지자15).

2) 기관위임사무

  기관위임사무는 국가의 사무이지만 국가가 스스로 처리하지 아니하고 업무의 능률과 국민의 편의를 위하여 지방자치단체의 기관인 지방자치단체의 장에게 위임한 사무로서, 주로 국가적 이해관계가 있는 사무이다.

  기관위임의 법적 근거는 지방자치법(93)상 『지방자치단체에서 시행하는 국가사무는 법령에 다른 규정이 없는 한 지방자치단체의 장에게 위임하여 행한다』고 규정한 데에서 찾을 수 있다. 기관위임사무는 법령(개별법령 또는 행정권한의 위임 및 위탁에 관한 규정)의 근거를 요하는 것이므로 법령상 지방자치단체의 장이 처리하도록 규정하고 있는 사무가 기관위임사무에 해당하는지의 여부는 우선적으로 법령의 형식과 취지를 고려하여 판단하여야 하는 것이지만, 사무의 성질이 전국적으로 통일적인 처리가 요구되는 사무인지의 여부나 그에 관한 경비부담과 최종적인 책임귀속의 주체 등도 아울러 고려하여 판단하여야 할 것이다(대판 1999. 9. 17, 99추30). 현행법상으로는 병무·선거·지적·통계사무와 식품위생·환경·건설·교통·관광 등에 관한 대부분의 인·허가 및 행정지도·감독 등의 업무가 기관위임사무에 해당한다.

> **판례**   기관위임사무에 해당한다는 판례
> ① 주택의 공급 등에 관한 사항은 기관위임사무라는 판례
>   주택의 공급조건, 방법, 절차 등에 관한 사항은 건설교통부장관의 고유업무인 국가사무이고 주택건설촉진법 제50조, 같은 법 시행령 제45조에 의한 권한위임의 경우라도 이는 기관위임사무라 할 것이다(대판 1995. 5. 12, 94추28).
> ② 자동차운전면허시험관리사무는 기관위임사무라는 판례
>   자동차운전면허시험 관리업무는 국가행정사무이고 지방자치단체의 장인 서울특별시장은 국가로부터 그 관리업무를 기관위임받아 국가행정기관의 지위에서 그 업무를 집행하므로, 국가는 면허시험장의 설치 및 보존의 하자로 인한 손해배상책임을 부담한다(대판 1991. 12. 24, 91다3409).
> ③ 도로의 유지·수선사무는 기관위임사무라는 판례

도로법 제22조 제2항에 의하여 지방자치단체의 장인 시장이 국도의 관리청이 되었다하더라도 이는 시장이 국가로부터 관리업무를 위임받아 국가행정기관의 지위에서 행하는 것이므로 국가는 도로관리상 하자로 인한 손해배상책임을 면할 수 없다(대판 1993. 1. 26, 92다2684).

3) 자치사무·단체위임사무·기관위임사무의 차이점

기관위임사무는 단체위임사무와는 달리 당해 자치단체 자체의 사무로 전환되는 것이 아니며 사무의 처리효과의 귀속주체는 여전히 국가이고, 다만 그 처리를 지방자치단체의 장(지방자치단체 자체가 아님에 주의)에게 위임하는 데 불과하므로 자치사무 및 단체위임사무와는 다음과 같은 차이가 있다.

① 사무처리효과의 귀속주체

자치사무 및 단체위임사무의 처리효과는 당해 **자치단체**에 귀속하는 데 반하여, 기관위임사무의 처리효과는 **국가**에 귀속되며 이를 처리하는 지방자치단체의 장은 그 범위 안에서 국가기관의 지위에 선다.

② 감독정도

자치사무는 자치단체에 고유한 사무이므로 **위법**한 경우에 한하여 주무부장관 또는 시·도지사가 취소·정지할 수 있다(지자157①후단).

그러나 기관위임사무는 국가기관의 지위에서 처리하는 것이므로 국가는 상급행정관청의 지위에서 위법뿐만 아니라 **부당**한 경우에도 취소·정지할 수 있다(이 점은 단체위임사무도 마찬가지이다. 지자157①전단).

③ 경비부담 및 손해배상책임

자치사무의 경비는 당연히 당해 **자치단체**가 부담하지만(지재17), 기관위임사무는 **국가**가 그 전부를 자치단체에게 교부하여야 한다(동18②). 단체위임사무는 양자가 함께 이해관계를 가지는 사무이므로 **양자가 분담**한다(18①).

한편, 손해배상책임문제에 있어서는 기관위임사무의 수행과 관련한 손해가 발생한 경우 지방자치단체는 국가기관의 지위에서 사무를 집행하는 것이므로 국가에게 사무처리의 효과와 함께 그 손해배상책임까지 귀속된다고 하여야 할 것이다(위 판례 및 다음의 판례 참조). 다만, 수임자가 속한 지방자치단체가 비용부담자인 경우 국가배상법 제6조의 규정에 따라 지방자치단체가 비용부담자로서 배상책임자가 될 경우도 있다(대판 1994. 12. 9, 94다23887).

④ 지방의회의 관여

고유사무인 자치사무와 자치단체 자체의 사무로 전환되는 단체위임사무에 대하여는 **지방의**

회가 사무감사조사 등으로 감독할 수 있다.

한편, 기관위임사무는 자치단체의 장이 국가기관의 지위에서 행하며 그 효과도 국가에 귀속하는 국가사무이므로 지방의회로서는 감독할 수 없고 **국회**의 국정감사조사의 대상이 된다(36). 그러나 이 경우에도 국회 또는 위임한 상급자치단체의 의회가 직접 감사하기로 결정한 사무를 제외하고는 당해 지방의회가 감사할 수 있으며(36③), 당해 자치단체가 경비를 부담한 경우에도 예외적으로 지방의회가 감사할 수 있다고 하겠다.

⑤ 조례제정권

자치사무와 단체위임사무의 처리에 관하여 필요한 경우에는 자치법규인 **조례**를 제정하여 스스로 규율할 수 있으나, 기관위임사무는 국가의 사무이므로 국가의 법령에 의하여 규율되며 법령에서 특별히 위임받은 경우를 제외하고는 자치법규인 조례를 제정하여 규율할 수 없다. 그러나 기관위임사무이지만 부동산중개수수료, 건축물의 건폐율·용적률·높이제한 등에 관하여 법령은 상한선만 규정하고, 그 범위 안에서 자치단체의 실정에 맞게 조례로 구체적으로 정하도록 특별히 위임한 예가 많이 있으며, 이를 특히 **위임조례**라고 한다.

> **판례** 기관위임사무의 처리로 인한 배상책임의 귀속주체는 국가라는 판례
> 지방자치단체의 장이 국가로부터 국가행정사무를 위임받아 행하는 기관위임의 경우에는 지방자치단체의 장은 국가기관으로서 그 수임사무를 처리하는 것이므로, 도가 국가로부터 위임받은 가족계획사업을 집행함에 있어 그 소속직원의 과실로 국가가 손해를 입었다고 하더라도 국가는 국가배상법 소정의 타인에 속하지 아니한다(대판 1980. 10. 14, 80다647).

4) 위임사무의 문제점

현행법상 ① 자치사무의 범위는 매우 좁고, ② 단체위임사무는 고유사무 및 기관위임사무와의 구별이 애매한 경우가 많아서 경비부담문제, 국회와 지방의회간 감독권한의 충돌문제 등 많은 혼선을 초래하고 있으며, 따라서 현실적으로 ③ 기관위임사무가 지방자치단체의 사무의 대부분을 차지하고 있는바, 이는 지방자치를 제도적으로 보장하고 있는 우리 헌법정신에 맞지 아니하므로, 속히 자치사무를 확대하고 위임사무를 축소하는 등 국가와 지방자치단체 간, 그리고 광역자치단체와 기초자치단체 간에 권한의 재배분이 이루어져야 할 것이다. 이러한 정신에 따라 1988. 10 중앙행정권한의 지방이양촉진 등에 관한 법률이 제정되었으며, 동법 제4조는 지방자치법 제11조에 규정된 국가사무를 제외하고는 가능한 한 지방자치단체에 배분하여야 한다고 규정하는 한편, 대통령 소속 하에 지방이양추진위원회를 설치하여 지방이양업무를 추진하고 있다(동법6).

제 8 절　지방자치단체의 기관

Ⅰ. 개　설

　지방자치단체의 조직형태는 각국의 전통에 따라 매우 다양하지만, 대체로 의결기관과 집행기관을 하나의 기관에 통합시키는 **기관통합형**(영국의 의회형, 미국의 위원회형 등), 권력분립주의에 입각하여 각각 다른 기관에 분담시키는 **기관대립형**(한국·일본·독일 등) 및 양자를 혼합한 **절충형**으로 나누는 것이 보통이다.

　우리 헌법 제118조 제1항에는 "지방자치단체에 의회를 둔다"라고 규정하여 헌법기관으로서의 지방의회를 두며, 제2항에는 "…지방자치단체의 장의 선임방법 기타 지방자치단체의 조직과 운영에 관한 사항은 법률로 정한다"라고 하여 집행기관으로서의 지방자치단체의 장에 대한 규정을 두고 있다. 이에 따라 지방자치법은 ① 의결기관으로서의 지방의회(지자26), ② 집행기관으로서의 특별시장·광역시장·도지사와 구청장·시장·군수를 두고 있으며, ③ 지방교육자치에 관한 법률은 시·도의 교육·학예에 관한 심의·의결기관으로서의 교육위원회(동법8), 집행기관으로서의 교육감을 두고 있다(동법20).

　이러한 규정들을 통틀어서 고찰할 때, 우리나라의 지방자치단체의 기관구성형태는 기관대립형, 즉 수장주의를 채택하고 있다고 하겠다.

Ⅱ. 지방의회(보통의결기관)

1. 개　설

　지방의회는 헌법상의 필수기관이며, 주민의 대표기관이다. 지방자치단체에 지방의회를 둔다는 것은 주민이 원칙적으로 직접 당해 지방의 자치사무에 대하여 의사를 결정하거나 정책을 집행하는 것이 아니라 직접 선출한 대표자를 통하여 지방의 정치에 참여하는 것을 의미한다. 지방의회는 주민을 대표하여 자치입법권과 그 밖의 지방자치단체의 중요사항에 대한 의결권과 집행기관에 대한 감시 및 통제권을 가지게 된다. 지방의회는 헌법(118)에 의한 헌법기관임에도 불구하고 우리나라의 경우 1952년에 처음 구성되었던 지방의회가 1961년 5·16 혁명으로 해산된 후, 제3공화국 헌법 부칙 제10조에 의거하여 구성이 유보되어 오다가, 1987. 10. 27 개정된 현행 헌법(제9차 개헌)에 의거하여 동 유보조항이 삭제되어 지방의회의 구성이 가능해졌다. 이에 따라 1988. 4. 1 지방자치법이 전면 개정되어 지방의회 의원선거가 가능하게 되었고, 기초의회 의원선거는 1991. 3. 26에, 광역의회 의원선거는 동년 6·20에 각각 실시되었으며, 1995. 6.

27에는 지방자치단체장의 선거가 실시되어 비로소 지방자치제도가 완전히 부활되었다.

2. 지 위

1) 주민대표기관

지방의회는 주민의 직접선거에 의하여 선출된 의원으로 구성되므로 국회를 국민대표기관이라고 하듯이 **주민대표기관**이라 할 수 있다. 대표기관이란 지방의회가 주민의 정치적 대표기관이면서, 자치사무에 대한 결정과 집행에 있어서 지방의회의 행위는 주민의 행위와 동일시된다는 의미에서 주민에 대한 법적 대표기관이기도 하다. 다만, 지방자치단체 자체를 법적으로 대표하는 것은 지방자치단체의 장이므로(지자92), 이것과 주민을 대표하는 것과는 구분하여야 한다.

2) 최고의결기관

지방의회는 당해 지방자치단체의 거의 모든 중요사항에 대하여 의사결정권을 가지는 **최고의결기관**이며, 그 의결 결과에 대하여는 자치단체의 장·기타 기관도 이에 기속되며, 이 점에서 단순한 자문기관과는 엄격히 구분된다. 다만, 조례안·예산안·세입부과징수 등을 제외한 교육에 대한 사항은 교육위원회의 의결이 시·도의회의 의결로 간주되므로 이 범위 안에서는 최고의결기관의 지위가 교육위원회로 이관된다(지방교육자치에 관한 법률8②).

3) 자치입법기관

지방자치단체의 자치법규에는 조례와 규칙이 있다. 지방의회는 자치법규의 근간을 이루는 조례제정권을 가진 **자치입법기관**이다.

4) 감사·통제기관

지방의회는 지방자치단체의 주민대표기관, 최고의결기관, 자치입법기관으로서의 지위를 가지는 것 외에 집행기관에 대한 **감사·통제기관**으로서의 지위도 가진다. 이에 따라 지방의회는 지방자치단체의 행정사무에 대한 사무감사·조사권, 자치단체의 장과 관계공무원에 대한 서류제출 및 출석·답변요구권, 예산의결 및 결산승인권 등을 가진다.

> **판례** 지방의회의 통제권은 인사권에 적극적으로 개입할 수 없다는 판례
> ① 지방의회는 법률에 특별한 규정이 없는 한 조례로서 견제의 범위를 넘어서 지방자치단체의 장의 고유권한을 침해하는 규정을 제정할 수 없고, 지방의회가 집행기관의 인사권에 관하여 소극적, 사후적으로 개입하는 것은 그것이 견제의 범위 안에 드는 경우에는 허용되나, 집행기관의 인사권을 독자적으로 행사하거나

동등한 지위에서 합의하여 행사할 수 없고, 사전에 적극적으로 개입하는 것도 원칙적으로 허용되지 아니한다. 따라서 지방의회 의장은 집행기관의 인사권에 의장 개인자격으로도 관여할 수 있는 권한이 없고, 조례로서도 그와 같은 관여를 허용할 수 없다(대판 1996. 5. 14, 96추15).
② 집행기관을 비판·감사·견제하기 위한 의결권·승인권·동의권 등의 권한도 지방자치법상 의결기관인 지방의회에 있는 것이지 의원 개인에게 있는 것이 아니므로, 지방의회가 재의결한 조례안에서 구청장이 주민자치위원회 위원을 위촉함에 있어 동장과 당해 지역 구의원 개인과의 사전협의절차가 필요한 것으로 규정함으로써 지방의회 의원 개인이 구청장의 고유권한인 인사권행사에 사전 관여할 수 있도록 규정하고 있는 것 또한 지방자치법상 허용되지 아니하는 것이다(대판 2000. 11. 10, 2000추36).
③ 지방자치단체의 장의 임용권의 한 내용으로서의 소속 지방공무원의 파견에 관하여 규정하고 있는 지방공무원법 제30조의4 및 지방공무원임용령 제27조의2 등의 관련규정에 의하면, 지방자치단체의 장이 그 소속 지방공무원의 파견에 관하여 가지는 임용권 역시 지방자치단체의 장의 고유권한에 속하는 것임이 명백하므로, 이에 대하여 지방의회가 상호 견제의 범위를 넘어 적극적으로 관여하는 것은 결국 위와 같은 법령규정에 위반된 것이다(대판 2001. 2. 23, 2000추67).

5) 행정기관

전체로서 지방자치단체는 행정조직의 한 구성부분이라고 할 수 있는데, 지방의회는 바로 이러한 지방자치단체의 한 구성부분이므로 행정기관으로서의 지위를 갖는다.

판례는 지방의회에 의한 지방의회 의장의 불신임결의는 의장으로서의 권한을 박탈하는 행정처분의 일종으로서 항고소송의 대상이 된다고 판시하고 있는데(대판 1994. 10. 11, 94두23), 이는 지방의회가 행정기관이라는 것을 전제로 하고 있는 것이다.

3. 조 직

1) 지방의회 의원수

지방의회는 선거일 현재 19세 이상인 국민으로서 선거공고일 현재 당해 지방자치단체의 관할구역 안에 주민등록이 된 주민의 보통·평등·직접·비밀선거에 의하여 선출된 의원으로 구성된다. 지방의회는 지역구의원과 비례대표의원으로 구성된다(공선법20②·③).

2) 지방의회 의원의 임기

지방의회 의원의 임기는 선거에 의하여 선출된 지방의회 의원이 의원으로서의 지위를 누리는 기간을 의미한다. 현행 지방자치법은 지방의회 의원의 임기를 4년으로 하고 있다(지자31).

3) 지방의회 의원의 권리·의무

① 권 리

의원은 의정활동비·여비·월정수당을 받고, 의회의 의장·부의장 등 기관의 선거권과 피선거권,

의안의 발의와 발언·표결 등 의사에 참여할 권리를 가진다.

② 의 무

의원은 다른 지방의회의원·국회의원·공무원·정부투자기관과 지방공사의 임·직원 등과의 겸직금지의무(33①)와 직무수행상 공익우선의무·성실의무·청렴의무·품위유지의무·지위남용금지의무(34)를 지며, 당해 자치단체와 영리목적의 거래를 할 수 없다(33②).

4. 권 한

1) 의결권

지방자치법(35)은 지방자치단체의 주요사무는 거의 모두 지방의회의 의결을 거치도록 하고 있다(조례·예산·결산, 지방세·사용료·수수료의 징수, 기금·중요재산·공공시설의 설치·운용, 청원의 수리·처리, 기타 법령에 규정된 사항).

2) 행정감사 및 조사권

지방의회는 매년 1회 자치단체의 사무에 대하여 시·도에 있어서는 10일, 시·구 및 자치구에 있어서는 7일의 범위 내에서 감사를 실시하고, 지방자치단체의 사무 중 특정사안에 대하여는 본회의의 의결로 조사를 할 수 있다(36). 조사를 발의하고자 할 때에는 이유를 명시한 서면으로 하여야 하며, 재적의원 3분의 1 이상의 연서가 있어야 한다.

> **판례** 집행기관의 사무집행에 관한 감사·통제기능은 지방의회의 고유권한이라는 판례
> 지방의회는 행정사무의 감사와 조사권 등에 의하여 단체장의 사무집행을 감시·통제할 수 있게 하고 단체장은 지방의회의 의결에 대한 재의요구권 등으로 지방의회의 의결권행사에 제동을 가할 수 있게 함으로써 상호 견제와 균형을 유지하도록 하고 있는바, 이와 같은 집행기관의 사무집행에 관한 감사·통제기능은 지방의회의 고유권한이므로 이러한 권한을 제한·박탈하거나 제3의 기관 또는 집행기관 소속의 어느 특정 행정기관에 일임하는 내용의 조례를 제정한다면 이는 지방의회의 권한을 본질적으로 침해하거나 그 권한을 스스로 저버리는 내용의 것으로서 지방자치법령에 위반된다(대판 1997. 4. 11, 96추138).

3) 출석 및 서류제출요구권

자치단체의 장 또는 관계 공무원에 대하여 지방의회나 위원회에 출석·답변할 것을 요구할 수 있으며, 안건심의와 관련된 서류의 제출을 요구할 수 있다(35의2·37②).

4) 청원의 심사처리권

지방의회는 의원의 소개로 제출된 청원을 수리·처리할 수 있으며, 재판에 간섭하거나 법령

에 위배되는 내용의 청원은 수리하지 아니하고, 자치단체의 장이 처리하는 것이 타당하다고 인정되는 것은 의견서를 첨부하여 지방자치단체의 장에게 이송한다. 이 경우 지방자치단체의 장은 그 청원을 처리하고 그 결과를 지체없이 지방의회에 보고하여야 한다(65~68).

5) 자율권

① 내부조직권(42·50, 의장·부의장 선출, 위원회 설치 및 동 위원 선임), ② 의회운영권(41, 개회·휴회·폐회와 회기의 결정, 의회규칙제정권 등), ③ 의원자격심사·징계권(71·78), ④ 의장·부의장 불신임권(49), ⑤ 의원경찰권(74·76·77) 등을 가진다.

> **판례** 지방의회의 의장불신임의결은 행정처분이라는 판례
> 지방의회를 대표하고 의사를 정리하며, 회의장 내의 질서를 유지하고 의회의 사무를 감독하며 위원회에 출석하여 발언할 수 있는 등의 직무권한을 가지는 지방의회의장에 대한 불신임의결은 의장으로서의 권한을 박탈하는 행정처분의 일종으로서 행정소송의 대상이 된다(대판 1994. 10. 11, 94두23).

> **판례** 지방의회의 의장선거는 행정처분이라는 판례
> 지방의회의 의사를 결정공표하여 그 당선자에게 지방의회의 의장으로서 직무권한을 부여하는 지방의회의 의장선거는 행정처분의 일종으로서 행정소송의 대상이 된다(대판 1995. 1. 12, 94누2602).

5. 회 의

지방의회의 회의는 정례회와 임시회로 나누어진다. 정례회는 매년 2회 개최된다. 정례회의 집회일 및 기타 운영에 관하여 필요한 사항은 대통령령이 정하는 바에 따라 당해 지방자치단체의 조례로 정하며(38), 임시회는 지방자치단체의 장이나 재적의원 3분의 1 이상의 요구에 의하여 15일 이내에 소집된다(39). 연간 회의 총일수와 정례회 및 임시회의 회기는 당해 지방자치단체의 조례로 정한다(41).

Ⅲ. 지방자치단체장

1. 지방자치단체장의 지위

지방자치단체장인 서울특별시장·광역시장·도지사와 시장·군수·자치구청장은 지방자치단체의 집행기관의 장으로서, ① 최고집행기관으로서의 지위와, ② 국가의 기관위임사무를 처리하는 한도 내에서는 국가의 지방행정기관으로서의 지위를 가지며, ③ 당해 지방자치단체를 법적으로 대표하는 지위를 가진다(92). 대표기관으로서의 지위는 지방의회도 가지는 것이지만, 지방자치단체장은 지방의회와는 달리 외부적 대표권을 가진다.

지방자치단체장은 4년 임기로 주민이 직접 선출하며, 지방자치단체의 장의 계속 재임은 3기에 한한다(87).

2. 지방자치단체장의 권한

1) 통할·대표권

지방자치단체장은 당해 지방자치단체를 통할하고 대표한다(92). '통할한다'라고 함은 자치단체장이 당해 자치단체의 사무의 최종적인 일체성을 유지하는 것을 말하며, '대표한다'라고 함은 지방자치단체장은 공·사법상의 법률관계에서 당해 지방자치단체를 위하여 구속적인 의사표시를 할 수 있는 권능을 가짐을 의미한다. 따라서 대표는 대리인의 행위인 대리와는 구별된다. 다만, 교육·과학·체육에 관한 사무는 교육감이 통할·대표권을 가진다(지방교육자치에 관한 법률27).

> **판례**　도 교육감이 도지사를 상대로 제기한 소유권 확인의 소는 권리보호이익이 없다는 판례
> 지방자치단체로서의 도는 1개의 법인이 존재할 뿐이고, 다만 사무의 영역에 따라 도지사와 교육감이 별개의 집행 및 대표기관으로 병존할 뿐이므로 도 교육감이 도를 대표하여 도지사가 대표하는 도를 상대로 제기한 소유권 확인의 소는 자기가 자기를 상대로 제기한 것으로서 권리보호의 이익이 없어 부적법하다(대판 2001. 5. 8, 99다69341).

2) 사무의 관리·집행권

지방자치단체장은 당해 지방자치단체의 사무(자치사무·단체위임사무)와 법령에 의하여 자치단체의 장에게 위임된 사무(기관위임사무)를 관리하고 집행한다(94).

자치단체장이 국가로부터의 기관위임사무를 처리하는 한도에서는 국가의 기관으로서의 지위에 서게 됨은 이미 설명한 바와 같다.

3) 규칙제정권

지방자치단체장은 법령 또는 조례가 위임한 범위안에서 그 권한에 속하는 사무에 관하여 규칙을 제정할 수 있다(16). 이 경우 개별적·구체적 위임만 가능하고 일반적인 위임은 인정되지 않는다. 규칙은 자치사무·단체위임사무뿐만 아니라 기관위임사무에 관하여도 제정할 수 있다.

한편, 기관위임사무는 국가의 사무이므로 국가의 법령에 의하여 규율되며, 건축법 등 각 개별법령에서 특별히 조례로 규율할 수 있다는 위임을 받아 제정되는 위임조례의 경우를 제외하고는 조례로 규율할 수 없고 규칙으로 규율할 수 있을 뿐이다.

> **판례** 기관위임사무는 위임기관의 승인을 얻은 규칙으로 재위임이 가능하다는 판례
> 도시재개발법에 의한 사업시행변경인가, 관리처분계획인가 및 각 고시에 관한 사무는 국가사무로서 지방자치단체의 장에게 위임된 이른바 기관위임사무에 해당하므로, 시·도지사가 지방자치단체의 조례에 의하여 이를 구청장 등에게 재위임할 수는 없고, 정부조직법 제5조1항 및 이에 기한 행정권한의 위임 및 위탁에 관한 규정 제4조에 의하여 위임기관의 장의 승인을 얻은 후 지방자치단체의 장이 제정한 규칙이 정하는 바에 따라 재위임하는 것만이 가능하다(대판 1995. 11. 15, 94누13572).

4) 행정감독권

① 위임사무의 지도·감독

국가로부터의 기관위임사무 또는 단체위임사무에 관하여는 시·도는 각 주무부장관의, 시·군·자치구는 제1차로 시·도지사의, 제2차로 각 주무부장관의 지도·감독을 받는다(156).

시·도로부터의 기관위임사무 또는 단체위임사무에 관하여 시·군·자치구는 시·도지사의 지도·감독을 받는다(156).

② 위법·부당한 명령·처분의 시정

지방자치단체장의 명령·처분중 **자치사무**에 관한 것은 법령위반인 경우에 한하여, 위임사무(기관·단체위임 포함)에 관한 것은 법령위반 또는 현저히 부당하여 공익을 해한다고 인정될 경우에, 시·도지사의 명령·처분은 각 주무부장관이, 시·군·자치구청장의 명령·처분은 시·도지사가 각각 기간을 정하여 시정을 명하고, 그 기간 내에 이행하지 아니할 때에는 이를 취소·정지할 수 있다. 이 경우 자치사무에 관한 명령·처분의 취소·정지에 대하여 이의가 있을 때에는 15일 이내에 대법원에 제소할 수 있다(157).

③ 직무이행명령 및 대집행

지방자치단체장이 법령의 규정에 의하여 그 의무에 속하는 국가위임사무 또는 시·도 위임사무(모두 기관위임사무를 말한다)의 관리 및 집행을 명백히 해태하고 있다고 인정되는 때에는 시·도에 대하여는 각 주무부장관이, 시·군·자치구에 대하여는 시·도지사가 기간을 정하여 서면으로 그 이행할 사항을 명령할 수 있으며, 지방자치단체장이 기간 내에 이를 이행하지 아니할 때에는 당해 지방자치단체의 비용부담으로 대집행하거나 행정·재정상의 필요한 조치를 할 수 있다(157의2). 이행명령에 이의가 있을 경우에는 15일 이내에 대법원에 제소할 수 있으며, 이 경우 이행명령의 집행정지결정도 함께 신청할 수 있다(157의2③). 이 직무이행명령제도는 지방자치를 보장하되, 국가의 위임사무에 관한 한 지도·감독을 강화하기 위하여 1994. 3. 16 지방자치법개정시에 신설한 것이다.

④ 하급행정기관의 지휘·감독

지방자치단체장은 각각 소속 직속기관·사업소·출장소·읍·면·동 등의 하급행정기관을 지휘·감독한다.

5) 직원의 임면 및 지휘·감독권

지방자치단체장은 당해 지방자치단체에 속하는 직원에 대하여 임면권과 지휘·감독권을 행사할 수 있다(96). 이러한 권한의 행사는 법령과 조례·규칙에서 정한 바에 따라서 이루어진다. 지방자치단체의 장은 지방의회에 두는 사무직원의 임면권도 가진다.

6) 기관설치권

지방자치단체장은 지방자치단체의 사무를 수행하기 위하여 소방기관·교육훈련기관·보건진료기관·시험연구기관·중소기업지도기관 등의 직속기관이나, 사업소·출장소·합의제행정기관·자문기관 등을 설치할 수 있다(104~107).

> **판례** 지방자치단체는 자문기관과 합의제 행정기관을 조례로 설치할 수 있다는 판례
> 지방자치단체는 그 소관사무의 범위 내에서 필요한 경우에는 심의 등을 목적으로 하는 자문기관을 조례로 설치할 수 있는 외에, 그 소관사무의 일부를 독립하여 수행할 필요가 있을 경우에는 합의제 행정기관을 조례가 정하는 바에 의하여 설치할 수 있는 바, 그러한 합의제 행정기관에는 그 의사와 판단을 결정하여 외부에 표시하는 권한을 가지는 합의제 행정관청뿐만 아니라 행정주체 내부에서 행정에 관한 의사 또는 판단을 결정할 수 있는 권한만을 가지는 의결기관도 포함된다(대판 2000. 11. 10, 2000추36).

7) 조례공표권

지방의회에서 의결된 조례안이 이송되어 오면, 지방자치단체장은 그 날로부터 20일 이내에 조례를 공포하여야 한다(19).

8) 주민투표부의권

지방자치단체장은 지방자치단체의 폐치·분합(廢置·分合) 또는 주민에게 과도한 부담을 주거나 중대한 영향을 미치는 지방자치단체의 주요 결정사항 등에 대하여 주민투표에 붙일 수 있다. 주민투표의 대상·발의자·발의요건·기타 투표절차 등에 관하여는 따로 법률로 규정한다(13의2).

3. 지방자치단체장과 지방의회와의 관계

1) 개 설

지방자치단체장과 지방의회와의 관계는 지방자치단체의 조직형태에 따라 다르겠지만, 우리나라와 같은 기관대립형의 경우에는 중앙정부에서와 마찬가지로 견제와 균형을 이룩함으로써 어느 일방의 권한남용과 이로 인한 주민의 권익침해를 방지하기 위하여 여러 가지 상호 견제수단을 마련해 두고 있다. 지방자치법은 의결기관으로서의 지방의회의 권한과 집행기관으로서의 지방자치단체장의 권한을 분리하여 배분하는 한편, 의회는 행정사무감사와 조사권 등에 의하여 단체장의 사무집행을 감시·통제할 수 있게 하고, 단체장은 의회에 의결에 대한 재의요구권 등으로 의회의 의결권행사에 제동을 가할 수 있게 함으로써 상호 견제와 균형을 유지하도록 하고 있는 것이다(대판 1992. 7. 28, 92추31). 이러한 견제와 균형의 관점에서 지방자치단체장과 지방의회의 관계를 개관하면 다음과 같다.

2) 지방의회의 지방자치단체장에 대한 관계

지방의회는 지방자치단체의 ① 최고의결기관의 지위에서 예산·결산 등 자치사무의 대부분의 중요사항에 대한 의결권과 ② 자치입법기관으로서 조례제정권, 그리고 ③ 집행기관에 대한 감시·통제기관으로서 행정감사조사권, 출석 및 서류제출요구권 등을 행사함으로써 지방자치단체의 집행기관을 구체적으로 통제할 수 있다. 이러한 권한은 지방의회를 구성하는 의원 개개인의 권한이 아니라 집행기관에 대한 지방의회 자체의 권한임을 유의할 필요가 있다.

> **판례**   조례로 지방자치단체의 장의 권한과 권능을 제한할 수 없다는 판례
> ① 상위 법령에서 단체장에게 권한을 부여한 경우 그 법령에서 직접 조례 등에서 제한을 정할 수 있다고 위임하고 있지 아니하는 한 그 권한은 법령에 의하여 단체장에게 부여된 것이며, 따라서 조례로 단체장의 권한을 제약할 수 없다(대판 1993. 2. 9, 92추93).
> ② 대전광역시 유성구가 국시비 보조금의 예산계상신청을 함에 있어서 구의회의 사전의결 또는 사후승인을 받도록 하는 것은 법령에 근거가 없으며, 따라서 구의회가 집행기관의 사무집행에 사전·실질적으로 관여하여 집행기관의 권능을 제약하는 것으로서 위법하다(대판 1996. 5. 10, 95추87).

3) 지방자치단체장의 지방의회에 대한 관계

지방자치단체장은 지방의회에 대하여 ① 임시회 소집요구권(39①), ② 조례공포권(19②) 등과 함께, 보다 실질적으로 ③ 재의요구권(98·99)과 ④ 선결처분권(100) 등을 가지는 바, 이 두 가지를 상술하면 다음과 같다.

① 재의요구권

(가) 직권에 의한 재의요구 및 제소

① 의회가 의결한 **조례안**에 이의가 있거나(19③), ② 기타 의회의 **의결**이 월권 또는 법령에 위반하거나 공익을 현저히 해한다고 인정되거나(98), 예산상 집행할 수 없는 경비가 포함되거나, 법정경비·비상재해시 시설의 응급복구경비를 삭감한 경우(99)에는 각각의 이유를 붙여 20일 이내에 **재의를 요구**할 수 있으며, 지방의회의 재의 결과 재적의원 과반수의 출석과 출석의원 3분의 2 이상의 찬성으로 전과 같은 의결을 하면 그 의결사항은 확정된다. 재의결된 사항(조례안을 포함한다)이 법령에 위반된다고 판단될 때에는 자치단체의 장은 그 의결의 집행정지결정신청과 함께 **대법원에 제소**할 수 있다(98③), 여기서 조례안에 대하여는 재의요구사유를 특별히 한정하지 아니하므로 이는 일반적 거부권의 성격을 가지지만, 기타의 지방의회의 의결은 월권·위법·현저한 부당 등으로 재의요구사유를 특별히 한정하고 있으므로 이는 제한적 거부권의 성격을 가진다는 차이점이 있다.

(나) 감독청의 명령에 의한 재의요구 및 제소

지방의회의 의결(조례안에 대한 의결을 포함한다)이 법령에 위반되거나 공익을 현저히 해한다고 판단될 때에는 시·도의 경우 행정자치부장관이, 시·군·자치구의 경우 시·도지사가 당해 자치단체장에 대하여 지방의회의 **재의를** 요구하도록 명령할 수 있고, 이 명령을 받은 자치단체장은 지방의회에 재의를 요구하여야 하며, 재의 결과 위와 같은 찬성으로 전과 같은 의결을 하면 이는 확정된다. 그러나 재의결된 사항이 법령에 위반된다고 판단될 때에는 자치단체장이 재의결된 날부터 20일 이내에 그 의결의 집행정지결정신청과 함께 대법원에 제소할 수 있으며, 제소하지 아니할 때에는 **감독청이 직접 제소 및 집행정지결정신청**을 하거나, 제소할 것을 지시할 수 있다(159).

② 선결처분권

(가) 의 의

지방자치단체장이 지방의회의 의결사항이 일정한 사유에 해당하는 경우에는 지방의회의 의결없이 먼저 필요한 처분을 하고 사후에 승인을 얻는 제도(100)로서, 국가의 대통령긴급처분·긴급재정경제처분에 상응하는 제도이다.

(나) 요 건

지방의회가 성립되지 아니한 때(의원의 구속 등으로 의결정족수에 미달하게 된 때를 말한다)와 의회의 의결사항 중 주민의 생명과 재산보호를 위하여 긴급하게 필요한 사항으로서 의회를 소집할 시간적 여유가 없거나, 의결이 지체되어 의결되지 못한 때에 선결처분을 할 수 있다.

(다) 승 인

선결처분은 지체없이 지방의회에 보고하여 승인을 얻어야 하며, 승인을 얻지 못하면 그때부터 선결처분은 그 효력을 상실한다.

(라) 문제점

천재지변·화재·폭발 등의 대형사고 경우에 지방의회의 의결 없이도 긴급한 처분을 할 수 있도록 한 제도이지만, 처분의 목적·요건은 명시되어 있으나 처분의 내용은 명시되어 있지 않기 때문에 권한남용의 우려가 있다.

4. 보조기관

시·도지사의 보조기관으로서는 부시장·부지사와 실·국·소방본부 및 과를 두고, 시장·군수·구청장의 보조기관으로서는 부시장·부군수·부구청장과 국·과·실을 둔다.

5. 소속행정기관

1) 직속기관

지방자치단체는 소관사무의 범위 안에서 대통령령 또는 조례로 직속기관을 설치할 수 있으며(104①), 현재 소방서·보건소·지방공무원교육원·농업기술원(도의 경우) 및 농업기술센터(특별시·광역시·시·군의 경우) 등이 설치되어 있다.

2) 출장소·사업소

① 원격지 주민의 편의와 특정지역의 개발촉진을 위하여 필요할 때에는 대통령령이 정하는 바에 의하여 조례로 출장소를 설치할 수 있으며(106. 경기북부출장소 등), ② 특정업무의 효율적 추진을 위하여 조례로 사업소를 설치할 수 있다(105. 건설사업소·녹지사업소·한강공원관리사업소 등).

6. 하급행정기관

① 특별시·광역시가 아닌 인구 50만 이상의 시에 '자치구가 아닌 구'를 둘 수 있으며, 자치구가 아닌 구에도 구청장을 둔다(3③. 현재 수원·전주·부천·고양·성남·마산 등에 설치되어 있다). ② 읍·면장은 군에(3③), ③ 동장은 시와 구(자치구 포함)에 둘 수 있는바, 이들은 모두 소관 자치단체의 사무와 위임받은 국가사무를 처리한다.

따라서 지방자치단체의 하급행정청(집행기관)의 지위에 있으면서도, 국가사무를 위임받아 처리하는 범위 안에서는 국가의 하급행정관청의 지위에도 서게 된다.

한편, 읍면에는 리를 두고 이장을 둘 수 있으나, 이장은 행정기관이 아니고 읍면장의 단순한 보조기관에 불과하다.

> **판례** 대집행사무를 위임받은 지방자치단체의 하급행정기관은 철거대집행 계고처분을 할 권한이 있다는 판례
> 남제주군수는 남제주군사무위임조례 제2조 제2항의 규정에 따라 무허가건축물에 대한 철거대집행사무를 하부행정기관인 읍·면에 위임하고 있으므로, 피고(대정읍장)에게는 관할구역 내의 무허가건축물인 이 사건 건물에 대하여 그 철거대집행을 위한 이 사건 계고처분을 할 권한이 있다(대판 1997. 2. 14, 96누15428).

Ⅳ. 특별기관

지방자치단체에는 소관사무의 일부를 독립하여 수행할 필요가 있을 경우에 법령이나 조례에 의하여 합의제 행정기관을 설치할 수 있는바(107), 현재 이에 해당하는 것으로는 지방공무원법(7 및 13)에 의하여 설치된 인사위원회와 지방공무원소청심사위원회가 있다.

1. 인사위원회

인사위원회(人事委員會)는 각 지방자치단체에 임용권자(특별시장·광역시장·도지사·시장·군수·자치구청장·교육감 등, 단 임용권을 위임받은 자는 제외되나, 시의 구청장과 지방자치단체 장이 필요하다고 인정하는 소속기관장의 장은 이에 포함된다) 별로 둔다. 인사위원회는 지방자치단체의 장이 임명 또는 위촉하는 5인 이상 7인 이하의 위원으로 구성된다(지방공무원법7).

인사위원회는 ① 공무원충원계획의 사전심의 및 각종 임용시험의 실시, ② 임용권자의 요구에 의한 보직관리기준 및 승진·전보임용기준의 사전의결, ③ 승진임용의 사전심의, ④ 임용권자의 요구에 의한 공무원의 징계의결, ⑤ 지방자치단체의 장이 지방의회에 제출하는 공무원의 인사와 관련된 조례안 및 규칙안의 사전심의, ⑥ 기타 법령의 규정에 의하여 그 관장에 속하는 사항을 처리한다(8).

인사위원회는 위 ①에 규정된 사무중 각종 **임용시험의 실시**에 있어서는 합의제 행정기관이 되며, ④의 경우에는 의결기관이 되므로 인사위원회는 합의제 행정기관과 의결기관으로서의 이중적 성격을 가진다.

판례 　사도인사위원회는 합의제 행정기관이므로 행정소송의 피고적격을 가진다는 판례

　구지방공무원법(1993. 12. 27 개정 이전의 법률) 제7조, 제8조, 제9조, 제32조, 지방공무원임용령 제42조의2 등 관계규정에 의하면 시·도인사위원회는 독립된 합의제행정기관으로서 7급 지방공무원의 신규임용시험의 실시를 관장한다고 할 것이므로, 그 관서장인 시·도인사위원회 위원장은 그의 명의로 한 7급 지방공무원의 신규임용시험 불합격결정에 대한 취소소송의 피고적격을 가진다(대판 1997. 3. 28, 95누7055).

2. 지방소청심사위원회

　지방공무원의 징계, 기타 그 의사에 반하는 불이익처분에 대한 소청을 심사결정하기 위하여, 서울특별시·광역시·도에 임용권자별로 의결기관인 지방소청심사위원회 및 교육소청심사위원회를 둔다(13). 소청심사위원회의 결정은 처분행정청을 기속한다(20).

V. 교육위원회 및 교육감

　교육·과학·기술·체육 기타 학예업무는 자주성과 전문성을 가진 것이므로, 이 영역에 있어서는 지방자치단체의 기관인 지방의회 및 자치단체의 장과는 별도의 특별기관을 필요로 한다. 이에 따라 1991년에 지방자치법과 분리하여 『지방교육자치에 관한 법률』을 제정하여 일반 지방자치행정기관과는 별개의 독립된 의결기관으로서의 교육위원회와 집행기관으로서의 교육감을 설치함으로써 교육자치를 확립하였다.

　2000년 1월 28일 전문개정된 『지방교육자치에 관한 법률』에 따라서 교육·학예·체육에 관한 사무는 지방의회에 갈음하여 교육위원회가 의결기관이 되고, 지방자치단체의 장인 시·도지사에 갈음하여 교육감이 집행기관이 되며, 그 한도 내에서 지방의회의 의결권과 지방자치단체의 장인 시·도지사의 집행권은 배제된다. 그러나 이러한 교육자치는 서울특별시·광역시·도에서만 완전히 실시하고, 기초단체인 시·군·자치구에서는 의결기관을 두지 아니하고 하급집행기관으로서 교육장을 기관장으로 하는 교육청만을 둔다.

1. 교육위원회

1) 조 직

　교육위원회는 시·도의회 의원과 주민직선제에 의하여 별도로 선출된 교육위원으로 구성하되, 교육위원이 과반수가 되도록 구성한다(동법5), 주민직선제로 선출되는 교육위원후보자의 자격은 교육경력 또는 교육행정경력을 합하여 10년 이상 있는 자이어야 한다.

교육위원은 국회의원·지방의회의원, 국가공무원법 제2조 및 지방공무원법 제2조에 규정된 공무원, 사립학교법 제2조의 규정에 의한 사립학교의 교원 등의 직을 겸하지 못한다. 교육위원은 당해 지방자치단체의 교육기관과 영리를 목적으로 하는 거래를 할 수 없으며, 이와 관련된 재산의 양수인 또는 관리인이 될 수 없다(동법9).

2) 권 한

교육위원회는 교육·학예에 관한 집행기관으로서의 교육감을 선출하는 권한을 가지는 것 외에, 당해 지방자치단체의 교육·학예에 관한 다음 각호의 사항을 심의·의결한다(11①).
① 시·도의회에 제출할 조례안
② 시·도의회에 제출할 예산안 및 결산
③ 시·도의회에 제출할 특별부과금·사용료·수수료·분담금 및 가입금의 부과와 징수에 관한 사항
④ 시·도의회에 제출할 기채안(起債案)
⑤ 기금의 설치·운용에 관한 사항
⑥ 대통령령으로 정하는 중요재산의 취득처분에 관한 사항
⑦ 대통령령으로 정하는 공공시설의 설치·관리 및 처분에 관한 사항
⑧ 법령과 조례에 규정된 것을 제외한 예산의 의무부담이나 권리의 포기에 관한 사항
⑨ 청원의 수리와 처리
⑩ 외국지방자치단체와의 교류협력에 관한 사항
⑪ 기타 법령과 시·도 조례에 의하여 그 권한에 속하는 사항

위의 사항 중 ⑤ 내지 ⑪의 사항에 대하여 행한 교육위원회의 의결은 시·도의회의 의결로 간주함으로써, 그 한도에서는 교육위원회는 교육·학예에 관한 지방자치단체의 최고의결기관으로서의 지위를 가진다(8②). 나머지 ① 내지 ④의 사항에 대하여는 교육위원회는 지방의회의 선의결기관으로서 단지 지방의회에 앞서 먼저 의결하는 데 그친다.

2. 교육감

1) 지 위

교육감(敎育監)은 시·도의 교육·학예사무에 관한 자치단체의 집행기관이며, 교육·학예에 관한 소관사무로 인한 소송이나 재산의 등기 등에 대하여 당해 지방자치단체를 대표한다(18). 교육감은 주민직선에 의해 선출되며, 임기는 4년이고, 계속 재임은 3기에 한한다(20·21). 국가행정사무중 시·도에 위임하여 시행하는 사무로서 교육·학예에 관한 사무는 교육감에게 위임하여

행한다(19). 따라서 교육감은 국가사무를 위임받아 처리하는 한도 내에서는 국가의 하급행정관청의 지위도 가진다.

2) 권 한

교육감은 시·도의 교육·학예에 관한 사무의 집행기관으로서 다음과 같은 사무를 관장한다(20).
① 조례안의 작성·제출
② 예산안의 편성·제출
③ 결산서의 작성·제출
④ 교육규칙의 제정
⑤ 학교 기타 교육기관의 설치·이전 및 폐지에 관한 사항
⑥ 교육과정의 운영에 관한 사항
⑦ 과학·기술교육의 진흥에 관한 사항
⑧ 평생교육 및 기타 교육·학예진흥에 관한 사항
⑨ 학교체육·보건 및 학교환경정화에 관한 사항
⑩ 학생통학구역에 관한 사항
⑪ 교육·학예의 시설·설비 및 교구에 관한 사항
⑫ 재산의 취득·처분에 관한 사항
⑬ 특별부과금·사용료·수수료·분담금 및 가입금에 관한 사항
⑭ 기채·차입금 또는 예산 외의 의무부담에 관한 사항
⑮ 기금의 설치·운영에 관한 사항
⑯ 소속 국가공무원 및 지방공무원의 인사관리에 관한 사항
⑰ 기타 당해 특별시·광역시·도의 교육·학예에 관한 사항과 위임된 사항

3) 재의요구 및 제소권

교육감은 교육위원회 또는 교육·학예에 관한 시·도의회의 의결이 법령에 위반되거나 공익을 현저히 저해한다고 판단될 때에는 의결사항을 이송받은 날로부터 20일 이내에 이유를 붙여 재의를 요구할 수 있다. 재의결된 사항이 법령에 위반된다고 판단되는 때에는 교육감은 재의결된 날로부터 20일 이내에 대법원에 제소할 수 있다. 교육감이 제소하지 않는 경우에는 교육인적자원부장관은 제소를 지시하거나 직접 제소할 수 있다. 재의결된 사항을 대법원에 제소한 교육인적자원부장관 또는 교육감은 그 의결의 집행을 정지하게 하는 집행정지결정을 신청할 수 있다(28).

4) 선결처분권

교육감은 교육위원회 또는 시·도의회가 성립되지 아니한 때(의원의 구속 등의 사유로 의결정족수에 미달하게 된 때를 말한다)와, 교육위원회 또는 시·도의회의 의결사항 중 학생의 안전과 교육기관 등의 재산보호를 위하여 긴급하게 필요한 사항으로서 교육위원회 또는 시·도의회가 소집될 시간적 여유가 없거나 의결이 지체되어 의결되지 않은 때에는 선결처분(先決處分)을 할 수 있다. 이러한 선결처분은 지체없이 교육위원회 또는 시·도의회에 보고하여 승인을 얻어야 한다. 교육위원회 또는 시·도의회에서 승인을 얻지 못한 때에는 그 선결처분은 그 때부터 효력을 상실한다(29).

5) 보조기관

교육감 밑에 국가공무원으로 보하는 부교육감을 두며, 부교육감은 교육감이 추천한 자를 교육인적자원부장관의 제청으로 국무총리를 거쳐 대통령이 임명한다. 부교육감은 교육감을 보좌하여 사무를 처리하며, 교육감이 사고가 있을 때에는 그 직무를 대리한다. 그 외에도 교육감 밑에 필요한 보조기관을 두되, 그 설치·운영 등에 관하여는 대통령령이 정한 범위 안에서 시·도의 조례로 정한다(30·31).

6) 하급교육행정기관

하급교육행정기관으로서 1개 또는 2개 이상의 시·군·자치구를 관할구역으로 하는 지역교육청을 두며, 교육청에 교육장을 두되 장학관으로 보하고, 그 임용에 관하여 필요한 사항은 대통령령으로 정한다(34). 교육장은 시·도의 교육·학예에 관한 사무 중 다음의 사무를 위임받아 분장한다(35).

① 공·사립의 유치원·초등학교·중학교·공민학교·고등공민학교 및 이에 준하는 각종 학교의 운영·관리에 관한 지도·감독

② 기타 시·도의 조례로 정하는 사무

상술한 바와 같이 교육자치는 시·도 단위에서만 실시되고 시·군·자치구단위에서는 실시되지 아니한 결과, 시·군·자치구에 두는 교육청은 교육자치기관이 아니라 시·도의 단순한 하급교육행정기관에 불과하다.

제 9 절 지방자치단체 상호 간의 관계

Ⅰ. 개 설

각 지방자치단체는 독립한 법인격을 가진 단체로서 서로 대등한 지위에서 독립하여 그 사무를 처리하며, 다른 자치단체의 사무처리에 관여할 수 없는 것이 원칙이다. 그러나 지방자치단체의 임무 중에는 그 지방자치단체가 가지는 행정의 전문성, 재정력 및 행정능력의 한계에 의하여 하나의 지방자치단체의 사무의 범위를 넘어서는 것도 있다. 예를 들어 국토의 계획 및 이용에 관한 법률(2002. 2. 4 제정)에 규정된 광역도시계획의 경우처럼 건설교통부장관이 2 이상의 지방자치단체의 관할구역의 전부 또는 일부를 포함하는 광역계획권을 지정한 경우에 도시계획사무를 효율적으로 수행하기 위하여서는 다른 행정주체와 공동으로 사무를 수행할 것이 요구된다. 이러한 경우에는 일정 범위 내에서 지방자치단체와 다른 행정주체와의 협력이 필요하게 된다.

나아가 지방자치단체 상호간 또는 그 장 상호간에 분쟁이 발생하게 되는 경우에는 조정을 통하여 해결하여야 한다. 따라서 지방자치단체 상호간의 관계에서는 행정의 적정성이나 능률성을 확보하기 위한 협력관계와 분쟁발생시의 조정관계가 문제가 되고 있다.

Ⅱ. 협력관계

지방자치단체는 다른 지방자치단체로부터 사무의 공동처리에 관한 요청이나 사무처리에 관한 협의·조정·승인·지원의 요청이 있는 때에는 법령의 범위 안에서 이에 협력할 의무가 있다(법139).

지방자치단체 간의 협력방식은 공법상의 형식과 사법상의 형식으로 나누어진다. 공법상의 협력방식으로는 상호합의에 따라 구성하는 공동의 조직체를 통하여 협력관계를 유지하는 경우와 조직체의 구성없이 협력관계를 유지하는 경우가 있다. 공동의 조직체를 통하여 협력을 유지하는 예로는 법인격을 가지는 조직체로서의 지방자치단체조합과 지방공사·지방공단의 공동설립방법 등이 있으며, 법인격을 가지지 않는 조직체로서의 행정협의회와 지방자치단체장 등의 협의체가 있다. 이 중 지방자치단체조합에 관하여는 앞에서 고찰하였으므로 여기서는 다른 형태에 관하여만 설명하고자 한다.

공동의 조직체의 구성없는 협력관계로서는 주로 사무위탁이 있으며, 직원파견도 여기에 해당한다고 하겠다.

1. 사무위탁

1) 의 의

사무위탁이란 지방자치단체 또는 그 장이 소관사무의 일부를 다른 지방자치단체 또는 그 장에게 위탁하여 처리하게 하는 것을 말한다. 사무의 위탁은 동급 또는 하급의 지방자치단체 또는 그 장에 대하여 행하여진다. 사무의 위탁은 사무를 위탁받은 행정기관의 장이 그의 권한과 책임으로 행사하도록 하는 점에서는 위임과 같지만, 위임은 보조기관 또는 하급의 동일 행정기관에 대하여만 행하여진다는 점에서 구별된다. 사무의 위탁은 소관사무의 일부에 대해서만 가능하다. 소관사무의 전부의 위탁은 당해 지방자치단체의 존재의의를 부정하는 것이 되기 때문이다. 이러한 사무의 위탁은 공법상 계약으로서의 성질을 가지는 것이다.

2) 절 차

사무위탁은 관계 지방자치단체 간의 협의에 따라 규약을 정하고 이를 고시하여야 한다. 사무위탁의 경우 지방자치단체의 장은 사무위탁의 당사자가 시·도 또는 시·도지사인 경우에는 행정자치부장관 및 관계중앙행정기관의 장에게, 시·군·자치구 또는 그 장인 경우에는 시·도지사에게 보고하여야 한다(141①②). 사무위탁의 변경 또는 해지의 절차도 이와 같다(141④).

3) 사무위탁규약

사무위탁에 관한 규약에는 ① 사무를 위탁하는 지방자치단체와 사무를 위탁받는 지방자치단체, ② 위탁사무의 내용과 범위, ③ 위탁사무의 관리와 처리방법, ④ 위탁사무의 관리 및 처리에 소요되는 경비의 부담 및 지출방법, ⑤ 기타 사무위탁에 관하여 필요한 사항을 정하여야 한다(141③).

2. 행정협의회

1) 의 의

행정협의회란 둘 이상의 지방자치단체에 관련된 사무의 일부를 공동처리하기 위하여 협의에 따라 구성하는 행정위원회의 성격을 가지는 행정기관이다. 즉 행정협의회는 동급의 지방자치단체간의 구성을 원칙으로 하고 있다. 행정협의회는 그가 결정한 사항을 직접 집행하지는 못하며, 협의회를 구성하는 관계 지방자치단체가 이를 집행한다(147①).

2) 구 성

관계 지방자치단체 사이의 협의에 따라 규약을 정하여 관계 지방의회의 의결을 거쳐 이를 고시함으로써 구성되며(142①②), 행정자치부장관 또는 시·도지사는 공익상 필요할 때에는 관계 지방자치단체에 대하여 협의회의 구성을 권고할 수 있다(142③). 협의회의 구성은 행정자치부장관과 관계 중앙행정기관의 장(시·군·자치구가 구성원인 경우에는 시·도지사)에게 보고하여야 한다(142①후). 협의회의 규약변경 및 폐지의 절차도 이와 같다(148).

3) 조 직

행정협의회는 회장과 회원으로 조직되며, 규약이 정하는 바에 따라 관계 지방자치단체의 직원 중에서 선임된다(143).

4) 협의회규약

협의회의 규약에는 협의회의 명칭·처리할 사무·운영 및 경비부담 등에 관한 사항을 규정하여야 한다(144).

5) 협의사항의 조정

행정협의회에서 합의가 이루어지지 아니한 사항에 대하여 관계 지방자치단체의 요청이 있는 때에는 시·도 간의 협의사항에 대하여는 행정자치부장관이, 시·군·자치구간의 협의사항에 대하여서는 시·도지사가 이를 조정할 수 있다. 다만, 관계 시·군·자치구가 2개 이상의 시·도에 걸치는 경우에는 행정자치부장관이 이를 조정할 수 있다. 행정자치부장관 또는 시·도지사가 위 규정에 의한 조정을 하고자 할 때에는 관계 중앙행정기관의 장과의 협의를 거쳐 후술하는 중앙 또는 지방분쟁조정위원회의 의결에 따라 조정하여야 한다(146).

6) 협의의 효력

행정협의회를 구성하는 관계 지방자치단체는 협의회가 결정한 사항이나 행정자치부장관 또는 시·도지사가 조정한 사항이 있는 경우에는 이에 따라 그 사무를 처리하여야 하며(147①·②), 행정협의회가 지방자치단체 또는 그 장의 명의로 행한 사무처리는 관계 지방자치단체 또는 그 장이 행한 것으로 본다(147③).

3. 지방자치단체의 장 등의 협의체

지방자치단체의 장 또는 지방의회의 의장은 상호간의 교류와 협력을 증진하고 공동의 문제를 협의하기 위하여 ① 시·도지사, ② 시·도의회 의장, ③ 시장·군수·구청장 또는 ④ 시·군·자치구 의회 의장들간의 전국적 협의체를 설립할 수 있다. 협의체를 설립한 때에는 그 대표자는 이를 행정자치부장관에게 신고하여야 한다. 협의체는 지방자치에 직접적인 영향을 미치는 법령 등에 관하여 정부에 의견을 제출할 수 있다(154의2).

4. 지방자치단체조합

제3절에서 이미 설명하였다.

5. 지방공사·지방공단의 공동설립

지방공기업법(50~76)에 의하면 지방자치단체가 상호규약을 정하여 지방공사 또는 지방공단을 공동으로 설립할 수 있다.

Ⅲ. 분쟁조정

지방자치단체 상호간 또는 지방자치단체의 장 상호간에 분쟁이 있는 경우에는 당사자의 신청에 의하여 특별시·광역시·도 또는 그 장이 당사자인 때에는 행정자치부장관이, 시·군·자치구 또는 그 장이 당사자인 때에는 특별시장·광역시장·도지사가 관계 중앙행정기관의 장과의 협의를 거쳐 중앙 또는 지방분쟁조정위원회의 의결에 따라 조정하여야 한다(140 및 140의2). 분쟁조정은 당사자의 신청에 의하여 개시되는 임의적 절차이지만 조정의 결과는 당사자를 기속한다. 즉 행정자치부장관 또는 시·도지사가 조정의 결정을 한 때에는 이를 서면으로 지체없이 관계 지방자치단체의 장에게 통보하여야 하며, 통보를 받은 지방자치단체의 장은 그 조정결정사항을 이행하여야 한다(140④). 만약 이러한 조정결정을 성실하게 이행하지 않는 당사자가 있는 경우에 행정자치부장관 또는 시·도지사는 지방자치법 제157조의 2의 규정에 의한 직무이행명령과 그에 따르는 대집행을 통하여 이를 강제적으로 이행하게 할 수 있다(140⑦).

그러나 이러한 규정에 의하여도 분쟁이 해결되지 아니할 경우에는 헌법에 의하여 국무회의의 심의를 거쳐 대통령이 조정하며, 궁극적으로는 헌법재판소의 권한쟁의심판을 청구할 수 있다(헌111, 헌법재판소법61이하). 헌법재판소의 권한쟁의심판의 결정은 모든 국가기관과 지방자치단체를 기속한다(동법67).

제 10 절 지방자치단체에 대한 국가의 통제

Ⅰ. 서설

지방자치단체는 국가 안에서의 자치 조직으로서의 지위를 가진다. 따라서 자치행정의 국가적 통일성을 확보한다는 견지에서 국가가 일정한 한도에서 지방자치단체의 자치행정에 대하여 관여하는 것이 인정되고 있다.

지방자치단체에 대한 국가적 통제는 그 감독 주체에 따라 입법적 통제, 사법적 통제, 행정적 통제로 나누어진다.

Ⅱ. 입법적 통제

먼저 입법부에 의한 통제로서는 지방자치단체의 조직과 운영에 관한 사항을 지방자치단체의 자율에 맡기지 않고 법률로 정하도록 하고 있다. 이에 따라 지방자치단체의 조직에 대하여는 지방자치법과 지방교육자치에 관한 법률에서 정하는 바에 따르게 하고 있으며, 그 외에도 지방세법·지방재정법·지방공무원법 등이 지방자치단체의 재정·인사 등에 관하여 규율하고 있다.

다음 행정부도 조례는 법령에 위반되지 않는 범위 안에서만 제정할 수 있다는 헌법규정(117①)을 기초로 하여, 지방자치법 등 각 법률이 위임한 범위 내에서 대통령령·총리령·부령 등의 행정입법으로 지방자치에 관하여 규율할 수 있다.

Ⅲ. 사법적 통제

지방자치단체에 대한 사법적 통제는 넓은 의미에서는 행정심판에 의한 통제까지를 포함하는 개념이지만, 좁은 의미에서는 행정소송에 대한 판결을 통한 통제만을 의미한다. 여기서는 행정소송의 제기에 의한 좁은 의미의 사법적 통제를 중심으로 하여 살펴본다.

1. 항고소송 및 당사자소송

지방자치단체의 장의 위법한 처분이나 부작위에 대하여 권리·이익이 침해된 자가 제기하는 취소소송·무효등확인소송·부작위위법확인소송 등의 항고소송과 지방자치단체 자체를 상대방으로 하여 제기된 당사자소송(공법상 손해배상·손실보상·부당이득반환청구소송 등)의 판결을 통하여 지방자치단체의 행위의 적법성을 담보하게 된다.

2. 민중소송

자기의 법률상 이익침해가 없더라도 지방자치단체의 공금지출·재산취득·계약체결·조세부과징수의 해태행위 등에 대하여 감사청구를 한 주민은 감사결과에 불복이 있는 경우 등 일정한 사유가 있는 경우에는 당해 행정행위의 취소·변경 등을 구하는 **주민소송**을 제기할 수 있다(13의5). 한편, 1994. 3. 16 제정된 『공직선거법』상 지방자치단체의 장 및 지방의회의원 선거의 효력에 이의가 있는 선거인이 제기한 **선거소청**에 대하여 시·도 선거관리위원회 또는 중앙선거관리위원회(시·도지사선거 및 비례대표시·도의원선거의 경우)가 행한 결정에 불복할 경우에 관할 고등법원 또는 대법원(시·도지사선거 및 비례대표시·도의원선거의 경우)에 제기하는 선거소송제도만이 인정되고 있다(동법219 및 222).

> **판례** 선거소송은 집합적 행위로서의 선거에 관한 쟁송이라는 판례
> 공직선거및선거부정방지법 제222조와 제224조에서 규정하고 있는 선거소송은 선거일 지정과 선거인 명부의 확정, 후보자의 등록, 투표용지의 조제, 선거인들의 투표 및 그 관리, 투표결과의 심사, 당선인의 결정 등을 포괄하는 집합적 행위로서의 선거에 관한 쟁송으로서, 그 일련의 과정에서 선거에 관한 규정에 위반된 사실이 있고, 그로써 선거의 결과에 영향을 미쳤다고 인정되는 경우에 선거의 전부나 일부를 무효로 하는 소송을 가리킨다(대판 2001. 3. 9, 2000추124).

3. 기관소송

1) 국가기관과 지방자치단체의 장 간의 기관소송

지방자치단체의 장의 명령·처분이 법령에 위반되거나 현저히 부당하여 공익을 해한다고 인정할 때(단, 자치사무는 법령위반에 한함)에는 시·도에 대하여는 주무부장관이, 시·군·자치구에 대하여는 시·도지사가 시정을 명하고 기간 내에 이를 이행치 아니한 때에는 취소·정지할 수 있으며, 특히 자치사무에 관하여는 지방자치단체의 장이 취소·정지에 이의가 있는 때에는 15일 이내에 대법원에 제소할 수 있으며(지자157①·②), 주무부장관의 직무이행명령에 이의가 있는 때에도 15일 이내에 대법원에 제소할 수 있다(157의2후술).

2) 지방의회와 지방자치단체의 장 간의 기관소송

지방의회의 의결(조례안의 의결을 포함한다)이 법령에 위반되거나 공익을 현저히 해한다고

판단될 때에는 시·도에 대하여는 행정자치부장관이, 시·군·자치구에 대하여는 시·도지사가 각각 재의를 요구하도록 명령할 수 있으며, 이 명령을 받은 지방자치단체의 장은 이유를 붙여 지방의회에 재의를 요구하여야 하며, 재의 결과 재적의원 과반수 출석과 출석의원 3분의 2 이상의 찬성으로 전과 같은 의결을 하면 원래의 안이 확정된다. 그러나, 재의결된 사항이 다시 법령에 위반된다고 판단될 때에는 지방자치단체의 장이 20일 이내에 집행정지결정신청과 함께 대법원에 제소할 수 있으며, 제소하지 아니할 때에는 감독관청이 직접 제소 및 집행정지결정신청을 하거나, 제소할 것을 지시할 수 있다(159).

> **판례** 자치구의회의 의결에 대한 시·도지사의 재의요구지시를 따르지 아니한 자치구의 장을 상대로 시·도지사가 바로 조례의 효력을 다투는 소를 제기하는 것은 허용되지 않는다는 판례
>
> 지방자치법 제159조는 시·도지사가 자치구의 장에게 그 자치구의 지방의회 의결에 대한 재의요구를 지시하였음에도 자치구의 장이 그에 따르지 아니하였다 하여, 바로 지방의회의 의결이나 그에 의한 조례의 효력을 다투는 소를 자치구의 장을 상대로 제기할 수 있는 것으로 규정하고 있지는 아니하고, 달리 지방자치법상 이러한 소의 제기를 허용하고 있는 근거규정을 찾아볼 수 없으므로, 시·도지사가 자치구의 장을 상대로 조례안 의결의 효력 혹은 그에 의한 조례의 존재나 효력을 다투는 소를 제기하는 것은 지방자치법상 허용되지 아니하는 것이라고 볼 수밖에 없다(대판 1999. 10. 22, 99추54).

4. 헌법소송

1) 권한쟁의심판

국가기관과 지방자치단체 간 및 지방자치단체 상호간에 권한의 존부 또는 범위에 관하여 다툼이 있을 때에는 헌법재판소에 권한쟁의심판을 청구할 수 있으며, 헌법재판소의 결정은 모든 국가기관과 지방자치단체를 기속한다(헌법재판소법61·62·67).

2) 헌법소원심판

지방자치단체의 공권력 행사 또는 불행사로 인하여 헌법상의 기본권을 침해받은 주민은 헌법재판소에 헌법소원심판을 청구할 수 있다. 이 경우에는 다른 법률상의 구제절차가 있는 경우에는 그 절차를 모두 거친 후가 아니면 청구할 수 없으며, 헌법재판소는 이러한 헌법소원심판을 통하여 지방자치단체의 위법한 공권력 행사를 통제할 수 있게 된다(동법 68~75).

한편, 지방자치단체는 자치행정권을 보장받고 있음에 불과하며 기본권의 주체는 될 수 없고, 오히려 기본권보장의 의무가 있을 뿐이므로 헌법소원을 제기할 수 없다(헌재결 1998. 3. 26, 96헌마345).

Ⅳ. 행정적 통제

1. 통제기관

국가와 지방자치단체에 대한 통제 중 가장 직접적·능동적인 통제가 된다. 국가에 의한 지방자치단체의 행정적 통제에는 여러 가지가 있다. 대통령, 국무총리 및 행정 각부 장관 등에 의한 통제가 이에 해당한다. 대통령은 행정권의 수반으로 지방자치단체에 대한 최종적 감독기관이며, 대통령의 명을 받아 국무총리도 감독기관이 된다. 행정 각부 장관은 그 소관 사무에 관하여 시·도에 대한 감독권을 가지며, 광역자치단체의 장도 국가기관의 지위에서 그 구역 내의 시·군 및 자치구 사무에 대한 감독권을 가진다.

그 밖에 행정안전부장관은 정부조직법 제31조에 의거하여 지방자치단체의 사무에 대한 일반적 감독권을 가지며, 교육부장관은 교육·학예에 관한 일반적 감독권을 가진다.

2. 통제 방법

1) 명령·처분의 시정명령 및 취소·정지

지방자치법 제188조(위법·부당한 명령이나 처분의 시정)
① 지방자치단체의 사무에 관한 지방자치단체의 장(제103조제2항에 따른 사무의 경우에는 지방의회의 의장을 말한다. 이하 이 조에서 같다)의 명령이나 처분이 법령에 위반되거나 현저히 부당하여 공익을 해친다고 인정되면 시·도에 대해서는 주무부장관이, 시·군 및 자치구에 대해서는 시·도지사가 기간을 정하여 서면으로 시정할 것을 명하고, 그 기간에 이행하지 아니하면 이를 취소하거나 정지할 수 있다.
② 주무부장관은 지방자치단체의 사무에 관한 시장·군수 및 자치구의 구청장의 명령이나 처분이 법령에 위반되거나 현저히 부당하여 공익을 해침에도 불구하고 시·도지사가 제1항에 따른 시정명령을 하지 아니하면 시·도지사에게 기간을 정하여 시정명령을 하도록 명할 수 있다.
③ 주무부장관은 시·도지사가 제2항에 따른 기간에 시정명령을 하지 아니하면 제2항에 따른 기간이 지난 날부터 7일 이내에 직접 시장·군수 및 자치구의 구청장에게 기간을 정하여 서면으로 시정할 것을 명하고, 그 기간에 이행하지 아니하면 주무부장관이 시장·군수 및 자치구의 구청장의 명령이나 처분을 취소하거나 정지할 수 있다.
④ 주무부장관은 시·도지사가 시장·군수 및 자치구의 구청장에게 제1항에 따라 시정명령을 하였으나 이를 이행하지 아니한 데 따른 취소·정지를 하지 아니하는 경우에는 시·도지사에게 기간을 정하여 시장·군수 및 자치구의 구청장의 명령이나 처분을 취소하거나 정지할 것을 명하고, 그 기간에 이행하지 아니하면 주무부장관이 이를 직접 취소하거나 정지할 수 있다.
⑤ 제1항부터 제4항까지의 규정에 따른 자치사무에 관한 명령이나 처분에 대한 주무부장관 또는 시·도지사의 시정명령, 취소 또는 정지는 법령을 위반한 것에 한정한다.
⑥ 지방자치단체의 장은 제1항, 제3항 또는 제4항에 따른 자치사무에 관한 명령이나 처분의 취소 또는

> 정지에 대하여 이의가 있으면 그 취소처분 또는 정지처분을 통보받은 날부터 15일 이내에 대법원에 소를 제기할 수 있다.

① 자치사무에 관한 명령(법규정립행위)·처분(개별구체적 행위)은 위법한 경우에 한하여 주무부장관 또는 시·도지사(시·군·자치구의 경우)가 시정을 명하고, 기간 내에 이행하지 않을 경우에는 취소·정지할 수 있다. 자치사무에 대한 취소·정지에 대하여는 15일 내에 대법원에 제소할 수 있다. 지방자치법 제188조 제5항의 '법령위반'의 개념에 '재량권의 일탈·남용'이 포함되는가? 생각건대 지방자치법 제188조 제5항에서 규정하고 있는 지방자치단체의 사무에 관한 그 장의 명령이나 처분이 '법령에 위반'되는 경우라 함은 명령이나 처분이 현저히 부당하여 공익을 해하는 경우, 즉 합목적성을 현저히 결하는 경우와 대비되는 개념으로, 시·군·구의 장의 사무의 집행이 명시적인 법령의 규정을 구체적으로 위반한 경우뿐만 아니라 그러한 사무의 집행이 '재량권을 일탈·남용하여 위법'하게 되는 경우를 포함한다고 할 것이므로, 시·군·구의 장의 자치사무의 일종인 당해 지방자치단체 소속 공무원에 대한 승진처분이 '재량권을 일탈·남용하여 위법'하게 된 경우 시·도지사는 지방자치법 제188조 제5항에 따라 그에 대한 시정명령이나 취소 또는 정지를 할 수 있다[대법원 2007.3.22, 선고, 2005추62, 전원합의체 판결]고 본다.

② 위임사무(기관·단체위임사무 포함)에 관한 명령·처분은 위법하거나 현저히 부당하여 공익을 해할 경우에 주무부장관 또는 시·도지사(시·군·자치구의 경우)가 시정을 명하고, 기간 내에 이행하지 않을 경우에는 취소·정지할 수 있다. 위임사무에 대한 취소·정지에 대하여는 대법원에 제소할 수 없다. 이와 같이 위임사무에 관한 행정적 지휘·감독권의 범위는 처분의 '합법성'뿐만 아니라 '합목적성(현저한 부당)'의 확보에까지 미치도록 한 반면, 자치사무(고유사무)에 대하여는 처분의 '합법성'의 확보에 그치도록 함으로써 지방자치단체의 자치사무에 대하여는 자율성 확보를 위하여 배려하고 있다.

2) 직무이행명령 및 대집행

> 지방자치법 제189조(지방자치단체의 장에 대한 직무이행명령)
> ① 지방자치단체의 장이 법령에 따라 그 의무에 속하는 국가위임사무나 시·도위임사무의 관리와 집행을 명백히 게을리하고 있다고 인정되면 시·도에 대해서는 주무부장관이, 시·군 및 자치구에 대해서는 시·도지사가 기간을 정하여 서면으로 이행할 사항을 명령할 수 있다.
> ② 주무부장관이나 시·도지사는 해당 지방자치단체의 장이 제1항의 기간에 이행명령을 이행하지 아니하면 그 지방자치단체의 비용부담으로 대집행 또는 행정상·재정상 필요한 조치(이하 이 조에서 "대집행등"이라 한다)를 할 수 있다. 이 경우 행정대집행에 관하여는 「행정대집행법」을 준용한다.
> ③ 주무부장관은 시장·군수 및 자치구의 구청장이 법령에 따라 그 의무에 속하는 국가위임사무의 관리와 집행을 명백히 게을리하고 있다고 인정됨에도 불구하고 시·도지사가 제1항에 따른 이행명령

을 하지 아니하는 경우 시·도지사에게 기간을 정하여 이행명령을 하도록 명할 수 있다.
④ 주무부장관은 시·도지사가 제3항에 따른 기간에 이행명령을 하지 아니하면 제3항에 따른 기간이 지난 날부터 7일 이내에 직접 시장·군수 및 자치구의 구청장에게 기간을 정하여 이행명령을 하고, 그 기간에 이행하지 아니하면 주무부장관이 직접 대집행등을 할 수 있다.
⑤ 주무부장관은 시·도지사가 시장·군수 및 자치구의 구청장에게 제1항에 따라 이행명령을 하였으나 이를 이행하지 아니한 데 따른 대집행등을 하지 아니하는 경우에는 시·도지사에게 기간을 정하여 대집행등을 하도록 명하고, 그 기간에 대집행등을 하지 아니하면 주무부장관이 직접 대집행등을 할 수 있다.
⑥ 지방자치단체의 장은 제1항 또는 제4항에 따른 이행명령에 이의가 있으면 이행명령서를 접수한 날부터 15일 이내에 대법원에 소를 제기할 수 있다. 이 경우 지방자치단체의 장은 이행명령의 집행을 정지하게 하는 집행정지결정을 신청할 수 있다.

지방자치단체의 장이 법령의 규정에 의하여 그 의무에 속하는 국가위임사무 또는 시·도위임사무(모두 기관위임사무를 말한다)의 관리 및 집행을 명백히 해태하고 있다고 인정되는 때에는 시·도에 있어서는 주무부장관이, 시·군·자치구에 있어서는 시·도지사가 기간을 정하여 그 이행할 사항을 명령할 수 있으며, 이 기간 내에 이를 이행하지 아니할 때에는 당해 지방자치단체의 비용부담으로 대집행하거나 행정·재정상 필요한 조치를 할 수 있다. 직무이행명령은 기관위임사무에만 적용될 뿐 자치사무 또는 단체위임사무에는 적용되지 아니한다(대판 2013. 6. 27. 2009추206). 그러나 지방자치단체의 장은 이 이행명령에 이의가 있는 때에는 이행명령의 집행정지결정신청과 함께 대법원에 제소할 수 있다.

3) 사무 및 회계감사

행정안전부장관 또는 상급자치단체의 장은 지방자치단체의 자치사무에 관하여 보고를 받거나 서류·장부·회계를 감사할 수 있으며, 이 경우의 감사는 법령위반사항에 한하여 실시한다(158). 감사원도 회계검사(감사원22) 및 직무감찰(동법24)을 할 수 있다.

4) 명령 및 지정

① 법령에 위반되거나 공익을 현저히 해한다고 인정되는 지방의회의 의결에 대하여는 감독관청인 행정자치부장관 또는 시·도지사가 당해 지방자치단체의 장에게 재의를 요구하도록 명령할 수 있으며(159①), 재의결된 사항이 다시 법령에 위반된다고 판단될 경우에는 대법원에 제소할 것을 지시할 수 있다(159④). ② 행정자치부장관은 공익상 필요한 경우에는 지방자치단체조합의 설립·해산·규약변경을 명할 수 있으며(153), ③ 지방자치단체의 구역변경·폐치·분합시에 지역에 의하여 지방자치단체의 사무와 재산을 구분하기 곤란한 때에는 행정자치부장관 또는 시·도지사는 사무와 재산을 승계할 지방자치단체를 지정할 수 있다(5②).

5) 승　인

지방자치단체의 행위에 대하여 사전감독의 일환으로 승인을 받도록 하는 것으로서, 지방자치단체조합설립(149①), 지방채 기채(115①), 자치구가 아닌 구와 읍·면·동의 폐치·분합(4③) 등에 대한 행정자치부장관의 승인이 그 예이다.

6) 보　고

사후감독의 일환으로 일정한 행위에 대하여 보고하도록 하는 것으로서, 규칙의 공포예정 15일 전 또는 조례가 의회에서 의결되어 이송되어 온 경우(21), 예산·결산이 의회의 의결 또는 승인을 얻은 경우(124·125)에 각각 행정자치부장관 등에게 보고하여야 한다.

7) 징계처분 등의 요구

감사원은 지방공무원의 비위를 감찰하여 징계사유에 해당할 경우에는 소속 지방자치단체의 장에게 징계요구를 할 수 있으며(감사원32), 또한 감사 결과 변상책임의 유무를 판정하고 그 판정에 대한 재심의 청구에 대하여 재심의한다(동31·36~40).

8) 분쟁조정

지방자치단체 상호간에 분쟁이 있는 경우 그 일방 당사자의 신청에 의하여 행정자치부장관이 관계 중앙행정기관의 장과 협의하여 이를 조정한다(지자140). 이러한 절차로도 해결되지 아니하면 국무회의의 심의를 거쳐 국무총리 및 대통령이 이를 해결하고, 궁극적으로는 헌법재판소의 권한쟁의심판에 의하게 된다.

9) 행정심판청구에 대한 재결

지방자치단체의 장의 위법·부당한 처분에 대하여 행정심판이 제기될 경우, 특별시장·광역시장·도지사의 처분에 대하여는 소관 중앙행정기관의 장이, 시장·군수·자치구청장의 처분에 대하여는 특별시장·광역시장·도지사가 각각 재결청이 된다. 따라서 국가 또는 상급자치단체는 자치단체의 장의 처분에 대한 재결을 통하여 위법·부당한 사무처리를 시정·감독하게 된다.

제3장 공무원법

제1절 개설

Ⅰ. 공무원의 개념

'국가 또는 지방자치단체의 공무담당자'를 그 기관으로서의 지위를 떠나서 인적으로 파악하는 경우 이를 '공무원'이라고 한다.

국가 또는 지방자치단체의 기관은 이러한 공무원으로 구성되는 바, 공무원은 법인격이 없는 기관 그 자체와는 달리 국가 또는 지방자치단체와는 별개의 법인격이 인정되므로 국가와 지방자치단체와의 사이에 일정한 권리·의무관계를 형성하게 된다. 이러한 공무원은 '광의의 공무원'과 '협의의 공무원'으로 나누어진다.

1. 광의의 공무원

'광의의 공무원'이란 국가공무원법 및 지방공무원법의 적용을 받는 공무원뿐만 아니라 국회의원·지방의회의원과 입법부·사법부의 모든 구성원으로서 널리 공무를 담당하는 자를 말한다.

우리 헌법(7①)이 『'공무원'은 국민전체에 대한 봉사자이며 국민에 대하여 책임을 진다』고 할 때의 공무원의 개념은 바로 이러한 '광의의 공무원'을 뜻한다.

공무원제도의 기본법이라 할 수 있는 국가공무원법이나 지방공무원법은 공무원의 개념을 정의하지 않고, 공무원을 크게 '경력직공무원'과 '특수경력직공무원'으로 나누고 있다(국공2·지공2). 경력직공무원은 다시 일반직·특정직 공무원으로 나누어지며, 특수경력직공무원은 다시 정무직·별정직공무원으로 나누어진다. 여기서 '정무직공무원'은 선거에 의하여 취임하거나, 임명에 있어서 국회의 동의를 요하는 공무원 등을 의미하므로 대통령·국회의원·지방자치단체의 장·지방의회의원 등이 포함된다 할 것이며 따라서 공무원법상에서의 공무원은 '넓은 의미에서의 공무원'을 말한다.

2. 협의의 공무원

'협의의 공무원'은 국가공무원법과 지방공무원법의 적용을 받는 국가 또는 지방자치단체의 '피용자'로서의 지위를 가지고 있는 각종 공무원을 말한다.

즉 공무원은 국가·지방자치단체에 의하여 임명되어 그 공무에 종사하는 자이다. 광의의 공무원에 포함되고 있는 특수경력직공무원으로서의 '정무직공무원'은 대부분 국가 또는 지방자치단체에 의한 임명이 아니라 국민의 정치적 선택에 의하여 직을 유지하게 되는 것이므로 국가 또는 지방자치단체의 피용자는 아니다. 그러므로 정무직공무원은 협의의 공무원에 포함되지 않는다.

판례   국가나 지방자치단체에 근무하는 청원경찰에 대한 징계처분에 대한 불복방법

국가나 지방자치단체에 근무하는 청원경찰은 국가공무원법이나 지방공무원법상의 공무원은 아니지만, 다른 청원경찰과는 달리 그 임용권자가 행정기관의 장이고, 국가나 지방자치단체로부터 보수를 받으며, 산업재해보상보험법이나 근로기준법이 아닌 공무원연금법에 따른 재해보상과 퇴직급여를 지급받고, 직무상의 불법행위에 대하여도 민법이 아닌 국가배상법이 적용되는 등의 특질이 있으며 그외 임용자격, 직무, 복무의무 내용 등을 종합하여 볼때, 그 근무관계를 '사법상의 고용계약관계'로 보기는 어려우므로 그에 대한징계처분의 시정을 구하는 소는 '행정소송'의 대상이지 '민사소송'의 대상이 아니다.(대법원 1993.07.13. 선고 92다47564 판결)

Ⅱ. 공무원의 종류

1. 국가공무원·지방공무원

공무원은 그 임명주체와 담당사무를 중심으로 하여, 국가에 의하여 임명되고 국가의 사무를 집행하는 공무원을 '**국가공무원**', 지방자치단체에 의하여 임명되고 지방자치단체의 사무를 집행하는 공무원을 '**지방공무원**'이라고 한다. 그러나 국가에 의하여 임명된 국가공무원이라 하여 항상 국가의 사무만을 담당하는 것은 아니고 지방자치단체에 배치되어 지방자치단체의 사무를 집행하는 경우도 있으며, 반대로 지방공무원이라 하여 반드시 지방자치단체의 사무만을 담당하는 것은 아니다. 즉 국가공무원이라 하여 지방자치단체의 사무를 거부하고 지방공무원이라 하여 국가사무를 거부할 수 있다는 것은 아니다. 형식적으로 국가공무원에게는 국가공무원법이, 지방공무원에게는 지방공무원법이 각각 적용된다는 점에서 구별이 가능하다. 그러므로 양자의 실질적 구별은 공무원이 근무의무를 지는 행정주체와 보수 기타 경비부담주체를 기준으로 하는 것이 타당하다.

2. 경력직공무원·특수경력직공무원

공무원의 담당직무의 내용·임용자격·신분보장 등에 따라 직업공무원과 비직업공무원으로 구분할 때에 사용되는 개념이다.

> 국가공무원법 제2조(공무원의 구분)
> ① 국가공무원(이하 "공무원"이라 한다)은 경력직공무원과 특수경력직공무원으로 구분한다.
> ② "경력직공무원"이란 실적과 자격에 따라 임용되고 그 신분이 보장되며 평생 동안(근무기간을 정하여 임용하는 공무원의 경우에는 그 기간 동안을 말한다) 공무원으로 근무할 것이 예정되는 공무원을 말하며, 그 종류는 다음 각 호와 같다.
> 1. 일반직공무원: 기술·연구 또는 행정 일반에 대한 업무를 담당하는 공무원
> 2. 특정직공무원: 법관, 검사, 외무공무원, 경찰공무원, 소방공무원, 교육공무원, 군인, 군무원, 헌법재판소 헌법연구관, 국가정보원의 직원, 경호공무원과 특수 분야의 업무를 담당하는 공무원으로서 다른 법률에서 특정직공무원으로 지정하는 공무원
> 3. 삭제
> ③ "특수경력직공무원"이란 경력직공무원 외의 공무원을 말하며, 그 종류는 다음 각 호와 같다.
> 1. 정무직공무원
> 가. 선거로 취임하거나 임명할 때 국회의 동의가 필요한 공무원
> 나. 고도의 정책결정 업무를 담당하거나 이러한 업무를 보조하는 공무원으로서 법률이나 대통령령(대통령비서실 및 국가안보실의 조직에 관한 대통령령만 해당한다)에서 정무직으로 지정하는 공무원
> 2. 별정직공무원: 비서관·비서 등 보좌업무 등을 수행하거나 특정한 업무 수행을 위하여 법령에서 별정직으로 지정하는 공무원
> 3. 삭제
> 4. 삭제
> ④ 제3항에 따른 별정직공무원의 채용조건·임용절차·근무상한연령, 그 밖에 필요한 사항은 국회규칙, 대법원규칙, 헌법재판소규칙, 중앙선거관리위원회규칙 또는 대통령령(이하 "대통령령등"이라 한다)으로 정한다.

1) 경력직공무원

경력직공무원은 '실적과 자격에 의하여 임명되고 신분이 보장되며 평생토록 근무할 것이 예정되는 **직업공무원**'으로서, 그 종류는 다음과 같다(국공2②·지공2②).

① 일반직공무원

'기술·연구·행정일반에 대한 업무를 담당하는 공무원'으로서, 직군·직렬별로 분류되며, 계급은 1급 내지 9급으로 구분된다. 그러나 고위공무원단에 속하는 공무원은 계급구분을 하지 아니한다.

② 특정직공무원

법관·검사, 외무·경찰·소방·교육공무원, 군인·군무원, 헌법재판소 헌법연구관, 국가정보원의 직원, 경호공무원과 기타 특수분야의 업무를 담당하는 공무원으로서 다른 법률에 의하여 특정직공무원으로 지정되어 있는 공무원을 말한다.

> 국가공무원법 제26조의5(근무기간을 정하여 임용하는 공무원)
> ① '임용권자는 전문지식·기술이 요구되거나 임용관리에 특수성이 요구되는 업무를 담당하게 하기 위하여 경력직공무원을 임용할 때에 일정기간을 정하여 근무하는 공무원'(이하 "임기제공무원"이라 한다)을 임용할 수 있다.
> ② 임기제공무원의 임용요건, 임용절차, 근무상한연령 및 그 밖에 필요한 사항은 대통령령등으로 정한다.

2) 특수경력직공무원

경력직공무원 이외의 공무원으로서, **비직업공무원**을 말하며, 다음과 같이 세분된다(국공2③, 지공2③).

① 정무직공무원

'선거에 의하여 취임하거나 국회·지방의회의 동의를 얻어 임명되는 공무원 또는 고도의 정책결정업무를 담당하거나 이를 보조하는 공무원으로서 법령에서 정무직으로 지정하는 공무원'을 말한다. 현재 이에 해당하는 공무원으로서는 감사원장·감사위원 및 사무총장, 국회사무총장·차장, 헌법재판소 상임재판관·사무총장, 중앙선거관리위원회 상임위원·사무처장, 국무총리·국무위원, 처의 처장, 차관, 청장, 국무조정실장, 국무총리비서실장, 서울특별시장·직할시장·도지사, 차관급 상당 이상의 보수를 받는 비서관(예 : 대통령비서실의 수석비서관 등)과 국가정보원의 부장·차장 등이 있으며 모두 차관급 이상의 공무원이다.

② 별정직공무원

'특정 업무를 담당하기 위하여 별도의 자격기준에 의하여 임용되는 공무원으로서 법령에서 별정직으로 지정하는 공무원'을 말한다. 현재 이에 해당하는 공무원으로서는 국회 전문위원, 감사원 사무차장, 시·도 선거관리위원회 상임위원, 국가정보원 기획조정실장, 원자력위원회 상임위원, 각급 노동위원회 상임위원, 해양안전심판원 원장 및 심판관, 비서관·비서 등이 있다.

3) 경력직공무원과 특수경력직공무원의 차이: 적용법규

> 국가공무원법 제3조(적용범위)
> ① 특수경력직공무원에 대하여는 이 법 또는 다른 법률에 특별한 규정이 없으면 제33조, 제43조제1

> 항, 제44조, 제45조, 제45조의2, 제45조의3, 제46조부터 제50조까지, 제50조의2, 제51조부터 제59조까지, 제59조의2, 제60조부터 제67조까지, 제69조, 제84조 및 제84조의2에 한정하여 이 법을 적용한다.
> ② 제1항에도 불구하고 제2조제3항제1호의 정무직공무원에 대하여는 제33조와 제69조를 적용하지 아니하고, 대통령령으로 정하는 특수경력직공무원에 대하여는 제65조와 제66조를 적용하지 아니한다.
> ③ 제26조의2와 제26조의3은 대통령령등으로 정하는 공무원에게만 적용한다.
> ④ 제26조의5에 따라 근무기간을 정하여 임용하는 공무원에 대하여는 이 법 또는 다른 법률에 특별한 규정이 없으면 제28조의2, 제28조의3, 제32조의2, 제32조의4, 제40조, 제40조의2부터 제40조의4까지, 제41조, 제73조의4, 제74조 및 제74조의2를 적용하지 아니한다.

'경력직공무원'에 대하여는 국가공무원법과 지방공무원법이 적용되며, '특수경력직공무원'에게는 이들 법률 중 보수능률 및 복무에 관하여만 적용함을 원칙으로 하고, 예외적으로 징계에 관한 규정도 준용할 수 있도록 하였다(국공3·83의3).

'특수경력직공무원'은 직업공무원이 아니기 때문에 '경력직공무원'에 적용되는 엄격한 임용자격(시험 등)과 교육훈련·신분보장 등의 규정은 적용하지 않는다는 취지이지만, 신분보장규정 중 징계규정만은 특별히 준용할 수 있도록 한 이유는 엄격한 징계절차 없이도 면직할 수 있어야 함에도 불구하고, 실제로는 비행이 있더라도 아무런 제재조치 없이 묵인되어 '경력직공무원'보다 사실상 더 강한 신분보장을 받을 우려가 있다는 데에 기인한다. 한편, 경력직 공무원 중 '특정직공무원'은 특수한 분야의 직무를 수행하기 때문에 임용방법·계급구분·보수·복무 등에 관하여 '일반직공무원'과 다른 특례를 규정한 경찰공무원법·외무공무원법·군인사법·교육공무원법·소방공무원법 등의 특별법의 적용을 받는다.

III. 공무원제도의 기본원칙

1. '민주적' 공무원제도

1) 국민에 대한 봉사와 책임

헌법(7①)에 의거하여 "공무원은 국민 전체의 봉사자이며 국민에 대하여 책임을 진다." 공무원이 국민전체의 봉사자라는 의미는 공무원의 근무관계가 근대국가에서처럼 군주 개인에 대한 절대복종의 지위에 있거나 특정 정당의 이익에 봉사하는 것이 아니며, 국민의 이익을 위하여 공평무사한 직무수행의 원칙에 따라 근무하여야 한다는 것이다. 그러므로 공무원이 처리하는 공무는 '민주주의의 원리'에 따라서 결정되어야 하고, 그 공무의 처리방법도 주권자인 국민전체의 최대이익에 부합하는 것이어야 한다. 일반적으로 정치적 공무원은 자신의 정치적 신조 또는 유권자의 의지에 따른 정치적 활동을 통하여 공익에 가장 적합한 방식으로 국가의 의사결정에 참여하는 것이지만, 일반공무원은 법령에 의하여 정하여진 직무범위 내에서 자신의 양식과 능력을 활용하여 충실한 법의 집행자로서 직무를 수행하여야 하는 것이다.

공무원은 공무수행에 있어서의 고의나 과실에 의한 위법을 행하거나 직무의 태만에 의하여 '손해를 발생'한 경우에는 그 임용권자에 대하여 책임을 지는 것이 아니라, 궁극적으로 '국민에 대하여 책임'을 지는 것이다. 공무원의 책임은 그 성격에 따라 법적 책임과 정치적 책임이 있다. '법적 책임'에는 대통령·국무총리·국무위원 등의 공무원이 그 직무를 수행에 있어서 헌법 또는 법률에 위반한 때에는 국회가 탄핵소추를 할 수 있고, 헌법재판소의 탄핵심판에 의하여 파면당하며, 일반 공무원이 국민의 손해배상청구에 의하여 책임을 지며, 직무상의 행위와 그 권한행사의 결과에 대하여는 민·형사 및 징계책임을 지게 된다. '정치적 책임'으로서는 선거에 의하여 선임되는 공무원을 국민이 선거에 의하여 심판하는 경우나 국회의 국무총리 및 국무위원의 해임건의 및 불법행위를 한 공무원에 대한 청원의 처리 등이 있다.

2) 공무담임의 기회균등

공무담임이란 국민이 입법·행정·사법은 물론 국가·지방자치단체·공공단체의 구성원이 되어 직접 그 직무를 담당하는 것을 말한다. 모든 국민은 헌법(24)에 의거하여 공무담임권을 가지며, 성별·종교·사회적 신분 등에 의한 차별을 받지 않고 능력에 따라 누구든지 평등하게 공무를 담임할 기회가 보장되어 있다. 이러한 공무담임권의 보장은 추상적인 권리의 보장을 의미하는 것이지 구체적인 개인적 공권으로서의 보장은 아니다. 즉 국민은 일정한 자격이나 시험을 통하여 공무를 수행할 수 있는 지위를 가질 때 비로소 이러한 공무담임권이 구체적으로 실행되는 것이다.

3) 민주적 인사제도

공무원의 직급·직위분류, 임면·복무·보수·징계 등 공무원 인사제도의 기본적 사항은 모두 법률로 정함으로써 인사제도에 민주적 통제를 가하고 있으며, 각급 행정기관의 인사위원회·징계위원회 등 합의제 의결기관의 설치로 민주성을 강화하고 있으나, 1999. 5. 24 국가공무원법을 개정하여 대통령직속으로 완전히 독립된 합의제 중앙행정관청인 중앙인사위원회를 설치함으로써 민주적 인사제도확립에 기여하고 있다. 중앙인사위원회는 ① 인사정책 및 인사행정운영의 기본방침, ② 인사관계법령의 제정·개폐, ③ 고위공무원단에 속하는 공무원의 채용과 승진심사, ④ 직무분석의 원칙과 기준, ⑤ 소청에 관한 사무 등의 인사정책업무를 관장하고 있다(국공7).

2. 직업공무원제도

> '직업공무원제도'란 행정의 일관성과 고유성 및 효율성을 유지하기 위하여 헌법과 법률에 의하여 공무원의 '신분을 보장'하며, 공무원의 임용이 공무원 개인의 '능력이나 업적'에 따라 보장되는 공무원제도를 말한다.

우리 헌법(7②)은 『공무원의 신분과 정치적 중립성은 법률이 정하는 바에 의하여 보장된다』고 하여 직업공무원제를 천명하여, 헌법적 제도로서의 직업공무원제를 보장하고 있다. 따라서 직업공무원제는 사적 계약에 근거하여 국가가 기본적이고 필요불가결한 공무원을 고용하지 않으면 침해되게 되는데 이러한 경우에 있어서는 제도적 보장의 침해뿐만 아니라, 궁극적으로는 기본권도 침해하게 된다. 따라서 직업공무원제도는 공무원법의 영역에서 실제적으로 적용되고 있다하더라도 헌법적 제도로서의 의미를 가지는 것이다.

판례 직업공무원제는 '정치적 중립성'과 '신분보장'을 중추적 요소로 한다는 판례
헌법 제7조 제2항이 직업공무원제도가 정치적 중립성과 신분보장을 중추적 요소로 하는 민주적이고 법치주의적인 공직제도임을 천명하고 그 구체적 내용을 법률로 정하도록 위임하고 있으므로, 이와 같은 헌법의 위임 및 기속적 방향제시에 따라 지방공무원법이 지방공무원의 종류 및 신분보장에 관하여 규정함에 있어서 직업공무원제의 구체적 내용을 침해하거나 비례의 원칙(과잉금지의 원칙) 또는 신뢰보호의 원칙에 위반되지 아니하는 한 입법재량의 범위 내에 있는 것으로서 이를 위헌·무효의 규정이라 할 수 없다(대판 1997. 3. 14, 95누17625).

1) 신분의 보장

'공무원의 신분보장'이란 엽관제의 폐단을 방지하고 국민전체에 대한 봉사자로서 공무원이 공무에 전념할 수 있도록 공무원의 직을 보장하는 것을 말한다. 신분보장을 통하여 능력 있는 공무원을 채용하며, 이들로 하여금 평생 공무에 전념할 수 있도록 보장하여 공무의 전문성·능률성을 확보하려는 것이다. 국가공무원법(68)은 『공무원은 형의 선고·징계처분 또는 이 법이 정하는 사유에 의하지 아니하고는 그 의사에 반하여 휴직·강임 또는 면직을 당하지 아니한다』고 규정하여 신분보장을 실현하고 있다. 신분보장을 하는 데 있어서 직업공무원을 반드시 종신직으로 해야 하는 것은 아니고 정년제를 도입하는 것이 원칙이다.

2) 정치적 중립성

공무원은 국민전체에 대한 봉사자이지 정권을 획득한 특정 정파에 대한 봉사자는 아니므로, 특히 '정치적 중립성'이 요구된다. 정치적 중립성은 정권교체에 따른 엽관주의 등의 폐해를 방지하여 공무의 계속성·안정성을 유지하기 위한 것이다. 따라서 공무원은 일정한 정치운

동과 정치적 집단행위가 금지된다(국공65·66).

3) 성적주의

'성적주의'란 공무원의 임용과 승진에 있어서 정치세력에 의한 간섭 없이 오직 개인의 성적을 근거로 하여 인사행정을 행하는 원칙을 말한다. 공무원의 임명·승진 등에 있어서는 정실이나 정치성을 배제하고 오직 『시험·근무성적 기타 능력의 실증』에 의하도록 하였다(국공26).

4) 직위분류제

> '직위분류제'란 '1인의 공무원에게 부여할 수 있는 직무와 책임(직위)을 그 직위를 담당하는 어떤 특정인과 관계없이 직무의 객관적인 종류·곤란성 및 책임도에 따라 직렬과 직급별로 분류하는 제도'를 말한다.

여기서 『직렬』이란, 예컨대 경찰직, 교정직 등과 같이 직무의 종류가 비슷하고, 그 곤란성과 책임의 정도가 다른 직급의 군을 말하며, 『직급』이란 경무관, 총경, 교정관 등과 같이 직무의 곤란성과 책임도가 상당히 비슷한 직위의 군으로서 동일한 직급에 속하는 직위에 대하여 임용자격·시험·보수 기타 인사행정에 있어서 동일한 취급을 하는 직위분류의 최소단위이다. '직위분류제'는 직업공무원제의 필수적 요소는 아니지만, 모든 직위의 공무원을 일정한 통일적 기준에 따라 분류·정리함으로써 동일한 직급에 대해서는 선발요건과 보수를 동일하게 책정하려는 데 있다. 예컨대 사무관 또는 7급의 공무원이라면 각각 임용요건과 보수도 같아야 하는 것이다. 우리나라의 공무원분류제도를 보면, 계급제를 기반으로 하면서도 직위분류제의 요소를 가미하고 있다.

> 국가공무원법 제22조(직위분류제의 원칙) 직위분류를 할 때에는 모든 대상 직위를 직무의 종류와 곤란성 및 책임도에 따라 직군·직렬·직급 또는 직무등급별로 분류하되, 같은 직급이나 같은 직무등급에 속하는 직위에 대하여는 동일하거나 유사한 보수가 지급되도록 분류하여야 한다.

3. 공무원 근무관계의 성질: 공무원에 대한 근로기준법의 적용가능성 긍정

제 2 절 공무원관계의 변동(발생 · 변경 · 소멸)

Ⅰ. 공무원관계의 발생(임명행위)

공무원관계의 발생원인은 그 신분취득의 방식에 따라 ① 국회의원의 당선처럼 선거에 의한 경우, ② 병역법에 의한 징·소집처럼 법률에 의하여 당연히 성립되는 경우, ③ 임명에 의한 경우 등으로 나누어진다. 이 중 경력직공무원의 신분취득으로서 가장 보편적인 것이 바로 '임명'이다.

1. 임명의 개념

'임명'이란 협의로는 공무원관계를 발생시키는 신규채용행위를 말하는 것이지만, 넓게는 면직을 포함하는 의미로 사용되고 있다.

각종 공무원법에는 임명을 임용이라는 용어로 표현하고 있다. '임용'은 넓게는 승진·전보·전직·휴직·면직·파면·파견·강임·직위해제·복직 등 공무원관계의 변경·소멸행위까지 포함하며, 좁게는 신규채용·승진임용·강임·전직·전보 등의 공무원관계의 발생·변경행위를 의미하고, 가장 좁게는 공무원관계를 처음으로 발생시키는 신규채용으로서의 임명행위만을 의미한다.

공무원법상 광의의 임명을 임용이라는 용어로 사용하고 있지만, 좁은 의미에서의 임명은 공법상의 근무관계 또는 공무원관계의 발생만을 말한다. 여기에서는 임명을 이와 같은 좁은 의미에서 파악함으로써 임용과 구별하고자 한다.

2. 임명의 법적 성질

공무원관계를 발생시키는 임명행위의 성질에 관하여는 ① **공법상 계약설**, ② **쌍방적 행정행위설** 등이 대립되어 있다.

생각건대, 임명의 법적 성격은 2분법적으로 정할 수는 없다. 따라서 판례의 견해와 같이 '일반적 공무원의 임명'은 상대방의 신청이나 동의를 전제로 하는 협력을 요하는 '쌍방적 행정행위'의 성격을 가지나, '계약직 공무원의 임명'은 '공법상 계약'의 성격을 가지고 있다고 본다.

판례는 경력직 공무원의 임명은 '**쌍방적 행정행위**'라고 보지만(대판 1962. 11. 8, 62누163), 국가 또는 지방자치단체와의 채용계약에 의하여 전문직에 종사하는 공무원의 경우에는 '**공법상 계약**'으로 본다(대판 1996. 5. 31, 95누10617 등 후술판례 참조).

한편 판례는 국·공립대학교 교원의 임용과 관련하여 경우에 따라서 '신규임용거부'도 항고소송의 대상이 되고, 재임용거부 취지의 '임용기간만료통지'도 항고소송의 대상이 된다는 입장이다.

> **판례** 국립학교 교원의 신규임용거부처분은 항고소송의 대상이 된다는 판례
> 구 교육공무원법(1999. 1. 29 법률 제5717호로 개정되기 전의 것) 및 구 교육공무원임용령(1999. 9. 30 대통령령 16564호로 개정되기 전의 것) 등 관계 법령에 대학교원의 신규임용에 있어서의 심사단계나 심사방법 등에 관하여 아무런 규정을 두지 않았다고 하더라도, 대학 스스로 교원의 임용규정이나 신규채용업무시행지침 등을 제정하여 그에 따라 교원을 신규임용하여 온 경우, 임용지원자가 당해 대학의 교원임용규정 등에 정한 심사단계 중 중요한 대부분의 단계를 통과하여 다수의 임용지원자 중 유일한 면접심사 대상자로 선정되는 등으로 장차 나머지 일부의 심사단계를 거쳐 대학교원으로 임용될 것을 상당한 정도로 기대할 수 있는 지위에 이르렀다면, 그러한 임용지원자는 임용에 관한 법률상 이익을 가진 자로서 임용권자에 대하여 나머지 심사를 공정하게 진행하여 그 심사에서 통과되면 대학교원으로 임용해 줄 것을 신청할 조리상의 권리가 있다고 보아야 할 것이고, 또한 유일한 면접심사 대상자로 선정된 임용지원자에 대한 교원신규채용업무를 중단하는 조치는 교원신규채용절차의 진행을 유보하였다가 다시 속개하기 위한 중간처분 또는 사무처리절차상 하나의 행위에 불과한 것이라고는 볼 수 없고, 유일한 면접심사 대상자로서 임용에 관한 법률상 이익을 가지는 임용지원자에 대한 신규임용을 사실상 거부하는 종국적인 조치에 해당하는 것이며, 임용지원자에게 직접 고지되지 않았다고 하더라도 임용지원자가 이를 알게 됨으로써 효력이 발생한 것으로 보아야 할 것이므로, 이는 임용지원자의 권리 내지 법률상 이익에 직접 관계되는 것으로서 항고소송의 대상이 되는 처분 등에 해당한다(대판 2004. 6. 11, 2001두7053).

> **판례** 국립대학교 교원의 재임용거부 취지의 임용기간만료통지는 항고소송의 대상이 된다는 판례
> 기간제로 임용되어 임용기간이 만료된 국·공립대학의 조교수는 교원으로서의 능력과 자질에 관하여 합리적인 기준에 의한 공정한 심사를 받아 위 기준에 부합되면 특별한 사정이 없는 한 재임용되리라는 기대를 가지고 재임용 여부에 관하여 합리적인 기준에 의한 공정한 심사를 요구할 법규상 또는 조리상 신청권을 가진다고 할 것이니, 임용권자가 임용기간이 만료된 조교수에 대하여 재임용을 거부하는 취지로 한 임용기간만료의 통지는 위와 같은 대학교원의 법률관계에 영향을 주는 것으로서 행정소송의 대상이 되는 처분에 해당한다(대판 2004. 4. 22, 2000두7735).

또한 판례는 임명행위 중 **공법상 계약**을 통해 이루어지는 임명행위에 대한 법적 분쟁은 공법상 당사자소송의 대상이 된다는 입장이다.

> **판례** 공중보건의사 채용계약해지의 의사표시는 공법상의 당사자소송의 대상이 된다는 판례
> 전문직공무원인 공중보건의사의 채용계약의 해지가 관할 도지사의 일방적인 의사표시에 의하여 그 신분을 박탈하는 불이익처분이라고 하여 곧바로 그 의사표시가 관할 도지사가 행정청으로서 공권력을 행사하여 행하는 행정처분이라고 단정할 수는 없고, 공무원 및 공중보건의사에 관한 현행 실정법이 공중보건의사의 근무관계에 관하여 구체적으로 어떻게 규정하고 있는가에 따라 그 의사표시가 항고소송의 대상이 되는 처분 등에 해당하는 것인지의 여부를 개별적으로 판단하여야 할 것인 바, 농어촌 등 보건의료를 위한 특별조치법 제2조, 제3조, 제5조, 제9조, 제26조와 같은법시행령 제3조, 제17조, 전문직공무원규정 제5조 제1항, 제7조 및 국가공무원법 제2조 제3항 제3호, 제4항 등 관계 법령의 규정내용에 미루어 보면 현행 실정법이 전문직공무원인 공중보건의사의 채용계약 해지의 의사표시는 일반공무원에 대한 징계처분과는 달라서 항고소송의 대상이 되는 처분 등의 성격을 가진 것으로 인정되지 아니하고, 일정한 사유가 있을 때에 관할 도지사가 채용계약 관계의 한

쪽 당사자로서 대등한 지위에서 행하는 의사표시로 취급하고 있는 것으로 이해되므로, 공중보건의사 채용계약 해지의 의사표시에 대하여는 대등한 당사자 간의 소송형식인 공법상의 당사자소송으로 그 의사표시의 무효확인을 청구할 수 있는 것이지, 이를 항고소송의 대상이 되는 행정처분이라는 전제하에서 그 취소를 구하는 항고소송을 제기할 수는 없다(대판 1996. 5. 31, 95누10617).

> **판례** 지방전문직공무원 채용계약 해지의 의사표시는 공법상 당사자소송의 대상이 된다는 판례
> 현행 실정법이 지방전문직공무원 채용계약 해지의 의사표시를 일반공무원에 대한 징계처분과는 달리 항고소송의 대상이 되는 처분 등의 성격을 가진 것으로 인정하지 아니하고, 지방전문직공무원규정 제7조 각 호의 1에 해당하는 사유가 있을 때 지방자치단체가 채용계약관계의 한쪽 당사자로서 대등한 지위에서 행하는 의사표시로 취급하고 있는 것으로 이해되므로, 지방전문직공무원 채용계약 해지의 의사표시에 대하여는 대등한 당사자간의 소송형식인 공법상 당사자소송으로 그 의사표시의 무효확인을 청구할 수 있다(대판 1993. 9. 14, 92누4611).

임명행위는 공무원신분의 설정행위라는 점에서 이미 공무원의 신분을 가진 자에게 일정한 직위를 부여하여 일정한 직무를 담당하도록 명하는 '보직행위(補職行爲)'와는 구별된다. 물론 사무관의 임명과 동시에 행정계장의 보직을 부여하는 경우와 같이 임명과 보직이 동시에 이루어지는 것도 논리상으로 가능하지만, 이 경우에도 공무원의 신규채용으로서의 신분설정을 전제로 하여 보직행위가 이루어지는 것이므로 보직행위와는 구별된다.

3. 임명의 요건(능력·성적요건 결여의 효과)

1) 소극적 능력요건: 결격사유

헌법 제25조의 공무담임권 규정은 모든 국민이 누구나 그 능력과 적성에 따라 공직에 취임할 수 있는 균등한 기회를 보장하고 있다. 따라서 누구나 공직이 요구하는 직무능력을 가지는 한 공무원이 될 수 있다. 그러나 공무원이 설사 이러한 능력을 갖추고 있다 하더라도 국가공무원법이 규정하고 있는 결격사유에 해당하는 자는 공무원에 임용될 수 없다(국공33). 다음과 '결격사유'를 흔히 '소극적 능력요건'이라고 한다.

> 국가공무원법 제33조(결격사유) 다음 각 호의 어느 하나에 해당하는 자는 공무원으로 임용될 수 없다.
> 1. 피성년후견인
> 2. 파산선고를 받고 복권되지 아니한 자
> 3. 금고 이상의 실형을 선고받고 그 집행이 끝나거나(집행이 끝난 것으로 보는 경우를 포함한다) 집행이 면제된 날부터 5년이 지나지 아니한 자
> 4. 금고 이상의 형의 집행유예를 선고받고 그 유예기간이 끝난 날부터 2년이 지나지 아니한 자
> 5. 금고 이상의 형의 선고유예를 받은 경우에 그 선고유예 기간 중에 있는 자
> 6. 법원의 판결 또는 다른 법률에 따라 자격이 상실되거나 정지된 자
> 6의2. 공무원으로 재직기간 중 직무와 관련하여 「형법」 제355조 및 제356조에 규정된 죄를 범한 자

> 　　로서 300만원 이상의 벌금형을 선고받고 그 형이 확정된 후 2년이 지나지 아니한 자
> 6의3. 다음 각 목의 어느 하나에 해당하는 죄를 범한 사람으로서 100만원 이상의 벌금형을 선고받고 그 형이 확정된 후 3년이 지나지 아니한 사람
> 　가. 「성폭력범죄의 처벌 등에 관한 특례법」 제2조에 따른 성폭력범죄
> 　나. 「정보통신망 이용촉진 및 정보보호 등에 관한 법률」 제74조제1항제2호 및 제3호에 규정된 죄
> 　다. 「스토킹범죄의 처벌 등에 관한 법률」 제2조제2호에 따른 스토킹범죄
> 6의4. 미성년자에 대한 다음 각 목의 어느 하나에 해당하는 죄를 저질러 파면·해임되거나 형 또는 치료감호를 선고받아 그 형 또는 치료감호가 확정된 사람(집행유예를 선고받은 후 그 집행유예기간이 경과한 사람을 포함한다)
> 　가. 「성폭력범죄의 처벌 등에 관한 특례법」 제2조에 따른 성폭력범죄
> 　나. 「아동·청소년의 성보호에 관한 법률」 제2조제2호에 따른 아동·청소년대상 성범죄
> 7. 징계로 파면처분을 받은 때부터 5년이 지나지 아니한 자
> 8. 징계로 해임처분을 받은 때부터 3년이 지나지 아니한 자

　＊ 공무원임용결격사유가 있는지의 여부 기준

> **판례**
> 　　국가공무원법에 규정되어 있는 공무원임용결격사유는 공무원으로 임용되기 위한 절대적인 소극적 요건으로서 공무원관계는 국가공무원법 제38조, 공무원임용령 제11조의 규정에 의한 채용후보자 명부에 등록한 때가 아니라 국가의 임용이 있는 때에 설정되는 것이므로 공무원임용결격사유가 있는지의 여부는 '채용후보자 명부에 등록한 때'가 아닌 '임용당시'에 시행되던 법률을 기준으로 하여 판단하여야 한다.(대법원 1987.04.14. 선고 86누459 판결)

　＊ '결격사유' 있는 자에 대한 임용행위의 효력

　이미 임명된 후에 이러한 사유가 발생되면 '별도의 퇴직발령 없이' '당연퇴직'된다(69). 이는 공무에 대한 국민의 신뢰확보를 위한 것이며(대판 1997. 7. 8, 96누4275), '임명권자의 과실'로 '임명 당시' 결격사유에 해당함을 밝혀내지 못하였다 하더라도 그 임명행위는 '취소'가 아니라 '당연무효'이다(대판 2005. 7. 28, 2003두469).

> **판례** 임용결격자를 당연퇴직하게 하는 것은 공무에 대한 국민의 신뢰를 확보하려는 것이라는 판례
> 　　국가공무원법 제33조 제1항, 제69조 및 경찰공무원법 제7조 제2항, 제21조가 일정한 유죄판결을 받은 자 등을 국가공무원(경찰공무원 포함)으로 임용된 후에 임용결격자에 해당하게 된 자가 당연퇴직되도록 정하고 있는 것은 그러한 자로 하여금 국가의 공무를 집행하도록 허용한다면 그 공무는 물론 국가 공무의 일반에 대한 국민의 신뢰가 손상될 우려가 있으므로 그러한 자를 공무의 집행에서 배제함으로써 공무에 대한 국민의 신뢰를 확보하려는 것을 목적으로 한다(대판 1997. 7. 8, 96누4275).

> **판례** 결격사유 있는 자에 대한 경찰공무원 임용행위는 '당연무효'로 보는 판례
> 　　경찰공무원법에 규정되어 있는 경찰관임용 결격사유는 경찰관으로 임용되기 위한 절대적인 소극적 요건으

로서 임용 당시 경찰관임용 결격사유가 있었다면 비록 임용권자의 과실에 의하여 임용결격자임을 밝혀내지 못하였다 하더라도 그 임용행위는 '당연무효'로 보아야 한다(대판 2005. 7. 28, 2003두469).

* 퇴직급여 청구의 가부

나아가서 판례는 결격사유에 해당하는 자임을 간과한 임명행위는 **당연무효**이고 따라서 당연무효인 임용행위에 근거하여 사실상 근무하여 왔다 하더라도 '**퇴직금을 청구할 수 없다**'고 하고 있다.

> **판례** 임용결격자가 공무원으로 임용되어 사실상 근무하여 온 경우, 공무원연금법 소정의 퇴직급여 등을 청구할 수 있는지 여부(소극)
> 공무원연금법에 의한 퇴직급여 등은 적법한 공무원으로서의 신분을 취득하여 근무하다가 퇴직하는 경우에 지급되는 것이고, 당연무효인 임용결격자에 대한 임용행위에 의하여 공무원의 신분을 취득할 수는 없으므로, 임용결격자가 공무원으로 임용되어 사실상 근무하여 왔다고 하더라도 적법한 공무원으로서의 신분을 취득하지 못한 자로서는 공무원연금법 소정의 퇴직급여 등을 청구할 수 없으며, 나아가 임용결격사유가 소멸된 후에 계속 근무하여 왔다고 하더라도 그때부터 무효인 임용행위가 유효로 되어 적법한 공무원의 신분을 회복하고 '퇴직급여 등을 청구할 수 있다고 볼 수는 없다'[대법원 1996.2.27, 선고, 95누9617, 판결].

그러나 그 동안에 『사실상의 공무원』으로서 행한 행정행위의 효력은 상대방의 신뢰의 보호와 법적 안정성을 위하여 '원칙적으로 유효'하다고 하여야 할 것이며(사실상의 공무원이론), 이미 지급받은 봉급도 노무의 대가로 제공된 것이므로 그 근무와 봉급간에는 서로 정당한 균형이 이루어지고 있다고 보아야 할 것이다. 따라서 특별한 사정이 없는 한 상호 부당이득반환청구권을 행사할 수 없다고 할 것이다.

> **판례** 임용결격자가 공무원으로 임용되어 사실상 근무하여 온 경우, 공무원연금법이나 근로자퇴직급여 보장법에서 정한 퇴직급여를 청구할 수 있는지 여부(소극)
> 공무원연금법이나 근로자퇴직급여 보장법에서 정한 퇴직급여는 적법한 공무원으로서의 신분을 취득하거나 근로고용관계가 성립하여 근무하다가 퇴직하는 경우에 지급되는 것이다. 임용 당시 공무원 임용결격사유가 있었다면, 비록 국가의 과실에 의하여 임용결격자임을 밝혀내지 못하였다 하더라도 임용행위는 당연무효로 보아야 하고, 당연무효인 임용행위에 의하여 공무원의 신분을 취득한다거나 근로고용관계가 성립할 수는 없다. 따라서 임용결격자가 공무원으로 임용되어 사실상 근무하여 왔다 하더라도 적법한 공무원으로서의 신분을 취득하지 못한 자로서는 공무원연금법이나 근로자퇴직급여 보장법에서 정한 퇴직급여를 청구할 수 없다. 나아가 이와 같은 법리는 임용결격사유로 인하여 임용행위가 당연무효인 경우뿐만 아니라 임용행위의 하자로 임용행위가 취소되어 소급적으로 지위를 상실한 경우에도 마찬가지로 적용된다.(대법원 2017.05.11. 선고 2012다200486 판결)

2) 성적(자격)요건

공무원의 임용은 능력요건을 갖춘 자 중에서 직무수행능력과 관련된 시험성적·근무성적 기타의 능력을 기준으로 한다. 일반적으로 특수경력직공무원은 성적요건이 필요없으나, 경력직

공무원은 시험성적에 의하여 임명한다(국공26). 시험은 공개경쟁시험에 의함이 원칙이지만, 예외적으로 일정지역거주자, 외국어능통자, 특정자격증소지자, 특정분야의 근무·연구실적이 3년 이상인 자 등을 필요한 관련 분야에 임명할 경우에는 특별채용시험에 의할 수 있다(28).

> **판례** 면접전형에 있어서 면접위원의 판단은 자유재량이라는 판례
> 공무원임용을 위한 면접전형에 있어서 임용신청자의 능력이나 적격성 등에 관한 판단은 면접위원의 고도의 교양과 학식, 경험에 기초한 자율적 판단에 의존하는 것으로서 오로지 면접위원의 자유재량에 속하고, 그와 같은 판단이 현저하게 재량권을 일탈 내지 남용한 것이 아니라면 이를 위법하다고 할 수 없다(대판 1997. 11. 28, 97누11911).

공무원 개개인의 결격사유가 공무원관계의 발생에 있어서의 소극적 능력요건이라면, 성적요건은 적극적 능력요건이라 할 것이다. 성적요건을 결한 자임을 간과한 임명행위는 취소할 수 있는 행위이며, 이에 따라 취소될 경우에도 이미 사실상의 공무원으로서 행한 행위의 효력과 지급받은 봉급 등에 관하여는 결격사유에서 이미 설명한 것과 같다.

> **판례** 경력요건을 흠결한 공무원 특별임용은 '당연무효'가 아니라 '취소사유'라는 판례
> 소정의 경력을 갖추지 못한 자에 대하여 특별임용시험의 방식으로 신규임용을 한 행위는 취소사유가 된다고 함은 별론으로 하고, 그 하자가 중대·명백하여 특별임용이 당연무효로 된다고 할 수 없다(대판 1998. 10. 23, 98두12932).

> **판례** 당초 임용 당시 공무원 결격사유가 있었던 자를 그 후의 공무원 경력을 바탕으로 특별임용하였으나 특별임용 당시에는 공무원 결격사유가 없는 경우, 위 특별임용이 '당연무효'인지 여부(소극)
> 당초 임용 이래 공무원으로 근무하여 온 경력에 바탕을 두고 구 지방공무원법(1991. 5. 31. 법률 제4370호로 개정되기 전의 것) 제27조 제2항 제3호 등을 근거로 하여 특별임용 방식으로 임용이 이루어졌다면 이는 당초 임용과는 별도로 그 자체가 하나의 신규임용이라고 할 것이므로, 그 효력도 특별임용이 이루어질 당시를 기준으로 판단하여야 할 것인데, 당초 임용 당시에는 집행유예 기간중에 있었으나 특별임용 당시 이미 집행유예 기간 만료일로부터 2년이 경과하였다면 같은 법 제31조 제4호에서 정하는 공무원 결격사유에 해당할 수 없고, 다만 당초 임용과의 관계에서는 공무원 결격사유에 해당하여 당초 처분 이후 공무원으로 근무하였다고 하더라도 그것이 적법한 공무원 경력으로 되지 아니하는 점에서 특별임용의 효력에 영향을 미친다고 할 수 있으나, 위 특별임용의 하자는 결국 소정의 경력을 갖추지 못한 자에 대하여 특별임용시험의 방식으로 신규임용을 한 하자에 불과하여 취소사유가 된다고 함은 별론으로 하고, 그 하자가 중대·명백하여 특별임용이 <u>당연무효로 된다고 할 수는 없다</u>.(대법원 1998.10.23. 선고 98두12932 판결)

4. 임명권자

국가공무원의 임명권은 대통령에게(헌78), 지방공무원의 임명권은 지방자치단체의 장에게 있음이 원칙이다. 그러나 5급 이상의 공무원만 소속장관의 제청으로 행정자치부장관과의 협의를 거쳐 국무총리를 경유하여 대통령이 임명하고, 그 이하의 공무원은 소속장관이 임명권

을 가지되, 그 일부를 대통령령이 정하는 바에 따라 다시 소속 행정기관의 장 등에게 위임할 수 있도록 하였다(32). 지방자치단체의 장도 그 임명권의 일부를 소속기관의 장 등에게 위임할 수 있다(지공6).

5. 임명절차

1) 채용후보자명부의 작성

시험실시기관의 장은 채용시험의 합격자를 채용후보자명부에 등재하여야 한다(국공38·지공36).

2) 임용후보자의 추천

시험실시기관의 장은 채용후보자명부에 등재된 자를 각 임명권자 또는 임명제청권자(5급 이상의 경우)에게 추천하되, 공개경쟁채용시험합격자의 우선임명을 위하여 필요한 경우에는 인사혁신처장이 근무할 기관을 지정하여 채용후보자를 임명하거나 임명제청할 수 있다(국공39①).

3) 시보임용

5급 공무원은 1년간, 6급 이하 및 기능직공무원은 6월간 시보로 임명하고, 그 기간 중 근무성적이 양호한 경우에 정규공무원으로 임명한다. 시보임명기간 중에는 신분보장이 없으며, 근무성적 또는 교육훈련성적이 불량한 경우에는 징계절차 등을 거치지 아니하고 면직시킬 수 있다(국공29·지공28). 그러나 이 경우 이에 대한 상대방의 소청심사청구권 및 행정소송청구권까지 박탈되는 것은 아니다.

> **판례** 시보공무원도 행정소송제기의 전치절차로서의 소청심사청구권을 가진다는 판례
> 교육공무원법상 시보임용에 의한 교육공무원으로서의 지위를 누리면서 그 조건부 채용기간 중 면직 등의 처분이나 징계처분과 같은 신분상의 불이익한 처분을 받거나 또는 시보임용기간 종료 후 정규공무원 내지 교원으로서의 임용이 거부된 경우에는 행정소송 제기를 위한 전치절차로서의 교육공무원법 제52조에 의한 소청심사청구권도 가진다(대판 1990. 9. 25, 89누4758).

6. 임명의 형식 및 효력발생시기

공무원임명행위는 임용장 또는 임명통지서의 교부라는 요식행위에 의함이 일반적이다. '임용장이나 임명통지서의 교부'가 '임용의 유효요건은 아니고', 임명행위를 형식적으로 표시·증

명하는 공증적 효력만을 가지게 된다. 임명행위의 효력은 '임용장이나 임용통지서에 적힌 날짜'에 발생하고 소급임명은 금지된다(공무원임용령6①·7).

다만 ① 재직 중 공적이 현저한 자가 공무로 사망한 때 그 사망 전일을 임용일자로 추서할 경우, ② 휴직기간의 만료 또는 휴직사유가 소멸된 후에도 직무에 복귀하지 않거나 직무를 감당할 수 없어 직권으로 면직할 때 휴직기간의 만료일이나 휴직사유의 소멸일을 임용일자로 하여 면직하는 경우에는 소급하는 것이 허용된다.

Ⅱ. 공무원관계의 변경

'공무원관계의 변경'이란, '공무원의 신분은 그대로 유지하면서 공무원관계의 내용에 변경이 가해지는 것'을 말한다. 공무원관계의 변경에는 승진·전직·전보·복직·강임처럼 공무원에게 부여된 기존의 특정의 지위를 '다른 직위로 변경'시키는 경우와 휴직·직위해제·정직처럼 그 특정의 지위를 박탈하여 '무직위로 변경'하는 경우가 있다.

1. 승진·전직·전보·복직

1) 승 진

승진이란 '동일 직렬 내의 하위직급에서 바로 상위직급으로 임용되는 것'을 말한다. 따라서 직렬이 다른 상위직급으로 승진할 수는 없다. 그러나 예외적으로 1급 공무원에의 승진은 바로 하급공무원 중에서, 2급 및 3급에의 승진은 동일한 직군 내의 바로 하급공무원 중에서 임용할 수 있으며, 그 밖의 승진은 동일 직렬의 바로 하급공무원 중에서 각각 임용 또는 임용제청한다(국공40의2·지공39). 승진은 쌍방적 행정행위인 임명과 달리 공무원의 신분을 가진 자에 대한 국가의 일방적 단독행위이다.

2) 전 직

전직이란 '행정사무관에서 외무사무관으로 임명하는 것처럼 직렬을 달리하는 임명'을 말한다. 이러한 전직은 '직위분류제의 원칙에 예외'가 되는 것이므로 공무원을 전직 임용하고자 하는 때에는 전직시험을 거치게 하거나 일정기간 교육과 연수를 받게 할 수 있다. 전직은 동일직급 내의 직렬의 변경이라는 점에서 상위직급에로의 변경인 승진과는 구별된다.

3) 전 보

전보란 '동일 직급 내에서의 보직의 변경'을 말한다(예 : 국세청의 A 과장직에서 B 과장직으로 옮기는 것). 공무원은 당해 직위에 임용된 날로부터 원칙적으로 3년 이내에 다른 직위에 전보될 수 없다(공무원임용령45①). 이는 정실인사를 막고 공무원으로 하여금 일정기간 안정된 공무집행을 가능하게 하기 위함이다.

4) 복 직

복직이란 '휴직·직위해제·정직 중의 공무원을 직위에 복직시키는 것'을 말한다.

2. 휴직·직위해제·강임·정직·감봉

이는 공무원에게 불리한 변경이므로 형의 선고·징계처분 기타 법률에 규정된 사유가 있을 경우에 한하여 할 수 있으며, 본인의 의사에 반하여 임의로 할 수는 없다(68).

1) 휴 직

휴직이란 '공무원으로서의 신분은 보유케 하면서, 일정기간 동안 직무에는 종사하지 못하게 하는 것'을 말한다. 따라서 휴직기간이 종료되면 본인의 복귀신고 등에 의하여 당연히 복직을 명하여야 한다(73②·③). 휴직사유로서는, ① 신체·정신상의 장애로 장기요양을 요할 때는 1년 이내, 병역복무는 복무기간 만료시까지, 천재·지변·전시·사변 기타의 사유로 생사소재불명인 때에는 3월 이내, 기타 법률의 규정에 의한 의무수행을 위한 경우에는 의무기간 만료시까지 공무원 노동조합 전임자로 종사하게 된 때에는 그 기간동안 당연히 휴직을 명하여야 하며, ② 국제기구·외국기관·국내외의 대학·연구기관·민간기업 등에 임시로 채용될 경우 그 채용기간 동안, 연수는 2년, 해외유학은 3년 이내, 자녀의 양육·여자공무원의 임신·출산 또는 부모·배우자·자녀 등의 간호를 위한 경우에는 1년 이내의 기간 동안 각각 본인이 휴직을 원할 경우에 한하여 휴직을 명할 수 있다(71·72).

2) 직위해제

국가공무원법 제73조의3(직위해제)
① 임용권자는 다음 각 호의 어느 하나에 해당하는 자에게는 직위를 부여하지 아니할 수 있다.
2. 직무수행 능력이 부족하거나 근무성적이 극히 나쁜 자
3. 파면·해임·강등 또는 정직에 해당하는 징계 의결이 요구 중인 자
4. 형사 사건으로 기소된 자(약식명령이 청구된 자는 제외한다)
5. 고위공무원단에 속하는 일반직공무원으로서 제70조의2제1항제2호부터 제5호까지의 사유로 적격심사를 요구받은 자
6. 금품비위, 성범죄 등 대통령령으로 정하는 비위행위로 인하여 감사원 및 검찰·경찰 등 수사기관에서 조사나 수사 중인 자로서 비위의 정도가 중대하고 이로 인하여 정상적인 업무수행을 기대하기

> 현저히 어려운 자
> ② 제1항에 따라 직위를 부여하지 아니한 경우에 그 사유가 소멸되면 임용권자는 지체 없이 직위를 부여하여야 한다.
> ③ 임용권자는 제1항제2호에 따라 직위해제된 자에게 3개월의 범위에서 대기를 명한다.
> 제70조(직권 면직)
> ① 임용권자는 공무원이 다음 각 호의 어느 하나에 해당하면 직권으로 면직시킬 수 있다.
> 5. 제73조의3제3항에 따라 대기 명령을 받은 자가 그 기간에 능력 또는 근무성적의 향상을 기대하기 어렵다고 인정된 때

직위해제란 '공무원의 직위를 유지시킬 수 없는 사유가 발생한 경우에 공무원의 신분은 그대로 유지하면서 보직을 해제하는 것'을 말하며, 휴직과 달리 본인의 무능력 등에 대한 제재적 의미를 가지는 것이다.

판례의 견해와 같이 "국가공무원법상 직위해제처분은 행정절차법 제3조 제2항 제9호에 의하여 당해 행정작용의 성질상 행정절차를 거치기 곤란하거나 불필요하다고 인정되는 사항 또는 행정절차에 준하는 절차를 거친 사항에 해당하므로, 처분의 사전통지 및 의견청취 등에 관한 행정절차법의 규정이 별도로 적용되지 않는다[대법원 2014.5.16, 선고, 2012두26180, 판결]."고 본다.

직위해제처분과 이에 후속한 직권면직처분은 각각 그 목적을 달리하는 별개의 독립된 처분이라 할 것이므로 직위해제처분과 동일한 사유로 행한 직권면직처분이라도 일사부재리의 원칙에 위배되지 않으며, 또한 직위해제의 하자는 직권면직에 승계되지 아니한다(대판 1970. 1. 27, 68누10).

판례 직위해제처분과 동일한 사유로 행한 직권면직처분이 '일사부재리원칙'에 위배되지 않는다는 판례

직권면직처분과 이보다 앞서 행하여진 직위해제처분은 그 목적을 달리한 각 별개의 독립된 처분이라 할 것이므로 본건 직권면직처분이 직위해제처분을 사유로 하였다 하더라도 일사부재리원칙에 위배되지 않는다(대판 1983. 10. 25, 83누340).

판례 직위해제처분과 동일한 사유로 행한 해임처분이 '일사부재리원칙'에 위배되지 않는다는 판례

직위해제처분은 공무원에 대하여 불이익한 처분이긴 하나 징계처분과 같은 성질의 처분이라고는 볼 수 없으므로 동일한 사유에 대한 직위해제처분이 있은 후 다시 해임처분이 있었다 하여 일사부재리의 법리에 어긋난다고 할 수 없다(대판 1984. 2. 28, 83누489).

판례 직위해제처분의 하자는 직권면직처분에 '승계'되지 않는다는 판례

직위해제처분이 있은 후 면직처분이 된 경우, 전자에 대하여 소청심사청구 등 불복함이 없고 그 처분이 당연무효인 경우도 아닌 이상 그 후의 면직처분에 대한 불복의 행정소송에서 전자의 취소사유를 들어 위법을 주장할 수 없다(대판 1970. 1. 27, 68누10).

3) 강 임

강임이란 '같은 직렬 내에서 하위직급에 임명하거나 하위직급이 없는 경우 다른 직렬의 하위직급에 임명하는 것'을 말한다. 강임은 불이익처분이므로 직제·정원·예산의 감소 등으로 직위가 폐직 또는 강등되거나, 기타 본인이 동의한 때에 한하여 할 수 있으며, 상위직급에 결원이 생길 경우에는 우선하여 승진된다(73의4).

4) 정 직

정직이란 징계의 일종으로서 1월 이상 3월 이하의 기간을 정하여 직무에 종사하지 못하게 함을 말하며, 정직처분을 받은 자는 그 기간 중 공무원의 신분은 보유하나 직무에 종사하지 못하며 보수 '전액'을 감한다. 정직기간이 종료되면 당연히 직무에 복귀하게 된다(80①).

5) 감 봉

감봉이란 징계의 일종으로서 1월 이상 3월 이하의 기간 동안 보수의 3분의 1을 감하는 것을 말한다(80②).

Ⅲ. 공무원관계의 소멸

공무원관계의 소멸이란 '공무원의 신분이 종료되어 공무원으로서의 법적 지위에서 완전히 벗어나는 것'을 말한다. 공무원관계는 법정주의원칙에 따라 법이 정하거나 허용하는 일정한 요건과 형식에 따라서만 종료될 수 있다. 이러한 법정주의를 채택하고 있는 이유는 임용권자의 자의에 의한 공무원관계의 부당한 종료를 방지하기 위한 것이다. 공무원관계의 소멸에는 그 원인에 따라서 '당연퇴직'과 '면직'으로 크게 나눌 수 있다.

1. 당연퇴직

당연퇴직이란 '임용권자의 의사와 관계없이 법이 정한 일정한 사유가 발생하면 별도의 처분없이 당연히 공무원관계가 소멸되는 것'을 말한다. 당연퇴직의 사유로서는, ① 공무원임명 결격사유의 발생(69), ② 정년(74)·사망·임기종료, ③ 국적상실(외국인도 공무원으로 임명될 수 있는 특정 직위는 제외) 등이 있다.

당연퇴직의 경우의 **퇴직발령**은 퇴직된 사실을 알리는 것으로서 준법률행위적 행정행위인 『관념의 통지』에 불과한 것이므로 항고소송의 대상이 되지 않는다고 한다.

> **판례** 사실 및 관념의 통지인 '당연퇴직의 인사발령'은 '행정소송의 대상이 아니다'라는 판례
> ① 국가안전기획부장이 법률에 따라 계급정년으로 인한 '퇴직인사명령'을 한 것은 그들이 법률상 계급정년자에 해당하여 당연히 퇴직하였다는 것을 공적으로 확인하여 알려주는 사실의 통보에 불과한 것이지 징계파면이나 직권면직과 같이 공무원의 신분을 상실시키는 새로운 형성적 행위가 아니어서 항고소송의 대상이 되는 '행정처분이 아니다'(대판 1994. 12. 27, 91누9244).
> ② 지방공무원법 제61조의 규정에 의하면 공무원에게 같은 법 제31조 소정의 결격사유가 있을 때에는 당연히 퇴직한다고 되어 있으므로 이러한 당연퇴직의 경우에는 결격사유가 있어 법률상 당연히 퇴직하는 것이지 공무원관계를 소멸시키기 위한 별도의 행정처분을 요하지 아니한다 할 것이며 위와 같은 사유의 발생으로 '당연퇴직의 인사발령'이 있었다 하여도 이는 퇴직사실을 알리는 이른바 관념의 통지에 불과하여 '행정소송의 대상이 되지 아니한다'(대판 1992. 1. 21, 91누2687).

그러나 당연퇴직에 대하여서도 행정쟁송의 제기가 가능하여야 한다. 예컨대, 어느 특정공무원이 당연퇴직의 사유에 해당하는지의 여부 및 시기는 반드시 명백한 것이 아니어서 그에 대한 다툼이 있게 된다면, 실무상으로 행하는 퇴직명령은 확인행위에 해당되며, 이러한 확인행위는 소청의 대상이 되는 것이다. 당연퇴직을 이유로 소청을 제기한 자가 소청심사위원회의 결정에 불복하는 경우에는 행정소송을 제기할 수 있으므로 당연퇴직의 경우에도 이러한 방법으로 행정소송의 제기가 가능하다고 보아야 할 것이다.

당연퇴직은 공무원관계의 소멸을 가져오는 것이므로 퇴직자는 더 이상 공무원이 아니게 된다. 그러므로 당연퇴직으로 공무원의 신분을 상실한 자가 사실상 공무원으로 근무하여 왔다 하더라도 퇴직급여의 청구를 할 수 없다(판례 참조).

2. 면 직

면직은 '임명권자의 특별한 행위에 의하여 공무원관계가 소멸되는 경우'를 말한다. 특별한 행위에 의한다는 점에서 법정사유에 의한 '당연퇴직'과는 구별된다. 면직에는 '의원면직'과 '일방적 면직'의 2종이 있다. 면직처분을 행할 때에는 그 처분권자 또는 처분제청권자는 처분의 사유를 기재한 설명서를 교부하여야 한다(단, 의원면직은 제외).

1) 의원면직

의원면직은 '공무원 자신의 사임의 의사표시(통상 사직서의 제출)에 의하여 공무원관계를 소멸시키는 행위'를 말한다. 의원면직은 본인의 의사가 중요하므로 반드시 자필에 의한 사직서를 제출하도록 하고 있다(공무원인사기록 및 인사사무처리규칙 별표2). 의원면직은 임명행위와 마찬가지로 공무원의 신청에 의한 '쌍방적 행정행위'에 해당한다. 따라서 본인의 진정한 의사가 아닌, 상사 등에 의하여 강요된 의사표시에 의한 면직은 무효라고 보아야 할 것이다(판례 참조). 의원면직은 쌍방적 행정행위이기 때문에 공무원의 의사표시가 있어도 임용권자에 의한

의원면직처분이 있기 전까지는 공무원관계는 존속하는 것이므로 사직원을 제출한 후 면직처분이 있기 전에 직장을 이탈하는 경우에는 징계 등의 사유가 된다(판례 참조).

'공무원의 사임의 의사표시에 대하여 임명권자의 수리의무가 있는가'에 관하여는 병역의무 등 법률상 특별한 규정이 없는 한 국민에게는 공무담임의무는 없는 것이므로 임명권자에게 수리의무가 있다고 하겠으나, 수리시기만은 업무의 공백 등을 고려하여 일정한 한도 내에서 재량이 인정된다고 하겠으며, 특히 비위를 범한 공무원이 징계책임을 면하기 위하여 사직원을 제출한 경우에는 국무총리훈령 제73호(1969. 2. 12)에 의거하여 수리가 금지되며, 즉시 징계조치를 하거나, 범죄행위인 경우 수사기관에 고발하여야 한다.

이와 관련하여 최근의 판례는 감사담당직원이 사직하지 아니하면 징계파면되고 퇴직금지급의 불이익을 받게 된다는 강경한 태도를 취하였더라도 본인이 비리로 인하여 징계파면될 경우 퇴직금지급상의 불이익 등 여러 사정을 고려하여 사직서를 제출한 경우에는 그에 따른 의원면직처분은 유효하다고 한 바 있어, 현실적으로 종종 있어온 권고사직이 조장될 우려가 있다고 하겠다(대판 1997. 12. 12, 97누13962).

20년 이상 근무한 자가 정년에 달하기 전에 퇴직금 외에 명예퇴직수당을 별도로 지급받고 후진을 위하여 자진하여 퇴직하는 명예퇴직도 의원면직의 일종인 바(74의2), 의원면직이든 명예퇴직이든 본인의 진정한 의사에 기하지 않고 상사 등의 강요에 의한 경우에는 공무원의 신분보장규정이 유명무실하게 된다.

> **판례** 의원면직처분 '후'에는 사직의 의사표시를 '철회 또는 취소할 수 없다'는 판례
> 공무원이 한 사직의 의사표시의 철회나 취소는 그에 터 잡은 의원면직처분이 있을 때까지 할 수 있는 것이고, 일단 면직처분이 있고 난 '이후'에는 '철회나 취소할 여지가 없다'(대판 2001. 8. 24, 99두9971).

2) 강제면직

일방적 면직이란 임명권자의 일방적 의사에 의하여 공무원관계가 소멸되는 것으로서, 징계면직과 직권면직이 있다.

① 징계면직

징계절차를 거쳐 행하는 징계처분으로 공무원관계를 소멸시키는 것으로서, '파면과 해임'의 두 종류가 있다. 파면과 해임은 공무원의 신분을 박탈하는 중징계에 속한다. 전자는 퇴직금이 감액되지만 후자는 그렇지 않다는 점에서 차이가 있다.

② 직권면직(일방적 면직)

다음 사유에 해당할 경우에 임명권자가 관할 징계위원회의 '의견'을 들은 후 직권으로 행하는 면직처분이다. 다만, (다)의 사유에 해당할 때에는 관할 징계위원회의 '동의'를 얻어야 한다(국공70·지공62).

(가) 직제·정원의 개폐, 예산의 감소 등으로 폐직 또는 과원이 된 때, (나) 휴직기간의 만료 또는 휴직사유의 소멸 후에도 직무에 복귀하지 아니하거나 직무를 감당할 수 없을 때, (다) 직위해제로 대기명령을 받은 자가 그 기간 중 능력 또는 근무성적의 향상을 기대하기 어렵다고 인정된 때, (라) 전직시험에서 3회 이상 불합격한 자로서 직무수행능력이 부족하다고 인정된 때, (마) 징병검사입영·소집의 명령을 받고 정당한 이유없이 이를 기피하거나, 군복무로 휴직 중인 자가 재영중 군무를 이탈한 때, (바) 직무수행에 필요한 자격증 또는 면허가 실효·취소되어 담당직무를 수행할 수 없게 된 때 등이다.

국가공무원법 제70조(직권 면직)
① 임용권자는 공무원이 다음 각 호의 어느 하나에 해당하면 직권으로 면직시킬 수 있다.
1. 및 2. 削除
3. 직제와 정원의 개폐 또는 예산의 감소 등에 따라 폐직(廢職) 또는 과원(過員)이 되었을 때
4. 휴직 기간이 끝나거나 휴직 사유가 소멸된 후에도 직무에 복귀하지 아니하거나 직무를 감당할 수 없을 때
5. 제73조의3제3항에 따라 대기 명령을 받은 자가 그 기간에 능력 또는 근무성적의 향상을 기대하기 어렵다고 인정된 때
6. 전직시험에서 세 번 이상 불합격한 자로서 직무수행 능력이 부족하다고 인정된 때
7. 병역판정검사·입영 또는 소집의 명령을 받고 정당한 사유 없이 이를 기피하거나 군복무를 위하여 휴직 중에 있는 자가 군복무 중 군무(軍務)를 이탈하였을 때
8. 해당 직급·직위에서 직무를 수행하는데 필요한 자격증의 효력이 없어지거나 면허가 취소되어 담당 직무를 수행할 수 없게 된 때
9. 고위공무원단에 속하는 공무원이 제70조의2에 따른 적격심사 결과 부적격 결정을 받은 때
② 임용권자는 제1항제3호부터 제8호까지의 규정에 따라 면직시킬 경우에는 미리 관할 징계위원회의 '의견'을 들어야 한다. 다만, 제1항제5호에 따라 면직시킬 경우에는 징계위원회의 '동의'를 받아야 한다.
③ 임용권자나 임용제청권자는 제1항제3호에 따라 소속 공무원을 면직시킬 때에는 임용 형태, 업무 실적, 직무수행 능력, 징계처분 사실 등을 고려하여 면직 기준을 정하여야 한다.
④ 제3항에 따른 면직 기준을 정하거나 제1항제3호에 따라 면직 대상자를 결정할 때에는 임용권자 또는 임용제청권자(임용권자나 임용제청권자가 분명하지 아니하면 중앙인사관장기관의 장을 말한다) 별로 심사위원회를 구성하여 그 심사위원회의 심의·의결을 거쳐야 한다.
⑤ 제4항에 따른 심사위원회의 위원장은 임용권자 또는 임용제청권자가 되며, 위원은 면직 대상자보다 상위 계급자 또는 고위공무원단에 속하는 일반직공무원 중에서 위원장이 지명하는 5명 이상 7명 이하로 구성하되, 면직 대상자의 상위 계급자 또는 고위공무원단에 속하는 일반직공무원을 우선하여 지명하여야 한다. 다만, 상위 계급자 또는 고위공무원단에 속하는 일반직공무원이 부족하면 4명 이내로 구성할 수 있다.
⑥ 제1항제4호에 따른 직권 면직일은 휴직 기간이 끝난 날 또는 휴직 사유가 소멸한 날로 한다.

제3절 공무원의 권익보장수단

I. 고충심사청구제도

국가공무원법 제76조의2(고충 처리)
① 공무원은 인사·조직·처우 등 각종 직무 조건과 그 밖에 신상 문제와 관련한 고충에 대하여 상담을 신청하거나 심사를 청구할 수 있으며, 누구나 기관 내 성폭력 범죄 또는 성희롱 발생 사실을 알게 된 경우 이를 신고할 수 있다. 이 경우 상담 신청이나 심사 청구 또는 신고를 이유로 불이익한 처분이나 대우를 받지 아니한다.
② 중앙인사관장기관의 장, 임용권자 또는 임용제청권자는 제1항에 따른 상담을 신청받은 경우에는 소속 공무원을 지정하여 상담하게 하고, 심사를 청구받은 경우에는 제4항에 따른 관할 고충심사위원회에 부쳐 심사하도록 하여야 하며, 그 결과에 따라 고충의 해소 등 공정한 처리를 위하여 노력하여야 한다.
③ 중앙인사관장기관의 장, 임용권자 또는 임용제청권자는 기관 내 성폭력 범죄 또는 성희롱 발생 사실의 신고를 받은 경우에는 지체 없이 사실 확인을 위한 조사를 하고 그에 따라 필요한 조치를 하여야 한다.
④ 공무원의 고충을 심사하기 위하여 중앙인사관장기관에 중앙고충심사위원회를, 임용권자 또는 임용제청권자 단위로 보통고충심사위원회를 두되, 중앙고충심사위원회의 기능은 소청심사위원회에서 관장한다.
⑤ 중앙고충심사위원회는 보통고충심사위원회의 심사를 거친 재심청구와 5급 이상 공무원 및 고위공무원단에 속하는 일반직공무원의 고충을, 보통고충심사위원회는 소속 6급 이하의 공무원의 고충을 각각 심사한다. 다만, 6급 이하의 공무원의 고충이 성폭력 범죄 또는 성희롱 사실에 관한 고충 등 보통고충심사위원회에서 심사하는 것이 부적당하다고 대통령등으로 정한 사안이거나 임용권자를 달리하는 둘 이상의 기관에 관련된 경우에는 중앙고충심사위원회에서, 원 소속 기관의 보통고충심사위원회에서 고충을 심사하는 것이 부적당하다고 인정될 경우에는 직근 상급기관의 보통고충심사위원회에서 각각 심사할 수 있다.
⑥ 이 법의 적용을 받는 자와 다른 법률의 적용을 받는 자가 서로 관련되는 고충의 심사청구에 대하여는 이 법의 규정에 따라 설치된 고충심사위원회가 대통령령등으로 정하는 바에 따라 심사할 수 있다.
⑦ 중앙인사관장기관의 장, 임용권자 또는 임용제청권자는 심사 결과 필요하다고 인정되면 처분청이나 관계 기관의 장에게 그 시정을 요청할 수 있으며, 요청받은 처분청이나 관계 기관의 장은 특별한 사유가 없으면 이를 이행하고, 그 처리 결과를 알려야 한다. 다만, 부득이한 사유로 이행하지 못하면 그 사유를 알려야 한다.
⑧ 고충상담 신청, 성폭력 범죄 또는 성희롱 발생 사실의 신고에 대한 처리절차, 고충심사위원회의 구성·권한·심사절차, 그 밖에 필요한 사항은 대통령령등으로 정한다.

판례

　지방공무원법 제67조의2에서 규정하고 있는 고충심사제도는 공무원으로서의 권익을 보장하고 적정한 근무환경을 조성하여 주기 위하여 근무조건 또는 인사관리 기타 신상문제에 대하여 법률적인 쟁송의 절차에 의하여서가 아니라 사실상의 절차에 의하여 그 시정과 개선책을 청구하여 줄 것을 임용권자에게 청구할 수 있도록 한 제도로서, 고충심사결정 자체에 의하여는 어떠한 법률관계의 변동이나 이익의 침해가 직접적으로 생기는 것은 아니므로 고충심사의 결정은 행정상 쟁송의 대상이 되는 행정처분이라고 할 수 없다.(대법원 1987.12.08. 선고 87누657,87누658 판결)

II. 불이익처분에 대한 구제 수단(소청·행정소송)

　공무원에 대한 징계처분 기타 그 의사에 반하는 불이익처분에 대한 구제수단으로서는 행정심판의 일종인 '소청'과 '행정소송'이 있다.

1. 소 청

1) 개념

　소청이란, '징계처분 기타 그 의사에 반하는 불이익처분을 받은 자가 그 위법 또는 부당을 이유로 관할 소청심사위원회에 심사를 청구하는 제도'로서, 공무원의 신분과 관련한 불이익처분에 대한 '행정심판의 일종'이지만 '행정심판법에 대한 특별법'으로서의 국가공무원법(76) 등 각종 공무원법이 정하는 바에 따라 규율된다. 소청제도는 공무원의 권익보장을 주된 목적으로 하는 것이지만, 공무원인사행정의 적정성과 행정질서의 확립을 위한 목적도 있다.

2) 소청사항

　소청의 대상인 불이익처분은 '징계처분·강임·휴직·직위해제·면직처분 기타 본인의 의사에 반하는 불리한 처분이나 부작위'이다(국공9①). 기타 본인의 의사에 반하는 불이익처분의 범위에 관하여는 학설이 일치하지 않지만, 의원면직·전직·전보는 물론, 당연퇴직과 경력평정행위까지 포함되며, 복직불이행·봉급미지급 등의 부작위와 복직거부처분·봉급지급거부처분 등의 거부처분에 대한 의무이행청구도 포함된다(14③).

3) 소청심사기관(소청심사위원회)

　임명권자로부터 엄격한 독립성과 중립성을 확보하기 위하여 '합의제 행정청'으로서 '인사혁신처'에 '소청심사위원회'를 두고 있다(국회사무처 및 법원행정처에도 별도의 소청심사위원회를 설치하고, 교육공무원을 위하여서는 특별히 사립학교 교원까지 함께 관할하는 '교원소청심사위원회'를 '교육부'에 설치하였다). 인사혁신처에 두는 소청심사위원회는 인사혁신처장의 제청으로 대통령이 임명하는 5인 이상 7인 이내의 위원으로 구성되고, 임기는 3년이며 1차에 한하여 연임될 수 있다.

4) 심사절차

① 소청의 제기(청구기간)

징계처분·강임·휴직·직위해제·직권면직 등의 불이익처분 시에 교부하도록 되어있는 처분사유 설명서를 받은 날(처분사유 설명서를 받지 아니한 기타의 불이익처분의 경우에는 그 처분이 있은 것을 안 날)로부터 '30일' 이내에 소청을 제기할 수 있다(76①).

> **판례**
> 의원면직의 경우 처분사유 설명서를 교부하지 않아도 된다(대판 1986. 7. 22, 86누43).

국가공무원법 제75조(처분사유 설명서의 교부)
① 공무원에 대하여 징계처분등을 할 때나 강임·휴직·직위해제 또는 면직처분을 할 때에는 그 처분권자 또는 처분제청권자는 처분사유를 적은 설명서를 교부(交付)하여야 한다. 다만, 본인의 원(願)에 따른 강임·휴직 또는 면직처분은 그러하지 아니하다.
② 처분권자는 피해자가 요청하는 경우 다음 각 호의 어느 하나에 해당하는 사유로 처분사유 설명서를 교부할 때에는 그 징계처분결과를 피해자에게 함께 통보하여야 한다.
1. 「성폭력범죄의 처벌 등에 관한 특례법」 제2조에 따른 성폭력범죄
2. 「양성평등기본법」 제3조제2호에 따른 성희롱
3. 직장에서의 지위나 관계 등의 우위를 이용하여 업무상 적정범위를 넘어 다른 공무원 등에게 부당한 행위를 하거나 신체적·정신적 고통을 주는 등의 행위로서 대통령령등으로 정하는 행위

국가공무원법 제76조(심사청구와 후임자 보충 발령)
① 제75조에 따른 처분사유 설명서를 받은 공무원이 그 처분에 불복할 때에는 그 설명서를 받은 날부터, 공무원이 제75조에서 정한 처분 외에 본인의 의사에 반한 불리한 처분을 받았을 때에는 그 처분이 있은 것을 안 날부터 각각 30일 이내에 소청심사위원회에 이에 대한 심사를 청구할 수 있다. 이 경우 변호사를 대리인으로 선임할 수 있다.
② 본인의 의사에 반하여 파면 또는 해임이나 제70조제1항제5호에 따른 면직처분을 하면 그 처분을 한 날부터 40일 이내에는 후임자의 보충발령을 하지 못한다. 다만, 인력 관리상 후임자를 보충하여야 할 불가피한 사유가 있고, 제3항에 따른 소청심사위원회의 임시결정이 없는 경우에는 국회사무총장, 법원행정처장, 헌법재판소사무처장, 중앙선거관리위원회사무총장 또는 인사혁신처장과 협의를 거쳐 후임자의 보충발령을 할 수 있다.
③ 소청심사위원회는 제1항에 따른 소청심사청구가 파면 또는 해임이나 제70조제1항제5호에 따른 면직처분으로 인한 경우에는 그 청구를 접수한 날부터 5일 이내에 해당 사건의 최종 결정이 있을 때까지 후임자의 보충발령을 유예하게 하는 임시결정을 할 수 있다.
④ 제3항에 따라 소청심사위원회가 임시결정을 한 경우에는 임시결정을 한 날부터 20일 이내에 최종 결정을 하여야 하며 각 임용권자는 그 최종 결정이 있을 때까지 후임자를 보충발령하지 못한다.

> ⑤ 소청심사위원회는 제3항에 따른 임시결정을 한 경우 외에는 소청심사청구를 접수한 날부터 60일 이내에 이에 대한 결정을 하여야 한다. 다만, 불가피하다고 인정되면 소청심사위원회의 의결로 30일을 연장할 수 있다.
> ⑥ 공무원은 제1항의 심사청구를 이유로 불이익한 처분이나 대우를 받지 아니한다.

② 심 사

필요한 경우 검증·감정 기타 사실조사·증인환문·관계서류제출명령 등 '직권조사'제도를 채택하고 있는 바(12), 그 이유는 소청제도가 기본적으로는 개인의 권익구제를 목적으로 하지만 인사행정의 적정성 보장이라는 공익도 보호하기 위한 것이기 때문이다. 한편, 소청인 또는 그 대리인에게 '반드시 진술의 기회'를 부여하여야 하며, 이에 위반한 결정은 '무효'임을 명시하고 있다(13). 소청심사에는 상술한 공익성 때문에 '불고불리의 원칙'은 적용되지 않지만, 개인의 권익구제에 근본목적이 있는 만큼 '불이익변경금지의 원칙'은 적용된다(14⑥).

판례

징계절차는 소청심사위원회의 의원면직처분 취소결정과는 별개의 절차로서, 국가공무원법 제14조 제6항 소정의 불이익변경금지의 원칙이 적용될 여지는 없다(대판 2008. 10. 9, 2008두11853, 11860).

5) 결 정

소청심사청구서 접수일로부터 60일 이내(불가피한 경우 30일 연장 가능)에 결정을 하여야 하며(76⑤), 결정에는 각하결정, 기각결정, 처분의 취소·변경결정, 처분의 유효·무효확인 및 존재·부존재확인결정, 부작위 또는 거부처분에 대한 의무이행결정 등이 있다(14③). 여기서의 변경은 소극적 변경인 일부취소 외에 적극적 변경(파면을 감봉으로 하는 것 등)도 가능하다고 보며, 행정실무에서도 또한 같다. 위원회의 결정은 처분행정청을 기속한다(15).

6) 재 심

위원회의 결정에 대하여 소청인은 재심을 청구할 수 없고 바로 행정소송을 제기하여야 한다.

2. 행정소송

공무원에 대한 불이익처분에 대한 행정소송은 소청심사위원회의 심사결정을 거치지 아니하면 이를 제기할 수 없다(소위 **필요적 소청 전치주의** : 16②). 소청심사위원회의 결정에 대하여는 위법임을 이유로 하는 경우에 한하여(공무원에 대한 불이익처분은 대부분이 재량행위이며, 따라서 재량권 일탈·남용을 이유로 한 불복이 많을 수밖에 없는바, 재량권 일탈·남용도 위법에 포함됨은 물론이다) 결정서의 송달을 받은 날로부터 90일 이내에 행정소송법에 의한 행정소송을 제기할 수 있다(행소20).

이 경우 소청심사위원회의 결정이 아닌 원처분(징계처분 등)의 위법을 다투어야 하며(원처분주의), 따라서 행정소송의 피고는 원처분청이 되지만, 다만 대통령이 원처분청인 경우(5급 이상 공무원의 파면 등)에는 소속 장관이 되도록 하였다(국공16).

파면·해임·면직처분에 대하여 소청심사위원회 또는 법원의 무효·취소의 결정 또는 판결이 있을 경우에는 당해 공무원의 복직과 보수의 지급을 보장하기 위하여 직제상의 정원이 따로 있는 것으로 간주하고, 보수는 소급하여 지급하도록 하는 특별규정을 두고 있다(국공43③ 및 공무원보수규정30).

> **판례**
> 선행 직위해제처분의 위법사유를 들어 후행 면직처분의 효력을 다툴 수 없다(대판 1984. 9. 11, 84누191).

한편, 사립학교 교원에 대한 학교법인의 해임처분은 행정소송의 대상이 되는 행정청의 처분이 아니다(대판 1993. 2. 12, 92누13707). 이 경우 교원지위향상을 위한 특별법에 따라 교육부 내의 교원소청심사위원회에 소청심사를 청구한 경우 소청심사위원회의 결정은 행정처분이다(대판 1993. 2. 12, 92누13707).

> **판례**
> 가. 사립학교 교원에 대한 학교법인의 해임처분을 행정소송의 대상이 되는 행정청의 처분으로 볼 수 있는지 여부(소극)
>
> 사립학교 교원은 학교법인 또는 사립학교 경영자에 의하여 임면되는 것으로서 사립학교 교원과 학교법인의 관계를 공법상의 권력관계라고는 볼 수 없으므로 사립학교 교원에 대한 학교법인의 해임처분을 취소소송의 대상이 되는 행정청의 처분으로 볼 수 없고, 따라서 학교법인을 상대로 한 불복은 행정소송에 의할 수 없고 민사소송절차에 의할 것이다.
>
> 나. 사립학교 교원이 학교법인의 해임처분에 대하여 교원지위향상을위한특별법에 따라 교육부 내의 교원징계재심위원회에 재심청구를 한 경우 재심위원회의 결정이 행정소송의 대상인 행정처분인지 여부(적극)
>
> 사립학교 교원에 대한 해임처분에 대한 구제방법으로 학교법인을 상대로 한 민사소송 이외 교원지위향상을위한특별법 제7 내지 10조에 따라 교육부 내에 설치된 교원징계재심위원회에 재심청구를 하고 교원징계재심위원회의 결정에 불복하여 행정소송을 제기하는 방법도 있으나, 이 경우에도 행정소송의 대상이 되는 행정처분은 교원징계재심위원회의 결정이지 학교법인의 해임처분이 행정처분으로 의제되는 것이 아니며 또한 교원징계재심위원회의 결정을 이에 대한 행정심판으로서의 재결에 해당되는 것으로 볼 수는 없다[대법원 1993.2.12, 선고, 92누13707, 판결].

제 4 절 공무원의 권리

Ⅰ. 개 설

공무원은 일반국민으로서의 지위와 국가기관의 구성원으로서의 지위라는 이중적 지위를 가지며, 국가기관의 구성원의 지위에서 공무원은 일반국민이 가지지 아니하는 특별한 권리와 의무를 가진다. 공무원의 권리는 공권이므로 사권과는 다른 특수성이 인정되며, '신분상의 권리'와 '재산상의 권리'로 나누어진다.

'과거'에는 공무원의 근무관계를 '특별권력관계'로 파악하고 있었기 때문에 법적 근거가 없이도 공무원의 기본권이나 권리를 제한하고 의무를 부할 수 있었으며, 공무원에 대한 징계 등도 특별권력관계의 내부적인 행위로서 사법심사의 대상이 되지 않는다고 보았다. 그러나 '오늘날'에는 공무원의 권리를 제한하거나 의무를 부과하기 위하여서는 원칙적으로 법률의 근거를 요한다. 또한 공무원에 대한 불이익처분은 그것이 행정의 처분으로 인정되는 한 사법심사의 대상이 되게 함으로써 공무원의 권리를 보장하고 있다.

Ⅱ. 신분상의 권리

1. 신분보장권

헌법(7②)은 공무원의 신분은 법률이 정하는 바에 따라 보장된다고 규정하고 있으며, 이에 따라 국가공무원법(68)은 『공무원은 형의 선고·징계처분 또는 이 법이 정하는 사유에 의하지 아니하고는 그 의사에 반하여 휴직·강임 또는 면직을 당하지 아니한다』고 규정하였고, 특히 징계처분의 사유와 절차는 동법이 엄격히 규정하고 있다(78~83의3). 그러나 1급 공무원(68단)과 시보공무원(29③) 및 특수경력직공무원은 신분보장을 받지 못한다.

2. 직무집행권

공무원은 법령에 의하여 부여된 담당 직무를 집행할 권리를 가진다. 따라서 이를 방해하면 형법(136·137)상 공무집행방해죄를 구성하게 된다.

3. 직명사용권·제복착용권

모든 공무원은 그 직위에 해당하는 직명(○○국장 등)을 사용할 권리를 가지며, 그 중 특히 군인·경찰·소방·세관·출입국관리공무원 등은 복제규정(해당 각 부처의 부령)이 정하는 바에 따라 제복착용권을 가진다. 따라서 공무원이 아닌 자가 공무원의 직명을 사용하거나 제복을 착용하면 경범죄처벌법(1(8))에 의하여 처벌된다.

4. 쟁송제기권

공무원의 신분상의 위법·부당한 불이익처분에 대하여는 법률에 의거하여 소청과 행정소송을 제기할 권리를 가진다.

5. 인사상담 및 고충심사청구권

공무원은 누구나 인사·조직·처우 등 각종 근무조건과 기타 신상문제에 대하여 인사상담이나 고충의 심사를 청구할 수 있으며, 이를 이유로 불이익한 처분이나 대우를 받지 아니한다. 청구를 받은 중앙인사관장기관의 장(행정부의 경우에는 중앙인사위원회 위원장)·임용권자 또는 임용제청권자는 이를 고충심사위원회에 부의하여 심사하게 하거나 소속공무원으로 하여금 상담케 하고 그 결과에 따라 고충의 해소 등 공정한 처리를 위하여 노력하여야 한다(76의2①·②). 고충심사위원회는 중앙인사관장기관별로 중앙고충심사위원회를, 각 임용권자 또는 임용제청권자 단위로 보통고충심사위원회를 두는데, 중앙고충심사위원회의 기능은 소청심사위원회에서 관장하고 있다. 중앙고충심사위원회는 보통고충심사위원회의 심사를 거쳤으나 이에 불복해 재심청구를 한 경우와, 6급 이하 일반직공무원과 기능직공무원 중 임용권자를 달리하는 두 개 이상의 기관에 관련된 고충 및 5급 이상의 공무원이 제기하는 고충을, 보통고충심사위원회는 소속 6급 이하 공무원과 기능직공무원의 고충을 각각 심사하되, 원소속기관의 보통고충심사위원회에서 심사하기 부적당한 경우에는 직근 상급기관의 보통고충심사위원회에서 심사할 수 있다.

고충심사위원회의 심사결과 필요하다고 인정되는 때에는 처분청 또는 관계기관의 장에게 시정을 요청할 수 있으며, 처분청 및 관계기관의 장은 특별한 사유가 없는 한 이를 이행하고 그 처리결과를 통보하여야 한다. 다만, 부득이한 사유로 이행하지 못할 경우에는 그 사유를 통보하여야 한다(76의6③~⑦).

> **판례** 고충심사결정은 행정쟁송의 대상이 되는 '행정처분'은 아니라는 판례
> 지방공무원법 제67조의2에서 규정하고 있는 고충심사제도는 공무원으로서의 권익을 보장하고 적정한 근무환경을 조성하여 주기 위하여 근무조건 또는 인사관리 기타 신상문제에 대하여 법률적인 쟁송의 절차에 의하여서가 아니라 사실상의 절차에 의하여 그 시정과 개선책을 청구하여 줄 것을 임용권자에게 청구할 수 있도록 한 제도로서, 고충심사결정 자체에 의하여는 어떠한 법률관계의 변동이나 이익의 침해가 직접적으로 생기는 것은 아니므로 고충심사의 결정은 행정상 쟁송의 대상이 되는 '행정처분'이라 할 수 없다(대판 1987. 12. 8, 87누657).

6. 직장협의회 설립·운영권

　국가기관·지방자치단체 및 그 하부기관에 근무하는 공무원은 직장협의회를 설립할 수 있다 (공무원직장협의회의 설립·운영에 관한 법률2①). 협의회는 기관단위로 설립하되, 하나의 기관에는 하나의 협의회만을 설립할 수 있다(동법2②). 협의회를 설립한 때에는 그 대표자는 소속 기관의 장에게 설립사실을 통보하여야 한다(동법2③). 협의회는 공무원의 근무환경 개선·업무능률 향상 및 고충처리 등을 목적으로 하며(동법1), 기관장은 협의회가 협의를 요구한 경우 이에 성실히 임하여야 하며, 협의회와 문서로 합의한 사항에 대하여는 기관장은 최대한 그 이행에 노력하여야 한다(동법6). 직장협의회에 가입할 수 있는 공무원은 ① 6급 이하의 일반직 공무원 및 이에 준하는 연구·특수기술직렬의 일반직 공무원, ② 특정직 공무원 중 재직경력 10년 미만의 외무영사직렬·외교정보기술직렬 외무공무원, ③ 기능직 공무원, ④ 고용직 공무원, ⑤ 제1호의 일반직 공무원에 상당하는 별정직 공무원이다(동법3).

7. 노동조합 설립·운영권

　국가공무원법 제2조 및 지방공무원법 제2조에서 규정하고 있는 공무원(국가공무원법 제66조 제1항 단서 및 지방공무원법 제58조 제1항 단서의 규정에 의한 사실상 노무에 종사하는 공무원과 교원의 노동조합설립 및 운영 등에 관한 법률의 적용을 받는 교원인 공무원 제외)은 노동조합을 설립할 수 있다(공무원의 노동조합 설립 및 운영 등에 관한 법률5, 2).
　공무원노동조합은 단체교섭권을 보장받고 있으나, 파업·태업 그 밖에 업무의 정상적인 운영을 저해하는 일체의 행위를 할 수 없기 때문에 단체행동권은 없다(동법11).

공무원의 노동조합 설립 및 운영 등에 관한 법률 제6조(가입범위)
① 노동조합에 가입할 수 있는 사람의 범위는 다음 각 호와 같다.
1. 일반직공무원
2. 특정직공무원 중 외무영사직렬·외교정보기술직렬 외무공무원, 소방공무원 및 교육공무원(다만, 교원은 제외한다)
3. 별정직공무원
4. 제1호부터 제3호까지의 어느 하나에 해당하는 공무원이었던 사람으로서 노동조합 규약으로 정하는 사람
5. 삭제
② 제1항에도 불구하고 다음 각 호의 어느 하나에 해당하는 공무원은 노동조합에 가입할 수 없다.
1. 업무의 주된 내용이 다른 공무원에 대하여 지휘·감독권을 행사하거나 다른 공무원의 업무를 총괄하는 업무에 종사하는 공무원
2. 업무의 주된 내용이 인사·보수 또는 노동관계의 조정·감독 등 노동조합의 조합원 지위를 가지고 수행하기에 적절하지 아니한 업무에 종사하는 공무원

> 3. 교정·수사 등 공공의 안녕과 국가안전보장에 관한 업무에 종사하는 공무원
> 4. 삭제
> ③ 삭제
> ④ 제2항에 따른 공무원의 범위는 대통령령으로 정한다.

Ⅲ. 재산상의 권리

1. 보수청구권

1) 보수의 의의

공무원의 보수는 공무원이 국가로부터 정기적으로 받는 금전적인 보상으로서 계급별·호봉별로 지급되는 기본급여인 '봉급'과 직무여건과 생활여건 등에 따라 지급되는 부가급여인 각종 '수당'을 합한 금액을 말한다(공무원보수규정4①). 봉급에는 본봉과 직책수당·근속수당이 포함되며, 수당에는 시간외·야간·휴일·일직·숙직·특수지 근무수당과 가족·상여·기말·정근수당 등이 포함된다.

2) 보수의 성질

보수의 성질에 관하여는 ① 근무에 대한 반대급부설과, ② 최저생활을 보장하기 위한 생활자료설이 있으나, 보수는 직무의 곤란성과 책임의 정도에 상응하도록 계급별로 정한다는 규정(법46)과 결근·휴직·직위해제자는 봉급을 감액한다는 규정(보수27~29)은 보수의 반대급부적 성격을 반영한 것이고, 보수는 일반의 표준생계비·물가수준 그 밖의 사정을 고려하여 정하되, 민간부문의 임금수준과 적절한 균형을 유지하도록 노력하여야 한다는 규정(법46)과 보수의 압류를 제한하는 규정(민소579, 국징33) 등은 직업공무원제의 확립과 공무원의 직무전념 및 청렴의무의 유지를 위한 최저생활보장이라는 보수의 생활자료적 성격을 각각 반영한 것이므로 두 가지 성질을 함께 가지는 것이라고 하겠다.

보수청구권은 비록 재산상의 권리이기는 하지만 직무전념의무 등의 확보를 위한 생활자료라는 특성상 양도나 포기를 할 수 없다고 하겠으며 3년의 시효로 소멸하고(예산회계법 제96조에 의거하면 국가에 대한 금전채권채무는 일반적으로 5년이지만, 봉급은 이보다 단기의 소멸시효를 정한 민법 163①이 우선 적용되는 결과임), 보수에 대한 압류는 2분의 1까지만 가능하다(민소579·국징33).

보수청구권은 공무원법관계에서 발생하는 '공법상의 권리'이므로 이론상 그 청구소송도 행정소송 중 '공법상 당사자소송'에 의하여야 할 것이다(판례 참조). 통상 보수청구권은 면직 등 공무원관계의 소멸을 초래하는 행정처분의 효력을 다투면서 문제삼기 마련이며, 따라서 '그

처분을 원인으로 하는 법률관계에 관한 소송'으로서 전형적인 당사자소송에 해당되어(행소3), 면직처분 등 취소소송의 관련청구소송으로서 행정소송인 취소소송에 병합하여 '공법상 당사자소송'으로 제기하면 될 것이다(행소10②).

> **판례** 공무원의 보수지급을 구하는 소송은 '행정소송'의 대상이라는 사례
> 교육인적자원부장관(당시 문교부장관)의 권한을 재위임받은 공립교육기관의 장에 의하여 공립유치원의 임용기간을 정한 전임강사로 임용되어 지방자치단체로부터 보수를 지급받으면서 공무원복무규정을 적용받고, 사실상 유치원교사의 업무를 담당하여 온 유치원교사의 자격이 있는 자는 교육공무원에 준하여 신분보장을 받는 정원 외의 임시직 공무원으로 봄이 상당하므로 그에 대한 해임처분의 시정 및 수령지체된 보수의 지급을 구하는 소송은 '행정소송'의 대상이지 '민사소송'의 대상은 아니다(대판 1991. 5. 10, 90다10766).

2. 연금청구권

1) 연금의 의의

'일정기간 근무하고 퇴직·사망하거나, 공무상 질병·부상으로 퇴직·사망한 경우에 본인 또는 유가족에게 지급되는 급여'를 '연금(年金)'이라고 한다. 연금은 사회보장제도의 일환으로서 그 재원의 50%는 공무원의 보수에 비례해서 공무원 자신들이 거출하고, 나머지 50%는 사용자의 지위에 있는 국가·지방자치단체가 부담하고 있다. 연금은 공무원이 납부한 기여금에 비례하여 수령하게 되고, 퇴직 후에는 연령과 생활능력에 관계없이 지급된다는 점에서 공무원 상호간의 공제조합적인 성격도 가지고 있다. 우리 **헌법재판소**는 "연금법상의 급여는 본인들이 기여금을 납부한다는 점에서 후불임금의 성격도 가미되어 있고, 아울러 공로보상 또는 은혜적 급여의 성격도 함께 가지고 있기는 하나, 기본적으로 사회보장적 급여로서의 성격을 가진다"고 판시하고 있다.

연금은 적법하게 임용된 공무원에게만 주어지는 것이므로 처음부터 결격사유에 해당하는 공무원임을 간과하고 위법하게 임용된 공무원인 경우에는 일정한 기여금을 지불하였다 하더라도 연금을 수령할 수 없다.

> **판례** 연금은 적법한 공무원에게만 주어진다는 판례
> 공무원연금법에 의한 퇴직급여 등은 적법한 공무원으로서의 신분을 취득하여 근무하다가 퇴직하는 경우에 지급되는 것이고, 임용 당시 공무원 임용결격사유가 있었다면 비록 국가의 과실에 의하여 임용결격자임을 밝혀내지 못하였다고 하더라도 그 임용행위는 당연무효로 보아야 하며, 당연무효인 임용행위에 의하여 공무원의 신분을 취득할 수 없으므로 임용결격자가 공무원으로 임용되어 사실상 근무하여 왔다고 하더라도 적법한 공무원으로서의 신분을 취득하지 못한 자로서는 공무원연금법 소정의 퇴직금급여 등을 청구할 수 없으며, 임용결격사유가 소멸된 후에 계속 근무하여 왔다고 하더라도 그 때부터 무효인 임용행위가 유효로 되어 적법한 공무원의 신분을 회복하고 퇴직급여 등을 청구할 수 있다고 볼 수 없다(대판 1998. 1. 28, 97누16985).

2) 내 용

연금에는 단기급여와 장기급여로 나누어지는 바, ① 단기급여로서 공무상 요양비·공무상 요양일시금·재해부조금·사망조위금 등이 있고, ② 장기급여로서 퇴직급여(퇴직연금·퇴직연금일시금 등), 장해급여(장해연금·장해보상금), 유족급여(유족연금·유족연금일시금 등)가 있다. 이들 중 공무상 요양비·공무상 요양일시금·장해연금·장해보상금 등은 엄격한 의미에서는 연금이 아니고 공무상 받은 손실에 대한 손실보상으로서의 성격을 가지는 것이다.

3) 청구 및 불복절차

연금청구권은 공무원연금법에 규정된 사유가 발생하면 당연히 발생하지만, 이를 구체적으로 행사하기 위하여서는 소속 기관장의 확인을 거쳐 행정안전부장관의 결정이라는 확인행위가 있어야 한다(행정안전부장관의 이 권한은 공무원연금공단에 위탁되어 있다. 공년26).

결정에 이의가 있는 자는 행정심판법에 의한 행정심판을 청구할 수 없는 대신에, 결정처분이 있은 날로부터 180일, 그 사실을 안 날로부터 90일 이내에 행정안전부 소속 공무원연금급여재심위원회에 심사청구를 할 수 있으며, 그 결정에 다시 불복할 경우에는 **행정소송**을 제기할 수 있다(80. 이 경우의 피고는 국가의 권한을 위탁받아 행사함으로써 국가기관의 지위에 있게 되는 원처분청인 공무원연금관리공단이 된다). 연금청구권의 소멸시효는 단기급여는 1년, 장기급여는 5년이다(81).

* 급여결정에 불복하는 경우

> **판례** 공무원연금법상 퇴직급여결정이 '행정처분'인지 여부(적극)
> 구 공무원연금법(1995. 12. 29. 법률 제5117호로 개정되기 전의 것) 제26조 제1항, 제80조 제1항, 공무원연금법시행령 제19조의2의 각 규정을 종합하면, 같은 법 소정의 급여는 급여를 받을 권리를 가진 자가 당해 공무원이 소속하였던 기관장의 확인을 얻어 신청하는 바에 따라 공무원연금관리공단이 그 지급결정을 함으로써 그 구체적인 권리가 발생하는 것이므로, 공무원연금관리공단의 급여에 관한 결정은 국민의 권리에 직접 영향을 미치는 것이어서 '행정처분'에 해당하고, 공무원연금관리공단의 급여결정에 불복하는 자는 공무원연금급여재심위원회의 심사결정을 거쳐 공무원연금관리공단의 급여결정을 대상으로 '행정소송'을 제기하여야 한다[대법원 1996.12.6, 선고, 96누6417, 판결].

* 지급결정된 연금의 일부 지급이 거부된 경우

> **판례** 공무원연금관리공단이 퇴직연금 중 일부 금액에 대하여 지급거부의 의사표시를 한 경우, 그 의사표시가 '항고소송'의 대상이 되는 행정처분인지 여부(소극) 및 이 경우 미지급퇴직연금의 지급을 구하는 소송의 성격(='공법상 당사자소송')
> 구 공무원연금법(2000. 12. 30. 법률 제6328호로 개정되기 전의 것) 소정의 퇴직연금 등의 급여는 급여를 받

을 권리를 가진 자가 당해 공무원이 소속하였던 기관장의 확인을 얻어 신청하는 바에 따라 공무원연금관리공단이 그 지급결정을 함으로써 그 구체적인 권리가 발생하는 것이므로, 공무원연금관리공단의 급여에 관한 결정은 국민의 권리에 직접 영향을 미치는 것이어서 '행정처분'에 해당할 것이지만, 공무원연금관리공단의 인정에 의하여 퇴직연금을 지급받아 오던 중 구 공무원연금법령의 개정 등으로 퇴직연금 중 일부 금액의 지급이 정지된 경우에는 당연히 개정된 법령에 따라 퇴직연금이 확정되는 것이지 같은 법 제26조 제1항에 정해진 공무원연금관리공단의 퇴직연금 결정과 통지에 의하여 비로소 그 금액이 확정되는 것이 아니므로, 공무원연금관리공단이 퇴직연금 중 일부 금액에 대하여 지급거부의 의사표시를 하였다고 하더라도 그 의사표시는 퇴직연금 청구권을 형성·확정하는 '행정처분'이 아니라 공법상의 법률관계의 한쪽 당사자로서 그 지급의무의 존부 및 범위에 관하여 나름대로의 사실상·법률상 의견을 밝힌 것일 뿐이어서, 이를 '행정처분'이라고 볼 수는 없고, 이 경우 미지급퇴직연금에 대한 지급청구권은 '공법상 권리'로서 그의 지급을 구하는 소송은 공법상의 법률관계에 관한 소송인 '공법상 당사자소송'에 해당한다[대법원 2004.7.8, 선고, 2004두244, 판결].

3. 실비변상청구권

공무원의 정규근무시간 중에 수행하는 일상업무에 대하여는 반대급부로서 보수가 지급되고 있으나, 일시적·부가적인 특정업무를 수행하는 과정에서 소요되는 경비에 대하여 적정한 보상을 하지 않으면 본인이 부담하게 되는 것이므로, 국가공무원법은 이러한 특별 소요경비에 대하여 실비로 변상할 수 있도록 규정하고 있다(국공48①).

국내·국외여비규정에 의한 출장여비·숙박비와, 재직공무원의 능력향상과 창의성을 높이기 위하여 연구용역의 의뢰차원에서 수행하는 특수연구과제의 처리에 대한 보상(국공48②) 등이 이러한 실비변상의 예이다.

제 5 절 공무원의 의무

I. 개 설

종래의 특별권력관계론에 의하면 공무원은 특별권력에 의거하여 포괄적인 의무를 진다고 하였으나, 현대 민주국가 하에서는 공무원과 국가와의 관계도 권리·의무관계이므로 공무원관계의 설정목적에 비추어 합리적인 범위 내에서만 근무의무를 진다고 하겠다. 그러나 공무원은 국민 전체에 대한 봉사자의 지위에 있으므로 일반 사법상의 고용관계와는 달리 특별한 공법적인 의무를 진다.

공무원의 의무는 크게 공무원이기 때문에 당연히 지는 '신분상의 의무'와 공무원의 직무를 수행하는데 있어서 지는 '직무상의 의무'로 나누어진다.

공무원의 신분을 가지기 때문에 당연히 지는 의무로서는 선서의무, 외국정부로부터 영예를 받을 경우 허가를 받아야 하는 의무 및 품위유지의무가 있는데, 이는 직무의 수행여부를 떠나서 당연히 지켜야 하는 적극적인 성격의 의무이다.

반면에 직무수행과 관련하여 지켜야 하는 의무로서는 성실의무, 법령준수의무, 소속상관에 복종해야 하는 의무, 직무전념의무, 친절공정의무, 비밀엄수의무 및 청렴의무가 있다. 이 밖에도 공직자윤리법상의 의무로서 재산등록 및 공개의무, 선물신고의무, 퇴직공직자의 취업제한의무 등이 있다.

II. 공무원의 신분상 의무

1. 선서의무

공무원은 공직에 취임할 때에 소속기관장 앞에서 공무원법에 규정된 선언문을 낭독하여 선서를 하여야 한다(국공55). 선서는 공무원의 사명과 의무를 자각하고 확인하게 하여 공직을 수행하는 동안 국가와 국민 앞에 윤리적 책임을 지겠다는 서약을 대외적으로 천명하는 공무원의 의사표시이다(다음 선서문 참조). 선서를 하여야 하는 공무원은 경력직공무원은 물론 특수직공무원도 당연히 포함되는 것이지만, 임시직·비상근직은 법상으로 공무원에 해당되지 않으므로 선서가 필요없다.

<선서>
본인은 공직자로서 보람을 가지고 국가와 국민을 위하여 신명을 바칠 것을 다짐하면서 다음과 같이 선서합니다.
  1. 본인은 법령을 준수하고 상사의 직무상 명령에 복종한다.
  1. 본인은 국민의 편에 서서 정직과 성실로 직무에 전념한다.
  1. 본인은 창의적인 노력과 능동적인 자세로 소임을 완수한다.
  1. 본인은 재직 중은 물론 퇴직 후에라도 업무상 알게 된 기밀을 절대로 누설하지 않는다.
  1. 본인은 정의의 실천자로서 부정의 발본에 앞장선다.

2. 외국정부로부터 영예를 받을 경우 허가를 받아야 하는 의무

공무원이 외국정부로부터 영예 또는 증여를 받는 경우에는 대통령의 허가 (행정청의 사후 승인이 아님)를 받도록 되어 있는바(62), 이는 공무원이 개인으로서 받는 것이 아니라 국가의 공무원이기 때문에 받는 것이므로 그것이 우리나라의 국익에 저촉되는지 여부 등 그 적격성을 심사하기 위하여 이러한 의무를 부과하고 있다.

3. 품위유지의 의무

공무원은 직무의 내외를 불문하고 그 품위를 손상하는 행위를 하여서는 아니 된다(63). 이는 공직의 체면·위신·신뢰를 유지하기 위한 것으로서, 축첩·도박, 마약·알콜중독 등 사생활에 이르기까지 공직의 품위에 직접 영향을 미치는 것을 포함한다.

판례에 나타난 품위유지의무 위반의 유형을 보면, ① 훈령에 위반한 요정출입행위(대판 1967. 5. 2, 67누24), ② 당직근무 중 심심풀이로 한 화투놀이(대판 1972. 12. 26, 72누194), ③ 예비군동원훈련 중 구멍가게에서 술을 마신 행위(대판 1983. 6. 28, 83누94), ④ 교육자로서 전교조결성집회에 참석하여 머리띠를 두르고 구호를 외치는 집단행동(대판 1992. 6. 26, 91누11780) 등이 있다.

> **판례** 품위란 국민의 수임자로서 직책을 수행하는 데 손색이 없는 인품이라는 판례
>
> 국민으로부터 널리 공무를 수탁하여 국민전체를 위해 근무하는 공무원의 지위를 고려할 때 공무원의 품위손상행위는 본인은 물론 공직사회에 대한 국민의 신뢰를 실추시킬 우려가 있으므로 지방공무원법 제55조는 국가공무원법 제63조와 함께 공무원에게 직무와 관련된 부분은 물론 사적인 부분에 있어서도 건실한 생활을 요구하는 '품위유지의무'를 규정하고 있고, 여기에서 '품위'라 함은 주권자인 국민의 수임자로서의 직책을 맡아 수행해 나가기에 손색이 없는 인품을 말한다(대판 1998. 2. 27, 97누18172).

Ⅲ. 공무원의 직무상 의무

1. 성실의무

공무원은 국민 전체에 대한 봉사자로서 공공의 이익을 위하여 성실히 근무하여야 한다(56). 성실의무는 후술하는 직무상의 의무 등 다른 모든 의무의 기초가 되는 가장 기본적 의무이며, 가장 윤리성이 강한 의무이다.

성실의무는 단지 법령을 준수하고 상관의 명령에 복종하는 것 이상으로 적극적으로 공공의 이익을 도모하기 위하여 전인격과 양심을 바쳐 성실히 직무를 수행하는 것을 내용으로 한다(대판 1989. 5. 23, 88누3161). 따라서 공무원의 공무수행이 법령에 위배되지 않는다 하더라도 성실의 의무에 위배되면 징계의 사유가 된다.

> **판례** 성실의무는 철도의 정상운행에 지장을 주는 집회에 참석하지 아니할 의무에까지 미친다는 판례
>
> 전국기관차협의회가 주도하는 집회 및 철도파업은 정당한 단체행동의 범위 내에 있는 것으로 보기 어렵고, 또한 그 집회가 적법한 절차를 거쳐 개최되었고 근무시간 외에 사업장 밖에서 개최되었다고 하더라도 철도의 정상적인 운영을 수행하여야 할 철도기관사로서의 성실의무는 철도의 정상운행에 지장을 초래할 가능성이 높

은 집회에 참여하지 아니할 의무에까지도 미친다고 보아, 철도기관사에 대하여 그 집회에 참석하지 못하도록 한 지방철도청장의 명령은 정당한 직무상 명령이다(대판 1997. 2. 11, 96누2125).

2. 법령준수의무

공무원은 법령을 준수하여야 한다(56). 법령위반행위는 위법행위가 되어 무효·취소·국가배상의 원인이 될 뿐만 아니라, 공무원 자신은 징계책임은 물론 변상책임과 형사책임까지 지게 될 경우도 있다.

3. 복종의무

공무원은 직무수행에 있어 소속 상관의 직무상의 명령에 복종하여야 한다(57). 공무원의 직무수행의 방법은 법령에 직접 규정되어 있는 경우에는 그대로 이행하면 되나, 일반적으로 법령에서는 그 기준이나 원칙만을 정하여 놓고 구체적 집행은 권한있는 기관의 판단이나 지침에 따르게 된다. 이 경우 법령집행의 유기적 통일성과 행정집행의 효율성을 확보하기 위하여 공무원은 상관의 직무상 명령을 충실히 이행하여야 한다. 소속 상관과 직무명령 및 복종의무의 한계에 대하여 설명한다.

1) 소속 상관

소속 상관이란 소속기관의 장인지 그 보조기관인지를 묻지 아니하고 공무원의 직무에 관하여 지휘·감독권을 가진 자를 말한다. 여기서 소속 상관이란 신분상의 소속 상관을 의미하는 것이 아니라 직무상의 소속 상관을 의미하는 것이므로 타 기관에 파견근무 중인 자의 경우에는 본인이 현재 파견근무하고 있는 기관의 상관을 말한다.

2) 직무명령

① 상관이 직무에 관하여 부하에게 발하는 명령으로서, 형식은 구술·문서 어느 형식에 의하더라도 관계없다.

② 직무명령의 적법요건으로서는 ㉠ 형식적 요건으로서 권한있는 소속 상관이, 부하의 직무범위 내의 사항으로서, 부하의 직무상 독립된 업무(감사위원 등 각종 위원회 위원의 업무 등)에 속하지 아니하는 사항에 관하여, 법령이 요구하는 형식·절차가 있으면 이를 갖추어야 하며, ㉡ 실질적 요건으로서 그 내용이 법령과 공익에 적합하여야 한다.

③ 직무명령은 법령이 아니므로 이에 위반할 경우 위법은 아니며, 따라서 그 행위의 대외적 효력에는 아무 영향이 없으나, 내부적으로는 복종의무위반으로서 당해 공무원이 징계책임

을 지게 된다.

④ '직무명령'은 상관이 부하에게 발하는 명령이므로 공무원의 변동에 의하여 그 효력을 상실하지만, '훈령'은 상급기관이 하급기관에 대하여 발하는 명령이므로 기관구성원인 공무원의 변동에 관계없이 효력이 지속된다는 점에서 구별된다. 다만, 훈령은 수명기관을 구속하는 결과 그 구성원도 이에 구속되기 때문에 직무명령으로서의 성격도 함께 갖는다고 하겠다.

3) 복종의무의 한계(하자 있는 직무명령에 대한 부하공무원의 심사권 인정 여부)

① 형식적 요건

직무명령의 형식적 요건의 구비여부는 외관상 명백할 경우가 많으므로 부하공무원은 이를 심사할 수 있고, 그 요건이 결여된 경우 직무명령에 대한 복종을 거부하여도 징계사유가 되지 않는다.

> **판례** 검찰총장이 검사에 대한 비리혐의를 내사하는 과정에서 해당 검사에게 참고인과 대질신문을 받도록 담당부서에 출석할 것을 지시한 경우, 검찰총장의 그 출석명령이 그 검사에게 복종의무를 발생시키는 직무상의 명령에 해당하는지 여부(소극)
> 상급자가 하급자에게 발하는 직무상의 명령이 유효하게 성립하기 위하여는 상급자가 하급자의 직무범위 내에 속하는 사항에 대하여 발하는 명령이어야 하는 것인바, 검찰총장이 검사에 대한 비리혐의를 내사하는 과정에서 해당 검사에게 참고인과 대질신문을 받도록 담당부서에 출석할 것을 지시한 경우, 검찰총장의 위 출석명령은 "검찰총장은 대검찰청의 사무를 맡아 처리하고 검찰사무를 통할하며 검찰청의 공무원을 지휘·감독한다."고 규정한 검찰청법 제12조 제2항을 근거로 하고 있으나, 위 규정은 검찰총장이 직무상의 명령을 발할 수 있는 일반적인 근거규정에 불과하고, 구체적으로 그러한 직무상의 명령이 유효하게 성립하기 위해서는 하급자인 그 검사의 직무범위 내에 속하는 사항을 대상으로 하여야 할 것인데, 그 검사가 대질신문을 받기 위하여 대검찰청에 출석하는 행위는 검찰청법 제4조 제1항에서 규정하고 있는 검사의 고유한 직무인 검찰사무에 속하지 아니할 뿐만 아니라, 또한 그 검사가 소속 검찰청의 구성원으로서 맡아 처리하는 이른바 검찰행정사무에 속한다고 볼 수도 없는 것이고, 따라서 위 출석명령은 그 검사의 직무범위 내에 속하지 아니하는 사항을 대상으로 한 것이므로 그 검사에게 복종의무를 발생시키는 직무상의 명령이라고 볼 수는 없다[대법원 2001.8.24. 선고, 2000두7704, 판결].

② 실질적 요건

상관의 직무명령의 내용에 관하여는 ① 그것이 **중대하고 명백한** 위법으로서 무효인 경우에만 복종의무가 없다는 종래의 통설적 견해와, ② 위법인 경우에는 항상 복종의무가 없다는 견해, 그리고 ③ **명백한 위법**인 경우에는 복종의무가 없다는 중간적 견해가 있다.

생각건대, 위법한 직무명령에도 복종하여야 한다면 이는 상술한 공무원의 법령준수의무를 지키지 않아도 된다는 결론에 이르게 되고, 또한 법령준수의무에 위반할 경우 징계책임을 지지 않을 수 없다는 점을 감안하면 위법한 직무명령은 복종의무가 없다고 함이 타당하다고 하겠으나, 현실적으로 위법성 여부를 판단하기란 쉽지 않으므로 명백한 위법에 한하여 복종의무가 없다고 하여야 할 것이며, **명백한 위법임에도 불구하고** 이에 복종한 경우에는 징계책임 등 공무원법상의 책임을 면치 못한다고 할 것이다.

판례도 이와 같이 중간적 입장에 있다.

> **판례** 　명백하게 위법한 명령에는 복종의무가 없다는 사례
>
> 하관은 소속 상관의 적법한 명령에 복종할 의무는 있으나, 그 명령이 참고인으로 소환된 사람에게 가혹행위를 가하는 등과 같이 명백한 위법 내지 불법한 명령인 때에는 이는 벌써 직무상의 지시명령이라 할 수 없으므로 이에 따라야 할 의무는 없다(대판 1988. 2. 23, 87도2358).

4) 직무명령의 경합

둘 이상의 상관으로부터 서로 모순되는 직무명령을 받은 경우에는 상급 상관에 복종하여야 한다는 견해와 직근 상관에 복종하여야 한다는 견해가 있으나, 행정조직의 계층적 질서를 고려하면 직근 상관에게 복종하여야 한다고 생각된다.

4. 직무에 전념할 의무

1) 직장이탈의 금지

공무원은 맡은 바 직무에만 전념하여야 할 의무가 있으며, 이를 위하여 공무원은 소속 상관의 허가 또는 정당한 이유없이 직장을 이탈하지 못한다(58①). 근무시간 외의 시간외근무명령이 있는 경우에도 이 의무는 성립하며, 수사기관이 공무원을 구속하고자 할 때에는 현행범을 제외하고는 소속 기관장에게 미리 통보하도록 함으로써(58②) 후임자 보충 등의 조치를 취하여 업무의 공백을 막을 수 있도록 하였다. 사직원을 제출하였으나 수리되지 않은 상태에서 무단결근하는 경우에도 직장이탈에 해당한다(대판 1991. 11. 22, 91누3666).

2) 영리업무 및 겸직금지

공무원이 직무에 전념할 수 있도록 하기 위하여 공무 외의 다른 영리업무는 어떠한 경우에도 종사할 수 없으며(예 : 음식점의 경영 등), 영리업무가 아닌 다른 직무라도 소속 기관장의 허가 없이는 겸할 수 없다(예 : 법인의 이사, 학교에의 출강 등. 64).

3) 정치운동금지

헌법(7②)상 공무원의 정치적 중립을 구체화하기 위하여 정당가입·선거운동 등 정치적 행위를 금지하고(66①) 위반할 경우 벌칙을 과하고 있다(국공84). 다만, 대통령·국무총리·국무위원·차관 및 이들의 비서관 등 대통령령이 정하는 특수경력직공무원은 제외된다(3③).

4) 집단행동금지

헌법(33②)에 의거하여 공무원은 법률이 정하는 자에 한하여 노동3권을 가지므로, 국가공무원법은 공무원의 노동운동과 기타 공무 이외의 일을 위한 집단행동을 금지하고, 이에 위반할 경우 벌칙을 과하고 있다(66·84). 다만, 정보통신부·국립의료원 등에서 『사실상 노무』에 종사하는 공무원은 제외된다(66①단).

> **판례** 공무원의 집단행동금지에 관한 판례
> ① 공무원의 집단행위를 금지한 국가공무원법 제66조 제1항이 헌법 제11조의 평등조항, 제21조의 언론·출판·집회·결사의 자유조항, 제31조 제4항의 교육의 자주성 등의 보장조항, 제33조의 근로자의 단결권 등의 조항이나 제37조 제2항의 국민의 자유와 권리의 제한에 관한 조항에 위배된 위헌규정이라고 할 수 없다(대판 1990. 12. 26, 90다8916 ; 대판 1990. 9. 25, 90도1394).
> ② 국가공무원이 전국교직원노동조합의 노동운동을 위하여 집단적 행위를 하였다면 그것이 비록 교육의 구조적 모순을 바로잡기 위한 데서 비롯되었다 하더라도 국가공무원법 제66조 제1항 위반의 범죄성립에는 영향이 없다(대판 1990. 9. 11, 90도1356).
> ③ 국가공무원법 제66조 제1항이 금지하고 있는 '공무 이외의 집단적 행위'라 함은 공무원으로서 직무에 관한 기강을 저해하거나 기타 그 본분에 배치되는 등 공무의 본질을 해치는 특정 목적을 위한 다수인의 행위로서 단체의 결성단계에는 이르지 아니한 상태에서의 행위를 말한다. 장관 주재의 정례조회에서의 집단퇴장행위는 공무원으로서 직무에 관한 기강을 저해하거나 기타 그 본분에 배치되는 등 공무의 본질을 해치는 다수인의 행위라 할 것이므로, 비록 그것이 건설행정기구의 개편안에 관한 불만의 의사표시에서 비롯되었다 하더라도, 위 '공무 외의 집단적 행위'에 해당한다(대판 1992. 3. 27, 91누9143).

2006년부터 시행된 공무원의 노동조합설립 및 운영에 관한 법률에 근거하여 설립된 노동조합의 공무원은 국가공무원법 제66조 제1항과 지방공무원법 제58조 제1항의 본문(집단행위의 금지)을 적용하지 아니한다(동법3①).

5. 친절공정의무

공무원은 국민 전체의 봉사자로서 친절·공정하게 집무하여야 한다(59). 따라서 친절공정의무는 단순한 도덕상의 의무가 아니라 '법적 의무'이므로 이에 위반하면 징계 등의 사유가 된다.

6. 비밀엄수의무

1) 의 의

공무원은 '재직 중'은 물론 '퇴직 후'라도 직무상 알게 된 비밀을 엄수하여야 한다(60). 공무원의 비밀엄수의무는 공무원이 직무상 알게된 비밀을 엄수하게 함으로써 행정상의 비밀을 보호하고 행정상의 질서를 확보함을 목적으로 한다. 즉 공무원의 비밀엄수는 궁극적으로 국민 전체의 이익을 위하여 부과된 것이다.

2) 비밀의 범위

비밀은 Ⅰ급·Ⅱ급·대외비 등 형식적으로 비밀로 분류된 형식적 비밀(형식설)뿐만 아니라, 일반적으로 알려지지 않은 사실로서, 알려질 경우에 국가나 국민 전체의 공익 또는 특정 개인·기업의 사익이 침해될 것이 객관적으로 명백한 실질적 비밀(실질설)까지를 포함한다. 판례도 이와 같은 입장이다.

> **판례** 직무상의 비밀에 관하여 '실질설'을 취한 판례
> 국가공무원법상 직무상 비밀이라 함은 국가 공무의 민주·능률적 운영을 확보하여야 한다는 이념에 비추어 볼 때 당해 사실이 일반에 알려질 경우 그러한 행정의 목적을 해할 우려가 있는지 여부를 기준으로 판단하여야 하며, 구체적으로는 행정기관이 비밀이라고 형식적으로 정한 것에 따를 것이 아니라 실질적으로 비밀로서 보호할 가치가 있는지, 즉 그것이 통상의 지식과 경험을 가진 다수인에게 알려지지 아니한 비밀성을 가졌는지, 또한 정부나 국민의 이익 또는 행정목적 달성을 위하여 비밀로서 보호할 필요성이 있는지 등이 객관적으로 검토되어야 한다(1996. 10. 11, 94누7171).

3) 알 권리와의 관계

비밀엄수의무와 국민의 알 권리와는 정면으로 충돌되므로 적절한 조화가 필요하다고 하겠다. 이와 관련하여 1996년에 공공기관의 정보공개에 관한 법률이 제정되어 비공개대상정보 외에는 모두 공개하도록 규정하고 있어, 공무원법상의 공무원의 비밀엄수의무와의 충돌·저촉문제가 있다.

4) 법률에 의한 증언

공무원 또는 공무원이었던 자를 민·형사 재판의 증인·감정인으로 하여 직무상 비밀에 관한 사항을 신문할 경우에는 법원은 소속 관청 또는 감독 관청의 동의(국회의원의 경우에는 국회의, 국무위원의 경우에는 국무회의의 동의)를 받아야 하며, 이 경우 동의 관청은 국가의 중대한 이익을 해치는 경우를 제외하고는 동의를 거부하지 못한다(민소305~307, 형소147·177). 그러나 국회로부터 증언 또는 서류제출의 요구를 받은 경우에는 군사외교·대북관계의 국가기밀로서 국가안위에 중대한 영향을 미친다는 주무부장관의 소명이 있는 경우를 제외하고는 직무상의 비밀이라는 이유로 이를 거부할 수 없다(국회에서의 증언·감정에 관한 법률4).

5) 의무위반의 효과

비밀엄수의무를 위반한 경우에는 징계사유가 될 뿐만 아니라, 형법상 비밀누설죄를 구성한다(형126·127).

7. 청렴의무

공무원은 직무와 관련하여 직·간접을 불문하고 사례·증여·향응을 수수할 수 없으며, 소속상관에게 증여를 하거나 소속공무원으로부터 증여를 받아서는 아니 된다(61). 이에 위반할 경우 징계사유가 됨은 물론, 형법상의 증·수뢰죄를 구성한다(형129~132).

> **판례**
> 교통법규 위반 운전자로부터 1만원을 받은 경찰공무원을 성실의무, 복종의 의무, 청렴의 의무를 위반했다는 이유로 해임처분한 것은 징계재량권의 일탈·남용이 아니다(2006. 12. 21, 2006두16274).

Ⅳ. 공직자윤리법상의 의무

1. 재산등록 및 공개의무

대통령·국무총리·국무위원·국회의원 등 국가의 정무직공무원, 지방자치단체의 장 등 지방자치단체의 정무직공무원과 지방의회 의원 및 4급 이상의 공무원·법관·검사·대령·총경·학장·교육감·교육장·교육위원 이상의 공무원과 정부투자기관의 장·부기관장·상임감사 등에 해당하는 자는 ① 본인, ② 배우자(사실상의 혼인관계에 있는 자를 포함한다), ③ 본인의 직계존비속(다만, 출가한 녀(女)와 외조부모 및 외손자녀를 제외하며, 등록의무자가 혼인으로 부(夫) 또는 처(妻)의 가에 입적한 때에는 그 배우자의 직계존비속)의 일정한 '재산을 **등록**'하여야 하며, 매년 1회씩 그 변동사항을 신고하여야 한다(공직자윤리법3·4·6). 등록대상인 재산은 부동산에 관한 소유권·지상권·전세권과 광업권·어업권 기타 1천만 원 이상의 현금·예금·주식·채권·채무 등과 500만 원 이상의 보석·예술품·회원권 등이다. 등록된 사항에 대하여는 공직자윤리위원회가 심사한다(8).

공직자윤리위원회는 이들 중 특히 고위공직자에 해당하는 대통령·국무총리·국무위원·국회의원·국가정보원의 원장 및 차장 등 국가의 정무직공무원과 지방자치단체의 장 등 지방자치단체의 정무직공무원, 지방의회 의원, 1급 이상 공무원, 고등법원 부장판사급 이상의 법관과 검사장급 이상의 검사, 중장·치안감·학장 이상의 공무원, 지방국세청장 및 2·3급 공무원인 세관장, 정부투자기관의 장·부기관장·상임이사 등의 공직자 본인과 배우자 및 직계존비속의 재산에 관한 등록사항과 변동사항의 신고내용을 등록 또는 신고기간만료 후 1월 이내에 관보 또는 공보에 게재하여 **공개**하여야 한다(동법10).

2. 선물신고의무

공무원(지방의회의원 및 교육위원을 포함한다) 또는 공직유관단체의 임·직원이 외국 또는 그 직무와 관련하여 외국인(외국단체포함)으로부터 선물을 받은 때에는 지체없이 소속 기관·단체의 장에게 신고하고 당해 선물을 인도하여야 한다. 이들의 가족이 외국 또는 당해 공무원이나 공직유관단체의 임·직원의 직무와 관련하여 외국으로부터 선물을 받은 경우에도 또한 같다(15①). 신고된 선물은 즉시 국고에 귀속된다(16).

3. 퇴직자의 취업금지의무

대통령령이 정하는 직급 또는 직무분야에 종사하였던 공무원과 공직유관단체의 임·직원은 퇴직일로부터 2년 동안은 퇴직 전 3년 이내에 소속하였던 부서의 업무와 밀접한 관련이 있는 일정규모 이상의 영리를 목적으로 하는 사기업체(영리사기업체) 또는 영리사기업체의 공동이익과 상호협력 등을 위하여 설립된 법인·단체(협회)에 취업할 수 없다. 다만 관할 공직자윤리위원회의 승인을 얻은 때에는 그러하지 아니하다(17①).

공직자윤리위원회 위원장과 국가기관·지방자치단체 또는 공직유관단체의 장은 당해 기관단체에 재직하였던 자로서 위의 취업제한규정에 위반하여 취업한 자가 있는 때에는 관계 중앙행정기관의 장에게 당해인에 대한 취업해제조치의 강구를 요청하여야 하며, 요청을 받은 관계 중앙행정기관의 장 등은 당해인이 취업하고 있는 영리사기업체 또는 협회의 장에게 해임을 요구하여야 하고, 이 해임요구를 받은 영리사기업체 또는 협회의 장은 지체없이 이에 응하여야 한다(19①·②).

> **헌재결정** 필요 최소한의 범위를 벗어난 취업금지는 직업선택의 자유와 공무담임권을 침해한다는 결정
> 검찰청법 제12조 제4항은 검찰총장은 퇴임 후 2년 이내에는 법무부장관과 내무부장관(현 행정자치부장관) 직뿐만 아니라 모든 공직에의 임명을 금지하고 있으므로 심지어 국공립대학교 총·학장, 교수 등 학교의 경영과 학문연구직에의 임명도 받을 수 없게 되어 있다. 그 입법목적에 비추어 보면 그 제한은 필요 최소한의 범위를 크게 벗어나 직업선택의 자유와 공무담임권을 침해하는 것으로서 헌법상 허용될 수 없다(헌재결 1997. 7. 16, 97헌마26).

V. 기타의 의무

모든 국민은 법률이 정하는 바에 의하여 국방의 의무를 진다(헌39). 따라서 공직자라고 하여 예외가 될 수 없으며, 특히 고위공무원은 국민전체에 대한 봉사자로서 더욱더 강한 도덕성과 윤리성을 갖출 것을 요건으로 하고 있다. 특히 국민의 기본적 의무중 가장 중요한 의무

로 인정되는 병역의무의 이행에 관하여는 일반국민에게 투명하게 공개함으로써 고위공직자의 도덕성을 확보하고 공직을 이용한 부정한 병역면탈행위를 예방할 필요가 있다고 하겠다.

이에 1999. 5. 24『공직자 등의 병역 사항신고 및 공개에 관한 법률』이 제정되어 대통령·국무총리·국무위원·국회의원·국가정보원 원장·차장 등 정무직공무원과 지방자치단체의 장 및 지방의회 의원, 4급 이상의 공무원, 법관과 검사, 대령·총경·학장 이상의 공무원, 정부투자기관의 장·부기관장·상임감사, 기타 공직자윤리법상 재산등록의무자는 본인과 18세 이상의 직계비속의 병역사항을 소속기관에 신고하여야 하며(동법2·3), 병무청장은 그 사실여부를 확인하고 필요한 조사를 할 수 있으며, 허위신고 등으로 판단될 경우에는 관할 수사기관에 고발하여야 한다(6·7). 병무청장은 신고한 병역사항은 관보와 인터넷에 게재하여 공개하여야 한다(8).

한편, 현직 고위공무원 외에도 대통령·국회의원·지방자치단체의 장·지방의회 의원 등 공직선거후보자도 병역사항을 관할 선거관리위원회에 신고하고, 관할 선거관리위원회는 이를 공개하도록 함으로써 공직 후보자의 병역사항도 유권자의 정치적 심판의 자료로 활용되도록 하는 제도적 장치를 마련하고 있다(9).

제 6 절 공무원의 책임

I. 개 설

공무원의 책임이란 '널리 공무원이 공무원으로서 부담하는 의무를 위반하여 위헌·위법적인 행위를 하거나 심히 부당한 행위를 하는 등의 과오를 저지르는 경우에 그에 대한 불이익한 법적 제재를 받게 되는 지위'를 말한다. 협의에 있어서의 공무원의 책임은 공무원으로서 공무원법상의 의무위반에 대한 공무원관계 내부에서의 책임만을 의미하지만, 광의로는 나아가서 사회일반의 법익을 침해하였기 때문에 지게 되는 민·형사상의 책임까지 포함하는 의미이며, 여기서는 광의의 의미로 설명하고자 한다.

헌법(7①)의 규정에 의하여 공무원은 국민 전체에 대한 봉사자이며, 국민에 대하여 책임을 진다. 따라서 공무원의 책임은 국민과의 관계에서의 책임이라 할 수 있다. 공무원의 책임을 추궁하는 방식으로는 '헌법상 책임', '형사상의 책임', '민사상의 책임' 및 '행정상의 책임' 등으로 나누어진다. 행정상의 책임의 구체적인 예로서는 국가공무원법과 지방공무원법에 규정되어 있는 '징계책임'이 있으며, 국가배상법에 규정된 '구상책임' 등이 있다.

Ⅱ. 행정상의 책임

1. 징계책임

1) 의 의

'징계'란 '공무원이 공무원으로서 부담하는 의무를 위반한 때에 공무원에게 가하는 법적 제재로서의 벌을 가하는 것'을 말한다. '공무원이 공무원관계에서 부담하는 직무상 의무를 위반한 경우 국가가 공무원관계의 질서를 유지하기 위하여 공무원에게 과하는 징계'를 '**징계벌**'이라 한다. 즉 공무원이 특별권력관계에서 부담하는 의무를 위반한 경우에 특별권력관계 내부의 질서유지를 위하여 징계벌을 과하게 되고, 이러한 징계벌을 받아야 하는 공무원의 지위를 '**징계책임**'이라고 하며, 징계벌을 과하는 행정기관의 행위를 '**징계행위**' 또는 '**징계처분**'이라고 한다.

2) 형벌과의 구별

징계벌은 벌을 가한다는 점에서는 형벌과 유사성이 있을 수 있지만, 양자는 ① 권력적 기초(특별권력인가, 일반통치권인가), ② 목적(특별권력관계 내부의 질서유지인가, 국가의 일반법질서유지인가), ③ 내용(공무원의 신분적 이익의 박탈에 그치는가, 자유나 재산적 이익의 박탈을 내용으로 하는가), ④ 대상행위(공무원법상의 의무위반인가, 형사법상의 의무위반인가) 등을 각기 달리하기 때문에 차이가 있다.

> **판례** 징계사유에 대하여 형사상 무죄가 확정되더라도 징계처분이 당연무효가 되는 것은 아니라는 판례
> 징계처분 후 징계사유에 대한 형사사건으로 1심에서 유죄판결이 선고되었으나 그 후 항소심에서 무죄판결이 선고되고 이 판결이 대법원에서 확정되었다면, 그 징계처분이 근거없는 사실을 징계사유로 삼은 것이 되어 위법하다고는 할 수 있으나 그 하자가 객관적으로 명백하다고는 할 수 없으므로 징계처분이 당연무효가 되는 것은 아니다(대판 1994. 1. 11, 93누14752).

3) 징계벌과 형벌의 병과

징계벌과 형벌은 위에서 본 바와 같이 그 성격을 달리하므로 하나의 행위가 양자의 요건을 모두 충족할 경우에는 병과할 수 있다(예 : 뇌물을 받은 공무원을 청렴의무위반으로 징계함과 동시에 형법상 수뢰죄로 처벌하는 것). 그러나 절차상 감사원이 조사 중인 사건은 반드시 징계절차를 일단 중지하여야 하며, 형사사건으로 수사 중인 사건에 대하여는 징계권자의 판단에 의하여 징계절차를 일단 중지할 수 있도록 함으로써(따라서 이 경우에는 반드시 중지하여

제 3 장 공무원법 821

야 하는 것은 아니다), 감사원의 지위를 존중하고 전문수사기관의 수사결과를 징계사유의 존재여부 및 징계양정의 판단에 참고자료로 삼을 수 있도록 하였다(83①·②).

> **판례** 형사사건과 관계없이 징계처분을 할 수 있다는 판례
> 공무원에게 징계사유가 인정되는 이상, 관련된 형사사건이 아직 유죄로 확정되지 아니하였다 하더라도 징계처분을 할 수 있음은 물론 그 징계처분에 대한 행정소송을 진행함에도 아무런 지장이 있을 수 없다(대판 1986. 11. 11, 86누59).

4) 징계벌과 법치주의

종래의 특별권력관계론에 의하면 특별권력의 주체는 포괄적 지배권을 가지므로 법률에 의한 행정의 원리가 적용되지 않으며, 따라서 징계벌도 법률의 근거 없이 과할 수 있다고 하였으나, 오늘날은 특별권력관계 내부의 행위라도 공무원의 기본관계에 관한 사항은 법치주의가 적용되며, 따라서 징계벌에도 법률의 근거가 필요하다고 한다. 우리 국가공무원법도 이러한 입장에서 징계의 사유·종류·절차 등에 관하여 상세히 규정하고 있다.

5) 징계원인

공무원이 국가공무원법 제78조 또는 지방공무원법 제69조의 징계사유에 해당하는 경우에, 징계권자는 반드시 징계의결을 요구하여야 하고, 징계의결의 결과에 따라 징계처분을 하여야 한다. 징계사유로는 ① 국가공무원법 및 동법에 근거하여 제정된 명령(대통령령·총리령·부령)에 위반하거나, ② 직무상의 의무(다른 법령에서 공무원의 신분으로 인하여 부과된 의무를 포함한다)에 위반하거나 직무를 태만한 때, ③ 직무의 내외를 불문하고 그 체면 또는 위신을 손상하는 행위를 한 때이다(78).

이러한 징계사유는 고의·과실을 불문하며, 공무원으로 임명 전의 행위에 대하여는 징계사유가 될 수 없다고 하겠으나, 다른 법률의 적용을 받는 공무원(예 : 지방공무원과 경찰·군인·소방공무원 등)이 국가공무원으로 임명되거나, 특수경력직공무원이 경력직공무원으로 임명된 경우에, 종전의 공무원으로서의 징계사유는 승계되어 국가공무원법에 의한 징계사유로 보아 징계처분을 할 수 있다(78②③).

> **판례** 공무원 임용 전의 행위에 대한 징계사유 인정여부에 관한 판례
> 사립학교 교원이 그 임용 전에 한 행위는 원칙적으로 징계사유로 할 수 없으나, 임용과 관련된 비위행위와 같이 비록 임용 전의 행위라 하더라도 이로 인하여 임용 후의 교원으로서의 품위를 손상하게 한 경우에는 징계사유로 할 수 있다(대판 1996. 3. 8, 95누18536).

6) 징계종류

징계의 종류는 국가공무원법 제79에 규정된 파면·해임·강등·정직·감봉·견책의 6종이 있다(79).
① 파면은 공무원의 신분을 박탈하고 퇴직금을 근무기간에 따라 2분의 1 내지는 4분의 1을

감액하며, 파면 후 5년간은 공무원으로 임명될 수 없다. 파면은 공무원법상의 징계 중 가장 강한 징계벌이다.

② **해임**은 공무원의 신분을 박탈하고 3년간은 공무원으로 임명될 수 없지만, 퇴직금은 감액하지 아니한다.

③ **강등**은 1계급 아래로 직급을 내리고 공무원신분은 유지하나 3개월간 직무에 종사하지 못하며 그 기간 중 보수의 '*전액*'을 감한다.

④ **정직**은 공무원의 신분은 보유하며, 1월 이상 3월 이하의 기간 동안 직무에 종사하지 못하고, 보수의 '*전액*'을 감액한다.

⑤ **감봉**은 1월 이상 3월 이하의 기간 동안 보수의 3분의 1을 감액한다.

⑥ **견책**은 전과에 대하여 훈계하고 회개하게 하는 것을 말한다. 견책을 받은 자는 6개월간 승진·승급이 제한된다. 따라서 견책도 처분으로서 소청의 대상이 된다.

실무상 행하여지는 단순한 '경고(권고)'는 여기서 말하는 징계에 해당하지 아니한다(대판 1991. 11. 12, 91누2700). 그러나 '불문경고조치'는 비록 법률상의 징계처분은 아니나 '처분성'이 있다는 판례가 있다(대판 2002. 7. 26, 2001두3532).

> **판례** 소속 장관으로부터 받은 경고는 징계처분이 아니라는 판례
> 공무원이 소속 장관으로부터 받은 '직상급자와 다투고 폭언하는 행위 등에 대하여 엄중 경고하니 차후 이러한 사례가 없도록 각별히 유념하기 바람'이라는 내용의 서면에 의한 경고가 공무원의 신분에 영향을 미치는 국가공무원법상의 징계의 종류에 해당하지 아니하고, 근무충실에 관한 권고행위 내지 지도행위로서 그 때문에 공무원으로서의 신분에 불이익을 초래하는 법률상의 효과가 발생하는 것도 아니므로, 공무원법상의 징계처분이나 행정소송의 대상이 되는 행정처분이라고 할 수 없어 그 취소를 구할 법률상의 이익이 없다(대판 1991. 11. 12, 91누2700).

> **판례** '불문경고조치'가 항고소송의 대상이 되는 '행정처분'에 해당한다는 판례
> 행정규칙에 의한 '불문경고조치'가 비록 법률상의 징계처분은 아니지만 위 처분을 받지 아니하였다면 차후 다른 징계처분이나 경고를 받게 될 경우 징계감경사유로 사용될 수 있었던 표창공적의 사용가능성을 소멸시키는 효과와 1년 동안 인사기록카드에 등재됨으로써 그 동안은 장관표창이나 도지사표창 대상자에서 제외시키는 효과 등이 있다는 이유로 항고소송의 대상이 되는 행정처분에 해당한다(대판 2002. 7. 26, 2001두3532).

징계원인이 있는 경우에 구체적으로 어떤 징계의 종류를 택할 것인가는 원칙적으로 징계권자의 재량행위라고 하겠으나, 징계사유가 된 구체적 사실과 주변정황, 당해 공무원의 평소 근무상태·소행·공적·개전의 정 등을 구체적으로 검토하여 징계사유와 징계벌간에 합리적인 비례관계가 유지되어야 하며(비례의 원칙), 그렇지 못한 경우에는 재량권 일탈·남용으로 위법임을 면치 못하게 되며, 실제로 이러한 이유로 위법이라고 판단한 예는 많이 있다(판례 참조).

7) 징계권자

징계권은 임명권에 포함되는 것이므로 징계위원회의 의결을 거쳐 임명권자가 직접 행사하

지만, 파면·해임을 제외한 기타의 징계처분은 징계위원회의 의결을 거쳐 소속 기관의 장이 행사하도록 위임하였다(82①). 파면과 해임은 하나의 배제징계로서 공무원관계의 소멸을 가져오는 효과가 발생하는 것이기 때문에 임용의 범위에 속하는 것이다. 따라서 파면의 경우에는 5급 이상 공무원은 임용제청권자의 제청으로 대통령이, 6급 이하의 공무원은 임용권자가 행사하게 된다.

8) 징계의 절차

① 소속기관장의 징계의결의 요구

행정기관의 장(5급 이상 공무원은 소속 장관)은 소속공무원이 징계사유에 해당할 경우 관할 징계위원회에 징계의결을 요구하여야 하며, 징계의결요구권을 갖지 아니한 행정기관의 장인 경우에는 징계의결요구권이 있는 행정기관의 장에게 징계사유를 입증할 수 있는 서류를 첨부하여 이를 통보하여야 한다(공무원징계령7①·②).

② 징계위원회의 의결

합의제 의결기관이라 할 수 있는 징계위원회는 국무총리 소속의 제1·제2중앙징계위원회(5급 이상 공무원의 징계를 관할)와, 5급 이상의 공무원을 장으로 하는 행정기관에 두는 보통징계위원회(6급 이하 공무원의 징계를 관할)가 있다. 징계위원회는 징계의결요구서가 접수된 날로부터 30일 이내(중앙징계위원회는 60일 이내)에 징계의결을 하여야 하며, 부득이한 경우에는 30일간 연장할 수 있다.

징계위원회는 반드시 징계혐의 공무원을 출석시켜 진술의 기회를 부여하여야 하며, 이를 위반한 징계의결은 무효임을 국가공무원법(81③ 및 13②)이 명시하고 있다. 그러나 진술권포기서를 제출한 경우 또는 정당한 사유서를 제출하지 아니하고 출석하지 아니한 때에는 그 사실을 기록에 명시하고 출석·진술없이 징계의결을 할 수 있다(공무원징계령10③·④).

징계위원회는 징계의결요구권자로부터 요구된 징계사유가 아닌 다른 사유를 들어 징계의결을 할 수 없다고 하는 것이 징계혐의자의 방어권보호에 충실을 기하는 태도가 될 것이다(대판 1984. 9. 25, 84누299).

③ 징계처분: 징계의 집행

징계처분권자는 징계위원회의 징계의결서를 받은 날로부터 15일 이내에 징계의결서의 사본을 첨부한 징계처분사유설명서를 본인에게 교부함으로써 집행한다(동령19).

판례 적법한 출석통지없이 한 징계심의절차는 위법이라는 판례
교육공무원의 위임에 의하여 제정된 교육공무원징계령 제8조 소정의 징계혐의자에 대한 출석통지는 징계혐의자로 하여금 징계심의 개최일을 알게 하고 동시에 자기에게 이익이 되는 사실을 진술하거나 증거자료를

제출할 기회를 부여하기 위한 조치에서 나온 강행규정이므로 적법한 출석통지없이 한 징계심의절차는 위법하다(대판 1987. 7. 21, 86누623).

> **판례** 진술권포기로 간주되는 경우에는 서면심사로 징계의결을 할 수 있다는 판례
> 징계혐의자에 대한 출석통지는 징계혐의자로 하여금 자기에게 이익이 되는 사실을 진술하거나 증거자료를 제출할 수 있는 기회를 부여하는 데 목적이 있으므로 징계위원회가 진술의 기회를 부여하였음에도 징계혐의자가 진술권을 포기하거나 출석통지서의 수령을 거부하여 진술권을 포기한 것으로 간주되는 경우 징계위원회는 차후 징계혐의자에 대하여 출석통지를 할 필요없이 서면심사만으로 징계의결을 할 수 있다(대판 1993. 5. 25, 92누8699).

9) 징계처분에 대한 구제

징계처분에 이의가 있는 때에는 소청심사위원회에 소청을 할 수 있으며, 그 결정에 다시 이의가 있을 때에는 위법(재량권 일탈·남용을 포함한다)임을 이유로 할 경우에 한하여 행정소송을 제기하여 구제받을 수 있다(제2절 참고).

2. 변상책임

1) 의 의

변상책임이란 '공무원이 의무를 위반함으로써 국가·지방자치단체 등에 대하여 재산상 손해를 발생시킨 경우에 사용자인 국가나 지방자치단체에 대하여 지는 손해배상책임'을 말하며, '국가배상법에 의한 구상책임'과 『회계관계직원 등의 책임에 관한 법률』에 의한 변상책임'의 2종류가 있다.

2) 국가배상법에 의한 구상책임

공무원이 직무를 집행함에 있어 고의 또는 과실에 의한 위법행위로 타인에게 손해를 가함으로써 국가 또는 지방자치단체가 그 손해를 배상한 경우에, 당해 공무원에게 고의 또는 중과실이 있는 경우에는 국가의 구상에 응하여야 하며(국배2②), 공공의 영조물의 설치·관리의 하자로 인하여 발생한 손해를 국가 또는 지방자치단체가 배상한 경우에 그 설치·관리업무를 담당하는 공무원에게 그 손해의 원인에 대한 책임이 있어 구상할 경우에도 이에 응하여야 한다(동5②).

공무원이 사경제적 작용(국고작용)에 해당하는 직무행위를 함에 있어서 고의 또는 과실로 타인에게 가한 손해를 민법에 의하여 사용자인 국가가 배상한 경우에도 국가가 당해 공무원에게 민법(756)에 의거하여 구상하면 이에 응하여야 한다.

3) 회계관계직원 등의 변상책임

① 회계관계직원(세입징수관·재무관·지출관·계약관·현금출납공무원·물품관리관·물품사용공무원 등)이 고의 또는 중과실로 법령 기타 관계규정 및 예산에 정하여진 바에 위반하여 국가 등의 재산에 손해를 끼친 때에는 변상책임이 있으며(회계관계직원 등의 책임에 관한 법률4①), ② 현금·물품을 출납·보관하는 공무원이 선량한 관리자로서의 주의를 게을리 하여 그가 보관하는 현금 또는 물품이 망실 또는 훼손된 때에도 변상책임이 있다(동법4②).

소속 장관 또는 감독기관의 장은 변상책임을 져야 할 사실이 발생한 때에는 지체없이 재정경제부장관과 감사원에 통지하여야 하며(동법7), 감사원의 판정 전이라도 회계관계직원 등의 변상책임이 있다고 인정되면 변상명령을 할 수 있고, 이에 대하여 이의가 있는 회계관계직원은 감사원에 판정을 청구할 수 있고(동법6③), 감사원이 다른 판정을 하면 그 판정에 의하여 변상책임이 확정된다.

따라서 감사원이 변상책임이 없다고 판정하면 이미 납부한 변상금은 지체없이 반환하여야 한다(동법6④). 변상책임자가 감사원이 정한 기간 내에 변상하지 아니한 때에는 소속 장관 등은 관계세무서장에게 위탁하여 국세체납처분의 규정을 준용하여 이를 강제징수한다(감사원법31⑤).

Ⅲ. 형사법상의 책임

1. 의 의

공무원의 의무위반행위가 공무원관계 내부의 질서뿐만 아니라 일반사회의 법익도 침해한 경우에는 형사벌 또는 행정형벌을 과하게 된다.

2. 형사벌 책임

공무원의 의무위반행위가 형법에 의하여 보장되는 법익을 침해한 경우에는 형사벌이 과하여지는 바, 우리 형법에 의하면 직무범과 준직무범으로 구분된다.

1) 직무범

직무범은 일정한 직무집행행위 그 자체가 일반사회법익을 침해하는 경우로서, 직무유기죄(122), 직권남용죄(123), 불법체포·불법감금죄(124), 폭행·가혹행위죄(125), 피의사실공표죄(126), 공무상비밀누설죄(127), 선거방해죄(128) 등이 있다.

2) 준직무범

준직무범이란 직무행위 그 자체가 범죄가 되는 것이 아니라 공무원이라는 신분상 또는 직무행위와 관련된 행위가 범죄로 되는 경우로서 수뢰죄(129~133)가 이에 해당된다.

> **판례** 수뢰죄의 직무란 준직무행위와 직무행위를 포함한다는 판례
> 형법 제129조의 수뢰죄에 있어서 직무란 공무원이 법령상 관장하는 직무 그 자체뿐만 아니라 그 직무와 밀접한 관계가 있는 준직무행위 또는 관례상이나 사실상 소관하는 직무행위 및 결정권자를 보좌하거나 영향을 줄 수 있는 직무행위도 포함한다(대판 1980. 10. 14, 80도1373).

3. 행정형벌 책임

공무원의 의무위반행위가 일반 행정법에 의하여 보장되는 법익을 침해한 경우에는 행정목적을 달성하기 위하여 공권력주체인 국가가 행정형벌을 과할 수 있는 바, 그 예로서는 국가공무원법(84)에 의거하여 정치운동·노동운동 기타 공무 외의 집단행위를 한 자는 1년 이하의 징역 또는 300만원 이하의 벌금에 처하며, 우편법(50)에 의거하여 우편업무종사 공무원이 정당한 사유없이 우편물의 취급을 거부하거나 고의로 지연케 한 경우에도 같은 벌칙을 과하도록 한 것 등을 들 수 있다.

Ⅳ. 민사법상의 책임

공무원이 직무와 관계없이 불법행위로 타인에게 손해를 가한 경우에는 자연인으로서 민사상의 손해배상책임을 지는 것은 당연하다. 비록 직무와 관련이 있다하더라도 국가나 공공단체의 사경제적 행위를 수행한 공무원이 고의 또는 과실에 의하여 타인에게 손해를 끼치면 민법에 따라 국가 또는 공공단체가 사용자책임을 지고, 국가 또는 공공단체는 해당 공무원에게 구상권을 행사할 수 있다.

그러나 이러한 사경제적 행위가 아닌 고권적 행정작용에 있어서 공무원의 직무상 불법행위로 개인에게 재산상 손해를 끼친 경우에 당해 공무원 자신이 직접 피해자에게 민사상의 손해배상책임을 지는가에 관하여는 소극설(선택적 청구 부정설)과 적극설(선택적 청구 긍정설)이 대립되어 있다. 국가가 피해자에게 배상하도록 한 후 공무원에게 고의 또는 중과실이 있는 경우에 한하여 국가에 대하여 구상책임을 지도록 하고 있는 국가배상법(2)의 취지에 비추어 소극설이 타당하다고 하겠다.

그러나 판례는 과거 선택적 청구권을 긍정해왔으나 다시 이를 부정하는 등 상반된 태도를 보여 오다가 1996년에 이를 통일하여 공무원의 고의·중과실인 경우에 한하여 국가와 공무원이 중첩적으로 배상책임을 부담한다고 하여 선택적 청구권을 일부 인정하고 있다(대판 1996. 2. 5, 95다38677. 자세한 내용은 행정법총론의 행정상 손해배상 부분 참고).

제8편

특별행정작용법

제 8 장

물질수지와 열수지

제1장 경찰(질서)행정법

제1절 경찰의 개념

I. 형식적 의미의 경찰

> 형식적 의미의 경찰이란 실질적인 성질(내용)과 관계없이 경찰을 조직의 기준으로 결정하는 것으로서, 실정법상 명시적으로 경찰이라고 표현하고 있는 행정기관이 관장하는 모든 행정작용, 즉 국가의 보통경찰기관(경찰청장·지방경찰청장·경찰서장·해양경찰청장·해양경찰서장)이 담당하는 모든 행정작용을 말한다.

우리나라의 경우, 국가경찰과 자치경찰의 조직 및 운영에 관한 법률(경찰법) 제3조는, 『경찰은 국민의 생명·신체 및 재산의 보호, 범죄의 예방·진압 및 수사, 범죄피해자 보호, 경비·요인경호 및 대간첩·대테러16.8속과 위해의 방지, 외국 정부기관 및 국제기구와의 국제협력, 그 밖에 공공의 안녕과 질서유지를 그 임무로 한다』고 선언하고 있는 바, 이는 형식적 의미의 경찰의 개념을 의미한다. 따라서 형식적 의미의 경찰의 개념에는, 실질적 의미의 경찰의 개념에는 포함되지 아니하는 ① 범죄의 수사라는 사법경찰작용과, ② 비권력작용인 치안정보의 수집작용도 포함되어 있다.

국가경찰과 자치경찰의 조직 및 운영에 관한 법률
제3조(경찰의 임무) 경찰의 임무는 다음 각 호와 같다.
1. 국민의 생명·신체 및 재산의 보호
2. 범죄의 예방·진압 및 수사
3. 범죄피해자 보호
4. 경비·요인경호 및 대간첩·대테러 작전 수행
5. 공공안녕에 대한 위험의 예방과 대응을 위한 정보의 수집·작성 및 배포
6. 교통의 단속과 위해의 방지
7. 외국 정부기관 및 국제기구와의 국제협력
8. 그 밖에 공공의 안녕과 질서유지

Ⅱ. 실질적 의미의 경찰

> 실질적 의미의 경찰이란, 실제 경찰기관의 담당업무와는 관계없이 작용(내용)의 성질에 착안하여 학문적으로 성립된 개념으로서,『공공의 안녕과 질서를 유지하기 위하여 일반통치권에 근거하여 국민에게 명령·강제하는 권력적 작용』을 의미한다.

실질적 경찰은 목적·수단·권력적 기초의 3가지 측면에서 다른 국가작용과 구분된다.

1. 경찰의 목적(소극적 안녕질서)

경찰은 '공공의 안녕과 질서'를 유지하고, 이에 대한 위해를 예방함을 목적으로 한다. 여기서『공공의 안녕』이란 한편으로는 각 개인의 생명·신체·명예·자유·재산 등에 관하여 어떠한 침해도 받지 아니하는 상태를 말하며, 다른 한편으로는 국가의 제도와 법질서의 불가침을 말한다. 『공공의 질서』란 사회생활이 평온하고 정상적으로 이루어지고 있는 상태를 말한다.

이러한 안녕과 질서에 대한 위해는 인위적인 것(폭동 등)과 자연적인 것(천재·지변 등)을 불문하며, 이를 사후에 진압함은 물론 사전에 예방하는 활동을 모두 포함한다. 그러나 이러한 경찰작용은 모두 소극적 질서유지의 목적으로 행사됨에 그쳐야 하며, 나아가서 '적극적 복리증진'을 도모하기 위하여 행사되어서는 아니된다는 **소극목적성**이라는 제한이 있다. 여기서 경찰작용이 다른 행정작용과 구별된다.

1) 복리행정과의 구별

토지이용·공정거래의 규제와 같은 복리행정상의 규제는 적극적인 복리증진을 목적으로 행사된다는 점에서 경찰과 구별된다. 그러나 구체적으로 공해규제와 같이 소극적 질서유지 또는 복리증진 중 어느 것을 목적으로 하는지가 불분명한 경우도 있다. 그럼에도 여전히 복리행정과 경찰을 목적면에서 구분하는 이유는 경찰작용의 범위를 소극목적에 한정하게 하여 경찰권의 무한한 확대와 남용으로 인한 시민의 자유 침해를 방지하도록 하려는 데에 있다.

2) 사법작용과의 구별

① 민사작용과의 구별

민사작용은 사인 상호간의 법률관계에 관한 분쟁을 해결하여 법질서를 유지함을 목적으로 하지만, **경찰작용**은 사회질서를 유지함을 목적으로 하기 때문에 사인 상호간의 법률관계에는 관여할 수 없다(예 : 경찰관이 타인의 채권·채무관계에 개입하여 해결하는 행위 등).

② 형사작용과의 구별

　형사작용은 과거의 범죄행위에 대하여 국가의 형벌권을 행사하는 작용이지만, **경찰작용**은 장래에 향하여 범죄행위를 예방하여 공공의 안녕과 질서를 유지함을 목적으로 한다. 그러나 형사작용의 일부인 범인의 수색·체포행위인 『사법경찰』은 업무의 효율성을 고려하여 범죄예방업무를 담당하고 있는 보통경찰행정기관이 함께 관장하고 있고, 경찰의무위반에 대한 제재로서 행정형벌을 과할 경우 이는 형사작용이 되며, 이 경우의 형사작용은 경찰의무의 이행을 담보하기 위한 수단으로서 작용한다는 점에서 형사작용과 경찰작용은 서로 밀접한 관련이 있다.

2. 경찰의 수단

　경찰은 권력적인 명령·강제의 수단을 사용한다. 즉 공공의 안녕과 질서유지를 위하여 필요한 범위 안에서 부득이 국민에 대하여 작위·부작위·급부·수인을 명하는 경찰하명·경찰허가·경찰강제 등을 그 수단으로 하고, 이를 이행하지 않을 때에는 대집행·즉시강제·행정벌 등으로 강제하는 전형적인 **권력작용**인 점에 특징이 있다. 경찰이 권력으로 국민에게 명령·강제하는 작용이라는 것은 경찰작용이 반드시 권력적 수단에 의해서만 이루어져야 한다는 것을 의미하는 것이 아니라, 권력적 수단을 주된 요소로 한다는 것을 의미한다. 따라서 경찰관직무집행법 제2조에 따른 "치안정보의 수집·작성 및 배포" 등과 각종 사고의 예방을 위한 행정지도 등의 비권력적 수단도 활용되기도 한다.

　경찰작용은 **국민의 자연적 자유**를 제한하거나 제한했던 자유를 회복해 주는 명령적 행위이므로 직접 권리를 형성하는 형성적 행위(특허·인가 등)와 구별된다. 따라서 경찰작용의 구체적 형태인 경찰하명과 허가의 효과는 자연적 자유의 금지와 그 해제에 그치며, 어떤 권리를 설정하는 것이 아니라는 데에 특징이 있다.

3. 경찰권의 기초(일반 통치권)

　경찰권은 **일반통치권**에 근거하여 발동된다. 따라서 일반통치권의 대상이 되는 자는 자연인이건 법인이건, 내국인이건 외국인이건 모두 경찰권의 발동대상이 된다.

　한편, 국가기관 또는 지방자치단체 등의 행정주체에 대하여도 경찰권이 발동될 수 있는가에 관하여는 견해가 대립되어 있으나, 이들도 경찰의무를 준수하여야 할 의무가 있으므로(예 : 시영버스운행 또는 시청사 건물 건축행위도 배출가스규제나 건축법규상의 안전조치의무 등을 준수하여야 한다) 경찰권이 발동될 수 있다고 하겠으며, 다만 경찰권도 다른 국가기관 또는 행정주체의 공적 의무수행을 저해할 수는 없는 것이므로 이 한도 내에서 제약을 받는다고 할 수 있다(예 : 주민에게 위해를 주는 군의 사격훈련장 등에 대하여 대집행 같은 행정강제를 하기보다는 행정관청간의 협의에 의한 자발적 시정 등의 수단을 취할 경우가 많다).

또한, 경찰권은 일반통치권에 근거하여 발동되는 작용이므로, 특별권력관계 내부의 질서유지를 위하여 행하는 명령·강제는 경찰작용에 속하지 아니한다.

제 2 절 경찰의 종류

Ⅰ. 행정경찰과 사법(司法)경찰

행정경찰은 실질적 의미의 경찰을 뜻하며, 사법경찰은 범죄를 수사하고 범인을 체포하는 작용을 말한다. 이러한 구분은 대륙법계 국가에서 비롯된 것이며 영미법계 국가에서는 양자를 구별하지 않고 있다. 우리나라에서는 양자가 모두 일반경찰행정기관의 권한에 속하는 형식적 의미의 경찰개념에는 포함되고 있으나, 사법경찰은 실질적 의미의 경찰의 개념에는 포함되지 아니하며 국가 형벌권의 작용으로서 형사소송법의 적용을 받고 수행된다는 점에서 구별되고 있다.

경찰청에 국가수사본부를 두며, 국가수사본부장은 치안정감으로 보한다(경찰법 제16조 제1항). 국가수사본부장은 「형사소송법」에 따른 경찰의 수사에 관하여 각 시·도경찰청장과 경찰서장 및 수사부서 소속 공무원을 지휘·감독한다(제16조 제2항).

Ⅱ. 보안경찰과 협의의 행정경찰

행정경찰은 다시 보안경찰과 협의의 행정경찰로 구분된다. 보안경찰이란 오직 경찰작용 그 자체가 독립하여 하나의 행정작용으로 행사되는 것을 말하며(예 : 교통·소방·풍속·방범 등), 협의의 행정경찰이란 다른 행정작용(예 : 보건·위생·건축·산업·산림·문화행정 등)에 부수되어 그 분야의 안녕과 질서를 유지하기 위하여 행하여지는 경찰작용을 말한다.

원래 19세기까지 독일에서 양자는 보통경찰행정기관이 함께 관장하였으나, 제2차 세계대전 후 소위 탈경찰화에 따라 협의의 행정경찰이 점차 각 주무행정관청의 소관으로 분리되었다.

Ⅲ. 예방경찰과 진압경찰

경찰권의 발동시점을 기준으로 하여, 예방경찰은 안녕과 질서가 침해되기 이전에 예방적으로 발동되는 작용을 말하며(예 : 만취한 사람의 보호, 방범순찰, 교통순찰 등), 진압경찰은 이미 발생한 위해를 제거하기 위한 작용으로서, 재난구조활동·데모진압과 범죄의 수사 및 범인의 체포 등의 작용이 이에 속한다.

Ⅳ. 평시경찰과 비상경찰

경찰기관에 따른 분류로서, 평시경찰이란 보통경찰기관에 의한 경찰작용을 말하며, 비상경찰이란 군대에 의한 경찰작용을 말한다.

원래 사회의 안녕과 질서는 보통경찰기관에 의하여 유지되는 것이지만, 헌법 및 계엄법에 의거하여 전시·사변이나 이에 준하는 국가비상사태에 있어서 병력으로써 공공의 안녕과 질서를 유지할 필요가 있어 계엄이 선포되면 계엄사령관이, 기타의 재해·비상사태시에는 대통령령인 『위수령』에 의거하여 지방경찰청장의 병력출동요청을 받으면 육군참모총장의 승인을 얻어 위수사령관이 각각 공공의 안녕과 질서유지에 관한 사무를 관장하게 되며, 이를 비상경찰이라고 한다(헌법77·계엄법 및 위수령12).

Ⅴ. 국가경찰과 자치경찰

국가경찰과 자치경찰의 조직 및 운영에 관한 법률(경찰법) 제4조(경찰의 사무)에 따르면, 경찰의 사무는 '국가경찰사무(제3조에서 정한 경찰의 임무를 수행하기 위한 사무. 다만, 제2호의 자치경찰사무는 제외한다)'와 '자치경찰사무(제3조에서 정한 경찰의 임무 범위에서 관할 지역의 생활안전·교통·경비·수사 등에 관한 다음 각 목의 사무)'로 구분한다.

> 국가경찰과 자치경찰의 조직 및 운영에 관한 법률
> 제4조(경찰의 사무)
> ① 경찰의 사무는 다음 각 호와 같이 구분한다.
> 1. 국가경찰사무: 제3조에서 정한 경찰의 임무를 수행하기 위한 사무. 다만, 제2호의 자치경찰사무는 제외한다.
> 2. 자치경찰사무: 제3조에서 정한 경찰의 임무 범위에서 관할 지역의 생활안전·교통·경비·수사 등에 관한 다음 각 목의 사무
> 가. 지역 내 주민의 생활안전 활동에 관한 사무
> 1) 생활안전을 위한 순찰 및 시설의 운영
> 2) 주민참여 방범활동의 지원 및 지도
> 3) 안전사고 및 재해·재난 시 긴급구조지원
> 4) 아동·청소년·노인·여성·장애인 등 사회적 보호가 필요한 사람에 대한 보호 업무 및 가정폭력·학교폭력·성폭력 등의 예방
> 5) 주민의 일상생활과 관련된 사회질서의 유지 및 그 위반행위의 지도·단속. 다만, 지방자치단체 등 다른 행정청의 사무는 제외한다.
> 6) 그 밖에 지역주민의 생활안전에 관한 사무

> 나. 지역 내 교통활동에 관한 사무
> 1) 교통법규 위반에 대한 지도·단속
> 2) 교통안전시설 및 무인 교통단속용 장비의 심의·설치·관리
> 3) 교통안전에 대한 교육 및 홍보
> 4) 주민참여 지역 교통활동의 지원 및 지도
> 5) 통행 허가, 어린이 통학버스의 신고, 긴급자동차의 지정 신청 등 각종 허가 및 신고에 관한 사무
> 6) 그 밖에 지역 내의 교통안전 및 소통에 관한 사무
> 다. 지역 내 다중운집 행사 관련 혼잡 교통 및 안전 관리
> 라. 다음의 어느 하나에 해당하는 수사사무
> 1) 학교폭력 등 소년범죄
> 2) 가정폭력, 아동학대 범죄
> 3) 교통사고 및 교통 관련 범죄
> 4) 「형법」 제245조에 따른 공연음란 및 「성폭력범죄의 처벌 등에 관한 특례법」 제12조에 따른 성적 목적을 위한 다중이용장소 침입행위에 관한 범죄
> 5) 경범죄 및 기초질서 관련 범죄
> 6) 가출인 및 「실종아동등의 보호 및 지원에 관한 법률」 제2조제2호에 따른 실종아동등 관련 수색 및 범죄
> ② 제1항제2호가목부터 다목까지의 자치경찰사무에 관한 구체적인 사항 및 범위 등은 대통령령으로 정하는 기준에 따라 시·도조례로 정한다.
> ③ 제1항제2호라목의 자치경찰사무에 관한 구체적인 사항 및 범위 등은 대통령령으로 정한다.

제3절 경찰조직

경찰권도 행정권의 일부이기 때문에 행정의 수반인 대통령과 국무총리의 통할 아래, 평시에는 보안경찰을 관장하는 보통경찰기관이 관장하며, 비상시 등에는 비상경찰(군기관)이 관장한다. 그 밖의 다른 복리행정작용 등에 부수하여 행하여지는 협의의 행정경찰은 각 주무행정관청이 담당한다.

Ⅰ. 보통경찰기관

보통경찰기관은 좁은 의미의 질서행정으로서의 보안경찰사무를 주된 관장사무로 하는 경찰기관을 말한다. 보통경찰기관은 다른 행정작용과 직접 관련됨이 없이 그 자체로서 하나의 독립행정부분을 구성하여 공공의 안녕과 질서유지를 주된 관장사무로 하는 경찰기관을 말한다. 보통경찰기관은 그 기능에 따라 경찰행정청 및 경찰집행기관으로 나누어진다.

1. 경찰행정청

경찰행정청은 경찰사무일반에 관한 국가의사를 결정·표시할 권한을 가진 경찰기관(행정청)을 말한다. 국가경찰사무는 경찰청장을 정점으로 시·도경찰청장으로 구성되는 반면에, 자치경찰사무는 시·도자치경찰위원회를 정점으로 시·도경찰청장과 경찰서장으로 구성된다.

치안에 관한 사무를 관장하게 하기 위하여 행정안전부장관 소속으로 경찰청을 둔다(제12조). 경찰청에 경찰청장을 둔다(제14조 제1항). 경찰청장은 국가경찰위원회의 동의를 받아 행정안전부장관의 제청으로 국무총리를 거쳐 대통령이 임명한다. 이 경우 국회의 인사청문을 거쳐야 한다(제14조 제2항). 경찰청장은 국가경찰사무를 총괄하고 경찰청 업무를 관장하며 소속 공무원 및 각급 경찰기관의 장을 지휘·감독한다(제14조 제3항). 시·도경찰청에 시·도경찰청장을 둔다(제28조 제1항). 「경찰공무원법」 제7조에도 불구하고 시·도경찰청장은 경찰청장이 시·도자치경찰위원회와 협의하여 추천한 사람 중에서 행정안전부장관의 제청으로 국무총리를 거쳐 대통령이 임용한다(제28조 제2항). 시·도경찰청장은 '국가경찰사무'에 대해서는 '경찰청장'의 지휘·감독을, '자치경찰사무'에 대해서는 '시·도자치경찰위원회'의 지휘·감독을 받아 관할구역의 소관 사무를 관장하고 소속 공무원 및 소속 경찰기관의 장을 지휘·감독한다. 다만, '수사에 관한 사무'에 대해서는 '국가수사본부장'의 지휘·감독을 받아 관할구역의 소관 사무를 관장하고 소속 공무원 및 소속 경찰기관의 장을 지휘·감독한다(제28조 제3항).

경찰심의·의결기관으로 국가경찰사무에 대해서는 행정안전부에 국가경찰위원회를 두지만(제7조 제1항), 자치경찰사무에 대해서는 시·도지사 소속으로 시·도경찰위원회를 둔다(제18조 제1항). 국가경찰위원회의 사무는 경찰청에서 수행한다(제11조 제1항). 시·도자치경찰위원회는 합의제 행정기관으로서 그 권한에 속하는 업무를 독립적으로 수행한다(제18조 제2항).

2. 경찰집행기관

경찰집행기관은 경찰관청의 명을 받아 경찰에 관한 국가의사를 실력에 의한 사실행위로 집행하는 경찰기관을 말하며, 국가의사를 결정·표시하는 권한을 가진 경찰행정청과는 구분되는 개념이다. 경찰집행기관은 그 직무의 일반성 여하에 따라 다시 보통경찰집행기관과 특별경찰집행기관으로 구분된다.

1) 보통경찰집행기관

보통경찰집행기관을 구성하고 있는 개개의 경찰공무원은 경찰업무 일반에 관한 집행기관이 된다(치안총감·치안정감·치안감·경무관·총경·경정·경감·경위·경사·경장·순경을 모두 포함한다). 따라서 경찰공무원은 한 사람 한 사람이 경찰집행기관이 된다는 점에 경찰조직의 특징이 있다.

경찰집행기관인 경찰공무원은 제복을 착용하고 무기를 휴대할 수 있으며, 방범·교통·돌발사태의 진압·경비업무 등을 관장한다. 그 중 특히 검사의 지휘를 받아 형사소송법이 정하는 바에 따라 범죄의 수사와 범인의 체포업무를 담당하는 경찰공무원을 사법경찰관리라고 한다(경위 이상은 사법경찰관, 경사 이하는 사법경찰관리이다. 『사법경찰관리의 직무를 행할 자와 그 직무범위에 관한 법률』 참조).

2) 특별경찰집행기관

특별경찰집행기관은 일반경찰작용 중에서 특정한 분야의 경찰작용에 관한 경찰집행기관을 말하는데, 소방공무원, 의무경찰대와 군사경찰이 이에 해당한다.

Ⅱ. 비상경찰기관

비상경찰기관은 전국 또는 일부 지역에 비상사태가 발생하여 일반경찰조직으로서는 공공의 안녕과 질서를 유지할 수 없다고 인정되는 경우에 병력으로써 이를 관장하는 경찰기관을 말한다. 따라서 군사기관이 비상경찰기관이 된다. 비상경찰기관에는 계엄사령관과 위수사령관이 있다.

1. 계엄사령관

원래 사회의 안녕과 질서는 보통경찰기관에 의하여 유지되는 것이지만, 헌법(77①) 및 계엄법(1·12)에 의거하여 전시·사변이나 이에 준하는 국가비상사태에 있어서 병력으로써 공공의 안녕과 질서를 유지할 필요가 있어 계엄이 선포되면 계엄사령관이 병력으로 당해 지역 내의 경찰작용을 수행하게 된다.

계엄은 경비계엄과 비상계엄으로 구분된다(헌법77②). 경비계엄은 전시·사변 또는 이에 준하는 국가비상사태에 있어 사회질서가 교란되어 일반행정기관만으로는 치안을 확보할 수 없는 경우에 공공의 안녕질서의 유지를 위하여 대통령이 선포하며(계엄법2③), 계엄사령관은 계엄지역 내의 군사에 관한 행정사무와 사법사무를 관장한다.(동7②)

비상계엄은 전시·사변 또는 이에 준하는 국가비상사태에 있어서 적과 교전상태에 있거나 사회질서가 극도로 교란되어 행정 및 사법기능의 수행이 현저하게 곤란한 경우에 군사상의 필요에 응하거나 공공의 안녕질서를 유지하기 위하여 대통령이 선포하며(동2③), 계엄사령관은 계엄지역 내의 모든 행정사무와 사법사무를 관장한다(동7①).

계엄의 시행에 관하여 계엄사령관은 계엄지역이 전국에 걸치는 경우에는 대통령의, 일부지역에 국한되는 경우에는 국방부장관의 지휘·감독을 받는다(동6).

2. 위수사령관

위수근무는 육군군대가 영구히 1지구에 주둔하여 당해 지구의 경비, 육군의 질서 및 군기의 감시와 육군에 속하는 건축물 기타 시설물의 보호를 목적으로 하며, 이를 행하게 하기 위하여 위수지역에 위수사령관을 둔다(위수령1·2). 위수사령관은 재해·비상사태시에는 대통령령인 『위수령』에 의거하여 시·도지사로부터 병력출동요청을 받은 때에는 육군참모총장의 승인을 얻어 이에 응할 수 있는 바(위수령12), 이를 출병이라 한다.

위수사령관에 의한 출병은 시·도지사의 요청을 받았을 때에 행하는 것이기 때문에 군사기관의 독자적인 경찰작용이 아니고 일종의 행정응원이다. 이러한 위수근무는 주로 경비 및 순찰의 방법으로 행하는 것이기 때문에, 위수령 제15조에서 규정한 사유에 해당하는 경우 외에는 병기를 사용할 수 없다(동14①·15).

위수령 제15조의 규정에 의하여 병기를 사용할 수 있는 경우는 다음과 같다.

① 폭행을 받아 자위상 부득이한 때

② 다중성군하여 폭행을 함에 즈음하여 병기를 사용하지 아니하고는 진압할 수단이 없을 때

③ 신체·생명 및 토지 기타 물건을 방위함에 있어서 병기를 사용하지 아니하고는 방위할 수단이 없는 때

위수근무에 복무하는 자가 병기를 사용하였을 때에는 즉시 위수사령관에게 보고하여야 하며, 위수사령관은 이를 육군참모총장에게 보고하여야 한다(동15②).

제 4 절 경찰작용의 근거와 한계

I. 개 설

경찰작용은 사회공공의 안녕과 질서를 유지하기 위하여 국가의 일반통치권에 근거하여 개개인에게 명령·강제하는 작용이다. 이러한 경찰작용은 국민의 자연적 자유를 제한하는 전형적인 권력작용이므로 다른 어떤 행정작용보다 국민의 자유와 권리에 대한 침해가능성이 큰 행정작용이다. 따라서 모든 경찰권의 발동에는 법률유보의 원칙에 따라 반드시 법적 근거를 필요로 한다. 이 경우 경찰권은 국회에서 제정하는 형식적 의미의 법률에 근거하는 것을 원칙으로 하는 것이지만, 법률에서 구체적으로 범위를 정하여 위임한 경우에는 법규명령에서도 그 근거를 찾을 수 있다.

경찰권의 적정한 행사를 담보하기 위한 이론적 도구가 바로 경찰권 발동의 근거와 한계에

관한 이론이다. 즉 경찰권은 반드시 법률에 근거가 있어야 발동되며, 발동되는 경우에도 법률우위의 원칙에 따라야 하며, 실제적 적용에 있어서 일정한 조리상의 한계 내에서 발동되어야만 적법한 것이 된다. 이러한 경찰권의 근거와 한계에 관한 이론은 일찍부터 발전하여 왔는 바, 경찰권 발동의 근거는 법률유보의 원칙에 따라서 정하여지고 경찰권행사의 한계는 법률우위의 원칙에 의하여 정하여지는 것이다. 그러나 최근 특별한 경우에는 경찰권이 적극적으로 발동되어야만 적법한 것으로 평가하는 적극적 한계론도 대두되고 있다.

Ⅱ. 경찰작용의 근거

1. 법률유보의 원칙과 권한규범

1) 개별적 수권의 원칙

국민의 자유와 권리를 규제하는 경찰권의 발동은 권력적·침해적 작용이므로 반드시 법률유보의 원칙에 따라 법률의 근거가 있어야 한다. 그러므로 경찰작용은 최소한 법률에 의한 수권이 있어야 발동될 수 있음은 당연한 일이라 하겠다. 이러한 수권은 먼저 조직법뿐만 아니라 작용법에 의한 수권까지도 필요로 한다. 왜냐하면 조직법상의 직무규정은 다른 행정권과의 관계에 있어서 경찰행정조직의 직무의 한계를 설정하는 것을 목적으로 할 뿐이며, 이에 근거하여 당연히 경찰권이 발동될 수 있는 것은 아니기 때문이다. 따라서 작용법상의 수권을 필요로 하게 되는데, 이에 관하여는 개별법령에서 어떠한 경우에 경찰권을 발동할 수 있다는 구체적인 수권규정이 존재할 것을 요구하고 있다. 그러나 법률로 국민의 자유와 권리를 제한하는 경우에도 헌법(37②)에 의거하여 자유와 권리의 본질적 내용을 침해할 수는 없다는 점에 유념하여야 한다.

2) 수권의 방식

경찰작용의 수권의 방식에는 첫째, 경찰법상 일반조항에 의한 일반수권의 방식, 둘째, 경찰법상 특별조항에 의한 특별수권의 방식, 셋째, 특별법상의 개별조항에 의한 수권의 방식이 있다. 우리나라의 현행 법제상 두 번째와 세 번째 방식에 의한 수권만이 인정되고 있다. 예컨대, 경찰관직무집행법에 규정된 불심검문, 보호조치 및 위험발생의 방지 등이 경찰법상 특별수권방식의 예에 해당하며, 그 밖의 도로교통법령, 건축관련법령, 환경관련법령, 식품위생·의료·약사 등 각종 영업규제관련법령 등의 특별법에서 공공의 안녕과 질서유지를 위하여 국민의 자유와 권리를 제한할 수 있도록 수권하고 있는 규정들이 특별법상의 개별조항에 의한 수권의 방식이다. 그러나 이러한 특별법상의 개별적인 수권의 방식을 규정하고 있는 법령들의 주된 목적이 일반적인 사회질서에 대한 위해방지를 위한 것은 아니고, 당해 특정행정작용을 수행하는 과정에서 나타나는 특정행정 분야에 있어서의 위해방지의 필요성에 의하여 인정되고 있는 것이라는 점에 유의하여야 한다.

2. 현행법상 일반적 수권조항의 인정여부

> 경찰관 직무집행법 제2조(직무의 범위) 경찰관은 다음 각 호의 직무를 수행한다.
> 1. 국민의 생명·신체 및 재산의 보호
> 2. 범죄의 예방·진압 및 수사
> 3. 경비, 주요 인사(人士) 경호 및 대간첩·대테러 작전 수행
> 4. 치안정보의 수집·작성 및 배포
> 5. 교통 단속과 교통 위해(危害)의 방지
> 6. 외국 정부기관 및 국제기구와의 국제협력
> 7. 그 밖에 공공의 안녕과 질서 유지

1) 일반적 수권조항의 의의

> 일반적 수권조항 또는 일반조항이란 경찰의 권한을 규정하면서 개별적인 권한내용을 구체화하지 않고 일반적인 위해방지를 위한 추상적인 내용으로 그 권한을 규정하고 있는 것을 말한다.

이것은 흔히 **개괄조항**이라고도 한다. 경찰권의 발동은 국민의 권리와 자유를 제한하는 침해적 작용이므로 국민의 법적 안정성과 예측가능성을 위하여 개별적이고 구체적인 수권규정을 두는 것이 원칙이다. 그러나 입법에 있어서 입법자가 미처 예견할 수 없는 경찰상의 위해가 발생하거나 또는 법기술상의 한계 때문에 미처 조문화하여 놓지 못한 범위에서의 위해가 발생하는 경우가 있는데, 이러한 경우에 대비하여 일반조항에 의한 수권의 가능성이 논의되고 있다.

2) 일반적 수권조항 인정여부

우리나라에서는 일반조항에 의한 경찰권 발동의 수권가능성을 경찰관의 직무범위를 규정한 경찰관직무집행법 제2조 중 제5호에서 말하는 "**기타 공공의 안녕과 질서유지**"라는 표현을 일반조항으로 볼 수 있을 것인가?

동 조항을 독일의 각 주 경찰행정법과 마찬가지로 공공의 안녕과 질서유지를 임무로 한다는 소위 개괄조항으로 보아 바로 경찰권이 발동될 수 있다고 보는 **긍정설**(판례)과 동 조항은 조직법적 성질의 규정으로서 일반조항으로 볼 수 없다는 **부정설** 및 현행법상 일반조항은 인정되지 않기 때문에 경찰법의 개정을 통하여 일반조항을 두어야 한다는 **입법필요설**이 대립하고 있다.

사회의 복잡화, 기술의 급속한 발전 등으로 인한 위험발생의 다양성이라는 현대적 상황에 능동적으로 대처하기 위하여서는 경찰권 발동의 일반적 근거가 되는 일반조항의 필요성은 인정되고 있다고 하겠다. 그렇다 하더라도 포괄적·추상적 일반조항만을 근거로 하여 헌법상 국민의 기본권을 제약할 수 있다고 한다면 이는 법치주의를 사실상 부인하는 결과를 초래하며, 행정현실도 자연적 자유를 대상으로 하는 각종 경찰금지·허가 및 강제는 각 개별법률에 구체적인 근거규정을 두고 이에 기하여 행사되고 있으므로(무허가운전·총포소지·음식점영업 등의 금지 등), 소위 일반조항을 경찰권 발동의 근거로 인정할 수는 없다고 하겠다.

그러나 부정설의 견해에 따를 때, 입법불비를 이유로 하여 공공의 안녕과 질서에 대한 현재의 위해가 발생하여도 이를 방치하는 결과를 초래하게 된다는 문제점이 있다. 따라서 반드시 개별법상에 경찰권 발동의 일반적 수권규정을 정립하는 것이 요구된다고 하는 입법필요설이 설득력을 가진다고 하겠다.

> **판례** 일반조항에 근거한 경찰권 발동을 인정하여 적법한 공무집행행위로 본 판례
>
> 청원경찰법 제3조는, 청원경찰은 청원주와 배치된 기관, 시설 또는 사업장 등의 구역을 관할하는 경찰서장의 감독을 받아 그 경비구역 내에 한하여 경찰관직무집행법에 의한 직무를 행한다고 정하고 있고, 경찰관직무집행법 제2조에 의하면, 기타 공공의 안녕과 질서유지 등을 그 직무로 하고 있는 터이므로 군 도시과 단속계 요원으로 근무하고 있는 청원경찰관이 허가없이 창고를 주택으로 개축하는 것을 단속한 것은 정당한 공무집행에 속한다고 할 것이므로 이를 폭력으로 방해한 피고인의 행위를 공무집행방해죄로 다스린 원심조치는 정당하고 이에 소론과 같은 위법이 있다고 할 수 없다(대판 1986. 1. 28, 85도2448).

3) 일반적 수권조항의 보충성

일반조항을 경찰권 발동의 근거로 인정한다고 하더라도 일반조항은 그 성질상 특별규정이 없는 경우에 한하여 보충적으로 적용되어야 한다(보충성의 원칙).

일반조항은 소위 조직법적 성질을 가지는 것으로서 행정조직 간의 임무분담을 정하는 일반원리가 되는데 불과한 것이므로 특별규정이 있다면 이러한 일반규정은 적용될 여지가 없다. 즉 개별적이고 구체적인 특별규정이 경찰권 발동의 근거를 규정하고 있다면 포괄적이고 추상적인 일반조항의 적용 여지는 없어지는 것이다. 따라서 일반조항은 특별규정이 존재하지 아니할 경우에만 보충적으로 적용되어야 하는 것이다.

3. 경찰법상 특별수권(경찰상 표준처분)

경찰관직무집행법은 공공의 안녕과 질서의 유지를 위하여 개인의 자유영역에 대한 빈번한 침해를 초래하는 전형적인 경찰권발동 조치들을 유형화하여 구체적으로 규정하고 있는데, 이를 이른바 표준처분 또는 표준적 직무행위라 한다.

경찰관직무집행법에 규정되어 있는 표준처분으로는 불심검문(질문·동행요구), 보호조치, 위험발생의 방지, 범죄의 예방과 제지, 위험방지를 위한 출입, 확인을 위한 출석요구 등이 있다. 이러한 표준처분은 동법 제3조 내지 제8조에서 규정하고 있는 개별절차에 따라야 하는 것이지만 영장이 요구되는 것은 아니다. 표준처분은 영장주의의 예외가 된다.

> **판례** 임의동행요구는 거절할 수 있고 임의동행 후 경찰관서로부터 퇴거할 자유가 있다는 판례
> 임의동행은 상대방의 동의 또는 승낙을 그 요건으로 하는 것이므로 경찰관으로부터 임의동행 요구를 받은 경우 상대방은 이를 거절할 수 있을 뿐만 아니라 임의동행 후 언제든지 경찰관서에서 퇴거할 자유가 있다 할 것이고, 경찰관직무집행법 제3조 제6항이 임의동행한 경우 당해인을 6시간을 초과하여 경찰관서에 머물게 할 수 없다고 규정하고 있다고 하여 그 규정이 임의동행한 자를 6시간 동안 경찰관서에 구금하는 것을 허용하는 것은 아니다(대판 1997. 8. 22, 97도1240).

> **판례** 적법하지 않은 보호실 유치는 적법한 공무가 아니라는 판례
> 피고인이 경찰서 보호실에 유치될 당시에 긴급구호를 요한다고 믿을 만한 상당한 이유가 있었다든지 보호실에 유치된 후 가족에게 통지하였다고 볼 아무런 자료가 없는 경우에는 당사자를 적법하게 보호조치한 것이 아니므로, 보호실에 유치한 것은 적법한 공무로 볼 수 없으며, 이에 대해 항의하러 나오는 것은 순경이 제지할 권한도 없으므로 이에 대해서 공무집행방해죄가 성립되지 않는다(대판 1994. 3. 11, 93도958).

Ⅲ. 경찰작용의 한계

1. 법규상의 한계

> 법규상의 한계는 경찰권의 발동은 법률유보의 원칙과 법률우위의 원칙에 따라야 한다는 것을 말한다.

법률유보의 원칙상 국민의 자유와 권리를 제한하는 침해적 작용으로서의 경찰권의 발동은 반드시 법률의 근거가 있어야 하며, 법률우위의 원칙상 경찰권의 행사는 반드시 법률의 범위 안에서 이루어져야 한다. 따라서 경찰권은 법률뿐만 아니라 그 위임에 의하여 제정된 법규명령이 정하는 발동요건·절차·형식에 따라 행사되어야 한다. 법규의 규정이 있음에도 불구하고 이에 따르지 않는 경찰권의 발동은 위법한 것이 된다.

그러나 장래 발생할 수 있는 위해를 모두 예측할 수는 없는 것이므로, 경찰권의 발동에 있어서는 부득이 그 발동요건·내용 등에 관하여 다소간의 불확정개념(예:『생명·신체에 대한 위해를 방지하기 위하여 필요한 조치를 취할 수 있다』등의 표현)을 사용하지 않을 수 없는 실정이며, 이러한 한도 내에서는 경찰에 광범위한 재량권을 부여하게 된다. 이와 같은 불확정개념에 따라 경찰행정청에 대하여 판단의 여지가 주어지고 있다 하더라도 그것이 경찰행정청의 자의적 또는 임의적 판단권한을 부여하는 것은 아니다. 그리하여 경찰권의 남용을 방지하기 위한 노력은 재량권을 제약하는 조리상의 한계문제로 옮겨가게 된다.

> **판례** 구속영장없이 피의자를 보호실에 유치하는 것은 불법구금이라는 판례
>
> 경찰관직무집행법상 정신착란자, 주취자, 자살기도자 등 응급의 구호를 요하는 자를 24시간을 초과하지 아니하는 범위 내에서 경찰관서에 보호조치할 수 있는 시설로 제한적으로 운영되는 경우를 제외하고는, 구속영장을 발부받음이 없이 피의자를 보호실에 유치함은 영장주의에 위배되는 위법한 구금이라 할 것이므로, 긴급구속절차를 밟음이 없이 영장집행을 위한 편의를 위해 보호실에 유치하는 것은 불법구금에 해당한다(대판 1999. 4. 23, 98다41377).

2. 조리상의 한계

> 경찰권 발동의 요건과 효과 등에 대하여 법규가 비록 불확정개념을 사용하여 광범위한 재량권을 부여한 경우에도 경찰권은 일정한 조리상의 한계 내에서 행사되어야만 비로소 적법한 것으로 평가받는다.

따라서 경찰행정작용도 행정법의 일반법원칙인 비례의 원칙, 평등의 원칙, 자기구속의 원칙, 신뢰보호의 원칙 및 부당결부금지의 원칙 등이 당연히 적용된다. 나아가 경찰권 발동에 있어서의 재량권의 남용이나 일탈의 방지를 위하여 구체적으로 경찰소극의 원칙, 공공의 원칙, 경찰책임의 원칙 등의 추가적인 법원칙도 적용된다.

1) 경찰소극의 원칙

> 경찰권은 공공의 안녕·질서의 유지라는 소극적인 목적으로만 행사되어야 하며, 적극적인 공공복리의 목적으로 발동되어서는 아니된다.

경찰소극의 원칙은 '사회공공의 안녕과 질서유지를 위하여'라고 하는 실질적 의미의 경찰개념에서 나오는 것이다. 따라서 공중목욕장·약국·음식점영업허가를 함에 있어서는 영업자간의 과당경쟁에 의한 국민경제상의 득실문제, 소비자보호문제 등의 공공복리까지를 고려하여야 하는 것은 아니다. 우리 판례도 공중목욕장영업허가시에 기존영업자와의 거리제한 등을 요건으로 하여서는 아니된다고 한 바 있다(대판 1960. 9. 30, 4292행상20). 그러나 그 후 주유소허가에 있어서는 주유소의 난립방지를 위하여 거리제한을 할 수 있다고 하였다(대판 1974. 11. 26, 74누110).

오늘날 복잡·다양한 행정구조 하에서 소극적 질서유지작용과 적극적 공공복리작용을 명백히 구분하기란 매우 어렵고, 두 가지 목적을 함께 추구한다고 보아야 할 경우도 있어 이 이론의 적용범위가 그만큼 줄어들 가능성도 있다(예 : 건축규제·공해규제도 인근 주민들의 안녕·질서를 유지함과 동시에, 토지이용의 합리화와 국민건강 등의 공공복리의 증진까지 목적으로 하고 있다).

2) 경찰공공의 원칙

경찰권은 공공의 안녕·질서를 유지하기 위하여서만 발동될 수 있을 뿐이며, 따라서 이러한 공적 요구와 직접 관련이 없는 사생활·사주소 및 민사관계에는 원칙상 관여할 수 없는 바, 이를 경찰공공의 원칙이라 한다.

경찰공공의 원칙도 실질적 의미의 경찰개념에서 도출되는 원칙이다. 이는 다시 사생활불가침의 원칙, 사주소불가침의 원칙 및 민사관계불가침의 원칙으로 나누어진다.

① 사생활불가침의 원칙

사생활불가침의 원칙은 다른 사람에게 영향을 미치지 않는 순수한 개인의 사생활에 대하여는 경찰권이 발동되어서는 아니된다는 원칙이다.

그러나 개인의 사생활이라 하더라도 전염병의 발생, 정신착란자, 자살기도자 등과 같이 사회공공의 안녕·질서에 영향을 미치는 경우에는 경찰권 발동의 대상이 된다.

② 사주소불가침의 원칙

사주소불가침의 원칙은 일반 공중과 직접적인 접촉이 없는 사주소에는 주거용·사무용 등을 막론하고 경찰권이 미치지 못한다는 원칙이다.

그러나 사주소 내의 행위라도 외부의 눈에 띄는 곳에서의 과도한 신체노출행위 또는 인근 주민에게 불편을 주는 과도한 소음발생행위 등은 경찰권의 발동 대상이 된다(경범죄처벌법1의41·26). 그리고 유흥음식점·당구장·여관·버스터미널 등과 같이 항상 불특정 다수인의 자유로운 이용에 개방된 장소(소위 '경찰상 공개된 장소')는 그 개방시간 내에는 사주소에 속하지 아니한다.

최근 빈번하게 발생하는 음주운전행위에 대한 처벌과 관련하여 명백한 **사주소내에서의 운전행위**는 일반교통경찰권이 미치는 도로교통법상의 도로("도로법에 의한 도로, 유료도로법에 의한 유료도로 그 밖의 일반교통에 사용되는 모든 곳". 동법2(1))에서의 운전행위("운전이라 함은 도로에서 차를 그 본래의 사용방법에 따라 사용하는 것을 말한다." 동법2(19))로 볼 수 없기 때문에 동법 제41조의 규정에 의한 음주운전행위로 볼 수 없고 따라서 처벌대상이 되지 아니한다고 보아야 한다. 그러나 무엇이 사주소에 해당하는가에 관하여서는 경찰공공의 원칙의 취지에 입각하여 구체적·개별적으로 판단할 수밖에 없다고 하겠으나, 특정 집단의 차량이나 사람만의 통행에 개방되고 있는 장소로서 **불특정다수인(공공)의 통행이 엄격히 통제되고 있는 장소만을 의미**한다고 하여야 할 것이다(판례 참조).

> **판례** 엄격한 통제하에 자주적으로 관리되고 있는 대학구내 도로는 일반교통경찰권이 미치는 도로에 해당하지 않는다는 판례

성균관대학교는 담으로 둘러쌓여 있고 정·후문 외에는 출입이 용이하지 않으며 정·후문에서 수위 및 주차관리근로학생의 엄격한 통제하에서 교직원과 일반인 및 학생들의 차량출입을 통제하면서 용무가 없는 일반차량과 일반인의 보행출입도 통제하고 있으므로 학교운영자에 의하여 자주적으로 관리되는 곳이지 불특정다수의 사람 또는 차량의 통행을 위하여 공개된 장소로서 일반교통경찰권이 미치는 공공성이 있는 곳으로는 볼 수 없어 도로교통법 제2조 제1호에서 말하는 도로로 볼 수 없어 피고인이 위 대학 구내에서 술에 취한 채 운전하였다고 하더라도 이는 도로교통법 제41조 제1항의 규정에 의한 음주운전으로 볼 수 없고, 이와 다른 대법원 판결들은 관리자의 용인이나 기타 사정으로 불특정다수의 사람과 차량의 통행이 허용되는 곳에 대한 판결로서 이 사건과는 사안을 달리하여 이 사건에 원용하기에는 적절치 아니하다(대판 1996. 10. 25, 96도1848).

> **판례** 민박집 고객들을 위한 사유토지내의 교통로는 도로교통법상 도로에 해당된다는 판례

원고가 운전한 장소는 민박집 주인이 민박집까지 차량이 들어올 수 있도록 사비를 들여 군도에 연결한 폭 2.6m의 교통로이기는 하지만, 그 교통로와 민박집 사이에 나무가 심어져 있거나 돌들이 가지런하게 놓여 있어 경계를 이루고 있는 점, 또한 그 교통로의 다른 한쪽 끝이 등산로와 연결되어 있어 봄부터 가을까지 등산객의 통행이 빈번한 점을 고려하면, 위 교통로는 현실적으로 불특정 다수인 또는 차량의 통행을 위하여 공개된 장소로서 교통질서유지 등을 목적으로 하는 일반교통경찰권이 미치는 공공성이 있는 도로교통법상의 도로에 해당된다고 보아야 할 것임에도 불구하고 원심이 위 교통로가 도로교통법상의 도로에 해당하지 않는다고 본 것은 도로교통법 제2조 제1호의 '도로·유료도로 그밖의 일반교통에 사용되는 모든 곳'이라는 도로의 개념에 관한 법리오인의 위법이 있다(대판 1998. 3. 27, 97누20755).

③ 민사관계불간섭의 원칙

> 민사관계불간섭의 원칙은 개인의 재산권 및 친권행사 등 민사상의 법률관계는 당사자간의 문제일 뿐 공공의 안녕·질서에 영향을 미치지 아니하기 때문에 경찰이 간섭할 수 없고 민사재판을 통한 사법권의 보호대상이 될 뿐이라는 원칙을 말한다.

그러나 민사관계라 할지라도 청소년에 대한 술·담배의 판매금지(청소년보호26), 암표매매행위의 금지(경범죄1~47), 화약류 양도·양수의 허가제(총포·도검·화약류단속법21) 등과 같이 공공의 안녕·질서에 영향을 미치는 경우에는 경찰이 개입할 수 있다.

3) 경찰책임의 원칙(2010년 행정고시 제54회)

① 의 의

> 경찰책임의 원칙이란 경찰권은 공공의 안녕·질서에 대한 장해의 발생에 대하여 책임이 있는 자에 대하여만 발동되어야 한다는 원칙이다.

경찰책임도 민·형사책임과 마찬가지로 책임이 있는 자에 대하여만 이를 물을 수 있음은 당연하다고 하겠으나, 경찰책임은 특히 공공의 안녕·질서에 대한 장해를 직접 제거하여 개인과

사회를 보호함에 그 특색이 있기 때문에 민·형사책임과는 다른 특징을 가지고 있다고 하겠다. 이러한 경찰책임은 국민의 입장에서 보면 공법상의 의무의 하나로 볼 수 있다.

② 종 류

행위책임·상태책임·다수자책임이 있다.

(가) 행위책임

행위책임이란 사람의 행위를 매개로 하여 경찰위반상태가 발생한 경우에, 행위자(행위자책임) 자신 또는 그 행위자를 보호·감독할 지위에 있는 자(친권자·사용주 등. 사용자책임)만이 책임을 진다는 원칙을 의미한다.

예컨대 도로변에서 약 선전을 하며 사람을 모으거나(행위자책임) 또는 주유소 종업원이 정량미달의 기름을 주유하는 것(사용자책임) 등에 대한 행위책임이 이에 속한다. 일반적으로 종업원의 행위에 대하여도 영업주가 함께 책임을 지는 양벌규정이 많이 존재하는 것은 바로 자기의 지배 하에 있는 생활범위 안에서 발생한 장해에 대하여는 행위책임(사용자책임)을 져야 하기 때문에 그러한 것이다. 그러나 직접적 원인을 야기하지 아니한 자에게는 행위책임을 물을 수 없다.

▣ 예 : 자기 집에서 노래하거나 그림 그리는 솜씨에 이끌려 사람들이 모여들어서 교통에 장가 발생한 때에는 군중들이 행위책임이 있는 것이므로 군중을 해산시켜야 하며, 가수나 화가를 제지할 수는 없다.

그러나 어떤 행위와 이로 인하여 발생되는 공공질서에의 위해 사이에 어느 정도의 인과관계가 있어야 경찰책임이 인정될 것인가에 관하여는 ① 모든 조건은 결과에 대하여 인과관계가 인정된다는 조건설(등가설), ② 민사법에서 통설로 인정되고 있는 상당인과관계설, ③ 위해 발생에 직접적인 원인이 되는 행위를 한 자만이 책임을 진다고 보는 직접원인설이 있으나, 조건설은 책임의 범위를 무한정 확대시킨다는 문제점이 있고, 상당인과관계설은 일반적인 경험법칙으로는 예상할 수 없는 비정형적이고 예외적인 결과가 발생한 경우에는 경찰책임을 귀속시킬 자가 없게 된다는 문제점이 있어, 결국 통설인 직접원인설이 가장 합리적인 견해라고 생각된다.

(나) 상태책임

상태책임이란 토지·공작물·물건 또는 동물의 소유자·점유자·관리자가 그 지배하에 속하는 토지·공작물·물건 또는 동물로부터 공공의 안녕이나 질서에 위험이 야기된 경우에 그 상태에 대하여 지는 책임이다.

▣ 예 : 위험한 축대, 개·말 등의 소유자 또는 사실상의 점유자의 관리책임이다.

(다) 다수자책임(경찰책임의 경합)

다수자책임이란 각각의 행위 또는 상태가 독립적으로 안녕·질서에 대한 장해를 야기하지는 않지만 이것들이 결합하여 비로소 하나의 장해를 야기하게 된 경우에 있어서의 책임을 말한다.

다수자책임은 크게 ① 다수의 행위책임자가 존재하는 경우(예 : 많은 사람이 모여서 통행에 지장을 주는 것), ② 다수의 상태책임자가 존재하는 경우(예 : 많은 공장들이 소량의 오염물질을 배출하는 행위), ③ 행위책임자와 상태책임자가 경합하는 경우(예 : 자기 땅에 폐기물을 불법으로 매립하는 것을 묵인방치한 결과 인근토지가 오염된 경우) 등으로 나누어진다.

다수자책임에는 각자가 부담할 책임의 범위가 문제가 되겠으나, 결국은 경찰행정기관의 성실한 재량에 의하여 판단할 수밖에 없다고 하겠다. 일반적으로 ① 위해방지의 효과를 보다 극대화할 수 있는 자에게 책임을 물어야 할 것이다. 예컨대 시원적 책임자(심신장애자, 종업원 등)와 부가적 책임자(감독책임자, 사용주 등)가 존재하는 경우에는 일반적으로 후자에 대하여 경찰권을 발동하는 것이 옳다고 한다. 왜냐하면 어린이에 대한 조치는 위험방지에 전혀 적합하지 않으며, 종업원에 대한 경찰권의 발동보다는 사용주에게 경찰권을 발동하는 것이 위험방지에 더욱 효과적일 수 있기 때문이다. 한편, ② 행위책임과 상태책임이 경합하는 경우에는 행위책임자에게 우선적으로 경찰권이 발동되어야 할 것이다.

③ 경찰책임의 승계(경찰의무의 승계)

경찰책임자가 사망하거나 영업·물건 등을 양도한 경우에 경찰책임이 상속인 또는 양수인에게 승계되는가에 관하여는 ① 행위책임의 경우에는 특정인의 행위에 대한 책임이기 때문에 승계되지 아니하지만(다만 법문에서 특별히 규정한다면 그 책임이 승계된다), ② 상태책임의 경우에는 영업 또는 물건 등의 상태가 그대로 유지되는 한 경찰책임이 승계된다고 할 수 있다(따라서 불법건축물에 대한 철거명령이 있은 후 이를 양수받은 자에게는 별도의 철거명령없이 계고 등 대집행절차를 속행할 수 있다). 그러나 상태책임은 경찰상 위해상태가 있는 물건 등을 지배하고 있는 동안에만 지는 것이므로 양도 등으로 인하여 그 책임을 면하는 것이며 승계인은 승계한 때로부터 시원적으로 자기의 책임이 성립하는 것이기 때문에 상태책임의 승계를 인정하지 아니하는 견해도 있다(따라서 불법건축물의 승계인에 대하여는 새로이 철거명령을 하여야 한다고 본다).

④ 경찰책임의 예외(경찰비책임자<제3자>에 대한 경찰권의 발동)

경찰관 직무집행법 제11조의2(손실보상)
① 국가는 경찰관의 적법한 직무집행으로 인하여 다음 각 호의 어느 하나에 해당하는 손실을 입은 자에 대하여 정당한 보상을 하여야 한다.
1. 손실발생의 원인에 대하여 책임이 없는 자가 재산상의 손실을 입은 경우(손실발생의 원인에 대하여

> 책임이 없는 자가 경찰관의 직무집행에 자발적으로 협조하거나 물건을 제공하여 재산상의 손실을 입은 경우를 포함한다)
> 2. 손실발생의 원인에 대하여 책임이 있는 자가 자신의 책임에 상응하는 정도를 초과하는 재산상의 손실을 입은 경우

　경찰권은 공공의 안녕·질서에 대한 장해를 야기한 직접책임자에게 대하여만 발동됨이 원칙이지만, 예외적으로 ① 목전에 급박한 장해를 제거하여야 할 필요가 있는 경우에는, ② 법령에 근거가 있는 경우에 한하여 제3자에게도 원조강제 또는 토지·물건의 일시적 사용 등의 형태로 경찰권이 발동되는 경우가 있으나, 이들은 어디까지나 경찰책임의 원칙의 예외인 만큼 극히 한정적으로만 인정될 뿐이며, 또한 이로 인하여 귀책사유가 없는 제3자가 특별한 희생을 당한 경우에는 손실보상의 법리에 따라 보상을 하여야 할 것이다.

　보상규정과 관련하여, 경찰관 직무집행법 제11조의2(손실보상)에 따르면, 국가는 경찰관의 적법한 직무집행으로 인하여 i) 손실발생의 원인에 대하여 책임이 없는 자가 재산상의 손실을 입은 경우(손실발생의 원인에 대하여 책임이 없는 자가 경찰관의 직무집행에 자발적으로 협조하거나 물건을 제공하여 재산상의 손실을 입은 경우를 포함한다)와, ii) 손실발생의 원인에 대하여 책임이 있는 자가 자신의 책임에 상응하는 정도를 초과하는 재산상의 손실을 입은 경우에는 손실을 입은 자에 대하여 정당한 보상을 하여야 한다.

▶ 예 : 소방법77에 의한 소방서장의 화재현장에 있는 자에 대한 소화업무종사명령, 수난구호법7①에 의한 해양경찰서장 등의 수난구호업무종사명령 또는 선박·토지 등의 일시 사용 ― 동법 제24조의 규정에 의하여 이 경우에는 소요된 구호비용을 보상받을 수 있다 ―, 경찰관직무집행법(5①(3))에 의하여 경찰관이 위험한 사태발생 시 현장에 있는 자 등에게 위해방지를 위한 필요한 조치를 하게 하는 것 등.

4) 비례의 원칙

① 의　의

> 비례의 원칙이란 경찰권의 발동은 공공의 안녕·질서에 대한 장해를 제거하기 위하여 필요한 경우에 한하여(발동의 조건) 그리고 발동하더라도 필요한 최소한도에 그쳐야 한다(발동의 정도)는 원칙을 말한다.

　이러한 비례의 원칙은 원래 조리상의 한계로 발전되었으나, 오늘날은 『국민의 모든 자유와 권리는 질서유지를 위하여 필요한 경우에 한하여 법률로써 제한할 수 있다』는 헌법(37②)상의 원칙으로 인식되고 있으며, 경찰관직무집행법(1②)도 경찰권발동의 일반원칙으로서 『이 법에 규정된 경찰관의 직권은 그 직무수행에 필요한 최소한도 내에서 행사되어야 하며 이를 남용하여서는 아니된다』고 선언하고 있다.

② 경찰권 발동의 조건

경찰권은 공공의 안녕·질서에 묵과할 수 없는 장해가 발생하였거나(진압경찰의 경우), 발생할 것이 확실히 예측되는 경우(예방경찰의 경우)에만 발동될 수 있다. 후자와 관련하여서는 영미법상의 『명백하고 현존하는 위험』의 법리로 설명하기도 하지만, 무엇이 이에 해당하는가는 결국 사회통념에 따라 성실한 재량으로 판단하여야 할 것이다.

③ 경찰권 발동의 정도

위의 조건이 충족된 경우에도, 경찰권 발동의 원인이 되는 장해의 정도와 경찰권 발동의 정도 사이에는 적절한 비례관계가 유지되어야 한다.

구체적으로 ① 경찰권의 발동 내용이 당해 장해의 예방·제거라는 목적달성에 적합한 것이어야 하며(목적적합성의 원칙), ② 당해 목적달성을 위하여 필요한 최소한도에 그쳐야 하고(최소침해의 원칙), ③ 장해의 정도와 경찰권 발동의 정도간에는 비례관계가 유지되어야 한다(협의의 비례의 원칙). 따라서 경미한 장해에 대하여 중대한 자유의 제한을 가함은 허용되지 아니한다.

▶ 예 : 범인검거에 경찰봉만으로 충분한데도 총기를 사용한 경우, 단순한 영업정지와 시설개선명령만으로 시정이 가능한 데도 불구하고 영업허가취소를 하는 경우 등.

이러한 비례의 원칙은 특히 경찰관직무집행법(10의4)에 의한 무기사용의 적법성과 관련하여 문제가 되는 경우가 많다(판례 참조).

> **판례** 경찰관의 무기사용이 비례의 원칙에 위반하여 위법이라는 판례
> 범인이 체포를 면하기 이하여 항거하며 도주할 당시 그 항거의 내용·정도 등에 비추어 소지하던 가스총과 경찰봉을 사용하거나 다시 한번 공포를 발사하여 범인을 제압할 여지가 있다고 보여지므로, 이러한 방법을 택하지 않고 도주하는 범인의 다리를 향하여 권총을 발사한 행위는 경찰관직무집행법 제11조 소정의 총기사용의 허용범위를 벗어난 위법행위라 아니할 수 없다(대판 1993. 7. 27, 93다9613).

> **판례** 다른 차량의 진로를 열어주기 위해 부득이 25m를 음주운전한 사람의 음주측정거부 행위에 대한 운전면허취소는 비례의 원칙에 위반된다는 판례
> 민박집 주차장 내에서 자신의 차량 뒤에 주차한 다른 차량의 진로를 열어주기 위하여 부득이 25m 정도를 음주운전하였고, 음주운전이 아닌 다른 혐의로 파출소로 갔다가 원고와 시비를 벌인 참고인의 진술이 계기가 되어 갑자기 음주측정요구를 받게 된 점, 운전원으로 근무하는 지방공무원으로서 면허취소처분으로 신분상 불이익을 받게 된 점 등을 감안하면 원고의 음주측정거부행위를 이유로 운전면허를 취소함으로써 달성하고자 하는 공익에 비하여 원고가 입게 될 불이익이 막대하여 지나치게 가혹하다 할 것이므로 운전면허취소에 관한 재량권을 남용한 위법이 있다고 할 것이다(대판 1998. 3. 27, 97누20755).

> **판례** 건축허가사항을 어기고 10여차례의 시정지시에 불응했더라도 공정의 80%가 완성된 건물의 건축허가를 취소함은 비례의 원칙에 위반한 것이라는 판례
> 건물의 위치·높이제한·면적 등에 관한 건축허가사항에 위반하여 12회에 걸쳐 시정지시와 허가취소경고 등

을 하였음에도 공사를 강행하였으나, 위반내용이 건축법에는 저촉되지 아니하는 경미한 것이고 도중에 원고가 건축허가변경신청을 하였는 바 이는 통상 허가되는 것이 통례인 점, 지상 4층 건물의 공정이 80%정도 진척되고 공사비가 2천여만 원이 소요되었다는 점 등을 감안하면 건축법상의 질서유지를 위하여 건축허가의 취소로 철거되는 원고의 손해는 너무나 막대하며 국민경제상으로도 바람직하지 못하므로 본 건 건축허가취소처분은 그 재량권을 남용한 것이라 할 수 있다(대판 1977. 8. 28, 76누243).

5) 평등의 원칙

경찰권을 발동함에 있어서는 상대방의 성별·종교·사회적 신분·인종 등을 이유로 불합리한 차별을 하여서는 아니된다는 헌법(11)상의 평등원칙의 적용을 받는다.

이러한 평등의 원칙은 조리상의 원칙에서 발전하여 헌법상의 원칙 내지는 행정법의 일반법원칙으로 인식되고 있으며, 이를 실천하기 위하여 각 법령은 상세한 행정처분기준을 정하여 모든 상대방에게 평등한 법적용을 보장하고 있고, 최근에는 재량준칙에 해당하는 훈령 등의 행정규칙까지 제정하는 예가 많이 있다. 이러한 행정규칙은 평등원칙을 매개로 하여 국민에 대하여 간접적인 법규적 효력을 갖게 된다.

3. 한계론의 재검토

1) 적극적 한계론

이상에서 고찰한 경찰권의 한계론은 재량행위인 경찰권을 필요악으로 보고 그 재량권 행사의 남용을 방지하기 위한 소극적 한계를 설정하려는 노력이었으나, 현대의 실질적 법치국가에서는 공공의 안녕과 질서유지에 대한 경찰의 역할을 긍정적으로 평가하여, 일정한 경우에는 오히려 **경찰권이 적극적으로 발동되어야만** 적법하다는 평가를 하게 되었다. 즉 개인의 생명·신체에 절박한 위해가 초래될 우려가 있는 경우에는 경찰권의 발동여부에 관하여 재량권이 있는 것이 아니라 재량권이 0으로 수축되어, 경찰권이 반드시 발동되는 것만이 유일하게 적법한 재량권 행사로 평가된다는 『재량권의 0으로의 수축이론』과, 이에 기하여 상대방은 경찰에 대하여 행정개입청구권을 가진다는 이론이 대두되었다.

독일의 연방헌법재판소 판례에 의하여 인정된 이 이론도 아직까지는 경찰권의 불개입으로 인한 국가배상청구소송에서만 인정되고 있으며, 우리나라에서도 이 이론에 근거하여 지방자치단체가 소유한 임야 내의 주택가에 돌출한 암벽을 제거하지 않은 부작위로 인하여 발생한 붕괴사고로 입은 주민들의 손해를 배상할 책임이 있다고 한 바 있다(대판 1980. 2. 26, 79다2341).

2) 조리상 한계론에 대한 비판

이상에서 설명한 조리상의 한계론은 모두 과거 독일의 형식적 법치주의체제 하에서 조리라는 이론의 힘을 빌려 경찰권의 남용을 방지해 보고자 하는 노력의 일환으로 발전해 온 것이지만, 오늘날의 실질적 법치국가에서는 평등권을 비롯한 국민의 기본권이 헌법에 의하여 직접 보장되어 있고, 기본권의 제한에 있어서는 헌법상의 기본권 보장의 이념에 따라 필요한 최소한의 제한에 그쳐야 한다는 비례의 원칙 역시 헌법(37②)이 직접 명시하고 있는 이상, 더 이상 실정법(그 최고규범인 헌법도 포함하여)을 떠난 조리상의 이론으로 존속시킬 이유는 없어졌으며, 비례·평등원칙은 헌법원칙에 속한다고 하겠다.

한편 경찰소극의 원칙의 경우 모든 행정작용은 그 목적에 반하여 행사되어서는 아니 된다는 점에서 특히 경찰에만 고유한 원리로 볼 수는 없다는 비판을 받고 있다. 그럼에도 불구하고 종래의 5가지의 한계론은 실질적 법치주의 하에서는 우리 헌법상의 기본권을 보장하기 위하여 설정된『입법의 한계원리』로서의 의미도 함께 가지면서 여전히 경찰작용의 한계원리로 작용하고 있다.

제2장 급부행정법

제1절 급부행정의 의의

Ⅰ. 급부행정의 개념

'급부행정'이란 『행정주체가 국민에 대한 적극적인 수익적 활동을 통하여 공공복리를 증진시키는 비권력작용』을 말한다.

질서행정은 사회의 질서유지를 위하여 필요한 규제적 조치를 취함으로써 사적 활동을 제한하는 것이지만, 급부행정은 공공시설의 설치, 보조금의 지급 등에 의하여 생활에 필요한 재화와 역무를 제공함으로써 개개인의 이익추구활동에 대하여 조장적으로 작용하는 것을 말한다.

과거 19세기 초반까지는 당시의 자유주의적 정치·경제사상에 따라 국가의 기능은 국방과 소극적인 질서유지에 한정하였으나, 그 후 20세기 들어 급격한 공업화·도시화·인구증가 등으로 빈부문제와 근로자·도시영세민의 일상생활수단문제 등이 심각한 문제로 대두되자, 국가의 기능도 이제는 국방·질서유지라는 소극적 활동에 한정될 수 없었고 전기·수도·가스 등의 공급(공기업), 도로·공원·운하 등의 설치(공물), 근로자·영세민보호(사회보장), 산업증진을 위한 자금조성·지원(조성행정) 등이 새로운 국가의 기능으로 등장하기에 이르렀다. 이러한 국가의 작용은 개인의 활동을 규제하거나 제한하는 것이 아니라 개인의 사회적 생활과 활동에 필요한 재화나 역무를 제공하여 준다는 점에서 그 특징이 있다.

Ⅱ. 질서행정과의 구별

① 목적면에서 질서행정은 공공의 안녕과 질서를 유지하는 소극적인 작용임에 반하여 급부행정은 적극적으로 공공복리를 추구하는 작용이며, ② 수단면에서 질서행정은 주로 일방적 명령·강제라는 권력적 수단에 의존하는 데 반하여, 급부행정은 주로 사실행위·공법상 계약(영조물이용·보조금 교부 등)·사법상 계약(철도·버스 이용 등)·행정지도 등의 비권력적 수단에 의존하는 경우가 많고, ③ 주체면에서 질서행정은 국가·지방자치단체와 같은 본래의 행정주체에 의하여 행하여지는 것이지만, 급부행정은 특허를 받은 사인이 행정주체의 지위에서 행하는 경우가 있을 수 있는 바(예 : 전기·가스 공급 등), 이는 주로 비권력적인 수익적 활동이기 때문에 그러하다.

Ⅲ. 급부행정의 종류

 오늘날 급부행정의 가치가 증대됨에 따라, 널리 국민의 복지를 적극적으로 증진시키기 위하여 행하는 모든 공행정작용은 급부행정의 범위에 속하게 되었다. 그러므로 실제 급부행정의 종류는 보는 관점에 따라 매우 다양할 수밖에 없을 것이다. 여기에서는 급부행정을 그 임무, 종류, 기초(이유), 법형식 및 법의 기속정도에 따라 분류하고자 한다.

1. 임무에 따른 분류

1) 공급행정

 공급행정이란 현대사회의 일상생활에 필수불가결한 재화와 역무를 공물 또는 공기업을 통하여 공급하는 급부활동을 말한다(도로·철도·우편·전화·방송·상하수도·전기·가스·학교·병원 등).

2) 사회보장행정

 사회보장행정이란 인간으로서 건강하고 문화적인 생활을 할 수 있도록 배려하는 행정을 말한다. 사회보장행정은 헌법(34)의 이념에 따라 직접 개인에게 행하여지는 급부활동으로서, 사회보험(건강보험·산업재해보험·고용보험 등), 사회복지(장애자·노인·아동보호), 공공부조(국민기초생활보장·의료보호) 및 특별원호(전몰군경 등) 등을 말한다.

3) 조성행정

 조성행정이란 농업·중소기업·첨단과학기술·문화 등 특정 분야의 발전을 위한 자금·기술 등의 지원을 통하여 생활영역의 구조적 개선을 목적으로 행하여지는 행정작용을 말한다.

2. 급부의 종류에 따른 분류

 ① 현금급부(건강보험상의 현금급여), ② 현물급부(공물 기타 일반인이 이용할 수 있는 공공시설의 설치, 건강보험상의 진료 및 탁아활동), ③ 역무의 제공(전기, 가스, 수도 등의 공급), ④ 기타(직업알선·보증 등)로 구분된다.

3. 급부의 기초(이유)에 따른 분류

 급부를 하게 되는 근거 또는 이유에 따른 분류로서는 ① 유상급부(전화·전기·가스·교통·통신 등), ② 상대방의 거출금의 납부를 조건으로 하는 급부(건강보험 등), ③ 재해에 대한 보상급부(산업재해보상 등), ④ 개인적 필요에 따른 급부(극빈자·노인·장애자 등), ⑤ 사회의 궁극적 개선에 따른 급부(농업·중소기업 보조금 등) 등이 있다.

4. 법형식에 따른 분류

1) 사법적 급부

사법적 급부란 급부의 원인이 **사법상의 계약**의 형식에 의하여 성립되는 것을 말한다. 예컨대, 한국전력공사에 의한 전기공급, 철도·시영버스의 이용 등과 같은 사법상 계약에 의한 급부를 말한다.

2) 공법적 급부

공법적 급부란 공법상의 계약에 의하여 성립되거나 **행정행위**의 형식에 의하여 성립되는 급부를 말한다. 예컨대, 영조물이용관계, 보조금지급결정 등과 같은 급부가 공법상 계약에 의한 것이며, 사회원호·사회구호의 결정과 같은 급부가 행정행위에 의한 것이다. 일반적으로 급부행정은 법형식에 있어서 한 가지 내용의 급부를 위하여 단계적으로 상이한 법형식을 취하는 경우가 많다. 예컨대, 철도이용 등에서 보는 것처럼 공법적으로 설치·조직된 급부시설을 사법적으로 이용하거나, 영농자금의 융자처럼 보조금의 지급결정행위라는 1단계의 행정행위의 형식으로 행하여진 후 이에 기초하여 실제의 지급은 은행으로부터의 대부라는 2단계의 사법상 계약의 형식을 취하는 것도 있다(이를 흔히 2단계 이론이라 한다).

5. 법에의 기속 정도에 따른 분류

① 의무적 급부, ② 재량적 급부, ③ 법률로부터 자유로운 급부(법률 아닌 예산에만 근거를 둔 급부)가 있다.

Ⅳ. 급부행정의 기본원리

급부행정에 의하여 국가는 국민의 일상생활의 수요를 충족시키기 위한 새로운 활동들을 수행하게 되었다. 이러한 급부행정의 개념은 아직 실정법상으로는 구체적으로 정립되지 아니한 학문상의 개념으로서 그 대상영역도 계속 증대하여 가고 있다. 따라서 급부행정의 실제적 적용에 있어 그 이념적 잣대가 되는 기본원리가 무엇인가를 정하는 것은 매우 중요한 일이다. 급부행정의 기본원리는 헌법전문, 인간다운 생존권, 경제질서에 관한 헌법조문에서도 직접 도출되고 있을 뿐만 아니라, 행정법의 일반원리에서도 도출된다. 실제적 적용에 있어서의 급부행정의 최고원리 또는 급부행정의 제약원리로 작용하고 있는 급부행정의 기본원리로서는, ①

사회국가원리 ② 보충성 ③ 합법성 ④ 평등성 ⑤ 과잉급부금지 ⑥ 부당결부금지 ⑦ 신뢰보호의 원칙 등을 들 수 있다.

1. 사회국가원리

사회국가원리란 국가가 사회정의 및 공공복리의 측면에서 사회적 약자의 보호를 위하여 정당한 사회질서를 적극적으로 형성하여야 할 의무를 진다는 원리를 말한다. 따라서 국가는 공동체의 모든 구성원에게 인간다운 생활을 누릴 수 있도록 노력하여야 하며, 경제적·문화적 수요를 적정하게 충족할 수 있는 국민의 법적 지위를 보장하여야 하는 것이다. 우리 헌법은 모든 국민의 인간다운 생활을 보장하고 특히 생활무능력자를 보호하여야 하며(31~36), 국민경제의 안정, 적정한 소득분배, 경제의 민주화를 위한 규제와 조정(119②) 등의 사회국가원리를 채택하고 있다.

사회국가원리가 우리 헌법상의 기본원리인 이상, 국가의 기능은 소극적인 질서유지 이외에 국민의 일상생활에 있어서 필수적인 역무 또는 재화를 공급할 책무까지 수행하여야 하며, 인간다운 생활을 보장하기 위한 국가의 의무를 다하여야 한다. 특히 급부행정 중에서 생활무능력자를 위한 사회보장행정을 수행하여야 할 법적 의무를 지며(헌34⑤), 각종 공급행정을 수행하여 국민의 인간다운 생활을 보장할 법적 의무를 진다고 하겠다. 헌법상 규정된 이러한 사회국가원리는 급부행정의 가장 중요한 기본원리라고 할 수 있다.

2. 보충성의 원칙

보충성의 원칙이란 개인의 자산과 능력을 최고도로 발휘하고도 경제적 불안을 해소하지 못할 경우에 그 부족분을 국가가 보충하여 주어야 한다는 원칙을 말한다. 이러한 보충성의 원칙은 연대원리, 자기책임의 원리, 자치행정의 원리, 질서조화의 원리 등과 함께 사회정책적 목표를 달성하기 위한 사회정책분야의 기본적인 원리 중의 하나이다.

보충성의 원칙에 의하면, 개인과 기업의 생활 및 생산활동은 원칙적으로 그 경제주체의 손에 맡겨야 하며, 그들이 스스로 충족시킬 수 없거나 스스로에게 맡기는 것이 부적당한 경우에 한하여 보충적으로 국가의 급부가 행하여져야 하는 것이다. 이러한 원칙은 자본주의의 기본원리에서 도출되는 것으로서, 우리 국민기초생활보장법(5①)도 부양의무자가 없거나 부양의무자가 있어도 부양할 능력이 없는 경우에만 생활보호를 한다는 것을 명시하고 있으며, 장애인복지법(6)도 국가와 지방자치단체는 장애의 정도가 심하여 자립하기가 현저하게 곤란한 장애인에 대하여 평생 필요한 보호 등을 행하도록 적절한 시책을 강구하도록 하고 있다. 이러한 보충성의 원칙에 비추어 볼 때, 국가지방자치단체와 한국산업은행 등의 공기업은 사기업 또는 민간은행 등과 경쟁하여 경제활동을 하거나 민간경제를 위축시키거나 자유로운 경제질서를 저해하여서는 아니된다(지방공기업법2③·한국산업은행법18 등).

3. 합법성의 원칙

1) 법률우위의 원칙

급부행정도 법에 위반하여서는 아니되므로 법률우위의 원칙이 적용되는 것은 당연하다.

2) 법률유보의 원칙

급부행정도 반드시 법률의 근거가 있어야 하는가에 관하여는 반드시 법률의 근거를 요하는 것은 아니라고 보는 소극설과 급부행정에도 법률의 근거를 요한다고 보는 적극설이 대립되어 있다.

① 소극설

과거 독일의 통설인 침해유보설의 입장에서는 급부행정은 침해적 행정인 질서행정과는 달리 국민의 자유와 권리를 침해하는 것이 아니라 국민에 대한 수익적 활동을 내용으로 하는 것이므로 법률의 근거를 요하지 아니한다고 주장한다.

② 적극설

사회유보설·전부유보설 등의 입장에서는 현대행정에서의 급부행정의 비중과 국민의 높은 의존도를 감안하면 특정인에 대한 급부의 거부나 부당한 급부의 배분은 침해적 행정 못지 않게 침해적 성질을 가지는 것이므로 급부의 내용·요건·기준 등을 법률로 규정하여 행정의 자의를 방지하여야 한다고 주장한다.

③ 사 견

법률유보의 범위를 점차 확대시켜 나가는 것이 학설의 경향이기는 하지만, ① 행정현실을 보면 많은 급부가 법률의 근거없이 예산조치만을 근거로 하여 행하여지고 있음에도 불구하고 반드시 법률의 근거가 있어야 한다면 오히려 국민에게 불리한 결과를 초래하게 되며, ② 행정권도 권력분립원칙에 따라 일정한 범위 내에서는 국민으로부터 직접 수권받은 것이므로, 모든 분야에 있어 일일이 법률의 수권이 있어야만 활동할 수 있는 것이 아니라 일정한 범위 안에서는 법률의 근거없이도 활동할 수 있는 것이며, ③ 급부행정은 침해행정인 경찰행정과는 그 본질을 달리한다는 점 등을 고려하면 **모든 급부행정에 대하여 법률유보가 적용된다고 볼 수는 없다**고 하겠다.

다만, ① 급부받을 권리를 공권으로 보호할 필요가 있는 경우(생활보호·의료보호·전쟁원호 등), ② 급부와 함께 상대방에게 부담을 과하는 경우(건강보험의 보험료·상하수도 사용료 등), ③ 이용자의 이용강제 또는 역무제공자의 제공의무를 규정할 필요가 있는 경우(상하수도 등), ④ 정부의 지급보증·조세감면의 경우(각종 국·공영기업의 기채 및 사업활동 등)에는 법률유보의 원칙이 적용되어야 한다는 것이 지배적인 견해이다.

4. 평등의 원칙

헌법(11)상의 평등의 원칙은 입법·사법·행정의 모든 국가작용에 적용되는 것이므로 급부행정에도 적용됨은 물론이다. 따라서 합리적 이유없이 특정인에게 급부를 거부하거나 불리한 급부를 하는 것은 허용되지 아니한다. 따라서 공급행정에 있어서는 정당한 사유없는 공급거부를 금지하고 있으며(전기통신사업3, 우편50, 수도24 등), 사회보장행정 분야에서도 수혜대상자인 노인·생활무능력자 등에 대하여는 평등한 수급권이 부여되어야 한다. 그러나 조성행정 분야에 있어서는 보조금·장려금 등의 지원대상자 선정은 활동실적·성실도·반환능력 등의 가치판단기준에 따라 판단하여야 할 것이므로 재량의 범위가 넓게 인정될 소지가 있으나, 이 경우에도 행정주체가 마련한 재량준칙에 위반한 처분은 평등원칙 위반으로 위법이 된다.

5. 과잉급부금지의 원칙

과잉급부금지의 원칙이란 당해 급부에 의하여 달성하고자 자는 목적과 적정한 비례관계가 이루어지지 아니한 급부의 제공은 허용되지 아니한다는 원칙을 말한다. 행정주체에 의한 지나친 급부는 아무리 수익적인 것이라고 하더라도 자본주의사회에 있어서의 보충성의 원칙에도 반하며, 일반 국민의 납세부담을 가중시키고, 상대적으로 다른 분야에의 급부를 제약하므로 허용되지 아니한다.

이 원칙은 구체적으로는, ① 목적달성에 적합하지 아니한 수단을 사용하여서는 아니되며(목적적합성의 원칙), ② 적합한 수단 중에서 납세자로서의 일반 국민에게 가장 침해가 적은 수단을 사용하여야 하며(최소침해의 원칙), ③ 목적 달성과 이에 따른 일반국민의 불이익간에는 적정한 비례관계가 유지되어야 한다(협의의 비례원칙)는 3가지 원칙으로 구성되어 있다.

6. 부당결부금지의 원칙

부당결부금지의 원칙이란 급부를 행함에 있어서 당해 급부와 실질적 관련이 없는 것을 조건으로 하여 수급자에게 불이익을 주어서는 아니된다는 원칙이다. 부당결부금지의 원칙은 행정기관의 자의의 금지 및 법치주의의 원칙에서도 도출되는 것으로서 헌법적 원칙임과 동시에 독자적인 불문법원리이기도 하다. 따라서 이 원칙에 위반한 국가 또는 지방자치단체 등의 급부행정은 위헌·위법한 것이 된다.

7. 신뢰보호의 원칙

급부행정은 수익적 행정행위이며, **신뢰보호의 원칙**이 적용되는 가장 보편적인 경우에 해당하는 것이 바로 수익적 행정행위이다. 예컨대, 의무의 면제, 보조금의 지급의 경우처럼 국가 또는 지방자치단체의 급부활동의 적법성·계속성을 신뢰한 상대방의 이익은 보호되어야 한다는 원칙을 말한다. 특히 상대방에게 귀책사유가 없는 한 종전의 급부내용보다 불이익한 변경 또는 철회는 제한된다. 국민기초생활보장법(34)에 의한 정당한 사유없는 급여의 불리한 변경의 금지 등이 이에 해당한다.

제 2 절 공물법

Ⅰ. 공물의 의의

1. 공물의 개념

전통적으로 공물은 '행정주체가 직접 행정목적에 제공한 개개의 유체물'로 정의되고 있다. 그러나 개개의 공물에는 개개의 유체물 외에도 무체물(전기·열·에너지·공간 등)과 도서관이나 공원처럼 다수의 개개의 물건이 집합하여서 일체로 취급되고 있는 집합물도 있다는 점에서, 공물을 『행정주체에 의하여 직접 행정목적에 제공된 개개의 유체물과 무체물 및 집합물』로 보고 있다.

공물은 실정법상의 개념이 아니라 **학문상의 개념**이며, 공물은 ① 공적 목적에 봉사하며, ② 그 공적 기능을 수행하기 위하여 전적으로 사법질서에 종속되지 않고 행정법상의 지배·이용질서에 종속된다는 점에서 **사물**(私物)과 달리 특수한 공법적 규율을 받도록 하고 있다. 이러한 공물의 예로서는 도로, 철도, 지하철, 광장, 공유수면, 관공서의 청사, 공공극장, 공공도서관, 공공박물관, 국·공립병원, 국·공립양로원, 학교, 공원, 항만, 체육시설, 우편·방송시설, 수도·전기·가스공급시설·쓰레기처리·하수도시설 등을 들 수 있다.

다만, 공물은 사물(私物)에 대한 반대개념으로서 실정법상의 개념이 아니라 학문상의 개념이기 때문에 그 정의에 있어서 견해가 일치하지 않으며, 광의·협의·최협의로 구분되고 있다.

1) 광의의 공물

행정주체의 행정활동에 제공되는 모든 물건을 말한다. 따라서 소위 **행정재산**(행정주체가 직접 행정목적에 제공하는 재산) 이외에 **재정재산**(일반재산 - 간접적으로 행정목적에 이바지하는 목적의 재산)까지 포함되는 바, 재정재산(현금·임야 등)은 매매·임대 등 사적 거래의 대상이 되며 원칙적으로 사법의 적용을 받고 있기 때문에 공법적 특수성이 인정되지 않는다는 점에서 공물의 개념에서 제외되어야 한다.

2) 협의의 공물

협의의 공물은 그 사용가치에 따라 직접 행정목적에 이용되는 물건, 즉 **행정재산**을 말한다. 이러한 행정재산은 시청의 청사건물처럼 행정주체 자신의 이용에 제공되는 **공용물**과 도로, 공원처럼 일반공중의 이용에 제공되는 **공공용물**로 나누어진다.

3) 최협의의 공물

최협의의 공물은 직접 일반공중의 이용에 제공되는 물건, 즉 행정재산 중 **물공공용**만을 의미하며, 행정주체가 자신의 이용에 제공하는 공용물(시청청사관용차량 등)은 제외한다. 공용물과 공공용물은 다같이 사물에 대한 공통적인 특수성을 가진다는 점에서 함께 공물의 개념에 포함시키는 것이 타당하기 때문에 이 개념은 공물의 개념을 부당하게 좁게 정의하고 있다.

4) 사 견

결국 공물의 개념은 사물과 다른 특수성을 부여하기 위하여 설정된 학문상의 개념이라는 데에 착안하면 통설과 같은 협의의 공물개념이 타당하다고 생각되며, 이에 따른다면 공물이란, ① 행정주체에 의하여, ② 직접(국·공유의 임야광산 등 행정주체의 재정수익의 수단이 되는 재정재산과의 구별), ③ 행정목적에 제공된(일반공중의 이용에 제공되는 공공용물과, 행정주체가 이용하는 공용물을 포함), ④ 개개의 유체물과 무체물 또는 물건의 집합체인 물적 종합시설(공원·도로·도서관 등. 따라서 인적·물적 종합시설인 국립병원·철도·공기업 등의 영조물과 구별)이라고 정의할 수 있다.

2. 공물의 종류

1) 행정목적에 의한 분류

① **공공용물**

공공용물이란 직접 일반공중의 공동이용에 제공된 물건을 말한다. 도로·하천·공원·광장·운하

제방과 그 부속물 등이 이에 해당된다. 이를 국유재산법·지방재정법상으로는 공공용 재산이라고 한다.

② 공용물

공용물이란 직접적으로는 행정주체 자신의 이용에 제공된 물건을 말한다. 관청의 청사·교도소·등대·군훈련장 등이 이에 해당된다. 국유재산법 등은 이를 공용 재산이라고 한다.

③ 공적 보존물(보존공물)

공적 보존물은 일반공중이나 행정주체의 이용에 제공된 것은 아니지만, 일정한 행정목적을 위하여 물건 그 자체를 보존하기 위한 물건으로서, 자유로운 처분에 제한을 받기 때문에 보존공물이라고도 한다(예 : 문화재보호법에 의한 문화재 등).

이상 세 가지 유형의 공물 중 공법적 특수성이 가장 현저한 것은 역시 일반공중의 이용에 제공되는 공공용물이며, 공적 보존물은 공공용 또는 공용에 제공되는 것이 아니고 문화재보호 등의 특정 목적을 위하여 그 처분 등이 제한되는 정도에 그치기 때문에 공법적 특수성이 제일 약하다고 하겠다.

2) 성립과정에 의한 분류

① 자연공물

자연공물이란 하천·호수·해변·해면 등과 같이 자연적 상태 그대로 공공목적에 제공될 수 있는 공물로서의 실체를 갖춘 공물을 말한다.

② 인공공물

인공공물이란 도로·공원 등과 같이 행정주체가 그에 인공을 가하여 공공용에 제공함으로서 비로소 공물로서의 실체를 갖추게 되는 공물을 말한다.

3) 사권의 대상여부에 의한 분류

① 사권의 목적이 될 수 없는 공물

사권의 목적이 될 수 없는 물건은 대체로 **자연공물**의 범위와 일치하는 바, 공유수면(하천·바다·호수 등)과 같은 자연공물은 대체로 사권의 목적이 될 수 없고 국가의 소유로 되어 있다(하천3, 공유수면관리2). 우리 판례는 공유수면은 사소유권의 목적물이 될 수 없다고 판시한 바 있다(대판 1997. 12. 25, 97다51216).

② 사권의 목적이 될 수 있는 공물

사권의 목적이 될 수 있는 물건은 대체로 **인공공물**의 범위와 일치하는 바, 도로·공원 등과 같은 인공공물은 대체로 사권의 목적이 될 수 있다. 그러나 이러한 공물에 대한 사권의 설정·행사에 관하여는 공공목적에 필요한 한도 내에서 공법상의 제한을 가할 수 있으며, 그 물권변동에 관하여는 등기를 요한다(민186, 부등35·36·48의2, 국유부동산의 등기촉탁에 관한 법률 등).

4) 소유권자에 의한 분류

① 국유공물

국유공물은 국유의 도로, 항만처럼 그 소유권이 국가에 있는 공물을 말하며, 국유재산법상의 행정재산·보존재산이 이에 해당한다.

② 공유공물

공유공물은 지방자치단체의 사무용 건물처럼 그 소유권이 지방자치단체에 있는 공물이며, 지방재정법상의 행정재산·보존재산이 이에 해당한다.

③ 사유공물

사유공물은 사도나 사유의 문화재와 같이 소유권은 사인에게 있으나, 행정주체에 의하여 공공목적에 이용하는 물건을 말한다.

5) 소유권자와 관리주체와의 관계에 따른 분류

① 자유공물

자유공물은 공물의 소유권자가 동시에 관리주체인 공물을 말한다.

➡ 예 : 국가소유의 관청건물을 국가의 관청이 사무실로 사용하는 것 등.

② 타유공물

타유공물은 공물의 관리주체 이외의 자가 소유권을 가지고 있는 공물을 말한다.

➡ 예 : 하천은 모두 국유이지만 지방하천은 지방자치단체에게 관리권을 부여하고 있으며, 사도도 소유권은 개인에게 있지만 관리권은 국가·지방자치단체에 있다.

Ⅱ. 공물의 성립과 소멸

1. 공물의 성립

1) 공공용물의 성립

① 자연공물

하천·호수 등은 자연적 상태 그 자체로서 당연히 공물로서의 성질을 가지는 것이므로 별도로 행정주체의 공용개시의 의사표시(공용개시행위)를 요하지 아니한다. 그러므로 자연공물의 성립에는 행정주체의 특별한 의사표시를 요하지 아니한다는 것이 판례의 입장이다. 따라서 하천법(7②)에 의한 하천의 명칭과 구간의 지정행위는 공물로서의 성립요건은 아니며 이미 성립되어 있는 공물의 범위를 확정하기 위한 확인행위에 불과하다(대판 1964. 6. 2, 63다927).

하천법(3)은 모든 하천은 국유로 한다고 선언함과 동시에 홍수나 산사태 등의 자연적 상태나 제방의 축조 등 인공에 의하여 사유지가 하천에 편입되어 버린 경우에는 반드시 보상을 하도록 명문화함으로써(1984. 12. 31에 개정된 동법 제74조), 종전부터 논쟁의 대상이 되어 왔던 손실보상여부에 대한 문제를 입법적으로 해결하였다.

> **판례** 하천구역의 결정·고시행위없이 법률에 의하여 당연히 하천구역이 된다는 판례

구 하천법(1971. 1. 19 법률 제2292호로 전면개정되기 전의 것)에 의하면 하천이나 준용하천의 하천구역은 동법 제12조에 의하여 관리청이 이를 결정·고시함으로써 비로소 정하여지는 것이고 사실상 토지가 하상화 되었다고 하더라도 이러한 특별한 절차가 없이 당연히 하천구역으로 될 수는 없지만, 현행 하천법에 의하면 하천구역은 이를 관리청이 특별히 결정·고시하는 것이 아니라 하천법이 스스로 그 제2조 제1항 제2호에서 하천구간 내의 토지 중에서 일정한 구역을 하천구역으로 인정하고 있으므로 위 법조에 해당하는 구역은 당연히 하천구역이 된다(대판 1988. 12. 20, 87다카3029).

> **판례** 제외지(堤外地)는 당연히 하천구역에 속한다는 판례

하천법 제2조 제1항의 규정을 비롯한 관계법규에 의하면, 제방으로부터 하심(河心)측에 위치하는 토지인 이른바 '제외지'는 위 법 제2조 제1항 제2호 (다)목 전단에 의하여 당연히 하천구역에 속하게 되는 것이지 이러한 제외지가 위 법 제2조 제1항 제2호 (다)목 후단의 적용을 받아 관의 지정이 있어야 하천구역이 되는 것은 아니다(대판 1992. 6. 9, 91누10497).

> **판례** 제외지를 국유화한 규정은 적정한 보상이 행하여지므로 위헌이 아니라는 판례

하천관리의 공익목적을 달성하기 위하여 제방으로부터 하심측에 있는 토지인 제외지를 일률적으로 국유화하는 방안과, 개별적으로 수용하거나 이용·처분에 제한을 가하는데 그치는 방안 중 어느 것을 택할 것인가는 입법자가 홍수피해방지와 하천의 적정한 이용 등 공익적 필요성과 국민의 재산권이 희생되고 제한되는 정도를 형량하여 결정할 문제이고, 그것이 현저히 자의적이거나 비례성을 벗어난 것이라고 보이지 않는 한 이를 존중하여야 할 것인바, 국민의 재산권에 대한 제약의 정도가 큰 일률적 국유화의 방법을 택하였더라도 하천의 효율적 관리 및 이용이라는 중대한 공익목적에 비추어 볼 때 정당한 보상이 수반되는 한 현저히 자의적이거나 비례성을 벗어난 것으로서 위헌이라고 할 수 없다(헌재결 1998. 3. 26, 93헌바12).

> **판례** 포락(浦落)으로 인하여 소유권은 소멸하며, 그 토지가 하천부지화된 경우는 국유로 편입된다는 판례

하천 또는 해면에 인접한 토지가 홍수로 인한 범람이나 해일 등으로 침수되어 토지가 황폐화되거나 물밑에 잠기거나 항시 물이 흐르고 있는 상태가 계속되고 그 원상복귀가 사회통념상 불가능하게 되면 소위 포락으로 인하여 그 소유권은 영구히 소멸하고, 또 그 토지가 하천부지화될 경우에는 하천에 관한 관계법령에 규정된 요건에 따라 하천구역에 편입됨으로 인하여 국유로 된다(대판 1985. 6. 25, 84다카178).

② 인공공물

인공공물의 성립에는 형체적 요소와 의사적 요소가 필요하다.

(가) 형체적 요소로서 제공

도로·공원 등의 인공공물은 용지취득·건설공사 등을 통하여 일반공중의 이용에 제공될 수 있는 형체를 갖추어야 한다.

(나) 의사적 요소로서 공용지정(공용개시행위)

행정주체가 일반공중의 이용에 제공한다는 의사표시인 공용개시행위가 필요하다(예 : 도로법(25)에 의한 도로구역의 결정·고시 등). 공용개시행위의 특별한 형식은 없으나, 통상 **고시·공고** 등의 방법으로 국민에게 알릴 필요가 있다.

공용개시행위(공용지정)의 법적 성질에 관하여는 사실행위라는 견해도 있으나, 이는 특정 물건을 공물로 설정하고 이에 대하여 일정한 공법적 제한을 가함으로써 일반공중의 이용에 제공하려는 의사표시를 내용으로 하는 행정행위(그 중 특히 **물적 행정행위**)라고 보아야 할 것이다. 공용개시행위가 어느 시점에 있었다고 볼 것인가에 관하여는 각 실정법의 규정에 따라 판단하여야 하겠지만, 도로의 경우에는 노선인정의 공고행위(19), **도로구역의 결정·고시행위**(25), 도로사용개시의 공고행위(28)의 3단계 행위 중 도로구역의 결정·고시행위를 공용개시행위로 보고 있다.

그러나 공용개시행위를 하기 전에 행정주체는 그 물건에 대하여 소유권 등의 **정당한 권원**을 가지고 있어야 한다. 따라서 타인 소유의 물건인 경우에는 미리 매매·공용수용 등으로 소유권을 취득하거나, 계약에 의하여 지상권·임차권 등을 설정하여야 하며, 그렇지 못할 경우에는 위법한 공용개시행위로서 소유자는 당해 공용개시행위의 취소와 반환청구권 및 손해배상청구권을 행사할 수 있다. 그러나 당해 토지 위에 이미 도로가 개설되어 버린 경우에는 공공복리상 사정판결의 원리에 입각하여 손해배상 또는 부당이득반환청구 외에 공용개시행위의 취소와 토지의 반환청구는 인정되지 아니할 경우가 있다(대판 1989. 1. 24, 88다카6006; 1968. 11. 5, 68다1770).

> **판례** 도로는 공용개시행위가 있는 때에 행정재산이 된다는 판례
> 특히 도로는 ㉠ 도로로서의 형태를 갖추고, 도로법에 따른 노선의 지정 또는 인정의 공고 및 도로구역 결정·고시를 한 때 또는 ㉡ 도시계획법 또는 도시재개발법 소정의 절차를 거쳐 도로를 설치하였을 때에 공공용물로서 공용개시행위가 있다고 할 것이므로, 토지의 지목이 도로이고 국유재산대장에 등재되어 있다는 사정만으로 바로 그 토지가 도로로서 행정재산에 해당한다고 할 수 없다(대판 2000. 2. 25, 99다54332).

> **판례** 도로로 사용하기 위하여서는 행정주체가 정당한 권원을 가지고 있어야 한다는 판례
> 원래 토지소유자는 그 소유권에 기하여 그 토지를 사용, 수익할 권리가 있는 것이므로 이것을 다른 사람이 점유함으로 인하여 사용, 수익할 수 없게 되어 있다면 비록 그것이 도로로 사용되고 있는 경우라고 하더라도

토지소유자는 그로 인하여 손해가 발생하였다고 보아야 할 것이며, 피고가 원고와의 관계에 있어서 그 소유의 토지를 용익할 사법상의 권리를 취득함이 없이 또는 적법한 보상을 함이 없이 이를 점유하고 있다면 비록 그것이 도로라고 하더라도 그로 인하여 이득을 얻고 있는 것이라고 보아야 할 것이고, 도로를 구성하는 부지에 관하여는 도로법 제5조에 의하여 사권의 행사가 제한된다고 하더라도 이는 도로법상의 도로에 관하여 도로로서의 관리·이용에 저촉되는 사권을 행사할 수 없다는 취지이지 부당이득반환청구권 행사를 배제하는 것은 아니라고 할 것이다(대판 1989. 1. 24, 88다카6006 부당이득반환청구사건).

판례   정당한 권원없는 도로에 대하여도 손해배상 외에 반환청구는 할 수 없다는 판례

도로로서 공용을 개시하기 전에 (구)시가지계획법 제37조 제2항의 규정과 (구)도로령 제5조의 규정에 의하면 도로의 신설 또는 변경계획이 있는 경우에 행정청이 그 계획을 고시한 때에는 그 계획된 도로는 이를 도로로 보게 되며, 도로를 구성하는 부지 기타의 물건은 사권을 행사할 수 없다고 되어 있어서(시가지 계획령과 도로령은 도시계획법과 도로법 부칙에 의하여 그대로 계승되어 도로법 제5조에 같은 취지의 규정이 있다) 설사 피고(대전시)가 이 사건 대지에 관하여 관계법령에 의하여 소유권 기타의 권리를 취득하지 않았다고 하여도 이 사건 대지 소유자인 원고는 소유권에 제한을 받아 사권을 행사할 수는 없는 것이므로 피고가 불법하게 점유한다고 하여도 임대료상당의 손해의 배상을 청구할 수 있을지언정 도로의 부지가 된 이 사건 대지의 인도를 청구할 수 없다고 할 것이므로 원심은 필경 도로법의 해석을 그르친 위법이 있다고 할 것이며, 따라서 원판결 중 원고에게 이 사건 대지 41평 1홉의 인도를 명한 피고(대전시)의 패소부분은 파기를 면하지 못한다 할 것이다(대판 1968. 11. 5, 68다1770).

2) 공용물의 성립

행정주체가 직접 자기의 이용에 제공하는 물건이므로 일반공중이 이용하는 공공용물과는 달리 특별한 공용개시행위를 요하지 아니하고 공용에 제공할 수 있는 형체를 갖추어 그 사용을 개시함으로써 성립한다.

3) 공적 보존물의 성립

공적 보존물에 적합한 형체적 요소를 갖춘 외에 **공용개시행위**가 필요하다(예 : 문화재의 지정 등). 그러나 행정주체가 그 소유권을 취득하는 등의 권원을 가진다거나 본인의 동의를 요하는 것은 아니며, 행정주체의 일방적 지정 등에 의하여 공법상의 일정한 제한을 받게 되기 때문에 이를 관보에 게재하고 소유권자 등에게 통지하도록 하고 있으며, 그 소유권자 등에 대하여는 **지정의 통지를 받은 날로부터**, 기타의 자에 대하여는 관보에 고시한 날로부터 공용개시행위의 효력이 발생하도록 하고 있다(문화재4~11).

2. 예정공물

예정공물이란 현재 공용개시 되고 있는 것은 아니지만, 장래 공물로 할 것이 예정되어 있는 물건을 말한다(도로법 및 하천법에 의한 도로예정지·하천예정지 등). 예정공물 역시 지정 등과 같은 행정주체의 의사표시가 필요하며, 공물은 아니지만 공물에 준하는 취급을 하는 것

이 보통이다(예 : 도로법·하천법의 점용허가제도 및 각종 손괴행위의 금지 등에 관한 일부 규정을 준용하고 있다). 이는 당해 물건을 장래의 공물로서 공적 목적에 제공함에 지장이 없도록 하기 위한 것이다.

> **판례** 예정공물도 공공용물에 준하여 시효취득의 대상이 될 수 없다는 판례
> 예정공물인 이 토지도 일종의 행정재산인 공공용물에 준하여 취급하는 것이 타당하다고 할 것이므로 (구)국유재산법 제5조 제2항이 준용되어 시효취득의 대상이 될 수 없다(대판 1994. 5. 10, 93다23442).

3. 공물의 소멸

공물이 공물로서의 성질을 상실하는 것을 공물의 소멸이라고 한다.

1) 공공용물의 소멸

① **자연공물**

성립에 있어서와 마찬가지로 그 **자연적 상태의 영구적인 소멸**로 인하여 회복을 기대할 수 없는 경우에 공물로서의 성질을 상실하며, 별도의 공용폐지의 의사표시(공용폐지행위)를 요하지 아니한다(예 : 하천77. 하천의 수류가 변경된 경우의 폐천부지). 그러나 판례는 공유수면의 소멸에 관하여 **공용폐지행위가 있어야** 한다는 입장을 취하고 있다(대판 1993. 4. 13, 92누18528).

> **판례** 공유수면의 소멸에 관하여 공용폐지행위가 있어야 한다는 판례
> 공공재산인 하천이 공사로 폐천이 되었다거나 본래의 용도에 공여하지 않았다 하더라도 용도폐지를 하지 않는 이상 잡종재산이 될 수 없다(대판 1993. 4. 13, 92누18258).

② **인공공물**

자연공물과는 반대로 **공용폐지행위가 있어야** 하며, 형체적 요소의 소멸은 반드시 요건으로 하지 않는다(예 : 도로의 형태는 남아 있더라도 도로법에 의한 노선폐지로 도로라는 공물로서의 지위는 상실된다.). 즉 형체적 요소의 소멸은 공물의 소멸사유의 하나는 되지만 이로 인하여 당연히 공물이 소멸되는 것은 아니다. 그러나 형체적 요소의 소멸 그 자체로써 당해 공물은 소멸된다는 견해도 있다.

공물에 관한 법률관계의 명확을 기하기 위하여 공용폐지는 반드시 명시적인 의사표시를 요한다고 하겠지만, 극히 예외적으로 주위의 사정으로 보아 객관적으로 공용폐지의 의사를 추측할 수 있는 경우에는 **묵시적인 공용폐지행위**가 있었다고 볼 수도 있다.

공용폐지행위에 의하여 당해 물건은 공물로서의 성질을 상실하며, 따라서 이에 대한 공법적 제한은 해제되고 완전한 사권의 대상이 된다. 그러나 소유권의 귀속주체가 특별히 변경되

는 것은 아니며, 당초의 소유자·공사의 시행자·다른 대체공물의 제공자 등에게 양여할 수 있도록 특별규정을 둔 예가 많다(하천77, 국유재산44① 등).

판례는 형태적 요소가 상실되고 묵시적 공용폐지가 인정될 수 있는 경우라면 공물로서의 성질을 상실한다는 입장이다. 즉 공용폐지가 필요하다는 견해이다.

> **판례** 행정재산이 본래의 용도에 제공되지 않는 상태에 있다는 사정만으로 당연히 취득시효의 대상인 잡종재산이 되는지 여부(소극)
> 행정재산이 기능을 상실하여 본래의 용도에 제공되지 않는 상태에 있다 하더라도 관계 법령에 의하여 용도폐지가 되지 아니한 이상 당연히 취득시효의 대상이 되는 잡종재산이 되는 것은 아니다[대법원 1998.11.10, 선고, 98다42974, 판결].

2) 공용물의 소멸

공용물의 소멸은 성립의 경우와 같이 **사실상 그 사용을 폐지함으로써** 공물로서의 성질을 상실하며, 특별한 공용폐지행위를 요하지 아니한다. 그러나 판례는 공용폐지행위가 필요하다고 본다.

> **판례** 행정재산이 본래의 용도에 제공되지 않는 상태에 놓여 있다는 사실만으로 용도폐지의 의사표시가 있었다고 볼 수 있는지 여부(소극)
> 행정재산(교육청사부지)에 대한 공용폐지의 의사표시는 명시적이든 묵시적이든 상관이 없으나 적법한 의사표시가 있어야 하고, 행정재산이 사실상 본래의 용도에 사용되지 않고 있다는 사실만으로 용도폐지의 의사표시가 있었다고 볼 수는 없으므로 행정청이 행정재산에 속하는 1필지 토지 중 일부를 그 필지에 속하는 토지인 줄 모르고 본래의 용도에 사용하지 않는다는 사실만으로 묵시적으로나마 그 부분에 대한 용도폐지의 의사표시가 있었다고 할 수 없다[대법원 1997.3.14, 선고, 96다43508, 판결].

3) 공적 보존물의 소멸

그 가치·기능을 상실한 경우에 **지정해제의 의사표시에 의하여 소멸한다**(문화재12). 따라서 당해 공적 보존물의 형체적 요소의 멸실은 지정해제의 사유가 될 뿐이며 이로 인하여 당연히 공물이 소멸한다고 볼 수는 없다.

Ⅲ. 공물의 법적 특색

공물은 직접 일반 공중 또는 행정주체의 이용에 제공되기 때문에 그 목적 달성을 위하여 필요한 범위 안에서 사법의 적용이 배제되며 특수한 공법적 규율을 받게 된다.

1. 공물에 대한 소유권의 성질

1) 공소유권설

공물은 공용개시행위(인공공물의 경우) 또는 사실상의 이용제공(자연공물 또는 공용물의 경우)에 의하여 특별한 공법상의 지배 및 이용질서 하에 놓이게 된다. 이에 따라 공물은 사법의 적용이 완전히 배제되므로 사권이 성립할 수 없으며 따라서 공물의 소유권은 공법에 의하여 인정되는 공소유권(公所有權)이라는 견해이다.

2) 사소유권설

공물도 본질에 있어서는 사물과 같이 사소유권, 즉 사권의 대상이 되며 다만 공공목적의 달성에 필요한 한도내에서 공법적 제약을 받을 뿐이라고 하는 견해로서, 독일·일본·우리나라의 통설이다.

3) 사 견

공물을 공소유권의 객체로 볼 것인가 사소유권의 객체로 볼 것인가의 문제는 그 나라의 역사사회·경제적 환경에 따라 정책적으로 결정될 문제이며, 일반적으로 프랑스는 공소유권설을, 독일은 사소유권설에 입각하고 있다.

우리나라의 법제도에 있어서도 ① 하천법(3)은 '하천은 이를 국유로 한다'고 하여 국가의 공소유권이냐 사소유권이냐에 관하여 의문은 있으나 대체로 국가가 공소유권을 가진다는 의미로 해석하면서 이는 프랑스법의 영향을 받은 것이라고 하는 반면에, ② 도로법(5)은 '도로를 구성하는 부지·옹벽 기타의 물건에 대하여는 사권을 행사할 수 없다. 다만, 소유권을 이전하거나 저당권을 설정함은 그러하지 아니하다'고 하여 도로는 사소유권의 대상이 되는 것을 전제로 하되, 다만 도로로서의 공공의 이용에 지장을 초래할 우려가 있는 한도내에서 사권의 행사를 제한한다는 취지로 해석하여 이를 독일법의 영향을 받은 것이라고 한다.

그러나 이러한 논의는 ① 무릇 모든 물건은 공물이든 사물이든 가릴 것 없이 모두 소유권의 대상이 되며, ② 공물에 대하여 특별한 공법적 규율이 가해지는 것은 그것이 직접 행정목적에 제공되고 있기 때문이지 그 소유권이 공권이냐 사권이냐에 따라 좌우되는 것은 아니고, ③ 따라서 공소유권이냐 사소유권이냐 하는 소유권의 성질이 문제될 여지는 거의 없으며, 다만 공물은 그 관리에 있어서 특수한 공법적 규율을 받는다는 의미에서 공물관리권(공물소유권이 아닌)이 문제의 핵심이며, ④ 공소유권설에서 말하는 공소유권의 내용도 사실은 공물관리권에 불과한 것이라는 점 등을 고려하면 공물의 소유권에 관한 논의는 별 실익이 없는 논쟁에 불과하다고 하겠다.

2. 실정법상 공물의 법적 특색

현행법상 국유공물에 관한 일반법으로서 국유재산법이, 공유공물에 관한 일반법으로서 지방재정법이 있으며, 그 외에 개별법으로서 하천법·도로법·문화재보호법 등이 있는 바, 이들 실정법이 인정하고 있는 공물의 공법적 특징은 다음과 같다.

1) 융통성의 제한

공물은 공공목적에 제공된 물건이므로, 공공목적 달성에 필요한 한도 내에서 사법상 소유나 거래(매매·증여·저당권·지상권 설정 등)의 대상이 될 수 없도록 하고 있다. 이것을 공물의 불융통성이라 한다. 즉, ① 국유로 함으로써 사법상의 **소유 자체를 금지**하는 경우(하천), ② 소유권의 대상으로는 할 수 없지만 그 목적달성에 지장이 없는 범위 내에서 **사용수익권을 설정**하는 것을 허용하는 경우(국유재산20·24, 지방재정57, 공원에 매점허가를 하는 것 등), ③ 소유권의 대상으로 인정하여 그 이전 또는 저당권설정은 허용하되, 공공의 이용에 지장을 초래하는 현실적 **사용수익 등의 권리행사를 금지**하는 경우(도로3), ④ 소유권의 대상으로 인정하여 그 이전·사용·수익 등의 모든 권리행사를 허용하되, 다만 **소유권 이전을 신고**하도록 하는 데 그치는 경우(문화재보호27) 등 각 공물의 목적 달성에 필요한 한도 내에서 융통성에 제한을 가하고 있다. 따라서 우리 실정법상으로는 하천의 융통성이 가장 엄격하게 제한되고 있다고 할 수 있다.

> **판례** 자연공물인 바닷가는 국유재산으로서 사법상 거래의 대상이 될 수 없다는 판례
> 공유수면관리법상의 '빈지'(1999. 2. 8 법률개정으로 '바닷가'라는 용어로 바뀌었다)는 만조수위선으로부터 지적공부에 등록된 지역까지의 사이를 말하는 것으로 자연의 상태 그대로 공공용에 제공될 수 있는 실체를 갖추고 있는 이른바 자연공물로서 국유재산법상의 행정재산에 속하는 것으로서 사법상 거래의 대상이 되지 아니한다(대판 2000. 5. 26, 98다15446).

> **판례** 공용폐지 되지 않은 국유재산을 잡종재산(현 일반재산)으로 오인하여 한 매도행위는 무효라는 판례
> 세무서장이 공공용 행정재산으로서 용도폐지도 되지 않은 국유재산을 잡종재산으로 오인하여 매각하였다면 그 매도행위는 무효라고 할 것이고, 이를 국세청이 관리청을 국세청으로 등기한 후 매수인에게 소유권이전등기를 경료해 주었다고 하여 무효인 매도행위를 추인한 것으로 볼 수 없다(대판 1992. 7. 14, 92다12971).

2) 강제집행의 제한

① 부정설

공물에 대한 민사소송법상의 강제집행을 허용하여 경매에 붙이게 되면 공적 목적달성이 저해된다는 이유로 이를 부정한다.

② 긍정설

공물이라는 이유만으로 강제집행의 대상에서 제외되는 것은 아니라고 보는 견해이다. 예컨대 국유공물에 대한 강제집행도 원칙적으로 할 수 있는 것이지만, 현행법상 국가에 대한 강제집행의 방법을 국고금의 압류의 방법에 의하도록 제한한 민사소송법(529)의 규정에 기인하여 강제집행을 할 수 없게 될 뿐이라고 보는 견해이다.

③ 사 견

생각건대, 국가에 대한 강제집행은 국고금의 압류의 방법에 의하도록 한 민사소송법(529)의 규정에 의하여 국유공물에 대한 강제집행은 금지되지만, 이는 공물이기 때문에 당연히 금지되는 것이 아니라 국고금의 압류만으로도 충분하며 또한 간편하기 때문에 그렇게 규정한 것일 뿐이다. 따라서 공물은 그 융통성이 인정되고 그것이 **사적 소유권의 대상이 되는 한 강제집행이 가능**하며, 강제집행으로 소유권을 취득할 경우에도 공물로서의 공적 제약은 여전히 존속된다고 하겠다. 우리 실정법상 **국유 및 공유공물**에 대하여는 사권설정이 인정되지 아니하기 때문에 강제집행의 대상도 될 수 없다고 하겠으나(국유재산24·지방재정82), 판례는 **사유공물**인 별정우체국청사에 대하여는 강제집행을 인정하고 있다(대판 1968. 1. 31, 67다2514).

3) 시효취득의 제한

사물의 경우 부동산은 20년간(자기의 소유로 등기한 경우에는 10년간), 동산은 10년간 소유의 의사로 평온·공연하게 점유를 계속해 온 경우에는 시효로 인하여 소유권을 취득한다는 민법(245·246)의 규정이 공물에도 적용되는가에 관하여는 학설이 대립되어 있다.

① 부정설(판례)

시효취득을 인정하는 것은 공물의 목적에 어긋나므로 공용폐지가 없는 한 시효취득의 목적이 될 수 없다는 견해로서, 판례도 이 입장에 서 있다(상술한 대판 1996. 5. 28, 95다52383 및 대판 1994. 9. 13, 94다12579; 1993. 7. 27, 92다49973; 1993. 3. 22, 93다56220 등).

② 긍정설

(가) 제한적 긍정설

공물 중 **사적 소유권의 대상이 되는 공물**에 한하여 시효취득의 대상이 될 수 있으나, 그 후에도 공적 목적에 사용하여야 하는 공법상의 제한은 그대로 존속된다는 견해이다.

(나) 완전긍정설

시효취득이 문제가 되는 것은 공물이 장기간 계속하여 공적 목적에 이용되지 아니한 경우일 것이므로 이 때에는 그 공물은 이미 **묵시적인 공용폐지**가 있었다고 보아 취득시효제도의 이상에 비추어 모든 공법상의 제한이 소멸되고 완전한 시효취득이 인정된다는 견해이다.

③ **사 견**

생각건대, 공물의 존재목적상 시효취득을 인정하는 것은 어렵다고 하겠으며, 또한 수십년간 평온·공연한 점유(占有)가 계속될 정도면 공물에 대한 묵시적 공용폐지가 있는 것으로 볼 것이며 묵시적 공용폐지도 공용폐지의 일종이므로(앞에서 예시한 대판 1996. 5. 28, 95다52383 참조), 결국 공물은 공용폐지가 있기 전에는 시효취득의 대상이 될 수 없다는 **부정설 및 판례의 입장**이 타당하다고 생각된다(이러한 점에서 완전긍정설과 부정설간에 실질적 차이는 없다고 할 수 있다).

그러나 실정법인 국유재산법(5②)과 지방재정법(74②)은 각각 국유재산과 공유재산(잡종재산은 각각 제외)에 대한 **시효취득을 금지하는 명문규정**을 두고 있어 이러한 이론상의 논쟁은 의미가 없다고 하겠다(국·공유재산 중 공물이 아닌 잡종재산을 시효취득의 대상에서 제외하는 것은 위헌이라는 다음의 헌법재판소 결정 참조).

<u>판례</u> 묵시적 공용폐지에 의한 공물의 시효취득을 인정한 판례

학교 교장이 학교 밖에 위치한 관사를 용도폐지한 후 재무부로 귀속시키라는 국가의 지시를 어기고 학교 사친회 이사회의 의결을 거쳐 1956. 4. 7 개인에게 매각한 경우, 교장이 국가의 지시대로 위 부동산을 용도폐지한 다음 비록 재무부에 귀속시키지 않고 바로 매각하였다고 하더라도 위 용도폐지 자체는 국가의 지시에 의한 것으로 유효하다고 아니할 수 없고, 그 후 오랫동안 국가가 위 매각절차상의 문제를 제기하지도 않고, 위 부동산이 관사 등 공공의 용도에 전혀 사용된 바가 없다면, 이로써 위 부동산은 적어도 묵시적으로 공용폐지되어 시효취득의 대상이 되었다고 봄이 상당하다(대판 1999. 7. 23, 99다15924).

<u>판례</u> 잡종재산을 시효취득의 대상에서 제외함은 위헌이라는 헌재결정

국유잡종재산에 대하여까지 시효취득을 배제하는 것은 …시효취득자의 기본권을 희생시키고 국가의 이익을 특권적으로 보호하려는 지나치게 불평등한 것으로서 헌법상의 평등원칙에 어긋나는 위헌적 내용이다(헌재결 1991. 5. 13, 89헌가97. 지방자치단체의 공유잡종재산에 관하여도 시효취득을 금지하였던 지방재정법 74②의 위헌성에 관하여는 헌재결 1992. 10. 1, 92헌가6·7. 참조).

4) 공용수용의 제한

공익사업을 위한 토지 등의 취득 및 보상에 관한 법률(2002. 2. 4 제정) 제19조 제2항에는 "공익사업에 수용 또는 사용되고 있는 토지 등은 특별히 필요한 경우가 아니면 이를 다른 공익사업을 위하여 수용 또는 사용할 수 없다"고 규정함으로써 공물은 원칙적으로 공용수용 또는 사용의 대상이 될 수 없도록 하고 있다. 왜냐하면 공물은 이미 공적 목적에 제공되고 있기 때문이다. 따라서 이를 공용수용할 수 없다. 그러나 ① 위 법에서도 인정하고 있는 것과 같이 예외적으로 '특별히 필요한 경우'에는 공물도 공용수용의 대상이 될 수 있다고 할 수 있으며, 또한 ② 더 큰 공익을 위하여 특정 공물의 수용이 필요할 경우에 먼저 당행 공물에 대하여 공용폐지를 한 후에 수용을 할 수 있는 것은 당연하다고 하겠다.

> 판례   지방문화재로 지정된 공물의 공용수용을 인정한 판례
> (구)토지수용법은 동법 제5조의 규정에 의한 제한 이외에는 수용의 대상이 되는 토지에 대하여 아무런 제한을 하지 아니하고 있을 뿐만 아니라, 동법 제5조·문화재보호법 제20조 제4호·제58조의2·부칙 제3조 제2항 등의 규정을 종합하면 (구)문화재보호법 제54조의2 제1항에 의하여 지방문화재로 지정된 토지가 수용의 대상이 될 수 없다고 볼 수는 없다(대판 1996. 4. 26, 95누13241).

5) 공물의 범위결정 및 경계확정

공물의 범위는 도로구역의 결정 및 고시, 하천구역의 지정, 공원구역의 지정 및 고시 등과 같이 관리청의 일방적 행정처분으로 결정한다. 그러나 이러한 행정행위는 단순히 당해 공물의 범위를 확정하는 **확인행위**의 성질을 가질 뿐이며(따라서 이에 대하여 행정심판·행정소송을 제기할 수 있음은 물론이다), 공물의 소유권이 행정주체에게 있음을 확인하는 의미는 아니다. 따라서 처음부터 사유의 물건인 경우에는 공물의 범위결정 전에 그 소유권이나 사용권 등의 권원을 취득하여야 하며, 그렇지 못할 경우에 공물의 결정 및 고시행위는 위법하며 취소·원상회복 및 손해배상의 대상이 된다. 그러나 하천법(2·74)은 하천의 흐름이 자연스럽게 변경되거나 제방공사 등으로 인하여 '적법하게' 하천구역으로 되어 버린 사유토지의 소유권자는 소유권을 상실하는 한편 손실보상의 원리를 적용하여 손실보상을 하도록 규정하고 있다.

6) 공물과 상린관계

공물의 목적을 원활하게 달성하기 위하여 공물의 인접지역에 대하여는 경작·토석채취·토지의 형질변경·건축물의 높이제한 등의 공법적 제한을 가할 경우도 있다.

▶ 예 : 도로법(50 내지 50의4)에 의한 접도구역과 도로보전입체구역, 하천법(10)에 의한 연안구역, 철도법(76)에 의한 철도선로인접지역 등.

7) 공물의 등기

부동산인 공물은 일반적으로 부동산등기법에 의하여 등기를 하여야 함이 원칙이다. 그러나 예외적으로 하천·공유수면과 같은 자연공물은 등기없이도 『국유로 한다』는 법률의 규정에 의하여 직접 국유로 되는 경우도 있다(민법(187)도 이를 인정하고 있다). 부동산인 국유공물을 등기할 경우에는 소유권자의 명칭을 『국』으로 하고 관리청의 명칭도 함께 기재한다(국유재산11).

> 판례   소유권이전등기를 거치기 전에는 지방자치단체 소유의 공공용물이라고 볼 수 없다는 판례
> 지방자치단체가 개인 소유의 부동산을 매수한 후 유지(溜池; 연못·저수지 등)를 조성하여 공용개시를 하였다고 하더라도, 법률의 규정에 의하여 등기를 거칠 필요없이 그 부동산의 소유권을 취득하는 특별한 경우가

아닌 한 그 부동산에 대한 소유권이전등기를 거치기 전에는 그 소유권을 취득할 수 없는 것이므로, 이를 지방자치단체 소유의 공공용물이라고 볼 수는 없는 것이다(대판 1992. 11. 24, 92다26574).

8) 공물의 설치·관리의 하자로 인한 손해배상

공물의 설치·관리의 하자로 인하여 타인에게 손해를 입힌 경우에는 국가 또는 지방자치단체는 국가배상법(5)에 의하여 손해배상을 하여야 한다.

> **판례** 경찰서장 등이 설치·관리하는 신호기의 하자로 인한 배상책임은 지방자치단체가 부담한다는 판례
> 도로교통법 제3조 제1항에 의하여 특별시장·광역시장 또는 시장·군수의 권한으로 규정되어 있는 도로에서의 신호기 및 안전표지의 설치·관리에 관한 권한은 같은법 시행령 제71조의2 제1항 1호에 의하여 지방경찰청장 또는 경찰서장에게 위탁되었으나, 이와 같은 권한의 위탁은 이른바 기관위임으로서 경찰서장 등은 권한을 위임한 시장 등이 속한 지방자치단체의 산하 행정기관의 지위에서 그 사무를 처리하는 것이므로, 경찰서장 등이 설치·관리하는 신호기의 하자로 인한 국가배상법 제5조 소정의 배상책임은 그 사무의 귀속주체인 시장 등이 속한 지방자치단체가 부담한다(대판 2000. 1. 14, 99다24201).

Ⅳ. 공물관리와 공물경찰

1. 공물의 관리

1) 의 의

> 공물의 관리란, 행정주체가 공물의 존립을 유지하고 공적 목적에 계속 제공함으로써 공물 본래의 목적을 달성케 하는 모든 작용을 말한다.

공물에 관한 법규는 일반적으로 공물의 관리기관, 관리방법, 관리권의 내용에 관하여 규정하고 있다. 공물의 관리작용은 행정주체가 이러한 법규에 근거하여 ① 내용적인 면에서 공물을 수선·유지하고 필요한 점용허가 또는 공용부담을 과하여 장해를 제거하며, ② 형식적인 면에서 추상적인 공물관리규칙의 제정, 구체적인 처분 또는 단순한 사실행위 등의 형태로 행하는 것을 말한다.

2) 공물관리권

① 의의 및 법적 성격

공물관리권은 공물관리주체가 공물관리를 위하여 행사할 수 있는 지배권을 말하며, 그 법적 성격에 관하여는 견해가 대립되어 있다.

(가) 소유권설

이 설은 공물관리권을 소유권 그 자체에서 도출되는 권리로 본다.

(나) 공법상의 물권적 지배권설(판례)

이 설은 공물의 관리는 소유권의 주체와는 관계없이 공물의 주체의 지위에서 공적 목적을 달성하기 위하여 행하는 작용이라는 점에서, 공물관리권은 소유권의 내용을 제한함을 내용으로 하는 일종의 공법상의 물권적 지배권으로 보는 견해로서, 통설의 견해이다.

> **판례** 도로의 관리청이 도로부지에 대한 소유권을 취득하였는지 여부와는 관계없이 도로를 무단점용하는 자에 대하여 변상금을 부과할 수 있는지 여부(적극)
> 도로법의 제반 규정에 비추어 보면, 같은 법 제80조의2의 규정에 의한 변상금 부과권한은 적정한 도로관리를 위하여 도로의 관리청에게 부여된 권한이라 할 것이지 도로부지의 소유권에 기한 권한이라고 할 수 없으므로, 도로의 관리청은 도로부지에 대한 소유권을 취득하였는지 여부와는 관계없이 도로를 무단점용하는 자에 대하여 변상금을 부과할 수 있다[대법원 2005.11.25. 선고, 2003두7194, 판결].

(다) 포괄적 관리권능설

이 설은 공물관리권의 성질을 공법상의 지배권과는 별개의 관리권으로서 법률에 의하여 부여된 특수한 포괄적 권능으로 이해하는 견해이다.

(라) 결 언

생각건대, 공물관리권은 소유권과는 별개의 특별한 **공법상의 물권적 지배권**으로 보는 것이 타당하다고 생각된다. 따라서 자유공물의 경우에는 스스로 소유권의 행사를 제한하여 제3자의 이용에 제공하기 위하여 타인으로부터의 방해를 배제하는 물권적 지배권의 성질을 가지며, 타유공물의 경우에는 타인 소유의 물건에 대하여 제3자의 이용에 제공하기 위하여 그 소유권의 행사를 제한함을 내용으로 하는 일종의 제한물권의 성질을 가진다.

② 공물관리권의 내용

공물관리권은 당해 공물에 관한 법령에 따라 차이가 있으나 대체로 다음과 같은 내용을 포함하고 있다.

(가) 공물의 범위결정

공물의 범위결정은 하천구역의 지정(하천법2), 도로구역의 결정(도로법25) 등의 확인행위를 말하며, 이로써 소유권의 범위가 확정되는 것은 아니며 또한 공용개시행위와도 다르다.

(나) 공물의 유지·수선·보존

도로·하천·항만·공원·운동장 등의 유지·수선·개축 등의 사실행위를 말한다. 이 경우 공물관리의 필요상 도로대장(도로38), 하천대장(하천14) 등을 작성하고 보관하여야 한다.

(다) 공적 목적에의 제공

공물 본래의 목적을 달성하기 위하여 일반 공중의 이용에 제공하거나, 특정인을 위하여 점용권·사용권을 설정할 수 있다. 이는 공물관리권의 주된 내용이 된다.

(라) 공용부담

공물주체는 도로·하천 등에 관한 공사·측량 등을 위하여 타인의 토지에의 출입·사용, 장애물의 변경·제거, 지정문화재의 조사를 위한 측량·발굴장애물의 제거 등의 공용부담을 과할 수 있다. 이를 흔히 공용부담특권이라고도 한다.

(마) 공물에 대한 장해의 방지·제거

이것은 도로 보수를 위한 차량통행제한조치, 도로·하천의 보전을 위한 하천사용행위·경작행위·공작물 축조행위의 금지, 불법시설물에 대한 철거 등 행정대집행법상의 행정대집행(국재52) 등의 조치를 할 수 있는 것을 말한다.

(바) 사용료 및 변상금 부과·징수

공물에 대하여 점용권·사용권을 설정한 경우에는 사용료 등을 징수하고, 점용권·사용권을 설정받지 아니하고 무단으로 점용·사용하는 자에 대하여는 부당이득의 일종인 변상금을 부과징수할 수 있다(사용료 및 변상금부과처분은 **행정행위**이고, 이에 대한 쟁송은 **행정쟁송**의 방법에 의한다는 판례 참조).

> **판례** 공원사업시행허가는 공원관리청의 재량행위라는 판례
> 공원사업시행허가의 여부는 공원관리청이 공원계획의 내용, 사업시행의 시기 및 주체의 적격성, 자연 및 환경에 미치는 영향 등을 종합적으로 고려하여 결정하여야 하는 일종의 재량행위에 속한다고 볼 것이고, 이러한 경우 공원관리청의 판단이 재량권의 외적 한계를 벗어나거나 수권법률의 목적, 평등원칙·비례원칙 등의 법원칙에 위배되지 아니하는 한 위법하다고 할 수 없다(대판 1998. 12. 8, 98두13553).

> **판례** 공물의 무단사용에 대한 변상금부과처분은 행정행위이며, 민사소송의 방법에 의할 수 없다는 판례
> 국유재산법 제51조 제1항에 의한 변상금부과처분은 행정처분이고, 동조 제3항에 의하면 국세징수법상 체납처분에 관한 규정을 준용하여 강제징수할 수 있도록 되어 있으므로 변상금의 청구를 민사소송의 방법에 의할 수는 없다(대판 2000. 11. 24, 2000다28568).

> **판례** 변상금 부과처분은 기속행위라는 판례
> 국유재산의 무단점유 등에 대한 변상금징수의 요건은 국유재산법 제51조 제1항에 명백히 규정되어 있으므로 변상금을 징수할 것인가는 처분청의 재량을 허용하지 않는 기속행위이다(대판 2000. 1. 28, 97누4098).

3) 공물관리자

공물의 관리는 공물주체가 스스로 하는 것이 원칙이다. 즉 국가의 공물은 국가가, 지방자치단체의

공물은 지방자치단체가 관리함이 원칙이다. 그러나 국도와 국가하천의 관리를 도지사 등에게 위임하는 것과 같이 다른 주체에게 관리권을 위임하여 행하게 하는 경우도 있다(도로22②·하천16①단 등).
　예를 들어, 국가하천의 보수에 관한 공사와 유지·관리를 지방하천의 유지·관리자인 시·도지사로 하여금 시행하게 하고(하천28①), 국도의 수선 및 유지에 관한 업무를 시·도지사로 하여금 행하게 하며(도로24), 도시공원의 관리를 공원관리청이 아닌 자(사인 등)에게 위탁하는 것(도시공원6②) 등이 바로 다른 행정주체에 대한 위임에 의하여 공물관리를 행하게 하는 예이다.

4) 공물관리와 비용부담

공물관리에 소요되는 비용은 당해 공물주체가 부담함을 원칙으로 하지만, 예외적으로 ① 국가가 관리하는 도로·하천의 관리비용을 지방자치단체나 사인에게 부담시키되, 대신에 통행료·점용료 등의 수입을 그에 귀속시키는 경우(도로57·63·73 및 하천51·54·56 등)와, ② 도로 또는 하천으로부터 이익을 받고 있는 공공단체 또는 사인으로 하여금 경미한 수선·유지를 명한 경우에 그 비용을 이들의 부담으로 하는 경우가 있다(도로61·62 및 하천52·54).

2. 공물경찰

1) 의　의

공물경찰이란 다른 경찰작용과 마찬가지로 일반경찰권에 근거하여 공물의 사용과 관련한 장해가 사회질서에 위해를 가하는 경우 그 예방·제거를 위하여 발동되는 경찰작용을 말한다.

예컨대, 화재진압을 위한 도로의 통행금지 등을 말하는 것으로서, 이는 일반 경찰권에 근거한 작용이라는 점에 특징이 있으며, 상술한 공물관리권에 근거한 공물 자체의 관리권의 내용으로서의 장해의 방지·제거작용(예 : 도로관리청인 시·도지사의 교량 수선을 위한 통행금지 등)과의 구별이 문제가 된다.

2) 공물관리와 공물경찰의 구별

① 목　적

양자는 다같이 질서유지라는 소극적인 목적을 위하여 행하여진다는 점에서는 같으나,
공물관리는 공물 본래의 목적 달성이라는 좀 더 적극적인 목적을 위하여 행하여지지만,
공물경찰은 공공의 안녕과 질서의 유지라는 순수한 소극목적만을 위하여 행하여진다는 점에서 차이가 있다.

② 권　력

공물관리는 공물주체가 공물에 대하여 가지는 지배권에 근거하여 행하여지지만,

공물경찰은 일반경찰권에 근거하여 행하여진다.

③ 발동범위

공물관리권에 기하여서는 공물의 본래의 목적 달성을 위하여 계속적인 독점적 사용권을 설정할 수 있으나,

공물경찰권에 기하여서는 질서유지를 위하여 상대적으로 금지하고 있던 자연적 자유에 속하는 행위를 허가하는 것이므로 일시적 사용권의 설정에 그친다.

④ 위반에 대한 제재 및 강제방법

공물관리권에 기하여서는 의무위반자에 대하여 원칙적으로 그 사용을 배제할 수 있음에 그치고 특별한 규정이 없는 한 행정벌 또는 행정강제의 대상으로 할 수 없는 것이지만,

공물경찰권에 기하여서는 원칙적으로 의무위반자를 행정벌 또는 행정강제의 대상으로 할 수 있다.

3) 공물관리와 공물경찰의 경합

양자는 이상에서 본 바와 같이, 여러 가지 측면에서 구별되는 것이지만, 현실적으로는 하나의 공물에 대하여 양자가 경합되어 행사되는 경우도 있다. 예컨대, 도로법(53·54)에 의하여 도로관리청이 도로에 대하여 공사를 시행하거나 도로의 구조를 보전하고 운행의 위험을 방지하기 위하여 차량의 통행을 금지하는 공물관리작용과, 도로교통법(6②)에 의하여 경찰서장이 도로에서의 위험을 방지하고 교통의 안전과 원활한 소통을 위하여 도로의 통행을 금지 또는 제한하는 공물경찰작용이 경합하는 경우가 있을 수 있다.

이러한 경우 이들 각 작용은 서로 독립하여 행사될 수 있으나, 서로 모순되거나 중복하여 행사되는 경우 국민에게 많은 피해를 줄 수 있으므로 공물관리청과 경찰관서간에 내부적인 협의·조정이 필요하다고 하겠다.

> ▶ 예 : 도로교통법(6②)은 경찰서장은 도로에서의 위험을 방지하고 교통의 안전과 원활한 소통을 위하여 통행을 우선 금지 또는 제한한 후, 그 도로관리청과 협의하여 금지 또는 제한의 대상·구간·기간을 정하여 도로의 통행을 금지 또는 제한할 수 있도록 하고 있다.

V. 공물의 사용관계

1. 개 설

공물의 사용관계란 공물의 사용에 관하여 공물주체와 사용자와의 사이에 발생하는 법률관

계를 말한다. 공물은 공공용물과 공용물로 나누어지는데, 이 중에서 공용물은 행정주체 자신의 이용을 본래의 목적으로 하는 것이므로 이를 방해하지 않는 범위 내에서 극히 부수적으로만 사용관계를 설정할 수 있을 뿐이며(예 : 경찰청사 내의 구내식당경영허가, 국립대학 구내의 자유통행 등), 공공용물은 원래 일반공중의 이용에 제공함을 목적으로 하는 것이므로 공물의 사용관계는 주로 공공용물에 관하여 논의되고 있으며, 이하에서도 공공용물의 사용관계를 중심으로 고찰하고자 한다.

공물의 사용형태는 그 사용방법을 기준으로 하여 보통 일반공중이 자유로이 사용하는 일반사용과(일반사용은 누구에게나 그 사용이 허가되는 것으로서 이를 흔히 자유사용 또는 보통사용이라고도 한다) 일반사용의 범위를 넘어서는 특별사용으로 나누며, 특별사용은 이를 다시 허가사용·특허사용·관습법상의 특별사용·사법상 계약에 의한 사용 등으로 구분한다.

2. 공물의 일반사용(자유사용·보통사용)

1) 공공용물의 일반사용

① 의 의

도로·공원·하천 등의 공공용물은 타인의 공동이용에 지장을 초래하지 않는 범위 내에서 공물관리주체에 의한 허가 등의 특별한 절차 없이도 자유로이 사용할 수 있다(예 : 도로의 통행, 공원의 산책, 하천에서의 수영 등). 그러나 어느 범위까지를 일반사용으로 볼 것인가에 관하여는 의문이 있다.

② 법적 성질

일반사용은 이를 공물주체가 공중의 자유로운 이용에 제공한 결과로 얻는 단순한 **반사적 이익**으로 보는 견해와, 일반사용도 국가의 공공역무 제공에 참여할 수 있는 국민의 수익권이 구체화된 일종의 **공법상의 권리**라는 견해가 대립되어 있다.

생각건대, 국민의 일상생활에 있어서 급부행정의 중요성을 감안하면 단순한 반사적 이익이 아니라 적극적으로 공물을 사용할 수 있는 자유권을 가진다고 하겠으며, 그 사용의 자유가 침해된 경우에는, 공물주체가 침해한 경우에는 **국가배상법**에 의해 손해배상청구를, 다른 개인이 침해한 경우에는 **민법**에 의한 손해배상청구·방해배제청구를 할 수 있다고 할 것이다.

한편, 행정주체에 의한 정당한 이유 없는 공물의 공용폐지행위로 인하여 직접적인 손해가 발생할 경우에는 그 저지를 청구할 수 있다고 하겠다(예 : 유일한 통로인 도로의 폐쇄행위 등).

> **판례** 도로의 공용폐지처분에 의하여 이익을 침해당한 경우 그 취소를 구할 법률상 이익이 있다는 판례
> 공용재산이라고 하여도 당해 공용재산상의 성질상 특정 개인의 생활에 개별성이 강한 직접적이고 구체적인 이익을 부여하고 있어서 그에게 그로 인한 이익을 가지게 하는 것이 법률적인 관점으로도 이유가 있다고

인정되는 특별한 사정이 있는 경우에는 그와 같은 이익은 법률상 보호되어야 할 것이다. 따라서 도로의 용도폐지처분에 관하여 이러한 직접적인 이해관계를 가지는 사람이 그와 같은 이익을 현실적으로 침해당한 경우에는 그 취소를 구할 법률상의 이익이 있다(대판 1992. 9. 22, 91누13212).

> **판례** 도로로 개설되지 아니하여 일반공중의 통행에 제공된 적이 없는 토지를 제3자가 불법점유하고 있는 경우 그 토지에 대한 일반통행의 통행권 침해 여부에 관한 판례
> 일반공중이 공공용물인 도로에 대하여 일상생활상 불가결한 범위 내에서 이를 통행할 수 있다는 의미에서 민법상 보호할 가치가 있는 통행의 자유권을 갖는다 하더라도 이는 현실적으로 일반공중이 자유로이 통행하고 있다는 사실상태를 존중함으로써 권리성이 인정되는 것인데, 어느 토지 부분이 도로로 개설되지 아니하여 일반공중의 통행에 한 번도 제공된 적이 없는 비도로라고 한다면 비록 제3자가 이를 불법점유하고 있다 하더라도 일반공중이 위 토지에 관하여 누릴 수 있는 통행의 자유권 내지 그 이익이 현실적·구체적으로 침해되고 있다고 볼 수 없다(대판 1993. 4. 15, 91나926).

> **판례** 공공용물에 관한 적법한 개발행위로 인한 일반사용의 제한은 손실보상의 대상이 되지 아니한다는 판례
> 해수욕장의 백사장과 같이 일반 공중의 이용에 제공되는 공공용물에 대하여 특허 또는 허가를 받지 않고 하는 일반사용은 다른 개인의 자유 이용과 국가 또는 지방자치단체 등의 공공목적을 위한 개발 또는 관리·보존행위를 방해하지 않는 범위내에서만 허용된다 할 것이므로 공공용물에 관하여 적법한 개발행위 등이 이루어짐으로 말미암아 이에 대한 일정 범위의 사람들의 일반 사용이 종전에 비하여 제한받게 되었다 하더라도 특별한 사정이 없는 한 그로 인한 불이익은 손실보상의 대상이 되는 특별한 손실에 해당한다고 할 수 없다(대판 2002. 2. 26, 99다35300).

③ 인접주민의 고양된 일반사용권

공물, 특히 도로의 인접주민(예 : 도로에 인접하여 주택·상점을 소유하고 있는 자)은 일반공중보다 당해 도로의 이용빈도나 이용정도가 훨씬 강하다는 데에 착안하여, 이들은 공동사용(예 : 사람의 통행이나 물건의 수송)을 능가하여 사용할 수 있는 개인적 공권을 갖는바(대판 1992. 9. 22, 91누13212), 이러한 공권을 일반인의 일반사용권보다 강한 내용의『인접주민의 고양된 일반사용권』이라 부른다.

▶ 예 : 도로인접주민을 위한「전용주차구획」을 설정하여 다른 자동차의 주차를 제한할 수 있도록 한 것 등(주차장법8의2·10).

> **판례** 특별한 사정으로 인하여 도로용도폐지가 법률상 이익을 침해하는 경우
> 공공용재산이라고 하여도 당해 공공용재산의 성질상 특정개인의 생활에 개별성이 강한 직접적이고 구체적인 이익을 부여하고 있어서 그에게 그로 인한 이익을 가지게 하는 것이 법률적인 관점으로도 이유가 있다고 인정되는 특별한 사정이 있는 경우에는 그와 같은 이익은 법률상 보호되어야 할 것이고, 따라서 도로의 용도폐지처분에 관하여 이러한 직접적인 이해관계를 가지는 사람이 그와 같은 이익을 현실적으로 침해당한 경우에는 그 취소를 구할 법률상의 이익이 있다고 보아야 할 것이다(대판 1992. 9. 22, 91누13212).

> **판례** 인접주민의 고양된 일반사용권으로서의 권리가 인정될 수 있는지의 여부
> 공물의 인접주민은 다른 일반인보다 그 인접공물의 일반사용에 있어서 특별한 이해관계를 가지는 경우가

있고, 그러한 의미에서 다른 사람에게 인정되지 아니하는 이른바 고양된 일반사용권이 보장될 수 있으며, 이러한 고양된 일반사용권이 침해된 경우 다른 개인과의 관계에서 민법상으로도 보호될 수 있으나, 그러한 권리도 공물의 일반사용의 범위 안에서 인정되는 것이므로, 특정인에게 어느 범위에서 이른바 고양된 일반사용권으로서의 권리가 인정될 수 있는지의 여부는 당해 공물의 목적과 효용, 일반사용관계, 고양된 일반사용권을 주장하는 자의 법률상의 지위와 당해 공물의 사용관계의 인접성, 특수성 등을 종합적으로 고려하여 판단하여야 할 것이지만, 구체적으로 그 공물을 사용하지 않고 있는 이상 그 공물의 인접주민이라는 사정만으로는 그러한 권리관계가 인정될 수 없다(대판 2006. 12. 22, 2004다68311).

④ **일반사용의 한계**

공물의 자유사용도 그 본래의 목적 또는 공공질서의 범위 내에서 허용되는 것이므로, 일반사용은 타인의 자유로운 이용을 방해하지 않는 범위 내에서 법령 또는 공물관리규칙으로 정하는 바에 의하여 제한되거나 또는 경찰목적상의 관점에서도 제한된다.

⑤ **사용료**

일반사용에는 사용료를 징수하지 않음이 원칙이지만, 예외적으로 법령 또는 조례로 사용료를 징수하는 경우가 있다(예 : 지자127 등에 의한 터널통행료 징수 등). 그러나 사용료가 징수되더라도 이로 인하여 공물의 자유사용이라는 성질이 변질되는 것은 아니다.

2) **공용물의 일반사용**

공용물은 원래 행정주체 자신의 사용에 제공됨을 목적으로 하지만, 그 본래의 목적에 지장을 초래하지 않는 범위내에서만 예외적으로 일반사용이 인정될 수 있다(예 : 국립학교 운동장의 통행·산책 등).

3) **공공용물의 일반사용과 특별사용의 병존**

공공용물의 경우는 주로 일반사용에 해당한다. 그러나 일반사용의 범위를 넘어서는 경우에는 특별사용의 문제가 발생한다. 예컨대, 도로의 점용이 일반사용인지 또는 특별사용인지를 판단하기 위하여서는 도로의 점용목적, 점용형태, 점용자측과 일반인의 이용상황 등의 구체적 사정을 고려하여야 한다. 일반적으로 도로점용자가 일반인의 일반사용을 일정부분 배제한 채 독점적·배타적으로 사용하고 있는 경우는 특별사용이 된다. 이러한 경우 도로점용자는 도로법에 따른 도로점용허가를 받고 사용료를 납부하여야 하며, 만약 허가를 받지 않고 도로를 점용하는 경우에는 부당이득이 성립한다.

예를 들어, 도로변의 상점 주인이 인접 도로를 점용하여 물건을 전시하거나 노점상이 도로를 점용하여 사용하는 경우와 같이 도로점용자가 그 도로를 독점적·배타적으로 사용하지 않고 일반인의 사용과 병존하는 경우도 있다. 이 경우 당해 도로는 도로점용자의 이익을 위하여 사용되어 지는 범위내에서 일반인이 본래의 도로사용에 대한 불편을 감수하여야 한다면 도로의 특별사용이라 보아야 할 것이다. 이러한 경우에도 도로점용자는 사용료를 납부하여야 하며, 허가받지 않은 경우에는 부당이득이 성립한다.

> **판례** 특별사용이 일반사용과 병존하는 경우에도 도로점용이라는 판례
> 도로법 제40조에 규정된 도로의 점용이라 함은 일반공중의 교통에 공용되는 도로에 대하여 이러한 일반사용과는 별도로 도로의 특정부분을 유형적·고정적으로 특정한 목적을 위하여 사용하는 이른바 특별사용을 뜻하는 것이므로, 허가 없이 도로를 점용하는 행위의 내용이 위와 같은 특별사용에 해당할 경우에 한하여 같은 법 제80조의 2의 규정에 따라 도로점용료 상당의 부당이득을 징수할 수 있는 것인 바, 도로의 특별사용은 반드시 독점·배타적인 것이 아니라 그 사용목적에 따라서는 도로의 일반사용과 병존이 가능한 경우도 있고 이러한 경우에는 도로점용부분이 동시에 일반 공중의 교통에 공용되고 있다고 하여 도로점용이 아니라고 할 수 없다(대판 1992. 9. 8, 91누8173).

3. 공물의 허가사용

1) 공공용물의 허가사용

① 의 의

공공용물의 사용이 일반사용의 범위를 넘어서, 타인의 공동사용을 방해하거나 공공의 질서에 지장을 줄 우려가 있는 정도의 사용에 대하여는 일반적으로 이를 금지한 후 특정한 경우에 신청에 의하여 그 금지를 해제하여 사용을 허가하는 것을 '허가사용'이라 한다.

즉 허가사용은 행정청의 사전허가를 받은 후에 공물을 사용하는 것으로서 일반사용이 가지는 문제를 시정·보완하기 위한 것이다.

② 성 질

허가사용은 일반적·상대적 금지를 해제하는 것이므로 공물사용의 특별한 권리를 설정하는 것은 아니라고 보는 것이 통설이다. 따라서 허가사용의 전제가 되는 일반적 제한·금지의 목적과 관련하여 제한·금지가 필요없는 이상은 공공용물의 목적에 따라 허가요건에 해당하면 반드시 허가하여야 한다는 의미에서 **기속행위**가 된다. 허가사용은 공공용물의 본래의 목적인 공공의 사용을 방해하지 아니하는 **일시적 사용에 한한다**는 점에서 계속적 사용권을 특허하는 특허사용과는 구별된다. 그러나 실정법상으로는 허가사용과 특허사용을 구별하지 아니하고 통상 허가사용으로 표현하고 있다(예: 도로40. 도로의 점용허가 등).

③ 허가사용의 형태

허가사용에는 공물관리권에 의한 것과 공물경찰권에 의한 것이 있다.

(가) 공물관리권에 의한 허가사용

이는 당해 공물의 적절한 유지·관리라는 목적달성을 위하여 일반적·상대적으로 사용을 금지

한 후 사인의 신청에 의하여 공물관리청이 금지를 해제하여 사인으로 하여금 적법하게 사용하게 하는 것을 말한다.

▶ 예 : 국립도서관의 도서대출허가에 따른 도서이용, 건축물신축을 위한 도로에서의 건축자재 적치허가, 골재채취허가기간 범위 내에서 하천에서의 선박운항허가 등.

(나) 공물경찰권에 의한 허가사용

이는 공물의 사용으로 인하여 발생할 수 있는 공공의 안녕질서에 대한 장해를 예방하기 위하여 일반적·상대적 금지를 해제하는 경찰허가를 말한다. (구)도로교통법 제49조의 규정에 의하면 도로에서 공사 기타 작업 등을 하고자 할 때에는 경찰서장의 허가를 받도록 한 예가 있었으나 이를 폐지하여 도로관리청의 허가만 받도록 하였기 때문에 현행법에는 그 예가 거의 없다.

④ **사용료**

허가사용은 상대방에게 사실상의 이익을 부여하기 때문에 사용료·점용료 등의 부담을 과할 수 있으며(도로43①·하천38①), 이를 이행하지 아니할 경우에는 행정상의 강제징수가 인정됨이 보통이다(도로78·하천58). 사용료부과처분도 행정행위의 일종이므로 행정쟁송의 대상이 된다.

다만, 공공용물의 허가사용이 ① 사인이 행정재산 등으로 할 목적으로 기증한 재산을 국가 등이 기부채납한 경우에 그 재산에 대하여 기부자 또는 그 상속인 기타의 포괄승계자에게 사용·수익을 허가하는 때, ② 지방자치단체가 직접 공용·공공용 또는 비영리공익사업용으로 사용하고자 하는 때, ③ 대통령령이 정하는 공공단체가 직접 비영리공익사업용으로 사용하고자 하는 때에는 사용료를 면제할 수 있다(국유재산법26).

> 판례 허가사용의 사용료면제 여부는 사회통념에 따라 판단여야 한다는 판례
> 국유재산법 제26조 제3호는 행정재산 등을 대통령령이 정하는 공공단체가 직접 비영리공익사업에 사용하고자 하는 때에 그 행정재산 등의 사용·수익을 허가함에 있어서 사용료를 면제할 수 있다고 규정하고 있는 바, 어느 사업이 비영리공익사업인지의 여부는 그 사업이 수익성이 있는 것인지의 여부, 그 사업의 규모, 횟수, 태양 등에 비추어 수익을 목적으로 하면서 사업활동으로 볼 수 있을 정도의 계속성과 반복성을 가지고 있는 것인지의 여부 등을 고려하여 사회통념에 따라 판단하여야 하는 것이다(대판 1999. 7. 9, 97누20724).

2) 공용물의 허가사용

이미 언급한 바와 같이 행정주체의 이용에 지장이 없는 범위 안에서만 예외적으로 사용을 허가할 수 있다(예 : 체육대회를 위한 정부청사 구내운동장의 사용허가).

4. 공물의 특허사용

1) 의 의

> 일반인에게는 허용되지 아니하는 특별한 공물사용권을 특정인에게 부여하는 것을 공물사용권의 특허라고 하며, 이에 의거한 사용을 '특허사용'이라고 한다.

예컨대 도로에 전신주를 세우고 상·하수도관을 매설하거나, 하천에 발전용 댐이나 선착장을 건설하는 것 등을 말하며, 실정법상으로는 도로·하천의 점용허가 등으로 표현함으로써 허가사용과 구별하지 않고 있다.

특허사용은 당해 공물의 일반적 사용의 목적·범위를 능가하여 공물을 사용하게 하는 것으로서 특허라는 행정행위에 기한 공물의 예외적 사용방식이다. 그러므로 이는 공물의 일반사용을 방해하지 않는 범위 내에서 인정된다.

2) 성 질

① 형성적 행위

특허사용은 특별한 공물사용권을 설정하여 주는 형성적 행위(설권행위)이므로 단순한 사용허가와 같은 명령적 행위와 구별된다.

② 쌍방적 행정행위

공물사용권의 특허에 있어 상대방의 신청 또는 동의가 필요하지만, 그렇다고 하여 상대방과의 대등한 의사의 합치를 내용으로 하는 공법상 계약으로 볼 수는 없다. 실제로 대부분의 실정법은 특허요건, 사용권의 범위, 점용료 등의 부관, 일정 사유에 해당할 경우의 취소·정지 등에 관하여 획일적·정형적으로 규정해 두고 있기 때문에 자유로운 의사의 합치에 의하여 결정될 소지도 없다고 하겠다.

③ 재량행위

공물사용권의 특허는 일반인에게 인정되지 않는 **특별한 권리를** 설정하여 주는 행위이므로 일반공중의 이용에의 지장의 정도, 신청인의 자질, 사용행위의 공익성 등을 구체적으로 판단하여 특허여부를 결정할 수 있는 재량행위라고 할 수 있다.

그러나 ① 법령이 특히 특허를 거부할 수 없도록 명시하거나(토지수용·사용이 허용되는 공익사업을 위한 도로점용허가신청은 원칙적으로 거절할 수 없도록 한 도로(41) 등), ② 반대로 특허로 인하여 제3자의 기득권이 침해되는 경우에는 기속행위라고 보아야 할 것이다. 특히 기득권의 침해는 위법으로서 공법상 손해배상의 책임을 지게 되지만, 하천법(35)은 특별히 제3자에 대한 점용허가를 허용하되 기존의 점용권자에 대하여는 새로운 점용권자가 이를 보상하도록 하고 있는 바,

이러한 경우에는 점용허가를 할 수 있음은 물론이다. ③ 기존 특허의 유효기간이 만료되어 특허의 갱신신청이 있는 경우에도 특별한 사유가 없는 한 갱신해 주어야 할 기속을 받는다는 견해도 있으나, 판례는 하천점용허가의 갱신여부는 관리청의 재량에 속한다고 보고 있다.

> **판례** 하천부지 점용허가는 자유재량이므로 부관을 붙일 수 있다는 판례
> 하천부지의 점용허가 여부는 관리청의 자유재량에 속하고, 재량행위에 있어서는 법령상의 근거가 없다고 하더라도 부관을 붙일 것인가의 여부는 당해 행정청의 재량에 속한다고 할 것이다. 또한 같은 법 제25조 단서가 하천의 오염방지에 필요한 부관을 붙이도록 규정하고 있으므로, 하천부지 점용허가의 성질면으로 보나 법규정으로 보나 부관을 붙일 수 있음은 명백하다(대판 1991. 10. 11, 90누8688).

> **판례** 부관인 행정재산의 사용·수익허가의 기간에 대하여는 독립하여 행정소송을 제기할 수 없다는 판례
> 행정행위의 부관은 부담인 경우를 제외하고는 독립하여 행정소송의 대상이 될 수 없는바, 기부채납 받은 행정재산에 대한 사용·수익허가에서 공유재산의 관리청이 정한 사용·수익허가의 기간은 그 허가의 효력을 제한하기 위한 행정행위의 부관으로서 이러한 사용·수익허가의 기간에 대해서는 독립하여 행정소송을 제기할 수 없다(대판 2001. 6. 15, 99두509).

3) 내 용

공물사용의 특허를 받은 자는 한편으로는 공물사용권을 취득하고 다른 한편으로는 법령이나 특허명령서에 부과된 의무를 지게 된다.

① 공물사용권

공물사용권은 보통 공물의 영속적 사용을 그 내용으로 하는 것이며, 그 성질에 관하여는 공권, 채권 및 재산권으로 나누어 설명할 수 있다.

(가) 공권성

사법학자들은 공물사용권의 내용이 사적인 경제적 이익이라는데 착안하여 사권이라고 하지만, 공법학자들은 특허라는 행정처분에 근거하여 성립한다는 점을 들어 공권이라고 한다. 생각건대, 공물사용권은 그 성립근거가 공법이며 이에 대한 쟁송도 행정쟁송에 의한다는 점 때문에 **공권**으로 보아야 할 것이다.

(나) 채권성

공물사용권은 공물의 관리주체에 대하여 공물의 특별사용을 청구할 수 있는 권리인 **채권**에 그치고, 그 공물을 배타적으로 지배하고 제3자에게 대항할 수 있는 물권은 아니라고 보아야 할 것이다. 다만, 어업권(수산업15②)·광업권(광업12)·댐 사용권(댐건설 및 주변지역지원 등에 관한 법률29)은 각 개별법이 **물권**으로 규정하고 있다.

(다) 재산권성

공물사용권은 공권이기는 하지만 당해 공물을 사용하는 재산상의 가치를 가지는 것이므로 재산권과 같은 성질을 가진다. 따라서 제3자에 의한 침해는 민법상의 불법행위를 구성하며 손해배상 또는 방해배제청구를 할 수 있으며, 행정청의 인가를 받거나 신고를 한 후에 양도·상속 등의 이전이 허용된다.

> **판례** 공물사용권은 공물의 특별사용을 청구하는 채권에 지나지 않는다는 판례
> 하천의 점용허가권은 특허에 의한 공물사용권의 일종으로서 하천의 관리주체에 대하여 일정한 특별사용을 청구할 수 있는 채권에 지나지 아니하고 대세적 효력이 있는 물권이라 할 수 없다(대판 1990. 2. 13, 89다카 23022).

② 공사용권자의 의무

공물사용권의 특허를 받은 자는 한편으로는 공물사용권을 취득함과 동시에, 다른 한편으로는 법령 또는 특허명령서에 부과된 바에 따라 통상 사용료납부의무, 비용부담의무, 제해시설설치의무 및 손실보상의 의무를 진다.

(가) 사용료납부의무

공물사용권의 특허는 공물의 일반사용과는 달리 특정인을 위하여 특권을 설정하여 주는 형성적 행위이므로, 특허사용의 대가로 사용료(통상 점용료라고 한다)를 납부할 의무를 진다(도로43·하천38). 사용료 납부의무의 불이행에 대하여는 행정상 강제징수의 절차에 의함이 보통이다(도로78·하천58).

(나) 비용부담의무

공물에 정착하는 공작물을 설치하기 위하여 공물사용권의 특허를 받는 경우(예 : 하천에의 선착장 설치 등)에는 그 공작물과 직접 관련되는 공물의 유지·수선에 관한 공사를 직접 하게 하거나 이에 소요되는 비용을 부담할 의무를 과할 수 있다(도로62, 하천52).

(다) 제해시설설치 및 손실보상의무

특허에 의한 공물의 사용은 경우에 따라서는 당해 공물 위에 존재하는 타인의 권익을 침해하거나 공익에 위해를 끼칠 우려가 있기 때문에, 그러한 경우에는 그 위해의 예방 또는 제거에 필요한 시설을 설치할 의무를 부과하는 것이 보통이며, 그러한 시설의 설치가 불가능한 경우에는 이익조정의 견지에서 새로이 공물사용권의 특허를 받은 자에게 기존의 기득권자가 입은 손실을 보상하게 할 수 있다(하천35).

4) 종 료

공물의 특허사용에 의한 공물사용권은 공물의 소멸, 공물사용권의 포기, 공물사용의 목적달

성 또는 달성불능, 특허시에 부관으로 종기 또는 해제조건을 붙인 경우에 그 종기의 도래 또는 해제조건의 성취, 특허의 철회 등의 사유로 인하여 소멸된다.

① 공물의 소멸

특허사용의 목적물인 공물의 공용폐지 또는 그 형체적 요소의 소멸로 인하여 공물사용권이 소멸된다.

② 공물사용권의 포기

공물사용권은 재산권으로서의 성질도 가지는 것이므로 사용자에 의한 포기가 있게 되면 공물사용권이 소멸된다.

③ 목적달성 또는 달성불능

공물사용으로 행하려던 시설 또는 사업의 목적이 달성되거나 또는 목적달성의 불능으로 인하여 소멸된다.

④ 종기의 도래 또는 해제조건의 성취

공물의 특허사용에 대하여서는 자유재량으로 부관을 부과할 수 있는 것이므로, 특허시에 부관으로 종기 또는 해제조건을 붙인 경우 그 종기의 도래 또는 해제조건의 성취로 소멸된다.

⑤ 특허의 철회

다음의 두 가지 경우에 철회할 수 있다.

(가) 상대방의 유책행위에 대한 제재로서의 철회

특허사용자가 법령 또는 행정처분에 위반한 경우에는 공익을 위하여 부득이 특허를 철회할 수 있는 바(도로74, 하천64), 이 경우의 철회는 완전히 자유로운 것은 아니며 철회로 입게 될 상대방의 손해와 철회로 기대되는 공익을 비교하여 후자가 클 경우에만 철회할 수 있다는 비례의 원칙에 의한 제한을 받게 된다.

(나) 더 큰 공익을 위한 철회

예컨대, 댐·항만방조제건설 등을 위하여 부득이 기존 토석채취허가양식업허가권자의 특허사용권을 철회하여야 할 경우를 말한다. 이러한 경우의 철회는 그 철회가 정당화될 정도의 보다 큰 공익상의 필요가 있는 경우에 한하여 가능하며, 철회하더라도 공용수용의 법리를 준용하여 반드시 손실보상을 하여야 한다(하천65·75, 도로75·80).

5. 관습법상의 특별사용

1) 의 의

> '**관습법상의 특별사용**'은 오랜 지역적 관행의 반복에 의하여 가지는 공물사용권을 말한다.

즉 하천·호수·바다 등의 인근 주민들은 실정법에 의한 공물사용권의 특허를 받지 아니하고도 당해 지역에서 오랫동안 살아오면서 공물에 대한 관습상의 사용권을 가졌다고 보아야 할 경우가 있으며, 이러한 공물사용형태를 관습법상의 특별사용이라고 한다(예 : 하천·호수 등 공유수면 인근주민의 관습법상의 음용·관개용 용수권, 삼림업자의 유목권, 연안어민의 입어권, 농지개량조합원의 관개용 수로에서의 용수권 등).

2) 성 립

관습법상의 사용권이 성립되기 위하여는, ① 그 사용이 계속적이며 평온·공연하게 행하여져서 일반인에게 정당한 사용이라고 인식되어야 하며, ② 그 사용이 누구에게나 인정되는 것이 아니고 특정인이나 특정 주민 또는 단체 등의 한정된 범위 내의 사람에게만 인정된 경우여야 하며, ③ 그 사용의 정도가 특별한 것이어야 한다.

> **판례** 관습법상의 용수권을 인정한 판례
> 하천으로부터 용수를 함에 있어서는 하천법 제25조에 의하여 하천관리청으로부터 허가를 얻어야 한다고 하더라도, 그 법규의 공포·시행 전에 원고가 이미 용수할 있는 권리를 관습에 의하여 취득하였음이 뚜렷하므로 위 하천법의 규정에 불구하고 그 기득권이 있는 것이다(대판 1972. 3. 31, 72다78).

3) 성 질

관습법상의 특허사용에 대하여서는 공권설과 사권설의 대립이 있으나, 통설은 특허사용에서와 같은 이유로 **공권**으로 본다. 공권이지만 재산권의 성질을 가지는 것이므로 제3자가 이를 침해할 경우 민법상 불법행위로 인한 **손해배상책임**을 지게 되며, 댐 건설·공단조성·매립 등으로 이를 침해할 경우에는 공용수용의 법리를 준용하여 **손실보상**을 하여야 한다.

그러나 기득권을 현저하게 침해하지 아니하는 한 같은 공물 위에 제3자에게 새로운 사용권을 부여하더라도 반드시 권리침해라고 볼 수는 없으며, 반대로 관습법상의 사용권자라 하더라도 절대적·배타적 권리는 아니므로 일반공중의 이용을 방해하여서는 아니된다.

> **판례** 관행에 따른 어업권은 제3자의 배제청구와 손해배상청구를 할 수 있는 권리라는 판례
> 일정한 공유수면에서의 관행에 따른 어업은 위 규정에 의하여 보호되는 이익으로서, 그 이익은 공동어업권자에 대하여 주장하고 행사할 수 있을 뿐만 아니라, 이를 다투는 제3자에 대하여서도 그 배제를 청구하거나

그에 따른 손해배상을 청구할 수 있는 권리라고 해석하는 것이 관행에 따른 어업자를 보호하는데 있어 적절하다 할 것이다(대판 1989. 7. 11, 88다카14250).

6. 행정재산의 목적외 사용(행정재산의 사용허가)

1) 의 의

국유재산 중 잡종재산은 직접 행정목적에 제공된 것이 아니므로 사법상 계약에 의하여 사용(실정법상으로는 '대부'라는 용어를 사용하고 있다)할 수 있음이 당연하지만, 행정재산 즉 공물은 직접 공용 또는 공공용에 제공된 것이므로 원칙적으로 사법상 계약에 의하여서는 사용할 수 없다고 하겠으나, 예컨대 관청 청사에서 구내식당·매점을 경영케 하는 것과 같이 예외적으로 그 목적 달성에 장애가 되지 아니하는 범위안에서는 가능하다고 하겠다(국재24①·지재82①). 이러한 사용은 공물로서의 목적 달성에 장애가 되지 아니하는 범위안에서 당해 공물 고유의 행정목적 외의 목적에 사용하게 하는 것이라는 점에서 『행정재산의 목적외 사용』이라 한다.

2) 행정재산의 목적외 사용의 법적 성질

국유재산법은, 잡종재산과 달리 행정재산은 **사용수익의 허가**라는 행정행위에 의하여 사용할 수 있도록 하고 있어서, 그 성질에 관하여 공법관계라는 견해(판례)와 사법관계라는 견해가 대립되어 있다.

생각건대, 종전의 국유재산법(1976년 개정 이전의 것)은 행정재산의 사용·수익에 대하여는 잡종재산의 대부에 관한 규정을 준용하였기 때문에 이를 사법상 계약에 의한 사법관계로 보는데 이견이 없었지만, 개정된 동법은 사용·수익의 허가 및 사용료·강제징수와 그 취소·철회 등에 관하여 별도로 상세히 규정하고 있으며, 이들 규정을 오히려 잡종재산의 대부에 준용하도록 하고 있기 때문에 이를 **행정행위로 보아 공법관계**라고 하는 견해가 타당하다고 하겠으며, 판례 또한 그러하다.

> **판례** 행정재산의 사용·수익허가는 행정행위로서 특허에 해당한다는 판례
> 행정재산의 사용·수익에 대한 허가는 순전히 사경제주체로서 행하는 사법상의 행위가 아니라 관리청이 공권력을 가진 우월적 지위에서 행하는 행정처분으로서 특정인에게 행정재산을 사용할 수 있는 권리를 설정하여 주는 강학상 특허에 해당한다(대판 1996. 2. 13, 95누11023).

> **판례** 행정재산의 사용·수익자에 대한 사용료부과는 행정처분이라는 판례
> 국유재산의 관리청이 행정재산의 사용·수익을 허가한 다음 그 사용·수익하는 자에 대하여 하는 사용료부과는 순전히 사경제주체로서 행하는 사법상의 이행청구라 할 수 없고, 이는 관리청이 공권력을 가진 우월적 지위에서 행한 것으로서 항고소송의 대상이 되는 행정처분이라 할 것이다(대판 1996. 2. 13, 95누11023).

제 3 절 공기업법

Ⅰ. 공기업의 의의와 종류

1. 공기업의 개념

　공기업이라 함은 국가의 소관에 속하는 특수한 사업을 관리하고 집행하기 위하여 설립되는 국가로부터 독립된 법인격을 가진 단체를 말한다. 공기업은 실정법상의 개념이 아니고 학문상의 개념으로서 이에 대해서는 여러가지 견해가 있다.

　1) 광의설

　이 설은 경영주체만을 표준으로 한 개념으로서, 공기업이란 『국가공공단체가 경영하는 모든 사업』을 의미한다. 그러나 이 견해는 행정주체가 경영하는 사업에는 재정수입을 목적으로 하는 순수한 영리사업(사법의 적용을 받는)도 공기업의 개념에 포함시키게 되는 등 이질적 작용을 같은 관념속에 포함시키는 문제점이 있다.

　2) 협의설

　이 설은 경영주체와 경영목적을 표준으로 한 개념으로서, 공기업이란 『국가공공단체가 직접 사회공공의 이익을 위하여 경영하는 비권력적 사업』을 의미한다. 이 견해에 의하면 광의설의 문제점은 해결되며, 우편·전신·전화·버스·전기·가스·수도 등의 재화 또는 역무의 제공은 물론, 도로·공원·공유수면·항만 등의 관리, 주택·도시·농지의 개발, 환경·폐기물 관리, 교육·문화·예술사업, 생활보호·사회보험사업 등을 포함하게 되어 학문상의 영조물과 같은 개념이 되어 버린다. 그러나, 전혀 수익성이 없는 박물관·도서관·생활보호사업까지를 공기업에 포함시킴으로써 공기업 개념의 동질성을 훼손시키고 있다.

　3) 최협의설

　이 설은 경영주체·목적·수익성을 함께 표준으로 한 개념으로서, 공기업이란 『국가공공단체가 직접 사회공공의 이익을 위하여 경영하는 비권력적 사업 중에서 일정한 수익성을 가진 사업』만을 의미한다. 이 견해가 다수설의 입장이며, 이하에서는 이 개념에 입각하여 설명하기로 한다.

2. 공기업의 특징

1) 수익성

 최협의의 공기업은 상술한 바와 같이 국가공공단체가 경영하는 비권력적 사업 중에서 일정한 수익성을 가진 사업만을 의미한다. 공기업이 수익성만을 목적으로 하는 것은 아니지만, 오늘날에 있어서는 특히 수지균형 및 독립채산제를 취하는 공사공단 등의 특수법인의 등장에 따라 수익성도 공기업에 있어서의 중요한 요소가 되고 있다.

2) 공익성

 공기업은 수익성을 하나의 요소로 하는 사업이기는 하지만, 우편·전화·철도사업 등과 같이 일상생활에 필수불가결한 역무임에도 불구하고 대규모의 투자가 필요하기 때문에 사기업의 힘으로는 감당하기 어렵다는 점과, 철저한 이윤추구라는 사기업의 목표와도 부합되지 않는 공익성을 띤 사업이라는 점에 특징이 있다.

3) 독점성

 공기업은 거액의 투자에 의하면서도 국민생활의 필수품이라는 점에서 비교적 낮은 대가를 지급받기 때문에, 그 독립채산성을 유지하게 하기 위하여 사업의 독점적 경영이 보장되는 경우가 많다. 그 방법은 도시가스·지하철 등과 같이 1구역 1사업자 원칙 등에 의한 지역적 독점의 방법과, 우편·상하수도·농수산물도매시장·화폐발행 등과 같이 전국적으로 동일한 체제에 의한 통일적인 역무제공이 필요한 경우에 법률상의 독점경영권을 설정하는 법률적 독점의 방법이 있다.

3. 영조물과의 구별

 공기업과 영조물은 서로 중복되어 사용되는 경우가 많지만, 기본적으로 공기업은 국가공공단체가 경영하는 기업활동이라는 동적(動的)인 개념이며, 영조물은 그러한 활동을 위한 인적·물적 시설의 종합체라는 정적(靜的)인 개념이다. 또한 최협의의 공기업은 수익성을 갖는 사업만을 의미하지만, 영조물은 수익성이 없는 사업(정신문화 및 예술사업 등)도 포함된다(이에 착안하여 최근에는 수익성 있는 사업을 공기업, 수익성 없는 사업을 영조물이라고 구분하여 사용하는 견해도 있다).

4. 공기업의 종류

1) 경영주체에 의한 분류

① 국영사업

국가가 직접 자기의 경제적 부담에 의하여 경영하는 공기업을 말하며, 우편·전신·국립병원이 이에 해당한다. 이를 흔히 정부기업이라 한다. 그 예산은 보통 특별회계에 의한다.

② 국영공비사업

국영공비사업이란 국영사업의 한 형태로서, 경영주체는 국가이지만 그 경비는 지방자치단체가 부담하는 사업을 말한다. 국가가 시행하는 농지개량사업의 비용의 일부를 지방자치단체에게 부담시키는 것이 그 예이다.

③ 공영사업

지방자치단체가 자기의 경제적 부담에 의하여 직접 경영하는 공기업을 말하며, 지방공기업법상(2·5)의 지방직영기업이 이에 해당한다(수도·농수산물도매시장과 궤도·하수도·토지개발·주택·의료·자동차운송사업 등).

④ 특수법인사업

특정 공기업의 경영을 위하여 특별히 영조물법인인 정부투자기관관리기본법상의 정부투자기관 또는 지방공기업법에 의한 지방공사나 지방공단을 설립하여 경영하게 하는 공기업을 말한다. 현행법상으로는 한국산업은행·한국수출입은행·한국조폐공사·대한석탄공사·대한주택공사·한국수자원공사·한국도로공사·한국관광공사·한국방송공사·한국토지공사·한국석유공사·한국철도공사·한국공항공사·한국가스공사, 각 지방자치단체의 도시철도공사·시설관리공단 등이 있다.

이러한 특수법인은 각 개별 법률에 의하여 직접 설립되며, 정부투자기관관리기본법 또는 지방공기업법에 의하여 예산·회계·임원인사 등에 관한 특별한 제한을 받는 외에는 독립적으로 사업을 경영한다.

2) 독립성의 유무에 의한 분류

① 비독립적 사업

일반행정기관이 직접 운영하는 행정청형 또는 정부부처형 공기업으로서, 정보통신부·보건복지부가 경영하는 우편·전신·국립병원사업이 그 예이다. 그 특징으로는 이들 사업은 특별회계(特別會計)에 의하여 운영되고 기업예산회계법에 의한 기업회계의 원칙이 적용되기는 하지만, 조직 및 인사상 정부조직법과 국가공무원법의 엄격한 통제를 받기 때문에 경영상의 창의성이 기대되기 어렵다는 점을 들 수 있다.

② 독립적 사업

국가·지방자치단체로부터 독립된 법인을 설립하여 경영하는 공기업으로서, 예산·회계·인사 등의 자율성과 사업경영의 능률성·창의성을 기할 수 있다는 점에서 점차 증가추세에 있다.

Ⅱ. 공기업의 법률적 특색

공기업의 경영에 관하여는 공법에 특별한 규정을 두고 있는 경우가 많으며, 이러한 규정이 없는 분야에 관하여는 사기업과 달리 취급할 이유가 없으므로 일반적으로 사법(私法)규정 및 사법원리가 적용된다고 하겠다.

1. 공기업의 설립

1) 국영공기업의 설립

우편사업 등을 정부조직형태로 경영하고자 할 경우, 우선 조직법상으로는 정부조직법(4)에 근거하여 대통령령인 정보통신부직제 등에 의하여 개설되어야 하며, 작용법상으로는 독점적 경영권·이용강제·사용료의 강제징수·공용부담 등의 특별한 공권이 부여될 경우가 많으므로 우편법 등의 각 법률에 근거하여야 한다.

2) 공영공기업의 설립

지방공기업법(5)에 의거하여 지방자치단체가 직영하는 지방공기업을 설치하고자 할 때에는 조례에 의하여야 한다. 그 외에도 수도·자동차운수사업 등의 경우에는 이를 규율하는 법률에 의하여 주무부장관의 인가나 면허를 받아야 할 경우가 있다(수도12·여객자동차운수사업5).

3) 특수법인체 공기업의 설립

특별법(예 : 한국도로공사법·대한주택공사법 등) 또는 조례(지방공사·지방공단의 경우)에 의하여 개설되며, 예산·회계·인사 등에 관하여는 정부투자기관관리기본법 또는 지방공기업법의 적용을 받는다. 이러한 특수법인체 공기업은 법적으로나, 조직상으로나 독립적인 성질을 가지게 된다.

2. 공기업의 조직·경영

1) 국·공영 공기업

국가 또는 지방자치단체가 직접 경영하는 공기업의 조직은 행정조직의 일부를 구성하고 그 인적 구성원은 공무원이며, 물적 시설은 공물임이 보통이어서 각각 행정조직법·공무원법·공물법의 적용을 받으므로 특별히 설명할 것이 없으나, 다만 경영에 있어서는 독립성·능률성·창의성을 보장하기 위하여 특별회계를 두고 독립채산제를 채택하며, 사업성과 및 재정상태를 명백히 하기 위하여 기업회계의 원칙에 따라 계리하도록 하고 있다(예회9·10, 기업예산회계3·5, 지방공기업13·14·16).

2) 특수법인체 공기업

행정조직·공무원 및 공물이 아니므로 이들에 관한 법령이 적용되지 않지만, 임원 중 이사장·사장·감사는 대통령이 임면하며, 공무원은 아니지만 형법상 뇌물죄의 적용에 있어서는 임원 및 간부사원을 공무원으로 보고 있다(정부투자기관관리기본11·18).

특수법인사업의 예산·회계에 관하여는 정부투자기관관리기본법이 규정하고 있으며 역시 독립채산제와 기업회계의 원칙을 채택하고 있으나, 경영목표를 설정하여 매년 기획예산처장관 및 주무부장관에게 제출하여야 하며(동법5), 예산은 기획예산처장관의 지침에 따라 이사회의 의결로 확정하고 이를 기획예산처장관과 주무부장관 및 감사원에 보고하여야 하며(22), 매년 경영실적보고서를 작성하여 기획예산처장관과 주무부장관에게 제출하고 기획예산처장관은 이에 기하여 경영실적을 평가한다(6·7).

3. 공기업의 보호

공기업의 목적을 달성하기 위하여 공기업에 여러 가지 공법상의 보호를 하고 있다.

1) 독점권

우편사업은 국가가 경영하며 사인이 임의로 경영할 수 없도록 하고 이를 위반한 경우에는 사업독점권 침해의 죄로 처벌하도록 규정(우편2·46)하면서, 예외적으로 우편사업의 일부를 개인과 법인 또는 단체 등으로 하여금 경영하게 하는 경우에는 그에 관한 사항을 따로 법률로 정하게 한 예(우편법2 및 별정우체국설치법)에서 보는 것처럼 공기업에 대하여는 법률상 또는 사실상 독점권을 부여하는 경우가 많다.

2) 공용부담특권

국·공영공기업은 물론이며, 특수법인체 공기업을 위하여도 타인의 토지의 수용·사용·출입 및 장해물제거, 노역·물품부담 등의 공용부담특권이 부여되는 경우가 있다.

3) 행정처분권

국·공영공기업의 경우는 물론이며, 특수법인체 공기업의 경우에도 행정주체로부터 도로점용허가권 등의 행정처분권한을 위탁받은 경우에는 행정처분권한이 있게 된다(한국도로공사13③ 등).

4) 경제상의 보호

각종 조세의 면제(조세특례제한78), 보조금의 교부(한국도로공사16), 국·공유재산의 무상대부(국유재산38·44, 지방재정시행63②·70①), 자금의 융자(한국도로공사16①), 채무의 상환보증(한국도로공사15②) 등을 하거나 손해배상책임을 제한 또는 면제하거나(우편법(38~40·43)에 의한 우편물멸실시의 책임 등), 물건의 압류금지(우편7) 등의 보호를 하고, 공기업 이용자로부터 징수할 사용료·수수료·부담금 등의 체납에 대하여는 직접 강제징수권이 부여되거나(우편64·수도51·한국도로공사13③), 시장·군수 등의 행정청에 위탁하여 강제징수하게 할 경우도 있다(주택건설촉진법(40②·③)에 의하여 대한주택공사가 분양한 국민주택의 분양대금 또는 임대료의 체납시).

5) 경찰상의 보호

공기업에 대하여는 일반 경찰행정기관이 법률에 따라 보호를 하는 것이지만, 특히 무선설비·전기통신설비의 침해에 대하여는 정보통신부공무원을 사법경찰관리로 지정하여 검사의 지휘 아래 범죄를 수사할 권한을 부여하여 보호하고 있다(사법경찰관리의 직무를 행할 자와 그 직무범위에 관한 법률5㉖·6㉑ 등).

6) 형사상의 보호

공기업의 경영을 침해하는 행위에 대하여는 공기업벌을 과하는 경우가 많으며, 이는 ① 제3자의 침해로부터 공기업을 보호하기 위하여 일반인에게 과하는 제재(기업독점권침해, 공용부담의 불이행, 물건의 손괴 등. 우편46·47·49), ② 기업자 자신의 의무위반에 대한 제재(정당한 사유없는 이용거부에 대한 죄 등, 우편50·수도35), ③ 공기업 이용자의 부정한 이용에 대한 제재 등이 있다(우편금제품발송죄·우편52).

4. 공기업의 감독

공기업중 국·공영사업은 일반행정조직에 의하여 운영되므로 행정조직법에 의한 감독관계가 그대로 적용되므로 특별히 달리 논할 사항은 없으며, 특수법인사업에 대한 감독만이 문제가 된다. 즉 독립된 정부투자기관 등에 대하여 경영상의 자주성을 부여하더라도 그 사업의 공익성을 유지하기 위하여 각종 공기업법은 상술한 특별한 보호와 함께 국가의 특별한 감독 하에 두고 있다.

1) 행정청에 의한 감독

① 기획예산처장관은 경영실적평가권 및 그에 따른 사장 등의 해임건의권 등을 가지고 있으며, 주무부장관은 사장의 임명제청권 및 상임이사의 임명권 등을 가진다(정부투자기관관리기본7·13의2). ② 재정경제부장관은 결산승인권 등을 가지고(동25), ③ 감사원은 회계검사와 직무감찰의 권한을 가진다(감사원22·24).

2) 국회에 의한 감독

국회는 ① 공기업관계 법률의 제정·개정·폐지, ② 국무총리·국무위원에 대한 질문 또는 해임건의권(헌62·63), ③ 예산심의와 결산승인권(헌54·99), ④ 국정감사조사권(헌61) 등에 의하여 간접적으로 감독할 수 있다.

3) 법원에 의한 감독

법원은 공기업법령에 대하여 위헌법률심사제청권 또는 위헌법령심사권을 행사할 수 있으며, 공기업법에 의하여 행한 행정처분이 위법하다는 이유로 행정소송이 제기된 경우 이를 취소할 수 있다.

Ⅲ. 공기업의 이용관계

1. 의 의

공기업은 직접 공공의 복리를 위하여 국민에게 재화와 역무를 제공하는 활동이므로 공기업주체와 이용자 간에 재화·역무를 제공하고 이용하는 관계, 즉 공기업이용관계가 발생하게 된다. 공기업의 이용관계는 공기업자측이 이용자에게 급부를 제공하는 것이 주목적이므로, 공기업의 이용관계를 흔히 급부관계(給付關係)라고도 한다.

2. 이용관계의 종류

공기업이용관계 중 철도·시영버스의 승차, 석탄공사가 생산한 석탄의 매매 등과 같이 1회의 행위로 종료되는 일시적 이용관계는 원칙적으로 사법상의 매매로서 사법관계로 규율되므로 특별한 연구의 대상이 되지 않으며, 수도·전화·전기·가스의 공급 등과 같은 **계속적 이용관계만이** 이용제공의무 이용강제 등의 특별한 공법상 제한이 문제가 되고 있고, 통상 공기업이용관계라 함은 이러한 계속적 이용관계만을 의미한다.

3. 이용관계의 법적 성질

공·사법 2원구조를 취하고 있는 우리나라에서는 공기업이용관계를 공법관계와 사법관계의 어느 것으로 보는가에 따라 적용법원리(행정법의 일반법원칙의 적용여부문제 등)·재판관할(행정쟁송의 방법에 의할 것인지 아니면 민사소송의 방법에 의할 것인지의 문제) 등이 결정되므로 공기업이용관계의 성질을 결정할 필요가 있다.

1) 학 설

① **공법관계설**

공기업은 직접 공익을 위하여 행하여지는 행정작용의 일부라는 점을 강조하여 그 이용관계도 공법관계라는 견해이다.

② **사법관계설**

공기업도 사업의 실질은 사인이 경영하는 사업과 다를 것이 없으므로 사법관계로 보며, 다만 실정법에 특별한 규정이 있을 경우에만 공법관계로 보는 견해로서, 오늘날의 통설이다.

③ **단체법적 사회법관계설**

공기업이용관계는 공법관계와 사법관계가 혼재하는 단체법적 사회법의 분야에 속한다는 견해이다. 그러나 단체법적 사회법관계의 내용이 무엇인지는 불명확하다.

④ **결 언**

이용관계의 실질로 보아 사기업의 이용관계와 다를 바 없으므로 **사법관계로 보는 것이** 타당하겠으며, 다만 실정법상 명문의 규정이 있거나, 명문의 규정이 없더라도 실정법 전체의 합리적 해석에 의하여 예외적으로 공법관계로 규율할 필요가 인정될 때에만 공법관계로 보아야 할 것이다.

2) 구체적 판단

① **일반적으로 사법관계**

공기업이용관계는 일반적으로 사법관계이며, 사법원리가 적용되고 이에 관한 소송도 민사소송에 의한다(판례 참조). 다만, 이용조건은 대체로 획일적으로 결정되기 때문에 기업자와 이용자간의 계약은 『부합계약(附合契約)』의 형태를 띠게 될 경우가 많다.

그러나 일반적으로 공기업이용관계가 사법관계라 하더라도 공법원리의 적용이 완전히 배제된다는 의미는 아니며, 공기업이용관계의 공익성에 비추어 평등원칙·비례원칙·부당결부금원칙·신뢰보호원칙 등의 일정한 공법원리가 적용된다고 보아야 할 것이다(이러한 의미에서 공기업이용관계를 행정사법(行政私法)에 의하여 규율되는 관계라고 설명하는 견해도 있다).

> **판례** 전화가입계약은 사법관계라는 판례
> 전화가입계약은 비록 공중통신역무의 제공이라는 특수성 때문에 그 이용조건·방법, 이용의 제한, 이용관계의 종료원인 등에 관한 여러 가지 법적 규제가 있기는 하지만 그 성질은 사법상 계약관계에 불과하다(대판 1982. 12. 28, 82누441).

> **판례** 철도사고로 인한 손해배상 사건에 적용할 법규(=민법)
> 국가 또는 지방자치단체라 할지라도 공권력의 행사가 아니고 단순한 사경제의 주체로 활동하였을 경우에는 그 손해배상책임에 국가배상법이 적용될 수 없고 민법상의 사용자책임 등이 인정되는 것이고 국가의 철도운행사업은 국가가 공권력의 행사로서 하는 것이 아니고 사경제적 작용이라 할 것이므로, 이로 인한 사고에 공무원이 관여하였다고 하더라도 국가배상법을 적용할 것이 아니고 일반 민법의 규정에 따라야 한다[대법원 1997.7.22, 선고, 95다6991, 판결].

② 예외적으로 공법관계

공기업의 공익성을 유지하기 위하여 예외적으로 공법관계로 보아야 할 경우도 있다. 예컨대 지방자치단체가 임대주택을 건설하여 임대하는 관계는 기본적으로 사법관계이지만, 차임의 체납은 지방세체납처분의 예에 의하여 강제징수할 수 있기 때문에 그 한도내에서만은 공법관계로 볼 수 있다.

(가) 법령에 규정이 있는 경우

예컨대 체납요금에 대한 **행정상 강제징수의** 인정(우편24·수도51·주택건설촉진40), **행정쟁송의 인정**(사용료에 대한 이의신청 및 행정소송 등. 지자130·131) 등의 경우에는 공법관계로 볼 수 있다. 판례도 수도요금의 부과징수에 관한 소송은 민사소송 아닌 행정소송이라고 한다(대판 1977. 2. 22, 76다2517).

(나) 실정법구조 전체의 합리적 해석에 의한 경우

이용관계가 순수한 경제적 급부만이 아니라 윤리적 성격을 가진 경우(학교·도서관이용관계 등) 또는 경제적 급부관계라 하더라도 **공공성**이 강하여 사인의 영리사업과는 동일시할 수 없는 경우(수도사업 등)에는 공법관계로 볼 수 있다.

> **판례** 수도요금 부과징수는 공법관계이며, 행정소송에 의하여야 한다는 판례
> 수도법에 의하여 지방자치단체인 수도업자가 그 수돗물의 공급을 받은 자에 대하여 하는 수도료의 부과징수와 이에 따른 수도료의 납부관계는 공법상의 권리의무관계라 할 것이므로, 이에 관한 소송은 행정소송절차에 의하여야 한다(대판 1977. 2. 22, 76다2517; 대판 1982. 12. 14, 82누374).

4. 이용관계의 성립

공기업이용관계는 기업자와 이용자 간의 자유로운 합의에 의하여 성립하는 합의이용이 원칙이나, 경우에 따라서는 그 이용관계가 법적으로 또는 사실상으로 강제되는 이용강제도 인정되고 있다.

1) 합의이용

공기업이용관계는 기업자와 이용자 간의 자유로운 의사의 합치, 즉 **사법상 계약**에 의하여 성립하는 것이 원칙이며, 그 계약조건 등은 공기업법령이나 공기업규칙 등에 의하여 획일적으로 규정된 바에 따르는 『**부합계약**』임이 대부분이다. 합의이용은 철도이용과 같이 구체적 사실관계가 적시된 명시적 합의와 우체통에의 우편물의 투입과 같은 묵시적 합의가 있다.

2) 이용강제

공기업의 이용관계에 있어서는 법령이 직접 또는 간접적으로 그 이용을 강제하는 경우가 많이 있다.

① 기업자의 이용제공의무

공기업은 원래 일반공중의 이용에 제공함을 목적으로 하기 때문에 법령으로 기업자의 이용제공의무를 직접 규정하거나(철도10), 정당한 사유없이 이용을 거부하는 경우에는 처벌하도록 함으로써 간접적으로 이용제공의무를 규정하는 경우도 있다(우편50). 이러한 명문의 규정이 없더라도 정당한 사유없이 특정인의 공기업이용을 거부하는 것은 헌법상의 평등원칙에 반하는 것으로서 위법이라 할 것이다.

② 이용자의 이용강제

공기업이용자는 ① 계약강제(국·공립국민학교의 입학, 국공립병원에서의 강제접종 등), ② 행정작용에 의한 이용강제(전염병환자의 국공립병원에의 강제입원 등), ③ 법률상·사실상의 독점적 경영으로 인한 사실상의 이용강제(수도·전화·우편·철도 등) 등의 형태로 공기업의 이용이 강제되는 경우가 대부분이다.

5. 이용관계의 내용

공기업이용관계는 원칙적으로 합의에 의해 성립하게 되는 당사자관계이다. 다만, **철도이용**에서처럼 그 이용조건이 일방적으로 결정되어 있고, 이용자는 그러한 조건에 따라 이용할 수밖에 없는 부합계약관계가 대부분이다. 따라서 공기업이용관계의 내용은 대체로 공기업법령이나 공기업규칙으로 정형화되어 있다.

1) 이용자의 권리

① 공기업이용권

기업자의 이용제공의무에 대응하여, 이용자는 공기업에 대하여 재화나 역무의 제공을 청구할 권리를 가진다고 하겠다. 이 권리는 채권적 성격을 가지는 사권이며 이전성이 있는 경우가 보통이다.

② 부수적 권리

공기업이용권에 부수하여 다음의 권리를 갖는다.

(가) 평등한 급부를 받을 권리

법령에 명문의 규정을 둔 경우는 물론이며(지자13①), 규정이 없더라도 당연히 헌법상의 평등원칙의 적용을 받게 된다.

(나) 쟁송제기권

공기업주체의 위법한 행위로 공기업이용권이 침해된 이용자는 민사소송(사법관계인 경우) 또는 행정쟁송(공법관계인 경우)을 제기하여 보호받을 수 있다.

(다) 손해배상청구권

공기업주체의 불법행위나 채무불이행으로 인한 손해에 대하여는 민법상의 손해배상(사법관계인 경우) 또는 국가배상법에 의한 행정상의 손해배상(공법관계인 경우)을 청구할 수 있다. 이 경우 공기업이용의 집단성·정형성 또는 공익성을 고려하여 손해배상책임의 한도를 규정하는 예도 있다(우편38~40, 철도72~75).

2) 기업자의 권리

① 이용조건설정권

공기업이용의 요금·기간·해지 등의 이용조건 중 기본적인 사항은 법령(우편법 등)·조례(시·군급수조례 등)로 직접 정하며, 세부적인 사항은 기업자가 공기업규칙으로 정하되 주무관청의 인가를 받도록 하는 경우가 대부분이다.

> **판례** 전기공급규정은 일반적 효력을 가지는 규정이 아니라는 판례
> 한국전력공사의 전기공급규정은 그 사무처리상의 편의를 위한 규정에 불과할 뿐 국민에 대하여 일반적 구속력을 가지는 법규로서의 효력은 없고, 단지 한국전력공사와 전기공급계약을 체결하거나 그 규정의 적용에 동의한 수용가에 대해서만 효력이 미칠 뿐이다(대판 1988. 4. 12, 88다2).

② 이용대가징수권

공기업은 수익성을 그 요소로 하는 기업이므로 기업자는 공기업의 이용대가인 사용료 또는 수수료를 징수할 권리를 가지며, 그 근거는 공기업 이용이 자유로운 경우에는 법령 아닌 공기업규칙으로 징수할 수 있지만, 그 이용이 강제되는 경우에는 법령 또는 조례에 근거가 있어야 징수할 수 있고, 특히 철도·우편·전화·전기요금 등의 공공요금은 물가안정을 위하여 국무회의의 심의와 대통령의 승인을 얻어 주무부장관이 정하도록 규정하고 있다(물가안정에 관한 법률4①).

이용대가징수권의 성질은 원칙적으로 사법상의 채권이므로 그 강제징수는 민사소송에 의한 강제집행의 방법에 의한다. 그러나 법령이 행정상의 강제징수절차를 정하거나(수도51, 우편24), 부과징수에 대한 불복수단으로 행정상 쟁송을 규정하고 있는 경우(사용료·수수료·분담금의 부과·징수에 대한 이의신청 및 행정소송에 관하여 규정한 지자130·131)에는 이용대가징수권은 공권이며 이에 대한 소송도 행정쟁송의 방법에 의한다고 하겠다.

③ 이용관계의 해지·정지권

이용자가 공기업법령 또는 공기업규칙상의 의무를 위반한 경우에 기업자는 이용관계를 해지하거나 정지할 수 있는 것이 보통이다. 한편, 법령에서 부정이용자 등에 대하여 형벌·과태료 등의 제재를 과할 경우도 있으나(철도87의2), 이는 공기업이용관계 내부에서 작용하는 기업자의 권리에 기한 것이 아니라 일반공권력에 기하여 과하는 행정벌이며 이를 공기업벌(公企業罰)이라고도 한다.

6. 이용관계의 종료

1) 이용목적의 달성

공기업의 이용목적이었던 재화나 역무의 공급이 완료됨으로써 당해 이용관계는 종료된다(예 : 우편물의 배달, 철도의 목적지 도달 등).

2) 이용자의 임의적 탈퇴

국·공립초등학교 입학, 전염병환자의 강제입원 등과 같은 이용강제의 경우를 제외하고는 이용자는 이용관계에서 임의로 탈퇴할 수 있다(예 : 전화가입계약의 해지 등).

3) 기업자에 의한 이용배제

이용자가 법령 또는 공기업규칙상의 의무를 위반한 경우에 기업자는 이용계약의 해지권 등을 행사하여 이용자를 이용관계에서 배제할 수 있다.

4) 공기업의 폐지

공기업은 그 공익성 때문에 폐지할 수 없음이 원칙이지만, 정당한 사유가 있는 경우에는 주무관청의 인가 등의 절차를 거쳐 폐지할 수 있으며, 이 경우 이용관계는 당연히 종료하게 된다. 정당한 사유로 공기업이 폐지된 경우에는 이용관계에 있던 자가 피해를 입었다고 하더라도 손해배상을 청구할 수는 없다고 하겠다.

Ⅳ. 특허기업의 특허

1. 개 설

특허기업(特許企業)의 특허라 함은 『행정주체가 사인에 대하여 일정한 공익적 사업을 경영할 수 있는 권리를 부여하는 행위』를 말한다(자동차·선박·항공운수사업, 전기·가스·수도공급사업 등). 이러한 사업자는 독점적 경영권을 부여받는 대신 이용거부의 금지·요금의 통제 등의 특별한 의무가 부과되지만, 그 경영권은 행정관청에 의하여 본래의 자연적 자유를 회복시켜 주는 데 그치는 허가와 달리 특별한 권리로서 관념화되고 있다.

2. 공기업과의 구별

위에서 살펴본 공기업은 공익성이 특히 강한 사업을 국가공공단체가 직접 또는 특수법인을 설립하여 경영하는 것이지만, 특허기업은 이보다 공익성이 덜한 반면 사익성(私益性)이 강한 분야에 있어 사인이 직접 경영권을 부여받아 경영하는 것을 말한다. 전통적 견해에 의하면, 특허기업도 공기업의 일종으로 보아 『공기업의 특허』라는 용어를 사용하였으나 경영주체, 공익성의 정도, 경영권의 설정형식, 보호와 감독의 정도, 이용관계의 법적 성격(공법관계냐 사법관계냐)에 있어 현저한 차이가 있으므로 『특허기업의 특허』라는 용어를 사용하는 것이 타당하다고 하겠다.

3. 법적 성질

1) 학 설

특허기업의 특허행위는 ① 사업의 독점적 경영권을 설정해 주는 것이라는 독점적 경영권설정설과, ② 경영권뿐만 아니라 특별한 의무도 함께 부과된다는 점을 강조하는 포괄적 법률관계설정설, ③ 헌법상 규정된 영업의 자유를 회복시켜 주는 데 불과하다는 영업허가설 등이 대립되어 있다. 생각건대, 1설과 2설은 상대적으로 권리와 의무 중 어느 것을 중시하는가에 따른 관점의 차이에 불과하며 그다지 큰 내용상의 차이는 없다고 하겠다. 그러나 영업허가와는 다음과 같은 차이가 있다.

2) 영업허가와의 구별

영업허가와 특허기업의 특허는 기본적으로 상권에서 설명한 허가와 특허의 차이점, 즉 ① 명령적 행위와 형성적 행위, ② 기속행위와 재량행위, ③ 규제목적과 대상사업, ④ 법적 효과, ⑤ 보호·감독의 정도 등에 있어 차이가 있다. 그러나 허가에 의하여도 사실상의 경제적 이익이 발생되며 종전의 반사적 이익에 불과하던 것도 점차 권리로 인정되어 가는 경향이 있다는 점 등을 고려한다면, 양자의 차이는 점차 상대화되어 가고 있다고 하겠다.

4. 특허기업의 법률관계

행정주체의 특허를 받아 관리, 경영되는 공익사업을 적정하고 원활하게 수행하는 것은 국민의 일상생활의 편의를 위하여 중요한 의미를 가지게 된다. 따라서 법률은 이러한 공익사업의 경영에 있어서 특허기업자에게 독점적 경영권과 함께 각종 특권을 부여하는 반면, 일정한 의무와 부담을 부과하고 있다.

1) 특허기업자의 권리와 특권

① 독점적 경영권

특허기업자는 일정한 사업구역 내에서 완전히 독점권을 가지거나, 복수의 사업자와 함께 어느 정도의 독점적 경영권을 가지게 된다(자동차·선박·항공운수사업 등의 경우 법률이 당해 구역·노선에서의 승객의 수요와 공급의 균형이 유지될 것을 특허의 요건으로 규정하고 있기 때문에 많은 사업자에게 특허를 할 수 없도록 강제된 결과이다). 또한 독점적 경영권은 반사적 이익이 아닌 권리이므로 법령상의 특허요건에 위반하여 제3자에게 행한 특허에 대하여는 기존 특허기업자는 그 취소를 구할 법률상 이익이 있다.

특허기업자와 그 이용자의 관계는 사법관계임이 당연하지만, 예외적으로 전기사업자가 전기사업법(87~90)에 의하여 토지사용권을 부여받아 행사하는 경우와 같이 공법관계일 때도 있다.

> **판례** 특허기업경영자의 이익은 법에 의하여 보호되는 이익이라는 판례
> 자동차운수사업법 제6조 제1호에서 당해 사업계획이 노선 또는 사업구역의 수송수요와 수송력공급에 적합할 것을 면허의 기준으로 한 것은 주로 자동차운수사업법에 대한 질서를 확립하고 자동차운수사업의 종합적인 발달을 도모하여 공공복리의 증진을 목적으로 하고 있으며, 동시에 한편으로는 업자 간의 경쟁으로 인한 경영의 합리화를 보호하자는 데도 그 목적이 있다. 따라서 이러한 기존업자의 이익은 단순한 사실상의 이익이 아니고 법에 의하여 보호되는 이익이라고 해석된다(대판 1992. 4. 28, 91누10220).

② 기타의 특권

특허기업자는 타인의 토지의 수용·사용권과 출입 및 장애물제거 등 특별한 부담을 과할 수 있는 권리인 공용부담특권(상술한 전기사업87~90)과 공물사용권(전기사업92)이 부여되는 경우가 있으며, 그 외에도 경제상의 보호(면세·보조금교부·국공유지의 무상대부·양여 등), 행정벌에 의한 보호(특허받지 아니한 자의 영업에 대한 처벌규정 등 모든 법률이 규정하고 있다) 등이 행하여지고 있다.

2) 특허기업자의 의무와 부담

① 기업경영의무

특허기업 자는 일정기간 안에 시설을 갖추어 사업을 개시하여야 하며 그렇지 못할 경우 특허는 취소할 수 있게 된다(전기사업7·12). 또한 특허사업의 공익성으로 말미암아 사업의 양도·양수나 휴업의 자유가 제한되고 주무관청의 인가(認可)를 받거나 신고하도록 한 경우가 많다(여객자동차운수사업15~17, 전기사업10).

② 지도·감독을 받을 의무

특허기업의 경영실태를 파악하기 위하여 일정한 보고·신고·검사를 하게 하거나, 운임 등의 요금과 이용조건·사업계획 등에 대하여 인가를 받게 하거나 신고하도록 하는 경우가 있으며, 공익상 필요한 경우 사업내용이나 공급권역의 조정 또는 다른 사업자와의 통폐합을 명할 경우가 있으며(도시가스사업40 등), 법령위반시에는 영업의 정지·특허의 취소를 할 수 있음은 물론이다(여객자동차운수사업76 등).

③ 부 담

특허기업에 사용되는 토지 등의 물건은 주무관청의 인가없이 임의로 처분 또는 담보설정을 할 수 없도록 한 경우가 있으며, 이에 위반한 처분행위는 그 효력이 없다(기업물건의 불융통성). 한편, 특허기업자는 특허료를 납부하여야 하며, 국가로부터의 매수요구가 있으면 이에 응하여야 할 경우도 있으며(수도29), 그 설비를 다른 특허기업과 공동으로 사용할 의무 등이 과하여질 경우도 있다.

5. 특허기업의 이전·위탁·종료

1) 특허기업의 이전

특허기업의 이전이란 특허기업자가 그 기업경영권을 타인에게 이전하는 것을 말한다. 특허기업의 특허는 상대방의 경영능력·자질을 고려하여 행하여지는 것이기 때문에 특허기업의 이전은 주무관청의 인가를 받게 하거나 신고하게 하는 경우가 대부분이다. 특허기업의 이전방법으로서는 양도·상속·회사의 합병·경락 등의 방법이 있다.

2) 특허기업의 위탁

특허기업의 위탁이란 기업경영권은 원래의 특허기업자가 가지고, 실제적인 경영·관리를 타인에게 위탁하는 것을 말한다. 특허기업의 위탁에는 임의위탁과 강제관리가 있는 바, 임의위탁은 특허기업자가 주무관청에 신고하거나 인가를 받아 다른 사업자에게 위탁하는 것을 말하며(여객자동차운수사업14 등), 강제관리는 특허기업자의 의무위반·경영부실 등의 경우에 행정청의 감독권 행사 또는 법원의 결정에 의하여 행하여지게 되는 바, 강제관리제도는 폐지되어 현행법상으로는 그 예가 없다.

3) 특허기업의 종료

특허기업의 공익성으로 인하여 기업자는 임의로 이를 폐지할 수는 없지만, 주무관청의 인가를 받거나 신고를 한 경우에는 종료할 수 있으며, 그 외에도 특허기간의 만료, 해제조건의 성취, 특허의 철회 등에 의하여도 종료될 수 있다.

제 4 절 사회보장행정법

Ⅰ. 개 설

1. 사회보장행정의 개념

'사회보장행정'이란 『행정주체가 질병·장애·실업·노령 등의 사회적 위험으로부터 국민을 보호하고 국민생활의 질을 향상시킴으로서 공공복리를 증진하기 위하여 행하는 공적 부조·사회보험·사회복지·공중위생 등의 급부행정작용』을 말한다.

이를 분설하면 다음과 같다.

1) 행정주체가 행하는 작용

사회보장행정의 주체는 행정주체인 국가 또는 지방자치단체가 국민에게 행하는 공행정이다. 따라서 행정주체의 위임에 의하지 아니하는 순수한 사인에 의하여 행하여지는 고아원·양로원의 설립과 운영 등은 복지사업으로서의 의미는 가지지만, 사회복지행정은 아니다. 사회보장기본법(25·26)은 사회보장사업은 원칙적으로 국가와 지방자치단체가 수행하되, 민간부분의 참여를 촉진하고 민간부분이 참여한 때에는 소용되는 경비의 전부 또는 일부를 지원하거나 그 업무수행에 필요한 지원을 할 수 있도록 하고 있다.

2) 국민생활의 질을 향상시키기 위하여 행하는 작용

사회보장기본법(2)은 "사회보장은 모든 국민이 인간다운 생활을 할 수 있도록 최저생활을 보장하고 국민 개개인이 생활의 수준을 향상시킬 수 있도록 제도와 여건을 조성하여, 그 시행에 있어 형평과 효율의 조화를 기함으로서 복지사회를 실현하는 것을 기본이념으로 한다"고 규정하고 있다. 즉 사회보장행정은 개인의 인간다운 생활을 위한 급부행정작용이다. 이러한 점에서 재화와 역무를 제공하는 국가의 다른 급부행정과 구별된다.

3) 공공복리를 증진하기 위하여 행하는 작용

사회보장행정은 개인의 인간다운 생활을 할 수 있도록 물질적인 최저생활의 보장을 이루게 하는 것으로서 적극적으로 사회공공의 복리를 증진하기 위하여 행하여진다는 점에서 소극적인 질서유지를 목적으로 하는 경찰행정과는 달리 적극적인 급부행정작용에 속한다.

2. 사회보장행정의 법적 근거

사회보장행정의 법적 근거로서는 헌법상의 인간다운 생활을 할 권리 및 생활보호를 받을 권리(34), 교육의 권리(31), 노동3권(33), 환경권(35), 가족생활과 보건을 보호받을 권리(36) 등이 있으며, 이에 근거한 법률로서는 기본법인 『사회보장기본법』을 비롯하여, 국민기초생활보장법·근로기준법·직업안정 및 고용촉진에 관한 법률·산업재해보상보험법·국민건강보험법·의료급여법·재해구호법·장애인복지법·영유아보육법·아동복지법·노인복지법·국민연금법 및 국가유공자예우 등에 관한 법률 등이 있다.

Ⅱ. 사회보장의 종류 및 수단

1. 종 류

사회보장이란 질병·장애·노령·실업·사망 등의 사회적 위험으로부터 모든 국민을 보호하고 빈곤을 해소하며 국민생활의 질을 향상시키기 위하여 제공되는 사회보험·공공부조·사회복지서비스 및 관련 복지제도를 말한다(사회보장기본법3). 따라서 사회보장은 사회보험·공공부조·사회복지서비스·특별원호 등으로 구분하여 설명할 수 있다.

1) 사회보험

사회보험이란 국민에게 발생하는 질병·노령 등의 사회적 위험에 대비하기 위하여 본인이 평소에 납부한 보험료 등을 재원으로 하여 일정한 급여를 지급하는 것을 말한다. 사회보험으로는 국민연금보험, 국민건강보험, 산업재해보험 및 고용보험 등이 있다. 이를 흔히 국민의 4대 보험이라 한다.

사회보험은 본인의 갹출금을 재원의 일부로 하고, 일정한 보험사고라는 법률사실이 발생하면 당연히 보험급여청구권이 발생한다는 점에서 공적 부조와 구별되며, 보험가입 및 보험료 징수가 법률로 강제되며 보험계약내용도 법률이 직접 규정하고 국가와 사업주도 일정 비용을 부담한다는 점에서 공법관계이며, 사법상 계약에 의한 사보험과는 구별된다.

2) 공공부조

공공부조란 신체장애·노령·질병 등으로 인하여 생활유지능력이 없거나 생활이 어려운 자에게 공적 부담으로 최저생활에 필요한 부조를 하는 제도를 말한다. 공적부조는 현실적으로 생활불능상태에 있거나 위의 여러 가지 사정으로 생활이 곤궁한 상태에 있는 자에게 국가·공공단체가 최종적인 생활보장수단으로서 보험료의 납부를 요건으로 하지 아니하고 최저생활에 필요한 급여를 행하는 점에서 사회보험과는 구별된다. 공공부조를 제공하기 위하여서는 필연적으로 행정기관의 자력조사를 거치게 된다.

3) 사회복지서비스

사회복지란 노인·아동·심신장애자 등 생활상의 장해자에 대하여 주로 금전 이외의 의료시설 이용·재활·직업소개·시설제공·생활편의수단의 공급 등의 급부를 함으로써 생활상의 장해를 경감시켜 주는 것을 말한다.

4) 특별원호

특별원호란 상이군경과 전몰군경의 유족 등 국가를 위한 특별한 희생자의 생활상의 장해에 대한 보상(보답한다는 의미이므로 손실보상에서 말하는 보상과는 구분된다)적 성질의 급부를 말한다.

2. 수　단

사회보장의 종류가 다양한 만큼 이를 달성하기 위한 수단, 즉 행위형식도 다양하다.

1) 형성적 행정행위

국민기초생활보장법에 의한 생계급여 등 각종 **급여의 지급결정처분**은 단순한 확인행위가 아니라 상대방의 재산·건강상태 등을 판단자료로 하여 보호를 받을 권리를 창설해 주는 일종의 형성적 행정행위라 할 수 있다. 이 경우 급부주체인 국가 또는 지방자치단체와 그 수급자인 국민의 법률관계는 일종의 고권적 법률관계라 할 것이다. 즉 급부주체인 국가가 거래대가의 지급자의 입장에서가 아니고 고권적 입장에서 형성적 처분에 의하여 일방적으로 급부의 내용을 결정하는 관계이므로, 급부주체와 수급자와의 관계는 대등한 당사자관계가 아니고 고권적 관계라는 것이다.

2) 확인행위

급부의 수급자격·내용은 법률의 규정에 의하여 직접 발생하는 것이지만, 급부의 확실성을 기하여 당사자 간의 분쟁을 방지한다는 의미에서 **준법률행위적 행정행위의 일종인 확인행위**에 의할 경우도 있다(예 : 국민연금급여, 공무원연금급여, 국가유공자에 대한 급여 등).

3) 일정한 법률사실의 발생

산재보상보험급여·자동차손해배상급여 등과 같은 것은 일정한 산업재해나 자동차사고의 발생이라는 법률사실이 있으면 **당연히 구체적인 급부청구권**이 발생하며, 확인행위 기타의 행정처분을 필요로 하지 아니한다. 따라서 이에 관한 분쟁도 민사소송에 의하여 해결함이 원칙이지만, 다만 산업재해보상보험급여의 결정에 대하여는 행정청에 심사를 청구할 수 있으며 그 재결에 대하여는 행정소송을 제기할 수 있도록 하였다(산업재해보상보험법94②).

Ⅲ. 사회보험

1. 국민연금보험

1) 의 의

우리나라의 연금제도는 일원화되어 있지 않고, 국민연금법, 공무원연금법, 군인연금법, 사립학교교직원연금법 등에 의하여 각각 실시되고 있다. 이 중에서 국민연금법에 의하여 국민의 노령·폐질·사망에 대하여 연금급여를 실시하는 것을 국민연금보험 또는 국민연금제도라 한다.

2) 성 격

국민연금보험은 ① 연금보험료를 주된 재원으로 하고, ② 연금보험료와 급여가 결정되어 있고, ③ 그 가입이 원칙적으로 강제되어 있으므로 사회보험에 속한다. 따라서 사보험인 사적연금 및 기업이 종업원을 대상으로 하는 기업연금과는 구별된다. 또한 국민연금보험은 노령퇴직자 등에 대한 장기적 소득보장을 목적으로 하는 장기보험이다. 따라서 상병(傷病)에 대한 요양급여를 주목적으로 하는 단기보험인 건강보험과 구별되며, 근로자의 업무상 재해에 대한 보상인 산업재해보험과 구별된다.

3) 보험자와 연금가입자

보험자는 보건복지부장관(실제로는 그 위탁을 받은 국민연금관리공단)이 되며, 피보험자인 연금가입자는 18세 이상 60세 미만의 국민이 된다. 단 공무원·군인·사립학교교직원은 각각 별도의 개별법률의 적용을 받으므로 제외된다.

연금가입자는 ① 사업장가입자, ② 지역가입자, ③ 임의가입자 등으로 구분된다.

4) 보험급여의 내용

보험급여의 내용은 ① 일정기간(원칙적으로 20년) 가입자 또는 가입자이었던 자가 60세(특별한 경우 55세)에 도달한 때에 그 때부터 그가 생존하는 동안 받는 연금인 **노령연금**, ② 가입 중에 발생하는 질병 또는 부상으로 인하여 그 완치 후에도 신체 또는 정신상의 장애가 있는 자에 대하여 그 장애가 존속하는 동안 장애정도에 따라 지급하는 연금인 **장애연금**, ③ 노령연금수급권자, 가입기간이 10년 이상인 가입자이었던 자, 가입자, 장애등급 2급 이상에 해당하는 장애연금수급권자가 사망한 때에 그 유족에게 지급하는 연금인 **유족연금** 등이 있으며, 이에 소요되는 보험료는 사업장에 고용된 자(사업장가입자)의 경우에는 본인과 사용자가 각각 절반씩(표준소득월액의 1,000분의 45) 부담하고, 그 외의 자(지역가입자·임의가입자)의 경우에는 본인이 전액(표준소득월액의 1,000분의 90)을 부담하는 바(동법75), 이를 납부하지 아니할 때에는 국민연금관리공단은 독촉을 한 후 보건복지부장관의 승인을 얻어 국세체납처분의 예에 따라 강제징수할 수 있다(동법79).

2. 국민건강보험

1) 목 적

국민건강보험법(2000. 7. 1 시행)에 의하여 의료보험이라는 용어를 국민건강보험이라는 용어로 변경하고, 지역주민과 직장으로 이분화되어 있었던 피보험자에 대한 건강보험을 통합하여 단일한 보험자에 의하여 관리·운영하게 되었다. 국민건강보험제도는 국민의 질병·부상에 대한 예방·진단·치료·재활과 출산·사망·건강증진에 대하여 보험급여를 실시함으로써 국민건강을 향상시키고 사회보장을 증진함을 목적으로 하고 있다.

2) 성 격

국민건강보험은 사회보험으로서의 성격을 가지며, 구체적으로 나누어보면 질병보험, 전국민보험, 강제보험 및 단기보험의 성격을 가진다. 질병보험이라 함은 질병·부상을 보험사고로 하여 보험급여를 제공하는 것을 말하며, 전국민보험이란 모든 국민을 그 적용대상으로 하는 것을 말하며, 강제보험이라 함은 그 가입이 피보험자의 임의적 의사에 의하는 것이 아니라 그 의사와 상관없이 반드시 가입하여야 하는 것을 말하며, 단기보험이라 함은 1회계연도를 기준으로 보험료를 계산하며, 그 지급기간도 비교적 단기간으로 한다는 의미이다.

3) 적용대상

국민건강보험에 의한 건강보험의 적용대상은 원칙적으로 국내에 거주하는 모든 국민이며, 이를 다시 가입자와 피부양자로 나뉜다. 가입자는 보험료의 부담의무를 지는 직장가입자 또는 지역가입자를 말하며, 피부양자란 가입자의 부모. 직계존·비속 및 배우자처럼 가입자에 의해 주로 생계를 유지하는 자로서 보수 또는 소득이 없는 자를 말한다.

4) 보험자와 보험료

국민건강보험법상의 보험자는 국민건강보험공단이다. 공단은 공법인으로서 법인격을 가지며, 건강보험의 경영주체로서 보험료의 징수, 보험급여 등을 행하게 된다. 보험료는 직장가입자의 경우에는 표준보수월액에 일정한 보험요율을 곱하여 얻은 금액으로 하며, 지역가입자가의 경우에는 세대의 소득·재산·생활수준 등을 참작하여 정한 보험료부과점수에 대통령령으로 정하는 보험료부과점수당 금액을 곱한 금액으로 한다(동법62).

5) 보험급여의 내용

보험급여에는 ① 지정의료기관 또는 약국에서 행하는 요양급여(39), ② 건강검진(47), ③ 장제비, 상병수당 기타의 급여를 실시하는 임의급여(45)가 있다.

3. 산업재해보상보험

1) 무과실책임의 원칙과 산업재해보상

산업재해보상보험은 19세기 중반부터 도입되기 시작한 제도로서, 근로자의 업무중에 발생한 재해에 대하여 사용자가 부담하는 보상책임의 이행을 담보하기 위하여 도입한 보험제도이다. 근대시민법의 법원칙에 따르면, 근로자는 업무 도중에 질병·부상·신체장해·사망 등에 이르게 되는 경우 그 손해배상책임은 사용자의 과실이 입증되는 경우에만 한정되는 이른바 과실책임의 원칙이 적용되어야 한다.

그러나 생산조직이 기계화·대규모화·위험화하게 됨에 따라 기업활동을 통하여 이익을 얻는 사용자는 기업활동에 수반되는 손해도 과실여부를 불문하고 보상하여야 한다는 무과실책임의 원칙이 인정되기에 이르렀다. 산업재해보상보험제도는 바로 이러한 무과실책임의 원칙을 실현하기 위하여 도입된 제도이다. 제조물의 하자에 의하여 발생하는 손해에 대하여 제조업자에게 그 책임을 묻는 제조물책임도 바로 이러한 무과실책임의 원칙에 따른 것이다.

2) 업무상 재해

산업재해보상이 지급되기 위한 요건은 '업무상의 재해의 발생'이다. 일반적으로 업무상 재해란 업무수행 중에 업무에 기인하여 발생하는 재해로서 업무수행성과 업무기인성을 그 요소로 하고 있다. 따라서 사용자의 고의·과실이나 근로자의 과실 유무와 관계없이 업무수행중이거나 또는 업무에 기인하여 부상·질병·사망 등의 재해가 발생하게 되면 업무상의 재해가 된다. 오늘날에 와서는 업무상의 재해의 범위가 점점 확대되어 가고 있는 경향이 있다. 그러므로 산업재해보상에 있어서는 사용자의 고의·과실을 근로자가 입증할 필요가 없고, 근로자의 과실 유무를 묻지 않으며, 배상액이 정액화되어 있고, 민사소송에 의하지 아니하고도 간편·신속하게 보상을 받을 수 있다는 점에 그 특징이 있다.

3) 산업재해보상의 내용

현행 산업재해보상보험법은 개별 사용자의 근로기준법에 의한 산업재해보상책임의 위험을 분산함과 동시에 피해근로자에게 확실하고 신속하게 보상을 행하기 위하여 사용자를 보험가입자로 하고 정부(근로복지공단)를 보험자로 하는 보험제도를 마련하고 있다. 피보험자는 사업주에 고용된 근로자이다. 보험급여의 내용은 요양급여·휴업급여·상병보상연금·장해급여·유족급여·간병급여·장의비 등이 있다.

① **요양급여**란 근로자가 업무상의 사유에 의하여 부상을 당하거나 질병에 걸린 경우에 당해 근로자에게 지급하는 것으로, 4일 이상의 요양을 필요로 하는 경우에만 지급하며, 원칙적으로 현물급여이다. ② **휴업급여**란 요양으로 인하여 4일 이상 근로를 할 수 없기 때문에 임금을 받지 못하는 근로자에게 지급되는 단기간의 근로불능에 대한 소득보장급여이다. ③ **상병보상연금**이란 업무상의 재해로 인한 장기적 노동불능에 대한 소득보장급여로서, 요양급여를 받는 근로자가 요양개시 후 2년이 경과하여도 그 상병이 치유되지 않고 일정한 폐질등급기준에 해당하면 지급되는 보험급여이다. ④ **장해급여**란 상병이 치유된 후에 신체에 장해가 남아있을 경우에 그 장해의 정도에 따라 지급되는 급여를 말한다. ⑤ **유족급여**란 업무상의 재해로 인하여 근로자가 사망한 경우에 그 유족의 생활보장을 목적으로 하는 소득보장급여이다. 유족급여는 근로자의 사망으로 인하여 장래 얻을 수 있는 수입을 상실하게 되는 재산상의 손해를 전보하기 위하여 일정액을 유족에게 지급하는 것으로서 이는 위자료의 성질을 가지는 것은 아니다(대판 1981. 10. 13, 80다2928). ⑥ **간병급여**란 요양급여를 받은 자가 치유 후 의학적으로 상시 또는 수시로 간병이 필요하여 실제로 간병을 받는 경우에 지급된다. ⑦ **장의비**란 근로자가 업무상 재해로 사망한 경우에 그 장의를 행하는 자에게 지급한다. 장의비는 평균임금의 120일분에 상당하는 금액으로 한다.

이러한 재해급여에 소요되는 비용은 보험가입자인 사업주로부터 징수하는 보험료로 충당하되 국가가 보험사무의 집행에 소요되는 경비를 보조할 수 있다. 따라서 피보험자인 근로자는 보험료를 납부하지 아니하고 보험급여를 받는다.

> **판례** 업무상 재해에 관한 판례
> 회사의 트럭 운전기사가 술이 깬 후에 회사의 생산물을 운반하라는 상사의 구두 지시에 위배하여 트럭을 운행하다가 교통사고로 사망한 경우, 그 운행이 회사의 지배·관리하의 업무수행을 벗어난 자의적·사적인 행위에 해당한다고 보기 어렵고, 음주운전이라 하여 바로 업무수행행위가 부정되는 것은 아닌데다가 교통사고는 그 운전기사의 업무수행을 위한 운전 과정에서 통상 수반되는 위험의 범위 내에 있는 점 등에 비추어 그 운전기사의 사망은 업무수행 중 그에 기인하여 발생한 것으로서 업무상 재해에 해당한다(대판 2001. 7. 27, 2000두5562).

> **판례** 업무와 질병 사이에 상당인과관계가 있다고 추단되는 경우에도 재해가 입증된다는 판례
> (구)산업재해보상보험법(1999. 12. 31 개정 이전의 법) 제4조 제1호 소정의 업무상 재해를 인정하기 위한 업무와 재해 사이의 상당인과관계는 반드시 의학적·자연과학적으로 명백히 입증하여야 하는 것은 아니고, 제반 사정을 고려할 때 업무와 질병 사이에 상당인과관계가 있다고 추단되는 경우에도 그 입증이 있다고 보아야 한다(대판 2001. 4. 13, 2000두9922).

4. 고용보험

고용보험은 실업의 위험으로부터 근로자의 생계를 제도적으로 보장하여 노사 쌍방에게 고용조정에 따른 부담을 경감시키고, 산업구조조정에 따른 실업인력에 대하여 산업사회의 수요에 부응하는 훈련을 실시하며, 적극적인 취업을 알선하여 원활한 산업구조조정을 이루기 위한 제도이다. 현행 고용보험법에 의거하여 일정규모 이상의 사업장의 근로자에 대하여 실시하는 고용보험사업은 고용안정사업·직업능력개발사업·실업급여·육아휴직급여 등의 형태로 행하여진다. 그 중 실업급여는 구직급여와 취업촉진수당으로 구분되며, 구직급여는 사업주와 근로자가 각각 2분의 1씩 부담한 보험료를 재원으로 하여, 실업 직전 18개월 동안에 180일 이상 고용되어 보험료를 납부한 근로자에게 본인의 임금의 100분의 50에 상당하는 금액을 원칙적으로 이직일의 다음날부터 12개월 범위안에서 법정 급여일수를 한도로 하여 지급된다(동법31 이하).

Ⅳ. 공공부조

1. 개 설

공공부조란 근로의 능력이 없거나 생활이 곤궁한 자에게 국가의 책임 아래 최저한의 건강하고 인간다운 생활을 할 권리를 보장하여 주는 제도이다. 공공부조는 공적인 부담만으로 하는 것으로서, 무갹출급부제도이며 조세수입을 재원으로 행하여진다는 점에서 일반국민의 부담으로 돌아가는 것이므로 사회보장에 대한 보충적 수단으로서의 지위를 가지며, 보충성의

원칙과 과잉급부금지의 원칙 등이 적용된다고 하겠다.

현행법상 공공부조에 해당하는 것으로서는 국민기초생활보장법(2000. 10. 1 시행)에 의한 각종 급여와 의료급여법에 의한 의료급여가 있으며, 이들 법률에 의하여 행하는 '**급여의 결정처분**'은 이에 의거하여 비로소 보호받을 권리가 구체적으로 창설되는 일종의 **형성적 행정행위**로서, 급여의 신청에 대한 거부처분에 대하여는 **항고소송**을 제기하여 그 취소·변경을 구할 수 있음은 물론이다. 급여요건에 해당함에도 불구하고 급여를 거부할 수는 없다고 하여야 할 것이므로 급여의 결정처분은 형성적 행위이지만 기속행위에 해당한다.

2. 국민기초생활보장법에 의한 급여

1) 수급권자

동법에 의한 각종 급여의 수급권자는 부양의무자가 없거나, 부양의무자가 있어도 부양능력이 없거나 부양을 받을 수 없는 자로서 소득인정액이 최저생계비 이하인 자이다(동법5①).

2) 수급자의 결정

수급권자로부터의 급여의 신청에 의하여 시장·군수·구청장은 소득·재산·근로능력·취업상태·건강상태·기타 생활실태를 조사하여 급여의 실시여부와 급여의 내용에 관한 결정처분을 하여야 한다(21~26).

3) 급여내용

① 생계급여(최저생활유지에 필요한 의복·음식물·연료비 등 기본적인 금품의 지급), ② 주거급여(임차료 등), ③ 의료급여(후술), ④ 교육급여(학교수업료의 지원 등), ⑤ 해산급여(조산, 분만 전과 분만 후의 조치와 보호), ⑥ 장제급여(사망시의 장제비 지급), ⑦ 자활급여(기술습득·취업알선·공공근로·자활시설대여 등) 등이 있다(7).

4) 보장기관

원칙적으로 수급자의 거주지를 관할하는 특별시장·광역시장·도지사와 시장·군수·구청장이며, 국가도 보장기관이 될 수 있다(19). 보장기관은 수급권자·수급자·수급권자의 차상위계층에 대한 조사와 수급자 결정 및 급여의 실시등 이 법에 의한 보장업무를 수행하기 위하여 사회복지사업법 제14조의 규정에 의한 사회복지전담공무원을 배치하여야 한다(19④).

5) 구제절차

시장·군수·구청장의 급여의 거부 또는 급여결정의 내용에 불복할 경우에는 60일 이내에 특별시장·

광역시장·도지사에게 **이의신청**을 할 수 있으며(38), 이의신청에 대한 결정에 불복할 경우에는 60일 이내에 보건복지부장관에게 다시 이의신청을 할 수 있고(40), 이에 불복할 경우에는 행정소송을 제기할 수 있다. 이러한 이의신청을 거치지 아니하고 바로 **행정소송**을 제기할 수도 있음은 물론이다 (행소법18·임의적 전치주의).

3. 의료급여법에 의한 급여

1) 의 의

의료급여란 국민기초생활보장법에 의한 수급자 기타 생활이 어려운 자를 대상으로 그들이 자력으로 의료문제를 해결할 수 없는 경우에 국가재정으로 의료혜택을 부여하는 제도이다. 의료급여법에 의한 의료급여는 국민기초생활보장법에 의한 급여와 마찬가지로 대표적인 공공부조이다. 따라서 그 비용은 원칙적으로 국가가 전적으로 부담하게 된다.

2) 수급권자

국민기초생활보장법에 의한 수급자, 재해구호법에 의한 이재민, 의사상자예우에 관한 법률에 의한 의상자 및 의사자의 유족, 국내에 입양된 18세 미만의 아동, 독립유공자 및 국가유공자와 중요무형문화재의 보유자 및 북한이탈주민, 5·18 민주화운동 관련자와 이들의 가족, 출입국관리법에 의한 난민의 지위를 인정받은 자, 기타 생계능력이 없거나 생활이 어려운 자이다(동법3①).

3) 급여내용

원칙적으로 모든 질병에 대한 진찰·수술 등의 치료, 약제 또는 치료재료의 지급, 간호, 입원 등에 대하여 의료급여를 행하며, 그 비용은 의료급여기금에서 부담한다(동법7·10).

V. 사회복지서비스

1. 의 의

사회복지서비스란 노인·아동·모자·심신장애자 등 생활상의 도움을 필요로 하는 자를 대상으로 하여 주로 금전 이외의 상담·재활·직업소개 및 지도·사회복지시설이용 등의 급부를 함으로써 정상적인 사회생활이 가능하도록 지원하는 것을 말한다(사회보장기본3). 사회복지서비스란 주로 소득 또는 근로능력이 없는 자를 대상으로 하지만, 이들에 대한 소득보장급여는 아니고,

금전적 급여에 의하지 않는 공적 서비스를 통하여 생활상의 여러 가지 장애를 경감시켜 주는 것을 주된 목적으로 한다.

2. 법적 근거

사회복지서비스에 관한 현행법제로서는 노인복지법·아동복지법·모자보건법·모·부자복지법·사회복지사업법·장애인복지법·영유아보육법·정신보건법·성폭력범죄의 처벌 및 피해자보호 등에 관한 법률·성매매방지 및 피해자보호 등에 관한 법률·가정폭력방지 및 피해자보호 등에 관한 법률 등이 있다.

3. 대상자

사회복지서비스의 대상자로서는 위의 각 개별 법률에서 규정하고 있는바, 6세 미만의 취학 전 아동인 영유아, 65세 이상의 노인, 18세 미만의 아동, 임신 중 또는 분만 후 6월 이내의 여자, 신체적·정신적 장애로 인하여 장기간에 걸쳐 일상생활·사회생활에 상당한 제약을 받는 장애인, 배우자와 사별·이혼하거나 유기된 여성으로서 아동을 양육하는 모가 세대주인 모자가정(母子家庭), 성매매피해자와 성을 파는 행위를 한 자, 정신병·인격장애·알코올 및 약물중독 기타 비정신병적 정신장애를 가지고 있는 정신질환자 등이다.

4. 사업주체

사회복지서비스의 사업주체는 국가·지방자치단체·사회복지법인 등이며, 그 실시기관은 보건복지부장관, 특별시장·광역시장·도지사, 시장·군수·구청장이며, 사회복지위원회, 보육위원회, 장애인복지조정위원회, 복지위원, 보육교사, 아동위원, 아동복지지도원, 가정봉사원, 장애인복지상담원 등의 자문기관·협력자 등이 보좌 또는 보조하고 있다.

> **판례** 시장·군수·자치구의 구청장이 사회복지시설에 대한 감독권을 가진다는 판례
> 구 사회복지사업법(1997. 8. 22 전문개정 되기 이전의 법) 제11조, 제22조, 제28조 제2항, 제29조, 제37조 제1항의 각 규정을 종합하면, 시장·군수·자치구의 구청장이 사회복지시설의 설치·운영에 관한 허가 및 취소권뿐만 아니라 그에 관한 감독권을 가진다(대판 2000. 6. 23, 98두11120).

5. 사업내용

사회복지서비스는 주로 금전급부 외의 방법으로 행하여지는 것이므로, 상담·재활·직업소개

및 지도와, 보호·치료·갱생훈련 등을 위한 복지시설에의 입소 등이 있다.

Ⅵ. 특별원호

1. 의 의

특별원호란 상이군경 등 국가를 위한 특별한 희생으로 인한 생활상의 장해자에 대하여 행하는 보상적 성질의 급부로서, 그 재원은 공적 부조와 같은 조세수입이며, 현행법상 국가유공자예우 등에 관한 법률·재해구호법·의사상자보호법 등이 근거법률이 된다.

2. 국가유공자에 대한 보훈

독립유공자예우 등에 관한 법률 및 국가유공자예우 등에 관한 법률에 의거하여, ① 대상자는 순국선열, 애국지사, 전몰·순직·공상 군경, 순직·공상 공무원, 4·19혁명 사망·상이자, 무공·보국훈장 수훈자 등이며, ② 보훈내용으로서는 보상금지급(연금·생활수당·간호수당 등), 교육보호, 취업보호, 의료보호, 각종 자금의 대부, 주택의 분양 등이 있다.

3. 재해구호

재해구호법에 의거하여 풍·수해, 한해·화재 기타의 재해로 인한 이재민의 구호를 위하여 임시주거시설의 제공, 급식 기타 생활필수품의 급여, 의료서비스 제공 등을 행하고 있다.

4. 의사상자보호

의사상자보호법에 의거하여 직무 외의 행위로 타인의 생명·신체·재산상의 급박한 위해를 구제하다가 부상을 입은 자와, 사망자의 유족에 대하여는 보상금 지급·의료보호·자녀의 교육보호·취업보호·장제보호 등을 행한다(7~12).

Ⅶ. 사회보장을 받을 권리의 보호 및 행정쟁송

사회보장체계에 있어서 기본이 되는 사회보장기본법(9)은 "모든 국민은 사회보장에 관한 관계법령이 정하는 바에 의하여 사회보장의 급여를 받을 권리를 가진다"고 규정하고 있기 때문에 개별 법률이 정하는 바에 따라 구체적으로 급여를 받을 수 있는 권리가 인정된다. 또한 대부분의 사회보장 관련법률에서는 수급권이라는 용어를 사용하여 사회보험가입자의 보험급여에 대하여 권리성을 인정하고 있다. 따라서 각종 사회보장이 **행정행위**(거부처분을 포함한다)의 형식으로 행하여지는 한 각 개별법률에 의한 특별행정심판 또는 행정심판법에 의한 행정심판과 행정소송으로 구제 받을 수 있다.

즉, 사회보장에 관한 각 개별법률은 구제절차에 관하여 대체로 특별행정심판의 일종으로 볼 수 있는 ① 처분청에 대한 **이의신청**, ② 상급기관에 대한 **심사청구**, ③ **행정소송**의 3단계의 절차를 마련하고 있는 바, 행정소송법상 행정심판이 임의절차로 개정됨에 따라 이의신청 또는 심사청구를 거치지 아니하고 **바로** 행정소송을 제기하여 다툴 수도 있다(국민연금88~92, 국민건강보험76~78, 산업재해보상보험88~94, 고용보험74~77, 국민기초생활보장38~41 등).

한편, 각 개별법률은 사회보장을 받을 권리를 특별히 보호하기 위하여 ① 정당한 사유없는 불이익변경의 금지(국민기초생활보호34), ② 권리의 타인에 대한 양도 및 압류의 금지(동35·36) 등에 관하여 규정한 경우도 있다.

제 5 절　조성행정법

'조성행정'이란 행정주체가 공공복리의 증진을 위하여 특정인의 경제·문화적 사업 또는 활동을 조장하거나 보호하는 행정작용을 말한다. 조성행정의 관념은 실정법상의 용어가 아닌 학문상의 용어이며 아직 명확하게 정의되지는 못하고 있으나, 오늘날 산업·문화·교육 등의 발전을 촉진·조장하기 위한 조성행정의 비중은 날로 증대하고 있다. 조성행정은 행정작용으로 행하여지는 것으로서 구체적으로는 '자금지원행정'과 '사권보호행정'이 있다.

Ⅰ. 자금지원행정

1. 의　의

자금지원행정이란 국가·지방자치단체 또는 공공단체가 특정한 사업의 촉진·조장을 위하여 금전의 급부 기타의 방법에 의한 경제상의 원조를 부여하는 행정을 말한다.

2. 자금지원행정과 법률유보(법적 근거)

자금지원행정은 헌법(119②)상 균형있는 국민경제의 성장을 위한 규제와 조정조항에 근거하여 제정된 보조금의 예산 및 관리에 관한 법률·중소기업진흥 및 제품구매촉진에 관한 법률·생명공학육성법·축산자금의 조성 및 운용에 관한 법률·항공운수사업진흥법·항공우주산업개발촉진법·문화예술진흥법 등의 각 개별법률에 의거하여 행하여진다. 다만 자금지원행정이 법률의 근거가 있을 때에만 허용될 것인지의 여부에 대해서는 법적 근거를 요한다고 보는 적극설과, 예산상의 근거가 있는 한 법률의 근거가 없어도 이를 행할 수 있다고 보는 소극설 및 자금지원행정은 원칙적으로는 법률의 근거를 요하지 아니하며 예외적으로 법률의 근거를 요한다고 보는 절충설로 나누어져 있다.

1) 법적근거필요설

이 설은 법률유보에 관한 **사회유보설**(급부행정유보설)의 입장에서 사인의 활동에 대한 국가적 조성작용은 평등성을 확보하거나 조성의 대상·기준·방법 등을 명백히 하기 위하여 자금지원행정에도 법적 근거가 필요하다고 본다.

2) 법적근거불요설

이 설은 수익적 작용으로서의 자금지원행정에 법적 근거가 필요하다고 한다면, ① 관계법이 제정되어 있지 않으면 재원이 확보되어 있어도 그 시행이 불가능하게 되어 국민의 입장에서 볼 때 오히려 바람직하지 못하며, ② 구체적 법적 근거가 없이 자금지원행정이 행하여지더라도, 평등원칙·비례원칙·부당결부금지원칙 등의 행정법의 일반법원칙에 기속을 받는 것이므로 행정작용이 자의적으로 행하여질 가능성이 거의 없다는 점을 고려하면, 자금지원행정의 수행에 필요한 예산이 마련되어 있는 한 법률의 근거 없이도 이를 행할 수 있다는 견해이다.

3) 절충설(제한적 법적근거필요설)

이 설은 자금지원행정은 반드시 법률의 근거를 요하는 것은 아니라는 전제 하에, 다만 그 자금지원이 상대방의 부담과 결부되어 행하여지는 경우, 자금지원을 받는 권리를 보호할 필요성이 있는 경우, 자금지원의 법형식 또는 조직을 고권적으로 구성할 필요가 있는 경우, 제공자에게 자금지원의무를 명할 필요가 있는 경우 등의 경우에는 예외적으로 법률의 근거를 요한다고 본다.

3. 종 류

1) 수단에 따른 분류

경제적 원조의 수단에 따라 ① 보조금 교부, ② 자금의 대부, ③ 채무의 지급보증, ④ 국가·지방자치단체의 출자, ⑤ 국공유재산의 무상 양여 또는 대부, ⑥ 조세의 감면 등이 있다. 이 중 자금조성행정에서 가장 일반적인 것이 보조금의 교부이다. 보조금의 경우 당해 연도에 그치는 것으로 법률의 근거없이 예산에만 책정되어 행하여지는 예산상의 보조금이 많았으나, 오늘날에 와서는 법률에 근거를 두고 그 지출을 규제하는 경우도 많다.

2) 대상사업에 다른 분류

① 기업조성

기업조성이란 일정한 사기업에 대하여 행하는 조성을 말하는 것으로서 조성을 받는 기업을 보호기업이라 한다. 예컨대, 중소기업진흥 및 제품구매촉진에 관한 법률·벤처기업육성에 관한 특별조치법·소기업 및 소상공인지원을 위한 특별조치법·항공우주산업개발촉진법 등에 의한 각 해당 분야의 기업을 지원·육성하는 것을 말한다.

② 교육조성

교육조성이란 국민의 교육을 받을 권리를 보호·조성함으로서 문화와 생활향상을 위하여 행하는 작용을 말한다. 예컨대, 영재교육진흥법·과학교육진흥법·산업교육진흥법·도서벽지교육진흥법·특수교육진흥법 등에 의하여 장학금지급 등의 방법으로 국민의 교육을 받을 권리를 보호하여 문화발전에 기여하려는 것을 말한다.

③ 문화예술조성

문화예술진흥법에 의하여 국가·지방자치단체는 문학·미술·음악·연예·출판 등의 문화예술을 보호·육성할 의무를 지며, 이를 지원하기 위하여 한국문화예술진흥원을 설치하고(동법 제6장), 동 진흥원으로 하여금 문화예술진흥기금을 운용·관리하여 이들 사업에 대한 자금지원을 하도록 하고 있다.

④ 과학기술조성

과학기술기본법·기술개발촉진법·기초과학연구진흥법·발명진흥법·신에너지 및 재생에너지 개발·이용·보급촉진법 등에 의하여 특정 과학기술연구를 위한 보조금의 지급과 조세의 면제 등의 조성을 하고 있다.

4. 자금지원행정의 행위형식

1) 행정행위

자금지원행정은 일정한 사업을 조성하기 위한 **조세감면**과 같이 행정행위의 형식에 의할 경우도 있다.

> **판례** [1] 보조금지급결정의 처분성
> 지방자치단체가 보조금 지급결정을 하면서 일정 기한 내에 보조금을 반환하도록 하는 교부조건을 부가한 사안에서, 지방자치단체의 보조금관리조례 규정과 위 보조금 지급결정이 행정청 재량이 인정되는 수익적 행정행위의 성격을 지니고 있고 경제촉진을 위하여 다양한 형태의 보조금행정을 시행할 필요성도 있는 점 등을

종합하여 보면, 지방자치단체가 보조금 지급결정을 하면서 반드시 보조사업자에게 수익이 발생할 경우에 한하여 보조금을 반환하게 하는 조건을 붙일 수 있다고 볼 근거는 없고, 보조사업자의 보조금 신청 내용과 재정상태, 지방자치단체의 예산상태, 공익상·시책상 필요성, 보조금의 교부목적 등을 고려하여 금융이자의 부담 없이 보조금을 사용하도록 하되, 일정 기한 내에 보조금을 반환하도록 하는 조건의 재정상 원조를 하는 것도 허용될 수 있다고 해석되며, 이 경우 보조금의 예산 및 관리에 관한 법률 제18조 제2항이 유추 적용될 수는 없다고 한 사례.

[2] 보조사업자에 대한 지방자치단체의 보조금반환청구는 행정소송법 제3조 제2호에 규정한 당사자소송의 대상이라고 한 사례

지방자치단체가 보조금 지급결정을 하면서 일정 기한 내에 보조금을 반환하도록 하는 교부조건을 부가한 사안에서, 보조사업자의 지방자치단체에 대한 보조금 반환의무는 행정처분인 위 보조금 지급결정에 부가된 부관상 의무이고, 이러한 부관상 의무는 보조사업자가 지방자치단체에 부담하는 공법상 의무이므로, 보조사업자에 대한 지방자치단체의 보조금반환청구는 공법상 권리관계의 일방 당사자를 상대로 하여 공법상 의무이행을 구하는 청구로서 행정소송법 제3조 제2호에 규정한 당사자소송의 대상이라고 한 사례[대법원 2011.6.9, 선고, 2011다2951, 판결].

> **판례** 중앙관서의 장이 보조금의 예산 및 관리에 관한 법률 제31조 제1항에 의한 보조금 반환을 구하는 경우, 민사소송의 방법으로 반환청구를 할 수 있는지 여부(소극)

보조금의 예산 및 관리에 관한 법률은 제30조 제1항에서 중앙관서의 장은 보조사업자가 허위의 신청이나 기타 부정한 방법으로 보조금의 교부를 받은 때 등의 경우 보조금 교부결정의 전부 또는 일부를 취소할 수 있도록 규정하고, 제31조 제1항에서 중앙관서의 장은 보조금의 교부결정을 취소한 경우에 취소된 부분의 보조사업에 대하여 이미 교부된 보조금의 반환을 명하여야 한다고 규정하고 있으며, 제33조 제1항에서 위와 같이 반환하여야 할 보조금에 대하여는 국세징수의 예에 따라 이를 징수할 수 있도록 규정하고 있으므로, 중앙관서의 장으로서는 반환하여야 할 보조금을 국세체납처분의 예에 의하여 강제징수할 수 있고, 위와 같은 중앙관서의 장이 가지는 반환하여야 할 보조금에 대한 징수권은 공법상 권리로서 사법상 채권과는 성질을 달리하므로, 중앙관서의 장으로서는 보조금을 반환하여야 할 자에 대하여 민사소송의 방법으로는 반환청구를 할 수 없다고 보아야 한다[대법원 2012.3.15, 선고, 2011다17328, 판결].

2) 행정행위와 사법상 계약의 2단계 행위

자금의 대부 또는 보증 등과 같이 계속적 법률관계를 형성하게 되는 자금지원행정은 제1단계로 행정행위에 의하지만, 제2단계로 사법상의 계약에 의하여 행하여지게 된다(2단계설). 즉 자금의 대부와 같이 **제1단계로 대부여부의 결정을 행정행위로 한 후**(따라서 대부의 결정 또는 그 거부결정은 행정쟁송의 대상이 된다), **제2단계로 행정주체로부터 대부업무의 위탁을 받은 금융기관과 상대방간의 사법상 계약**(금전소비대차계약)의 형식을 취할 경우도 있다.

그러나 이러한 2단계설은 첫째, 실제로는 행정행위와 사법상 계약의 두 개의 행위가 존재하는 것이 아니라 하나의 행위만 존재하는 것으로서 2단계 형식의 구성은 허구라는 점, 둘째, 2단계형식의 구성은 제1단계에서의 행위의 하자의 승계문제 등 법적으로 해결하기 복잡한 문제만 양산한다는 점에서 비판을 면치 못하고 있다. 따라서 오늘날에는 2단계설 자체가 거의 자취를 감추고 있으며, 대부(융자)와 보증을 2단계형식으로 설명하는 견해도 현저히 줄어들고 있다.

3) 공법상 계약

보조금의 교부와 같이 행정주체와의 공법상의 증여계약에 의할 경우도 있다. 다만, 보조금의 교부신청 및 교부결정절차·반환명령 등에 관하여 상세히 규정하고 있는 『보조금의 예산 및 관리에 관한 법률』에 의하여 행하여지는 보조금의 교부행위는 **행정행위**라는 견해도 유력하다.

> **판례** 석탄가격안정지원금 지급청구권은 공법상의 권리이므로 공법상의 당사자소송에 의하여야 한다는 판례
>
> 석탄가격안정지원금은 석탄의 수요 감소와 열악한 사업환경 등으로 점차 경영이 어려워지고 있는 석탄광업의 안정 및 육성을 위하여 국가정책적 차원에서 지급하는 지원비의 성격을 갖는 것이고, 석탄광업자가 석탄산업합리화사업단에 대하여 가지는 이와 같은 지원금지급청구권은 석탄사업법령에 의하여 정책적으로 당연히 부여되는 공법상의 권리이므로, 석탄광업자가 석탄산업합리화사업단을 상대로 석탄산업법령 및 석탄가격안정지원금 지급요령에 의하여 지원금의 지급을 구하는 소송은 공법상의 법률관계에 관한 소송인 공법상의 당사자소송에 해당한다. 한편, 원고가 고의 또는 중대한 과실없이 행정소송으로 제기하여야 할 사건을 민사소송으로 잘못 제기한 경우, 수소법원으로서는 만약 그 행정소송에 대한 관할도 동시에 가지고 있다면 이를 행정소송으로 심리·판단하여야 하고, 그 행정소송에 대한 관할을 가지고 있지 아니하다면 당해 소송이 이미 행정소송으로서의 전심절차 및 제소기간을 도과하였거나 행정소송의 대상이 되는 처분 등이 존재하지도 아니한 상태에 있는 등 행정소송으로서의 소송요건을 결하고 있음이 명백하여 행정소송으로 제기되었더라도 어차피 부적법하게 되는 경우가 아닌 이상 이를 부적법한 소라고 하여 각하할 것이 아니라 관할 법원에 이송하여야 한다(대판 1997. 5. 30, 95다28960).

4) 사법상 계약

자금조성이 사법상 계약을 통하여 이루지는 것을 말하며, 국유 또는 공유의 부동산인 잡종재산의 무상 양여 또는 대부와 같이 사법상 계약에 의할 경우도 있다.

Ⅱ. 사권보호행정

1. 의 의

사권보호란 사권의 형성·유지에 관여하여 이를 보호·조장하는 행정작용을 말한다. 여기서 사권이라 함은 공업소유권·저작권·컴퓨터프로그램저작권·광업권·어업권·댐 사용권 등을 말하며, 이는 엄밀히 말하면 사법분야의 질서유지를 도모한다는 점에서 국가의 사법작용이라는 측면도 있다. 사권보호행정은 그 형식에 따라 형성관여작용과 보호·감독작용으로 구분된다.

2. 형성관여작용

사권의 형성은 법률행위자유의 원칙과 사적 자치의 원칙에 따라서 사인의 자율에 맡기는

것이 원칙이겠지만, 그것이 직접 국가의 공익에 관계되는 경우에는 국가가 그 형성에 관여한다. 이러한 형성관여작용은 사인의 권리 기타 법률상 능력의 형성에 관여하는 작용이므로, 자연적 자유를 대상으로 이를 제한하거나 회복시키는 명령강제작용으로서의 질서유지행정과는 구별된다.

1) 직접형성

직접형성이란 법률의 규정에 의하여 직접 사권을 형성하게 하는 것을 말한다. 예컨대, 광업권·어업권 등과 같이 국가가 특허에 의하여 직접 형성하는 경우가 이에 해당한다.

2) 인 가

사인 상호간의 법률관계에 관하여 국가가 인가를 함으로써 그 효력을 완성시켜 주고, 인가를 받지 못한 경우에는 그 효력을 발생하지 못하게 할 경우도 있다(예 : 민법상의 비영리법인 설립인가 등).

3) 확인·공증

사인 상호간의 법률관계의 형성에 국가의 확인 또는 공증을 요하게 하는 경우도 있다. 예컨대, 발명특허·실용신안특허(학문상으로는 확인이다)와 광업권의 설정·이전등록(학문상으로 공증이다)을 하지 않으면 그 효력을 발생하지 못하는 것과 같다.

3. 보호·감독작용

사인간의 사법관계의 효과를 당사자로 하여금 확실하고 공정하게 누리게 하기 위하여 일정한 보호와 감독을 하는 작용을 말한다.

1) 보호작용

사인 상호간의 사법관계의 형성은 자율에 맡기는 것이지만(사적 자치의 원칙), 이미 유효하게 성립된 법률관계의 효과의 실현은 사인의 자력구제에 맡길 수는 없으며 국가가 민사소송 등의 제도를 통하여 보호하고 있다.

2) 감독작용

국가가 공업소유권·저작권·광업권·어업권·댐 사용권 등의 사권의 유지를 위하여 필요한 작위(신고·등록·보고의 의무 등)·부작위(권리의 처분제한 등)·급부(수수료 납부 등)·수인(행정강제의 경우)의 의무를 명하고, 이에 위반할 경우에 행정강제 또는 행정벌을 과하는 작용을 말한다.

제3장 규제행정법

제1절 개 설

Ⅰ. 규제행정의 개념

'규제행정'이란 국가가 경제질서 또는 생활환경을 일정한 방향으로 정비·개선·유도하고 형성함으로써 적극적으로 공공복리를 증진하기 위하여 개인의 경제·사회활동을 규제·조정·조장·지도하는 행정작용을 말한다.[40] 이를 흔히 '정서행정'이라고도 한다.

행정규제기본법(2①1호)에는 "행정규제라 함은 국가 또는 지방자치단체가 특정한 행정목적의 실현을 위하여 국민의 권리를 제한하거나 의무를 부과하는 것으로서 법령등 또는 조례·규칙에 규정되어 있는 것을 말한다"고 규정하고 있다. 그러나 규제행정은 학문상으로도 아직 정립된 개념은 아니다. 이를 주체, 목적 및 수단으로 나누어 설명하면 다음과 같다.

1. 주 체

규제행정은 그 권력적 기초가 국가의 통치권에 있기 때문에 국가가 그 주체가 되며, 국가의 위임 또는 위탁에 의하여 지방자치단체·공공조합·영조물법인·공법상의 재단 또는 사인에 의하여 행하여지는 경우도 있다.

2. 목 적

경제질서 또는 생활환경을 일정한 방향으로 개선·유도함으로써 적극적으로 공공복리를 증진하기 위한 작용이다. 따라서 같은 규제적 수단이지만 경찰하명·허가와 같은 소극적 질서유지를 위한 작용과는 구별된다.

3. 수 단

규제행정의 수단은 하명·허가·특허·인가·행정강제 등의 권력적 수단 이외에 행정지도·행정계획 등의 비권력적 수단도 함께 사용된다.

Ⅱ. 규제행정의 법적 근거

우리 헌법은 제9장 경제 편에서 대한민국의 경제질서는 개인과 기업의 경제상의 자유와 창의를 존중함을 기본으로 한다고 천명하면서,『국가는 균형 있는 국민경제의 성장 및 안정과 적정한 소득의 분배를 유지하고 시장의 지배와 경제력의 남용을 방지하며, 경제주체간의 조화를 통한 경제의 민주화를 위하여 경제에 관한 규제와 조정을 할 수 있다』고 하는 한편(119), 나아가서 자연자원 등의 채취·개발·이용의 특허(120), 국토의 효율적 이용·개발을 위한 제한과 의무부과(122), 소비자보호운동의 보장(124), 대외무역의 육성·규제·조정(125), 국방상·국민경제상의 긴절한 필요로 인한 사기업의 국공유화 및 경영의 통제·관리(126) 등에 관하여 규정함과 동시에, 기본권 편에서 환경권 및 주택개발정책의 실시(35) 등에 관하여 규정하고 있다.

이러한 헌법규정에 근거하여 ① 독점규제 및 공정거래에 관한 법률·물가안정에 관한 법률·대외무역법·외국인투자촉진법·외국환거래법·소비자보호법·약관의 규제에 관한 법률 등의 **경제규제행정에 관한 법률**과, ② 국토기본법(2002. 2. 4 제정, 2003. 1. 1 시행)·국토의 계획 및 이용에 관한 법률(2002. 2. 4 제정, 2003. 1. 1 시행)·개발제한구역의 지정 및 관리에 관한 특별조치법·개발이익환수에 관한 법률·부동산가격공시 및 감정평가에 관한 법률 등의 **토지규제행정에 관한 법률**, 그리고 ③ 환경정책기본법·대기환경보전법·수질환경보전법·자연환경보존법 등의 **환경규제행정에 관한 법률**이 제정되어 있다.

Ⅲ. 규제행정법의 구분

상술한 규제행정에 관한 실정법의 예시는 그대로 규제행정법의 구분에도 적용되는 것으로서, 규제행정은 그 내용 및 대상을 기준으로 경제규제행정법, 토지규제행정법 및 환경규제행정법으로 크게 3분할 수 있으며, 이를 각각 경제행정법·토지행정법·환경행정법으로 약칭하여도 무방할 것으로 생각된다.

제 2 절 토지행정법(지역개발행정법)

Ⅰ. 개 설

1. 토지행정법의 개념

> 토지행정법이란 『국가나 지방자치단체가 토지의 경제·사회·문화적 이용의 효율화를 도모함으로써 공공복리를 증진시키기 위하여 행하는 토지이용의 계획·규제 및 개발에 관한 행정작용』이라고 정의할 수 있다.

즉 토지행정법이란 토지에 관하여 행정법적 규율을 가하는 법규의 총체를 말하는 것으로서, 토지의 소유, 이용, 개발, 보전, 거래 등에 관한 행정권의 작용 및 국민의 권익구제에 관한 국내공법을 말한다. 토지는 개인과 기업에게 있어서 생산수단과 하나의 자산으로서의 기능뿐만 아니라(재산권기능 - 소유권자중심주의), 토지의 유한성에 기인하는 공익목적의 사용이라는 공공성의 기능(이용자중심주의)도 점차 강조되어 왔다. 토지행정법이라는 개념은 이 같은 토지의 공공성의 기능을 강조함으로써 등장한 것으로서 최근의 일이기 때문에 아직 독자적인 학문체계가 성립되어 있지 않다. 토지에 관한 행정법만을 의미하는 토지행정법의 개념을 요소별로 나누어 설명하면 다음과 같다.

1) 토지행정법은 토지의 행정작용에 관한 법이다.

토지행정법은 토지행정의 주체인 국가, 공공단체가 그 상대방인 토지소유자에 대하여 적극적인 규제, 지도, 부담, 강제 및 관리를 행하는 행정작용에 관한 법이다. 토지행정법은 일반적으로 행정주체에 의한 토지소유자에 대한 의무부과와 강제의 방식으로 행정권을 발동하는 것을 주된 대상으로 하고 있다.

2) 토지행정법은 행정작용에 대한 토지소유자의 권익구제에 관한 법이다.

법은 강제질서이다. 강제질서를 의미하는 법이 일방적인 권리 또는 의무만을 부과한다면 아무도 그 법을 따르지 않게 된다. 그러므로 토지행정법도 토지소유자에 대한 규제와 규율만을 정하는 것이 아니라 궁극적으로 공익과의 조화 속에서 개인의 권리실현을 도모하여야 한다. 즉 토지행정법은 국가 등에 의한 토지의 수용·사용·제한으로 인하여 침해된 개인의 재산권의 보장을 위한 권리구제의 법이기도 하다.

3) 토지행정법은 공법이다.

　토지행정법은 토지에 관한 고유한 공법만을 의미한다. 따라서 토지에 관한 개인과 개인간의 규율인 사법은 포함되지 않는다. 사법과 공법을 구별하자면 사법은 임의적인 성격을 가지지만 공법은 강제적인 강행법으로서 국가 등에게 강제력을 부여하는 법이다. 토지행정법이 공법인 이유는 국가 등의 행정주체의 우월적 지위에 의한 강제적 명령과 규제로서 토지를 수용하거나 사용 또는 제한하는 근거가 되기 때문이다.

　토지행정법이라는 용어 이외에 국토개발행정법·지역개발행정법, 또는 생활공간규제행정법이라는 용어도 사용되고 있으나, 국토라는 개념은 권리주체인 국민과는 상당히 격리된 이데올로기적인 감이 있는 반면, 지역이라는 개념은 특정 지역에 국한되는 용어이며, 개발이라는 단어도 과거와는 달리 지금은 보존에도 상당한 비중을 두어야 한다는 점을 간과한 것이고, 생활공간이란 개념도 결국은 토지와 분리되어 형성될 수 있는 것은 아니며 경우에 따라서는 다음 절의 환경의 개념과도 혼동을 초래할 우려가 있다는 점에서 본서에서는 평이하게 『토지행정법』이라고 일컫기로 한다.

2. 토지행정법의 법원

　법원이라 함은 일반적으로 법이 존재하는 형식 또는 법의 근거가 되는 근원을 말한다. 토지행정법의 법원이란 토지에 관한 규제, 조정, 관리의 모든 법적 근거를 말하는데, 여기에는 문서로 명문화되어 있는 성문법과 문서로 서술되어 있지는 않지만 일반적인 법으로서의 효력을 가지는 불문법이 있다. 여기서는 토지행정법의 성문법만을 개괄적으로 살펴본다. 토지행정법의 성문법에는 헌법, 법률, 법규명령, 자치법규 등이 있다.

1) 헌 법

　최고법인 헌법의 규정은 토지행정법의 제1차적 법원은 아니지만 토지행정법의 가장 기본적인 법원이 된다. 헌법에는 토지행정법의 근본원리가 되는 사회국가원리, 재산권보장(23), 국토의 개발과 이용에 관한 근거규정(120), 이를 위한 토지소유자에 대한 제한과 의무의 부과(122) 등을 규정하고 있다. 헌법은 토지행정법에 의한 규제와 통제의 합법성의 최종적인 판단근거가 된다.

2) 법 률

　법률이란 국회가 입법절차에 따라 제정한 형식적 의미에서의 법률을 말한다. 토지행정법이라는 용어는 실재하는 것이 아니라 국회가 제정한 토지에 관한 수많은 행정법들을 총칭하여 부르는 것이다. 현행 법제상 국회가 제정한 토지에 관한 행정법은 약 80여개에 이르며, 이 중에서도 국토기본법, 국토의 계획 및 이용에 관한 법률, 공익사업을 위한 토지 등의 취득 및 보상에 관한 법률(이상 2002. 2. 4 제정, 2003. 1. 1 시행), 건축법 등이 토지행정법의 주된 법률이 된다.

① 『**국토기본법**』은 국토에 관한 계획 및 정책의 수립·시행에 관한 기본적인 사항을 정하고 있는 법으로서, 토지행정법에 있어 가장 기본이 되는 법률이다. 이 법은 국토의 건전한 발전과 국민의 복리향상을 위하여 국토를 관리하며, 국토계획을 수립하는 규범적인 내용을 담고 있다. 국토계획은 국토종합계획(전국토대상의 장기종합계획), 도종합계획(도관할의 종합계획), 시·군종합계획(특별시, 광역시, 시·군의 도시계획), 지역계획(특정지역), 부문별계획(각 중앙행정기관별 소관업무에 관한 계획) 등으로 나눈다. 이 법의 시행에 따라 국토건설종합계획법은 2003. 1. 1부터 폐지되었다.

② 『**국토의 계획 및 이용에 관한 법률**』은 국토의 이용·개발 및 보전을 위한 계획의 수립 및 집행에 관한 상위법이다. 이 법에는 국토의 용도구분(도시지역·관리지역·농림지역·자연환경보전지역), 광역도시계획, 도시기본계획, 도시관리계획의 수립절차, 개발행위의 허가, 토지거래의 허가, 용도지역 내에서의 행위제한, 도시계획시설사업의 시행 등 토지행정법의 중요한 내용을 담고 있다. 이 법의 시행으로 국토이용관리법과 도시계획법이 2003. 1. 1부터 폐지되었다.

③ 『**공익사업을 위한 토지 등의 취득 및 보상에 관한 법률**』은 토지수용에 있어서의 토지소유자의 권익향상을 위하여 제정된 법으로서, 공익사업의 준비, 협의에 의한 취득 또는 사용, 수용에 의한 취득 또는 사용, 토지수용위원회, 손실보상, 이의신청, 행정소송, 환매권 등에 관하여 규정하고 있다. 이 법의 시행으로 종전 토지수용법은 폐지되었다. 이 법을 흔히 토지보상법이라 한다. 본서에서도 이를 **토지보상법**이라 칭하기로 한다.

3) 법규명령

법규명령이란 국회가 제정한 법률의 위임에 의하여 행정부가 정립하는 법규범이다. 토지문제에 관한 복잡성, 기술성, 전문성으로 인하여 국회가 제정한 법률은 그 대강만을 정하고 세부적인 규정은 행정부가 정립하는 법규명령에 의존하기 마련이므로 오늘날 법규명령이 토지행정법에서 차지하는 비중은 날로 증가하고 있다. 토지행정법의 법원이 되는 법규명령으로는 주로 대통령령과 건설교통부장관이 정립하는 부령이 있다.

4) 자치법규

자치법규란 지방자치단체가 법률과 법규명령의 범위 안에서 제정하는 규범을 말한다. 예컨대 지방자치단체가 조례 또는 규칙으로 도로·공원·주차장 등 도시계획시설의 결정·구조·설치기준을 정하거나, 고도지구 내에서 건축물의 높이를 규제하거나, 주거지역에서의 유흥업소의 건축허가 또는 보전관리지역에서의 여관신축허가에 관한 규제를 하는 것 등이 이에 해당한다.

3. 토지행정법의 특징

토지행정법은 산업혁명의 결과 초래된 급격한 공업화·도시화로 인하여 대도시의 슬럼화, 도시·농촌 간의 지역차, 개발과 보존 간의 갈등 등의 문제가 심각하게 대두됨에 따라 이를 해결하기 위한 수단으로 등장한 것이며, 따라서 ① 종합성·계획성, ② 장기성, ③ 행정수단의 다양성, ④ 공·사익 간 또는 사익 상호간의 이해대립성을 그 특징으로 하고 있다.

즉, 토지행정법에는 수많은 계획법과 이에 근거한 국토·지역·도시·공업단지 등 개발계획이 존재하며, 하명(특히 일정한 건축행위 등을 제한하는 부작위(금지) 및 토지의 적극적인 이용을 명하는 작위하명)·허가·행정강제 및 토지수용·사용·제한과 공용환권 등 다양한 형태의 권력적 수단과 행정지도·사법상 계약(토지매입 등) 등의 비권력적 수단이 사용되고 있으며, 도시계획 등의 예에서와 같이 수많은 토지소유자 등의 이해관계가 대립되어 그 조화를 위한 적절한 행정절차의 수립과 손실보상의 범위 및 개발이익환수 등의 문제가 대두되고 있는 것은 바로 토지행정법의 이와 같은 특징에 기인하는 것이라고 하겠다.

이하에서는 토지행정의 여러 수단에 착안하여 ① 토지이용계획, ② 토지의 공개념과 토지의 이용제한·의무부과, ③ 토지거래계약허가제, ④ 지가공시제 및 ⑤ 개발이익환수제도 등에 관하여 차례로 고찰하고자 한다.

Ⅱ. 토지이용계획

1. 의 의

'토지이용계획'이란 국토를 그 기능과 적성에 따라 가장 적합하게 이용·관리하기 위한 계획을 말한다.

즉 기존의 토지공간에 대한 재편성을 통하여 토지의 생산성을 제고함으로써 한정된 국토 내에서 토지의 효율적인 이용을 위하여서는 지역의 경제·사회·문화적 특성에 맞추어 장기적 안목으로 행정계획의 일종인 토지이용계획을 수립한 후 이에 맞추어 각종 권력적·비권력적 수단을 사용하여 이를 집행할 필요가 있다고 하겠다.

2. 토지이용계획의 종류

1) 종합계획·부문별계획

이는 계획의 대상이 각종 행정의 종합성·전반적인 사무 또는 포괄적 사업에 관한 것인가 또는 특정·개별적인 부분에 한정하는가에 따른 구별이다. 국토기본법상의 국토종합계획은 종합계획의 예이며, 국토의 계획 및 이용에 관한 법률상의 광역도시계획 및 도시관리계획·지구단위계획 등은 부문별(특정)계획이다.

2) 전국계획·지역계획

이는 토지이용계획의 지역적·공간적 범위에 따른 구별로서 국토종합계획(국토기본6)은 전국을 대상으로 하는 계획이므로 전국계획이며, 수도권발전계획, 광역권개발계획, 특정지역개발계획, 개발촉진지구개발계획, 제주도종합개발계획 등과 같은 일정지역만을 대상으로 하는 계획은 지역계획에 해당한다(국토기본16).

3) 장기계획·중기계획·연도별계획

과거의 정부의 기획 및 심사분석에 관한 규정에 의하면 장기계획은 6년 이상의 기간, 중기계획은 2년 이상 5년 이하의 기간에 걸치는 계획을 말하였으나, 국토이용에 관하여 통상적으로 장기계획은 국토종합계획과 같이 20년의 기간으로 하는 계획을 말하며, 중기계획은 경제사회발전계획과 같이 5년의 기간으로 하는 계획을 말하며, 연도별계획은 연차사업실시계획처럼 당해 연도 1년을 계획기간으로 하는 계획을 말한다.

4) 구속적 계획·비구속적 계획

토지이용계획이 사인의 재산권에 규제의 효과를 가져오거나 직접 권리를 제한하는 효과를 가져옴으로써 국민에 대하여 법적 구속력을 갖는 경우에 이를 구속적 계획이라 한다. 이에 반하여 토지이용계획이 하나의 지침적 성격만을 가지게 됨으로써 사인에 대하여 법적 구속력을 갖지 못하는 경우에는 비구속적 계획이라 한다. 구속적 계획에는 수도권정비계획·도시관리계획·환지계획 등이 있으며, 비구속적 계획에는 국토종합계획과 광역도시계획·도시기본계획 등이 있다.

3. 토지이용계획의 법적 성질

행정계획이란 일반적으로 장래에 있어서의 행정의 활동기준을 정하는 것이기 때문에 이에 대하여 법적 구속력을 인정하여야 할 것인가, 행정행위로 보아야 하는가 또는 하나의 이물(aliud)로 보아야 하는가에 관하여 다툼이 있어 왔다. 마찬가지로 토지이용계획도 하나의 행정계획이기 때문에 그 성격과 관련하여 이러한 견해의 대립이 있다. 이러한 계획의 법적 성격에 관하여서는 입법행위설, 행정행위설, 복수성설 및 독자성설 등이 있다.

1) 입법행위설

이 설은 토지이용계획은 국민의 자유와 권리에 관계되는 일반적·추상적 규율을 행하는 입법행위이기 때문에 일반적인 구속력을 가질 수 있다고 하는 견해이다. 즉 계획은 법규범을 정립하는 행위라고 보는 것이다. 그러나 계획이 일반적·추상적 법규로서의 성질을 가지고 있다 하더라도 그 자체가 법규가 되는 것은 아니다. 이 설은 과거의 우리 고등법원(서울고판 1980. 1. 29, 79누416)과 일본의 청사진판결이 취하고 있는 견해이기는 하지만 현재 이 설을 취하고 있는 견해는 거의 없다고 보여진다.

2) 행정행위설

이 설은 독일의 바호프(Bachof)에 의하여 주장된 것으로서, 바호프는 "지구상세계획은 그 계획에 규정된 토지의 행정법적 성격, 예컨대, 당해 토지에 이해관계를 가지거나 가지게 될 사람들에 대한 건축허용 및 금지 등을 규율하고 있으므로 물적·사물형성적 상태의 규율을 포함하는 실질적 행정행위이다"라고 하여 이를 행정행위로 본다. 행정행위설에 따르면 국민의 권리의무에 구체적·개별적 영향을 미치는 계획은 당연히 항고쟁송의 대상이 되는 처분에 해당한다고 본다. 우리 대법원의 판례도 계획을 행정행위로 보고 있다.

3) 복수성질설

계획에는 구속력이 없는 계획과 구속력이 있는 계획이 있다는 것을 고려할 때 입법적인 성질을 가지는 계획과 행정행위적 성질을 가지는 계획을 분리하여 판단하여야 한다는 것이다.

4) 독자성설

이 설은 독일의 포르스트호프(Forsthoff)에 의하여 주장된 것으로서, 포르스트호프는 "지구상세계획이 구체적으로 계획과 관련되는 곳의 엄밀하고도 의문의 여지가 없을 만큼 구속적으로 규율하고, 토지소유자의 권리영역을 형성적으로 침해한다."는 이유에서 법규와 다르고, "동 계획의 의의가 국민과 행정권의 구체적 법률관계를 규율하고 있는 것이 아니며, 또한 동 계획의 기능과 목표정립은 개별적 법관계를 넘고 있다."는 점에서 행정행위와 구별하고 있다. 즉 계획은 입법행위도 아니고 행정행위도 아닌 독자적인 법적 성질을 가지는 하나의 이물(異物, aliud)로 보는 것이다. 이 설은 계획을 이물로 보기는 하지만 행정쟁송의 대상이 되는 것으로 보고 있다.

4. 내 용

토지이용에 관한 계획은 매우 다양하며, 이들은 『국토와 자원은 국가의 보호를 받으며, 국가는 그 균형 있는 개발과 이용을 위한 계획을 수립한다』는 헌법(120②)규정에 근거하여, 각종 법률에 따라 수립되고 있다. 이하에서는 과거의 국토건설종합계획법을 폐지하고 새로이 국토이용에 관한 최상위계획을 규정하고 있는 국토기본법, 과거의 국토이용관리법과 도시계획법을 폐지하고 새로이 제정된 국토의 계획 및 이용에 관한 법률, 그리고 수도권정비계획법 기타 개별법률상의 계획에 대하여 알아본다.

1) 국토기본법

① 개 설

국토기본법은 국토에 관한 계획 및 정책의 수립·시행에 관한 기본적인 사항을 정함으로써 국토의 건전한 발전과 국민의 복리향상에 이바지함을 목적으로 하며(1), 국토의 균형 있는 발전(제3조), 경쟁력 있는 국토여건의 조성(4조), 환경친화적 국토관리(5조) 등을 목표로 하고 있으며, 국토의 이용계획에 관한 최상위의 법이다(8조). 국토기본법상의 국토종합계획은 일반적으로 행정기관만을 구속하는 대내적 구속력만 가지므로 일반 국민에 대해서는 구속력을 가지지 않는 비구속적 계획이며(각 중앙행정기관장 및 시·도지사는 국토종합계획의 내용을 소관업무에 반영하여야 하며, 소관별 실천계획과 그 추진실적서를 건설교통부장관에게 제출하여 정기적으로 평가를 받도록 함으로써 행정기관만을 구속하는 대내적 구속력을 명문으로 규정하고 있다. 18, 20년 단위로 수립되는 장기종합계획이다(7③). 국토종합계획의 내용에 대하여서는 동법 제10조에 규정되어 있다.

② 국토종합계획

동법에 따른 국토종합계획의 수립절차(9, 11, 12)를 살펴보면 다음과 같다.
① 국토종합계획은 건설교통부장관이 수립한다.
② 건설교통부장관은 국토종합계획의 수립에 있어서 중앙행정기관의 장, 특별시장·광역시장·도지사에게 소관별 계획안 제출을 요구할 수 있다(9②).
③ 건설교통부장관은 제출된 소관별 계획안을 기초로 이를 총괄·조정하여 국토종합계획안을 작성하여야 한다.
④ 계획안이 작성된 때에는 공청회를 열고 타당한 의견은 계획안의 수립에 반영한다(11).
⑤ 계획안을 수립하거나 확정된 계획안을 변경하고자 하는 경우에는 국토정책위원회 및 국무회의의 심의와 대통령의 승인을 얻어야 한다(12. 국토정책위원회의 심의를 받고자 하는 경우에는 관계중앙행정기관의 장과 협의하여야 하며, 시·도지사의 의견을 청취하여야 한다).
⑥ 계획안에 대하여 승인을 얻은 때에는 관보에 공고하고, 관계 중앙행정기관 의 장, 시·도지사, 시장군수에게 국토종합계획을 송부하여야 한다(12④).

③ 하위계획

국토종합계획이 하위계획으로서 ① 도종합계획, ② 시·군종합계획, ③ 지역계획, ④ 부문별계획이 있다. 국토종합계획은 이들 계획의 기본이 되며, 도종합계획은 시·군종합계획의 기본이 된다(7).

2) 국토의 계획 및 이용에 관한 법률

① 개 설

이 법은 국토의 이용·개발 및 보전을 위한 계획의 수립 및 집행 등에 관하여 필요한 사항을 정함으로써 공공복리의 증진과 국민의 삶의 질을 향상하게 함을 목적으로 하는 것으로서, 이 법의 시행으로 인하여 종전의 국토이용관리법과 도시계획법은 폐지되었다. 이 법은 구체적으로 국토계획의 최상위법인 국토기본법의 이념과 목적을 실현하는 데 있다. 동법에 규정되어 있는 주된 계획은 광역도시계획(10~17), 도시기본계획(18~23), 도시관리계획(24~55) 등이며, 이 중 광역도시계획은 광역계획권의 장기발전방향을 제시하는 계획이며, 도시기본계획은 기본적인 공간구조와 장기발전방향을 제시하는 종합계획으로서 도시관리계획수립의 지침이 되는 계획을 말한다(2③). 따라서 광역도시계획과 도시기본계획은 국민에 대하여 직접적인 구속력을 갖지 아니하며, **도시관리계획**만이 관내 토지를 4개의 용도지역(도시지역·관리지역·농림지역·자연환경보전지역)으로 구분하여 지정하고, 각 용도지역별로 일정한 건축 등의 행위제한이 가하여진다는 점에서 국민에 대하여 직접적인 구속력을 가지는 **구속적 계획**에 해당한다.

② 광역도시계획

(가) 광역계획권의 지정

이에 대해서는 동법 제10조에 상세하게 규정하고 있는 바, ① 건설교통부장관은 2 이상의 특별시·광역시·시 또는 군의 관할구역 전부 또는 일부를 대통령령이 정하는 바에 따라 광역계획권으로 지정할 수 있다. ② 중앙행정기관의 장, 특별시장·광역시장·도지사, 시장 또는 군수는 건설교통부장관에게 광역계획권의 지정 또는 변경을 요청할 수 있다. ③ 건설교통부장관은 광역계획권을 지정 또는 변경하고자 할 때에는 관계 시·도지사, 시장 또는 군수의 의견을 들은 후 중앙도시계획위원회의 심의를 거쳐야 한다. ④ 건설교통부장관은 광역계획권을 지정 또는 변경한 때에는 지체없이 관계 시·도지사, 시장 또는 군수에게 그 사실을 통보하여야 한다.

(나) 수립권자(11)

광역도시계획은 ① 같은 도의 관할구역에 속해 있는 경우에는 관할도지사가, ② 2 이상의 시·도에 걸쳐있는 경우에는 관할 시·도지사가 공동으로, ③ 국가계획과 관련된 광역도시계획이거나 광역계획권으로 지정된 후 3년이 경과할 때까지 광역도시계획에 대하여 건설교통부장관의 승인신청이 없는 경우에는 건설교통부장관이 그 수립권자가 된다.

(다) 광역도시계획의 내용(12)

광역계획권의 공간구조와 기능분담, 녹지관리체계와 환경보전, 광역시설의 배치·규모·설치, 경관계획, 도시간 기능연계에 관한 사항 등이다.

(라) 광역도시계획의 수립절차(13~15)

광역도시계획의 수립을 위하여서는 기초조사를 하여야 하며, 주민 및 관계전문가 등으로부터 의견을 듣기 위한 공청회를 개최하여야 하며, 미리 관계지방자치단체의 장과 그 의회의 의견을 청취하여야 한다.

(마) 광역도시계획의 승인 및 공고(16)

광역도시계획의 수립 및 변경은 건설교통부장관의 승인을 얻은 후 이를 공고하고 일반이 열람할 수 있도록 하여야 한다.

(바) 광역도시계획의 조정(17)

광역도시계획을 공동으로 수립하는 경우에 그 내용에 관하여 서로 협의가 이루어지지 아니하는 때에는 공동 또는 단독으로 건설교통부장관에 조정을 신청할 수 있다.

③ 도시기본계획

(가) 수립권자(18)

특별시장, 광역시장, 시장 또는 군수가 수립한다. 다만, 시 또는 군의 위치, 인구의 규모, 인구감소율 등을 감안하여 일정한 시 또는 군은 도시기본계획을 수립하지 아니할 수 있다.

(나) 내용(19)

지역의 특성 및 계획의 방향·목표, 도시의 공간구조·생활권의 설정 및 인구의 배분, 토지의 이용과 개발, 토지의 용도별 수요 및 공급, 환경의 보전 및 관리, 도시기반시설, 공원·녹지, 경관에 관한 사항 등이 포함되어 있어야 하며, 광역도시계획이 수립되어 있는 지역일 경우에는 광역도시계획에 부합하여야 하며, 그것과 다를 때에는 광역도시계획의 내용이 우선한다.

(다) 기초조사 및 공청회(20)

계획수립권자는 기초조사를 하여야 하며, 주민 및 관계전문가 등으로부터 의견을 듣기 위하여 공청회를 개최하여야 하며, 지방의회의 의견청취(21)의 절차를 거쳐야 한다.

(라) 도시기본계획의 승인 및 공고(22)

특별시·광역시장, 시장 또는 군수는 도시기본계획을 수립 또는 변경하고자 하는 때에는 건설교통부장관은 관계중앙행정기관의 장과 협의한 후 중앙도시계획위원회의 심의를 거쳐야 하며, 협의를 요청받은 중앙행정기관의 장은 30일 이내에 건설교통부장관에게 의견을 제시하여야 하고, 이러한 과정을 거쳐 건설교통부장관의 승인이 있게 되면 관계 중앙행정기관의 장과 특별시장·광역시장·시장 또는 군수에게 관계 서류를 송부하여야 하며, 이를 송부받은 특별시장·광역시장·시장 또는 군수는 이를 공고하고 일반이 열람할 수 있도록 하여야 한다.

(마) 도시기본계획의 정비(23)

특별시장, 광역시장, 시장 또는 군수는 5년마다 관할구역의 도시기본계획에 대하여 그 타당성을 재검토하여 이를 정비하여야 한다.

④ 도시관리계획

(가) 입안권자(24)

특별시장, 광역시장, 시장 또는 군수가 먼저 도시관리계획을 입안한 후에 주민 및 지방의회의 의견청취를 거쳐야 하며, 입안된 도시관리계획은 건설교통부장관 또는 시·도지사가 최종적으로 결정하도록 하고 있다. 이때 이해관계자를 포함한 주민도 도시관리계획의 입안권자인 특별시장·광역시장·시장 또는 군수에게 도시관리계획의 입안을 제안할 수 있다.

(나) 내용(36~42)

도시관리계획은 도시기본계획을 집행하기 위한 구체적인 계획으로서 대외적 구속력을 가지는 행정행위의 성격을 가진다. 도시관리계획은 국토를 4개의 용도지역, 12개의 용도지구, 4개의 용도구역으로 나누고 있다(36~42). **용도지역**으로는 도시지역(이는 주거·상업·공업·녹지지역으로 세분됨), 관리지역(이는 보전관리·생산관리·계획관리지역으로 세분됨), 농림지역, 자연환경보전지역으로 나누어지고, **용도지구**는 경관지구, 미관지구, 고도지구, 방화지구, 방재지구, 보존지구, 시설보호지구, 취락지구, 개발진흥지구, 특정용도제한지구, 위락지구, 리모델링지구로 나누어지며, **용도구역**은 개발제한구역(38), 도시자연공원구역(38의2), 시가화조정구역(39), 수자원보호구역(40)으로 나누어진다.

한편, 도시관리계획은 상기 용도지역·지구·구역의 지정외에도 도로·주차장·공원·학교·체육시설·폐기물처리시설 등과 같은 『도시계획시설』의 설치에 관한 계획도 포함하여야 한다(43).

(다) 법적 성격

이러한 계획은 구속적 계획이기 때문에 국민의 권리·의무에 변동을 초래하는 구체적 처분성이 인정되므로 행정쟁송의 제기가 허용된다.

한편, 계획확정절차에 하자가 있는 경우에도 위법임을 면치 못하며 따라서 행정쟁송의 대상이 된다.

> **판례** 고시된 도시계획결정은 행정청의 처분이라는 판례
>
> 구 도시계획법(2002. 2. 4 제정된 국토의 계획 및 이용에 관한 법률 이전의 것) 제12조의 소정의 도시계획결정이 고시되면, 도시계획구역 안의 토지나 건물소유자의 토지형질변경, 건축물의 신축·개축 또는 증축 등 권리행사가 일정한 제한을 받게 되는 바, 이런 점에서 볼 때 고시된 도시계획결정은 특정 개인의 권리 내지 법률상의 이익을 개별적이고 구체적으로 규제하는 효과를 가져오게 하는 행정청의 처분이라 할 것이고, 이는 행정소송의 대상이 되는 것이라 할 것이다(대판 1988. 5. 24, 87누388).

판례 개발제한구역의 지정은 계획재량처분이라는 판례

개발제한구역지정처분은 건설부장관이 법령의 범위 내에서 도시의 무질서한 확산방지 등을 목적으로 도시정책상의 전문적·기술적 판단에 기초하여 행하는 일종의 행정계획으로서 그 입안·결정에 관하여 광범위한 형성의 자유를 가지는 계획재량처분이므로 그 지정에 관련된 공익과 사익을 전혀 비교교량하지 아니하였거나 비교교량을 하였더라도 그 정당성과 객관성이 결여되어 비례의 원칙에 위반되었다고 볼 만한 사정이 없는 이상, 그 개발제한구역지정처분이 재량권을 일탈·남용한 위법한 처분이라고 할 수 없다(대판 1997. 6. 27, 97누235).

판례 도시계획결정에 있어서는 광범위한 재량이 인정된다는 판례

도시계획법 등 관계 법령에는 추상적인 행정목표와 절차만이 규정되어 있을 뿐 행정계획의 내용에 대하여는 별다른 규정을 두고 있지 아니하므로 행정주체는 구체적인 행정계획을 입안·결정함에 있어서 비교적 광범위한 형성의 자유를 가지는 한편, 행정주체가 가지는 이와 같은 형성의 자유는 무제한적인 것이 아니라 그 행정계획에 관련되는 자들의 이익을 공익과 사익 사이에서는 물론이고 공익 상호간과 사익 상호간에도 정당하게 비교교량하여야 한다는 제한이 있는 것이고, 따라서 행정주체가 행정계획을 입안·결정함에 있어서 이익형량을 전혀 행하지 아니하거나 이익형량의 고려 대상에 마땅히 포함시켜야 할 사항을 누락한 경우 또는 이익형량을 하였으나 정당성·객관성이 결여된 경우에는 그 행정계획결정은 재량권을 일탈·남용한 것으로서 위법하게 된다(대판 2000. 3. 23, 98두2768).

판례 도시계획의 확정절차에 하자가 있으면 위법하다는 판례

도시계획의 입안에 있어 해당 도시계획안의 내용을 공고 및 공람하게 한 것은 다수 이해관계자의 이익을 합리적으로 조정하여 국민의 권리자유에 대한 부당한 침해를 방지하고 행정의 민주화와 신뢰를 확보하기 위하여 국민의 의사를 그 과정에 반영시키는데 있는 것이므로 이러한 공고 및 공람 절차에 하자가 있는 도시계획결정은 위법하다(위 대판 2000. 3. 23, 98두2768).

판 남산의 경관유지를 위하여 행한 도시계획상 용도지구(고도지구) 변경결정행위는 재량행위라는 판례

단국대학교 부지가 한강변에서 볼 때 서울시의 도시경관을 대표할 수 있는 남산과 조망상 일체를 이루고 있으므로 위 부지에 대하여 서울시민이 쾌적한 환경에서 살 수 있도록 경관유지를 위한 고도제한을 내용으로 하는 도시계획용도지구(고도지구) 변경결정행위로 인하여 달성되는 공익은 이로 인하여 침해받는 개인의 이익보다 결코 적다고 할 수 없고 침해받는 개인의 이익을 최소화하는 내용으로 결정을 하였으므로 재량권 일탈·남용의 위법이 없다(대판 2000. 2. 8, 97누13337).

(라) 수립절차(27~28)

기초조사를 하고 주민과 지방의회의 의견을 청취하여야 한다. 주민의 의견을 청취하기 위하여 특별시장·광역시장·시장 또는 군수는 2 이상의 일간신문과 인터넷홈페이지 등에 공고하고 14일 이상 일반이 열람할 수 있도록 하여야 하며, 의견이 있는 자는 열람기간에 의견서를 제출할 수 있으며, 입안권자는 이를 반영할 것인지 여부를 검토하여 본인에게 60일 이내에 통보하여야 한다(시행령22).

(마) 결정권자(29)

도시관리계획은 시·도지사가 직접 결정하거나 시장·군수의 신청에 의하여 결정한다.

(바) 도시관리계획의 효력

i) 고시

건설교통부장관 또는 시·도지사가 도시관리계획을 결정한 때에는 이를 고시하여야 하며, 도시관리계획은 고시가 있는 날부터 5일 후에 그 효력이 발생한다(31①).

ii) 지형도면의 작성·공람의무

특별시장·광역시장·시장 또는 군수는 도시관리계획결정의 고시가 있는 때에는 고시일로부터 2년 이내에 지형도면에 도시관리계획사항을 명시하여 도지사의 승인을 얻은 후 이를 고시하고 일반에게 공람하여야 한다(32). 그러나 도시관리계획이 고시된 날로부터 2년이 되는 날까지 지형도면의 고시가 없는 경우에는 그 2년이 되는 날의 다음 날에 도시관리계획은 효력을 상실한다(33).

iii) 이용자의 이용의무

각 용도지역 안의 토지소유자는 그 토지를 당해 용도지역의 지정목적에 적합하게 이용하여야 한다.

iv) 이용자의 행위제한

도시관리계획에 따라서 토지가 용도지역과 용도지구 및 용도구역 등으로 지정이 되게 되면 그 지역 안에서의 건축물 그 밖의 시설의 용도·종류 및 규모 등의 제한을 받게 된다(제6장). 예컨대 주거지역의 건폐율은 70퍼센트, 용적률은 500퍼센트 이하 등 건폐율과 용적률에 대한 규제를 가하는 한편, 주거지역에서도 전용·일반·준주거지역별로 각각 건축이 허용되는 건축물의 종류를 달리 규정하고 있다.

(사) 도시계획시설결정의 실효(48)

도시관리계획에 포함되어 고시된 도시계획시설(도시기반시설로서 도로·항만·주차장·공원·학교·운동장·공공청사·하천·유수지·화장장·공동묘지·납골시설·폐기물처리시설 등)은 고시일부터 20년이 경과되도록 그 시설사업이 시행되지 아니한 경우는 고시일부터 20년 되는 날의 다음날에 그 효력을 상실한다. 이러한 규정은 도로·공원·주차장 등 각종 공공시설용지로 계획만 수립한 후 예산사정 등의 이유로 수십년간 이를 집행하지 아니하고 방치해 둠으로써 해당 토지소유자의 재산권 행사에 막대한 지장을 초래하는 문제를 다소나마 해소하기 위한 것으로 볼 수 있다.

(아) 도시계획시설사업시행자의 처분에 대한 불복

도시계획시설사업의 시행자의 개별적·구체적 처분에 대하여는 행정심판법에 의하여 **행정심판**을 제기할 수 있다. 행정청이 아닌 시행자의 처분에 대하여는 당해 시행자를 지정한 행정청에게 행정심판을 제기하여야 한다(134). 이 규정에 불구하고 바로 **행정소송**을 제기할 수 있음은 물론이다(임의적 전치주의).

(자) 손실보상의 문제

각종 용도지역에 있어서의 행위제한으로 인한 재산권의 침해에 대하여는 손실보상의 문제가 제기되며, 이에 관하여는 당해 토지이용의 규제가 종전의 토지이용을 계속할 수 없게 하거나 이미 객관적으로 현실화된 개발행위를 저지하는 경우에는 손실보상이 필요하다는 것이 일반적인 견해이다. 그러나 국토의 계획 및 이용에 관한 법률에는 **용도지역 안에서의 행위제한에 대하여 손실보상의 규정을 두지 않고** 있다. 다만, 도시계획과 광역도시계획에 관한 기초조사를 위하여 타인의 토지에의 출입으로 인하여 손실을 받은 자에 대한 손실보상의 규정만 두고 있다(131).

한편, 도시계획에 포함된 도시계획시설사업이 장기간동안 집행되지 아니함으로써 해당 토지의 소유자의 재산권이 과도하게 침해됨에도 불구하고 현행법은 이에 대한 보상규정을 두지 않고 있어, 소위 **수용적 침해에 대한 손실보상의 문제**가 거론되고 있다. 이에 관하여 우리 **헌법재판소**는 "토지소유자가 도시계획시설로 결정된 토지를 종래의 용도대로 계속 사용할 수 없거나 사적 이용이 완전히 배제된 경우에도 아무런 보상없이 장기간 감수하도록 규정하고 있는 한 이는 비례원칙에 위반하여 재산권을 과도하게 침해하는 위헌적인 규정이다"(헌재결 1999. 10. 21, 97헌바26)라고 함으로써, 도시계획시설 결정행위 자체에 위헌성이 있는 것이 아니라 그 시행과정에 있어서 장기적인 시행지연으로 발생하는 가혹한 부담에 대하여 보상규정을 두지 않은 것이 위헌이라는 해석을 하고 있다. 이에 따라 2000년 1월 28일 전문개정된 도시계획법(40·41)과 이를 이어받은 국토의 계획 및 이용에 관한 법률(47)에서는 도시계획시설에 대한 도시관리계획결정 고시일부터 10년 동안 도시계획시설사업이 시행되지 아니하는 경우에는 해당 토지소유자에 대하여 시장·군수 등에 대한 **매수청구권(買受請求權)**을 부여하는 한편, 도시계획시설에 대한 도시관리계획결정 고시일부터 20년 동안 당해 도시계획시설사업이 시행되지 아니할 경우에는 그 다음날에 그 **도시계획시설결정이 실효**된다는 규정을 신설하다(법48).

3) 수도권정비계획법

수도권정비계획법은 수도권의 정비에 관한 종합적인 계획의 수립과 시행에 관하여 필요한 사항을 정함으로써 수도권에 과도하게 집중된 인구 및 산업의 적정배치를 유도하여 수도권의 질서있는 정비와 균형있는 발전을 기함을 목적으로 하고 있다.(1) 즉 서울·인천·경기지역에 과도하게 집중된 인구와 산업의 적정배치를 유도함으로써 수도권의 정비와 국토의 균형발전을 기하기 위하여 수도권정비계획을 수립하며(4), 수도권을 과밀억제·성장관리·자연보전의 3개 권역으로 지정하되(6), 과밀억제권역 안에서는 일정규모 이상의 학교·백화점·상가 등 인구집중유발시설의 신설허가를 할 수 없도록 하는 등 각 권역별 행위제한을 규정하고 있으므로 역시 **구속적 계획**에 속한다.

4) 기타의 계획법

① 공업지역의 개발을 위한 산업집적활성화 및 공장설립에 관한 법률과 산업입지 및 개발

에 관한 법률, ② 특정지역을 집중적으로 개발하기 위하여 제정된 도서개발촉진법, ③ 도시지역의 개발을 위한 도시개발법·도시 및 주거환경정비법·택지개발촉진법·도시공원 및 녹지 등에 관한 법률·도시철도법, ④ 농어촌지역의 개발을 위한 농업·농촌기본법, 농지법, 농어촌발전특별조치법, ⑤ 산림지역의 개발을 위한 산지관리법·초지법·낙농진흥법, ⑥ 관광지역의 개발을 위한 관광기본법·관광진흥법, ⑦ 유통시설의 개발을 위한 유통산업발전법·화물유통촉진법 등이 각각 해당 특정 지역의 토지이용에 관하여 규율하고 있다.

Ⅲ. 토지공개념과 토지의 이용제한·의무부과

1. 토지공개념

'토지공개념'이란 토지정책의 일대전환을 위한 전제로서, 토지란 단순한 상품이 아니라 인간의 생활과 생산활동을 위한 불가결한 기반이기 때문에 그것이 농지든 산지든 또는 주택지든 그 토지가 지니는 기능 내지 적성이나 지역에 따라 공공복리를 위해 가장 값지게, 그리고 가장 효율적으로 이용되지 않으면 아니되며, 이를 위해 적정한 유도·규제가 가하여지지 않으면 아니된다는 것을 말한다.

토지공개념이라는 용어는 1977년 8월 3일 당시 건설부장관의 "우리나라와 같이 좁은 땅덩어리 안에서 토지의 절대적 사유물이란 존재하기 어려우며, 주택용토지, 일반농민의 농경지를 제외한 토지에 대해서는 공개념의 도입이 필요하다"는 발언을 계기로 등장하기 시작하였다. 이러한 토지공개념은 재산권의 사회구속성을 규정하고 있는 헌법 제23조 제2항과 사회국가원리를 규정하고 있는 헌법정신에 따라 이론상으로는 긍정되었지만, 이는 국유화 내지 공유화 또는 토지소유상한제나 토지소유권의 이원화제도를 의미하는 것으로서 부정되어야 한다는 논쟁을 야기하였지만, 긍정설의 입장에 따라 실제로 시행되었다. 토지공개념에 근거하여 등장한 제도가 택지소유상한제, 개발부담금제, 토지초과이득세 등이다. 이 중 택지소유상한제는 헌법재판소의 위헌심판에 의하여 폐지되었고, 토지초과이득세는 헌법재판소의 불합치결정에 의하여 잠정적으로 적용이 중지되어 오다가 폐지되었으며, 개발부담금제만이 그 부담률을 낮추어 지금까지 계속 시행되고 있는 실정이다.

2. 토지이용의 제한

1) 의 의

토지는 유한성, 비대체성, 비생산성을 그 특성으로 하고 있기 때문에 그 이용에 대하여는 어느 정도 소유자중심주의에서 이용자중심주의를 위한 공적 개입이 불가피하게 인정되고 있다. 따라서 토지는 현재 처해 있는 상황에 비추어 특성에 맞지 않거나 공공의 이익에 반하는 재산권의 행사는 억제하며, 장래의 효율적인 이용을 위하여 사적인 이용을 제한하게 된다.
 토지이용에 관하여 정부가 공적 수단을 통하여 개입하는 방법에는 크게 토지세제 등의 경제적 유인을 이용한 간접개입, 정부나 공공이 토지시장에 개입하여 시장기능을 수행하는 직접개입, 사회적으로 바람직하지 못한 토지이용을 억제하는 토지이용규제의 3가지 방법이 있다. 토지이용규제, 즉 토지이용의 제한에는 다시 용도지역·지구·구역의 지정에 의한 이용제한과 절차를 통한 이용제한 등이 있다.

2) 용도지역·지구·구역의 지정에 의한 이용제한

 국토의 계획 및 이용에 관한 법률에 의한 용도지역·용도지구·용도구역의 지정은 그 지정목적에 따라 일정한 토지이용의 행위를 허용하거나 또는 제한함으로써 토지의 이용을 억제하게 된다. 동법에는 앞서 살펴본 바와 같이 국토를 4개의 용도지역, 12개의 용도지구, 4개의 용도구역으로 나누고 있다.(36~42) **용도지역**으로는 도시지역(이는 주거·상업·공업·녹지지역으로 세분됨), 관리지역(이는 보전관리·생산관리·계획관리지역으로 세분됨), 농림지역, 자연환경보전지역 등으로 나누어지고, **용도지구**는 경관지구, 미관지구, 고도지구, 방화지구, 방재지구, 보존지구, 시설보호지구, 취락지구, 개발진흥지구, 특정용도제한지구, 위락지구, 리모델링지구로 나누어지며, **용도구역**은 개발제한구역(38), 도시자연공원구역(38의2), 시가화조정구역(39), 수자원보호구역(40)으로 나누어진다. 이러한 용도지역·용도지구·용도구역에서는 각 지역·지구·구역의 특성에 부합되는 용도·종류·규모의 건축행위만 할 수 있다(예 : 건폐율·용적률을 법률·대통령령 및 그 위임에 의한 조례로 규정하고 있다).

3) 절차를 통한 이용제한

 절차를 통한 토지이용의 제한은 용도지역·용도지구·용도구역 안에서의 토지소유자에게 건축물의 건축 또는 토지의 형질변경행위를 상대적으로 금지한 후 이러한 상대적 금지를 해제하는 허가의 절차를 통하여, 이러한 허가를 받으면 이용이 가능하지만 이를 받지 못하면 이용이 제한되는 것을 말한다. 마찬가지로 주택단지 기타의 토지개발사업을 위한 절차는 행정청의 **사업승인**이나 인·허가에 의하여 이루어지며, 사업계획에서 정하는 일정한 범위 내의 토지에 대하여 그 이용을 제한하는 효과가 발생하게 된다.

3. 토지이용의 의무부과

 일정한 이용행위를 제한하는 소극적 금지에 그치지 아니하고 적극적으로 토지의 용도에 적합한 내용의 이용의무, 즉 작위의무를 부과하며, 이를 이행하지 않을 경우에는 대집행한 후 그 비용을 징수하거나 토지수용을 하는 경우도 있다.

즉, ① 농지법은 농지소유자가 정당한 사유없이 1년 이상 경작하지 아니할 경우에는 시장·군수·구청장은 해당 농지의 처분을 명하고, 처분명령을 받은 소유자는 한국농촌공사에게 당해 농지의 매수를 청구할 수 있다(10·11). ② 국토의 계획 및 이용에 관한 법률에 의하여 토지거래계약허가를 받은 자는 대통령령이 정하는 사유가 있는 경우를 제외하고는 그 토지를 허가받은 목적대로 이용할 의무가 있다. 시장·군수 또는 구청장은 토지거래계약허가를 받은 자가 허가받은 목적대로 이용하고 있는지의 여부를 건설교통부령이 정하는 바에 따라 조사하여야 한다(124).

IV. 토지거래계약허가제

1. 의 의

'토지거래계약허가제'는 국토의 이용 및 관리에 관한 계획의 원활한 수립 및 집행, 합리적인 토지이용 등을 위하여 토지의 투기적인 거래가 성행하거나 지가가 급격히 상승하는 지역과 그러한 우려가 있는 지역에 대하여 5년 이내의 기간을 정하여 토지거래계약에 관한 허가구역으로 지정하여 허가구역안에 있는 토지에 관한 소유권·지상권을 이전 또는 설정하는 계약을 체결하고자 하는 자는 미리 관할 시장·군수·구청장의 허가를 받도록 하는 제도를 말한다.

토지거래는 사인상호간에 있어서 자유시장경제질서에 따라 행하는 국민의 재산권행사를 의미하는 것임에도 불구하고 행정주체가 토지거래를 규제하기 위하여 자유로운 토지거래를 금지하는 것이라는 점에서 문제가 있는 것이지만, 현행 국토의 계획 및 이용에 관한 법률은 이에 관한 규정을 두고 있다(117이하).

2. 위헌성 문제

토지의 투기적 거래와 지가의 급격한 상승을 방지하기 위한 행정주체에 의한 토지거래계약허가제는 부담적 행정행위로서 헌법적으로 허용되는가의 여부에 관하여는 의견이 대립되어 있다.

1) 합헌설

이 견해는, ① 토지거래계약허가제는 우리 헌법 제23조의 재산권의 내용과 한계는 법률로 정하며 재산권의 행사는 공공복리에 적합하도록 하여야 한다는 규정과, 제122조의 국가는 국토의 효율적이고 균형 있는 이용·개발과 보전을 위하여 법률이 정하는 바에 의하여 그에 관한 필요한 제한과 의무를 과할 수 있다는 조항에 근거한 것이며, ② 토지의 처분권을 완전박탈하는 것이 아니고 단지 제한하는 데 불과하므로 재산권의 내용의 본질적 침해라고 볼 수는 없고, ③ 토지는 다른 사유재산권과는 달리 생산·공급될 수 없는 특수성을 가진 재산권이며, ④ 우리 헌법상의 사회적 복리국가의 이념을 실현하기 위하여서는 불가피한 제도이며, ⑤ 헌법 제37조 제2항에 의한 비례의 원칙(적합성·최소침해 및 협의의 비례의 원칙)에도 반하지 아니한다는 점을 근거로 하고 있으며, 헌법재판소도 이러한 논거에 입각하여 합헌으로 결정하였다(단, 소수의견은 위헌이라고 하였다).

헌재결정 토지거래허가제는 합헌이라는 헌재결정

구 국토이용관리법 제21조의3 제1항(이 법은 2002. 2. 4 제정된 국토의계획및이용에관한법률에 의하여 2003. 1. 1 폐지되지만 동규정은 위 법률 제117조 이하에 규정되어 있다)의 토지거래허가제는 사유재산제도의 부정이 아니라 그 제한의 한 형태이고 토지의 투기적 거래의 억제를 위하여 그 처분을 제한함은 부득이한 것이므로 재산권의 본질적 침해가 아니며 헌법상의 경제조항에도 위배되지 아니하고 비례원칙이나 과잉금지의 원칙에 위배된다고도 할 수 없다(헌재결 1989. 12. 22, 88헌가13).

2) 위헌설

이 견해는 ① 토지거래허가제는 재산권의 사용·수익·처분이라는 세 가지 본질적 내용 중 핵심적 내용인 처분을 제한하는 것이므로 재산권에 대한 본질적 침해에 해당하므로 헌법 제37조 제2항의 비례의 원칙에 위반되고, 사유재산제도를 유명무실화하여 자유경제질서를 위태롭게 하며, ② 경우에 따라서는 거주이전 및 직업선택의 자유까지 침해하게 되어 헌법상의 비례의 원칙에 크게 위반되고, ③ 허가를 받지 못한 토지소유자로부터의 매수청구에 대하여 시장·군수가 지정한 매수자가 적정한 가격으로 반드시 매수하도록 하는 강제규정이 없기 때문에(후술), 재산권의 처분의 자유를 제한하여 위헌이라고 한다.

3) 사 견

1919년 바이마르헌법 제153조 제2항이 소유권은 의무를 수반한다고 천명한 이래, 재산권은 과거와 같은 절대적 자유권으로 볼 수는 없으며, 엄청난 인구가 한정된 토지에서 더불어 살아가야 하는 현실과, 우리 헌법상의 재산권보장규정, 기본권제한의 한계에 관한 비례의 원칙 및 경제조항의 정신에 비추어 합헌설에도 일리는 있지만, 국토의 계획 및 이용에 관한 법률상의 동제도가 무허가의 경우 매매계약을 무효가 되게 하고 있음에도 그 불허가처분에 대한 토지소유자의 권리구제로서 이의신청만을 규정하고 있지 다른 구제수단을 구체적으로 규정하지 않은 점, 토지거래계약허가제는 재산권보장의 본질적 속성으로서의 처분권능을 제한하고 있다는 점에서 합헌의 성질보다는 위헌의 성질을 더 많이 내포하고 있다고 본다.

3. 법적 성질

토지거래계약이 관할 시장·군수·구청장의 허가를 받아야 법적 효력이 발생한다는 점에서 기본적으로는 학문상의 인가에 해당하며, 다만 이 제도의 실효성을 높이기 위하여 허가받지 아니하고 토지거래계약을 체결한 자를 2년 이하의 징역이나 토지가격의 100분의 30 이하의 벌금이라는 행정벌을 과하고 있다는 점에서, 학문상의 허가와 인가의 성질을 가지는 혼합적 행위라 할 수 있지만, 본질에 있어서 '토지거래계약허가'는 사인상호간에 있어서 행하여지는 법률적 행위의 효력을 완성시켜 주는 행정주체의 '보충적 행위'를 의미하는 것으로서 학문상의 '인가'에 해당한다. 판례도 이를 '인가'로 보고 있다(대판 1991. 12. 24, 90다12243; 대판 1994. 4. 15, 93다39783. 단, 이 판결의 소수의견은 허가로 보았다).

> **판례** 토지거래계약은 허가받을 때까지는 유동적 무효의 상태에 있으며, 허가받으면 소급하여 유효한 계약이 된다는 판례
>
> (구)국토이용관리법상의 규제지역 내의 토지에 대하여 관할 도지사의 허가를 받기 전에 체결한 매매계약은 처음부터 그 허가를 배제하거나 잠탈하는 내용의 계약일 경우에는 확정적으로 무효로서 유효하게 될 여지가 없으나, 이와 달리 허가받을 것을 전제로 한 계약일 경우에는 허가를 받을 때까지는 법률상의 미완성의 법률행위로서 소유권 등 권리의 이전에 관한 계약의 효력이 전혀 발생하지 아니함은 확정적 무효의 경우와 다를 바 없지만, 허가를 받게 되면 그 계약은 소급하여 유효한 계약이 되고 이와 달리 허가를 받지 못하게 된 때에는 무효로 확정되므로 허가를 받기까지는 유동적 무효의 상태에 있다고 보아야 할 것이며, 이러한 유동적 무효 상태에 있는 계약을 체결한 당사자는 쌍방이 그 계약이 효력이 있는 것으로 완성될 수 있도록 서로 협력할 의무가 있다고 할 것이다(대판 2000. 4. 7, 99다68812).

4. 토지거래계약의 허가

1) 허가대상토지

허가대상토지에 관하여 동법은 "허가구역 안에 있는 토지에 관한 소유권·지상권을 이전 또는 설정(대가를 받고 이전 또는 설정하는 경우에 한한다)하는 계약을 체결하고자 하는 당사자는 공동으로 시장·군수·구청장의 허가를 받아야 한다. 허가받은 사항을 변경하고자 하는 때에도 또한 같다"고 규정하고 있다(118①). 즉 허가대상토지는 소유권·지상권의 이전 또는 설정에 관한 유상계약을 말한다. 따라서 토지의 수용, 경매에 의한 토지의 취득, 국유재산의 입찰에 의한 토지취득, 토지의 환매, 체비지의 매각, 택지개발공급과 공업단지의 선정, 법원에 의한 회사의 이전 및 체납처분에 의한 토지의 매각 등은 그 대상에서 제외된다.

2) 허가절차

계약체결 전에 당사자가 공동으로 거래금액·면적 등의 계약내용과 토지의 이용계획 등을 기재한 허가신청서를 관할 시장·군수·구청장에게 제출하여야 하며, 이에 대하여 시장·군수·구청장은 15일 이내에 허가 또는 불허가처분을 하고 서면으로 통지하여야 한다. 15일의 기간 이내에 허가증의 교부 또는 불허가처분사유의 통지가 없거나 선매협의사실의 통지가 없는 때에

는 당해 기간이 만료한 날의 다음날에 허가가 있는 것으로 본다(118④⑤).

3) 허가기준

토지의 이용목적이 주거용 주택용지, 농업·임업·축산업·어업에 이용하기 위한 토지, 일상생활 및 통상적인 경제활동에 필요한 토지 등으로서 도시계획 등에 합당하며, 주변의 자연환경 또는 생활환경보전에 적합할 경우에 허가한다(119). 토지거래계약허가는 동법에 구체적으로 열거되지 아니한 사유를 들어 허가를 거부할 수 없다는 의미에서 **기속행위**라고 할 것이다.

> **판례** 불허가사유로 규정되어 있지 아니하므로 토지거래허가를 하여야 한다는 판례
> 허가권자는 그 허가신청이 구 국토이용관리법(2002. 2. 4 제정된 국토의계획및이용에관한법률 이전의 것) 제21조의4 제1항 각 호 소정의 불허가사유에 해당하지 아니하는 한 허가를 하여야 하는 것인데, 인근 주민들이 이 사건 폐기물 처리장 설치를 반대한다는 사유는 국토이용관리법 제21조의4의 규정에 의한 불허가사유로 규정되어 있지 아니하므로 그와 같은 사유만으로는 토지거래허가를 거부할 사유가 될 수 없다(대판 1997. 6. 27, 96누9362).

4) 선매제도

선매제도란 허가구역 내의 토지에 관한 소유권이나 지상권을 이전 또는 설정하는 모든 유상계약을 체결하기 위한 신청이 있는 경우에 공익사업에 사용하기 위한 공공용지를 확보하기 위한 방안으로서 일정한 공공기관(국가, 지방자치단체, 한국토지공사, 정부투자기관, 공동단체 등)을 사전에 선매자로 선정하여 일반인의 사적 거래에 우선하여 협의매수하게 하는 제도이다. 그러므로 시장, 군수, 구청장은 토지거래계약허가의 신청이 있는 경우에는 해당 토지에 대하여 국가, 지방자치단체, 한국토지공사 기타 대통령령이 정하는 정부투자기관 및 공공단체 중에서 당해 토지를 매수할 것을 원하는 자가 있을 경우에는 그들 중에서 선매자를 지정한다(법 제122조). 그러나 이는 어디까지나 매수의 협의에 불과하며 선매권은 아니므로 당사자간에 협의가 성립되지 아니하는 한 매수가 강제되는 것은 아니다.

5) 허가의 효과

토지거래계약은 허가를 받아야 효력을 발생하며, 허가를 받지 아니하고 체결한 거래계약은 효력을 발생하지 아니한다(118⑥). 그러나 판례는 허가의 효력에 대하여 **유동적 무효**의 법리를 적용하고 있는데(대판 1991. 12. 24, 90다12243; 대판 1994. 4. 15, 93다39783; 대판 1997. 11. 11, 97다36972), 유동적 무효의 법리란 토지거래계약의 허가가 완성되는 시점까지 무효 또는 유효로 확정되어 있는 것이 아니라, 행정청의 허가처분의 결과에 따라 허가시에는 그것이 계약체결의 시점부터 소급하여 유효한 것이 되지만 불허가시에는 계약체결의 시점부터 소급하여 확정적으로 무효가 되는 것을 말한다. 즉 토지거래계약의 허가의 과정에서 일어나는 쌍방적 법률행위는 아직 미완성의 법률행위이기 때문에 허가의 종국적인 결정의 시점까지 기다려서 그 법률행위의 완성을 결정하게 된다. 때문에 그

과정에서는 이미 법률관계가 확정되어 있는 상태가 되는 것이 아니라 아직 미확정적인 유동적 상태가 된다. 이러한 유동적 상태가 허가로 결정이 나게 되면 그 법률행위는 아무런 문제가 발생하지 않지만, 불허가시에는 소유권의 이전, 양도의 법적 문제가 발생하기 때문에 허가시점까지의 상태를 일단 무효의 상태로 보지만 이를 확정적 무효가 아닌 유동적 상태의 무효로 보는 것을 말한다.

토지거래계약에 대한 허가는 전국토를 대상으로 하는 것이 아니라 일정한 지역만을 그 대상으로 하기 때문에 토지거래허가대상구역이 아니거나 또는 토지거래허가대상구역의 지정이 해제된 토지의 거래에 대하여는 당연히 적용되지 아니한다.

> **판례** 토지거래허가구역의 지정이 해제된 토지에 대하여 토지거래허가의 효력유무를 다투는 것은 소의 이익이 없다는 판례
>
> 토지거래허가구역의 지정이 해제된 토지의 거래에 관하여는 법률상 토지거래 허가를 필요로 하지 아니한다고 할 것이어서, 토지거래허가의 효력유무를 다투는 것은 소의 이익이 없게 되었다고 할 것이다(대판 1999. 7. 9, 97누11607).

6) 불허가처분에 대한 구제

① 이의신청

허가신청에 대한 불허가처분에 이의가 있는 자는 1월 이내에 시장·군수 또는 구청장에게 이의신청을 할 수 있으며, 이의신청을 받은 시장·군수 또는 구청장은 시·군·구도시계획위원회의 심의를 거쳐 그 결과를 이의신청인에게 통보하여야 한다(120).

② 매수청구권

불허가처분으로 토지의 처분기회를 상실한 상대방을 구제하기 위하여 상대방에게 매수청구권을 인정하였다. 매수청구가 있으면 시장·군수·구청장은 국가·지방자치단체·한국토지개발공사 기타 정부투자기관 및 공공단체 중에서 매수할 자를 지정하여 예산의 범위 안에서 공시지가를 기준으로 당해 토지를 매수하게 하여야 한다(123). 따라서 예산이 없으면 매수하지 않을 수도 있는 것이어서 강제규정은 아니므로 **불완전한 매수청구권**이라고 하겠다.

V. 부동산가격공시제

1. 의 의

부동산가격공시제란 『부동산가격공시 및 감정평가에 관한 법률』에 의거하여 전국의 모든 토지와 주택의 적정가격을 평가·공시하여 이를 사인간의 거래와 국가·지방자치단체가 행하는 토지수용이나 협

> 의매수 또는 과세 등의 기준가격으로 함으로써 부동산의 적정한 가격형성을 도모하고 국토의 효율적인 이용과 국민경제의 발전에 이바지하기 위한 제도이다.

이하에서는 부동산가격공시제를 지가공시(표준지공시지가와 개별공시지가)와 주택가격공시로 나누어 설명하고자 한다.

2. 표준지 공시지가

1) 지가공시의 절차

① 조사·평가

건설교통부장관은 토지이용상황이나 주변환경 기타 자연적·사회적 조건이 일반적으로 유사하다고 인정되는 일단의 토지 중에서 미리 표준지를 선정하고 매년 공시기준일 현재의 적정가격을 조사평가한 후 이를 기초로 중앙부동산평가위원회의 심의를 거쳐 표준지의 가격을 공시하고, 시장·군수·구청장은 표준지 공시지가를 기준으로 시·군·구 부동산평가위원회의 심의를 거쳐 매년 공시기준일 현재의 개별토지의 공시지가를 결정·공시하여야 한다(3·11). 조사평가에 있어서는 인근 유사토지의 거래가격·임대료 및 당해 토지와 유사한 이용가치를 지닌다고 인정되는 토지의 조성에 필요한 비용추정액 등을 종합적으로 참작하여야 한다(5①).

> **판례** 표준지의 선정에 관한 판례
> ① 수용대상토지가 도시계획구역 내에 있는 경우에는 그 용도지역이 토지의 가격형성에 미치는 영향을 고려하여 볼 때, 당해 토지와 같은 용도지역의 표준지가 있으면 다른 특별한 사정이 없는 한 용도지역이 같은 토지를 당해 토지에 적용할 표준지로 선정함이 상당하고, 표준지와 당해 토지의 이용상황이나 주변환경 등에 다소 상이한 점이 있다 하더라도 이러한 점은 지역요인이나 개별요인의 분석 등 품등비교에서 참작하면 되는 것이다(대판 1997. 4. 8, 96누11396).
> ② 표준지로 선정한 임야는 그 일부가 자연녹지지역이어서 전체가 일반주거지역인 수용대상토지와 용도지역을 일부 달리하여 표준지로 적절하다고 보기 어려울 뿐만 아니라 자연녹지지역인 부분은 극히 적고 대부분이 주거지역이며 다른 적절한 표준지도 없어 표준지로 선정하였다 하더라도 위와 같이 일부 용도지역을 달리 하는 점은 품등비교시 이를 보정하였어야 함에도 이를 보정하지 아니하면 위법하다(대판 1993. 10. 12, 93누137).

② 공 시

건설교통부장관은 조사평가한 표준지의 단위면적당 가격을 중앙토지평가위원회의 심의를 거쳐 공시하여야 한다(3). 건설교통부장관이 지가를 공시한 때에는 서울특별시장·광역시장 및 도지사를 거쳐 시장·군수 및 구청장에게 송부하여 일반에게 열람시키게 하고 이를 도서·도표로 작성하여 관계 행정기관 등에 공급하여야 한다(7).

③ 이의신청

표준지공시지가에 이의가 있는 자는 공시일로부터 30일 이내에 서면으로 건설교통부장관에게 이의를 제기할 수 있다. 건설교통부장관은 이의신청기간이 만료된 날로부터 30일 이내에 이의신청을 심사하여 그 결과를 신청인에게 통지하여야 하며, 신청의 내용이 타당하다고 인정할 때에는 지가공시절차에 따라 당해 공시지가를 조정하여 다시 공시하여야 한다(8). 공시지가도 그 자체로서 국민의 구체적인 권리 또는 법률상 이익에 직접 관계가 있다고 할 것이므로 **행정소송의 대상**이 될 수 있다.

2) 공시지가의 효력

① 일반적인 토지거래가격의 지표

표준지의 공시지가는 다른 일반토지의 거래가격결정의 지표가 되지만, 법적 구속력을 가지는 것은 아니다.

② 토지수용·협의매수 등의 가격산정의 기준

국가·지방자치단체 기타 공공단체가 공공용지의 협의매수 또는 토지수용·사용에 대한 보상을 하거나, 국·공유토지의 취득 또는 처분을 할 경우에 표준지의 공시지가를 기준으로 한다(10). 즉, 공공용지의 협의매수나 토지수용·사용에 대한 보상, 국·공유토지의 취득 또는 처분, 조성된 주택·공업용지 등의 분양 등에 있어서 당해 토지와 유사한 이용가치를 지닌다고 인정되는 하나 또는 둘 이상의 표준지의 공시지가를 기준으로 하여 당해 토지의 가격과 표준지의 공시지가가 균형을 이루도록 하여야 한다(10).

3) 공시지가의 법적 성질

① 학 설

표준지의 공시지가의 법적 성질에 관하여는, ① **행정계획설**(일반적인 토지거래의 지표가 되고 토지의 감정평가의 기준이 될 뿐이라는 점을 강조하여 비구속적 행정계획이라는 견해), ② **행정규칙설**(표준지의 공시지가는 개별공시지가의 산정을 통하여 협의매수 또는 토지수용가액 산정 등의 기준이 되는 것이므로 일반적·추상적 규율로 볼 수 있을 뿐 행정행위의 요소인 개별성·구체성이 결여되었으므로 행정규칙의 성질을 가진다는 견해), ③ **사실행위설**(현실적으로 존재하는 지가를 조사하여 공시함으로써 지가정보를 제공하는 사실행위에 불과하고 어떠한 법적 효과도 발생하지 아니한다는 견해), ④ **행정행위설**(개발부담금 등의 산정기준이 되고 국민의 구체적인 권리·의무 내지 법률상 이익에 영향을 미치며, 이의신청을 인정하고 있는 점을 볼 때 행정행위의 성질을 가진다는 견해) 등으로 나누어져 있다.

② 판 례

관련되는 전형적인 판례 2개를 보면 ① 표준지로 선정된 자신의 토지에 대하여 표준지 공시지가를 기초로 하여 산정된 토지초과이득세가 부과되자 그 취소를 구한 행정소송에서 "건설부장관을 상대로 표준지공시지가결정의 취소를 구하는 행정소송을 제기하여야 하며 이러한 절차를 밟지 아니한 채 표준지에 대한 조세부과처분의 취소를 구하는 소송에서 그 위법성을 다툴 수는 없다"(대판 1997. 2. 28, 96누10225)고 하면서, ② 자신에 대한 개별공시지가 결정이 위법하다고 그 취소를 구한 사건에서 그 위법사유로서 표준지의 공시지가결정이 위법하다고 주장한 사건에서 "표준지로 선정된 토지의 공시지가에 대한 이의신청 및 행정소송을 제기하지 아니한 채 개별토지가격결정의 효력을 다투는 소송에서 그 가격산정의 기초가 된 표준지 공시지가의 위법성을 다툴 수는 없다"(대판 1998. 3. 24, 96누6851)고 한 바 있다. 이 두 개의 사건은 각각 상황은 다르지만 결국 표준지 공시지가 결정행위는 **행정소송의 대상인 처분**에 해당한다는 점을 확인해 주고 있는 것으로 볼 수 있다.

③ 사 견

① 표준지의 소유자에 대한 관계에서 볼 때에는 표준지 공시지가 자체를 당해 토지의 개별공시지가로 간주하도록 규정하고 있기 때문에(10의2① 단서) 개별공시지가와 같이 처분성이 인정됨은 당연하며, ② 다른 개별공시지가의 기준으로 작용한 경우에는 개별공시지가도 결국 표준지의 공시지가를 기준으로 건설교통부장관이 작성한 토지가격비준표상의 비준율을 곱한 가액이 되도록 규정하고 있으므로(11③), 표준지의 인근 토지소유자의 개별공시지가는 인근 표준지의 공시지가 결정행위로 인하여 그 가액이 이미 실질적으로 결정되어 버리는 것으로 볼 수 있으므로 결국 표준지의 공시지가 결정행위는 인근 개별 토지소유자의 권리·의무에도 직접적인 영향을 미치는 것으로서 이 역시 행정소송의 대상인 처분으로 볼 수 있다고 하겠다.

공시지가 결정행위를 행정행위로 볼 때 그 성격은 **물적 행정행위**(物的 行政行爲)라고 할 수 있다.

3. 개별공시지가

1) 의 의

개별공시지가는 시장·군수 또는 구청장이 개발부담금의 부과 기타 다른 법령이 정하는 목적을 위한 지가산정에 사용하기 위하여 시·군·구 토지평가위원회의 심의를 거쳐 결정·공시하는 매년 공시기준일 현재 관할구역 안의 개별토지의 단위면적당 가격을 말한다(11). 개별공시지가의 결정·공시기관은 시장·군수 또는 구청장이며, 이들 행정청은 개별공시지가를 결정·공시하고 이를 관계 행정기관에 제공하여야 한다. 시장·군수 또는 구청장이 개별공시지가를 결정·공시하는 경우에는 당해 토지와 유사한 이용가치를 지닌다고 인정되는 하나 또는 둘 이상의 표준지의 공시지가를 기준으로 토지가격비준표를 사용하여 지가를 산정하되, 당해 토지의 가격과 표준지의 공시지가가 균형을 유지하도록 하여야 한다(11③).

> **판례** 개별공시지가의 산정에 장래 이용가능성을 참작하여서는 안 된다는 판례
> 그 가격시점인 매년 1. 1 당시의 당해 토지의 현실 이용상황을 기준으로 하여 결정하여야 하며 그 주위환경을 고려한 당해 토지의 장래 이용가능성을 참작하여 결정하여서는 안 된다(대판 1995. 12. 12, 95누10730).

2) 이의신청

개별공시지가에 대하여 이의가 있는 자는 개별공시지가의 결정·공시일로부터 30일 이내에 서면으로 시장·군수 또는 구청장에게 이의를 신청할 수 있다. 시장·군수 또는 구청장은 이의신청기간이 만료된 날로부터 30일 이내에 이의신청을 심사하여 그 결과를 신청인에게 서면으로 통지하여야 한다. 이 경우 시장·군수 또는 구청장은 이의신청의 내용이 타당하다고 인정될 때에는 개별공시지가 결정·공시의 절차에 따라 당해 개별공시지가를 조정하여 다시 결정·공시하여야 한다(12). 개별공시지가에 대하여 이의가 있는 자는 이 법에 의한 이의신청제도와 행정심판법에 의한 **행정심판** 중 선택적으로 또는 중복적으로 제기할 수 있으며 **행정소송**을 제기하는 것도 물론 가능하다.

> **판례** 개별토지가격의 조정에도 불이익변경금지의 원칙의 적용을 받는다는 판례
> 재조사청구는 특별법상의 행정심판의 하나이므로, 행정심판법 제43조 제2항에 따라 관할 시장·군수 또는 구청장이 재조사청구를 받아 개별토지가격을 조정하는 경우에도 행정심판법 제36조 제2항(불이익변경금지의 원칙)의 적용을 받아 재조사청구인에게 불이익하게 변경조정할 수 없다. 따라서 행정청이 개별토지가격이 적정하거나 저가임을 이유로 그대로 두거나 상향조정하여 달라는 재조사청구에 대하여 그 청구취지에 반하여 불이익하게 감액조정하는 경정결정은 행정심판법 제36조 제2항에 반하는 것으로 위법하다(대판 1995. 11. 21, 95누11429).

> **판례** 개별토지가격에 대하여 이의가 있는 경우 이의신청·행정심판을 거쳐 행정소송이 가능하다는 판례
> 개별토지가격에 대하여 이의가 있는 토지소유자 및 이해관계인은, 개별토지가격합동조사지침에 기한 재조사청구나 행정심판법에 의한 행정심판청구 중 하나만을 거쳐 곧바로 행정소송을 제기하는 것이 가능함은 물론, 재조사청구를 하여 그 결과통지를 받은 후에 다시 행정심판법 제18조 제3항에 따른 행정심판의 재결을 거쳐 행정소송을 제기하는 것도 가능하다(대판 1998. 2. 27, 96누13972).

3) 개별공시지가의 적용

개별공시지가는 개발이익환수에 관한 법률에 의한 개발부담금의 부과, 기타 다른 법령이 정하는 목적을 위한 지가산정의 기준이 된다(11①).

> **판례** 경정결정된 개별공시지가는 소급하여 효력이 발생한다는 판례
>
> 개별공시지가가 토지특성조사의 착오 등 지가산정에 명백한 잘못이 있어 경정결정되어 공고된 이상 당초에 결정·공고된 개별공시지가는 그 효력을 상실하고 경정결정된 새로운 개별공시지가가 그 공시기준일에 소급하여 효력을 발생하므로, 과세처분을 함에 있어서 기준이 되는 개별공시지가가 경정된 경우에는 경정된 개별공시지가에 의하여야 하고, 위와 같이 경정된 개별공시지가를 소급적용하여 과세처분을 한다고 하여 납세자의 신뢰를 저버리는 것이라거나 불이익변경금지의 원칙에 반한다거나 소급과세로서 조세법률주의에 어긋나는 것이라고 볼 수 없다(대판 1999. 10. 26, 98두2669).

4) 개별공시지가의 법적 성질

상술한 표준지의 공시지가에 관하여 설명한 것과 같이 **행정계획설, 행정규칙설, 사실행위설, 행정행위설**이 대립되어 있으나, 이미 살펴본 바와 같이 개별공시지가는 지금은 폐지된 종전의 토지초과이득세·택지초과소유부담금과 현행 개발부담금·농지전용부담금 등의 부과에 있어 그 가액산정의 기초로 하고 있으므로 당해 토지 소유자 등의 구체적인 권리·의무가 확정되는 효과를 가져온다고 볼 수 있으므로 역시 행정소송의 대상인 처분에 해당하다고 할 것이며, 판례도 같은 견해이다. 다만, 이러한 개별공시지가는 개별토지의 물적 상태를 기준으로 하여 결정되는 것으로서 토지소유자의 권리·의무는 이러한 토지에 대한 규율을 통하여 결정된다는 의미에서 행정행위 중 **물적 행정행위**에 속한다고 할 수 있다.

> **판례** 공시지가는 행정처분으로서 행정소송의 대상이 된다는 판례
>
> 개별토지의 공시지가는 토지초과이득세·택지초과소유부담금(지금은 모두 폐지된 제도임)·개발부담금 등의 산정기준이 되어 국민의 권리·의무 내지는 법률상 이익에 직접적으로 관계된다고 할 것이므로, 행정소송법상 행정청이 행하는 구체적 사실에 관한 법집행으로서의 공권력행사에 해당하며 따라서 행정소송의 대상이 되는 행정처분이라고 할 것이다(대판 1993. 1. 15, 92누12407).

4. 주택가격의 공시

1) 단독주택가격의 공시

① 표준주택가격의 공시

건설교통부장관은 용도지역·건물구조 등이 유사하다고 인정되는 일단의 단독주택 중에서 선정한 표준주택에 대하여 매년 공시기준일 현재의 표준주택가격을 조사·평가하고, 중앙부동산평가위원회의 심의를 거쳐 이를 공시하여야 한다(16①). 표준주택가격은 국가·지방자치단체 등의 기관이 그 업무와 관련하여 개별주택가격을 산정하는 경우에 그 기준이 된다(18①).

② 개별주택가격의 공시

시장·군수·구청장은 시·군·구 부동산평가위원회의 심의를 거쳐 매년 공시기준일 현재 관할구

역 안의 개별주택가격을 결정·공시 하여야 한다(16②). 이 경우 시장·군수·구청장은 당해 주택과 유사한 이용가치를 지닌다고 인정되는 표준주택가격을 기준으로 주택가격기준표를 사용하여 가격을 산정하되, 당해 주택의 가격과 표준주택가격이 균형을 유지하도록 하여야 한다(16⑦). 개별주택가격은 주택시장의 가격정보를 제공하고, 국가·지방자치단체 등의 기관이 과세 등의 업무와 관련하여 주택의 가격을 산정하는 경우에 그 기준으로 활용될 수 있다(18②).

2) 공동주택가격의 공시

건설교통부장관은 매년 공시기준일 현재의 공동주택가격을 조사·산정하고 중앙부동산평가위원회의 심의를 거쳐 이를 공시하여야 한다(17①). 건설교통부장관은 공동주택의 가격을 조사·산정함에 있어서 인근 유사공동주택의 거래가격·임대료 등을 종합적으로 참작하여야 하며, 공동주택소유자 기타 이해관계인의 의견을 들어야 한다(17②⑤). 공동주택가격은 시장·군수·구청장이 아닌 건설교통부장관이 직접 조사·산정하여 공시하는 것이며, 개별주택가격과 마찬가지로 주택시장의 가격정보를 제공하고, 국가·지방자치단체 등의 기관이 과세 등의 업무와 관련하여 주택의 가격을 산정하는 경우에 그 기준으로 활용될 수 있는 효력을 가진다(18②).

Ⅵ. 개발이익환수제도

1. 의 의

개발이익환수제도란 개발사업으로 인하여 개발사업자에게 귀속되는 정상적 지가상승분을 초과하는 토지가액 증가분과, 토지이용계획의 변경 기타 사회·경제적 요인에 의하여 토지소유자에게 귀속되는 정상적 지가상승분을 초과하는 토지가액 증가분인 개발이익은 개발사업자 또는 토지소유자의 노력 없이 발생한 불로소득이므로 이들에게만 전적으로 귀속시키지 아니하고 사회환원을 통하여 이를 적정하게 배분하고 토지에 대한 투기를 방지하기 위한 제도를 말한다.

이 경우 개발사업이란 국가 또는 지방자치단체로부터 인·허가 등을 받아 시행하는 ① 택지개발사업, ② 공업단지조성사업, ③ 관광단지조성사업, ④ 도시환경정비사업, ⑤ 유통단지조성사업, ⑥ 온천개발사업, ⑦ 여객자동차터미널사업·화물터미널사업, ⑧ 골프장건설사업, ⑨ 지목변경이 수반되는 사업 등을 말한다.

2. 종 류

현행법상 개발이익환수제도에는 과세적 방법과 비과세적 방법이 있다.

1) 과세적 방법

개발이익환수의 과세적 방법으로는 재산의 보유에 대한 과세인 재산세·종합부동산세, 재산의 처분에 대한 과세인 양도소득세가 있다.

2) 비과세적 방법

개발이익환수에 관한 법률에 근거하여 부과되는 개발부담금제도가 있다.

3. 개발부담금

1) 의 의

건설부장관은 국가·지방자치단체로부터 인·허가를 받아 시행하는 택지·공단·관광단지·도시환경정비·유통단지·온천·터미널·골프장 등의 개발사업자에게 귀속되는 정상적인 지가상승분을 초과하는 토지가액 상승분{개발사업 완료시점의 토지가액 – (개발사업 착수시점의 토지가액 + 정상지가상승분 + 개발비용)}의 100분의 25로 한다. 대상토지가액은 원칙적으로 개별공시지가에 의하여 산정한다(10).

2) 성 질

① 조세의 일종으로 보는 견해

토지개발에 따른 부당한 토지가액증가분을 환수하는 조세 또는 준조세로 보는 견해로서, 건설부장관이 부과·징수하기 때문에 조세라는 명칭을 사용하지 아니한 것이라고 한다.

② 인적 공용부담의 일종으로 보는 견해

개발부담금도 특정 공익사업에 충당하기 위하여 그 사업과 특별한 관계가 있는 자에게 과하는 금전급부의무를 의미하는 인적 공용부담의 일종인 부담금에 해당한다고 보는 견해이다.

③ 토지관계법의 실효성 확보를 위한 새로운 수단으로 보는 견해

토지의 투기방지와 개발이익의 귀속에 관한 사회적 갈등의 조정을 위한 개입수단으로서, 토지관계법의 실효성 확보를 위한 새로운 형태의 수단으로 보는 견해이다.

3) 부과징수

개발부담금은 건설교통부장관이 부과종료(개발완료)시점부터 3개월 이내에 결정·부과하여야 하며, 그 납부의무자(사업시행자)는 부과일부터 6개월 이내에 이를 납부하여야 하며, 납기일까지 납부하지 않으면 독촉절차를 거친 후 건설교통부장관은 국세체납처분의 예에 의하여 강제징수한다(14~19). 개발부담금의 부과징수에 이의가 있는 자는 중앙토지수용위원회에 행정심판을 청구할 수 있으며(22), 그 재결에 불복이 있는 경우에는 행정소송을 제기할 수 있다.

판례 개발부담금부과기간은 제척기간이 아니라 훈시규정이라는 판례
관계규정을 종합하여 보면, 개발이익환수에관한법률 제14조는 개발완료시점부터 3월이 경과하면 개발부담금을 일체 부과할 수 없다는 제척기간에 관한 규정으로 볼 것이 아니라 행정청에 대하여 투기방지 등 이 법의 목적을 달성하기 위하여 3월 이내의 단기간 내에 신속하게 개발부담금을 부과징수하도록 하는 훈시규정이다(대판 1994. 4. 12, 92누10562).

제3절 환경행정법

Ⅰ. 개 설

1. 환경행정법의 개념

'환경행정법'이란 『모든 국민이 건강하고 쾌적한 삶을 누릴 수 있도록 하기 위하여, 환경오염과 환경훼손을 예방하고 환경을 적정하고 지속가능하게 관리·보전하며 오염된 환경을 개선하기 위한 행정작용에 관한 법』을 말한다(환경정책기본1).

여기서 '환경오염'이란 사업 활동 기타 사람의 활동에 따라 발생하는 대기·수질·토양·해양·방사능오염 또는 소음·진동·악취 등으로서 사람의 건강이나 환경에 피해를 주는 상태를 말한다(동3).

종래 경제성장의 이데올로기가 지배하였던 시기에는 개발에 따른 각종 공해·환경파괴 등의 문제는 성장의 그늘에 가려 그 필연적 부산물 정도로만 인식되어 왔으나, 오늘날 하나뿐인 지구의 심각한 환경오염문제는 그 자체가 적극적인 **규제행정**의 대상으로 전면에 부각되기에 이르렀다.

2. 환경행정법의 법원

1) 헌 법

제5공화국 헌법에서 환경권규정이 처음 도입된 이래 현행 헌법(35)도 『모든 국민은 건강하

고 쾌적한 환경에서 생활할 권리를 가지며, 국가와 국민은 환경보전을 위하여 노력하여야 한다』고 선언하고, 다만 환경권의 내용과 행사에 관한 사항은 법률로 정한다고 하였다.

　이러한 **환경권의 성격**에 관하여는 **자유권**의 성격뿐만 아니라 인간의 존엄·가치 및 행복추구권에서 도출되는 **생존권**의 성격도 함께 가지는 것이며, 그 **효력**에 관하여는 ① **방침규정설**, ② **추상적 권리설**(환경입법을 요구할 수 있는 권리에 불과하다는 설), ③ **구체적 권리설**(환경침해의 배제를 청구할 수 있는 구체적 권리라는 설), ④ **양면적 권리설**(자유권적 측면에서는 국가의 환경침해로부터의 방어권, 생존권적 측면에서는 환경입법과 쾌적한 생활환경의 조성을 청구할 수 있는 권리라는 설)이 있는 바, 그 가운데 양면적 권리설이 다수설이다. 판례는 환경권의 **구체적 권리성**을 부정하고 있다.

　따라서 국가는 환경보호를 위한 입법의무가 있으며 이를 다하지 못할 경우 국민은 입법부작위로 인한 위헌임을 주장하여 입법을 요구할 수 있다고 하겠다.

> **판례** **환경권의 구체적 권리성을 부정한 판례**
> 　헌법 제35조 제1항은 환경권을 기본권의 하나로 승인하고 있으므로, 사법의 해석과 적용에 있어서도 이러한 기본권이 충분히 보장되도록 배려하여야 하나, 헌법상의 기본권으로서의 환경권에 관한 위 규정만으로는 그 보호대상인 환경의 내용과 범위, 권리의 주체가 되는 권리자의 범위 등이 명확하지 못하여 이 규정이 개개의 국민에게 직접으로 구체적인 사법상의 권리를 부여한 것이라고 보기는 어렵고, 사법적 권리인 환경권을 인정하면 그 상대방의 활동의 자유와 권리를 불가피하게 제약할 수밖에 없으므로, 사법상의 권리로서의 환경권이 인정되려면 그에 관한 명문의 법률규정이 있거나 관계 법령의 규정취지나 조리에 비추어 권리의 주체, 대상, 내용, 행사방법 등이 구체적으로 정립될 수 있어야 한다(대판 1995. 5. 23, 94마2218; 대판 1999. 7. 27, 98다47528).

2) 법률 및 조약

　환경문제는 국제적인 문제이므로 오존층보호를 위한 비엔나협약·기후변화에 관한 국제연합기본협약·멸종위기에 처한 야생동식물종의 국제거래에 관한 협약·폐기물 및 그 밖의 물질의 투기에 의한 해양오염방지에 관한 협약·원자력안전에 관한 협약 등 많은 조약이 체결되고 있으며, 우리나라도 이에 가입하고 있으므로 이들 조약은 헌법(5)에 의거하여 직접 국내법으로서의 효력을 가진다.

　한편, 국내법으로서는 ① 기본법인 환경정책기본법(1990)과, ② 대기환경보전법·수질환경보전법·소음진동규제법·해양오염방지법·폐기물관리법·유해화학물질관리법·원자력법·오존층보호를 위한 특정물질의 제조규제 등에 관한 법률·환경분쟁조정법 및 환경범죄의 단속에 관한 특별조치법 등의 환경오염관계법과, ③ 자연환경보전법·자연공원법·야생동·식물보호법 등 자연환경보호법, ④ 수도권정비계획법·도시 및 주거환경 정비법·도시공원법 등의 도시환경보호법 등이 있다.

3. 환경행정의 특성

1) 종합성·계획성

환경행정은 소극적 질서유지작용과 달리 다양한 산업 활동과 사람의 활동을 대상으로 장래에 향하여 **종합적·계획적**으로 일정한 상태를 형성·유도하는 작용이다. 이를 위하여 환경정책기본법(12)은 환경부장관으로 하여금 종합적·기본적 장기계획으로서 **국가환경종합계획**을 매 10년마다 수립하도록 하고 있으며, 자연환경보전법(6·7)은 환경부장관으로 하여금 매 10년마다 **자연환경보전기본계획**을 수립하도록 규정하고 있다.

2) 수단의 다양성

환경행정은 그 전문성과 기술성으로 인하여 정형적인 법적 규율에 의해서만은 그 목적을 효율적으로 달성하기 어렵다는 특성을 가지고 있다. 따라서 하명·허가 등의 **권력작용** 뿐만 아니라 행정지도·행정계획·공법상 계약 등의 **비권력작용**과 함께, 환경영향평가제도 등 각종 기술적 측정·감시 수단과 이에 입각한 권고, 개선명령, 사업장 이전·폐쇄명령 및 각종 과징금·분담금 부과 등의 **다양한 수단**이 활용되고 있다.

3) 국제성·지역성

환경오염은 인접국 또는 전 세계에 직접 영향을 미치므로 **국제조약**으로 이를 감시·규제하고 있으며, 미시적으로는 특정 지방의 문제이므로 지방자치단체별로 환경보전계획을 수립·시행할 의무를 부과함과 동시에(환경정책기본4②), 시·도는 지역적 특수성을 고려하여 **조례**로 정부가 설정한 환경기준보다 확대·강화된 별도의 환경기준을 설정할 수 있도록 함으로써(동10③) 환경부장관에게 사후 보고만 할 것을 조건으로 **법률보다 더 확대·강화된 배출기준** 등을 정할 수 있도록 하였다(법률 스스로가 인정하고 있는 법률우위의 원칙에 대한 예외이다).

4) 이해대립성·조정성

환경행정은 경제 및 산업 활동에 관련되는 환경오염규제의 수준에 관한 여러 **이해관계의 대립을 조정하는 행정**으로서의 특징이 두드러지고 있다.

▶ 예 : 환경분쟁조정제도를 마련하고 배출규제 및 배출부과금·환경개선부담금 등의 부과기준을 마련하는 것.

4. 환경행정의 기본원리

환경행정의 기본원리로서는 다음의 네 가지 원칙, 즉 ① 사전배려의 원칙, ② 존속보호의 원칙, ③ 원인자책임의 원칙, ④ 협동의 원칙을 들 수 있다.

1) 사전배려의 원칙(사전대비의 원칙)

사전배려의 원칙이란 미래예측적·형성적인 계획의 책정에 의하여 행정청 기타 국가적·사회적 행위주체들이 환경보호의 차원에서 행동하고, 그 결정과정에 있어서 최대한 환경에 대한 영향을 고려하도록 함으로써 자연환경을 보호해야 한다는 원칙을 말한다. 환경이 오염된 후에 복구시킬 경우 엄청난 비용이 초래되기 때문에 각종 개발행위를 하기 전에 환경영향평가 등 과학적인 예측기법과 행정계획을 활용하여 미리 대비할 것이 요청된다. 이러한 의미에서 이 원칙은 안전확보라는 관점에서의 위험(Gefahr)과 리스크(risk. Risiko)에 대비한 사전배려이고, 자원관리의 관점에서의 자원의 관리·보전을 위한 사전배려이기도 하다.

사전배려의 원칙에 관한 법적 근거로서는 환경정책기본법(4)상의 환경오염 및 훼손과 위해의 예방, 환경의 적정한 관리·보전을 위한 국가의 환경계획의 수립과 시행의무 및 환경·교통·재해 등에 관한 영향평가법(1)상의 환경영향평가제도 등을 들 수 있다.

2) 존속보호의 원칙(존속보장의 원칙)

존속보호의 원칙이란 환경보호의 목표를 현재상태를 악화시키는 환경침해를 제거하고 환경을 현재의 상태대로 유지하여야 한다는 "악화금지의 원칙" 또는 "지속가능한 개발의 원칙"을 말한다. 이 원칙은 사전배려의 원칙에서 파생된 것이다. 그러나 이 원칙에는 사전배려의 원칙이 내포하는 바와 같이 미래지향적·형성적 요소가 결여되어 있다. 이 원칙은 환경상태의 악화를 금지한다는 점에서, 보호적인 환경관리 및 자원배분을 통해 결국 추가적인 환경부담을 허용하기 마련인 사전배려의 원칙보다도 더 엄격한 원칙이라고 할 수 있다.

존속보호의 원칙에 대한 법적 근거로서는 환경악화의 예방 및 그 요인의 제거를 고려한 환경행정의 집행의무를 규정한 환경정책기본법(11), 자연환경보전법상의 생태·경관보전지역의 관리(제2장) 및 생물다양성의 보전(제3장)에 관한 규정 등을 들 수 있다.

3) 원인자책임의 원칙(원인제공자책임의 원칙)

원인자책임의 원칙이란 자기의 영향권 내에 있는 자의 행위 또는 물건의 상태로 인하여 환경오염발생의 원인을 제공한 자는 그 환경오염의 방지·제거·손해배상에 관한 책임을 부담해야 한다는 원칙을 말한다. 이는 결국 배출부과금·환경개선부담금·쓰레기종량제 등의 비용부담의 문제로 귀착된다. 그러나 현실적으로는 책임의 귀속과 책임정도의 확정에 기술적인 난점이 있어 **공동책임의 원칙**으로 보완되는 경우도 있다.

원인자에 대하여 부과되는 비용부담은 그 내용·범위에 따라 현실비용(Ist-Kosten)과 당위비용(Soll-Kosten)으로 나누어지는데, **현실비용**은 직접 원인자의 책임으로 돌릴 수 있는 오염의 방지·제거만을 위한 비용이며, **당위비용**은 그것을 넘어서 적극적인 환경관리를 위한 비용을 말한다. 원인제공자의 책임은 이와 같은 비용부담의 문제를 넘어서 조업정지명령처럼 부작위하명 기타의 행정행위의 형태로 부과될 수도 있다.

원인자책임의 원칙을 구현하기 위한 개별적인 법으로서는 대기환경보전법(19) 및 수질환경보전법(19)상의 배출부과금제도 등이 있다.

4) 협동의 원칙(협력의 원칙)

협동의 원칙은 국가는 환경행정을 시행함에 있어서 개인과 기업을 비롯한 다른 환경주체와의 협동을 통하여 그들의 지식과 정보를 적극 활용함으로써 환경행정의 목적을 보다 효율적으로 달성하려는 원칙을 말한다(이른바 민관협력). 환경문제는 전적으로 국가나 지방자치단체만의 책무는 아니며, 사업자와 국민도 함께 각자의 영역에서 이행하여야 할 책무가 있으므로, 국가·지방자치단체의 환경보전시책에 함께 협력할 의무가 있다(환경정책기본4·5·6). 협동의 구체적 형식으로는 ① 국가와 산업(기업)간의 협동, ② 국가와 학계·기술계간의 협동, ③ 국가와 일반시민간의 협동, ④ 국가와 환경단체, 환경단체 상호간의 협동, ⑤ 국가와 지방자치단체간의 협동, ⑥ 국가간의 국제적 협동 등을 들 수 있다.

이하에서는 이러한 환경행정의 특징과 기본원리에 입각하여 행하여지는 환경행정작용의 구체적 내용을 ① 행정계획, ② 환경기준의 설정, ③ 환경영향평가제도, ④ 권력적 작용, ⑤ 비권력적 작용, ⑥ 권익구제 등의 수단별로 설명하고자 한다.

Ⅱ. 행정계획

환경행정의 특징에 비추어 행정계획이 차지하는 비중이 적지 아니하며, ① 마스터 플랜으로서 10년마다 국가환경종합계획을 수립하고(환경정책기본법12), ② 영향권별·분야별 환경보전계획(동23; 대기오염영향권·수계별 영향권 및 자연생태계·해양생태계별 보전계획 등)과, ③ 특정분야별 전문계획(폐기물처리기본계획 등)을 수립하고 있으며, 이들은 모두 다른 행정기관에 대하여는 구속력을 가지지만, 국민에 대하여는 **비구속적 계획**이다.

그러나 국토의 계획 및 이용에 관한 법률에 용도지역으로서의 자연환경보전지역, 수도권정비계획법에 의한 자연보전권역 등의 지역·지구제는 환경보전을 위하여 건축 등 일정한 행위를 제한하는 **구속적 계획**이다.

Ⅲ. 환경기준의 설정

정부는 환경기준을 설정하고, 여건의 변화에 따라 그 적정성이 유지되도록 하여야 하며(환경정책기본법10①), 시·도는 조례로 정부의 환경기준보다 확대·강화된 별도의 환경기준을 설정할 수 있다(10②). 따라서 정부가 정하는 환경기준은 전국적인 최저기준으로서의 법적 성질을 가지며, 지방자치단체가 이보다 확대·강화된 조례를 제정하더라도 이는 법률우위의 원칙에 대한 위반으로 볼 수 없다.

이러한 환경기준을 유지하기 위한 수단으로서는, ① 배출허용기준의 설정(농도규제 또는 총량규제)이 대표적이며, 그 외에도 ② 공업의 재배치 및 이전, ③ 토지이용의 규제(그린벨트 설정 등), ④ 자원의 재활용 등의 방법이 있다.

환경기준에서 말하는 배출허용기준을 초과할 경우에는 행정청은 ① 배출시설의 개선명령 및 조업정지명령(수질16·17, 대기16·17), ② 조업정지가 주민의 생활·국민경제 기타 공익에 현저한 지장을 초래할 경우에 조업정지명령에 갈음하여 행하는 과징금부과처분(수질20의2, 대기20의2), ③ 배출부과금의 부과(수질19, 대기19) 등의 작위·부작위·급부하명을 할 수 있다.

배출허용기준은 원칙적으로 각 사업주체별로 배출하는 오염물질에 대한 『농도규제』의 방법에 의하도록 규정되어 있으나(수질8·대기8), 예외적으로 환경부장관은 환경정책기본법에 의한 환경기준을 초과하여 주민의 건강·재산·동식물의 생육에 중대한 위해를 가져올 우려가 있다고 인정하는 구역 또는 특별대책지역 중 사업장이 밀집되어 있는 구역에 대하여는 당해 구역안의 사업장에 대하여 배출되는 오염물질을 총량으로 규제할 수 있도록 함으로써 예외적으로 『총량규제』의 방법을 도입하고 있다(수질9·대기9).

Ⅳ. 환경영향평가제도

1. 의 의

환경영향평가제도란 각종 개발계획의 수립·시행에 앞서, 사업자로 하여금 미리 당해 개발사업이 환경에 미치는 영향을 예측·분석하고 피해를 감소시키는 방안(환경영향저감방안)을 강구하도록 하는 환경분석제도를 말한다.

이것은 사전배려의 원칙을 배경으로 하는 것으로서 1969년 미국의 국가환경정책법(National Environmental Policy Act : NEPA)이 처음 도입하였던 제도이다.

우리의 경우 환경영향평가제도는 환경영향평가법에 규정되어 있었으나, 이 법은 2001. 1. 1부터 시행된 『환경·교통·재해 등에 관한 영향평가법』에 의하여 폐지되고, 환경영향평가제도는 이 신법에 그대로 흡수되어 규정되었다.

2. 환경영향평가서의 작성

1) 환경영향평가의 대상사업

도시개발, 산업단지 조성, 에너지 개발, 항만·도로·철도·공항 건설, 수자원·하천·산지·관광단지 개발, 개간 및 공유수면매립, 체육시설·폐기물처리시설 설치사업 등이다(4).

2) 평가서의 작성·제출

환경영향평가서는 환경영향평가 대상사업을 수행하는 사업자가 작성하되, 환경부장관에게 등록한 평가대행자로 하여금 대행하게 할 수 있다(5·7). 평가서의 작성시기는 당해 사업계획에 대한 행정관청의 인·허가승인이 있기 전에 작성하여야 한다(17~19). 사업자는 환경영향평가서를 당해 평가대상사업에 대한 인·허가승인·면허 등을 행하는 행정관청의 장(예컨대 공유수면매립사업인 경우에는 매립면허를 행하는 해양수산부장관, 관광단지개발사업허가인 경우에는 문화관광부장관, 댐건설사업허가인 경우에는 건설교통부장관 등)에게 제출하여야 하며, 평가서를 제출받은 행정관청의 장은 평가분야별로 각각 그 분야를 주관하는 중앙행정기관의 장(예 : 환경분야에 대한 평가는 환경부장관) 또는 시·도지사('평가서 협의기관장'이라 함)에게 이를 제출하고 그 협의를 요청하여야 한다.

3) 주민의 의견 수렴

사업자는 환경영향평가서를 작성함에 있어서 설명회 또는 공청회를 개최하여 당해 사업의 시행으로 영향을 받는 지역안의 주민의 의견을 듣고 이를 평가서에 포함시켜야 하며, 일정범위의 주민의 요구가 있는 때에는 반드시 공청회를 개최하여야 한다(6).

4) 평가서의 검토

환경부장관은 협의를 요청받은 환경영향평가서를 검토한 후 타당하다고 인정될 경우 **협의**(승인을 의미함)를 해주며, 그렇지 않을 경우 환경보전을 위한 사업계획의 **조정·보완**을 요청할 수 있으며, 이러한 요청을 받은 경우 당해 사업자 또는 사업계획승인기관의 장은 특별한 사유가 없는 한 이에 응하여야 한다(19).

> **판례** 환경영향평가대상지역 안의 주민은 환경영향평가대상사업의 승인처분의 취소를 구할 원고적격이 있다는 판례
>
> 발전소건설사업에 대한 환경영향평가대상지역 안에 거주하는 주민들이 전원개발사업실시계획의 승인처분과 관련하여 가지고 있는 환경상의 이익은 단순히 환경공익 보호의 결과로서 국민 일반이 공통적으로 가지게 되는 추상적·평균적·일반적 이익에 그치지 아니하고 평가대상지역 안의 주민 개개인에 대하여 개별적으로 보호되는 직접적·구체적 이익이라고 보아야 하고, 따라서 위 사업으로 인하여 직접적이고 중대한 환경침해를 받

게 되리라고 예상되는 평가대상지역 안의 주민에게는 위 승인처분의 취소를 구할 원고적격이 있다(대판 1998. 9. 22, 97누19571).

3. 환경영향평가의 하자

1) 환경영향평가의 절차상 하자와 사업계획승인처분의 효력

환경등영향평가법상 거쳐야 할 주민의견 수렴절차나 환경부장관 등의 협의절차 등 환경영향평가절차를 전혀 거치지 않은 경우 당해 사업계획승인처분은 위법하다. 반면 환경부장관의 협의절차를 거친 이상, 환경부장관의 환경영향평가에 대한 의견에 반하는 사업계획승인처분이 위법하다고 할 수는 없다(대판 2001. 7. 27, 99두2970).

> **판례** 환경부장관의 협의절차를 거친 이상, 환경부장관의 환경영향평가에 대한 의견에 반하는 사업계획승인처분이 위법하게 되지는 않는다는 판례
>
> 국립공원 관리청이 국립공원 집단시설지구개발사업과 관련하여 그 시설물기본설계 변경승인처분을 함에 있어서 환경부장관과의 협의를 거친 이상, 환경영향평가서의 내용이 환경영향평가제도를 둔 입법 취지를 달성할 수 없을 정도로 심히 부실하다는 등의 특별한 사정이 없는 한, 공원관리청이 환경부장관의 환경영향평가에 대한 의견에 반하는 처분을 하였다고 하여 그 처분이 위법하다고 할 수는 없다(대판 2001. 7. 27, 99두2970).

2) 환경영향평가의 실체(내용)상 하자와 사업계획승인처분의 효력

판례는 환경영향평가의 내용이 다소 부실하다 하더라도, 그 부실의 정도가 환경영향평가제도를 둔 입법취지를 달성할 수 없을 정도이어서 환경영향평가를 하지 아니한 것과 다를 바 없을 정도의 것이 아닌 이상 그 부실은 당해 승인 등 처분에 재량권 일탈·남용의 위법이 있는지 여부를 판단하는 하나의 요소로 됨에 그칠 뿐, 그 부실로 인하여 당연히 당해 승인 등 처분이 위법하게 되는 것은 아니다라고 한다(판례 참조).

> **판례** 환경영향평가의 절차를 거쳤다면 그 내용부실이 있더라도 당해 평가대상사업에 대한 승인처분을 위법하게 하는 것은 아니라는 판례
>
> 환경영향평가를 거쳐야 할 대상사업에 대하여 그러한 환경영향평가를 거치지 아니하였음에도 승인 등 처분을 하였다면 그 처분은 위법하다 할 것이나, 그러한 절차를 거쳤다면, 비록 그 환경영향평가의 내용이 다소 부실하다 하더라도, 그 부실의 정도가 환경영향평가제도를 둔 입법취지를 달성할 수 없을 정도이어서 환경영향평가를 하지 아니한 것과 다를 바 없을 정도의 것이 아닌 이상 그 부실은 당해 승인 등 처분에 재량권 일탈·남용의 위법이 있는지 여부를 판단하는 하나의 요소로 됨에 그칠 뿐, 그 부실로 인하여 당연히 당해 승인 등 처분이 위법하게 되는 것은 아니다(대판 2001. 6. 29, 99두9902).

4. 환경영향평가의 사후관리

환경부장관과 환경영향평가대상사업에 대한 인·허가승인 등을 한 행정기관의 장은 공사현장에 대한 조사확인을 하고 사업자가 환경부장관의 협의 내용을 이행하지 아니할 경우 공사의 중지 등을 명할 수 있다(26).

5. 현행 환경영향평가제도의 문제점

환경영향평가제도는 그 내용에 있어서 다음과 같은 문제점들을 들 수 있다. ① 환경영향평가의 대상사업 및 그 제외사업의 요건이 불확정개념으로 규정되어 있고 그 대상사업이 법령상 제한되어 법적 공백으로 남아 있다는 점, ② 주민의견 수렴제도가 환경정보청구권의 보장 없이 맹목적으로 이루어지고 있고 영향평가서에 대한 협의내용도 주민에게 통보되고 있지 않으므로 협의내용에 대해 주민들이 이의를 제기하는 절차가 존재하지 않다는 점, ③ 환경영향평가서가 관행적으로 대행자에 의해서 작성되고 있어 부실하게 평가서의 작성이 이루어지고 있다는 점, ④ 벌칙규정이 미비해 그 실효성이 미흡하다는 점, ⑤ 체계적인 '모니터링 망'과 사후관리시스템이 미흡하다는 점, ⑥ 환경부장관이 법률상 규정되어 있는 사업의 조정이나 보완요청을 하지 않는 경우에 대한 대비책이나, 환경부장관의 요청에 대해 사업승인기관의 장이 사업자에게 통보하지 않는 경우 등에 대한 대비책은 마련되고 있지 않다는 점, ⑦ 단순한 절차적 규정에 불과해 독일처럼 인·허가절차나 계획확정절차의 범위 내의 현실적 집행에 대한 검증의 도구로 사용될 수 없다는 점 등이 그 것이다.

V. 권력적 작용

1. 신고제

원래는 자연적 자유에 속하는 특정 사업 또는 활동을 일반적으로 금지한 후 적법하게 행하게 하기 위하여 일정한 사항을 신고하게 하는 제도를 말한다. 신고제는 자연적 자유를 회복시켜 주는 기속행위라는 점에서 본질적으로는 허가제와 유사하지만, ① 허가제보다는 질서에 대한 위해의 가능성이 경미한 활동에 대하여 설정되며, ② 허가제는 허가요건에의 해당여부에 대한 심사권한이 있지만(물론 요건에 해당하면 당연히 허가해야 하는 기속은 받는다), 신고제는 원칙적으로 이러한 심사권한이 없고 행정관청에 도달됨으로써 그 효력이 발생한다(그러나 실정법은 신고요건을 법정하여 이에 위반된 신고는 수리를 거부하도록 규정함으로써 사실상 허가와 유사하게 운영하고 있는 예가 많이 있다. 예 : 시장·군수·구청장에 대하여 행하는 식품위생법에 의한 일반음식점 및 휴게음식점 영업신고, 공중위생관리법에 의한 이·미용업·숙박업·공중목욕장업의 개설사실의 통보 등).

환경행정에 있어서의 신고제도는 환경에 대한 위해의 가능성이 경미한 소음·진동발생 공사의 사전신고제(소음·진동25), 허가대상이 아닌 오염물질 배출시설 또는 특별대책지역이 아닌 지역에서의 오염물질 배출시설에 대한 설치신고(수질10①·대가10①) 등이 있다.

2. 인·허가제

인·허가제는 환경오염방지를 위한 권력적 작용의 중심적 역할을 하는 제도로서, 특정유해물질 배출시설 또는 특별대책지역내의 배출시설 등에 대하여는 설치허가를 받아야 하며(대기10·수질10), 폐기물처리사업의 허가(폐기물26), 발전용 원자로 건설의 허가(원자력11), 환경영향평가 대행자의 등록(영향평가법8) 등이 있다.

이 밖에도 하천법(33)에는 하천점용허가시 하천의 오염을 방지하기 위하여 필요한 부관을 붙이도록 규정하고 있으며, 산지관리법(9)도 산지전용제한지역 안에서는 국토·자연보전 등을 위하여 토지형질변경행위에 대한 허가를 금지하고 있다. 즉 인·허가제는 환경과 관련되는 일정한 공사·사업을 시행함에 있어서 환경보전의 관점에서 일정한 조건과 기준을 설정하고, 그 조건을 충족하는 것만을 허용함으로써 환경을 적정수준으로 보전하려는데 그 목적이 있다.

3. 작위·부작위 의무의 부과

환경행정은 위의 허가제·신고제 외에 보다 직접적인 규제수단으로서 환경기준에 의거하여 상대방에게 작위·부작위 등의 의무를 부과하는 하명처분에 의하여서도 행하여 진다. 즉 ① 허가를 받거나 신고를 하지 아니하고 배출시설을 설치한 자에 대하여는 그 사용중지 또는 배출시설의 폐쇄를 명하여야 하며, ② 허가받은 배출시설인 경우에도 배출허용기준에 적합하도록 배출시설과 방지시설을 운영할 의무를 부과하고, 허용기준을 초과하여 배출할 경우에는 시설개선명령 또는 조업정지명령을 할 수 있다(대기15~21, 수질15~21, 소음·진동15~19).

4. 행정벌

1) 개별법률

환경행정법상의 각종 작위·부작위 의무에 위반한 자에 대하여는 각 개별법이 징역·벌금 등의 행정형벌과 과태료 등의 행정질서벌을 과하고 있다.

2) 환경범죄의 단속에 관한 특별조치법

빈발하고 있는 대형 환경오염사고에 대처하기 위하여, ① 수질·대기·토양오염물질 등을 배출하여 공중의 생명·신체에 위험을 발생시키거나 자와 이로 인하여 사람을 사상에 이르게 한 자, 그리고 업무상의 과실로 이들 죄를 범한 자를 처벌하며(3~5), ② 특히 그 배출행위와 위험발생 사이에 상당한 개연성만 있으면 그 위험은 그가 배출한 물질에 의하여 발생한 것으로 추정함으로써, 입증책임을 배출행위자에게 전환시킨 점에 특징이 있다(11).

5. 기타의 의무이행 확보수단

1) 배출부과금 등

① 배출부과금

배출부과금이란 환경오염억제를 위하여 부과하는 금전급부의무를 말하는 것으로서, 오염물질을 배출하는 사업자에 대하여 배출허용기준의 초과여부, 오염물질의 종류, 배출기간, 배출량 등을 판단의 기준으로 하여 산정한 배출부과금을 부과한다(대기19·수질19 등). 배출부과금은 주로 경제학자들에 의하여 주장된 환경규제수단으로서, **원인자책임의 원칙**에 따라 환경에 유해한 행위를 한 자에 대하여 부과하여 환경개선특별회계의 세입으로 함으로써 환경개선을 위한 재원으로만 사용되어야 한다(수질19⑥, 대기19⑥).

배출부과금은 금전적 급부의무의 부과라는 점에서 조세와 비슷하지만, 오염물질의 배출사실에 대한 제재라는 점에서 조세와는 구별된다.

> **판례** 배출부과금은 각 사업자별로 배출오염물질의 양에 상응하여 부과하여야 한다는 판례
> (구)환경보전법(환경정책기본법의 시행으로 1991. 2. 1자로 폐지되기 전의 것) 제19조의2 제1항에 의하면 배출부과금은 사업자가 배출한 오염물질처리비용 상당액을 한도로 부과하여야 하는 것이므로, 공동방지시설로부터 기준초과오염물질 등이 배출되어 배출부과금을 부과하는 경우에도 법령에 특별한 규정이 없는 한 행정청은 각 사업장별로 사용된 원료의 양, 제품생산량, 공정 등에 의하여 각 사업자가 실제로 배출한 오염물질 등의 양을 합리적으로 산정한 다음 각 사업자에게 각자 배출한 오염물질 처리비용에 상당하는 금액만을 부과하여야 하며, 공동방지시설을 설치한 사업자들 상호간의 내부관계를 정한 것에 불과한 "공동방지시설의 운영에 관한 규약"에 근거하여 총 배출부과금 상당액을 위 조합에 출자한 출자액의 비율에 따라 나누어 산정한 배출부과금을 원고들에게 각각 부과한 것은 위법하다(대판 1996. 3. 22, 95누18000).

② 환경개선부담금 등

① 오염된 환경을 개선하기 위하여 오염의 직접적인 원인이 되는 일정 규모 이상의 시설물의 소유자와 경유를 사용하는 자동차의 소유자로부터 『환경개선부담금』을 부과·징수하거나, ② 국가·지방자치단체·환경관리공단이 환경오염방지사업을 실시하는 경우 이에 소요되는 사업비

에 충당하기 위하여 오염방지사업의 원인이 되는 사업활동을 하고 있거나 할 것이 확실하다고 인정되는 자로부터 『환경오염방지사업비용부담금』을 부과·징수할 수 있는 바(환경개선비용부담법9·13), 이들은 후술하는 인적 공용부담의 일종인 부담금에 속한다.

③ 과징금

배출시설의 설치허가를 받거나 신고를 한 사업자가 배출시설 및 방지시설을 정상운영하지 아니하거나 기타 법률 또는 법규명령을 위반한 경우에는 6월 이내의 조업정지를 명할 수 있으나, 환경부장관은 의료시설·발전설비·학교·제조업 등의 사업자인 경우에는 조업정지가 주민의 생활·국민경제 기타 공익에 현저한 지장을 초래할 우려가 있다고 인정될 때에 한하여 조업정지처분에 갈음하여 3억 원 이하의 과징금을 부과할 수 있다(수질20의2·대기20의2). 징수된 과징금은 환경개선특별회계의 세입으로 하여 환경개선사업에만 사용하도록 하고 있으며, 납부하지 아니할 경우에는 국세체납처분의 예에 의하여 강제징수할 수 있다.

이러한 과징금제도는 법령위반행위 자체를 중지시키는 것이 원칙이지만 국민의 일상생활 등에 불가결한 사업임을 감안하여 당해 시설의 조업 자체는 허용하면서 위법한 조업행위로 인하여 발생한 이익을 박탈함으로써 궁극적으로 법령을 준수하도록 유도·강제하기 위하여 도입된 제도이다.

2) 허가의 취소·정지

배출시설의 설치허가를 받거나 신고를 한 자가 배출시설을 정상운영하지 아니하거나, 허용기준을 초과하여 배출한 경우에는 배출시설에 대한 허가를 취소하거나(배출시설의 설치허가를 받았던 경우), 폐쇄를 명하거나(배출시설의 설치신고를 했던 경우), 조업정지를 명할 수 있다(대기20·수질20).

3) 위반사실의 공표

환경부장관은 자원재활용 지정사업자 등이 환경부장관의 재활용지침의 준수를 권고 받고 정당한 사유 없이 이에 따르지 아니할 경우에는 그 명단과 지침위반 내용을 공개할 수 있다(자원의 절약과 재활용촉진에 관한 법률26).

VI. 비권력적 작용

1. 자금지원

적극적인 자금지원을 통하여 환경행정을 일정한 방향으로 유도하는 방안으로서는 폐기물처리시설 또는 재활용시설의 설치비용을 지원하거나(폐기물53·자원절약31), 발전소 및 방사성폐기물처리장이 설치되는 인근 지역주민을 위한 자금지원(발전소주변지역 지원에 관한 법률14), 자연환경보전사업자에 대한 자금지원(자연환경보전55) 등이 있다.

2. 행정지도

행정지도란 행정주체가 그 의도하는 바를 실현하기 위하여 상대방의 임의적 협력을 기대하여 행하는 비권력적 사실행위를 말한다. 즉 환경행정은 하명·허가행정벌 등의 권력적 수단 외에도, 오염방지시설의 권고, 오염방지기술에 대한 지도·상담, 지역주민과 사업자간의 대화 및 협상의 알선·조정, 쓰레기·분뇨·방사성폐기물처리장 설치를 위한 지역주민들과의 협상·설득·홍보·협조의뢰 등의 다양한 비권력적 수단이 활용되고 있다. 이러한 행정지도는 원칙적으로 법률의 근거를 요하지 않으나 침해적 행위에는 그 성격상 법률의 근거를 요한다고 하겠다.

3. 공법상 계약

환경행정은 성격상 권력성·강제성을 띠는 권력적 수단에 의존하는 경우가 대부분이겠으나, 특히 행정주체와 공해배출기업간의 **공해방지계약의** 체결 등과 같은 공법상 계약에 의한 방법이 활용되기도 한다. 이러한 공법상 계약의 예로서는 환경부가 철새도래지 등을 자연환경보전법의 규정에 의한 '생태·경관보전지역'으로 지정하여 지역주민의 영농행위 또는 개발행위를 제한할 경우에 지역주민과 공법상 계약을 맺어 이로 인한 손실을 보상해 주는 '생물다양성 관리계약제도'를 들 수 있다. 즉, 동법 제15조 제5항의 규정에 의하여 영농행위를 제한함으로써 입는 농민들의 손실은 철새로 인한 농작물 피해, 농약·비료사용 제한으로 인한 농작물 수확감소, 논갈이 제한에 따른 수확감소, 철새먹이를 위해 일부 수확물을 방치하는데 따른 손실 등이며, 이는 동법 제53조에 의거하여 당연히 손실보상을 청구할 수 있고, 보상협의가 성립되지 아니할 경우 관할 토지수용위원회에 재결신청까지 할 수 있는 공권력적인 방식을 규정하고 있지만, 이러한 권력적·강제적 방법을 떠나 주민과 대등한 지위에서의 계약체결이라는 비권력적인 방법을 취함으로써 공권력과 사익간의 불필요한 마찰을 예방하고 주민의 자발적 협력을 유도하는 것이 자연환경보전이라는 행정목적 달성에 보다 효율적일 수 있다는 기대하에 이러한 공법상 계약의 방법을 활용하고 있으며, 다른 행정분야에 있어서도 마찬가지이겠지만 공법상 계약의 존재가치도 바로 이런데서 찾을 수 있다고 할 수 있다.

Ⅶ. 환경분쟁에 대한 권리구제

환경행정작용으로 인한 국민의 권익침해에 대한 구제제도로서는 일반적인 손해배상·손실보상 및 행정심판·행정소송제도가 있으며, 그 외에 환경행정법에 특유한 환경분쟁조정제도와 무과실책임주의를 들 수 있다. 환경정책기본법(31)에는 환경오염피해에 대해 사업자에게 이러한 무과실책임주의를 규정하여 피해구제에 만전을 기하고 있다.

1. 손해배상

국가 또는 지방자치단체의 환경행정작용으로 인하여 손해를 받은 자는 국가배상법이 정하는 바에 따라 그 손해배상을 청구할 수 있다. 이 경우 과실의 객관화와 입증책임의 전환이 강하게 요구되고 있는데, 국가 등의 배상책임이 문제되는 것은 다음의 세 가지 경우이다.

1) 영조물 설치·관리의 하자로 인한 손해

국가나 지방자치단체가 관리하는 쓰레기·분뇨·방사성폐기물 처리시설 등의 설치·관리의 하자로 인한 피해에 대하여는 국가배상법(5)에 의하여 배상하여야 한다.

2) 위법한 직무집행행위로 인한 손해

특히 환경업무를 담당하는 공무원이 위법한 배출시설의 설치를 허가하여 인근 주민에게 재산이나 생명·신체의 침해를 가져온 경우가 문제될 것이며, 이 경우에는 일반이론에 따라 당해 공무원의 고의·과실이 있음을 입증하는 데에 어려움이 있겠으나 이는 『일응추정의 법리』에 따라 손해가 있으면 일응 과실이 있음을 추정하는 한편, 당해 위법한 직무집행행위와 손해의 발생 간에 요구되는 인과관계의 입증책임도 개연성이 인정되는 정도면 되도록 해 줄 필요가 있다.

3) 위법한 부작위로 인한 손해

환경공무원이 오염행위에 대한 감시와 조업중단·개선명령 등의 해태 또는 부작위로 인하여 인근 주민에게 피해가 발생한 경우에 국가 등의 배상책임이 인정될 수 있을 것인가에 관하여는, 생명·신체상의 중대한 위해를 방지하기 위하여 특정 행정작용이 행하여져야만 적절한 재량권행사로 인정될 경우에는 **재량권이 0으로 수축**된 것으로 보아 위법한 부작위에 해당되어 국가 등의 배상책임을 인정할 수 있을 것이다.

2. 손실보상

환경보전을 위하여 타인의 재산권에 가하여진 특별한 희생에 대하여는 손실보상을 하는 것이 당연하지만, 특별한 희생의 범위와 법률상 보상규정이 없는 경우가 특히 문제가 된다.

1) 특별한 희생의 범위

학설은 형식적 표준설과 실질적 표준설(보호가치설·수인한도설·사적 효용설·목적위배설·상황구속설)로 나뉘어 있으나, 기존의 목적과 다른 목적으로의 이용을 강제하는 경우에만 특별한 희생으로 보아 보상을 요한다는 목적위배설을 중심으로 한 실질적 표준설에 따르면서 형식적 표준설도 참고하여 판단하는 절충적 입장이 타당하다고 생각된다.

2) 법률상 보상규정이 없는 경우의 보상문제

대기오염측정망의 설치를 위한 토지의 수용·사용에 따른 손실보상과 같이 법률에 명문의 보상규정이 있는 경우에는 문제가 없으나(대기5), 이러한 명문규정이 없는 경우(예 : 폐기물매립장 사용종료 후의 당해 토지에 대한 이용제한(폐기물50), 환경정책기본법(22)에 의한 특별대책지역 지정으로 인한 토지이용의 제한 등)에는 우리 헌법(23③)상의 보상규정에 대한 견해 중, 입법자에 대한 직접효력설에 의하면 위헌무효에 따른 손해배상청구권의 행사가 가능하며, 국민에 대한 직접효력설에 의하면 헌법규정에 직접 근거하여 손실보상을 청구할 수 있다고 한다.

3. 행정쟁송

환경행정은 이해대립성이라는 특징으로 말미암아 복효적 행정행위인 경우가 많으며, 따라서 배출시설 설치허가 등의 작위 또는 필요한 규제조치의 부작위로 인하여 피해를 입은 인근 주민이 당해 인·허가 등의 취소를 구하거나 필요한 처분의 이행을 구할 수 있는 원고적격이 있는가의 문제가 특히 중요하다.

1) 인근 주민의 원고적격

제3자도 행정처분 등의 취소를 구할 법률상 이익이 인정되는 경우에는 취소심판 및 취소소송을 제기할 수 있으며(행심9·행소12), 우리 판례도 인근 주민이 연탄공장의 면적에 관한 법령의 규정을 위반하였다는 이유로 제기한 연탄공장건축허가취소소송에서 『건축법 등에 의하여 주거지역 내의 주민이 받는 주거의 안정과 생활환경을 보호받을 이익은 단순한 반사적 이익이 아니라 법률에 의하여 보호되는 이익』임을 이유로 원고적격을 인정하였으며(대판 1974. 5. 13, 73누96·97), 그 후 자동차 LPG 가스충전소 설치허가취소소송에서도 같은 취지의 판결을 한 바 있다(대판 1983. 7. 12, 83누59).

이러한 판례를 통하여 대법원은 건축법 등 관계법령의 규정이 공공복리를 도모함과 동시에 주민의 생활환경보호에도 목적이 있는 것이라면 지역주민이 받는 이익은 단순한 반사적 이익이 아닌 법적으로 보호되는 이익이라고 함으로써 원고적격을 확대해오고 있다. 그 후 환경·교통·재해 등에 관한 영향평가법에 따른 환경영향평가대상사업의 인·허가승인처분에 있어 **환경영향평가대상지역 안에 거주하는 주민은** 위 사업에 대한 승인처분의 취소를 구할 '**법률상 이익**'이 있다고 판시함으로써 일정한 범위안에 거주하는 지역주민에 대한 원고적격을 널리 인정한 바 있음은 환경영향평가제도 부분에서 이미 설명한 바와 같다(대판 1998. 9. 22, 97누19571. 발전소 인근 주민의 원고적격에 관한 판례).

2) 부작위에 대한 위법확인 및 의무이행의 청구

환경행정법상의 배출허용기준을 위반한 사업자에 대한 개선명령·조업정지명령 등의 조치를 하지 아니하고 있는 경우(부작위)에 인근주민이 적극적으로 이러한 조치를 할 것을 청구할 수 있을 것인가에 관하여는, 일반적으로 행정개입청구권에 관한 문제로 설명하고 있다.

우선 **행정개입청구권**이 인정되기 위하여서는, ① 관계 법률이 공익뿐만 아니라 개인의 이익도 함께 보호함을 목적으로 하는 **사익보호성**이 인정되어야 할 것인 바, 대부분의 대기·수질·소음진동규제법령은 인근 주민의 사익도 함께 보호함을 목적으로 한다고 볼 수 있으며, ② 행정청에게 반드시 어떠한 처분을 하여야 할 **처분의무**가 존재하여야 할 것인 바, 상술한 바와 같이 인근 주민의 생명·건강에 대한 중대한 위해의 방지를 위하여 조업정지처분 등의 발동만이 적절한 재량권 행사로 인정될 수 있을 경우에는 소위 **재량권의 0으로의 수축이론**에 따라 처분의무의 존재를 인정할 수 있을 것이다.

다음으로 행정개입청구권이 인정될 경우에 현행법이 허용하는 **구체적인 쟁송수단**으로서는, ① **행정심판단계**에 있어서는 먼저 행정개입청구권에 근거하여 조업정지명령의 발동을 신청한 후 이에 대한 거부처분이 있으면 **거부처분에 대한 취소심판**을 청구할 수 있고, 거부처분 없이 상당한 기간동안 이를 방치(부작위)한 경우에는 직접 조업정지명령 등의 행정처분의 발동을 구하는 **의무이행심판**을 청구할 수 있으며, ② **행정소송단계**에서는 조업정지명령의 발동을 신청한 후 거부처분이 있으면 역시 **거부처분에 대한 취소소송**을 제기할 수 있으나, 거부처분 없이 상당한 기간 동안 이를 방치(부작위)한 경우에는 우리 행정소송법이 적극적인 의무이행소송을 인정하고 있지 아니하므로 부득이 **부작위위법확인소송**을 제기하여 위법확인판결을 받은 후 판결의 취지에 따른 행정청의 재처분의무 및 이에 대한 간접강제제도에 의하여 우회적으로 권익의 구제를 받을 수 있을 뿐이다.

4. 환경분쟁조정제도(쟁송외적 분쟁해결)

1) 개 설

환경문제의 이해대립성과 조정성 및 전문기술성에 착안하여, 사인 상호간의 환경오염피해로 인한 분쟁에 대하여 적절한 조정제도를 마련함으로써 분쟁의 신속·공정한 해결을 도모하기 위하여 마련된 제도가 환경분쟁조정제도이다.

원래 사인 상호간의 분쟁은 민법과 민사소송 절차에 따라 해결되어야 함이 원칙이지만, 환경오염피해는 그 집단성·인과관계 및 과실의 입증곤란성과 전문기술성 등으로 말미암아, 피해자의 개별적인 제소에 의한 법원의 판단에 맡기기 전에 전문기관에 의한 신속·간편·저렴한 조정제도를 마련하고자 하는 데에 취지가 있다.

2) 환경분쟁조정위원회의 설치

환경부에는 환경분쟁에 대한 재정업무 및 국가·지방자치단체를 당사자로 하거나 2 이상의 시·도에 걸치는 분쟁의 조정업무를 관장하는 9인으로 구성되는 중앙환경분쟁조정위원회를, 시·도에는 당해 시·도 안에서 발생한 분쟁의 조정업무를 관장하는 9인 이내로 구성되는 지방환경분쟁조정위원회를 둔다(환경분쟁조정법4~7).

3) 알 선

알선이란 분쟁해결절차 중에서 형식성이 가장 약한 것으로서, 어느 일방 또는 쌍방 당사자의 신청이 있는 경우 3인 이내의 알선위원이, 쌍방이 주장하는 요점을 확인하여 분쟁이 공정하게 해결되도록 주선함으로서 분쟁당사자들의 화해를 유도하여 합의에 이르게 하여 분쟁을 해결하는 절차를 말한다. 분쟁의 해결 가능성이 없을 경우 또는 알선중인 분쟁에 대하여 조정이나 재정신청이 있는 경우에는 알선은 중단된다(동27~29).

4) 조 정

조정은 중립적인 제3자적 지위를 가진 조정기구에 의한 중개를 통하여 분쟁당사자들이 합의에 이르게 함으로서 분쟁을 해결하려는 제도를 말한다. 조정은 신청에 의하여 개시함이 원칙이지만, 중대한 환경피해가 발생한 경우에는 예외적으로 중앙조정위원회가 직권으로 조정절차를 개시할 수 있다(30). 조정은 일방 또는 쌍방 당사자의 신청이 있는 경우 3인으로 구성되는 조정위원회가 필요한 증거조사를 한 후 분쟁에 대한 조정안을 작성하여 30일 이상의 기간을 정하여 당사자에게 그 수락을 권고하는 것을 말하며, 합의 가능성이 없거나, 당사자로부터 지정된 기간내에 조정안을 수락한다는 통지가 없는 때에는 조정은 종결된다(33~35). 조정안이 당사자에 의하여 수락된 때에는 조정조서를 작성하고 당사자와 함께 기명·날인하여야 하며, 이 경우에는 당사자간에 조정조서와 동일한 내용의 합의가 성립된 것으로 본다(33). 그러나 당사자간에 합의된 조정안도 그 자체로서 집행력을 가지는 것이 아니므로 그 합의사항이 이행되지 않는 경우에는 이를 강제하기 위하여 별도로 민사소송을 제기하여야 한다는 문제점이 있다.

5) 재 정

재정이란 당사자간의 환경분쟁에 관하여 재정위원회가 소정의 절차에 따라 인과관계의 유무와 피해액 등에 대한 법률적 판단을 내려 분쟁을 해결하려는 제도를 말한다. 재정은 당사자의 신청에 의하여 개시된다. 피해당사자의 신청이 있거나, 알선 또는 조정이 중단된 경우의 어느 일방 당사자의 신청이 있을 경우 중앙위원회의 위원으로 구성된 5인의 재정위원회가 심문기일을 정하여 당사자에게 의견진술을 하게 하고 필요한 증거조사를 한 후 재정서를 작성한다(36·40). 재정서는 정본이 당사자에게 송달된 날로부터 60일 이내에 법원에 손해배상청구소송이 제기되지 아니하거나, 제기되었더라도 철회된 경우에는 당사자 사이에 재정내용과 동일한 합의가 성립된 것으로 본다(42). 당사자간에 합의된 재정안 역시 그 자체로서 집행력을 가지는 것은 아니다.

6) 환경분쟁조정제도의 특징

환경분쟁조정제도는 불완전하지만, 준사법적 기능을 가지는 행정위원회에 의하여 환경오염으로 인한 분쟁을 소송외적 방법으로 신속·공정하게 해결하려는 것이다. 따라서 분쟁조정제도는 피해자의 신청이 있으면 국가의 비용으로 현장조사·전문가의 의견청취 등 모든 사실조사와 인과관계 및 피해의 판정까지 하도록 함으로써, 복잡한 민사소송절차에 의존하지 아니하고도 신속·간편·저렴하게 피해자를 구제할 수 있다는 데에 특징이 있다.

5. 민사상 무과실책임주의

환경오염으로 인한 피해자의 구제에 만전을 기하기 위하여 환경정책기본법(31)은 『사업장 등에서 발생되는 환경오염 또는 환경훼손으로 인하여 피해가 발생한 때에는 당해 사업자는 그 피해를 배상하여야 한다』고 함으로써, 민법(750)상의 과실책임주의에 대한 예외로서 **무과실책임주의**를 규정하고 있다.

한편, 환경오염행위와 피해의 발생간에는 **인과관계**가 있어야 하는 바, 이에 관하여는 개연성 정도의 입증만 있으면 된다는 **개연성설**이 유력하게 대두되고 있다. 개연성설은 예컨대, 원고는 인과관계의 존재의 개연성을 증명하면 족하고 피고는 반증으로서 인과관계가 존재하지 않음을 증명하지 않는 한 책임을 면할 수 없다는 이론으로서 피해자의 입증책임의 범위를 줄이고 가해자의 반증책임의 범위를 확대하자는 것이다. 우리 **대법원**은 "공해로 인한 불법행위에 있어서의 인과관계에 관하여 당해 행위가 없었다면 결과가 발생하지 아니하였으리라는 정도의 개연성이 있으면 그것으로 족하다는, 다시 말하면 가해행위와 손해와의 사이에 인과관계가 존재하는 상당정도의 가능성이 있다는 입증을 하면 되고 가해자는 이에 대한 반증을 한 경우에만 인과관계를 부정할 수 있다"고 판시하여 개연성설을 받아들이고 있다(대판 1974. 12. 10, 72다1774).

> **판례** 환경오염으로 인한 피해에 대하여 무과실책임을 인정한 판례
>
> 환경정책기본법 제31조 제1항 및 제3조 제1·3·4호에 의하면 사업장 등에서 발생되는 환경오염으로 인하여 피해가 발생한 경우에는 당해 사업자는 귀책사유가 없더라도 그 피해를 배상하여야 하고, 위 환경오염에는 소음·진동으로 인한 피해도 포함된다 할 것이므로, 피해자들의 손해에 대하여 사업자는 그 귀책사유가 없더라도 특별한 사정이 없는 한 이를 배상할 의무가 있다(대판 2001. 2. 9, 99다55434).

> **판례** 공해소송에 있어서 가해자측이 무해하다는 입증을 못하는 한 책임을 면할 수 없다는 판례
>
> 공해소송에 있어서 피해자에게 사실적인 인과관계의 존재에 관하여 과학적으로 엄밀한 증명을 요구한다는 것은 공해로 인한 사법적 구제를 사실상 거부하는 결과가 될 우려가 있는 반면에 가해 기업은 기술적·경제적으로 피해자보다 훨씬 원인조사가 용이한 경우가 많을 뿐만 아니라 그 원인을 은폐할 염려가 있고 가해기업이 어떠한 유해한 원인물질을 배출하고 그것이 피해물건에 도달하여 손해가 발생하였다면 가해자측에서 그것이 무해하다는 것을 입증하지 못하는 한 책임을 면할 수 없다고 보는 것이 사회형평의 관념에 적합하다고 할 것이다(대판 1997. 6. 27, 95다2692).

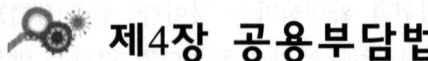 제4장 공용부담법

제1절 공용부담의 의의와 종류

I. 공용부담의 의의

'공용부담'이란 『특정 공익사업이나 특정 공익목적 또는 특정 물건의 효용을 보존하기 위하여 개인에게 강제적으로 과하는 공법상의 경제적 부담』을 말한다.

따라서 ① 도로·철도·공항·공단·폐기물매립장의 건설 등 특정 공익사업을 위한 토지의 수용이나, ② 국토의 합리적 이용이라는 공익목적을 위한 특정 지역·지구·구역 내의 토지이용의 제한, 그리고 ③ 문화재·공물 등 특정 물건의 효용 보존을 위한 제한을 모두 포괄하는 개념이다.

공용부담은 실정법상의 용어가 아니고 학문상의 용어로서 공용부담법이란 실정법은 없고 행정주체가 공용부담을 가할 수 있는 법규에 근거하여 강제적으로 사인에게 가하는 인적·물적 부담을 말하는 것이다. 원래 행정주체가 공익사업을 위하여 필요한 토지는 사법상의 매매계약 등 비권력적 방법에 의하여 취득함이 원칙이지만, 상대방과의 합의가 성립되지 아니하거나 긴급한 경우에는 상대방의 의사에 불구하고 권력적·강제적으로 이를 취득하는 등의 부담을 과하는 대신에, 이에 대하여 적절한 보상을 함으로써 헌법(23)상의 재산권 보장이념에 따라 공익과 사익간의 조화를 도모하는 제도적 장치가 바로 공용부담제도라고 할 수 있다.

이상의 공용부담의 개념을 그 요소별로 나누어 설명하면 다음과 같다.

1) 목 적

특정 공익사업이나 공익목적(국토의 합리적 이용·환경보존 등) 또는 물건의 효용을 보존하기 위하여 과하는 부담이다. 따라서 재정목적을 위한 조세부과, 질서유지차원의 경찰목적을 위한 의무부과 등과는 목적을 달리한다.

2) 내 용

공용부담은 인적·물적 부담을 포함하되 금전적 가치가 있는 경제적 부담만을 의미하며, 공무원의 봉사의무와 같은 윤리적 의무의 부과와는 구별된다.

3) 수　단

공용부담은 공법적인 권력적 행정작용으로서의 강제적 부담을 의미한다. 즉 권리자의 동의를 얻기 어렵거나 긴급을 요하는 경우에는 그 의사에 불구하고 강제적으로 이를 취득하는 등의 방법으로 광의의 공익사업을 실시하게 되는 바, 이것이 바로 공용부담이다. 따라서 개인의 자유의사로 부담하는 소위 임의적 공용부담(사유지의 기증행위 등)은 엄격한 의미에서 공용부담이 아니다.

4) 근　거

공용부담은 강제적 부담으로서 사유재산권을 침해하는 것인 만큼 반드시 법률에 근거가 있어야 한다. 우리 헌법(23③)은 『공공필요에 의한 재산권의 수용·사용 또는 제한 및 그에 대한 보상은 법률로써 하되, 정당한 보상을 지급하여야 한다』고 선언하고 있으며, 이에 의거하여 일반법인 공익사업을 위한 토지 등의 취득 및 보상에 관한 법률(이하 '토지보상법'이라 칭함)이 있고 그 외에 국토의 계획 및 이용에 관한 법률·도로법·하천법·철도법·지방자치법·광업법·도시개발법·도시 및 주거환경정비법 등 많은 개별법에 그 근거가 있다.

Ⅱ. 공용부담의 종류

1. 목적에 의한 분류

① 특정 공익사업의 시행을 위한 것(도로·철도·항만폐기물매립장건설을 위한 토지의 수용 등), ② 특정 사업의 수행과는 관계없이 사회일반의 공익목적을 위한 것(국토의 합리적 이용을 위한 용도지역·지구에 따른 건축행위의 제한, 그린벨트제도에 의한 토지이용의 제한 등), 그리고 ③ 특정 물건의 효용을 보존키 위한 것(문화재·공물에 대한 이용·처분상의 제한 등)으로 구분할 수 있으며, 이들은 다시 구체적인 목적에 따라 도로부담·하천부담·철도부담·토지행정상의 부담 등으로 나눌 수 있다.

2. 권리자에 의한 분류

공용부담의 주체는 행정주체인 국가 또는 지방자치단체가 되는 것이 원칙이다. 그러나 공용부담의 권리자를 표준으로 국가에 의한 부담, 공공단체에 의한 부담, 사인에 의한 부담으로 구분될 수 있다. 즉 필요에 따라 공공단체(도시재개발조합·농업기반공사 등)나 사인에게 이를 부여하는 경우도 있다. 이 경우 공무수탁사인과 제3자인 사인 사이에도 공법관계가 발생한다.

공용부담의 상대방은 개인으로서의 국민이다. 따라서 국가 또는 지방자치단체가 지는 부담은 공용부담이 아니다. 공공단체나 사인이 특정공익사업의 시행자가 되는 경우에 이들이 공용부담을 과할 수 있는 권리가 부여된 경우 그 권리를 『공용부담특권』이라고 한다.

3. 발생원인에 의한 분류

1) 강제적 부담

강제적 부담이란 부담의무자의 의사에 불구하고 일방적으로 과하는 부담으로서, 통상 공용부담이라 함은 강제적 부담만을 의미한다. 강제적 부담은 ① 직접 법률의 규정에 의해 성립하는 경우(홍수 등에 의하여 어떤 토지가 하천으로 편입되어 버린 경우(포락지)에 하천법에 의한 공물로서의 법적 부담이 자동적으로 적용되게 되는 예), ② 법률에 의거한 행정행위에 의하여 성립하는 경우(당사자 간에 토지수용의 협의가 성립되지 않을 때 토지수용위원회에 의한 토지수용의 재결행위 등), ③ 토지수용절차에서 보는 것처럼 토지수용이라는 행정행위에 의한 부담을 부과하기 전에 반드시 의무적으로 부담권리자와 의무자(토지소유자)가 협의하여 토지를 취득하게 하는 경우 등이 있다.

2) 임의적 부담

임의적 부담이란 국유재산법에 의한 기부채납처럼 부담의무자의 자유의사에 따른 부담을 말한다. 그 형식으로는 합의에 의한 방법(개인이 도로관리청의 허가를 얻어 도로공사를 직접 행하는 것. 도로34)과, 부담의무자의 일방적 의사에 의한 방법(수재의연금의 기부 등)이 있다.

임의적 부담은 자유의사에 의한 부담이므로 법률의 근거를 요한다고 볼 것인가에 관하여 의문이 있으나, 행정청에 대하여 일정한 작위 의무를 부과하거나(지정용도에의 사용의무 등) 질서유지 또는 공공복리를 위하여 승인 등 최소한의 절차적 규제가 필요한 경우(도로공사 시행으로 인한 위해의 예방 등)에는 법률에 근거가 있어야 할 것으로 생각된다. 가장 일반적인 임의적 부담은 국유재산법(9)에 의한 기부채납이며, 동법은 대상재산이 국가가 관리하기 곤란하거나, 필요하지 아니하거나, 조건을 붙인 기부인 경우에는 기부를 받을 수 없도록 규정하고 있다.

4. 내용에 의한 분류

1) 인적 공용부담

인적 공용부담이란 특정 공익사업 등의 목적으로 특정인에 대하여 작위·부작위·급부 의무를 과하는 것을 말하며, 부담금, 부역·현품부담, 노역·물품부담, 시설부담, 부작위부담 등이 있다. 인적 부담은 대인적 성질을 가지므로 원칙적으로 이전할 수 없다. 인적 공용부담은 행정주체의 입장에서는 채권적 성질을 가지는 것이므로 그 의무는 채무의 성질을 가진다.

2) 물적 공용부담

물적 공용부담이란 특정 공익사업 등의 목적으로 특정인의 특정 재산권에 대하여 강제적으로 부과하는 부담으로서, 재산권에 대한 물권적 변동을 초래한다는 점에서 단순히 채권적 성질을 가지는 인적 공용부담과 구별되며, 공용제한·공용수용·공용환지·공용환권 등이 있다.

제2절 인적 공용부담

I. 의 의

'인적 공용부담'이란 특정 공익사업의 수요를 충족시키기 위하여 법률에 의거하여 국민에게 과하는 작위·부작위·급부·수인의 의무를 말한다.

인적 공용부담은 공법상의 의무이기 때문에 그 불이행에 대하여는 행정강제와 행정벌이 과하여지는 것이 보통이다. 인적 공용부담은 그 내용에 따라 부담금, 부역·현품, 노역·물품, 시설부담, 부작위부담 등이 있다.

II. 종 류

1. 부과방법에 의한 분류

1) 개별부담

개별부담은 각 개인에 대하여 개별적으로 과하는 부담이다. 인적 공용부담은 원칙적으로 개별부담의 방법에 의한다. 따라서 부담의무자가 다수인인 경우에도 각자는 자기의 부담부분에 대하여만 책임을 진다.

2) 연합부담

연합부담은 개인의 연합체에 대하여 공동으로 과하는 부담으로서, 전체의 이행이 있어야 비로소 공용부담이 이행된 것으로 본다(예 : 농지개량사업 참여자에 대한 농지개량사업부담금의 부과. 종전의 농촌근대화촉진100). 그러나 공용부담의 의무자는 여전히 각 개인이며, 현행법상으로는 그 예가 없다.

2. 부담근거에 의한 분류

1) 일반부담

일반부담은 국민 일반에게 능력에 따라 균등하게 과하는 부담으로서, 통계법(12)에 의한 통계조사시 통계작성사무 종사자의 질문에 응할 의무를 예로 들 수 있다(종전에 지방자치단체가 비상재해복구를 위하여 주민에게 과하는 부역·현품의 부과는 1988. 4. 6 개정된 지방자치법에서 폐지되었다).

일반부담은 그 대상의 일반성이라는 점에서는 국방의 의무·납세의 의무와 유사하나, 그 목적에 있어서 일반부담은 특정 공익사업의 수요를 충족시키기 위한 것이지만, 국방의 의무는 병력의 취득, 납세의 의무는 재력의 취득이라는 국가자신의 목적을 위한 작용(국가목적적 작용)이라는 점에서 차이가 있다.

2) 특별부담

특별부담은 특정 공익사업과 특별한 관계가 있는 자에게 과하여지는 것으로서, 성질·내용에 따라 수익자부담·원인자부담·손상자부담으로 구분된다. 특별부담을 과할 수 있는 자는 국가 또는 공공단체이며, 보통 금전지급의무를 그 내용으로 한다.

수익자부담으로서는 하천점용허가를 받은 자의 신청에 의하여 점용의 목적달성을 위하여 필요한 하천공사를 하천관리청이 대행하는 경우에 그 공사비용을 하천점용허가를 받은 자에게 부담시키는 예(하천53)가 있으며, 원인자부담으로서는 도로에 가스관·전선 등을 매설하기 위하여 공사가 필요할 경우 그 도로공사비용을 그 원인제공자에게 부과하는 예(도로64)가 있고, 손상자부담으로서는 도로의 손상을 가져오는 행위를 한 자에게 도로의 수선비 등을 부담시키는 예(도로67)가 있다. 손상자부담은 넓은 의미에서는 원인자부담의 일종이라 할 수 있으나, 실정법은 이를 구분하여 사용하고 있다.

3) 우발부담

우발부담은 우연히 특정 사업의 수요를 충족시켜 줄 수 있는 지위에 있게 된 자에 대하여 과하는 부담이다. 예컨대, 수난구호법(7)에 의한 수난구호업무종사명령 및 선박·자동차·토지 등의 일시사용, 농어업재해대책법(7)에 의한 재해지역주민에 대한 응급조치종사명령, 방조제관리법(10)에 의한 긴급사태시 인근 주민에 대한 노무 제공 및 토지의 일시사용, 자연재해대책법(41)에 의한 재해지역 내 시설소유자 등에 대한 제거명령 또는 토지·건물·토석·장비 등의 일시사용요청 등이 이에 해당한다. 이처럼 우발부담은 금전급부의무 이외의 의무이다.

주로 재해에 대한 응급복구를 위하여 현장에 있는 사람에 대한 노역 제공토지 등의 일시사용 등의 부담을 과하는 것으로서, 당해 사업으로 인하여 수익을 얻거나 본인의 귀책사유 없이 특별한 희생을 강제하는 것이므로 손실보상을 하여야 한다(수난구호법(24) 등 상기 각 법률은 모두 손실보상을 한다는 것을 명시하고 있다).

3. 부담내용에 의한 분류

부담내용에 따라 부담금, 부역·현품부담, 노역·물품부담, 시설부담, 부작위부담으로 구분되며, 실정법상 가장 중요한 분류이다.

Ⅲ. 인적 공용부담의 내용

1. 부담금

1) 의 의

부담금이란 특정 공익사업과 특별한 이해관계가 있는 자에 대하여 그 사업수행에 필요한 경비의 전부 또는 일부를 부담시키기 위하여 과하는 공법상의 금전급부의무이며, 경비의 일부만을 부담시키는 경우를 특히 분담금이라고 한다.

2) 조세 및 사용료·수수료와의 구별

같은 공법상 금전급부의무인 조세·사용료·수수료와는 다음의 점에서 구별된다.

① 조세와의 구별

부담금은 특정 공익사업의 경비에 충당하기 위한 것이나, 조세는 국가 또는 지방자치단체의 일반수입을 목적으로 하며, 부담금은 사업과 특별한 관계가 있는 자에게 당해 사업과의 관계를 고려하여 부과하는 것이지만, 조세는 특정 사업과 관계없이 개인의 담세력을 표준으로 하여 부과된다.

② 사용료·수수료와의 구별

사용료·수수료는 당해 공기업 또는 공물 개개의 이용행위에 대한 대가반대급부로서 부과되는 것이지만, 부담금은 특정 공익사업 자체에 소요되는 경비의 부담으로서 당해 사업과 특별한 관계가 있는 자에게 부과된다. 즉 사용료·수수료는 이용자에게 과하여지는 것이지만, 부담금은 사업 자체에 특별한 이해관계를 가지는 사람에게만 과하여진다.

3) 종 류

공익사업의 종류에 따라 도로·하천·도시계획·농지개량부담금 등으로 구분되기도 하지만, 특정 공익사업과의 관계에 따라 다음과 같이 구분된다.

① 수익자부담금

당해 공익사업으로부터 특별한 이익을 받는 자에 대하여 그 이익의 한도 내에서 사업비의 일부를 부담시키는 것을 말한다(지자129·방조제관리법12·13, 사방사업법18, 하천53).

> **판례** 도로공사로 인한 수익의 범위 내에서 도로공사의 비용을 부담하게 한다는 판례
> 도로법 제66조 및 이 규정의 위임에 따라 제정된 부산직할시 도로수익자부담금 징수조례 제2조 제3호의 규정취지는 도로수익자부담금의 경우 토지의 가액이 오로지 도로공사로 인하여 상승한 경우 그 상승치가 자연 상승치의 2배를 초과할 때에는 현저한 이익이 있는 것으로 보고 그 수익의 범위내에서 당해 도로공사에 필요한 비용의 전부 또는 일부를 부담시킬 수 있다는 것이다(대판 1989. 6. 13, 88누8616).

② 원인자부담금

당해 공익사업을 필요로 하게 만든 원인을 제공한 자에 대하여 사업경비의 일부를 부담시키는 것을 말한다(도로에 가스관을 매설하기 위한 도로굴착공사 또는 국립공원의 케이블카 건설을 위한 주변지역의 정비공사가 필요한 경우 등. 도로64, 자연공원41, 사방사업19).

③ 손상자부담금

특정 공익사업용 시설을 손상한 자에 대하여 그 유지·수선비의 일부를 부담케 하는 것을 말한다(도로67).

4) 부과징수

부담금의 부과에 관한 권한은 그 사업주체인 국가·지방자치단체 기타 공공단체에 있으며, 부담의무자가 이를 이행하지 아니하는 경우에는 행정상 강제징수절차에 의하여 강제징수하게 된다(도로78·하천78). 이 경우 공공단체는 통상 시장·군수·구청장에게 위탁하여 강제징수하는 것이 보통이며, 이 경우에도 행정상 강제징수절차에 따라 강제징수한다(한국농촌공사는 농업용수이용자가 이용료를 체납한 경우에 시장·군수·구청장에게 강제징수를 위탁할 수 있다; 한국농촌공사및농지관리기금법15). 부과·징수에 대하여 이의가 있을 경우에는 **행정쟁송절차**에 의한다.

지방자치단체가 과하는 부담금의 징수를 사기 기타 부정한 방법으로 면한 자에 대하여는 그 금액의 5배 이내의 과태료에 처할 수 있다(지자130②).

2. 부역·현품부담

1) 의 의

특정 공익사업의 수요에 충족하기 위하여 부역 또는 현품이나 이에 갈음한 금전급부와의 선택적 채무를 부담시키는 것을 말한다. 따라서 금전급부의무만을 부과하는 부담금, 그리고 노역 또는 물품 그 자체의 제공의무만을 부과하는 노역·물품부담(후술)과 구별된다.

부역(夫役)이란 특별한 지식·기능을 요하지 아니하는 단순한 노무를 의미하고 타인에 의한 대리부담이 가능한 것을 말하며, **현품**도 특수한 주관적·예술적 가치가 있는 것이 아닌 대체적인 것이어야 하며, 이들은 모두 금전으로 환산하여 금전급부의무와 함께 선택적으로 부과하여야 한다.

이러한 부역·현품부담은 과거 화폐경제가 발달되지 못하였던 농어촌의 특수성에 기인하여 도입되었던 제도로서, 구 지방자치법상에는 이에 관한 규정이 있었으나, 현행법에는 이러한 일반적인 부담근거조항이 폐지되었다.

2) 종 류

일정 범위 내의 개인에게 부담능력을 표준으로 일반적으로 과하는 일반부담과, 특정 사업과 특별한 관계에 있는 자에게 그 관계의 정도에 따라 부과하는 특별부담이 있으나, 전자의 예인 종전의 구 지방자치법상의 부역·현품은 폐지되었으며, 후자의 예에 해당하는 농지개량조합이 행정관청의 인가를 받아 조합원인 수익자에게 부과하는 제도 역시 폐지되었다.

3) 부과징수

반드시 현금으로 환산하여 금전급부의무와 함께 선택적으로 부과하여야 하며, 부과주체 및 불이행시의 강제징수·불복절차에 관하여는 부담금에서 설명한 바와 같이 행정쟁송절차에 의하여 다툴 수 있다.

3. 노역·물품부담

1) 의 의

특정 공익사업을 위하여 노역이나 물품 그 자체를 일시적으로 급부할 의무를 부담시키는 것을 말한다. 노역·물품은 천재지변 등 비상재해시에 긴급한 복구를 위하여 당시 현장에 있는 사람이나 물품 이외에는 그 수요를 충족시킬 수 없을 경우에만 인정되는 우발부담으로서 극히 예외적인 제도이므로 반드시 손실보상을 하여야 한다.

그러나 노역은 『누구든지 법률과 적법한 절차에 의하지 아니하고는 강제노역을 받지 아니한다』고 규정한 헌법(12①후)의 정신에 위반되지 아니하는 범위 안에서만 인정되어야 할 것이다.

2) 종 류

현행법상으로는 수난구호업무에의 종사명령(수난구호7), 농어업재해복구를 위한 응급조치 종사명령(농어업재해대책7), 방조제의 긴급복구를 위한 노무제공요청(방조제관리10), 비상시 수도사업자가 다른 사업자에게 부담하는 물의 공급의무(수도26) 등이 있다.

3) 부과징수

노역·물품부담의무의 불이행에 대하여는 사태의 긴급성·현장성이라는 특질상 행정상의 강제집행을 하기에는 적합하지 아니하며, 벌금 등의 행정벌만 과할 수 있을 뿐이다(상술한 각 법률의 예). 부과징수에 대한 불복은 행정쟁송절차에 의한다.

4. 시설부담

1) 의 의

시설부담은 특정 공익사업을 위하여 그 사업과 특별한 관계에 있는 자, 또는 우발적으로 그 수요를 충족시킬 수 있는 지위에 있는 자에게 공사 등 일정한 시설을 할 공법상의 의무를 부과하는 것을 말한다. 시설부담은 도로부담이나 하천부담처럼 당해 공익사업에 필요한 일정한 공사시설을 완성할 의무인 점에서 민사상의 도급과 같으나, 그 의무는 공법상의 의무이고 또한 반드시 유상이 아닌 점에서 도급과는 구별되며, 자기 책임 하에서 일정한 공사시설을 완성할 의무인 점에서 단순한 노무의 제공인 노역과도 구별된다.

2) 종 류

① 특별부담인 시설부담으로서는 도로·하천 구역 내에서 수익자 또는 원인자에 대하여 공사의무를 직접 부과하는 것을 예로 들 수 있다(도로29·31, 하천30).

② 우발부담인 시설부담의 예로서는, 철도 기타 운송사업자가 우편물을 운송할 의무를 지는 것 등을 들 수 있다(우편법3의2).

3) 부과징수

시설부담이 대체적 작위의무일 경우에는 대집행과 행정벌의 대상이 되지만, 기타의 경우에는 행정벌의 대상이 될 수 있을 뿐이다. 시설부담의 부과·징수에 대한 불복은 행정쟁송절차에 의한다.

5. 부작위부담

1) 의 의

부작위부담은 특정 공익사업을 위하여 일정한 부작위의무를 부과하는 것으로서, 내용으로 보아서는 경찰금지 또는 재정금지와 유사하지만 목적상의 차이가 있다.

2) 종 류

우편·전신·철도사업과 같은 국가의 독점적 사업경영권을 보호하기 위하여 사인에 대하여 이들 영업행위 자체 기타 일정 행위에 대한 금지의무를 부과하는 예가 있다(우편2·7·48 등에 의한 우편사업의 경영금지와 우편물 압류금지 및 개피·훼손 등의 금지).

3) 부 과

부작위의무는 통상 법령에 의하여 직접 부과되지만, 구체적·개별적인 행정행위에 의하여 부과할 수도 있다. 부작위의무이므로 그 불이행에 대하여 대집행은 불가능하며, 집행벌 또는 직접강제에 의할 수밖에 없으나 현행법상 그 예가 없고 따라서 행정벌만 과할 수 있을 뿐이다(상술한 우편법의 예).

제 3 절 공용제한

I. 개 설

1. 공용제한의 의의

'공용제한'이란, ① 특정 공익사업이나 특정 공익목적 또는 특정 물건의 효용보존을 위하여, ② 개인의 재산권에 가하여지는, ③ 공법상의 제한을 말한다.

공용제한은 다음의 개념과 구별된다.

1) 경찰제한·재정제한과의 구별

공용제한은 특정 **공익사업**(도시개발사업·도시재개발사업 등)이나 특정 **공익목적**(국토의 합리적 이용을 위한 지역·지구제·그린벨트제 등) 또는 특정 물건의 **효용보존**(문화재·공물 등)을 위하여 가하여지는 각종 공법상의 제한(특정 건축·형질변경행위의 금지, 융통성의 제한 등)을 말한다. 따라서 전염병오염지역·홍수지역의 통행금지와 같은 질서유지를 위한 경찰상의 제한이나, 조세체납처분시의 재산압류와 같은 재정목적상의 제한과 구별된다.

2) 인적 공용부담과의 구별

공용제한은 특정 **재산권**에 고착하여 과하여지는 제한이므로 특정 사람에 대하여 부과하는 인적 공용부담과 구별된다. 공용제한은 이처럼 재산권에 고착된 물상 부담이므로, 그 권리의 이전과 함께 공용제한의 효과도 당연히 이전된다.

3) 공용수용·환지·환권과의 구별

공용제한은 재산권에 대한 제한에 그치는 것이므로, 재산권 자체를 강제적으로 취득하는 공용수용이나 재산권 자체를 강제적으로 교환하는 공용환지·공용환권과 구별된다.

4) 사법상의 제한과의 구별

민법상의 상린관계나 지역권과 같은 사법상의 제한과는 구별되는 **공법상의 제한**이므로, 불이행시에는 행정상 강제집행·행정벌의 대상이 된다.

2. 근 거

공용제한은 개인의 재산권에 대한 침해를 의미하므로 반드시 법률의 근거가 있어야 한다(헌23③). 공용제한에 관한 일반법은 없으며, 국토의 계획 및 이용에 관한 법률, 도로법, 철도법 등의 개별법에서 이를 인정하고 있다.

> **판례** [1] 개발제한구역에서의 행위 제한에 관하여 구 개발제한구역의 지정 및 관리에 관한 특별조치법이 구 국토의 계획 및 이용에 관한 법률에 대하여 특별법의 관계에 있는지 여부(적극)
> 구 국토의 계획 및 이용에 관한 법률(2009. 12. 29. 법률 제9861호로 개정되기 전의 것, 이하 '구 국토계획법'이라 한다) 제38조 제1항, 제2항, 제80조, 제43조 제2항, 구 개발제한구역의 지정 및 관리에 관한 특별조치법(2009. 2. 6. 법률 제9436호로 개정되기 전의 것, 이하 '구 개발제한구역법'이라 한다) 제1조, 제12조 등의 체계와 내용, 위 법률들의 입법 취지와 목적 등을 종합하여 보면, 개발제한구역에서의 행위 제한에 관하여는 구 개발제한구역법이 구 국토계획법에 대하여 특별법의 관계에 있다.

[2] 甲 주식회사가 개발제한구역 안에서 폐기물처리시설 설치를 위한 개발제한구역 내 행위허가(건축허가)를 받았는데, 관할 구청장이 도시계획시설로 설치하지 않았다는 이유로 건축허가를 취소한 사안에서, 위 폐기물처리시설은 도시계획시설로 하지 않아도 설치할 수 있는 기반시설이므로 처분이 위법하다고 한 사례

甲 주식회사가 개발제한구역 안에서 건축물의 연면적 1,127.88㎡, 1일 폐기물처리능력 24t 규모의 폐기물처리시설 설치를 위한 개발제한구역 내 행위허가(건축허가)를 받았는데, 관할 구청장이 도시계획시설로 설치하지 않은 위 폐기물처리시설은 구 국토의 계획 및 이용에 관한 법률(2009. 12. 29. 법률 제9861호로 개정되기 전의 것, 이하 '구 국토계획법'이라 한다) 제43조에 위배된다는 이유로 건축허가를 취소한 사안에서, 건축물의 연면적이 1,500㎡ 미만인 위 폐기물처리시설은 개발제한구역에서의 행위 제한에 관하여 구 국토계획법에 대하여 특별법의 관계에 있는 구 개발제한구역의 지정 및 관리에 관한 특별조치법령의 규정에 따라 도시계획시설로 설치할 필요 없이 시장·군수·구청장의 허가를 받으면 설치할 수 있는 기반시설에 해당하므로 위 처분이 위법하다고 본 원심판단을 정당하다고 한 사례[대법원 2014.5.16. 선고, 2013두4590, 판결].

Ⅱ. 종 류

1. 계획제한

1) 의 의

계획제한은 국토의 합리적 이용과 같은 특정 공익목적을 위한 구속적 행정계획에 의거하여 행하여지는 재산권에 대한 제한으로서, 국토의계획및이용에관한법률상의 지역·지구·구역제 등을 말한다.

2) 국토이용계획제한(도시관리계획제한)

국토의 계획 및 이용에 관한 법률에 의하여 전국토를 도시·관리·농림·자연환경보전지역의 4개 용도지역과 12개의 용도지구(경관·미관·고도·방화·방재·보존·시설보호·취락·개발진흥·특정용도제한·위락·리모델링지구) 및 4개의 용도구역(개발제한구역·도시자연공원구역·시가화조정구역·수자원보호구역)으로 지정하여, 각 지역별로 동법이 직접 정하거나 자연공원법 등 다른 법률이 정하는 바에 따라 토지소유자는 토지를 당해 지역의 지정목적에 적합하도록 이용하여야 하며, 각 지역의 특성에 맞게 ① 건축물의 신축·증축·개축행위(높이·바닥면적·전체면적 등의 제한), ② 토지의 형질변경 또는 토석채취행위, ③ 일정 면적 이하로의 토지분할행위, ④ 물건을 1개월 이상 쌓아놓는 행위 등이 금지되거나, 시장·군수·구청장의 허가 없이는 이들 행위를 할 수 없다는 제한이 과하여진다(동법56 이하).

한편, 전국토중 토지의 투기적 거래나 지가가 급격히 상승하는 지역에 대하여는 토지거래계약에 대한 허가구역으로 지정하여 토지거래행위에 대한 제한도 가할 수 있다(동법117 이하).

3) 수도권정비계획제한

　수도권을 과밀억제·성장관리·자연보전의 3개 권역으로 구분하여, 각 권역의 지정목적에 적합하지 아니한 일정 종류·규모 이상의 공장·백화점·사무실·학교 등의 인구집중유발시설을 신설·증설할 수 없도록 하고 있다.

2. 사업제한

1) 의　의

　사업제한은 특정 공익사업을 원활하게 수행하기 위하여 당해 사업지역(도시개발구역·도시재개발구역 등)·사업인접지역(도로접도구역·도로보전입체구역·하천연안구역·철도선로인접지역 등) 또는 사업예정지역(하천 예정지·택지개발예정지구 등) 내의 재산권에 가하여지는 제한을 말한다.

2) 종　류

　그 제한의 내용에 따라, ① 일정한 행위를 금지하는 부작위 의무(건축·토지의 형질변경·식재·벌채 등의 금지), ② 위해의 예방에 필요한 일정한 시설의 설치·개축 또는 장애물 제거 등의 작위 의무, ③ 공익사업자가 행하는 일정한 건축·형질변경·식재·벌채행위 등에 대한 수인의무 등으로 구분할 수 있다.

3) 손실보상

　하천연안구역과 같이 당해 토지의 자연적 조건에서 보아 당연히 수인하여야 할 경우에는 보상을 요하지 아니하지만, 도로접도구역·철도선로인접지역 같은 인위적인 사업으로 인한 제한의 경우에는 보상을 하는 것이 원칙이다(도로79, 철도76).

3. 공물제한

　공물제한이란 사유재산이 공물로 제공되어 있기 때문에 받는 공법상의 제한으로서, 다음의 종류가 있으며, 특별한 손실보상을 요하지 아니한다.

1) 사유공물

　사유의 토지가 공중의 이용을 위한 도로의 부지로 제공되고 있는 경우에 토지소유자는 그 토지의 사용·수익이 금지되는 것과 같다(도로5). 그러나 공물로서의 본래의 용도에 지장을 주지 아니하는 소유권의 행사, 즉 소유권이전·저당권설정 등은 가능하다(동법5단).

2) 특허기업용 물건

특허기업이 그 사업을 위하여 제공하는 물건은 공물은 아니지만, 당해 사업을 원활히 수행함으로써 공공복리를 도모하기 위하여 저당권설정 기타의 융통성에 제한을 가하는 경우가 있다(종전의 삭도 및 궤도사업27).

4. 보존제한

보존제한이란 자연·자원·문화재의 보전을 위하여 사권(私權)에 가하는 제한으로서, 다음과 같은 것이 있다.

1) 종 류

① 문화재보호제한

보물·국보·사적·명승·천연기념물 등의 문화재는 그 현상변경행위·매매·수출 등이 금지되거나 문화부장관의 허가를 받아야 하는 제한이 가하여지며(문화재보호20~27), 그 외에 전통사찰·향교재산도 현상변경행위 등이 제한되고 있다(전통사찰보존법·향교재산법).

② 자연보존제한

국립공원·도시공원 등에서의 토지의 형질변경, 벌채, 건축물의 건축 등의 제한이 이에 해당한다(자연공원23·27, 도시공원8·12의2 등).

③ 자원제한

산림 중 보안림 또는 야생동·식물특별보호구역에서의 벌채의 제한 등이 이에 해당한다(산지45, 야생동·식물보호법28).

④ 농지 등 전용제한

농지와 산림의 보전을 위한 농지 또는 보전산지의 전용제한 등이 이에 해당한다(농지법 제4장, 산지18 등).

2) 손실보상

대부분의 보존제한에 관한 법률들은 손실보상규정을 두고 있지 아니한 경우가 많다. 그러나 국토의 계획 및 이용에 관한 법률의 규정에 따라 도시관리계획중 일정한 용도지역(자연환경보전지역)·용도지구(문화재 등의 보호를 위한 보존지구) 등으로 지정된 경우에는 행정계획에 의거한 계획제한의 일환으로 볼 수 있으며, 이 경우에는 후술하는 계획제한에 있어서의 손실보상의 문제로 귀착된다.

5. 사용제한(공용사용)

1) 의 의

특정 공익사업을 위하여 타인의 토지 기타의 재산권에 대하여 공법상의 사용권을 취득하는 것을 **공용사용**이라 하며, 이로 인하여 소유자 등이 받게 되는 공법상의 제한을 **사용제한**이라 한다(헌법 제23조 제3항에서는 재산권의 수용·사용·제한이라 하여 사용과 제한을 구분하고 있으나, 여기서는 제한의 개념에 함께 포함하여 사용하기로 한다).

2) 종 류

① 일시적 사용

도로공사 등 각종 공익사업의 수행을 위한 측량·조사 등의 목적으로 일시 타인의 토지에 출입하거나, 수난구호·방조제·전기설비의 긴급복구 등 비상재해시에 타인의 토지·선박·자동차 기타 물건을 일시 사용하는 경우로서, 손실이 비교적 경미하지만 이에 대하여도 각 개별법률들이 보상하도록 규정하고 있다(도로48·79·하천70·수산업62·81·자연공원72·73·수난구호7·방조제관리10·전기사업87·90 등).

② 계속적 사용

타인의 토지 등을 장기간동안 계속 사용하는 것으로서, 재산권에 대한 중대한 제한이므로 토지의 수용과 마찬가지로 엄격한 절차를 거쳐 할 수 있도록 하고 있다(따라서 통상 토지수용의 절차에서 함께 규정하고 있다).

그러나 권리자에게 주는 손실이 비교적 경미한 경우에는 간편한 절차에 따라 사용권을 설정하도록 하는 경우도 있다(토지소유자와의 협의에 의한 타인의 토지위의 전선로 설치, 전기사업법87 등).

최근 지하철 등 각종 지하시설물이나 지상시설물의 설치를 위하여 타인의 토지의 지상 또는 지하를 사용하는 예가 많으며, 이러한 경우에도 공익사업을 위한 토지 등의 취득 및 보상에 관한 법률(토지보상법)이 정한 토지사용의 절차에 따라 토지사용권을 설정하여야 한다(판례 참조).

전기사업을 위하여 타인의 토지에 전기설비(전신주·철탑 등)를 설치할 경우에는 토지보상법이 정한 토지사용의 절차에 따라 토지사용권을 설정하여야 한다고 규정하고 있음은 물론, 타인의 토지 위의 공중에 전선로를 설치할 경우에도 소유자 등과 미리 협의할 것과 그 손실에 대하여는 보상할 것을 규정하고 있다(전기사업법87·89).

|판례| 토지소유권 또는 사용권의 취득 없이는 타인의 토지의 지하부분을 지하철도용지로 사용할 수 없다는 판례

지하철도용지로 사용하는 토지에 대하여는 토지수용법이 규정한 수용 또는 사용절차에 따라 그 토지의 지상 또는 지하에 대하여 사용권을 설정하여야만 이를 사용할 수 있다고 보는 것이 타당하다(대판 1990. 3. 13, 88누8296).

Ⅲ. 공용제한과 손실보상

1. 개 설

재산권의 수용·사용·제한 및 그에 대한 보상은 법률로써 하되, 정당한 보상을 지급하여야 한다는 헌법(23③)규정에 따라 상술한 여러 형태의 공용제한에 대하여는 손실보상을 함이 원칙이라고 하겠으나, 구체적으로는 어느 정도의 제한을 『특별한 희생』으로 보아 손실보상을 할 것인지 또는 재산권에 고유한 내재적 한계로 보아 손실보상이 필요 없다고 할 것인지가 문제가 된다.

2. 공용사용

타인의 토지에 대한 사용에 대하여는 토지보상법이 그 절차와 손실보상에 관하여 토지수용과 함께 규정하고 있다. 구체적으로는 사용재결 당시의 당해 토지 및 인근 유사토지의 지료·임대료·사용방법·사용기간·당해 토지의 가격 등을 참작하여 평가한 적정가격으로 보상하도록 하고 있으며(토지보상71), 그 절차는 토지수용절차와 같으므로 토지수용편에서 설명하기로 한다.

특히 지하철 건설 등을 위하여 타인의 **토지의 지하부분**을 사용할 경우에도 토지보상법에 의한 토지사용의 절차에 의하되, 손실보상에 관하여는 지상부분의 이용에는 큰 지장을 주지 아니한다는 점을 감안하여, 당해 토지의 이용가치·지하의 깊이 및 토지이용이 방해되는 정도 등을 참작하여 대통령령으로 보상기준을 정할 수 있도록 특례규정을 두고 있다(도시철도법4의6).

3. 사업제한·공물제한·보존제한

사업제한에서는 극히 한정된 경우에만 보상규정을 두고 있는데, 이 경우의 보상여부의 판단기준으로서는 하천연안구역과 같이 그 제한이 당해 토지의 자연적 조건으로 보아 당연히 수인해야 할 정도로 볼 수 있을 경우에는 손실보상을 요하지 아니하지만, 도로의 접도구역 또는 철도선로인접지역과 같이 당해 제한이 인위적 사업으로 인한 경우에는 보상을 하여야 한다(도로79·철도76).

 공물제한과 보존제한은 앞서 살펴본 바와 같이 대체로 보상을 요하지 아니한다고 볼 수 있으나 그것이 계획제한의 형태로 행하여질 경우에는 후술하는 계획제한에 대한 손실보상의 문제로 귀착된다.

4. 계획제한

1) 손실보상에 관한 학설

 도시관리계획에 의한 지역·지구·구역제의 지정으로 인하여 건축물의 건축, 토지의 형질변경 등이 금지됨으로써 받게 되는 손실을 재산권의 내재적 한계로 볼 것인가, 아니면 이를 넘어선 『특별한 희생』으로 볼 것인가에 관하여는 행정법 I의 손실보상편에서 살펴본 바와 같이 목적위배설 등 여러 학설의 대립이 있으나, 이를 종합적으로 고려하여 다음의 기준을 제시함이 보통이다.

2) 손실보상여부의 판단기준

 ① 당해 계획제한으로 인하여 토지이용이 제한되더라도 종전의 방법에 의한 토지이용이 계속 가능하고, 또한 객관적으로 보아 당해 토지의 본래의 기능에 반하지 아니하는 경우에는 보상을 요하지 아니하지만(예 : 농지를 계속 농지로 이용하게 할 경우), ② 당해 계획제한으로 인하여 종전대로의 이용이 금지되거나(그러나 농지가 택지로 지정되어 지가가 오른 경우에는 비록 종전대로의 이용이 금지되더라도 보상의 여지가 없음은 물론이다), 토지의 본래의 기능을 침해하거나, 이미 객관적으로 현실화된 개발행위를 저지하는 경우에는 손실보상을 하여야 할 것이다.

3) 손실보상의 청구

 이와 같은 기준에 따라 손실보상이 필요하다고 인정되는 경우에도 현실적으로 법률에 손실보상의 근거규정이 없을 경우에는, ① 헌법(23③)규정에 직접 근거하여 손실보상을 청구할 수 있다는 국민에 대한 직접효력설과, ② 손실보상은 청구할 수 없지만 위법(위헌)행위로 인한 행정상 손해배상을 청구할 수 있다는 입법자에 대한 직접효력설(위헌무효설) 등이 대립되어 있다.
 한편, 위헌무효설에 따른다고 하더라도 공무원의 고의·과실을 입증할 수 없기 때문에 사실상 손해배상이 불가능하다는 점을 감안하여, 통상의 손실보상인 적법·무과실의 재산권침해에 대하여도 손실보상을 하는 터에, 위법(위헌)·무과실의 재산권침해에 대하여는 당연히 보상하여야 한다는 『수용유사침해론』에 따라 손실보상을 하여야 한다는 견해도 있다. 그러나 우리 대법원은 소위 신군부에 의한 문화방송주식의 강제취득에 대한 손실보상청구사건에 있어서 수용유사침해론의 채택 여부에 관하여 유보적 입장을 취한 바 있으며(대판 1993. 10. 26, 93다6409), 그 이후에도 같은 입장에 있다.

4) 개발제한구역에 대한 손실보상

국토의 계획 및 이용에 관한 법률(38)에 의하여 도시의 무질서한 확산을 방지하고 도시 주변의 자연환경을 보전하여 도시민의 건전한 생활환경을 확보하기 위하여 도시의 개발을 제한하거나, 국방부장관의 요청이 있어 보안상 도시의 개발을 제한할 필요가 있어 건축물의 건축·토지의 형질변경 등을 원칙적으로 금지하는 개발제한구역(소위 그린벨트)이 재산권 침해의 대표적 사례이지만, **대법원도**『이와 같은 제한은 공공복리에 적합한 합리적인 제한이라 볼 것이고, 그 제한으로 인한 토지소유자의 불이익은 공공복리를 위하여 감수하지 아니하면 안 될 정도의 것이라고 인정되므로, 이에 대하여 손실보상규정을 두지 아니하였다 하여 헌법 제23조 제3항(재산권 침해에 대한 보상)이나 제37조 제2항(기본권 침해의 근거와 한계)에 위배되는 것이라고 할 수 없다』고 한 바 있다(대판 1996. 6. 28, 94다545110).

그러나 현실적으로 개발제한구역 밖의 토지소유자와의 형평을 고려하면, 지가의 하락 및 토지이용·개발의 금지로 인한 손해에 대하여 국가에 대한 토지매수청구권을 인정하는 등의 방법으로 손실을 최소화시켜 국민 간에 공적 부담 앞의 평등이 실현되어야 한다는 견해도 많다.

한편, **헌법재판소도** "개발제한구역의 지정으로 말미암아 ① 특정 토지를 종래의 목적으로도 사용할 수 없거나 ② 더 이상 법적으로 허용된 토지이용의 방법이 없어 실질적으로 토지의 사용·수익의 길이 없는 경우에는 토지소유자에게 사회적 제약의 범위를 넘는 가혹한 부담이 발생하는 것이며, 이에 대하여 보상규정을 두지 않은 것은 위헌성이 있는 것이고, 보상의 구체적 기준과 방법은 헌법재판소가 결정할 성질의 것이 아니라 광범위한 입법형성권을 가진 입법자가 입법정책적으로 결정할 사항"이라고 판시하여(헌재결 1998. 12. 24, 89헌마214·97헌바16·97헌마78 병합) **헌법불합치결정**을 내렸다. 이러한 헌법재판소의 결정에 따라 개발제한구역의 지정 및 관리에 관한 특별조치법(2000. 1. 28 제정, 2000. 7. 1 시행)이 제정되어 금전보상의 방법 대신에 **토지매수청구권제도**를 도입하여 이 문제를 해결하고 있다. 즉, 개발제한구역의 지정으로 인하여 토지를 종래의 용도로 사용할 수 없어 그 효용이 현저히 감소된 토지 또는 당해 토지의 사용 및 수익이 사실상 불가능한 토지의 소유자는 건설교통부장관에게 당해 토지에 대한 매수청구를 할 수 있게 하였다(동법16·17).

제 4 절 공용수용

Ⅰ. 공용수용의 의의 및 성질

1. 공용수용의 의의

'공용수용'이란 『특정 공익사업을 위하여 법률에 의거하여 타인의 토지 등의 재산권을 강제적으로 취득하고 이에 대한 손실을 보상하는 작용』을 말한다.

공용수용은 다른 물적 공용부담과는 달리 타인의 재산권 자체의 이전을 가져온다는 점에서 이는 언제나 특별한 희생에 해당하는 것이다. 즉 공용수용은 도로건설, 국가공단건설처럼 사업주체는 토지를 취득하지만, 토지소유자는 토지를 상실하게 된다.

원래 도로·철도·항만·공업단지·주택단지 등의 공익사업을 위하여 타인의 토지 등이 필요한 경우에는 사법상의 매매계약에 의하여 취득함이 원칙이지만(협의취득), 그 소유자가 매도를 원하지 아니하거나 가격에 관하여 타협이 되지 아니하거나 기타 긴급한 사정이 있는 경우에는 법률의 힘에 의거하여 강제로 재산권을 취득함으로써 당해 공익사업의 원활한 수행을 기하는 한편, 상대방에게 적절한 보상을 하도록 하는 제도가 바로 공용수용제도이다.

2. 공용수용의 법적 근거

1) 헌 법

사유재산권의 보장과 공공복리의 조화를 위하여 재산권의 수용·사용 및 제한과 그에 대한 보상은 법률로써 하되 정당한 보상을 하여야 한다고 규정하고 있는 헌법(23③)에 근거하여 공용수용에 관한 법률들이 제정되어 있다.

2) 일반법

공익사업을 위한 토지 등의 취득 및 보상에 관한 법률(이하 "토지보상법"이라 함)이 공용수용의 대상사업·목적물·절차·효과(손실보상) 등에 관하여 상세히 규정하고 있는 일반법이다. 종전에는 공익사업에 대한 사업인정 후의 협의취득과 토지수용에 관하여는 『토지수용법』이 규율하고 있었고, 사업인정을 하기 전의 협의취득에 관하여는 『공공용지의 취득 및 손실보상에 관한 특례법』(공특법)이 따로 제정되어 공용수용에 관한 제도가 이원화되어 있었다. 이러한 법체계의 이원화는 결국 절차의 중복과 적용법률의 불명확 등 법집행상의 혼선을 초래하였던 바, 이러한 문제점을 개선하기 위하여 이 두 법률을 폐지·통합하여 토지보상법을 2002. 2. 4

제정하게 되었다. 동 토지보상법은 2003. 1. 1부터 시행되었으며 이에 따라 위의 두 법률은 모두 폐지되었다. 따라서 토지보상법만이 공용수용에 관한 일반법이 된다.

이러한 토지보상법은 구 토지수용법 및 공특법과 비교하여 토지소유자의 권리를 훨씬 더 강화하고 있는 바, 이들을 개괄적으로 살펴보면, ① 토지·물건조서의 작성, 보상계획의 공고 및 열람, 보상액의 산정, 보상협의 등의 절차를 명시적으로 규정하여 국민의 재산권에 대한 절차적 보호를 강화하고 있으며, ② 토지 등의 보상액 산정에 있어 사업시행자가 선정한 2인의 감정평가사 외에 토지소유자가 추천하는 감정평가사 1인을 추가하게 할 수 있으며(68), ③ 종전에는 재결에 불복이 있는 경우 이의신청을 거치지 아니하고는 행정소송을 제기하지 못하였으나, 이의신청 없이도 행정소송을 제기할 수 있게 하여 권리구제기간을 단축하고 있으며, 보상금증감소송의 당사자에 사업시행자·토지소유자와 함께 재결청까지를 포함시켰으나, 당사자로 되어 있던 재결청을 당사자소송에서 제외하고 사업시행자와 토지소유자의 양자만이 당사자로 되도록 함으로써 당사자주의를 강화하였고(85), ④ 소유권보존등기 또는 이전등기가 되어 있지 아니한 토지·물건 등에 대하여는 시장·구청장·읍·면장이 발급한 확인서에 의하여 정당한 권리자로 인정되는 자에게 보상금을 지급한다는 특례규정을 두고, 이러한 특례규정을 악용하여 사위 기타 부정한 방법으로 이러한 확인서를 발급하거나 이를 행사한 자에 대하여는 징역 또는 벌금에 처하도록 함으로써 정당한 권리자를 보호하고 있다(18·94).

3) 특별법

공용수용에 관한 특별법으로는 국토의 계획 및 이용에 관한 법률·도로법·하천법·철도법·항만법·징발법·주택법·산업입지 및 개발에 관한 법률 등 많은 특례법이 있으나, 이들은 공용수용에 관한 모든 내용을 스스로 규정하고 있는 것은 아니고 일반법인 토지보상법이 규정하지 아니한 ① 측량사업·광업 등 새로운 공용수용 대상사업을 설정하거나(측량13·광업87), ② 특허권 등 새로운 목적물을 수용대상으로 정하거나(특허50), ③ 토지보상법상의 절차에 대하여 특별한 절차를 규정(도로49의2·광업88)하는 등 토지보상법에 대한 약간의 특례조항만 두고 있을 뿐이므로, 그 외의 사항에 관하여는 일반법인 토지보상법을 준용하도록 하고 있는 것이 보통이다.

3. 공용수용의 새로운 경향

공용수용은 사유재산권 보장과 공공복리와의 조화를 위한 수단으로 등장한 것이지만, 급격한 인구증가와 토지의 한정성 및 도시화·산업화에 기인하여, 보다 광범위한 공익사업의 수행 필요성으로 말미암아 다음과 같은 새로운 경향이 대두되게 되었다.

1) 공익성의 범위확대

종전에는 공용수용의 대상인 공익사업의 범위를 철도·도로건설 등으로 매우 엄격하게 해석하여 왔으나, 오늘날에는 그 사업의 시행으로 조성된 토지소유권을 국가가 보유하지 아니하고 사인에게 다시 양도하거나(주택단지조성사업 등), 나아가서 처음부터 수용권 자체를 사인에게 부여하는 경우까지 공익성을 인정하고 있다(주차장·삭도·궤도·사립학교설립을 위한 토지수용 또는 건설업자의 아파트 건설을 위한 토지수용. 토지보상법(4②~⑦ 참조)).

2) 수용범위의 포괄성

종전에는 개개의 공공시설에 필요한 토지를 취득하기 위한 수단으로서만 공용수용이 활용되었으나, 최근에는 대규모 농·공업·주택단지나 항만·공항·신도시 건설 등과 같이 포괄적인 사업을 위한 광범위한 토지의 취득을 위한 수단으로 활용되고 있으며, 극단적으로는 종합적·장기적인 국토종합계획의 실현수단으로까지 활용되고 있다.

3) 보상범위의 확대

토지보상법에 따르면 ① 댐·항만·신도시 건설 등의 공익사업의 시행에 필요한 토지 등을 제공함으로써 생활근거를 상실하게 되는 자를 위하여 소위 **생활보상**의 일종으로서 이주대책을 수립하거나 이주정착금을 지급하도록 규정하고 있으며(78), ② 사업시행자가 동일한 토지소유자에 속하는 일단의 토지의 일부가 취득 또는 사용됨으로 인하여 잔여지의 가격이 감소하거나 그 밖의 손실이 있는 경우에는 공사비보상을 하거나 잔여지매수 및 수용청구를 할 수 있도록 하는 등 보상을 강화하고 있으며(73·74), ③ 기타 개발사업수행자가 그 개발행위로 얻은 이익을 사회에 환원하는 개발부담금제도와 같은 개발이익의 사회환수제도를 마련함으로써(개발이익 환수에 관한 법률), 공익사업의 수행을 둘러싼 이해관계자의 권익을 확대하여 공적 부담 앞의 평등이라는 손실보상의 이념을 구현하기 위하여 노력하고 있다.

Ⅱ. 공용수용의 대상사업·당사자·목적물

1. 공용수용의 대상사업

공용수용의 대상사업은 토지보상법(4)에 규정된 공익사업으로서, ① 국방·군사에 관한 사업, ② 관계법률에 의하여 인·허가 등을 받아 공익을 목적으로 시행하는 철도·도로·공항·항만·주차장·하천·제방·운하·댐·상하수도·폐기물처리장·전기·가스·전기통신·방송·학교·도서관·박물관·미술관의 건립에 관한 사업, ③ 국가 또는 지방자치단체가 설치하는 청사·공장·연구소·시험소·보건 또는 문화시설·공원·수목원·운동장·시장·묘지·화장장·도축장 그 밖의 공공용시설에 관한 사업, ④ 국가·지방자치단체나 이들이 지정한 자가 임대·양도의 목적으로 시설하는 주택건설 또는 택지조성사업, ⑤ 위의 각 사업을 시행하기 위하여 필요한 통로·교량 기타 부속시설에 관한 사업, ⑥ 기타 다른 개별법률에 의하여 토지 등을 수용 또는 사용할 수 있는 사업 등으로 매우 광범위하게 규정하고 있다.

2. 공용수용의 당사자

공용수용의 당사자란 수용권의 주체인 수용자와 수용권의 객체인 피수용자를 말한다. 수용자란 일반적으로 공익사업을 시행하는 주체로서의 국가·공공단체 기타 사업시행자를 말하며, 피수용자는 수용의 목적물인 토지 등의 재산권의 주체를 말한다.

1) 수용자

공용수용을 할 수 있는 공익사업의 주체(토지보상법상 '사업시행자'라고 한다)가 국가인 경우에는 문제가 없으나, 공공단체 또는 사인인 경우에는 누구를 수용자로 볼 것인가에 관하여, ① 공용수용의 본질은 수용의 효과를 야기할 수 있는 능력으로 보아 국가가 주체라고 하는 **국가수용권설**과, ② 공용수용의 본질을 수용의 효과를 향수할 수 있는 능력으로 보아 사업시행자가 주체라고 하는 **사업시행자수용권설**이 대립되어 있다.

이러한 논쟁은 우리 토지보상법이 사업시행자를 수용의 효과를 향수하는 자로 규정하면서도 수용의 효과를 야기할 수 있는 능력, 즉 재결권한은 국가에게 인정하고 있는 데에 기인하고 있으나, 수용의 본질은 원인행위에 불과한 재결에 있다기보다는, 역시 그 결과인 수용의 효과의 향수에 있다고 할 것이므로 **사업시행자수용권설**이 타당하다고 하겠다.

2) 피수용자

> **판례** 사업시행자는 손실보상의 의무를 지는 권리의무의 주체라는 판례
> (구)토지수용법 제75조의2 제2항은 그 제1항의 규정에 의하여 제기하고자 하는 행정소송이 보상금의 증감에 관한 소송인 때에는, 당해 소송을 제기하는 자가 토지소유자 또는 관계인인 경우에는 재결청 외에 기업자(사업시행자를 말함)를 피고로 한다고 규정하고 있는 바, 여기에서 말하는 기업자는 토지수용에 의하여 토지를 취득하고 그에 따라 손실보상의 의무를 지는 권리의무의 주체를 가리킨다(대판 1992. 2. 11, 91누7774).

피수용자란 수용의 목적물인 재산권의 **소유자** 기타의 관계인이다. '관계인'이라 함은 수용 또는 사용의 대상인 토지에 대하여 지상권·지역권·전세권·저당권·사용대차 또는 임대차에 의한 권리 기타 토지에 관한 소유권 이외의 권리를 가진 자, 당해 토지에 있는 물건(죽목 등)에 관하여 소유권 기타의 권리를 가진 자를 말한다. 그러나, 건설교통부장관의 사업인정의 고시가 있은 후에 토지 등에 대하여 권리를 취득한 자는 기존의 권리를 승계한 자를 제외하고는 피수용자에 포함되지 아니한다.

피수용자는 손실보상청구권·환매권과 함께 재결에 대한 이의신청권 및 행정소송제기권 등의 절차상의 권리를 가진다.

3. 공용수용의 목적물

1) 종 류

토지보상법(3)은 ① 토지소유권, ② 토지에 관한 소유권 이외의 권리(지상권·지역권·전세권·저당권·임차권 등), ③ 토지와 함께 공익사업을 위하여 필요로 하는 입목, 건물 기타 토지에 정착한 물건 및 이에 관한 소유권 이외의 권리(예컨대, 입목, 건물 등에 관한 전세권·저당권·임차권 등), ④ 광업권·어업권 또는 물의 사용에 관한 권리, ⑤ 토지에 속한 흙·돌·모래 또는 자갈에 관한 권리 등을 규정하고 있으며, 그 외의 각 개별법은, ⑥ 특허권·실용신안권·의장권 등과 같은 무체재산권(특허106·실용신안42·의장61)과 ⑦ 토지로부터 분리되어 있는 토석·죽목·운반기구, 기타의 동산도 수용 목적물로 규정하고 있다(도로49).

2) 목적물의 제한

공용수용의 목적물에 해당하더라도 공용수용은, ① 헌법상의 비례·평등원칙과 재산권 보장의 이념에 비추어 필요한 최소한의 수용에 그쳐야 하며, ② 물건의 성질상 치외법권을 가지는 외국대사관·영사관 등의 부지와 건물(외교관계에 관한 비엔나협약22③), ③ 공물은 공용폐지가 없는 한 수용할 수 없으며(반대설 있음), ④ 이미 공익사업에 수용되고 있는 토지 등은 특별히 필요한 경우가 아니면 이를 다른 공익사업을 위하여 수용을 할 수 없다(토지보상법19②).

> **판례** 공익사업에 필요한 최소한의 범위를 넘은 과도한 수용은 위법이라는 판례
> 공용수용은 공익사업을 위하여 특정한 재산권을 법률의 힘에 의하여 강제적으로 취득하는 것이므로 수용할 목적물의 범위는 원칙적으로 사업을 위하여 필요한 최소한도에 그쳐야 하므로, 그 한도를 넘는 부분은 수용대상이 아니므로 그 부분에 대한 수용은 위법하다 할 것이고, 초과 수용된 부분이 적법한 수용대상과 불가분적 관계에 있는 경우에는 그에 대한 재결의 전부를 취소할 수밖에 없다(대판 1994. 1. 11, 93누8108).

3) 목적물의 확장

당해 공익사업에 필요한 한도를 넘어서 수용하는 것이 피수용자의 권리보호나 사업목적 달성에 필요한 경우에는 예외적으로 수용 목적물을 확장할 수 있다.

① **확장수용**

(가) 잔여지수용(잔여지수용청구권의 성질과 토지수용위원회의 수용거부결정에 불복하는 행

정송의 성질)

　같은 소유자에 속하는 토지의 일부만이 수용되는 경우에 그 잔여지만으로는 종래의 이용목적에 계속 이용하는 것이 현저히 곤란할 경우에, 소유자의 청구에 의하여 잔여지도 함께 수용하는 것을 말한다(74). 잔여지수용청구권은 잔여지에 대하여 협의매수청구권을 먼저 행사한 후 매수협의가 성립되지 아니한 경우에 한하여 인정하되, 일부의 토지에 대한 토지수용위원회의 수용재결이 있기 전까지 행사하여야 한다(74①).

> **판례**　구 '공익사업을 위한 토지 등의 취득 및 보상에 관한 법률' 제74조 제1항에 의한 잔여지 수용청구를 받아들이지 않은 토지수용위원회의 재결에 대하여 토지소유자가 불복하여 제기하는 소송의 성질 및 그 상대방
> 　구 '공익사업을 위한 토지 등의 취득 및 보상에 관한 법률'(2007. 10. 17. 법률 제8665호로 개정되기 전의 것) 제74조 제1항에 규정되어 있는 잔여지 수용청구권은 손실보상의 일환으로 토지소유자에게 부여되는 권리로서 그 요건을 구비한 때에는 잔여지를 수용하는 토지수용위원회의 재결이 없더라도 그 청구에 의하여 수용의 효과가 발생하는 형성권적 성질을 가지므로, 잔여지 수용청구를 받아들이지 않은 토지수용위원회의 재결에 대하여 토지소유자가 불복하여 제기하는 소송은 위 법 제85조 제2항에 규정되어 있는 '보상금의 증감에 관한 소송'에 해당하여 사업시행자를 피고로 하여야 한다[대법원 2010.8.19. 선고, 2008두822, 판결].

(나) 완전수용

　사업시행자가 토지를 수용하지 아니하고 일정기간 동안만 사용하는 '토지사용'을 하고자 하는 경우에 ① 그 사용기간이 3년 이상인 경우, ② 사용으로 인하여 토지의 형질이 변경되는 경우, ③ 당해 토지 위에 토지소유자의 건물이 있는 경우에는 소유자의 청구에 의하여 당해 토지를 수용하는 것을 말한다(72).

(다) 이전에 갈음하는 수용

　수용·사용할 토지 위에 있는 건축물·입목·공작물 기타 토지에 정착한 물건은 이전비를 보상하고 이전시키는 것이 원칙이지만, 물건의 이전이 어렵거나 이전으로 인하여 종래의 목적대로 사용할 수 없게 되는 경우 또는 이전비가 그 물건의 가격을 넘는 경우에는 이전에 갈음하여 당해 물건을 수용하는 것을 말한다(75).

② **지대수용**

　지대수용(地帶收用)이란 본래의 공익사업 그 자체에 필요한 토지는 아니지만 그 사업의 시행과정에 없어서는 아니 될 도로·교량·전선로·재료적치장 기타 부대시설의 건설에 필요한 토지 등을 수용하는 것을 말한다.

　우리 실정법은 이를 인정하지 않고 단지 일시사용만을 인정하고 있다. 예컨대 도로건설 등 도시계획시설사업을 시행할 경우 재료적치장이나 임시통로로 하기 위하여 공사기간동안 타인의 토지의 사용대가를 지불하고 공사완료 후에 토지소유자에게 반환하는 것을 말한다(국토의

계획 및 이용에 관한 법률95②·130·131). 이는 일종의 토지사용이므로 토지수용과는 구별된다.

Ⅲ. 공용수용의 절차

공익사업을 위한 토지 등의 취득 및 보상에 관한 법률 (약칭: 토지보상법)
제2조(정의) 이 법에서 사용하는 용어의 뜻은 다음과 같다.
7. "사업인정"이란 공익사업을 토지등을 수용하거나 사용할 사업으로 결정하는 것을 말한다.
제16조(협의)
사업시행자는 토지등에 대한 보상에 관하여 토지소유자 및 관계인과 성실하게 협의하여야 하며, 협의의 절차 및 방법 등 협의에 필요한 사항은 대통령령으로 정한다.
제20조(사업인정)
① 사업시행자는 제19조에 따라 토지등을 수용하거나 사용하려면 대통령령으로 정하는 바에 따라 국토교통부장관의 사업인정을 받아야 한다.
제22조(사업인정의 고시)
① 국토교통부장관은 제20조에 따른 사업인정을 하였을 때에는 지체 없이 그 뜻을 사업시행자, 토지소유자 및 관계인, 관계 시·도지사에게 통지하고 사업시행자의 성명이나 명칭, 사업의 종류, 사업지역 및 수용하거나 사용할 토지의 세목을 관보에 고시하여야 한다.
② 제1항에 따라 사업인정의 사실을 통지받은 시·도지사(특별자치도지사는 제외한다)는 관계 시장·군수 및 구청장에게 이를 통지하여야 한다.
③ 사업인정은 제1항에 따라 고시한 날부터 그 효력이 발생한다.
제25조(토지등의 보전)
① 사업인정고시가 된 후에는 누구든지 고시된 토지에 대하여 사업에 지장을 줄 우려가 있는 형질의 변경이나 제3조제2호 또는 제4호에 규정된 물건을 손괴하거나 수거하는 행위를 하지 못한다.
② 사업인정고시가 된 후에 고시된 토지에 건축물의 건축·대수선, 공작물(工作物)의 설치 또는 물건의 부가(附加)·증치(增置)를 하려는 자는 특별자치도지사, 시장·군수 또는 구청장의 허가를 받아야 한다. 이 경우 특별자치도지사, 시장·군수 또는 구청장은 미리 사업시행자의 의견을 들어야 한다.
제26조(협의 등 절차의 준용)
① 제20조에 따른 사업인정을 받은 사업시행자는 토지조서 및 물건조서의 작성, 보상계획의 공고·통지 및 열람, 보상액의 산정과 토지소유자 및 관계인과의 협의 절차를 거쳐야 한다. 이 경우 제14조부터 제16조까지 및 제68조를 준용한다.
제28조(재결의 신청)
① 제26조에 따른 협의가 성립되지 아니하거나 협의를 할 수 없을 때(제26조제2항 단서에 따른 협의요구가 없을 때를 포함한다)에는 사업시행자는 사업인정고시가 된 날부터 1년 이내에 대통령령으로 정하는 바에 따라 관할 토지수용위원회에 재결을 신청할 수 있다.
제29조(협의 성립의 확인)
① 사업시행자와 토지소유자 및 관계인 간에 제26조에 따른 절차를 거쳐 협의가 성립되었을 때에는 사업시행자는 제28조제1항에 따른 재결 신청기간 이내에 해당 토지소유자 및 관계인의 동의를 받아 대통령령으로 정하는 바에 따라 관할 토지수용위원회에 협의 성립의 확인을 신청할 수 있다.
④ 제1항 및 제3항에 따른 확인은 이 법에 따른 재결로 보며, 사업시행자, 토지소유자 및 관계인은 그

확인된 협의의 성립이나 내용을 다툴 수 없다.
제30조(재결 신청의 청구)
① 사업인정고시가 된 후 협의가 성립되지 아니하였을 때에는 토지소유자와 관계인은 대통령령으로 정하는 바에 따라 서면으로 사업시행자에게 재결을 신청할 것을 청구할 수 있다.
② 사업시행자는 제1항에 따른 청구를 받았을 때에는 그 청구를 받은 날부터 60일 이내에 대통령령으로 정하는 바에 따라 관할 토지수용위원회에 재결을 신청하여야 한다. 이 경우 수수료에 관하여는 제28조제2항을 준용한다.
제34조(재결)
① 토지수용위원회의 재결은 서면으로 한다.
제40조(보상금의 지급 또는 공탁)
① 사업시행자는 제38조 또는 제39조에 따른 사용의 경우를 제외하고는 수용 또는 사용의 개시일(토지수용위원회가 재결로써 결정한 수용 또는 사용을 시작하는 날을 말한다. 이하 같다)까지 관할 토지수용위원회가 재결한 보상금을 지급하여야 한다.
② 사업시행자는 다음 각 호의 어느 하나에 해당할 때에는 수용 또는 사용의 개시일까지 수용하거나 사용하려는 토지등의 소재지의 공탁소에 보상금을 공탁(供託)할 수 있다.
1. 보상금을 받을 자가 그 수령을 거부하거나 보상금을 수령할 수 없을 때
2. 사업시행자의 과실 없이 보상금을 받을 자를 알 수 없을 때
3. 관할 토지수용위원회가 재결한 보상금에 대하여 사업시행자가 불복할 때
4. 압류나 가압류에 의하여 보상금의 지급이 금지되었을 때
제43조(토지 또는 물건의 인도 등)
토지소유자 및 관계인과 그 밖에 토지소유자나 관계인에 포함되지 아니하는 자로서 수용하거나 사용할 토지나 그 토지에 있는 물건에 관한 권리를 가진 자는 수용 또는 사용의 개시일까지 그 토지나 물건을 사업시행자에게 인도하거나 이전하여야 한다.
제45조(권리의 취득·소멸 및 제한)
① 사업시행자는 수용의 개시일에 토지나 물건의 소유권을 취득하며, 그 토지나 물건에 관한 다른 권리는 이와 동시에 소멸한다.
제50조(재결사항)
① 토지수용위원회의 재결사항은 다음 각 호와 같다.
1. 수용하거나 사용할 토지의 구역 및 사용방법
2. 손실보상
3. 수용 또는 사용의 개시일과 기간
4. 그 밖에 이 법 및 다른 법률에서 규정한 사항
제51조(관할)
① 제49조에 따른 중앙토지수용위원회(이하 "중앙토지수용위원회"라 한다)는 다음 각 호의 사업의 재결에 관한 사항을 관장한다.
1. 국가 또는 시·도가 사업시행자인 사업
2. 수용하거나 사용할 토지가 둘 이상의 시·도에 걸쳐 있는 사업
② 제49조에 따른 지방토지수용위원회(이하 "지방토지수용위원회"라 한다)는 제1항 각 호 외의 사업의 재결에 관한 사항을 관장한다.

1. 개 설

공용수용은 피수용자의 토지가 국가 또는 공공단체의 소유로 전환되는 것으로서 토지소유자에게는 자신의 의사에 반하는 재산권의 상실을 의미하고 국가 등에게는 토지취득을 의미하는 것이므로 엄격한 법적 절차에 따라야 한다. 일반적으로 공용수용은 개별적인 행정처분에 의하여 행하여지며, 이는 다시 법률이 정하는 모든 절차를 거치는 보통절차와 그 일부를 생략하는 약식절차로 구분된다.

그러나 공용수용권이 법률에 의하여 직접 설정되고 특별한 행정처분을 요하지 아니하는 경우도 있는 바, 이는 국가 또는 공공단체가 수용권자인 경우에 한하여, 또한 비상재해 등의 긴박한 경우에 예외적으로만 인정되며, 그 절차 역시 수용권자에 의한 일방적인 수용통고에 의하여 무조건으로 또는 보상을 조건으로 즉시 수용의 효과가 발생한다(예: 도로법(49)에 의한 비상재해시의 토석·죽목 운반기구 등의 사용 또는 수용).

2. 보통절차

공용수용의 보통절차로서는, ① 사업인정, ② 토지조서·물건조서의 작성, ③ 협의, ④ 재결·화해의 4단계 절차가 있다.

토지보상법은 공용수용과 공용사용의 보통절차를 구분하지 아니하고 함께 규정하고 있다. 따라서 공용사용의 보통절차는 원칙적으로 공용수용의 절차와 같다(동법 제4장 제1절 '수용 또는 사용의 절차'라는 제목 및 동법 제19조 내지 37조 참조).

1) 사업인정

① 의 의

토지를 수용("사용"을 포함한다. 이하 같다)할 사업이 토지보상법 제4조에 열거된 공익사업에 해당함을 인정하여, 사업시행자에게 일정한 절차를 거칠 것을 조건으로 토지 등의 수용권을 설정하여 주는 행위이다(20).

② 성 질

사업인정행위의 성질에 관하여는 단순히 공익사업에 해당되는지의 여부를 확인하는 것에 불과하다는 **확인행위설**(따라서 기속행위가 된다)과, 일정한 절차를 거칠 것을 조건으로 하여 기업자에게 수용권을 설정해 주는 것이라는 **형성행위설**(따라서 재량행위가 된다)이 대립하고 있는 바, 형성행위설이 통설이며 판례의 입장이다(대판 1992. 11. 13, 92누596). 여하튼 사업인정행위도 독립된 하나의 행정처분이므로 독립하여 **행정심판 및 행정소송**의 대상이 된다.

판례 토지수용법 제14조 사업인정의 성격 및 그 사업인정의 위법부당한 하자를 이유로 수용재결처분의 취소를 구할 수 있는지 여부

토지수용법 제14조에 따른 사업인정은 그 후 일정한 절차를 거칠 것을 조건으로 하여 일정한 내용의 수용권을 설정해 주는 행정처분의 성격을 띠는 것으로서 그 사업인정을 받음으로써 수용할 목적물의 범위가 확정되고 수용권으로 하여금 목적물에 관한 현재 및 장래의 권리자에게 대항할 수 있는 일종의 공법상의 권리로서의 효력을 발생시킨다고 할 것이므로 위 사업인정단계에서의 하자를 다투지 아니하여 이미 쟁송기간이 도과한 수용재결단계에 있어서는 위 사업인정처분에 중대하고 명백한 하자가 있어 당연무효라고 볼만한 특단의 사정이 없다면 그 처분의 불가쟁력에 의하여 사업인정처분의 위법, 부당함을 이유로 수용재결처분의 취소를 구할 수 없다[대법원 1987.9.8, 선고, 87누395, 판결].

판례 광업법 및 토지수용법상의 토지수용을 위한 사업인정이 행정청의 재량행위인지 여부(적극)

광업법 제87조 내지 제89조, 토지수용법 제14조에 의한 토지수용을 위한 사업인정은 단순한 확인행위가 아니라 형성행위이고 당해 사업이 비록 토지를 수용할 수 있는 사업에 해당된다 하더라도 행정청으로서는 그 사업이 공용수용을 할 만한 공익성이 있는지의 여부를 모든 사정을 참작하여 구체적으로 판단하여야 하는 것이므로 사업인정의 여부는 행정청의 재량에 속한다[대법원 1992.11.13, 선고, 92누596, 판결].

③ 사업인정권자

건설교통부장관이 하되, 관계부처장관 및 시·도지사와 협의하고 중앙토지수용위원회와 이해관계자의 의견을 들어야 한다(21). 사업인정은 수용절차 중에서 가장 기본이 되는 중요한 행위이므로 중앙행정관청의 권한으로 하게 하고 있다. 그러나 각 개별법에서는 건설교통부장관 이외의 자에게 사업인정권을 부여하고 있는 경우도 있다.

▶ 예 : 광업권자에게 토지수용·사용권을 설정하기 위한 통상산업부장관의 사업인정. 광업88).

④ 신청과 준비행위

사업인정의 신청은 사업시행자가 하되, 신청을 위한 준비행위로서 시장·군수·구청장의 허가를 받아 타인의 토지에 출입하여 측량 및 조사를 할 수 있다(9).

⑤ 사업인정의 고시

건설교통부장관이 사업인정을 한 때에는 그 뜻을 사업시행자·토지소유자·관계인 및 관계시·도지사에게 통지하고, 사업시행자의 성명·사업의 종류·사업지역·수용할 토지의 세목을 관보에 고시한다(22). 종래 독립된 절차로 규정하였던 **토지세목공고**가 사업인정절차에 포함되었다. 사업인정의 고시는 사업인정의 효력발생요건으로서, 고시일로부터 사업인정의 효과가 발생한다(22③).

⑥ 사업인정의 고시의 효과

사업인정의 고시로, ① 수용 목적물의 범위가 확정되고, ② 수용권자에게 그 목적물에 대한

현재 및 장래의 권리자에게 대항할 수 있는 일종의 공법상의 권리가 생긴다. 따라서 사업인정의 고시 후에 새로운 권리를 취득한 자에 대하여는 기존의 권리를 승계한 자를 제외하고는 피수용자로서의 권리를 인정하지 아니한다(2(5)단).

> **판례** 사업인정고시의 효과에 관한 판례
> 사업인정은 그 후 일정한 절차를 거칠 것을 조건으로 하여 일정한 내용의 수용권을 설정해 주는 행정처분의 성질을 띠는 것으로서, 수용할 목적물의 범위가 확정되고 수용권으로 하여금 목적물에 관한 현재 및 장래의 권리자에게 대항할 수 있는 일종의 공법상의 권리로서의 효력을 발생시킨다(대판 1987. 9. 8, 87누395).

> **판례** 사업인정고시 후의 손실보상금 채권은 피전부채권의 적격이 있다는 판례
> (구)토지수용법 제17조 소정의 사업인정의 고시가 있는 날로부터 1년 이내 또는 토지수용법을 준용하는 개개 법률 소정의 사업시행기간 내의 재결의 미신청 등의 특별한 사정이 없는 한 사업인정은 실효되지 아니하여 수용권이 소멸하지 아니하므로, 사업인정의 고시가 있으면 수용대상토지에 대한 손실보상금의 지급은 확실시 된다 할 것이니, 사업인정 고시 후 수용재결 이전 단계에 있는 피수용자의 기업자에 대한 손실보상금 채권은 피전부채권의 적격이 있다(대판 2000. 1. 21, 99다212).

⑦ 사업인정의 실효

기업자가 사업인정의 고시일로부터 1년 이내에 재결신청을 하지 아니할 때에는 그 기간만료일의 다음날에 사업인정은 효력을 상실하며(23), 사업인정의 고시 후 그 사업의 전부 또는 일부가 폐지·변경됨으로써 수용의 필요가 없게 된 경우에도 시·도지사는 사업시행자의 신고에 의하거나 직권으로 이를 관보에 고시하면 그 고시일로부터 사업인정의 전부 또는 일부는 효력을 상실한다(24). 이로 인하여 토지소유자 등이 입은 손실에 대하여도 사업시행자가 보상하여야 한다(24⑥).

> **판례** 사업인정고시 절차상의 위법은 사업인정단계에서의 취소사유는 되지만, 이를 이유로 재결처분의 취소나 무효확인을 구할 수는 없다는 판례(하자의 승계를 부인한 판례)
> (구)토지수용법 제16조 제1항에서는 건설부장관이 사업인정을 하는 때에는 지체 없이 그 뜻을 기업자·토지소유자관계인 및 관계 도지사에게 통보하고 기업자의 성명 또는 명칭, 사업의 종류, 기업지 및 수용 또는 사용할 토지의 세목을 관보에 공시하여야 한다고 규정하고 있는 바, 가령 건설부장관이 위와 같은 절차를 누락한 경우 이는 절차상의 위법으로서 수용재결 단계 전의 사업인정단계에서 다툴 수 있는 취소사유에 해당하기는 하나, 더 나아가 그 사업인정 자체를 무효로 할 중대하고 명백한 하자라고 보기 어렵고, 따라서 이러한 위법을 들어 수용재결처분의 취소를 구하거나 무효 확인을 구할 수 없다(대판 2000. 10. 13, 2000두5142).

2) 토지조서·물건조서의 작성

① 의 의

사업시행자가 토지조서와 물건조서를 작성하여 토지소유자 등에게 확인시키고 토지·물건에 관한 상황을 명확히 함으로써 토지수용위원회의 심리·재결의 신속과 원활을 기하기 위하여

마련된 제도이다.

② 작 성

사업인정을 받은 사업시행자는 토지조서 및 물건조서를 작성하여 서명 또는 날인을 하고 토지소유자 및 관계인의 서명 또는 날인을 받아야 한다. 다만, 토지소유자 및 관계인이 정당한 사유 없이 서명 또는 날인을 거부하거나 또는 토지소유자 및 관계인을 알 수 없거나 그 주소·거소를 알 수 없는 등의 사유로 인하여 서명 또는 날인을 받을 수 없는 경우에는 그러하지 아니하되, 사업시행자는 해당 토지조서 및 물건조서에 그 사유를 기재하여야 한다(26·14).

③ 보상계획의 공고·열람·이의부기

사업시행자가 토지조서 및 물건조서를 작성한 때에는 그 내용과 보상의 시기·방법·절차 등을 기재한 보상계획을 일간신문에 공고하고 토지소유자 및 관계인에게 각각 통지하여야 하며(20인 이하인 경우에는 공고를 생략할 수 있다), 또한 그 내용을 14일 이상 일반인이 **열람**할 수 있도록 하여야 한다(26①, 15①②).

토지조서 및 물건조서의 내용에 대하여 이의가 있는 토지소유자 또는 관계인은 위 열람기간 이내에 사업시행자에게 서면으로 **이의**를 제기할 수 있으며, 이 경우 사업시행자는 토지조서 및 물건조서에 **이의를 부기**하고, 그 이의가 이유 있다고 인정할 때에는 이에 대하여 적절한 조치를 하여야 한다(15③·④).

④ 효 력

토지소유자 및 관계인은 토지조서 및 물건조서에 대한 열람기간 내에 이의를 제기하는 경우를 제외하고는 조서의 기재내용에 대하여 이의를 제기할 수 없다. 다만, 조서의 기재가 진실에 반하는 것임을 입증할 때에는 예외로 한다(27). 이러한 조서는 재결 등의 절차에서 **증거방법으로서의 효력**을 가지게 된다. 그러나 기업자가 과실 없이 진정한 토지소유자를 알지 못하여 등기부상 소유명의자를 토지소유자로 보고 그를 피수용자로 하여 수용절차를 마쳤다 하더라도 그 수용의 효과를 부인할 수 없다(대판 1981. 6. 9, 80다316).

> **판례** 토지조서는 차후 분쟁예방과 절차의 신속·원활을 기하는 데 목적이 있다는 판례
> 토지조서는 재결절차의 개시 전에 기업자로 하여금 미리 토지에 대하여 필요한 사항을 확인하게 하고, 또한 토지소유자와 관계인에게도 이를 확인하게 하여 토지의 상황을 명백히 함으로써 일응진실성의 추정을 인정하여(구 토지수용법 제24조), 토지의 상황에 관한 당사자 사이의 차후 분쟁을 예방하여 토지수용위원회의 심리와 재결 등의 절차를 용이하게 하고 신속·원활을 기하고자 함에 그 작성목적이 있다(대판 1993. 9. 10, 93누5543).

3) 협 의

① 의 의

협의란 사업인정의 고시가 있은 후 사업시행자가 수용할 토지의 범위·수용시기·손실보상 등에 관하여 토지소유자와 행하는 교섭행위를 말한다. 협의는 의무적인 것이므로 협의를 거치지 아니하고 재결을 신청하는 것은 위법이 된다.

② 사업인정 후의 협의취득의 법적 성질

협의의 결과 성립되는 합의의 성질에 관하여는 사법상 계약설과 공법상 계약설이 있다. ① **사법상 계약설(판례)**은 양 당사자가 대등한 지위에서 행하는 임의적 합의이므로 사법상의 매매계약과 성질상 차이가 없다는 점을, ② **공법상 계약설**은 기업자가 권리를 취득하기 위하여 수용권을 실행하는 방법에 불과하다는 점을 그 근거로 하고 있다.

생각건대, 협의가 성립되면 토지수용이라는 공법상의 효과와 환매권 등 공법상의 권리가 발생한다는 점을 고려하면 협의는 **공법상 계약**에 해당하며 **통설**도 이에 따르고 있다.

> **판례** 구 공공용지의취득및손실보상에관한특례법에 의한 협의취득 또는 보상합의의 법적 성질
> 구 공공용지의취득및손실보상에관한특례법(2002. 2. 4. 법률 제6656호로 폐지되기 전의 것)은 사업시행자가 토지 등의 소유자로부터 토지 등의 협의취득 및 그 손실보상의 기준과 방법을 정한 법으로서, 이에 의한 협의취득 또는 보상합의는 공공기관이 사경제주체로서 행하는 사법상 매매 내지 사법상 계약의 실질을 가진다[대법원 2004.9.24, 선고, 2002다68713, 판결].

한편, 협의성립에 대한 토지수용위원회의 확인이 있으면 그 확인을 재결로 간주하는 결과(29④), 협의성립의 확인이 있으면 협의가 재결로 전환되기 때문에 상술한 논의는 결국 협의성립의 확인이 있기 전 단계에 있어서의 협의의 성질에 관한 것이라 하겠다.

③ 협의의 효과

협의는 사업인정고시 후 1년 이내에 피수용자인 토지소유자 및 관계인 전원과 하여야 하며, 그 효과는 공용수용의 절차가 종료되고 수용의 효과를 발생케 하는 것이다. 즉, 사업시행자는 수용의 시기까지 보상금을 지급 또는 공탁하고 피수용자는 그 시기까지 토지 등을 기업자에게 인도·이전함으로써, 기업자는 목적물에 대한 권리를 취득하고 피수용자는 그 권리를 상실한다.

협의에 의하여 기업자가 토지 등을 취득하는 것은 재결에 의한 취득과 달리 원시취득이 아니라 **승계취득**이다(대판 1978. 11. 14, 78다1528). 따라서 종전의 소유자의 권리 위에 존재하였던 부담 또는 제한이 사업시행자에게 그대로 승계된다.

> **판례** 협의기간 종료 전에도 재결신청의 청구가 가능하다는 판례
> 수용에 관한 협의기간이 정하여져 있더라도 협의의 성립가능성 없음이 명백해졌을 때와 같은 경우에는 굳이 협의기간이 종료될 때까지 기다리게 하여야 할 필요성도 없는 것이므로, 협의기간 종료 전이라도 기업자(사업시행자를 말함)나 그 업무대행자에 대하여 재결신청의 청구를 할 수 있는 것으로 보아야 한다(대판 1993. 7. 13, 93누2902).

④ 협의성립의 확인

협의가 성립된 경우 사업시행자는 사업인정고시일로부터 1년 이내에 토지소유자 및 관계인의 동의를 얻어 관할 토지수용위원회에 협의성립의 확인을 신청할 수 있으며, 특히 공증인법에 의한 공증을 받아 협의성립의 확인신청을 한 경우에는 관할 토지수용위원회가 이를 수리함으로써 바로 협의성립이 확인된 것으로 본다(29). 협의성립의 확인이 있으면 그 확인은 **재결**로 보며, 당사자는 더 이상 그 확인된 협의의 성립이나 내용에 관하여 다툴 수 없게 된다(29④).

협의성립의 확인은 준법률행위적 행정행위인 **확인행위**로서, 행정관청도 이를 함부로 변경할 수 없게 하는 불가변력을 가진다.

> **판례** 협의성립의 확인을 받지 않으면 토지수용법에 의한 권리취득이라 할 수 없다는 판례
> 기업자가 사업인정을 받은 후 토지소유자와 토지에 관하여 권리의 취득을 위한 협의가 성립되었다고 하더라도 관할 토지수용위원회의 협의성립의 확인을 받지 아니하였다면, 이는 토지수용법에 의한 권리취득이라고 할 수 없다(대판 1992. 9. 14, 92다21319).

4) 재결·화해

① 재결의 성질

재결은 협의의 불성립 또는 협의불능의 경우에 행하는 공용수용의 최종절차로서, 기업자에게 부여된 수용권의 구체적 내용을 결정하고 그 실행을 완성시키는 **형성적 행정행위**이다. 즉, 기업자에게 보상금을 지급할 것을 조건으로 하여 토지 등에 대한 권리를 취득케 하고, 피수용자에게는 그 권리를 상실케 하는 효과를 발생하는 형성행위이다. 그러나 국가수용권설의 입장에서는 국가가 수용권을 설정하여 피수용자의 토지에 관한 권리를 박탈하여 사업시행자에게 설정하여 주는 행위로 본다.

② 재결기관

재결은 시·도에 설치된 지방토지수용위원회가 하되, 국가·시·도가 사업시행자이거나 수용할 토지가 2 이상의 시·도에 걸쳐 있는 사업에 관하여는 건설교통부에 설치된 중앙토지수용위원회가 재결한다. 토지수용위원회는 모두 3년의 임기로 선임되는 위원으로 구성되는 합의제 행정관청이다(49~60).

③ 재결신청

　사업시행자는 사업인정의 고시일로부터 1년 이내에 재결을 신청할 수 있으며, 이 기간 안에 신청하지 아니하면 사업인정의 고시는 그 다음 날부터 효력을 상실한다(28). 재결을 신청하는 자는 건설교통부령이 정하는 바에 따라 수수료를 납부하여야 한다.

　한편, 수용절차의 조속한 종결을 위하여 협의가 성립되지 아니할 때에는 **토지소유자 및 관계인**도 사업시행자에게 서면으로 **재결신청**을 할 것을 청구할 수 있으며, 이 경우 사업시행자는 60일 이내에 재결신청을 하여야 하고, 이를 위반한 때에는 경과한 기간에 대한 이자를 보상금에 가산하여 지급하여야 한다(30).

> **판례**　사업시행자의 업무대행자에 대하여도 재결신청의 청구서를 제출할 수 있다는 판례
> 　기업자를 대신하여 협의절차의 업무를 대행하고 있는 자가 따로 있는 경우에는, 특별한 사정이 없는 이상 재결신청의 청구서를 그 업무대행자에게도 제출할 수 있는 것으로 보아야 한다(대판 1993. 7. 13, 93누2902).

> **판례**　토지소유자관계인의 재결신청청구권은 당사자간의 공평을 기하기 위한 것이라는 판례
> 　(구)토지수용법이 재결신청의 청구권을 토지소유자 등에게 부여한 이유는, 사업시행자는 사업인정의 고시 후 1년 이내에는 언제든지 재결을 신청할 수 있는 반면에 토지소유자 및 관계인은 재결신청권이 없으므로, 수용을 둘러싼 법률관계의 조속한 확정을 바라는 토지소유자 및 관계인의 이익을 보호하고 수용당사자간의 공평을 기하기 위한 것이다(대판 1997. 10. 24, 97다31175).

④ 재결절차

　재결신청을 받은 토지수용위원회는 지체없이 이를 공고하고, 14일 이상 관계서류 사본을 일반에게 열람시키고 토지소유자 및 관계인은 열람기간중에 의견을 제시할 수 있다(31). 열람기간이 경과한 후 위원회는 지체없이 조사 및 심리를 하여야 하며(32), 심리 개시일로부터 14일 이내에 재결을 하되 특별한 사유가 있는 때에는 1차에 한하여 14일의 범위 안에서 연장할 수 있다(35). 위원회는 필요하다고 인정할 경우 사업시행자·토지소유자 및 관계인을 출석시켜 의견을 진술하게 할 수 있으며, 감정평가업자 기타 감정인·참고인 등에 대한 감정평가의뢰·출석 및 진술요구권 기타의 조사권을 가진다(32·58).

⑤ 재결내용

　재결내용은 수용할 토지의 구역, 손실보상, 수용의 개시일 등이며(50), 사업시행자·토지소유자·관계인이 신청한 범위안에서만 재결을 할 수 있으나, **손실보상의 증액재결**은 신청범위를 넘어서도 할 수 있다(50②단).

⑥ 재결형식

　재결서로 하되, 주문·이유·재결일자를 기재하고, 출석위원이 기명날인한 후 그 정본을 사업시행자·토지소유자·관계인에게 송달하여야 한다(34).

⑦ 경정재결

재결에 계산상 또는 기재상의 잘못(오산·오기), 기타 이와 유사한 잘못이 있는 것이 명백한 경우에는 직권 또는 당사자의 신청에 의하여 경정재결을 할 수 있다(36).

⑧ 재결의 효과

재결이 있으면 수용의 절차는 종결되고 일정한 조건하에 공용수용의 효과가 발생한다. 즉 사업시행자는 보상금의 지급 또는 공탁을 조건으로 **수용의 개시일에 토지 등에 관한 권리를 원시취득**하며(40~45), 만일 피수용자가 의무를 이행하지 아니할 경우 대집행신청권이 발생한다(89).

반면, 피수용자는 수용의 개시일까지 수용목적물을 인도·이전할 의무를 지는 반면에 손실보상청구권 및 환매권을 취득한다(43·70·91).

그러나 재결은 사업시행자가 수용시기까지 보상금을 지급하거나 공탁하지 아니하면 그 효력을 상실한다(42).

⑨ 재결에 대한 불복

공익사업을 위한 토지 등의 취득 및 보상에 관한 법률 (약칭: 토지보상법)
제83조(이의의 신청)
① 중앙토지수용위원회의 제34조에 따른 재결에 이의가 있는 자는 중앙토지수용위원회에 이의를 신청할 수 있다.
② 지방토지수용위원회의 제34조에 따른 재결에 이의가 있는 자는 해당 지방토지수용위원회를 거쳐 중앙토지수용위원회에 이의를 신청할 수 있다.
③ 제1항 및 제2항에 따른 이의의 신청은 재결서의 정본을 받은 날부터 30일 이내에 하여야 한다.
제84조(이의신청에 대한 재결)
① 중앙토지수용위원회는 제83조에 따른 이의신청을 받은 경우 제34조에 따른 재결이 위법하거나 부당하다고 인정할 때에는 그 재결의 전부 또는 일부를 취소하거나 보상액을 변경할 수 있다.
제85조(행정소송의 제기)
① 사업시행자, 토지소유자 또는 관계인은 제34조에 따른 재결에 불복할 때에는 재결서를 받은 날부터 60일 이내에, 이의신청을 거쳤을 때에는 이의신청에 대한 재결서를 받은 날부터 30일 이내에 각각 행정소송을 제기할 수 있다. 이 경우 사업시행자는 행정소송을 제기하기 전에 제84조에 따라 늘어난 보상금을 공탁하여야 하며, 보상금을 받을 자는 공탁된 보상금을 소송이 종결될 때까지 수령할 수 없다.
② 제1항에 따라 제기하려는 행정소송이 보상금의 증감(增減)에 관한 소송인 경우 그 소송을 제기하는 자가 토지소유자 또는 관계인일 때에는 사업시행자를, 사업시행자일 때에는 토지소유자 또는 관계인을 각각 피고로 한다.
제86조(이의신청에 대한 재결의 효력)
① 제85조제1항에 따른 기간 이내에 소송이 제기되지 아니하거나 그 밖의 사유로 이의신청에 대한 재결이 확정된 때에는 「민사소송법」상의 확정판결이 있는 것으로 보며, 재결서 정본은 집행력 있는 판결의 정본과 동일한 효력을 가진다.

재결도 행정처분이므로 행정쟁송의 대상이 되지만, 토지수용법은 분쟁의 조속한 해결을 위하여 제소기간 등에 관한 약간의 특례규정을 두고 있다. 종전에는 재결에 대한 행정심판절차를 공용수용절차의 한 단계로 보아 왔으나, 그렇게 볼 경우 행정심판이 제기되면 재결이 효력을 발생하지 못하는 것으로 오해될 우려가 있어 타당치 아니하며, 이는 어디까지나 통상의 행정심판절차이므로 사업의 진행 및 토지의 수용을 정지시키지 못하도록 하였다(88).

재결에 대한 불복절차로는 중앙토지수용위원회에 제기하는 **이의신청**과 **행정소송**이 있는데, 종전에는 재결에 불복이 있는 경우 이의신청을 거치지 아니하고는 행정소송을 제기하지 못하였으나(이의신청 전치주의), 현행 토지보상법은 이의신청 없이도 바로 행정소송을 제기할 수 있게 하여(**임의전치주의**) 권리구제기간을 단축하고 있으며, 보상금증감소송의 당사자로 포함되어 있던 재결청을 당사자에서 제외하여 사업시행자와 피보상자만의 당사자주의를 채택하고 있다(85).

종전의 이의신청전치주의에 의할 경우에 먼저 재결에 대한 이의신청을 한 후 이에 대한 재결(소위 '이의재결')에 대한 취소소송만이 인정되었고 당초의 '수용재결'에 대하여서는 취소소송이 인정되지 않았다(대판 2001. 5. 8, 2001두1468). 즉 이의신청을 거치지 아니하고는 원처분인 수용재결에 대한 취소의 소를 제기할 수 없었다. 그러나 현행 토지보상법에 의하면 당초의 수용재결에 대하여 60일 이내에 곧바로 행정소송을 제기할 수 있게 되어 원처분인 수용재결에 대해서도 소송을 제기할 수 있게 되었다(85①). 예컨대, 보상금증감청구소송에서 보상금을 정한 원처분인 수용재결 자체에 대하여 행정소송을 제기할 수 있다.

(가) 이의신청

이의신청이란 재결의 전부 또는 일부의 취소를 청구하거나 손실보상액의 증액 또는 감액을 청구하는 것을 말하는데, 중앙토지수용위원회의 재결에 이의가 있는 자는 재결서 정본이 송달된 날로부터 30일 이내에 중앙토지수용위원회에, 지방토지수용위원회의 재결에 이의가 있는 자도 같은 기간 내에 해당 지방토지수용위원회를 거쳐 중앙토지수용위원회에 이의를 신청할 수 있다(83). 중앙토지수용위원회는 원재결이 위법 또는 부당한 경우 그 전부 또는 일부를 취소하거나 손실보상액을 변경할 수 있다(84①). 이러한 취소나 변경으로 보상금이 증액된 때에는 사업시행자는 30일 이내에 그 증액된 보상금을 지급하여야 한다. 사업시행자가 당해 재결에 불복할 경우에는 증액된 보상금을 공탁한 후 행정소송을 제기할 수 있다(85①후단).

> **판례** 이의신청의 효력은 수용재결 전체에 미친다는 판례
> 취소소송에서는 이의재결 자체의 고유한 위법사유뿐만 아니라 이의신청사유로 삼지 아니한 수용재결의 하자도 다툴 수 있고, 또한 (구)토지수용법 제75조는 이의신청이 있는 경우에 중앙토지수용위원회가 수용재결의 위법 또는 부당 여부를 심리하도록 규정하고 있을 뿐 이의신청서에 기재된 사유에 한하여 심리하도록 제한하고 있지 아니하므로, 특별한 사정이 없는 한 이의신청의 효력은 수용재결 전체에 미친다(대판 1995. 12. 8, 95누5561).

(나) 행정소송

이의신청에 대한 중앙토지수용위원회의 재결에 불복이 있는 경우에는 그 재결서가 송달된 날로부터 30일 이내에 행정소송을 제기할 수 있다(85①). 종전에는 반드시 이러한 절차를 거쳐야 하는 이의신청전치주의를 채택하고 있었으나 현행 토지보상법에서는 이의신청을 임의적 선택주의로 함으로써 이의신청을 거쳐 행정소송을 제기할 수도 있고, 이의신청을 거치지 아니하고 당초의 토지수용위원회의 수용재결에 대하여 60일 이내에 바로 행정소송을 제기할 수 있다.

행정소송은 ① **이의재결 또는 수용재결 자체**(주로 수용할 토지의 범위·수용의 개시일 등에 관한 내용을 말한다)의 취소를 구하는 **취소소송**(이 경우에는 행정소송 중 항고소송의 형태가 된다)과, ② 재결의 내용 중 보상금의 증감만을 청구하는 소송으로서의 **당사자소송**으로 나누어진다.

후자의 경우 종전에는 보상금증감청구소송에서 재결청과 사업시행자 또는 토지소유자 모두를 보상금증감소송의 공동당사자로 하던 것을, 현행 토지보상법에서는 재결청을 당사자에서 제외하여 사업시행자와 피보상자간의 당사자주의를 채택하고 있다(85). 따라서 종전에는 실질적으로는 행정처분인 토지수용위원회의 수용재결 또는 이의재결의 내용을 다투는 항고소송이지만 형식적으로는 법률관계의 직접 당사자인 토지소유자와 사업시행자가 원·피고로 되는 당사자소송이라는 의미에서 이를 『형식적 당사자소송』이라고 설명하였지만 현행 토지보상법에서는 이러한 복잡한 구조를 간단·명료하게 하여 **실질적 당사자소송**으로 바꾸었다고 하겠다.

만일 위 기한 내에 행정소송을 제기하지 아니하거나 기타의 사유로 이의신청에 대한 재결이 확정된 때에는 민사소송법상의 확정판결이 있는 것으로 보며, 재결서 정본은 집행력 있는 판결의 정본과 동일한 효력을 가진다(86).

> **판례** 재결서가 송달되지 않았다면 행정소송의 제소기간의 진행이 되지 않는다는 판례
> 자신의 이의신청에 대한 재결이 있은 사실과 이의신청의 재결의 내용을 알 수 있었다고 하더라도, 그렇다고 하여 재결서(재결서의 정본)가 원고에 송달되지 아니하였음에도 불구하고, 이의신청의 재결에 대한 행정소송의 제소기간이 진행된다고 볼 수는 없다(대판 1992. 7. 28, 91누12905).

⑩ 화 해

토지수용위원회는 재결이 있기 전까지 언제든지 위원 3인으로 구성되는 소위원회로 하여금 사업시행자·토지소유자·관계인에게 화해를 권고하게 할 수 있다(33①). 화해가 성립하면 토지수용위원회는 화해조서를 작성하여 화해에 참여한 위원·사업시행자·토지소유자 및 관계인이 서명 또는 날인하여야 하며, 화해조서에 서명 또는 날인이 된 경우에는 당사자간에 합의가 성립된 것으로 본다(33②·③).

> **판례** 화해는 재량에 따른 임의적 절차라는 판례
> (구)토지수용법 제40조 소정의 토지수용위원회의 기업자, 토지소유자 또는 관계인에 대한 화해의 권고는

반드시 거쳐야 하는 필요적 절차가 아니라, 토지수용위원회의 재량에 따른 임의적 절차이다(대판 1986. 6. 24, 84누554).

3. 약식절차

1) 천재·지변시의 일시 사용

천재·지변 기타 사변으로 인하여 공공의 안전을 유지하기 위한 공익사업을 긴급히 시행할 필요가 있을 때에는 사업시행자는 시장·군수·구청장의 허가를 받아(사업시행자가 국가·시·도일 경우에는 이들에게 통지한 후) 즉시 타인의 토지를 6월 이내에 한하여 사용할 수 있으며(38①③), 이로 인한 손실보상은 기업자와 피해자가 협의하여 결정하며, 협의가 성립되지 아니하면 토지수용위원회에 재결신청을 할 수 있다(38④·80).

2) 시급을 요하는 일시 사용

토지수용을 위한 재결신청을 받은 토지수용위원회는 그 재결을 기다려서는 재해를 방지하기 곤란하거나 기타 공공의 이익에 현저한 지장을 줄 우려가 있다고 인정할 때에는 사업시행자의 신청에 의하여 담보를 제공하게 한 후(국가 또는 지방자치단체가 사업시행자인 경우에는 담보를 제공하지 아니할 수 있다) 즉시 6월 이내에 한하여 그 토지의 사용을 허가할 수 있다(39). 이 경우 토지소유자 또는 관계인의 청구가 있을 때에는 사업시행자는 자기가 산정한 보상금을 지급하여야 한다. 사업시행자가 토지수용위원회의 재결에 의한 보상금의 지급시기까지 이를 지급하지 아니할 때에는 토지소유자·관계인은 위 담보의 전부 또는 일부를 취득한다(41).

Ⅳ. 공용수용의 효과

공용수용의 효과는, 공용수용의 당사자인 사업시행자는 수용물을 **원시취득**하고 피수용자는 목적물의 소유권을 상실하는 것으로서 재산권의 취득과 상실이 동시에 이루어지게 된다. 즉 기업자는 보상금을 지급 또는 보상금을 지급할 수 없는 경우에 공탁할 것을 조건으로 수용의 개시일에 수용목적물에 대한 권리를 원시취득하고, 만약 피수용자가 **목적물의 인도·이전**을 거부하거나 이행하지 않는 경우에는 **대집행권**(사업시행자가 국가 또는 지방자치단체인 경우) 또는 대집행신청권(사업시행자가 기타의 자인 경우에 시·도지사나 시장·군수·구청장에게 대집행을 신청할 수 있는 권리)을 가지며, 피수용자는 **손실보상청구권과 환매권**을 가지는 데 있다.

1. 사업시행자의 권리취득

1) 시 기

공용수용의 경우 수용의 절차는 재결시에 완료되는 것이지만, 권리취득의 효과는 협의성립시점 또는 재결시점이 아니라 협의성립 또는 재결에서 따로 정하여진 『수용의 개시일』이다. 그렇게 한 이유는 협의성립 또는 재결시부터 수용의 개시일까지 보상금의 지급·공탁과 목적물의 인도·이전을 완료하게 하려는 데에 있다.

따라서 사업시행자가 수용의 개시일까지 보상금을 지급 또는 공탁하지 아니한 때에는 재결은 그 효력을 상실한다(42). 그러므로 보상금을 지급 또는 공탁하기만 하면 비록 피수용자가 수용목적물을 인도·이전하지 않더라도 『수용의 개시일』에 권리취득·상실의 효과가 발생한다.

> **판례** 수용의 효력이 발생하기 전의 토지점용은 수용재결의 효력에 영향이 없다는 판례
> 수용재결에 의하여 수용의 효력이 발생하기 전에 기업자가 수용대상 토지를 권원없이 점용한 사실이 있다 하여도 그로 인하여 기업자에게 손해배상이나 손실보상의 책임이 발생함은 별론으로 하고 수용재결의 효력에는 아무런 영향이 없다(대판 1992. 3. 10, 91누5419).

2) 효 과

기업자는 원권리자의 권리를 승계취득하는 것이 아니라 **원시취득**하는 것이다. 따라서 수용목적물 위에 존재하였던 종래의 모든 권리는 소멸함과 동시에(45①) 사업시행자에게는 아무런 부담이나 하자가 없는 완전히 새로운 소유권이 발생하므로, 사법상 매매에 있어서의 매도인의 하자담보책임의 문제같은 것은 생길 여지도 없다.

3) 등 기

민법상 부동산에 관한 물권의 변동은 등기를 하여야 그 효력이 발생하는 것이지만, 공용수용으로 인한 소유권 변동은 민법(187)에서 『공용징수 기타 법률의 규정에 의한 부동산에 관한 물권의 취득은 등기를 요하지 아니한다』고 규정하고 있으므로 등기하지 아니하여도 상술한 수용의 개시일에 기업자가 권리를 취득한다. 다만, 기업자가 이를 타인에게 처분하기 위하여서는 등기를 하여야 함은 물론이다(민187단).

4) 목적물의 인도·이전 및 대집행

토지소유자 또는 관계인은 수용의 시기까지 목적물을 기업자에게 인도·이전하여야 하며(43), 이를 이행하지 아니할 경우에는 시·도지사 또는 시장·군수·구청장은 기업자의 신청에 의하여 행정대집행법에 의한 대집행을 할 수 있다(89).

5) 위험부담의 이전

토지수용위원회의 재결이 있은 후에 목적물이 토지소유자 또는 관계인의 고의·과실없이 멸실 또는 훼손된 경우 그로 인한 그 손실은 사업시행자의 부담으로 하며, 사업시행자는 손실보상의 면제나 감액을 주장할 수 없다(46). 이는 보상금을 지급받을 토지소유자의 권리를 멸실 또는 훼손의 위험부담으로부터 보호하려는 것이다.

> **판례** 보상금지급 전에 입목이 멸실되어도 보상약정을 해제할 수 없다는 판례
> 댐 건설로 인한 수몰지역 내의 토지를 매수하고 지상입목에 대하여 적절한 보상을 하기로 계약하였다면 보상금이 지급되기 전에 그 입목이 홍수로 멸실되었다고 하더라도 매수 또는 보상하기로 한 자는 이행불능의 이유로 위 보상약정을 해제할 수 없다(대판 1977. 12. 27, 76다1472).

2. 손실보상

공용수용은 공익사업을 위하여 타인의 토지 등의 재산권을 강제로 취득하는 것이므로, 그로 인한 피수용자의 손실은 특별한 희생이 되므로 헌법(23③)에 의하여 당연히 정당한 보상을 하여야 한다. 이러한 헌법의 규정에 의거하여 공용수용과 손실보상에 관한 일반법인 토지보상법은 손실보상에 관한 원칙과 내용에 대하여 규정하고 있는 바, 이에 관하여 살펴보면 다음과 같다(제6장. 61~82).

1) 손실보상의 원칙

① 사업시행자보상의 원칙

손실보상은 사업시행자가 행한다(61). 수용권의 주체에 관한 학설의 대립과는 관계없이 수용의 효과를 향수하는 것은 사업시행자이므로 사업시행자가 보상의무자가 되는 것은 당연하다.

② 현금보상의 원칙

손실보상은 현금보상을 원칙으로 한다(63①). 그러나 국가·지방자치단체·정부투자기관·공공단체가 사업시행자인 경우에 ① 토지소유자 또는 관계인이 원하거나, ② 부재부동산소유자의 토지로서 보상금이 일정 금액을 초과하는 경우 그 초과하는 금액에 대한 보상은 예외적으로 3년 만기 정기예금의 이자를 붙여 5년 이내의 기간을 만기로 하는 채권으로 보상할 수 있다(63④). 한편, 토지투기가 우려되는 지역에서는 정부투자기관 또는 공공단체가 택지개발·산업단지개발 기타 대규모 개발사업의 시행자인 경우에 부재부동산소유자의 토지보상금 중 1억원 이상의 일정금액을 초과하는 부분에 대하여도 당해 사업시행자가 위와 같은 조건으로 발행하는 채권으로 보상할 수 있다(63③).

또한 현금보상의 예외로서 도시재개발의 경우에는 대지·건축물 기타 시설물로 보상하는 현

물보상을 할 수 있는 바(도시 및 주거환경정비법), 보상금으로 인근에서 유사한 토지를 매입한다는 것이 사실상 어렵다는 현실을 감안하면 현물보상제도가 피수용자의 생활재건에 보다 바람직한 제도라고 할 수 있다.

③ 사전보상의 원칙

수용의 개시일까지 보상금을 지급 또는 공탁하여야 하며, 그 때까지 지급 또는 공탁하지 아니하면 재결은 효력을 상실한다(42①). 즉 사업시행자가 협의에 의하여 정하여진 보상금 또는 관할 토지수용위원회에서 재결한 보상금을 그 수용의 시기까지 지급 또는 공탁하지 아니하면 특별한 사정이 없는 한 그 수용재결은 전부 효력을 상실하므로, 수용대상토지를 점유사용함은 불법점유로 된다(대판 1970. 11. 30, 70다2171). 뿐만 아니라 사업시행자는 당해 사업을 위한 공사에 착수하기 이전에 보상액의 전액을 지급하여야 한다(단, 천재·지변시의 일시사용 또는 시급을 요하는 일시사용 또는 토지소유자 등의 승낙이 있을 경우는 예외로 한다(62).

④ 개인별 보상의 원칙

보상은 토지소유자 또는 관계인에게 개인별로 지급하여야 한다. 다만, 개인별로 보상액을 산정할 수 없을 경우에는 그러하지 아니하다(64).

⑤ 협의·재결당시의 시가보상의 원칙

보상액의 산정에 있어서는 협의에 의한 경우에는 협의성립 당시의 가격을, 재결에 의한 경우는 재결당시의 가격을 기준으로 한다(67①).

⑥ 개발이익배제의 원칙

보상액의 산정에 있어서 당해 공익사업으로 인하여 토지 등의 가격에 변동이 있다고 하더라도 이를 고려하지 아니한다(67②). 이러한 개발이익배제의 원칙은 토지보상법에서 명문화하였다.

⑦ 사업시행으로 얻는 이익과의 상계금지의 원칙

사업시행자는 같은 토지소유자에 속하는 일단의 토지의 일부를 취득하는 경우에, 당해 공익사업의 시행으로 인하여 잔여지의 가격이 증가하거나 기타의 이익이 발생한 때에도 그 이익을 손실보상액과 상계할 수 없도록 명문으로 규정하고 있다(66).

2) 손실보상의 내용

① 재산권보상

공용수용에 있어서의 손실보상은 전통적 법리에 따라 수용되는 토지 등의 객관적 가치로서의 재산권에 대한 보상을 주된 목적으로 한다. 재산권보상은 이러한 재산손실에 대한 대가성을 갖는 보상이므로, 직접 토지수용에 대한 토지보상 뿐만 아니라 재산권상실에 수반하여 일어나는 여러 가지의 비용손실 또는 기대이익의 손실에 대한 보상도 포함된다.

(가) 토지보상

토지의 수용에 있어서는 시가보상을 원칙으로 하면서도, 종래의 기준지가고시제도를 폐지하고 현행 토지보상법과 지가공시 및 토지 등의 평가에 관한 법률에 의하여 『지가공시제』를 채택하여 협의성립과 재결당시의 **공시지가**를 기준으로 보상액을 산정하되, 공시지가는 통상 협의성립 또는 재결이 있기 이전의 '**공시기준일**' 현재의 가격을 의미하기 때문에 그 후의 협의 또는 재결시까지의 적정가격상승분은 반영되어 있지 아니하다. 따라서 토지보상법은 공시지가의 공시기준일부터 협의성립 또는 재결시까지의 관계 법령에 의한 당해 토지의 이용계획, 당해 공익사업으로 인한 지가의 영향을 받지 아니하는 지역의 지가변동률, 생산자물가상승률 기타 당해 토지의 위치·형상·환경·이용상황 등을 참작하여 평가한 **적정가격으로 보상**하도록 하였다(70).

그러나 건설교통부장관이 매년 조사·평가하여 공시한 공시지가 자체가 아직까지 당해 토지의 실거래가격을 완전히 반영하고 있는 것은 아니기 때문에 시가보상 또는 완전보상의 원칙은 많은 제한을 받고 있다고 하겠다. 지가공시제에 관하여는 앞 장의 토지행정법에서 상세히 설명하였으므로 여기서는 생략한다. 우리 **헌법재판소**는 이러한 공시지가에 의하여 개발이익을 배제하고 재결시까지의 시점보정을 거쳐 보상하도록 한 것은 헌법상 정당보상의 원칙에 어긋나는 것이 아니며 **합헌**이라고 한 바 있다.

> **판례** 공시지가에 의한 보상이 위헌이 아니라는 헌재결정
>
> 헌법 제23조 제3항이 규정하는 정당한 보상이란 원칙적으로 피수용재산의 객관적인 재산가치를 완전하게 보상하는 것이어야 한다는 완전보상을 의미하며, (구)토지수용법 제46조 제2항 및 지가공시 및 토지 등의 평가에 관한 법률 제10조 제1항 제1호가 토지수용으로 인한 손실보상액의 산정을 공시지가를 기준으로 하되 개발이익을 배제하고, 공시기준일부터 재결시까지의 시점보정을 인근토지의 가격변동률과 도매물가상승률 등에 의하여 행하도록 규정한 것은, 위 각 규정에 의한 기준지가가 대상지역 공고일 당시의 표준지의 객관적 가치를 정당하게 반영하는 것이고, 표준지와 지가산정 대상토지 사이에 가격의 유사성을 인정할 수 있도록 표준지의 선정이 적정하며, 대상지역 공고일 이후 수용시까지의 시가변동을 산출하는 시점보정의 방법이 적정한 것으로 보이므로, 헌법상의 정당보상의 원칙에 위배되는 것이 아니며, 또한 위 헌법조항의 법률유보를 넘어섰다거나 과잉금지의 원칙에 위배되었다고 볼 수 없다(헌재결 1995. 4. 20, 93헌바20·66, 94헌바4·9, 95헌바6 병합).

(나) 잔여지보상

사업시행자는 동일한 토지소유자에 속하는 토지의 일부가 취득 또는 사용됨으로 인하여 잔여지의 가격이 감소하거나 그 밖의 손실이 있는 때 또는 잔여지에 통로·도랑·담장 등의 신설 그 밖의 공사가 필요한 때에는 그 손실이나 공사의 비용을 보상하여야 한다(73).

(다) 지상물건의 이전보상

건축물·입목·공작물 기타 토지의 정착물 등의 지상물건에 대하여는 그 이전에 필요한 비용을 보상하여야 한다(75).

(라) 권리에 대한 보상

광업권·어업권 및 물(용수시설을 포함한다) 등의 사용에 관한 권리에 대하여는 투자비용·예상수익 및 거래가격 등을 참작하여 평가한 적정가격으로 보상하여야 한다(76①).

(마) 영업손실 · 농업손실 · 임금손실의 보상

① 영업의 폐지나 휴업으로 인한 손실에 대하여는 영업이익과 시설의 이전비용 등을 참작하여 보상하여야 하며, ② 농업의 손실에 대하여는 농지의 단위면적당 소득 등을 참작하여 보상하여야 하며, ③ 휴직 또는 실직하는 근로자의 임금손실에 대하여는 근로기준법에 의한 평균임금 등을 참작하여 보상하여야 한다(77). 이들 보상액의 구체적인 산정 및 평가방법과 보상기준은 동법시행규칙(건설교통부령)으로 정한다(77④).

② 생활보상

생활보상이란 댐 건설에 따른 수몰민의 발생 또는 원자력발전소의 건설에 의한 이주민의 발생과 같이 모든 재산을 박탈당할 뿐만 아니라 생업과 부락공동체생활에서 오는 유·무형의 모든 이익을 포함한 생활기반 자체가 송두리째 상실되는 경우에는 주민전체가 이주하여 새로운 환경 하에서 새로이 생활하기 위한 총체적 보상을 말하는 것이다. 즉 생활보상이 행하여져야만 비로소 완전보상이 될 수 있는 것을 말한다. 토지보상법도 공익사업의 실시로 인하여 주거용 건축물을 제공함에 따라 생활의 근거를 상실하는 자를 위하여 **이주대책**을 수립·실시하거나 **이주정착금**을 지급하게 하고 있는데(78), 이러한 것은 생활보상의 대표적인 예가 된다고 하겠다.

이주대책은 새로운 지역에 새로운 생활공동체를 건설하는 것이기 때문에 사업시행자의 힘만으로는 불가능한 것이라 할 수 있다. 따라서 이주대책의 수립에는 미리 관할 지방자치단체의 장과 협의하여야 하며, 국가나 지방자치단체는 새로운 주택지의 조성 및 주택의 건설에 대하여 주택법에 의한 국민주택기금을 우선적으로 지원하여야 하며, 이주대책의 내용에는 이주정착지에 대한 도로·급·배수시설 등 생활기본시설이 포함되어야 하며 이에 필요한 비용은 사업시행자의 부담으로 하되 지방자치단체가 비용의 일부를 보조할 수 있도록 하였고, 주거이전에 필요한 이사비용도 보상하여야 하며, 다른 지역으로 이주하는 농·어민이 지급받을 보상금이 없거나(예컨대 아무런 권리나 직업이 없는 자 등) 그 총액이 건설교통부령으로 정하는 금액에 미달하는 경우에는 그 금액 또는 차액을 보상하여야 한다(78①~⑦).

3. 환매권

> 공익사업을 위한 토지 등의 취득 및 보상에 관한 법률 (약칭: 토지보상법)
> 제91조(환매권)
> ① 토지의 협의취득일 또는 수용의 개시일(이하 이 조에서 "취득일"이라 한다)부터 10년 이내에 해당 사업의 폐지·변경 또는 그 밖의 사유로 취득한 토지의 전부 또는 일부가 필요 없게 된 경우 취득일 당시의 토지소유자 또는 그 포괄승계인(이하 "환매권자"라 한다)은 그 토지의 전부 또는 일부가 필요 없게 된 때부터 1년 또는 그 취득일부터 10년 이내에 그 토지에 대하여 받은 보상금에 상당하는 금액을 사업시행자에게 지급하고 그 토지를 환매할 수 있다.
> ② 취득일부터 5년 이내에 취득한 토지의 전부를 해당 사업에 이용하지 아니하였을 때에는 제1항을 준용한다. 이 경우 환매권은 취득일부터 6년 이내에 행사하여야 한다.
> ⑥ 국가, 지방자치단체 또는 「공공기관의 운영에 관한 법률」 제4조에 따른 공공기관 중 대통령령으로 정하는 공공기관이 사업인정을 받아 공익사업에 필요한 토지를 협의취득하거나 수용한 후 해당 공익사업이 제4조제1호부터 제5호까지에 규정된 다른 공익사업(별표에 따른 사업이 제4조제1호부터 제5호까지에 규정된 공익사업에 해당하는 경우를 포함한다)으로 변경된 경우 제1항 및 제2항에 따른 환매권 행사기간은 관보에 해당 공익사업의 변경을 고시한 날부터 기산(起算)한다. 이 경우 국가, 지방자치단체 또는 「공공기관의 운영에 관한 법률」 제4조에 따른 공공기관 중 대통령령으로 정하는 공공기관은 공익사업이 변경된 사실을 대통령령으로 정하는 바에 따라 환매권자에게 통지하여야 한다.
> 제92조(환매권의 통지 등)
> ① 사업시행자는 제91조제1항 및 제2항에 따라 환매할 토지가 생겼을 때에는 지체 없이 그 사실을 환매권자에게 통지하여야 한다. 다만, 사업시행자가 과실 없이 환매권자를 알 수 없을 때에는 대통령령으로 정하는 바에 따라 공고하여야 한다.
> ② 환매권자는 제1항에 따른 통지를 받은 날 또는 공고를 한 날부터 6개월이 지난 후에는 제91조제1항 및 제2항에도 불구하고 환매권을 행사하지 못한다.

1) 의 의

환매권이란 공용수용의 목적물이 공익사업의 폐지·변경 기타의 사유로 불필요하게 되거나, 현실적으로 오랫동안 공익사업에 이용되지 아니한 경우에, 원래의 피수용자 또는 그 포괄승계인이 보상금에 상당하는 금액을 지급하고 이를 다시 취득할 수 있는 권리를 말한다. 수용된 목적물이 원래의 수용목적에 이용되지 않고 있는 경우에 그 소유권을 원래의 소유자에게 회복시켜 주는 것은 원소유자의 감정의 존중이나 공평의 견지에서 당연한 것이라고 하겠으며, 우리 토지보상법(91·92)에서도 이를 인정하고 있다. 이러한 환매권은 토지의 수용재결시에 잠정적으로 발생한다고 보아야 할 것이다.

> **판례** 환매권은 헌법상의 재산권 보장규정으로부터 도출되는 권리라는 헌재결정
> (구)토지수용법 제71조 소정의 환매권은 헌법상의 재산권 보장규정으로부터 도출되는 것으로서 헌법이 보장하는 재산권의 내용에 포함되는 권리이며, 피수용자가 손실보상을 받고 소유권의 박탈을 수인할 의무는 그 재산권의 목적물이 공공사업에 이용되는 것을 전제로 하기 때문에 위 헌법상 권리는 피수용자가 당시 이미 정당한 손실보상을 받았다는 사실로 말미암아 부인되지 않는다(헌재결 1994. 2. 24, 92헌가15·17).

2) 법적 성질

환매권은 피수용자가 자기의 이익을 위하여 일방적으로 행사함으로써 환매의 효과가 발생하는 **형성권**이며, 상대방인 기업자의 동의를 요하지 아니한다. 또한 공용수용의 결과로써 발생된 권리이기는 하지만 사업시행자의 공용수용 해제처분을 요하지 아니하고 직접 매매의 효과를 발생하는 **사법상의 권리**라고 보아야 할 것이다. 판례도 환매는 수용의 해제가 아니고 **사법상의 매매**라고 한다. 따라서 환매권에 의한 소유권이전등기청구소송은 민사소송으로 다루고 있다.

> **판례** 환매권은 형성권이며, 그 행사로 인한 매수의 성질은 사법상의 매매라는 판례
> 징발재산정리에 관한 특별조치법 소정의 환매권은 일종의 형성권으로서 그 존속기간은 제척기간으로 보아야 할 것이며, 위 환매권은 재판상이든 재판 외이든 그 기간 내에 행사하면 이로써 매매의 효력이 생기고, 위 매매는 환매권자와 국가 간의 사법상의 매매이다(대판 1992. 4. 24, 92다4673).

3) 환매권자

환매권자는 협의취득 또는 수용당시의 토지 소유자 또는 그의 포괄승계인이다(91①).

따라서 지상권자나 기타 소유권자가 아닌 자는 환매권이 없으며, 환매권은 성질상 제3자에게 양도될 수 없다.

> **판례** 환매권의 양수인은 목적물을 환매할 수 없다는 판례
> 수용당시의 토지소유자가 아닌 환매권의 양수인은 사업시행자로부터 직접 환매의 목적물을 환매할 수 없으며, 다만 환매권자가 사업시행자로부터 환매한 토지를 양도받을 수 있을 뿐이다(대판 2001. 5. 29, 2001다11567).

4) 목적물

환매의 목적물은 **토지의 소유권**이다(91①). 따라서 소유권 이외의 권리(지상권 등)와 토지 이외의 물건(건물·동산 등)에 대하여는 환매권이 성립하지 아니한다.

5) 환매의 요건

다음의 두가지 요건 중 어느 하나에 해당하면 환매권을 행사할 수 있다.

① 협의취득일 또는 수용의 개시일부터 10년 이내에 사업의 폐지·변경 기타의 사유로 취득한 토지의 전부 또는 일부가 불필요하게 된 경우(91①)

불필요하게 되었는지의 여부는 사업자의 주관적 의사를 **표준**으로 할 것이 아니라 **객관적**으로 판단하여야 할 것이다.

> **판례** 환매요건에의 해당여부는 사업시행자의 주관적 의사와 관계없이 객관적 사정에 따라 판단하여야 한다는 판례
> 수용된 토지의 환매권에 관하여 규정한 (구)토지수용법 제71조 제1항 소정의 '사업의 폐지·변경 기타의 사유로 인하여 수용한 토지의 전부 또는 일부가 필요 없게 된 때'라 함은 기업자의 주관적인 의사와는 관계없이 수용의 목적이 된 구체적인 특정의 공익사업이 폐지되거나 변경되는 등의 사유로 인하여 당해 토지가 더 이상 그 공익사업에 이용될 필요가 없어졌다고 볼 만한 객관적인 사정이 발생한 경우를 말하는 것인 바, 수용된 토지가 필요없게 되었는지 여부는 당해 사업의 목적과 내용, 수용의 경위와 범위, 당해 토지와 사업과의 관계, 용도 등 제반 사정에 비추어 합리적으로 판단하여야 한다(대판 1998. 3. 27, 97다39766).

② 협의취득일 또는 수용일로부터 5년 이내에 취득한 토지의 전부를 당해 공익사업에 이용하지 아니한 경우(91②)

사유를 불문하고 객관적으로 토지를 당해 사업에 이용하지 아니한 경우를 말한다. 다만, 사업시행자가 국가·지방자치단체·정부투자기관인 경우에 한하여 당초의 공익사업을 다른 공익사업으로 변경한 경우에는 관보에 그 변경을 고시한 날로부터 위의 기간(10년 또는 5년)을 기산하도록 하여 예외를 인정하고 있다(91⑥). 이 경우에까지 원칙대로 일단 환매권자가 환매하게 한 후에 새로운 공익사업을 위하여 다시 수용하도록 하는 것은 불필요한 절차의 낭비이므로 이러한 특례를 인정한 것이다. 그러나 국가 등에 대하여 이러한 특례를 인정하는 것은 환매권이라는 재산권을 유명무실하게 하며 우리 판례가 환매권을 헌법이 보장하는 재산권의 내용에 포함되는 권리라고 인정하고 있는 점에 비추어 위헌여부의 문제도 있다.

6) 제척기간

위 ①의 경우에는 당해 토지의 전부 또는 일부가 필요없게 된 때로부터 1년 또는 협의취득일이나 수용일로부터 10년 이내의 기간 중에, ②의 경우에는 협의취득일 또는 수용의 개시일부터 6년 이내에 환매권을 행사하여야 한다는 제척기간이 있다(91①·②). 위 ①의 경우의 두 제척기간 중 어느 것에 따를 것인가에 관하여는 환매권자의 이익을 위하여 후에 만료되는 것에 따른다고 해석하여야 할 것이다.

7) 행사방법

환매권은 환매권자가 수용당시에 지급한 보상금에 상당한 환매대금의 지급과 함께 환매의 의사표시를 함으로써 행사하며, 사업시행자의 동의를 요하지 아니한다. 따라서 환매권 행사에 따른 피수용자의 환매대금 지급의무와 사업시행자의 소유권이전의무는 동시이행의 관계에 있게 된다. 그러나 토지가격이 수용당시에 비하여 현저히 변경된 경우에는 사업시행자와 환매권자는 환매금액에 대하여 서로 협의하되, 협의가 성립되지 아니한 때에는 환매가격의 증감을 법원에 청구할 수 있다(91④).

> **판례** 환매권자가 보상금을 지급하고 일방적 의사표시를 함으로써 환매가 성립된다는 판례
>
> (구)공공용지의 취득 및 손실보상에 관한 특례법 제9조에 의한 환매는 환매기간 내에 환매의 요건이 발생하면 환매권자가 수령한 보상금의 상당금액을 사업시행자에게 미리 지급하고 일방적으로 의사표시를 함으로써 사업시행자의 의사와 관계없이 환매가 성립되는 것이다(대판 1993. 8. 24, 93다22241).

> **판례** 환매의 의사표시는 상대방에 도달한 때에 효력을 가진다는 판례
>
> 환매권은 상대방에 대한 의사표시를 요하는 형성권의 일종으로서 환매의 의사표시가 상대방에 도달한 때에 비로소 환매권 행사의 효력이 발생함이 원칙이다(대판 1999. 4. 9, 98다46945).

8) 환매권의 소멸

환매권은 다음의 경우에 소멸한다.

① 사업시행자의 통지가 있는 경우

사업시행자는 환매할 토지가 생긴 경우에는 지체 없이 환매권자에게 통지하여야 하며(단, 사업시행자가 과실 없이 환매권자를 알 수 없을 때에는 공고로써 통지에 갈음한다. 92①), 환매권은 기업자에 의한 통지일 또는 공고일로부터 6월이 경과하면 소멸된다(92②).

> **판례** 환매의 통지는 사업시행자의 법적인 의무라는 판례
>
> 공익목적에 필요없게 된 토지가 있을 때에는 먼저 원소유자에게 그 사실을 알려주어 환매할 것인지 여부를 최고하도록 함으로써 법률상 당연히 인정되는 환매권 행사의 실효성을 보장하기 위한 것이라고 할 것이므로, 위 규정은 단순히 선언적인 것이 아니라 기업자의 법적인 의무를 정한 것이라고 보아야 할 것이다(대판 2000. 11. 14, 99다45864).

② 사업시행자의 통지가 없는 경우

사업시행자에 의한 위의 통지나 공고가 없는 경우에는 상술한 환매권의 제척기간의 경과로 인하여 소멸한다.

9) 공익사업의 변환

공익사업을 위한 토지 등의 취득 및 보상에 관한 법률(약칭: 토지보상법) 제91조 제6항은 국가, 지방자치단체 또는 「공공기관의 운영에 관한 법률」 제4조에 따른 공공기관 중 대통령령으로 정하는 공공기관이 사업인정을 받아 공익사업에 필요한 토지를 협의취득하거나 수용한 후 해당 공익사업이 제4조제1호부터 제5호까지에 규정된 다른 공익사업(별표에 따른 사업이 제4조제1호부터 제5호까지에 규정된 공익사업에 해당하는 경우를 포함한다)으로 변경된 경우 제1항 및 제2항에 따른 환매권 행사기간은 관보에 해당 공익사업의 변경을 고시한 날부터 기산(起算)하도록 하고 있다.

이 경우 국가, 지방자치단체 또는 「공공기관의 운영에 관한 법률」 제4조에 따른 공공기관 중 대통령령으로 정하는 공공기관은 공익사업이 변경된 사실을 대통령령으로 정하는 바에 따라 환매권자에게 통지하여야 한다.

> **판례** [1] '공익사업을 위한 토지 등의 취득 및 보상에 관한 법률' 제91조 제6항에 정한 공익사업의 변환이 인정되는 경우, 환매권 행사가 제한되는지 여부(적극)
> 공익사업의 변환을 인정한 입법 취지 등에 비추어 볼 때, '공익사업을 위한 토지 등의 취득 및 보상에 관한 법률' 제91조 제6항은 사업인정을 받은 당해 공익사업의 폐지·변경으로 인하여 협의취득하거나 수용한 토지가 필요 없게 된 때라도 위 규정에 의하여 공익사업의 변환이 허용되는 다른 공익사업으로 변경되는 경우에는 당해 토지의 원소유자 또는 그 포괄승계인에게 환매권이 발생하지 않는다는 취지를 규정한 것이라고 보아야 하고, 위 조항에서 정한 "제1항 및 제2항의 규정에 의한 환매권 행사기간은 관보에 당해 공익사업의 변경을 고시한 날로부터 기산한다."는 의미는 새로 변경된 공익사업을 기준으로 다시 환매권 행사의 요건을 갖추지 못하는 한 환매권을 행사할 수 없고 환매권 행사 요건을 갖추어 제1항 및 제2항에 정한 환매권을 행사할 수 있는 경우에 그 환매권 행사기간은 당해 공익사업의 변경을 관보에 고시한 날로부터 기산한다는 의미로 해석해야 한다
> [2] '공익사업을 위한 토지 등의 취득 및 보상에 관한 법률' 제91조 제6항에 정한 공익사업의 변환은 새로운 공익사업에 관해서도 같은 법 제20조 제1항의 규정에 의해 사업인정을 받거나 위 규정에 따른 사업인정을 받은 것으로 의제되는 경우에만 인정할 수 있는지 여부(적극)
> '공익사업을 위한 토지 등의 취득 및 보상에 관한 법률' 제91조 제6항에 정한 공익사업의 변환은 같은 법 제20조 제1항의 규정에 의한 사업인정을 받은 공익사업이 일정한 범위 내의 공익성이 높은 다른 공익사업으로 변경된 경우에 한하여 환매권의 행사를 제한하는 것이므로, 적어도 새로운 공익사업에 관해서도 같은 법 제20조 제1항의 규정에 의해 사업인정을 받거나 또는 위 규정에 따른 사업인정을 받은 것으로 의제하는 다른 법률의 규정에 의해 사업인정을 받은 것으로 볼 수 있는 경우에만 공익사업의 변환에 의한 환매권 행사의 제한을 인정할 수 있다.
> [3] 공익사업을 위해 협의취득하거나 수용한 토지가 변경된 사업의 사업시행자 아닌 제3자에게 처분된 경우에도 '공익사업의 변환'을 인정할 수 있는지 여부(소극)
> 공익사업의 원활한 시행을 위한 무익한 절차의 반복 방지라는 '공익사업의 변환'을 인정한 입법 취지에 비추어 볼 때, 만약 사업시행자가 협의취득하거나 수용한 당해 토지를 제3자에게 처분해 버린 경우에는 어차피 변경된 사업시행자는 그 사업의 시행을 위하여 제3자로부터 토지를 재취득해야 하는 절차를 새로 거쳐야 하는 관계로 위와 같은 공익사업의 변환을 인정할 필요성도 없게 되므로, 공익사업의 변환을 인정하기 위해서는 적어도 변경된 사업의 사업시행자가 당해 토지를 소유하고 있어야 한다. 나아가 공익사업을 위해 협의취득하거나 수용한 토지가 제3자에게 처분된 경우에는 특별한 사정이 없는 한 그 토지는 당해 공익사업에는 필요 없게 된 것이라고 보아야 하고, 변경된 공익사업에 관해서도 마찬가지이므로, 그 토지가 변경된 사업의 사업시행자 아닌 제3자에게 처분된 경우에는 공익사업의 변환을 인정할 여지도 없다[대법원 2010.9.30, 선고, 2010다30782, 판결].

> **판례** 같은 법 제71조 제7항 소정의 공익사업의 변환은 사업주체가 동일한 경우에만 인정되는지 여부
> 이른바 "공익사업의 변환"이 국가·지방자치단체 또는 정부투자기관이 사업인정을 받아 토지를 협의취득 또는 수용한 경우에 한하여, 그것도 사업인정을 받은 공익사업이 공익성의 정도가 높은 토지수용법 제3조 제1호 내지 제4호에 규정된 다른 공익사업으로 변경된 경우에만 허용되도록 규정하고 있는 토지수용법 제71조 제7항 등 관계법령의 규정내용이나 그 입법이유 등으로 미루어 볼 때, 같은 법 제71조 제7항 소정의 "공익사업의 변환"이 국가·지방자치단체 또는 정부투자기관 등 기업자(또는 사업시행자)가 동일한 경우에만 허용되는 것으로 해석되지는 않는다[대법원 1994.1.25, 선고, 93다11760, 판결].

제 5 절 공용환지 · 공용환권

Ⅰ. 개 설

1. 공용환지·공용환권의 의의

공용환지·공용환권이라 함은 토지의 이용가치를 증진하기 위하여 일정 지역 안의 토지의 구획·형질을 변경하고 권리자의 의사에 불구하고 토지 등의 소유권 등을 강제적으로 교환·분합하는 것을 말하며, 이 중 평면적인 토지와 토지간의 교환·분합을 **공용환지**라 하고, 공용환지에 따라 종전의 토지에 있던 권리관계는 그대로 새로운 환지에 이전된다. 토지·건물 등에 관한 권리를 개발 후에 새로이 건축된 건축물과 그 부지에 대한 권리로 변환시키는 입체적인 환지의 방법을 **공용환권**이라 한다. 공용환권에 따라 종전의 권리는 새로 건축된 건축물 및 토지에 관한 권리로 강제로 변환된다.

현행법상 공용환지는 도시개발법에 의한 도시개발사업과 농어촌정비법에 의한 농업기반 등 정비사업에 관하여 실시되고 있으며, 공용환권은 도시 및 주거환경정비법에 의한 주거환경개선사업, 주택재개발사업, 주택재건축사업 및 도시환경정비사업에 관하여 실시되고 있다.

2. 공용환지·공용환권의 특징

공용환지·공용환권도 공익사업을 위하여 강제적으로 과하는 공법상의 경제적 부담이라는 점에서 공용부담의 일종이지만, 상술한 인적 공용부담 및 공용수용·사용·제한과 비교하면 다음과 같은 특징이 있다.

1) 손실보상의 특수성

다른 공용부담에 있어서는 손실보상의 필요성(특별한 희생인가의 문제)과 그 정도(개발이익 포함여부·완전보상여부 등)가 문제가 되지만, 공용환지·공용환권에 있어서는 이러한 문제는 발생하지 아니하는 반면, 종전의 토지·건물과 환지·환권 후의 새로운 토지·건물간의 **가치의 등가성**이 문제가 된다.

2) 개발이익의 공동향수

다른 공용부담에 있어서는 특정 공용부담의무자가 소유권의 상실·제한 등의 특별한 희생을 당하게 되지만, 공용환지·공용환권에 있어서는 공용부담의무자가 도시개발사업·주택재개발사업 등으로 인하여 도리어 개발이익을 향수하게 된다.

3) 개발사업비용의 공동분담

도시개발사업 등 위 3종류의 사업의 수행에 필요한 **사업비용**은 사업지역 내의 토지·건물소유자가 감보(減步)에 의하여 마련된 체비지의 매각에 의하여 스스로 공동분담하게 된다. 따라서 감보의 비율(감보율)이 재산권보호의 측면에서 문제가 된다.

Ⅱ. 도시개발사업에 의한 공용환지

1. 개 설

도시개발사업이란 도시개발구역안에서 주거·상업·산업·유통·정보통신·생태·문화·보건 및 복지 등의 기능을 가지는 단지 또는 시가지를 조성하기 위하여 시행하는 사업을 말한다(도시개발법2①).

종래 도시개발은 주택단지개발, 산업단지개발 등과 같이 단일목적의 개발방식으로 추진되어, 신도시의 개발 등 복합적 기능을 갖는 도시를 종합적·체계적으로 개발하는데 한계가 있었으므로, 종전의 도시계획법의 도시계획사업에 관한 부분과 토지구획정리사업법을 통합·보완하여 종합적·체계적인 도시개발을 도모할 목적으로 2000. 1. 28 도시개발법을 제정하고 동년 7월 1일부터 시행하기에 이르렀다.

이 법은 도시개발사업의 성격에 따라 사업의 시행방식을, ① 토지 등의 수용·사용에 의한 방식, ② 환지방식, ③ 이 두 가지의 혼합방식을 선택하여 시행할 수 있도록 규정하고 있다. 따라서 도시개발사업의 시행방식의 하나로서의 **환지방식**을 명문화하고 있다(20①).

2. 도시개발구역의 지정

1) 도시개발구역의 지정권자

도시개발구역의 지정권자는 원칙적으로 특별시장·광역시장·도지사이다. 다만, 도시개발구역이 2 이상의 시·도에 걸칠 때에는 관계 시·도지사가 협의하여 도시개발구역을 지정할 자를 정하도록 되어 있다. 그러나 예외적으로 ① 국가가 도시개발사업을 실시할 필요가 있거나, ② 관계중앙행정기관의 장이 요청하거나, ③ 2 이상의 시·도에 걸칠 경우에 관계 시·도지사간에 협의가 성립되지 아니하는 경우 등에는 건설교통부장관이 도시개발구역을 지정할 수 있다(3).

2) 개발계획의 수립

도시개발구역의 지정권자는 도시개발구역을 지정하고자 할 때에는 당해 도시개발구역에 대한 개발계획을 수립하여야 하며, 특히 환지방식으로 시행하고자 하는 때에는 환지방식이 적용되는 지역의 토지면적의 3분의 2 이상에 해당하는 토지소유자와 그 구역안의 토지소유자 총수의 2분의 1 이상의 동의를 얻어야 한다(4).

3) 지정절차

지정권자가 도시개발구역을 지정하고자 할 때에는 도시개발구역으로 지정될 구역안의 토지·건축물 등에 관하여 기초조사를 한 후(6), 공람 또는 공청회를 통하여 주민 및 관계전문가 등으로부터 의견을 청취하여야 하며(7), 관계행정기관의 장과 협의한 후 중앙도시계획위원회 또는 시·도의 도시계획위원회의 심의를 거쳐야 한다(8).

지정권자가 이러한 절차를 거쳐 도시개발구역을 지정할 때에는 이를 관보(건설교통부장관의 경우) 또는 공보(시·도지사의 경우)에 고시하고, 당해 도시개발구역을 관할하는 시장·군수·구청장에게 송부하여 이를 일반에 공람시켜야 한다(9).

3. 사업시행자

1) 사업시행자

도시개발사업의 시행자는 ① 국가 또는 지방자치단체, ② 대통령령이 정하는 정부투자기관, ③ 지방공사, ④ 도시개발구역안의 토지소유자 또는 이들이 설립한 도시개발조합, ⑤ 수도권정비계획법에 의한 과밀억제권역에서 수도권외의 지역으로 이전하는 법인, ⑥ 건설산업기본법에 의한 토목공사업 또는 토목건축공사업의 면허를 받는 등 도시개발사업을 시행할 능력이 있다고 인정되는 자, ⑦ 위 ①~⑥에 해당하는 자 2 이상이 도시개발사업을 시행할 목적으로 출자하여 설립한 법인(11①)이다. 그러나 도시개발구역의 전부를 환지방식으로 시행하는 경우에는 토지소유자 또는 이들이 설립한 도시개발조합을 시행자로 지정하여야 한다(11①단).

시행자는 **실시계획**을 작성하여 도시개발구역 지정권자의 **인가**를 받아야 하며, 지정권자는 실시계획을 작성하거나 인가한 때에는 이를 **고시**하여야 한다. 실시계획을 작성 또는 인가함에 있어서 지정권자가 실시계획의 집행에 필요한 다른 법률에 의한 인·허가(예 : 공유수면매립면허, 농지보전임지 전용허가, 건축허가 등) 등에 대하여 그 소관행정기관과 협의한 사항에 대하여서는 당해 인·허가를 받은 것으로 의제된다(19). 이를 흔히 **집중효**(集中效)라 한다.

『**집중효**』란 예컨대, 도시개발사업이라는 하나의 목표를 달성하기 위하여서는 여러 가지 법률에 의하여 서로 다른 여러 행정청으로부터 그 소관에 속하는 수십개의 인·허가·특허·승인·신고·지정·면허·등록 등의 행정행위를 발급받아야 하는 것이 보통인 바, 이러한 경우에 사업시행자가 필요한 신청서류를 구비하여 각 소관 행정청마다 일일이 제출하고 그 인·허가 등을 직접 받게 하는 것은 사업시행자인 국민의 입장에서 볼 때 너무나 번잡하고 가혹한 일이라고 하지 않을 수 없기 때문에, 하나의 목표달성을 위한 주된 행정청을 법령이 지정하여 여기에만 필요한 서류를 일괄 제출하도록 하고 나머지 관련 행정청에 대하여는 주된 행정청이 행정관청간의 내부적인 협의절차에 의하여 각 소관법령상의 요건에의 적합 또는 부적합 여부에 관한 의견을 제출받도록 간편화하고, 각 관계 행정청이 소관법령상의 인·허가 등의 요건에 적합하다는 통보(협의)가 있는 경우에는 각 개별법령상의 인·허가 등을 받은 것으로 의제하는 제도를 말하며, 우리 실정법상으로는 『관련 인·허가 등의 의제』라는 제목 하에 그 예가 많이 있다.

도시개발사업을 예로 들면 ① 수도법에 의한 수도사업의 인가, ② 하수도법에 의한 하수도공사시행의 인가, ③ 도로·하천·공유수면에 대한 점용허가·공사시행허가·매립면허, ④ 농지법에 의한 농지전용허가, ⑤ 산지관리법에 의한 산지전용허가·채석허가, ⑥ 초지법에 의한 초지전용허가, ⑦ 장사 등에 관한 법률에 의한 무연분묘의 개장허가, ⑧ 건축법에 의한 건축허가 및 건축신고, ⑨ 주택법에 의한 주택건설사업계획의 승인, ⑩ 국·공유재산의 사용·수익허가, ⑪ 유통산업발전법에 의한 대규모 점포의 개설등록, ⑫ 산업집적활성화 및 공장설립에 관한 법률에 의한 공장설립 등의 승인, ⑬ 유통단지개발촉진법에 의한 유통단지의 지정, ⑭ 산업입지 및 개발에 관한 법률에 의한 산업단지의 지정 등 30개에 달하는 각 개별법률에 의한 인·허가·승인·신고·면허 등의 행정행위를 발급받은 것으로 의제하고 있다(19).

2) 도시개발조합의 설립 및 인가

도시개발구역 안의 토지소유자가 조합을 설립하고자 하는 때에는 그 시행구역 안의 토지소유자 7인 이상이 조합의 정관을 작성하고, 토지면적의 3분의 2 이상에 해당하는 토지소유자와 그 구역 안의 토지소유자 총수의 2분의 1 이상의 동의를 얻어 지정권자의 인가를 받아야 한다(13). 이러한 인가행위는 도시개발조합이라는 법인에 대한 설립에 대한 인가와, 조합에 대한 사업시행의 인가의 의미를 함께 가진다.

3) 실시계획의 작성·인가 및 고시

도시개발사업의 시행자는 도시개발사업에 관한 실시계획을 작성하여야 하며, 이러한 실시계획에는 지구단위계획이 포함되어야 한다. 이 경우 도시개발사업에 대한 지정권자(건설교통부장관, 시·도지사)가 아닌 자가 사업시행자인 경우에는 실시계획에 대하여 지정권자의 인가를 받아야 한다(17).

지정권자가 실시계획을 작성하거나 실시계획을 인가한 때에는 이를 관보 또는 공보에 고시하고 시행자와 관할 시장·군수·구청장에게 송부하여야 하며, 시장·군수·구청장은 이를 일반에게 공람시켜야 한다(18).

4. 준비행위

도시개발사업의 시행자 또는 시행자가 되고자 하는 자는 사업시행에 앞서 준비행위로서 타인의 토지에의 출입·일시 사용·장해물 제거 등의 행위를 할 수 있으며, 이로 인한 손실에 대하여는 보상을 하여야 한다(63·64).

5. 환지계획

1) 의 의

환지계획이란 도시개발사업이 완료될 경우에 행할 환지처분에 관한 계획을 말하며, 구체적으로는 환지설계, 필지별로 된 환지명세, 필지별·권리별로 된 청산대상토지명세, 체비지·보류지의 명세 등을 정한 것으로서 환지처분의 기초가 되는 매우 중요한 것이다(27). 환지계획에 의하지 아니한 환지처분은 무효라는 판례가 있다.

> **판례** 환지계획이 항고소송의 대상이 되는 행정처분인지 여부(소극)
> 토지구획정리사업법 제57조, 제62조 등의 규정상 환지예정지 지정이나 환지처분은 그에 의하여 직접 토지소유자 등의 권리의무가 변동되므로 이를 항고소송의 대상이 되는 처분이라고 볼 수 있으나, 환지계획은 위와 같은 환지예정지 지정이나 환지처분의 근거가 될 뿐 그 자체가 직접 토지소유자 등의 법률상의 지위를 변동시키거나 또는 환지예정지 지정이나 환지처분과는 다른 고유한 법률효과를 수반하는 것이 아니어서 이를 항고소송의 대상이 되는 처분에 해당한다고 할 수가 없다[대법원 1999.8.20. 선고, 97누6889, 판결].

2) 환지계획의 결정기준

환지계획은 종전의 토지와 환지처분에 의하여 교부할 새로운 토지(환지)의 위치·지목·면적·토질·수리·이용상황·환경 기타의 사정을 종합적으로 고려하여 합리적으로 정하여야 한다(27②). 이러한 사정을 고려하지 아니하고 행한 환지계획에 따른 환지예정지 지정 또는 환지처분은 위법한 것이 된다(대판 1967. 6. 27, 66누179).

그러나 다음의 경우에는 이러한 기준에 의하지 아니할 수 있는 특례가 인정된다.

① **토지소유자의 동의에 의한 환지의 지정 제외**

토지소유자의 신청 또는 동의가 있을 경우에는 환지를 정하지 아니할 수 있다(29).

② **면적의 적정화를 위한 조정**

시행자는 토지면적의 규모를 조정할 특별한 필요가 있는 때에는 면적이 작은 토지에 대하여는 과소토지가 되지 아니하도록 면적을 증가하여 환지를 정하거나, 과소토지를 환지대상에서 제외할 수 있다. 반면에 면적이 광대한 토지에 대하여는 그 면적을 감소하여 환지를 정함으로써 과소토지에 대한 환지면적을 증가시킬 수도 있다(30).

③ 입체환지

환지처분에 의하여 과소토지가 발생하지 아니하도록 하기 위하여, 토지소유자의 동의를 얻어 토지에 갈음하여 건축물의 일부와 그 대지의 공유지분을 부여할 수 있다(31). 이 경우의 입체환지는 토지소유자의 동의를 요한다는 점에서 그 의사에 불구하고 행하여지는 공용환권(후술)과 구별된다.

3) 환지계획의 결정절차

행정청이 아닌 시행자인 경우에는 환지계획을 작성하며 시장·군수·구청장의 **인가를 받아야 한다**(28①). 환지계획에 대한 인가는 제3자의 법률행위에 동의를 부여하여 그 법적 효과를 완성시켜주는 **학문상의 인가**에 해당한다.

행정청인 시행자가 환지계획을 정하고자 하는 때 또는 행정청이 아닌 시행자가 환지계획의 인가를 신청하고자 하는 때에는 토지소유자와 임차권자 등에 대하여 이를 통지하고 관계서류의 사본을 일반에게 공람시켜야 한다(28③).

토지소유자 또는 임차권자 등은 공람기간 내에 시행자에게 의견을 제출할 수 있으며, 시행자는 그 의견이 타당하다고 인정하는 때에는 환지계획에 이를 반영하여야 한다(28④).

제출된 의견에 따라 환지계획을 수정하고자 할 때에는 다시 공람절차를 거쳐야 하며, 이를 거치지 아니한 환지예정지 지정처분은 무효라는 판례가 있다(판례 참조).

> **판례** 환지계획을 수정하기 위한 공람절차를 거치지 않은 환지예정지 지정처분은 당연무효라는 판례
> 환지계획 인가 후에 당초의 환지계획에 대한 공람과정에서 토지소유자 등 이해관계인이 제시한 의견에 따라 수정하고자 하는 내용에 대하여 다시 공람절차 등을 밟지 아니한 채 수정된 내용에 따라 행한 환지예정지 지정처분은, 환지계획에 따르지 아니한 것이거나 환지계획을 적법하게 변경하지 아니한 채 이루어진 것이어서 당연무효라 할 것이다(대판 1999. 8. 20, 97누6889).

4) 청산금

환지처분은 원칙적으로 종전의 토지와 동등한 가치를 가진 환지를 교부하여야 하지만, 현실적으로는 과부족이 생기기 마련이므로 부득이 청산금의 징수 또는 교부가 필요하게 된다(40). 즉, 환지를 정하거나 그 대상에서 제외한 경우에 그 과부족분에 대하여는 종전의 토지 및 환지의 위치·지목·면적·토질·수리·이용상황·환경 기타의 사항을 종합적으로 고려하여 금전으로 청산하여야 하며, 이러한 청산금은 환지처분을 하는 때에 이를 결정하여야 한다(40).

> **판례** 청산금의 교부대상은 환지처분공고 당시의 등기부상 토지소유자라는 판례
> 청산금의 교부·징수는 권리면적과 현실적인 환지면적과의 과부족으로 인하여 생기는 토지소유자 사이의 경제적 이익의 불균형을 공평하게 조절하기 위한 것이므로 청산금의 징수, 교부의 대상은 원칙적으로 환지처분공고 당시의 등기부상의 토지소유자이다(대판 1989. 11. 10, 88누9923).

5) 체비지·보류지

체비지란 도시개발사업에 필요한 사업비용의 일부를 충당하기 위하여 매각할 목적으로 환지에서 제외하는 토지를 말하며, 보류지(保留地)란 사업규약·정관·시행규정 또는 실시계획으로 정한 목적에 제공하기 위하여 환지에서 제외하여 보류하는 토지를 말한다(33).

6. 환지예정지의 지정처분

1) 성 질

환지처분은 종전의 토지상의 권리관계에 변동을 가져오는 것으로서, 이것은 도시개발사업이 완료된 후에 행하는 것이 원칙이지만, 공사가 완료되기까지는 장기간이 소요되는 것이 보통이므로 그 동안에 종전의 토지에 대한 사용·수익권을 환지예정지로 이동시킴으로써 토지상의 권리관계를 신속히 안정시키기 위하여 환지예정지를 지정할 수 있다(34①).

환지예정지의 지정행위는 그 시행자가 누구인가에 관계없이 항상 공권력 작용인 **행정행위**로서의 성질을 가지며, 당연히 행정쟁송의 대상이 된다.

> **판례** 환지예정지의 지정행위는 행정처분이라는 판례
> 환지예정지의 지정처분은 그 성질상 관계 토지소유자에게 막대한 이해관계를 미치는 것이므로 반드시 그 소유자에게 개별적으로 서면통지를 필요로 하는 상대방 있는 행정처분이다(대판 1962. 5. 17, 62누10).

2) 지정절차

환지예정지의 지정을 위하여서는 시행자가 사전에 토지소유자와 임차권자 등에게 환지예정지의 위치·면적과 환지예정지 지정의 효력발생시기 등에 관하여 **통지**하고, 관계서류의 사본을 일반에게 **공람**시켜 의견서를 제출하도록 하여야 한다(34).

3) 효 과

환지예정지가 지정되면 종전의 토지에 대한 토지소유자·임차권자 등은 환지예정지 지정의 효력발생일부터 환지처분의 공고시까지 환지예정지에 대하여 종전의 토지에 대한 것과 동일한 내용의 권리를 행사할 수 있으며, 환지예정지에 대한 종전의 토지소유자·임차권자 등은 당해 토지를

사용·수익할 수 없게 된다(35①).

그러나 환지예정지의 지정이 곧바로 소유권의 변동을 초래하는 것은 아니며, 종전의 토지소유자는 지정된 환지예정지에 대하여 **사용수익권을 취득할 뿐**이며, 환지처분이 있기 전까지는 원래의 토지를 처분할 수 있다.

> **판례** 환지예정지의 사용·수익권에 관한 판례
> 토지구획정리사업의 시행으로 환지예정지의 지정이 있을 경우 종전 토지의 소유자는 환지예정지로 지정된 토지에 관하여 사용·수익권을 취득하고 이에 기하여 환지예정지를 불법점유하고 있는 자에 대하여 방해배제를 구할 수 있다(대판 1993. 4. 13, 93다3936).

> **판례** 환지예정지 지정 후에도 종전의 토지를 처분할 수 있다는 판례
> 환지예정지의 지정이 있더라도 종전의 토지소유자는 환지처분이 있을 때까지 종전의 토지에 대한 소유권을 상실하는 것이 아니므로 이를 처분할 수 있다(대판 1963. 5. 21, 63누21).

7. 환지처분

1) 성 질

환지처분이란 사업시행자가 환지계획에 따른 종전의 토지에 갈음하여 새로운 토지를 교부하고(환지교부), 그 가치에 과부족이 있을 경우에 청산금을 징수·교부(환지청산)하는 **형성적 행정행위**를 말한다.

환지처분의 내용은 이미 환지계획에 정하여져 있으며 환지처분은 환지계획의 내용을 그대로 실현하는 작용에 불과하므로, 환지계획의 내용에 의하지 아니하거나 환지계획에 없는 사항을 그 내용으로 하는 환지처분은 무효이다(대판 2000. 2. 25, 97누5534).

> **판례** 환지계획에 의하지 아니한 환지처분은 무효라는 판례
> 환지처분의 내용은 모두 환지계획에 의하여 미리 결정되는 것이며, 환지처분은 다만 공사가 완료되기를 기다려서 환지계획에 정하여져 있는 바를 토지소유자에게 통지하고 그 뜻을 공고함으로써 효력이 발생되는 것이다. 따라서 환지계획과는 별도의 내용을 가진 환지처분은 있을 수 없는 것이며, 환지계획에 의하지 아니하고 환지계획에도 없는 사항을 내용으로 하는 환지처분은 그 효력을 발생할 수 없다(대판 1993. 5. 27, 92다14878; 대판 2000. 2. 25, 97누5534).

2) 절 차

환지처분은 도시개발사업구역에 대한 공사가 완료된 후에 한다. 즉 도시개발사업의 시행자는 공사완료 후 지체없이 ① 공사완료의 공고 및 공사관계 서류의 일반에 대한 공람, ② 토지소유자·이해관계인의 의견서 제출 및 제출된 의견에 대한 반영, ③ 도시개발구역의 지정권

자(시·도지사·건설교통부장관)에 의한 준공검사절차를 거쳐 ④ **환지처분**을 하여야 하며, 환지처분은 시행자가 사업계획에서 정한 사항을 토지소유자에게 **통지**하고 이를 공고함으로써 그 효력을 발생한다(39).

3) 효 과

환지처분공고일의 다음 날에 종전의 토지에 대한 모든 권리는 환지 위로 옮겨지며, 종전의 토지에 대한 권리는 소멸한다. 다만, ① 행정상 또는 재판상의 처분으로서 종전의 토지에 전속하는 것과 ② 지역권(地役權)은 종전의 토지에 그대로 존속한다(41).

체비지는 시행자가, 보류지는 환지계획에서 정한 자가 각각 소유권을 취득한다. 공공시설에 제공되는 토지는 그 관리자인 국가 또는 지방자치단체에 귀속된다.

4) 환지등기

시행자는 환지처분의 공고 후 14일 이내에 관할 등기소에 이를 통지하여 토지와 건축물에 대한 등기를 촉탁하거나 신청하여야 한다(42). 사업시행자가 환지등기의 촉탁을 장기간 지체할 경우 환지소유자는 사업시행자에 대하여 환지등기의 촉탁을 신청할 수 있는 조리상의 권리가 있으며, 사업시행자가 이를 거부하였다면 위법한 처분이 된다(판례 참조).

> **판례** 환지소유자는 사업시행자에게 환지등기촉탁을 신청할 수 있는 조리상 권리가 있다는 판례
> (구)토지구획정리사업법(1999. 2. 8 법률 제5904호로 개정되기 전의 것) 제65조 제2항은 구획정리사업 또는 환지처분으로 인하여 시행지구 안의 토지 또는 건축물에 관한 권리의 변동이 있는 때에는 시행자는 환지처분의 공고가 있은 후 지체 없이 대법원규칙이 정하는 바에 의하여 이에 관한 등기를 신청 또는 촉탁하여야 한다고 규정하고 있는바, 이는 종전토지의 소유자가 환지 후 토지의 소유자로 됨에도 불구하고 같은 조 제3항에 의하여 다른 등기를 경료하지 못함으로써 그 재산을 처분함에 있어 받는 제약을 최소화하기 위하여 사업시행자에게 환지처분의 공고가 있은 후 지체 없이 환지등기를 촉탁하도록 의무를 부과하고 있는 것이라고 할 것이므로, 사업시행자가 별다른 이유 없이 환지등기의 촉탁을 장기간 지체하는 경우 토지의 소유자로서는 사업시행자에 대하여 환지등기의 촉탁을 신청할 수 있는 조리상의 권리가 있다고 할 것이고, 사업시행자가 이를 거부하였다면 위법한 처분이 된다고 할 것이다(대판 2000. 12. 22, 99두11349).

5) 환지처분의 하자

환지처분은 수많은 권리관계를 일률적으로 획정하는 형성행위라는 데에 특징이 있는 만큼, 환지처분의 일부에 대하여만 하자가 있을 경우에 환지처분 전부에 대하여 취소를 구할 수도 없으며, 그 일부만을 위한 환지변경처분 또는 그 일부만의 취소를 구할 수도 없고 손해배상의 방법밖에 없다고 하겠다. 또한 환지처분의 통지가 일부 누락되었다고 하더라도, 일단 공고되어 확정된 환지처분이 무효가 된다고 볼 수는 없다(대판 1991. 5. 10, 90누3591).

판례　환지처분의 일부에 대한 하자의 효과에 관한 판례

① 환지처분이 일단 공고되어 그 효력을 발생한 이상 환지 전체의 절차를 처음부터 다시 밟지 아니하는 한 그 일부만을 떼어서 변경할 길이 없으므로, 그 환지처분의 일부에 위법이 있다면 민사상의 손해배상청구를 할 수 있을 뿐이고 행정소송으로 그 취소를 구할 수는 없다(대판 1985. 4. 23, 84누446).
② 환지처분이 일단 공고되어 그 효력을 발생한 이상 일부토지에 관한 환지지정에 위법이 있더라도 다른 부분에 대한 환지처분에까지 영향을 미치는 것은 아니므로 환지처분 전부에 대하여 취소를 구할 수 없으며, 환지처분의 일부만을 변경할 수도 없으므로 일부만의 취소를 구할 수도 없다(대판 1992. 6. 26, 91누11728).
③ 환지처분이 일단 확정되어 효력을 발생한 후에는 이를 소급하여 시정하는 뜻의 환지변경처분이란 있을 수 없고, 환지절차를 처음부터 새로이 밟지 아니한 환지변경처분은 중대하고 명백한 하자를 지닌 행정처분으로서 무효사유에 해당한다(대판 1992. 11. 10, 91누8227; 대판 1998. 2. 13, 97다49459).

6) 환지청산

환지를 정하거나 그 대상에서 제외한 경우에 그 과부족분에 대하여 종전의 토지 및 환지의 위치·지목·면적·토질·수리·이용상황·환경 기타의 사항을 종합적으로 고려하여 금전으로 이를 청산함을 환지청산이라고 한다(40). 청산금은 환지처분을 하는 때에 이를 결정하여야 하며, 환지처분의 공고가 있은 후에 청산금을 징수하거나 교부하여야 한다(45①). 청산금을 납부하지 아니한 때에는 국세 또는 지방세 체납처분의 예에 따라 강제징수할 수 있으며, 행정청이 아닌 시행자는 시장·군수·구청장에게 청산금의 강제징수를 위탁할 수 있다(45③).

Ⅲ. 농어촌정비사업에 의한 공용환지

1. 개　설

『농어촌정비사업』이란 『농어촌정비법』(2)에 의거하여 행하는 농수산업의 경쟁력향상을 위한 경지정리·농업용수개발·간척·매립·개간 등의 **농업생산기반정비사업**과 새로운 농어촌마을의 건설 및 기존 마을의 재개발사업 등의 **농어촌생활환경정비사업·농어촌관광휴양자원개발사업** 및 **한계농지 등의 정비사업**을 합한 것을 말하며, 이러한 농어촌정비사업을 시행하기 위하여 필요한 경우에는 동법에 의거하여 토지의 구획 또는 형질을 변경시켜 토지에 관한 권리를 강제적으로 교환·분합하는 공용환지를 할 수 있다(농어촌정비법43~65).

2. 농어촌정비종합계획·농업생산기반정비사업기본계획 및 시행계획의 수립

농림부장관 또는 해양수산부장관은 농어촌정비를 위한 자원조사를 실시하고(3), 그 결과를 바탕으로 농어촌정비종합계획과 농업생산기반정비계획을 수립하여야 한다(4·6).

이어서 농림부장관은 사업예정지를 조사하여 타당성이 있다고 인정되는 사업에 대하여는 농업기반정비사업기본계획과 동사업의 시행계획을 수립하여야 한다(7·8①). 농림부장관이 농업기반정비사업시행계획을 수립한 때에는 농업기반정비사업의 시행자를 지정하고 시행계획서를 송부하여야 한다(8②).

3. 시행자

농업생산기반정비사업의 시행자는 국가·지방자치단체·한국농촌공사 및 토지소유자이며, 농어촌생활환경정비사업의 시행자는 시장·군수·구청장 및 한국농촌공사가 된다(9·33).

4. 토지소유자 등의 동의 및 이의신청

농업기반정비사업 시행자는 농업기반정비사업시행계획을 공고하고, 토지소유자·소유권 외의 물권의 소유자 등 당해 사업에 참가할 자격이 있는 자에게 열람시켜야 하며 그 3분의 2 이상의 동의를 얻어야 한다(10).

농업기반정비사업시행계획에 대하여 이의가 있는 참가자격자는 시행자에 대하여 이의신청을 할 수 있으며, 이에 대하여 사업시행자는 그 적부에 관한 의견을 첨부하여 시·도지사에게 재정을 신청하여야 한다(10).

5. 사업시행인가 및 고시

농업기반정비사업 시행자는 위의 이의신청이 없거나 이에 대한 시·도지사의 재정이 있는 때에는 농림부장관 또는 시·도지사에게 사업시행인가를 신청하여 그 인가를 받아야 한다. 인가를 한 때에는 이를 사업시행자에게 통지하고 그 인가내용을 고시하여야 한다(12).

6. 일시이용지의 지정

시행자는 공사가 준공되기 전이라도 필요한 경우에는 당해 사업지역 내의 토지에 대하여 종전의 토지에 대신할 일시이용지를 지정할 수 있다(51①).

일시이용지는 도시개발사업에 있어서의 환지예정지의 지정에 해당하므로 그 절차·효과 등에 관하여는 환지예정지에 관한 설명을 참고하면 된다(51②~⑤).

7. 준공검사

사업시행자는 사업이 완료된 때에는 정비사업시행인가권자의 준공검사를 받아야 한다(94).

8. 환지계획

시행자는 농업기반정비사업과 생활환경정비사업의 공사를 준공한 후 환지가 필요한 경우에는 지체 없이 토지소유자별 환지계획 및 청산금내역, 환지에서 제외되는 토지 기타 특별한 취급을 하는 토지의 내역 등을 정한 **환지계획**을 수립하여, 그 개요 등을 14일 이상 공고하고 토지소유자 등의 3분의 2 이상의 동의를 얻어 농림부장관의 인가를 받음으로써 환지계획이 성립한다(43·44). 이 때 공고된 환지계획에 대하여 이의가 있는 이해관계자는 공고만료일로부터 15일 이내에 시행자에게 이의신청을 할 수 있고, 시행자는 이에 대한 적부의 의견을 첨부하여 시·도지사에게 재정을 신청하여야 하며, 이의신청이 없거나 이에 대한 재정이 있는 때에는 농림부장관에게 환지계획인가신청을 하여야 한다(44③④).

환지계획은 환지처분의 기초가 되는 중요한 것으로서, 환지는 농경지로 지정함이 원칙이며 종전의 토지에 상응하는 것이어야 하고, 면적의 증감은 토지소유자별로 100분의 20 이내로 하여야 한다(43⑤⑥).

환지계획수립에 있어 상계할 수 없는 과부족 부분이 생기거나 환지를 지정하지 아니한 토지 등에 대하여는 청산금으로 청산하되, 이 역시 환지계획으로 정하여야 한다(50).

농림수산부장관은 환지계획을 인가한 때에는 이를 고시하고 시장·군수와 등기소에 통지하여야 한다(44⑥).

9. 환지처분

환지처분은 환지계획에 따라 농업기반정비사업과 생활환경정비사업이 완료된 후에 종전의 토지에 갈음하는 새로운 토지를 교부하는 **형성적 행정행위**이며, 그 법적 성질·효과·환지등기 및 환지처분의 하자 등에 관하여는 도시개발사업에서 설명한 것과 같다.

10. 교환·분합

여기서 말하는 교환·분합이란 농업생활기반정비사업의 결과로서 이루어지는 것이 아니라, 동사업에 의하지 아니하고 농지에 관한 권리, 농지의 이용에 필요한 토지에 관한 권리, 농업기반시설 또는 물의 사용에 관한 권리를 상호 교환·분합하는 것을 말한다(56~60).

이러한 교환·분합은 시장·군수·한국농촌공사가 농지소유자 2인 이상의 신청이 있거나 신청이 없더라도 토지소유자의 동의를 얻은 때에 교환·분합계획서를 작성하여 농지소유자 등의 3분의 2 이상의 동의를 얻어 농림수산부장관의 인가를 받아야 한다(56).

교환·분합은 환지처분과 유사하므로, 그 성질·절차·효과·하자 등에 관하여는 토지구획정리사업의 환지처분에서 설명한 것과 대체로 같다.

Ⅳ. 도시 및 주거환경정비사업에 의한 공용환권

1. 개 설

일정한 지역안의 토지의 구획·형질을 변경하여 권리자의 의사에 불구하고 종전의 토지·건물 등에 관한 권리를 새로이 건축된 건축물과 그 부지에 대한 권리로 변환시키는 입체적인 환지의 방법을 **공용환권**이라 하며, 현행법상으로는 『도시 및 주거환경정비법』에 의한 주거환경개선사업, 주택재개발사업, 주택재건축사업 및 도시환경정비사업이 공용환권의 대표적인 예이다.

2. 도시·주거환경정비기본계획

1) 도시·주거환경정비기본계획의 수립

특별시장·광역시장 또는 시장은 도시·주거환경정비기본계획을 10년 단위로 수립한 후 건설교통부장관에게 보고하여야 한다(동법3). 이러한 기본계획에는 정비사업의 기본방향, 계획기간, 주거지 관리계획, 토지이용계획·정비기반시설계획·공동이용시설설치계획 및 교통계획, 환경계획, 건폐율, 용적률, 세입자에 대한 주거안정대책 등이 포함되어야 한다(동법3).

기본계획을 수립하고자 할 때에는 14일 이상 주민에게 공람하고 지방의회의 의견을 들은 후 국토의 계획 및 이용에 관한 법률에 의한 지방도시계획위원회의 심의를 거쳐야 하며, 시장이 기본계획을 수립하고자 할 경우에는 도지사의 승인을 얻어야 한다(3).

도시·주거환경정비기본계획은 정비사업계획의 바탕이 되는 **행정계획**이다. 기본계획은 사실상 해당지역 주민의 이해관계에 큰 영향을 미치는 것이지만, 기본계획이 수립되는 것만으로는 개개의 주민의 구체적인 권리의무관계에 직접 영향을 미치지 아니하고, 단지 정비사업을 종합적이고 장기적인 관점에서 수행하여 나가기 위한 기본방침을 정하기 위한 것이므로 원칙적으로 행정기관 내부의 대내적 효력만을 가질 뿐 직접적으로 **대외적 효력**을 가지는 것은 아니다. 따라서 도시·주거환경정비기본계획의 수립이나 그 내용에 관하여서는 **행정쟁송**으로 다툴 수 없다.

2) 정비구역의 지정

시·도지사는 관할지역 내의 시장·군수의 신청을 받아 특정 구역 안의 건축물이 노후·불량하거나 과도하게 밀집되어 있어 토지의 효율적 이용이 곤란한 구역 등에 대하여 지방도시계획위원회의 심의을 거쳐 정비구역으로 지정하여야 한다(4).

도시·주거환경정비계획은 정비구역의 지정에 의하여 비로소 **구속적 행정계획**이 되는 것이다. 즉 **정비구역의 지정**은 구역 내의 주민들의 권리의무에 직접적이고 구체적인 영향을 주는 행정행위로서 **행정소송의 대상**이 되는 **행정처분**에 해당한다. 그러나 권리의무의 구체적 영향을 받는 주민은 정비구역의 지정이나 변경을 청구할 수 있는 권리가 없다는 데에 문제가 있다. 일반적으로 정비구역의 지정이나 변경신청에 대한 행정청의 거부에 대하여 항고소송의 대상이 되는 행정처분으로 보지 않고 있다.

> **판례** 재개발구역 지정에 대한 변경신청권은 인정할 수 없다는 판례
> 재개발구역지정변경신청을 인정할 법규상 근거가 없고, 재개발사업의 성격에 비추어 보더라도 변경신청권을 인정할 수 없으므로 재개발구역의 분할 및 사업계획변경신청에 대한 반려처분은 항고소송의 대상이 되는 행정처분이 아니다(대판 1999. 8. 24, 97누7004).

시장·군수는 시·도지사에게 정비구역의 지정을 신청하고자 할 때에는 정비계획을 수립하여 14일 이상 주민의 공람을 거쳐 당해 지방의회의 의견을 들어야 하며, 시·도지사는 지방도시계획위원회의 심의를 거쳐 정비구역을 지정하여야 하며, 정비구역을 지정한 때에는 당해 지방자치단체 공보에 고시하고 주민설명회를 거친 후 건설교통부장관에게 그 내용을 보고하여야 한다(4).

3. 시행자 및 사업시행인가

도시 및 주거환경정비사업의 시행자는 사업유형에 따라 달리 정하여진다.

1) 주거환경개선사업의 시행자

주거환경개선사업은 정비구역 지정고시일 현재 토지 등 소유자의 3분의 2 이상의 동의와 세입자세대수 과반수의 동의를 얻어 시장·군수가 직접 이를 시행하거나, 주택공사 등을 사업시행자로 지정하여 이를 시행하게 할 수 있다(7).

2) 주택재개발사업 등의 시행자

주택재개발사업 또는 주택재건축사업은 조합이 이를 시행하거나, 조합이 조합원 2분의 1 이상의 동의를 얻어 시장·군수 또는 주택공사 등과 공동으로 이를 시행할 수 있다.

도시환경정비사업은 조합 또는 토지등소유자가 시행하거나, 조합 또는 토지등소유자가 조합원 또는 토지 등 소유자의 과반수의 동의를 얻어 시장·군수, 주택공사·한국토지공사·건설업자 등과 공동으로 이를 시행할 수 있다(8).

정비구역 안의 토지 등 소유자가 재개발조합 및 재건축조합을 설립하고자 할 때에는 시장·군수의 인가를 받아야 한다(16).

조합은 특별한 존립목적을 부여받은 공법상의 사단법인인 공공조합으로서, 공용환권 등 제한된 범위 안에서의 공권력을 부여받아 **행정주체로서의 지위**를 가지며, 그 조합원과의 법률관계 역시 공법상의 권리의무관계라고 할 것이다.

> **판례** 재개발조합설립요건상의 하자와 이를 이유로 한 조합설립 및 사업시행인가취소소송에 있어서 사정판결을 부정한 판례
>
> 재개발사업이 시행될 경우 재개발구역 내 토지 등 소유자의 권리에 미치는 영향의 중대성에 비추어 재개발사업에 동의한 자가 동의하지 아니한 자에 비하여 많다거나 재개발사업을 시행하지 못하게 됨으로써 사업시행에 동의한 사람들이 생활상의 고통을 받는다는 사정만으로는 재개발조합설립 및 사업시행인가처분을 취소하는 것이 현저히 공공복리에 적합하지 아니하다고 할 수 없으므로 사정판결을 할 수 없다(대판 2001. 6. 15, 99두5566).

> **판례** 재개발조합은 공공사무를 행하는 범위 내에서 그 조합원과 공법상 권리의무관계에 있다는 판례
>
> 재개발조합은 조합원에 대한 법률관계에서 적어도 특수한 존립목적을 부여받은 특수한 행정주체로서 국가의 감독 하에 그 존립목적인 특정한 공공사무를 행하고 있다고 볼 수 있는 범위 내에서는 공법상의 권리의무관계에 서 있다. 따라서 조합을 상대로 공법상 당사자소송에 의하여 조합원자격의 확인을 구할 수 있다(대판 전원합의체 1996. 2. 15, 94다31235).

3) 사업시행인가

사업시행자(사업시행자가 시장·군수인 경우는 제외)는 정비사업을 시행하고자 하는 경우에는 시장·군수에게 사업시행인가를 받아야 한다(28).

사업시행의 인가행위는 일정한 절차를 거칠 것을 조건으로 하여 정비구역 내의 토지·건축물에 대한 수용권과, 사업완료 후에 공용환권을 할 수 있는 권리를 설정하여 주는 **형성적 행정행위**의 성질을 가지며, 따라서 독립하여 **행정쟁송의 대상**이 된다(대판 1989. 9. 27, 87누743 및 대판 1993. 3. 9, 92누16278 참조).

4. 사업시행을 위한 조치

1) 시설 등의 일시사용

시행자는 주택이 철거되는 자를 위한 임시수용을 위하여 타인의 시설·토지를 일시 사용할

수 있으며(36), 이로 인한 손실은 시행자가 보상하여야 한다(37).

2) 토지·건축물 등의 수용

시행자는 토지·건축물 등을 환권계획에서 정한 대지·건축시설의 분양을 조건으로 수용할 수 있으며, 이 경우에는 금전보상을 할 필요가 없음은 물론이다. 그러나 분양을 희망하지 아니하는 자의 토지 등에 대하여는 통상의 도시계획사업을 위한 수용절차에 따라 수용할 수 있다(38).

5. 환권계획(관리처분계획)

1) 의 의

환권계획이란 재개발사업이 완료될 경우에 행할 환권처분에 관한 계획을 말하며, 구체적으로 분양설계, 분양대상자, 분양대상자별 분양예정 대지 또는 건축물의 추산액과 종전의 토지·건축물의 명세·가격, 정비사업비의 추산액, 분양제외 토지·건축물에 대한 청산방법, 체비지·보류지명세 등을 정한 것으로서 환권처분의 기초가 되는 매우 중요한 것이다(48). 도시 및 주거환경정비법은 환권계획을 '관리처분계획'이라고 하고 있다(48).

2) 환권계획의 결정기준

환권계획은 종전의 토지 또는 건축물의 위치·면적·이용상황·환경 기타의 사항을 종합적으로 고려하여 새로운 대지 또는 건축시설이 균형 있게 배분되도록 하여야 한다(48②). 그러나 과소토지 또는 광대한 토지에 대하여는 적정규모가 되도록 조정하거나 토지에 갈음하여 금전보상을 하거나, 건축시설의 일부와 그 건축시설이 있는 대지의 공유지분을 교부할 수 있다(48②).

3) 환권계획의 결정절차

토지 등의 소유자는 사업시행인가의 고시가 있은 날로부터 21일 이내에 개략적인 부담금내역 및 분양신청기간 등에 관하여 토지소유자 등에게 통지하고 일간신문에 공고하여야 한다. 토지소유자 등은 사업시행자가 분양에 관하여 통지한 날부터 30일 이상 60일 이내에 시행자에게 대지 또는 건축시설에 대한 분양신청을 하여야 한다(46).

시행자는 위 분양신청기간이 경과한 때에는 **환권계획**(관리처분계획)을 작성하여 30일 이상 일반인에게 공람시켜 의견제출의 기회를 부여한 후, 시장·군수에게 환권계획에 대한 인가를 신청하여 그 인가를 받으면 이를 당해 지방자치단체의 공보에 **고시함으로써** 환권계획이 성립한다(49).

환권계획 자체에 하자가 있다면 비록 이에 대한 인가가 있다고 하더라도 기본행위인 환권계획이 유효한 것으로 되는 것은 아니다(기본행위의 하자와 인가의 관계에 관한 판례 참조).

> **판례** 관리처분계획에 하자가 있는 때에는 이에 대한 행정청의 인가가 있었더라도 유효한 것이 될 수 없다는 판례
> 도시개발법 제41조에 의한 행정청의 인가는 주택개량조합의 관리처분계획에 대한 법률상의 효력을 완성시키는 보충행위로서 그 기본이 되는 관리처분계획에 하자가 있을 때에는 그에 대한 인가가 있었다 하여도 기본행위인 관리처분계획이 유효한 것으로 될 수 없다(대판 1994. 10. 14, 93누22753).

6. 환권처분

1) 성 질

환권처분이란, 시행자가 정비사업의 완료로 환권계획에 따라 종전의 토지 등에 갈음하여 새로운 토지·건축시설을 분양하고, 과부족분을 청산하는 **형성적 행정행위**를 말한다.

2) 절 차

① 시장·군수 외의 시행자는 정비사업에 관한 공사를 완공한 때에는 시장·군수에게 공사완공보고서를 제출하고 **준공인가**를 받아야 하며, ② 시장·군수는 준공검사를 한 후 검사필증을 교부하고 **공사완료의 고시**를 하며, ③ 이 고시가 있은 후 시행자는 지체 없이 대지확정측량을 하고 토지의 분할절차를 거쳐 환권계획(관리처분계획)대로 **환권처분**을 하여야 하며, 환권처분은 환권계획에서 정한 사항을 분양대상자에게 통지하고 대지 또는 건축물의 소유권을 이전한 후 이를 고시함으로써 그 효력을 발생한다(52).

> **판례** 관리처분계획의 수립이나 분양처분(환권처분)의 고시 없이 재개발사업이 종료된 경우 토지소유권을 취득하지 못한다는 판례
> 구 도시재개발법(1981. 3. 31 법률 제3409호로 개정되기 전의 것) 제47조는 "대지 및 건축시설은 관리처분계획에 의하여 이를 처분 또는 관리하여야 한다"고 규정하고 있고, 제49조 제1항은 "제41조 제5항의 규정에 의하여 고시된 관리처분계획에 따라 대지 또는 건축시설을 분양받을 자는 제48조 제5항의 규정에 의한 분양처분의 고시가 있은 다음날에 그 분양받을 대지 또는 건축시설에 대한 소유권을 취득한다"고 규정하고 있어, 재개발구역 안의 토지 등의 소유자가 재개발사업의 시행 결과 조성된 대지에 관한 소유권을 취득하는지 여부는 관리처분계획에 따른 분양처분에 의하여 정하여지는 것이므로, 비록 구 도시재개발법 제48조 제3항의 규정에 의한 재개발공사완료 공고가 있었다고 하더라도 재개발사업 시행자의 관리처분계획의 수립 및 분양처분이 없었다면 재개발구역 안의 토지 등의 소유자가 재개발사업의 시행 결과 새로 조성된 대지에 관한 소유권을 취득하지 못한다(대판 2006. 4. 27, 2004다38150).

3) 효 과

환권계획에 따라 대지 또는 건축시설을 분양받은 자는 환권처분의 고시일의 다음날에 분양받은 대지 또는 건축시설에 대한 소유권을 취득하며, 종전의 토지·건축물에 대한 지상권·전세권·저당권·등기되었거나 주택임대차보호법상의 요건을 갖춘 임차권은 분양받은 대지 또는 건축시설에 설정된 것으로 본다(55). 환권처분에 의하여 취득하는 대지 또는 건축시설은 도시개발법의 규정에 의한 환지로 본다(55). 따라서 환권처분도 환지처분과 마찬가지로 항고소송의 대상이 되는 행정처분이라 할 수 있다(판례 참조).

> **판례** 도시재개발법상의 분양처분(환권처분)은 항고소송의 대상인 처분이라는 판례
> 도시재개발법 제40조, 제41조, 제48조 제5항 및 제49조의 각 규정에 의하면 재개발구역 안의 토지 또는 건물의 소유자가 관리처분계획의 정하는 바에 따라 재개발사업에 의하여 조성되거나 축조될 토지 또는 건축시설을 분양받기로 예정한 때에는, 공사완료 후 분양처분이 있은 다음날에 소유권을 취득하는 토지 또는 건축시설은 토지구획정리사업법의 규정에 의한 환지로 보도록 되어 있으므로, 종전의 토지소유자에 대한 분양처분은 토지구획정리사업법의 규정에 의한 환지처분과 같이 항고소송의 대상이 되는 처분이라고 할 것이다(대판 1989. 9. 12, 88누9763).

4) 청산금

종전의 토지 또는 건축물과 새로이 분양받은 대지 또는 건축시설의 가격에 차이가 있을 경우에는 시행자는 환권처분의 고시가 있은 후 그 차액에 상당하는 금액을 징수하거나 지급하여야 한다(57).

5) 환권등기

시행자는 환권처분의 고시 후 지체 없이 관할 등기소에 등기를 촉탁 또는 신청하여야 한다(56).

6) 환권처분의 하자

환권처분도 수많은 권리관계를 일률적으로 확정하는 형성행위라는 데에 그 특징이 있는 만큼, 환권처분의 일부에 대한 하자를 이유로 그 전부에 대한 취소나 그 일부만의 취소 또는 변경을 구할 수는 없다고 하여야 한다. 그러나 그 기본이 되는 관리처분계획에 의하지 아니하거나 관리처분계획에 없는 사항을 내용으로 하는 환지처분은 무효이다(도시개발사업의 환지처분에서 예시한 대판 2000. 2. 25, 97누5534 판례 참조).

* 재건축·재개발 관련 최근 판례의 동향

1. 조합설립인가의 법적 성질 및 조합설립행위의 하자를 다투는 쟁송수단(2014년 사법시험)

판례 [1] 행정청이 도시 및 주거환경정비법 등 관련 법령에 의하여 행하는 조합설립인가처분의 법적 성격 및 조합설립인가처분이 있은 후에 조합설립결의의 하자를 이유로 그 결의 부분만을 따로 떼어내어 무효 등 확인의 소를 제기하는 것이 허용되는지 여부(소극)

행정청이 도시 및 주거환경정비법 등 관련 법령에 근거하여 행하는 조합설립인가처분은 단순히 사인들의 조합설립행위에 대한 보충행위로서의 성질을 갖는 것에 그치는 것이 아니라 법령상 요건을 갖출 경우 도시 및 주거환경정비법상 주택재건축사업을 시행할 수 있는 권한을 갖는 행정주체(공법인)로서의 지위를 부여하는 일종의 설권적 처분의 성격을 갖는다고 보아야 한다. 그리고 그와 같이 보는 이상 조합설립결의는 조합설립인가처분이라는 행정처분을 하는 데 필요한 요건 중 하나에 불과한 것이어서, 조합설립결의에 하자가 있다면 그 하자를 이유로 직접 항고소송의 방법으로 조합설립인가처분의 취소 또는 무효확인을 구하여야 하고, 이와는 별도로 조합설립결의 부분만을 따로 떼어내어 그 효력 유무를 다투는 확인의 소를 제기하는 것은 원고의 권리 또는 법률상의 지위에 현존하는 불안·위험을 제거하는 데 가장 유효·적절한 수단이라 할 수 없어 특별한 사정이 없는 한 확인의 이익은 인정되지 아니한다.

[2] 도시 및 주거환경정비법상 주택재건축정비사업조합에 대한 행정청의 조합설립인가처분이 있은 후에 조합설립결의의 하자를 이유로 민사소송으로 그 결의의 무효 등 확인을 구한 사안에서, 그 소는 행정소송의 일종인 당사자소송으로 제기된 것으로 봄이 상당하고, 이송 후 관할법원의 허가를 얻어 조합설립인가처분에 대한 항고소송으로 변경될 수 있어 관할법원인 행정법원으로 이송함이 마땅하다고 한 사례

도시 및 주거환경정비법상 주택재건축정비사업조합에 대한 행정청의 조합설립인가처분이 있은 후에 조합설립결의의 하자를 이유로 민사소송으로 그 결의의 무효 등 확인을 구한 사안에서, 그 소가 확인의 이익이 없는 부적법한 소에 해당한다고 볼 여지가 있으나, 재건축조합에 관한 설립인가처분을 보충행위로 보았던 종래의 실무관행 등에 비추어 그 소의 실질이 조합설립인가처분의 효력을 다투는 취지라고 못 볼 바 아니고, 여기에 소의 상대방이 행정주체로서의 지위를 갖는 재건축조합이라는 점을 고려하면, 그 소가 공법상 법률행위에 관한 것으로서 행정소송의 일종인 당사자소송으로 제기된 것으로 봄이 상당하고, 그 소는 이송 후 관할법원의 허가를 얻어 조합설립인가처분에 대한 항고소송으로 변경될 수 있어 관할법원인 행정법원으로 이송함이 마땅하다고 한 사례[대법원 2009.9.24, 선고, 2008다60568, 판결].

2. 사업시행계획인가의 법적 성질 및 사업시행계획안에 대한 총회결의의 하자를 다투는 쟁송수단

판례 주택재건축조합이 재건축결의에서 결정된 내용과 다르게 사업시행계획을 작성하여 사업시행인가를 받은 경우 행정청의 인가처분 자체에 하자가 있는 것인지 여부(소극)

구 도시 및 주거환경정비법(2007. 12. 21. 법률 제8785호로 개정되기 전의 것) 제16조 제2항의 가중된 의결 정족수에 의한 찬성결의로 결정된 재건축결의사항은 대통령령이 정하는 경미한 사항의 변경에 해당하지 않는 한 위 법 제16조 제2항의 가중된 의결 정족수에 의한 찬성결의에 의하지 아니하고는 변경될 수 없고, 따라서 조합의 사업시행계획도 원칙적으로 재건축결의에서 결정된 내용에 따라 작성되어야 하지만, 조합이 사업시행계획을 재건축결의에서 결정된 내용과 달리 작성한 경우 이러한 하자는 기본행위인 사업시행계획 작성행위의 하자이고, 이에 대한 보충행위인 행정청의 인가처분이 그 근거 조항인 위 법 제28조의 적법요건을 갖추고 있는 이상은 그 인가처분 자체에 하자가 있는 것이라 할 수 없다[대법원 2008.1.10, 선고, 2007두16691, 판결].

> **판례** [1] 토지 등 소유자들이 조합을 따로 설립하지 않고 직접 시행하는 도시환경정비사업에서 사업시행인가처분의 법적 성격

구 도시 및 주거환경정비법(2012. 2. 1. 법률 제11293호로 개정되기 전의 것, 이하 '구 도시정비법'이라 한다) 제8조 제3항, 제28조 제1항에 의하면, 토지 등 소유자들이 그 사업을 위한 조합을 따로 설립하지 아니하고 직접 도시환경정비사업을 시행하고자 하는 경우에는 사업시행계획서에 정관 등과 그 밖에 국토해양부령이 정하는 서류를 첨부하여 시장·군수에게 제출하고 사업시행인가를 받아야 하고, 이러한 절차를 거쳐 사업시행인가를 받은 토지 등 소유자들은 관할 행정청의 감독 아래 정비구역 안에서 구 도시정비법상의 도시환경정비사업을 시행하는 목적 범위 내에서 법령이 정하는 바에 따라 일정한 행정작용을 행하는 행정주체로서의 지위를 가진다. 그렇다면 토지 등 소유자들이 직접 시행하는 도시환경정비사업에서 토지 등 소유자에 대한 사업시행인가처분은 단순히 사업시행계획에 대한 보충행위로서의 성질을 가지는 것이 아니라 구 도시정비법상 정비사업을 시행할 수 있는 권한을 가지는 행정주체로서의 지위를 부여하는 일종의 설권적 처분의 성격을 가진다.

[2] 도시환경정비사업을 직접 시행하려는 토지 등 소유자들이 사업시행인가를 받기 전에 작성한 사업시행계획이 항고소송의 대상이 되는 독립된 행정처분에 해당하는지 여부(소극)

도시환경정비사업을 직접 시행하려는 토지 등 소유자들은 시장·군수로부터 사업시행인가를 받기 전에는 행정주체로서의 지위를 가지지 못한다. 따라서 그가 작성한 사업시행계획은 인가처분의 요건 중 하나에 불과하고 항고소송의 대상이 되는 독립된 행정처분에 해당하지 아니한다고 할 것이다[대법원 2013.6.13. 선고, 2011두19994, 판결].

> **판례** 구 도시 및 주거환경정비법에 따른 주택재건축정비사업조합이 수립한 사업시행계획이 인가·고시를 통해 확정된 후의 쟁송 방법(=인가된 사업시행계획에 대한 항고소송) 및 이러한 항고소송의 대상이 되는 행정처분의 효력이나 집행 혹은 절차속행 등의 정지를 구하는 방법(=행정소송법상 집행정지신청)

구 도시 및 주거환경정비법(2007. 12. 21. 법률 제8785호로 개정되기 전의 것)에 따른 주택재건축정비사업조합은 관할 행정청의 감독 아래 위 법상 주택재건축사업을 시행하는 공법인으로서, 그 목적 범위 내에서 법령이 정하는 바에 따라 일정한 행정작용을 행하는 행정주체의 지위를 가진다 할 것인데, 재건축정비사업조합이 이러한 행정주체의 지위에서 위 법에 기초하여 수립한 사업시행계획은 인가·고시를 통해 확정되면 이해관계인에 대한 구속적 행정계획으로서 독립된 행정처분에 해당하고, 이와 같은 사업시행계획안에 대한 조합 총회결의는 그 행정처분에 이르는 절차적 요건 중 하나에 불과한 것으로서, 그 계획이 확정된 후에는 항고소송의 방법으로 계획의 취소 또는 무효확인을 구할 수 있을 뿐, 절차적 요건에 불과한 총회결의 부분만을 대상으로 그 효력 유무를 다투는 확인의 소를 제기하는 것은 허용되지 아니하고, 한편 이러한 항고소송의 대상이 되는 행정처분의 효력이나 집행 혹은 절차속행 등의 정지를 구하는 신청은 행정소송법상 집행정지신청의 방법으로서만 가능할 뿐 민사소송법상 가처분의 방법으로는 허용될 수 없다[대법원 2009.11.2. 자, 2009마596, 결정].

3. 관리처분계획인가의 법적 성질 및 관리처분계획안에 대한 총회결의의 하자를 다투는 쟁송수단

> **판례** 도시재개발법 제34조에 의한 행정청의 관리처분계획 인가처분의 법적 성질 및 관리처분계획의 하자를 이유로 관리처분계획 인가처분의 취소 또는 무효확인을 소구할 법률상 이익이 있는지 여부(소극)

도시재개발법 제34조에 의한 행정청의 인가는 주택개량재개발조합의 관리처분계획에 대한 법률상의 효력을 완성시키는 보충행위로서 그 기본 되는 관리처분계획에 하자가 있을 때에는 그에 대한 인가가 있었다 하여

도 기본행위인 관리처분계획이 유효한 것으로 될 수 없으며, 다만 그 기본행위가 적법·유효하고 보충행위인 인가처분 자체에만 하자가 있다면 그 인가처분의 무효나 취소를 주장할 수 있다고 할 것이지만, 인가처분에 하자가 없다면 기본행위에 하자가 있다 하더라도 따로 그 기본행위의 하자를 다투는 것은 별론으로 하고 기본행위의 무효를 내세워 바로 그에 대한 행정청의 인가처분의 취소 또는 무효확인을 소구할 법률상의 이익이 있다고 할 수 없다[대법원 2001.12.11, 선고, 2001두7541, 판결].

> **판례** [1] 도시 및 주거환경정비법상의 주택재건축정비사업조합을 상대로 관리처분계획안에 대한 조합 총회결의의 효력을 다투는 소송의 법적 성질(=행정소송법상 당사자소송)
>
> 도시 및 주거환경정비법상 행정주체인 주택재건축정비사업조합을 상대로 관리처분계획안에 대한 조합 총회결의의 효력 등을 다투는 소송은 행정처분에 이르는 절차적 요건의 존부나 효력 유무에 관한 소송으로서 그 소송결과에 따라 행정처분의 위법 여부에 직접 영향을 미치는 공법상 법률관계에 관한 것이므로, 이는 행정소송법상의 당사자소송에 해당한다.
>
> [2] 도시 및 주거환경정비법상의 주택재건축정비사업조합이 같은 법 제48조에 따라 수립한 관리처분계획에 대하여 관할 행정청의 인가·고시가 있은 후에, 그 관리처분계획안에 대한 총회결의의 무효확인을 구할 수 있는지 여부(소극)
>
> 도시 및 주거환경정비법상 주택재건축정비사업조합이 같은 법 제48조에 따라 수립한 관리처분계획에 대하여 관할 행정청의 인가·고시까지 있게 되면 관리처분계획은 행정처분으로서 효력이 발생하게 되므로, 총회결의의 하자를 이유로 하여 행정처분의 효력을 다투는 항고소송의 방법으로 관리처분계획의 취소 또는 무효확인을 구하여야 하고, 그와 별도로 행정처분에 이르는 절차적 요건 중 하나에 불과한 총회결의 부분만을 따로 떼어내어 효력 유무를 다투는 확인의 소를 제기하는 것은 특별한 사정이 없는 한 허용되지 않는다[대법원 2009.9.17, 선고, 2007다2428, 전원합의체 판결].

제5장 재무행정법

제1절 재정법의 기본원칙

Ⅰ. 재정의 개념과 종류

1. 재정의 개념

재정이란 『국가 또는 지방자치단체가 그의 존립과 활동에 필요한 재원을 취득하고 이를 관리·지출하는 작용』을 말한다.

국가 또는 지방자치단체가 질서유지 및 공공복리 증진임무를 원활히 수행하기 위하여서는 많은 경비가 필요하며, 이를 취득·관리·지출하는 작용을 총칭하여 재무행정 또는 재정이라고 한다.

이러한 재정은 그 목적·수단 및 권력적 기초의 면에서 다른 행정작용과 구분된다.

1) 목 적

재정은 국가·지방자치단체의 존립과 활동에 필요한 재원의 취득 그 자체를 목적으로 한다(조세·전매 등). 따라서 다른 경찰행정·공물·공기업·경제·토지·환경규제 또는 공용부담행정을 수행하는 과정에서 부수적으로 발생하는 수수료·사용료·부담금·과징금 등의 수입과는 구별된다. 다만, 이들을 일단 취득한 후에 국고금 등으로 관리하는 작용은 재정작용에 속한다.

2) 수 단

재원의 취득은 급부하명·강제징수 등 권력적 명령·강제를 수단으로 하며(재정권력작용), 취득된 재원의 관리 및 수입·지출의 경리는 비권력적 작용이다(재정관리작용).

재정권력작용은 다른 경찰행정·경제·토지·환경·공용부담행정 등과 권력적 작용이라는 점에서는 같지만 그 목적에 있어 차이가 있다. 한편, 재원의 취득도 철도사업·정보통신사업·국공채발행 등과 같은 비권력적 작용에 의할 경우도 있다.

3) 권력적 기초

재정권력작용은 재정목적을 위하여 국가의 일반통치권에 근거하여 국민에게 명령·강제하는 작용이며, 국가외에 국가로부터 통치권의 일부를 부여받은 지방자치단체도 행사할 수 있다.

그러나 재정관리작용은 일반 재산관리권의 한 작용에 불과하며, 이에 대한 법적 규율은 재정관리의 공정을 기하기 위한 것으로, 주로 행정조직의 내부규율 또는 사법에 대한 특별법의 성질을 가진다고 볼 수 있다.

2. 재정의 종류

1) 주체에 의한 분류

재정은 국가의 통치권이라는 고유한 권한에 의거한 작용으로서의 **국가재정**과, 국가로부터 부여된 전래적 권한에 의한 지방자치단체의 **지방재정**으로 구분된다. 그러나 지방재정은 아직까지 충분하지 못하며 여전히 국가에 의존하고 있는 실정이다. 국가재정에 관한 기본법으로서는 국가재정법·국세기본법·국세징수법·국유재산법 등이 있고, 지방재정에 관하여는 지방재정법·지방세법 등이 있다.

2) 수단에 의한 분류

① 재정권력작용

재원의 취득을 목적으로 명령·강제하는 작용으로서 조세의 부과·징수, 전매 등이 있다. 전매의 경우 전매물품의 제조·판매 그 자체는 사경제적 작용이지만 타인의 제조·판매를 금지하고 처벌하는 작용이 전매권이라는 권력작용에 해당된다.

② 재정관리작용

취득된 재원을 관리·지출하는 작용으로서 이를 회계라고도 하며, 현금회계와 물품회계로 구분된다. 재정권력작용은 직접 국민에 대하여 행하여지는 대외적 작용임에 비하여, 재정관리작용은 행정조직의 내부에서 재원의 관리·지출을 목적으로 하는 것이므로 기본적으로는 행정조직의 내부규율에 관한 것이지만, 국민의 세금 등을 재원으로 하고 있기 때문에 특히 그 공정성의 확보를 위하여 특별한 법적 규율을 하고 있는 것이다.

3. 재정법의 기본원칙

재정법의 기본원칙에 관하여는 여러 견해가 있으나, 여기서는 재정의회주의, 건전재정주의,

엄정관리주의, 공평부담주의로 구분하여 설명하고자 한다.

1) 재정의회주의

재정작용을 국민의 대표기관인 국회 또는 주민의 대표기관인 지방의회의 감독과 통제아래 두는 것이 국민주권사상에 합치된다는 것으로서, 구체적으로는 조세법률주의·예산의결주의·결산심사주의의 형태로 표현되고 있다.

① 조세법률주의

우리 헌법(59)은 『조세의 세목과 세율은 법률로 정한다』고 하여 조세법률주의를 천명하고 있다. 조세법률주의는 국세뿐만 아니라 지방세의 경우에도 마찬가지로 적용된다. 조세에는 1년세주의와 영구세주의가 있으나, 우리나라는 영구세주의에 의하고 있다. 따라서 한번 법률로 규정된 조세는 법률의 개정으로 폐지될 때까지는 매년 부과할 수 있다.

② 예산의결주의

한 회계년도의 세입·세출을 정한 예산은 국민의 대표기관인 국회 또는 주민의 대표기관인 지방의회의 의결을 거치도록 하고 있다(헌54·56, 지자35·118·121, 지재 제3장 예산). 예산은 국민의 부담을 전제로 하는 것이므로 반드시 국민의 대표기관인 국회(지방의회)의 심의와 의결을 거치게 하는 것이다.

③ 결산심사주의

예산의 집행결과인 결산도 감사원의 결산검사보고에 따라 국회의 심사(또는 지방의회의 심사)를 받아야 한다(헌99, 지자35·126).

2) 건전재정주의

건전재정주의란 국가나 지방자치단체의 재정적자를 방지하기 위하여 국가나 지방자치단체의 재정이 수입과 지출 간에 균형을 이루어지도록 하는 원칙이다.

① 기채금지의 원칙

기채 또는 차입금은 특별히 국회 또는 지방의회의 의결이 있는 경우를 제외하고는 원칙적으로 금지된다(헌58, 지자113·115).

② 감채의 원칙

매회계년도의 세입세출결산상 잉여금이 있을 때에는 국·공채의 원리금과 차입금을 우선적으로 상환할 수 있도록 하였다(예회90③).

3) 엄정관리주의

이는 국가 또는 지방자치단체의 재산은 그 존립·활동을 위하여 필요한 것인 동시에 모든 국민 또는 주민의 재산이기도 하므로, 이러한 재산이 과다지출 또는 멸실됨이 없도록 엄정하게 관리하여야 한다는 원칙을 말한다. 예컨대, 국가의 재산을 무단으로 교환·양여·대부·출자·사용·수익할 수 없다는 국유재산 무단사용의 제한 등을 들 수 있다.

4) 공평부담주의

국세 또는 지방세의 부과 등 재정수입활동은 개개인의 경제적 능력을 고려한 공평한 부담이 되어야 한다는 원칙이다.

> **판례** 양도소득세의 취득가액을 취득 당시 예상치 못한 방법으로 계산한 것은 공평과세의 원칙에 어긋나는 것이 아니라는 판례
>
> 양도소득세에 관한 입법이 그 시행 이후의 자산양도에만 적용되는 것인 이상, 취득가액에 관하여 법 시행 전 자산의 취득 당시 예상하지 못했던 방법으로 계산할 것을 규정하였다 하여 이를 소급입법이라거나 공평과세의 원칙에 어긋난다고 할 수 없다(대판 1990. 8. 28, 90누3300; 대판 1991. 11. 12, 91누1424 판결 참조). 같은 취지에서 양도소득세의 과세표준은 양도 당시의 법령에 의하여 산정할 것이므로, 원고가 이 사건 토지를 취득할 당시는 국세청장이 정하는 특정지역이 아니었다가 양도하기 전에 특정지역으로 지정된 이 사건에 있어서 소득세법시행령(1990. 5. 1 대통령령 제12994호로 개정되기 전의 것) 제115조 제3항의 규정에 따라 특정지역 배율방법에 의하여 양도가액을 계산하고, 이를 기준으로 취득가액을 환산하는 방법으로 양도차익을 계산할 것이라고 판단한 것은 정당하고 거기에 지적하는 바와 같은 법리오해 등의 위법이 없다(대판 1993. 5. 14, 93누5895).

제 2 절 조 세

I. 조세의 의의

조세란 『국가 또는 지방자치단체가 국민에 대한 각종 공공서비스를 제공하기 위한 경비에 충당할 재력취득의 목적으로 일반국민에게 강제적으로 부과·징수하는 무상의 금전급부의무』를 말한다.

따라서 조세는, ① 과세주체(국가·지방자치단체), ② 목적(경비충당을 위한 재력취득), ③ 강제성, ④ 무상적 성격, ⑤ 금전급부의무 등을 개념요소로 한다.

Ⅱ. 조세의 종류

1. 국세와 지방세

이는 과세주체를 표준으로 한 분류이며, 내국세와 관세는 **국세**에 해당하며, 재산세, 취득세, 등록세, 면허세, 주민세, 자동차세, 주행세, 농업소득세, 담배소비세, 도축세 등과 도시계획세, 공동시설세, 지역개발세, 사업소세, 지방교육세는 **지방세**에 해당한다.

2. 내국세와 관세

국내에 있는 물건에 대하여 부과하는 조세를 **내국세**, 외국으로부터 수출입되는 물건에 부과하는 조세를 관세라고 한다. 관세 중 주로 세수를 올릴 것을 목적으로 하는 것을 재정관세라 하고, 주로 외국의 산업에 대해 국내산업을 보호할 것을 목적으로 하는 것을 보호관세라 한다. 내국세는 원칙적으로 국세청, 관할 세무서에 의해 부과·징수되는 것이지만, 관세에 대하여는 별도의 행정조직인 관세청, 세관에 의해 부과·징수되는 것이 보통이다.

3. 직접세와 간접세

법률상의 납세의무자와 사실상의 담세자가 동일한 조세를 **직접세**라고 하며(법인·소득·상속세 등), 실제 부담이 법률상의 납세의무자로부터 타인에게 전가될 것이 예상되어 있는 조세를 간접세라고 한다(부가가치세·주세·인지세·특별소비세 등).

4. 수익세·재산세·소비세·거래세

과세물건의 성질에 따른 분류로서, ① 수익세는 수익이나 소득에 대하여(소득세·법인세 등), ② 재산세는 재산소유의 사실 자체에 대하여(재산세·상속세·재평가세 등), ③ 거래세는 경제상의 거래에 대하여(등록세·인지세·부가가치세 등), ④ 소비세는 특정 소비지출행위에 대하여(주세·특별소비세 등) 각각 부과하는 조세를 말한다. 이러한 분류는 과세권의 소재를 명백히 하여 중복과세를 회피하는 데에 활용된다.

5. 인세·물세·행위세

과세물건의 종류에 따른 분류로서, ① 인세는 특정인의 생존·거주·소득 등에 대하여(소득세·주민세 등), ② 물세는 특정물건의 소유·수입·제조·매매 등에 대하여(재산세·관세·주세 등) ③ 행위세는 직접

물건을 목적으로 하지 아니하고 법률상·사실상의 행위에 대하여 과하는 조세(등록세 등)를 말하며, 역시 과세권의 소재를 명확히 하여 중복과세를 회피하기 위하여 활용되는 분류이다.

6. 보통세와 목적세

국가 또는 지방자치단체의 일반경비에 충당하기 위하여 부과하는 조세를 **보통세**, 특정경비에 충당하기 위하여 부과하는 조세를 **목적세**라고 하며, 목적세는 특별한 경우에 예외적으로만 인정된다(교육세·교통세·공동시설세·지역개발세·도시계획세 등). 목적세는 특정사업의 재원을 확보한다는 의미가 있지만, 재정의 통일적 운용을 곤란하게 하고, 재정의 경직화를 초래할 수 있다는 문제가 있다.

7. 비례세와 누진세

과세표준에 대하여 그 액수의 크기와 관계없이 단일의 세율만을 적용하는 조세를 비례세(부가가치세·특별소비세·주세 등), 과세표준의 규모와 정도에 따라 차등세율을 적용하는 조세를 누진세(소득세·법인세·상속세 등)라 한다. 누진세는 과세표준금액이 증가함에 따라 적용되는 세율도 높아지는 조세로서 납부의무자의 개인적 사정이 고려되며, 이는 소득의 재분배기능을 수행하게 된다는 점에서 의미가 있다.

8. 정기세와 수시세

정기세는 일정한 시기에 정기적으로 부과하는 조세(재산세·소득세 등), 수시세는 과세원인이 발생할 때마다 수시로 부과하는 조세(상속세·취득세 등)를 말한다.

9. 신고납부·부과납부·인지납부하는 조세

과세주체의 과세권의 발동방식에 따른 구별로서, ① **신고납부하는 조세**는 납부하여야 할 세액이 원칙적으로 납세자 스스로의 신고에 의하여 확정되며, 신고가 없거나 과소신고 등의 경우에 한하여 세무서장 등의 부과처분에 의하여 확정되는 조세이며(예 : 소득세법에 의한 소득세의 자진납부 등), ② **부과납부하는 조세**는 납부하여야 할 세액이 전적으로 세무서장 등의 부과처분에 의하여 확정되고(상속세 등), 그 징수도 명령적 절차에 의하여 행하여지는 조세이며, ③ **인지납부하는 조세**는 납부하여야 할 세액이 법률의 규정에 의하여 확정되고 납부는 납세의무자의 인지첩부에 의하여 자발적으로 행하여지는 조세이다(등록세·인지세 등).

Ⅲ. 조세법의 기본원칙

1. 형식면에서의 기본원칙

1) 조세법률주의

헌법(59)은 『조세의 세목과 세율은 **법률로 정한다**』고 선언하고 있으나, 조세부과는 전형적인 침해행정임을 감안하면 세목과 세율뿐만 아니라, 납세의무자·과세물건·과세표준 등 모든 과세요건과 부과징수절차에 관하여 법률로 정하는 것이 법률유보의 정신에 부합된다고 하겠다.

다만, 실정법상 이에 대한 예외로서 ① 관세법상의 긴급관세(65)·조정관세(70의 2)·할당관세(71) 등과 같이 기본세율을 중심으로 하여 일정한 율을 가감하여 부과할 수 있는 **탄력관세제도**와, ② 지방세법상 도축세·사업소세 등의 최고세율과 주민세·도시계획세·면허세 등의 표준세율을 정하고, 구체적인 세율은 그 범위 안에서 **조례**로 정할 수 있도록 한 예는 법률의 위임에 따른 것이기는 하지만 **조세법률주의에 대한 예외**의 일종으로 볼 수 있다. 우리나라의 경우 지방세법이 규정하고 있지 아니한 지방세를 조례로 신설하는 것은 허용되지 아니하지만, 일본의 지방세법은 이를 허용하고 있다.

2) 영구세주의

우리나라는 조세의 부과도 법률의 형식에 의하므로 법률이 개정·폐지될 때까지 부과하는 영구세주의를 택하고 있다.

2. 실질면에서의 기본원칙

1) 공평부담의 원칙

개개의 국민은 각종 조세법률관계에 있어서 평등하게 취급되지 않으면 안 되고, 조세부과는 개개인의 담세능력을 고려한 **공평**한 것이어야 한다는 원칙이다. 이것은 헌법상의 평등의 원칙에 근거를 두고 있는 것으로서, 입법상의 조세공평과 세법의 해석·적용상의 공평으로 나누어진다.

2) 수입확보의 원칙

조세제도의 목적은 국가·지방자치단체의 존립과 활동에 필요한 **재원**(수입)의 확보에 있다는 원칙이다. 따라서 조세부과권·강제징수권·조세범처벌권 등의 다양한 권한이 부여되고 있으나, 수입확보의 과정에서 발생한 위법·부당한 처분으로 인한 피해의 구제에도 상당한 배려를 하여야 한다.

3) 능률의 원칙

조세의 부과징수과정에서의 경비지출은 최소한에 그쳐야 한다는 원칙이다. 신고납부제도 등이 이에 부응하는 제도라고 할 수 있다.

4) 신뢰보호의 원칙

신뢰보호의 원칙은 조리법 또는 행정법의 일반법원칙으로 작용하고 있으며, 특히 침해행정의 전형인 과세행정에 있어서는 매우 중요한 의미를 가진다. 따라서 실정법인 국세기본법(18③)도 『세법의 해석 또는 국세행정의 관행이 일반적으로 납세자에게 받아들여진 후에는 그 해석 또는 관행에 의한 행위 또는 계산은 정당한 것으로 보며, 새로운 해석 또는 관행에 의하여 소급하여 과세되지 아니한다』고 명시하고 있으며, 판례도 이를 인정하고 있다(대판 1988. 3. 8, 87누156).

> **판례** 　과세행정에 있어서 신뢰보호의 원칙의 적용요건에 관한 판례
>
> 국세기본법 제15조 소정 신의성실원칙은 자기의 언동을 신뢰하여 행동한 상대방의 이익을 침해하여서는 안 된다는 것을 의미하는 것으로서, 일반적으로 조세법률관계에 있어서 과세관청의 행위에 대하여 신의성실의 원칙이 적용되는 요건으로서는, 첫째, 과세관청이 납세자에게 신뢰의 대상이 되는 공적인 견해표명을 하여야 하고, 둘째, 과세관청의 견해표명이 정당하다고 신뢰한데 대하여 납세자에게 귀책사유가 없어야 하며, 셋째, 납세자가 그 견해표명을 신뢰하고 이에 따라 무엇인가 행위를 하여야 하고, 넷째, 과세관청이 위 견해표명에 반하는 처분을 함으로써 납세자의 이익이 침해되는 결과가 초래되어야 한다는 점을 들 수 있으며, 이러한 요건을 모두 충족할 때에 한하여 과세관청의 처분을 신의성실의 원칙에 위반되는 행위로서 위법하다고 보게 된다(대판 1988. 3. 8, 87누156).

3. 과세기술면에서의 기본원칙

1) 실질과세의 원칙

명목과세의 반대개념으로서, 과세물건의 명목상의 귀속여하에 관계없이 사실상 과세물건이 귀속되는 자에게 납세의무를 부과하여야 한다는 원칙을 말하며, 국세기본법 제14조가 이를 명시하고 있고, 판례도 이를 지지하고 있다(대판 1987. 5. 12, 86누602).

> **판례** 　소득이 귀속되는 자가 따로 있을 때는 그 자가 납세의무자라는 판례
>
> 실질과세의 원칙상 과세의 대상이 되는 소득, 수익, 재산, 행위 또는 거래의 귀속이 명의일 뿐이고 사실상 귀속되는 자가 따로 있을 때에는 사실상 귀속되는 자를 납세의무자로 보아야 할 것이다. 원심판결 이유에 의하면 부과가치세부과처분 취소소송에서 원심은 원고가 서울 마포구 ○○동에 ○○집이라는 상호아래 로스구이집을 경영하다 그 이웃인 같은 구 ○○ 2동에 그 동생의 명의를 빌어 역시 로스구이집을 개점하여 그 판시와 같은 경위로 원고의 책임과 계산아래 두 음식점을 경영하여 온 사실을 확정하고, 동생의 명의로 되어 있는 위 식당을 그 사업자등록명의자인 원고의 동생이 경영하고 있는 것이라는 원고의 주장을 배척하고 있다. 기록

에 의하여 원심이 취사한 증거내용을 살펴보면, 위와 같은 원심판단에 수긍이 가고 거기에 채증법칙을 어겨 사실오인을 하거나 실질과세원칙의 법리를 위반한 위법이 있다고 볼 수 없다(대판 1987. 5. 12, 86누602).

2) 근거과세의 원칙

이것은 인정과세에 대한 반대개념으로서, 과세표준의 조사결정은 원칙적으로 납세의무자가 세법에 의하여 작성한 장부 기타 증빙자료에 의하여야 한다는 것을 말한다. 우리 국세기본법 (16)도 이를 명시하면서, 예외적으로 그 장부의 기장이 사실과 다르거나 누락된 경우에는 과세권자가 직권으로 조사한 사실에 따라 과세표준을 결정할 수 있도록 하는 한편, 그 근거를 결정서에 부기하도록 함으로써 직권남용을 하지 못하도록 배려하고 있다.

> **판례** 수사자료 및 압수된 장부 등에 의한 과세처분은 근거과세의 원칙에 위배되지 않는다는 판례
>
> 세무관청은 그 각 서류를 실지조사의 자료로 삼아 당초처분을 하였으며, 그 후 세무관청이 실질적인 경영자에 대한 형사 피의사건의 수사자료 및 압수된 장부 등을 재조사하여 증액경정 및 감액경정을 거쳐 과세처분을 하기에 이르렀다면, 세무관청이 단지 과세자료통보서만에 의해 다른 증빙서류에 대한 실지조사도 하지 않고 과세처분을 한 것은 아니라 할 것이어서 근거과세의 원칙에 위배된다고 할 수 없다(대판 1999. 11. 22, 99두4556).

3) 소급과세금지의 원칙

조세는 국민의 재산권에 대한 중대한 침해이기 때문에 특히 소급과세는 금지된다(헌13②, 국기18②).

> **판례** 소급과세금지의 원칙에 관한 판례
> ① 소급과세금지의 원칙은 조세법령의 제정 또는 개정이나 과세관청의 법령에 대한 해석 또는 처리지침 등의 변경이 있는 경우 그 효력발생 전에 종결한 과세요건사실에 대하여 당해 법령 등을 적용할 수 없다는 것이다(대판 1997. 9. 5, 97누7493).
> ② 과세처분을 함에 있어서 기준이 되는 개별공시지가가 경정된 경우에는 경정된 개별공시지가에 의하여야 하고, 위와 같이 경정된 개별공시지가를 소급적용하여 과세처분을 한다고 하여 납세자의 신뢰를 저버리는 것이라거나 불이익변경금지의 원칙에 반한다거나 소급과세로서 조세법률주의에 어긋나는 것이라고 볼 수 없다(대판 1999. 10. 26, 98두2669).

Ⅳ. 조세의 부과

1. 과세요건

1) 과세권자

과세권자란 세법이 정하는 바에 따라 조세의 납부의무를 명할 수 있는 자를 말한다. 과세

권자는 **국가** 또는 **지방자치단체**이며, 현실적으로는 이들의 기관인 세무서장·도지사·시장·군수·구청장 등에 의하여 행하여진다.

2) 납세의무자

실질과세의 원칙에 따라 **사실상 과세물건이 귀속되는 자**가 납세의무자가 되며, 납세의무자와 사실상의 조세부담자가 일치하지 아니할 것이 예정되어 있는 경우도 있다(간접세).

납세의무자는 민법상 권리능력을 가져야 하지만, 법인격 없는 사단·재단 기타 단체에 대하여도 납세의무자로 인정하고 있다(국기13).

납세의무는 금전급부라는 대체적 작위의무이므로 일신전속적이 아니며, 따라서 사망·법인합병 등에 의하여 **승계**될 수 있다(국기23·24).

납세의무자가 납세의무를 이행할 수 없는 경우에는 해산법인의 청산인, 법인의 무한책임사원·과점주주, 법인 및 사업양수인 등이 보충적으로 납세의무를 부담하는 **제2차 납세의무자**가 된다(국기38~41).

> **판례** 자동차등록원부상 소유자가 자동차세와 면허세의 납부의무자라는 판례
> 자동차의 소유 여부는 자동차등록원부상의 등록 여부로 결정되는 것이고, 면허세 또한 자가용자동차의 등록을 과세요건으로 하고 있다. 그러므로 자동차등록원부상 소유자로 등록된 자가 실제로는 소유자가 아니라는 사정만으로는 자동차세나 면허세의 납부의무를 면하지 못한다(대판 1999. 3. 23, 98도3278).

> **판례** 주된 납세의무자에 대한 과세처분 없이 행한 제2차 납세의무자에 대한 납부고지는 위법하지만, 그 하자는 치유될 수 있는 것이라는 판례
> 제2차 납세의무자에 대한 납부고지는 형식적으로는 독립된 과세처분이지만 실질적으로는 과세처분 등에 의하여 확정된 주된 납세의무에 대한 징수절차상의 처분으로서의 성격을 가지는 것이므로, 제2차 납세의무자에 대하여 납부고지를 하려면 먼저 주된 납세의무자에 대하여 과세처분 등을 하여 그의 구체적인 납세의무를 확정하는 절차를 거쳐야 하고, 그러한 절차를 거침이 없이 바로 제2차 납세의무자에 대하여 납부고지를 하는 것은 위법하다. 그러나 그 절차상의 하자는 그 후 주된 납세의무자에 대하여 과세처분을 행하고 그것이 효력을 발생한 경우에는 치유되었다고 볼 수 있다(대판 1998. 10. 27, 98두4535).

3) 과세물건

과세물건이란 조세부과의 대상이 되는 물적 기초를 말하며, 그 종류로서는 **소득·재산·소비행위 및 경제적 거래행위** 등을 들 수 있다. 따라서 과세물건이 없는 데에도 조세를 부과하는 행위는 그 대상이 없는 행위로서 **당연무효**가 된다.

과세물건을 결정할 때에는 특히 이중과세의 방지에 초점을 두어야 하며, 과세물건이 실질적으로 귀속되는 자에게 과세되는 **실질과세의 원칙**에 충실하여야 한다. 과세물건의 단위를 정하는 요소로서는 ① 시간(법인세의 사업연도별 부과 등), ② 장소(부가가치세의 사업장소별 부과 등), ③ 원천(소득세의 종합소득·퇴직소득·양도소득·산림소득별 부과 등)의 3가지가 있다.

> **판례** 등록세 중과처분은 이중과세가 아니라는 판례
>
> (구)지방세법 제138조 제1항 제3호가 대도시 내 법인의 부동산등기에 대한 등록세를 중과하도록 규정하고 있는 것은 대도시로의 인구집중이나 공해를 방지하기 위하여 대도시내에서 법인의 설립·부동산 취득 등을 억제하려는 데 있다. 그러므로 취득세 중과와 등록세 중과는 그 취지를 달리하는 면이 있고, 따라서 등록세 중과처분이 이중과세로서 헌법상의 실질적 조세법률주의, 과잉금지의 원칙 및 재산권보장의 원리에 위배된다고 할 수 없다(대판 1999. 2. 24, 97누3132).

4) 과세표준

과세표준이란 과세물건에 대하여 일정한 세율을 적용할 기준이 되는 **과세물건의 가액**(소득·부가가치 등)·**수량**(주세법상의 주정 등) 또는 건수(각종증서 1건별 인지세 등)를 말한다. 과세물건의 가액을 표준으로 하는 조세를 종가세, 수량을 표준으로 하는 조세를 종량세라 한다.

과세표준의 결정행위는 조세부과를 위한 행정관청의 내부적 행위에 불과하므로 행정쟁송의 대상이 되지 못한다는 것이 판례의 입장이지만(대판 1986. 1. 26, 82누236 등), 이를 독립된 행정행위인 확인행위로 보아 행정쟁송의 대상으로 보는 견해도 있다.

> **판례** 과세표준 결정행위는 항고소송의 대상인 행정처분으로 볼 수 없다는 판례
>
> 상고이유 판단에 앞서 직권으로 살피건대, 원심은 법인세과세표준 결정이 행정소송의 대상이 되는 행정처분임을 전제로 그 일부가 위법하다는 취지의 본안에 대한 판단을 하였으나 이 사건 법인세 과세표준결정은 조세부과처분에 앞선 결정으로서 그로 인하여 바로 과세처분의 효력이 발생하는 것이 아니고, 또 후일에 이에 의한 법인세부과처분이 있을 때에 그 부과처분을 다툴 수 있는 방법이 없다면 몰라도 그러한 특단의 사정이 엿보이지 아니하는 이 사건에 있어서는 피고의 위 결정을 바로 항고소송의 대상이 되는 행정처분이라고 볼 수 없다 할 것이니(당원 1983. 12. 13 선고, 83누12 판결 등 참조) 원심으로서는 마땅히 이 점을 직권으로 조사, 판단하였어야 할 것인데 원심이 이를 간과하였음은 항고소송의 대상이 되는 행정처분의 법리를 오해한 위법이 있다고 할 것이다(대판 1986. 1. 21, 82누236).

5) 세 율

세율이란 세액산정을 위하여 과세표준에 곱하는 일정 비율을 말하며, 비례세와 누진세가 있다. 누진세에는 과세표준의 가액·수량 증가에 따라 단순히 고율의 세율을 적용하는데 그치는 단순누진세제와, 과세표준을 몇 단계로 구분하여 각 단계를 초과하는 부분에 한하여 그 다음 단계의 누진세율을 적용하는 초과누진세제가 있으나, 현행법상으로는 후자의 예만 있다(법인세·소득세·상속세 등).

2. 부과처분

1) 의 의

상술한 과세요건에 해당할 경우에 납세의무자에 대하여 일정기간까지 조세를 **납부할 것을 명하는 재정하명**을 부과처분이라고 한다. 조세의 납부의무는 법률의 규정에 의하여 직접 확정되는 인지세와 원천징수하는 소득세·법인세 등(국기22②)을 제외하고는 조세의 부과처분에 의하여 비로소 확정된다(예 : 상속세·증여세·재평가세·부당이득세 등).

2) 형 식

원칙적으로 부과년도·세목·세액·납부기일·납부장소 및 세액산출근거를 명시한 고지서를 납세의무자에게 발부함으로써 행하며, 이들 중 일부분의 기재를 누락한 경우에는 형식에 **하자가 있는 행정행위로서 취소의 대상**이 된다(세액산출근거를 기재하지 아니한 납세고지서의 예 : 대판 1984. 5. 9, 84누116).

3) 제척기간

국세기본법은 국세징수권과 국세부과권을 구분하여, 국세징수권에 관한 5년의 소멸시효제도(27) 외에 국세부과권에 관한 제척기간제도를 신설하였다.

즉 국세는 당해 조세를 부과할 수 있는 날로부터 **원칙적으로 5년**(사기 등에 의하여 포탈한 경우와, 상속세·증여세의 경우는 10년)이 경과하면 부과할 수 없다(26의2).

이러한 『제척기간제도』는 조세채권 및 채무관계를 조속히 확정 시켜 납세자의 법적 안정성을 도모하기 위한 제도로서, 추상적인 국가의 조세채권을 구체적으로 확정할 수 있는 기간을 말하며, 징수권에 대한 『소멸시효제도』는 구체적인 국가의 조세채권을 실제로 행사할 수 있는 기간을 말한다. 추상적인 조세채권은 각 세법이 정한 과세요건이 성립하는 때에 발생하며(재산의 양도행위시, 피상속인의 사망시, 증여행위시 등), 구체적인 조세채권은 부과처분행위 등에 의하여 비로소 발생하며 이 경우에 소멸시효의 문제가 발생한다.

V. 조세의 징수

1. 보통의 징수방법

조세의 징수란 조세채권의 실현을 위한 일련의 행위를 말하며, 일반적으로 ① 납세의 고지, ② 독촉 및 ③ 체납처분(재산압류·압류재산의 매각·청산)이라는 일련의 단계적인 행위를 말한다. 이

중 독촉 및 체납처분절차를 행정상 강제징수라고 하며, 이에 관하여는 Ⅰ권에서 상세히 설명하였다.

2. 특수한 징수방법

1) 납기 전 징수

다른 국세·지방세 또는 공과금의 체납으로 체납처분을 받거나, 강제집행이나 파산선고를 받은 때, 경매가 개시된 때, 법인이 해산할 때, 국세를 포탈하고자 하는 행위가 있다고 인정될 때, 납세관리인을 정하지 아니하고 국내에 주소나 거소를 두지 아니한 때 등의 경우에는 납부기한 전이라 할지라도 기한의 이익을 박탈하여 바로 조세를 징수할 수 있다(국징14, 지세26).

2) 징수유예

납기전 징수와 반대로 재해·도난·현저한 사업손실이나 사업상 중대한 위기 등으로 인하여 조세납부가 곤란한 특별한 사정이 발생한 경우에 일정기간 동안 그 의무이행을 유예하는 제도를 말한다(국징15, 지세26).

Ⅵ. 조세채권의 확보

1. 개 설

조세는 국가 또는 지방자치단체의 존립·활동을 위한 가장 중요한 재원이기 때문에 조세채권의 확보를 위하여 사법상의 채권과 달리 여러 가지 특칙을 규정하고 있는 바, 행정상 강제징수, 조세의 우선징수, 조세채권의 대외적 효력 인정, 납세담보 및 납세의무자의 확충 등이 그것이다. 이 중 행정상 강제징수는 Ⅰ권에서 이미 살펴보았으므로, 여기서는 나머지 방법에 관하여만 설명하기로 한다.

2. 조세의 우선징수

국세는 다른 공과금과 사법상의 채권에 우선하여 징수할 수 있으며(국기35), 지방세도 마찬가지의 규정을 두고 있다(지세31①).

그러나 국세를 사법상의 채권에 무한정 우선시키는 것은 일반 사법상의 채권자평등의 원칙에 크게 반하므로 법률은 그 한계를 설정하여, ① 납세고지서 발송일 기타 납세의무의 확정일 전에 설정된 전세권·질권·저당권으로 담보된 채권, ② 주택임대차보호법·상가건물임대차보호법에 의한 임차인의 소액보증금채권, ③ 근로기준법에 의한 근로자의 임금·퇴직금·재해보상금 기타 근로관계로 인한 채권 등에 대하여는 국세 또는 지방세가 우선할 수 없도록 하여 공익과 사익간의 조절을 기하고 있다(종전에는 국세납부기한으로부터 1년 전에 담보권이 설정된 채권에 한하여만 국세에 대한 우선권이 인정되었으나, 이는 담보권의 본질적 내용을 침해하기 때문에 위헌이라는 결정에 따라 위와 같이 법을 개정하였으며, 대신에 납세자와 제3자가 통정하여 허위로 담보권을 설정한 경우에는 세무서장이 법원에 대하여 그 취소청구를 할 수 있도록 하였다(국기35 및 헌재결 1990. 9. 3, 89헌가95)).

3. 조세채권의 대외적 효력

사법상의 채권의 대외적 효력인 채권자대위권 및 채권자취소권(민404~407)에 유사한 제도로서, 국제징수법(30)은 『세무서장은 체납자가 국세의 징수를 면하고자 재산권을 목적으로 한 법률행위를 한 경우에는 민법과 민사소송법의 규정을 준용하여 사해행위의 취소를 법원에 청구할 수 있다』고 하여 **채권자취소권**을 인정하고 있으며, **채권자대위권**에 관하여는 명문의 규정은 없으나 조세채권도 채권의 일종이므로 이를 인정할 수 있다고 하겠다.

4. 납세담보

징수유예·체납처분유예 등의 경우에는 **인적 담보**(납세보증인) 또는 **물적 담보**(금전·국공채·유가증권·부동산 등)를 제공하게 할 수 있으며, 담보기간 내에 조세를 납부하지 아니할 경우에는 그 담보로써 국세를 징수하며, 담보권의 실행은 행정상 강제집행의 방법에 의하게 된다(국징18·국기29-33).

5. 납세의무자의 확충

본래의 납세의무자 외에, ① 상속·합병의 경우의 피상속인 또는 합병으로 신설되거나 합병 후 존속하는 법인에 대한 납세의무의 승계(국기23·24), ② 연대납세의무자(국기25) 및 ③ 제2차 납세의무자(국기38~41. 해산법인의 청산인, 법인의 무한책임사원·과점주주, 사업양수인 등의 납세의무)에 대하여도 납세의무가 부과된다.

VII. 조세채권(납세의무)의 소멸

1. 개 설

조세채권의 소멸이란 이미 발생된 조세채권이 소멸하는 것을 말하며, 이에는 ① 추상적인 조세채권 자체가 소멸하는 원인으로서 납부가 있으며, ② 추상적인 조세채권 자체는 존속하지만 구체적인 조세채권이 소멸하는 원인으로서의 소멸시효와 행정처분에 의한 소멸이 있다. 추상적 조세채권이 소멸할 경우에는 구체적 조세채권도 당연히 소멸하지만, 반대로 구체적 조세채권이 소멸하더라도 추상적 조세채권까지 항상 소멸하는 것은 아니다(예 : 조세부과처분의 하자로 무효·취소된 경우에도 추상적 조세채권은 존속하므로 다시 하자를 보완하여 새로운 과세처분을 할 수 있다).

2. 납 부

납세의무의 소멸사유 중 가장 일반적인 경우이다.

납부는 납세의무자가 아닌 제3자도 할 수 있으며, 금전으로 함이 원칙이지만, 현물납부가 허용될 경우도 있다(상속29).

3. 소멸시효에 의한 소멸

조세징수권의 소멸시효는 국세와 지방세 모두 5년이다(국기27①, 지세30의5①, 관세22①).

소멸시효는 조세징수권을 행사할 수 있는 때(통상 납부고지에 의한 납부기한의 다음 날)로부터 진행하며, 납세고지·독촉 또는 납부최고·교부청구·압류 등의 사유로 중단되며, 징수유예 또는 체납처분유예기간 중에는 진행되지 아니한다(국기28①③).

소멸시효의 효력에 관하여는 민법상으로는 상대적 소멸설도 있으나 조세채권에 관한 한 절대적 소멸설이 타당하며, 따라서 소멸시효의 완성 후에 행한 부과처분에 의하여 조세를 납부한 경우에는 항상 민법상의 부당이득을 구성한다.

4. 행정처분에 의한 소멸

1) 부과처분의 무효·취소

개별적인 부과처분에 하자가 있는 경우에는 그 하자의 정도에 따라 직권 또는 쟁송에 의하여 무효 또는 취소가 되며, 이 경우에는 처음부터 구체적 조세채권이 없었던 것과 마찬가지로 된다. 그러나 추상적 조세채권이 소멸되지 아니하는 한 하자를 보완하여 새로운 부과처분을 할 수 있다.

2) 납세의무의 면제

납세자의 담세력의 상실 또는 특정 사업의 조장을 위하여 납세의무의 전부 또는 일부를 면제하는 행정처분에 의하여도 납세의무가 소멸된다.

3) 공매의 중지

여러 재산을 일괄하여 공매에 붙인 경우에 그 일부만의 공매대금으로도 체납액의 전액에 충당된 때에는 나머지 재산에 대한 공매는 중지되며, 이 경우에도 조세채권은 당연히 소멸된다(국징71).

4) 결손처분

결손처분은, ① 체납처분이 종결되고 체납액에 충당된 배당금이 체납액에 부족하거나, ② 체납처분의 목적물인 재산의 추산가액이 체납처분비에 충당하고 잔여가 생길 여지가 없어 체납처분을 중지하거나, ③ 소멸시효가 완성하거나, ④ 기타 조세를 징수할 가망이 없을 경우에 할 수 있다(국징86①·지세30의3). 이러한 결손처분은 취소할 수 있다. 결손처분의 취소는 일단 소멸된 납세의무를 부활시켜 다시 체납처분을 가능하게 하게 하는 행정처분이다. 따라서 결손처분의 취소가 있게 되면 납세자로서는 소멸된 납세의 의무를 다시 부담하게 되어 불이익을 당하게 된다. 그러므로 결손처분의 취소는 조세법률주의의 원칙에 따라서 행하여야 한다.

> **판례** 결손처분의 취소는 서면으로 납세자에게 통지하여야 효력이 발생한다는 판례
> 결손처분의 취소는 납세고지절차, 혹은 징수유예의 취소절차에 준하여 적어도 그 취소사유와 범위를 구체적으로 특정한 서면에 의하여 납세자에게 통지함으로써 그 효력이 발생한다(대판 2001. 7. 13, 2000두5333).

5) 과오납금의 충당

과세관청이 과오납금(국기51) 등의 반환채무와 납세의무자의 다른 조세채무를 상계하는 행위를 충당이라고 하며, 충당이 행하여지면 충당한 금액만큼의 조세채권이 소멸한다.

Ⅷ. 조세의 부과 및 징수에 대한 권리구제

```
국세기본법
제51조(국세환급금의 충당과 환급)
① 세무서장은 납세의무자가 국세·가산금 또는 체납처분비로서 납부한 금액 중 잘못 납부하거나 초과하여 납부한 금액이 있거나 세법에 따라 환급하여야 할 환급세액(세법에 따라 환급세액에서 공제하여야 할 세액이 있을 때에는 공제한 후에 남은 금액을 말한다)이 있을 때에는 즉시 그 잘못 납부한 금액, 초과하여 납부한 금액 또는 환급세액을 국세환급금으로 결정하여야 한다. 이 경우 착오납부·이중납부로 인한 환급청구는 대통령령으로 정하는 바에 따른다.
제55조(불복)
① 이 법 또는 세법에 따른 처분으로서 위법 또는 부당한 처분을 받거나 필요한 처분을 받지 못함으로
```

인하여 권리나 이익을 침해당한 자는 이 장의 규정에 따라 그 처분의 취소 또는 변경을 청구하거나 필요한 처분을 청구할 수 있다. 다만, 다음 각 호의 처분에 대해서는 그러하지 아니하다.
1. 「조세범 처벌절차법」에 따른 통고처분
2. 「감사원법」에 따라 심사청구를 한 처분이나 그 심사청구에 대한 처분
② 이 법 또는 세법에 따른 처분에 의하여 권리나 이익을 침해당하게 될 이해관계인으로서 다음 각 호의 어느 하나에 해당하는 자는 위법 또는 부당한 처분을 받은 자의 처분에 대하여 이 장의 규정에 따라 그 처분의 취소 또는 변경을 청구하거나 그 밖에 필요한 처분을 청구할 수 있다.
1. 제2차 납세의무자로서 납부통지서를 받은 자
2. 제42조에 따라 물적납세 의무를 지는 자로서 납부통지서를 받은 자
2의2. 「부가가치세법」 제3조의2에 따라 물적납세의무를 지는 자로서 같은 법 제52조의2제1항에 따른 납부통지서를 받은 자
3. 보증인
4. 그 밖에 대통령령으로 정하는 자
③ 제1항과 제2항에 따른 처분이 국세청장이 조사·결정 또는 처리하거나 하였어야 할 것인 경우를 제외하고는 그 처분에 대하여 심사청구 또는 심판청구에 앞서 이 장의 규정에 따른 이의신청을 할 수 있다.
⑤ 이 장의 규정에 따른 심사청구 또는 심판청구에 대한 처분에 대해서는 이의신청, 심사청구 또는 심판청구를 제기할 수 없다. 다만, 제65조제1항제3호 단서(제81조에서 준용하는 경우를 포함한다)의 재조사 결정에 따른 처분청의 처분에 대해서는 해당 재조사 결정을 한 재결청에 대하여 심사청구 또는 심판청구를 제기할 수 있다.
⑨ 동일한 처분에 대해서는 심사청구와 심판청구를 중복하여 제기할 수 없다.

제56조(다른 법률과의 관계)
① 제55조에 규정된 처분에 대해서는 「행정심판법」의 규정을 적용하지 아니한다. 다만, 심사청구 또는 심판청구에 관하여는 「행정심판법」 제15조, 제16조, 제20조부터 제22조까지, 제29조, 제36조제1항, 제39조, 제40조, 제42조 및 제51조를 준용하며, 이 경우 "위원회"는 "국세심사위원회", "조세심판관회의" 또는 "조세심판관합동회의"로 본다.
② 제55조에 규정된 위법한 처분에 대한 행정소송은 「행정소송법」 제18조제1항 본문, 제2항 및 제3항에도 불구하고 이 법에 따른 심사청구 또는 심판청구와 그에 대한 결정을 거치지 아니하면 제기할 수 없다. 다만, 심사청구 또는 심판청구에 대한 제65조제1항제3호 단서(제81조에서 준용하는 경우를 포함한다)의 재조사 결정에 따른 처분청의 처분에 대한 행정소송은 그러하지 아니하다.
③ 제2항 본문에 따른 행정소송은 「행정소송법」 제20조에도 불구하고 심사청구 또는 심판청구에 대한 결정의 통지를 받은 날부터 90일 이내에 제기하여야 한다. 다만, 제65조제2항 또는 제81조에 따른 결정기간에 결정의 통지를 받지 못한 경우에는 결정의 통지를 받기 전이라도 그 결정기간이 지난 날부터 행정소송을 제기할 수 있다.
⑤ 제55조제1항제2호의 심사청구를 거친 경우에는 이 법에 따른 심사청구 또는 심판청구를 거친 것으로 보고 제2항을 준용한다.

제61조(청구기간)
① 심사청구는 해당 처분이 있음을 안 날(처분의 통지를 받은 때에는 그 받은 날)부터 90일 이내에 제기하여야 한다.
② 이의신청을 거친 후 심사청구를 하려면 이의신청에 대한 결정의 통지를 받은 날부터 90일 이내에

제기하여야 한다. 다만, 제66조제7항에 따른 결정기간 내에 결정의 통지를 받지 못한 경우에는 결정의 통지를 받기 전이라도 그 결정기간이 지난 날부터 심사청구를 할 수 있다.

제62조(청구 절차)
① 심사청구는 대통령령으로 정하는 바에 따라 불복의 사유를 갖추어 해당 처분을 하였거나 하였어야 할 세무서장을 거쳐 국세청장에게 하여야 한다.
② 제61조에 따른 심사청구기간을 계산할 때에는 제1항에 따라 세무서장에게 해당 청구서가 제출된 때에 심사청구를 한 것으로 한다. 해당 청구서가 제1항의 세무서장 외의 세무서장, 지방국세청장 또는 국세청장에게 제출된 때에도 또한 같다.

제65조(결정)
① 심사청구에 대한 결정은 다음 각 호의 규정에 따라 하여야 한다.
1. 심사청구가 다음 각 목의 어느 하나에 해당하는 경우에는 그 청구를 각하하는 결정을 한다.
가. 심판청구를 제기한 후 심사청구를 제기(같은 날 제기한 경우도 포함한다)한 경우
나. 제61조에서 규정한 청구기간이 지난 후에 청구된 경우
다. 심사청구 후 제63조제1항에 규정된 보정기간에 필요한 보정을 하지 아니한 경우
라. 심사청구가 적법하지 아니한 경우
마. 가목부터 라목까지의 규정에 따른 경우와 유사한 경우로서 대통령령으로 정하는 경우
2. 심사청구가 이유 없다고 인정될 때에는 그 청구를 기각하는 결정을 한다.
3. 심사청구가 이유 있다고 인정될 때에는 그 청구의 대상이 된 처분의 취소·경정 결정을 하거나 필요한 처분의 결정을 한다. 다만, 취소·경정 또는 필요한 처분을 하기 위하여 사실관계 확인 등 추가적으로 조사가 필요한 경우에는 처분청으로 하여금 이를 재조사하여 그 결과에 따라 취소·경정하거나 필요한 처분을 하도록 하는 재조사 결정을 할 수 있다.
② 제1항의 결정은 심사청구를 받은 날부터 90일 이내에 하여야 한다.

제66조(이의신청)
① 이의신청은 대통령령으로 정하는 바에 따라 불복의 사유를 갖추어 해당 처분을 하였거나 하였어야 할 세무서장에게 하거나 세무서장을 거쳐 관할 지방국세청장에게 하여야 한다. 다만, 다음 각 호의 경우에는 관할 지방국세청장(제2호의 경우 과세처분한 세무서장의 관할 지방국세청장)에게 하여야 하며, 세무서장에게 한 이의신청은 관할 지방국세청장에게 한 것으로 본다.
1. 지방국세청장의 조사에 따라 과세처분을 한 경우
2. 조사한 세무서장과 과세처분한 세무서장이 서로 다른 경우
3. 세무서장에게 제81조의15에 따른 과세전적부심사를 청구한 경우
⑥ 이의신청에 관하여는 제61조제1항·제3항 및 제4항, 제62조제2항, 제63조, 제63조의2, 제64조제1항 단서 및 제2항과 제65조제1항 및 제3항부터 제6항까지, 제65조의2를 준용한다.

제67조(조세심판원)
① 심판청구에 대한 결정을 하기 위하여 국무총리 소속으로 조세심판원을 둔다.

제68조(청구기간)
① 심판청구는 해당 처분이 있음을 안 날(처분의 통지를 받은 때에는 그 받은 날)부터 90일 이내에 제기하여야 한다.
② 이의신청을 거친 후 심판청구를 하는 경우의 청구기간에 관하여는 제61조제2항을 준용한다.

제69조(청구 절차)
① 심판청구는 대통령령으로 정하는 바에 따라 불복의 사유를 갖추어 그 처분을 하였거나 하였어야 할 세무서장을 거쳐 조세심판원장에게 하여야 한다.

② 제68조에 따른 심판청구기간을 계산할 때에는 제1항에 따라 세무서장에게 해당 청구서가 제출된 때에 심판청구를 한 것으로 한다. 해당 청구서가 제1항의 세무서장 외의 세무서장, 지방국세청장, 국세청장 또는 조세심판원장에게 제출된 경우에도 또한 같다.

제81조의15(과세전적부심사)
① 다음 각 호의 어느 하나에 해당하는 통지를 받은 자는 통지를 받은 날부터 30일 이내에 통지를 한 세무서장이나 지방국세청장에게 통지 내용의 적법성에 관한 심사[이하 이 조에서 "과세전적부심사"(課稅前適否審査)라 한다]를 청구할 수 있다. 다만, 법령과 관련하여 국세청장의 유권해석을 변경하여야 하거나 새로운 해석이 필요한 경우 등 대통령령으로 정하는 사항에 대해서는 국세청장에게 청구할 수 있다.
1. 제81조의12에 따른 세무조사 결과에 대한 서면통지
2. 그 밖에 대통령령으로 정하는 과세예고 통지
③ 과세전적부심사 청구를 받은 세무서장, 지방국세청장 또는 국세청장은 각각 국세심사위원회의 심사를 거쳐 결정을 하고 그 결과를 청구를 받은 날부터 30일 이내에 청구인에게 통지하여야 한다.
④ 과세전적부심사 청구에 대한 결정은 다음 각 호의 구분에 따른다.
1. 청구가 이유 없다고 인정되는 경우: 채택하지 아니한다는 결정
2. 청구가 이유 있다고 인정되는 경우: 채택하거나 일부 채택하는 결정. 다만, 구체적인 채택의 범위를 정하기 위하여 사실관계 확인 등 추가적으로 조사가 필요한 경우에는 제1항 각 호의 통지를 한 세무서장이나 지방국세청장으로 하여금 이를 재조사하여 그 결과에 따라 당초 통지 내용을 수정하여 통지하도록 하는 재조사 결정을 할 수 있다.
3. 청구기간이 지났거나 보정기간에 보정하지 아니한 경우: 심사하지 아니한다는 결정

위법한 조세의 확정·징수에 대하여 납세자가 그것을 다투거나 그 권리의 보호를 구하는 것이 법적으로 보장되어 있지 않으면, 조세법의 근본이념인 조세법률주의가 실현된다고 볼 수 없다. 따라서 하자있는 조세부과·징수처분에 대하여 다양한 구제수단을 마련하고 있는 바, 현행법상으로는 과세전 적부심사제도, 행정쟁송제도와 과오납금반환청구제도에 의하여 구제 받을 수 있다. 그런데 조세행정은 대량적·반복적으로 행하여지며 매우 전문적·기술적인 면이 있기 때문에 이에 관한 분쟁도 마찬가지의 특성을 가진다고 할 수 있다. 따라서 다른 일반행정과는 달리 법원에 의한 사법심사에 앞서 **행정심판전치주의**를 택하고 있고(단, 지방세는 제외), 행정심판절차에 있어서도 일반법인 행정심판법과 다른 특별한 심판절차를 마련해 두고 있다.

1. 행정쟁송

1) 행정심판

위법·부당한 조세부과·징수처분에 대한 행정심판은 행정심판법에 의하지 아니하고 국세기본법과 관세법에 의하여 다음과 같은 특별행정심판제도에 의한다(지방세에 대한 행정심판은 국세에 대한 행정심판에 준하여 규율되고 있다. 지방세117 내지 127).

① 이의신청

세무서장(또는 지방국세청장)의 부과·징수처분에 대하여는 90일 이내에 당해 세무서장(또는 세무서장을 거쳐 지방국세청장)에게 이의신청을 할 수 있으며, 이는 납세의무자가 원할 경우에만 제기하는 임의적 행정심판제도이다(국기66).

② 심사청구

위법·부당한 부과·징수처분에 대하여 90일 이내에 당해 세무서장을 거쳐 국세청장(관세청장 포함)에게 제기하는 행정심판이다(61·62). 이의신청을 먼저 거친 경우에는 이에 대한 결정통지를 받은 날로부터 90일 이내에 제기하여야 한다(61②). 상술한 이의신청제도와는 달리 심사청구나 심판청구는 행정소송을 제기하기 위하여 둘 중 어느 하나는 반드시 거쳐야 한다는 의미에서 필요적 행정심판전치주의를 채택하고 있다(56②).

③ 심판청구

위법·부당한 부과·징수처분에 대하여 90일 이내에 당해 세무서장을 거쳐 조세심판원장에게 심판청구를 할 수 있다(67~69).

이의신청을 거쳐 심판청구를 할 경우에는 이의신청에 대한 결정통지를 받은 날로부터 90일 이내에 심판청구를 할 수 있다(68②). 동일한 처분에 대하여는 심사청구와 심판청구를 중복하여 제기할 수 없도록 규정함으로써(55⑨), 행정의 낭비와 권리구제의 지연을 방지하도록 배려하고 있다.

2) 감사원에 대한 심사청구

국세·관세·지방세의 부과·징수처분에 대하여도 감사원법(43)에 의하여 감사원에 심사청구를 할 수 있다. 그러나 감사원은 심사 결과 그 처분을 직접 취소·변경할 수 없고 세무서장 등에 대하여 시정할 것을 요구할 수 있을 뿐이므로, 이 제도는 행정심판이 아닌 단순한 진정의 성격을 띠고 있다고 하겠다. 그럼에도 불구하고 국세기본법(55⑤)은 감사원에 심사청구를 한 처분에 관하여는 국세기본법에 의한 행정심판을 제기할 수 없고 감사원의 결정통지를 받은 날로부터 90일 이내에 처분청을 상대로 직접 행정소송을 제기하도록 함으로써 행정심판전치주의의 요건을 충족한 것으로 간주하고 있다(55⑦).

3) 행정소송

위법한 조세부과·징수처분에 대하여는 행정소송법이 정하는 바에 따라 행정소송을 제기하여 취소를 구할 수 있음은 물론이다. 이 경우 제소기간은 심사청구 또는 심판청구에 대한 결정의 통지를 받은 날로부터 90일 이내로 한정하였다(국기56③).

중대하고 명백한 하자가 있는 부과징수처분에 대하여는 **무효확인소송**을 제기할 수 있다.

2. 과오납금반환청구

① 무효인 조세부과처분, ② 납세자의 착오에 의한 초과납부세액, 또는 ③ 위법한 부과처분이 직권 또는 쟁송에 의하여 취소된 경우에, 각각 이미 납부된 조세는 국가의 부당이득이 되므로 그 반환청구를 할 수 있으며, 이에 대한 소송은 과세처분에 기인한 공법상의 법률관계에 관한 소송이므로 행정소송법상의 **공법상 당사자소송**에 의하여야 할 것이지만, 우리 소송실무에서는 이를 **민사소송**으로 취급하고 있다.

과오납금반환청구에 관하여는 국세기본법(51) 외에 관세법(46~48)과 지방세법(45~47)도 국세와 유사한 규정을 두고 있다. 과오납금 반환청구권의 소멸시효는 5년이며(국기54·지세48·관세25③), 과오납금반환의무에 대하여는 과세관청이 당해 납세의무자의 다른 납세의무와 상계하는 충당제도가 인정되고 있다(국기51).

> **판례** 과오납금 반환은 민사소송절차에 따라야 한다는 판례
> ① 조세부과처분이 당연무효임을 전제로 하여 이미 납부한 세금의 반환을 청구하는 것은 민사상의 부당이득 반환청구로서 민사소송절차에 따라야 한다(대판 1995. 4. 19, 95다55019).
> ② 개발부담금 부과처분이 취소된 이상 그 후의 부당이득으로서의 과오납금 반환에 관한 법률관계는 단순한 민사관계에 불과한 것이고, 행정소송절차에 따라야 하는 것은 아니다(대판 1995. 12. 22, 94다51253).

3. 환급거부결정에 대한 취소소송의 가능성 문제

과오납조세에 대하여 상대방인 국민이 국세기본법(51)에 따른 환급신청을 하자 이에 대하여 과세관청이 환급거부결정을 내린 경우, 이 환급거부결정에 대하여 취소소송을 제기할 수 있는가의 문제가 제기된다. 환급청구권은 과오납의 경우에는 납부 또는 징수시에, 초과납의 경우에는 신고 또는 부과처분의 취소에 의하여 조세채무의 전부 또는 일부가 소멸한 때에 발생한다.

다수설과 판례에 의하면, 조세를 과오납한 경우에는 납부시에 과오납반환청구권이 발생하여 확정되고, 국세기본법상의 **국세환급신청에 대한 환급결정이나 환급거부결정 또는 부작위**는 내부적인 사무절차에 불과하기 때문에 이미 확정된 과오납반환청구권에 직접적인 영향을 미치지 아니하고, 그 결과 국민의 권익에 직접적, 구체적으로 영향을 미치는 **행정처분에 해당하지 않는다**고 판시하고 있다(대판 전원합의체 1989. 6. 15, 88누6436; 1990. 2. 13, 88누6610). 즉 환급거부결정은 항고소송의 대상이 되는 처분이라 할 수 없다고 한다.

그러나 **소수설**과 위 판례의 소수의견은 세무서장의 이러한 결정에도 적어도 확인적 의사표

시는 포함되어 있는 것이므로 **처분**에 해당하며 따라서 항고소송의 대상이 된다고 한다.

> **판례** 환급거부결정은 항고소송의 대상이 되는 처분이 아니라는 판례
>
> (다수의견) 국세기본법 제51조 및 제52조 국세환급금 및 국세가산금결정에 관한 규정은 이미 납세의무자의 환급청구권이 확정된 국세환급금 및 가산금에 대하여 내부적 사무처리절차로서 과세관청의 환급절차를 규정한 것에 지나지 않고 그 규정에 의한 국세환급금(가산금 포함)결정에 의하여 비로소 환급청구권이 확정되는 것은 아니므로, 국세환급금결정이나 이 결정을 구하는 신청에 대한 환급거부결정 등은 납세의무자가 갖는 환급청구권의 존부나 범위에 구체적이고 직접적인 영향을 미치는 처분이 아니어서 항고소송의 대상이 되는 처분이라고 볼 수 없다(대판 전원합의체 1989. 6. 15, 88누6436).

> **판례** 환급거부결정은 항고소송의 대상이 되는 처분이라는 소수의견의 판례
>
> [소수의견] 납세자의 신청에 대한 세무서장의 환급거부결정이 직접 환급청구권을 발생하게 하는 형성적 효과가 있는 것이 아니고 확인적 의미밖에 없다고 하더라도 국세기본법 제51조의 규정을 위반하여 납세자에게 환급할 돈을 환급하지 아니하므로 손해를 끼치고 있는 것이라면 납세자가 행정소송으로 그 결정이 부당하다는 것을 다툴 수 있다(대판 전원합의체 1989. 6. 15, 88누6436).

4. 과세 전 적부심사제도

과세 전 적부심사제도란 일종의 사전구제제도로서 앞으로 과세할 내용을 통지받은 자가 납세의무가 확정되기 전에 미리 그 적법여부에 관한 심사를 청구하는 제도로서, 종전에 사후구제제도에만 의존하던 단점을 보완하여 납세자의 권익침해를 사전에 예방함으로써 납세자의 권리를 더욱 확고하게 보장하려는 취지에서 도입된 제도이다(국기81의10).

이 제도에 의하여 ① 세무조사결과에 대한 서면통지를 받은 자 또는 ② 국세청장 또는 지방국세청장의 업무감사결과에 따른 과세예고통지를 받은 자, ③ 납세자 외의 자에 대한 과세자료 및 현지확인조사에 따라 과세예고통지를 받은 자, ④ 세액이 500만 원 이상인 과세예고통지를 받은 자는 그 통지를 받은 날로부터 30일 이내에 당해 세무서장 또는 지방국세청장에게 통지내용에 대한 적법성 여부에 관하여 심사를 청구할 수 있다. 다만, ① 법령과 관련하여 국세청장의 유권해석을 변경하여야 하거나 새로운 해석이 필요한 경우, ② 국세청장의 훈령·예규·고시 등과 관련하여 새로운 해석이 필요한 경우, ③ 국세청장의 업무감사결과에 따른 과세예고통지에 관하여는 국세청장에게 직접 과세전 적부심사를 청구하여야 한다(국기81의12 및 동시행령63의8).

제 3 절 현금회계의 원칙

Ⅰ. 회계 의의

1. 회계의 개념

> 회계란 『국가 또는 지방자치단체가 취득한 재원을 관리·지출하는 작용』, 즉 재정관리작용을 말한다.

회계는 국가재원의 취득을 위한 재정권력작용과는 달리, 이미 취득된 재산의 운용·지출을 관리하기 위한 비권력적 작용으로서, 본질적으로는 **행정내부적 작용의 성질**을 가진다.

2. 회계의 종류

회계의 종류는 그 관리대상에 따라 **현금·채권·동산 및 부동산회계**로 구분할 수 있으며, 그 관리주체에 따라 국가의 회계와 지방자치단체의 회계로 구분할 수 있다. 국가의 회계에 관한 일반법으로서는, 국가재정법·국고금관리법·기업예산회계법·국유재산법·물품관리법·국가채권관리법 등이 있고, 지방자치단체의 회계에 관한 일반법으로서는 지방자치법·지방재정법이 있다.

3. 회계의 특징

1) 비권력적 관리작용

회계란 비권력적 관리작용으로서, 사인의 회계와 성질상 같기 때문에 사법규정 또는 사법원칙이 적용될 소지가 크지만, 국민의 권익보호를 위하여 특별히 많은 회계법규를 제정하여 이를 규율하고 있다. 따라서 행정법에 규정이 없는 한 사법규정이 적용된다(예 : 국유재산의 처분 등).

2) 내부규율작용

회계는 국민의 권리·의무에 직접 변동을 초래하는 대외적 행정작용이 아니라 행정내부의 **내부규율작용**으로서의 성질을 가진다. 따라서 회계법규에 위반한 행위라도 행정조직 내부에서의 징계·변상책임 등은 별론으로 하고, 당해 행위의 외부적 효력에는 영향을 미치지 아니함이 원칙이다(예산회계법상의 절차에 위반하여 발행된 국고수표도 당연 무효라고 볼 수 없다는 판례, 대판 1968. 1. 31, 67다2631).

3) 기술성

회계는 공정성의 확보와 회계사무처리의 합리화·능률화를 도모하기 위하여 **기술적 성격**을 띠고 있다.

Ⅱ. 현금회계의 원칙

현금회계란 국가 또는 지방자치단체의 현금의 수입·지출 및 결산을 총칭하는 것으로서, 그 수입·지출의 균형과 정확성을 기하고 회계의 명확성을 확보하기 위하여 다음의 여러 원칙이 적용된다.

1) 총계예산주의(총액예산주의)

총계예산주의는 세입과 세출은 모두 예산에 편입되어야 한다는 원칙으로서(국재17), 국가재정을 명료하게 하여 국회와 국민의 감시·비판을 용이하게 하려는 것이다. 완전성의 원칙이라고도 말한다. 이에 대한 반대개념이 **순계예산주의**(세입에 필요한 경비를 공제한 잔액만을 세입에 계상하고, 반대로 세출에 수반하여 생기는 수입을 공제한 잔액만을 세출에 계상하는 것)이다.

2) 통일국고주의

통일국고주의는 조세 등 국가의 모든 세입을 일단 국고에 납입한 후 모든 지출은 국고에서 행하게 하는 원칙으로서, 각 국가기관에 의한 개별적인 직접 사용을 금지하는 것을 말하며, 예외적으로 수입대체경비(지출이 직접 수입을 수반하는 경비·국재53)와 재외공관의 수입금은 직접 사용을 허용하고 있다(재외공관수입금 등 직접사용에 관한 법률). 회계총괄의 원칙이라고도 말한다.

3) 단일예산주의

단일예산주의(單一豫算主義)는 국가재정을 일목요연하게 함으로써 재정의 팽창과 문란을 방지하기 위한 제도이지만, 예외적으로 특정 목적을 위한 특별회계제도와 추가경정예산제도를 인정하고 있다. 회계통일의 원칙이라고도 말한다.

4) 기업회계의 원칙

기업회계의 원칙은 특별회계에 있어서는 재산의 증감·변동을 그 발생의 사실에 따라 계리하는 것으로서(기업예회5), 사업의 경영성과와 재정상태를 명백히 하기 위한 것이다.

5) 회계연도구분 및 독립의 원칙

회계연도구분의 원칙은 회계의 명확과 수지균형을 도모하기 위한 제도이며(국재2), 회계연도독립의 원칙(예산의 기한적 구속의 원칙)에 대한 예외로서는 계속비(23), 이월사용(24), 과년도지출(48), 등의 제도가 인정되고 있다.

6) 회계기관분립의 원칙

회계의 부정을 방지하기 위하여 수입·지출을 명하는 기관과 실제 현금출납기관을 구분하는 것으로서, 징수기관(세입징수관)과 수납기관의 분리, 재무관(지출원인행위자)·지출관(지출을 명하는 자)·현금출납공무원의 분리 등이 있다.

7) 건전재정주의

국가의 세출은 국채·차입금이 아닌 세입을 재원으로 함을 원칙으로 하되, 부득이한 경우에만 국회의 의결을 얻어 국채 또는 차입금으로 충당할 수 있도록 하고 있다(헌58).

사항색인

ㄱ

가산금	404
가산세	404
가중적 제재처분	593
가집행선고	663
가처분	617
가치개념	131
가택출입	371
가행정행위	237
각하	550
각하재결	550
간접강제	641
간접민주형	674
간접세	1040
간접조사	378
감봉	794
감사기관	679
감사원규칙	246
감사원에 대한 심사청구	1055
감시권	692
감채의 원칙	1038
강임	794
강제격리	370
강제력	62, 117, 187
강제수거	371
강제적 부담	970
강행법규	66
개괄주의	508
개발계획의 수립	1016
개발부담금	948
개발사업비용의 공동분담	1016
개발이익	947
개발이익배제의 원칙	1007
개발이익의 공동향수	1015
개발이익의 배제	466
개발이익의 환수	466
개발이익환수제도	947
개발제한구역	461, 932, 985
개별공시지가	944
개별부담	971
개별적 수권의 원칙	838
개연성설	966
개인별 보상의 원칙	1007
개인적 공권	65
개인정보보호	339
객관적 소송	664
객관적 쟁송	488
거래세	1040
거리제한	842
거부처분	509
거소	95
건전재정주의	1038, 1060
견제와 균형	757
결격사유	786
결과제거의 가능성	449
결과제거청구권	447
결부조항	479
결산심사주의	1038
결손처분	1051
겸직금지	814
경계변경	722
경과실	434
경과조치	39

경과조치청구권	283	고의·중과실	434
경력직공무원	778	고지제도	557
경비계엄	836	고충심사결정	804
경비부담	747	고충심사위원회	804
경업자소송	588	고충심사청구권	804
경정재결	1001	공·사권 구별부인론	68
경찰공공의 원칙	842, 843	공·사법 일원론	42
경찰관의 무기사용	848	공고·열람	208
경찰관직무집행법	370	공공단체	52
경찰관청	835	공공부조	909
경찰상 공개된 장소	843	공공시설의 설치	295
경찰상 표준처분	840	공공시설의 설치행위	597
경찰소극의 원칙	842	공공시설의 이용강제	720
경찰집행기관	835	공공시설이용권	705
경찰책임의 승계	846	공공용물	858
경찰책임의 예외	846	공공용물의 일반사용	876
경찰책임의 원칙	844	공공의 안녕	830
경험개념	131	공공의 영조물	440
계선기관	677	공공의 질서	830
계속적 사용	982	공공조합	52
계속적 이용관계	894	공권력적 사실행위	597
계약강제	291, 896	공권력행사	509
계엄사령관	836	공권설	448, 455
계획변경청구권	282	공급거부	405
계획보장청구권	280	공급행정	852
계획이행청구권	281	공기업	887
계획재량	278, 279, 932	공기업기관	679
계획제한	979	공기업벌	898
계획존속청구권	281	공기업의 폐지	899
고시·공고	183	공기업이용관계	893
고양된 일반사용권	877	공기업이용권	897
고용보험	909	공동소송	582
고유권설	723	공람	1020
고의	389	공매의 중지	1051

공무담임	781	공법상의 사단관계	83
공무수탁사인	53	공법상의 영조물이용관계	83
공무원	418, 776	공법상의 재단	53
공무원관계의 발생원인	784	공법상의 특별감독관계	83
공무원관계의 변경	791	공사완료의 공고	1022
공무원관계의 소멸	794	공소유권설	866
공물	857	공시지가	465
공물경찰	874	공시지가에 의한 보상	1008
공물과 상린관계	870	공영사업	889
공물관리권	871	공용개시행위	862
공물관리와 공물경찰의 경합	875	공용물	859
공물관리자	873	공용부담	968
공물사용권의 포기	884	공용부담특권	738, 873, 892, 901
공물에 대한 강제집행	867	공용수용	986
공물의 공용수용	870	공용수용의 대상사업	988
공물의 관리	871	공용수용의 보통절차	994
공물의 등기	870	공용제한	977
공물의 무단사용	873	공용폐지행위	864
공물의 범위결정	870	공용환권	1015
공물의 불융통성	867	공용환지	1015
공물의 설치·관리의 하자	871	공원사업시행허가	873
공물의 소멸	864, 884	공유공물	860
공물의 시효취득	868	공의무	77
공물의 취득시효	93	공익사업을위한토지등의취득및보상에관한법률	
공물제한	980		924, 986
공민	705	공익사업의 범위	987
공범	392	공정력	117, 186
공법	12	공정력과 선결문제	58
공법관계	42	공증	164
공법관계설	894	공직자윤리위원회	817
공법상 계약	286, 918, 961	공청회	317
공법상 합동행위	292, 702	공평부담의 원칙	1042
공법상의 근무관계	82	공평부담주의	1039
공법상의 법률관계에 관한 소송	659	공포일	38

과도한 수용	990	교육규칙	737
과세권자	1044	교육소청심사위원회	761
과세물건	1045	교육위원회	761
과세전 적부심사(課稅前 適否審査)제도	1057	교육장	764
과세표준	1046	교육조성	916
과세표준의 결정행위	1046	교육청	764
과소토지	1019, 1030	교환·분합	1026
과실범	390	구상권	434, 445
과실상계	450	구상책임	824
과실의 객관화	427	구속력	186
과실책임주의	426	구속력이론	198
과오납금반환청구	1056	구속적 계획	272, 275, 926, 931
과오납금의 충당	1051	구술심리	539
과잉급부금지의 원칙	856	구직급여	909
과징금	401, 960	구체적 규범통제	252
과태료	394, 741	구체적 사건성	568, 599
과학기술조성	916	구체적인 조세채권	1047
관계인	989	국가공무원	777
관련청구소송	579, 807	국가배상법	415
관련청구의 병합과 분리	543	국가사무	745
관리관계	49	국가수용권설	989
관리작용	5	국가승인설	22
관보일부일자설	38	국가에 대한 강제집행	868
관세	1040	국가유공자에 대한 보훈	913
관습법	21	국가적 공권	65
관습법상의 용수권	885	국고작용(사경제적 작용)	5
관습법상의 특별사용	885	국민건강보험	906
관치행정형	674	국민기초생활보장법	854
관행에 따른 어업권	885	국민연금보험	905
광역도시계획	929	국세	1040
광의의 행정심판	490	국영공비사업	445, 889
교부청구	366	국영사업	889
교시	236	국유공물	860
교육감	762	국제법·국내법 이원론	20

국토개발행정법	923
국토기본법	924, 928
국토의계획및이용에관한법률	924, 929
국토이용계획제한	979
국토종합계획	928
권고사직	796
권력관계	48
권력분립설(내재적 한계설)	6
권력분산형	674
권력설	43
권력작용	5
권력적 사실행위	293, 294
권력통합형	674
권리에 대한 보상	1009
권리회복설	585
권한감독	691
권한불변경의 원칙	681
권한의 귀속주체	682
권한의 내부위임	687
권한의 대리	681, 682
권한의 위임	686
권한의 한계	680
권한쟁의결정권	694
권한쟁의심판	694, 768, 771
권한존중관계	695
규범구체화 행정규칙	266
규제적 행정지도	300
규제행정	920
규칙제정권의 한계	736
근거과세의 원칙	1044
근거법령의 변경	227
금전채권	68
급박성	371
급부관계	893
급부행정	851
급여의 결정처분	910
기각재결	550
기각판결	632
기간	90
기관설치권	756
기관소송	667, 770
기관양태설	4
기관위임사무	746
기관쟁송	489
기득권설	453
기본권의 주체	704
기본적 사실관계	35
기본행위의 하자	158
기속력	553, 636
기속재량	125
기속행위	127, 142
기업경영의무	901
기업조성	916
기업회계의 원칙	1059
기준액설	437
기채금지의 원칙	1038
기판력	639
기판력설	637
기피	517
기한	171

■ ㄴ ■

납기전 징수	1048
납세담보	1049
납세의 고지	1047
납세의무의 면제	1050
납세의무자	1045
납세의무자의 확충	1049

내국세	1040	대물적 강제	370
내부위임	682	대물적 조사	377
내부적 용태	89	대물적 처분	590, 600
내부조직권	753	대심주의	539
내용상 관련되는 처분	624	대위책임설	427, 433
넓은 의미의 공무원	776	대인적 강제	370
노무 및 물품제공의무	720	대인적 조사	377
노역·물품부담	975	대집행영장	356
농도규제	954	대체적 작위의무	352
농어촌정비사업	1024	대통령령	245
농어촌정비종합계획	1024	대학구내 도로	844
농업손실	1009	도달주의	182
농지 등 전용제한	981	도로교통법상의 도로	843
누진세	1041	도로구역의 결정·고시행위	862
능률의 원칙	1043	도로의 공용폐지처분	876
		도로의 유지·수선사무	746
ㄷ		도시개발구역의 지정	1016
다수자책임	846	도시개발사업	1016
단일예산주의	1059	도시개발사업의 시행자	1017
단체법적 사회법관계설	894	도시개발조합	1018
단체위임사무	745	도시계획 확정절차의 하자	932
단체자치	700	도시계획결정	931
단할인법	437	도시계획시설	931
답변서	530	도시계획시설결정의 실효	933
당사자소송	657, 770	도시계획위원회	1017
당사자쟁송	487, 501	도시관리계획	931
당사자주의	1002, 1003	도시기본계획	930
당연퇴직	787, 794	도시재개발사업	1027
당연퇴직의 인사발령	795	도의적 책임주의	414
대가택 강제	371	독립쟁송 가능성	179
대가택 조사	377	독립적 사업	890
대결	683	독립취소 가능성	180
대리	161	독임형	674
대리인	522	독자성설	927

독점경영권	888	무효원인	203
독점적 경영권	900	무효확인소송	643
독촉	364, 1047	묵시적 공용폐지	869
동기의 부정	133	묵시적인 공용폐지행위	864
동종사건	623	문화예술조성	916
등기·등록	164	문화재보호제한	981
등록세 중과처분	1046	물건조서	997
등재	164	물권적 지배권설	872
		물권적 청구권	448
ㅁ		물세	1040
매수보상	472	물적 공용부담	971
매수청구	985	물적 행정행위	115, 862, 944
매수청구권	461, 480, 934, 941	미풍양속	207
면접전형	789	민간위탁	690
면제	151	민법상의 부당이득	1050
면직	795	민사관계불간섭의 원칙	844
명령·처분의 시정명령	772	민사금전벌	388
명령적 행위	138	민사상의 손해배상책임	826
명백성 보충요건설	194	민소법상의 입증책임분배설	629
명백하고 현존하는 위험	848	민중소송	664, 770
명예퇴직	796	민중쟁송	488
명확성(Bestimmtheit)의 원칙	247	민중적 관습법	23
목적세	1041		
목적위배설	460, 963	**ㅂ**	
목적적합성의 원칙	28	반려처분	509
무과실책임	440	반복금지효	637
무과실책임의 원칙	907	반사적 이익	69, 141, 569
무과실책임주의	966	발송절차완료시설	38
무명항고소송	572, 576	배상심의회	438
무효	202	배상책임의 귀속주체	748
무효 등 확인소송	643	배출부과금	959
무효 등 확인소송의 보충성	644	배출부과금의 부과	954
무효 등 확인심판	504	배출시설의 설치신고	960
무효 등 확인재결	551	배출시설의 설치허가	960

배출허용기준	954	법인의 책임	391
벌칙의 위임	249	법일원설(특별사법설)	79
범칙금	392	법적 안정성설	31
법규	14, 243	법적 확신설(법력내재설)	22
법규명령	21, 243, 244, 246, 250, 251	법정대리	684
법규명령의 우위	727	법정범	385
법규상의 한계	841	법정부관	170
법규성설	693	변경	550
법규하명	139	변상금부과처분	873
법령의 공백	727	변상책임	824
법령준수의무	812	별정우체국청사	868
법령해석	600	별정직공무원	779
법률대위명령	244	병력출동요청	837
법률로부터 자유로운 급부	853	병역사항신고의무	818
법률사실	88	보류지	1021
법률사실의 발생	905	보상계획의 공고	997
법률상 이익	449, 569, 585, 644, 652, 964	보상금(報償金)지급	913
법률상의 불가능	206	보상금증감청구소송	1002, 1003
법률상의 쟁송	568	보상재결	474
법률상이익구제설	586, 652	보상적(報償的) 성질의 급부	913
법률에 의한 증언	816	보수청구권	806
법률에 의한 행정의 원리	13	보안경찰	832
법률요건	88	보정	168
법률우위	727	보조금	742
법률유보	293, 730	보조금의 교부	918
법률유보의 원칙	838, 855	보조기관	677
법률의 법규창조력	14	보존제한	981
법률의 우위	14	보좌기관	677
법률의 유보	15	보직행위	786
법률적 독점	888	보충서면	541
법률적합성 우위설	33	보충적 효력설	22
법률종속명령	244	보통경찰기관	834
법률행위적 행정행위	117	보통경찰집행기관	835
법률효과의 일부배제	174	보통세	1041

보통지방자치단체	701	부동산가격공시제	941
보통행정관청	680	부령	245, 681
보호가치 있는 이익구제설	587	부분 인·허가	236
보호가치설	460	부속기관	679
보호실 유치	841	부역·현품부담	975
보호조치	370	부작위	425, 652
복대리	685	부작위부담	977
복수성질설	927	부작위위법확인소송	650, 964
복심적 쟁송	488	부존재	188, 189
복종의무	812	부존재확인소송	643
복종의무의 한계	813	부진정소급입법	39
복직	792	부합계약	895
복할인법	436	분담금	741
복효적 행정행위	119	분쟁의 조정	768
본안심리	517, 538, 626	불가변력	187
본안판결	632	불가변력(실질적 확정력)	61
본처분	238	불가쟁력(형식적 확정력)	60, 61
본처분 이행의무	239	불가항력	442
부과납부	1041	불고불리의 원칙	539, 626
부과처분	1047	불고지	560
부관	169	불이익변경금지의 원칙	539
부관의 변경권의 유보	175	불허가사유	940
부담	172	불확정개념	130, 841
부담금	973	불확정기한	171
부담적 행정행위	118	비공개주의	540
부당	188	비구속적 계획	272, 275, 926
부당결부	178	비권력적 사실행위	293
부당결부금지	406	비독립적 사업	889
부당결부금지의 원칙	35, 856	비례세	1041
부당성	513	비례의 원칙	27, 847
부당이득	96	비밀누설죄	816
부당이득반환청구	97	비밀엄수의무	815
부당이득반환청구권	98	비법규성설	693
부당이득세	405	비상경찰	833

비상계엄	836	사실상의 부존재	189
비상명령	244	사실상의 불가능	206
비송사건	741	사실상의 이용강제	896
비용부담의무	883	사실행위	292, 569
비용분담의무	720	사업소	759
비용징수	357	사업손실(간접손실)보상	470
비채변제	97	사업시행자	989
비행정행위	189	사업시행자보상의 원칙	1006
		사업시행자수용권설	989
		사업시행자의 권리취득	1005

ㅅ

사권보호(私權保護)	918	사업인정	994
사권설	448, 456	사업인정고시 절차상의 위법	996
사권의 목적이 될 수 없는 공물	859	사업인정의 고시	995
사권의 목적이 될 수 있는 공물	859	사업인정의 실효	996
사기·강박·증뢰	206	사업제한	980
사도(私道)	860	사용료	740, 878, 880
사무위탁	696, 766	사용자책임	845
사무처리효과의 귀속주체	747	사용제한(공용사용)	982
사물	857	사유공물	860, 980
사물관할	680	사유토지내의 교통로	844
사법경찰	832	사익보호성	66
사법관계	42	사인의 공법행위	100
사법관계(국고관계)	50	사적 효용설	460
사법관계설	894	사전배려의 원칙	952
사법부 자제설	7	사전보상의 원칙	1007
사법상 계약	286, 886, 918	사전통지	314
사법상의 권리	1011	사정변경	226
사법적 급부	853	사정재결	551
사보험	905	사정판결	633
사생활불가침의 원칙	843	사주소내에서의 운전행위	843
사소유권설	866	사주소불가침의 원칙	843
사실관계의 변경	227	사회국가원리	854
사실상 독점권	891	사회국가원리설	31
사실상의 공무원	788	사회보장	903

사회보장행정	852, 902	선례구속성의 원칙	24
사회보험	905	선매제도	940
사회복지서비스	911	선물신고의무	818
사회유보설(급부행정유보설)	16, 915	선서의무	810
사회적 제약의 범위	985	선원주의	144
사후부관	176	선택적 청구가능성	433
산업재해보상보험	907	성문법원	19
산업재해보상책임	446	성실의무	811
상계	99	성적주의	783
상계금지의 원칙	1007	세외수입	739
상당보상설	463	세율	1046
상당인과관계	432, 909	소(訴)의 변경	608
상당인과관계설	845	소극	842
상대방의 신청	207	소급과세금지의 원칙	1044
상대방의 유책행위	225	소급임명	791
상대방의 조치	33	소급적용금지의 원칙	39
상대적 금지	138	소급효	215
상태책임	845	소멸시효	91
상호주의	415	소방권	738
상호협력관계	695	소비세	1040
상황구속설	460	소비자소송	590
생물다양성 관리계약제도	961	소송참가	583
생태계보전지역	961	소송판결	632
생활공간규제행정법	923	소유권설	872
생활보상	469, 1009	소유권자중심주의	922
생활재건조치	469	소의 이익	941
서리	684	소익	584
서면교부청구권	303	소장(訴狀)	605
서면심리	539	소청	799
석탄가격안정지원금 지급청구권	918	소청심사위원회	799
선거소송	770	속인주의	41
선거소청	770	속지주의	41
선결문제	211, 430, 649	손상자부담금	974
선결처분권	758, 764	손실보상	452, 1006

손실보상의 내용	1007	시행	38
손실보상의 원칙	1006	시효의 중단·정지	92
손해배상책임	747	신고	318
수권대리	683	신고납부	1041
수도권정비계획법	934	신고유권설	724
수도권정비계획제한	980	신고의무의 이행	319
수도요금 부과징수	895	신고제	957
수리거부	168	신뢰보호의 원칙	30, 31, 33, 34, 857, 1043
수수료	740	신분보유권	803
수시세	1041	신분보장	782, 803
수용유사침해	477	신의칙설	31
수용유사침해론	984	신주체설(귀속설)	43
수용의 시기	1005	신청	511
수용자	989	실권	34
수용재결	474, 1002	실권의 법리	219
수용적 침해	479	실력적 강제	380
수익권	67	실비변상적 보상	467
수익세	1040	실비변상청구권	809
수익자부담금	974	실시계획의 작성·인가	1018
수익적 행정행위	118	실질과세의 원칙	1043
수인한도설	460	실질적 권한	680
수입확보의 원칙	1042	실질적 당사자소송	658, 1003
수장주의	749	실질적 법치주의	14
수정인가	158	실질적 비밀(실질설)	816
수탁자	690	실질적 의미의 경찰	830
순계예산주의	1059	실질적 의미의 취소	213
승계취득	998	실질적 의미의 행정	3
승진	791	실질적 쟁송	487
시가보상의 원칙	1007	실효	232
시급을 요하는 일시 사용	1004	실효사유	234
시기	171	실효확인소송	234, 643
시보임용	790	심리	538
시설부담	976	심리권	517
시심적 쟁송	488	심사청구	367, 914, 1055

심판청구	367, 1055	예산의결주의	1038
심판청구기간	522	예외적 승인	140
심판청구방식	525	예정공물	863
쌍방심리주의	539	완전보상설	463
		완전수용	991
■ ㅇ ■		외관상 일견명백설	193
알 권리	816	외국인	787
알선	965	외부적 용태	89
약식쟁송	487	외형설	425
약식절차	1004	요건규정	130
양도소득세	1039	요건사실의 오인	133
양벌규정	390	요건심리	517, 538, 625
양자동위설	33	요건재량설	127
엄정관리주의	1039	용도구역	931, 936, 979
업무상 재해	908	용도지구	931, 936, 979
연금가입자	906	용도지구(고도지구) 변경결정행위	932
연금청구권	807	용도지역	931, 936, 953, 979
연대납세의무자	1049	우발부담	972
연합부담	971	원고적격	585
열기주의	508	원고책임설	628
영구세주의	1042	원상회복의무	637
영리업무	814	원시취득	1005
영업손실	1009	원인자부담금	974
영장주의	372	원조강제	370
영장주의의 예외	841	원처분주의	555, 602
영조물	440, 888	위반사실의 공표	406, 407, 408, 960
영조물 설치·관리의 하자로 인한 손해	962	위법	188
영조물규칙	260	위법성	513
영조물기관	679	위법성의 인식	389
영조물법인	53	위법성판단의 기준시	634, 635, 655
예규	258, 693	위법한 부작위로 인한 손해	962
예방경찰	832	위법한 직무명령	813
예방적 부작위청구소송	573	위법한 직무집행행위로 인한 손해	962
예비결정	236	위수령	833, 837

위수사령관	837	이유부기	209
위임대리	683	이유부기의 하자	326
위임명령	246	이의부기	997
위임전결	682	이의신청	367, 500, 914, 945, 1002, 1055
위임조례	731	이의신청 전치주의	1002
위탁	690	이의재결	1002
위헌무효설	454	이익설	43
위험발생의 방지조치	370	이익형량	932
위험부담의 이전	1006	이익형량설	33
위험책임	445	이익형량의 원칙	279
유동적 무효	939, 940	이전성의 제한	67
유추적용설	79, 454	이전에 갈음하는 수용	991
유효확인소송	643	이주대책	1009
은혜설	453	이주정착금	1009
음주운전행위	843	이중과세	1046
음주측정거부	848	이행의 소	577
읍·면·동	722	이행적 재결	550
의견제출	316	이행판결	632
의견진술	208	인·허가제	958
의결권	752	인가	156
의결기관	678	인가승인권	694
의료급여	911	인공공물	441, 859
의무이행명령재결	555	인과관계	33, 845
의무이행소송	571, 964	인근 주민의 원고적격	963
의무이행심판	505, 964	인사위원회	760
의무이행재결	551	인세	1040
의사상자보호	913	인용재결	550
의원면직	795	인용판결	632
의장불신임의결	753	인인소송	588
이용강제	896	인적 공용부담	970, 971
이용관계의 해지·정지권	898	인접주민의 일반사용권	877
이용대가징수권	898	인지납부	1041
이용자중심주의	922	일면적 구속성	265
이용조건설정권	897	일반교통경찰권	844

일반권력관계	81
일반법원리적 규정	80
일반부담	972
일반사용과 특별사용의 병존	878
일반사용의 제한	877
일반수권	838
일반적 수권조항	839
일반조항	839
일반직공무원	778
일반처분	114, 139, 600
일방적 면직	796
일부취소	550
일시이용지의 지정	1025
일시적 사용	982
일시차입금	743
일실손실보상	467
일응추정의 법리	429, 443, 962
일일명령	693
임금손실	1009
임명	784
임시영치	370
임용	784
임용결격자	787
임의대리	683
임의동행	841
임의적 결정전치주의	438
임의적 부담	970
임의적 탈퇴	898
임의전치주의	1002
입법사항	248
입법행위설	276, 926
입법형성권	985
입어권	23
입증책임	628

ㅈ

자갈채취사건	477
자금의 대부	917
자금조성행정	914
자기완결적 공법행위	101
자기완결적(自己完結的) 행위	319
자기책임설	427, 433
자동차운전면허시험관리사무	746
자력집행력	63, 187
자문기관	679
자연공물	441, 859, 860
자연공물인 바닷가	867
자연범	385
자연보전권역	953
자연보존제한	981
자연환경보전지역	953
자원제한	981
자유공물	441, 860
자유권	66
자유재량	125
자율권	753
자주과세	724
자치고권	723
자치구가 아닌 구	759
자치법규	21
자치사무	744
자치입법권	725
자치재정권	738
자치조례	731
자치조직권	737
자치행정	698
자치행정권	738
자치행정형	674
작위의무확인소송	573

잔여지보상	1008	재위임	249, 688
잔여지수용	990	재의요구권	758
잔여지수용보상	467	재정	966, 1036
잘못된 고지	561	재정관리작용	1037, 1058
잡종재산의 대부	918	재정권력작용	1037
잡종재산의 시효취득	869	재정의회주의	1038
재개발계획	1027	재정재산	858
재개발구역 지정에 대한 변경신청권	1028	재처분의무	637
재개발구역의 지정	1028	재해구호	913
재개발기본계획	1027, 1028	쟁송취소	214
재개발조합	1028	적법성	56
재개발조합설립요건상의 하자	1029	적법성보장설	587
재결	544, 999	적정가격상승분	1008
재결신청	1000	전기공급규정	897
재결신청청구권	1000	전래설	723
재결에 대한 불복	1001	전보	791
재결의 효과	1001	전부유보설	16
재결이유	544	전용주차구획	877
재결주의	556	전직	791
재량권의 0으로의 수축	135	전화가입계약	895
재량권의 0으로의 수축이론	849	전환	201, 202
재량권의 불행사	134	절대적 금지	138
재량권의 영(0)으로의 수축이론	77	절차상 하자의 치유	326
재량권의 일탈·남용	133	점용료	883
재량권행사의 준칙	261	점용허가	881
재량준칙	259, 849	정기세	1041
재량행위	127, 570	정당방위	374
재량행위설	7	정당한 권원	862
재산권보상	1007	정당한 권원없는 도로	863
재산등록 및 공개의무	817	정무직공무원	779
재산세	1040	정부기업	889
재산수입	741	정서행정	920
재산압류	364	정식쟁송	487
재심판청구의 금지	555	정신적 사실행위	295

정지조건	171	조정	965
정직	794	조합설립 및 사업시행인가취소소송	1029
정치운동금지	814	존재확인소송	643
정치적 중립성	782	좁은 의미의 공무원	777
제2차 납세의무자	1045, 1049	종국판결	632
제3자의 재심청구	641	종기	171
제도적 보장설	724	죄형법정주의	386
제복착용권	803	주관적 쟁송	488
제소기간	604	주권무책임의 원칙	413
제외지(堤外地)	861	주문	544
제재력	63, 187	주민	704
제척	516	주민대표기관	750
제척기간	94, 949, 1012, 1047	주민의 감사청구권	712
제해시설설치의무	883	주민의 의견 수렴	955
조건	171	주민자치	699
조건설(등가설)	845	주민투표부의권	756
조례	725	주소	95
조례에 의한 과태료	399	주장책임	628
조례위임입법설	726	주체설	42
조례자주입법설	726	준공검사	1026
조례제정권의 한계	727	준법률행위적 행정행위	117, 162, 597
조리	25	준직무범	825
조리상의 권리	1023	준형성소송	643
조리상의 한계	842	중가산금	404
조사의무설	193	중간단계의 행위	601
조성행정	852, 914	중간설	434
조세	1039	중간판결	632
조세법률주의	1038, 1042	중대·명백설	193
조세의 우선징수	1048	중대설	193
조세의 징수	1047	중앙선거관리위원회규칙	245
조세징수권의 소멸시효	1050	중앙집권형	674
조세채권(납세의무)의 소멸	1049	중앙토지수용위원회	1002
조세채권의 대외적 효력	1049	중요사항유보설(본질성설)	16
조세행정에 대한 구제	1051	증표	205

증표의 제시	380	직무범	825
지가공시제	941, 1008	직무이행명령	755, 773
지가변동률	1008	직무전념의무	814
지구단위계획	1018	직무집행권	803
지대수용(地帶收用)	991	직무집행행위	420
지방공무원	777	직업공무원제도	782
지방교부세	742	직위분류제	783
지방분권주의	675	직위해제	793
지방분권형	674	직위해제처분의 하자	793
지방세	1040	직장이탈금지	814
지방소청심사위원회	761	직접강제	362
지방양여금	742	직접민주형	674
지방의회의 관여	747	직접세	1040
지방이양업무	748	직접원인설	845
지방자치단체	52	직접조사	378
지방자치단체의 구역	721	진압경찰	832
지방자치단체의 장 등의 협의체	767	진정	491
지방자치단체조합	702	집단소송	590
지방채	742	집단행동금지	815
지상물건의 이전보상	1009	집중효	275
지시	258, 693	집중효(集中效)	1017
지역개발행정법	923	집행기관	678
지역적 권한	680	집행력	641
지정대리	684	집행명령	250
지하시설물	982	집행벌	360
직권면직	796	집행부정지의 원칙	533, 537, 538, 610
직권심리주의	540	집행정지결정	355
직권재심사	492	집행정지결정신청	758
직권증거조사주의	627	집행정지결정의 요건	611
직권취소	214	집행정지의 결정	533
직명사용권	803	징계	820
직무대리규정	684	징계권	84
직무명령	812	징계면직	796
직무명령의 경합	814	징계벌	384, 820

징계벌과 형벌	820	청구의 변경	531
징계사유	821	청구인	518
징계위원회	823	청구인적격	519
징계종류	821	청렴의무	817
징수유예	1048	청문	208, 316
		청산	366
■ 夫 ■		청산금	1020, 1032
착오	205	청원	491
참가압류	365	청원경찰	840
참가인	521	청원권	710
참정권(행정절차참가권)	67	청원의 심사처리권	752
채권보상	472	청주시행정정보공개조례	728
채권자대위권	1049	체납처분	364, 1047
채권자취소권	1049	체납처분의 중지	366
채용후보자명부	790	체비지	1021
책임능력	392	초과조례	724, 728
책임운영기관	679	총계예산주의(총액예산주의)	1059
처분	508, 595	총량규제	954
처분규칙	270	총리령	245, 681
처분법령	252, 568	최소침해의 원칙	28
처분성	165	최초구독가능시설	38
처분시설(處分時說)	635	추가조례	728
처분을 구할 법률상 이익	520	추상적인 조세채권	1047
처분을 할 법률상 의무	512	출석 및 서류제출요구권	752
처분의 부존재	512	출장소	759
처분이유의 추가변경	609	충당제도	1056
처분적 조례	736	취소	212
천재·지변시의 일시 사용	1004	취소·변경명령재결	555
철회	224	취소·정지권	695
철회권의 유보	173	취소소송	578
철회부자유설	229	취소심판	502
철회의 취소	232	취소의 취소	222
철회자유설	228	취소재결	550
청구의 기초	608	취업금지의무	818

치외법권 40
친절공정의무 815
침해유보설 16

■ ㅌ ■

타유공물 441, 860
타인 432
탈경찰화 832
택지소유상한제 935
토지가격비준표 945
토지거래계약허가제 937
토지공개념 935
토지관할 680
토지의 본래의 기능 984
토지의 장래 이용가능성 945
토지이용계획 925
토지조서 996
토지초과이득세 935
토지행정법 922
통고처분 392
통일국고주의 1059
통지 166
통치행위 6
통할·대표권 754
통행권 침해 877
특별경찰집행기관 836
특별권력관계 81
특별부담 972
특별사법 81
특별수권 838
특별원호 913
특별임용 789
특별지방자치단체 702
특별한 희생 459, 963, 983

특별행정관청 680
특별행정심판 500, 914
특별희생설 453
특수경력직공무원 779
특수법인사업 889
특수효력설 637
특정직공무원 779
특허 152
특허기업경영자의 이익 900
특허기업용 물건 981
특허기업의 위탁 902
특허기업의 이전 901
특허기업의 특허 899
특허사용 881
특허의 갱신·양도 154

■ ㅍ ■

판결문 630
판결시설(判決時說) 636
판결유사설(자기확인설) 57
판단여지설 129, 130
판례법 24
평등원칙 849
평등의 원칙 25, 849, 856
평시경찰 833
폐쇄명령 960
폐치·분합 721
포괄적 관리권능설 872
포괄적 법률관계 설정행위 152
포락(浦落) 861
표준적 직무행위 840
표준지 공시지가 942
표준처분 840
풀뿌리 민주정치 698

품등비교	942	행정개입청구권	73
품위유지의무	811	행정객체	55
피고적격	581	행정경찰	832
피고책임설	629	행정계약론	287
피수용자	989	행정계획	270, 953
피청구인적격	520	행정관청	677
필요적 기재사항	209	행정관청에 대한 권한감독	691
필요적 협력	204	행정관청의 권한	680
		행정권한의위임및위탁에관한규정	686, 688
■ ㅎ ■		행정규제기본법	146
하명	138	행정규칙	257
하자	187	행정기관	676, 677
하자 없는 재량행사청구권	75, 76	행정기관성	751
하자 있는 훈령	694	행정대집행법	351
하자의 승계	196, 197, 358	행정벌	384
하자의 치유	199	행정법상의 사건	88
하자의 효과의 개별화이론	194	행정법상의 용태	89
하천구역	861	행정사법	895
하천구역의 결정·고시행위	861	행정상 강제징수	363, 364
한시법	40	행정상 손해배상	413
한정액설	437	행정상 즉시강제	368
합성행위	294	행정선례법	23
합성행위설	597	행정소송(항고소송)의 특수성	563
합의이용	896	행정심판	490, 491, 492
합의제 행정기관	204	행정심판위원회	514
합의형	674	행정심판전치주의	618, 1055
항고쟁송	487, 499	행정심판청구서	525
해석규칙	259	행정예고	322
해제조건	171	행정응원	697
행소법 독자분배설	629	행정의 자기통제	486
행위세	1040	행정입법의 예고	320
행위자책임	845	행정재산의 목적외 사용	886
행위책임	845	행정절차	309
행정감사 및 조사권	752	행정절차의 하자	324

행정절차참가권	74	협의성립의 확인	999
행정정보공개	328	협의의 법정대리	684
행정정책설(절차법설)	57	협의의 비례원칙	28
행정조사	375	협의의 세외수입	740
행정조직법정주의	675	협의의 소익	592
행정주체	51	협의의 특별지방자치단체	702
행정지도	297, 323, 961	협의의 행정경찰	832
행정지도실명제	303	형사벌	385
행정질서벌	741	형성관여작용	918
행정처분절차	313	형성권	1011
행정청	508	형성력	553, 638
행정행위	113, 916	형성의 소	577
행정행위발급청구권	72	형성적 재결	550
행정행위설	277, 927	형성적 행위	152
행정행위의 성립요건	181	형성판결	632
행정행위의 통지	167	형식적 당사자소송	576, 660, 1003
행정협의회	766	형식적 법치주의	14
행정형벌	389, 826	형식적 의미의 경찰	829
허가	140	형식적 의미의 행정	4
허가사용	879	형식적 쟁송	487
허가의 갱신	147	형식적 행정행위	116
허가의 양도	147	호적사무	744
헌법불합치결정	478	화해	1003
헌법상 법률주의사항	730	확약	235
헌법소원	736	확언	235
헌법소원심판	771	확인	162
현금보상의 원칙	1006	확인·공증	919
현금회계	1059	확인을 구할 법률상 이익	519
현명주의	685	확인의 소	578
현물보상	472	확인판결	632
현실화된 개발행위	984	확인행위	870, 905
현업기관	679	확장수용	990
협동의 원칙	953	확정기한	171
협의	695	확정력	60, 117

환경개선부담금	959	환지계획에 의하지 아니한 환지처분	1022
환경기준	953	환지등기	1023
환경분쟁조정위원회	965	환지예정지	1021
환경분쟁조정제도	965	환지예정지의 사용·수익권	1022
환경소송	589	환지처분	1020, 1022, 1026
환경영향평가대상지역	955	환지처분의 하자	1023
환경영향평가서	955	환지청산	1024
환경영향평가제도	954	회계	1058
환경오염방지사업비용부담금	960	회계기관분립의 원칙	1060
환경행정법	949	회계년도구분 및 독립의 원칙	1060
환권계획(관리처분계획)	1030	회복되는 법률상 이익	592
환권등기	1032	회복하기 어려운 손해	534, 612
환권처분	1031	회피	517
환권처분의 하자	1032	효과규정	131
환급거부결정	1056	효과재량설	128
환매권	1010	훈령	258, 692
환매의 요건	1011	훈령권	692
환매의 의사표시	1013	훈시규정	949
환매의 통지	1013	휴직	792
환지계획	1019, 1026	희생보상청구권	480

저자약력

조 인 성(趙寅成) 한남대학교 법학부 교수, 법학박사
* 메일 : ischo@hnu.kr
* 해남 계곡동초등학교, 강진 성전중학교, 광주제일고등학교, 서울대학교 사회과학대학 정치학과 졸업(정치학사), 독일 튀빙겐(Tuebingen)대학교 법과대학 대학원 졸업(법학박사)
* 한남대학교 사회과학대학 학장, 법정대학 학장, 사회적융합대학 학장, 감사실장, 교무부처장, 특허법학과 학과장
* 전 영산대학교 법과대학 교수
* 국립해양생물자원관 비상임감사
* 양산시 인사위원회 위원
* 사법시험, 행정고시, 변호사시험, 9급, 8급, 7급 공무원시험 출제위원(행정법)
* 행정사, 공인노무사, 세무사, 주택관리사, 물류관리사, 경비지도사, 공인중개사 등 자격시험 출제위원
* 한국행정법학회 부회장, 한국토지공법학회 부회장, 한국지방자치법학회 부회장, 한국비교공법학회 상임이사, 한국환경법학회 상임이사, 국가법학회 상임이사
* 해양수산부 보통징계위원회 위원
* 대전지방교정청 행정심판위원회, 정보공개심의위원회 위원
* 대전광역시 행정심판위원회, 공직자윤리위원회, 규제개혁위원회, 대덕구 인사위원회, 대덕구 소방관계법령 민원해소위원회 위원
* 국토교통부, 새만금개발청, 보통징계위원회 위원
* 국세청 보통징계위원회, 공적심사위원회 위원
* 국민권익위원회 보통징계위원회 위원
* 농림식품부, 농촌진흥청 보통징계위원회 위원
* 법제처 보통징계위원회, 청원심사위원회 위원
* 인사혁신처 보통징계위원회 위원
* 국가보훈부 청원심사위원회 위원
* 세종특별자치시 토지수용위원회 위원
* 대전고등검찰청 정보공개심의위원회 위원

〈단독저서〉
1. 독일 유전공학법의 이해 I, 한국학술정보(주), 2008.
2. 독일 유전공학법의 이해 II, 한국학술정보(주), 2010.
3. 지방자치와 과학기술의 이해, 한국학술정보(주), 2010.
4. 환경보호와 과학기술의 법적 이해, 한국학술정보(주), 2011.
5. 행정법총론, 형설출판사, 2013.
6. 행정법각론, 형설출판사, 2013.
7. 행정법강의, 동방문화사, 2015.
8. 행정법강의, 동방문화사, 2판, 2018.
9. 환경보호제도입문, 동방문화사, 2021

10. 디지털 행정 전환의 기본권적 허용한계와 아날로그 접근권에 관한 글로벌 규범 현황 및 대응방안 연구, 한국법제연구원, 2023
11. 행정법, 동방문화사, 2024.

〈공저〉
1. 현대인의 생활법률, 글누리, 2010.
2. 행정심판 이론과 실무, 법률 출판, 2015

〈연구논문 목록〉
1. "생명공학분야에 있어서 시설물허가의 기원과 법적 성질", 토지공법연구 제25집, 2005.
2. "독일 유전공학법의 최근 동향, - 소비자, 농업종사자 그리고 환경보호를 위하여 - ", 환경법연구 제27권 1호, 2005.
3. "독일법상 유전자변형생물체에 대한 검토, - 인간을 중심으로 - ", 토지공법연구제26집, 2005.
4. "독일 지방자치행정에 있어서 지방임무의 민영화에 대한 법적 한계", 지방자치법연구 제5권 제1호(통권 제9호), 2005.
5. "독일 유전공학법상 공존의 보장", 영산법률논총 제2권 제1호, 2005.
6. "생명공학 시설물개념에 관한 법적 고찰 - 독일 연방임미시온보호법과 유전공학법을 중심으로", 공법연구, 제34집 제3호, 2006.
7. "독일 유전공학법의 2005년 개정과 그 시사점 - 유전자변형(GM) 작물과 전통·유기농(non-GM) 작물의 공존방안 - ", 공법연구 제34집 제4호 제2권, 2006.
8. "독일 유전공학법상 시설물개념", 법정책논총 제2집, 2006.
9. "독일법상 DNA분석에 있어서 데이터보호", 공법연구, 제35집 제4호, 2007.
10. "유전공학법상 리스크 판단의 여지 - 독일에서의 논의를 중심으로 - ", 환경법연구 제29권 2호, 2007.
11. "Die Entwicklung des deutschen Gentechnikrechts im nicht-menschlichen Bereich", Hannam Journal of Law & Technology, Vol. 14 No. 1, 2008.
12. "공적시설로서 지방자치단체의 인터넷사이트에 대한 법적 문제", 토지공법연구 제41집, 2008.
13. "지방자치단체의 공적시설의 이용청구권에 대한 기초로서 공용지정", 지방자치법연구 제8권 제3호(통권 제19호), 2008.
14. "행정법상 포털 사고와 네트워크 논리", 과학기술법연구 제14집 제2호, 2009.
15. "학제적 문제로서 리스크규율(Risikoregulierung) 및 리스크의사소통(Risikokommunikation)의 흠결 및 해결방안", 토지공법연구 제43집 제2호, 2009.
16. "새로운 IT 기본권의 대상으로서 무선주파수 인식(RFID) - 독일에서의 논의를 중심으로 -", 홍익법학 제10권 제2호, 2009.
17. "독일 지방 상수도사업의 민영화에 관한 법정책적 과제", 법학연구 제12집 제2호, 2009.
18. "유전자변형(GM)작물과 전통·유기농(non-GM)작물의 공존문제", 대청법학 제2호, 2009.
19. "지방자치단체의 공적시설로서 인터넷사이트에 대한 지방자치단체의 책임", 서강법학 제11권 제2호, 2009.
20. "유전공학법의 최근 동향 - 2008년 독일 『유전공학법』(GenTG)의 개정을 중심으로", 과학기술법연구 제15집 제2호, 2009.

21. "기후보호법의 체계적 법역과 그 수단들 - 독일에서의 논의를 중심으로 - ", 과학기술법연구 제16집 제1호, 2010.
22. "금융시장·경제위기의 시대에 환경보호와 경제 사이의 긴장관계: 독일에서의 논의를 중심으로", 법학논총 제17집 제2호, 2010.
23. "공공 행정에서 클라우드 컴퓨팅에 관한 법적 문제", 홍익법학 제11권 제3호, 2010.
24. "물 공급의 자유화, 민영화 및 법적 규율 - 독일에서의 논의를 중심으로 -", 과학기술법연구 제16집 제2호, 2011.
25. "환경규제의 경제화에 대한 의의와 전망 - 독일에서의 실질적·절차적·제도적·조직적 경제화 차원을 중심으로", 과학기술법연구 제17집 제1호, 2011.
26. "독일 유전공학법 20년 회고와 시사점", 강원법학 제33권, 2011.
27. "인터넷상 지방자치단체의 공공시설에 관한 법적 문제", 과학기술법연구 제17집 제2호, 2011.
28. 최근 독일 유전공학법의 기본원리 및 시사점, 과학기술법연구 제18집 제2호, 2012.
29. 철도규제에 관한 유럽법의 최근 동향 및 우리나라의 경쟁체제 도입에 미치는 시사점, 법학연구 제16권 제1호, 2013.
30. 유전자변형생물체의 국가간 이동 등에 관한 법률상의 승인 및 허가의 법리, 과학기술법연구 제20집 제1호, 2014.
31. 지방자치단체의 경제활동에 관한 최근의 법적 문제— 독일에서의 논의를 중심으로 —, 공법연구 제42권 제3호, 2014.
32. 인터넷상 디지털 차원의 개별적 기본권에 관한 연구? 독일에서의 논의를 중심으로 -, 홍익법학 제15권 제1호, 2014.
33. 나고야-쿠알라룸푸르 책임구제 추가의정서의 최근 동향과 국내 손해배상 입법 대응, 법과정책 제20권 제2호, 2014.
34. 철도산업 경쟁도입 관련 독일 법제의 최근 논의 및 시사점, 법학논총 제21권 제2호, 2014.
35. 'Schlossgarten II' 조사위원회 구성의 위헌성과 그 시사점, 법학연구 제22권 제5호, 2014.
36. 독일 'CO2 영구 저장의 실험과 연구에 관한 법'의 주요 내용 및 시사점, 강원법학 제43권, 2014.
37. 재난행정법에 관한 독일에서의 논의와 그 시사점, 서울법학 제22권 제2호, 2014.
38. 새로운 CO2의 포집 및 저장 기술의 환경법에 대한 도전, 한양법학 제25권 제4호, 2014.
39. 독일 'CO2 영구 저장의 실증에 관한 법'상 계획확정절차와 그 시사점, 가천법학 제7권 제4호, 2014.
40. CO_2의 포집, 수송 및 저장을 위한 허가법에 관한 EU 지침 및 독일법의 주요 내용과 시사점, 법학연구 제43권, 2014.
41. 2010년 7월 14일자 독일 CO2의 포집, 저장 및 영구 저장을 위한 기술의 실증 및 응용에 관한 법률 초안의 주요 내용과 시사점, 홍익법학 제15권 제4호, 2014.
42. CO2의 포집 및 지중 저장의 법적 문제, 법학논총 제21권 제3호, 2014.
43. 독일 CO2 저장법(KSpG)상 집중효 제도와 그 시사점, 한양법학 제26권 제1호, 2015.
44. 독일 CO2 저장법(KSpG)의 주요 내용과 법정책적 평가, 공법연구 제43권 제3호, 2015.
45. 이산화탄소 포집 및 저장(CCS)의 사업화에 관한 사회적 수용성 제고를 위한 법제방안- 일본, 미국 및 독일에서의 논의를 중심으로, 유럽헌법연구 제17권, 2015.
46. CCS 기술에 대한 사회적 수용성을 제고하기 위한 독일 'Schleswig-Holstein 주 CO2저장법'의 주요 내용과 시사점, 법학논총 제22권 제1호, 2015.

47. 독일 CO2 저장법(KSpG)상 CO2 지중 저장의 책임 리스크와 그 시사점, 서울대학교 법학 제56권 제2호, 2015.
48. CO2 지중 영구저장의 입법정책적 문제 - CCS 기술의 미래에 대한 독일 연방과 주 사이의 오랜 투쟁을 통한 지방자치의 실현 -, 지방자치법연구, 제16권 제1호, 2016.
49. 철도시장의 경쟁력 강화를 위한 EU 철도 패키지를 통한 자유화와 시사점, 법학연구 제27권 제1호, 2016.
50. 독일 Schleswig-Holstein주, Niedersachsen주 및 Mecklenburg-Vorpommern주 이산화탄소저장법의 주요 내용과 시사점, 과학기술법연구 제22권 제2호, 2016.
51. 유전자가위(Genome Editing) 기술에 대한 기술영향평가와 법적 문제, 입법평가연구 제10-2호, 2016.
52. 이산화탄소 지중 저장에서의 환경 사전배려, 과학기술법연구 제23권 제2호, 2017.
53. 미세먼지에 관한 제3자의 행정개입청구권, 환경법과 정책 제19권 제19호, 2017.
54. 독일「제13차 연방이미씨온방지시행령(BImSchV)」상 이산화탄소의 포집 및 압축 시설, 과학기술법연구 제23권 제3호, 2017.
55. 대기질법상 주관적 권리 - 독일 연방행정법원(BVerwG)의 원칙적 결정, 과학기술법연구 제24권 제1호, 2018.
56. 독일 환경권리구제법(UmwRG)상 배제효, 과학기술법연구, 2018
57. 4차 산업혁명 시대 유전자 가위(genome editing) 기술 규제: 유럽 사법재판소 판결(EuGH, Urt. v. 25. 7. 2018 – C-528/16)을 중심으로, 과학기술법연구, 2019
58. 생물다양성과 합성생물학 관련 법적 쟁점과 과제 – 2018년 7월 25일 ECJ 판결(EuGH, Urt. v. 25. 7. 2018-C-528/16)을 중심으로 -, 환경법과 정책, 2020
59. 행정기본법(안)상 인허가 의제제도와 토지행정법상인허가 의제제도 비교 분석, 토지공법연구, 2021
60. 행정분야에서 인공지능(AI)의 적용 가능성 - 독일에서의 논의를 중심으로 -, 법학연구, 2022
61. 디지털행정전환의 기본권적 허용한계와 아날로그 접근권, 일감법학, 2023
62. 디지털행정전환 시대 독일 온라인접근법(OZG)상 '디지털 전용(digital only)' 및 '디지털 우선(digital first)'과 시사점, 일감법학, 2024
63. 디지털전환시대 새로운 기본권으로서 아날로그적 삶에 대한 권리에 관한 독일에서의 논의와 시사점, 서강법률논총, 2024.

〈주요 연구분야〉
- 행정법
- 공법, 헌법
- AI법, 환경법, 과학기술법, 생명(유전)공학법(BT법), 미디어법(IT법), 정보통신법, 비교법
- 지방자치법, 경제행정법, 규제행정법(보장행정법), 에너지법, CCS 법, 기후보호법, 신재생에너지법, 공공시설법, 인프라법, 계획법, 교통법, 개인정보보호법

〈수상 실적〉
연구업적 우수교원, 한남대학교 총장상(2015.05); 국세청장상(2022.3.3.); 해양수산부 장관상(2019.12.31.); 대전고등검찰청 검사장상(2020. 12. 31); 대전지방교정청장상(2021.12.30.), 국립 해양생물자원관장상(2022.1.3)

행 정 법

지은이 / 조 인 성
펴낸이 / 조 형 근
펴낸곳 / 도서출판 동방문화사

인쇄/ 2024. 8. 10
발행/ 2024. 8. 10

서울시 서초구 방배동 905-16. 지층
전 화 / 02)3473-7294   팩 스 / (02)587-7294
메 일 / 34737294@hanmail.net   등 록 / 서울 제22-1433호

저자와의
합 의 로
인지생략

파본은 바꿔 드립니다.
정 가 / 57,000원

본서의 무단복제행위를 금합니다.
ISBN 979-11-89979-74-4 93360